매산집

이 책은 2015 · 2016 · 2017 · 2018년도 정부(교육부)의 재원으로 한국고전번역원의 지원을 받아 수행된 '권역별거점연구소협동번역사업'의 결과물임.

This work was supported by Institute for the Translation of Korean Classics-Grant funded by the Korean Government.

한국고전번역원 한국문집번역총서/성신여자대학교 고전연구소·(사)해동경사연구소

매산집 11

梅山集

홍직필 지음

洪直弼

김창효 옮김

김성은

신상후

일러두기

1. 이 책의 번역 대본은 한국고전번역원에서 간행한 한국문집총간 295·296집에 실린 《매산집(梅山集)》으로 하였다. 번역 대본의 원문 텍스트와 원문 이미지는 한국고전종합DB(http://db.itkc.or.kr)에서 확인할 수 있다.
2. 내용이 간단한 역주는 간주(間註)로, 긴 역주는 각주(脚註)로 처리하였다.
3. 한자는 필요한 경우 이해를 돕기 위하여 넣었으며, 운문(韻文)은 원문을 병기하였다.
4. 맞춤법과 띄어쓰기는 한글 맞춤법과 표준어 규정을 따랐다.
5. 이 책에서 사용한 부호는 다음과 같다.
   ( ) : 번역문과 음이 같은 한자를 묶는다.
   〔 〕: 번역문과 뜻은 같으나 음이 다른 한자를 묶는다.
   " " : 대화 등의 인용문을 묶는다.
   ' ' : " " 안의 재인용 또는 강조 문구를 묶는다.
   「 」: ' ' 안의 재인용을 묶는다.
   『 』: 「 」 안의 재인용을 묶는다.
   《 》: 책명 및 각주의 전거(典據)를 묶는다.
   〈 〉: 책의 편명 및 운문·산문의 제목을 묶는다.

차례

매산집 제29권

기記

제발題跋

매산집 제30권

제발題跋

명銘

잠箴

찬贊

전箋

축사祝辭

혼서昏書

고축告祝

매산집 제31권

제문祭文

매산집

제29권

기記

제발題跋

기記

소련 대련 유허기 무술년[1]

少連大連遺墟記 戊戌

은(殷)나라 태사(太師)가 절개를 지켜 주(周)나라의 신복(臣僕)이 되지 않고[2] 세상을 피해 동방에서 지내면서 홍범구주(洪範九疇)의 도(道)를 미루고 팔조(八條)의 가르침을 폈기 때문에,[3] 우리 동방의 백성

1 무술년 : 1838년(헌종4)으로, 매산의 나이 63세 되던 해이다.

2 은(殷)나라……않고 : 은나라 태사(太師)는 은나라의 마지막 왕 주(紂)의 숙부인 기자(箕子)로 은나라에서 태사 벼슬을 지냈으므로 이렇게 칭한다. 원문의 '망복(罔僕)'은 망국의 신하가 새 왕조의 신하와 종이 되지 않으려 함을 이르는데, 상(商)나라가 망하기 직전에 기자가 "은나라가 멸망하더라도 나는 남의 신하와 종이 되지 않을 것이다.〔商其淪喪, 我罔爲臣僕.〕"라고 했던 말에서 유래하였다. 《書經 微子》

3 홍범구주(洪範九疇)의……때문에 : 홍범구주는 기자(箕子)가 주(周)나라 무왕(武王)에게 전한 정치 도덕의 아홉 가지 법칙으로, 이는 본래 하늘이 우왕(禹王)에게 내려주었다고 한다. 첫째가 오행(五行), 둘째가 오사(五事), 셋째가 팔정(八政), 넷째가 오기(五紀), 다섯째가 황극(皇極), 여섯째가 삼덕(三德), 일곱째가 계의(稽疑), 여덟째가 서징(庶徵), 아홉째가 오복(五福)과 육극(六極)이다. 《書經 洪範》 팔조(八條)의 가르침은 기자의 팔조금법(八條禁法)을 이르는데, 현재는 이 중에서 "살인자는 사형에 처하고, 다치게 한 자는 곡식으로 갚고, 도둑질한 자는 그 집의 노비로 삼는다."는 등의 세 조목만 전하고 있다. 《增補文獻備考 卷127 刑考 刑制》

들이 맨 먼저 인현(仁賢)의 교화를 입어 오랑캐가 바뀌어 중화(中華)가 되고 황폐하고 누추한 지역이 개벽되어 중국과 나란히 칭해졌다.

그런데 또 성인의 경서에 나열된 분들이 있으니, 소련(少連)과 대련(大連)이 이분들이다. 《예기》 〈잡기 하(雜記下)〉에 공자께서 이르시기를 "소련과 대련이 거상(居喪)을 잘하여, 3일 동안 태만하지 않고 3개월 동안 게으르지 않고 기년(期年)을 슬퍼하였으며 3년을 근심하였으니, 동이(東夷)의 아들이다.〔少連大連 善居喪 三日不怠 三月不解 期悲哀 三年憂 東夷之子也〕"라고 하였고, 《공자가어(孔子家語)》에는, 자공(子貢)이 "안자에게 듣건대, 소련과 대련이 거상을 잘하였다고 하는데, 달리 칭찬하실 것이 있으신지요?"라고 묻자, 공자의 말씀이 이러했으며, 마지막에 이르시기를 "동이의 아들로, 예에 달통한 자들이다."라고 하셨다.[4]

부자(夫子)께서 또 소련을 들어서 백이(伯夷)와 숙제(叔齊), 우일(虞逸), 주장(朱張), 유하혜(柳下惠) 등과 함께 모두 일민(逸民)으로 인정하셨고, 또 유하혜와 소련을 두고 평하시기를 "뜻을 굽히고 몸을 욕되게 하였으나 말이 조리에 맞고 행실이 사려에 맞았으니, 이뿐이다.〔言中倫 行中慮 其斯而已矣〕"라고 하셨는데, 주자가 이를 해석하기를 "소련의 일은 상고할 수 없다. 그러나 《예기》에 그가 거상을 잘하였다고 칭찬하였으니, 행실이 사려에 맞았음을 또한 알 수 있다."라고 하였으며, 또 이르기를 "일곱 사람이 은둔하여 자기 몸을 더럽히지 않은 것은 똑같으나, 그들의 확립된 마음과 나아간 행실은 달랐다. 유하

4 공자가어(孔子家語)에는……하셨다 : 《공자가어》의 내용은 권10 〈자하문(子夏問) 제43〉에 보인다.

혜와 소련은 비록 뜻을 굽혔으나 몸을 굽히지 않았고, 비록 몸을 욕되게 하였으나 세상에 영합되기를 구하지 않아서 그 마음에 불결한 것을 좋게 여기지 않음이 있었다. 그러므로 말이 조리에 맞고 행동이 사려에 맞은 것이다."라고 하였으며,[5] 또 소련과 대련이 거상을 잘한 일을 들어 《소학》에 기재하여 만세의 모범이 되게 하였다.[6]

바다 동쪽에 치우친 작은 나라의 사람으로서, 공자와 주자 두 분 부자에게 이런 칭찬을 받은 것은 찬란하게 우리 동방의 영광이 되니, 어찌 다만 당사자만이 유수(有數)한 지우(知遇)를 받은 것이겠는가.

소련과 대련이 해주성(海州城) 동문(東門) 밖 수양산(首陽山) 아래 괴목정(槐木亭)에 거주하였으니, 세상에 그 유허(遺墟)가 전해온다. 남쪽으로 두 섬이 있는데 그 이름이 이자도(二子島)이고, 북쪽으로 두 대(臺)가 있는데 그 이름이 이자대(二子臺)라 하여, 소련과 대련 두 선생께서 서로 이 땅에 참여되어 있으니, 땅의 신령스러운 기운이 모여서 소련과 대련 두 분을 낳은 것인가 보다.

부자께서 구이(九夷)에 거주하고 싶어 하신 것[7]은 필시 구이가 성인이신 기자(箕子)의 나라이고 소련의 향리였기 때문일 것이다. 해주의

5 부자(夫子)께서……하였으며 : 부자는 스승이란 뜻으로 여기서는 공자를 이른다. 공자의 말씀과 주자의 해석은 《논어집주》 〈미자(微子)〉에 모두 보이는데, 주자의 해석은 일부 축약되어 인용되었다.

6 소련과……하였다 : 소련과 대련의 일은 《소학》 〈명륜(明倫) 제18장(第十八章)〉에 실려 있다.

7 부자께서……것 : 이 내용은 《논어》 〈자한(子罕)〉에 보인다. 부자는 공자를 이른다. 구이에 대해 주자는 "동방의 이족은 아홉 종족이 있다.〔東方之夷, 有九種.〕"라고 풀이하였다.

백성과 선비들이 수양(首陽)이란 이름을 취하여 청성묘(淸聖廟)[8]를 건립하여 백이와 숙제를 제사하고 있다. 백이와 숙제가 인을 구하여 인을 얻어서 원망하고 탓하는 바가 없었으니,[9] 이는 기성(箕聖)께서 천지가 변화함에서 바름을 얻은 것과 같은 시대이고 그 법이 한가지로 같으며 또 소련과 명성을 나란히 하였으니, 그렇다면 기성의 나라이고 소련의 향리에서 제사를 지내는 것은 서로 기약하지 않고도 이렇게 된 것이니, 또한 훌륭할 만한 것이다.

소련과 대련을 백이와 숙제에 견주어 봄에, 형제가 이름이 병칭된 것을 똑같이 부자에게서 얻었으며 명성 또한 똑같은데, 해주 사람들이 유독 백이와 숙제만을 제사 지내는 것은 어째서인가? 뜻을 굽히고 몸을 욕되게 한 것이 뜻을 굽히지 않고 몸을 욕되게 하지 않은 것보다 못해서인가?[10] 아니면 멀리 있는 것을 귀하게 여기고 가까운 것을 천하

8 청성묘 : 은(殷)나라 말기의 의사인 백이(伯夷)와 숙제(叔齊)를 모신 사당으로 해주의 동쪽 수양산 아래에 있는데 이제사(夷齊祠) 혹은 수양사(首陽祠)라고도 불린다. 해주의 별호가 수양(首陽)이기 때문에 그 동쪽에 있는 산을 수양산이라고 이름하였는데, 백이와 숙제가 중국의 수양산에 들어가 고사리를 채취해 먹다가 죽었다 하여 이곳에 이들을 모신 사당이 지어진 것이다. 이 사당은 본래 이단상(李端相)의 주청으로 세워진 것이다. 이단상의 아들 이희조(李喜朝)가 우암의 글씨 가운데 '청성묘(淸聖廟)' 세 글자를 취하여 편액으로 삼고 기문을 지었는데, 뒤에 숙종이 '청성묘'라는 어필의 편액을 하사하였다. 《黎湖集 卷29 芝村李先生行狀》

9 백이와……없었으니 : 공자(孔子)께서 백이(伯夷)와 숙제(叔齊)를 평가하여 말하기를, "인(仁)을 구하여 인(仁)을 얻었으니, 무엇을 원망하겠는가.〔求仁而得仁, 又何怨?〕"라고 하였으므로 이렇게 말한 것이다. 《論語 述而》

10 뜻을……못해서인가 : 공자께서 일민(逸民)을 평하면서 백이와 숙제에 대해서는 "그 뜻을 굽히지 않고 그 몸을 욕되게 하지 않았다.〔不降其志, 不辱其身.〕"라고 하고, 소련과 유하혜에 대해서는 "뜻을 굽히고 몸을 욕되게 하였으나 말이 조리에 맞으며

게 여겨서인가?[11] 듣건대 작은 비석에 다만 이름만이 새겨진 채로 황량한 언덕에 쓰러져 있어서 바로 세우지도 못하고 있다고 하니, 하물며 이보다 큰일에 있어서이겠는가.

아! 땅이 우리나라와 서로 만 리가 떨어져 있는 중국에서 소련과 대련을 찬미하고 칭찬한 것이 이와 같은데, 이 나라에 거주하는 자들 중에는 이분들을 표창(表彰)하는 자가 거의 없으니, 이는 〈증민(烝民)〉 시 수장(首章)의 의리[12]를 알지 못하는 것이다. 우물을 차마 폐할 수가 없고 땅을 차마 황폐하게 할 수가 없어서,[13] 삼가 이 의리를 밝히고 붓을 당겨 유허기(遺墟記)를 지어서 이로써 명확하고 적절한 의론을 펴는 군자들에게 고하여, 지극한 덕을 천양(闡揚)하는 진체(眞諦 진실된 도리)로 삼노라.

행실이 사려에 맞았다.〔降志辱身矣, 言中倫, 行中慮.〕라고 평하셨기 때문에 이렇게 말한 것이다. 《論語 微子》

11 멀리……여겨서인가 : 백이와 숙제는 멀리 떨어진 중국의 인물이고 소련과 대련은 우리 동이(東夷)의 인물이기 때문에 이렇게 말한 것이다.

12 증민(烝民)……의리 : 떳떳한 천성(天性)이 있어 아름다운 덕을 좋아하는 백성들의 어진 마음을 말한다. 〈증민〉은 《시경》 대아(大雅)에 실려 있는 시로 그 수장(首章)은 아래와 같다. "하늘이 여러 백성을 내시니 사물이 있음에 법(法)이 있도다. 백성이 떳떳한 성품을 갖고 있는지라 이 아름다운 덕(德)을 좋아하도다.〔天生烝民, 有物有則. 民之秉彜, 好是懿德.〕

13 우물을……없어서 : 이 내용은 북송(北宋)의 학자 명도(明道) 정호(程顥)가 지은 〈안락정명(安樂亭銘)〉에 보인다. 《二程全書 卷54 明道先生文一 銘詩》 안락정은 공자의 제자인 안연(顔淵)이 안빈낙도(安貧樂道)하며 살던 옛터에 지은 정자이다.

도곡서원기 정미년[14]

道谷書院記 丁未

북청부(北青府) 동쪽 20리 지점에 있는 도장봉(道藏峯) 아래에 이른바 도곡재(道谷齋)가 있으니, 아름다운 선비들이 학업을 닦는 곳이다.

바로 재(齋) 오른쪽에 정사(精舍)를 짓고 문정공(文正公) 우암 송시열 선생을 제사하였는데, 세월이 오래되어 거의 허물어졌다. 이에 세 기둥(두 칸)의 건물을 다시 세워 문정공(文正公) 도암(陶菴) 이재(李縡) 선생[15]을 배향하였으며, 재실(齋室)과 제실(祭室)과 강송(講誦)하는 당(堂)과 휴식하는 집이 있고, 부엌・욕실과 창고・마구간과 문과 담장까지 모두 갖추어서 장차 영원토록 무너지지 않을 것을 도모하였으니, 만일 덕 있는 분을 높이고 어진 이를 숭상하는 고심(苦心)과 지성(至誠)이 없었다면, 또한 어떻게 이와 같이 할 수 있었겠는가.

북청은 바로 숙신씨(肅愼氏)[16]의 옛 도읍으로, 산천(山川)이 웅장하

14 정미년(丁未年) : 1847년(헌종13)으로, 매산의 나이 72세 되던 해이다.

15 문정공(文正公)……선생 : 문정은 시호, 도암(陶菴)은 호이며 자는 희경(熙卿), 본관은 우봉(牛峰)으로 농암(農巖) 김창협(金昌協)의 문인이다. 1702년(숙종28) 알성문과에 급제하여 출사하였으나 1721년(경종1) 도승지로 재임 중 소론의 집권으로 삭직되고, 1722년 임인옥사 때 중부(仲父) 만성(晩成)이 옥사하자 인제(麟蹄)에 들어가서 성리학 연구에 전념하였다. 1725년 영조가 즉위한 뒤 복직되어 대제학・이조 참판을 지냈으나, 1727년 정미환국 때 문외출송되자 용인(龍仁)의 한천(寒泉)에 은거하면서 많은 제자를 길러냈다.

16 숙신씨(肅愼氏) : 고대에 만주 동쪽에 거주하던 종족으로, 중국의 《사기》에는 식신(息愼)・직신(稷愼) 등으로 기록되어 있다. 고구려 서천왕(西川王) 때 일부가 고구

고 수려하며 풍기(風氣)가 꿋꿋하고 굳세어 땅의 신령스러운 기운이 모인 것이 여러 고을 가운데에서 특별히 뛰어났으나, 지역이 변방에 가까워서 풍속이 여전히 강퍅하여 유교(儒敎)가 행해지지 못하였는데, 노봉(老峯) 민문충공(閔文忠公)[17]이 북도(北道)에 학교를 일으키자, 고을의 유자인 진사(進士) 맹도전(孟道傳)[18]이 맨 먼저 수업을 청하였는데, 노봉이 그의 총명함을 사랑하여 자주 신교(身敎 몸으로 직접 가르침)를 베풀어서 혼인의 복식과 상례(喪禮)와 제례(祭禮)를 주어서 북도의 지남(指南)[19]이 되게 하였다.

또 손만전(孫萬全), 이의식(李義植) 등이 장암(丈巖) 정문경공(鄭文敬公)[20]을 스승으로 모셔 함께 연원(淵源)이 바른 학문을 들으니,

려에 복속되었으며, 광개토대왕 때 완전히 병합되었다. 후대에 일어난 읍루(挹婁)・말갈(靺鞨)・여진(女眞) 종족이 숙신의 후예로 추정된다. 한편 당나라 때에는 선진(先秦)시대 북동방면에 거주하던 이민족의 총칭으로 쓰이기도 하였다.

17 노봉(老峯) 민문충공(閔文忠公) : 민정중(閔鼎重, 1628~1692)으로 노봉은 호이고 문충은 시호이다. 자는 대수(大受), 본관은 여흥(驪興)이며 우암 송시열의 문인이다. 1649년(인조27)에 정시 문과에 장원으로 급제하고 벼슬이 좌의정에 이르렀다. 민정중은 1664년(현종5)에 함경도 관찰사에 제수되어 유풍(儒風)을 크게 일으켰다.

18 맹도전(孟道傳) : 1627~? 자는 계왕(繼往), 본관은 신창(新昌)으로 1660년(현종1) 증광 진사시에 합격하였다.

19 지남(指南) : 항상 남쪽 방향을 가리키도록 만들어진 수레인 지남거(指南車)의 약칭이다. 황제(黃帝)가 치우(蚩尤)와 탁록(涿鹿)에서 싸울 적에 이 수레(전차)로 싸워 승리하였다고 전해지는데 후대에 지남은 학문의 방향을 정해주는 중요한 단서나 학문의 지도 혹 지도자를 가리키는 말로 쓰인다.

20 장암(丈巖) 정문경공(鄭文敬公) : 정호(鄭澔, 1648~1736)로 장암은 호이고 문경은 시호이다. 자는 중순(仲淳), 본관은 연일(延日)로 우암 송시열의 문인이다. 1684년(숙종10) 정시 문과에 급제하고 벼슬이 영의정에 이르렀다. 정호는 1704년(숙종30)

장암이 우암의 진상(眞像 화상)과 심획(心畫 글씨)을 주어, 손영조(孫榮祖)가 황강(黃江)에 있어서와[21] 이태장(李泰章)이 지촌(芝村)에 있어서와[22] 같이 하였다. 임지수(林芝秀)와 유여호(劉汝豪)가 도암(陶菴)에게[23] 함께 의술(蟻術)의 교화[24]를 입으니, 도암이 특별히 경훈(經訓)과 장구(章句)를 써주어 강습(講習)의 자료로 삼게 하니, 이에 풍토가 크게 변하여 취향(趣向)이 바르게 되어, 우암과 도암 두 분 선생이 창명(倡明)하고 표준을 만든 공렬이 시조리(始條理)와 종조리(終條理)[25]가 됨을 비로소 알게 되었다.

함경도 관찰사에 제수되었다.

21 손영조(孫榮祖)가 황강(黃江)에 있어서와 : 손영조(1716~?)는 북청 사람으로 자가 광숙(光叔), 본관이 청주(淸州)로 1747년(영조23) 식년 생원시에 합격하였다. 황강은 우암 송시열의 수제자인 수암(遂菴) 권상하(權尙夏, 1641~1721)를 이른다. 본래 충북 청풍(淸風)의 한수면(寒水面) 황강리로, 권상하가 이곳에 한수재(寒水齋)를 짓고 평생 은거하며 제자들을 가르쳤기 때문에 이렇게 칭한다.

22 이태장(李泰章)이 지촌(芝村)에 있어서와 : 이태장은《승정원일기》영조 2년 병오년(1726) 기사에 함경도 유학이라고 보일 뿐 나머지는 미상이다. 지촌은 이희조(李喜朝, 1655~1724)의 호이다. 자는 동보(同甫), 본관은 연안(延安), 시호는 문간(文簡)으로 우암 송시열의 문인이다. 1680년(숙종6) 유일(遺逸)로 천거되어 출사하고 벼슬이 이조 참판에 이르렀다.

23 임지수(林芝秀)와 유여호(劉汝豪)가 도암(陶菴)에게 : 임지수는《승정원일기》영조 35년 기묘년(1759년) 기사에 함경도 유학이라고 보일 뿐 나머지는 미상이다. 유여호는 도암의 문인으로 북청 사람인데,《도암집(陶菴集)》권25〈잡저(雜著) 서증유여호(書贈劉汝豪)〉에 보인다.

24 의술(蟻術)의 교화 : 학문을 배움을 이른다.《예기》〈학기(學記)〉의 "개미는 수시로 흙을 물어 나르는 일을 익힌다.[蛾子時術之.]"라는 구절에서 온 말이다. '의(蟻)'는 개미로, 개미가 수시로 흙을 물어 나르는 일을 익혀서 마침내 큰 둑을 만들 듯이, 학문을 갈고 닦는 것을 의미한다.

정조 병오년(丙午年 정조10, 1786)에 유지양(柳知養)[26] 공이 이 고을의 수령이 되어 유학의 교화를 마음에 두어서 장암의 영정(影幀)을 용악재(龍岳齋)로 옮겨 봉안하고 또 노봉을 맹씨의 산장(山莊)에서 제사하였으며 매달 초하루에 두 재(齋)에서 모여 강학하고 이어서 두 분 선생의 유저(遺著)를 구입하여 보관하였다.

아! 우암 선생은 세상에 드물게 나오는 영웅호걸의 자질로 효종의 지우(知遇)를 받아 몸소 존양(尊攘)의 대의(大義)[27]를 책임졌었는데, 중도에 효종께서 승하(昇遐)하시어,[28] 할 수 있는 일이 없게 되자 깊은

25 시조리(始條理)와 종조리(終條理) : 어떤 일의 처음과 끝을 이른다. 조리는 맥락과 같은 말로, 음악을 연주할 때 처음에 종이나 징 따위를 쳐서 소리를 퍼뜨려 음악을 시작하는 것을 시조리라 하고, 마지막에 석경(石磬)을 쳐서 음악을 끝마치는 것을 종조리라 하는바, 《맹자》 〈만장 하(萬章下)〉에 "집대성이란 음악을 연주할 적에 금으로 소리를 퍼뜨리고 옥(석경)으로 거두는 것이다. 금으로 소리를 퍼뜨리는 것은 조리를 시작함이요 옥으로 거두는 것은 조리를 끝냄이니, 조리를 시작하는 것은 지(智)의 일이요 조리를 끝내는 것은 성(聖)의 일이다. 〔集大成也者, 金聲而玉振之也. 金聲也者 始條理也; 玉振之也者, 終條理也. 始條理者, 智之事也, 終條理者, 聖之事也.〕"라고 보인다.

26 유지양(柳知養) : 1733~? 자는 여사(汝思), 본관은 전주(全州)로 1762년(영조38) 정시 문과에 급제하고 1786년(정조10)에 북청 부사(北靑府使)에 제수되었다.

27 존양(尊攘)의 대의(大義) : 존양은 존왕양이(尊王攘夷)를 줄인 말로, 왕실(王室)을 높이고 이적(夷狄)을 물리친다는 뜻이다. 공자께서 이 원칙에 입각하여 《춘추》를 저술하였다.

28 승하(昇遐)하시어 : 원문의 '읍궁(泣弓)'은 활을 안고 운다는 뜻으로 임금의 승하를 가리킨다. 황제(黃帝)가 수산(首山)에서 구리를 채취하여 형산(荊山) 밑에서 정(鼎)을 만들었는데, 정이 완성되자 용 한 마리가 수염을 길게 늘어뜨리고 땅으로 내려와 황제를 맞이하였다. 황제가 용에 올라타자, 여러 신하들과 후궁 70여 명이 따라 올라탔다. 용이 하늘로 올라가자, 나머지 신하들이 용에 타지 못하고 모두 용의 수염을 붙잡으니, 용의 수염과 황제가 지니고 있던 활이 지상으로 떨어졌다. 백성들이 우러러 바라보

산 속으로 물러나 숨어 지냈으나 여전히 영릉(寧陵 孝宗)의 유탁(遺託)에 연연(戀戀)하여 천리(天理)를 밝히고 인심을 바로잡는 일을 자신의 책임으로 삼아서, 선성(先聖)의 도를 보위하고 이단의 학설을 물리쳤으니, 실로 맹자와 주자 이후에 있지 않은 바이다.

도암 선생은 명체적용(明體適用)[29]의 학문으로 기미를 아신 것이 신명(神明)과 같아서 하루를 마치기를 기다리지 않았다. 신임(辛壬) 연간에 흉악한 무리들이 정도(貞道)를 멸하여,[30] 세상의 화란(禍亂)이

니, 황제가 이미 하늘로 올라갔으므로 백성들이 그 활과 수염을 안고 통곡했다는 고사에서 유래하였다. 《史記 卷28 封禪書》

29 명체적용(明體適用) : 본체를 밝게 알고 실용에 적합하다는 뜻으로, 경학에 통달하고 시무(時務)를 잘 다루는 것을 말한다. 《근사록집해(近思錄)》 권10 〈정사(政事)〉의 섭채(葉采)의 주(註)에 "호안정이 배우는 자들에게 경학을 통달하고 시무를 다루는 것을 가르쳐서 체를 밝게 알고 용에 적합하게 하였다. 그러므로 그 문인들이 옛 법을 상고하고 백성을 사랑하는 것으로 일삼을 줄을 알았으니, 옛 법을 상고함은 정치하는 법이요 백성을 사랑함은 정치하는 근본이다.〔胡安定, 教學者以通經術, 治時務, 明體適用, 故其門人, 皆知以稽古愛民爲事, 稽古, 則爲政之法, 愛民, 則爲政之本.〕"라고 보인다. 호안정은 북송의 학자인 호원(胡瑗)으로 배우는 자들이 안정 선생이라고 칭하였다.

30 신임(辛壬)……멸하여 : 신임사화(辛壬士禍)를 이른다. 경종 즉위 초인 1721년(경종1)과 1722년에 세제(世弟) 책봉과 대리청정을 둘러싸고 일어난 옥사로, 신축·임인 두 해에 걸쳐 일어났으므로 신임사화라고 한다. 1720년인 신축년에 숙종이 승하하고 경종이 33세의 나이로 즉위하였는데, 후사가 없고 병이 많았다. 이에 노론의 주도하에 연잉군(延礽君 영조)이 세제로 책봉되자, 노론은 한 걸음 더 나아가 세제의 대리청정을 강행하고자 하였다. 이에 소론인 사직(司直) 김일경(金一鏡) 등이 노론의 주장을 경종에 대한 불충이라고 몰아 소를 올리자, 경종이 노론 사대신(四大臣)을 파직시켜 유배 보냈으며, 이외에도 많은 노론의 인물들을 삭직시키고 소론을 등용하였다. 1722년 3월에 목호룡(睦虎龍)이 노론측이 세자 시절의 경종을 시해하려 했다고 고변하자, 소론은 이를 기화로 옥사를 일으켜 유배된 노론의 사대신을 사사(賜死)하게 하고, 대다수의

하늘에 닿아서 성상(聖上 당시 왕세제였던 영조)에 대한 무함(誣陷)이 끝이 없고 국시(國是)가 정해지지 못하자, 선생은 사도(斯道)를 짊어지고 충(忠)과 역(逆), 사(邪)와 정(正)의 분변과 공(公)과 사(私), 의(義)와 이(利)의 구별을 더욱 엄격하게 하여 여러 음(陰)이 쌓여있는 밑바닥의 한 올의 실 같은 양(陽)을 이끌어 내고 이미 무너진 가운데서 구정(九鼎)[31]을 부지하여 사문(斯文)을 흥기시키고 세교(世敎)를 바로잡아 회복시키니, 그 성대한 공로와 교화가 마땅히 우암 뒤의 유일한 한 분이 되신다. 제군들이 반드시 두 분 현자를 제사 지내고자 하는 것이, 어찌 삼강(三綱)과 오상(五常)[32]이 두 분 현자에 힘입어 더욱 중해져서, 두 분 현자가 만세의 경광(耿光)[33]이 되기 때문이 아니

노론을 제거하였다. 정도(貞道)는 정도(正道)를 이른다.

31 구정(九鼎) : 나라의 국권(國權)을 이른다. 하(夏)나라의 우(禹)임금이 구주(九州)의 쇠를 거두어 만든 아홉 개의 솥으로 천하의 보물로 알려졌으며 또한 국가의 상징물로 인식되었다.

32 삼강(三綱)과 오상(五常) : 유교에 있어 윤리의 기본이 되는 세 가지 강령과 다섯 가지 인륜을 이르는 말이다. 삼강은 군신 간의 도리를 말하는 군위신강(君爲臣綱), 부자간의 도리를 말하는 부위자강(父爲子綱), 부부 간의 도리를 말하는 부위부강(夫爲婦綱)을 이르고 오상은 사람이 지켜야 할 다섯 가지 도리인 군신유의(君臣有義), 부자유친(父子有親), 부부유별(夫婦有別), 장유유서(長幼有序), 붕우유신(朋友有信)을 이른다.

33 경광(耿光) : 임금의 성덕(聖德)이나 선현(先賢)의 밝은 덕을 가리키는 말이다. 《서경》〈입정(立政)〉에 주공(周公)이 성왕(成王)에게 말씀하기를 "능히 왕의 전투복과 병기를 다스려서 우왕(禹王)의 옛 자취에 올라 사방으로 천하에 행해서 해외에 이르기까지 다 복종하지 않는 자가 없게 하시어, 문왕의 경광을 보시고 무왕의 큰 공렬을 드날리소서.[其克詰爾戎兵, 以陟禹之迹, 方行天下, 至于海表, 罔有不服, 以覲文王之耿光, 以揚武王之大烈.]"라고 보인다.

겠는가.

서원의 유생인 유윤회(劉允晦)[34]가 천 리 멀리 찾아와서 많은 선비들의 청원을 전달하여 불초에게 기문(記文)을 지어 줄 것을 요청하니, 삼가 생각하건대 제군들의 이번 거조(擧措)는 다만 보기에 아름답게 하기 위해서가 아니요 그 마음에 생각하기를 상숙(庠塾)은 영재를 육성하는 곳[35]이라고 여겨서일 것이다. 상숙에서는 반드시 고명(高明)들이 정돈하고 몸을 삼가서, 스승과 제자들로 하여금 거처하면서 편안함을 느끼게 한다면 그 뜻이 흔들리거나 빼앗기지 않아서, 가르치는 바가 반드시 전일하고 배우는 바도 반드시 견고하여, 거의 영재를 배양하여 세도(世道)를 도와 영원토록 태평(太平)에 이르게 함이 있을 것이다. 고심(苦心)을 둔 것이 이와 같으니, 그렇다면 이곳에서 배운 모든 사람들이 어찌 감동하고 분발하여 새로워져야 함을 모르겠는가.

북도(北道 함경도)는 문(文)과 예(禮)가 평소 동쪽과 남쪽지방만 못하나 바로 사람이 하늘에서 얻어서 성(性)에 구비한 것에 있어서는 어찌 일찍이 털끝만큼이라도 다른 것이 있겠는가. 사문이 흥성하고 쇠퇴함은 하늘에 근본하고 교화에 관계된다. 이 때문에 팔민(八閩)과

34 유윤회(劉允晦) : 《승정원일기》 철종 6년(1855) 기사에 북청의 유학(幼學)이라고 보이나 인적 사항은 미상이다.

35 상숙(庠塾)은……곳 : 상숙은 상고시대에 지방과 마을에 설치한 학교로, 《예기》 〈학기(學記)〉에 "옛날 교육하던 곳으로는, 25가에는 숙(塾)이 있으며 당(黨)에는 상(庠)이 있으며 주(州)에는 서(序)가 있으며 국도에는 학(學)이 있었다.〔古之教者, 家有塾, 黨有庠, 州有序, 國有學.〕"라고 보인다. 원문의 '낙육(樂育)'은 영재(英才)를 교육하는 일이 즐거움이 된다는 의미이다. 맹자가 "천하의 영재를 얻어 교육시키는 것이 세 번째 즐거움이다.〔得天下英才而教育之, 三樂也.〕"라고 말씀한 데서 유래하였다. 《孟子 盡心上》

백월(百越)은 바로 옛날 만이(蠻夷)가 사는 황복(荒服)이었으나,[36] 송나라와 명나라 이래로 황량하고 누추한 곳이 개벽되어 문명이 중화처럼 융성해졌으니, 지역이 어찌 멀고 가까움에 의해 한정되겠는가. 오직 가르치고 배우기를 어떻게 하느냐에 달려 있을 뿐이다. 게다가 북관(北關)은 성조(聖祖)께서 왕조를 일으키신 땅[37]으로 풍교(風敎)가 흥성하고 두루 퍼져서 멀리까지 미치지 않는 곳이 없으니, 어찌 북도의 유화(儒化)의 성대함이 금일에 다시 보지 않을 것임을 안단 말인가.

이 당(堂)에 올라 배움에 뜻을 둔 제생들은 진실로 능히 이것을 경전(經傳)에서 구하고 몸과 마음에 체행해서 일상의 생활과 평소의 행실에서 이를 발휘하여 안으로부터 밖에 미치고 그 근본에 힘쓰면서도 그 지엽을 버리지 않는다면, 뿌리에 물을 주어 열매를 먹는 효과를 국가가 길이 의뢰하게 될 것이요, 두 분 선생의 정령(精靈) 또한 향기

36 팔민(八閩)과……황복(荒服)이었으나 : 팔민은 지금의 중국 복건성(福建省)의 별칭이다. 옛 민(閩) 지역으로 송나라 때 처음으로 여덟 개의 부(府), 주(州), 군(軍)으로 되었고 원나라 때에는 복주(福州), 흥화(興化), 건녕(建寧), 연평(延平), 정주(汀洲), 소무(邵武), 천주(泉州), 장주(漳州)의 팔로(八路)로 나뉘었으며, 명나라 때에는 팔부(八府)로 고쳤는데, 청나라가 이를 이어 받았으므로 팔민이라고도 칭하게 되었다. 백월(百越)은 중국 교지(交趾)에서 회계(會稽)까지 7, 8천 리 주위에 월족(越族)들이 소규모의 작은 나라를 이루고 살았는바, 이들을 총칭하는 이름으로 백월(百粤)이라고도 한다. 만이(蠻夷)는 중국에서 남방오랑캐를 부르는 명칭이다. 황복(荒服)은 중국의 왕도(王都)로부터 가장 멀리 떨어진 변방을 이르는 말이다. 천하를 전복(甸服)·후복(侯服)·수복(綏服)·요복(要服)·황복(荒服)의 5복(服)으로 나누었는데, 이들은 왕도로부터 5백리씩 점점 멀어진다.

37 북관(北關)은……땅 : 북관은 함경도를 가리키며 성조(聖祖)는 태조(太祖) 이성계(李成桂)를 가리킨 것으로 태조가 함경도의 함흥에서 일어나 조선을 개국하였기 때문에 이렇게 말한 것이다.

로운 제수(祭需)를 편안히 흠향할 것이니, 아름답지 않겠는가.

제생들이 사당에서 제사를 지낼 적에, 두 분 선생의 영령(英靈)이 오르내리시면서 엄연하게 강림하여 자리하는 듯함을 우러러보고서 마치 직접 담소하는 모습을 받드는 듯이 여겨서 경책(警責)을 게을리하지 않는다면, 강한(江漢)과 갱장(羹墻)의 사모하는 마음[38]이 어찌 여기에 있지 않겠는가.

나는 또 후진들이 선진들을 제대로 계술(繼述)하지 못할까 근심하기 때문에, 선진들이 학문을 받든 고사를 함께 기술하여 오는 자들에게 고하노니, 제군들이여. 공경히 생각할지어다.

38 강한(江漢)과……마음 : 돌아가신 스승을 우러러 사모하는 마음을 뜻한다. '강한'은, 공자가 죽은 뒤에 제자들이 유약(有若)의 모습이 공자와 비슷하다고 하여 공자를 섬기던 예로 그를 섬기려고 하자, 증자(曾子)가 이를 반대하면서, "공자께서는 강한으로 씻는 것과 같으며, 가을볕으로 쪼이는 것과 같아서 깨끗하여 더할 수 없다."라고 한 데서 온 말이다. 《孟子 滕文公上》 '갱장(羹墻)'은 옛날 요(堯)임금이 붕어한 뒤에 순(舜)임금이 3년 동안 요임금을 앙모한 나머지, 앉아 있으면 요임금이 담장〔牆〕에서 보이고, 밥을 먹을 때면 요임금이 국〔羹〕에서 보였다고 한 데서 온 말이다. 《後漢書 卷63 李固列傳》

고석기
蠱石記

팔괘(八卦)의 간(艮)은 산이 되고 돌이 되어서 음(陰) 가운데의 양(陽)이고 양 가운데의 음이니, 음의 정(精)이 양을 돕기 때문에 산이 돌을 머금고 있는 것이다.[39] 돌이란 물건이 하늘에 있으면 별이 되고 땅에 있으면 뼈가 되어서 기화(氣化)가 모인 바에도 드러나는 영험이 어긋나지 않는다. 그러므로 노하여 치면 그 소리가 맹렬하고 근심하면서 치면 그 소리가 슬프다.[40] 또 곤륜산(崑崙山)에서 생산되기도 하며 진(晉)나라와 조(趙)나라에서 말하기도 하고[41] 부경(浮磬)과 열전(列錢)[42]이 되기도 하며 옥을 품기도 하고 금을 생산하기도 하며 또 여자

39 산이……것이다 : 이 내용은 《연감류함(淵鑑類函)》 권26 〈석(石)1〉에 《춘추설제사(春秋說題辭)》에 나오는 말이다. 《춘추설제사》는 한나라 때에 나온 《춘추》의 위서(緯書) 중의 하나이다.

40 노하여……슬프다 : 이 내용은 《근사록집해(近思錄集解)》 권10에 있는 이천(伊川) 정이(程頤)의 상소에 보인다.

41 진(晉)나라와……하고 : 진나라에서 돌이 말한 것은 《춘추좌씨전》 소공(昭公) 8년 조에 "8년 봄에 진나라 위유 지방에서 돌이 말을 하는 변괴가 일어났다.〔八年春, 石言于晉魏楡.〕"라고 보인다. 조나라에서 말한 것은 미상이다.

42 부경(浮磬)과 열전(列錢) : 부경은 사수(泗水)에서 나는, 경쇠를 만드는 돌이다. 물 위로 드러나 있어서 마치 물에 떠 있는 것처럼 보인다고 하여 붙인 이름이다. 《書經 禹貢 徐州》 열전은 비단무늬가 있는 돌을 돈처럼 꿰어서 궁전의 담 위를 치장한 장식물이다. 《어정연감유함御定淵鑑類函》 권26 〈석(石)3〉의 주석에 "《동명기》에 이르기를 '한무제가 태어났을 적에 참새의 무리가 파성문 위를 날았다. 이에 청작문이라고 고치고

가 돌로 변하여 망부석(望夫石)이 되는 기이한 것[43]도 있어서 그 종류가 한두 가지가 아니니, 어찌 감응의 소치가 아니겠는가.

우리 동방의 태봉국(泰封國)의 왕인 궁예(弓裔)는 신라의 유얼(遺孼)로서 집안과 나라에서 버림받고 승려들에게 몸을 의탁하였다가, 여러 도적 가운데서 몸을 일으켜 흑양(黑壤 철원(鐵原))을 몰래 점거하여 나라를 세우고 연호를 칭하여 어느덧 삼한(三韓)의 3분의 2를 차지하였었다. 그러나 본성이 본래 흉포하여 살인을 좋아하여 마지않다가 자신의 처자를 해치고 공경(公卿)들을 도륙(屠戮)하고 생령(生靈)들을 어육(魚肉)으로 만드니, 모두가 갈상(曷喪)의 마음[44]을 품었다.

궁예가 매양 말하기를 '강이 마르고 돌이 좀을 먹어야 내가 비로소 망할 것이다.'라고 하였는데, 하룻밤에 용담(龍潭)[45]의 강물이 말라 평

비단 무늬가 있는 돌을 돈처럼 꿰어 열을 지어 장식하였다.〔洞冥記曰: 漢武帝生時, 有雀群翔於灞城門, 改爲青雀門, 乃飾以錦文石, 爲列錢之形.〕"라고 보인다.

43 여인이……것 : 이 내용은 남조(南朝) 송(宋)나라의 학자인 유의경(劉義慶)이 지은 《유명록(幽明錄)》에 "무창의 북산에 망부석이 있는데 모습이 마치 사람이 서있는 것과 같다. 전설에 의하면 옛날에 어떤 정부(貞婦)가 있었는데, 그 남편이 부역에 종사하여 멀리 국난에 달려가자, 부인이 어린 자식을 데리고 북산에서 전송하고 서서 남편을 바라보다가 선돌로 변하였다고 한다.〔武昌北山有望夫石, 狀若人立. 古傳云: 昔有貞婦, 其夫從役, 遠赴國難, 攜弱子, 餞送北山, 立望夫而化爲立石.〕"라고 보인다.

44 갈상(曷喪)의 마음 : 임금의 학정(虐政)에 신음하는 백성들이 나라가 망하기를 바라는 마음을 이른다. 하(夏)나라의 마지막 임금인 걸왕(桀王)이 매우 무도하였는데 그가 일찍이 "내가 천하를 소유한 것은 마치 하늘에 해가 있는 것과 같으니, 저 해가 없어져야 내가 비로소 망한다."라고 했으므로, 당시에 그의 학정(虐政)을 원망하던 백성들이 "이 해는 어느 때나 없어질까. 내 너와 함께 망하겠다.〔時日曷喪? 予及女偕亡.〕" 라고 한 데서 온 말이다. 《書經 湯誓》, 《孟子 梁惠王上》

45 용담(龍潭) : 당시 철원도호부 치소의 서쪽 10리에 있던 용담역(龍潭驛)을 가리킨

지가 되고 도읍 주변 1백 리에 있는 돌들이 모두 좀먹고 훼손되어 북쪽으로는 검불령(劍拂嶺)에 이르고 서쪽으로는 화암(花巖)에 이르고 동남쪽으로는 용담과 대탄(大灘)[46]에 이르러 여러 날이 지나지 않아 자신의 말처럼 멸망하였다.

동사(東史 우리나라의 역사책)에 이르기를 "궁예가 고려의 태조 왕건이 의병을 일으켰다는 말을 듣고 놀라 말하기를 '왕공이 천명을 얻었으니, 나의 일은 이제 끝났구나.'라고 하고 미복 차림으로 북문으로 빠져나가 바위 골짝에 숨었는데, 이틀을 묵은 뒤에 굶주림이 너무 심하여 보리 이삭을 훔쳐 먹다가 조금 뒤에 부양(斧壤 평강(平康)) 백성들에게 살해되었다."라고 하였으며, 민담(民譚)에 전해지기를 "궁예가 청학산(青鶴山)에 이르러 몸을 꼿꼿이 세우고 서서 죽었는데, 장차 시신을 눕혀 매장하려 하였으나 시신이 끝내 눕혀지지 않아서 그 형체를 따라 돌을 쌓아 무덤을 만들고 이어 서낭당으로 삼으니, 삼방이 바로 그 곳이다."라고 하였다.

삼연(三淵) 선생[47]이 일찍이 삼방을 지나다가 그 무덤에 시를 쓰시기

것으로 보이나 분명하지 않다. 《신증동국여지승람 제47권 강원도(江原道) 철원도호부(鐵原都護府)》

46 대탄(大灘) : 《신증동국여지승람》 제11권 〈양근군〉에 "경기도 양근군(楊根郡) 남쪽 10리쯤에 있는 여울 이름이다."라고 보이는바, 지금의 경기도 양평군(楊平郡) 양서면(楊西面) 대심리(大心里) 인근이다.

47 삼연(三淵) 선생 : 삼연은 김창흡(金昌翕, 1653~1722)의 호이다. 자는 자익(子益), 본관은 안동(安東)으로 1673년(현종14) 진사시에 합격한 뒤 과장에 발을 끊고 백악(白岳) 기슭에 낙송루(洛誦樓)를 짓고 동지들과 글을 읽었다. 1689년 기사환국 때 아버지 김수항(金壽恒)이 사사되자 영평(永平)에 은거하고 학문에 전심하였으며, 형 김창협과 함께 성리학과 문장으로 널리 이름을 떨쳤다.

를 "궁예왕의 궁검(弓劍)이 타산에 의탁하니, 쑥이 자라는 석축의 무덤 어지러운 물 사이에 있네. 산봉우리들 늘어선 창처럼 솟아 있으니, 나그네들 여기서 모두 머리 조아리네.〔弓王弓劒寄他山 石築蓬科亂水間 猶有排衙峯列戟 路人於此摠低頭〕"라고 하였고, 또 이르시기를 "큰 땅에 군림하여 신령스런 위엄을 마음대로 부리고 물건 쓰기를 많고 크게 하였으니, 그 넋 또한 사나우리라. 듣자하니 어리석은 백성이 일찍이 보물을 도둑질하였는데 삽시간에 혼과 뼈가 바람과 벼락에 부서졌다네.〔君臨大陸肆威靈 用物弘多魄亦獰 聞有愚氓曾劫寶 片時魂骨碎風霆〕"라고 하였으니,[48] 전해지는 이야기가 틀리지 않음을 알 수 있다.

삼연 어른께서 또 일찍이 동주(東州)의 고석(蠱石)에 대해 시를 지어 "천지에 맑고 깨끗한 기운 가득 차 있는데, 어찌하여 품성이 이처럼 완고한가? 와황도 손을 쓰지 못해 모모와 똑같은 얼굴이네. 천 개의 송곳으로 뚫은 듯하고 만 번의 마마로 얽은 듯하네.〔天地饒淸淑 如何爾稟頑 媧皇未施手 嫫母巧同顔 鑿鑿千錐入 瘢瘢萬痘斑〕"[49]라고 읊으셨으니, 그 형상이 얼마나 추악한지 알 수 있다.

청주(靑州)에서 괴석(怪石)을 공물로 바치니, 소자첨(蘇子瞻)이 이르기를 "제안강(齊安江) 가에 있는 아름다운 돌은 옥과 구별되지 않는

48 삼연……하였으니 : 이 두 편의 칠언 절구는 '궁왕묘(弓王墓)'라는 제목으로 《삼연집습유(三淵集拾遺)》 권10 〈시(詩)〉에 실려 있다.

49 천지에……듯하네 : 이 시는 '동주추석(東州醜石)'이라는 제목으로 《삼연집습유》 권9 〈시(詩)〉에 실려 있다. 와황(媧皇)은 상고 시대 제왕(帝王)인 여와씨(女媧氏)를 가리키는데, 일찍이 공공씨(共工氏)가 축융(祝融)과 싸우다 부러뜨린 천주(天柱)를 '여와씨가 오색의 돌을 구워 보수하고 자라의 발을 잘라 사방을 지탱할 기둥으로 세웠다.〔女媧氏, 鍊五色石以補蒼天, 斷鰲足以立四極.〕'고 한다. 《淮南子 卷6 覽冥訓》

다. 그 무늬가 마치 사람의 지문(指紋)과 같아서 순수하고 밝아서 사랑스러우니, 뛰어난 화가의 그림도 미칠 수가 없다. 어찌 이른바 괴석이란 것이 아니겠는가."라고 하였다.[50]

옛날에 "떳떳한 법칙에 머리 조아리니, 옥석(玉石)이 밝아진다."[51]라고 하였고, "신령(神靈)스러운 자액이 있어 이에 석화(石華)가 있게 되었다."라고 하였으니, 당우(唐虞)의 태평성대에 하늘에서 떨어지고 땅에서 솟아나와 공헌(貢獻)을 갖추게 된 것이 당연하다. 무릇 물건의 곱고 추함이 형체가 드러나면서 생겨나서 자석이 쇠를 끌어당기고 호박(琥珀)이 지푸라기를 취하는 것은 '기는 남몰래 통함이 있고 운수는 은근히 합(合)함이 있다.'[52]는 것이니, 하늘이 선과 악에게 보시(報施)함이 어찌 사람과 물건에 차이가 있겠는가.

정성이 지극하면 금석(金石)도 뚫을 수 있다. 그렇다면 악한 짓을 자행하면 이에 대해 맹세한 것[53]이, 메아리처럼 응하고 신령과 같이

50 소자첨(蘇子瞻)이……하였다 : 소자첨은 북송의 문장가인 동파(東坡) 소식(蘇軾 1036~1101)으로 자첨은 그의 자이다. 동파의 말은 《동파전집(東坡全集)》 권100 〈괴석공(怪石供)〉에 보이는데 일부 축약되어 인용되었다.

51 떳떳한……밝아진다 : 이 내용은 《어정연감유함(御定淵鑑類函)》 권26 〈지부(地部)4 석(石)1〉에 《예함문가(禮含文嘉)》에서 인용한 글이라고 보인다. 《예함문가》는 청나라의 학자 황석(黃奭)이 찬집한 책으로, 여러 책에 실려 전하는 실전된 《예위서(禮緯書)》의 일부 구절을 모은 것이다.

52 기는……있다 : 이 내용은 동진(東晉)의 학자인 곽박(郭璞, 276~324)이 지은 〈자석찬(磁石贊)〉에 보인다. 곽박은 자가 경순(景純)으로 문학(文學)과 훈고학(訓詁學)에 조예가 깊었고, 오행(五行)과 천문(天文), 특히 점술로써 이름을 떨쳤다. 322년 대장군 왕돈(王敦)이 반역을 도모하면서 곽박에게 점을 치게 하자, 흉(凶)한 점괘로 극언하다가 왕돈에 의해 살해당하였다. 《晉書 卷72 郭璞列傳》

변화하니, 어찌 이치 밖의 이치라고 말하겠는가.

옛날 해외에 형(形 표정이나 손동작)으로 소통하는 나라가 있었다. 이들은 입으로 말하지 못하여 서로 형으로써 의사를 표현하였는데, 형으로써 소통하였기 때문에 입보다 빨라서 천기(天機)의 동함이 홀연히 이루어졌으니,[54] 고석(蠱石)과 같은 것은 벌레가 파먹은 것을 가지고 말한 것이다.

내가 매번 대탄(大灘)을 따라 북쪽으로 갈 때마다 이빨처럼 가지런하고 험하게 솟아 장대하게 돌출된 돌들을 보았는데, 마치 굼벵이와 파리매가 파먹은 것과 같고 송곳으로 뚫고 칼로 깎은 것과 같아서 크고 작은 것과 높고 낮은 것이 한 주먹만 한 것도 완전한 것이 없으니, 적이 하늘과 사람을 감격(感激)하게 하는 묘함에 감회가 있었다. 이에 고석기(蠱石記)를 지어서 영세(永世)의 감계(監戒)를 갖추는 바이다.

53 악을……것 : 《서경》 〈감서(甘誓)〉 편은 무도한 유호(有扈)를 토벌할 때에 육경(六卿)을 불러 맹세한 내용을 담고 있는데, 채침(蔡沈)의 《집전(集傳)》에 "유호(有扈)가 강함을 믿고 악한 짓을 자행하여 감히 천자(天子)에게 항거한 것이다.〔有扈之怙强稔惡, 敢與天子抗衡.〕"라는 구절을 원용하여 이렇게 말한 것으로 보이나, 분명하지 않다.

54 해외에……이루어졌으니 : 이 내용은 《동파전집(東坡全集)》 권100 〈괴석공(怪石供)〉에 보인다.

송홍동기
宋洪洞記

백악산(白岳山)의 지맥이 굽이굽이 동쪽으로 뻗어 응봉(鷹峯)이 되니, 응봉은 창덕궁(昌德宮)과 창경궁(昌慶宮) 두 궁궐의 진산(鎭山)이 된다. 창경궁의 동쪽은 나라의 태학(太學 성균관)이 되고, 태학의 동북쪽에 송홍동(宋洪洞)이라는 동네가 있는데, 이는 어떠한 연유로 이렇게 칭해진 것인가?

우암 송시열 선생의 선조가 대대로 이곳에서 거주하였고, 우리 선조 판윤공(判尹公)[55]이 조선조에 들어와서 첫 번째로 한성 판윤(漢城判尹)에 제수되어 숭교방(崇教坊)에 집터를 잡으시니, 바로 또한 이 구역이었다. 후손들이 번창하여 반수(泮水)의 동쪽과 서쪽에 흩어져 살아서, 세상에서 '낙양(洛陽 서울)의 동쪽 마을은 홍씨(洪氏)로 가득 차있다.'라고 칭하니, 이것이 이렇게 이름하게 된 이유이다.

이 구역은 동네가 넓고 탁 트였고 지세가 원만하면서 반듯하며 또 구름 낀 숲의 경승(景勝)이 있다. 10척(尺) 이상 우뚝 솟은 바위가 있는데 그 정상(頂上)[56]이 특별히 빼어나서 모나게 각이 져 있으면서도 칼날과 같은 날카로움을 드러내지 않고, 바위를 치면 소리가 해맑게 울려 퍼져서 주옥을 두드리는 것과 같으니, 백부(白傅)의 시(詩)의

55 판윤공(判尹公) : 조선 태조(太祖) 때의 문신인 홍명(洪溟)을 이른다. 판사(判事) 홍복해(洪福海)의 아들로, 조선조 최초의 한성 판윤(漢城判尹)을 지냈다.

56 정상(頂上) : 원문의 '고표(孤標)'는 산이나 나무 등의 특출한 정상을 가리킨다.

"밝게 빛나는 모습으로 은은하게 솟아 있고 기운이 엉기어 푸른 보석을 배태(胚胎)하고 있는 듯하네.〔隱起璘璘狀 凝成瑟瑟胚〕"라는 구절[57]은 이 바위를 위해 준비해 둔 말이다.

우암이 큰 글씨로 '증주벽립(曾朱壁立)'[58] 네 글자를 써서 바위 위에 새겼는데, 그 필체가 은줄과 쇠사슬을 얽어맨 듯 굳세니, 높고 높은 기상을 상상할 수 있다.

바위에 틈이 있어 겨우 손가락 하나가 들어갈 수 있을 뿐인데, 물과 흙이 없는데도 청개구리가 그 안에 살면서 때로 출몰하니, 또한 기이한 일이다. 이는 화산(華山)의 복사꽃이 바위틈에서 자라는데 바위에 붙으면 바로 살아나서 씨를 심지 않아도 되는 것과 같으니, 이른바 "기는 남몰래 통함이 있고, 운수는 은근히 합함이 있다.〔氣有潛通 數有冥會〕"[59]는 것이다. 물성(物性)의 변화를 일반적인 이치로 한정할 수 없는 것이 이와 같다.

아! 판윤공의 후손들이 경향(京鄕) 각지에 흩어져 살아서 마치 바람에 날리는 쑥대와 물위에 떠다니는 나무 인형[60]과 같았는데, 우리 집안

57 백부(白傅)의……구절 : '백부'는 만년에 태자 소부(太子少傅)를 지낸 당(唐)나라의 시인 백거이(白居易)의 별칭이고, 인용된 시는 40행 20연으로 되어있는 〈사암상공이 이소주가 보내온 기이한 모습이 매우 출중한 태호석과 같다는 시에 대해 20운의 시를 지어 보여줌에 이에 화운하고 아울러 몽득에게도 올리다〔奉和思黯相公以李蘇州所寄太湖石奇狀絶倫因題二十韻見示兼呈夢得〕〉의 제5연이다.《全唐詩 卷457》 인인(璘璘)은 밝게 반짝 반짝 빛나는 모습이고 슬슬(瑟瑟)은 푸른 색 보석을 가리킨다.

58 증주벽립(曾朱壁立) : 증주는 증자와 주자를 가리키고 벽립은 절벽이 되어 우뚝이 솟아 있음을 이른다. 이는 바로 증자와 주자가 절벽처럼 우뚝이 서 있어 세파에 흔들리지 않음을 말할 것이다.

59 기는……있다 : 이 내용은 31쪽 주52 참조.

또한 증조부이신 찬성부군(贊成府君) 때부터 이미 반촌(泮村)을 떠나서, 옛날 살던 집이 지금은 사현사(四賢祠)[61]가 되었다.

옛날 이문요(李文饒)가 평천(平泉) 별장을 만들고 천하의 진귀한 나무와 괴이한 돌을 채집해서 완상(玩賞)할 만한 동산과 못을 갖추고는, 심지어는 "이 평천을 팔아먹는 자는 나의 자손이 아니며 나무 하나와 돌 하나라도 남에게 주는 자는 나의 좋은 자제가 아니다.〔鬻平泉者 非吾子孫 以一樹一石與人者 非佳子弟〕"라고 하였는데,[62] 남쪽 변방에서

60 물위에……인형 : 원문은 '범경(泛梗)'으로 정처 없이 떠도는 삶을 의미한다. 소진(蘇秦)이 맹상군(孟嘗君)을 설득하기 위해 들려준 토우(土偶)와 도경(桃梗)의 우화(寓話)에 "도경이 토우에게 말하기를 '그대는 원래 서안의 진흙이니, 사람이 너를 빚어 인형으로 만든 것이다. 8월의 장마철이 되어 큰비가 내려 치수가 범람하면 풀어져 버리고 말 것이다.'라고 하자, 토우는 '그렇지 않다. 나는 원래 서안의 진흙이니, 흙은 다시 서안으로 돌아갈 뿐이다. 지금 그대는 동쪽나라의 복숭아나무인데 깎고 다듬어서 인형으로 만든 것이니, 비가 내리고 치수가 넘쳐 그대를 떠내려가게 하면, 그대는 물결에 흘러 장차 어디로 가겠는가.' 하였다.〔桃梗謂土偶人曰, 子西岸之土也, 挺子以爲人, 至歲八月, 降雨下, 淄水至, 則汝殘矣. 土偶曰, 不然, 吾西岸之土也, 土則復西岸耳. 今子東國之桃梗也, 刻削子以爲人, 降雨下, 淄水至, 流子而去, 則子漂漂者, 將何如耳.〕"라고 보인다. 《戰國策 齊策3》 토우는 흙으로 빚어 만든 인형이다.

61 사현사(四賢祠) : 숙종 때 성균관 대성전과 남문 바깥에 세운 사당으로 당(唐)나라의 태학생(太學生) 하번(何蕃), 송(宋)나라의 태학생 진동(陳東)과 구양철(歐陽澈) 등의 제사를 지냈는데 처음에는 숭절사(崇節祠)라 부르다가 영조 때 사현사(四賢祠)로 바꾸고 어필(御筆)로 사액(賜額)하였다.

62 이문요(李文饒)가……하였는데 : 이문요는 당(唐)나라의 명상 이덕유(李德裕, 787~850)로, 문요는 그의 자이다. 무종(武宗) 때 재상이 되어 번진(藩鎭)의 세력을 약화시키고 중앙집권을 공고하게 하여 나라를 안정시키는 데 크게 공헌하였으나 선종(宣宗) 즉위 후 참소를 받아 애주 사호참군사(崖州司戶參軍事)로 폄적되어 그곳에서 죽었다. 인용된 이문요의 말은 〈평천산거잡기(平泉山居雜記)〉에 보인다. 《說郛 卷68下》

병들어 죽어서[63] 자기 몸조차 보존하지 못하였으니, 하물며 평천에 대해 무슨 말을 하겠는가. 어쩌면 그리도 달관(達觀)하지 못했는가. 백세(百世)에 걸쳐 비난을 받는 것이 당연하다.

우리 선조는 청렴과 검약을 법도를 삼아서 십수 대를 전하다가 처음으로 옛 집터를 떠났으니, 이문요와 비교하면 그 득실이 어떠한가. 실로 후손들에게 넉넉한 복록(福祿)을 남겨주고 진실로 선대의 사업을 실추하지 않은 것이다.

위씨(韋氏) 집안의 옛 일[64]을 살펴보고서 삼가 계승할 것을 애써 생각하고 왕씨(王氏)의 문풍(門風)[65]을 생각하면서 조술(祖述)할 것을 깊이 바랐으니, 이것이 바로 나의 고심(苦心)이었는데, 지금 몸이 쇠약해지고 병들어 거의 죽게 되어 다시는 이것을 생각할 수가 없다. 이 지경에 이르니 어찌 마음속으로 번민하면서 탄식하지 않을 수 있겠는가.

이 동네에 예전에 글방이 있었는데, 성균관(成均館)의 하인인 정학

63 남쪽……죽어서 : 원문의 '유사(瘐死)'는 원래 '감옥에서 병들어 죽는다.'는 뜻이나 사실(史實)에 의거하여 이렇게 번역하였다.

64 위씨(韋氏)……일 : 친족 간의 돈독한 모임인 화수회(花樹會)를 이른다. 당나라 때의 망족(望族)이던 위씨(韋氏)들이 자주 모여 술을 마시며 친족 간의 정의(情誼)를 돈독하게 하였는데, 잠삼(岑參)이 〈위원외화수가(韋員外花樹歌)〉 시에서 "그대의 집 형제를 당할 수 없으니 열경과 어사와 상서랑이 즐비하구나. 조정에서 돌아와서는 늘 꽃나무 아래 모이니 꽃이 옥 항아리에 떨어져 봄 술이 향기로워라.〔君家兄弟不可當, 列卿御使尙書郎. 朝回花底恒會客, 花撲玉缸春酒香.〕"라고 읊은 뒤로부터 친족 간의 모임을 화수회라고 하게 되었다.

65 왕씨(王氏)의 문풍(門風) : 왕씨는 중국의 대성으로 여러 왕조에서 망족(望族)을 이루어 여러 문풍이 있었는데, 여기에서 말한 내용이 무엇인지는 미상이다.

수(鄭學洙)가 이 가운데에서 학문을 가르쳐서 불주(佛麈)를 세우고 패를 잡은[66] 고사를 능히 닦아서, 관동(冠童)[67] 백여 명이 문질(文質)을 겸비하여 성대한 서하(西河)의 유풍[68]이 있었는데, 근간에 이미 여러 번 주인이 바뀌었다.

우암 어른의 후손인 계지(戒之) 송흠상(宋欽象)[69]이 이 지역을 다른 사람에게 맡겨서는 안 된다고 하고는 서재(書齋)를 사서 꽃과 과일나

66 불주(佛麈)를……잡은 : 원문의 '수불병패(竪拂秉牌)'는 목패를 걸고 총채를 잡는다는 뜻의 '괘패병불(挂牌秉拂)'을 다르게 표현한 것으로, 사찰의 수좌(首座)가 됨을 비유하는데, 여기서는 강석(講席)의 수좌가 됨을 비유한 것으로 보인다. 이 말은 《주자대전속집(朱子大全續集)》 권1 〈답황직경(答黃直卿)〉에 보이는데, 《주자대전차의집보(朱子大全箚疑輯補)》에 "선가에서 조사가 설법할 때의 일이다. 목패를 벽 사이에 걸어놓으면 조사가 이것을 쳐서 무리를 부른다. '병불(秉拂)'의 '불(拂)'은 총채이니, 조사가 잡는 것인데 설법할 적에 이것으로 지휘한다.〔禪家祖師說法時事. 挂木牌於壁間, 祖師擊之以召衆也. 秉拂拂, 麈尾也, 祖師執之, 說法時, 以指麾也.〕"라고 주하였다. 《朱子大全續集箚疑輯補 卷1 書》 주(麈)는 주미(麈尾)로 고라니의 꼬리라는 뜻으로 총채를 가리킨다. 고라니의 꼬리털은 먼지가 잘 떨어져서 이것으로 만든 먼지떨이는 청담(淸淡)을 하던 자들이 많이 가졌으며, 후대에는 불도(佛徒)들도 많이 가지고 다녔다.

67 관동(冠童) : 관례(冠禮)를 한 사람과 관례를 하지 않은 사람이라는 뜻으로, 남자 어른과 남자아이를 아울러 이르는 말이다.

68 서하(西河)의 유풍 : 서하는 공자 사후에 공문십철(孔門十哲)의 한 사람인 자하(子夏)가 학생들을 가르친 곳으로 자하의 학풍은 예(禮)의 객관적 형식을 존중하는 것이 특색이었다.

69 계지(戒之) 송흠상(宋欽象) : 계지는 송흠상(1789~?)의 자이다. 본관이 은진(恩津)이다. 1831년(순조31) 식년 진사시에 합격하고 음직으로 돈녕부 판관(敦寧府判官), 청양 현감(靑陽縣監) 등을 지냈다. 《사마방목(司馬榜目)》에는 자가 계지(繼之)로 되어 있다.

무를 심어 그 지형에 아름다운 풍광을 더하였으니, 이는 집안 대대로 이어 오는 것을 닦아서 옮기지 않고, 대대로 지켜 오는 것을 따라서 잃지 않았다고 이를 만하다.

계지가 죽자 그 집안에서 이 지역을 보유하지 못하였고, 나 또한 힘을 쓸 수가 없어서 주인이 바뀌는 것을 내버려 둘 수밖에 없었다. 지금은 한갓 송홍동이라는 이름만 외고 있으니, 계지에게 크게 부끄러움이 있다.

아! 물은 차마 버릴 수 없고 땅은 차마 황폐하게 할 수 없으니,[70] 어찌 감히 이곳을 잊겠는가.

70 물은……없으니 : 이 내용은 북송(北宋)의 학자 명도(明道) 정호(程顥)가 지은 〈안락정명(安樂亭銘)〉에 보인다. 《二程全書 卷54 明道先生文一 銘詩》

화석정중수기
花石亭重修記

파주(坡州) 치소(治所) 서쪽 20리 지점에 이른바 율곡(栗谷)이 있는데 골짜기가 깊지 않으며, 골짜기의 북쪽 언덕에 이른바 화석정(花石亭)이 있는데 정자가 높지 않다. 그러나 율곡의 화석정이 중국까지 알려져서 이를 들은 자들이 보고 싶어 하지 않는 이가 없었으니, 어찌 문성공(文成公 율곡 이이의 시호)이란 인물 때문이 아니겠는가.

율곡은 이씨(李氏)의 소유(所有)이니, 강평공(康平公) 휘 명신(明晨)[71]이 이곳에 정자를 지은 이래 대대로 지켜왔는데, 5대를 내려와 문성공(文成公)이 출생하였다. 문성공의 학문을 배우는 자들이 높이니, 세상에서는 문성공을 율곡 선생이라고 칭한다. 선생이 8살에 이 정자에 올라 '산월강풍(山月江風)'의 시[72]를 지었는데, 광풍제월(光風霽月)[73]의 기상이 이 시에 드러나니, 이에 시도 전해지고 정자 또한

71 강평공(康平公) 휘 명신(明晨) : 강평은 이명신(李明晨, 1392~1459)의 시호이다. 자는 백부(伯扶), 본관은 덕수(德水)로 율곡 이이의 5대 조부이다. 1414년(태종14) 벼슬길에 올라, 지돈녕부사에 이르렀으며 1443년(세종25)에 화석정을 지었다.

72 산월강풍(山月江風)의 시 : 율곡이 8세에 지은 〈화석정(花石亭)〉 시를 이른 것으로, 이 시에 "산은 외로운 달을 토해 내고 강은 만 리 바람을 머금었네.〔山吐孤輪月, 江含萬里風.〕"라는 구절이 있기 때문에 이렇게 말한 것이다. 이 시는 《율곡전서(栗谷全書)》 권1에 실려 있다.

73 광풍제월(光風霽月) : 비갠 뒤의 깨끗한 바람과 밝은 달처럼 맑은 인품을 말한다. 이 말은 황정견(黃庭堅)의 《산곡집(山谷集)》 권1 〈염계시(濂溪詩)〉의 서문에, "용릉 주무숙은 인품이 매우 높아서 흉중의 쇄락함이 마치 광풍제월과 같다.〔舂陵周茂叔,

전해지게 되었다. 만일 이씨가 이곳에 살지 않아서 선생의 시가 지어지지 않았다면 누가 파주에 율곡이 있고 율곡에 화석정이 있음을 알겠는가.

강평공이 이 정자를 지을 적에 생각한 것이 원대하였다. 그러므로 평천장(平泉莊)의 '일화일석(一花一石)'이란 구절을 취하여 화석정이라고 이름하였으니, 꽃나무 하나와 돌 하나라도 남에게 주지 말라고 한 것은 이 정자와 평천장이 똑같다. 그러나 평천장의 화석(花石)은 한번 황소(黃巢)의 난리[74]를 겪음에 모두 힘 있는 자들이 가져가서 찬황(贊皇)의 별장[75]이 이로부터 세상에 알려진 바가 없었는데, 이 화석정은 이미 황폐해졌다가 다시 세워져서 수백 년의 세월이 지났는데도 마치 단 하루가 지난 것처럼 높이 홀로 서있어서, 지나가는 자들이 이 때문에 목을 빼고 발돋움하면서 행여 꽃 하나, 돌 하나라도 손상될까 염려한다.

정자나 누대나 원지(園池)가 오래가고 오래가지 못하는 것이 꽃나무

人品甚高, 胸中灑落, 如光風霽月.〕"라고 한데서 온 것이다. 무숙은 주돈이(周敦頤)의 자이며 용릉은 그가 살던 고을 이름이다.

74 황소(黃巢)의 난리 : 당나라 희종(僖宗)의 건부(乾符)와 중화(中和) 연간(875~884)에 일어난 농민반란으로 당나라 멸망의 원인이 되었다. 황소는 본래 사염(私鹽)을 팔던 상인이었는데 희종 2년(875)에 왕선지(王仙芝)가 반란을 일으키자 무리를 모아 호응하였다. 왕선지가 전사한 후에는 전군을 통솔하면서 충천대장군(衝天大將軍)이 되어 중원과 강남, 영남 등의 관군을 격파하면서 무리가 1백만 명을 넘어서자 군사를 돌려 장안을 함락시키고 스스로 황제의 자리에 올랐다. 이후 여러 차례 전투에서 관군에게 패해 태산(泰山) 낭호곡까지 쫓겨나자 항복하지 않고 자결하였다.

75 찬황(贊皇)의 별장 : 평천장을 이른다. 찬황은 이덕유로 그가 찬황백(贊皇伯)에 봉해졌기 때문에 이렇게 칭한 것이다.

하나, 돌 하나를 남에게 주지 않는 데에 달려 있지 않고, 꽃나무 하나, 돌 하나를 남에게 주지 않는 것 이외의 일에 달려 있는 것이 아니겠는가. 반드시 이것을 분별할 수 있는 자가 있을 것이다.

정미년(丁未年)[76]에 이씨 가문의 자손들이 함께 상의하여 재목을 모아서 화석정을 중수(重修)하니, 이 일을 주관한 사람은 규신(奎信)이고 서울로 달려와서 글을 요청한 사람은 민적(敏迪)과 민원(敏元)이었다.

혹자가 말하기를 "정자를 중수하지 않아도 되지 않겠는가? 강평공이 남겨 주신 것이 꽃나무 하나, 돌 하나의 밖에 있고 선생이 지켜 온 것 또한 꽃나무 하나, 돌 하나의 밖에 있으니, 후손이 된 자들은 선생이 지켜 온 것을 지키면 충분하다. 저 빗장과 문설주를 만들고 흙을 바르는 일은 지엽적인 것이 아니겠는가."라고 하였다.

내가 말하기를 "그렇지 않다. 선생은 도가 온전하고 덕이 구비되어 광대(廣大)하고 정미(精微)하며 고명(高明)하고 중용(中庸)에 맞는 것[77]이 주자 이후로 견줄만한 이가 드물다. 그러므로 후인들이 선생의

76 정미년(丁未年) : 1847년(헌종13)으로, 매산의 나이 72세 되던 해이다.

77 광대(廣大)하고……것 : 《중용장구(中庸章句)》 27장에 "군자는 덕성을 높이고 학문을 말미암으니, 광대함을 지극히 하고 정미함을 다하며, 고명을 다하고 중용을 따른다.〔君子, 尊德性而道問學, 致廣大而盡精微, 極高明而道中庸.〕"라고 하였는데, 주자는 "'존덕성'은 마음을 보존하여 도체(道體)의 큼을 다하는 것이고, '도문학'은 지식을 지극히 하여 도체의 세세함을 다하는 것이며, '치광대'는 마음과 가슴이 열려서 이 경계와 저 경계의 다름이 없는 것이니, 일호(一毫)의 사사로운 마음으로써 스스로 가리지 않는 것이고, '극고명'은 인욕(人欲)이 자기 몸을 얽매지 않는 것이니, 일호의 사욕(私慾)으로 스스로 얽매이지 않는 것이며, '진정미'는 이치를 분석하게 되면 일호의 착오가 있지 않게 하는 것이요, '도중용'은 일을 처리하게 되면 지나치거나 미치지 못하는 잘못이

어짊을 어질게 여기고 친함을 친하게 여겨 사모하는 마음이, 자나 깨나 앉아 있을 때나 음식을 먹을 때나 한결같아서 세월이 오래되어도 더욱 쇠하지 않으니, 이미 친하게 여긴다면 '뽕나무와 가래나무도 반드시 공경한다'[78]고 말하지 않을 수가 없고 이미 어질게 여긴다면 '물은 차마 버릴 수 없고 땅은 차마 황폐하게 할 수 없다'[79]고 말하지 않을 수가 없다. 정자를 어찌 중수하지 않을 수 있겠는가." 하였다.

아! 선생이 사시던 시대로부터 흐른 세월이 지금 장차 3백 년 가량이 되게 되었으니, 유풍(流風)과 여운(餘韻)이 아득하여 부여잡을 수가 없고 오직 이 정자만 남아 있다. 배우는 자들이 이 정자에 오를 적에 선생이 노닐던 곳을 찾고 선생이 읊으신 시를 외워서 산월과 강풍의 사이에서 선생을 우러러보면서 선생의 고명하고 광대한 기상을 구한다면 이 정자가 또한 도움이 될 것이다. 이에 기문을 짓노라.

있지 않게 하는 것이니, 치광대와 극고명은 존덕성의 일이요, 진정미와 도중용은 도문학의 일이다."라고 풀이하였다.

78 뽕나무와……공경한다 : 부모가 심은 나무여서 공경하지 않을 수 없음을 말한 것으로 《시경》 〈소아(小雅) 소반(小弁)〉에 보인다.

79 물은……없다 : 이 내용은 명도(明道) 정호(程顥)가 지은 〈안락정명(安樂亭銘)〉에 보인다. 자세한 내용은 17쪽 주13 참조.

양주목학 중수기
楊州牧學重修記

양주(楊州)는 한양의 왼쪽으로 백 리도 되지 않는 가까운 곳에 있으니, 서경(西京 장안)에 빙익(馮翊)[80]이 있는 것과 같다. 땅이 넓고 백성이 많은데, 이곳의 사대부들은 일가(一家)의 명망을 지키고 문학을 중시하며 백성들은 아름다운 풍속을 만들고 근본을 힘쓴다. 그러므로 향교의 번성함이 국학(國學)에 버금가서 다른 고을이 미칠 바가 아니다.

사람 중에 가장 뛰어난 것은 태어나면서부터 알고 편안히 행하는 것이고 그 다음은 배워서 알고 힘써서 행하는 것인데,[81] 가장 뛰어난 것이 항상 있을 수가 없으니, 그렇다면 사우(師友)들끼리 강습(講習)함을 진실로 그만둘 수가 없는 것이다. 이 때문에 저 오랜 옛날 성왕(聖王)들께서 가르침과 법을 만들어서 백성들을 훈도(薰陶)시켜서 눈으로 보고 감동을 일으켜 성취하게 하였다.

격물(格物)과 치지(致知), 성의(誠意)와 정심(正心)으로 덕을 진전

80 빙익(馮翊) : 한(漢)나라 때에 수도 장안을 군사적, 경제적으로 보위하기 위해 주위에 두었던 삼보(三輔) 중의 하나이다. 삼보는 경조(京兆)와 우부풍(右扶風), 좌빙익(左馮翊)인바, 양주가 도성의 왼쪽에 있으므로 빙익에 비유한 것이다.

81 가장……것인데 : 이 내용은 《중용장구》 제20장의 "혹은 태어나면서 이 달도(達道)를 알고 혹은 배워서 이것을 알고 혹은 애를 써서 이것을 아는데, 그 앎에 미쳐서는 똑같다. 혹은 편안히 이것을 행하고 혹은 이롭게 여겨서 이것을 행하고 혹은 억지로 힘써서 이것을 행하는데, 그 성공함에 미쳐서는 하나이다.〔或生而知之, 或學而知之, 或困而知之, 及其知之, 一也. 或安而行之, 或利而行之, 或勉强而行之, 及其成功, 一也.〕"라는 구절을 원용한 것이다.

시키고, 시서(詩書)와 육예(六藝)를 익혀서 학업을 쌓으며, 향사(鄕社)에서 제사를 올리고 노인을 봉양하여 예를 익히며, 오르고 내리고 굽어보고 우러러 보며 주선하고 허리를 굽혀서 그 용모를 살펴보아서, 어릴 때로부터 장성함에 이르기까지 일찍이 학교를 떠나지 않았으니, 이 때문에 학문을 갈고 닦으며 점화(點化)시켜서 날로 선(善)으로 옮겨가면서도 스스로 알지 못했던 것이다.

전(傳)에 이르기를 "여러 공인(工人)들이 공장에 있으면서 그 일을 이룬다."라고 하였으니,[82] 학교는 사군자(士君子)의 공장일 것이다.

양주의 학궁(學宮)은 지은 지가 오래되어서 내리치는 비와 사나운 바람에 거의 지탱할 수가 없었는데, 지금 양주 목사(楊州牧使)로 있는 김신근(金愼根) 사또가 부임하자마자 옛것을 수리하고 폐해진 것을 다 일으켜서 여러 제도가 모두 바르게 되었다. 선성(先聖)과 선사(先師)를 배알한 뒤에[83] 물러나와 탄식하기를 "이는 나의 책임이니 어찌 감히 힘쓰지 않을 수 있겠는가."라고 하고는, 학교의 선비들을 인도하여 함께 학교의 수리를 도모해서 자신의 녹봉(祿俸) 일부를 덜어 솔선하니, 온 고을 사람들이 서로 권면해서 혹은 재물로 돕고 혹은 힘으로

82 전(傳)에……하였으니 : 전은 《논어》 〈자장(子張)〉 편을 이른다. 이 내용은 공자의 제자 자하(子夏)의 말이다.

83 선성(先聖)과……뒤에 : 선성은 양주향교(楊州鄕校) 대성전(大成殿)에 모셔져 있는 공자, 안자, 증자, 자사, 맹자 등 다섯 성인을 이르고, 선사(先師)는 배향된 중국과 우리나라의 여러 선생들을 이르는데, 지금은 주자와 정자 및 설총(薛聰), 최치원(崔致遠), 안향(安珦), 정몽주(鄭夢周) ,김굉필(金宏弼), 정여창(鄭汝昌), 조광조(趙光祖), 이언적(李彦迪), 이황(李滉), 김인후(金麟厚), 이이(李珥), 성혼(成渾), 김장생(金長生), 조헌(趙憲), 김집(金集), 송시열(宋時烈), 송준길(宋浚吉), 박세채(朴世采) 등을 배향하고 있다.

도우니, 서신보(徐莘輔), 최경호(崔景濩), 이경섭(李敬燮), 이병일(李炳一), 권계(權棨), 김우용(金愚容), 서영석(徐永錫), 영온(永溫)이 바로 그 분들이다.

여름에 처음 공사를 시작해서 가을을 거쳐 겨울을 지나 끝내니, 기울었던 대성전(大成殿)과 동무(東廡), 서무(西廡)에 날아갈 듯이 서까래를 걸었고 재실(齋室)의 옛터에 즐비하게 집들이 세워졌으며, 희미해졌던 단청(丹靑)이 찬란하게 빛나고 포주간과 목간(沐間)이 마련되고 솥과 도마가 차례대로 자리하니, 아! 어쩌면 이리도 아름답고 정성스럽고 두루 갖추었는가.

그러나 학교를 세우는 것은 장차 강학하기 위한 것이니, 만일 학교가 있어도 강학하지 않고 강학을 하더라도 실제의 학문을 익히지 않으면, 이른바 학교라는 것이 다만 텅 빈 골짝에 있는 하나의 집일 뿐이다. 학교가 폐지되고 일어나고 이루어지고 부서짐이 어찌 세교(世敎)에 관여되겠는가.

문장공(文莊公) 구준(丘濬)이 말하기를 "학교를 설치하는 것은 가난한 선비를 길러 주기 위한 것이 아니요, 또 그 무리를 모아서 문장을 익히려고 하는 것이 아니다. 공자 문하의 고제(高弟)들도 오히려 부지런히 인(仁)과 효(孝)를 묻고 지혜와 정사를 물었는데, 후대의 선비들은 그 분들에게 크게 미치지 못한다. 만일 무리를 떠나 외로이 홀로 거처하여 자신이 익숙한 바에 가려지면 고루(固陋)하고 괴벽(乖辟)해져서 말미암아 도(道)에 나아갈 수 없다."라고 하였고,[84] 율곡 선생은

84 문장공(文莊公)……하였고 : 구준(丘濬, 1420~1495)은 명(明)나라 초기의 유학자이자 문신으로 문장은 그의 시호이다. 호는 경산(瓊山), 자는 중심(仲深)으로 벼슬이

근세(近世) 향학(鄕學)의 병폐를 탄식하여 말씀하시기를 "스승은 자리에 편안히 기댄 채 강좌를 열지 않고 제자들은 책을 시렁 위에 묶어 둔 채 즐겁게 놀며 향음주례(鄕飮酒禮)가 폐해져서 학교의 뜰에 풀이 무성하다."[85] 하셨으니, 앞의 구절로 벗들과 노는 것이 즐거울 만한 일임을 알 수 있고, 뒤의 구절로 교육이 해이해지는 것이 두려울 만한 일임을 알 수 있다. 그렇다면 김 사또가 마음을 다하여 학교를 수리해서 옛 모습[86]을 회복시킨 것이 어찌 구차하게 한 고을의 외관(外觀)을 아름답게 하고자 한 것이겠는가. 여러 선비들이여, 공경히 생각할지어다.

사람의 성(性)은 하늘에서 나와서 풍토에 얽매이지 않는다. 그러므로 비록 작은 주(州)나 궁벽한 읍(邑)이라도 진실로 분발하여 스스로 닦는 자가 있으면 탁월한 성취를 이루지 않음이 없는데, 더구나 이 양주 고을은 서울과 매우 가까워서 성명(聲明)[87]과 풍화(風化)가 가장

예부 상서(禮部尙書)에 이르렀으며 학문이 정심하여 문연각 태학사(文淵閣大學士)를 겸하였는데 특히 주자학에 정통하였다. 인용된 구준의 말은 원래 동래(東萊) 여조겸(呂祖謙)의 말인데, 구준이 이를 자신이 찬한 《대학연의보(大學衍義補)》에 인용하였는바, 이 때문에 구준의 말이라고 한 것인데, 이글은 발췌되어 인용되었다. 《性理大全書 卷67 治道2》, 《大學衍義補 卷70 治國平天下之要 崇敎化》

85 스승은……무성하다 : 이 내용은 《율곡전서(栗谷全書)》 권12 〈희천양현사기(熙川兩賢祠記)〉에 보인다.

86 옛 모습 : 원문의 '고상(故常)'에는 옛 규범, 상례(常例), 습관(習慣) 등 여러 가지 뜻이 있으나 문맥에 따라 이렇게 번역하였다.

87 성명(聲明) : 성교(聲敎)와 문명(文明)과 전장제도(典章制度)를 일컫는 말이다. 성은 석(錫)·난(鑾)·화(和)·영(鈴) 등의 방울소리를 가리키고, 명은 해[日]·달〔月〕·별〔星辰〕 등을 깃발에 그려 하늘의 밝은 것을 상징한 것으로, 거식(車飾)·의장

먼저 미치는 곳임에 있어서이겠는가. 고을의 선비들이 내 집에 찾아와서 글을 지어 달라고 청하므로 마침내 이 글을 써서 돌려주노라.

(儀仗) 등의 제도를 뜻한다.《春秋左傳 桓公 2年》

효자리 정려각기 경술년[88]

孝子里旌閭閣記 庚戌

해주(海州) 동쪽 60리 지점에 있는 오천(鼇川) 옆 불주산(不周山) 아래에 이른바 효자리(孝子里)가 있으니, 효자는 바로 고려 때 찬성(贊成)을 지낸 천은(川隱) 이맹운(李孟芸)[89] 공으로, 우리 태조(太祖)께서 어필(御筆)로 '효자리' 세 글자를 써서 정표(旌表)한 마을이다.

공은 타고난 자질이 뛰어났고 천성이 지극히 효성스러워서, 고려가 망하자 사첩산(謝疊山)의 '어머니가 계시면 죽지 못한다'는 의리[90]를

88 경술년(庚戌年) : 매산의 나이 75세 되던 해이다.

89 천은(川隱) 이맹운(李孟芸) : 다른 이름은 이맹예(李孟藝)이고 천은은 호이며 본관은 화산(花山)이다. 《전고대방(典故大方)》에 《화해사전(華海師全)》을 인용하여 고려의 두문동(杜門洞) 72인을 소개하고 이맹예의 아래에 "자신의 뜻을 말하기를 '뇌수산에서 맑은 바람을 쏘이겠다.'라고 하고 오천에 은둔하였다.〔志曰: "願灑雷首", 隱於鼇川.〕"라고 보인다. 또 《대동기문(大東奇聞)》에는 "이맹예(李孟藝)는 전서(典書) 벼슬을 지낸 사람으로, 처음에는 두문동(杜門洞)에 들어갔다가 뒤에는 황해도 해주(海州)에 은거하였다."는 기록이 전한다. 운(芸)은 예(藝)의 오기로 보이는데, 운(芸)과 예(藝)는 다른 글자이나 사람들이 잘못 통용하고 있으며 일본에서는 운(芸)을 예(藝)의 간자로 사용한다.

90 사첩산(謝疊山)……의리 : 사첩산은 남송(南宋) 말기의 충신인 사방득(謝枋得, 1226~1289)으로 첩산은 그의 호이고 자는 군직(君直)이다. 이종(理宗) 보우(寶祐) 4년(1256) 진사시에 급제하고 벼슬이 강동 제형(江東提刑)에 이르렀다. 송나라가 망하자 은거하고 원나라 조정에서 여러 차례 불렀지만 나아가지 않았다. 원나라 조정에서 강제로 불러 대도(大都)에 왔지만 끝내 굴복하지 않고 단식하다가 별세하였다. 사방득의 의리는 그가 별세할 적에 원나라의 어사인 정거부(程鉅夫)에게 남긴 편지에 "원나라

이끌어서 어머니를 업고 바닷가로 도망해서 소련(小連)과 대련(大連)의 고을인 해주로 들어가서 이 구역에 터를 잡아 살았는데, 산에서 나무하고 물에서 물고기를 잡아서 맛있는 음식을 올렸고 부드러운 얼굴빛과 공손한 용모로 어머니의 심지(心志)를 봉양하였다.[91]

병환에 약시중을 들 때에는 밤에도 허리띠를 풀지 않았으며 똥을 맛보고 향을 살라 북극성에 기도하였으며 상제(喪制)를 지킬 때에는 3년 동안 죽을 먹고 시묘(侍墓)를 살았다. 절구질을 계속하여 손가락이 모두 모지라지고 절구가 뚫렸으며 언 연못에서 잉어가 뛰어나오고 눈밭에서 오이가 나오는 일까지 있어서 지성에 감동되어 통하지 않는 바가 없었으니, 당시 사람들이 이분을 왕상(王祥)과 증자(曾子)[92]라고 지목한 것이 실로 부끄러움이 없었다.

공은 효성을 옮겨 충성을 하였다. 정혁(鼎革)[93]에 가슴 아파하여 조

가 천하를 통치하여 백성과 만물이 일신되었으나 송나라 황실(皇室)에서 버림받은 외로운 신하가 아직까지 죽지 못하고 있습니다. 제가 죽지 못한 것은 93세의 모친이 아직 살아계셨기 때문인데, 선비께서 금년 2월에 정침에서 고종명하시니, 저는 지금부터 인간사에 뜻이 없어졌습니다.〔大元制世, 民物一新, 宋室孤臣, 只欠一死, 某所以不死者, 以九十三歲之母在堂耳. 先妣以今年二月, 考終於正寢, 某自今無意人間事矣.〕"라고 보인다.《疊山集 卷2 上程雪樓御史書》

91 어머니의 심지(心志)를 봉양하였다 : 어머니의 의식(衣食)을 풍족하게 하는 등 육신을 봉양했을 뿐만 아니라, 어머니의 뜻을 받들어 봉양하였다는 말이다. 증자(曾子)가 아버지 증석(曾晳)을 봉양할 때 진정한 효성으로 어버이의 뜻을 봉양하였다는 내용이《맹자》〈이루 상(離婁上)〉에 보인다.

92 왕상(王祥)과 증자(曾子) : 왕상은 진(晉)나라 때의 효자로, 자는 휴징(休徵), 시호는 원(元)이다. 자기에게 모질게 대하는 계모를 지극한 효성으로 봉양하였다.《晉書 卷33 王覽列傳》,《小學 善行》증자는 공자의 제자로 이름이 삼(參)이고 자가 자여(子輿)인데, 효성이 지극하였다.

회할 때 쓰던 관을 동쪽 고개에 걸어놓고 뇌수산(雷首山)[94]에서 맑은 바람에 몸을 깨끗하게 하면서 두문동(杜門洞)의 70분[95]들과 토실(土室)에 몸을 감추어 자정(自靖)[96]할 것을 마음속으로 맹세하였다. 성시(聲詩)[97]에 외로운 분노를 발하여 목은(牧隱) 이색(李穡)의 황화(黃花) 시[98]에 화운하였으며, 성조(聖朝)에서 세 번 불렀으나 지조(志操)

93 정혁(鼎革) : 낡은 것을 새것으로 고친다는 뜻의 정신혁고(鼎新革故)를 줄여 쓴 것으로, 이미 있던 왕조를 무너뜨리고 새 왕조가 세워짐을 이르는데, 여기서는 고려가 멸망하고 조선이 개국된 일을 이른다.

94 뇌수산(雷首山) : 산 이름으로 지금의 산서(山西)성(省) 중조산맥(中條山脈) 서남쪽에 있는데, 수양산(首陽山)으로도 불린다. 은나라가 망하자 백이(伯夷)와 숙제(叔齊)가 이 산에 들어가 고사리를 캐어 먹다가 굶주려 죽었다고 하는바, 해주에 수양산이 있으므로 백이와 숙제를 염두에 두고 말한 것으로 보인다. 해주 북쪽에 있는 용수산(龍首山)을 뇌수산이라고도 부르는데, 매산 당시에도 이 이름을 썼는지는 미상이다.

95 두문동(杜門洞)의 70분 : 고려가 멸망한 뒤에 고려조에서 벼슬하던 72명의 신하들이 새 왕조에서 벼슬하지 않기로 약속하고 개성의 동남쪽 고개에 올라가 조회할 때 쓰던 관(冠)을 걸어놓고 한 골짝에 들어가 두문동(杜門洞)이라고 명명하고 함께 은거하였다. 세상에서 이분들을 두문동 72현이라고 칭했는바, 임선미(林先味), 우현보(禹玄寶), 조의생(曺義生), 이색(李穡), 길재(吉再), 원천석(元天錫) 등이 대표적인 인물이다.

96 자정(自靖) : 스스로 의리에 맞게 처신하여 은둔의 지조를 지킨다는 뜻이다. 은(殷)나라 태사(太師)인 기자(箕子)가 주왕(紂王)의 서형(庶兄)인 미자(微子)에게 "스스로 의리에 편안하여 사람마다 스스로 선왕에게 뜻을 바칠 것이니, 나는 떠나가 은둔함을 돌아보지 않겠다.〔自靖, 人自獻于先王 我不顧行遯.〕"라고 보이는데, 후세에는 은둔하여 지조를 지킴을 가리키는 말로 많이 사용한다. 《書經 微子》

97 성시(聲詩) : 원래 악가(樂歌)를 이르는데 여기서는 시를 지어 읊조린다는 의미로 쓰인 것으로 보인다.

98 목은(牧隱)……시 : 목은이 읊은 국화(菊花) 시를 이르는데, 《목은고(牧隱藁)》에 〈십일의 국화〔十日菊〕〉, 〈국화를 노래하다〔詠菊〕〉 등 여러 편의 국화를 노래한 시가

를 잃지 않았다. 이에 소나무를 가슴에 품고 고사리를 캐던 공의 절개가 늠름하게 온 우주를 다 통하고 삼광(三光 해·달·별)에 짝할 만하니, 공의 효도는 시작이 있고 종(終)이 있다고 이를 만하다. 아! 훌륭하다.

아! 군신간의 윤리는, 만물을 덮어주고 실어주는 천지(天地) 사이에 도피할 곳이 없어서, 밥을 먹고 숨을 쉬는 잠깐의 사이도 용납하지 않는데, 고려의 옛 신하들은 도도하게 하늘을 속이고 사람을 능멸하고 나라를 팔아먹고 군주를 팔아먹었다. 오직 공은 소미자(小微子)의 먼 후손으로 대은공(大隱公)의 가정교훈을 받들었고[99] 또 포은(圃隱) 정몽주(鄭夢周), 목은(牧隱) 이색(李穡), 야은(冶隱) 길재(吉再) 등 제현들과 종유(從遊)해서 끊어진 학문을 제창(提唱)하고 천명(闡明)하였으며 성리학을 강구(講究)하여, 하늘이 다하도록 실추되지 않는 대경(大經)과 대의(大義)를 이해하였다. 이는 평소에 덕을 함양(涵養)함이 있어서 마침내 몸이 처해 있는 곳에서 직분을 다할 수 있었던 것이다.

복상(卜商)이 힘을 다한 것[100]과 은(殷)나라 인자(仁者)가 신복(臣

보인다.

99 소미자(小微子)의……받들었고: 소미자는 화산이씨(花山李氏)의 시조인 이용상(李龍祥)을 이른 것으로 보인다. 이용상은 안남국의 왕자로 고려에 망명하였는데, 고종이 이를 가상하게 여겨 화산군에 봉하고 사성(賜姓)하였다. 대은공은 이맹예의 부친으로 좌복야(左僕射)를 지낸 이유(李裕) 공을 이른 것으로 보이는데, 족보에는 호가 해은(海隱)으로 되어 있다.

100 복상(卜商)이……것 : 부모에 효성을 다함을 이른다. 복상은 공자의 제자로 십철(十哲) 중의 하나인 자하(子夏)이다. 자하가 "어진 이를 어질게 여기되 여색을 좋아하는 마음과 바꾸며, 부모를 섬기되 그 힘을 다할 수 있으며, 임금을 섬기되 그 몸을 바칠 수 있으며, 벗과 사귀되 말함에 성실함이 있으면 비록 배우지 않았다고 말하더라도

僕)이 되지 않은 것[101]이 모두 공의 한 몸에 모였으니, 진실로 주자가 말씀한 "활효(活孝)로 미루어 간다.〔活孝推將去〕"는 것[102]이요, 옛말에 "충효 두 절개가 모두 크고 두 이치가 모두 지극하다.〔兩節弁弘 二理同極〕"[103]는 것이 여기에 가까울 것이다.

아! 우리 성조(聖祖)들께서는 무왕(武王)이 상용(商容)의 마을에 경의를 표한[104] 그 마음으로 천지를 범위(範圍)로 삼고 못과 숲을 넓혔으며, 서견(徐甄)의 시를 칭찬하고,[105] 원천석(元天錫)의 마을을 방문

나는 반드시 그를 배웠다고 이를 것이다.〔賢賢易色, 事父母能竭其力, 事君能致其身, 與朋友交, 言而有信, 雖曰未學, 吾必謂之學矣.〕" 하였으므로 이렇게 말한 것이다. 《論語 學而》

101 은(殷)나라……것 : 망국의 신하가 새 왕조의 신하가 되지 않는 의리를 이른다. 은나라의 인자(仁者)는 기자(箕子)로 상(商)나라가 망하기 직전에 "상나라가 망하더라도 나는 남의 신하와 종이 되지 않을 것이다.〔商其淪喪, 我罔爲臣僕.〕"라고 하였으므로 이렇게 말한다. 《書經 微子》

102 주자가……것 : 이 내용은 《어정연감유함(御定淵鑑類函)》 권270 〈인부(人部) 29 충효(忠孝) 3〉에 보인다.

103 충효……지극하다 : 이 내용은 《남제서(南齊書)》에 보이는데, '양절병홍(兩節弁弘)'은 원문이 '충효병홍(忠孝弁弘)'으로 권55 〈열전(列傳) 제36 효의(孝義) 최회신(崔懷愼)〉에 보이고, '이리동극(二理同極)'은 〈열전 제5 유세륭(柳世隆)〉에 보인다.

104 무왕(武王)이……표한 : 이 내용은 《서경(書經)》 〈무성(武成)〉에 보인다. 상용(商容)은 주왕(紂王) 때의 대부(大夫)로, 주왕에게 직간하다가 쫓겨났던 인물이다.

105 서견(徐甄)의 시를 칭찬하고 : 이 내용은 《태종실록》 12년 5월 17일의 "고려를 사모하는 내용의 시를 지은 서견을 임금이 용서하다"라는 제목의 기사에 보인다. 서견은 호가 여와(麗窩), 본관이 이천(利川)으로 안향(安珦)의 문인이다. 1391년(공양왕3) 사헌 장령(司憲掌令)이 되어 대사헌 강회백(姜淮伯) 등과 함께 조준(趙浚)과 정도전(鄭道傳)을 탄핵하다가 정몽주(鄭夢周)가 살해되자 유배되었다. 조선 개국 후 풀려나 청백리(淸白吏)에 녹선되었으나 금천현(衿川縣) 번당(樊塘)에 은거하며 벼슬하지 않

하고,[106] 조견(趙狷)을 송산(松山)에, 남을진(南乙珍)을 사천(沙川)에 봉하였는데,[107] 이분들의 마을 입구에 문을 세워 정표(旌表)했다는 말은 듣지 못하였다.

유독 공에게 있어서마는 그의 마을에 비갈(碑碣)을 세우고 특별히 승국(勝國)[108]의 관함(官銜)을 게시하도록 명하였다. 충성을 장려하고 효도를 표창한 은전이 한번 거행됨에 남김없이 다 갖추어지고, 규장(奎

았다.

106 원천석(元天錫)의 마을을 방문하고 : 원천석은 자가 자정(子正), 호가 운곡(耘谷), 본관이 원주(原州)이다. 고려 말에 진사가 되었으나 나라가 혼란에 빠지자 치악산(雉嶽山)에 들어가 은둔하여 농사를 지으며 이색(李穡) 등과 교유하며 지냈다. 태종(太宗)이 자신을 가르친 인연을 생각하여 원천석에게 여러 차례 벼슬을 내렸으나 응하지 않았다. 태종이 직접 집으로 찾아갔는데, 미리 소식을 들은 원천석이 산 속으로 피하여 만나지 못하였다. 이에 태종은 시냇가에 있는 바위에 올라 집을 지키는 할머니에게 선물을 주고 그의 아들의 형을 현감(縣監)에 임명하였는데, 이 바위를 태종대(太宗臺)라고 부른다.

107 조견(趙狷)을……봉하였는데 : 이 내용은《신증동국여지승람 》제11권〈경기(京畿) 양주목(楊州牧)〉에 "남을진(南乙珍)은 의령(宜寧) 사람이며 벼슬은 고려 때 참지문하부사(參知門下府使)였고, 본조가 개국하자 감악산(紺岳山) 석굴에 들어가 숨어서 나오지 아니하니, 태조가 그의 거소를 찾아서 사천백(沙川伯)을 봉하였다. 조견(趙狷)은 처음 이름은 윤(胤)이고 자는 거경(巨卿)인데, 평양 사람이다. 본조에서 여러 번 부르니 도망가서 이름을 견(狷)으로 바꾸었다. 호가 송산(松山)인데 본조에서 그의 공훈을 기록하여 평성부원군(平城府院君)에 봉했으나 굴하지 아니하였다. 시호는 평간(平簡)이다."라는 내용이 보인다. 송산은 평성의 오기로 보이며, 조견(1351(충정왕3)~1425(세종7))은 자가 종견(從犬), 호가 송산(松山), 본관이 평양(平壤)인데 그의 행적에 대해서는 "조선이 개국되고 형 조준(趙浚)으로 인하여 개국공신에 책록되었다."는 또 다른 설이 있다.

108 승국(勝國) : 멸망한 나라라는 뜻으로, 전조(前朝)인 고려를 이른다.

章 임금이 쓴 글씨나 시문)이 해와 별처럼 빛나고 정문(旌門)이 향리에 찬란하여 극(極 표준)을 세운 규모(規模)의 어질고 후덕하며 넓고 통달함이 이에 성대하니, 어찌 다만 세교(世敎)를 장려하고 명절(名節)을 숭상하는 한 가지 일이 될 뿐이겠는가.

백대(百代) 후에 공의 유풍(遺風)을 들은 자들이 격려하고 권면하며 사모하는 마음을 일으키지 않는 이가 없어서, 공의 충성을 기려 표절사(表節祠)[109]에 배향하고 효성을 기려 달례사(達禮祠)[110]에 추배(追配)하여 그 높여 보답함을 지극히 하였으니, 공의 옛 마을을 보면 오두적각(烏頭赤脚)[111]이 우뚝하게 솟아 백겁(百劫)의 세월이 지나 상전(桑田)이 벽해(碧海)가 된 뒤에도 찬란해서, 사람들로 하여금 아름다운 덕을 좋아하는 양심(良心)을 일으켜서 더불어 똑같이 할 것을 생각하게 하니, 그렇다면 이 정려각(旌閭閣)의 보존이 백성의 떳떳한 마음과 사물의 법칙에 도움이 되는 것을 어찌 측량할 수 있겠는가.

공의 후손이 된 자들은 이 덕을 잘 닦고 선조에게 욕이 되지 말아서

109 표절사(表節祠) : 두문동의 72현인 임선미(林先味), 조의생(曺義生) 등을 모신 사당으로 1783년(정조7)에 개성의 성균관 서쪽에 세워져 곧바로 사액을 받았다.

110 달례사(達禮祠) : 황해도 해주(海州)에 있는 사당(祠堂)으로, 해주 사람이라고 전해지는 소련(小連)과 대련(大連)을 향사하기 위해 지어진 것이다. 소련과 대련은 부모상을 잘 치러 효행으로 이름난 형제로, 《예기》 〈잡기(雜記)〉에, "소련과 대련이 거상을 잘하여 부모가 죽은 지 3일 동안 태만하지 않았으며, 3개월 동안 빈소에서 게을리 하지 않았으며, 1년 동안 슬퍼하고 3년 동안 근심하였으니, 동이족(東夷族)의 자식이었다.〔少連大連善居喪, 三日不怠, 三月不解, 期悲哀, 三年憂, 東夷之子也.〕"라고 보인다.

111 오두적각(烏頭赤脚) : 정문(旌門)을 이른다. 윗부분은 검고 기둥이 붉은색이기 때문에 이렇게 칭한다.

선(善)을 물려주고 효성이 끊이지 않게 할 것[112]을 도모하여야 비로소 국가에서 덕을 본받게 하고 어진 이를 높이는 성대한 뜻을 저버리지 않을 것이다. 이씨들이여, 공경히 생각할지어다.

홍무(洪武) 정축년(丁丑年)[113]에 처음 정려각을 세웠는데, 453년 뒤인 숭정(崇禎) 네 번째 되는 경술년[114]에 이 글을 기록한다. 글을 청한 자는 바로 공의 후손 최강(最綱)인데, 정성과 힘이 아주 돈독하고 지극하니, 또한 여기에 그의 이름을 쓰지 않을 수가 없다.

112 선(善)을……것 : 원문은 '석류불궤(錫類不匱)'인데, 이는 《시경(詩經)》〈대아(大雅) 기취(旣醉)〉의 "효자의 효성이 다하지 않으니, 길이 너에게 선(善)을 주겠다. 〔孝子不匱, 永錫爾類.〕"라는 구절을 원용한 것이다. 주자는 《집전(集傳)》에서 '석류(錫類)'의 류(類)를 선(善)으로 풀었다.

113 홍무(洪武) 정축년(丁丑年) : 1397년(태조6)이다. 홍무는 명나라 태조의 연호이다.

114 숭정(崇禎)……경술년 : 숭정(崇禎)은 명나라 마지막 황제 의종(毅宗)의 연호인바, 이 연호가 시작되는 무진년(戊辰年, 1628) 이후 네 번째 되는 경술년(庚戌年)이란 의미로, 바로 1850년(철종2)이다. 당시 조선의 식자(識者)들은 임진왜란 때 군대를 보내 나라를 보존해준 명나라의 은혜를 기리고 오랑캐인 청나라의 정통성을 부인하여 공식 연호인 청나라의 연호를 쓰지 않고 연도를 이렇게 표기하는 경우가 많았다.

삼막사 유람기 임자년[115]

遊三藐記 壬子

관악산(冠岳山)은 그 빼어난 아름다움이 매우 특별하여 기세와 높이를 다투는 층층의 암벽과 가파른 절벽이 마치 여인네의 쪽진 검은 머리와 푸른색 소라와 같아서, 말로 형용할 수가 없으니, 바로 이른바 태초의 원기(元氣 천지가 나뉘기 전의 혼돈(混沌)의 기운)가 맺어져서 태허(太虛 우주만물의 근원이 되는 일기(一氣))의 가운데에서 뛰쳐나왔다는 것이다.

국도(國都)와 마주 대하고 있어서 도봉산(道峯山)과 삼각산(三角山)과 더불어 세 개의 산을 이루는데, 바라보면 마치 높다란 관을 쓰고 큰 띠로 두르고 위로 천제(天帝)에 조회하는 모습이다. 그러므로 또한 탁관(卓冠)이라고도 이름하니, 한수(漢水) 남쪽 여러 산들이 진실로 감상할 만한 곳이 많으나, 만약 품평을 가한다면 모두 관악산의 자손인 것이다.

병신년(丙申年) 오추(梧秋)[116]에 이자강(李子岡)과 오서오(吳瑞五)[117]와 이 지역에서 만나서 한번 유람하기로 기약하여, 중추(中秋

115 임자년(壬子年) : 1852년(철종3)으로, 매산의 나이 77세 되던 해이다.

116 병신년(丙申年) 오추(梧秋) : 병신년은 1836년(헌종2)으로, 매산의 나이 61세 되던 해이고 오추는 오동나무 잎이 떨어지는 계절이라는 뜻으로 음력 7월을 이른다.

117 이자강(李子岡)과 오서오(吳瑞五) : 이자강은 이봉수(李鳳秀, 1778~1852)로 자강은 그의 자이고, 호는 대은(大隱), 본관은 연안(延安)이다. 임로(任魯)·오희상(吳熙常) 등에게 수학하였다. 1805년(순조5) 증광 생원시에 합격하고, 1812년 세마(洗馬)가 되었으며, 의령 현감 등의 벼슬을 지냈다. 오서오는 오치성(吳致成, 1785~1844)

8월) 초길(初吉 초하루)에 이자강이 영지산(靈芝山) 산중에서 현석강(玄石江) 가의 정자(亭子)[118]로 나를 찾아왔다. 이어서 말고삐를 나란히 하고 교외로 나오니, 무변(武弁)인 오성석(吳聖錫)[119]이 따라왔다. 노량진을 건너서 오서오가 있는 곳으로 가니, 오서오가 행장을 챙기고 기다리고 있었다.

점심을 먹은 다음 혹은 가마를 타고 혹은 말을 타기도 하면서 북자하동(北紫霞洞)으로 향하였다. 북자하동은 바로 이 산을 출입하는 관문으로 깨끗한 물과 흰 바위가 사람의 이목(耳目)을 불러 깨운다. 옛날에는 여기에 신씨(申氏)의 수정(水亭 물가에 지은 정자)이 있었는데 지금은 헐렸다.

삼막사(三藐寺)를 찾아가 유숙하였다. 삼막사는 산허리에 임해 있고 사찰이 크고 높으며 돌을 깎아 기둥을 만들었는데, 우리나라의 여러 사찰에는 이러한 돌기둥이 있지 않다. 절 앞에 누대가 있는데, 넓고 밝으며 사방으로 통하여 멀리 해문(海門)을 누르고 있는데, 물빛과 산의 광채가 서로에게 잠긴 듯하니, 참으로 아름다운 경관이었다.

으로, 서오는 그의 자이고 초명은 오치규(吳致奎), 호는 아관(我觀), 본관은 해주(海州)이며 생부는 노주(老洲) 오희상(吳熙常)이다. 1810년(순조10) 식년 진사시에 합격하고, 음직으로 출사하여 동몽교관(童蒙教官), 상주 목사(尙州牧使) 등을 지냈다.

118 현석강(玄石江) 가의 정자(亭子) : 매산이 살던 소동루(小東樓)를 이른다. 소동루는 지금의 마포구(麻浦區) 현석동(玄石洞) 일대에 자리한 매산의 집이다. 이 일대를 흐르는 한강을 현호(玄湖) 또는 현석강이라고 부른다. 본집의 〈연보〉에 '매산은 을미년(1835)에 현강 소동루로 이사하였다.'라고 보인다.

119 무변(武弁)인 오성석(吳聖錫) : 무변은 무관(武官)을 이른다. 오성석(1764~?)은 신원(身元)은 미상이나, 1834년(순조34)에 우현 첨사(牛峴僉使)로 있었다.

해가 질 때까지 난간에 기대어 있다가 낙조(落照)가 서쪽으로 잠기는 것을 보고 김북헌(金北軒)이 지은 시의 "쇠로 만든 창이 손에 있으나 해를 돌이킬 길이 없으니 가만히 앉아서 문산(文山)의 일편단심을 생각한다.〔金戈在手無由挽 坐想文山一片心〕"는 시구(詩句)[120]를 외우니, 저절로 감격하여 탄식을 금하지 못하였다.

저녁에 장실(丈室)에서 유숙하고 새벽에 일어나 누대에 올라가니, 이때 짙은 안개가 하늘을 뒤덮어서 산이 잠기고 바다가 가라앉아서 삼라만상이 혼돈(渾沌) 속에 있어서 홍몽(鴻濛 우주가 형성되기 이전의 혼돈 상태)이 아직 나뉘지 않은 뜻이 있어서 기이한 볼거리로 받들 만하였다.

얼마 후에 소리를 내며 드세게 비가 내리자, 일천(一千)의 숲에 바람이 불고 일만(一萬)의 골짝에 우레가 울리니, 또한 들을 만하였는데, 저녁 무렵이 되자 비가 개어 동천(洞天)의 물색이 환하게 빛나니 경관이 바뀌었다. 산에서 내려와서 오서오가 거처하는 곳에 가서 점심을 먹고 자강(子岡)과 손잡고서 배를 타고 물을 따라 내려가다가 현석에서 배를 대고 동쪽 누대에 올라서 술잔을 들어 작별하였다.

무릇 보통사람들의 심정은 보기에 좋더라도 몸에 맞지 않으면 오랫동안 머물지 못해서, 비록 광려산(匡廬山), 나부산(羅浮山), 청전산(靑田山)[121]의 명승이라도, 모두 한낮의 햇볕을 쪼이며 가파른 바위에

120 김북헌(金北軒)이……외우니 : 김북헌은 김춘택(金春澤 1670～1717)으로 북헌은 그의 호이고 자는 백우(伯雨), 본관은 광산(光山), 시호는 충문(忠文)이다. 평생 과거를 보지 않고 관직에도 오르지 않았으나, 노론의 중심가문 출신으로 정쟁에 휩싸여 여러 번 유배되었다. 이 시구는 '적석산관낙조(積石山觀落照)'란 제목의 시 여섯 번째 절구에 있는 구절로 《북헌집》 권6 〈노산록(蘆山錄) 시(詩)〉에 실려 있다.

걸터앉아서 조용히 유유자적하게 지내는 취미가 없으니, 이는 비유하면 길을 가다가 수레의 일산(日傘)을 기울이고 잠시 사귀는 일이 비록 지극히 즐겁더라도 이어서 헤어지는 것과 같은 것이다.

이 누대에는 바다와 산악의 경승이 다 모여 있고 술잔과 도마 사이에 명구(名區)의 호기(灝氣 천지의 강직한 기운)를 다 모아 놓았으니, 유람하느라 지팡이와 신을 굳이 허비하지 않고도 마음과 눈의 구경을 다 할 수 있다. 어찌 상쾌하게 마음에 맞지 않겠는가.

어떤 사람이 이르기를 "이 유람의 성대함이 우리들로부터 시작되었다."라고 하였다. 내가 말하기를 "죽은 뒤의 명성이 나에게 무슨 상관이 있겠는가마는 전(傳)하지 않을 수 없는 것이 있다."라고 하였다. 옛날 사천(沙川)의 남을진(南乙珍)과 송산(松山)의 조견(趙狷), 번당(樊塘)의 서견(徐甄)[122] 세 현자가 세상을 피해 자정(自靖)[123]하여 머리를 풀고 산에 들어가서 이 구역에 세 개의 천막을 짓고 멀리 곡령(鵠嶺 개성의 송악산)을 바라보면서 실성통곡하여 진령(榛苓)의 그리움[124]과 맥

121 광려산(匡廬山) 나부산(羅浮山) 청전산(靑田山) : 모두 중국의 명산(名山)들로 광려산은 강서성(江西省)에 있는데 흔히 여산(廬山)으로 불리고, 나부산은 광동성(廣東省)에 있으며 청전산은 절강성(浙江省)에 있다.

122 사천(沙川)의……서견(徐甄) : 세 분은 모두 고려에 충절을 지킨 고사들이고 사천과 송산(松山)과 번당(樊塘)은 모두 지명(地名)이다. 서견에 대해서는 주 105를, 남을진(南乙珍)과 조견(趙狷)에 대해서는 53쪽 주107 참조.

123 자정(自靖) : 스스로 의리에 맞게 처신하며 운둔의 지조를 지킨다는 뜻이다. 자세한 내용은 50쪽 주96 참조.

124 진령(榛苓)의 그리움 : 임금을 그리워함을 이른다. 진령은 개암나무와 감초(甘草)로 《시경(詩經) 패풍(邶風) 간혜(簡兮)》에 "산에는 개암나무가 있고 습지에는 감초가 있네. 누구를 그리워하는가. 서방의 미인이로다. 저 미인이여, 서방의 사람이로다.

화(麥禾)의 한(恨)[125]을 펴고 그 대(臺)를 연주대(戀主臺)라 이름하였는데, 후인들이 선가(禪家)의 말을 취하여 삼막(三幕)을 삼막(三藐)으로 고치고 연주(戀主)를 영주(影炷)로 고쳤으니, 이는 기휘(忌諱)에서 나온 것이다.

응당 정령(精靈)이 저 맑은 물과 높은 산 가운데에 혁혁하게 남아 있어서, 황홀하게 궤(几)와 지팡이를 가지고 따르며 말씀을 듣는 듯하니,[126] 이 어찌 이것을 인멸(湮滅)시키고 말하지 않을 수 있겠는가. 후일에 진경(眞景)을 찾아 이 산에 오는 자들은 반드시 삼현(三賢)의 훌륭한 발자취를 따라 올라가서 그 불사(不死)의 충심을 구해야 할 것이다.

나는 노량(鷺梁) 호숫가에 집터를 정하여 살면서[127] 병석에 누워 거

〔山有榛, 隰有苓. 云誰之思? 西方美人. 彼美人兮, 西方之人兮.〕" 하였는데, 주자(朱子)는 "서방의 미인은 서주(西周)의 훌륭한 왕을 가리켜 말한 것이니, 현자(賢者)가 나쁜 세상의 하국(下國)에서 태어나 주나라가 성할 때의 훌륭한 왕을 그리워하여 지은 것이다."라고 풀이하였다.

125 맥화(麥禾)의 한(恨) : 맥화는 맥수(麥秀)의 전사의 오류로 보이는바, 멸망한 고국에 대한 한을 이른다. 맥수는 기자(箕子)가 주나라에 조회하러 가는 길에 은나라의 궁궐터를 지나면서 벼와 기장이 우거진 모습을 보고 고국의 멸망을 슬퍼하면서 〈맥수가〉를 지었다는 고사에서 유래한다.

126 궤(几)와……듯하니 : 이 내용은 《예기》 〈곡례 상(曲禮上)〉의 "어른에게 어떤 일을 문의할 적에는 반드시 궤와 지팡이를 가지고 따라간다.〔謀於長者, 必操几杖以從之.〕"라는 구절을 원용한 것이다.

127 노량(鷺梁)……살면서 : 본집의 〈연보〉 임인년(壬寅年) 조에 "9월에 노호로 이사하였다. 거처하는 집에 노의정사(蘆漪精舍)라는 이름을 붙였다.〔九月移居于鷺湖, 名所居屋曰蘆漪精舍.〕"라고 보이는데, 노호는 노량 나루 앞을 흐르는 한강을 이른다. 원문에는 '노호(露湖)'로 표기되어 있는데, '노호(鷺湖)'와 '노호(露湖)'는 혼용되었다.

의 죽게 되었는데, 옛날에 유람하던 일을 회상(回想)함에, 자강과 서오 두 현자가 모두 무덤 위 가을 측백나무의 열매가 되어 있으니,[128] 요동(遼東) 학(鶴)의 감회[129]를 견딜 수가 없어서 병을 무릅쓰고 붓에 먹을 적셔서 산중(山中)의 한 고사를 갖추고자 한다.

128 무덤……있으니 : 죽음을 이르는 말이다. 《장자》〈열어구(列禦寇)〉에 "그런데 어찌하여 무덤에 한번 와보지도 않으십니까? 내 몸은 이미 변화하여 무덤 위 측백나무의 열매가 되어 있습니다.〔闔胡嘗視其良, 旣爲秋柏之實矣?〕"라고 보인다.

129 요동(遼東) 학(鶴)의 감회 : 사자(死者)에 대한 서글픈 감회를 이른다. 요동 사람 정영위(丁令威)가 신선술을 닦아 학으로 변하여 고향을 찾아와 공중을 배회하면서, "이 새는 바로 정영위이니 집 떠나 천 년 만에 이제야 돌아왔네. 성곽은 옛날과 똑같은데 사람은 다르구나. 어찌 신선술을 배우지 않고 무덤만 저렇게 즐비한가.〔有鳥有鳥丁令威, 去家千年今始歸. 城郭如故人民非, 何不學仙塚纍纍.〕"라고 읊고는 떠나갔다는 전설이 있다. 《搜神後記 卷1》

제발題跋

병신년 2월 3일 정조(正祖)께서 상소한 글[130] 뒤에 공경히 쓰다.

敬書丙申二月四日正廟上疏後

"전하(殿下)께서는 신(臣)에게 있어 바로 한 하늘이십니다. 정수리로부터 발꿈치까지 터럭 하나도 은혜 아님이 없고 덮어 주고 길러 주며 낳고 기르신 것이 은덕 아님이 없으니, 신의 나이 25년은 모두 전하께서 만들어 주고 길러 준 가운데서 얻어진 것입니다.

신은 내려 주신 큰 은혜에 감격하여 각골명심(刻骨銘心)하고 있으나, 다만 잠자리에 문안 올리고 수라상을 살피는 것으로 구구하게 보답할 계책을 삼았는데, 뜻밖에 우리 전하께서 신이 불초(不肖)하여 능히 그 짐을 감당하지 못함을 알지 못하시고 마침내 하루에도 기무(機務)가 만 가지나 되는 정사를 신에게 맡기셨습니다.

130 병신년……글 : 병신년은 1776년(정조 즉위년)으로, 이해 3월 영조가 승하하고 정조가 즉위하였다. 이 글은 정조가 즉위 전에 선왕(先王)이자 할아버지인 영조에게 대리청정의 명을 거두어주기를 청한 상소로, 《영조실록》 52년(1776년) 2월 4일자 기사에 보인다.

이 일은 지극히 엄중하고 이 책임은 지극히 어렵고 크니, 돌아보건대 어리석고 노둔(魯鈍)한 신이 어찌 마땅히 받지 말아야 할 일을 받으려는 바람이 한 푼이나마 있었겠습니까. 피눈물을 흘리며 사양한 것이 두 번에 이르고 세 번에 이르렀으나 전하의 윤허(允許)를 얻지 못하여, 이에 신하로서의 분수와 의리에 핍박 받아 억지로 어명을 받든 지가 지금 이미 수개월이 되고 보니, 밤낮으로 삼가고 두려워하여 마치 나무에 아슬아슬하게 앉아 있는 듯합니다.[131]

근자에 성상께서 종통(宗統)의 막중함을 깊이 생각하시고 근본을 영원히 할 도모를 세우셔서 마침내 상책(上冊)한 뒤에 특별히 호(號)를 하사하는 예를 거행하시니,[132] 한편으로는 영광스럽고 한편으로는 감격하여 몸 둘 바를 알지 못하겠습니다. 비록 운결(隕結)[133]하고 뼈가 가루가 되도록 힘쓴들 어찌 내려 주신 은혜의 만분의 일이

131 마치……듯합니다 : 원문은 '여집우목(如集于木)'으로, 《시경》 〈소아(小雅) 소완(小宛)〉에 보인다.

132 특별히……거행하시니 : 이 내용은 《영조실록》 52년(1776년) 1월 27일자 기사에 "이번 예(禮)가 끝난 뒤에는 효장궁(孝章宮)에도 호(號)가 있고서야 종통(宗統)이 바르게 되고 사면(事面)이 곧바르게 될 것이다. 지금 효장(孝章)·효순(孝純) 두 자로 종통이 바르게 되겠는가? 반드시 이름을 바르게 해야 할 것이다. 이것은 시호(諡號)를 의논하는 것이 아니다. 효장은 효장 승통 세자(孝章承統世子)라 하고 효순은 효순 승통 세자빈(孝純承統世子嬪)이라 하여 옥인(玉印)과 죽책(竹冊)을 만들어 주라."라고 보인다.

133 운결(隕結) : 운수결초(隕首結草)를 줄여 쓴 말로, 살아서나 죽어서나 은혜를 갚겠다는 말이다. 촉한(蜀漢)의 이밀(李密)이 진 무제(晉武帝)에게 올린 진정표(陳情表)의 "살아서는 마땅히 목숨을 바칠 것이요, 죽어서는 마땅히 결초보은(結草報恩)하겠습니다.〔生當隕首, 死當結草.〕"라는 구절에서 유래하였다. 《古文眞寶後集 卷1》

나마 갚을 수 있겠습니까.

그러나 신에게는 만만 애통하고 절박한 사사로운 정이 있사온데, 지금 이번 일로 인하여 두려워하는 마음이 더욱 격렬해져서 스스로 억제할 수가 없으니, 말을 하려고 하면 목소리가 먼저 메이고 글로 쓰고자 하면 눈물이 먼저 쏟아집니다.

아! 이것은 전하께서는 차마 들을 수 없는 것이고, 소자로서는 차마 말할 수 없는 일이지마는, 그러나 끝내 침묵한다면 이는 인(仁)으로 덮어 주는 하늘을 스스로 가로막아서 신(臣)의 사사로운 마음을 드러내는 날이 영원히 없게 될 것입니다. 이에 감히 큰 소리로 급히 부르짖어서 피눈물을 흘리며 간곡히 아뢰오니 부디 전하께서는 불쌍하게 여기셔서 굽어살펴주소서.

아! 임오년(壬午年)의 처분[134]은 바로 우리 성상께서 종묘사직을 위하여 취하신 부득이한 조처였습니다. 대성인(大聖人)의 마음으로 권도(權道)에 통달한 도를 행하시니, 우리나라의 대소 신민(臣民)들이 누가 감히 그 사이에 이의를 제기하겠습니까. 더구나 신이 실낱 같은 목숨을 보존하여 금일에 이른 것은 전하의 큰 은혜에 힘입지 않은 것이 없음에 있어서이겠습니까.

높은 하늘과 두터운 땅, 큰 산과 깊은 바다로도 이 감격스러운 마음을 다 비유할 수가 없으니, 신이 힘을 다해 보은(報恩)하는 길은 오직 마땅히 사시(四時)처럼 믿고 금석(金石)처럼 굳게 지켜서 만세에 전하여 다함이 없게 할 뿐입니다.

134 임오년(壬午年)의 처분 : 임오년(1762, 영조38)에 영조가 정조의 생부인 사도세자(思悼世子)를 사사(賜死)한 일을 말한다.

설사 괴이한 마귀(魔鬼) 같은 불순한 무리들이 감히 틈을 엿보는 마음을 내어서 멋대로 추숭(追崇)하자는 논의[135]를 낸다고 하더라도, 신이 저들의 부추김을 받아 망령되이 의리를 바꾸고자 한다면, 이것은 실로 전하의 죄인이 되는 일이며, 비단 전하의 죄인이 될 뿐만이 아니요, 또한 장차 종묘사직의 죄인이 되고 만고(萬古)의 죄인이 될 것입니다. 하늘의 상제(上帝)께서 위에서 굽어보시고 종묘의 신령들이 옆에서 검증하시니, 신이 어찌 감히 속이겠습니까. 신이 어찌 감히 속이겠습니까.

《승정원일기》로 말하면 여기에 그 당시의 사실이 모두 기재되어, 알지 못하는 사람이 없고 보지 못한 사람이 없으며 본 자들은 이것을 전하고 들은 자들은 의논하여 온 세상에 유포되어서 사람들의 귀와 눈에 널리 퍼져 있으니, 신의 사사로운 마음의 애통함은 자못 곤궁한 사람이 돌아갈 곳이 없는 것과 같습니다.

여항(閭巷)의 서민들도 슬프고 간절한 정리(情理)가 있으면 종신토록 애통한 마음을 품어 살고 싶지 않은 것처럼 합니다. 신이 비록 어리석고 완고하나 또한 한 가지 없어지지 않는 애절한 마음이 있어 왔는데, 지금 마침내 높이 이극(貳極 왕세손)의 자리에 임하여 엄숙하게 백관들을 대하니, 어찌 마음속에 애통함이 있지 않으며 어찌 이마에 땀이 나지 않겠습니까.

만약 신의 애통해 하는 마음이 혹시라도 전하의 처분에 장애가 된다고 말한다면 이것은 옳지 않습니다. 전하의 처분은 바로 천리의 공정함이고, 신의 애통하는 마음 또한 인정의 지극함입니다. 처분은

135 추숭(追崇)하자는 논의 : 사도세자를 추숭하자는 논의를 이른다.

본래 처분이고 애통은 본래 애통이니, 참으로 이른바 두 가지가 병행하여도 어긋나지 않고, 두 가지가 보존되어도 해로울 것이 없다는 것입니다.

만약 또 《승정원일기》가 없을 경우, 처분을 증빙하여 신뢰하게 할 수 없다고 말한다면, 이 또한 옳지 않습니다. 국조(國朝)의 전고(典故)가 모두 간첩(簡牒)에 있으며, 금궤(金匱)와 석실(石室)에 넣어 명산(名山)에 보관하여 천추만대에 걸쳐 이동할 수가 없으니, 또 어찌 일기를 필요로 하겠습니까.

아! 《승정원일기》를 보존하고 보존하지 않음은 전하의 처분 여하에 달려 있지만, 신의 스스로의 처신은 오직 저위(儲位 왕세손의 지위)를 사양하고 피하여 으슥한 곳에서 죽을 때까지 숨어 지내면서 다만 하루에 세 번 공손히 문안드리는 직분을 닦는 것일 뿐입니다. 말이 여기에 미치니, 저도 모르게 창자가 끊어지고 마음이 찢어져서 하늘에 호소하려 하여도 할 길이 없습니다.

엎드려 바라건대 전하께서는 신의 처지를 불쌍하게 여기시고 헤아리고 살펴주시어 신에게 내리신 대리청정(代理聽政)의 명령을 빨리 거두어 주시고 이어서 신의 저이(儲貳 왕세손)의 직임을 제거해서 시종(始終) 사랑으로 덮어 주시는 은혜를 온전히 해 주시기를 바라는 큰 소원을 이길 수 없습니다."

우리 정조께서 대리청정 하시던 해의 다음해인 병신년 2월에 영조에게 글을 올려서 진정(陳情)한 것이 이와 같다. 인(仁)이 부자간에 있어서와 의(義)가 군신 간에 있어서와 성인(聖人)이 천도(天道)에 있어서는 성(性)에 간직되어 있는 것이다.

전적(典籍)들을 차례로 뽑아 보건대 인륜의 변고(變故)를 만나서도 인륜의 지극함을 다한 사람은 오직 순(舜)임금과 주공(周公)이 있을 뿐이다. 인륜의 상사(常事)에 처한 자는 대처하기가 쉽고 인륜의 변고에 처한 자는 대처하기가 어려운데, 정조께서 만난 변고는 순임금과 주공에 비하면 더욱 대처가 어려웠다. 그런데도 그 어려움에 처하여 올바름을 얻으셨으니, 이는 성(性)을 다한 것이다.

천하의 도는 경도(經道)와 권도(權道)가 있으니 경도는 만세의 상도(常道)이고 권도는 한때에 쓰는 것인데 정조가 이 의리에 대처한 것은 경도를 지킨 것일 뿐이니, 천지에 세우고 귀신에게 질정하고 성인을 기다려도 의혹되지 않는 것이다.

맹자가 말씀하기를 "경도가 바루어지면 서민이 선(善)에 흥기(興起)한다." 하였으니, 여러 백성들이 "오희불망(於戲不忘)"[136]이라고 말하는 것이 장차 천겁(千劫)의 세월이 하루와 같을 것이다. 아! 참으로 훌륭하다.

이 상소는 위로는 성조(聖祖)께서 임금 자리를 전하여 맡겨 주는 정밀한 의리를 드러내어 밝히고, 아래로는 자신의 지극히 애통하고 망극한 심정을 서술하였으며, 이어 근본을 둘로 하는 것[137]에 대해 협의

136 오희불망(於戲不忘) : 후세 사람들이 정조의 덕을 잊지 못한다는 의미로, 《대학》에 "《시경》에 '아, 전왕을 잊지 못한다.' 하였으니, 군자는 전왕의 어짊을 어질게 여기고 친하게 해주심을 친하게 여기며, 소인은 즐겁게 해주심을 즐거워하고 이롭게 해주심을 이롭게 여기니, 이 때문에 돌아가서 세상에 없는데도 잊지 못하는 것이다.[詩云"於戲! 前王不忘", 君子賢其賢而親其親, 小人樂其樂而利其利, 此以沒世不忘也.]"라고 보인다.

137 근본을……것 : 여기서의 근본은 자신을 낳아준 부친을 이른다. 정조는 사도세자가 죽은 뒤에 효장세자(孝章世子) 이행(李緈)의 양자가 되어 왕세손이 되었으므로 사도세자는 단지 생부가 될 뿐인바, 정조가 사도세자를 자신의 부친으로 받들어 높이면 이는 두 근본이 되는 것이다. 이 때문에 정조는 재위 중에 효장세자를 진종으로 추존하

(嫌疑)하는 뜻을 밝히고 난신적자(亂臣賊子)들이 분수를 모르고 넘보는 마음을 막아서, 하나의 글자와 하나의 구가 모두 지극한 정성과 간곡한 마음에서 나와서 천리(天理)에 순수하다.

이 때문에 우러러 성상(聖上)의 마음을 감동시키고 처분이 알맞음을 얻어서, 사랑과 효도 두 가지가 모두 극진하여 그 그칠 바에 그치었으니,[138] 바로 주자가 말씀하신 "아버지가 사랑하면 자식을 감동시켜서 더욱 효도하게 하고, 자식이 효도하면 아버지를 감동시켜서 더욱더 사랑하게 한다."[139]는 것으로, 성인이 인륜의 지극함이 되는 이유이니, 천도에 성(性)이 있다는 것을 여기에서 볼 수 있다.

나중소(羅仲素)가 이르기를 "천하에는 옳지 않은 부모가 없다."라고 하자, 진료옹(陳了翁)이 찬탄하여 말하기를 "이와 같이 생각한 뒤에야 천하에 부자가 된 자들이 안정될 수 있다."라고 하였다.[140] 장헌세자(莊

였으나 사도세자는 추존하지 않았다. 사도세자는 고종 때에 비로소 장조(莊祖)로 추존된다.

138 그……그치었으니 : 해야 할 도리에 최선을 다하여 어긋남이 없음을 말한 것이다. 《시경》 〈소아(小雅) 면만(綿蠻)〉에 "꾀꼴꾀꼴 꾀꼬리가 구우에 멈춰 있다.〔綿蠻黃鳥, 止于丘隅.〕"라고 한 구절을 두고, 공자가 이르기를 "그침에 있어 그 그칠 곳을 아니, 사람으로서 새만도 못해서야 되겠는가.〔於止 知其所止, 可以人而不如鳥乎?〕"라고 말씀한 데서 온 말이다. 《大學章句 傳3章》

139 아버지가……한다 : 이 내용은 《주자어류》 권72 〈역(易)8〉에 보인다.

140 나중소(羅仲素)가……하였다 : 나중소는 송나라의 학자인 나종언(羅從彦, 1072~1135)으로 중소는 그의 자이고 호는 예장(豫章), 시호는 문질(文質)이다. 고종(高宗) 건염(建炎) 4년(1130)에 특과(特科)에 급제하고 잠시 벼슬하였으나 바로 은거하여 학문에 전념하였다. 정이천과 양시(楊時)를 사사하여 학문을 이동(李侗)에게 전하였고 이동은 다시 주자에게 전하여 정이천으로부터 주자에 이르는 학맥의 중계 역할을 하였다. 진료옹(陳了翁)은 나중소와 동시대의 학자인 진관(陳瓘, 1057~1124)으로

獻世子)께서는 마땅히 '옳지 않은 부모가 없다'는 것으로 마음을 삼으셨을 것이고, 정조께서는 부친인 선세자(先世子)의 마음을 자신의 마음으로 삼으셨을 것이니, 이것이 인(仁)이 지극하고 의(義)가 지극한 것이다.

이 경우를 혹 인종(仁宗)께서 정릉(靖陵)께 올린 상소문[141]에 비견하는 자가 있는데, 인종의 처신은 진실로 마음에서 우러나온 지극한 덕에서 나온 것이나, 정조께 비하면 오히려 상사(常事)가 된다. 이 일은 차마 들을 수도 없고 말할 수도 없는데, 상소문의 실정이 참되고 말이 주밀하여 의리가 지극히 정미하고 글 뜻이 지극히 정대(正大)하니, 삼대 이후로 처음으로 있는 문자이다.

한번 받들어 읽을 때마다 나도 모르게 눈물이 가슴에 흐르고 눈물이 종이를 적신다. 이 글은 마땅히 우(虞)나라와 하(夏)나라의 고훈(誥訓)[142]과 더불어 무궁한 후세에 남을 것인데, 혹 기휘(忌諱)로 인해서

요옹은 그의 호이고 자는 형중(瑩中)이다. 1079년에 진사가 되어 명주 통판과 태학박사 등을 지냈으며 직간으로 명성이 높았다. 나중소와 진료옹의 말은 《맹자》 〈이루상(離婁上)〉 '고수저예장(瞽瞍底豫章)'의 장하주(章下註)에 보인다.

141 인종(仁宗)이……상소문 : 정릉(靖陵)은 중종(中宗)의 능호이다. 1527년(중종 22) 세자가 거처하는 동궁에 불에 태운 쥐를 걸어 놓아 세자를 저주하려 한 작서(灼鼠)의 변고가 발생하였는데, 당시 중종의 총애를 받았던 경빈(敬嬪) 박씨가 주모자로 잘못 지목되어 아들 복성군(福城君) 이미(李嵋)와 함께 폐출(廢黜)되었다가 뒤에 함께 사사(賜死)되었으며, 혜정(惠靜)・혜순(惠順) 두 옹주도 서인으로 폐출되었다. 세자가 후일 이 사실을 알고 직접 상소하여 복성군과 두 옹주들의 억울함을 호소하니 중종이 감동하여 세자의 말을 따랐는바, 상소문은 이를 이른다. 《中宗實錄 22年 4月 21日》, 《晦齋集 卷6 仁宗大王行狀》

142 우(虞)나라와 하(夏)나라의 고훈(誥訓) : 《서경》 우서(虞書)와 하서(夏書)의

다음 세대에 실전(失傳)되어 우리 정조의 인륜을 극진히 한 성덕(盛德)과 지선(至善)이 가려져 드러나지 못할까 염려된다. 그러므로 참람하고 망령됨을 헤아리지 않고 천명(闡明)하기를 이와 같이 하는 것이다. 초야(草野)의 천한 신하 홍직필(洪直弼)은 손을 모아 절하고 머리 조아리며 삼가 쓴다.

글들을 이른다. 저본에는 '고훈(詁訓)'으로 표기되어 있는데, '고훈(誥訓)'으로 바로잡았다.

임술년 5월 13일 왕대비전의 언교(諺敎)뒤에 공경히 쓰다[143]

敬書壬戌五月十三日王大妃殿諺敎後

언교(諺敎)에 말씀하셨다.

"미망인(未亡人)이 구차히 모진 목숨을 연명하다가, 하늘이 무너져서 원통하게 부르짖는 때[144]를 만난 중에 '예조에서 전장(典章)의 예를 원용하여 장차 존호(尊號)를 올리고자 한다.'는 말을 들었으나, 실로 감히 편안히 받을 수 없다는 뜻으로 주상(主上)에게 아뢰었다. 그런데도 심지어 빈계(賓啓)[145]의 조처까지 있었으니, 대신(大臣)과 제신(諸臣)들은 어찌 나의 마음을 슬피 여기지 않고 나의 심정을 살피지 않는가.

내가 400년 전례의 소중함을 모르는 것이 아니나, 선왕(정조)께서 임어(臨御)하신 지 24년에 일찍이 한 번도 휘호(徽號)를 받지 않으

143 임술년(壬戌年)……쓰다 : 임술년은 1802년(순조2)으로, 매산의 나이 27세 되던 해이다. 언교(諺敎)는 언문으로 쓴 왕후의 교서(敎書)를 이르는데, 왕대비전은 정조의 비인 효의왕후(孝懿王后, 1753~1821)로 본관은 청풍(淸風)이며 부친은 좌참찬 김시묵(金時默)이다. 자녀를 두지 못하였으나, 일생을 검소하게 보냈으며 생전에 여러 차례 존호(尊號)가 올려졌으나 모두 거절하였다. 시호는 예경자수효의왕후(睿敬慈粹孝懿王后)이다.

144 하늘이……때 : 정조대왕께서 승하하시여 호곡(號哭)하는 시기임을 말한 것이다.

145 빈계(賓啓) : 의정(議政)들이 빈청(賓廳)에서 나랏일을 의논하여 임금에게 아뢰던 일을 이른다.

셨으니, 이는 겸손하여 그런 것이 아니요 여기에는 정밀한 의리가 존재한다. 비록 후일 임금 자리를 전해주고 물려받는 때라도 결코 미덕(美德)을 칭찬하는 조처를 허락해서는 안 된다는 하교가 있으셨는데, 옥음(玉音 임금의 음성)이 매우 간곡해서 아직도 귀에 들리는 듯하니, 조정에 있는 제신(諸臣)들도 이 옥음을 받들었을 것으로 생각된다.

오늘 미망인이 처한 자리는 바로 선조(先朝 정조)께서 후일에 의정(擬定)했던 자리이니, 이제 만약 여러 사람들의 청원에 핍박되어 선조께서 받지 않은 휘호를 받는다면 내가 후일 장차 무슨 낯으로 지하에서 선왕을 뵙겠는가. 미망인의 정황(情況)이 만약 이와 같지 않다면 국가에서 항상 하는 전례(典例)를 어찌 내 감히 사양하겠는가. 400년 전례는 그대로 전례이고 선대왕과 미망인의 정밀한 의리는 그대로 정밀한 의리이니, 금일은 정밀한 의리와 전례가 병행하여 서로 어그러지지 않는다. 후일은 결코 미망인 한 사람의 정밀한 의리를 가지고 원용하고 근거하는 전례로 삼아서는 안 될 것이니, 대신과 제신들은 모두 나의 이러한 뜻을 알고서 나의 간절한 슬픔을 양찰(諒察)해서 미망인으로 하여금 돌아가 지하에서 선왕을 뵐 낯이 있게 하라."

이 글은 우리 왕대비께서 빈청(賓廳)에 내리신 언문의 교서인데, 번역하여 쓴 것이다. 아! 이 전교를 읽고서 눈물을 떨구지 않는 자가 있겠는가. 대왕의 상(喪)이 끝나면 대비가 책명(冊名)을 받는 것은 준례요, 책명을 받으면 존호를 받는 것 또한 준례이다. 정조대왕의 대상(大祥) 한 달 전에 대종백(大宗伯 예조 판서)이 준례를 원용하여 청원하였으나 대비가 허락하지 않으셨다.

이에 대신들이 경재(卿宰 정2품 이상의 신하)들을 이끌고 빈청에 나아가 주청(奏請)하였으나, 또 허락하지 않으시고 이어서 이 전교를 내리셨으니, 아! 선왕의 마음을 찾고자 한다면, 이 언교를 버려두고 무엇으로 하겠는가.

아! 선왕께서 임어하신 지 25년 동안 한 번도 휘호를 받지 않으신 것은 근거가 없어서가 아니요, 풍형예대(豐亨豫大)[146]의 조처를 의리상 차마 받을 수가 없어서였다. 우리 선왕께서는 인륜의 변고에 처하여 슬픈 마음을 머금고 근심을 품어서 40년을 하루처럼 항상 남면(南面 임금이 남쪽을 향해 앉아서 나라를 다스림)하는 것을 즐거워하지 않으셨다. 그러므로 더욱 문식을 가하는 것을 일삼지 않으셨으니, 정으로 보면 서글프고 의리로 보면 올바르니, 이는 백왕(百王 역대 제왕)을 뛰어넘는 훌륭한 일이다.

우리 자성(慈聖 임금의 모친)의 마음은 바로 선왕의 마음이시니, 이 때문에 태모(太母 임금의 조모)가 권하는데도 감히 받들어 따르지 못하셨고, 성스러운 아들이 권면하는데도 순순히 따르지 못하셨고, 공경(公卿)과 대부(大夫)들이 조정에서 호소하는데도 끝내 마음을 돌려 따르지 않은 것은, 여기에는 정미한 의리가 존재하기 때문이었다. 이 의리는 선왕이 잡아 행하신 것이니, 자성께서 존호의 글을 받지 않은 것은 선왕의 의리 때문이다.

146 풍형예대(豐亨豫大) : 원래는 재정(財政)이 풍부하여 모든 일이 막힘없이 통하고 천하가 안락하다는 말인데, 후세에는 궁중에 경사가 있을 때 성대하게 의식을 거행하는 뜻으로 전용(轉用)되었다. 풍형(豐亨)은 《주역》 풍괘(豐卦)의 괘사(卦辭)로 재물이 풍부하여 모든 일이 형통하다는 뜻이고, 예대(豫大)는 예괘(豫卦) 단사(彖辭)의 '예괘의 때와 뜻이 크도다〔豫之時義大矣哉〕'라는 구절을 줄여 쓴 것이다.

제체(齊體)[147]의 존귀한 몸으로 선왕의 뜻과 사업을 천명한 일을, 여러 책에서 차례로 뽑아보건대, 우리 성모(聖母)께서 선왕에 대해 행하신 것처럼 한 자가 누가 있는가. 이는 전(傳)에 이른바 '어진 후비(后妃)와 정녀(貞女)가 밤낮으로 경계하여 서로 이루어준 도(道)'가 아니겠는가.[148]

아! 성대하다. 자교(慈教)에 "오늘 미망인이 처한 자리는 바로 선조께서 후일에 의정(擬定)했던 자리이다."라고 하신 것은, 선왕께서 일찍이 천승(千乘)의 임금 자리를 헌신짝 버리듯이 하려는 뜻을 품고서 비록 임금 자리를 주고받는 즈음이라도 휘호를 받고자 하지 않으셔서 천고(千古)에 드문 성대한 일을 미처 이루지 못하셨는데, 자성이 처하신 바의 자리가 바로 선왕께서 전일에 이렇게 의정한 곳이라고 하신 것이다.

또 "전례는 그대로 전례이고 정밀한 의리는 그대로 정밀한 의리이다."라고 말씀하신 것은, 국조(國朝)의 전례 때문에 지키는 바의 정밀한 의리를 잃지 않고, 지키는 바의 정밀한 의리 때문에 국조의 전례를 폐하지 않는 것이니, 계승하는 것은 전례요 계승하지 않는 것은 정밀한 의리이다. 의(義)가 있는 곳에는 예(禮)가 때로 변하는 경우가 있다. 예는 사람의 정에 따라서 적합하게 만드는 것이니, 그렇다면 자성께서 오늘날 하교하신 것은, 어찌 인정에 합하고 천리(天理)에 부합하는 것이 아니겠는가. 그렇다면 또한 어찌 상례(常禮)에 구애될 것이 있겠

147 제체(齊體) : 남편과 한 몸이라는 의미로 아내라는 뜻이다.

148 전(傳)에……아니겠는가 : 전은 《시경》의 〈모시서(毛詩序)〉로, 이 내용은 제풍(齊風) 〈계명(鷄鳴)〉의 〈모시서〉에 보인다.

는가.

신이 엎드려 일찍이 정조대왕께서 병신년(丙申年) 3월 10일에 하교하신 것을 읽어 보았더니, 할아버지와 아버지가 계체(繼體 적자(嫡子)가 왕위를 계승함)하는 의리를 밝히고, 근본을 둘로 하는 것에 대한 혐의의 뜻을 드러내어서, 난신적자(亂臣賊子)들이 분수를 모르고 넘보는 조짐을 영원히 막으셨으니, 삼대 이후로 있지 않은 것이다.

지금 우리 자성께서 언문으로 내리신 윤음(綸音)이 선왕의 미덕(美德)과 짝하고 아름다움을 나란히 하여 마땅히 《서경》의 우(虞)나라의 모(謨)와 상(商)나라의 고(誥)[149]와 더불어 서로 표리(表裏)가 될 것이다. 고인(古人)이 이르기를 "출사표(出師表)를 읽고서 눈물을 흘리지 않는 자는 이는 사람의 마음이 없는 자이다."라고 하였는데,[150] 이 언교를 두고 나 또한 이렇게 말한다.

임술년(壬戌年) 5월 28일에 초야(草野)에 있는 신하 홍직필은 손을 모아 절하고 머리 조아리며 삼가 쓴다.

149 서경의……고(誥) : 모(謨)와 고는 좋은 말씀이란 뜻이다. 우(虞)나라의 모는 《서경》 우서(虞書)의 〈대우모(大禹謨)〉, 〈고요모(皐陶謨)〉, 〈익직(益稷)〉 세 편을 가리키고, 상(商)나라의 고는 상서(商書)의 〈중훼지고(仲虺之誥)〉, 〈탕고(湯誥)〉를 가리킨다.

150 고인(古人)이……하였는데 : 출사표는 촉한(蜀漢)의 승상(丞相) 제갈량(諸葛亮)이 위(魏)나라의 조조(曹操)를 토벌하기 위하여 군을 출동시키면서 후주(後主)에게 올린 표문(表文)으로 내용이 비분강개하여 읽는 자들로 하여금 눈물을 자아내게 한다. 이 말을 한 고인은 누구인지 미상이다.

또다시 쓰다
又書

시호(諡號)를 정하는 법은 주공(周公)으로부터 나왔는데, 《예기》 〈표기(表記)〉에 공자께서 말씀하시기를 "선왕이 시호로써 이름을 높이되 한 가지 선행만 요약한다.〔諡以尊名 節以壹惠〕"라고 하였으니, 이는 상하를 통합하여 말한 것이다.

임금의 초상(初喪)에 여러 신하들이 시호를 올리는 것은 임금의 명성을 높이고 드러내기 위해서인데, 또한 마땅히 그 큰 것을 요약하여 그 선(善)을 한 가지만 오로지하는 것이 옳다. 그러므로 《사기》 〈시법해(諡法解)〉에 이르기를 "큰 행실은 큰 이름을 받고 작은 행실은 작은 이름을 받는다."라고 하였으니, 행실은 자신에게서 나오고 시호의 이름은 남에게서 생겨나므로 이것을 시호라고 이른다.

후세에 이른바 존호(尊號)라는 것은 주공이 제정(制定)한 것도 공자가 논한 것도 아니니, 이는 바로 참소하고 아첨하며 군주의 얼굴을 마주하고 아양 떠는 무리들이 군주를 불의(不義)로 이끄는 데서 나왔을 뿐이다. 군자가 군주를 섬길 적엔 책난(責難)[151]할 뿐이니, 어찌 살아있는 군주에게 시호를 지어 올리며 이것을 받기를 권면하는 경우가 있단 말인가.

151 책난(責難) : 행하기 어려운 일을 힘쓰도록 권면하는 것을 이른다. 맹자께서 "어려운 일을 임금에게 책하는 것을 공이라 이른다.〔責難於君謂之恭.〕"라고 하였다. 《孟子 離婁上》

죽은 후에 내리는 시호도 오히려 마땅히 절제함이 있어야 하는데, 어찌 금인(金印)과 옥책(玉冊)을 가지고 살아있는 임금의 공업(功業)을 찬양하고 칭송해서 당저(當宁 지금의 임금)의 자리에 올릴 수 있단 말인가.

요순(堯舜)은 대성인인데도 팔원(八元)과 팔개(八愷)[152] 등 제공(諸公)들이 존호를 청하여 높고 넓은 덕을 진술한 일이 있다는 말을 듣지 못하였고, 삼왕(三王)[153]이 번갈아 일어났음에도 또한 그렇지 않음이 없었으니, 어찌 군주를 공경하는 마음이 부족하여 그렇겠는가. 아랫사람이 청하고 윗사람이 이를 받는 것이 모두 올바른 의리가 아니기 때문이었다.

이씨(李氏) 당나라로부터 송나라와 명나라를 지나면서는 대대로 아름다운 존호를 받아서, 이것을 전례로 삼아왔다. 우리 조종조(祖宗朝)에 이르러서는 성인(聖人)들께서 서로 계승해서 큰 공과 성대한 업적이 이정(彝鼎)에 새겨지고 간책(簡策)에 드리워져서 자연 영세(永世)에 불후(不朽)하게 되었으니, 진실로 구구한 찬양을 필요로 하지 않는데, 밝은 조정에서 밤낮으로 근무하는 자들은 대부분 항상 하는 일을

152 팔원(八元)과 팔개(八愷) : 요임금과 순임금이 등용했던 뛰어난 신하들로 팔개는 도량이 넓고 생각이 깊으며 밝고 진실하고 성실하다고 해서, 팔원은 충성스럽고 공경스러우며 공손하고 훌륭하며 자애롭고 온화하다 해서 붙여진 이름인바, 팔원은 고신씨(高辛氏)의 여덟 아들인 백분(伯奮)·중감(仲堪)·숙헌(叔獻)·계중(季仲)·백호(伯虎)·중웅(仲熊)·숙표(叔豹)·계리(季貍) 등이고, 팔개는 고양씨(高陽氏)의 여덟 아들인 창서(蒼舒)·퇴애(隤敳)·도연(檮戭)·대림(大臨)·방강(尨降)·정견(庭堅)·중용(仲容)·숙달(叔達) 등이다. 《春秋左氏傳 文公18年》

153 삼왕(三王) : 하(夏)나라의 우왕(禹王), 은(殷)나라의 탕왕(湯王), 주(周)나라의 문왕(文王)과 무왕(武王)을 가리킨다.

따르고 옛 것을 인습함을 면치 못해서 이것을 군주를 공경하는 큰 예절로 보고 있다. 애석하다. 사람들은 불경(不敬)이 이보다 큰 것이 없음을 알지 못한다.

옛날 후한(後漢)의 세조(世祖 광무제(光武帝))는 글을 올릴 적에 성(聖)자를 쓰지 못하게 하였으니, 이것은 겸손해서가 아니고 바로 사실을 드러낸 것일 뿐이다. 성인은 일찍이 스스로 성인이라고 여기지 않으니, 그렇다면 어찌 높은 지위에 처하였다고 하여 성인으로 자처할 수 있겠는가. 당시의 여러 신하들은 임금의 아름다운 명령을 받들어 시행해서 더욱 선(善)에 나아가게 하는 것[154]을 당연하게 여겼지만, 후세의 신하들 중에는 이 의리를 아는 자가 거의 드물다.

당나라 목종(穆宗)은 쇠미한 말세의 한 용렬한 군주였는데도 오히려 존호를 올리는 청원을 거절하면서 말하기를 "나에게 아름다운 존호를 강요하는 것이 나를 도(道)가 있는 군주를 만드는 것만 못하고, 나에게 헛된 존호를 가하는 것이 나를 허물이 없는 자리에 처하게 하는 것만 못하다."라고 하였다. 이 말이 참으로 진실되어 마땅히 백세의 장정(章程)이 될 만한데, 목종이 한 일을 도리어 우리 임금께서 능히 하지 못할 것이라고 여기는가.

문청공(文淸公) 김진규(金鎭圭)[155] 공이 시종 명릉(明陵 숙종)에게 존호를 올리는 의논에 이견을 내세우면서 말하기를 "우리 임금께서

154 임금의……것 : 원문은 '장순기미(將順其美)'로 《효경》 〈사군(事君)〉에 보인다.

155 문청공(文淸公) 김진규(金鎭圭) : 1658~1716. 문청(文淸)은 그의 시호이고 호는 죽천(竹泉), 자는 달보(達甫), 본관은 광산(光山)이며 우암 송시열의 문인이다. 1686년(숙종12) 정시 문과에 급제하고 벼슬이 대제학을 거쳐 좌참찬에 이르렀으며 문장과 글씨에 뛰어났고 산수화·인물화에 두루 능하였다.

몇 글자의 존호를 받지 않으시어, 영원히 일겸사익(一謙四益)[156]의 보답이 있기를 바란다. 지금 내가 어찌 감히 쓸데없는 문식(文飾)이 군주의 실제의 덕을 손상시키는 것을 돌아보지 않을 수 있겠는가."라고 하면서, 심지어는 저군(儲君)[157]이 상소하여 청원하는데도 오히려 구차히 찬동하지 않았으니, 그의 군주에 대한 충성과 나라를 사랑하는 마음이 어찌 여러 사람에게 미치지 못해서 그러했겠는가.

인신(人臣)의 의리는 힘써 인군을 이끌어 도(道)에 합당하게 할 뿐이니,[158] 맹자께서 "나만큼 왕을 공경하는 이가 없다."라고 하신 말씀[159]은 바로 문청공을 이르는 말이 될 것이다.

주자가 이르시기를 "산 효도가 있고 죽은 효도가 있다." 하셨는데, 나는 충성에도 또한 죽은 충성이 있고 산 충성이 있다고 말하노니, 산 충성은 오직 문청공이 해당될 수 있을 것이다. 이와 같은 분이라야

156 일겸사익(一謙四益) : 한 번의 겸손으로 천(天), 지(地), 신(神), 인(人)으로부터 지대한 유익함을 받는다는 말로 《주역》 겸괘(謙卦) 단전(彖傳)의 "천도는 가득 찬 것을 이지러지게 하고 겸손(謙巽)한 것을 더해주며, 지도는 가득 찬 것을 변하게 하고 겸손한 데로 흐르며, 귀신은 가득 찬 것을 해치고 겸손한 것에 복을 주고, 인도는 가득 찬 것을 싫어하고 겸손한 것을 좋아한다.〔天道虧盈而益謙, 地道變盈而流謙, 鬼神害盈而福謙, 人道惡盈而好謙.〕"라는 구절에서 유래하였다.

157 저군(儲君) : 왕위(王位)의 계승자를 이르는데, 여기서는 당시 왕세자였던 경종(景宗)을 이른다.

158 인신(人臣)의……뿐이니 : 이 내용은 《맹자》 〈고자 하(告子下)〉의 '앙민장(殃民章)'의 "군자가 군주를 섬김은 힘써 그 군주를 이끌어 도에 합당하게 하여 인(仁)에 뜻하게 할 뿐이다.〔君子之事君也, 務引其君以當道, 志於仁而已.〕라는 구절을 원용한 것이다.

159 맹자께서……말씀 : 이 내용은 《맹자》 〈공손추 하(公孫丑下)〉 '맹자장조왕장(孟子將朝王章)'에 보인다.

비로소 '인신(人臣)이 되어서는 경(敬)에 그친다'[160]고 이를 수 있다. 임금의 공덕을 천양(闡揚)하는 일을 스스로 맡아서 진종일 조정에서 하소연하여, 청하는 것을 얻지 못하면 그치지 않는 것은 바로 부인과 내시의 사랑이니, 이것이 이른바 '죽은 충성'이라는 것이다.

위로는 목종의 말을 가슴깊이 새기고 아래로는 문청공의 의론을 따른다면 두 가지를 다 얻을 수 있을 것이다. 지금 자성 전하께서 후비로서 천고에 일찍이 있지 않은 성대한 일을 행하셨으니, 나의 하찮은 충심이 스스로 격동이 되어서 글을 짓기를 이와 같이 하였다. 신 홍직필이 또다시 쓰다.

160 인신이……그친다 : 이 내용은《대학장구(大學章句)》전(傳)3장에 보인다.

대구부의 아전 이재창 비첩 뒤에 쓰다 신미년[161]

題大邱府李掾再昌碑帖後 辛未

옛날 벼슬을 하는 자는 대대로 녹봉을 받고, 농사를 짓는 자는 9분의 1의 세금을 내어서 녹봉과 곡식이 이미 공평하여 한 지아비도 제 살 곳을 얻지 못한 자가 없었다. 이 때문에 항산(恒産)이 있고 항심(恒心)이 있었던 것이다.[162]

주(周)나라의 도(道)가 폐해짐에 균전(均田)[163]과 녹봉을 제정(制定)해 주는 법이 완전히 사라져 남아 있는 것이 없게 되니, 벼슬하는 자는 녹봉을 받으나 대경(代耕)[164]에 만족하지 못하고, 농사짓는 자들은 부지런히 노동을 하여도 어버이를 부양할 수가 없어서 항산이 있을

161 신미년(辛未年) : 1811년(순조11)으로, 매산의 나이 36세 되던 해이다.

162 항산(恒産)이……것이다 : 항산은 일정한 생업(生業)을 이르고 항심(恒心)은 변함없는 마음을 이르는바, 《맹자》 〈양혜왕 상(梁惠王上)〉의 '보민장(保民章)'에 자세히 보인다.

163 균전(均田) : 문맥상 정전제(井田制)를 이른 것으로 보인다. 정전제는 9백 묘(畝)의 농지를 정(井) 자 모양으로 9등분하여, 8가구의 농민들이 각각 1백 묘씩의 농지를 사전(私田)으로 취하여 경작하고, 나머지 가운데 1백 묘를 공전(公田)이라 하여 8가구가 함께 경작하여 나라에 바치는 제도로 《맹자》 등에 보인다. 균전제(均田制)는 백성들에게 농지를 골고루 나누어 주는 토지 제도로 485년 북위(北魏)의 효문제 때 시작되어 당나라 때에 완성되었다.

164 대경(代耕) : 관리의 녹봉을 이른다. 《예기》 〈왕제(王制)〉의 "제후의 하사는 상농부에 준하니, 그 봉록이 상농부가 경작해서 얻는 수입을 대신하기에 충분하다.〔諸侯之下士, 視上農夫, 祿足以代其耕也.〕"라는 구절에서 유래한 것이다.

수가 없으니, 마음이 어찌 변치 않음을 얻을 수 있겠는가.

그러므로 옛 책에 이르기를 "부유하게 한 뒤에야 비로소 선해진다.〔旣富方穀〕" 하였고,[165] 《관자(管子)》 〈목민(牧民)〉에 "곳집이 가득 차야 예절을 알게 되고, 의식이 풍족하여야 영욕을 알게 된다.〔倉廩實則知禮節 衣食足則知榮辱〕" 하였으며, 사마온공(司馬溫公)은 사람을 등용할 때에 먼저 그 사대부의 가계(家計)가 넉넉한가를 물었으니, 사대부도 오히려 그러한데 하물며 소인(小人 작은 백성)에 있어서이겠는가.

우리나라 군읍(郡邑)의 서리(胥吏)들은 신라와 고려 이래로 녹봉을 받아 경작하는 것을 대신하지 않는 경우가 없어서, 이로써 청렴과 의리를 길렀다. 조선조에 들어와서 또한 급복(給復)[166]을 명하였으나, 한 사람의 양식을 채우기에 부족하였고 또 일정한 녹봉이 없었으며 성동(成童)[167]이 되기 전부터 늙어 죽을 때까지 관청에서 부역하였는데, 새벽에 들어오고 밤에 나와서 이미 공장(工匠)이 될 수 있는 때를 빼앗겼으며 또 장사할 겨를이 없고 경작할 만한 땅이 없는데다가 신분에 저촉되어 남의 머슴이 될 수도 없어서 의식을 장만하는 근원이 끊겼다.

사람이 매미의 배와 거북의 창자[168]가 될 수가 없으니, 심기(心機)

165 옛……하였고 : 옛 책은 《서경》을 이른 것으로, 이 내용은 《서경》 〈홍범(洪範)〉에 보인다.

166 급복(給復) : 특정한 대상자들에게 부역(賦役)을 면제하여 주는 일을 이른다.

167 성동(成童) : 15세 이상의 소년을 이른다. 《예기》 〈내칙(內則)〉에 "성동이 되면 상(象)으로 춤을 추며 활쏘기와 말 모는 것을 배운다.〔成童, 舞象, 學射御.〕"라고 하였는데, 정현(鄭玄)의 주(注)에 "성동은 15세 이상이다."라고 하였다. 상(象)은 악장의 이름이다.

를 창고에 허비하고 전부(田賦)에 농간을 부리지 않을 수가 없었다. 이에 도필(刀筆)을 희롱하여 장부의 문자를 뭉개고 긁어내어 바꿔서,[169] 작게는 목전(目前)에 일이 없기를 바라고 크게는 만 번 죽을 계책을 내어 돌아보지 않으며, 위로는 국가를 속이고 아래로는 민생(民生)을 해쳤다.

그러나 이것이 어찌 즐거워서 하는 것이며, 또한 어찌 자기 한 몸을 위한 계책이겠는가. 이는 위로 부모를 섬기고 아래로 처자식을 기름에 달리 방법이 없기 때문이다. 만일 서리의 생활을 하면서 지푸라기 하나도 취하려 하지 않는다면, 이는 지렁이가 된 뒤에야 가능한 일일 것이다. 사람이 백이(伯夷)가 아니라면 어찌 능히 이와 같을 수 있는가.

어진 자라야 책비(責備)[170]하고, 중등(中等) 수준 이상의 사람이어야 높은 차원의 것을 말해 줄 수 있는데,[171] 지금 도리어 선비로서도

168 매미의……창자 : 매미의 배는 이슬만 마셔서 속이 텅 비고, 거북의 창자는 가늘어서 굶주림을 견딜 수 있다고 하는바, 굶주릴 정도로 곤궁한 지경에 처함을 비유한다. 남조(南朝) 송(宋)나라 때 단규(檀珪)란 사람이 몹시 곤궁한 나머지, 벼슬을 구하기 위해 왕승건(王僧虔)에게 보낸 편지에 "매미의 배와 거북의 창자가 된 지 이미 날이 오래입니다. 굶주린 범은 으르렁거릴 수 있으니 사람들이 고기를 주지만, 굶주린 기린은 물지 못하니, 누가 터럭 하나라도 던져 주겠습니까.〔蟬腹龜腸, 爲日已久. 饑虎能嚇, 人遽與肉, 餓麟不噬, 誰爲落毛?〕"라고 한 데서 유래하였다. 《南史 卷15 列傳第5 檀珪》

169 도필(刀筆)을……바꿔서 : 장부(帳簿)나 문서를 조작함을 말한다. 옛날 죽간(竹簡)에 문자를 기록할 때에 아전들이 붓으로 문자를 기록하고 잘못 쓴 것은 칼로 깎아내고 다시 쓴 데서 연유한다.

170 책비(責備) : 훌륭한 사람에게 조그마한 잘못도 지적하여 완전무결을 요구하는 것으로, 《신당서(新唐書)》 〈태종기 찬(太宗紀贊)〉에 "《춘추》의 법을 보건대, 항상 현자에게 모든 일을 다 구비하기를 요구한다.〔春秋之法, 常責備於賢者.〕"라고 보인다.

171 중등(中等)……있는데 : 이 내용은 공자의 말씀으로 《논어》 〈옹야(雍也)〉에 보

능히 하지 못할 일을 가지고 이 서리들에게 요구하는 것이 되겠는가. 이것은 마치 그물과 덫과 함정 속으로 몰아넣고서 피할 줄을 알지 못한다고 책하는 것과 같으니, 이 어찌 행할 수 있는 것이겠는가.

무릇 사람들은 태어나면서 똑같이 떳떳한 성품을 소유하니, 어찌 서리라고 하여 인(仁)의 마음이 없겠는가. 그러나 윗자리에 있는 자들이 권모술수를 써서 어리석게 만들고 지나친 형벌을 가지고 모질게 대해서 교화 밖에 버려두고 서리들을 제대로 된 사람으로 여기지 않으며, 심지어는 나라가 반드시 서리들 손에서 망할 것이라고까지 말하니, 너무 지나치지 않는가.

서리들을 죽지 않을 수 없는 자리에 처하게 하고 생령(生靈 백성)을 아끼는 하늘을 스스로 막게 하는 것은 망민(罔民)[172] 중에 큰 것이다. 사람의 성(性)을 다하고 화육(化育 천지자연의 이치로 만물을 만들어 기르는 것)을 돕는 뜻이, 어찌 과연 이와 같은 것이라고 하겠는가.

지금 여기에 한 사람이 있는데 칼을 훔쳐서 채권(債券)을 삭제하는 반열에 있으면서도 깨끗한 얼음물을 마시고 쓰디쓴 소태를 씹는 지조[173]를 힘써서, 한 고을의 백성들이 큰 비석을 세워서 무궁토록 그의

인다.

172 망민(罔民) : 백성을 어쩔 수 없이 죄를 지을 수밖에 없는 지경으로 몰아넣고 그 죄를 처벌하는 것으로, 《맹자》 〈양혜왕 상(梁惠王上)〉에 "백성으로 말하면 떳떳이 살 수 있는 생업(生業)이 없으면 인하여 떳떳한 마음이 없어지는 것이다. 만일 떳떳한 마음이 없어진다면 방벽(放辟)함과 사치(邪侈)한 짓을 하지 않음이 없을 것이니, 그리하여 죄에 빠짐에 이른 뒤에 따라서 이들을 형벌한다면 이것은 백성을 그물질하는 것이다.〔若民則無恒產, 因無恒心, 苟無恒心, 放辟邪侈, 無不爲已, 及陷於罪然後, 從而刑之, 是罔民也.〕"라고 보인다.

의리를 칭송하기에 이르렀으니, 대구부(大邱府)의 서리인 이재창(李再昌)이 바로 그 사람이다.

이재창은 서리로 복역하여 호장(戶長)에 이르렀는데, 깊은 사랑이 관(官)에 이르고 실질적인 은혜가 백성에게 미쳐서, 대구부 사방 경계에 모두 '청심과욕비(淸心寡慾碑)'라고 새겨진 송덕비(頌德碑)가 세워졌으며, 그의 아들 광도(光道)에게도 이런 비(碑)가 있어서 그가 남긴 은혜를 길이 사모함을 표기(標記)하고 있다.

두 대에 걸친 다섯 개의 비가 우뚝하게 이어지고 있다가 근간에 홍수로 비들이 떠내려가 없어졌는데, 후손인 대윤(大潤)이 마음을 재계(齋戒)하여 다시 이 비들을 찾아 비각을 세워 보호해서 유심(幽深)한 이치를 드러내고 은미한 사실을 밝게 나타내서[174] 후대에 전해지기를 도모하니, 참으로 훌륭하다. 대윤은 청렴(淸廉)과 견정(堅貞)함으로 집안을 대대로 이어가서 수리(首吏)[175]가 되어 또다시 은혜로운 정사를 펼쳐서 두 할아버지의 후손이 됨에 부끄러움이 없었다.

하루는 대윤이 아우 흥윤(興潤)을 시켜 비첩(碑帖)을 나에게 가지고

173 깨끗한……지조 : 청렴하고 깨끗한 지조를 이르는 말로 굳은 절조와 청백한 삶을 비유할 때 흔히 쓰는 표현이다. 당(唐)나라 백거이(白居易)의 "3년 동안 자사(刺史)로 있으면서, 깨끗한 얼음물을 마시고 쓰디쓴 소태를 씹었노라.〔三年爲刺史, 飮氷復食蘗.〕"라는 시구에서 유래하였다.《白樂天詩集 卷1 三年爲刺史》

174 유심(幽深)한……나타내서 : 원문의 '유현천미(幽顯闡微)'는《주역》〈계사전 하(繫辭傳下)〉에 "《역》은 과거를 드러내고 미래를 살피며, 은미(隱微)한 사실을 드러내고 유심(幽深)한 이치를 밝혀 준다.〔夫易, 彰往而察來, 而微顯闡幽.〕"라는 구절을 원용한 것이다.

175 수리(首吏) : 수석 아전이란 의미인데, 보통 이방(吏房)을 가리킨다.

와서 한마디 말을 요청하였다. 내가 병들어서 붓과 벼루를 내버려둔 지가 오래이니, 장차 어떻게 솜씨를 발휘할 수 있겠는가. 또 그 사람이 본래 불후(不朽)의 인물이니, 또 어찌 나의 말을 필요로 하겠는가. 그러나 이 일은 천만 사람 가운데에 다만 한 사람이 있을 뿐이니, 또한 어찌 칭송하는 말이 없을 수 있겠는가. 비가 세상에 드러나고 감춰진 일들은 여러 발문(跋文)에서 다 말했으니, 나는 다만 내 마음속에 느낀 바를 기록한다.

"항산(恒産)이 없는데도 항심(恒心)이 있는 자가 군자에게 있지 않고 소인(小人)에게 있으니, 소인을 잘 길러줌은 바로 군자에게 달려 있는 것이다. 원컨대 정권을 잡은 군자들은 균전(均田)과 녹봉을 제정(制定)해 주는 법을 강구해서, 서리가 된 자들이 모두 이재창과 이광도와 같은 사람이 되게 하라."

칠대 조고 목사 부군 고신 뒤에 쓰다
題七代祖考牧使府君告身後

위의 고신(告身)[176] 한 장은 바로 나의 7대조이신 목사 부군(牧使府君)께서 공주 목사(公州牧使)에 제수되었을 때의 교지(敎旨)이다. 부군은 음직(蔭職)으로 등용되어서 여러 번 주군(州郡)을 맡았으나 내외직의 관고(官誥 교지)를 모두 병란(兵亂) 중에 잃고, 오직 이 한 장이 남았을 뿐이다.

가군(家君)께서 배접(褙接)하여 거두어서 집안에 전해지는 진귀한 보물로 삼았는데, 이것을 진귀하게 여긴 이유는 세교(世敎)의 성쇠에 관계됨이 있어서이니, 다만 선대의 유적(遺蹟 필적)으로 한 집안의 사사로운 물건으로만 여길 것이 아니다.

부군께서 공주 고을에 제수된 것이 만력(萬曆) 48년 경신년(庚申年 1620, 광해군12)이었다. 이 경신년부터 지금까지 198년이 지났고, 명나라가 멸망한 것 또한 이미 174년이 지났는데, 정릉(定陵 명나라 만력제의 능)의 소나무와 측백나무는 가지가 없는데도 바람이 일어나니, 아! 슬프다.

명나라의 연호가 공사(公私) 간의 책과 문서에 남아 있는 것이 거의 드물어 상고할 수가 없어서, 뒤늦게 태어난 자들과 어린아이들이 거의 만력과 숭정(崇禎)이 무슨 칭호인지 알지 못하는데, 오직 이 한 자의 종이가 능히 상전벽해(桑田碧海)의 변고에도 소진(消盡)되지 않아서,

176 고신(告身) : 조정에서 내리는 벼슬아치의 임명장을 이른다.

영광전(靈光殿)[177]이 홀로 남아 있는 것과 같으니, 어찌 기이하지 않은가.

청전(靑氈)은 하찮은 물건인데도 왕헌지(王獻之)가 잃지 않기 위해 경계하였고,[178] 보살(菩薩)은 부처의 그림인데도 소자첨(蘇子瞻)이 몸으로써 지킨 것[179]은 집안 대대로 내려온 옛 물건이고, 선인(先人)이 아끼셨기 때문이었다. 더구나 이 고신에 쓰여 있는 글씨는 선조의 성함

177 영광전(靈光殿) : 한(漢)나라 경제(景帝)의 아들 노 공왕(魯恭王)이 세운 궁전으로 산동(山東) 곡부현(曲阜縣) 동쪽에 있었는데, 한나라 중기에 도적떼에 의하여 수도 장안(長安)의 미앙궁(未央宮)과 건장궁(建章宮) 등은 모두 불탔으나 영광전만은 그대로 보존되었다. 후한(後漢)의 왕연수(王延壽)가 지은 〈노영광전부 서(魯靈光殿賦序)〉에 "서경(西京)의 미앙궁과 건장궁이 모두 파괴되어 허물어졌는데도, 영광전만은 우뚝 홀로 서 있었다.〔西京未央建章之殿, 皆見隳壞, 而靈光巋然獨存.〕"라고 보인다. 홀로 남아있는 물건이나 학자를 비유하는 말로 주로 쓰인다.

178 청전(靑氈)은……경계하였고 : 청전은 푸른 모포를 이른다. 왕헌지(王獻之, 344~386)는 진(晉)나라의 서예가로 자는 자경(子敬)이다. 서성(書聖)으로 불리는 왕희지(王羲之)의 일곱 번째 아들로 흔히 아버지와 함께 이왕(二王)으로 병칭된다. 왕헌지가 누워 있는 방에 도둑이 들어와서 물건을 모두 훔쳐 가려 하자 "도둑이여, 그 푸른 모포는 우리 집안의 유물이니, 그것만은 놓고 가라.〔偸兒! 靑氈我家舊物, 可特置之.〕"라고 한 일이 있으므로 이렇게 말한 것이다. 《晉書 卷80 王羲之列傳 王獻之》

179 보살(菩薩)은……것 : 보살은 서성(畵聖)으로 불리는 당나라의 화가 오도자(吳道子, ?~759)가 그린 네 개의 보살 화판(畫板)을 이르고 소자첨(蘇子瞻)은 북송의 문장가인 동파(東坡) 소식(蘇軾, 1037~1101)으로 자첨은 그의 자이다. 동파가 부친 소순(蘇洵)이 별세하자 부친이 생전에 아끼던 네 개의 보살 화판을 승려 유간(惟簡)에게 주면서, "이 화판들은 자신이 선군(先君)을 위하여 시주하는 것이니, 그대가 장차 어떻게 지키겠는가?"라고 묻자 유간이 "내 몸으로 이것을 지켜서 내 눈은 뺄 수 있고 내 발은 자를 수 있어도 내 그림은 빼앗을 수 없게 할 것이다."라고 하였으므로 이렇게 말한 것이다. 《東坡全集 卷35 四菩薩閣記》

이고 게시된 것은 천조(天朝 명나라)의 연호임에 있어서이겠는가. 또 하늘과 땅이 뒤바뀌고 머리의 관(冠)과 발의 신발이 도치된 뒤[180]에 온전함을 얻음에 있어서이겠는가. 버리지 말고 이어가야 하는 것이, 어찌 다만 저 왕씨와 소씨 집안의 물건이 경중을 따질 수 없는 것과 같을 뿐이겠는가.

무릇 목사 부군의 후손이 된 자들은 개심(漑鬵)과 침포(浸苞)의 감회[181]를 일으키고 원통함을 참고 원한을 머금은 마음[182]을 보존하여, 이 종이를 깊숙이 간직했다가 해와 달이 쌍으로 떠오를 때[183]를 기다려

180 머리의……뒤 : 중국의 정통인 명나라가 멸망하고 오랑캐인 청나라가 천하를 통치하게 된 것을 비유한 것이다.

181 개심(漑鬵)과 침포(浸苞)의 감회 : 멸망한 명나라를 그리워하는 감회를 이른다. 개심은 《시경》 〈회풍(檜風) 비풍(匪風)〉의 "누가 고기를 요리하는가? 작은 가마솥과 큰 가마솥을 씻어 주리라.〔誰能亨魚, 漑之釜鬵.〕"라는 구절에서 온 말이고, 침포는 〈조풍(曹風) 하천(下泉)〉의 "차가운 저 하천(下泉)이여 우북히 자라는 잡초를 잠기게 하도다.〔洌彼下泉, 浸彼苞稂〕"라는 구절에서 온 말인데, 이 두 시는 모두 제후국의 대부가, 주(周)나라 왕실이 쇠미해진 것을 탄식해 읊은 시이다.

182 원통함을……마음 : 오랑캐인 청나라에 대한 사대(事大)를 형세 상 어쩔 수 없어서 한다는 원통한 마음을 이른다. 《주자대전(朱子大全)》 권24 〈여진시랑(與陳侍郎書)〉에, "자신을 낮추는 말과 후한 예물로 원수 오랑캐에게 화친을 청하여 행여 얻게 되면 또 군주와 신하가 서로 경하하며 기탄없이 천하에 명하기를 '전날의 자잘한 일들을 내 다 잊었다.'라고 한다. 그렇게 기뻐하면서 다시는 털끝만큼이라도 '원통함을 참고 원한을 머금은 채로 절박하여 어쩔 수 없이 한다.'는 말을 함으로써 천하의 대방(大防)을 보존하는 자가 없다.〔顧爲卑辭厚禮, 以乞憐于仇讎之戎狄, 幸而得之, 則又君臣相慶而肆然以令于天下曰: "凡前日之薄物細故, 吾旣捐之矣." 欣欣焉無復豪分, "忍痛含冤迫不得已"之言, 以存天下之防者.〕"라고 보인다.

183 해와……때 : 지금 천하를 다스리는 청나라가 멸망하고 중화(中華)의 문물과 예의를 지키는 명철한 대성인(大聖人)이 황제의 지위로 오르는 때를 이른다.

내놓는 것이 옳을 것이나, 아! 그럴 날이 있겠는가. 다만 나의 회한(悔恨)과 탄식을 더할 뿐이다. 다만 마땅히 덕(德)을 전하고 가르침을 좇아 그 명성을 대대로 이어가서 대명(大明)의 유민(遺民)이 됨을 잃지 않을 뿐이니, 아! 슬프다.

숭정(崇禎) 기원후(紀元後) 네 번째 되는 정축년[184] 계하(季夏) 상한(上澣)에 7세손 직필(直弼)은 삼가 쓰다.

184 숭정(崇禎)……정축년(丁丑年) : 1817년(순조17)을 이른다. 숭정(崇禎) 기원후(紀元後)에 대한 자세한 내용은 55쪽 주114 참조.

의종황제[185] 유조 뒤에 공경히 쓰다
敬題毅宗皇帝遺詔後

"짐(朕)이 등극(登極)한 지 17년에, 위로 하늘의 형벌을 받아서 오랑캐의 침략을 초래하여 땅이 함락된 지 3번 만에 역적이 곧바로 경사(京師)를 핍박하니, 이는 여러 신하들이 짐을 오도(誤導)한 것이다. 짐은 지하에서 선제(先帝)를 뵈올 면목이 없어서 머리털로 낯을 덮을 것이니, 역적은 마음대로 짐의 시신을 찢어발기고 또 문관과 무관들을 잡아다가 함께 모두 죽이되, 능침(陵寢)을 파괴하지 말고 우리 백성은 한 사람도 죽이지 말라."

숭정(崇禎) 17년 갑신년 3월 을사일에 틈적(闖賊) 이자성(李自成)[186]이 경사를 침범하자, 정미일(丁未日)에 황제께서는 만세산(萬歲山)의

185 의종황제(毅宗皇帝) : 1611～1644.(재위 1628～1644) 명나라의 16대이자 마지막 황제로서, 연호(年號)를 따라 숭정제(崇禎帝)라고도 불린다. 즉위 초기에는 전횡을 부리던 환관(宦官) 위충현(魏忠賢)의 세력을 제거하고 정치를 개혁하였으나, 중기 이후에는 다시 환관들을 중용하여 당쟁이 격화되었다. 그 결과 후금(後金)의 침입과 농민반란 등을 촉발시켜 1644년 이자성(李自成)이 이끄는 농민반란군이 북경을 점령하자 자살하였다.

186 틈적(闖賊) 이자성(李自成) : 틈적은 이자성이 스스로 틈왕(闖王)이라고 칭하였으므로 이를 폄하하여 말한 것이다. 이자성(1605～1645)은 명나라 말기 농민 반란의 지도자로 의종(毅宗) 숭정(崇禎) 16년(1643)에 서안(西安)을 점령하고 나라를 세워 국호를 '대순(大順)'이라 하였으며, 1644년에 북경(北京)을 공격하여 의종을 자진하게 하고 명나라를 멸망시켰다. 그러나 산해관을 지키던 오삼계(吳三桂)의 귀순으로 만리장성을 통과한 청나라 홍타이지의 대군에 패하여 북경을 내주고 퇴각하던 중, 호북성(湖北省) 통산(通山)에서 명나라에 충성하는 무리들에게 살해되었다.

수황정(壽皇亭)에 올라서 스스로 목을 매어 죽으면서 머리를 풀어 헤치고 남색 옷을 입은 채 왼쪽 신발을 벗고 오른쪽에는 붉은 신발을 신고 옷자락 앞에다가 유조(遺詔)를 쓰기를 위와 같이 하였다.

이는 이른바 '나라가 망할 때에 그 끝마침을 바르게 했다'는 것이다. 나라가 망함에 사직과 함께 운명을 같이하여 끝마침을 바르게 하는 의리를 다한 분은, 여러 역사책을 두루 뽑아 보건대, 오직 우리 선제(先帝)인 의종 한 분이 있을 뿐이니, 이는 '성인(聖人)은 중정(中正)과 인의(仁義)로 정하여 사람의 극을 세운 자이다.'[187]라는 것이 될 것이다.

역대의 유조(遺詔)가 모두 옥괘(玉几 제왕의 안석)의 고명(顧命)에서 나오지는 않아서 거개가 다 후대에 지어졌으며, 부인과 내시의 손에서 멋대로 바뀐 것도 많았다. 우리 선제께서는 하늘이 무너지고 땅이 갈라지는 때를 당하여 온화하고 조용하고 여유로워서 육궁(六宮)[188]에게 자결하도록 명하고 또 손수 유명(遺命)을 써서, 역적들에게 능침을 보전하고 백성들을 죽이지 말 것을 아주 간곡하게 당부하였으니, 이 유조의 생각이 참되고 간절함과 말씀의 뜻이 측달(惻怛)함을 가지고 보면 길러 오신 바의 올바름을 알 수 있다.

187 성인(聖人)은……자이다 : 이 내용은 염계(濂溪) 주돈이(周敦頤)의 《태극도설(太極圖說)》에 "성인은 중정과 인의로 정하되 정(靜)을 주장하여 사람의 극을 세웠다.〔聖人定之以中正仁義而主靜, 立人極焉.〕"라고 한 구절을 원용한 것이다.

188 육궁(六宮) : 궁궐의 모든 후궁(後宮)과 궁녀(宮女)들을 이른다. 《예기》 〈혼의(昏義)〉에 "옛날 천자의 황후는 육궁(六宮)을 세우고, 3인의 부인(夫人), 9인의 빈(嬪), 27인의 세부(世婦), 81인의 어처(御妻)를 두어 천하의 내치를 다스렸다.〔古者, 天子后立六宮, 三夫人, 九嬪, 二十七世婦, 八十一御妻, 以聽天下之內治.〕"라고 보인다.

이 유조는 마땅히 은(殷)나라의 〈반경(盤庚)〉과 주(周)나라의 고(誥)[189]와 더불어 서로 표리(表裏)가 될 것이니, 삼대(三代)가 망할 때에 이런 일이 있었다는 말을 듣지 못하였다.

돌아가신 의종(毅宗)께서 한가로이 거처할 때에도 장엄하고 공경히 지내서 아침에 일어나 상제(上帝)를 뵌 연후에 조회를 보았으며, 음악과 여색을 가까이 하지 않고 재화와 이익을 증식하지 않았으며, 대동(大東)[190]의 공물(貢物)을 경감해 주고 편전(便殿)에 향(香)을 올리는 일을 중지시켰다. 사실(史實)을 기록함에 있어 사신(史臣)의 말을 소중히 여기고, 추울 때나 더울 때나 문화전(文華殿)[191]의 강석(講席)에 납시었으며, 악목(岳牧)[192]들로 하여금 백성들의 고통을 잘 살피게 하였고 여러 신하들을 세심히 살펴서[193] 손님과 스승으로 높이고 예우하

189 은(殷)나라의……고(誥) : 은나라의 〈반경(盤庚)〉은 《서경》 상서(商書)의 편명으로 상중하 세편으로 되어 있다. 주(周)나라의 고는 《서경》 주서(周書)의 〈대고(大誥)〉·〈강고(康誥)〉·〈주고(酒誥)〉·〈소고(召誥)〉·〈낙고(洛誥)〉 등의 편을 이른다.

190 대동(大東) : 동쪽의 나라들을 이른다. 《시경》 〈소아(小雅) 대동(大東)〉의 모서(毛序)에 "〈대동〉은 나라가 어지러움을 풍자한 시이다. 동쪽의 나라들이 부역에 시달리고 세금을 내느라 피해를 보니, 담(譚)나라 대부(大夫)가 이 시를 지어 폐해를 말한 것이다." 하였다.

191 문화전(文華殿) : 명나라 때, 황궁인 자금성(紫禁城)의 동화문(東華門) 안에 있는 전각으로, 여기에서 황제를 모신 경연(經筵)이 베풀어졌다.

192 악목(岳牧) : 중국 고대의 제도인 '사악(四岳)과 십이목(十二牧)'을 줄여서 부르는 말이다. 요순(堯舜) 시대에 이들이 정무(政務)와 지방 각국의 제후를 나누어 관장하였으므로, 후대에 지방관을 뜻하는 말로 쓰이게 되었다.

193 여러……살펴서 : 원문의 '체군신(體群臣)'은 유가(儒家)에서 치국평천하(治國平天下)에 필요한 항목으로 제시한 아홉 가지 준칙(準則) 중의 하나로 《중용장구》

였으며 심지어는 소복(素服)을 입고 죄수의 죄를 논하며 포흠(逋欠)[194]을 탕감해주고 난을 그치게 하였으며, 자신을 인책하게 되면 음악을 철거하였고 굶주린 백성을 구제할 경우는 내탕고(內帑庫)를 열었으며 또 진원(陳沅)[195]을 내보내어 남에게 시집가게 하였으니, 참으로 지극하다.

무릇 나라를 흥성(興盛)시키는 일이 의종에게 구비되지 않은 바가 없었으나, 점점 상란(喪亂)을 이루어서 지극한 지경에 이른 것은 어째서인가. 주(周)나라의 도(道)는 탄호(檿弧)에서가 아니라 유왕(幽王)과 여왕(厲王)의 대에서 망하였고,[196] 한(漢)나라 왕업(王業)은 환제

제20장에 보인다.

194 포흠(逋欠) : 포(逋)는 조세(租稅)를 포탈하는 것이고, 흠(欠)은 관청의 물품을 사사로이 함부로 축냄을 이르는데, 그 결손액을 바로 가리키기도 한다.

195 진원(陳沅) : 1623~1695. 명나라 말기의 명기(名妓)로 자는 원원(圓圓)이다. 의종의 총애를 받던 전비(田妃)의 부친 전홍(田弘)에게 거둬져 의종에게 바쳐졌으나 의종이 관심을 두지 않아 다시 출궁하였다가 후일 오삼계(吳三桂)의 애첩이 되었다.

196 주(周)나라의……망하였고 : 주나라의 역사상의 멸망은 기원전 256년 동주(東周)의 난왕(赧王) 때에 있었으나 그 실질적인 멸망은 서주(西周)를 멸망시킨 여왕(厲王)과 유왕(幽王) 때에 있었음을 말한 것이다. 여왕은 주나라의 10대 왕으로 포악무도한 정치로 제후들과 백성들이 폭동을 일으켜 체(彘)로 피신하였다가 그 곳에서 죽었다. 여왕 이후 주(周) 왕실의 권위는 크게 약화되었다. 유왕은 서주(西周)의 마지막 왕으로 백성들에게 전횡을 부리다가 포사(褒姒)에게 빠져 왕비인 신후(申后)와 태자 의구(宜臼)를 폐하고 포사와 포사 소생의 아들 백복(伯服)을 왕비와 태자로 책봉하자 신후의 부친인 신후(申侯)가 견융(犬戎)을 끌어들여 유왕을 죽여 주나라가 멸망되었는데 폐위되었던 유왕의 아들 의구가 평왕(平王)이 되어 수도를 낙양으로 옮겨 동주(東周)가 시작되었다. 탄호를 언급한 것은, 난왕 때에 하남(河南)의 서주국(西周國)으로 옮겨 왕위를 유지하였는데 서주공(西周公) 희구(姬咎)가 난왕을 필두로 제후들과 합종(合縱)하여 진나라를 공격하다가 진나라의 반격을 받자 바로 36개의 성읍을 모두 바치고

(桓帝)와 영제(靈帝)의 대에서 멸망하였지 산양공(山陽公) 때에 멸망한 것이 아니다.[197] 명나라 국운이 끝난 것은 이미 태창(泰昌)과 천계(天啓) 연간[198]에 있었다. 이때 황제의 실정(失政)에 하늘의 복록(福祿)이 실추되었으니, 비록 성인(聖人)이 나오더라도 또한 어떻게 운명을 새로이 개척해 나갈 수 있었겠는가. 매번《명사(明史)》를 읽을 때마다 일찍이 광종(光宗)과 희종(熹宗)에 대해서 통탄하지 않은 적이 없었다.

의종께서 자진할 당시에 원수인 역적에게 붙어 지조를 버려, 개와 돼지조차도 그가 먹다 남긴 나머지를 먹지 않을[199] 그런 무리들이 스스

항복하고 탄호 땅으로 쫓겨나면서 주나라가 멸망하였기 때문이다.《史略 卷1 周》

197 한(漢)나라……아니다 : 환제(桓帝)는 후한(後漢)의 제11대 황제(재위 146~167)로 환관(宦官)인 선초(單超) 등과 모의하여 외척으로 횡포를 부리던 양기(梁冀)를 멸문시켰으나 이후 환관들이 횡포를 부려 국력이 급속하게 쇠퇴하였다. 영제(靈帝)는 후한의 제12대 황제(재위 168~189)로 재위 기간 중 잇따른 재해와 황건적의 난 등으로 군웅할거의 시대가 이르렀다. 산양공(山陽公)은 후한의 마지막 황제인 헌제(獻帝)로 위왕(魏王) 조비(曹丕)에게 황위를 넘겨주고 제위에서 물러나 산양공에 봉해졌다.《後漢書 卷9 孝獻帝紀》

198 태창(泰昌)과 천계(天啓) 연간 : 태창은 명나라 14대 황제인 광종(光宗)의 연호이다. 1620년에 황위에 올랐으나 29일 만에 이가작(李可灼)이 올린 붉은 환약〔紅丸〕을 먹고 급사(急死)하였다. 천계는 15대 황제인 희종(熹宗, 재위 1621~1627)의 연호이다. 정사를 돌보지 않아 모든 일이 환관 위충현(魏忠賢)에 의해 주도되어 명나라 사상 가장 어두운 시대가 되었다.

199 개와……않을 : 이 내용은《한서》권98〈원후전(元后傳)〉에 "어린 군주를 부탁하는 명을 받고서 편리한 때를 틈타 그 나라를 탈취하여 은의(恩義)를 다시 돌아보지 않는 자라면 개와 돼지조차도 그가 먹다 남긴 나머지를 먹지 않을 것이다.〔受人孤寄, 乘便利時, 奪取其國, 不復顧恩義。人如此者, 狗豬不食其餘.〕"라는 구절을 원용한 것이다.

로 법과 의리의 주벌(誅罰)을 면치 못할 것을 생각하고는 도리어 멋대로 사실을 날조하여 죄를 얽고는 혹은 말하기를 "전비(田妃)를 총애하고 환관에게 정사를 맡겨서 멸망을 초래하였다."라고 하고, 혹은 "이익을 탐하고 재물을 아껴서 멸망을 초래하였다." 하고, 혹은 "자기 지혜를 쓰기 좋아하여 멸망을 초래하였다."라고 하여, 모든 망국의 허물을 들어 군부(君父)에게 돌려서 자신이 나라를 그르치고 의리를 잃은 허물이 경감(輕減)되기를 바랐다.

이에 이를 널리 알려서 공안(公案)으로 만들고 또 이것을 책에 써서 천하와 만세의 이목(耳目)을 속여서 장차 덕을 잃어 나라를 멸망시킨 군주와 함께 나란히 놓고서 똑같이 폄하하니, 이 때문에 충신과 열사들이 이 무리들에게 절치부심(切齒腐心)하는 것이다.

이 무리들은 고굉(股肱)과 심려(心膂)의 부탁[200]을 체인하여 가슴에 새기지 않고는, 오직 공의(公義)를 저버리고 사당(私黨)을 위하여 죽는 것을 일삼고 오직 재물을 탐하고 욕된 뇌물을 받는 일에 힘쓰기만하고, 하나의 모책을 내고 하나의 계책을 계획하여 군부가 밤낮으로 근심하는 것을 풀지 못하다가, 마침내 상전(桑田)이 벽해(碧海)가 되어 실록(實錄)을 증빙할 수 없게 된 뒤에 감히 위아래를 도치시키고 흑백을 바꾸는 짓을 하니, 바로 그 죄가 위로 하늘에 통한다.

그러나 이런 짓들이 어찌 성군(聖君)의 덕을 손상시킬 수 있겠는가.

200 고굉(股肱)과 심려(心膂)의 부탁 : 충심으로 임금을 보좌하는 중신(重臣)이 되어 달라는 부탁으로, 주나라 목왕(穆王)이 군아(君牙)를 대사도(大司徒)에 임명하면서 "나를 도와서 다리와 팔과 심장과 등뼈가 되어라.〔予翼, 作股肱心膂.〕"라고 한 말에 보인다. 《書經 周書 君牙》

사람을 알면 명철해지나 이는 요임금도 어렵게 여긴 바이니,[201] 어찌 쉽게 말할 수 있는 것이겠는가. 희종 때 역적인 환관(위충현(魏忠賢))이 포악(暴惡)을 부려서 사대부들을 어육(魚肉)으로 만들어 당대의 덕이 있는 선비들이 모두 처형되었으니, 석양정(夕陽亭)에서 짐독(鴆毒)을 마시고 자살한 양진(楊震)[202]과 수양산(首陽山)에서 시신(屍身)이 된 범방(范滂)[203]이 되지 않은 자가 거의 없었다. 낭당(鋃鐺)과 질곡(桎梏)[204]의 뒤에 온전함을 얻은 자들은 거의 모두가 마음이 죽어서 기절

201 사람을……바이니 : 이 내용은 《서경》 〈고요모(皐陶謨)〉의 "고요가 말하기를 '아! 훌륭합니다. 사람을 앎에 있으며 백성을 편안히 함에 있습니다.' 하니, 우(禹)가 다음과 같이 말씀하였다. '아! 너의 말이 옳으나, 모두 이와 같이 함은 제요(帝堯)도 어렵게 여기셨으니, 사람을 알면 명철해진다.'〔皐陶曰: 都! 在知人, 在安民. 禹曰: 吁! 咸若時, 惟帝其難之, 知人則哲.〕"라는 구절을 원용한 것이다.

202 석양정(夕陽亭)에서……양진(楊震) : 석양정은 낙양현(洛陽縣) 서남쪽에 있는 정자 이름이다. 후한(後漢) 안제(安帝) 때에 태위(太尉) 양진이 대홍로(大鴻臚) 경보(耿寶)와 중상시(中常侍) 번풍(樊豐) 등의 간악한 행위를 탄핵하는 상소를 올렸다가 도리어 소인들의 참소를 입고 파면되어 본군(本郡)으로 돌아가던 도중 석양정에 이르러, '재상으로서 간신(姦臣)과 폐녀(嬖女)들을 처벌하지 못하였으니 무슨 면목으로 다시 일월(日月)을 볼 수 있겠는가'라고 하면서 짐독(酖毒)을 마시고 자살하였으므로 이른 말이다. 《後漢書 卷54》

203 수양산(首陽山)에서……범방(范滂) : 범방(137~169)은 후한 때의 명사로 자신을 돌보지 않고 정권을 농단하는 환관들을 제거하려고 노력하다가 환제(桓帝) 영강(永康) 원년(167)에 일어난 당고(黨錮)의 옥사(獄事) 때에 죽임을 당한 인물이다. 옥사가 발발하여 체포되어 옥중에서 심문을 받을 때에 "이 몸이 죽는 날에 나의 몸을 수양산 곁에 묻어 주어 위로는 하늘을 저버리지 않고 아래로는 백이와 숙제에게 부끄럽지 않게 하라.〔身死之日, 願埋滂於首陽山側, 上不負皇天, 下不愧夷齊.〕"라고 하였으므로 이렇게 말한 것이다. 《資治通鑑 卷56 漢紀48 孝桓皇帝下》

204 낭당(鋃鐺)과 질곡(桎梏) : 죄인을 다스리는 형구(刑具)로 낭당은 쇠사슬을, 질

(氣節)이 모두 사라졌고, 요직(要職)을 채워 조정에 포진한 자들은 대부분 위충현(魏忠賢)의 문객 중 남은 무리로서 개두환면(改頭換面)[205]한 자들 뿐이니, 나라를 팔아먹고 군주를 팔아먹고 적에게 무릎을 꿇는 것을 달게 여긴 것이 당연하다. 이 때문에 재위 17년 중에 40명의 정승을 바꾼 것이다. 조정에 임하여 탄식하고, 심지어는 "짐이 나라를 망하게 한 것이 아니고 여러 신하들이 모두 나라를 망하게 한 것이다."라고까지 하였으니, 유조(遺詔)에서 '여러 신하들이 짐을 오도하였으니, 문관과 무관들을 잡아다가 함께 모두 죽이라'고 한 것은 아마도 이 때문일 것이다.

아! '사해(四海)가 다스려지지 않는 이유는 훌륭한 군주는 있으나 훌륭한 신하가 없어서이다.'라고 한 것이 이것을 말함이 아니겠는가. 그러나 욕의(蓐蟻)[206]하려는 어자(御者)들이 전구(前驅 선봉)가 되고자 맹세하였고, 발사(茇舍)의 대부들이[207] 죽어 구경(九京 구천(九泉))을

곡은 차고와 수갑을 이른다.

205 개두환면(改頭換面) : 마음을 바꾸지 않고 겉으로만 달라지는 척함을 이른다.

206 욕의(蓐蟻) : 잠자리를 깔고 개미를 쫓는다는 말로 죽은 임금을 따라 죽어 황천에서 충성한다는 뜻이다. 《전국책(戰國策)》〈초책(楚策)〉에 "초나라 임금이 하늘을 우러러 웃으며 말하기를 '즐겁구나, 오늘의 놀이여. 내가 죽은 뒤에 누구와 이 즐거움을 함께 할까.'라고 하였다. 안릉군이 울면서 앞으로 나와 말하기를 '……대왕께서 돌아가신 후에는 이 몸도 황천에 함께 가서 개미를 막는 돗자리가 되려 합니다. 또 무슨 즐거움이 이보다 더하겠습니까.'라고 하였다.[仰天而笑曰: "樂矣! 今日之游也. 寡人萬歲千秋之後, 誰與樂此矣." 安陵君泣數行而進曰: "……大王萬歲千秋之後, 願得以身試黃泉蓐螻蟻, 又何如得此樂而樂之."]"라고 한 데서 유래하였다.

207 발사(茇舍)의 대부들이 : 의종을 따라 고생하며 충성을 바친 대부들을 이른다. 《춘추좌씨전(春秋左氏傳)》 희공(僖公) 15년 기사에, "진백(秦伯)이 진후(晉侯)를 사

따랐으며, 심지어는 한 집안이 칼에 엎드려 자결하고 온 가족이 스스로 불타 죽었으며, 노예와 채마밭 품팔이꾼까지 또한 군주를 위하여 순절하였다.

윗사람이 행함에 아랫사람이 본받는 것이 그림자와 메아리보다도 빠름이 이와 같으니, 평소에 잘 배양하고 위무함이 없고서 이와 같은 일을 갑자기 취할 수 있었겠는가. 전(傳)[208]에 이른바 "윗사람이 인(仁)을 좋아하는데 아랫사람이 의(義)를 좋아하지 않는 자가 있지 않다."는 것이 어찌 진실이 아니겠는가.

군주와 신하가 서로 의지하여 목숨을 바치고 뜻을 이루어서 하나의 옳음을 성취하였으니, 해와 달도 그 밝음이 되기에 부족하고 태산도 그 높음이 되기에 부족하고 하늘과 땅도 용납하기에 부족하다.[209] 이 어찌 악독한 말과 자황(雌黃)[210]을 그 사이에 용납할 수 있겠는가.

로잡아 돌아가니, 진(晉)나라의 대부들이 반수발사(反首茇舍)하여 진후의 뒤를 따랐다.〔秦獲晉侯以歸, 晉大夫反首拔舍以從.〕"라고 하였는데, 두예(杜預)의 주에, "반수란 머리를 아래로 늘어뜨리는 것이고 발사(拔舍)는 풀로 만든 집이다."라고 하였다. 발(拔)은 발(茇)과 통용된다.

208 전(傳) : 《대학장구》 전(傳) 10장을 이른다.

209 해와……부족하다 : 이 내용은 당(唐)나라의 문호 한유(韓愈)가 지은 백이송(伯夷頌)의 "밝은 일월도 그 밝음이 되기에 부족하고 높은 태산도 그 높음이 되기에 부족하고 높고 큰 하늘과 땅도 그 용납하기에 부족하다.〔昭乎日月, 不足爲明, 崒乎泰山, 不足爲高, 巍乎天地, 不足爲容也.〕"라는 구절을 원용한 것이다.

210 자황(雌黃) : 조정의 정사와 인물에 대해 시시비비를 가리며 비평하는 말을 뜻한다. 자황은 유황(硫黃)과 비소(砒素)를 혼합하여 만든 안료(顔料)로, 옛날에 황지(黃紙)에 글씨를 쓰다가 잘못 썼을 경우에 이것을 사용해서 글자를 지우고 그 위에 다시 썼으므로, 전하여 시문(詩文)을 개찬하거나 의논이나 평론, 선악과 시비를 말하는 뜻으로 쓰였다.

나는 매년 기일(忌日)을 받들 때마다 공경히 이 유조를 읽고서 수염을 부여잡는 애통한 감회[211]를 부치는데, 이해 이달 이날을 만남에 오희(於戲)의 생각[212]을 이기지 못한다. 탄식하고 팔을 걷어붙이고 붓을 당겨 좌방(左旁)에 쓰노라.

211 수염을……감회 : 임금의 죽음에 대한 애통한 감회를 이른다. 자세한 내용은 21쪽 주28 참조.

212 오희(於戲)의 생각 : 의종의 덕을 잊지 못하고 그리워하는 생각을 이른다. 자세한 내용은 67쪽 주136 참조.

방정학[213]의 필적 뒤에 쓰다 을유년[214]

題方正學筆蹟後 乙酉

"혹자가 거사(居士)에게 이르기를 '내가 단계(端谿)에 가게 되었는데, 마땅히 공을 위하여 벼루를 사오겠습니다.'라고 하자, 거사가 '나의 두 손 중에 한 손만 글씨를 쓰는데, 벼루가 세 개나 있으니, 많아서 무엇 하겠습니까.' 하였다. 그 사람이 말하기를 '파손에 대비해서입니다.' 하니, 거사가 '참된 벼루는 파손되지 않습니다.'라고 대답하였다.〔或謂居士 吾當往端谿 可爲公購硯 居士曰吾兩手 其一解寫字而有三硏 何以多爲 曰以備損壞 曰眞硯不損〕"[215]

213 방정학(方正學) : 명나라 초기의 명신인 방효유(方孝孺, 1357~1402)로 호는 손지(遜志), 자는 희직(希直)이다. 서실(書室) 이름이 정학이기 때문에 흔히 방정학이라고 불린다. 송렴(宋濂)에게 수학하고, 혜제(惠帝)를 섬겨 시강학사(侍講學士)로서 당대 제일의 학자라는 중망을 누렸으나, 1402년 연왕(燕王, 성조(成祖))이 무력으로 제위(帝位)를 찬탈한 뒤 등극 조서를 작성할 것을 명하자, 이를 거부하다가 집안의 구족과 친구, 제자 등 수백 인이 죽임을 당하였다.

214 을유년(乙酉年) : 1825년(순조25)으로, 매산의 나이 50세 되던 해이다.

215 혹자가……대답하였다 : 북송(北宋)의 문장가인 동파(東坡) 소식(蘇軾)의 〈연명(硯銘)〉을 방정학이 약간 줄여 쓴 것이다. 원작은 《문장변체휘선(文章辨體彙選)》 권454 〈명(銘)8〉에 "혹자가 동파거사에게 이르기를 '내가 단계(端谿)에 가게 되었는데 마땅히 공을 위하여 벼루를 사오겠습니다.'라고 하자, 거사가 '나의 두 손 중에 한 손만 글씨를 쓰는데, 벼루가 세 개나 있으니, 많아서 무엇 하겠습니까.' 하였다. 그 사람이 말하기를 '파손에 대비해서입니다.' 하니, 거사가 '나의 솜씨가 혹 먼저 손괴될 것입니다.' 하였다. 혹자가 '참된 솜씨는 손괴되지 않습니다.' 하니, 거사가 '참된 벼루는 파손되지 않습니다.'라고 대답하였다.〔或謂居士: "吾當往端谿, 可爲公購硯." 居士曰: "吾兩手,

위는 방정학(方正學) 선생이 손수 쓰신 글씨이다. 단계의 벼루는 천하에 제일가는 명품이어서, 먹을 함께 들이고 물을 함께 내보내서 손가락을 대보면 여전히 축축하고 열흘이 되어도 마르지 않으니, 유몽득(劉夢得)의 시에 "평소 글씨를 쓰는 차에 단계에 이르지 못함을 한탄하노라.〔尋常翰墨次 恨不到端谿〕"는 것[216]은 아마도 이 때문일 것이다.

단계석을 채취하는 자는 항상 소와 양을 가지고 제사를 지내는데, 제사를 지내지 않으면 천둥과 번개가 쳐서 채취할 장소를 잃으니, 이것이 세상에 진귀한 보물이 된 이유이며, 이 때문에 중국의 사대부들이 이 벼루가 없으면 도서(圖書)와 사적(史籍)을 쓰지 못하고 연참(鉛槧)을 받들지 못하는 것이다. 혹자가 공을 위하여 사주려고 한 것은 그 뜻이 진심으로 고마운데, 공이 거절하기를 이와 같이 하였으니, 또한 사양하고 수수(授受)함에 있어 엄격함을 볼 수 있다.[217]

其一解寫字而有三硯, 何以多爲?" 曰: "以備損壞" 居士曰: "吾手或先硯壞." 曰: "眞手不壞." 居士曰: "眞硯不損."〕"라고 보인다. 단계(端谿)는 단계(端溪)로 주로 표기되는바, 광동성(廣東省) 고요현(高要縣) 동남쪽에 있는데, 여기에서 생산되는 벼루는 품질이 매우 좋아 명품으로 꼽힌다.

216 유몽득(劉夢得)의……것 : 유몽득은 당(唐)나라 순종(順宗)·헌종(憲宗) 때의 문신이자 시인인 유우석(劉禹錫, 772~842)으로 몽득은 그의 자이다. 감찰어사(監察御史)·태자빈객(太子賓客) 등의 벼슬을 역임하였는데 왕숙문(王叔文), 유종원(柳宗元) 등과 함께 정치 개혁을 시도하다가 실패하여 낭주 사마(朗州司馬)로 좌천되었다. 풍자시와 회고시를 많이 썼으며, 시풍은 청신하고 유창하였다.《舊唐書 卷160 劉禹錫傳》 인용된 시는 〈사우생유단계연와(謝友生遺端溪硯瓦)〉라는 작품의 첫 구인데,《육예지일록(六藝之一錄)》과《어정전당시(御定全唐詩)》 등에 당나라 말기의 시인인 이함용(李咸用)의 작품으로 되어 있으며, 첫 번째 구의 '尋常翰墨次'가 '尋常濡翰次'로 되어 있다.

217 혹자가……있다 : 혹자가 단계에 가면서 방정학에게 그를 위하여 벼루를 사오겠

벼루는 바로 사보(四譜)[218] 중의 하나로서 물건 됨이 매우 고상한 것인데도 오히려 이와 같았으니, 하물며 이보다 더 큰 것에 있어서이겠는가. 옛 사람이 말하기를 "만일 나의 소유가 아니면 비록 지푸라기 하나라도 취하지 않는다.〔苟非吾之所有 雖一芥而不取〕"라고 하였으니,[219] 공과 같은 분이 어찌 그런 사람이 아니겠는가.[220]

벼루라는 것은 다만 먹을 갈아서 잘 풀어지기를 바랄 뿐이니, 용미(龍尾)와 봉주(鳳咮), 마간(馬肝)과 노주(鸕駐)[221]가 다만 어찌 실용

다고 말하자, 방정학이 동파의 고사를 들어 거절하면서 이 글을 써서 보여 준 것으로 추정되나 분명하지 않다.

218 사보(四譜) : 북송(北宋) 태종(太宗) 때의 문신이자 시인인 소이간(蘇易簡)이 종이・먹・붓・벼루 등 4가지 문방구의 종류와 역사에 대해 《문방사보(文房四譜)》를 지어 밝혔기 때문에 이렇게 말한 것이다.

219 옛……하였으니 : 옛 사람은 동파 소식으로 인용된 글은 동파의 〈전적벽부((前赤壁賦)〉에 보이는데, '개(芥)' 자가 '호(毫)' 자로 되어 있다.

220 공과……아니겠는가 : 매산은 위의 글을 방정학이 지은 것으로 여겼기 때문에 이렇게 말한 것이다.

221 용미(龍尾)와……노주(鸕駐) : 모두 명품의 벼루들로, 용미는 용미석(龍尾石)으로 만든 벼루인데, 지금의 강서성(江西省) 무원현(婺源縣)에서 생산되는 것으로, 벼루 중에 상품으로 일컬어진다. 봉주(鳳咮) 역시 명품의 벼루로, 소식(蘇軾)의 〈봉주연명서(鳳咮硯銘序)〉에 "북원의 용배산은 마치 봉황이 내려와 물을 마시는 형상으로 생겼는데, 그 부리 부분이 되는 검푸른 돌이 곱기가 마치 옥 같아서, 희령 연간에 태원 사람 왕이가 그 돌로 벼루를 만들었으므로, 내가 그것을 봉주라 이름하였다.〔北苑龍焙山, 如翔鳳下飮之狀, 當其咮, 有石蒼黑, 緻如玉, 熙寧中, 太原王頤以爲硯, 余名之曰鳳咮.〕"라고 보인다.《東坡全集 卷96》 마간(馬肝) 또한 명품의 벼루로 소식의 〈손신로기묵(孫莘老寄墨)〉 시에 "단계석 벼루는 말의 간을 쪼아 놓은 듯하고, 섬계의 등지(藤紙)는 옥판을 펴 놓은 듯하네.〔谿石琢馬肝, 剡藤開玉版.〕"라고 하였는데, 그 주석에 "단주 심계의 돌 가운데 마치 말의 간처럼 자줏빛 나는 것이 상품이다.〔端州深溪之石, 其色紫

(實用)에 유익함이 되겠는가. 바로 호사자(好事者)들의 일일 뿐이다. 벼룻돌의 품질이 정(精)한가 거친가에 구차하게 신경을 쓰는 자들은 여기에서 또한 완물상지(玩物喪志)[222]하는 것이니, 이 때문에 단계의 벼루를 취하지 않은 것인가 보다.

옛날 포효숙공(包孝肅公)[223] 이 단주(端州)를 맡았다가 임기가 차서 돌아올 적에 단 한 개의 벼루도 가지고 오지 않았으니, 이는 조청헌공(趙淸獻公)의 거문고와 학[224]에 비해도 더욱 행하기 어려운 것이다. 만일 방정학 공이 단주의 지주(知州)가 되었으면 마땅히 포공을 본받았을 것이 분명하다.

如馬肝者爲上.]"라고 하였다.《蘇東坡詩集 卷25》노주 또한 명품의 벼루로 단계(端溪)의 벼루 공인이 날아가는 해오라기의 꼬리가 머문 깊은 못 속에서 그물질하여 찾은 돌로 만든 벼루라고 한다.《御定淵鑑類函 卷204 文學部13 硯3》

222 완물상지(玩物喪志) : 사람이 외물(外物)에 마음이 팔리면 곧 흉중(胸中)의 지기(志氣)를 상실함을 말하는데, 흔히 보석이나 골동품을 좋아하는 것을 경계하는 말로 쓰인다.《서경》〈여오(旅獒)〉의 "사람을 희롱하면 덕(德)을 잃고 물건을 구경하면 뜻을 잃을 것이다.〔玩人喪德, 玩物喪志.〕"라는 구절에서 연유하였다.

223 포효숙공(包孝肅公) : 북송의 명신인 포증(包拯, 999~1062)으로 효숙은 그의 시호이고 자는 희인(希仁)이다. 인종(仁宗) 천성(天聖) 5년(1027) 진사시에 급제하고 벼슬이 추밀부사(樞密副使)에 이르렀다. 강직하고 올곧아 귀척(貴戚)과 환관들이 감히 함부로 하지 못했으며 특히 공평무사하게 송사를 처결하여, 세상에서 포청천(包靑天)이라 부르며 칭송하였다.

224 조청헌공(趙淸獻公)의 거문고와 학 : 조청헌공은 북송의 명신인 조변(趙抃, 1008~1084)으로 청헌은 그의 시호이다. 자는 열도(閱道), 호는 지비자(知非子)로 벼슬이 전중시어사에 이르렀는데, 청백리로 명성이 높았다. 성도(成都) 지사(知事)로 있을 때에, 백성들이 안정된 생활을 누리고 즐거이 일하는 것을 보고는 기뻐하며 거문고를 타며 즐겼으며, 학 한 마리를 기르며 늘 학의 새하얀 털과 학 머리 위의 붉은 색을 보고 자신의 마음을 다잡았다.

짐작하건대 벼루를 사주려고 한 자는 이 단주를 맡았거나 아니면 사자(使者)로서 갔을 것이다. 그러므로 그에게 이런 의리를 말씀해 주어서 그로 하여금 바름을 얻게 한 것일 것이다. 이는 자신이 하고자 하지 않는 바를 남에게 베풀지 않는 것일 것이다.

나는 평소 적륵(趯勒)[225]의 묘법(妙法)에 어두워서 진실로 자학(字學)의 교졸(巧拙)[226]을 이해하지 못하나, 이것이 마음을 바루어야 발로 되는 것임을 대략 알고 있다. 공의 글씨를 높이 벽 위에 게시함에 혁혁하게 빛나는 기운이 있으니, 이것을 어루만지며 감동하여 쓰노라.

벼루는 둔하여 오래가므로[227] 한 벼루를 얻으면 종신토록 사용하여도 다하지 않고 자손에게 물려주어도 남음이 있으니, 공이 가진 세 개의 벼루가 또한 이미 많은데 또 어찌 단계의 벼루를 필요로 하겠는가. '참된 벼루는 파손되지 않는다.'고 하신 말씀이 이치를 통달하였으니, 만일 도를 체행함에 있어 참되게 하는 자가 아니면 어찌 능히 여기에 해당될 수 있겠는가. 무릇 물건이 그 참됨을 얻은 것은 그 본성을 훼손하지 않는데 더구나 천지의 정통(正通)한 기운이 모여서 진정한

225 적륵(趯勒) : 적(趯)은 구획(鉤劃)이고 늑(勒)은 횡획(橫劃)으로, 전(轉)하여 서예(書藝)를 가리킨다.

226 자학(字學)의 교졸(巧拙) : 자학은 일반적으로 문자학(文子學)을 이르나, 여기서는 글자를 쓰는 서법(書法)의 뜻으로 쓰였으며, 교졸은 글씨를 잘 쓰고 못 씀을 말한 것이다.

227 벼루는 둔하여 오래가므로 : 이 내용은 북송의 문호인 당경(唐庚, 1071～1121)이 지은 〈가장고연명(家藏古硯銘)〉의 "그 체가 붓이 가장 뾰족하고 먹이 그 다음이고 벼루는 둔한 자이니, 어찌 둔한 자가 장수하고 예리한 자가 요절하는 것이 아니겠는가.〔其爲體也筆最銳, 墨次之, 硯鈍者也, 豈非鈍者壽而銳者夭乎?〕"라는 구절을 원용한 것이다.

영웅이 된 자가 어찌 하늘의 기물을 파손하겠는가.

공과 같이 10족이 멸족을 당하여도[228] 후회하지 않고 백번 죽는 것을 마치 집으로 돌아가는 듯이 여겨서 하나의 옳음을 성취한 경우에는, 바로 참됨이 파손되지 않은 것이니, 지금 공이 말한 것은 벼루를 말한 것이 아니고 바로 자신을 말한 것이다. 물건을 들어 스스로를 비유하고 진실로 그 말을 실천하였으니, 노씨(老氏)의 이른바 '그 몸을 닦으면 그 덕이 마침내 참되어진다.'라고 한 것[229]이 어찌 진실이 아니겠는가.

군자는 은은하나 날로 드러나고, 소인은 선명하나 날로 없어지는 것[230]은 참됨과 참되지 않음에 연유할 뿐이다. 이름은 참됨에서 생기니 그 참됨이 아니면 이름을 삼을 수가 없는 것이다. 공의 이름이 해와 달과 광채를 다투고 만겁(萬劫)이 지나도 파손되지 않으니, 어찌 다만 대(代)로써 수명을 계산하는 벼루에 있어서이겠는가.

228 10족이 멸족을 당하여도 : 방정학이 성조(成祖)에게 집안의 구족(九族)에다가 친구와 제자 등이 죽임을 당하였으므로 이렇게 말한 것이다.

229 노씨(老氏)의……것 : 노씨는 노자(老子)를 이르고, 인용된 글은 《도덕경(道德經)》 제54장의 "몸을 닦으면 그 덕이 마침내 참되어진다.〔修之於身, 其德乃眞.〕"라는 구절을 약간 바꿔 쓴 것이다.

230 군자는……것 : 이 내용은 《중용》 제33장의 "군자의 도는 은은하나 날로 드러나고, 소인의 도는 선명하나 날로 없어진다.〔君子之道, 闇然而日章; 小人之道, 的然而日亡.〕"라는 구절을 원용한 것이다.

천세력[231] 뒤에 써서 서제 약필에게 주다 경인년

題千歲曆後贈庶弟若弼 庚寅

이 《천세력》은 바로 우리 정조께서 서운관(書雲觀)에 명하여 백 년을 관측하고 검증하여 만든 것이다. 즉위 1년 정유년(丁酉年, 1777)부터 시작해서 병자년(丙子年, 1876 고종13)까지 백 년이 되는데, 천세력이라고 이름한 것은 무궁한 축원(祝願)을 붙인 것이고 또한 천년의 일지(日至)를 알 수 있기 때문이다.[232]

우리 동방(東邦)은 역법(曆法)을 알지 못하여 오직 중국에서 반포한 것을 따르다가, 세종 조에 이르러 역수(曆數)를 추산(推算)하는 법을

231 천세력(千歲歷) : 1782년(정조6)에 서운관(書雲觀)에서 시헌력(時憲曆)을 기초하여 편찬한 역서이다. 조선조에서는 세종 때에 〈칠정산내외편(七政算內外篇)〉을 편찬하면서 자주적인 역법 체제를 확립하였으나 이는 중국의 수시력(授時曆)과 대통력(大統曆)을 기초로 한 것으로 시간이 지나면 일월식의 추산이 부정확해지는 단점이 있었다. 이에 1664년(인조22) 김육(金堉)이 중국에서 서양의 역법을 참조하여 만든 시헌력을 수입하여 역법 개정을 건의하게 되었다. 이후 오랜 노력 끝에 영조 말에 시헌력에 의거한 오성법(五星法)과 일월식 추산법을 터득하여 시헌력에 따른 역서와 역법이 정비되었으며, 미래의 역을 추산하는 기술이 발달하게 되었다. 이에 서운관에서 1772년(영조48) 시헌력으로 향후 10년간의 역을 미리 편찬한 〈시헌백중력 時憲百中曆〉을 편찬했는데, 《천세력》은 이상의 성과를 바탕으로 다시 100년간의 역을 미리 추산하여 편찬한 것이다. 이로써 매년 역을 만들어야 하는 수고가 덜어지게 되었다.

232 천년의……때문이다 : 맹자(孟子)가 "하늘이 높이 있으며 성신이 멀리 있으나 만일 그 이미 지난 고(故)를 찾는다면 천세의 동지(冬至)를 가만히 앉아서도 알 수 있다.[天之高也, 星辰之遠也, 苟求其故, 千歲之日至, 可坐而致也.]"라고 한 구절을 원용한 것이다. 《孟子 離婁下》

처음 행하여 역상수시(曆象授時)[233]의 뜻이 이에 확립되었는데, 이 천세력으로 말하면 바로 영릉(英陵 세종) 후에 처음 있는 것이다. 이로써 우리 동방의 인문(人文)이 길이 창달될 것임을 증험할 수 있으니, 전성(前聖 세종)과 후성(後聖 정조)의 도가 하나로 일치한다.

이 책은 우리 집안이 3대에 걸쳐 보물로 보관하여 왔으니, 표지에 쓴 세 글자는 바로 조고(祖考)이신 참판공[234]의 수필(手筆)이요, 작은 제목과 도장(圖章)들은 모두 선고(先考)의 손때가 묻은 것이니, 그렇다면 그 진귀함이 어찌 왕씨 집안의 청전(靑氈)[235]과 소씨 집안의 용연(龍硯)[236]에 비할 수 있을 뿐이겠는가.

이것은 마땅히 우리 자손들이 전하여 지켜야 할 바인데, 내가 이것을 서제(庶弟) 약필(若弼)에게 주는 이유는 약필의 자손을 나의 자손과 똑같이 여기기 때문이다.

233 역상수시(曆象授時) : 해와 달과 별의 운행을 책력으로 기록하고 관측하는 기구로 살펴서 백성에게 농사철을 알려 주는 것을 말한다. 《서경》 〈요전(堯典)〉에 "이에 희씨와 화씨에게 명하여, 하늘을 공경히 따라서, 해와 달과 성신을 책력으로 기록하고 관측하는 기구로 살펴서 백성에게 농사철을 공경히 알려 주게 하였다.[乃命羲和, 欽若昊天, 曆象日月星辰, 敬授人時.]"라고 보인다.

234 조고(祖考)이신 참판공 : 홍선양(洪善養, 1727~1798)으로 자는 사호(士浩)이다. 1754년(영조30) 생원시에 합격하고 음직으로 벼슬하여 벼슬이 황주 목사(黃州牧使)에 이르렀으며 사후에 이조 참판으로 추증되었다. 《老洲集 卷之十七 同知敦寧府事洪公墓碣銘》

235 왕씨 집안의 청전(靑氈) : 왕씨 집안은 진(晉)나라 때 왕희지(王羲之)의 집안을 이른다. 청전에 대한 자세한 내용은 88쪽 주178 참조.

236 소씨 집안의 용연(龍硯) : 소씨 집안은 북송의 동파(東坡) 소식(蘇軾)의 집안을 이르고 용연은 용의 무늬가 새겨진 벼루를 이르는데, 용연을 가보로 전한 고사는 미상이다.

약필은 몸으로 이것을 지켜서 어린 아들과 어린 손자에게까지 미치게 하여 저들로 하여금 성조(聖朝)의 흠약(欽若)의 정사(政事)[237]와 전해지는 선조의 심획(心畫 글씨)을 알아 영원히 폐하지 말아서, 백로(伯魯)의 죽간(竹簡)[238]처럼 되지 않게 하라.

선조의 뜻과 사업을 계술(繼述)하는 일이 어렵고 선조의 유업을 전복하고 실추하기는 쉬워서 이를 고금에 똑같이 근심하는 바이니, 어찌 다만 이 한 권의 책만 그러하겠는가. 약필이여, 공경히 생각할지어다.

237 성조(聖朝)의 흠약(欽若)의 정사(政事) : 성조는 정조(正祖)를 이르고, 흠약의 정사는 하늘을 공경히 따르는 정사란 뜻으로 백성들에게 책력을 만들어 주어 농사를 잘 지을 수 있게 하는 정사를 말한다. 《서경》 〈요전(堯典)〉에 "하늘을 공경히 따라서, 해와 달과 성신을 책력으로 기록하고 관측하는 기구로 살펴서 백성에게 농사철을 공경히 알려 주게 하였다.[欽若昊天, 曆象日月星辰, 敬授人時.]"라는 구절을 원용한 것이다.

238 백로(伯魯)의 죽간(竹簡) : 백로는 전국시대 조간자(趙簡子)의 맏아들인 조백로(趙伯魯)를 이른다. 조간자가 장남인 조백로와 차남인 조무휼(趙無恤)에게 각각 훈계의 말을 적은 죽간을 주면서 잘 기억하라고 명하였는데, 3년이 지난 뒤에 조백로는 훈계의 말을 잊어버리고 죽간조차 잃어버렸지만 조무휼은 죽간을 소중히 간직하면서 가르침을 잘 새기고 있었다. 이에 조간자가 조백로를 폐하고 조무휼을 후사로 삼아 집안을 물려준 일을 이른 것이다. 《史略 卷1 趙》

허창해 시집 뒤에 쓰다 계사년[239]

題許滄海詩集後 癸巳

위는 바로 대명처사(大明處士) 창해(滄海) 허격(許格) 공의 시고(詩藁)이다. 정축년(1637, 인조15)에 청나라와 강화(講和)를 맺은 뒤에, 공은 소백산(小白山)에 올라가서 북쪽을 바라보고 통곡하고는 이후 일생동안 자정(自靖)[240]하였다.

항상 《춘추(春秋)》를 읽으며 자신의 뜻을 붙였고, 오랑캐 청나라의 책력을 보지 않았으며, 자신의 심정을 서술한 시를 지었는데, 아래와 같다.

한밤중에 일어나 보니 뭇별이 많기도 한데	中宵起視衆星繁
별들 역력하나 그래도 북극성 높은 줄 알겠네[241]	歷歷猶知北極尊
개벽한 이래 우주가 몇 번이나 바뀌었는가	開闢從來幾宇宙
금일 제왕의 건곤이 각각 따로 있네	帝王今日各乾坤

239 계사년 : 1833년(순조33)으로, 매산의 나이 58세 되던 해이다.

240 자정(自靖) : 스스로 의리에 맞게 처신하여 은둔의 지조를 지킨다는 뜻이다. 자세한 내용은 50쪽 주96 참조.

241 별들……알겠네 : 북극성(北極星)은 명나라 황제를 가리킨 것이다. 《논어》 〈위정(爲政)〉에 "정사를 덕으로써 하는 것은 비유하건대 북극성이 제자리에 머물러 있으면 뭇별들이 그에게로 향하는 것과 같다.〔爲政以德, 譬如北辰, 居其所, 而衆星共之.〕"라고 한 공자의 말씀이 보이는데, 이는 천하의 여러 제후국이 천자를 향한다는 뜻으로 북극성은 천자를 상징한다.

군신들은 숭정황제[242]에게 무릎을 꿇었고	君臣忍屈崇禎膝
부로들은 다투어 만력황제[243]의 은혜를 머금었네	父老爭含萬曆恩
청사에서는 금일의 일을 논하지 말라	青史莫論今日事
중니께서 하늘에 두 해가 없다고 하셨네[244]	天無二日仲尼言

또 연경(燕京)에 사신 가는 사람을 전송하는 시를 지었는데 여기에 이르기를

천하에 산이 있어서 내가 이미 은둔해 있으니	天下有山吾已遯
역중에 군주가 없는데 그대는 누구에게 조회가는가	域中無主子誰朝

라고 하였으니, 이 시들을 보면 거의 사람으로 하여금 무릎을 치며 눈물을 흘리게 한다.

공은 속국(屬國)의 하사(下士)[245]로서 천자(天子)를 위하여 절개를 지켰으니, 그 잡아서 행한 올바름이 하늘에 떳떳한 법을 세우고 풍교(風敎)를 장려할 수 있다. 삼연(三淵) 선생께서 공의 지조를 허유(許

242 숭정황제(崇禎皇帝) : 명나라의 마지막 황제인 의종(毅宗)을 이른다.

243 만력황제(萬曆皇帝) : 명나라의 제13대 황제인 신종(神宗)으로 임진왜란 때 군대를 보내 조선을 구원하였다.

244 중니께서……하셨네 : 중니는 공자의 자로 이 내용은《예기》〈증자문(曾子問)〉에 보인다. '하늘에 두 해가 없다'는 것은 세상에 두 황제가 있을 수 없음을 비유한 것이다.

245 속국(屬國)의 하사(下士) : 속국은 명나라의 제후국이란 의미로 조선을 이르고 하사는 고대 관료의 계급으로《맹자》〈만장 하(萬章下)〉에 자세히 보인다.

由)의 귀를 씻은 깨끗한 마음과 노중련(魯仲連)의 동해(東海)에 빠져 죽겠다는 뜻이라고 허여한 것[246]은 참으로 공의 뜻을 잘 안 것이다.

공이 별세한 지가 100년이 넘었는데 오랑캐의 국운이 다하지 않고 우리 동방은 국세가 점점 쇠약해져서 와신상담(臥薪嘗膽)의 소원을 스스로 잊어버리고 진주와 비단을 바치며 더욱 공손하게 섬기고 있으니, 매양 공을 구천(九泉)에서 다시 살아나오게 하여 함께 질타하고 싶다.

그러나 부녀자와 어린아이와 하인들도 오히려 주(周)나라를 높이는 것이 의(義)가 되고 개에게 절하는 것이 수치가 됨을 아는 것은, 바로 공의 풍절(風節)이 사람을 기쁘게 하고 감동시켜서 이렇게 만든 것이

246 삼연(三淵)……것 : 삼연은 김창흡(金昌翕, 1653~1722)의 호이다. 삼연이 〈허창해를 전송하며〔送許滄海〕〉라는 시에서 "모래 여울에서 귀를 씻은 깨끗함이요 평소 동해(東海)에 빠져 죽겠다는 뜻이네.〔沙灘洗耳淸, 平生志蹈海.〕"라고 읊었으므로 이렇게 말한 것이다. 《三淵集 卷3 詩》 '허유(許由)의 귀를 씻은 깨끗한 마음'은 영수(潁水) 부근에 살던 당대의 고사(高士) 허유가 요(堯)임금으로부터 천하를 물려주겠다는 말을 듣고는 추악한 소리를 들었다고 하여 영수에서 귀를 씻었던 마음을 이른다. 《高士傳》 노중련(魯仲連)은 전국시대 제(齊)나라의 고사(高士)이다. 뛰어난 재주를 지녔으나 얽매여 사는 것을 싫어하여 벼슬하지 않고 조(趙)나라에 은거하고 있었는데 진(秦)나라가 조나라를 공격하여 수도 한단(邯鄲)을 포위하자, 여러 제후들이 진나라를 두려워하여 감히 조나라를 구원하지 못하였다. 위(魏)나라의 안희왕(安釐王)은 조나라를 구원하고자 하였으나, 진나라의 위협을 두려워하여 출군하지 못하였다. 위나라에서는 신원연(新垣衍)이란 변사(辯士)를 조나라에 보내, 진나라 임금을 황제로 섬기면 포위를 풀 것이라는 계책을 말하게 하였는데, 이 말을 들은 노중련이 "포악한 진나라가 방자하게 황제를 칭한다면 나는 차라리 동해에 빠져 죽겠다."라는 뜻을 밝히니, 여러 제후들이 이 말을 듣고 연합하여 진나라 군대를 패퇴시킨 고사가 있다. 《史記 卷83 魯仲連鄒陽列傳》

니, 어찌 훌륭하지 않은가. 공이 임종할 때에 손수 한 절구(絶句)를 썼는데 아래와 같다.

천지가 어느 때에나 다할까	天地幾時盡
끝이 없지만 또한 끝이 있기도 하다	無涯還有涯
강성에 한 갑자의 세월 흐르니	江城一甲子
갑자기 봄꽃이 만발하네	飄忽劇春花

이 시는 이치가 더욱 매우 빼어나서 화식(火食)하는 보통 사람의 말투와 같지 않다. 상하의 두 시가 모두 문집에 빠져 있는데, 또한 후인들이 공의 유고(遺稿)를 채집한 데서 나온 것일 것이다.

공이 젊었을 적에 동악(東岳) 이문혜(李文惠)[247] 공에게 학업을 청하였는데, 동악 공이 공의 사부(詞賦)를 칭찬하여 전한(前漢)의 양웅(揚雄)과 사마상여(司馬相如)의 부류라고 말하였다. 그러나 뒤에 고읍(高揖)[248]으로 세상을 하직하고는 세상과 자신을 모두 잊게 되자, 비분강개하고 불평하는 소리를 한결같이 시에 드러내어서 웅혼(雄渾)하여 운격(韻格)이 있게 되었다.

247 동악(東岳) 이문혜(李文惠) : 이안눌(李安訥, 1571~1637)로 동악은 그의 호이고 문혜는 시호이며 자는 자민(子敏), 본관은 덕수(德水)이다. 1599년(선조32) 문과에 급제하여 청요직을 두루 역임하고 벼슬이 형조 판서 겸 홍문관 제학에 이르렀다. 특히 시작(詩作)에 주력하여 자신의 문집인 《동악집》에 4,379수라는 방대한 양의 시를 남겼다.

248 고읍(高揖) : 두 손으로 머리 위에서 포권(抱拳)하여 읍하는 것으로, 고대에 작별할 때에 행하는 예절이다.

계곡(谿谷)과 택당(澤堂)과 이후의 동명(東溟)과 백곡(柏谷)[249] 등 여러 거장(巨匠)들이 이 시를 중국의 사백(詞伯 문사(文士)를 높여 이르는 말)들에게 전하여 보여주자, 이들도 모두 감탄하면서 아름답다고 칭찬하였다. 그러나 공은 시를 지으면 번번이 불태우거나 찢어버려서 일찍이 초고를 남기지 않았으니, 이 때문에 이처럼 시가 적은 것이다.

이는 먼저 큰 절의를 세웠기 때문에 한 가지 기예로써 스스로 이름나는 것을 수치로 여겨서 이러한 것인가? 아니면 사고우(謝皐羽)가 서대(西臺)에서 노래를 부르며 초혼(招魂)하니, 대나무와 돌이 함께 부서졌던 뜻[250]에서 나온 것인가? 부스러기 쇳조각과 자잘한 깃털 같은 사

249 계곡(谿谷)과……백곡(柏谷) : 계곡은 장유(張維, 1587~1638)의 호이다. 자는 지국(持國), 본관은 덕수(德水)이다. 1609년(광해군1) 증광 문과에 급제하고 대제학을 거쳐 우의정에 임명되었다. 문장에 뛰어나 월사(月沙) 이정귀(李廷龜)·상촌(象村) 신흠(申欽)·택당(澤堂) 이식(李植) 등과 더불어 조선 문학의 4대가(四大家)로 칭송되었다. 택당은 이식(李植, 1584~1647)의 호이다. 자는 여고(汝固), 본관은 덕수(德水)이다. 1610년(광해군2) 문과에 급제하여 출사하고 인조 때 벼슬이 대제학과 이조판서에 이르렀다. 조선 문학의 4대가(四大家) 중 일인이다. 동명(東溟)은 정두경(鄭斗卿, 1597~1673)의 호이다. 자는 군평(君平), 본관은 온양(溫陽)으로 1629년(인조7) 별시 문과에 장원으로 급제하고 부수찬·정언 등을 역임하면서 청나라에 대비할 것을 주장하였으나 받아들이지 않자 벼슬을 그만두고 향리에 은거하였다. 백곡(柏谷)은 김득신(金得臣, 1604~1684)의 호이다. 자는 자공(子公), 본관은 안동으로 1662년(현종3) 증광 문과에 급제하고 벼슬이 사도시 정(司䆃寺正)에 이르렀다. 어릴 때 천연두를 앓아 노둔한 편이었으나, 아버지의 가르침과 훈도를 받아 서서히 문명을 떨쳐 당시 대가인 택당에게 '시문으로 당금의 제일'이라는 평을 들음으로써 이름이 세상에 알려지게 되었다.

250 사고우(謝皐羽)가……뜻 : 사고우는 송나라의 충신인 사고(謝翺, 1249~1295)로 고우는 그의 자이고 호는 희발자(晞髮子)이다. 단종(端宗) 때 원(元)나라 군대가 쳐들어와 문천상(文天祥)이 군사를 일으키자, 향병(鄕兵) 100여 명을 거느리고 합류하

소한 작품들도 더욱 진귀하게 여길 만한 것이다.

이 책은 돌아가신 목사(牧使) 서간수(徐簡修)[251] 공이 전사(傳寫)한 것인데, 지금 임우현(林禹鉉) 사문(士文)이 소장(所藏)하고 있다. 사문이 일찍이 이 시를 나에게 보여주었는데, 내가 오랫동안 어루만지며 차마 손에서 떼지 못하다가, 국화 이슬을 취하여 아랫단에 이 글을 써서 돌려준다. 사문이여! 그 시를 외고 그 사람을 배울 것이요, 한갓 성률(聲律)의 지엽적인 것에서만 구하지 마시라.

여 문천상의 자의참군(諮議參軍)이 되었다. 문천상의 군대가 패해 송나라가 멸망하고 문천상도 처형당하자 서대(西臺)에 올라 신주를 마련하고 잔을 올려 호곡(號哭)하면서 죽여의(竹如意)로써 돌을 때리며 초혼(招魂)의 노래를 부르니, 대나무와 돌이 모두 부서졌다는 고사가 있으므로 이렇게 말한 것이다.《宋元學案 卷56》 죽여의는 대나무로 만든 등긁이이다.

251 서간수(徐簡修) : 1734~1809. 자는 성가(聖可), 본관은 대구이다. 1762년(영조 38) 식년 진사시에 합격하고 상주 목사(尙州牧使) 등의 벼슬을 지냈다.

근재 선생[252] 실기 뒤에 쓰다 갑오년

題近齋先生實記後 甲午

위의 《근재실기(近齋實記)》 한 권은 바로 선생의 아드님인 종여(宗輿) 원득(元得)[253] 씨가 찬집(纂輯)한 것이다. 원득 씨가 상중(喪中)에서 슬픈 마음과 근심을 머금어 피골(皮骨)이 앙상하고 심사가 매우 괴로운 중에서도 오히려 뜰을 지나면서 보고 들은 것[254]들을 추술(追述)하여 이 편을 만들었는데, 이는 가전(家傳)을 본뜬 것이다.

여기에 근재 선생의 도학(道學)과 문장(文章)과 절의(節義) 세 가지에 대한 본말(本末)과 원위(源委)[255]가 포함되지 않은 것이 없으니,

252 근재 선생(近齋先生) : 박윤원(朴胤源, 1734~1799)으로 근재는 그의 호이다. 자는 영숙(永叔), 본관은 반남(潘南)이며 매산의 스승이다. 1792년 학행으로 천거되어 선공감역(繕工監役)에 임명되었으나 사퇴하고, 평생 성리학 연구에 전념하였다.

253 종여(宗輿) 원득(元得) : 박종여(朴宗輿, 1736~1785)로, 원득은 그의 자이고 호는 냉천(冷泉)이다. 음보(蔭補)로 강릉 참봉(康陵參奉)에 제수되고 벼슬이 서흥 부사(瑞興府使)에 이르렀다.

254 뜰을……것 : 부친에게서 받은 가르침을 이른다. 진항(陳亢)이 공자(孔子)의 아들 백어(伯魚)에게 아버지로부터 특별한 가르침을 들은 것이 있는지 물었는데 백어가 "특별한 것은 없고 홀로 서 계실 때에 종종걸음으로 뜰을 지나자 시(詩)를 배웠느냐고 물으시기에 배우지 못했다고 대답했더니 시를 배우지 않으면 말을 할 수가 없다고 하셔서 물러 나와 시를 배웠고, 다른 날 또 혼자 서 계실 때에 종종걸음으로 뜰을 지나자 예(禮)를 배웠느냐고 물으시기에 배우지 못했다고 했더니 예를 배우지 않으면 설 수가 없다고 하셔서 물러 나와 예를 배웠다."라고 대답한 데에서 나온 말이다. 《論語 季氏》

255 원위(源委) : 물의 발원과 물이 모이는 곳을 말하는데 사정의 본말을 뜻한다. 《예기》 〈학기(學記)〉에 "삼왕이 물에 제사를 지낼 때 모두 먼저 개울에 제사 지내고

만일 천성(天性)으로 지기(知己)가 된 사람이 아니라면, 어찌 능히 은미(隱微)한 곳을 드러내고 유심(幽深)한 이치를 밝히기를 이와 같이 할 수 있겠는가.

옛 책에 이르기를 "효자는 아버지의 아름다움을 드러낸다."[256] 하였고, 또 이르기를 "아버지에게 훌륭한 행실이 있는데도 알지 못한다면 이는 지혜가 밝지 못한 것이요, 이를 알면서도 후세에 전하지 않는다면 이는 어질지 못한 것이다."[257] 하였다. 공은 그 부친의 덕을 깊이 알았기 때문에 참다운 행실의 덕을 기술하여 장차 영원한 후세에 전하고자 한 것이니, 어찌 세상 사람들이 빈말을 빌려서 과장(誇張)하는 것과 같겠는가.

그 실제가 있는 경우는 비록 글이 없더라도 스스로 드러난다. 그러나 만약 이것을 책에다 쓰지 않는다면 또한 어떻게 칭찬하고 드날려서 밝게 드러나게 할 수 있겠는가. 그렇다면 선생께서 지덕응도(至德凝道)[258]로 묵묵히 이룬 것이 글을 필요로 하여 비로소 전해질 것이니,

나중에야 바다에 제사를 지냈다. 개울은 물의 발원처이며 바다는 물이 흘러 모여드는 곳이기 때문이다. 이를 일러 근본을 힘쓴다고 하는 것이다.〔三王之祭川也, 皆先河而後海. 或源也, 或委也, 此之謂務本.〕"라고 하였다. 정현(鄭玄)의 주에, "원(源)은 샘이 솟아 나오는 곳이고, 위(委)는 물이 흘러 모이는 곳이다.〔源, 泉所出也. 委, 流所聚也.〕"라고 하였다.

256 효자는……드러낸다 : 이 내용은 《춘추곡량전(春秋穀梁傳)》 은공(隱公) 원년 조에 보인다.

257 아버지에게……것이다 : 이 내용은 《예기(禮記)》 〈제통(祭統)〉에 보인다.

258 지덕응도(至德凝道) : 《중용장구》 제27장에 "그러므로 지극한 덕이 있는 사람이 아니면 지극한 도가 이루어지지 않는다.〔故苟不至德, 至道不凝焉〕"라고 보이는데, 주자는 《집주(集註)》에서 "응은 모임이며 이룸이다.〔凝, 聚也, 成也.〕"라고 주하였다.

이것은 그만둘 수 없는 것이다. 어찌 다만 공의 갱장(羹墻)의 사모하는 마음[259]을 붙일 뿐이겠는가.

편(編)이 이미 이루어지자, 공은 불초에게 근재 선생의 덕을 나타내는 글[260]을 부탁하며 말하기를 "나의 선친을 아는 자는 오직 그대와 오사경(吳士敬)이 있을 뿐이니, 행장이 이루어지기를 기다려서 마땅히 묘지문을 사경에게 청하겠다."라고 하니, 사경은 바로 노주(老洲) 오공(吳公)의 표덕(表德)[261]이다.

불초는 분수 상 감히 감당할 수가 없었으나 또한 감히 사양할 수가 없어서, 앎이 배움에 따라 진전되기를 기다려서 글을 쓰고자 하였는데, 공이 갑자기 별세하고 불초도 거듭 초상과 병을 만나서 병석에서 앓고 있으니, 항상 바람이 촛불에 갑자기 불어와 공의 지극한 뜻에 부응하지 못할까 두려워하였다.

그러므로 공의 큰 아드님인 운수(雲壽) 경룡(景龍) 보(甫)에게 권하기를, 이 《근재실기》를 가지고 가서 노주에게 명문(銘文)을 청하게 하였으니, 이는 행장의 글을 기다리기 어렵기 때문이었다. 지금 행장의 초안(草案)이 겨우 만들어졌는데 또 노주 어른이 별세하였다.[262]

259 갱장(羹墻)의 사모하는 마음 : 이미 별세한 스승이나 성현에 대한 흠모(欽慕)를 이르는 말이다. 자세한 내용은 26쪽 주38 참조.

260 덕을 나타내는 글 : 원문의 '상덕지문(狀德之文)'은 죽은 사람의 공적이나 덕행을 기록한 글로 가장(家狀), 행장(行狀) 등을 말한다.

261 표덕(表德) : 덕을 드러낸다는 뜻으로, 아호(雅號)나 별호(別號) 또는 자(字)를 이르는데, 여기서는 자를 가리켜 말한 것이다.

262 별세하였다 : 원문의 '연관(捐館)'은 관사(館舍)를 버렸다는 뜻으로 사람의 죽음에 대한 완곡한 표현이다.

노주의 아드님 치성(致成) 씨가 이 《근재실기》를 불초에게 돌려주면서 말하기를 "선친께서 근옹(近翁)의 문자의 초고가 지연되는 것을 민망하게 여기고 한탄하시어 한가히 쉬실 적에 자주 그 뜻을 드러내었으나 결국은 이루지 못하셨으니, 불초의 심정이 또 어떠하겠습니까." 라고 하였으니, 여기에서 선생의 평소 뜻이 어디에 있었는지를 알 수 있다.

노주께서 근재 선생을 지극히 독실하게 사모하여서 항상 당세의 여러 현자 중에 으뜸이라고 칭찬하고, 매번 유집(遺集)을 읽을 때마다 말씀하기를 "주자가 이르기를 '명도(明道)의 말씀이 한 번 보면 바로 좋고 오래 보면 더욱 좋으니, 이 때문에 어진 이와 어리석은 이가 모두 그 유익함을 얻는다.'라고 하셨는데, 나 또한 근재에게 이렇게 말한다." 라고 하였으니, 이는 근재 선생에게 열복(悅服)하여 말씀한 것이다.

노주 또한 일찍이 근재 선생의 유사(遺事)를 지으려고 하였으나, 묘지(墓誌)와 함께 이루지 못하였다. 세상에 다시는 근재 선생의 덕을 아는 이가 없어서 글을 부탁할 만한 사람이 없으니, 바로 천고에 한(恨)으로 남는다. 불초가 일찍이 《근재실기》를 문집의 원편(原篇)에 부록으로 붙여서 합하여 한 질로 만들었는데, 노주본을 경룡에게 돌려주면서 평소의 지우(知遇)에 감동하여 유편(遺編)을 어루만지면서 서글피 눈물을 흘리며, 삼가 이 글을 아래쪽에 이처럼 써서, 세 집안의 자손들이 옛 정을 계술하고 세의(世誼)를 도모하는 자료로 갖추노라.

충역변 뒤에 써서 한문오[263]에게 주다 갑오년[264]

題忠逆辨後贈韓文五 甲午

이 《충역변(忠逆辨)》은 바로 상와(常窩) 이공(李公)[265]이 지은 것이다. 동인(東人)과 서인(西人)이 분당(分黨)할 때로부터 시작해서 을해년의 역옥(逆獄)[266]에 이르렀는데, 명분이 바르고 말이 순하며 글이 간략하고 뜻이 다 갖추어져서 백세의 공안(公案)에 대비할 만한 것이다.

좋아하고 미워하는 마음이 한쪽으로 치우쳐서 알력(軋轢)이 생기고, 알력이 지극해져서 간사함과 바름이 나누어지며 이 간사함과 바름이 다투어서 충과 역이 판별된다. 이 편(編)은 시작을 근원하여 살피고 그 종(終)을 탐구하고 말(末)에 나아가 근본을 미루었는데, "당비(黨

263 한문오(韓文五) : 한운성(韓運聖, 1802~1863)으로 문오는 자이며 호는 입헌(立軒), 본관은 청주(淸州)이다. 매산의 제자로 평생 동안 과거를 단념하고 경학(經學) 연구에 힘썼다. 저서로는 《입헌문집》이 있다.

264 갑오년 : 1834년(순조34)으로, 매산의 나이 59세 되던 해이다.

265 상와(常窩) 이공(李公) : 이민보(李敏輔, 1720~1799)로 상아는 그의 호이고 자는 백눌(伯訥), 본관은 연안(延安)이다. 1747년(영조23)에 식년 진사시에 합격하고 음직으로 출사하여 벼슬이 판돈녕부사에 이르렀으며 품계가 정1품인 보국숭록대부(輔國崇祿大夫)에 올랐다. 저서 《충역변》은 노론의 시각에서 당쟁을 논한 것이다.

266 을해년의 역옥(逆獄) : 을해년(1755, 영조31)에 일어난 소론 일파의 모역 사건이다. 김일경(金一鏡)의 옥사에 연좌되어 나주(羅州)로 귀양 간 윤지(尹志, 1688~1755)가 노론을 제거할 목적으로 무리를 모아 1755년 1월에 나라를 비방하는 글을 나주 객사에 붙였다가 발각되어 처형된 사건인데 이 일로 소론이 큰 타격을 입었다.

比)의 사사로움이 끝내 병이(秉彝)[267]의 마음을 멸(滅)하지 못한다."라는 글귀로 끝을 맺었으니, 그 세교(世教)를 근심하고 걱정한 뜻이 또한 깊고 간절하다.

동경(東京 경주)에 사는 한운성 군이 나를 따라 배웠는데 국조(國朝) 이래로 당화(黨禍)의 전말을 듣고자 하였다. 이에 나는 특별히 이 책을 주고 그로 하여금 잠심(潛心)하여 자세히 연구하게 하여 나아가는 방향에 혼동되지 않게 하노라.

영남 한 지역은 중국의 옹주(雍州)와 같아서 물이 깊고 흙이 두터우며 풍속이 질박하고 정직하며 경박하고 사치하거나 약삭빠른 습관이 없어서, 선(善)으로써 인도하면 인의(仁義)에 독실하다. 그러므로 유현(儒賢)들이 배출되어서 성인(聖人)의 사당에 종향(從享)된 분이 네 분이나 있으니,[268] 마땅히 여러 도의 으뜸이 될 것이다.

그러나 질(質)을 숭상하는 폐단이 왕왕 선악을 구별하지 않고 오직 선입견을 주장해서 '들어가면 주인으로 여기고 나오면 종으로 여겨서'[269] 하나를 고집하고 돌아보지 않으니, 기술을 선택함에 무당과 관

267 병이(秉彝) : 사람의 본성에서 우러나온 양심으로 주자의 〈소학제사(小學題辭)〉에 "어버이를 사랑하고 형을 공경하며 군주에게 충성하고 어른에게 공손함 이것을 병이라 한다.〔愛親敬兄, 忠君弟長, 是曰秉彝.〕"라고 보인다.

268 성인(聖人)의……있으니 : 성인은 공자이고 사당은 성균관에 있는 문묘(文廟)를 이른다. 네 분은 문경공(文敬公) 한훤당(寒暄堂) 김굉필(金宏弼), 문헌공(文獻公) 일두(一蠹) 정여창(鄭汝昌), 문원공(文元公) 회재(晦齋) 이언적(李彦迪), 문순공(文純公) 퇴계(退溪) 이황(李滉)을 이른다.

269 들어가면……여겨서 : 원문의 '입주출노(入主出奴)'는 당나라의 문장가인 한유(韓愈)가 지은 〈원도(原道)〉의 "들어가는 쪽을 주인으로 여기고 나가는 쪽을 노예로 여긴다.〔入者主之, 出者奴之.〕"라는 구절을 원용한 것으로, 자신이 속한 편의 주장만을

만드는 목수를 잘못 택하는 것이 애석하다.[270]

선현(先賢)께서 말하기를 "영남에는, 우계(牛溪)와 율곡(栗谷) 양현(兩賢)을 모함하고 욕한 뒤로부터 절대로 인재가 배출되지 않았다." 하였는데, 무신년 이인좌(李麟佐)와 정희량(鄭希亮)의 변란[271]에 이르러 심각한 지경에 이르렀다. 이는 모두 파당(派黨)의 습관이 굳게 고착되었기 때문이요, 이해(利害)로써 유인하고 겁을 주어 이렇게 된 것이다.

그러나 천경지의(天經地義)[272]가 마음에 뿌리한 것은 또한 응당 사라질 수 없는 것이 있어서, 끝내 그 잘못됨을 입지 않을 것이니, 진실로 능히 이 책에 종사(從事)할 수 있다면 또한 석연(釋然)히 이해하고 번연(翻然)히 고쳐서 큰 잠에서 깨어나는 것과 같을 것이다. 이와 같은

따르고 다른 편의 주장을 배척한다는 말이다.

270 기술을……애석하다 : 이 내용은 맹자께서 "화살 만드는 사람이 어찌 갑옷 만드는 사람보다 어질지 못하겠는가마는 화살 만드는 사람은 행여 사람을 상하게 하지 못할까 두려워하고 갑옷 만드는 사람은 행여 사람을 상하게 할까 두려워하니, 무당과 관 만드는 목수 또한 그러하다. 그러므로 기술을 선택함에 삼가지 않으면 안 되는 것이다.〔矢人, 豈不仁於函人哉, 矢人, 惟恐不傷人, 函人, 惟恐傷人, 巫匠亦然, 故術不可不愼也.〕"라고 하셨기 때문에 이렇게 말한 것이다.《孟子 公孫丑上》

271 무신년……변란 : 1728년(영조4) 3월에 일어난 무신란(戊申亂)을 이른다. 영조의 즉위로 소론(少論)이 실각하자 소론 과격파인 이인좌가 정희량(鄭希亮) 등과 함께 반란을 일으켜 밀풍군(密豐君) 이탄(李坦)을 추대하고 무력에 의한 정권찬탈을 꾀하였다. 그러나 10여 일만에 관군에 의해 진압되어 박필현과 정희량은 참수(斬首)되고 이인좌는 능지처참 당하였다.

272 천경지의(天經地義) : 천지간의 변경할 수 없는 당연한 도리를 이른다.《춘추좌씨전》 소공(昭公) 25년 조에 "예는 하늘의 법칙이고 땅의 도리이고 사람들이 본받아 이행하는 것이다.〔夫禮, 天之經也, 地之義也, 民之行也.〕"라고 보인다.

자는 풍기(風氣)에 국한되지 않고 스스로 올바른 길로 돌아올 것이니, 이것이 내가 전 영남의 선비들에게 바라는 바이다.

응재 이 공 문집[273] 뒤에 쓰다 병신년[274]

題凝齋李公文集後 丙申

응재 이 공은 바로 신임사화(辛壬士禍)[275] 때 화를 당하신 다섯 분[276] 중의 한 분이시다. 다섯 분은 포의(布衣)의 신분으로 국가의 대계(大計)에 참여하여 자신의 지위를 벗어날 것을 생각하여[277] 분수가 아닌 일을 범하였으니, 비록 선비의 떳떳한 도리가 아닌 듯하다. 그러나 불행히도 나라가 보존되느냐 망하느냐 하는 위급한 시기를 당하여 자신의 지위와 분수를 잊고 기울어진 나라를 붙들고 망해가는 조정을 구제함에 힘을 다하려고 한 것은 권도(權道)로써 올바름을 얻은 것이

273 응재(凝齋) 이공(李公) 문집 : 이희지(李喜之, 1681~1722)의 문집인 《응재집》을 이른다. 응재는 이희지의 호이고 자는 사복(士復), 본관은 전주(全州)이고 병조판서 이사명(李師命)의 아들이다. 당색은 노론으로 성균관 유생이었는데, 신임사화(辛壬士禍) 때 경종 시해를 도모하였다는 무고를 받고 장살(杖殺)되었다.

274 병신년 : 1836년(헌종2)으로, 매산의 나이 61세 되던 해이다.

275 신임사화(辛壬士禍) : 경종 즉위 초인 1721년(경종1)과 1722년에 세제(世弟) 책봉과 대리청정을 둘러싸고 일어난 옥사로, 신축·임인 두 해에 걸쳐 일어났으므로 신임사화라고 한다. 자세한 내용은 22쪽 주30 참조.

276 화를……분 : 신임사화 때 경종(景宗) 시해 음모 혐의로 처형된 사람들 중에 벼슬하지 않았던 이희지, 김춘택(金春澤)의 사위인 이천기(李天紀), 이이명(李頤命)의 아들인 이기지(李器之), 김창집의 손자인 김성행(金省行), 홍철인(洪哲人) 등을 가리킨 것으로 보이나 분명하지 않다.

277 자신의……생각하여 : 이 내용은 《주역》 간괘(艮卦) 상전(象傳)의 "산이 거듭함이 간(艮)이니, 군자가 이를 보고서 생각함이 그 지위를 벗어나지 않는다.〔兼山艮, 君子以思不出其位.〕"라는 구절을 원용한 것이다.

되니, 바로 세신(世臣 대대로 벼슬하여 나라와 운명을 같이하는 신하)들이 의리를 다하고 충성을 다한 것이다.

여러 흉적(凶賊)들은 다섯 분을 원수처럼 보아서 처음에는 없는 일을 꾸며 죄를 얽어서 극률(極律)에 처하게 한 뒤에야 그만두었고, 끝내 신원(伸冤)하자는 의논에 분분히 다투며 신원을 못하도록 버티면서 여러 사람이 한 목소리를 낸 공론(公論)과 힘써 싸웠으니, 이렇게 하지 않으면 자기들이 무함한 죄안(罪案)이 절로 뿌리가 뽑히고 성궁(聖躬)[278]께서 받으신 무함이 절로 분변되기 때문이니, 그 뜻이 어디에 있는지를 길 가던 사람도 알 수 있는 것이었다.

이 무옥(誣獄)에서 화를 입은 경우에 있어, 순수한 사람도 있고 허물이 있는 사람도 있으며, 지나친 일도 있고 미치지 못한 일도 있으나, 요컨대 나라를 위해 순절한 것은 모두가 똑같다. 이 때문에 백망(白望)[279]과 같이 천한 사람의 경우도 마땅히 하나의 원(寃) 자로 결단해야 하는데, 더구나 이극(貳極)[280]을 보좌하고 옹호해서 억만 세 무궁한 아름다움의 기초를 닦고자 한 다섯 분과 같은 경우에 있어서이겠는가. 바로 몸속에 가득한 열혈(熱血)로 백 번 죽어도 후회하지 않을 뿐이니,

278 성궁(聖躬) : 임금의 몸을 높여 이르는 말로 여기서는 영조(英祖)를 이른다.

279 백망(白望) : 1627~1722. 평민으로 자가 구이(久而), 본관이 수원(水原)이다. 1722년(경종2)에 목호룡(睦虎龍)의 고변(告變)에 임금을 시해하려고 한 역적 무리 중의 한 명으로 적시된 인물인데, 국청(鞫廳)에 잡혀 들어가서 심문을 당할 적에 끝까지 소론과 남인 계열이 조작한 모함이라고 항변하고 도중에 탈옥하였으나, 다시 잡혀 사형에 처해졌다. 《국역 경종실록 2년 3월 27일, 28일 등》

280 이극(貳極) : 두 번째로 높은 자리라는 뜻으로 태자나 세자를 가리키는데, 여기에는 당시 세제로 책봉된 연잉군(영조)을 가리킨 것이다.

어찌 '하늘의 공(功)을 탐내어 자신의 공으로 삼으려 하였다'[281]고 말할 수 있겠는가. 정책(定策)[282]의 사대신(四大臣)과 더불어 차별하여 보아서는 안 된다.

흉도(凶徒)들이 김일경(金一鏡)과 목호룡(睦虎龍) 등 여러 적과 반드시 짝을 맞추려고 한 것은 바로 두건덕(竇建德)을 위해서 원수를 갚으려고 한 것[283]이니, 진실로 말할 것이 없는데, 우리 노론 측 선비 중에서도 왕왕 사특한 주장에 오도되어, 이 다섯 분을 국사(國事)를 위하여 죽은 제현과 구별하여, 이분들의 경우는 올바른 의리에 부합되지 않는다고 말하는 분이 있다. 이와 같은 주장은 비록 책비(責備)[284]에서 나왔으나 다만 스스로를 훼손시킬 뿐이니, 어찌 여러 적(賊)의 효시(嚆矢)가 되지 않겠는가.

이 때문에 도암(陶菴) 이재(李縡) 문정공(文正公)과 숙야재(夙夜

281 하늘의……하였다 : 이 내용은《춘추좌씨전》희공 24년 조에 "남의 재물을 훔치는 것도 도적이라고 하는데, 하물며 하늘의 공을 탐내어 자기의 공으로 삼으려는 것이겠는가.〔竊人之財, 猶謂之盜, 況貪天之功, 以爲己力乎?〕"라는 구절을 원용한 것이다.

282 정책(定策) : 정책(定冊)으로도 표기된다. 옛날에 천자를 세운 다음, 사실을 간책(簡策)에 써서 종묘(宗廟)에 고하였는데, 이로 인해 대신들이 모의하여 천자를 세우는 것을 이렇게 일컫게 되었다.

283 두건덕(竇建德)을……것 : 두건덕(竇建德, 573~621)은 수말당초(隋末唐初) 때에 반란을 일으킨 군웅(群雄) 중 한 사람으로 617년 하(夏)나라를 세우고 칭제하였으나, 621년에 이세민(李世民)의 군대에 패하여 장안(長安)에서 피살되었다. 후일 그의 형제들이 두건덕의 원수를 갚기 위해 당태종을 죽이려고 한 일이 있었는바, 여기서는 '신임사화를 일으켰던 소론들이 자신의 당파를 위하여 원수를 갚으려고 하는 것'이란 뜻으로 쓰였다.

284 책비(責備) : 훌륭한 사람에게 조그마한 잘못도 지적하여 완전무결을 요구하는 것으로 자세한 내용은 83쪽 주170 참조.

齋) 민익수(閔翼洙) 문충공(文忠公)과 정암(貞菴) 민우수(閔遇洙) 문원공(文元公)께서 모두 다섯 분을 국가를 위하여 목숨을 도외시한 분들로 높여서 충서(忠恕)로써 의론의 취지를 세우자, 동시대 여러 현철(賢哲)들이 모두 함께 그 말을 신임하고 따랐으니, 어찌 다섯 분에게 사사로운 정이 있어서 그랬겠는가. 명분을 바로잡는 대의(大義)에 관계되었기 때문일 뿐이다.

의리를 강명(講明)하는 자는 마땅히 먼저 그 두뇌(頭腦)를 보아야 하니, 지엽(枝葉)에 급급해 하는 자는 반드시 대체(大體)를 손상하기 마련이다. 또 충역(忠逆)과 사정(邪正)은 음양(陰陽)과 흑백(黑白)이 서로 섞일 수 없는 것과 같아서 여기에서 나오면 저기로 들어간다. 다섯 분을 배척하는 자들은 똑같이 적의 편으로 돌아가니, 두려워할 만하지 않은가.

영조 기축년(1769 영조45)에 이르러서 대훈(大訓)을 개정하고 증보하여 국시(國是)를 영원히 정하였으며,[285] 정조께서 즉위해서는 맨 먼저 이분들을 표창하고 구휼하여 후손들을 녹용하였고, 순조 초년에는 또 이전(貤典 관직을 추증하는 은전(恩典))을 더해서, 다섯 분이 국가를 위해 순국한 충성의 마음이 이에 다 펴졌으니, 백 년 동안 있었던 화벽(化碧)의 피[286]의 원통함이 유감이 없게 되었다. 이것은 건저(建儲)[287]

285 영조……정하였으며 : 대훈은 영조 17년(1741)에 반포한 신유대훈(辛酉大訓)을 말한다. 여기에는 임인 옥사의 옥안을 소각하도록 하고, 경종(景宗) 신축년(1721, 경종 1)의 왕세제 건저(建邸)는 역모가 아니라 대비와 경종의 하교에 의한 정당한 조처였음을 밝힌 내용이 담겨있다. 대훈의 내용은 이후 여러 번 교정되고 증보되었으나 간포되지 않다가, 기축년(1769, 영조45)에 영의정 홍봉한(洪鳳漢)의 계청에 따라 마침내 반포하였으므로 이렇게 말한 것이다. 《영조실록 1769년 1월 21일 기사》

한 대의에 있어 밑바탕이 되는 부분이니, 말하는 자들의 의논이 다시는 여기에 이를 수 없음을 알겠다.

응재공은 유명한 가문에서 정기(精氣)를 받고 태어나서 영특한 재주가 절륜(絶倫)하여 훌륭한 문장을 크게 펴고 보불(黼黻)과 생황(笙簧)[288]의 쓰임에 응하여 찬란하게 집안과 나라의 광채가 될 수 있었는데, 세상의 화(禍)로 인해 스스로 폐하여 조금도 드러나지 못하다가 끝내는 한 번의 죽음으로 군주에게 보답해서 사직을 지키는 일에 공이 드러났으니, 이는 자신이 지은 낙조시(落照詩) 가운데 "효자와 충신은 한결같이 고심하네.〔孝子忠臣一苦心〕"라는 한 구(句)에서 평소 간직한 마음을 볼 수 있다. 여기에서 지사(志士)와 인인(仁人)들이 함께 탄식하는 것이다.

부스러기 쇠와 한 조각의 깃털 같은 작은 작품들이 곤륜산(崑崙山)이 불탄 뒤에도 온전함을 얻어 간행된 지가 오래되었다. 나는 항상 공의 시를 외우면 공을 뵙는 듯하니, 사랑하고 사모하는 실제의 마음이 어찌 다만 세상에 보기 드문 희음(希音 매우 뛰어난 시문)이어서 그러한

286 화벽(化碧)의 피 : 충신과 열사들이 흘린 피를 일컫는 말이다. 《장자》〈외물(外物)〉의 "장홍이 촉(蜀)에서 죽었는데 그 피를 보관한 지 3년 만에 벽옥으로 변하였다.〔萇弘死于蜀, 藏其血三年, 而化爲碧.〕"라는 구절에서 나온 말인데, 장홍은 주(周)나라 영왕(靈王) 때의 대부로 간언(諫言)을 하다가 왕이 듣지 않자 자살한 충신이다.

287 건저(建儲) : 왕의 후사(後嗣)를 세우는 일로, 여기서는 경종의 아우인 연잉군(延礽君, 영조)을 왕세제(王世弟)로 책봉한 일을 말한다.

288 보불(黼黻)과 생황(笙簧) : '보불'은 임금이 예복으로 입던 하의(下衣)인 곤상(袞裳)에 수놓은 도끼와 아(亞) 자 모양의 문양을 말하고, '생황'은 궁중의 예식에 쓰는 악기를 말하는데, 모두 임금을 잘 보좌하는 훌륭한 신하를 비유하는 말로 쓰인다.

것이겠는가.

공의 숙부인 충문공(忠文公)[289]의 후손인 원평(元平) 이용준(李容準)[290]이 손수 한 본을 정사(淨寫)하고 불초에게 그 아랫부분에 글을 써 줄 것을 요구하므로, 내가 평소 마음에 쌓고 맺혀있던 것을 삼가 펴서 돌려주노라.

289 숙부인 충문공(忠文公) : 이이명(李頤命, 1658~1722)으로 충문은 그의 시호이고 자는 지인(智仁), 호는 소재(疎齋)이다. 1680년 별시 문과에 을과로 급제하고 벼슬이 좌의정에 이르렀다. 노론 사대신의 한 명으로 신임사화 때 사사되었다.

290 원평(元平) 이용준(李容準) : 이용준(1756~?)은 이이명의 6대손으로 원평은 자이다

《율곡전서》 뒤에 써서 외손 민영화에게 주다
題栗谷全書後贈閔孫泳和

율곡(栗谷) 이이(李珥) 선생은 동방의 공자이시다. 우리 동방의 학문이 율곡에 이르러서 처음으로 황폐함을 깨고 누추함을 개벽하여 인문이 환하게 밝아져서 천덕(天德)과 왕도(王道)가 구비되지 않음이 없었다. 또 그의 가슴에 가득한 공정한 마음이 하늘만큼 커서, 사람의 몸으로써 하늘의 의사를 포용하고 계시니, 미호(渼湖)가 선생의 찬(贊)에서 "활연함은 열린 하늘과 너른 바다와 같고 고결함은 빛나는 해와 정결한 옥과 같다.〔贊豁然天開而海闊 皎然日光而玉潔〕"라고 한 것[291]이 참으로 선생의 기상(氣象)을 잘 형용한 것이다.

율곡 어른 이후로 나온 인물들이 성대하지 않은 것은 아니나, 만일 율곡 어른이 앞에서 길을 열어주지 않았다면 또한 어떻게 표준을 세우고 문로(門路)를 바르게 할 수 있었겠는가. 사상채(謝上蔡)가 말하기를 "증자(曾子)의 학문은 오로지 내면에 심력(心力)을 썼기 때문에 후대에 전수됨에 병폐가 없었으니, 자사(子思)와 맹자(孟子)를 관찰하면

291 미호(渼湖)가……것 : 미호는 김원행(金元行, 1702~1772)의 호이다. 자는 백춘(伯春), 본관은 안동(安東)으로 당숙인 숭겸(崇謙)에게 입양되어 종조부 농암(農巖) 창협(昌協)의 손자가 되었으며 도암(陶菴) 이재(李縡)의 문인이다. 1719년(숙종45) 진사가 되었으나, 신임사화로 집안이 몰락하자 벼슬할 뜻을 버리고 학문에 전념하였다. 학문이 높아져 조정에서 계속 불러 공조 참의, 찬선 등의 벼슬에 제수하였으나 모두 사양하였다. 이 찬(贊)은 《미호집(渼湖集)》 제14권 〈찬〉에 '율곡 선생 찬(栗谷先生贊)'이란 제목으로 실려 있다.

이를 알 수 있다." 하였는데,[292] 나 또한 "사계(沙溪)와 우암(尤菴)을 관찰하면 율곡 어른이 홀로 종통(宗統)을 얻었음을 알 수 있다."라고 말한다.

'천지를 위하여 마음을 세우고〔爲天地立心〕, 생민을 위하여 도를 세우며〔爲生民立道〕, 돌아가신 옛 성인을 위하여 끊어진 학문을 잇고〔爲往聖繼絶學〕, 만세(萬世)를 위하여 태평(太平)을 연〔爲萬世開太平〕'[293] 이 네 가지는 오직 율곡 어른만이 여기에 해당될 수 있으니, 우리 당(黨)의 선비들은 똑같이 망극한 은혜를 받은 것이다.

외손 민영화가 몇 달간 함께 있다가 돌아가니, 노쇠한 마음에 안좋은 생각이 나서 스스로 마음을 편안히 할 수가 없다. 이에 집에 보관하고 있던 《율곡전서》 한 질을 꺼내서 주니, 너는 반드시 종신토록 이 책을 외고 본받아서, 내가 선생을 사랑하고 사모하는 간절한 마음에 부응할지어다. 여기에서 힘을 얻는다면 학문은 밝고 성실한 경지에 나아갈 수 있고 정치는 태평성대에 오를 수 있어서 처하는 곳마다 참되고 바르지 않음이 없을 것이니, 너는 공경히 생각할지어다.

292 사상채(謝上蔡)가……하였는데 : 사상채는 북송 말의 도학자인 사양좌(謝良佐, 1050~1103)로 채주(蔡州) 상채(上蔡) 사람이기 때문에 이렇게 칭한다. 자는 현도(顯道), 시호는 문숙(文肅)이다. 이정(二程)의 문하에서 배워 유작(游酢), 여대림(呂大臨), 양시(楊時)와 함께 '정문 사선생(程門四先生)'으로 일컬어졌으며 상채학파(上蔡學派)의 비조가 되었다. 그의 사상은 다분히 선불교(禪佛敎)의 내용을 포함하고 있어 주자로부터 비판을 받았다. 상채의 이 말은 《논어집주(論語集註)》 〈학이(學而)〉 편의 '오일삼성오신(吾日三省吾身)'의 장하주에 보인다.

293 천지를……연 : 이 내용은 장횡거(張橫渠)의 말씀으로 《근사록》 〈위학(爲學)〉에 보인다.

황명순절록 뒤에 쓰다 무술년[294]

題皇明殉節錄後 戊戌

《황명순절록》은 청나라 사람이 편집하여 '흠정승조순절제신록(欽定勝朝殉節諸臣錄)'[295]이란 이름을 붙인 책이다.

갑신년(甲申年)[296]에 순절한 분들과 홍광제(弘光帝)와 융무제(隆武帝), 영력제(永曆帝)와 노왕(魯王)[297]을 위해서 충절에 죽은 자들과 또 난리에 죽은 자들이 여러 신하가 1,663명이고, 관직을 가지고 죽은 자들이 495명이고, 선비와 백성이 1,728명이며, 또 선비와 백성으로서 여러 신하와 관직을 가지고 죽은 자를 따라 죽은 자가 또한 200명에

294 무술년 : 1838년(헌종4)으로, 매산의 나이 63세 되던 해이다.

295 흠정승조순절제신록(欽定勝朝殉節諸臣錄) : 중국 명나라 만력(萬曆) 이후부터 멸망에 이르기까지 나라에 순절한 충신들을 기록한 책이다. 청나라 고종(高宗) 41년(1776)에 서혁덕(舒赫德) 등이 황제의 명에 따라 편찬하였다.

296 갑신년(甲申年) : 의종(毅宗)이 자결하여 명나라가 멸망한 1644년이다.

297 홍광제(弘光帝)와……노왕(魯王) : 홍광제는 신종(神宗)의 손자인 복왕(福王) 주유송(朱由崧)으로 1644년 청(淸)나라에 의해 북경이 함락된 이후 명나라 황실의 일족이 도주하여 남경(南京)에 세운 남명(南明)의 제1대 황제로 옹립된 인물이다. 1645년 청군과 싸우다가 사로잡혀 북경으로 압송되어 다음 해 살해되었다. 융무제(隆武帝, 재위 1645~46)는 남명의 2대 황제로 옹립된 당왕(唐王) 주율건(朱聿鍵)으로 복건성(福建省)에서 즉위하였으나 정주(汀州)에서 포로로 잡혀 죽임을 당하였다. 영력제(永曆帝, 재위 1647~1662)는 남명의 3대 황제로 계왕(桂王)으로 있다가 옹립되었으나, 운남(雲南)에서 죽임을 당하였다. 노왕은 홍광제에 의해 봉해진 인물로 홍광제가 청군에 패배하고 융무제가 옹립되자 이를 인정하지 않고 절강(浙江) 소흥(紹興)에서 망명 정권을 세우고 스스로 감국(監國)을 칭하였다. 융무제가 죽자 대만으로 도주하였다.

가깝고, 한 가문이 모두 칼에 엎드려 죽고 온 집안이 분신자살한 자들을 이루 다 셀 수가 없으며, 양경(兩京 북경과 남경)의 우물에 빠져 죽은 시신이 가득 차서 더 받아들이지 못함에 이르렀으니, 이것은 군신(君臣)이 있은 이래로 처음 듣는 것이다.

나라가 망하면 군주가 죽는 것은 바로 예(禮)의 떳떳한 큰 원칙이나, 여러 역사책을 차례로 꼽아 보건대 알려진 자가 거의 없고, 진실로 이것을 실천한 분은 오직 의종(毅宗) 한 분 뿐이다. 또 그 의대(衣帶)에 조서(詔書)를 남겨 백성들을 가엾게 여긴 것이 글자마다 열혈(熱血)에서 나온 것이어서 하늘과 땅을 감동시키고 귀신을 울게 한다.

이 때문에 핑계를 대고 살아남은 자가 적고 욕의(蓐蟻)[298]한 자가 많았으며 의(義)에 달려가기를 흐르는 물과 같이 하고 죽음을 보기를 자기 집으로 돌아가는 것처럼 하였으니, 이것이 이른바 '위에서 좋아하면 아래에는 반드시 그보다 더 심함이 있다'[299]는 것이다. 이들이 믿고 감동한 바가 마치 숨을 호흡하는 것과 같고 북을 치면 북소리가 나는 것과 같으니, 이 어찌 인력(人力)으로 이룰 수 있는 일이겠는가.

건륭(乾隆)의 세대[300]에 순절한 여러 신하들에게 시호를 내리고 관직을 가진 자들과 선비와 백성들은 사당을 세워서 제사하였으나, 의종황제를 따라서 죽음을 바르게 한 범경문(范景文)과 예원로(倪元璐)[301]

298 욕의(蓐蟻) : 임금을 따라 죽어 황천에서 봉사한다는 뜻으로 자세한 내용은 98쪽 주206 참조.

299 위에서……있다 : 이 내용은 《맹자》 〈등문공 상(滕文公上)〉에 보인다.

300 건륭(乾隆)의 세대 : 건륭은 청나라 고종(高宗)의 연호로 1736년부터 1796년까지이다. 이 시기는 중국 역사상 가장 훌륭한 태평성대로 꼽힌다.

301 범경문(范景文)과 예원로(倪元璐) : 명나라가 멸망할 때에 의종(毅宗)을 따라

등의 28현(賢)은 홍광(弘光) 연간에 내린 시호가 있다고 해서 모두 제쳐 놓고 거행하지 않았으며, 임오년[302]에 순절한 방정학(方正學) 등 제공(諸公)에 이르러서는 당연히 책의 머리 편에 있어야 할 터인데, 도리어 끝 편에 기재하였으니, 어쩌면 그리도 선후의 순서를 잃었는가.

이는 책을 지은 뜻이 충렬(忠烈)을 표창하고 장려해서 세교(世敎)를 도우려는 데 있지 않고, 다만 그 자신의 공덕(功德)을 과장해서 사람들의 이목을 속이려는 데 있었기 때문에, 스스로 그 전도됨을 깨닫지 못한 것이 아니겠는가. 의(義)를 위해 죽은 제공들은 기운이 격해져서 수레를 뒤엎고, 뜻이 견고해서 피가 벽옥으로 화(化)하고, 깨끗하고 깨끗하여 해와 달과 함께 광채를 다투지 않는 이가 없으니, 그렇다면 마땅히 오랑캐들을 원수로 볼 것이니, 그들의 천양(闡揚)을 받은 것은 치욕이요 영화가 아니다.

석교(石窌)와 하서(河西)에서는 모두 우리 군주의 애통한 마음을 가지고 있었고,[303] 풍마(風馬)와 운거(雲車)가 오히려 적을 죽이는 소리를 듣고 있으니,[304] 받아서는 안 되는 것을 즐겁게 받았겠는가. 또

죽은 신하들이다. 범경문(1587～1644)은 자가 몽장(夢章), 호가 사인(思仁), 시호가 문정(文貞)이다. 만력(萬曆) 41년(1613) 진사가 되고 벼슬이 공부 상서(工部尙書)에 이르렀다. 예원로(1593～1644)는 자가 옥여(玉汝), 호가 홍보(鴻寶), 시호가 문정(文正)이다. 천계(天啓) 2년(1622) 진사가 되고 벼슬이 호부 상서에 이르렀다.

302 임오년 : 1402년으로 연왕(燕王, 성조(成祖))이 무력으로 건문제(建文帝)를 몰아내고 황위(皇位)를 찬탈한 해이다.

303 석교(石窌)와……있었고 : 석교와 하서(河西)는 모두 지명으로 석교는 춘추전국시대 제(齊)나라의 지명이고 하서는 춘추전국시대 지금의 산서와 섬서 두 성(省)의 사이에 있는 황하 남단 지역을 가리키는 이름이다. 우리 군주의 애통한 마음이 있었다는 일은 미상이다. 아마도 《황명순절록》에 실려 있는 일인 듯하다.

이분들이 목숨을 바쳐서 뜻을 이룬 것은 천리(天理)에 당연한 일로 자신이 하지 않을 수 없는 일이기 때문에 행한 것이니, 또한 사후의 명예와 무슨 상관이 있었겠는가. 그렇다면 그 이름을 불공정하게 기재하고 삭제한 것과 순서에 조리가 없는 것을 또 어찌 말할 필요가 있겠는가.

충렬공(忠烈公) 추담(秋潭) 오 선생(吳先生)의 사손(嗣孫) 경원(慶元)[305] 씨가 자나 깨나 선조의 아름다움을 생각하고, 존왕양이(尊王攘夷)의 대의(大義)에 정성을 다해서 공사(公私)의 문헌(文獻)을 모은 뒤에 《소화외사(小華外史)》를 편찬하고 또 《황명순절록》 원본을 가져다가 명목을 정돈하여 바로잡아서 범공(范公)과 예공(倪公) 등 제현을 맨 윗자리에 놓아서 처음으로 책다운 책이 되니, 이렇게 한 뒤에야

304 풍마(風馬)와……있으니 : 승하한 황제의 영혼이 바람을 말로 삼고 구름을 수레로 삼아 세상에 나타남을 이른 것으로 보인다. 이 역시 《황명순절록》에 실려 있는 일인 듯하다.

305 충렬공(忠烈公)……경원(慶元) : 병자호란 때 삼학사(三學士) 중의 한 명인 오달제(吳達濟, 1609~1637)로 충렬은 시호이고 추담(秋潭)은 호이며 자는 계휘(季輝), 본관은 해주(海州)이다. 1634년(인조12) 별시 문과에 장원으로 급제하고 벼슬이 부교리(副校理)에 이르렀다. 병자호란이 일어나자 인조를 호종하여 남한산성에 들어가 청나라와의 화의를 끝까지 반대하였다. 인조가 청군에 항복하자, 청나라에서는 전쟁의 책임을 척화론자에게 돌려 이들의 신병을 요구하니, 윤집(尹集)과 함께 자진하여 나서서, 평양에서 회군하는 청군에 잡힌 홍익한(洪翼漢)과 함께 심양(瀋陽)에 끌려갔다. 이들은 청나라의 회유와 협박에 굴하지 않고 척화의 대의를 끝까지 주장하다가 모두 심양성 서문(西門) 밖에서 처형당하였다. 오경원(吳慶元)은 자가 선여(善餘), 호가 수양일민(首陽逸民)으로 오달제의 후손이다. 1783년(정조7) 진사시에 합격하고 음직으로 벼슬이 금산 군수에 이르렀다. 역사에 밝아 고려·조선과 명나라와의 교섭 사실 등을 기술한 《소화외사(小華外史)》를 저술하였다.

이름이 바루어지고 말이 순해서 영원한 후세에 남길 수 있게 되었고 또한 손에 가지고 가서 지하에서 충렬공을 배알할 수 있게 되었다.

옛날 강음(江陰)의 진정(陳鼎)[306]이 숭정 이후에 난(難)에 죽고 국사(國事)에 죽은 자를 조사해서 4천 6백여 명을 찾아서 《충렬전》 60여 권을 지었는데, 이 책이 중간에 유실되어 전하지 못하고, 겨우 〈성명록(姓名錄)〉 5권이 전한다고 한다. 그 많고 적음과 취하고 버린 것이 이 책에 비하여 어떠한지 알지 못하겠으나, 요컨대 서로 더불어 표리(表裏)가 될 만하다.

진실로 충절을 위해 목숨을 버린 사실을 뽑아서 열전을 만들 수 있다면 한 질의 돈사(惇史)[307]를 구비할 수 있겠으나, 견문(見聞)에 국한이 있는 자가 할 수 있는 것이 아니니, 이는 중국의 의사(義士)로서 황명(皇明 명나라)을 위하여 은둔하며 지조를 지키는 자에게 바라는 바이다.

306 강음(江陰)의 진정(陳鼎) : 진정(1650～?)이 강소성(江蘇省) 강음(江陰) 사람이기 때문에 이렇게 말한 것이다. 자는 정구(定九)이다. 진정이 지은 《동림열전(東林列傳)》 자서(自序)에 따르면, 그는 명나라 말기 순절한 사람들의 기록이 일실된 것을 안타깝게 여겨 《충렬전(忠烈傳)》 60권을 완성하였는데, 사관(史館)에 올리려 경사(京師)에 이르렀을 때에 숭문문(崇文門)의 거처에서 원고를 도둑맞아 성명이 적힌 목록 5권만 남게 되었다. 이후 남은 원고를 수습하여 동림당인(東林黨人)의 사적이 실린 《동림열전(東林列傳)》 24권을 완성하였다고 한다.

307 돈사(惇史) : 덕행(德行)이 있는 이의 언행을 기록하여 후세의 본보기가 되게 한 사책(史冊)을 말한다. 《예기》 〈내칙(內則)〉에 "무릇 노인을 봉양함은 오제는 덕행을 본받고 삼왕은 좋은 말을 청함이 있었다. 오제는 덕행을 본받아 기체(氣體)를 기르기만 하고 좋은 말을 청하지 않았으며 좋은 말이 있으면 기록하여 돈사를 만들었다.〔凡養老, 五帝憲, 三王有乞言. 五帝憲, 養氣體而不乞言, 有善則記之爲惇史.〕"라고 하였다.

영광 김씨사효록 뒤에 쓰다 신해년
題金氏四孝錄後 辛亥

위의 《김씨사효록(金氏四孝錄)》은 나옹(懶翁) 김광범(金光範), 우수(愚叟) 김상범(金尙範), 뇌수당(牢睡堂) 김성범(金聲範), 죽옹(竹翁) 김정서(金鼎瑞) 공의 행실을 모은 것이고 여기에 석담(石潭) 김유신(金有信) 공의 사실을 덧붙인 것이다.

효는 백행의 근원이요, 만선(萬善)의 근본이다. 그러나 자식의 몸으로 능히 할 수 있는 것은 다 당연히 해야 할 바로, 자신의 분수를 넘는 일이 아니다. 그러므로 어버이 섬기기를 증자(曾子)와 같이 하면 지극하다고 말할 수 있는데도, 맹자께서 다만 가(可)하다고 말씀하셨을 뿐이니, 어찌 증자의 효를 유여(有餘)하다고 할 수 있겠는가.[308]

가하다는 것은 겨우 괜찮다는 말이니, 효가 십분(十分)에 이르면 다만 자기 분수 안의 일을 다 한 것이고, 1분이라도 부족하면 바로 자기 분수를 다하지 않은 것이다. 정자의 가르침을 자세히 연구해 보면

308 어버이……있겠는가 : 이 내용은《맹자》〈이루 상(離婁上)〉'양지장(養志章)'에 "증자는 부모님의 뜻을 받들어 섬겼다고 할 수 있으니 부모님을 섬길 때 증자와 같이 하면 가하다.〔若曾子, 則可謂養志也, 事親若曾子者可也.〕"라고 보이는데, 이에 대해 명도(明道) 정호(鄭澔)는 "자식의 몸에 능히 할 수 있는 것은 모두 자식이 당연히 해야 할 바이니, 분수에 지나치는 일이 없다. 그러므로 어버이 섬김을 증자와 같이 하면 지극하다고 이를 만한데도 맹자께서 다만 '가하다.'고 하신 것이니, 어찌 증자의 효를 유여하다 하겠는가.〔子之身, 所能爲者, 皆所當爲, 無過分之事也, 故事親, 若曾子, 可謂至矣, 而孟子止曰可也, 豈以曾子之孝爲有餘哉?〕"라고 하였는바, 주자가 이를《맹자집주(孟子集註)》에서 장하주(章下註)에 실었다.

맹자의 뜻을 검증(檢證)할 수 있다. 성철(聖哲)들이 사람을 평할 적에 먼저 효제(孝悌)를 말한 것은 사물이 진행되는 시종(始終)을 탐구해 볼 때 효도보다 더한 것이 없기 때문이다.

김씨 형제와 조손(祖孫)이 모두 효로써 이름났으니, 한 분도 어려운데 하물며 네 분의 경우에 있어서이겠는가. 효(孝)도 이루기가 어려운데 하물며 충(忠)까지 겸함에 있어서이겠는가. 난(亂)에 임하여 의병을 일으키고 스스로 은둔하며 지조를 지킬 것을 맹세한 것은, 모두 효(孝)를 미루어 간 것으로 군주와 어버이의 은혜에 보답하고, 부자간의 분수를 밝힌 것이니, 충은 나라에서 폐할 수가 없고 효는 집안에서 끊어질 수가 없는 것이다. 상서(祥瑞)가 내려서 꿩과 자라와 오이와 귤을 한집에서 얻은 것으로 말하면 또한 기이하게 여길 만한 일이다.

천지간의 감응(感應)이 효도보다 더 신묘한 것이 있지 않으니, 곽거(郭巨)가 금을 하사받은 경사가 있었고, 양옹(陽雍)이 옥(玉)을 심는 복(福)이 드러났고, 까마귀의 깃이 점차 적색으로 변하더니 숙화(叔和)의 방에 깃들었고, 사슴이 흰털을 드러내고 공문(功文)의 여막(廬幕)에 길들여서 길러졌으며,[309] 맹종(孟宗)의 죽순과 왕상(王祥)의 잉

309 곽거(郭巨)가……길러졌으며 : 곽거, 양옹(陽雍), 숙화(叔和), 공문(功文)은 모두 효자들로 《진서(晉書)》 권88 〈열전(列傳) 제58 효우(孝友)〉에 기재되어 있다. 곽거는 후한(後漢) 때 효자로 가난하여 부부가 함께 품팔이하여 노모(老母)를 봉양하였는데, 노모가 늘 자기 밥을 덜어서 손자를 먹이자, 부부가 어머니 봉양을 위해 아이를 묻어 죽이기로 결정하고 땅을 파니, 황금이 가득 찬 가마솥이 나왔는데, 그 솥 위에 "하늘이 효자 곽거에게 내린 것이니 관청에서도 빼앗을 수 없고 다른 사람도 가질 수 없다.〔天賜孝子郭巨, 官不得奪, 人不得取.〕"라고 쓰여 있었다고 한다. 《搜神記 卷11》 양옹은 양백옹(陽伯雍)으로 한(漢)나라 때의 효자이다. 부모의 상을 당하여 무종산(無終山)에서 3년간 시묘살이를 하였는데, 묘 옆에 샘이 솟아나자 이를 목마른 행인들에게

어와 조증(曹曾)의 용솟음친 샘물[310]이 조화와 더불어 호응해서, 마치 숨을 호흡하고 북채로 북을 치면 북소리가 나는 것과 같으니, 이는 어째서인가?

저 하늘은 사람의 시원(始原)이요 부모는 사람의 근본이니, 그 근본으로 돌아가면 그 시원으로 돌아가서 천지와 호응하게 되어 귀신이 영험을 드러내는 것이니, 이것이 진실한 이치이다. 사람들 중에는 혹 그런가 하고 의심하는 자가 있다. 그러므로 우수공(愚叟公)의 후손인 상철(尙喆) 씨가 말하기를 "사람이면 누구인들 자신의 선조를 훌륭하

길어다 마시게 해 주었다. 어느 날 물을 얻어먹은 한 과객이 돌 씨앗〔石子〕 한 되를 주면서 땅에 심으라고 하였다. 몇 년 뒤에 서씨(徐氏) 집에 아름다운 딸이 있어서 청혼하였는데, 백옥 한 쌍을 폐백으로 바치면 허락하겠다고 하였다. 이에 양옹이 돌을 심었던 밭에 가서 헤쳐 보니 다섯 쌍의 백옥이 자라있어서 한 쌍의 백옥을 캐서 신부를 얻었다고 한다. 《搜神記 陽伯雍種玉》 숙화 또한 효자로 《천중기(天中記)》 권59 〈오(烏)〉에 "오숙화는 건위 사람으로 어머니가 별세하자 흙을 지고가 무덤을 만들었는데 붉은 까마귀가 문에 깃들고 감로가 작은 문에 내렸다.〔吳叔和, 犍爲人. 母沒, 負土成墳, 有赤烏巢門, 甘露降戶.〕"라고 보인다. 공문(功文)은 《천중기(天中記)》 권54 〈녹(鹿)〉에 "공문은 신선(辛繕)의 자이다. 젊어서 《춘추》와 《시》와 《역》을 전공하였다. 홍농(弘農) 화음(華陰)에 은거하였는데 제자가 6백여 인에 달했다. 거처하는 곳 옆에 백록(白鹿)이 있었는데 잘 길들여져서 사람을 두려워하지 않았다.〔辛繕字公文, 少治春秋詩易, 隱居弘農華陰, 弟子受業者六百餘人, 所居旁有白鹿, 甚馴不畏人.〕"라고 보인다.

310 맹종(孟宗)의……샘물 : 맹종은 삼국시대 오(吳)나라 강하(江夏) 사람으로 효성이 지극하였다. 어머니가 죽순(竹筍)을 즐겨 먹어 겨울에 죽순을 찾자 맹종이 죽림(竹林)에 가서 탄식하니, 죽순이 돋아났다고 한다. 《三國志 卷48 吳書 孫皓傳 註》 왕상(王祥)은 진(晉)나라 때의 효자로, 자기에게 모질게 대하는 계모를 지극한 효성으로 봉양했는데, 계모가 한겨울에 잉어회를 먹고 싶어 하자 강가로 내려가 얼음을 깨려 하니 얼음이 저절로 깨지면서 두 마리의 잉어가 뛰어 올라 왔다고 한다. 《晉書 卷33 王祥列傳》 조증(曹曾)의 일은 미상이다.

다고 여기지 않겠는가. 그러나 만일 혹 훌륭하지 않은데 억지로 훌륭하다고 말한다면 그 사람은 바로 별도의 사람이지 자신의 선조가 아니니, 스스로 양심을 속이고 선조를 속임에 가깝지 않겠는가. 내가 상상하여 기억하고 인식하는 분이 과연 나의 선조여서 다른 사람의 비방을 거의 면할 수 있다면, 내 마음이 만족하지 않겠는가."라고 하였다.

그가 정직하게 말한 것이 이와 같으니 어느 누가 이 말을 흠잡겠는가. 또 더구나 제공(諸公)들의 서술(敍述)에서 숨겨진 것을 드러내고 유심한 이치를 밝혀서 다시 남은 말이 없음에 있어서이겠는가.

뇌수공(牢睡公)의 7대손인 김현(金現)이 나를 따라 배웠는데 이 책의 발문을 부탁하니, 내가 늙고 병들어 거의 죽게 되어 부탁하는 글을 모두 굳게 막고 힘써 거절하였으나, 그 간곡함이 참으로 간절하였다. 이에 김현에게 말하기를 "효도라는 것은 하늘의 법이요, 땅의 떳떳함이다. 고금(古今)의 차이가 없고 장유(長幼)의 구분이 없고 귀천(貴賤)의 분별이 없어서 변할 수 없는 것이니, 후손이 된 자가 대대로 이 의리를 돈독히 지켜서 조심하고 조심하여 실추하지 말아서, 어진 선조의 후손이 됨에 부끄러움이 없어야 나라와 더불어 아름다움을 함께 할 수 있을 것이다."라고 하였다.

《시경》에 이르기를 "모든 주나라의 선비들 또한 대대로 드러나리로다.〔凡周之士 不顯亦世〕" 하였으니,[311] 이는 대대로 그 아름다움을 이룸을 말한 것이요, "너의 아들을 잘 가르쳐서 선으로써 너와 똑같게 하라.〔敎誨爾子 式穀似之〕" 하였으니,[312] 이는 후손에게 훌륭한 가르침을

311 시경에……하였으니 : 인용된 시는 〈문왕(文王)〉 편으로 《시경》 대아(大雅)에 보인다.

드리움을 말한 것이다. 김씨 집안이여! 공경히 생각할지어다.

312 너의……하였으니 : 인용된 시는 〈소완(小宛)〉 편으로 《시경》 소아(小雅)에 보인다.

매산집

제30권

題跋 제발

贊 찬

昏書 혼서

銘 명

箋 전

告祝 고축

箴 잠

祝辭 축사

제발 題跋

《황명유민전》[1]의 뒤에 쓰다 기해년(1839, 헌종5)

書皇明遺民傳後 己亥

위의 《황명유민전》 7권은 바로 연경재(硏經齋) 거사 성공 해응(成公海應) 용여(龍汝)[2]가 저술한 것이다. 거사는 누대의 문헌을 이어받아서 사장(詞章)에 전심하였는데, 만년에 다시 화미함을 거두고 내실에 나아가 깊은 산속에서 몸을 감추고서 경(經)과 예(禮)를 연구하여 찬술한 것이 몹시 많았다. 간간이 또 갑신년의 정혁(鼎革)[3] 이후의 유문

1 황명유민전(皇明遺民傳) : 성해응(成海應, 1760~1839)이 명(明)나라 말 유민(遺民)에 관한 자료를 모아 기록한 것으로, 이덕무(李德懋, 1741~1793)의 《뇌뢰낙락서(磊磊落落書)》를 바탕으로 범례를 정하고 내용을 산삭하여 만든 책이다. 명나라 황실의 후손으로부터 조선으로 온 명나라 유민들에 이르기까지 방대한 기록을 총7권으로 편찬하였다. 성해응의 《연경재전집(硏經齋全集)》 권37~43에 수록되어 있다.

2 연경재(硏經齋)……용여(龍汝) : 성해응(成海應, 1760~1839)으로 자는 용여(龍汝), 호는 연경재(硏經齋), 본관은 창녕(昌寧)이다. 1783년(정조7) 진사시에 합격한 뒤, 1788년(정조12) 규장각 검서관(檢書官)에서 시작하여 통례원 인의(通禮院引儀)·금정 찰방(金井察訪)·음성 현감(陰城縣監) 등을 지내고 1815년(순조15)에 사직하고 고향에 돌아갔다. 경학(經學)과 사학(史學)에 힘써 찬술한 바가 많았다. 저서로는 《연경재전집》이 있다.

과 고사를 모아 책으로 만들었으니, 《황명유민전》이 바로 그것이다. 거사가 드러난 것을 은미하게 하고 은미한 것을 드러내고자 한 고심을 여기에서 볼 수 있다.

아아, 황조(皇朝)의 나라를 세운 올바름과 선비를 대접한 융성함은 서책에 실려 있지 않았던 바이다. 그러므로 사대부들이 대부분 품행이 몹시 깨끗하고 올곧아서 기절(氣節)을 숭상하고 명의(名義)를 중시하였다. 그러다 숭정황제(崇禎皇帝)와 숭정황후가 사직을 따라 목숨을 바침에 미쳐서는 풍성(風聲)이 하늘을 진동함에 의기가 격발되어, 위로 공경(公卿)과 시어(侍御)로부터 아래로 백공기예(百工技藝) 및 부인과 여자에 이르기까지도 모두 의(義)를 좇기를 흐르는 물과 같이 하여 죽음을 보기를 자기 집으로 돌아가는 듯이 여겼다. 혹은 용의 수염을 잡고 따라가고[4] 개미를 막는 돗자리가 되었으며,[5] 혹은 처자식

3 갑신년의 정혁(鼎革) : 갑신년은 숭정(崇禎) 17년인 1644년으로, 이해 3월 이자성(李自成)이 북경을 포위하여 함락시키자, 명(明)나라 마지막 황제인 의종(毅宗), 즉 숭정제(崇禎帝)가 자금성의 북쪽에 있는 경산(景山)으로 가서 처첩과 딸들을 죽이고 목을 매달아 자살하였다.

4 용의……따라가고 : 임금의 죽음을 따른 것을 말한다. 전설상의 제왕인 황제(黃帝)가 형산(荊山) 아래에서 솥〔鼎〕을 주조하여 완성하니, 하늘에서 용이 내려와 황제를 태우고 승천하였는데, 이때 신하와 후궁 70여 명이 용을 타고 함께 하늘로 올라가고 여기에 함께 따라가지 못한 나머지 사람들은 용의 수염을 잡고 있다가 수염이 뽑혀 떨어지는 바람에 황제의 활과 검(劍)이 함께 떨어졌다는 고사에서 온 말이다. 《史記 卷28 封禪書》

5 개미를……되었으며 : 임금을 위해 죽는 것을 말한다. 《전국책(戰國策)》 〈초책(楚策)〉에 임금이 "즐겁구나, 오늘의 놀이여. 내가 죽은 뒤에 누구와 이 즐거움을 함께 할까."라고 하자, 안릉군(安陵君)이 "대왕께서 돌아가신 후에는 이 몸도 황천(黃泉)에 함께 가서 개미를 막는 돗자리가 되려 하니, 또 무슨 즐거움이 이보다 더 즐겁겠습니

을 불태우고 토실(土室)을 메웠으며,[6] 혹은 관면(冠冕)을 부수고 찢어서 세상을 피하여 영영 떠나서 구족(九族)이 침몰되어도 원망하지 않고 백번 죽더라도 후회하지 않아서, 오직 하나의 옳음을 성취할 뿐이었으니, 이와 같은 자라야 정헌(靖獻)[7]의 의리를 다하였다고 할 수 있다. 처음을 바르게 한 사람은 또한 끝마침을 바르게 하고, 삶을 잘한 사람은 또한 죽음을 잘하는 법이다. 군신상하가 함께 도(道)에 이르러서 풀이 바람에 쏠리는 듯한 교화[8]가 그림자와 메아리보다도 빨라, 선비들의 보답하는 예(禮)가 이처럼 지극한 경지에 이르렀으니, 만일 국가에서 배양하고 작성하는 교화가 없었다면 어찌 여기에 참여할 수 있었겠는가.

혹자는 동림(東林)[9]의 청의(淸議)가 갈고 닦아 격발해 고양시킨 소

까.〔大王萬歲千秋之後, 願得以身試黃泉, 蓐螻蟻, 又何如得此樂而樂之?〕"라고 하였다.

6 처자식을……메웠으며 : 황종희(黃宗羲)의 《명유학안(明儒學案)》 권58 〈동림학안일(東林學案一)〉에 "수십 년 동안 용자는 처자식을 불태우고 약자는 토실을 메워버렸으니, 충의의 성대함이 전대를 뛰어넘으니 오히려 이것은 동림당의 유풍과 여운이다.〔數十年來, 勇者燔妻子, 弱者埋土室, 忠義之盛, 度越前代, 猶是東林之流風餘韻也.〕"라고 한 말이 보인다.

7 정헌(靖獻) : 임금에게 충성을 다한다는 뜻으로, 《서경(書經)》 〈상서(商書) 미자(微子)〉에 "스스로 마음을 편안히 가져 사람마다 스스로 선왕에게 충정을 바쳐야 한다.〔自靖, 人自獻于先王.〕"라고 한 데서 온 말이다.

8 풀이……교화 : 《논어(論語)》 〈안연(顔淵)〉에 공자가 "다스리는 자의 덕은 바람과 같고, 다스림을 받는 자의 덕은 풀과 같다. 풀 위에 바람이 불면 풀은 한쪽으로 눕게 마련이다.〔君子之德風, 小人之德草. 草上之風, 必偃.〕"라고 한 내용이 보인다.

9 동림(東林) : 명(明)나라 말기의 동림학파(東林學派), 혹은 동림당(東林黨)을 가리킨다. 명(明) 말기 만력(萬曆) 연간에 고헌성(顧憲成)이 고반룡(高攀龍) 등과 함께 강소성(江蘇省) 무석(無錫)에서 북송(北宋)의 유학자 양시(楊時)의 동림서원(東林書

치라고 하니, 이는 진실로 그렇다. 그러나 정자(程子)와 주자(朱子)가 바른 학문을 창도해 밝혀서 군신과 부자의 의리를 드러냄이 있지 않았다면, 동림의 여러 현자들이 무엇을 따라 계술하여 열혈로 건곤을 세척하기를 이처럼 하도록 할 수 있었겠는가. 그러므로 황명(皇明)의 절의가 온 세상에서 으뜸인 것은 바로 정자와 주자가 사람의 표준을 건립한 공(功)이라고 하는 것이다.

진정(陳鼎)이 붓을 주머니에 담고 사해를 다니면서 난리와 국사에 죽은 충신과 의사(義士)를 찾아 4600여명을 얻어 《충렬전(忠烈傳)》 60여권을 지었으나 그 책이 중간에 일실되었다.[10] 또 청나라 사람이 편집한 《승국충의록(勝國忠義錄)》[11]이 있는데, 매산(煤山)의 변고[12]에

院)을 재건하고 강학(講學)을 열었다. 이들은 천계제(天啓帝) 초에 주도권을 잡았으나 반동림당(反東林黨)이 환관 위충현(魏忠賢)과 결탁하여 대대적인 탄압을 가하자 대다수가 체포되어 옥사했고, 동림서원도 폐쇄되었다. 1628년(숭정제1) 위충현이 단죄된 후 다시 세력을 잡았고, 명나라 말의 결사(結社)인 복사(複社) 활동으로 계승되었다.

10 진정(陳鼎)이……일실되었다 : 진정(1650～?)은 청나라 강소성(江蘇省) 강음(江陰) 사람으로 자는 정구(定九)이다. 진정이 지은 《동림열전(東林列傳)》 자서(自序)에 따르면, 그는 명(明)나라 말기 순절한 사람들의 기록이 일실된 것을 안타깝게 여겨 《충렬전(忠烈傳)》 60권을 완성하였는데, 사관(史館)에 올리려 경사(京師)에 이르렀을 때에 숭문문(崇文門)의 거처에서 책의 원고를 도둑맞아 성명이 적힌 목록 5권만 남게 되었다. 이후 남은 원고를 수습하여 동림당인(東林黨人)의 사적이 실린 《동림열전(東林列傳)》 24권을 완성하였다고 한다.

11 승국충의록(勝國忠義錄) : 《흠정승조순절제신록(欽定勝朝殉節諸臣錄)》을 가리킨다. 명(明)나라의 만력(萬曆) 이후 그 멸망에 이르기까지 왕사(王事)에 순절한 여러 충신(忠臣)의 실록으로 청(淸)나라 건륭(乾隆) 41년인 1776년에 서혁덕(舒赫德) 등이 칙명에 의하여 엮은 책이다. 홍직필은 이 책에 대해 〈제황명순절록후(題皇明殉節錄後)〉라는 글을 남겼는바, 이 글은 《매산집(梅山集)》 권29에 보인다.

따라 죽은 이들이 27명이고, 영력(永曆) 연간[13] 전후로 순절한 경사(卿士)가 3537명이고, 절의를 위해 목숨을 버린 사민(士民)이 1728명이니, 이것은 그 대략이다. 뜻을 굽히지 않고 몸을 욕되게 하지 않고서 생을 마치도록 깊은 산과 먼 바다에서 스스로 지조를 지킨 사람으로 말하면 또 몇 명이나 되는지 알 수 없으니, 항상 세상이 다르고 시대가 달라져서 그분들의 이름이 인멸되어 일컬어지지 않을까 두려워하였다. 지금 거사가 일실된 것을 망라하고서 행한 일을 상고하여 이 책을 저술해 후세에 은혜롭게 남겼으니, 그 풍교를 수립하고 세도를 도운 것이 마땅히 천지가 사라지기 전에는 없어지지 않을 것이다. 그러니 어찌 다만 전(傳)에 실린 사람들에게만 다행일 뿐이겠는가. 바로 그 마음을 씀이 성실하고 돈독한 것이 또한 유민(遺民)의 아류인 것이다.

거사가 처음 이 책에 착수하였을 때에 김원박(金元博) 기보(基普)[14]를 통해 나에게 모의해 와서 한두 가지 실마리를 들었었는데, 김원박은 세상을 떠서 이미 볼 수가 없게 되었다. 거사가 이 책을 보여주고 이어서 책의 득실을 물었었는데, 미처 답서를 쓰기도 전에 거사가 또 갑자기 세상을 뜨고 말았다. 나는 거사와 같은 세상을 살면서도 한

12 매산(煤山)의 변고 : 숭정제(崇禎帝)가 매산(煤山), 즉 황궁 뒤에 있는 산인 지금의 북경 경산(景山)에서 숭정(崇禎) 17년인 1644년에 목을 매어 자결한 변고를 가리킨다.

13 영력(永曆) 연간 : 영력은 의종(毅宗)의 죽음으로 명(明)나라가 청(淸)나라에 망한 후에 잔여 세력들이 남경으로 도읍을 옮기면서 사용한 영명왕(永明王)의 연호로서, 1647년부터 1662년까지의 기간이 이에 해당한다.

14 김원박(金元博) 기보(基普) : 김기보(金基普, 1757~1823)로 자는 원박(元博), 본관은 청풍(淸風)이다. 1783년(정조7) 진사시에 합격하였으며, 성해응(成海應)과 오랜 기간에 걸쳐 교유하였다.

번도 만나보지 못하였으니, 이것이 천고의 한이다. 책을 어루만짐에 서글퍼서 대략 소감을 이와 같이 적어 지하에서의 신교(神交)를 의탁한다.

대산 김공[15]이 저술한 〈육청헌시발〉[16]의 뒤에 쓰다

갑진년(1844, 헌종10)

題臺山金公所著六靑軒詩跋後 甲辰

위의 〈육청헌시발(六靑軒詩跋)〉은 대산(臺山) 김공(金公) 덕수(德叟)가 저술한 것이다. 경자년(1840, 헌종6) 3월 그믐에 덕수가 용주(蓉洲)에서 배를 띄워 내려와 소동루(小東樓)[17]로 나를 찾아왔다. 술이 얼큰하고 담소가 무르익자, 천인(天人)과 성명(性命)의 근원과 출처(出處)와 행장(行藏)의 의리와 세도와 시운의 흥망성쇠의 때를 논

15 대산 김공(臺山金公) : 김매순(金邁淳, 1776~1840)으로, 자는 덕수(德叟), 호는 대산, 본관은 안동(安東)이다. 1795년(정조19) 정시문과에 병과로 급제하고서 초계문신(抄啓文臣)이 되었고, 그 뒤 안변 부사(安邊府使)·강화부 유수(江華府留守) 등을 역임하였다. 그는 당대의 문장가로 명성이 높았으며, 성리설에 대해서도 깊이 연구하였다. 고종 때 판서에 추증되었고, 시호는 문청(文淸)이다. 저서로는 《대산집》·《대산공이점록(臺山公移占錄)》·《주자대전차문목표보(朱子大全箚目問標補)》 등이 있다.

16 육청헌시발(六靑軒詩跋) : 대산(臺山) 김매순(金邁淳)이 〈육청헌시(六靑軒詩)〉에 붙인 발문으로, 《대산집(臺山集)》 권8 〈고조고육청헌시발(高祖考六靑軒詩跋)〉에 보인다. 〈육청헌시〉는 김매순의 고조(高祖)인 김창흡(金昌翕, 1653~1722)이 그의 형 김창집(金昌集, 1648~1722)의 시에 화운하여 지은 것으로, 김창집의 원시(原詩)는 현재 전해지지 않으나 김창흡의 시는 김매순의 발문에 함께 실려 있다. 육청(六靑)은 형제들의 아버지 김수항(金壽恒)의 옛집에 있던 여섯 그루의 나무가 마침 형제의 수와 같다고 하여 붙여진 것으로 김창집(金昌集)·김창협(金昌協)·김창흡·김창업(金昌業)·김창즙(金昌緝)·김창립(金昌立) 여섯 형제를 상징한다.

17 소동루(小東樓) : 홍직필은 60세에 현강(玄江), 즉 현재 마포구 현석동(玄石洞)에 있는 소동루로 이사하였다. 《梅山集 卷53 年譜》

하면서 속마음을 모두 쏟아내어 둘 다 서로 견해가 다름을 잊었으니, 진실로 지기(知己)의 말이라서 마음속에 신뢰하였던 것이었다.

내가 소장하고 있던 삼연(三淵 김창흡(金昌翕)) 선생께서 손수 쓰신 〈육청헌고시(六靑軒古詩)〉와 지은 발문을 보여주자, 덕수가 공경히 들고 완상하면서 어루만지며 눈물이 흘러 종이를 적실 것 같았으니, 절로 곁에서 보는 이로 하여금 탄식하게 하였다. 내가 중간(重刊)하는 날에 보태어 기재할 것을 권하자, 덕수가 허락하고서 소매 속에 넣고서 중하(仲夏)로 기약하여서 배를 집으로 삼아 물 위에 지내면서 소계(苕溪)와 삽계(霅溪)의 고사를 이으려고 하였는데,[18] 이별에 임하여 서글퍼서 다하지 못한 회포가 있었다.

덕수는 돌아가자마자 병에 걸려 도모하던 바를 이루지 못하고 그대로 천고의 이별을 하고 말았다. 내가 상(喪)을 곡하고 고자(孤子)를 조문하였더니, 고자(孤子)인 김인근(金寅根) 인회(人會)가 이 종이를 꺼내어 울면서 말하기를, "선친께서 이 글을 짓고 그대에게 보여주려 하였는데, 돌아가시려 할 때에 또 다시 간곡히 말씀하셨습니다."라고 하니, 그 마음을 쓴 것이 깊었던 것이다. 나는 덕수와 같은 해에 태어나고 같은 곳에서 거주하여 성기(聲氣)의 감응하는 바가 응당 조석 간에 만나는 것일 뿐만이 아니었다. 그러나 덕수는 젊은 나이에 명성이 드날려서 금마옥당(金馬玉堂)에서 노닐다가, 이어서 집안의 재화에 걸려

18 배를……하였는데 : 당(唐)나라의 은자(隱者) 장지화(張志和)가 안진경(顔眞卿)에게 "나의 소원은 배를 집으로 삼아 물 위에 지내면서 소계(苕溪)와 삽계(霅溪) 사이를 왔다 갔다 하는 것이다.〔願爲浮家泛宅, 往來苕霅間.〕"라고 말한 고사가 있다.《新唐書 隱逸傳 張志和》

깊은 산속에 몸을 감추어서[19] 절로 소원해졌지만, 마음으로 늘 생각함은 애당초 은둔과 출세, 곤궁과 현달로 인해 차이를 둔 적이 없었다. 덕수는 만년에 잠시 벼슬에 나아갔으나 세상과 더불어 부침하고자 하지 않아 입을 막고 그림자를 거두고서[20] 성리학에 전심하였으니, 그 지조와 절개가 굳센 것이 마치 한겨울 송백(松柏)처럼 늠름하여 능히 육청(六靑)의 미덕을 계승한 사람이었다.

내가 외람되이 노년기를 의탁하고자 했었는데, 묵묵히 마음으로 합치되었던 사람이 이미 떠나감에 기력이 떨어져서 마치 그림자가 형체를 잃은 듯하니, 다만 말을 함에 응하는 이가 없어서 마음에 맺힐 뿐만이 아니다. 병들어 누워 책 상자를 살펴 이 글을 읽음에 "뜻이 독실하고 일에 지성스러우니 지금 세상에 이런 사람이 몇이나 있으랴."라고 한 말[21]을 따를 수 없어 부끄러우니, 치의(緇衣)[22]를 해지지 않게 하고 백

19 덕수는……감추어서 : 김상현(金尙鉉)이 지은 〈대산선생행장(臺山先生行狀)〉에 따르면, 김매순(金邁淳)은 1806년(순조6) 백종형(伯從兄)인 김달순(金達淳)이 연루된 옥사가 일어나자, 양주(楊洲) 미수(渼水)로 거처를 옮긴 뒤 1825년(순조25) 양천현령(陽川縣令)에 제수될 때까지 20여 년간 벼슬에 나아가지 않았다. 금마옥당은 한림학사가 대조(待詔)하는 금마문(金馬門)과 옥당서(玉堂署)를 일컫는데, 여기서는 조정의 화려한 내직(內職)을 거쳤음을 뜻한다.

20 입을……거두고서 : 세속과 떨어져 은거함을 뜻한다. 《도덕경(道德經)》 52장에 "입을 막고 문을 닫으면 종신토록 수고롭지 않게 된다.〔塞其兌, 閉其門, 終身不勤.〕"라고 하였고, 《장자(莊子)》 〈어부(漁父)〉에 "그늘에서 그림자를 쉬게 하고 조용히 멈추어 발자국을 없앨 줄 몰랐으니 어리석음이 또한 심하다.〔不知處陰以休影, 處靜以息迹, 愚亦甚矣.〕"라고 하였다.

21 뜻이 독실하고……말 : 대산(臺山) 김매순(金邁淳)이 쓴 발문(跋文)에서, 홍직필이 일실되었던 김창흡(金昌翕)의 〈육청헌시(六靑軒詩)〉를 보관하였다가 돌려준 것에 대해 감사하면서 "백응(伯應)이 마음을 써서 구하여 귀한 글을 감추었다가 돌려주어서,

화(白華)[23]가 흠이 없게 하기를 인회(人會)에게 바란다. 병을 무릅쓰고 말미에 써서 생사 간에 뜻을 함께 하는 교분을 적는다. 육청(六菁)의 전고로 말하면 이미 원래의 글에 자세하니, 여기서 다시 췌언하지 않는다.

아득히 어리석인 이 사람으로 하여금 듣지 못하였던 것을 듣게 하였는바, 뜻이 독실하고 일에 지성스러우니 지금 세상에 이런 사람이 몇이나 있으랴.〔抑伯應之留心採拾, 璧韞珠還, 使眇眇稚昧得聞其所未聞者, 意篤事勤, 今世有幾人哉?〕"라고 하였다. 백응(伯應)은 홍직필의 자이다.《臺山集 卷8 高祖考六青軒詩跋》

22 치의(緇衣) :《시경(詩經)》〈정풍(鄭風)〉의 편명으로, 치의는 경대부(卿大夫)가 입던 조복(朝服)을 뜻하며 그 내용으로는 현자(賢者)를 예우함을 읊었는바, 그 시에서 "치의가 걸맞으니, 옷이 해지면 내 또다시 주리로다.〔緇衣之宜兮, 敝予又改爲兮.〕"라고 하였다.

23 백화(白華) : 본래《시경(詩經)》〈소아(小雅)〉의 편명으로, 현재 가사는 전해지지 않는다. 모시(毛詩)에 따르면 내용은 효자가 부모님을 봉양함을 읊은 것이라고 한다.

《학암집》 뒤에 쓰다 병오년(1846, 헌종12)

題鶴菴集後 丙午

위의 《학암집(鶴菴集)》 네 권은 증(贈) 이조 참의(吏曹參議) 최공 신(崔公愼)[24]이 저술한 것이다. 공은 회령(會寧) 사람으로, 재주를 지니고 기개가 있으면서도 예(禮)로써 자신을 단속하였다. 최복(衰服)을 입고서 들에서 농사를 지을 적에, 노봉(老峯) 민 문충공(閔文忠公 민정중(閔鼎重))이 관찰사로 관할 지역을 순행하다가 공을 보고 기이하다 여겨 학문을 권면하여서, 예(禮)를 갖추어 화양(華陽 송시열(宋時烈)) 문하에 보내었다. 선생께서는 몹시 기대하고 허여하여 매번 그 과감한 기질을 바로잡으시며 말씀하시기를, "그대는 북방의 완강함을 면치 못한다."라고 하자, 공은 대답하기를, "선생 또한 남방의 완강함을 면치 못하십니다."라고 하였다. 선생의 부인께서 공을 위해 버선을 만들

24 최공 신(崔公愼) : 최신(崔愼, 1642~1708). 자는 자경(子敬), 호는 학암(鶴菴), 본관은 회령(會寧)이다. 송시열(宋時烈)의 문인으로, 1675년(숙종1) 송시열이 제2차 복상문제에서 남인에게 패하고 유배되자 이에 반대하는 유필명(柳弼明)의 상소가 올라왔는데, 그 상소문의 작성자로 지목되어 사천(泗川)으로 유배되었다. 1680년(숙종6) 경신대출척으로 남인이 제거되면서 풀려나와 준원전 참봉(濬源殿參奉)·사옹원 봉사(司饔院奉事)·사옹원 직장(司饔院直長) 등을 거쳤고, 1686년(숙종12) 회인 현감(懷仁縣監)으로 나가 재해를 입은 고을의 신역(身役)을 면제시키는 선정을 베풀어 송덕비가 세워졌다. 1689년 기사환국으로 광양에 유배되었다가 1694년에 풀려나와 광주(廣州)에 은거하였다. 함경도 출신의 사림으로 북도(北道)에 학풍을 떨치게 하는 데 크게 기여하였다. 저서로는 《학암집》이 있다. 이조판서에 추증되었고, 시호는 문간(文簡)이다.

어주었는데 발에 맞지 않으면 이를 찢어버렸고, 조금이라도 뜻에 맞지 않으면 번번이 짚신을 신고 나가버렸다. 그러나 선생께서는 허심하게 너그러이 용서하시고서 예(禮)로써 순후하고 독실하게 타이르시니, 공이 지성으로 열복하기를 마치 70명의 제자가 공자(孔子)에게 하였던 것과 같이 하였다.

공자께서 자로(子路)를 억제하시면서 말씀하시기를, "유(由)는 남보다 나으므로 물러나게 한 것이다."라고 하셨으니,[25] 물러나게 한다고 한 것은 그를 억제한 것이다. 공이 변무(辨誣)한 상소문과 응지(應旨)한 상소문들이 모두 선생의 생각 밖에서 나온 것이어서, 선생께서 억제하신 것이 또한 많았다. 그러나 공은 형틀에 매이고 장독이 있는 곳으로 귀양 간 중에도 아홉 번 죽더라도 후회하지 않는 뜻이 있었으니, 이는 바로 가슴 가득한 열혈이 오직 스승이 있음만을 알고 자신의 몸이 있는 줄은 알지 못하여 이해와 화복에 뜻을 빼앗기지 않았던 것인바, 이 또한 전수받아 익힌 데에서 얻은 것이 그러하였던 것이었다.

스승은 은혜와 의리의 사이에 있기 때문에 나아가 봉양함에 일정한 방소가 없는 것[26]이 군주나 어버이와 같으니, 스승의 가르침이 아니라

25 공자께서……하셨으니 : 《논어》 〈선진(先進)〉에 자로가 공자에게 "옳은 것을 들으면 실행해야 합니까?〔聞斯行諸?〕"라고 묻자 공자가 "부형이 계시니 어찌 들으면 실행할 수 있겠는가.〔有父兄在, 如之何其聞斯行之?〕"라고 하였는데, 공서화(公西華)가 공자에게 그렇게 답하신 이유를 묻자, 공자가 "유(由)는 남보다 나으므로 물러가게 한 것이다.〔由也兼人. 故退之.〕"라고 한 내용이 보인다. 유(由)는 자로의 이름이다.

26 나아가……것 : 《예기》 〈단궁 상(檀弓上)〉에 "스승을 섬길 때에 면전에서 간함도 없고 은미하게 간함도 없으며, 좌우로 나아가 봉양하되 일정한 방소가 없으며, 부지런히 일하여 죽음에 이르며, 심상 삼 년을 한다.〔事師, 無犯無隱, 左右就養無方, 服勤至死, 心喪三年.〕"라고 하였다.

면 어떻게 군주에게 충성하고 어버이에게 효도할 줄을 알아서 살아가게 해주신 것을 죽음으로 보답하는 도리[27]를 다할 수 있겠는가. 몽괘(蒙卦)의 행실을 과단성 있게 하고 덕을 기름과 수괘(需卦)의 음식을 먹고 연락(宴樂)함[28]은 건곤(乾坤)에 자뢰해 시작하고 생겨남과 같아서[29] 낳

27 살아가게……도리 : 《소학(小學)》 〈명륜(明倫)〉에 난공자(欒共子)가, "사람은 세 분의 은혜로 살아가기에 섬기기를 똑같이 하여야 한다. 아버지는 나를 낳아 주시고, 스승은 나를 가르쳐 주시고, 임금은 나를 먹여 주셨으니, 아버지가 아니면 태어나지 못하고 임금이 먹여 주지 않으면 자라지 못하고 스승이 가르쳐 주지 않으면 알지 못하니, 낳아 주신 것과 똑같다. 그러므로 똑같이 섬기되 오직 있는 바에 목숨을 바쳐야 한다. 살아가게 해주신 은혜를 죽음으로 보답하고, 물건을 내려준 은혜를 힘써 갚는 것이 사람의 도이다.〔民生於三, 事之如一. 父生之, 師教之, 君食之, 非父不生, 非食不長, 非教不知, 生之族也. 故一事之, 唯其所在, 則致死焉. 報生以死, 服賜以力, 人之道也.〕"라고 한 데서 온 것이다.

28 몽괘(蒙卦)의……연락(宴樂)함 : 《주역》 〈몽괘(蒙卦) 상(象)〉에 "산 아래에서 샘이 나오는 것이 몽이니, 군자가 이것을 보고 행실을 과단성 있게 하며 덕을 기른다.〔山下出泉蒙, 君子以, 果行育德.〕"라고 하였고, 〈수괘(需卦) 상(象)〉에 "구름이 하늘로 올라가는 것이 수이니, 군자가 이것을 보고 음식을 먹고 연락(宴樂)을 한다.〔雲上於天需, 君子以, 飮食宴樂.〕"라고 하였는데, 이를 인용한 것이다. 〈수괘(需卦)〉의 정전(程傳)에 "수괘(需卦)는 〈서괘전(序卦伝)〉에 '몽(蒙)은 어림이니, 물건이 어린 것이니, 물건이 어리면 기르지 않을 수 없다. 그러므로 수괘(需卦)로 받았으니, 수(需)는 음식의 도(道)이다.' 하였다. 물건이 어린 것은 반드시 길러주기를 기다려 이루어지니, 물건을 기를 때에 필요한 것은 음식이다. 그러므로 '수(需)는 음식의 도(道)'라고 한 것이다.〔需, 序卦, 蒙者, 蒙也, 物之穉也, 物穉, 不可不養也, 故受之以需. 需者, 飮食之道也. 夫物之幼穉, 必待養而成, 養物之所需者, 飮食也. 故曰需者, 飮食之道也.〕"라고 하였다.

29 건곤(乾坤)에……같아서 : 《주역》 〈건괘(乾卦) 단(彖)〉에 "위대하다, 건원이여. 만물이 여기에 힘입어 시작하니, 이에 천도를 통솔하도다.〔大哉乾元! 萬物資始, 乃統天.〕"라고 하였고, 〈곤괘(坤卦) 단(彖)〉에 "위대하다, 곤원이여. 만물이 여기에 힘입어

아주신 것이 서로 같아 두 법칙이 있지 않다. 그러므로 "오직 있는 바에 목숨을 바쳐야 한다."[30]라고 한 것이다.

세교(世教)가 쇠미해짐에 사생(師生)의 윤리가 먼저 무너졌으니, 방몽(逄蒙)이 거꾸로 스승에게 활을 쏨에[31] 그 화살이 몹시 사나웠고, 형서(邢恕)가 스승의 가죽을 깔아 베고자 함에[32] 그 소문이 몹시 악하였다. 그런데 공은 홀로 스승을 군친(君親)과 똑같이 섬기는 의리를 다하여 항상 나쁜 소리가 들리지 않기를 바랐으니, 이는 당(堂)에 오른 현인[33]에게 부끄러움이 없을 만한 점이다. 또 선생과 환란을 함께하여

생겨나니, 이에 순히 하늘을 받들도다.〔至哉坤元! 萬物資生 乃順承天.〕"라고 하였다.

30 오직……한다 : 이 말은 《소학(小學)》 〈명륜(明倫)〉에 난공자(欒共子)의 말로, 이에 대해 집주(集註)에서 오씨(吳氏)가 "있는 바에 목숨을 바친다는 것은 임금이 있을 때에는 임금을 위하고, 아버지가 있을 때에는 아버지를 위하고, 스승이 있을 때에는 스승을 위한다는 것이다.〔所在致死, 謂在君爲君, 在父爲父, 在師爲師也.〕"라고 하였다. 《小學集註 明倫》

31 방몽(逄蒙)이……쏨에 : 방몽은 하(夏)나라 사람으로, 활쏘기의 명수인 예(羿)에게서 활 쏘는 법을 배웠는데 천하에서, 예의 기법을 다 터득하자 세상에 자기보다 뛰어난 자는 오직 예라 생각하고 마침내 스승인 예를 쏘아 죽였다. 《孟子 離婁下》

32 형서(邢恕)가……함에 : 형서는 송(宋)나라 신종(神宗)·철종(哲宗) 때의 간신(姦臣)으로, 본디 명도(明道) 정호(程顥)에게 배웠으나, 뒤에 스승을 배반하고 왕안석(王安石)·채경(蔡京) 등에게 붙어서 스승을 원수로 여겼다. 원문의 '침피(寢皮)'는 짐승을 잡아 그 가죽을 깔고 자고 그 고기를 먹는다는 뜻의 침피식육(寢皮食肉)을 줄인 말로 《춘추좌씨전(春秋左氏傳)》 양공(襄公) 21년 조에 보인다. 원래 용맹을 자랑하는 말인데 후대에는 인신하여 원수에게 원한이 깊음을 비유하는 말로 쓰였다. 이는 형서가 스승들을 배반하고 원수처럼 대한 것을 말한 것이다. 《宋史 卷471 邢恕列傳》《春秋左氏傳 襄公21年》

33 당(堂)에 오른 현인 : 학문의 경지가 높은 현인을 가리킨다. 《논어》 〈선진(先進)〉에 공자가 자로(子路)의 학문을 평하며 말하기를 "자로는 당에는 올랐으나 실에는 들어

온갖 어려움을 모두 겪음에, 창끝으로 쌀을 씻고 칼끝으로 불을 때는 것[34]과 거의 다름이 없었으나 또한 성난 얼굴로 뵌 적이 없었으니, 이는 중유(仲由)에 비해 더욱 하기 어려운 것이었다.[35] 공이 기사년의 화[36]를 겪고서 마치 살고자 하지 않는 듯이 하였는데, 당시 마침 유배를 가게 되어 축장(築場)[37]하지 못한 것을 종신토록의 애통함으로 여겨 선생의 유택(幽宅) 가까이에 살았으니, 이는 홀로 삼년을 더 거처한 의리[38]가

가지 못하였다.〔由也升堂矣, 未入室也.〕"라고 한 데서 온 말이다.

34 창끝으로……것 : 몹시 위태로운 상황을 말한다. 진(晉)나라 환현(桓玄)과 은중감(殷仲堪)이 지극히 위태한 상황을 시구로 표현하여 농담 삼아 주고받았는데, 그중에 환현이 "창끝으로 쌀을 씻고 칼끝으로 불을 때네.〔矛頭淅米劍頭炊〕"라는 시구를 지은 고사가 전한다.《世說新語 排調》

35 또한 성난……것이었다 : 중유(仲由)는 공자의 제자인 자로(子路)이다. 공자가 위(衛)나라와 진(陳)나라 등을 주유할 때에 식량이 떨어져 일행들이 굶주리자, 자로가 성난 얼굴로 공자를 뵙고 "군자도 궁할 때가 있습니까?〔君子亦有窮乎?〕" 하고 물었는데, 공자가 "군자는 진실로 궁한 것이니, 소인은 궁하면 넘친다.〔君子固窮, 小人窮斯濫矣.〕"라고 한 내용이 《논어》〈위령공(衛靈公)〉에 보인다.

36 기사년의 화 : 기사년은 숙종(肅宗) 15년(1689)으로, 기사년의 화는 이 해에 일어난 기사환국(己巳換局)을 가리킨다. 당시에 소의(昭儀) 장씨(張氏) 소생의 아들을 세자로 삼으려는 숙종에 반대한 송시열(宋時烈) 등의 서인(西人)이 이를 지지한 남인(南人)에게 패하였다. 이로 인해 송시열은 제주도로 유배되었고, 6월에 서울로 압송되어 오던 중 정읍(井邑)에서 사약을 받고 죽었다.

37 축장(築場) : 스승이 돌아가신 뒤에 무덤가에 움막을 짓고 거상(居喪)하는 것을 말한다.《맹자》〈등문공 상(滕文公上)〉에 "공자께서 돌아가시자 삼년이 지난 다음 문인들이 짐을 챙겨 돌아갔지만,……자공(子貢)은 다시 돌아와 묘 마당에 집을 짓고서 홀로 3년을 거처한 다음에 돌아갔다.〔昔者孔子沒, 三年之外, 門人治任將歸,……子貢反, 築室於場, 獨居三年然後歸.〕" 하였다.

38 홀로……의리 : 자공(子貢)이 스승인 공자(孔子)의 상(喪)에 홀로 무덤 옆에 여막(廬幕)을 짓고 삼년을 더 시묘한 것을 가리킨다.《孟子 滕文公上》

아니겠는가.

천지의 원기가 뭉쳐서 산천이 되니, 산천 중에 빼어나고 굳세기로는 관북이 으뜸으로 일컬어진다. 사람이 그 곳에 거처하면 준걸과 수재가 되니, 공이 바로 그러한 사람이 아니겠는가. 공은 직접 참된 가르침을 이어받았으므로 저술한 것이 없었고, 왕복한 편지가 몹시 많았지만 산일되어 전해지지 않는다. 오직 〈화양어록(華陽語錄)〉[39]만이 없어진 가운데 홀로 온전히 남았지만, 이는 선생의 언행에 있어 태산의 일각일 뿐이다. 그러나 삼가 써서 갖추어 기록하여 완연하게 선생께서 눈앞에 계신 것과 같게 한 것은 그 공(功)이 또한 훌륭하니, 어찌 문사가 빼어난가, 빼어나지 못한가로 경중을 가릴 수 있겠는가. 공의 후손 경조(擎祖)가 이 책을 찍어서 배포하려 함에 남은 원고를 아울러 부록(附錄)하고 《학암집》이라 명명하고는, 불초한 나에게 글 하나를 써서 그 일을 서술해줄 것을 부탁하였다. 이에 불초는 마음에 느껴 사모하는 바를 서술하여 권 끝에 적게 하는 바이다.

39 화양어록(華陽語錄) : 최신(崔愼)이 스승인 송시열(宋時烈)이 말한 내용을 기록한 것으로, 《학암집(鶴庵集)》 권2~3 〈화양문견록(華陽聞見錄) 어록(語錄)〉에 실려 있다.

《한강속집》[40] 뒤에 쓰다 무신년(1848, 헌종14)

題寒岡續集後 戊申

고금의 서적은 진실로 이름은 진짜라고 하나 실제로는 거짓인 것이 많고, 또 빈객을 잘못하여 주인으로 삼는 경우가 있으니, 삼가 변별하기를 어떻게 하느냐에 달려있을 뿐이다. 변별하는 데에는 세 가지 방도가 있으니, 그 말을 음미하여 시대의 선후를 살피고, 이름을 바로잡아 일의 시비를 구하고, 의리를 헤아려서 뜻의 깊고 얕음을 찾는다면, 어찌 진실과 거짓, 이름과 실상을 속일 수 있겠는가. 예전에 《한강속집(寒岡續集)》을 보니 여헌(旅軒)의 아홉 조의 문목(問目)이라는 것이 있었는데, 그 중 일곱 조의 이론은 모두 사계(沙溪) 선생의 《경서변의(經書辨疑)》와 〈답혹인서(答或人書)〉 중에서 나온 것이었다.[41] 여

40 한강속집(寒岡續集) : 정구(鄭逑, 1543~1620)의 문집인 《한강집》의 속집으로, 정구는 자는 도가(道可), 호는 한강, 본관은 청주, 시호는 문목(文穆)이다. 퇴계(退溪) 이황(李滉)과 남명(南冥) 조식(曺植)에게서 성리학을 배웠으며, 과거를 단념하고 학문에만 전념하였다. 천거로 창녕 현감(昌寧縣監)에 제수되고 이후 공조 참판, 대사헌 등을 역임하였다. 《한강집》 해제에 따르면, 원집이 중간(重刊)된 해인 1780년 이전에 속집 역시 간행이 되었다가, 1841년(헌종7) 기존에 있었던 속집 6권의 본에 개각(改刻)을 더하고 3권을 추각(追刻)하여 9권의 속집이 만들어진 것으로 추정된다.

41 예전에……것이었다 : 정구(鄭逑)의 《한강속집(寒岡續集)》 권9 〈답문(答問)〉에 여헌(旅軒) 장현광(張顯光, 1554~1637)의 9조의 문목과 이에 대해 정구가 답한 글이 있는데, 이 중에 7번째와 9번째 글을 제외하고는 모두 김장생(金長生, 1548~1631)이 저술한 《경서변의(經書辨疑)》와 이를 채록한 《율곡전서(栗谷全書)》 권32 〈어록 하(語錄下)〉, 그리고 《사계전서(沙溪全書)》 권4 〈답혹인문목(答或人問目)〉에 동일한 내용이 보인다. 사계(沙溪)는 김장생의 호이다.

러 번 반복해서 참고하여 살펴봄에 의혹이 더욱 심해졌으므로, 이에 대해 논변하여 저술한 바가 있었다.

한강(寒岡)의 후손인 주석(冑錫), 윤석(允錫), 호영(浩永) 세 사람이 집안에 전해오는 문헌을 가지고 와서 꺼내어 보여주고는, “선조 문목공(文穆公 정구(鄭逑)) 문집의 초고가 회연서원(檜淵書院)에 소장되어 있었는데, 근래에 또 무흘산장(武屹山莊)의 장서한 곳에서 고본(古本)을 찾았으니, 이는 선조께서 살아계셨을 때에 자제들이 얻어들은 대로 기록한 것으로 선조께서 직접 쓰신 글도 섞여 있습니다. 아홉 조의 답문(答問)도 그 가운데 있어서 회연서원의 본(本)과 부절을 합한 듯 합치되니, 그러한가, 혹은 그렇지 않은가를 의심할 수 있는 것이 아닙니다.”라고 하였다. 내가 원본을 가져다 검토해보니, 종이는 찢어져 문드러졌고 먹은 변하고 글자는 닳아서 왕왕 변별할 수가 없었다. 그러니 이와 같은 것을 어찌 후세 사람이 두찬(杜撰)[42]하였다고 할 수 있겠는가. 손 가는 대로 제멋대로 만들어낸 것이 아님이 분명하다.

생각건대 여헌(旅軒)이 사계(沙溪)의 명론을 들어서 한강(寒岡)에게 나아가 질정하였는데, 다만 누구인지를 드러내지 않아서 이렇게 된 것인 듯하다. 첫 조목에 “문(問)”, “혹문(或問)”, “답왈(答曰)”이라고 한 것을 보면 인용한 것임을 알 수 있고 나머지는 모두 윗글을 이어받았으니, 빈객과 주인의 분별을 뒤섞어 내려고 한 것이 아니다. 속이기 쉬운 것은 형적이고 속이기 어려운 것은 눈과 마음이니, 어찌 이치 밖의 일을 하겠는가. 이전에 가짜인가를 의심하였던 것은 초본을 보지 못하였을 때의 일이고, 오늘날 진짜라고 판단한 것은 초본을 보고난

42 두찬(杜撰) : 시문이나 저술 등을 근거 없이 마음대로 기술하는 것을 이른다.

뒤의 일이니, 내가 어찌 그 사이에서 어느 한 곳에 기필함을 두겠는가. 다만 진실과 거짓을 분별할 뿐이다.

옛날에 《내경(內經)》을 황제(黃帝)의 글이라 하고,[43] 《본초(本草)》를 염제(炎帝)의 글이라 하고,[44] 《급총(汲冢)》을 주서(周書)라고 한 것[45]은 마치 맹인이 깨진 거울을 공중에 걸어놓고 스스로 해와 달에 빗대고자 한 것과 같으니, 누가 이를 믿겠는가. 이 책의 경우는 바로 보고 들은 것이 미친 바에 따라서 선생에게 나아가 질정한 것이니, 어찌 후손이 거짓으로 꾸밀 수 있겠는가. 옛 종이와 해진 책을 어루만짐에 훌륭한 명성이 사라지지 않으니, 이 때문에 감흥이 일어나 마음 가득한 의심이 이에 환히 뚫리게 되었다. 그리하여 다시 초본의 말미에 한 마디의 말을 적으니, 앞뒤로 입론한 것이 다름을 꺼리지 않는 바이다.

43 내경(內經)을……하고 : 내경은 고대의 의서(醫書)인 《황제내경(黃帝內經)》으로, 황제(黃帝)가 기백(岐伯)과 문답한 것이라 알려져 있었다.

44 본초(本草)를……하고 : 염제(炎帝)는 신농씨(神農氏)로, 본초는 《신농본초(神農本草)》를 말한다. 전설에 따르면 신농씨가 각종 초목의 맛을 보며 병에 대한 처방을 제시하여 이 책을 만들었다고 한다.

45 급총(汲冢)을……것 : 급총은 《급총주서(汲冢周書)》 혹은 《급총서(汲冢書)》를 말하는데, 진(晉)나라 때에 급군(汲郡) 사람 부준(不準)이 도굴한 전국 시대 위 양왕(魏襄王)의 무덤에서 나온 선진(先秦)의 과두문자(蝌蚪文字)로 기록된 죽간의 고서(古書) 75편을 가리킨다.

《오씨가승속편》에 대한 발문

吳氏家乘續編跋

위의 《가승속편(家乘續編)》은 바로 영재 선생(寧齋先生) 오공(吳公)[46]과 유인(孺人) 광산 김씨(光山金氏)의 말씀과 행실을 모아 만든 것이다. 당초에 영재공이 선조의 비문(碑文)과 지문(誌文), 행장과 족보, 만사(輓詞)와 뇌문(誄文) 및 기타 글 가운데 덕(德)을 살필 수 있는 것을 취하여 분류해서 가승(家乘)을 만들었고, 중씨(仲氏) 문원공(文元公)[47]이 또 집안에서 듣고 기록한 글 및 여러 사람의 문집과 야승(野乘)에 흩어져 나온 것들을 수습하여 《가승일사(家乘逸事)》라고 명명하였으니, 오씨(吳氏)의 문헌이 이에 정연하게 징험할 수 있게 되었다. 영재공의 맏아들 서오(瑞五)[48]가 또 이어서 이 책을 완성하니,

46 영재 선생(寧齋先生) 오공(吳公) : 오윤상(吳允常, 1746~1783)으로, 자는 사집(士執), 호는 영재(寧齋), 본관은 해주(海州)이다. 대제학(大提學) 판서(判書)를 지낸 순암(醇菴) 오재순(吳載純)의 아들로, 김원행(金元行)의 문하에서 배웠으며, 학문에 뛰어나 두 아우를 가르치기도 하였다. 행실이 순박하고 효성스러웠으며 경전(經傳)을 탐독하였는데, 37세의 나이에 요절하였다. 부부 간의 금슬이 좋았기에, 유인(孺人)인 김상성(金相聖)의 딸 광산 김씨(光山金氏)는 성복(成服)을 마치고 음식을 먹지 않다가 죽었다.

47 문원공(文元公) : 오윤상의 동생 오희상(吳熙常, 1763~1833)으로 자는 사경(士敬), 호는 노주(老洲), 본관은 해주(海州), 시호는 문원(文元)이다. 1800년(정조24) 천거로 세자익위사 세마(世子翊衛司洗馬)에 제수되고, 황해도 도사 등을 지낸 뒤, 벼슬에서 물러나 광주(廣州)의 징악산(徵嶽山)에 은거하였고 이후 찬선(贊善) 등 여러 관직에 제수되었으나 모두 사양하고 나아가지 않았다. 성리학에 조예가 깊어 이황(李滉)과 이이(李珥)의 설을 절충하였다.

이는 다만 한 집안의 돈사(惇史)[49]가 될 뿐만이 아니다. 불초한 나에게 부탁하여 글 하나를 지어서 그 아래에 적게 하였다.

내가 생각건대, 수양씨(首陽氏)[50]는 정무공(貞武公)[51] 이래로 절의와 효우, 덕업과 문장을 계승하여 세상의 명문가가 되었고, 영재공 형제에 이르러서는 경학(經學)까지 겸비하였다. 영재공은 학문이 천

48 서오(瑞五) : 오치성(吳致成, 1785~1844)으로, 다른 이름은 오치규(吳致奎), 자는 서오(瑞五), 호는 아관(我觀), 본관은 해주(海州)다. 생부는 노주(老州) 오희상(吳熙常)으로, 태어나면서 백부인 오윤상(吳允常)의 양자로 들어갔다. 공령(功令)으로 1810년(순조10) 사마시에 합격하고, 처음 동몽교관(童蒙敎官)으로 벼슬에 올라 내외직(內外職)을 두루 거쳐 통훈대부(通訓大夫) 상주 목사(尙州牧使)에 이르렀다. 1833년(순조33) 부친이 죽자 애통함이 심하여 벼슬을 내놓았다가, 천거로 감정(監正)을 제수 받았으나 사양하고 1844년(헌종10) 60세로 사망하였다.

49 돈사(惇史) : 덕행(德行)이 있는 이의 언행을 기록하여 후세의 본보기가 되게 하는 것을 말한다. 《예기》 〈내칙(內則)〉에 "무릇 노인을 봉양함은 오제는 덕행을 본받고 삼왕은 좋은 말을 청함이 있었다. 오제는 덕행을 본받아 기체(氣體)를 기르기만 하고 좋은 말을 청하지 않았으며 좋은 말이 있으면 기록하여 돈사를 만들었다.〔凡養老, 五帝憲, 三王有乞言. 五帝憲, 養氣體而不乞言, 有善則記之爲惇史.〕"라고 하였다.

50 수양씨(首陽氏) : 수양은 황해도 해주(海州)의 진산(鎭山)의 이름으로, 여기서 수양씨란 전하여 해주 오씨(海州吳氏)를 가리킨다.

51 정무공(貞武公) : 오정방(吳定邦, 1552~1625)으로, 자는 영언(英彦), 호는 퇴전당(退全堂), 본관은 해주(海州)이다. 1583년(선조16) 무과에 장원급제하였고, 1592년 임진왜란이 일어나자 도총부 도사(都摠府都事)로서 의병과 힘을 합쳐 많은 전공을 세웠으며, 이어 부령 부사(富寧府使) 등을 지냈고, 1603년에 가선대부(嘉善大夫)에 승품되었으며, 그 후 경상우도 병마절도사(慶尙右道兵馬節度使) 겸 진주 목사(晉州牧使)와 황해도 병마절도사를 역임하였다. 광해군 때 인목대비(仁穆大妃)의 폐위를 적극 반대하다가 사직되었다가 1623년(인조1) 인조반정으로 다시 포도대장에 등용되었으며, 1624년 이괄(李适)의 난에 왕을 공주에까지 호종하였다. 뒤에 병조판서에 추증되었고, 시호는 정무(貞武)이다.

인(天人)의 사이를 꿰뚫고 행실이 집안에 충만하여, 지극한 덕(德)과 응집된 도(道)가 찬란하게 거의 사문(斯文)의 광채가 되었다. 미호(渼湖) 김 문원공(金文敬公 김원행(金元行))은 공이 어린 나이였을 때에 보고서 동시대의 선비를 평가할 때에 반드시 공을 으뜸으로 거론하였고, 지암(止菴) 김 문간공(金文簡公 김양행(金亮行))은 몹시 존중하여 총명하고 지혜가 있다고 칭찬하였다. 근재(近齋 朴胤源(박윤원))는 삼고(三古)[52]의 선비라고 인정하였고, 제헌(霽軒 심정진(沈定鎭))은 당대의 제일의 인물이라 칭찬하였다. 그런데 공은 중년이 되기도 전에 별세하여 도학을 창도해 밝히고 선비들의 표준이 되려는 지업(志業)을 마치지 못하였으므로, 위로는 성주(聖主)께서 애석하게 여기시는 바가 되고 아래로는 사림이 애통해하고 사모하는 바가 되었다. 생사가 기수(氣數)에 관계된 것이 이와 같으니, 아아, 어찌 차마 말할 수 있겠는가.

공은 타고난 자질이 영민하고 호방하였으며 재능과 성정이 명랑하고 지혜로워 혼후(渾厚)한 데에 치우치지 않았는데, 중주(中洲 이직보(李直輔))가 지은 지문(誌文)과 유사(遺事)에서 공의 규모와 기상을 윤화정(尹和靖)[53]에게 비유하였고, 또 학문을 하는 문로가 윤화정에게

52 삼고(三古) : 상고(上古) · 중고(中古) · 하고(下古)를 통칭한 말로, 복희(伏羲) 시대를 상고, 문왕(文王) 시대를 중고, 공자(孔子) 시대를 하고라고 하며, 하 · 은 · 주 삼대를 가리킨다고도 한다.

53 윤화정(尹和靖) : 북송(北宋)의 학자 윤돈(尹焞, 1071~1142)을 말한다. 하남(河南) 사람으로, 자는 언명(彦明) 혹은 덕충(德充), 호는 화정이다. 젊었을 때 정이(程頤)를 사사(師事)했다. 학문에 있어서는 내성함양(內省涵養)을 중시하고 박람(博覽)을 추구하지 않았다. 저서로는 《논어맹자해(論語孟子解)》와 《화정집(和靖集)》, 《문인문답(門人問答)》이 있다.

가까웠다고 하였다. 이는 공경하고 삼가며 편안하고 태연해서 법도를 따른 것을 가지고 말한 것이기는 하다. 그러나 윤화정은 잡아 지키는 데에 치우쳐서 궁리(窮理)와 격물(格物)에 있어서는 부족하였으므로 《금강경(金剛經)》을 외고 관음(觀音)을 맞이하면서도 그릇됨을 알지 못하였으니,[54] 이와 같은 것이 어찌 다만 작은 덕(德)이 드나드는 것[55]일 뿐이겠는가. 영재공께서 바라신 바는 성인(聖人)을 배우는 것이었으니, 윤화정과 같은 사람은 단지 우선 내버려둘[56] 뿐만이 아닌 것이다.

54 금강경(金剛經)을……못하였으니 : 윤화정의 일을 기록한 《회암집(晦庵集)》 권71 〈잡저(雜著) 기화정선생오사(記和靖先生五事)〉에, "화정 선생이 조정의 반열에 있을 때에, 조정의 관원이 천축관음을 교외에서 맞았는데, 선생이 함께 갔다. 혹자가 '어찌하여 관음을 맞이하십니까?'라고 묻자, 화정 선생은 '많은 사람들이 모두 맞이하는데, 내 어찌 감히 많은 사람들의 뜻을 어기겠는가.'라고 하였다. 또 '그렇다면 절하시겠습니까?'라고 묻자 '당연히 절할 것이다.'라고 하였다. 질문한 이가 '부득이하여 절하는 것입니까? 아니면 진실로 절하는 것입니까?' 하자, '저 또한 현자이다. 현자를 뵈면 진실로 공경하여 절하는 것이다.'라고 하였다. 선생은 날마다 《금강경》 한 권을 외면서 '이는 어머니가 가르치신 바이니, 어길 수 없다.'라고 하였다.〔先生在從班時, 朝士迎天竺觀音於郊外, 先生與往. 有問: 何以迎觀音也? 先生曰: 衆人皆迎, 某安敢違衆? 又問: 然則拜乎? 曰: 固將拜也. 問者曰: 不得已而拜之與? 抑誠拜也? 曰: 彼亦賢者也. 見賢, 斯誠敬而拜之矣. 先生日誦金剛經一卷曰: 是其母所訓, 不敢違也.〕"라고 한 내용이 보인다.

55 작은……것 : 《논어》 〈자장(子張)〉에 자하(子夏)가 "큰 덕이 한계를 넘지 않으면 작은 덕은 드나듦이 있더라도 괜찮다.〔大德不踰閑, 小德出入可也.〕"라고 한 데서 온 말이다.

56 우선 내버려둘 : 《맹자》 〈공손추 상(公孫丑上)〉에 공손추가 "옛적에 제가 들으니 '자하, 자유, 자장은 모두 성인의 일부분만을 가지고 있었고 염우, 민자, 안연은 전체를 갖추고 있었으나 미약하다.'라고 하였습니다. 이들 가운데 누구를 자처하십니까?〔昔者竊聞之, 子夏、子游、子張皆有聖人之一體, 冉牛、閔子、顔淵則具體而微, 敢問所

중주가 윤화정에게 빗댄 것은 덕(德)을 아는 말이 아닌 듯하니, 이는 변론하지 않을 수 없는 것이다.

공이 별세하고 얼마 지나지 않아 김 유인(金孺人)이 따라서 세상을 버려서 종용히 의(義)에 나아가 성명(性命)의 바름을 얻으셨으니,[57] 공이 집안의 모범이 된 교화를 여기에서 확인할 수 있다. 순유(醇儒)와 열부(烈婦)가 아름다움을 짝하였으니, 이는 고금에 드문 일이다. 공은 집안에서의 행실이 순수하게 갖추어져서 부부가 서로 손님처럼 공경하였다. 예(禮)에 "부인이 부모의 상을 당하면 연제(練祭)를 마치고 돌아간다."라고 하였으니,[58] 돌아가면 남편을 모시는 것이다. 김 유인(金孺人)은 아버지의 연제에 상복을 벗고 나서 마땅히 남편을 모셔야 할 것이었는데, "출가한 사람은 비록 삼년 동안 여막을 지키지는 못하지만, 연제를 지내고서 어찌 차마 남편을 모실 수 있겠습니까?"라고 하자, 공이 그 뜻을 이루게 해주었다. 옛날에 맹헌자(孟獻子)가 담제(禫祭)를 지내고나서 모실 부인들이 나란히 있었는데도 들이지 않자, 공자께서 다른 사람보다 한 등급 더 뛰어난 사람이라고 하셨다.[59] 부인은

安.〕"라고 물은 데 대해 맹자가 "일단 이들은 내버려 두라.〔姑舍是.〕"라고 답한 내용이 보인다.

57 공이 별세하고……얻으셨으니 : 김 유인은 남편인 오윤상(吳允常, 1746~1783)이 별세하자 염하고 입관할 때 쓰는 수의와 이불을 손수 재봉하고는, 성복(成服)을 마치자마자 시부모에게 청하여 밀실로 처소를 옮겼다. 그 후 이불을 쓰고 얼굴을 가린 채 누워 하늘을 보지 않았으며, 음식을 먹지 않고 죽었다고 한다. 《燕巖集 卷1 煙湘閣選本 金孺人事狀》

58 예(禮)에……하였으니 : 《예기(禮記)》 〈상대기(喪大記)〉에 "부인은 여막에 거처하지 않고, 거적자리에 자지 않는다. 친정부모가 돌아가셨으면 연제(練祭)를 마치고 시댁으로 돌아온다.〔婦人不居廬, 不寢苫. 喪父母, 旣練而歸.〕"라고 하였다.

남편에게 복종하는 법인데도 능히 예(禮)를 다하기를 이와 같이 하였으니, 이는 계명매조(雞鳴昧朝)[60]의 경계하여 서로 이루어주는 뜻에서 나온 것이다. 아아, 아름답도다!

공의 내외의 어짊으로도 끝내 대를 이을 자식이 없어 두 번 끊어져 두 번 후사를 이었으니, 신명한 도리의 어긋남이 어찌 이 지경에 이른단 말인가. 문원공은 공에게 수학하여 도(道)가 이루어지고 덕(德)이 높아져서 당세의 종사(宗師)가 되었고, 맏아들이 이를 능히 계승하여 훌륭한 명예를 길이 마치게 되었으니,[61] 하늘의 도(道)가 보답하고 베

59 옛날에……하셨다 : 《예기(禮記)》 〈단궁 상(檀弓上)〉에 "맹헌자(孟獻子)가 담제를 지낸 뒤 악기를 걸어놓기만 하고 연주하지 않았으며, 모실 부인들이 나란히 있었는데도 들이지 않았다. 그러자 공자가 말하기를, '헌자는 다른 사람들보다 한 등급 뛰어나구나.' 하였다.〔孟獻子禫, 縣而不樂, 比御而不入. 夫子曰: 獻子加於人一等矣.〕"라고 한 내용이 보인다.

60 계명매조(雞鳴昧朝) : 계명매조는 《시경(詩經)》 〈정풍(鄭風) 여왈계명(女曰雞鳴)〉에 "여자가 닭이 울었다 하자, 남자는 아침이 아직 어둡다 하네. 그대는 일어나 밤을 보라 계명성(啓明星)이 찬란할 것이니, 장차 고상(翺翔)하여 오리와 기러기를 주살로 잡아올지어다.〔女曰雞鳴, 士曰昧旦. 子興視夜, 明星有爛, 將翺將翔, 弋鳧與雁.〕" 하였는데, 앞의 두 구절을 줄여 쓴 것이다. 매조(昧朝)는 매단(昧旦)과 같은 말로 '단(旦)'이 태조(太祖) 이성계(李成桂)의 이름이므로 이를 휘하여 뜻이 같은 '조(朝)'로 바꿔 표기한 것이다. 이는 어진 부부가 사사로운 애정에 빠지지 않고 서로에게 자기의 직분을 다할 것을 경계하는 내용인데, 이 구절에 대해 주자(朱子)는 《집전(集傳)》에서 "여자가 '닭이 울었다.'고 하여 그 남편을 경계하자, 남편은 '아직 어둡다.'고 말하였으니, 이는 닭이 우는 데만 그치지 않은 것이다. 부인이 또 그 남편에게 말하기를, '그대는 일어나서 밤이 어떠한 지를 보라. 계명성이 이미 나와 반짝일 것이니, 그렇다면 떨치고 나가서 오리와 기러기를 주살로 잡아 돌아오라.' 한 것이다. 서로 경계한 말이 이와 같으니, 연닐(宴昵)의 사사로움에 얽매이지 않음을 알 수 있다."라고 하였다.

61 훌륭한……되었으니 : 《시경(詩經)》 〈주송(周頌) 진로(振鷺)〉에 "저기에 있어도

푼 것이 여기에 있을 것이다. 아, 공이 혁혁한 업적으로 높은 벼슬에 올라 선(善)을 쌓고 인(仁)을 쌓은 것이 마치 근본이 있는 물이 강이 되고 하천이 되며 고여서 연못이 되고 갈라져서 따로 지류가 되어서 떠다 써도 다하지 않는 것과 같으니, 덕(德)을 근본으로 삼은 자가 어찌 유독 그렇지 않겠는가.

불초한 나는 공에게 있어 누대의 교분을 의탁하였는데, 어려서는 미처 덕(德) 있는 모습을 뵙지 못하였고, 조금 자라서는 공의 풍모를 듣고 공의 글을 보고서 개연히 그분의 인품을 상상하였다. 문원공을 종유함에 이르러서는 공의 명리(名理)를 익숙히 듣고 공의 행실과 치적을 전수받아 익혀서, 직접 스승의 곁에서 배운 사람과 거의 다름이 없게 되었다. 이 책을 공경히 들어 궁구함에 그 훌륭한 행실을 우러러 공경하기에도[62] 겨를이 없는데, 어찌 감히 망령되이 췌언을 하여 공의 높고 깊은 조예를 드러낼 수 있겠는가. 게다가 연로하여 붓과 벼루를 감당할 수 없어서 미처 명(命)에 따르지 못하고 있었는데, 서오(瑞五)가 갑자기 무덤가 측백나무의 열매가 되고 말았다.[63] 항상 풍전등화처

미워하는 사람이 없으며, 여기에 있어도 싫어하는 사람이 없다. 거의 일찍 일어나고 밤늦게 자서 명예를 길이 마친다.〔在彼無惡, 在此無射. 庶幾夙夜, 以永終譽.〕"라고 한 내용이 보인다.

62 그 훌륭한……공경하기에도 : 원문의 '앙지경행(仰止景行)'은 《시경》 〈소아(小雅) 차할(車舝)〉에 "저 높은 산봉우리 우러러보며, 큰길을 향해 나아가노라.〔高山仰止 景行行止〕"라고 한 데에서 온 말이다.

63 무덤가……말았다 : 별세했다는 뜻이다. 《장자(莊子)》 〈열어구(列禦寇)〉에 "어찌하여 무덤에 한 번도 와보시지 않습니까? 내 몸은 이미 무덤가 측백나무의 열매가 되었습니다.〔闔胡嘗視其良? 旣爲秋柏之實矣.〕"라고 한 데서 온 말이다.

럼 죽음이 갑자기 이르러서 효자의 지극한 뜻을 영원히 저버리게 될까 염려하였기에, 병을 무릅쓰고 위와 같이 적으니, 권 말미에 성명을 기탁하는 것을 몹시 다행으로 여길 뿐이다.

민원경[64]이 소장한 동춘 선생[65] 글씨 뒤에 쓰다 기유년(1849, 헌종15)

書閔遠卿所藏同春先生手筆後 己酉

동춘(同春) 송 선생(宋先生)이 여력으로 예(藝)에 노닐어서[66] 필체는 종요(鍾繇)와 왕희지(王羲之)[67]와 나란하고 서법은 구양순(歐陽詢)과 우세남(虞世南)[68]에 합치되어 단정하고 엄숙하며 높고 중하고, 웅건하

64 민원경(閔遠卿) : 민영목(閔泳穆, 1826~1884)으로, 자는 원경, 호는 천식(泉食), 본관은 여흥(驪興)이다. 1871년(고종8) 알성문과에 을과로 급제하여 이조 판서를 지내고, 곧이어 군무변정기연사 당상(軍務邊情譏沿司堂上)과 한성부 판윤에 올랐으며, 평안도 관찰사도 역임하였다. 서장관(書狀官)으로 청나라에 다녀온 뒤 서양의 기술 도입과 개국통상의 유용성을 강조하였고, 박문국 당상(博文局堂上)이 되어 한성순보(漢城旬報) 발간에 힘쓰기도 하였다. 1884년 12월 갑신정변에 김옥균(金玉均) 등 개화당 인사들에 의해 참살 당하였다. 영의정에 추증되었고, 시호는 문충(文忠)이다.

65 동춘 선생(同春先生) : 송준길(宋浚吉, 1606~1672)로 자는 명보(明甫), 호는 동춘당(同春堂), 시호는 문정(文正), 본관은 은진이다. 이이(李珥)·김장생(金長生)의 문인으로, 송시열과 동종(同宗)이면서 학문 경향을 같이한 성리학자로서 이이의 학설을 지지하였다. 저서에 《어록해(語錄解)》·《동춘당집》이 있다.

66 예(藝)에 노닐어서 : 《논어(論語)》 〈술이(述而)〉에 "도에 뜻을 두고, 덕을 굳게 지키며, 인에 의지하고, 예에서 노닐어야 한다.〔志於道, 據於德, 依於仁, 游於藝.〕"라고 하였는데, 예(藝)란 예(禮), 악(樂), 사(射), 어(御), 서(書), 수(數)의 육례(六禮)로, 여기서는 그 가운데에서 특히 서예(書藝)를 가리킨다.

67 종요(鍾繇)와 왕희지(王羲之) : 삼국(三國) 시대 위(魏) 나라의 종요와 진(晉) 나라의 왕희지로 모두 서예에 능했던 것으로 유명하다.

68 구양순(歐陽詢)과 우세남(虞世南) : 이 두 사람은 당(唐) 나라 때에 서예에 능했던 것으로 잘 알려진 인물이다.

고 표일하며 씩씩하고 굳세었다. 여기에서 마음이 바르고 기운이 온화하여 신묘한 효용이 무궁함을 징험할 수 있으니, 이른바 "뜻을 두지 않되 모두 뜻이 있고, 법대로 하지 않되 모두 법에 합치된다."[69]라는 것이다.

선생께서는 "인욕이 모두 사라져서 천리가 유행하고,[70] 청명함이 몸에 있어 뜻과 기운이 신명(神明)과 같다.[71] 구름이 다니고 비가 내리며 포용함이 넓고 빛남이 크며,[72] 강건하고 독실하게 하여 광휘가 날로 새로워진다.[73]〔人欲淨盡 天理流行 淸明在躬 志氣如神 雲行雨施 含弘光

69 뜻을……합치된다 : 원(元)나라 학자 학경(郝經)의 말로, 그의 문집인《능천집(陵川集)》권20〈서서(敍書)〉에 "마음이 바르면 기운이 안정되고, 기운이 안정되면 팔이 생기가 있고, 팔이 생기가 있으면 붓이 단정해지고, 붓이 단정해지면 먹이 주입되고, 먹이 주입되면 정신이 집중되고, 정신이 집중되면 형태가 나타나니, 뜻을 두지 않되 모두 뜻이 있고, 법대로 하지 않되 모두 법에 합치된다.〔心正則氣定, 氣定則腕活, 腕活則筆端, 筆端則墨注, 墨注則神凝, 神凝則像滋, 無意而皆意, 不法而皆法.〕"라는 말이 보인다.

70 인욕이……유행하고 :《논어집주(論語集註)》〈안연(顔淵)〉에 "날마다 사욕을 이겨서 어렵게 여기지 않는다면 사욕이 깨끗이 다하고 천리가 유행하여 인을 이루 다 쓸 수가 없을 것이다.〔日日克之, 不以爲難, 則私欲淨盡, 天理流行, 而仁不可勝用矣.〕"라고 하였다.

71 청명함이……같다 : 이 말은《예기(禮記)》〈공자한거(孔子閒居)〉에 보인다.

72 구름이……크며 : 이 말은《주역(周易)》의 건괘(乾卦)과 곤괘(坤卦)에서 각각 인용한 것이다.《주역》〈건괘 단사(彖辭)〉에 "구름이 행하고 비가 내리자 만물이 각각 형태를 갖추고 움직이기 시작한다.〔雲行雨施, 品物流形.〕"라고 하였고,〈곤괘 단사〉에, "땅의 포용력이 넓고 빛남이 커서 모든 사물이 다 형통하느니라.〔含弘光大, 品物咸亨.〕"라고 하였다.

73 강건하고……새로워진다 :《주역(周易)》〈대축괘(大畜卦) 단사(彖辭)〉에 "강건하고 독실하고 빛나서 날로 그 덕을 새롭게 한다.〔剛健篤實輝光, 日新其德.〕" 라고 한

大 剛健篤實 輝光日新〕"라는 서른 두 글자를 써서 외손자 형제에게 주었으니, 이들이 바로 두 민공(閔公)인 지재(趾齋)[74]와 단암(丹巖)[75]이다. 학문의 참된 도리와 성인(聖人)과 신인(神人)의 공업과 교화가 모두 여기에 갖추어져 있으니, 중한 전수를 물려줌이 이와 같았다. 주 부자(朱夫子)가 외손자에게 사자 그림을 준 것[76]과 왕개보(王介甫)가 외손자를 봉황의 새끼라고 일컬은 것[77]은 그 뜻이 진실로 정성스럽고 돈독하였지만, 이처럼 참되고 간절한 경우는 있지 않았다. 동춘 선생의 성대한 덕과 큰 사업은 진실로 이 가르침을 근본으로 하였던 것이고,

말에서 인용한 것이다.

74 지재(趾齋) : 민진후(閔鎭厚, 1659~1720)로, 자는 정순(靜純), 호는 지재, 시호는 충문(忠文), 본관은 여흥(驪興)이다. 여양부원군(驪陽府院君)을 지낸 민유중(閔維重)의 아들로 민진원(閔鎭遠)의 형이며, 송준길(宋浚吉)의 외손자이다. 송시열(宋時烈)의 문인이며, 사간원 정언(司諫院正言), 홍문관 부교리(弘文館副校理) 등을 역임했다.

75 단암(丹巖) : 민진원(閔鎭遠, 1664~1736)으로, 자는 성유(聖猷), 호는 단암 혹은 세심(洗心), 시호는 문충(文忠), 본관은 여흥이다. 여양부원군(驪陽府院君)을 지낸 민유중(閔維重)의 아들로 민진후(閔鎭厚)의 아우이며, 송준길(宋浚吉)의 외손자이다. 벼슬하여 이조 판서와 좌의정 등을 지냈다.

76 주 부자(朱夫子)가……것 : 주 부자는 송(宋) 나라 유학자 주희(朱熹)로, 그는 사위 황간(黃幹)에게 편지를 보내면서 평소 사자를 좋아하던 외손 황로(黃輅)에게 육탐미(陸探微)가 그린 사자 그림을 주어서 손자가 사자의 기상을 닮기를 바랐다.《朱子大全 續集 卷1 答黃直卿》

77 왕개보(王介甫)가……것 : 왕개보는 송(宋) 나라 학자 왕안석(王安石)으로, 그의 시 〈증외손(贈外孫)〉에 "남산에 새로 자라는 봉황의 새끼가, 미목이 분명하여 그림도 따라오지 못하네. 어려서 마음대로 배와 밤을 좋아하나, 장성하면 모름지기 다섯 수레의 책을 읽을 것이라네.〔南山新長鳳凰雛, 眉目分明畫不如. 年小從他愛梨栗, 長成須讀五車書.〕"라고 하였다.《臨川文集 卷29 贈外孫》

지재와 단암 두 현자의 명의(名義)와 풍절(風節), 경륜(經綸)과 사공(事功)이 환하게 나라의 광채가 된 것은 바로 동춘 선생의 뜻과 사업을 계술(繼述)하여 능히 아름답고 은혜로운 지극한 뜻에 부합하였기 때문이니, 아아, 아름답도다!

이 필첩은 민씨(閔氏)가 대대로 전하는 보배로, 지재의 후손인 민영목(閔泳穆) 원경(遠卿)이 불초한 나에게 보여주고서 글을 적어주기를 부탁하였으니, 여러 번 공경히 받들어 완상함에 높은 산과 큰 길과 같은 덕행[78]을 사모하는 마음을 더욱 가눌 수가 없다. 인하여 원경에게 말하기를, "천인(天人)과 성명(性命)의 심오한 이치는 지극히 광대하고 지극히 넓으며, 신심(身心)에 대한 덕업(德業)을 진전시키고 수양함은 지극히 순수하고 지극히 정미하여 연구할수록 더욱 깊어지고 확충할수록 더욱 커진다. 그런데 선생께서 쓰신 내용은 체용(體用)이 겸비되고 의리(義理)가 조리를 이루어 여러 성인(聖人)들이 심법(心法)을 전한 참된 비결이 되니, 진실로 능히 이를 가슴에 새겨 일생을 마친다면, 신묘한 도리와 정미한 의리가 하늘을 짝하여 무궁할 것이니, 어찌 다만 덕성(德性)과 상관된 것만을 취함이 있을 뿐이겠는가? 이는 이른바 '단지 심화(心畫)를 구할 뿐 아니라 반드시 심법(心法)을 구하여야 한다.'[79]라는 것이니, 원경은 공경히 생각할지어다."라고 하는 바이다.

78 높은……덕행 : 《시경》 〈소아(小雅) 차할(車舝)〉에 "저 높은 산봉우리 우러러보며, 큰길을 향해 나아가노라.〔高山仰止, 景行行止.〕"라고 한 데서 온 말이다.

79 단지……한다 : 우암(尤庵) 송시열(宋時烈)이 《송자대전(宋子大全)》 권149 〈홍사식이 소장한 선현의 유묵에 대한 발문〔洪士式所藏先賢遺墨跋〕〉에서 "훗날 기예를 익히는 선비들이 이 글씨를 보고 단지 심화만을 구할 것이 아니라 반드시 심법을 구하여야만 할 것이다.〔後之游藝之士, 於此不徒求其心畫, 而必求其心法斯可矣.〕"라고 하였

다. 심화(心畵)는 곧 글씨를 뜻하는데, 이는 한(漢)나라 양웅(揚雄)이 지은 《법언(法言)》 권5 〈문신(問神)〉의 "말은 마음의 소리이고, 글씨는 마음의 그림이다. 소리와 그림으로 나타난 것만 보아도, 그 사람이 군자인지 소인인지 알 수 있다.〔言, 心聲也; 書, 心畫也. 聲畫形, 君子小人見矣.〕"라는 말에서 유래한 것이다.

근재 선생[80]의 〈초설〉 뒤에 쓰다 기유년(1849, 헌종15)

書近齋先生草說後 己酉

남령초(南靈草 담배)를 선원(仙源)은 배척하였고, 계곡(谿谷)은 변호하였다.[81] 그러나 나는 선원을 따르고자 하니, 마침내 〈초설(草說)〉을 지어서 이를 피워서는 안 됨을 밝힌다. ○ 기이하구나, 남령초라는 물건이여. 벼나 기장도 아니고 회나 고기도 아니어서 역아(易牙)[82]가 말하지 않은 바인데도 많은 사람들의 입이 함께 좋아하는

80 근재 선생(近齋先生) : 박윤원(朴胤源, 1734~1799)으로, 자는 영숙(永叔), 호는 근재, 본관은 반남(潘南)이다. 1792년 학행으로 천거되어 선공감역에 임명되었으나 사퇴하였으며, 1798년 원자를 위하여 강학청이 설치되자 서연관에 임명되었으나 역시 거절하여, 평생 벼슬하지 않고 학문 연구에 전념하였다. 대사헌에 추증되었으며, 저서에 《근재집》과 《근재예설(近齋禮說)》이 있다.

81 선원(仙源)은……변호하였다 : 선원은 김상용(金尙容, 1561~1637)으로 선원은 그의 호이고, 계곡은 장유(張維, 1587~1638)로 장유는 그의 호이다. 광해군(光海君) 임술년(1622) 무렵에 처음으로 동쪽 나라로부터 담배가 들어오자, 장유가 이것을 제일 먼저 좋아하여 '연다(煙茶)'라고 이르면서 계속하여 복용하였다. 그러자 그의 장인인 김상용이 이를 꾸짖으며 "나쁜 물건이니, 애당초 입에 댈 것이 아니다." 하고서, 경연(經筵)에서 "장유는 나라에서 등용할 만한 신하인데, 지금 요사스러운 풀에 미혹되어 장차 병이 생기게 될 것이니, 청컨대 성상께서 금하여 주소서." 하였으나, 얼마 지나지 않아 나라 안에 두루 퍼져 복용하지 않는 사람이 없게 되었다고 한다. 《增補文獻備考 卷11 象緯考11》

82 역아(易牙) : 역아는 옛날에 음식의 맛을 잘 알았던 사람으로, 《맹자》 〈고자 상(告子上)〉에서 맹자가 "맛에 대해서는 천하 사람이 모두 역아를 기준으로 삼았다.〔至於味, 天下期於易牙.〕"라고 하였다.

것은 어째서인가? 이는 부정한 맛이다. 예(禮)에 "부정한 맛은 먹지 않는다."라고 하였으니,[83] 이를 두고 말한 것일 것이다. ◯ 가난한 이가 돈을 얻으면 반드시 먼저 남령초를 사면서 "밥을 거를지언정, 남령초를 폐할 수는 없다."라고 한다. ◯ 사람들이 모두 "술을 끊는 것은 쉽지만 남령초를 끊는 것은 어렵다."라고 하니, 남령초가 사람을 미혹시킴이 심하도다. ◯ 청렴한 사람은 물건을 사양하거나 받음에 절도가 있지만, 남령초에 이르러서는 많더라도 반드시 받으니, 이는 미혹된 것이다. ◯ 남령초는 성질이 본래 따뜻한데 여기에 불을 더하니, 사람을 조급하고 답답하며 사납고 성급하여서 화가 잘 나도록 만든다. ◯ 담(痰)을 치료한다고 하지만 열이 도리어 담을 조장하고, 체기를 가라앉힌다고 하지만 독이 실제로는 기운을 소모한다. 담을 치료하고 체기를 가라앉힘에 어찌 다른 약이 없어서 반드시 이것을 사용해야 하겠는가? ◯ 길에서 담뱃대를 물고 있으면 기상이 좋지 못하고, 변소에서 담배 연기를 들이키면 먹고 마시는 데에 있어서 적합한 장소가 아닌 것이다. ◯ 담뱃갑과 함, 부시와 재떨이가 뒤섞여 앞에 있으니, 어찌 그리도 간략하지 못한가. 담뱃진이 옷에 물들면 빨아도 제거하기가 어렵고, 담뱃불이 서책에 떨어지면 털어내도 자국을 없앨 수가 없으니, 그 해로움이 대체로 이와 같다. ◯ 재계할 때에는 훈채(葷菜)를 먹지 않는 것이 예(禮)인데[84] 제사에

83 예(禮)에……하였으니 : 《소학(小學)》 〈입교(入敎)〉에 "옛날에 부인이 아이를 임신하면……부정한 음식을 먹지 않았고, 고기가 바르게 잘리지 않으면 먹지 않았으며, 자리가 바르지 않으면 앉지 않았다. 〔古者婦人妊子,……不食邪味, 割不正不食, 席不正不坐.〕"라고 하였다.

84 재계할……예(禮)인데 : 훈채(葷菜)는 매운 맛이 나는 나물로 파, 마늘, 부추, 여

임하여서도 흡연을 하니, 이 풀을 과연 삼일도 멈출 수 없단 말인가. ◯ 손수 제사에 올릴 음식을 잡고서 입으로는 연죽(煙竹)을 비껴 물고 있으니, 인가(人家)의 여종들 가운데 어리석고 완악한 이들이 왕왕 이렇게 하는바, 이를 들음에 한심하다. ◯ 사람들이 연회에서 음식을 올리기를 마치면 반드시 연다(煙茶 담배)를 찾는데, 담뱃대는 적고 사람은 많아 그 선후를 다투니, 이는 예(禮)로 겸양하는 도리가 아니다. ◯ 존장의 앞에서는 담뱃대를 물면 안 된다. 젊은이들이 어른을 뵙기를 싫어하는 것이 대부분 이 때문이니, 이는 도리가 아니다. ◯ 남령초를 절대 피워서는 안 되는 이유가 있다. 무릇 식사하는 방도는 많아도 하루에 네다섯 번의 식사에 지나지 않는데, 남령초의 경우에는 하루에도 수십 차례 흡연하니, 어찌 입의 욕망이 하루에 수십 차례 발동하는 경우가 있단 말인가.

위의 〈초설(草說)〉은 선사(先師)이신 근재(近齋) 선생께서 저술하신 것이다. 선생께서 젊으셨을 때에 연다(煙茶)를 피우셨는데, 어버이께서 계신 관아에 가서 뵈었을 때에 동각(東閣)에 기생 중 선생의 연죽을 훔쳐 피운 사람이 있자 선생께서 이를 꺾어버리고 마침내 다시는 피우지 않으셨다. 내가 예전에 그 일에 대해 묻자, 선생께서 웃으면서 말씀하시기를 "우연히 연죽을 잃어버린 일로 인해서 흡연을 끊게 되었다."

뀌, 겨자를 말한다. 《소학집주》〈명륜(明倫)〉에서 《예기》〈제의(祭義)〉의 "안에서 치제(致齊)하고, 밖에서 산제(散齊)한다.〔致齊於內, 散齊於外.〕"라는 구절을 인용하였는데, 이에 대한 주(註)에 "밖에서 산재한다는 것은 술을 마시지 않고 훈채를 먹지 않는 따위와 같은 것이다.〔散齊於外, 若不飮酒不茹葷之類.〕"라고 하였다.

라고 하시고는 그 후에 〈초설〉을 지어서 담배를 피워서는 안 됨을 거듭 말씀하시기를 이와 같이 하셨다.

이른바 남령초라는 것은 《이아(爾雅)》[85]에는 보이지 않으며 《본초(本草)》[86]에도 실려 있지 않다. 명나라 말엽에 남이(南夷)로부터 처음 나왔기 때문에 '남초(南草)'라고 한 것이니, '남령(南靈)'이라는 명칭은 후세 사람들이 칭한 것이다. 그러니 어찌 영험한 것이 될 수 있겠는가. 지금 천하에 두루 퍼져있는데, 우리나라에 있어서는 기름지고 비옥한 토양은 모두 남령초를 키우는 밭으로 귀결되고, 금은(金銀)과 동철(銅鐵)은 모두 연통(煙筒)이 되고, 견고하고 굳센 화살대는 모두 연죽이 되었다. 남령초를 썰기를 실이나 터럭처럼 가늘게 하고서 향 가루를 쏘이고 벌꿀로 쪄내어 부정한 맛을 조장하여 못하는 짓이 없다. 연구(煙具)로 말하면 거의 이루 다 기억할 수가 없을 정도인데, 교묘함을 다투고 기이함을 숭상하여 날로 달로 새롭고 번성해져서 사람들의 마음과 눈을 현혹해 빼앗는다. 그러니 이는 다만 완물상지(玩物喪志)[87]일 뿐만이 아닌 것이다.

우리나라 해동 한 구역은 땅이 좁고 협소해서 백성들의 생활이 곤궁

85 이아(爾雅) : 13경(經) 가운데 하나로, 중국 고대 경전에 나오는 물명과 천문・지리・음악・초목 등의 낱말을 해석한 책이다.

86 본초(本草) : 약성(藥性)을 설명한 책으로, 동물・생물・식물 등의 성질과 용도 같은 것을 기록한 것이다.

87 완물상지(玩物喪志) : 쓸데없는 물건을 가지고 노는 데에 정신이 팔려 자기의 본심을 잃어버리는 것을 말한다. 《서경》〈주서(周書) 여오(旅獒)〉에 "사람을 희롱하면서 놀다 보면 자기의 덕을 상실하고, 물건을 희롱하면서 가지고 놀다 보면 본래의 뜻을 잃게 된다.〔玩人喪德, 玩物喪志.〕"라고 하였다.

하여, 이용후생에 급급하더라도 오히려 자급자족하지 못함을 근심하는데, 온 세상이 남령초를 좋아하기를 일삼는 것이 콩이나 조와 같은 곡식에 대해서보다 심하니, 무익한 일을 하여 유익한 일을 해치는 것[88]이 어찌 이보다 더한 것이 있겠는가. 술의 유폐가 진실로 화(禍)를 만들지만[89] 이것이 없으면 신을 강림하게 할 수 없으니, 이로써 오제(五齊)를 분별하고[90] 백례(百禮)를 갖추는[91] 것이다. 또 흉년을 만나면 빈민을 굶주림에서 구할 수 있다. 그러므로 "술은 하늘의 젖이다. 왕은 주기성(酒旗星)을 본받아서 정사를 베풀며, 하늘의 젖을 베풀어 사람들을 먹인다."[92]라고 한 것이다. 이는 끊을 수 있는 것이 아니되 지나치면 제재하여 금하는 것이니, 이 또한 때에 따라 마땅한 법을 제정하는 것에 해당된다.

이른바 남초(南草)라는 것은 사람에게 있어서 온갖 폐해만 있고 유

88 무익한……것 : 《서경(書經)》 〈주서(周書) 여오(旅獒)〉에 "무익한 일을 하여 유익한 일을 해치지 않으면 공이 이에 이루어진다.〔不作無益害有益, 功乃成.〕"라고 하였다.

89 술의……만들지만 : 《예기(禮記)》 〈악기(樂記)〉에 "돼지를 길러 잡아서 안주를 만들고 술을 빚는 것은 화를 만들려고 한 것은 아니지만, 옥사와 송사가 더욱 많아짐은 술의 유폐가 화를 만든 것이다.〔夫豢豕爲酒, 非以爲禍也, 而獄訟益繁, 則酒之流生禍也.〕"라고 하였다.

90 오제(五齊)를 분별하고 : 오제는 제사에 쓰이는 술의 다섯 가지 종류로, 청탁(淸濁)에 따라 나누어 범제(泛齊)·예제(醴齊)·앙제(盎齊)·제제(緹齊)·침제(沈齊)로 구분하였다. 《周禮 天官 酒正》

91 백례(百禮)를 갖추는 : 《시경(詩經)》 〈주송(周頌) 풍년(豐年)〉에 "술을 만들고 단 술을 만들어 조비(祖妣)에게 나아가 올려서 백례(百禮)를 모두 구비한다.〔爲酒爲醴, 烝畀祖妣, 以洽百禮.〕"라고 하였다.

92 술은……먹인다 : 이 말은 《춘추위(春秋緯)》에 보인다.

익함은 하나도 없어서, 추위에 옷을 얻지 못하고 굶주렸을 때에 음식을 얻지 못하며, 신명을 교접할 수 없고 또 합환(合歡)하는 바도 없으니, 진실로 요망한 풀이다. 남초의 밭에다가 오곡을 심는다면 곡식을 이루 다 먹을 수 없을 것이고, 연구(煙具)를 없애면 금은과 동철 및 화살대 등속을 이루 다 쓸 수 없을 것이니, 《주역(周易)》에 이른바 "사람을 모아 재물을 다스리고 백성들이 비행을 하는 것을 금한다."라는 것[93]이 어찌 여기에 있지 않겠는가.

이 남초가 우리나라에 들어온 것이 거의 삼백년이 되었는데, 남녀노소 가운데 연죽을 비껴 물지 않은 이가 없어서 존비귀천 간에 예(禮)로 겸양함이 없는 지경에 이르렀으니, 그 해로움이 생민(生民)에게 흘러가고 그 화(禍)가 후세에 미치는 것이 갈수록 혹독해지고 있다. 만일 백성을 여유롭게 하고 음식을 풍족하게 하고자 한다면 남초를 금하는 것보다 먼저 해야 할 일이 없는데도 적막하게 들리는 바가 없다. 요얼(妖孼)이 생겨남에 사람과 물건이 다를 바가 없으니, 모두 기수(氣數)에 관계되어 그러한 것인가!

선생의 문집 원고가 간행되려 할 때에 이 〈초설〉을 산삭하지 말아서 말세를 불러 일깨우기를 권하였지만, 끝내 실리지 않아서 우리 선생께서 세속을 깨우치려던 고충이 인몰되어 전해지지 못하게 되었으니, 애석하도다. 옛날에 도암(陶菴) 이 선생(李先生 이재(李縡))이 문하의

93 주역(周易)에……것 : 이 말은 《주역》 〈계사전 하(繫辭傳下)〉에 보이는바, "천지의 큰 덕을 생(生)이라 하고, 성인(聖人)의 큰 보배를 위(位)라 하니, 무엇으로써 지위를 지키는가? 사람이다. 무엇으로써 사람을 모으는가? 재물이다. 재물을 다스리고 말을 바르게 하며 백성들의 비행을 금함을 의(義)라 한다.〔天地之大德曰生, 聖人之大寶曰位. 何以守位? 曰仁. 何以聚人? 曰財. 理財正辭, 禁民爲非曰義.〕"라고 하였다.

선비들에게 담배를 금하자, 선비들이 모두 놀라고 두려워하여 십리 밖에서 연구(煙具)를 거두었으니, 이는 전술할만한 것이다. 종유하는 제군들이 〈초설〉을 보기를 바라기에, 삼가 아래쪽에 이와 같이 써서 이어받아 실천하기를 도우려하는 것이다.

《소화외사》[94]에 대한 발문 기유년(1849, 헌종15)

小華外史跋 己酉

아아! 견융(犬戎)이 중화를 어지럽히는 일은 당우(唐虞) 시대에는 없었던 것이다.[95] 단지 공(功)에 나아가지 않은 완악한 묘(苗)[96]와 징계해야할 형(荊)과 서(舒)[97]가 혹 동남쪽 변방에 끼어있는 데에 불과할

94 소화외사(小華外史) : 오경원(吳慶元, 1764~?)이 1392년(태조1)부터 1824년(순조24)까지 우리나라와 중국 간의 외교 관계를 기록한 편년체 역사서이다. 범례에서 우리나라를 중국에 견주어 소중화(小中華)라고 표현하였으며, 존주양이(尊周攘夷)의 태도를 확고히 하였다. 1830년(순조30)에 본편 8권의 초고를 완성하였고, 아들 오현상(吳顯相)이 이것을 교열하고 별편(別編) 2권, 속편(續編) 2권을 보충해 12권 6책으로 간행하였으며, 1868년(고종5)에 손자 오취선(吳取善)이 경상도 관찰사로 있으면서 재간하였다. 본집에는 사신명단이나 특사파견 등 대명(對明) 외교와 선조와 인조 연간의 왜란 및 호란과 관련된 기사가 수록되어 있으며, 속편에는 왜란 당시 원정 온 지휘관의 명단인《왕인성명기(王人姓名記)》및《황조유민록(皇朝遺民錄)》에서 발췌한 글 등이 수록되어 있다. 별편은《대보단지(大報壇志)》이다.

95 견융(犬戎)이……것이다 : 견융은 고대 중국 서쪽 이민족의 명칭이며, 당우(唐虞) 시대란 요(堯)임금과 순(舜)임금이 다스리던 태평성대를 가리킨다.

96 공(功)에……묘(苗) : 묘는 삼묘(三苗) 혹은 유묘(有苗)라고도 하는데, 강남(江南) 의 형주(荊州)와 양주(揚州) 사이에 있으면서 난을 일으켜 순(舜)임금이 삼위(三危)로 몰아내었다.《서경(書經)》〈우서(虞書) 익직(益稷)〉에 우(禹)가 순임금에게 "묘(苗)는 완악하여 공(功)에 나아가지 않사오니, 황제께서는 이를 생각하소서.〔苗頑, 弗卽工, 帝其念哉!〕"라고 한 내용이 보인다.

97 징계해야할 형(荊)과 서(舒) : 춘추시대 남방의 두 나라로, 형은 초(楚)나라의 별칭이며 서는 형의 동맹국이었다. 희공(僖公)이 제 환공(齊桓公)을 따라 초나라를 정벌하였는데,《시경(詩經)》〈노송(魯頌) 비궁(閟宮)〉에 "모든 무리가 많고 많도다.

뿐이었으니, 진실로 감히 침범하고 날뛰기를 후세의 오호(五胡)·요(遼)·금(金)·원(元)과 같이 하지는 못하였다. 그러나 성인(聖人)께서는 형체가 드러나기 전에 깊이 우려하고 멀리 염려하시어, 이에 관직을 명하고 직책을 나누어줄 때에 개연히 만이(蠻夷)가 중하(中夏)를 어지럽히는 것을 가지고 백성들이 굶주리는 것과 참소하는 말이 선행을 해치는 것과 함께 나열하셨다.[98] 이는 중하를 높이고 이적을 물리치는 엄정함은 바로 천지의 큰 법도이므로 구차하게 해서는 안 되는 것이기 때문이었다. 그러므로 공자의 《춘추(春秋)》와 주자(朱子)의 《자치통감강목(資治通鑑綱目)》이 모두 이 의리를 계승하여 간절하게 그 뜻을 여러 번 지극히 하였던 것이다.

혹자는 말하기를, "우리나라가 의리상 황명(皇明)을 잊어서는 안 되는 까닭은, 우리 동국(東國)을 구원해준 은혜[99]를 감격스럽게 여기기

융적을 막으며 형서(荊舒)를 징계하니 우리를 감히 막을 이가 없도다.〔烝徒增增, 戎狄是膺, 荊舒是懲, 則莫我敢承.〕"라고 한 내용이 보인다.

98 그러나……나열하셨다 : 순(舜)임금이 오랑캐가 중화를 어지럽히는 것을 백성들이 굶주리고 참소하는 말이 선행을 해치는 일과 마찬가지로 중요한 문제로 여겼다는 뜻이다. 《서경(書經)》 〈우서(虞書) 순전(舜典)〉에, 순임금이 구관(九官)을 명하면서 고요(皐陶)에게는 "만이가 중하(中夏)를 어지럽히며 약탈하고 죽이며 밖을 어지럽히고 안을 어지럽히므로 너를 사로 삼는다.〔蠻夷猾夏, 寇賊姦宄, 汝作士.〕"라고 하였고, 기(棄)에게는 "여민들이 곤궁하고 굶주리는데 네가 후직이니, 이 백곡을 파종하도록 하여라.〔黎民阻飢, 汝后稷, 播時百穀.〕"라고 하였으며, 용(龍)에게는 "짐은 참소하는 말이 선행을 해쳐서 짐의 무리들을 진동하고 놀라게 함을 미워하여, 너를 명하여 납언(納言)을 삼는다.〔朕堲讒說殄行, 震驚朕師, 命汝作納言.〕"라고 하였다.

99 우리……은혜 : 임진왜란(壬辰倭亂) 때에 명나라에서 조선에 원군(援軍)을 보내 구원해 준 은혜를 가리킨다.

때문이다."라고 한다. 아아! 설령 당시에 우리나라를 구원해준 은혜가 없다고 할지라도, 우리나라의 군자들이 올바른 의리를 쓸데없는 것으로 여겨서 강구하지 않아서야 되겠는가. 비유컨대 부자간에 아끼고 돌봄은 진실로 돈독한 천륜에서 나온 것이니, 혹 미처 어루만지지 못하고 돌볼 겨를이 없었다고 하더라도 자식이 된 자가 오히려 이를 비교하고 따질 수 있겠는가. 부모가 베풀어 준 것이 많은가 적은가를 비교하여 보답의 경중으로 삼는다면 천성과 천륜의 당연한 이치에 있어서 어떠하겠는가.

주 부자(朱夫子 주희(朱熹))께서는 남쪽으로 천도한 이후[100] 역적을 토벌해 회복해야 한다는 의리를 강력히 말씀하였으니, 비록 능묘(陵墓)의 원수나 휘종(徽宗)과 흠종(欽宗)이 받은 치욕이 없었더라도 한 결같은 고심이 오히려 반드시 관과 신발이 도치된 것을 가지고 천지의 큰 변고로 여겨서, 난을 다스려 정도(正道)를 돌이켜서 《춘추》의 존왕양이(尊王攘夷)의 전통을 이을 것을 생각하였을 것이다. 현인들이 차츰 인몰되어 세교(世敎)가 날로 쇠미해짐에 사대부들이 화이(華夷)의 구분에 어둡고 이해의 사사로움에 마음을 빼앗겨서, 오랑캐의 비린내에 차차 젖어들고 보고 들은 바에 익숙해져 당연히 그렇다고 여기니, 능히 인륜의 큰 예법을 보존하여서 '애통함을 참고 원통함을 머금어서 절박하여 부득이하다'[101]는 뜻을 아는 이가 드물다. 그러니 장차 날로

100 남쪽으로 천도한 이후 : 송(宋)나라의 휘종(徽宗)과 흠종(欽宗)이 금(金)나라 군대에 포로로 잡혀가고 북송(北宋)이 망하게 되자, 흠종의 아우인 고종(高宗)이 정강(靖康) 2년(1127)에 양자강(揚子江)을 건너 남쪽 임안(臨安)으로 천도하였다.

101 애통함을……부득이하다 : 주희(朱熹)의 〈여진시랑서(與陳侍郞書)〉에 나오는 말로, 송(宋)나라가 금(金)나라의 침략을 받아 양자강 이남으로 쫓겨 가게 된 것을

멀어지고 달로 잊어서, 서로 빠져들어 이적이나 금수가 되더라도 구원하는 이가 없게 될 것이다.

수양일민(首陽逸民) 오공 경원(吳公慶元)[102]씨가 홍무(洪武) 연간의 임신년[103] 이래로 대국이 소국을 품어주고 소국이 대국을 섬기는 것에 관련된 문헌을 수집하여 편년체로 만들고 달〔月〕을 붙여서 크고 작은 것들을 빠뜨리지 않고는, 이어서 천계(天啓)와 숭정(崇禎) 연간[104] 이후 조야(朝野)의 사승(史乘)으로서 존왕양이의 큰 법도와 관련이 있는 것들에 미쳤는데, 공의 맏아들 채미산인(採薇山人) 현상(顯相)씨가 원편(原編)을 다시 교정하고 《왕인성명록(王人姓名錄)》·《황조유민록(皇朝遺民錄)》·《순절사난록(殉節死難錄)》을 덧붙여서 통칭하여 《소

통탄하여 오랑캐에게 복수해야 한다는 뜻으로 이와 같이 말한 것이다.《晦庵集 卷24 與陳侍郞書》 이 말은 송시열이 사사(賜死)의 명을 받고 문인 권상하(權尙夏)에게 후사(後事)를 부탁할 때에 "우리나라는 강토가 작고 힘이 약하여 비록 북벌(北伐)과 같은 큰일을 도모하지는 못할지라도, 항상 '통분을 참고 원한을 품고서 절박하여 어쩔 수 없어서 한다.〔忍痛含冤迫不得已〕'는 여덟 자를 가슴속에 두고, 뜻을 같이하는 선비들끼리 이를 전수(傳守)하여 잃지 않는 것이 옳다."라고 한 이래로 많이 인용되었다.《寒水齋集 卷21 楚山語錄》

102 수양일민(首陽逸民) 오공 경원(吳公慶元) : 1764~? 자는 선여(善餘), 호는 수양일민, 본관은 해주(海州)이다. 1783년(정조7) 진사시에 합격하여 영희전 참봉(永禧殿參奉)이 되었으며, 연일 현감(延日縣監)·해주 판관(海州判官) 등을 거쳐 금산 군수가 되었으나 불치죄(不治罪)로 1829년(순조29) 아산(牙山)에 유배되었다가 이듬해에 석방되었다.

103 홍무(洪武) 연간의 임신년 : 홍무는 명 태조(明太祖) 주원장(朱元璋)의 연호이며, 임신년은 1392년으로 조선이 개국한 해이다.

104 천계(天啓)와 숭정(崇禎) 연간 : 천계는 명(明)나라 희종(熹宗)의 연호(1621~1627)이며, 숭정은 명나라의 마지막 황제 의종(毅宗)의 연호(1628~1644)이다.

화야승(小華野乘)》이라고 명명하였다. 병자년과 정축년[105] 이후 척화(斥和)의 대의로서 천지에 세워지고 해와 별처럼 걸린 것이 이 가운데 들어있지 않은 것이 없으니, 진실로 수천 겁이 지나도 사라지지 않을 책인 것이다.

혹자는 "공의 선조이신 충렬공(忠烈公)[106]의 높은 충성과 큰 절개가 천하 만세에 기려질 것이니, 이 책을 지은 것은 오로지 이 의리를 천양하기 위해 마련된 것이다."라고 하니, 이는 또한 공을 어설프게 안 것으로서 이 책에 대한 정론이 되기에 부족하다. 그러나 이 의리를 충렬공이 옳게 보고서 진실로 실천하였기는 하지만, 선조를 빛내고 후세를 계도한 후손이 있지 않았다면 어찌 여기에 참여할 수 있었겠는가. 훌륭하도다! 오 문원공(吳文元公)의 말씀이여. 《대역(大易 주역)》의 박(剝)이 지극하면 복(復)으로 받는다는 것으로 천지의 떳떳한 법도로 삼으셨으니, 훗날 중하(中夏)가 확청(廓淸)되면 이 책이 비로소 나와 천하 사람들과 이를 함께하게 될 것이다.[107] 그렇다면 이 책은 오씨(吳

105 병자년과 정축년 : 청(淸)나라의 침입으로 병자호란(丙子胡亂)이 일어났던 해를 가리킨다. 병자년(1636, 인조14)에 일어나 이듬해인 정축년(1637, 인조15)에 끝났다.

106 충렬공(忠烈公) : 오달제(吳達濟, 1609~1637)로 자는 계휘(季輝), 호는 추담(秋潭), 본관은 해주로, 병자호란 때 삼학사(三學士) 중 한 사람이다. 1627년(인조5) 사마시에 합격하고 1634년(인조12)에 별시 문과에 장원으로 급제하였다. 전적(典籍)·수찬(修撰) 등을 거쳐 부교리(副校理)가 되었다. 병자호란이 일어나자 남한산성에 들어가서 청나라와의 화의를 끝까지 반대하였으며, 인조가 청군에 항복한 이후에 청나라에 끌려가 심양성(瀋陽城) 서문 밖에서 윤집(尹集)·홍익한(洪翼漢)과 함께 처형당하였다. 좌승지·영의정에 추증되었으며, 시호는 충렬이다. 저서로 《충렬공유고》가 있다.

107 훌륭하도다……것이다 : 오 문원공은 오희상(吳熙常, 1763~1833)으로, 문원은

氏) 한 집안의 책이 아니라 바로 온 세상에 빠뜨려서는 안 될 책인 것이다. 불초한 내가 공의 부탁을 소중히 여겨, 공경히 손을 씻고 이와 같이 뒤에 적는다.

그의 시호이다. 오희상이 지은 〈소화외사(小華外史) 서문〉에, "성인의 정은 역(易)에 드러나니, 박(剝)이 지극하면 반드시 복괘(復卦)로 받는 것은 밝은 천지간에 물건은 끝내 다할 수가 없으니 비록 순음의 달이라고 하더라도 사실 양이 없었던 적은 없기 때문이다. 성인이 후세를 걱정한 것이 매우 깊고 간절하다.……그러나 지금의 중국은 옛날의 중국이 아니니, 황조의 문헌을 징험할 수 있는 것이 우리 동국에 있지 않겠는가. 하물며 양은 다하는 때가 없고 이치는 반드시 돌아오는 조짐이 있음에랴. 이 책이 비록 헛된 말일 뿐이겠으나 족히 아직 죽지 않은 사람의 마음을 불러 일깨울 수 있으니, 훗날 진인(眞人)이 운수를 맞아 중하를 맑게 하여 동관(東觀)과 석거(石渠)에서 황조의 정사를 찬수한다면 적막하던 책을 비로소 천하와 함께하게 될 것이고, 붓을 잡은 이가 반드시 이에서 취함이 있을 것이다.〔聖人之情見乎易, 剝之極, 必受之以復者, 蓋明天地之間, 物不可終盡, 而雖純陰之月, 實未嘗無陽也. 其憂患後世, 至深切矣.……然今之中國, 非昔之中國, 則皇朝文獻之足徵, 顧不在於我東乎? 況陽無可盡之時、理有必反之幾? 是書雖垂之空言, 足以喚惺未死之人心, 而異日眞人膺運, 廓淸函夏, 東觀石渠纂修皇朝之正史, 則寂寥篇簡, 始可與天下共之, 載筆者必有取焉.〕"라고 하였다. 《老洲集 卷15 小華外史序》

《사암집》에 대한 발문 경술년(1850, 철종1)

思庵集跋 庚戌

위는 사암(思庵) 박 문충(朴文忠)[108] 선생의 유집(遺集)으로, 원편(原編)과 속편(續編) 6편이다. 아! 선생의 덕업과 사업은 백세토록 추앙받는 바가 되었지만, 문헌이 가화(家禍)에 모두 일실되고 말았다. 서필원(徐必遠) 공이 처음에 부윤(府尹)으로 전주에서 판각하였던 것이 백에 하나, 천에 열도 되지 못하였는데, 또 목판이 훼손되어 전해지지 못해서 사림들이 이를 개탄하고 한스럽게 여겼다. 눌재(訥齋)[109]의 후손인 박이휴(朴頤休)가 《눌재집》을 중간하고 나서 또다시 선생의 유문과 고사를 수집하여 원집(原集)과 함께 판각하려고 하여서, 이에 나에게 그 일에 대해 서술해줄 것을 부탁하였다.

아! 선비에게는 삼불후(三不朽)[110]가 있으니, 덕(德)과 공(功)과 말

108 사암(思庵) 박 문충(朴文忠) : 박순(朴淳, 1523~1589)으로, 자는 화숙(和叔), 호는 사암, 본관은 충주(忠州), 시호는 문충이다. 1553년(명종8) 정시 문과에 장원으로 급제하고 벼슬이 영의정에 이르렀다. 극심한 동서당쟁 속에서 이이(李珥)·성혼(成渾)을 두둔하다가 서인으로 지목되어 탄핵을 받고 영평(永平)의 백운산(白雲山)에 은거하였다. 저서로 《사암집》이 있다.

109 눌재(訥齋) : 박상(朴祥, 1474~1530)으로, 자는 창세(昌世), 호는 눌재, 본관은 충주(忠州), 시호는 문간(文簡)이다. 청백리(淸白吏)에 녹선(錄選)되었으며, 문장이 뛰어나 성현(成俔), 신광한(申光漢), 황정욱(黃廷彧) 등과 함께 사가(四家)로 불린다.

110 삼불후(三不朽) : 영원토록 썩지 않고 전해지는 세 가지로, 덕(德)을 이루고, 공(功)을 세우고, 훌륭한 말을 남기는 것을 말한다. 《춘추좌씨전(春秋左氏傳)》 양공(襄公) 24년에 "덕을 세우는 것이 최상이요, 공을 세우는 것이 그 다음이요, 말을 세우는

〔言〕을 병립하는 것이 어렵다. 그러므로 위로 올라가 옛사람을 논하는 사람은 반드시 도덕과 명절(名節), 문장과 사업을 겸하여서 치우지지 않아야 비로소 갖추었다고 말할 수 있는 것이다. 선생의 경우에는 젊은 나이에 도(道)를 구하여 육봉(六峯 박우(朴祐))과 눌재(訥齋)에게 전수받아 익히고 퇴계(退溪 이황(李滉))와 화담(花潭 서경덕(徐敬德))에게 나아가 질정하였으며, 또 율곡(栗谷 이이(李珥))과 우계(牛溪 성혼(成渾))를 따라 명리(名理)를 강론하였다. 비록 현자를 존경하고 어진 벗을 취하여 돈후한 덕을 도야해 성취했다고는 하나, 선생의 품부 받은 자질이 순수하여서 크게 받아들일 수 있는 것이 아니었다면 어떻게 이분이 이러한 덕을 취하기를 노(魯)나라의 군자와 같이 할 수 있었겠는가.[111] 다른 사람의 선(善)을 칭찬할 적에 반드시 그 부형(父兄)과 사우(師友)에게 근본을 두어 말하는 것은 후덕함이 지극한 것이다.[112]

것이 그 다음인데, 이 세 가지는 세월이 아무리 흘러도 없어지지 않으니, 이를 일러 썩지 않는다고 한다.〔太上有立德, 其次有立功, 其次有立言, 雖久不廢, 此之謂不朽.〕"라고 하였다.

111 이러한……있었겠는가 : 《논어》〈공야장(公冶長)〉에 공자가 제자 자천(子賤)을 두고 말하기를, "군자답도다 이 사람이여! 노나라에 군자가 없었다면 이 사람이 어디에서 이러한 덕을 취했겠는가?〔君子哉若人 ! 魯無君子者, 斯焉取斯 ? 〕"라고 한 데서 온 말이다. 사암(思庵) 박순(朴淳)이 훌륭한 자질을 가지고 힘써 현자들을 본받아 군자다운 사람이 되었다는 뜻이다.

112 다른 사람의……것이다 : 《논어집주》〈공야장(公冶長)〉에 "군자답다 이 사람이여! 노나라에 군자가 없었다면 이 사람이 어디에서 이러한 덕을 취하였겠는가?〔君子哉若人! 魯無君子者, 斯焉取斯?〕"라고 한 데에 대한 소씨(蘇氏)의 주(註)에 "다른 사람의 선을 칭찬할 적에 반드시 그 부형과 사우에 근본을 두어 말하는 것은 후덕함이 지극한 것이다.〔稱人之善, 必本其父兄師友, 厚之至也.〕"라고 하였다.

석실(石室)이 원고에 서문을 쓰고[113] 화양(華陽)이 묘비명을 지어서[114] 덕을 드러내고 이끌어 중하게 하여 다시 미진한 점이 없으니, 내가 어찌 감히 한 마디 말인들 칭찬하는 말을 덧붙일 수 있겠는가. 선생께서는 지극한 행실을 품부 받아서 거상에 예(禮)를 다하기를 고시(高柴)와 안정(顔丁)[115]과 같이 하였고, 권세를 부리는 흉악한 이들을 물리쳐 내쫓아서 조정을 깨끗하게 하기를 서화정(徐華亭)[116]처럼 하였으며, 선한 무리를 이끌어 진출시켜 왕실을 함께 돕기를 사마속수

113 석실(石室)이……쓰고 : 석실은 석실산인(石室山人)의 준말로, 청음(淸陰) 김상헌(金尙憲)의 별호이다. 김상헌이 지은 《사암집(思菴集)》에 대한 서문이 《사암집》 권1 〈사암선생문집서(思菴先生文集序)〉와 김상헌의 문집인 《청음집》 권18 〈사암집서(思菴集序)〉에 보인다.

114 화양(華陽)이 묘비명을 지어서 : 화양은 송시열(宋時烈)을 가리킨다. 송시열이 말년에 청주(淸州)의 화양동에 은거했기 때문에 이렇게 말한 것이다. 송시열이 지은 박순(朴淳)의 신도비명이 《사암집(思菴集)》 권5 〈신도비명(神道碑銘)〉 및 송시열의 문집인 《송자대전(宋子大全)》 권155 〈사암박공신도비명(思菴朴公神道碑銘)〉에 보인다.

115 고시(高柴)와 안정(顔丁) : 둘 다 거상(居喪)을 잘 한 것으로 알려진 인물이다. 고시는 공자(孔子)의 제자로, 어버이의 상을 당해 3년 동안 피눈물을 흘리며 한 번도 이를 드러내어 웃은 적이 없었으며, 안정 또한 춘추시대 노(魯)나라의 효자로 거상을 잘 하였다는 내용이 각각 《예기(禮記)》 〈단궁 상(檀弓上)〉과 〈단궁 하(檀弓下)〉에 보인다.

116 서화정(徐華亭) : 명(明)나라의 재상이었던 서계(徐階, 1503～1583)로, 자는 자승(子升), 호는 존재(存齋) 또는 소호(少湖), 송강부(松江府) 화정 사람이다. 당시 조정에서 엄숭(嚴嵩)이 권세를 얻어 이익을 얻고 악행을 일삼았는데, 서계가 가정제(嘉靖帝) 말년에 엄숭의 아들 엄세번(嚴世蕃)을 탄핵하여 엄숭이 치사(致仕)하게 만들고, 뒤를 이어 수보(首輔)가 되어서 폐정(弊政)을 없애고 언사 때문에 죄를 지었던 신하들을 복직시켰다.

(司馬涑水)[117]와 같이 하였고, 뜻이 훌륭한 군주와 백성을 만드는 데에 있어서 군주에게 어려운 일을 시행하도록 권하고 선한 말을 개진하기를 육경여(陸敬輿)[118]처럼 하였고, 속세를 사직하고 영영 떠나서 깊은 산속에서 생을 마치기를 범경인(范景仁)[119]과 같이 하였다. 문장은 선생에게 있어서 찌꺼기와 같을 뿐이었지만 또한 경술(經術)에 근원을 두었으니, 문장의 꾸밈에만 힘쓰고 성음(聲音)을 과시하는 자들이 비할 바가 아니다. 쓸쓸한 시편들이 끊어졌던 뒤에 나왔으니, 불후하기를 도모하기에는 부족할 듯하다. 그러나 덕(德)과 공(功)이 모두 확립됨에 말〔言〕은 그 가운데에 있는 법이니, 어찌 세 가지를 갖추지 못하였다고 할 수 있겠는가.

아아, 덕을 이루고 재질을 통달하게 함[120]은 예로부터 어렵게 여겼

117 사마속수(司馬涑水) : 북송(北宋)나라의 재상이었던 사마광(司馬光, 1019~1086)으로, 자는 군실(君實), 호는 제물자(齊物子), 시호는 문정(文正), 속수는 그의 별호이다. 신종(神宗) 때 왕안석(王安石)의 신법(新法)을 공박하고 외직(外職)으로 쫓겨났다가 철종(哲宗) 때에 정승이 되어 신법 가운데 백성의 해가 되는 것들을 모두 개혁하였다.

118 육경여(陸敬輿) : 당(唐)나라의 문신 육지(陸贄, 754~805)로, 자는 경여, 시호는 선공(宣公)이다. 천자에게 올려 시폐(時弊)를 논하는 주의(奏議)를 잘 지어서 이것이 후세에 널리 읽혔다. 대표적인 저서로 《육선공주의(陸宣公奏議)》가 있다.

119 범경인(范景仁) : 북송(北宋)의 범진(范鎭, 1008~1089)으로, 자는 경인, 시호는 충문(忠文)이다. 왕안석(王安石)의 신법(新法)에 반대하다가 벼슬을 그만두고 물러났다가, 철종(哲宗)이 즉위하여 단명전 학사(端明殿學士)로 불렀으나 나가지 않았다.

120 덕을……함 : 《맹자》 〈진심 상(盡心上)〉에 군자가 가르치는 다섯 가지를 나열하여, "시우가 만물을 화육시키듯 하는 경우가 있으며, 덕을 이루게 한 경우가 있으며, 재질을 통달하게 한 경우가 있으며, 물음에 답한 경우가 있으며, 사사로이 선으로써 자신을 다스린 경우가 있다.〔有如時雨化之者, 有成德者, 有達財者, 有答問者, 有私淑

다. 비록 이름난 공경(公卿)과 현량한 재상이 시대마다 없었던 것이 아니지만, 혹 옥의 티를 가리지 못하여 장점으로 단점을 보충하였으니, 이는 대개 학문에 들인 공이 적고 기질은 쓰임이 컸던 데에서 말미암은 것이다. 그러나 선생의 언행과 사업을 살펴보건대, 순수하게 천리의 올바름에서 나와 시종 곧은 절개가 근본이 있고 말단이 있으니, 본조(本朝)의 조정에서 차례로 뽑아보면 오직 선생만이 그러하다.

아아, 우리나라의 올바른 도(道)를 멸한 화(禍)가 기묘년과 을사년[121]에 이르러 극에 달하였었다. 그러다가 명종(明宗)과 선종(宣宗)의 태평성대에 이르러서 훌륭한 선비들이 수사(洙泗)와 낙건(洛建)[122]의 글을 외고 본받아서 인륜이 위에서 밝아지고 백성들이 아래에서 친히 따라 사람들이 지금까지 이에 힘입고 있으니, 이는 바로 선생이 율곡(栗谷), 우계(牛溪) 등의 현자들과 도학을 창솔하여 표준을 세운 공이다. 그 중에도 선생은 선비들의 영수가 되었기에 그 시혜가 드넓음이 마치 산악이 구름을 내어 단비가 사해를 적시는 것과 같은데, 사람들이 단비의 은택을 말하면서도 그것이 산악의 도움에서 나온 것인 줄은 알지 못하니, 이것이 어찌 옳겠는가.

이 문집이 다행이도 세상에 전해지게 되었으나, 여전히 선생이 지녔

艾者.]"라고 하였다.

121 기묘년과 을사년 : 기묘사화(己卯士禍)가 일어났던 1519년(중종14)과 을사사화(乙巳士禍)가 일어났던 1545년(명종 즉위)을 말한다.

122 수사(洙泗)와 낙건(洛建) : 유교(儒敎) 학문을 가리킨다. 수사는 곡부(曲阜)에 있는 수수(洙水)와 사수(泗水)를 아울러 일컫는 말로 공자(孔子)의 문하를 뜻하며, 낙건은 정주학(程朱學)을 일컫는 말로 정호(程顥)와 정이(程頤)는 낙양(洛陽)에서 살고 주희(朱熹)는 복건(福建)에서 살며 강학하였으므로 이렇게 말한 것이다.

던 바를 다 보여주기에는 부족하다. 그러나 훗날 덕을 아는 이들이 선생의 명의(名義)와 풍절(風節)이 유래한 바를 빈틈없이 논하여 무궁한 후세에까지 세교(世教)를 붙들어 세운다면, 선생의 공이 어찌 다함이 있겠는가. 박이휴(朴頤休)가 이 문집에 있어서 이미 이처럼 혈성을 바쳤는데, 불초한 내가 또 여기에 이름을 의탁하는 것을 영광으로 여겨서 공경히 아래쪽에 글을 지어 돌려보낸다.

명 銘

속사조명 기묘년(1819, 순조19)

續寫照銘 己卯

주 선생(朱先生)은 44세에 초상화에 스스로 명(銘)을 지어 말씀하기를, "용모와 머리가 초췌함이 이미 이와 같은 지경에 이르렀다. 그러나 또한 장차 수신(修身)하여 이 생애를 마칠 뿐, 다른 생각이 없다."라고 하였다.[123] 이는 경신년에 초상화에 대해 지은 시[124]와 서로 시종을 이루니, 내 매번 여러 차례 반복하면서 탄식하고는 이어서 격앙하

123 주 선생(朱先生)은……하였다 : 송(宋)나라의 유학자 주희(朱熹)가 44세가 되던 해인 1173년에 자신의 초상화에 대해서 명(銘)을 지었는데, 그 내용이 《회암집(晦庵集)》 권85 〈사조명(寫照銘)〉에 보인다. 참고로 그 명(銘)에 "네 몸을 단정히 하고, 네 용모를 엄숙히 하라. 바깥에서 검속하여 마음을 전일하게 하라. 처음에 힘써서 마지막을 이루어라. 잡음에 요체가 있으니, 무궁히 보전하라.〔端爾躬, 肅爾容. 檢於外, 一其中. 力於始, 遂其終. 操有要, 保無窮.〕"라고 하였다.

124 경신년에……시 : 주희(朱熹)는 61세가 되던 해인 경신년, 즉 1200년에 자신의 초상화에 시를 지었는데, 그 내용이 《회암집(晦庵集)》 권9 〈남성 오씨가 사창서루에서 나를 위해 이와 같이 초상화를 그렸기에 그 위에 적는다. 경원 경신년 2월8일에 창주의 병든 늙은이 주희 중회 쓰다.〔南城吳氏 社倉書樓 爲余寫眞如此 因題其上 慶元庚申二月八日 滄洲病叟朱熹仲晦父〕〉에 보인다.

여 분발하였다. 기묘년(1819, 순조19)에 내 나이도 또한 마흔 넷이 되었는데, 병에 시달려 노쇠하고 병약해졌으니 단지 초췌할 뿐만이 아니다. 포류(蒲柳)가 이미 먼저 가을을 맞아 쇠하였으나,[125] 상유(桑榆)의 공효를 마땅히 만경(晩景)에 거두어야 할 것이니,[126] 다만 종신토록 수신하여 "얇은 얼음을 밟고 깊은 못에 임한 듯이 하여 남은 날 동안 잔편(殘編)에 힘을 쏟으려는"[127] 뜻을 따르고자 한다. 인하여 주자(朱子)의 명(銘)에 차운하여 스스로를 경계한다.

125 포류(蒲柳)가……쇠하였으나 : 허약하여 일찍 노쇠하였음을 비유한 것이다. 포류는 창포와 갯버들을 가리키는데, 일찍 쇠하는 것을 뜻한다. 진(晉)나라 고열지(顧悅之)가 간문제(簡文帝)와 동갑이었는데도 이른 나이에 머리카락이 하얗게 세자, 황제가 "경은 어째서 먼저 머리가 희어졌는가?〔卿何以先白?〕"하고 그 이유를 물으니, "신은 포류 같은 체질이라서 가을이 가까워지기만 해도 벌써 낙엽이 지고 맙니다.〔蒲柳之資, 望秋而落.〕"라고 대답한 고사가 전한다.《世說新語 言語》

126 상유(桑榆)의……것이니 : 상유는 해가 지는 곳을 가리키는 말로 노년을 의미하는바, 상유의 공효를 거둔다는 것은 초년의 실패를 노년에 만회한다는 뜻이다. 후한(後漢) 때의 장수인 풍이(馮異)가 적미(赤眉)의 난을 토벌하기 위해 나섰다가 처음 싸움에서 대패하고, 얼마 뒤에 다시 군사를 정비하여 적미의 군대를 격파하였는데, 황제가 친히 글을 내려 위로하기를, "처음에는 회계(會稽)에서 깃을 접었으나 나중에는 민지(澠池)에서 떨쳐 비상하니, 참으로 '동우에 잃었다가 상유에 수습하였다.〔失之東隅, 收之桑榆.〕'라고 할 만하다." 한 데서 나온 말이다.《後漢書 卷17 馮異列傳》

127 얇은……쏟으려는 : 이 내용은 주희(朱熹)가 자신의 초상화에 대해 지은 시에 보이는데, 그 시에 "창백한 머리도 이미 십년 전의 일이니, 거울 잡고 돌아봄에 서글픈 마음 일어나네. 얇은 얼음을 밟고 깊은 못에 임한 듯이 할 날도 진실로 얼마 남지 않았으니, 장차 남은 날 동안 잔편에 힘을 쏟으려 하네.〔蒼頭已是十年前, 把鏡回看一悵然. 履薄臨深諒無幾, 且將餘日付殘編.〕"라고 하였다.《晦庵集 卷9 南城吳氏社倉書樓爲余寫眞如此因題其上慶元庚申二月八日滄洲病叟朱熹仲晦父》

만년에 도를 구함은	晩求道
이를 몸에 쌓고자 함이네	要積躬
덕의 지극함은	德之至
동용에서 비롯되네[128]	自動容
형체 바깥은	惟形外
마음을 성실하게 함을 말미암네	由誠中
그 처음을 삼가면	愼厥初
능히 끝을 잘 마침이 있으리라[129]	克有終
도를 들으면 죽어도 가하니[130]	苟聞可
즐거움 무궁하리라	樂無窮

128 덕의……비롯되네 : 《맹자(孟子)》 〈진심 하(盡心下)〉에 맹자가 "동용(動容)하고 주선(周旋)함이 예(禮)에 맞는 것은 성덕(盛德)이 지극한 것이다.〔動容周旋中禮者, 盛德之至也.〕"라고 하였다.

129 그……있으리라 : 《서경(書經)》 〈주서(周書) 채중지명(蔡仲之命)〉에 "그 처음을 삼가되 끝을 생각하여야 끝내 곤궁하지 않을 것이다.〔愼厥初, 惟厥終, 終以不困.〕"라고 하였으며, 《시경(詩經)》 〈대아(大雅) 탕(蕩)〉에, "하늘이 뭇 백성을 내시니 그 명이 믿을 수 없도다. 처음에는 선하지 않은 이가 없으나 선으로 마치는 이가 드물도다.〔天生烝民, 其命匪諶. 靡不有初, 鮮克有終.〕"라고 하였다.

130 도(道)를……가하니 : 《논어(論語)》 〈이인(里仁)〉에 공자(孔子)가 "아침에 도를 들으면 저녁에 죽어도 좋다.〔朝聞道, 夕死可也.〕"라고 하였다.

잠箴

인에 대한 잠 외손자 민영화에게 주다 병오년(1846, 헌종12)
忍箴贈外孫閔泳和 丙午

마땅히 참아야 할 바를 참고 마땅히 참아서는 안 될 바를 참지 말아야 하니, 마땅히 참아서는 안 되는 것은 선(善)이고, 마땅히 참아야 하는 것은 악(惡)이다. 인(仁)과 의(義)의 단서를 확충하기를 마치 불이 처음 타오르고 샘물이 처음 나오는 것처럼 할 것이며,[131] 분노와 욕심의 싹을 징계해 막기를 마치 산을 무너뜨리고 골짜기를 메우듯이 해야 한다.[132] 밤낮으로 너를 낳아준 부모를 욕되게 하지 말아서[133] 광명하고

131 인(仁)과……것이며 : 《맹자》 〈공손추 상(公孫丑上)〉에 "무릇 사단(四端)이 나에게 있는 것을 다 넓혀서 채울 줄 알면, 마치 불이 처음 타오르며 샘물이 처음 나오는 것과 같을 것이다.〔凡有四端於我者, 知皆擴而充之矣, 若火之始然、泉之始達.〕"라고 하였다.

132 분노와……한다 : 《주역(周易)》 〈손괘(損卦) 상전(象傳)〉에 "산 아래에 못이 있는 것이 손(損)이니, 군자는 그것을 가지고 분노를 징계하고 욕심을 막는다.〔山下有澤, 損, 君子以, 懲忿窒欲.〕"라고 하였는데, 이에 대해 《주자어류(朱子語類)》 권72에서 주희(朱熹)가 "다만 분노를 징계하기를 산을 무너뜨리듯이 하고, 욕심을 억제해 막기를 골짜기를 메우듯이 해야 한다.〔只是懲忿如摧山, 窒慾如塡壑.〕"라고 한 말이 보인다.

133 밤낮으로……말아서 : 《시경(詩經)》 〈소아(小雅) 소완(小宛)〉에 "일찍 일어나

정대한 경지에 몸을 둘지어다.

고 밤늦게 자서 너를 낳아주신 부모를 욕되게 하지 말지어다.〔夙興夜寐, 無忝爾所生.〕" 라고 하였다.

찬 贊

우암선생의 화상에 대한 찬 무인년(1818, 순조18)
尤庵先生畫像贊 戊寅

굳고 크며 곧고 바른 자질을 품부 받아, 넓혀서 확충하는 공력을 다하였네. 언덕과 골짝에서 소요할 때에는 확연히 신룡(神龍)이 몸을 보존하듯이 하였고, 높은 구름 위를 날 때에는 의봉(儀鳳)이 덕(德)을 보듯이 하였네.[134] 자양(紫陽)[135]의 명론(名論)을 익숙히 사용하여 천리를 밝혀서 인심을 바르게 하였으며, 소왕(素王)[136]의 대의(大義)를 밝

134 언덕과……하였네 : 벼슬하지 않을 때에는 자중하면서 몸을 보존하고, 태평성대를 만나서는 세상에 나와 벼슬하였음을 뜻한다. 의봉(儀鳳)이란 거동에 맞게 춤추는 봉황을 가리킨다. 가의(賈誼)의 〈弔屈原賦(조굴원부)〉에 "깊은 연못에 숨어 있는 신룡이여! 못 속에 잠겨 스스로 진중히 하도다.……봉황이 천 길 높이 날아오름이여! 덕스러운 빛을 보고 내려오는도다.〔襲九淵之神龍兮, 沕淵潛以自珍.……鳳凰翔于千仞兮, 覽德輝而下之.〕"라고 하였다. 《古文眞寶後集 卷1》

135 자양(紫陽) : 송(宋)나라 성리학자 주희(朱熹)를 가리킨다. 주희의 부친 주송(朱松)이 자양산(紫陽山)에서 독서하였는데, 후에 주희가 복건(福建) 숭안(崇安)에서 살면서 정사의 이름을 자양서실(紫陽書室)이라고 하였다.

136 소왕(素王) : 제왕의 덕을 갖추고 있으면서도 그 지위를 얻지 못한 이를 일컫는 말로, 《춘추(春秋)》를 지은 공자(孔子)를 가리킨다.

게 천양하여 중국을 높이고 이적을 물리쳤네.

떳떳한 덕을 행하여 여유가 있었으니 진실로 작은 행실까지도 신중히 하였고, 떳떳한 도리를 지켜 어긋나지 않았으니 우뚝하게 먼저 그 큰 것을 확립하였네. 선(善)과 이익의 판가름을 엄격히 한 것이 마치 철과 못으로 끊은 듯하였으며, 사물의 기미를 밝게 안 것이 신령스러운 시초와 거북점 같았네. 만 길 벽처럼 드높았으며, 천 이랑 바다처럼 드넓었네. 신라와 고려 이래로 선생보다 성대했던 이가 없으니, 내 이분이 대동(大東)의 원기가 모여서 나셨음을 알겠노라.

노주 오 선생[137]의 화상에 대한 찬 갑신년(1824, 순조24)
老洲吳先生畫像贊 甲申

밝고 통달하며 공정하고 넓은 자질로 돈후하고 온유한 덕을 소유하셨네. 몸은 옷을 이기지 못하는 듯하고 말은 입에서 나오지 못하는 듯하였으나[138] 확고하게 자임한 것이 중하고, 행실은 모범이 되고 말씀은 법칙이 되었으나 아득하여 그 자취를 볼 수가 없네. 만일 뜻을 얻어 도(道)를 행하셨다면 만물이 각기 제자리를 얻었을 것이고, 진실로 널리 사랑하되 어진 이를 친히 하니[139] 한 동포에 조금도 다시 간격이 없네.

밝은 지혜로 비추어보기를 지극히 하여 성명(性命)의 큰 근원을 꿰

137 노주(老洲) 오 선생(吳先生) : 오희상(吳熙常, 1763~1833)으로 자는 사경(士敬), 호는 노주, 본관은 해주(海州), 시호는 문원(文元)이다. 1800년(정조24) 천거로 세자익위사 세마(世子翊衛司洗馬)에 제수되고, 황해도 도사 등을 지낸 뒤, 벼슬에서 물러나 광주(廣州)의 징악산(徵嶽山)에 은거하고 이후 찬선(贊善) 등 여러 관직에 제수되었으나 모두 사양하고 나아가지 않았다. 성리학에 조예가 깊어 이황(李滉)과 이이(李珥)의 설을 절충하였다.

138 몸은……듯하였으나 : 《소학(小學)》 〈계고(稽古)〉에 "주공(周公)이 문왕(文王)을 섬길 적에 행실은 독단으로 결정함이 없었으며, 일은 자기 마음대로 함이 없었으며, 몸은 옷을 이기지 못하는 듯이 조심하였으며, 말은 입에 내지 못하는 듯이 삼갔다.〔周公之事文王也, 行無專制, 事無由己, 身若不勝衣, 言若不出口.〕"라고 하였다.

139 진실로……하니 : 《논어(論語)》 〈학이(學而)〉에 "제자(弟子)는 집에 들어가서는 효도하고 나와서는 공손하며, 행실을 삼가고 말을 미덥게 하며, 널리 사람들을 사랑하되 어진 이를 친히 해야 하니, 이것을 행하고 여력(餘力)이 있으면 글을 배워야 한다.〔弟子入則孝, 出則弟, 謹而信, 汎愛衆, 而親仁, 行有餘力, 則以學文.〕"라고 하였다.

뚫어 보고, 명리(名理)의 묘함을 밝혀 명쾌하게 의(義)를 정밀히 하여 신묘한 경지에 들었네.[140] 오직 평생 동안 자신의 몸과 세속을 모두 잊고서 아침저녁으로 발분망식하며 즐거워하기를[141] 계속하네. 고명한 데에서 전심치지하여서 유유하게 선(善)에 처하여 이치를 순히 따르고, 정사를 베풂에 효도하고 우애하여[142] 진실로 은의(恩義)를 돈독하게 하여 윤리를 바르게 하였네.

마음에서 말미암아 외면에 응하니 인의(仁義)와 충신(忠信)에서 떨어지지 않았고, 화합하면서도 휩쓸리지 않고[143] 곧으면서도 세상과 단절하지 않으니[144] 성정(性情)과 덕행(德行)이 절로 순수하네. 얼굴빛을

140 의(義)를……들었네 : 《주역(周易)》 〈계사전 하(繫辭傳下)〉에 "의(義)를 정밀히 하여 신묘한 경지에 들어감은 씀을 지극히 하기 위함이다.〔精義入神, 以致用也.〕"라고 하였다.

141 발분망식하며 즐거워하기를 : 《논어(論語)》 〈술이(述而)〉에 공자(孔子)가 자로(子路)에게 자신을 평하여 "너는 어찌 그의 사람됨이 분발하면 먹는 것도 잊고, 이치를 깨달으면 즐거워 근심을 잊어 늙음이 장차 닥쳐오는 줄도 모른다고 말하지 않았는가.〔女奚不曰: 其爲人也, 發憤忘食, 樂以忘憂, 不知老之將至云爾?〕"라고 한 데서 온 말이다.

142 정사를……우애하여 : 《서경(書經)》 〈주서(周書) 군진(君陳)〉에 "효도하며 형제에게 우애하여 능히 정사에 시행한다.〔惟孝友于兄弟, 克施有政.〕"라고 하였다.

143 화합하면서도 휩쓸리지 않고 : 다른 사람과 잘 화합하면서도 자신의 소신을 잃고서 다른 사람들에게 휩쓸리지 않는다는 뜻이다. 《중용장구(中庸章句)》에 "군자는 잘 화합하면서도 휩쓸리지 않는다.〔君子和而不流.〕"라고 하였다.

144 곧으면서도……않으니 : 절조가 곧으면서도 세상과 단절하지는 않았다는 뜻이다. 후한(後漢)의 고사(高士) 곽태(郭泰)의 인품을 묻자 범방(范滂)이 "그는 세상을 피해 숨어도 개지추(介之推)처럼 어버이의 뜻을 어기지 않고, 절조가 곧아도 유하혜(柳下惠)처럼 세상과 단절하지 않으며, 천자도 신하로 삼을 수 없고, 제후도 벗으로 삼을 수 없는 사람이다. 나는 그 밖의 것은 알지 못한다.〔隱不違親, 貞不絶俗, 天子不得臣, 諸侯不得友. 吾不知其他.〕"라고 대답한 말이 전한다. 《後漢書 卷68 郭泰列傳》

살펴보면 몹시 밝고 마음속을 엿보면 물아의 구분이 없네. 봉황이 천 길을 나는 것처럼 표표하고, 신룡(神龍)이 깊은 못에 숨은 것처럼[145] 고고하네. 하의(荷衣)와 혜대(蕙帶)[146]의 용모는 그림으로 모사하였으나, 빙호추월(氷壺秋月)[147]과 같은 참된 모습은 단사(丹沙)와 연분(鉛粉)으로 그려낼 수 없으니 어찌하겠는가.

내 바라건대 선생께서 덕이 더욱 높아지고 업이 더욱 넓어져서, 풍부하게 소유하여 날로 새로워지고 묵묵히 성취하여 행실에 보존되어, 시초와 거북처럼 신령하고 거북과 학처럼 장수하셨으면 하네. 그리하여 항상 땅에 실려 있는 태산(泰山)과 교악(喬嶽)[148]과 하늘에 걸려

145 신룡(神龍)이……것처럼 : 가의(賈誼)의 〈조굴원부(弔屈原賦)〉에 "깊은 연못에 숨어 있는 신룡이여! 못 속에 잠겨 스스로 진중히 하도다.〔襲九淵之神龍兮, 沕淵潛以自珍.〕"라고 하였다. 《古文眞寶後集 卷1》

146 하의(荷衣)와 혜대(蕙帶) : 하의는 연잎으로 만든 옷, 혜대는 혜초(蕙草)로 만든 때로 은자(隱者)의 복장을 말한다. 《초사(楚辭)》 〈구가(九歌)〉에 "연잎으로 옷을 하고 혜초로 띠를 하여 갑자기 왔다가 홀연히 떠나도다.〔荷衣兮蕙帶, 儵而來兮忽而逝.〕"라고 하였다.

147 빙호추월(氷壺秋月) : 얼음 병에 담긴 밝은 가을 달로, 고결한 인품을 형용한 말이다. 《주자대전(朱子大全)》 권97 〈연평이선생행장(延平李先生行狀)〉에서 등적(鄧迪)이 주희(朱熹)의 아버지 주송(朱松)에게 연평(延平) 이통(李侗)의 인품을 말하면서 "얼음을 담는 옥항아리와 가을 달과 같이 맑고 투명한 것이 흠이라고는 없어 우리들이 미칠 수 있는 바가 아니다.〔如冰壺秋月, 瑩澈無瑕, 非吾曹所及.〕"라고 한 말을 인용하였다.

148 태산(泰山)과 교악(喬嶽) : 덕과 명망이 높은 것을 뜻한다. 송(宋)나라 정이(程頤)가 "맹자는 태산처럼 드높은 기상을 지닌 분이었다.〔孟子, 泰山巖巖之氣象也.〕"라고 하였고, 육구연(陸九淵)이 주희(朱熹)를 평하기를, "주원회(朱元晦)는 태산 교악과 같다.〔朱元晦, 如泰山喬嶽.〕"라고 하였다. 《二程遺書 卷5》《象山集 象山語錄 卷2》

있는 경성(景星)과 경운(卿雲)[149]과 같아서 사방에서 우러러보는 바가 되어 앞을 다투어 한번 보기를 유쾌히 여기게 되기를 바라네.[150] 그렇게 된다면 다만 칠분(七分)의 초상화가 전해질만 한 것일 뿐만이 아니리라.

149 경성(景星)과 경운(卿雲) : 태평 시대에 나타난다고 여겨지던 상서로운 현상들이다. 경성은 대성(大星) 혹은 덕성(德星)이라고도 하고, 경운은 경운(慶雲)이라고도 하는데 오색의 채운(彩雲)을 가리킨다.

150 앞을……바라네 : 한유(韓愈)의 〈여소실이습유서(與少室李拾遺書)〉에 "조정의 선비들이 목을 빼고 동쪽을 바라보면서, 마치 경성과 봉황이 처음 나타난 것처럼 앞을 다투어 보면서 유쾌히 여겼다.〔朝廷之士引頸東望, 若景星鳳凰之始見也, 爭先覩之爲快.〕"라고 한 내용이 보인다.

삼로 동공[151]에 대한 찬

三老董公贊

한 고제(漢高帝)가 하내(河內)를 내려와 낙양(洛陽)의 신성(新城)에 이르렀는데, 삼로(三老) 동공(董公)이 길을 막고서 의제(義帝)가 죽은 연고를 가지고서 유세하고, 소복을 입고서 제후에게 고할 것을 권하였다. 한왕(漢王)이 "좋다! 그대가 아니었다면 들을 수 없었을 것이다." 하고, 이에 의제를 위해 발상(發喪)하여 웃옷의 왼쪽 소매를 걷고서 크게 곡하고는, 사자를 보내어 제후에게 고해 모두 소복(素服)을 입고서 초(楚)나라의 의제를 시해한 자를 함께 공격하도록 하였다. 항적(項籍)[152]이 시역(弑逆)한 죄는 천지에 용납될 곳이 없었는데, 고제(高帝)가 항적을 토벌한 것은 명분과 의리가 지극히

151 삼로(三老) 동공(董公) : 삼로는 한(漢)나라 때 한 지방의 장로(長老)로서 그 지방의 교육을 맡아 가르친 자를 말한다. 한 고조(漢高祖) 유방(劉邦)이 아직 천하를 통일하기 전에 낙양(洛陽)의 신성(新城)에 도착하자, 삼로였던 동공이 "항우(項羽)가 무도하여 그의 주군인 의제(義帝)를 시해하였으니, 이 사실을 내세워 항우를 치면 제후들이 도울 것입니다."라고 하였다. 의제는 초 회왕(楚懷王)의 손자 심(心)으로, 항우가 항량(項梁)과 함께 진(秦)나라를 칠 때에 그를 회왕(懷王)으로 삼았다가 진나라를 멸망시킨 후에 의제라 높여 칭하고는 마침내 그를 시해하였다. 이에 유방이 동공의 말에 따라 의제를 위해 발상(發喪)하였는데, 훗날 광무(廣武)에서 수죄(數罪)할 적에 항우가 답변을 하지 못하였고, 그 뒤에 항우는 결국 해하(垓下)에서 유방에게 패하여 자살하고 말았다. 《漢書 卷1 高帝本紀》《史記 卷8 高祖本紀》

152 항적(項籍) : 한 고조(漢高祖) 유방(劉邦)과 천하를 다투었던 초왕(楚王) 항우(項羽)의 이름으로, 우는 항적의 자이다.

올바른 것이어서, 순(順)과 역(逆)의 구분이 판가름 나고 흥(興)과 망(亡)의 형세가 결단되었으니, 한(漢)나라 사백 년의 창업(創業)과 수통(垂統)은 바로 동공(董公)의 한마디 말의 공로였다. 그러니 동공과 같은 자는 군자의 도(道)를 듣고 《인경(麟經)》[153]의 의리에 통달한 자일 것이다.

주 선생(朱先生)께서 말씀하시기를 "자방(子房)은 공명(孔明)의 정대함만 못하고, 공명은 자방의 종용함만 못하다."라고 하였는데,[154] 동공(董公)은 이 두 가지를 겸했다고 할 만하다. 만일 고제(高帝)가 동공에게 허심하게 가르침을 구하여 그 계책을 다 실행하였더라면, 천자의 곁에서 보좌하여 계획한 것이 어찌 장량(張良)과 진평(陳平)[155]에게 뒤졌겠는가. 필시 인의(仁義)를 따라 행하기를 마치 탕왕(湯王)과 무왕(武王)이 백성들을 위로하고 죄 있는 자를 벌하여 하늘의 뜻에 순히 따르고 인심에 응했던 것과 같이 하였을 것이니, 어찌 말 위에서 천하를 얻어[156] 지혜와 용력으로만 세상을 유지하였

153 인경(麟經) : 《춘추(春秋)》를 달리 일컫는 말이다. 공자(孔子)가 《춘추》를 기술하다가 노(魯)나라 애공(哀公) 14년에 "서쪽으로 사냥을 나가 기린을 잡았다.〔西狩獲麟.〕"라는 대목에서 절필한 것에서 비롯되었다.

154 주 선생(朱先生)께서……하였는데 : 송(宋)나라 유학자 주희(朱熹)의 말로, 이 내용은 《회암집(晦庵集)》 권39 〈답위원리(答魏元履)〉에 보인다. 자방은 한(漢)나라 장량(張良)의 자로, 한 고조(漢高祖)를 도와 항우(項羽)를 멸하고 천하 통일을 이루었으며, 공명은 촉한(蜀漢)의 승상(丞相)인 제갈량(諸葛亮)의 자로, 유비(劉備)를 도와 촉한을 세웠다.

155 장량(張良)과 진평(陳平) : 모두 한 고조(漢高祖)가 된 유방(劉邦)을 도와 한(漢)나라를 건국한 공신(功臣)이다.

156 말……얻어 : 전쟁을 통해 무력으로 천하를 얻었음을 말한다. 육가(陸賈)가 한

겠는가. 사마천(司馬遷)과 반고(班固)의 두 역사서[157]에 모두 동공(董公)에 대해 입전(立傳)한 것이 없고, 정자(程子)와 주자(朱子)가 인물을 차례대로 나열한 것에서도 조금도 보이지 않으니, 이는 어째서인가? 《초한춘추(楚漢春秋)》를 살펴보건대, 동공은 진(秦)대에 은둔한 군자로 한(漢)나라가 성후(成侯)로 봉하였으니, 향년은 82세이다. 찬(贊)은 다음과 같다.

내 선민을 사모하니	我思先民
한나라의 동옹이로다	伊漢董翁
길을 막고 진언함에	遮道獻言
다음과 같이 공의로써 발분하였네	發憤以公
덕을 순히 따르는 자는 창성하고	順德者昌
덕을 거스르는 자는 망합니다	逆德者亡
출병함에 명분이 없으면	兵出無名
일이 이루어지지 못하니	事故不成
적인 까닭을 밝혀야만	明其爲賊
적이 비로소 복종할 것입니다	賊乃可服

고조(漢高祖) 유방(劉邦)에게 시서(詩書)의 중요성을 강조하자, 유방이 "나는 말 위에서 무력으로 천하를 얻었다. 시서 따위가 무슨 필요가 있겠는가.〔乃公居馬上而得之, 安事詩書?〕"라고 꾸짖었는데, 이에 육가가 "말 위에서 얻었더라도 어찌 말 위에서 다스릴 수야 있겠습니까.〔馬上得之, 寧可以馬上治乎?〕"라고 했던 고사가 전한다. 《史記 卷97 陸賈列傳》

157 사마천(司馬遷)과……역사서 : 사마천이 지은 《사기(史記)》와 반고가 지은 《한서(漢書)》를 말한다.

의제를 방축해 시해한 것은	放弑義帝
신하인 항적입니다	有臣項籍
대역무도하니	大逆無道
바로 천하의 적입니다	卽天下賊
인한 이에게는 용맹을 쓰지 못하고	仁不以勇
의로운 이에게는 무력을 쓰지 못하는 법입니다	義不以力
삼군의 무리를 창도하여	倡三軍衆
소복을 입게 하고	爲之素服
제후에게 퍼뜨려 고하여	播告諸侯
크게 간특한 자를 성토하소서	聲討巨慝
그러면 해내와 해외에 이르기까지	薄海內外
덕을 우러르지 않는 이가 없을 것입니다	罔不仰德
삼왕[158]의 거업은	三王之擧
명분을 바로잡는 것을 우선으로 하니	惟先正名
명분이 바르면 말이 순해져	名正言順
신령과 사람이 모두 편안해질 것입니다	神人咸寧
선한 말을 듣고 강물을 터놓은 듯하였으니	聞善若決
진실되도다 한왕이여	允矣漢皇
이 한번 잘한 일에 힘입어	賴玆一着
적제(赤帝)의 자손 유씨(劉氏)[159]가 빛나도다	赤劉煌煌

158 삼왕(三王) : 하(夏)나라의 우왕(禹王), 은(殷)나라의 탕왕(湯王), 주(周)나라의 문왕(文王)과 무왕(武王)을 말한다.

159 적제(赤帝)의 자손 유씨(劉氏) : 한 고조(漢高祖) 유방(劉邦)이 적제(赤帝)의

이 사람이 어디에서 이를 얻었는가 斯焉取斯

노나라에 군자가 있어서네[160] 魯有君子

분서갱유하는 학정[161] 속에서도 焚坑虐焰

자신을 온전히 하였고 亦能全已

도를 따라 힘을 기르고 때로 감추어서[162] 遵養時晦

왕이 될 이가 일어나길 기다렸네 待王者起

말이 엄정하고 의리가 순전하여 辭嚴義純

천지에 세울 만하였네 可建天地

아, 공이 배운 것은 繄公所學

바로 떳떳한 도리를 지키는 것이었네 卽守經事

덕 있는 자에게 명하고 죄 있는 자를 토벌하여 命德討罪

아들이기 때문에 이렇게 말한 것이다. 유방이 술에 취해 밤길을 가다가 큰 뱀 한 마리를 죽였는데, 그 뒤 행인이 그곳에서 우는 노파에게 연유를 묻자, "내 아들은 백제(白帝)의 자식인데 뱀으로 변해 길에 나와 있다가 지금 적제의 아들 유방에게 죽임을 당하였다."라고 한 내용이 《사기(史記)》 권8 〈고조본기(高祖本紀)〉에 전한다.

160 이 사람이……있어서네 : 한 고조(漢高祖) 유방(劉邦)이 삼로(三老) 동공(董公)과 같은 군자가 있어서 덕을 얻어 천하 통일의 일을 이룰 수 있었다는 뜻이다. 《논어》 〈공야장(公冶長)〉에 공자(孔子)가 제자인 자천(子賤)을 평가하면서 "군자답다 이 사람이여! 노나라에 군자가 없었다면 이 사람이 어디에서 이러한 덕을 취하였겠는가?〔君子哉若人! 魯無君子者, 斯焉取斯?〕"라고 한 데서 온 말이다.

161 분서갱유하는 학정 : 진 시황(秦始皇) 때에 학자들의 비평을 금하기 위해서 서적들을 불사르고 유생(儒生)들을 구덩이에 묻어 죽였던 일을 말한다.

162 도(道)를……감추어서 : 힘을 기르면서 때를 기다리는 것이다. 《시경》 〈주송(周頌) 작(酌)〉에 "아 성대한 왕사로, 도를 따라 힘을 길러서 때로 감추었다가, 크게 밝아진 다음에야 이에 큰 갑옷을 쓰셨도다.〔於鑠王師, 遵養時晦, 時純熙矣, 是用大介.〕"라고 하였다.

《춘추(春秋)》의 대의를 밝혔네	闡春秋義
만일 도(道)를 듣지 못하였다면	苟不聞道
또한 어찌 이와 같을 수 있었으랴	亦曷能爾
무엇으로 그를 일컬을까	何以稱之
삼고[163]의 일사라네	三古逸士

163 삼고(三古) : 상고(上古)·중고(中古)·하고(下古)를 통칭한 말로, 복희(伏羲) 시대를 상고, 문왕(文王) 시대를 중고, 공자(孔子) 시대를 하고라고 하며, 하(夏)·은(殷)·주(周) 삼대를 가리킨다고도 한다.

석 감생[164]에 대한 찬 정유년(1837, 헌종3)

石監生贊 丁酉

국자학생(國子學生) 석대용(石大用)은 풍윤(豊潤) 사람이다. 읍상(邑庠)으로부터 태학(太學)에 올라 육관(六館)의 여러 생도 가운데 거처할 때에 신실하게 삼가고 뜻을 세워 학문에 힘써서 조금도 자신을 과시하지 않았다. 그러므로 좨주(祭酒)와 사업(司業) 이하의 사람들이 모두 그의 사람됨을 알지 못하였다.

정통(正統) 갑자년(1444)에 이르러 좨주 이 충문공(李忠文公) 시면(時勉)이 권간(權奸)의 뜻을 거슬러서 태학에서 머리에 형틀을 쓰고 삼일 동안 풀지 못하였는데,[165] 한여름 날씨가 찔 듯이 답답하였기에 공이 늙고 쇠약해 이를 감당할 수가 없어서 죽음에 임박해 있었

164 석 감생(石監生) : 명(明)나라 사람 석대용(石大用)으로, 영종(英宗) 때에 국자감(國子監) 학생으로 있으면서, 스승인 이시면(李時勉)이 환관 왕진(王振)에게 무함을 입고 목에 형틀을 쓰자 자신이 대신하게 해 달라고 하면서 스승을 구원하기에 앞장섰고, 결국 스승과 함께 풀려나게 되었다. 이 일로 경사에 이름이 나서 향시(鄕試)에 합격하였고, 관직이 호부 주사(戶部主事)에 이르렀다. 《明史 卷163 列傳 李時勉》《明文海 卷278 贈太學生石大用序》

165 정통(正統)……못하였는데 : 이 충문공은 명(明)나라 사람 이무(李懋)로, 자는 시면(時勉), 호는 고렴선생(古廉先生), 시호는 문의(文毅)·충문이다. 강직한 학자로서 평소 권세가 높았던 환관 왕진(王振)에게 인사도 건네지 않았는데, 국자감 좨주(國子監祭酒)로 있을 때에 국자감의 증축 문제로 이륜당(彝倫堂) 옆의 나뭇가지를 자르게 하였다가 이 일로 인하여 트집을 잡혀, 제멋대로 공공의 수목을 잘랐다 하여 목에 형틀을 쓰고 국자감 문 앞에서 곤욕을 치렀다. 《明史 卷163 列傳 第51 李時勉》

다. 석대용이 이에 근심하면서 여러 사람에게 호소하기를, "스승은 아버지와 같다. 부사(父師)께서 어려움을 겪고 있는데, 제자가 어찌 차마 앉아서 지켜볼 수 있겠는가." 하였지만, 사람들 중에 호응하는 이가 없었다. 석대용은 물러나 문을 닫고 상소문을 써서 자신이 대신하기를 간곡히 청하니, 충문공이 급히 사람을 보내 만류하였으나 듣지 않았다. 동료 중에도 그를 저지하는 사람이 있었는데, 석대용이 분연히 얼굴빛을 바꾸면서 말하기를 "붕우 간에 어려움을 돕는 것을 척령(鶺鴒) 시에서 노래하였는데,[166] 더구나 스승의 경우에 있어서겠는가." 하고, 이 또한 듣지 않았다.

아뢴 글을 가지고서 은대(銀臺 한림원(翰林院))에 이르러 올리니, 은대에서 곤란하게 여기고 또 법으로써 그를 두렵게 하였다. 그러자 석대용이 말하기를, "의(義)로써 살고 또한 의로써 죽을 것이니, 어찌 두려움이 있겠는가." 하였다. 은대에서 그를 억제할 수 없음을 알고는 마침내 황제에게 아뢰었는데, 황제가 스승과 제자를 모두 풀어주었다. 스승과 제자의 윤리는 군신이나 부자의 윤리와 같은데, 목숨을 바치는 의리를 아는 이는 드물다. 반드시 석 감생이 한 것과 같아야만 스승과 제자가 된 이들의 도리가 안정될 것이다. 찬(贊)은 다음과 같다.

스승은 모범이 되니 師爲模範

166 붕우……노래하였는데 : 《시경》 〈소아(小雅) 상체(常棣)〉에 "척령이 언덕에 있으니 형제가 급난을 구한다. 언제나 좋은 벗 있지만 길이 탄식만 할 뿐이네.〔脊令在原, 兄弟急難. 每有良朋, 況也永歎.〕"라고 한 것을 가리킨다.

도가 이로부터 나오네	道從此出
삼강과 오상	三綱五常
구법과 사술[167]을	九法四術
가르침이 아니면 알지 못하니	非敎不知
어떻게 이를 실천하겠는가	何以踐逑
살아가게 해 준 이가 셋이니	所以生三
섬기기를 똑같이 하여야 하네[168]	事之如一
있는 곳에 따라 목숨을 바쳐서	所在致死
내려준 은혜를 힘써 갚아야 하네.	報賜以力
혹시라도 아버지와 스승을 다르게 본다면	苟或異視
어찌 낳아준 족류이겠는가	豈生之族
경전은 잔멸하고 가르침은 괴리되어	經殘敎乖
스승의 도가 끊어졌네	師道絶塞
방몽은 거꾸로 스승을 쏘아 죽였으니[169]	逄蒙反射

167 구법(九法)과 사술(四術) : 구법은 《서경(書經)》 〈홍범(洪範)〉의 구주(九疇)를 가리킨다. 이는 천하를 다스리는 아홉 가지 대법(大法)으로, 곧 오행(五行)·오사(五事)·팔정(八政)·오기(五紀)·황극(皇極)·삼덕(三德)·계의(稽疑)·서징(庶徵)·오복(五福)이다. 사술은 시(詩)·서(書)·예(禮)·악(樂)을 말한다.

168 살아가게……하네 : 《소학집주(小學集註)》 〈명륜(明倫)〉에 난공자(欒共子)가, "사람은 세 분의 은혜로 살아가기에 섬기기를 똑같이 하여야 한다. 아버지는 나를 낳아 주시고, 스승은 나를 가르쳐 주시고, 임금은 나를 먹여 주셨으니, 아버지가 아니면 태어나지 못하고 임금이 먹여 주지 않으면 자라지 못하고 스승이 가르쳐 주지 않으면 알지 못하니, 낳아주신 것과 똑같다.〔民生於三, 事之如一. 父生之, 師敎之, 君食之, 非父不生, 非食不長, 非敎不知, 生之族也.〕"라고 한 데서 온 것이다.

169 방몽(逄蒙)은……죽였으니 : 방몽은 하(夏)나라 사람으로, 활쏘기의 명수인 예

그 화살이 극악하였고 其矢極逆
형서는 스승의 가죽을 깔고 자려 하였으니[170] 邢恕寢皮
그 소문이 몹시 추악하였네 厥聲孔惡
아버지와 스승의 경중을 비교함은 輕重父師
떳떳한 법칙에 크게 어긋나는데 大悖常則
부정한 학설이 하늘에 닿아 邪說滔天
천지가 거의 뒤바뀌게 되었네 天壤幾易
훌륭한 석공이 憲憲石公
비로소 사람의 표준을 세웠네 始立人極
스승은 아버지와 같다 하였으니 曰師猶父
어찌 위용을 수립한 것이 아니겠는가 盍爲立憧
세찬 불길이 곤륜산을 태우면 烈焰崑岡
옥과 돌이 함께 타는 법[171] 玉石同焚

(羿)에게 활쏘기의 기법을 배웠는데, 예의 기법을 다 터득하자 세상에 자기보다 뛰어난 자는 예밖에 없다고 생각하고 드디어 스승인 예를 죽였다. 《孟子 離婁下》

170 형서(邢恕)는……하였으니 : 형서(1069~1077)는 북송(北宋) 사람으로 자는 화숙(和叔)이다. 명도(明道) 정호(程顥)에게 배워 어사중승(御史中丞)이 되었으나, 천성이 번복(反覆)을 잘하여 명도를 배반하고 사마광(司馬光)의 문객(門客)이 되었다가 다시 장돈(章惇)에게 붙었으며, 또다시 장돈을 배반하고 채경(蔡京)의 심복이 되는 등, 배은망덕의 대표적 인물이었다. 《宋史 卷471 邢恕列傳》 원문의 '침피(寢皮)'는 짐승을 잡아 그 가죽을 깔고 자고 그 고기를 먹는다는 뜻의 침피식육(寢皮食肉)을 줄인 말로 《춘추좌씨전(春秋左氏傳)》 양공(襄公) 21년 조에 보인다. 원래 용맹을 자랑하는 말인데 후대에는 인신하여 원수에게 원한이 깊음을 비유하는 말로 쓰였다. 이는 형서가 스승들을 배반하고 원수처럼 대한 것을 말한 것이다.

171 세찬……법 : 선한 사람이나 악한 사람이 모두 가리지 않고 화를 입게 되는 것을

반드시 스승의 목숨을 대신하려 하였으니	必代師命
그런 뒤에야 사람이 된다 하였네	然後爲人
사람들은 팔을 휘젓고 돌아보지 않고 가는데	衆方掉臂
나는 도를 따라 죽고자 하였네	我欲殉身
의로써 살고 의로써 죽으니	生死以義
무슨 두려움이 있겠는가 하였네	何懼之云
붕우 간에 어려움이 있을 때에도	朋友急難
마땅히 분란을 풀어주거늘	猶當解紛
더구나 스승과 제자는	矧玆師弟
정의상 부모와 자식과도 같다네	誼均天親
천만 명이 있더라도 내 가서 대적하겠다는 뜻으로[172]	千萬吾往
상소문을 안고 대궐문에 울부짖었네	抱疏叫閽
지극한 정성은 신을 감동케 하거늘	至誠感神
하물며 존귀한 제왕에 있어서겠는가	況帝王尊
크나큰 은혜가 내려지니	滂滂霈澤
우러러 황은을 입었네	仰荷皇恩

말한다. 《서경(書經)》 〈하서(夏書) 윤정(胤征)〉에 "불이 곤륜산을 태우면 옥과 돌이 모두 탄다.〔火炎崑岡, 玉石俱焚.〕"라고 한 데서 온 말이다.

172 천만……뜻으로 : 《맹자(孟子)》 〈공손추 상(公孫丑上)〉에 증자(曾子)가 자양(子襄)에게 "그대는 용맹을 좋아하는가? 내 일찍이 대용(大勇)을 부자(夫子)에게 들었으니, '스스로 돌이켜서 정직하지 못하면 비록 갈관박(褐寬博)이라도 내 두려워하지 않겠는가. 그러나 스스로 돌이켜서 정직하다면 비록 천만 명이 있더라도 내가 가서 당당히 대적하겠다.' 하셨다.〔子好勇乎? 吾嘗聞大勇於夫子矣, 自反而不縮, 雖褐寬博, 吾不惴焉? 自反而縮, 雖千萬人, 吾往矣.〕"라고 한 데서 온 말이다.

저 두려워하는 무리들은	彼怵迫徒
이해에 어두우니	爲利害昏
어찌 스승을 높여서	詎知隆師
도를 보존할 줄을 알겠는가	以道之存
아아 공이여	吁嗟乎公
능히 윤리를 다하였네	式克盡倫
공을 지하에서 일어나게 할 수 있다면	起公九京
수레 몰기를 사양치 않으리[173]	不辭御輪
내 이로써 찬을 지어	我庸作贊
생민들을 깨우치노라	用警生民

173 공을……않으리 : 어떤 이를 너무나 사모하여 그를 위해서라면 천한 일이라도 마다하지 않겠다는 의미로, 《사기(史記)》 권62 〈관영열전(管晏列傳)〉의 논(論)에 사마천(司馬遷)이 "가령 안자(晏子)가 살아있다면 나는 비록 그를 위해 채찍을 잡는 일이라도 흔쾌히 할 것이다.〔假令晏子而在, 余雖爲之執鞭, 所忻慕焉.〕"라고 한 데서 온 말이다.

악효아에 대한 찬 경자년(1840, 헌종6)

岳孝娥贊 庚子

효아(孝娥)는 바로 악 무목(岳武穆) 비(飛)[174]의 딸이다. 무목이 화(禍)를 입어 처자식까지 연좌되자 효아는 우물에 몸을 던져 죽었다. 공의 충정은 물려준 바가 있고 효아의 효성은 전해 받은 바가 있으니, 누가 받을 수는 있으나 전할 수는 없다고[175] 하겠는가. 촉인(蜀人) 유서(劉瑞)가 〈효아정명(孝娥井銘)〉을 지어서 아버지를 위하여 죽은 효열을 능히 드러내었으니,[176] 나는 이를 위해 찬(贊)을 짓는

174 악 무목(岳武穆) 비(飛) : 남송(南宋) 고종(高宗) 때의 명장(名將)으로, 이름은 비, 자는 붕거(鵬擧), 시호는 무목이다. 금(金)의 군대를 여러 차례 격파하여 태위(太尉)에 올랐으며, 그 뒤에 초토사(招討使)가 되어 금나라의 군대를 대파한 뒤 황하를 건너 진격하려고 하였으나, 화의(和議)를 주장하던 재상 진회(秦檜)의 의견을 따라 소환 명령이 내려져 군사를 돌렸다. 결국 진회의 무고에 의해 체포되어 옥사하였다. 《宋史 卷365 岳飛列傳》

175 받을……없다고 : 《초사(楚辭)》 〈원유(遠游)〉에 "도(道)는 마음으로 받을 수는 있지만 말로 전할 수는 없으니, 그 작음은 안이 없고 그 큼은 끝이 없다.〔道可受兮而不可傳, 其小無內兮其大無垠.〕"라고 하였다.

176 촉인(蜀人)……드러내었으니 : 유서(劉瑞)가 지은 명(銘)은 다음과 같다. "하늘 기둥이 위태로워, 해가 달이 되었네. 충렬을 지닌 이에게 화를 입히니, 간신 진회가 재앙을 만들었네. 효아가 아버지의 원통함을 울부짖었으나 원통함 씻기지 않아, 큰 병을 안고 우물에 달려드니 샘물이 피로 변했네. 피는 무지개 같고 분노는 철과 같으니, 강에 뛰어든 조아(曹娥)과 너의 절개가 부합되누나. 아아, 우물물은 마르겠으나 명성은 민멸되지 않으리라.〔天柱巃, 日爲月. 禍忠烈, 姦檜孼. 娥叫父冤冤莫雪, 赴井抱瓶泉化血. 血如霓, 憤如鐵, 曹江之娥符爾節. 噫嘻! 井可竭, 名不可滅.〕"《淵鑑類函 卷271 孝

다. 무릇 성철(聖哲)께서 다른 사람의 선(善)을 칭찬할 때에 반드시 그 부형(父兄)에 근본을 두었으니, 이는 후덕함이 지극한 것이다.[177] 삼가 이 뜻을 이어받아 먼저 무목(武穆)의 충정을 거론한다. 찬은 다음과 같다.

훌륭한 무목이여	憲憲武穆
송나라의 종신이었네	有宋宗臣
충성이 해와 별을 꿰뚫고	忠貫日星
의리가 높은 하늘에 닿았네	義薄穹旻
보국이라 등에 새기고[178]	報國涅背
군주를 사랑하여 자기 몸을 잊었네	愛君忘身
무엇으로 이 훌륭함을 이루었는가	曷以致之
지극한 효에서 근원하였네	本乎孝純
먼저 큰 것을 세워서	先立其大
반드시 윤리를 다하고자 하였네	必欲盡倫

五》

177 무릇……것이다 : 《논어》 〈공야장(公冶長)〉에 공자가 자천(子賤)을 평하면서 "군자답다, 이 사람이여. 노나라에 군자가 없었다면 이 사람이 어디에서 이러한 덕을 취했겠는가.〔君子哉, 若人! 魯無君子者, 斯焉取斯?〕"라고 하였는데, 이에 대한 소씨(蘇氏)의 주에, "사람의 선(善)을 칭찬할 때에 반드시 그 부형과 사우에 근본을 두는 것은 후덕함이 지극한 것이다.〔稱人之善, 必本其父兄師友, 厚之至也.〕"라고 하였다. 《論語集註 公冶長》

178 보국이라 등에 새기고 : 악비(岳飛)는 '진충보국(盡忠報國)'이라는 네 글자를 등에 새기고 있었다고 한다. 《宋史 卷365 岳飛列傳》

청렴하여 좋은 집을 사양하고 廉辭甲第
깨끗하여 이름난 미인을 물리쳤으니 淸却名媛
어찌 집안을 생각하겠는가[179] 何以家爲
내 마음은 여기에 있지 않았네 非我思存
고상한 노래 부르고 투호를 함에 雅謌投壺
풍도가 공손하고 신실하였으며 風度恂恂
엄정한 《인경》[180]을 肅肅麟經
지키고 따랐네 是所持循
복종하지 않는 이가 없으니[181] 無思不服
지극한 정성이 신을 감동시켰네 至誠動神
한 번 의로운 기치를 듦에 一擧義旗
육술[182]로 군대를 다스리니 六術御軍

179 청렴하여……생각하겠는가 : 악비(岳飛)의 집안에는 희첩(姬妾)이 없었는데, 오개(吳玠)가 평소 악비를 존경하여 그와 교유하고자 이름난 미인을 꾸며서 바쳤다. 그러자 악비는 성을 내며 “주상께서 날이 새기 전에 옷을 입고 해가 진 뒤에 저녁을 드시는데, 대장군이 어찌 안락하게 지내겠는가.〔主上宵旰, 豈大將安樂時?〕”라고 하고는 받지 않았다. 또 고종(高宗)이 악비를 위해 집을 만들어주자, 악비는 “적을 섬멸치 못하였는데, 어떻게 집안을 생각하겠습니까.〔敵未滅, 何以家爲?〕”라고 하고는 이를 사양하였다. 《宋史 卷365 岳飛列傳》

180 인경(麟經) : 《춘추(春秋)》를 달리 일컫는 말이다. 공자(孔子)가 《춘추》를 기술하다가 노(魯)나라 애공(哀公) 14년에 “서쪽으로 사냥을 나가 기린을 잡았다.〔西狩獲麟.〕”라는 대목에서 절필한 것에서 비롯되었다.

181 복종하지……없으니 : 《시경》 〈대아(大雅) 문왕유성(文王有聲)〉에 “호경(鎬京)의 벽옹(辟廱)에 서로부터 동으로부터 남으로부터 북으로부터 와서 심복하지 않는 이가 없으니, 황왕이 훌륭한 임금이시다.〔鎬京辟廱, 自西自東, 自南自北, 無思不服, 皇王烝哉.〕”라고 한 데서 온 말이다.

산을 흔든다는 군대의 명성[183]	撼山軍聲
기운이 곤륜산을 능가하였네	氣奪崑崙
황룡부(黃龍府)에 모여 술을 마심에[184]	會飮黃龍
천교[185]는 혼이 달아났으니	天驕遞魂
양궁[186]의 패옥이	兩宮環珮

182 육술(六術) : 군사를 운용하는 여섯 가지 방법으로, 《순자(荀子)》 〈의병(議兵)〉에 "제정하고 호령할 때에는 위엄 있게 하고자 하고, 상을 내리고 형벌을 할 때에는 신의 있게 하고자 하며, 영루(營壘)에 모여 숨을 때에는 주밀하며 견고하게 하고자 하고, 군사가 진퇴할 때에는 편안하며 엄중하게 하고 빠르며 신속하게 하고자 하며, 적을 살펴 변화를 엿볼 때에는 몰래 깊숙이 하고 다섯으로 셋으로 하고자 하고, 적을 만나 결전할 때에는 반드시 내가 밝게 아는 바를 말하고 내가 의심하는 바는 말하지 않는다. 이것을 일러 육술이라 한다.〔制號政令, 欲嚴以威. 慶賞刑罰, 欲必以信. 處舍收藏, 欲周以固. 徙擧進退, 欲安以重, 欲疾以速. 窺敵觀變, 欲潛以深, 欲伍以參. 遇敵決戰, 必道吾所明, 無道吾所疑. 夫是之謂六術.〕"라고 하였다.

183 산을……명성 : 악비(岳飛)의 군대는 기율(紀律)이 있어서 갑자기 적을 만나도 동요하지 않았으므로, 적들이 이를 일러 "산을 흔들기는 쉬워도, 악가(岳家)의 군대를 동요시키기는 어렵다.〔撼山易, 撼岳家軍難.〕"라고 하였다는 말이 전해진다. 《宋史 卷365 岳飛列傳》

184 황룡부(黃龍府)에……마심에 : 황룡부는 금(金)나라의 도성이었던 곳이다. 금나라의 장군 한상(韓尙)이 5만명을 이끌고 내부(內附)하려 하였는데, 악비(岳飛)가 크게 기뻐하면서 "곧장 황룡부에 가서 제군들과 실컷 술을 마시리라!〔直抵黃龍府, 與諸君痛飮爾!〕"라고 하였다. 《宋史 卷365 岳飛列傳》

185 천교(天驕) : 세력이 강한 북방의 오랑캐를 가리키는 말로, 여기서는 금(金)나라를 뜻한다. 한 무제(漢武帝) 때 흉노의 선우(單于)가 한나라에 글을 보내면서 "호는 하늘이 낸 교만한 이이다.〔胡者, 天之驕子也.〕"라고 했던 데서 온 말이다. 《漢書 卷94 匈奴傳上》

186 양궁(兩宮) : 1126년인 정강(靖康) 원년에 후금(後金)이 남하하여 북송(北宋)을 항복시키고 이듬해에 휘종(徽宗)과 흠종(欽宗)을 포로로 잡아갔는바, 이 두 황제를

오래지 않아 돌아왔으리	不日回轅
사방 오랑캐를 매질하여	箠撻四夷
팔방을 숙청하였네	肅淸八垠
시작을 궁구하고 결말을 맞춰보면	原始要終
만고에 악무목 한 사람이었네	萬古一人
동창의 반역자는	東窓凶孼
추악한 오랑캐와 원조하여서[187]	醜虜奧援
적을 위해서 원수를 갚아	爲賊報仇
오랑캐에게 은혜를 베풀 듯 하였네	有若樹恩
하루에 열 번 금패가 내려오니	一日十牌
대훈이 무너졌네[188]	壞了大勳

말한다.

187 동창(東窓)의……원조하여서 : 재상 진회(秦檜)가 금(金)나라와 강화를 주장하면서, 척화(斥和)를 주장하던 충신 악비(岳飛)를 죽일 계책을 세워 금나라와 몰래 도모한 것을 말한다. 동창이라는 말은 진회가 부인 왕씨(王氏)와 동창 아래에서 악비를 죽일 음모를 꾸몄던 데서 온 말이다. 〈악비열전(岳飛列傳)〉에 따르면, 금나라의 태자가 진회에게 편지를 보내, "그대가 조석으로 화의를 청하고 있는데 악비가 한창 하북을 도모하고 있으니, 반드시 악비를 죽여야만 비로소 화의할 수 있을 것이다."라고 하자, 진회 또한 악비가 죽지 않으면 끝내 화의가 경색되고 자신에게 필시 화가 미칠 것이라 생각하여 힘써 죽이기를 도모하였다고 한다.《西湖游覽志餘 佞盤荒》《宋史 卷365 岳飛列傳》

188 하루에……무너졌네 : 악비(岳飛)가 초토사(招討使)가 되어 금(金)나라 군대를 크게 격파한 뒤 황하를 건너 잃어버린 영토를 회복하려고 하였는데, 금나라와 화의를 주장하던 간신 진회(秦檜)가 "악비는 고군(孤軍)을 거느리고 있으니 오랫동안 머물러 두어서는 안 된다."라고 하면서 황제에게 소환하게 할 것을 건의하였다. 이에 황제가 하루 사이에 열두 번이나 금자패(金字牌)를 보내어 철수하라고 하자, 악비가 분통해하

죽이지 않고는 만족치 않아　不殺不饜
원수인 오랑캐에게 아첨하였으며　用媚讎髡
오랑캐에게 아첨할 뿐 아니라　非直媚髡
군주의 악을 조장하였네　逢惡厥君
하늘을 받치는 기둥이 꺾이자　天柱既折
땅을 유지하는 밧줄 또한 불탔네　地維亦焚
어사대에서 죄를 물어　烏臺勘案
자식 악운에게도 화가 미치니[189]　幷及阿雲
수많은 생령이 울부짖음에　號咷萬靈
천추토록 흐느끼네　嘘唏千春
훌륭한 따님이 하나 있었으니　有一女英
그 덕이 참되었네　厥德乃眞
그 지조는 우뚝하고　卓卓其操
그 어짊은 공손하고 신실하였네　翼翼其仁
이름이 효아이니　是曰孝娥
아비의 원통함을 품고 애통해하였네　懷痛父冤
아비의 원통함을 풀지 못하여　父冤莫泄
병을 안고서 우물에 뛰어들었네　抱瓶赴泉

며 눈물을 흘리면서 "십년 동안의 공력이 하루아침에 폐해지게 되었으니, 참으로 애석하다."라고 하였다. 《宋史 卷365 岳飛列傳》

189 어사대에서……미치니 : 악운(岳雲)은 악비(岳飛)의 장자로, 악운이 악비의 장수 장헌(張憲)에게 편지를 보내어 국론(國論)을 어기고 대역을 꾀했다는 누명을 받아 악비와 함께 처형되어 기시(棄市)형에 처해졌으며 가산을 몰수당했다. 《宋史 卷365 岳飛列傳》

우물물이 변하여 피가 되어서	泉化爲血
피를 구천에 뿌렸으나	血灑九天
높은 하늘은 들어줌이 없으니	天高無聽
순절하여 절개를 세웠네	自殉立慬
제영은 아버지의 목숨을 빌었거늘[190]	緹縈乞命
어찌하여 궐문에 부르짖음을 막았는가	奈阻叫閽
조아의 기특한 절개[191]와	曹娥奇節
세상은 다르나 그 일은 같았네	世曠事均
어찌 저들이	豈若彼其
지위를 견고히 하고자 어버이를 잊는 것과 같으랴	固位忘親
아버지는 충성하고 자식은 효도하여	父忠子孝
두 이치가 모두 지극하였으니	二理俱臻
우물물은 마르겠지만	井水可竭
아름다운 명성은 민멸되지 않으리라	英名不湮

190 제영(緹縈)은……빌었거늘 : 제영은 한 문제(漢文帝) 때의 효녀로, 순우의(淳于意)의 딸이다. 태창령(太倉令)으로 있던 순우의가 죄를 지어 장안(長安)으로 잡혀가 팔다리가 잘리는 육형(肉刑)을 받게 되자, 막내딸 제영이 따라가서 "죽은 자는 다시 살아날 수 없고 잘린 육신은 다시 붙일 수 없으니, 원컨대 대신 관비(官婢)가 되어 아비의 죄를 속죄하겠다."라고 소장을 올리니, 문제가 이에 감동하여 순우의의 죄를 사면해주고 육형(肉刑)을 없애도록 조서를 내렸다고 한다. 《漢書 卷23 刑法志》

191 조아(曹娥)의 기특한 절개 : 조아는 동한(東漢) 때의 효녀로, 무당 조우(曹盱)의 딸이다. 14살 때에 아버지가 강에서 물의 신인 파사신(婆娑神)을 맞는 굿을 하다가 불어난 강물에 빠져 죽자, 이에 조아가 아버지의 시신을 찾으며 17일을 통곡하다가 강물에 몸을 던졌다. 이윽고 5일 만에 익사한 채 아버지의 주검을 안고 물 위에 떠올랐다고 한다. 《後漢書 卷84 列女傳 孝女曹娥》

국화에 대한 찬 정미년(1847, 헌종13) 10월

菊花贊 丁未陽月

찬란한 국화여	煌煌靈菊
여러 꽃의 으뜸이로다	冠冕群英
《대기》에 실려 있고[192]	登諸戴記
《초경》에 나와 있네[193]	著于楚經
순양의 기운을 오로지 받아	稟專純陽
일정이라 이름 하였네[194]	乃名日精
둥근 꽃봉오리 높이 매달려 있음은	圓萼高懸
천극을 따른 것이고	爰準天極
순황의 색 잡되지 않음은	純黃不雜
후토의 색과 통하였으며	通后土色
일찍 심어서 늦게 핌은	早植晚登

192 대기(戴記)에 실려 있고 : 대기는 《예기(禮記)》의 또 다른 명칭인 《소대기(小戴記)》를 말한다. 《예기》〈월령(月令)〉에 "계추의 달에……국화에 누런 꽃이 핀다.〔季秋之月……鞠有黃華.〕"라고 한 내용이 보인다.

193 초경(楚經)에 나와 있네 : 초경은 《초사(楚辭)》에 실린 굴원(屈原)의 〈이소경(離騷經)〉을 말한다. 여기에 "아침에는 난초에서 떨어지는 이슬을 마시고, 저녁에는 가을 국화의 지는 꽃잎을 먹는다.〔朝飮木蘭之墜露兮, 夕餐秋菊之落英.〕"라고 한 내용이 보인다.

194 순양의……하였네 : 일정(日精)은 국화의 이칭으로, 《본초(本草)》에 보인다. 9월 9일 중양절(重陽節)에 국화로 만든 국화주를 마시기 때문에 순양(純陽)의 기운을 받았다고 한 것이다.

군자의 덕을 체행한 것이고 體君子德
서리를 무시하고 꽃이 핌은 傲霜吐穎
굳세고 곧음을 본떴으며 用象勁直
술잔에 떠있는 가벼운 몸은 流中輕體
신선의 음식이니 爲神仙食
이 다섯 가지 아름다움은 卽玆五美
옛 사람이 평한 것이네[195] 昔人攸評
무성한 소나무 잣나무는 如松柏茂
가지와 잎 푸르고 柯葉變青
향기 나는 난초와 혜초는 如蘭蕙芳
봄 모습이 영화를 펼치지만 春容敷榮
어찌 이 국화[196]가 孰若治蘠
한 마음을 품고서 정에 응하는 것만 하겠는가 抱一應貞
예로부터 끊임이 없어서 無絶終古
길이 그윽한 향기를 보전하네 永保幽馨
홀로 맑은 향기를 품고서 獨懷冷香
죽음에 이르러도 지지 않으니 抵死不零

195 둥근 꽃봉오리……것이네 : 삼국 시대 위(魏)나라의 종회(鍾會)가 지은 〈국화부(菊華賦)〉에 "둥근 꽃이 높이 매달려 있음은 천극을 따른 것이고, 순황의 색 잡되지 않음은 후토의 색이며, 일찍 심어서 늦게 피는 것은 군자의 덕이고, 서리를 무릅쓰고 꽃이 핌은 굳세고 곧음을 본떴으며, 몸이 가벼워 잔에 뜸은 신선의 음식이다.〔圓華高懸, 準天極也; 純黃不雜, 后土色也; 早植晚發, 君子德也; 冒霜吐穎, 象勁直也; 杯中體輕, 神仙食也.〕"라고 한 내용이 보인다. 《古今事文類聚 後集 卷29 菊譜前序》

196 국화 : 원문의 '치장(治蘠)'은 국화의 이칭으로, 《이아(爾雅)》에 보인다.

온갖 꽃을 낱낱이 꼽아봄에　歷選百卉
무엇이 이에 견주겠는가　疇與比幷
우뚝이 서리 아래 걸사가 되니[197]　卓爲霜傑
고절을 형언하기 어렵네　苦節難名
모든 꽃피는 일이　凡厥花事
이에 이르러 끝나네　至此而窮
이슬 적신 초사에는　浥露草史
오류옹이 있고[198]　有五柳翁
오산에서 꽃을 따서　烏山採華
두 소나무에 제사를 올렸네[199]　以祭二松
사람과 꽃이 서로 감동하여　人花相感

197 우뚝이……되니 : 도연명(陶淵明)의 시에, "향기로운 국화는 숲 속에 활짝 피고, 푸른 소나무는 바위 위에 줄지었네. 소나무는 곧은 절조 가슴에 품고, 국화는 우뚝이 서리 아래 걸사가 되었도다.〔芳菊開林耀, 靑松冠巖列. 懷此貞秀姿, 卓爲霜下傑.〕"라는 한 내용이 보인다. 《陶淵明集 卷2 和郭主簿》

198 이슬……있고 : 오류옹(五柳翁)은 동진(東晉)의 시인 도연명(陶淵明)으로, 집 앞에 버드나무 다섯 그루를 심어 놓고 자호(自號)를 오류선생(五柳先生)이라고 한 데에서 유래한 말이다. 《설부(說郛)》에 실린 〈국보전서(菊譜前序)〉에 따르면, "도연명이 세 오솔길에 국화를 심고 동쪽 울타리에서 따서 이슬을 적시고 꽃을 모아 띄워두고서 근심을 잊었다〔陶淵明植以三徑, 采於東籬, 浥露掇英, 汎以忘憂.〕"라고 하였다. 《古今事文類聚 後集 卷29 菊譜前序》

199 오산(烏山)에서……올리네 : 오산은 금오산(金烏山)으로, 야은(冶隱) 길재(吉再, 1353~1419)가 고려가 멸망한 뒤에 조선조에서 벼슬하지 않고 절개를 지키면서 은거한 곳이다. 길재가 금오산에 은거하면서 은(殷)나라 말기의 고사(高士)인 백이(伯夷)와 숙제(叔齊)를 기리면서 "황화를 꺾어 백이에게 제사를 올리네.〔手折黃花祭伯夷.〕"라는 시구를 지었다는 이야기가 전해진다. 《冶隱先生續集 卷中 採薇亭記》

먼 시대에도 통하였네 曠世流通
내 찬을 짓고자 함에 我欲作贊
한 마디 말도 하기 어려우니 難容一辭
다만 두 번 절을 올려서 直欲再拜
기약한 바를 의탁코자 하노라 用托心期

-두 소나무〔二松〕는 백이(伯夷)와 숙제(叔齊)를 이른다.-

매화에 대한 찬 정미년(1847, 헌종13) 납월

梅花贊 丁未臘月

황천후토[200]의 바른 나무는	后皇貞樹
영특한 매화이니	曰有英梅
국에 간을 맞추고 열매가 떨어짐이	和羹摽實
《시경》과 《서경》에 나와 있네[201]	詩書攸該
운산에서 말린 것이	雲山乾腊
《우경》에 실려 있고[202]	載諸禹經
절여서 두실로 만든 것이	煮成豆實
또한 〈하소정(夏小正)〉에 나와 있네[203]	亦著夏正

200 황천후토(皇天后土) : 원문의 '후황(后皇)'은 황천후토, 즉 천지(天地)를 가리킨다. 《초사(楚辭)》 〈귤송(橘頌)〉에 "후황의 아름다운 나무인 귤나무가 남쪽의 이 땅을 사모해 찾아왔네.〔后皇嘉樹橘徠服兮.〕"라는 구절이 나온다.

201 국에……있네 : 《서경》 〈상서(商書) 열명 하(說命下)〉에 은 고종(殷高宗)이 재상 부열(傅說)에게 "너는 짐의 뜻을 가르쳐서 만약 술과 단술을 만들거든 네가 누룩과 엿기름이 되며, 만약 간을 맞춘 국을 만들거든 네가 소금과 매실이 되어야 한다.〔爾惟訓于朕志, 若作酒醴, 爾惟麴糱, 若作和羹, 爾惟鹽梅.〕"라고 하였으며, 《시경》 〈소남(召南) 표유매(摽有梅)〉 "떨어지는 매실이여 그 열매가 일곱이로다.〔摽有梅, 其實七兮.〕"라고 하였다.

202 운산(雲山)에서……있고 : 《우경(禹經)》은 《산해경(山海經)》을 가리키는데, 이는 《산해경》 18권에 대해 "대우가 짓고 진의 곽박이 전을 붙였다.〔大禹製, 晉郭璞傳.〕"라는 말이 전해지기 때문이다. 《산해경》에 "운산 위에 그 열매는 건석이로다.〔雲山之上, 其實乾腊.〕"라고 하였는데, 곽박(郭璞)의 주에 "석은 말린 매실이다.〔腊, 乾梅也.〕"라고 하였다.

유독《초사(楚辭)》의 〈이소(離騷)〉에만 빠져있으니　　獨漏楚騷
굴원(屈原)의 영령에 유감이 있네[204]　　有憾屈靈
상림원(上林園)의 동심매(同心梅)는　　上林同心
이름이 서경을 진동하였네[205]　　名揚西京
나부산에서 시작하여　　肇自羅浮
실로 유령에까지 번성하였네[206]　　寔繁庾嶺
옥 같은 문채와 옥 같은 가지　　瓊藻瑤枝
은은한 향기와 앙상한 그림자요[207]　　暗香疏影

203 절여서……있네 : 〈하소정(夏小正)〉은 《대대례기(大戴禮記)》의 편명으로, 각 달의 물후(物候)를 기록한 것이다. 여기에 "절인 매실은 두실이 된다.〔煮梅爲豆實也.〕"라는 말이 보인다.

204 유독……있네 : 《초사(楚辭)》〈이소(離騷)〉는 초(楚)나라의 시인 굴원(屈原)이 간신의 참소를 받고 쫓겨나 지은 글이다. 여기에서 여러 향초에 관해 이야기하였는데, 유독 그중에 매화에 대한 언급이 빠져있음을 말한 것이다.

205 상림원(上林園)의……진동하였네 : 《서경잡기(西京雜記)》에 따르면, 한 무제(漢武帝)가 상림원을 보수할 때에 여러 신하들이 각각 먼 지방의 이름난 과실과 나무들을 바쳤는데, 매화의 일곱 품종 가운데 동심매(同心梅)가 있었다고 한다.

206 나부산(羅浮山)에서……번성하였네 : 나부산은 광동성(廣東省) 증성현(增城縣)에 있는 산으로, 수(隋)나라 조사웅(趙師雄)이 나부산의 매화나무 아래에서 잠들었다가 매화 선녀를 꿈에 보았다는 고사로도 유명하다. 유령(庾嶺)은 곧 대유령(大庾嶺)으로 강서성(江西省)에 있는 고개인데 매화가 많아 매령(梅嶺)이라고도 불리며, 남북의 기온차가 커서 그 남쪽의 매화가 질 때에야 북쪽의 매화가 핀다고 한다. 또한 《연감유함(淵鑑類函)》 권400 〈과부2(果部二) 매5(梅五)〉에 실려 있는 남송(南宋) 초기의 문인 주지한(周之翰)의 〈설매부(爇梅賦)〉에 "삼가 생각건대 지로(地爐)의 처사 매화공의 영령은 나부산에서 생겨나 대유령에서 나뉘었네.〔恭惟地爐中處士梅公之靈, 生自羅浮, 派分庾嶺.〕"라는 구절이 보인다.

207 은은한……그림자요 : 송(宋)나라 임포(林逋)의 〈산원소매(山園小梅)〉에 "앙상

구름 같은 피부에 옥 같은 뼈[208]　雲肌玉骨
눈 같은 넋에 얼음 같은 혼이라네[209]　雪魄氷魂
반은 피고 반은 머금어　半開半含
침묵하는 듯 말하는 듯하네[210]　如默如言
담박함은 뜻을 밝히고　澹泊明志
깨끗함은 신령을 통하게 하네　瀅澈通神
하늘의 꽃 깨끗하고 향기로우니　天葩淨香
어찌 난초의 향기에 견주랴　詎比蘭薰
여러 아름다운 꽃들을 차례로 꼽아서　歷選衆芳
부류대로 모아 무리로 나눠봄에　類聚群分
부용을 모으고　緝以芙蓉
작약을 준다 하며　贈以芍藥
소산의 계수나무 숲이요　小山叢桂
향기로운 물가의 두약이라 하니　芳洲杜若

한 그림자 비꼈고 물은 맑고 얕은데, 은은한 향기 풍겨오고 달빛은 황혼이로다.〔疏影橫斜水清淺, 暗香浮動月黃昏.〕"라는 구절이 보인다. 《淵鑑類函 卷400 果部二 梅五》

208 구름……뼈 : 소식(蘇軾)의 매화를 읊은 사(詞)에 "옥 같은 뼈 어찌 장무를 근심하랴, 얼음 같은 피부에 절로 선풍이 있도다.〔玉骨那愁瘴霧? 氷肌自有仙風.〕"라는 구절이 보인다. 《東坡詞》

209 눈……혼이라네 : 육유(陸游)의 시에 "광한궁 속 장생의 약이 얼음 같은 혼과 눈 같은 넋을 치료해 돌이켰네〔廣寒宮裏長生藥, 醫得氷魂雪魄回.〕"라는 구절이 보인다. 《劍南詩稿 卷29 北坡梅開已久一枝獨不著花立春日忽放一枝戲作》

210 반은……듯하네 : 당(唐)나라 시인 송경(宋璟)의 〈매화부(梅花賦)〉에 "반은 피고 반은 머금어 침묵하는 것도 말하는 것도 아니로구나.〔半開半含, 非默非言.〕"라는 구절이 보인다. 《淵鑑類函 卷400 果部二 梅五》

이들은 꽃의 빼어남에서 나와	出榮産奇
시인이 의탁한 데 보이지만	見詩人托
어찌 이 꽃이	曷若玆卉
세한에도 특별히 고와서	歲寒特姸
구주가 추위로 닫혀 있을 적에	九野閉寒
홀로 조화의 권세를 독점하는 것만 하겠는가	獨擅化權
만물이 아직 생겨나기 전에	萬物未生
스스로 그 천성을 온전히 하였네	自全其天
저 온갖 꽃들을 보건대	相彼百花
누가 감히 매화와 앞을 다투랴	疇敢競先
꾀꼬리 노래하고 제비 지저귀는 것과는	鶯歌燕語
때가 서로 이어지지 않고	時不相挻
희롱하는 벌과 춤추는 나비가	蜂戲蝶舞
머무르지 않는다네[211]	靡所留連

211 부용을 모으고……않는다네 : 《연감유함(淵鑑類函)》 권400 〈과부2(果部二) 매5(梅五)〉에 실려 있는 송경(宋璟)의 〈매화부(梅花賦)〉에 "부용을 모으고 작약을 주며 소산의 총계를 완상하고 방주의 두약을 줍네. 이는 모두 물건이 꽃의 빼어남에서 나온 것으로서 이름이 시인의 의탁으로 드러난 것이네. 그러나 봄에 고운 것은 가을 녘에 먼저 시들어버리고, 여름에 성대한 것은 겨울이 되기 전에 시들며, 혹은 아침에 꽃을 드리웠다가 빨리 작별하고, 혹은 저녁에 꽃을 피웠다가 마침내 쇠해버리네. 그러니 어찌 이 꽃이 세한에도 특별히 고와서 얼음이 얼고 서리가 엉길 때에 아름다움을 독단하여 권세를 휘두르는 것만 하겠는가. 저 온갖 꽃들을 보건대 누가 감히 매화와 앞을 다투랴. 꾀꼬리 소리 한창 막혀 있고 벌집 아직 시끄럽지 않은데 독보적으로 이른 봄에 스스로 천성을 온전히 하였네.〔緝之以芙蓉, 贈之以芍藥, 玩小山之叢桂, 掇芳洲之杜若, 是皆物出於榮産之奇, 名著於風人之託. 然而艶於春者, 望秋先悴; 盛於夏者, 未冬而萎.

깊은 산속에 은둔하기를 좋아하고　甘遯巇巖
시장 곁에 있는 것을 부끄러워하니[212]　恥傍市廛
높은 운치가 동하는 바에　風韻攸動
아름다운 의표가 전일하네　標格斯專
본성을 바꾸지 않음을 귀하게 여기니　貴不移性
군자의 어짊이네[213]　君子之賢
누가 꽃의 신을 무함하여　誰誣花神
미인이라 불렀는가[214]　喚做美人

或朝蕤而速謝，或夕秀而遂衰．曷若玆卉，歲寒特妍，氷凝霜涸，擅美專權？相彼百花，孰敢爭先？鶯語方澀，蠭房未喧，獨步早春，自全其天.〕"라고 하였다. "부용을 모으고〔緝以芙蓉〕"라는 구절은 《초사(楚辭)》 〈이소(離騷)〉의 "기하(芰荷)를 마름질하여 저고리를 짓고, 부용을 모아서 치마를 짓네.〔製芰荷以爲衣兮，集芙蓉以爲裳.〕"라는 구절에 보이고, "작약을 준다〔贈以芍藥〕"라는 말은 《시경》 〈정풍(鄭風) 진유(溱洧)〉의 "남자와 여자가 서로 희학을 하면서 작약을 선물하도다.〔維士與女，伊其相謔，贈之以勺藥.〕"라는 구절에 보이며, "소산의 계수나무 숲〔小山叢桂〕"은 한(漢)나라 때 회남왕(淮南王) 유안(劉安)에게 초빙된 인사들 가운데 소산(小山)이라고 일컬어지던 이들이 지은 《초사》 〈초은사(招隱士)〉의 "계수나무 숲 우거져 산 그윽하니, 구불구불 길게 뻗어 가지 서로 얽혔구나.〔桂樹叢生兮山之幽，偃蹇連蜷兮枝相繆.〕"라는 구절에서 유래하였고, "향기로운 물가의 두약〔芳洲杜若〕"은 《초사》 〈구가(九歌) 상군(湘君)〉의 "향기로운 물가에서 두약을 캐어 저 하녀에게 주련다.〔采芳洲兮杜若，將以遺兮下女.〕"라는 구절에 보인다.

212 깊은……부끄러워하니 : 송경(宋璟)의 〈매화부(梅花賦)〉에 "시장 곁에 있는 것을 부끄러워하고 암혈에 은둔하기를 좋아하네.〔恥鄰市廛，甘遯巖穴.〕"라는 구절이 보인다. 《淵鑑類函 卷400 果部二 梅五》

213 본성을……어짊이네 : 송경(宋璟)의 〈매화부(梅花賦)〉에 "본성을 바꾸지 않음을 귀하게 여기니, 군자의 절개에 짝할 만하네.〔貴不移於本性，方有儷於君子之節.〕"라는 구절이 보인다. 《淵鑑類函 卷400 果部二 梅五》

나 홀로 저 빈 곳에 처하여 我獨處廓
그대와 이웃이 되었노라 與子爲隣
밝은 덕이 향기로우니 明德維馨
진실로 아름다운 손님이로다 允矣嘉賓
외롭고 깡마른 모습에서 稜稜孤癯
도가 보존됨을 눈으로 볼 수 있으니 目擊道存
평생에 不恨平生
참된 신선 만나지 못함을 한할 것이 없노라 未遇眞仙
고산은 아내로 보았으니[215] 孤山視妻
경건한 마음이 부족한 듯하고 恐欠敬虔
누가 우물이라 말했는가[216] 孰謂尤物

214 누가……불렀는가 : 수(隋)나라 개황(開皇) 연간에 조사웅(趙師雄)이 저물녘에 나부산(羅浮山) 아래를 지나다가 숲속 주점 가에서 매화 향기를 풍기는 소복(素服) 차림의 미인을 만나 함께 술을 마셨는데, 잠이 들었다가 깨어나 보니 미인도 주점도 없고 자신만 큰 매화나무 밑에 누워있었다는 고사가 유종원(柳宗元)의 《용성록(龍城錄)》에 전한다. 《古今事文類聚 後集 卷28 花卉部 梅花》

215 고산(孤山)은 아내로 보았으니 : 고산은 서호(西湖)의 고산에 은거하였던 송(宋)나라 임포(林逋)를 가리킨다. 고산에 살면서 장가를 가지 않고서 매화를 심고 학을 기르면서 평생을 보냈으므로 사람들이 매처학자(梅妻鶴子)라고 하였다. 《宋史 卷457 隱逸列傳》

216 누가 우물(尤物)이라 말했는가 : 우물은 흔히 절세미녀를 뜻하며, 전하여 완상의 대상이 되는 특별하게 진귀한 물건을 가리킨다. 남송(南宋)의 범성대(范成大)가 지은 《매보(梅譜)》 서문(序文)에 "매화는 천하의 우물이니, 지혜로운 이든 어리석은 이든 간에 감히 이에 대해 이의를 제기하지 않는다. 채전을 가꾸는 선비들은 반드시 먼저 매화를 심고, 또 많은 것을 꺼리지 않으며, 다른 꽃들의 유무와 다소는 모두 중요하게 여기지 않는다.〔梅天下尤物, 無間智賢愚不肖, 莫敢異議. 學圃之士, 必先種梅, 且不厭

품평을 크게 잘못하였네 太失題評
만나보고서 흥을 이룬 것은 感遇成興
송광평이 있었고[217] 有宋廣平
고정은 부를 지어 考亭述賦
깨끗하고 진실함을 허여하였네[218] 許以潔誠
내 이름을 지어주고자 하니 我欲錫名
옥모선생이네 玉貌先生
오직 높고 묘하여서 維其高妙
겉과 속이 똑같이 깨끗하네 表裏均淸
평소의 지조를 바꾸지 않아[219] 不易其素

多, 他花有無多少, 皆不繫重輕.〕"라고 한 내용이 보인다. 《古今事文類聚 後集 卷28 花卉部 梅花》

217 만나보고서……있었고 : 송광평(宋廣平)은 당 현종(唐玄宗) 때에 광평군공(廣平郡公)에 봉해진 송경(宋璟)을 가리킨다. 그가 지은 〈매화부(梅花賦)〉의 서문에 "수공(垂拱) 3년(687)에 내 나이 25세였다. 과거 시험을 보러 다시 북으로 갔다가 아버지를 따라 동천에 이르러 객관을 배정받았다. 관사에 매화 하나가 있었는데 무성한 초목 사이에서 꽃이 피어 있었다. 탄식하며 말하기를, '아아 이 매화여! 제자리가 아닌 곳에 뿌리를 의탁하였으니, 출중한 자질을 어떻게 구별하겠는가. 곧은 마음을 변치 않는 것은 취할 만하다.' 하였다. 감동하여 흥을 이루어 마침내 다음과 같이 부를 짓는다.〔垂拱三年, 余春秋二十有五. 戰藝再北, 從父至東川授館. 官舍有梅一本, 敷蘤於榛莽中. 喟然歎曰: 嗚呼斯梅! 託根非其所, 出群之姿, 何以別乎? 若其貞心不改, 是則可取也已! 感而成興, 遂作賦.〕"라고 하였다. 《淵鑑類函 卷400 果部二 梅五》

218 고정(考亭)은……허여하였네 : 고정은 송(宋)나라 유학자 주희(朱熹)로, 복건성(福建省) 건양현(建陽縣)에 있는 고정에 살며 강학하였으므로 이렇게 일컫는다. 주희가 지은 〈매화부(梅花賦)〉는 《연감유함(淵鑑類函)》 권400 〈과부2(果部二) 매5(梅五)〉 등에 보인다.

평소대로 행하니	素位而行
내 마침내 그대를 따라서	乃願從子
그윽한 곧은 마음을 길이 보존하고자 하노라	永葆幽貞

219 평소의……않아 : 송경(宋璟)의 〈매화부(梅花賦)〉에 "옥과 얼음 같은 자태로 평소의 지조를 바꾸지 않네.〔玉立氷姿, 不易厥素.〕"라는 구절이 보인다. 《淵鑑類函 卷400 果部二 梅五》

충성스런 개에 대한 찬 무신년(1848, 헌종14)

忠狗贊 戊申

인현(仁顯) 성모께서 기사년에 손위하고 출궁하였는데,[220] 그때 길에 한 마리 개가 있어서 옥교(屋轎)를 따라와서 그대로 폐궁에 들어가 밤낮으로 떠나지 않고 창밖에 인적이 있으면 그때마다 짖어대니, 성모께서 길러주었다. 갑술년에 복위하셔서 환궁하여 입궐하였는데,[221] 개가 또 따라 나와서는 도중에 어디로 갔는지를 알지 못하니 또한 기이한 일이다. -《단암만록(丹巖漫錄)》에 보인다.- 찬(贊)은 다음과 같다.

간은 개가 되니[222]	維艮爲狗
북두성의 정기를 품부 받아 태어났네	稟生斗精
작은 훌륭하고 연은 잘 쫓으며[223]	猘良豣逐

220 인현(仁顯)……출궁하였는데 : 기사년인 숙종 15년(1689)에 후궁인 소의(昭儀) 장씨(張氏)의 소생을 원자(元子)로 정호(定號)하는 문제를 계기로 하여 경신환국(庚申換局) 이래 집권해왔던 서인(西人)들이 대거 축출되고 남인(南人)이 정국을 장악하였다. 이에 인현왕후(仁顯王后)가 폐위되어 궁 밖으로 쫓겨나고, 희빈(禧嬪) 장씨(張氏)가 왕비로 책봉되었다.

221 갑술년에……입궐하였는데 : 갑술년인 숙종 20년(1694)에 다시 환국(換局)이 일어나 서인이 정권을 다시 회복하면서, 폐위되었던 인현왕후(仁顯王后)가 다시 복위되어 중궁의 자리에 오르게 되었다.

222 간(艮)은 개가 되니 : 《주역》 〈설괘전(說卦傳)〉에 "간은 개가 된다.〔艮爲狗.〕"라고 하였다.

삵의 덕[224]과 표범의 소리[225]를 지녔네　狸德豹聲
사람의 뜻을 능히 이해하니　能解人意
영험을 바치게 할 만하네　可使效靈
쥐를 물고[226] 토끼를 물어오며[227]　咋鼠銜冤

223　작(浞)은……쫓으며 : 《여침자림(呂忱字林)》에 따르면, 작(浞)은 송(宋)나라의 훌륭한 개〔宋良犬〕라고 하며, 연(豜)은 범을 쫓는 개〔逐虎犬〕라고 한다. 《淵鑑類函 卷436 獸部八 狗一》

224　삵의 덕 : 《장자(莊子)》 〈서무귀(徐无鬼)〉에, 서무귀가 위 무후(魏武侯)를 만나고서 "시험 삼아 임금님께 제가 개를 보는 방법을 말씀드리겠습니다. 하급의 자질에 해당하는 개는 배불리 먹는 데 집착할 뿐이니 이는 삵의 덕입니다. 중등의 자질은 마치 해를 쳐다보는 것 같이 합니다. 상등의 자질은 마치 자신을 잊어버린 것과 같습니다.〔嘗語君吾相狗也. 下之質, 執飽而止, 是狸德也. 中之質, 若視日. 上之質, 若亡其一.〕"라고 한 내용이 보인다.

225　표범의 소리 : 당(唐)나라 왕유(王維)의 〈산중여배수재적서(山中與裴秀才迪書)〉에 "깊은 골목 추위 속의 개는 짖는 소리가 표범과 같다.〔深巷寒犬, 吠聲如豹.〕"라고 한 내용이 보인다.

226　쥐를 물고 : 이 부분은 원문의 '작서(咋鼠)'에 착오가 있었던 것으로 보인다. 우선 개가 뱀을 물어 죽인〔咋蛇〕 고사가 전해지는바, 《유명록(幽明錄)》에 따르면 오(吳)나라 사람 화륭(華隆)이 사냥을 좋아하여 적미(的尾)라는 개를 키웠는데, 어느 날 강가에서 큰 뱀이 화륭의 몸을 둘러싸 위험에 처하자 개가 뱀을 물어서 죽이고는, 화륭이 쓰러져 있는 것을 보고 울부짖으면서 사람을 불러왔다. 집으로 옮겨와서 이틀 만에 소생할 수 있었는데, 화륭이 이 일로 더욱 이 개를 아껴서 친척과 같이 대하였다고 한다. 한편 《삼국지》 〈위지(魏志)〉에는 위 태조(魏太祖)인 조조(曹操)가 청렴하지 못한 신하 정비(丁斐)를 두고 평하기를 "내가 정비를 얻은 것은 마치 인가에 도둑질하는 개가 쥐를 잘 포획하여서〔捕鼠〕, 비록 조금 손해는 있지만 나의 주머니를 완전하게 지켜주는 것과 같다."라고 한 내용이 보인다. 《淵鑑類函 卷436 獸部八 狗三》

227　토끼를 물어오며 : 《후주서(後周書)》에 따르면, 장원(張元)이라는 사람이 성품이 인자하여 어릴 적에 길거리에 버려진 강아지를 거두어 길렀는데, 얼마 뒤 강아지의

말을 끌고[228] 용으로 변하였네[229]	曳馬化龍
우물에 던지면 비를 내리게 하고[230]	投井降雨
길에서 찢으면 바람을 멈추게 하네[231]	磔道止風
몸을 아끼지 않고	不愛厥身
주인을 위해 충성을 바쳐 죽었네	爲主殉忠
황파의 해[232]에 이르러	値歲黃巴
적불[233]을 타고 출궁하였는데	翟茀出宮

어미가 한 마리 죽은 토끼를 물고 와서 장원의 앞에 두고는 떠나갔다고 한다. 《淵鑑類函 卷436 獸部八 狗三》

228 말을 끌고 : 《구당서(舊唐書)》에 따르면, 당(唐)나라 무덕(武德) 연간에 고창왕(高昌王) 문태(文泰)가 암컷과 수컷 개 한 마리씩을 바쳤는데, 몹시 지혜로워서 능히 말을 끌거나 등불을 입에 물었다고 한다. 《淵鑑類函 卷436 獸部八 狗三》

229 용으로 변하였네 : 《속선전(續仙傳)》에 따르면, 당(唐)나라의 도사(道士) 위선준(韋善俊)이 개 한 마리를 오룡(烏龍)이라 불렀는데, 후에 정말로 이 개가 용으로 변하여서 위선준이 이를 타고서 날아갔다고 한다. 《淵鑑類函 卷436 獸部八 狗三》

230 우물에……하고 : 《상서고실(尙書故實)》에 따르면, 서주(舒州)의 잠산(灊山) 아래 아홉 개의 우물이 있었는데, 가뭄이 들었을 때 개 한 마리를 죽여서 그 속에 던지면 반드시 비가 내렸다고 한다. 《淵鑑類函 卷436 獸部八 狗三》

231 길에서……하네 : 《이아주(爾雅注)》에 따르면, 당시 풍속에 큰길에서 개를 희생으로 삼아 찢어 죽여서 이로써 바람을 멈추게 하였다고 한다. 《淵鑑類函 卷436 獸部八 狗三》

232 황파(黃巴)의 해 : 황파는 황사(黃蛇)란 뜻으로 기사년(己巳年)을 가리키는바, 인현왕후(仁顯王后)가 폐위되어 궁 밖으로 쫓겨난 1689년(숙종15)을 말한다.

233 적불(翟茀) : 적불은 왕비가 타는 수레로, 꿩〔翟〕의 깃으로 꾸미고 앞뒤를 가린 수레를 말하는데, 여기서는 인현왕후(仁顯王后)가 출궁할 때에 탄 수레를 가리킨다. 《시경(詩經)》 〈위풍(衛風) 석인(碩人)〉에, "적불을 타고 조회한다.〔翟茀以朝.〕"라고 하였다.

홀연 황이와 같은 개[234]가 있어서 忽有黃耳
도중에서 수레를 호종하였네 扈輅途中
요화궁[235]에서 명을 받들기를 供命瑤華
신하와 같이 하였네 與臣僕同
지휘하면 헷갈리지 않아서 指顧不迷
주선을 스스로 잘 하였네 周旋自臧
낮에는 뜰에서 순종하고 晝馴庭廡
밤에는 문과 담장을 막아 지켰네 宵捍門墻
경계함이 신령과 같아 其警如神
상서롭지 못한 것을 벽제하니 辟除不祥
귀신이나 여우와 같은 무리들이 狐蠱鬼蜮
흉악한 마음을 부리지 못하였네 莫售凶腸

당시에 흉적(凶賊) 장희재(張希載)가 그 누이를 끼고서 폐궁(廢宮)을 해칠 것을 도모하였다.

한로로 사냥을 대비하더라도[236] 韓獹備獵

234 황이(黃耳)와 같은 개 : 명견(名犬)을 뜻한다. 본래 황이는 진(晉)나라 육기(陸機)가 길렀던 명견으로, 매우 총명하여 육기가 쓴 서신을 낙양(洛陽)과 오지(吳地)를 오가며 전달했다고 한다. 《晉書 卷54 陸機列傳》

235 요화궁(瑤華宮) : 여기서는 폐위된 인현왕후(仁顯王后)가 거처하던 곳을 가리킨다. 본래 송(宋)나라 인종(仁宗)과 철종(哲宗)이 각각 황후 곽씨(郭氏)와 황후 맹씨(孟氏)를 폐위하여 요화궁에서 거처하게 한 데서 온 말이다. 《宋史 卷242 仁宗郭皇后列傳, 卷243 哲宗昭慈孟皇后列傳》

236 한로(韓獹)로 사냥을 대비하더라도 : 한로는 전국 시대 한(韓)나라에서 나던 명견(名犬)을 말한다. 《전국책(戰國策)》 〈진책 삼(秦策三)〉에 "용맹스런 진나라 병사들과 많은 수레와 기마로 제후를 상대하는 것은 마치 한로를 풀어서 절뚝거리는 토끼를

훌륭하다 칭찬할 것이 못되며	未足稱嘉
서오를 천자에게 바친 것[237]이	西獒旅庭
어찌 감히 비견될 수 있겠는가	詎敢比方
지극하도다 곤원이여	至哉坤元
덕이 무강에 합하니	德合无疆
금수가 모두 순응하여	禽獸咸若
유순하고 이정하도다[238]	柔順利貞
물건의 성질을 다하여	用盡物性
그 정성을 다하도록 하니	俾殫厥誠
육 년 동안 한마음으로	六載一心
능히 공훈을 드러내었네	克著勳庸
황상[239]이 재림하시어	黃裳再臨

쫓는 것과 같다.〔以秦卒之勇、車騎之多，以當諸侯，譬若放韓盧而逐蹇兎也.〕"라고 하였다.

237 서오(西獒)를……것 : 서오는 서려(西旅)에서 나던 큰 개로, 주(周)나라 무왕(武王) 때에 서려에서 큰 개를 바쳐 오자 소공(召公)이 이를 받아서는 안 된다고 무왕을 경계시킨 일이 있다. 《書經 周書 旅獒》

238 지극하도다……이정(利貞)하도다 : 《주역(周易)》 〈곤괘(坤卦) 단사(彖辭)〉에, "지극하도다! 곤원(坤元)이여. 만물이 이를 자뢰하여 생기나니, 이에 하늘을 순히 받들도다. 곤의 두터움이 물건을 실음은 덕이 무강에 합하며 포용하고 너그러우며 빛나고 위대하여 만물이 다 형통하다. 암말은 땅의 부류이니 땅을 걸어감이 끝이 없으며, 유순하고 이정함이 군자의 행하는 바이다.〔至哉坤元! 萬物資生, 乃順承天. 坤厚載物, 德合无疆, 含弘光大, 品物咸亨. 牝馬地類, 行地无疆, 柔順利貞, 君子攸行.〕"라고 하였다.

239 황상(黃裳) : 황상은 《주역(周易)》 〈곤괘(坤卦) 육오(六五)〉에 "누런 치마라 크게 길하다.〔黃裳元吉.〕"라고 한 데서 온 말로, 왕후(王后)의 정위(正位)를 뜻한다.

구중궁궐로 돌아오시니	還御九重
이 개가 경사를 고하여	猣也告慶
뛰어오르며 따라왔네	踴躍以從
중도에 도망가 숨어서	中路逃隱
마친 바를 알 수 없으니	不知所終
자기가 할 일을 끝냈으니	能事已畢
거두어 물러나기를 비운 듯이 한 것이었네	斂却若虛
때로 나타났다가 때로 숨음이	時見時潛
마치 용이 몸을 움츠렸다 펴는 것과 같았네	如龍卷舒
저 국모를 원수로 여기는 자는	彼讎母者
망상과 기허[240]이니	罔象夔魖
이 개가 살아있다면	使此狗在
그들의 남은 살도 먹지 않으리라	不食其餘
사람 중에 그러한 이 있다면	苟其在人
마땅히 마을에 정려문을 세울 터인데	宜旌門閭
충성을 드러낼 길이 없기에	無從表忠
붓을 들어 특별히 쓰노라	振筆特書

240 망상(罔象)과 기허(夔魖) : 망상은 전설상의 물속 괴물, 기허는 전설상의 산속 괴물을 가리킨다.《史記 孔子世家》《文選 卷7 甘泉賦》

전 箋

왕대비전의 탄신일에 혜경궁에게 하례하는 전[241]

계유년(1813, 순조13)

王大妃殿誕辰賀惠慶宮箋 癸酉

가대인[242]이 경주에 부임하셨을 때에 대신 짓다.

끝없는 근심과 끝없는 아름다움이니 존위(尊闈)의 즐겁고 기쁜 경사를 축하드리옵고, 큰 덕은 반드시 합당한 지위와 합당한 수명을 얻는 법이니[243] 자전(慈殿)의 환갑의 해를 하례 드립니다. 덕이 후하여 광채를 드리우니, 하늘이 큰 복을 내려주신 것입니다. 삼가 생각건대, 혜빈

241 왕대비전의……전 : 왕대비는 정조(正祖)의 비(妃)인 효의왕후(孝懿王后, 1753~1821)로, 본관은 청풍(淸風)이고 좌참찬 김시묵(金時默)의 딸이며, 어머니는 홍직필(洪直弼)의 증조부 홍상언(洪商彦)의 딸이다. 계유년인 1813년(순조13)이 효의왕후가 61세가 되는 해였기 때문에 홍직필의 부친인 홍이간(洪履簡)이 이를 기념하여 대왕대비인 혜경궁(惠慶宮)에게 하전(賀箋)을 보낸 것이다.

242 가대인(家大人) : 홍직필의 부친 홍이간(洪履簡, 1753~1827)으로, 당시 경주 부윤(慶州府尹)으로 있었다.

243 큰……법이니 : 《중용장구》 제17장에 "큰 덕은 반드시 그에 합당한 지위를 얻으며, 반드시 그에 합당한 녹을 얻으며, 반드시 그에 합당한 이름을 얻으며, 반드시 그에 합당한 수명을 얻는다.〔大德必得其位, 必得其祿, 必得其名, 必得其壽.〕"라고 하였다.

(惠嬪) 저하께서는 공이 훌륭한 자손을 낳아 기른 데에서 드러나고 뜻이 후손을 넉넉히 하는 데에 있으십니다. 성자신손(聖子神孫)이 계승함은 아아, 천만년의 큰 역수(曆數)이고, 길하고 상서로운 좋은 일은 진실로 80세의 장수[244]를 누리시는 것입니다. 이에 달효(達孝)[245]가 더욱 빛나는 때를 만나, 지자(止慈)[246]의 소치임을 더욱 징험하게 되었습니다. 삼가 생각건대 저 이간(履簡)은 오랫동안 궁궐을 떠나 외람되이 월성(月城 경주(慶州))을 지키고 있습니다. 보무(寶婺)[247]의 상서로운 빛을 우러러 바라봄에 황홀히 지척의 하늘이 멀지 않은 듯하고, 옥함(玉函)의 하의(賀儀)를 공경히 받듦에 감히 작은 정성을 대략 펼친다고 말하겠습니까.

244 80세의 장수 : 혜경궁(惠慶宮, 1735～1815)이 이 해에 79세를 맞이하였기 때문에 이와 같이 말한 것이다.

245 달효(達孝) : 세상의 모든 사람들이 공통적으로 인정하는 지극한 효(孝)를 뜻한다. 《중용장구》 제19장에 공자가 "문왕(文王)과 주공(周公)은 달효라 할 것이다. 효라는 것은 선친의 뜻을 잘 계승하고 선친의 일을 잘 전하는 것이다.〔武王、周公, 其達孝矣乎! 夫孝者, 善繼人之志, 善述人之事者也.〕"라고 하였다.

246 지자(止慈) : 《대학장구》 전(傳)3장에서 주(周)나라 문왕(文王)의 덕을 말하면서 "임금으로서는 인(仁)에 머물고, 신하로서는 경(敬)에 머물고, 자식으로서는 효(孝)에 머물고, 아버지로서는 자(慈)에 머물고, 다른 사람들과 사귈 때에는 신(信)에 머물렀다.〔爲人君, 止於仁; 爲人臣, 止於敬; 爲人子, 止於孝; 爲人父, 止於慈; 與國人交, 止於信.〕"라고 한 데서 온 말이다.

247 보무(寶婺) : 보무성으로 무녀성(婺女星)이라고도 한다. 부녀를 아름답게 비유한 말로, 여기서는 대왕대비가 있는 곳을 가리킨다.

축사 祝辭

오경선[248]의 관례에 대한 축사 임인년(1842, 헌종8)
吳敬善冠禮祝辭 壬寅

노주(老洲) 오 문원공(吳文元公)[249]의 사손(嗣孫)은 이름이 경선(敬善)이고 자(字)가 덕여(德輿)이니, 이는 선생께서 명명하신 것이다. 혹 '경(敬)'이라는 글자가 선생의 표덕(表德)과 같다는 것[250]을 문제

248 오경선(吳敬善) : 1821~1878. 자는 덕여(德輿), 본관은 해주(海州)이다. 부친은 오치익(吳致翼), 조부는 오희상(吳熙常)이다. 1848년(헌종14) 생원시에 3등으로 합격하였고, 음관으로 벼슬을 하여 공조정랑, 재령 군수(載寧郡守), 홍산 현감(鴻山縣監) 등을 지냈다.

249 노주(老洲) 오 문원공(吳文元公) : 오희상(吳熙常, 1763~1833)으로 자는 사경(士敬), 호는 노주(老洲), 본관은 해주(海州), 시호는 문원(文元)이다. 1800년(정조24) 천거로 세자익위사 세마(世子翊衛司洗馬)에 제수되고, 황해도 도사 등을 지낸 뒤, 벼슬에서 물러나 광주(廣州)의 징악산(徵嶽山)에 은거하고 이후 찬선(贊善) 등 여러 관직에 제수되었으나 모두 사양하고 나아가지 않았다. 성리학에 조예가 깊어 이황(李滉)과 이이(李珥)의 설을 절충하였다.

250 경(敬)이라는……것 : 표덕(表德)은 덕(德)을 표한다는 뜻으로, 곧 자(字)를 이른다. 오경선(吳敬善)의 조부인 오희상(吳熙常)의 자가 사경(士敬)이었기 때문에 이와 같이 말한 것이다.

삼은 이가 있었는데, 선생께서는 "옛적에 이름은 휘하되 자(字)는 휘하지 않았다. 그러므로 《중용(中庸)》에서는 '중니(仲尼)'라고 썼고,[251] 《의례(儀禮)》에서는 '황조(皇祖) 아무개 보(甫)'라고 칭하였으니,[252] 어찌 혐의될 것이 있겠는가."라고 하셨다.

관례를 올리고 자(字)를 짓는 것은 그 이름을 높이는 것이니, 이름은 예(禮)에서 이루어지고 자는 이름을 따르는 것이다. 이름은 자(字)의 근본이고 자는 이름의 말단이니, 근본이기 때문에 높고 말단이기 때문에 낮은 것이다. 이름은 자신이 높은 사람을 섬기는 것이니 높은 사람이 자신을 명명하는 것이고, 자는 자신이 낮은 사람을 접하는 것이니 낮은 사람이 자신을 일컫는 것이다. 그러니 높은 사람에게 쓰인다 하여 낮아지고 낮은 사람에게 쓰인다 하여 높아지는 경우는 없다.[253] 선생께서 명명하신 뜻이 여기에 있을 것이다.

'경(敬)'이라는 것은 선(善)을 행하는 의체로, 지(知)와 행(行)을 관통하여 처음과 끝을 이루는 것이다. 경(敬)은 선(善)이 아니면 기본으로 삼을 바가 없고, 선은 경이 아니면 준칙으로 삼을 바가

251 중용(中庸)에서는 중니(仲尼)라고 썼고 : 중니는 공자의 자(字)로, 《중용장구》 제2장에 "중니께서 말씀하셨다.〔仲尼曰〕"라고 하고, "중니는 요(堯)와 순(舜)을 조술(祖述)하시고 문왕과 무왕을 본받으셨다.〔仲尼祖述堯舜, 憲章文武.〕"라고 한 내용이 보인다.

252 의례(儀禮)에서는……칭하였으니 : 《의례》 〈사우례(士虞禮)〉 기(記)에 "너의 황조 아무개 보에게 간다.〔適爾皇祖某甫.〕"라고 하였는데, 이에 대한 정현(鄭玄)의 주(注)에 "아무개 보는 황조의 자(字)이다.〔某甫, 皇祖字也.〕"라고 하였다.

253 관례를 올리고……없다 : 이 내용은 본래 《진서(秦記)》에 실렸던 것으로, 《태평어람(太平御覽)》 권362 〈인사부3(人事部三) 명(名)〉 등에 보인다.

없으니, 이 두 가지를 갖추어야 비로소 덕(德)을 이룰 수 있다. 선생께서 도(道)가 밝고 덕(德)이 확립되어 사문(斯文)의 종사(宗師)가 되신 것은 '용경(用敬)'[254]을 근본으로 삼으셨기 때문이니, 이를 인하여 이연(貽燕)의 가르침[255]으로 삼으신 것은 성대한 일이다. 선생께서 역책(易簀)[256]하시고 삼년 뒤에 사손(嗣孫)이 비로소 관례를 올리면서 감히 그 이름을 바꾸지 않았으니, 이는 바로 선생의 뜻을 순히 따른 것이다. 삼가 보건대 예로부터 인정(人情)이 원하는 것으로 여러 복(福) 가운데 으뜸이 되는 것은 자손의 현명함과 효성만한 것이 없고, 만일 그 복을 영원히 후손에게 물려주고자 한다면[257] 또한 심법(心法)을 계승하는 것만한 것이 없으니, 이는 선생께서 내려주신 것으로 덕여(德輿)가 돌아보아야 하는 것이다.

무릇 명문거족들이 능히 세대를 오래도록 이어가면서 그 보답을

254 용경(用敬) : 송(宋)나라 유학자 정이(程頤)가 "함양은 모름지기 경(敬)을 써야 하고, 진학은 치지에 달려 있다.〔涵養須用敬, 進學則在致知.〕"라고 한 말이 《이정전서(二程全書)》 및 《대학혹문(大學或問)》 등에 보인다.

255 이연(貽燕)의 가르침 : 자손에게 편안함을 물려주는 가르침을 뜻한다. 《시경(詩經)》 〈대아(大雅) 문왕유성(文王有聲)〉에 주(周)나라 무왕(武王)에 대해 "후손에게 가르침을 남겨 주사 공경하는 아들을 편안하게 하셨다.〔貽厥孫謀, 以燕翼子.〕"라고 하였다.

256 역책(易簀) : 스승의 죽음을 가리키는 말이다. 증자(曾子)가 임종할 때 깔고 있던 대자리가 너무 화려하여 예(禮)에 맞지 않음을 알고는 다른 자리로 바꾸게 한 뒤에 운명한 고사에서 유래하였다. 《禮記 檀弓上》

257 만일……한다면 : 《시경(詩經)》 〈대아(大雅) 기취(旣醉)〉에 "효자의 효가 다하지 않으니, 영원히 너에게 복을 내리리로다.〔孝子不匱, 永錫爾類.〕"라고 한 데서 온 표현이다.

누리는 것은 모두 시(詩)와 예(禮)의 참된 전수[258]를 잃지 않았기 때문이고, 쇠퇴한 것은 이와 반대였기 때문이니, 단정히 거처하며 고요히 돌이켜봄에 탄식을 일으키지 않은 적이 없다. 덕여(德輿)의 선대에 진실로 충(忠)과 효(孝)를 서로 물려주어서 덕(德)이 두터워 광채를 드리웠고, 순암(醇菴)[259]과 영재(寧齋)[260]에 이르러서 두 세대가 선조의 사업을 계승하여 도학(道學)이 순수하였던 것은 모두 경(敬)으로 법도를 삼았기 때문이었다. 우리 선생에게 이르러서는 선대의 아름다움을 크게 드러내셨는데, 덕여가 또 이 아름다운 이름을 얻었으니, 장차 그 학문을 이을 자일 것이다. 만일 그렇다면 경(敬)은 오씨(吳氏)의 단전밀부(單傳密付)[261]인 것이니, 덕여가 이어 받아야 할 바가 어찌 다만 이름을 돌아보고 그 뜻을 생각하는 것뿐이겠는가. 또한 심학(心學)을 이어서 무궁한 후세에 베풀어야 할 것이

258 시(詩)와……전수 : 가문에서 전해 온 학문을 가리킨다. 공자가 아들 이(鯉)에게 시(詩)를 배웠느냐고 묻고는 "시를 배우지 않으면 말을 할 수가 없다.〔不學詩, 無以言.〕"라고 하고, 뒤에 예(禮)를 배웠느냐고 묻고는 "예를 배우지 않으면 발을 딛고 설 수 없다.〔不學禮, 無以立.〕"라고 하였던 데서 유래하였다. 《論語 季氏》

259 순암(醇菴) : 오희상(吳熙常)의 생부 오재순(吳載純, 1727~1792)으로 자는 문경(文卿), 호 순암(醇庵) 또는 우불급재(愚不及齋), 시호는 문정(文正)이다. 대제학(大提學), 판서(判書)를 지냈다.

260 영재(寧齋) : 오재순(吳載純)의 아들 오윤상(吳允祥, 1746~1783)으로, 자는 사집(士執), 호는 영재(寧齋)이다. 김원행(金元行)의 문하에서 수학하였으며, 학문에 뛰어나 오희상(吳熙常)을 비롯하여 아우들을 가르치기도 하였다. 행실이 순박하고 효성스러웠으며 경전(經傳)을 탐독하였는데, 37세의 나이에 요절하였다.

261 단전밀부(單傳密付) : 단전이나 밀부는 말이나 문자에 의거하지 않고 한 사람 한 사람 심법(心法)으로 전해 온 도통(道統)을 말한다. 원래 선종(禪宗)의 용어인데, 여기서는 한 스승의 학통으로 전수된 것을 뜻한다.

다. 덕여는 공경히 생각할지어다.

내가 선생께서 남기신 뜻을 받들어 외람되어 초례(醮禮)에 술을 따랐었는데, 덕여(德輿)가 복을 축원하는 글을 요청한 것이 오래되었다. 침상에서 목숨이 위태로워 항상 조만간 죽게 되어서 그 지극한 뜻에 부응하지 못할까 염려하였다. 그리하여 병을 무릅쓰고 붓을 적심에 붓이 마음을 따라주지 않으니, 어찌 족히 아름다운 모임을 빛내고 아름다운 일을 중하게 할 수 있겠는가. 축사(祝辭)는 다음과 같다.

모든 살아있는 것이	凡厥有生
똑같이 성을 품부 받았으니	均稟是性
성이란 무엇인가	其性維何
온갖 선의 강령이네	萬善綱領
하늘의 그릇을 온전히 하는 것이	克全天器
바로 밝은 명[262]을 받는 것이네	乃受明命
성의 선을 운용함은	運用性善
오묘한 이치가 경을 지키는 데에 있으니	妙在持敬
마음을 주재하여	主宰一心
온갖 행실을 포괄하네	包括百行

262 밝은 명 : 원문의 '명명(明命)'은 명덕(明德)을 가리키는 것으로, 《대학장구》 전(傳)1장에 "〈태갑〉에 이르기를 '하늘의 명명을 돌아본다.'라고 하였다.〔太甲曰: 顧諟天之明命.〕"라고 한 데에 보이는데, 이에 대한 주(註)에 "하늘의 명명은 바로 하늘이 나에게 주어서 내가 덕으로 삼은 것이다.〔天之明命, 卽天之所以與我而我之所以爲德者也.〕"라고 하였다.

천하의 이치에 나아감에 卽天下理
경이 중정을 이루네 敬致中正
요도 공경하고[263] 순도 공경하였으며[264] 堯欽舜寅
우도 공경하고[265] 탕도 성스럽고 공경하였네[266] 禹祇湯聖
문왕과 무왕은 공경을 돈독히 하여 文武篤恭
사방에 겨룰 이 없었네 四方無競
온갖 성현들이 심법을 전함은 千聖傳心
오직 이 성성[267]이었으니 惟此惺惺

263 요(堯)도 공경하였고 : 원문의 '요흠(堯欽)'은《서경(書經)》〈우서(虞書) 요전(堯典)〉에 "옛 제요를 상고하건대 방훈(放勳)이시니, 공경하고 밝고 문채롭고 생각함이 편안하고 편안하시며 진실로 공손하고 능히 겸양하시어 광채가 사표(四表)에 입혀지시며 상하에 이르셨다.〔曰若稽古帝堯, 曰放勳, 欽明文思安安, 允恭克讓, 光被四表, 格于上下.〕"라고 한 데서 온 말이다.

264 순(舜)도 공경하였으며 : 원문의 '순인(舜寅)'은《서경(書經)》〈우서(虞書) 순전(舜典)〉에 순 임금이 백이(伯夷)에게 삼례(三禮)를 관장하는 질종(秩宗)을 임명하면서, "새벽부터 밤늦게까지 오직 공경하여, 마음을 곧게 하여야만 맑게 될 것이다.〔夙夜惟寅, 直哉惟淸.〕"라고 한 데서 온 말이다.

265 우(禹)도 공경하고 : 원문의 '우기(禹祇)'는《서경(書經)》〈하서(夏書) 우공(禹貢)〉에 우 임금이 "나의 덕을 공경하여 솔선하니, 나의 행함을 어기지 않았다.〔祗台德先, 不距朕行.〕"라고 한 데서 온 말이다.

266 탕(湯)도 성스럽고 공경하였네 : 원문의 '탕성(湯聖)'은《서경(書經)》〈상송(商頌) 장발(長發)〉에 탕 임금을 칭송하면서 "탕 임금의 탄강이 늦지 않으시며 성경(聖敬)이 날로 올라갔네.〔湯降不遲, 聖敬日躋.〕"라고 한 데서 온 말이다.

267 성성(惺惺) : 성성은 마음이 혼매(昏昧)하지 않고 밝게 깨어 있음을 이르는 것으로, 곧 경(敬)을 뜻한다. 북송(北宋)의 학자 사상채(謝上蔡)가 말하기를 "경은 항상 성성하게 하는 법이다.〔敬是常惺惺法.〕"라고 하였는데, 이에 대한 주자의 주에 "성성은 바로 마음이 혼매하지 않음을 이르니, 다만 이것이 곧 경이다.〔惺惺, 乃心不昏昧之謂,

정자(程子)와 주자(朱子)[268]가 도학을 창도하여 洛建倡道
이를 법령으로 삼았네 用作憲令
몸을 닦고[269] 안을 바르게 하니[270] 修己直內
이 때문에 덕이 성대해졌네 所以德盛
만물을 실어주는 덕으로 수레가 되었으니[271] 載德爲輿
비단옷에 홑옷을 덧입는 것과 같네[272] 如錦尙褧
수양[273]의 세가의 후손이 首陽世胄

只此便是敬.〕"라고 하였다. 《心經附註 卷1 敬以直內章》

268 정자(程子)와 주자(朱子) : 원문의 '낙건(洛建)'은 정호(程顥)·정이(程頤) 형제와 주희(朱熹)를 지칭한 것으로, 정호와 정이는 낙양(洛陽) 사람이고, 주희는 복건(福建) 사람이기에 이렇게 부르는 것이다

269 몸을 닦고 : 《논어(論語)》 〈헌문(憲問)〉에 자로(子路)가 공자에게 군자에 대하여 묻자, 공자가 "경(敬)으로써 몸을 닦는 것이다.〔修己以敬.〕"라고 하였다.

270 안을 바르게 하니 : 《주역(周易)》 〈곤괘(坤卦) 문언(文言)〉에 "군자는 경(敬)으로 안을 바르게 하고, 의(義)로써 밖을 바르게 한다.〔君子敬以直內, 義以方外.〕"라고 하였다.

271 만물을……되었으니 : 《주역》 〈설괘전(說卦傳)〉에 "곤(坤)은……큰 수레가 된다.〔坤……爲大輿.〕"라고 하였으며, 또한 〈곤괘(坤卦) 상전(象傳)〉에 "땅의 형세가 곤이니, 군자가 이를 보고서 후한 덕으로 만물을 실어준다.〔地勢坤, 君子以, 厚德載物.〕"라고 하였다.

272 비단옷에……같네 : 《중용장구》 제33장에 "《시경》에 이르기를 '비단옷을 입고 홑옷을 덧입는다.' 하였으니 그 문채가 드러남을 싫어해서이다.……먼 곳이 가까운 데로부터 시작함을 알며, 바람이 어디서부터 일어나는가를 알며, 은미함이 드러남을 안다면, 더불어 덕(德)에 들어갈 수 있을 것이다.〔詩曰衣錦尙絅, 惡其文之著也.……知遠之近, 知風之自, 知微之顯, 可與入德矣.〕"라고 하였다.

273 수양(首陽) : 수양산은 황해도 해주(海州)의 진산(鎭山)으로, 여기서는 전하여 해주오씨(海州吳氏)를 가리킨다.

여경[274]을 크게 받았네	丕膺餘慶
훌륭한 문원공이여	猗歟文元
인하고 어짊은 하늘이 낸 것이네	仁賢天挺
사손에게 아름답게 내려주셨으니	嘉錫嗣孫
평소 말씀에 미리 정해져 있었네	雅言前定
이름은 선이라 하고 자는 덕이라 하였으니	名善字德
경이 긍경[275]이 되네	敬爲肯綮
주일무적하여	主一勿貳
엄숙하고 정제하네[276]	嚴肅齊整
한 치 마음을 수렴함이	方寸收斂
고요한 물 맑은 거울과 같으며	止水明鏡

274 여경(餘慶) : 선조의 선행 덕분에 자손들이 받는 길한 복을 말한다. 《주역(周易)》〈곤괘(坤卦) 문언(文言)〉에 "선을 쌓은 집안에는 반드시 남은 경사가 있다.〔積善之家, 必有餘慶.〕"라고 하였다.

275 긍경(肯綮) : 긍은 뼈 사이에 붙은 고기이고 경은 힘줄이 얽힌 곳으로, 전하여 사물의 요체가 되는 곳을 뜻한다. 《장자(莊子)》〈양생주(養生主)〉에서 소 잡는 기술이 뛰어난 포정(庖丁)이 "소의 관절 사이에는 빈틈이 있고, 나의 칼날은 두께가 없으니, 두께가 없는 칼을 빈틈이 있는 관절 사이에 집어넣으면, 그 공간이 넓고 넓어 칼을 놀릴 때 반드시 여유가 있게 마련이다. 근육과 뼈가 엉켜 있는 복잡한 부위〔肯綮〕에도 칼날이 상한 적이 없는데, 더구나 큰 뼈와 같은 것이겠는가."라고 한 데서 유래하였다.

276 주일무적하여 엄숙하고 정제하네 : 정이(程頤)가 경(敬)에 대하여 말하기를, "마음을 전일하게 가지는 것이 경(敬)이고 이리저리 옮기지 않는 것이 일(一)이다.〔主一之謂敬, 無適之謂一.〕"라고 하였고, "한결같다는 것은 다름이 아니라 다만 정제하고 엄숙하게 하는 것이니, 이렇게 하면 마음이 곧 한결같아지고 한결같으면 저절로 그릇됨과 간사함을 범함이 없어지게 된다.〔一者無他, 只是整齊嚴肅, 則心便一, 一則自是無非僻之干.〕"라고 하였다. 《近思錄 卷4 存養》

일이 이르면 이치에 맞음이	事至理得
형체에 그림자가 따르는 것과 같네	如形隨影
우뚝하게 마음이 서서	卓爾有立
함께 휩쓸려 따라가지 않네	不與俱往
체와 용이 어긋나지 않음은	體用不忒
정을 위주로 하는 데에 근본을 두니	原于主靜
정할 때 마음을 보존하고 동할 때 성찰하여	靜存動察
안팎으로 닦고 살펴야 하네	表裏修省
위로 천덕에 도달함은	上達天德
보추가 멀지 않네[277]	步趨匪逈
빠르지도 느리지도 않아서	匪亟匪徐
마음에 저절로 함영하네	中自涵泳
마음은 엄한 스승이 되니	心爲嚴師
잡고 놓음에 지킴이 있네	操捨有秉
자기를 비우고 남을 받아들이니	虛己受人
겸손함은 덕의 자루이네[278]	謙爲德柄
곤의 수레에 후하게 만물을 실으니[279]	坤輿厚載

277 위로……않네 : 정자(程子)가 "경(敬)과 의(義)를 서로 잡아 지키면, 곧바로 올라가 천덕을 통달함이 이로부터 시작된다.〔敬義夾持, 直上達天德自此.〕"라고 하였다. 《心經附註 卷1 敬以直內章》

278 겸손함은 덕의 자루이네 : 《주역(周易)》 〈계사전 하(繫辭傳下)〉에 몸에 돌이켜 덕을 닦아 우환에 대처하는 일을 논하면서 "겸손은 덕의 자루이다.〔謙, 德之柄.〕"라고 하였다.

279 곤의……실으니 : 《주역》 〈곤괘(坤卦) 상전(象傳)〉에 "땅의 형세가 곤이니, 군

여러 번 쌓음이 모인 것이네	積累攸併
이치를 밝게 알지 못한다면	苟不明理
경과 태만함이 서로 겨루게 되네[280]	敬怠相勝
시를 외고 글을 읽음이	誦詩讀書
바로 마음을 불러 일깨우는 것이네	是乃喚醒
이를 데를 알고 마칠 데를 아는 것은[281]	知至知終
본래 두 가지 일이 아니니	自非兩境
지극한 덕으로 도를 응집하게 함은[282]	至德凝道
끝까지 추구해야 할 법이 되네	玆爲究竟

자가 이것을 보고서 후한 덕으로 만물을 실어준다.〔地勢坤, 君子以, 厚德載物.〕"라고 하였다.

280 경(敬)과……되네 : 《심경(心經)》 권1 〈경이직내장(敬以直內章)〉에서 《단서(丹書)》의 글을 인용하여 "경이 태만함을 이기는 자는 길하고 태만함이 경을 이기는 자는 멸한다.〔敬勝怠者吉, 怠勝敬者滅.〕"라고 하였다.

281 이를……것은 : 《주역(周易)》 〈건괘(乾卦) 문언(文言)〉에 도를 아는 군자(君子)를 말하면서 "이를 데를 알아 이르므로 더불어 기미를 알 수 있고, 마칠 데를 알아 마치므로 더불어 의를 보존할 수 있다.〔知至至之, 可與幾也; 知終終之, 可與存義也.〕"라고 하였는데, 이에 대한 정이(程頤)의 전(傳)에 "이를 데를 알아 이르는 것은 치지(致知)인 바, 이를 곳을 알기를 구한 뒤에 이르니, 아는 것이 행(行)보다 앞에 있다. 그러므로 더불어 기미를 안다고 한 것이니, 《맹자》에 이른바 '조리(條理)를 시작함은 지(智)의 일'이라는 것이다. 마칠 데를 알아 마치는 것은 역행(力行)인 바, 이미 마칠 곳을 알았으면 힘써 나아가 마쳐야 하니, 지키는 것은 앎보다 뒤에 있다. 그러므로 더불어 의(義)를 보존하는 것이니, 《맹자》에 이른바 '조리를 끝마침은 성(聖)의 일'이라는 것이다. 이는 학문의 시작과 끝이다."라고 하였다.

282 지극한……함은 : 《중용장구》 제27장에 "만일 지극한 덕을 지닌 사람이 아니면 지극한 도가 모이지 않는다.〔苟不至德, 至道不凝焉.〕"라고 하였다.

임무가 막중하고 조예가 지극하여 任重詣極
그 단계가 질서정연하네 堦級井井
집에 거하면서 선을 행하면 居家爲善
지극한 즐거움이 길고도 깊네 至樂淵永
인을 구함에 근본이 있으니 求仁有本
효도와 우애로 정사를 돌보는 것이네[283] 孝友爲政
이름을 따라 실질을 따져 循名責實
밤낮으로 경계해야 하니 夙夜戒警
너의 할아버지께서 내리신 가르침이 乃祖攸訓
영원히 빛을 드리우리라 永垂煥炳
서둘러 실천하길 생각하여 亟思踐述
당구를 기꺼이 할지어다[284] 堂構是肯
예전 빈연에 참석하였을 때에 昔玷賓筵
원복[285]을 머리에 씌워주었는데 元服加頂
뒤미처 축사를 거행하여 追擧嘏辭

283 효도와……것이네 : 《서경(書經)》 〈주서(周書) 군진(君陳)〉에 "오직 부모에게 효도하며 형제에게 우애하여 능히 정사에 시행한다.〔惟孝, 友于兄弟, 克施有政.〕"라고 하였다.

284 당구(堂構)를 기꺼이 할지어다 : 당구는 '긍당긍구(肯堂肯構)'를 줄인 말로 집터를 닦고 건물을 세운다는 뜻인바 가업(家業)을 이어받아 발전시키는 것을 뜻한다. 《서경(書經)》 〈주서(周書) 대고(大誥)〉에 "아버지가 집을 지으려 하여 이미 설계까지 끝냈다 하더라도, 그 자손이 집의 터도 만들려고 하지 않는데 하물며 집을 구축하려 하겠는가.〔若考作室, 旣底法, 厥子乃不肯堂, 矧肯構?〕"라는 말에서 비롯된 것이다.

285 원복(元服) : 남자가 성년(成年)이 되어 착용하는 관(冠)을 말한다.

거듭된 청에 부응하노라　　用副申請
내 말은 거짓이 아니니　　我言非誣
힘써 읊을지어다　　勖哉興咏

혼서 昏書

일순[286]의 혼서 경진년(1816, 순조16)

一純昏書 庚辰

가대인을 대신하여 짓다.

군자의 도(道)는 부부에게서 단서가 시작되니[287] 육례(六禮)[288]의 글에서 상고하고, 남자와 여자가 배우자가 있기를 원하니 두 성(姓)의 우호를 합하는 것[289]입니다. 이에 녹피(鹿皮)[290]의 아름다운 전례(典禮)

286 일순(一純) : 홍일순(洪一純, 1804～1856)으로, 홍직필의 양자이며 자는 헌문(憲文), 호는 오곡(鰲谷), 노주(老洲) 오희상(吳熙常)의 문인이다. 1844년(헌종10) 음서(蔭敍)로 선공 감역(繕工監役)이 되고 벼슬이 시흥 현령(始興縣令)에 이르렀다. 성리학에 조예가 깊어 많은 저서를 남겼다.

287 군자의……시작되니 : 《중용장구》 제12장에 "군자의 도는 단서가 부부에게서 시작되니, 그 지극함에 미쳐서는 천지에 밝게 드러난다.〔君子之道, 造端乎夫婦, 及其至也, 察乎天地.〕"라고 하였다.

288 육례(六禮) : 혼례의 여섯 가지 예로, 납채(納采), 문명(問名), 납길(納吉), 납징(納徵), 청기(請期), 친영(親迎)을 말한다. 《禮記 昏儀》

289 두 성(姓)의……것 : 《예기(禮記)》 〈혼의(昏義)〉에 "혼례란 두 성(姓)의 우호를 합하여 위로는 종묘를 섬기고 아래로는 후대를 이어가는 것이다.〔昏禮者, 將合二姓之好, 上以事宗廟而下以繼後世也.〕"라고 하였다.

290 녹피(鹿皮) : 고대에 한 쌍의 사슴 가죽으로 관례(冠禮)의 선물이나 혼례(婚禮)

를 따라서 기러기 우는 아름다운 시기[291]에 이르렀습니다. 삼가 생각건대 그대의 따님은 곧고 고요한 덕이 계례를 올리기 전부터 일찍 드러났으니 엄연히 사덕(四德)[292]을 갖추었고, 효성과 공경이 모두 감복하는 데에서 저절로 드러났으니 참으로 이는 온갖 행실의 근원입니다. 저의 손자 일순(一純)은 제가 몸소 솔선함에 가르침은 뜰을 지날 때 시(詩)와 예(禮)의 가르침[293]을 듣지 못하였지만, 부부간의 동심(同心)을 권면함에 덕(德)은 순무를 뿌리 때문에 버려서는 안 된다[294]는 가르침에

의 예물로 사용하였는데, 여기서는 혼례의 납폐를 가리킨다. 《의례(儀禮)》 〈사관례(士冠禮)〉에 "주인이 빈(賓)에게 답례하는 데에 속백(束帛)과 여피(儷皮)로 한다."라고 하였는데, 그 주에 "여피는 두 장의 사슴 가죽이다." 하였고, 《사기(史記)》 〈삼황기(三皇紀)〉에 "복희씨(伏羲氏)가 처음으로 시집가고 장가드는 예를 만들어 여피(儷皮)로 예를 이루었다."라고 하였다.

291 기러기……시기 : 혼례의 예(禮)에 맞는 시기를 가리킨다. 《시경(詩經)》 〈패풍(邶風) 포유고엽(匏有苦葉)〉에 "화락하게 우는 기러기는, 해 뜨는 아침이 될 제 우느니라. 남자가 아내를 데려오려면, 얼음이 녹기 전에 해야 하리라.〔雝雝鳴雁, 旭日始旦. 士如歸妻, 迨氷未泮.〕"라고 하였는데, 이에 대한 주자(朱子)의 주(註)에 "혼례에 납채(納采)할 때에는 기러기를 쓰며, 친영(親迎)은 어두울 때에 하고, 납채와 청기(請期)는 아침에 한다. 아내를 데려오는 것은 얼음이 풀릴 때에 하고, 납채와 청기는 얼음이 채 풀리지 않았을 때에 하는 것이다."라고 하였다.

292 사덕(四德) : 부인이 갖추어야 할 네 가지 덕으로 부인의 덕인 부덕(婦德), 부인의 용모인 부용(婦容), 부인의 말씨인 부언(婦言), 길쌈과 바느질의 부공(婦工)을 이른다. 《周禮 天官 九嬪》

293 뜰을……가르침 : 가문으로부터 전해 배운 가르침을 가리킨다. 《논어(論語)》 〈계씨(季氏)〉공자가 혼자 서 있는데 아들 이(鯉)가 뜰을 지나자, 시(詩)를 배웠느냐고 묻고는 "시를 배우지 않으면 말을 할 수가 없다.〔不學詩, 無以言.〕"라고 하고, 뒤에 예(禮)를 배웠느냐고 묻고는 "예를 배우지 않으면 발을 딛고 설 수 없다.〔不學禮, 無以立〕"라고 하였던 데서 유래하였다.

어긋남이 없습니다. 여사(女士)의 완연한 훌륭한 자태를 생각하여 이 정의(情誼)를 크게 주선하여[295] 혼사를 맺고자 합니다. 뇌풍(雷風)과 택산(澤山)의 상(象)[296]을 합하여 크게 길하며 정함이 이롭고, 금슬(琴瑟)과 종고(鍾鼓)의 화합[297]을 점쳐서 그대와 해로할 것입니다.

술과 음식의 마련을 의논하니 한(漢)나라 맹광(孟光)이 밥상을 들고 소리를 낮춤과 같고,[298] 들밥을 내가고 경작하는 예(禮)가 허물이 없으

294 순무를……된다 : 부부간에 의리를 지킴을 말한다. 《시경》 〈패풍(邶風) 곡풍(谷風)〉에 "순무를 캐고 순무를 캐는 것은, 뿌리 때문이 아니로다. 덕음이 어긋남이 없을진댄, 죽을 때까지 그대와 함께할지니라.〔采葑采菲, 無以下體. 德音莫違, 及爾同死.〕"라고 하였는데, 이에 대한 주자(朱子)의 주(註)에 "순무를 캐는 자는 그 뿌리가 나쁘다 하여 줄기의 아름다움을 버리지 말아야 하니, 이는 부부가 된 자가 안색이 쇠했다 하여 덕음(德音)의 좋음을 버려서는 안 됨과 같은 것이다."라고 하였다.

295 크게 주선하여 : 원문의 '공운(孔云)'은 《시경》 〈소아(小雅) 정월(正月)〉에 "그 이웃들을 화합하고 친히 하며 혼인을 크게 주선하다.〔洽比其隣, 昏姻孔云.〕"라고 한 데서 온 말로, 이에 대한 주자(朱子)의 주(註)에 "운(云)은 주선함이다."라고 하였다.

296 뇌풍(雷風)과 택산(澤山)의 상(象) : 뇌풍과 택산은 각각 《주역(周易)》의 함괘(咸卦)와 항괘(恒卦)를 가리키는데, 모두 부부의 도(道)를 뜻한다. 《주역》 〈함괘〉의 정전(程傳)에 "천지는 만물의 근본이요 부부는 인륜의 시작이다. 이 때문에 상경(上經)은 건괘(乾卦)・곤괘(坤卦)를 머리에 놓았고, 하경(下經)은 함괘(咸卦)를 머리에 놓고 항괘(恒卦)를 뒤에 이은 것이다. 하늘과 땅은 두 물건이므로 두 괘가 나뉘어 천지의 도(道)가 되었고, 남녀가 교합하여 부부를 이루므로 함(咸)과 항(恒)이 모두 두 체가 합하여 부부의 뜻이 된 것이다."라고 하였다.

297 금슬(琴瑟)과 종고(鍾鼓)의 화합 : 부부간의 화목함을 의미한다. 《시경》 〈주남(周南) 관저(關雎)〉에 "들쭉날쭉한 마름 나물을 좌우로 취하여 가리도다. 요조한 숙녀를 거문고와 비파로 친히 하도다. 들쭉날쭉한 마름 나물을 좌우로 삶아 올리도다. 요조한 숙녀를 종과 북으로 즐겁게 하도다.〔參差荇菜, 左右采之. 窈窕淑女, 琴瑟友之. 參差荇菜, 左右芼之. 窈窕淑女, 鍾鼓樂之.〕"라고 한 데서 유래하였다.

298 술과……같고 : 후한(後漢) 때의 은사(隱士) 양홍(梁鴻)의 아내였던 맹광(孟光)

니 진(晉)나라 기결(冀缺)이 손님처럼 서로 공경했던 것과 같습니다.[299] 향주머니 채워주는 아름다운 가르침을 지녀 비록 혹 성대한 위의를 들었으나,[300] 초례(醮禮)를 경계한 옛 규범을 따를 것이요 감히 백량(百兩)으로 맞이하지[301] 못합니다. 집안이 쓸쓸하여 마련할 것이 없음에 오가(吳家)에서 개를 판 유풍을 우러르고,[302] 찾아옴에 즐거움을 다하니 공씨(孔氏)가 양을 맨 수레를 끌고 간 예(禮)를 배우고자 합니다.[303] 서사(庶士)들이 길일에 미쳤으니 어느덧 매실이 떨어지는 때에

이 현숙하여서, 남편을 극진히 공경하여 남편의 밥상을 내올 때에 눈썹 높이로 받쳐서 공손하게 가져왔다는 고사가 있다. 《後漢書 卷83 梁鴻列傳》

299 들밥을……같습니다 : 기결(冀缺)은 춘추시대 진 문공(晉文公) 때에 기읍(冀邑)에 살았던 극결(郤缺)을 가리킨다. 그가 처음에 기읍에서 농사를 짓고 살면서 부부간에 서로 공경하기를 서로 손님을 대하듯이 하였는데, 이것을 본 대부 구계(臼季)가 그를 천거하여 문공에게 등용되어 하군대부(下軍大夫)가 되었다는 고사가 전한다. 《小學 稽古》

300 향주머니……들었으나 : 향주머니〔褵〕는 부인의 주머니로, 딸이 시집갈 때에 어머니가 딸에게 경계의 말을 하며 작은 띠를 채워주고 향주머니를 매주었다. 《시경(詩經)》 〈빈풍(豳風) 동산(東山)〉에 "이 아가씨 시집가니, 누른 말과 얼룩말이로다. 어머니 친히 향주머니 채워주니, 그 위의 성대하도다.〔之子于歸, 皇駁其馬. 親結其縭, 九十其儀.〕"라고 한 내용이 보인다.

301 백량(百兩)으로 맞이하지 : 백 대의 수레로 맞이한다는 말로, 제후(諸侯)의 딸이 제후에게 시집갈 때에 맞이하는 예(禮)이다. 《시경(詩經)》 〈소남(召南) 작소(鵲巢)〉에 "까치가 둥지를 둠에 비둘기 옮겨 사네. 아가씨가 시집옴에 백량의 수레로 맞이하네.〔維鵲有巢, 維鳩居之. 之子于歸, 百兩御之.〕"라고 하였다.

302 집안이……우러르고 : 청렴함으로 잘 알려져 있는 진(晉)나라 사람 오은지(吳隱之)가 딸을 시집보내려 할 때에, 장군 사석(謝石)이 그가 가난함을 알고 도와주고자 심부름꾼을 보냈는데, 심부름꾼이 가보니 여종이 개를 끌고 가 팔려고 할 뿐 그 밖에는 준비한 것이 없이 검소했다는 고사가 전한다. 《晉書 卷90 吳隱之列傳》

이르렀고,[304] 이 아가씨가 시집감에 복숭아꽃 아름다운 때를 기다립니다.[305] 주 고정(朱考亭)의 고사를 계술하여 서둘러 황면재(黃勉齋)의 정서(定書)를 따르고자 합니다.[306] 이에 얼음이 녹지 않은 시기[307]를 맞아 납폐(納幣)의 예(禮)를 행합니다.

303 찾아옴에……합니다 : 남조(南朝) 송(宋)나라 사람 왕경홍(王敬弘)이 그의 벗 공순지(孔淳之)의 아들에게 딸을 시집보낼 때, 검은 양을 수레 끌채에 잡아매고 술병 하나를 손에 든 채 공순지의 집을 찾아가서는 함께 술을 마시며 한껏 기쁨을 나눈 뒤에 해가 저물어서야 돌아왔다는 고사가 있다. 혼례를 치르면서 검소하나마 정성을 다하는 것을 뜻한다.《南史 卷75 孔淳之列傳》

304 서사(庶士)들이……이르렀고 : 혼인의 시기가 되었음을 뜻한다.《시경(詩經)》〈소남(召南) 표유매(摽有梅)〉에 "떨어지는 매화여 그 열매가 일곱이로다. 나를 구하는 서사는 길일에 미칠진저.〔摽有梅, 其實七兮. 求我庶士, 迨其吉兮.〕"라고 한 데서 온 말이다.

305 이……기다립니다 : 혼인의 시기를 기다림을 말한다.《시경(詩經)》〈주남(周南) 도요(桃夭)〉에 "어리고 예쁜 복숭아꽃이여, 많고 많은 그 열매로다. 이 아가씨의 시집감이여, 의당 집안을 화목하게 하리로다.〔桃之夭夭, 有蕡其實. 之子于歸, 宜其家室.〕"라고 한 데서 온 말이다.

306 주 고정(朱考亭)의……합니다 : 주 고정은 송(宋)나라 유학자 주희(朱熹)로, 고정은 그의 별호이며, 황면재는 주희의 사위인 황간(黃榦)으로 면재는 그의 호이다. 주희가 황간의 집안에 둘째딸을 시집보내면서 그 집안에 회답한 글이《주자대전(朱子大全)》권85〈회황씨정서(回黃氏定書)〉에 보인다.

307 얼음이……시기 : 혼례의 예(禮)에 맞는 시기를 가리킨다.《시경(詩經)》〈패풍(邶風) 포유고엽(匏有苦葉)〉에 "화락하게 우는 기러기는, 해 뜨는 아침이 될 제 우느니라. 남자가 아내를 데려오려면, 얼음이 녹기 전에 해야 하리라.〔雝雝鳴雁, 旭日始旦. 士如歸妻, 迨氷未泮.〕"라고 하였다.

최수[308]의 혼서 기유년(1849, 헌종15)
寂秀昏書 己酉

위로는 종묘를 섬기고 아래로 자손을 이어서 장차 두 성(姓)의 즐거움을 합하고자 하고,[309] 남자는 실(室)을 두고 여자는 가(家)를 두어서 백량(百兩)으로 맞이하려 합니다.[310] 예(禮)에는 네 가지 갖춤이 있고 폐백은 오행을 본뜹니다. 쇠미한 우리 집안의 가성(家聲)을 돌아보고, 훌륭한 그대 가문의 명망을 우러릅니다. 천년 된 교목(喬木)[311]이 우뚝하게 서 있음에 바람과 서리에 꺾이지 않고, 팔대의 문헌을 족히 징험할 수 있음에 시(詩)와 예(禮)가 여기에 있습니다. 삼가 생각건대 그

308 최수(寂秀) : 홍최수(洪寂秀)로, 홍직필의 양손(養孫)이다. 본집의 〈연보〉에 따르면 홍직필의 나이 70세인 1845년(헌종11)에 족질(族姪) 일윤(一胤)의 둘째 아들 최수를 손자로 삼았다.

309 위로는……하고 : 《예기(禮記)》 〈혼의(昏義)〉에 "혼례란 두 성(姓)의 우호를 합하여 위로는 종묘를 섬기고 아래로는 후대를 이어가는 것이다.〔昏禮者, 將合二姓之好, 上以事宗廟而下以繼後世也.〕"라고 하였다.

310 백량(百兩)으로 맞이하려 합니다 : 백 대의 수레로 맞이한다는 말로, 제후(諸侯)의 딸이 제후에게 시집갈 때에 맞이하는 예(禮)이다. 《시경(詩經)》 〈소남(召南) 작소(鵲巢)〉에 "까치가 둥지를 둠에 비둘기 옮겨 사네. 아가씨가 시집옴에 백량의 수레로 맞이하네.〔維鵲有巢, 維鳩居之. 之子于歸, 百兩御之.〕"라고 하였다.

311 교목(喬木) : 하늘 높이 치솟은 큰 나무로, 여러 대에 걸쳐 중요한 지위를 차지한 신하를 배출하여 국가와 화복을 함께하는 유서 깊은 명문 세가(名門世家)를 비유하는 말이다. 《맹자》 〈양혜왕 하(梁惠王下)〉에 "이른바 고국(故國)이란 것은 교목이 있음을 말함이 아니요 세신(世臣)이 있음을 말한 것입니다.〔所謂故國者, 非謂有喬木之謂也, 有世臣之謂也.〕"라는 구절에서 유래하였다.

대의 종질녀(從姪女)는 일찍부터 규방의 가르침을 받아 사덕(四德)[312]의 칭송이 이미 드러났는데, 저의 손자 최수(㝡秀)는 어려서 뜰에서 들은 바가 없어서[313] 육예(六藝)[314]의 가르침을 익히지 못했습니다. 정의(情誼)를 더욱 돈독하게 닦으려 하니, 이어서 성기(聲氣)가 서로 구함을 징험할 것입니다. 건곤(乾坤)은 팔괘(八卦)의 문이니 건(健)은 순(順)에 짝하고,[315] 부부는 오륜의 처음이니 강(剛)은 유(柔)에 앞섭니다.[316] 이에 '부원(附遠)'의 글[317]을 따라서 가까운 날을 먼저 점

312 사덕(四德) : 부인이 갖추어야 할 네 가지 덕으로 부인의 덕인 부덕(婦德), 부인의 용모인 부용(婦容), 부인의 말씨인 부언(婦言), 길쌈과 바느질의 부공(婦工)을 이른다. 《周禮 天官 九嬪》

313 뜰에서 들은 바가 없어서 : 뜰에서 들은 바란 가문으로부터 전해배운 가르침을 가리킨다. 《논어(論語)》 〈계씨(季氏)〉에 공자가 혼자 서 있는데 아들 이(鯉)가 뜰을 지나자, 시(詩)를 배웠느냐고 묻고는 "시를 배우지 않으면 말을 할 수가 없다.〔不學詩, 無以言.〕"라고 하고, 뒤에 예(禮)를 배웠느냐고 묻고는 "예를 배우지 않으면 발을 딛고 설 수 없다.〔不學禮, 無以立〕"라고 하였던 데서 유래하였다.

314 육예(六藝) : 학생을 교육하는 여섯 가지 과목으로, 예(禮)·악(樂)·사(射)·어(御)·서(書)·수(數)를 말한다.

315 건곤(乾坤)은……짝하고 : 《주역(周易)》 〈계사전 하(繫辭傳下)〉에 "공자께서 말씀하셨다. '건곤은 역(易)의 문일 것이다. 건은 양물(陽物)이고 곤은 음물(陰物)이니, 음양이 덕을 합하여 강유(剛柔)가 체가 있게 되었다.'〔子曰: 乾坤其易之門邪! 乾, 陽物也; 坤, 陰物也. 陰陽合德, 而剛柔有體.〕"라고 하였다. 건(健)은 건괘(乾卦)의 덕이며 순(順)은 곤괘(坤卦)의 덕을 말하는바, 건순(健順)은 곧 음양(陰陽)을 가리킨다.

316 부부는……앞섭니다 : 《중용장구》 제12장에 "군자의 도는 단서가 부부에게서 시작되니, 그 지극함에 미쳐서는 천지에 밝게 드러난다.〔君子之道, 造端乎夫婦, 及其至也, 察乎天地.〕"라고 하였다. 강(剛)은 양(陽), 유(柔)는 음(陰)을 가리킨다.

317 부원(附遠)의 글 : 《예기(禮記)》 〈교특생(郊特牲)〉에 "천지가 화합한 뒤에 만물이 일어나니, 혼례는 만세의 시초이다. 다른 성에게 장가드는 것은 먼 사람에게 의탁하

칩니다.[318] 서사(庶士)가 지금 이름에 마침 매실이 열리는 날을 맞았고,[319] 이 아가씨가 시집감에 복숭아 열매 많다는 읊음을 듣기를 기다립니다.[320] 주자(朱子)가 이룬 법을 계술하여 황씨(黃氏)의 정서(定書)에 답하고자 합니다.[321] 오직 이 정성을 펴기를 마지않습니다.

여 분별을 두텁게 하는 것이다.〔天地合而后萬物興焉, 夫昏禮, 萬世之始也. 取於異姓, 所以附遠厚別也.〕"라고 하였는바, 이를 가리킨다.

318 가까운……점칩니다 : 《예기(禮記)》〈곡례(曲禮)〉에 "무릇 날짜를 점칠 때에는 열흘 이상을 '먼 모일'이라 하고 열흘 이내를 '가까운 모일'이라 한다. 상사는 먼 날을 먼저 점치고 길사는 가까운 날을 먼저 점친다.〔凡卜筮日, 旬之外曰遠某日, 旬之內曰近某日. 喪事先遠日, 吉事先近日.〕"라고 하였다.

319 서사(庶士)가……맞았고 : 혼인의 시기가 되었음을 뜻한다. 《시경(詩經)》〈소남(召南) 표유매(摽有梅)〉에 "떨어지는 매화여 그 열매가 일곱이로다. 나를 구하는 서사는 길일에 미칠진저.〔摽有梅, 其實七兮. 求我庶士, 迨其吉兮.〕"라고 한 데서 온 말이다.

320 이……기다립니다 : 혼인의 시기를 기다림을 뜻한다. 《시경(詩經)》〈주남(周南) 도요(桃夭)〉에 "어리고 예쁜 복숭아꽃이여, 많고 많은 그 열매로다. 이 아가씨의 시집감이여, 의당 집안을 화목하게 하리로다.〔桃之夭夭, 有蕡其實. 之子于歸, 宜其家室.〕"라고 한 데서 온 말이다.

321 주자(朱子)가……합니다 : 송(宋)나라 유학자 주희(朱熹)가 황간(黃榦)의 집안에 둘째딸을 시집보내면서 그 집안에 회답한 글이 《주자대전(朱子大全)》 권85 〈회황씨정서(回黃氏定書)〉에 보인다.

고축 告祝

사직에 올리는 기우제문 을해년(1815, 순조15)

社稷祈雨文 乙亥

가대인이 경주에 부임하셨을 때 대신 짓다.

삼가 생각건대 곤원은	恭惟坤元
두터이 만물을 실어주니[322]	厚載萬生
광대하게 성대히 길러주어[323]	廣大茂育
생성을 창달하게 합니다	暢于生成
사직의 신은	維社稷神
그 운행을 통달하게 하니	以達其行
능히 음양을 순조로이 하여	克順陰陽

322 곤원(坤元)은……실어주니 : 《주역(周易)》 〈곤괘(坤卦) 단사(彖辭)〉에, "지극하도다! 곤원(坤元)이여. 만물이 이를 자뢰하여 생기나니, 이에 하늘을 순히 받들도다. 곤의 두터움이 물건을 실음은 덕이 무강에 합한다.〔至哉坤元! 萬物資生, 乃順承天. 坤厚載物, 德合无疆.〕"라고 하였다.

323 성대히 길러주어 : 《주역(周易)》 〈무망괘(无妄卦) 상전(象傳)〉에, "하늘 아래에 우레가 행하여 물건마다 무망을 주니, 선왕이 이를 보고서 천시에 성하게 합하여 만물을 기른다.〔天下雷行, 物與无妄, 先王以, 茂對時, 育萬物.〕"라고 하였다.

비와 볕을 모두 순하게 합니다 咸若雨暘
어찌하여 가물고 마른 날씨가 胡然旱乾
해마다 일상이 되었단 말입니까 歲聿爲常
요망한 한발이 사나움을 부려서 妖魃肆虐
삼 년 동안 거듭 흉년이 들었습니다 三載荐荒
하늘의 역병이 크게 유행하여 天癘大行
땅의 재물이 소모되어 없어졌습니다 地財耗亡
지금 백성들이 무슨 죄가 있단 말입니까 何辜今人
모두 멸망으로 돌아가니 咸歸淪喪
그 나머지 생존한 사람들도 其餘存者
병들어 일어나지 못하고 있습니다 未起于瘖
하늘이 재앙을 내림을 후회하여 謂天悔禍
네 가지 재앙[324]이 없어질 것이라 여겼는데 庶無四殃
나쁜 기운이 그치지 않아 沴氣未艾
사십 일 동안 혹독한 더위[325]가 계속되었습니다 四旬愆陽
들마다 불모지 아닌 곳이 없으니 靡野不赤
어느 풀인들 누렇게 마르지 않겠습니까 何草不黃

324 네 가지 재앙 : 네 가지의 자연재해로, 《일주서(逸周書)》 〈문전(文傳)〉에 "하늘이 내리는 네 가지 재앙이 있으니, 홍수와 가뭄과 곡식이 익지 않음과 과일이 영글지 않음이다.〔天有四殃, 水旱饑荒.〕"라고 하였다.

325 혹독한 더위 : 원문의 '건양(愆陽)'은 본래 양기(陽氣)가 지나치게 성한 관계로 겨울철이 춥지 않고 너무 따뜻하여 절기에 어긋나는 것을 말한다. 《춘추좌씨전》 소공(昭公) 4년 조에 "성인이 위에 있을 때는……겨울에는 건양이 없고, 여름에는 복음이 없었다.〔聖人在上……冬無愆陽, 夏無伏陰.〕"라고 하였다.

모래를 달구고 돌을 데워서	煎沙爛石
높은 해가 녹일 듯합니다	杲日如煬
높은 곳과 낮은 곳이 균평하게	上下其平
누런 먼지만 날립니다	黃塵載揚
이미 그루갈이를 하지 못했으니	旣莫耕根
모내기를 바랄 수 있겠습니까	可望蒔秧
삼농[326]이 할 일이 없어	三農無爲
호미를 놓고 눈물만 흘립니다	釋鉏汪浪
만백성이 슬피 원망하니	萬姓嗷嗷
민심이 끓는 물처럼 솟구칩니다	其沸如湯
또한 가뭄이 너무도 심하니	亦旣太甚
우러러 하늘이 재앙을 내린 뜻을 생각합니다[327]	仰念穹蒼
하루 이틀이 지나면	一日二日
곧 하지를 지나게 됩니다	奄過夏至
저는 백성과 사직을 맡아	我司民社
근심스러운 마음 타는 듯하니	憂心如爞
어찌 다만 농부가	豈直農夫
백 묘를 다스리지 못하는 정도에 비하겠습니까[328]	百畝不易

326 삼농(三農) : 원지(原地)와 습지(濕地)와 평지(平地)의 농사를 합한 말이다. 《주례(周禮)》 〈천관총재(天官冢宰) 태재(太宰)〉에 "삼농에서 아홉 가지 곡식을 생산한다.〔三農生九穀.〕"라고 하였는데, 전하여 삼농에 종사하는 농부들을 가리키기도 한다.

327 하늘이……생각합니다 : 《시경(詩經)》 〈대아(大雅) 상유(桑柔)〉에 "하늘이 재앙을 내린 뜻을 생각할 힘도 없도다.〔靡有旅力, 以念穹蒼.〕"라고 하였다.

328 어찌……비하겠습니까 : 《맹자(孟子)》 〈등문공 상(滕文公上)〉에 "요(堯)는 순

비록 때는 늦었으나 雖則後時
아직 농사일을 구제할 수 있습니다 尙可濟事
이에 규벽[329]을 받들어 載擧珪璧
제사를 올리니 用薦禋祀
신께서 강림한다면 神之格思
어찌 나의 소원을 이루지 못하겠습니까 寧莫我遂
재앙을 막고 가뭄을 막음은 禦災捍旱
바로 신의 직책이고 迺其職耳
양을 닫고 음을 여는 것도 閉陽開陰
잠깐 사이에 달려있습니다 亦在造次
하한이 거꾸로 쏟아져서 河漢倒瀉
구름과 우레가 일어날 것이니 雲雷騰起
아침에 무지개가 뜨기를[330] 기다리지 않고도 不待朝隮
비가 주룩주룩 내릴 것입니다[331] 俾滂沱矣

(舜)을 얻지 못함을 자기의 근심으로 삼으셨고, 순(舜)은 우(禹)와 고요(皐陶)를 얻지 못함을 자기의 근심으로 삼으셨으니, 백 묘가 다스려지지 못함을 자기의 근심으로 삼는 자는 농부이다.〔堯以不得舜爲己憂, 舜以不得禹皐陶爲己憂, 夫以百畝之不易爲己憂者, 農夫也.〕"라고 하였다.

329 규벽(珪璧) : 신에게 예물로 바치는 옥으로 여기서는 사직단에 올리는 기우제(祈雨祭)를 뜻한다. 《시경(詩經)》〈대아(大雅) 운한(雲漢)〉에, "신들에게 제사를 드리지 않음이 없고 이 희생을 아끼지 않아, 규벽을 이미 다 바쳤거늘 어찌 나의 호소를 들어주시지 아니하는가.〔靡神不擧, 靡愛斯牲, 圭璧旣卒, 寧莫我聽?〕"라고 하였다.

330 아침에 무지개가 뜨기를 : 비가 올 징조를 가리킨다. 《시경(詩經)》〈용풍(鄘風) 체동(蝃蝀)〉에 "아침에 서쪽에 무지개가 뜨니, 아침에만 비가 내리겠네.〔朝隮于西, 崇朝其雨.〕"라고 하였다.

우리 서직을 소생하게 하여	蘇我黍稷
우리 인사들이 곡식을 먹게 하소서	穀我人士
비가 오면 살 것이고	雨則其生
비가 오지 않으면 죽을 것입니다	不雨則死
저의 말은 두 번 하지 않으리니	我言不再
신은 강림하소서	惟神降止
근본에 보답하고 시작으로 돌아감[332]은	報本反始
바로 신이 스스로 만드는 것입니다	繄神自致

331 비가……것입니다 : 《시경(詩經)》 〈소아(小雅) 삼삼지석(漸漸之石)〉에 "달이 필성(畢星)에 걸려 있으니 비가 주룩주룩 내리리로다.〔月離于畢, 俾滂沱矣.〕"라고 하였다.

332 근본에……돌아감 : 《예기(禮記)》 〈교특생(郊特牲)〉에 "하늘에 제사를 지내는 것은 근본에 보답하고 시작으로 돌아가는 큰일인 것이다.〔郊之祭也, 大報本反始也.〕"라고 하였다.

신라 태조 숭덕전[333]에 올리는 기우제문

新羅太祖崇德殿祈雨文

가대인을 대신하여 짓다.

하늘이 동방을 돌봐주어	天眷東土
성자가 나오시니	有聖者作
만물에서 으뜸으로 나와[334]	首出庶物
처음으로 왕업의 자취를 닦았습니다[335]	肇基王迹
손에 건부[336]를 쥐고	手握乾符
몸소 보록[337]을 받으니	躬膺寶籙
쑥대는 이미 베이고	蓬蒿旣艾
험한 곳 또한 깎였습니다	險阻亦削
서로 이끌어 귀순한 것이	相率歸命
열두 나라였으니	十有二國
다만 육부만이	不獨六部

333 숭덕전(崇德殿) : 신라(新羅)의 시조인 박혁거세(朴赫居世)를 모신 사당으로, 경상북도 경주(慶州)에 있다.

334 만물에서 으뜸으로 나와 : 《주역(周易)》 〈건괘(乾卦) 단전(彖傳)〉에 "만물에서 으뜸으로 나오니 만국이 모두 편안하다.〔首出庶物, 萬國咸寧.〕"라고 한 데서 온 말이다.

335 처음으로……닦았습니다 : 《서경(書經)》 〈주서(周書) 무성(武成)〉에 "태왕에 이르러 처음으로 왕업의 자취의 터를 닦았다.〔至于大王, 肇基王迹.〕"라고 한 데서 온 말이다.

336 건부(乾符) : 임금의 표지로 갖는 부서(符瑞)를 말한다.

337 보록(寶籙) : 중국 전설에 봉황이 황제(黃帝)와 제요(帝堯)에게 전해 주었다는 예언서로, 왕위를 계시하는 천명(天命)을 말한다.

받들어 백성의 법으로 삼았을 뿐이 아니었습니다[338] 戴爲民極
성대한 제사 백세토록 이어져 盛祀百世
능히 삼각[339]에 짝하니 克配三恪
지금까지도 유민들이 到今遺民
아직도 옛 은덕을 생각하여 尙懷舊德
홍수와 가뭄에 반드시 기도하여 水旱必禱
번번이 명복을 받고 있습니다 輒資冥福
여러 해 동안 재해를 고함에 頻年告災
요망한 한발이 사나움을 부리니 妖魃爲虐
마침내 큰 흉년을 이루어서 遂成大侵
천 리가 불모지가 되었습니다 千里其赤
길과 들에 굶어 죽은 이들이 道殣野殍
서로 이어져 쌓인 듯하니 相望如積
금년 여름 가뭄이 今夏亢陽
또한 더욱 혹독합니다 亦孔之酷
하늘이 비 내리는 시기가 天降之期

338 다만……아니었습니다 : 육부(六部)는 진한(辰韓) 6부를 가리키는 것으로, 삼국시대 이전에 우리나라 동남부 지방에 있었던 여섯 소국을 말한다. 《삼국사기(三國史記)》에 따르면 조선(朝鮮)의 유민들이 산골에 나뉘어 살며 여섯 개의 마을을 이루고 있었는데, 이 진한 육부의 사람들이 박혁거세(朴赫居世)의 출생을 신비롭게 여겨 높이 받들고 후에 왕으로 추대하였다고 한다. 《三國史記 卷1 新羅本紀 始祖 赫居世居西干》

339 삼각(三恪) : 제왕이 전조(前朝)의 왕을 공경한 일을 말한다. 주 무왕(周武王)이 우(虞)나라의 후손(後孫)을 진(陳)나라에, 하(夏)나라의 후손을 기(杞)나라에, 은(殷)나라의 후손을 송(宋)나라에 봉하여 이를 삼각이라 하였다. 《春秋左氏傳 襄公25年》

이미 단비의 은택에는 어긋났습니다	既愆膏澤
열흘 동안 비가 오지 않더라도	十日不雨
오히려 곡식이 없다고 하였는데[340]	尙云無穀
하물며 사십일에 이르도록	矧彌四旬
한 방울 비도 넉넉히 내려주지 않았습니다	莫饒涓滴
나쁜 기운이 하늘을 불태우니	沴氣燔空
불타는 듯 뜨겁고	炎炎熇熇
열기가 가득 쌓이고 성하니[341]	蘊隆蟲蟲
산천이 씻어낸 듯합니다[342]	山川滌滌
낮은 땅도 밭을 갈 수 없는데	下田不犁
높은 땅에서 곡식을 거둬 담을 수 있겠습니까	高土可簏
그루갈이도 할 수 없는데	耕根無因
모내기를 할 수 있겠습니까	分秧可克
농부는 하는 일 없이 팔짱을 끼고서	農夫垂拱
곰방메며 호미를 내려놓고 있습니다	耰鋤自釋

340 열흘……하였는데 : 소식(蘇軾)의 〈희우정기(喜雨亭記)〉에 "'5일 동안 비가 내리지 않아서 되겠는가?' 하자 '5일 동안 비가 내리지 않으면 보리가 없게 될 것이다.'라고 하고, '10일 동안 비가 내리지 않아서 되겠는가?' 하자 '10일 동안 비가 내리지 않으면 벼가 없게 될 것이다.'라고 하였다.〔五日不雨可乎? 曰五日不雨則無麥. 十日不雨可乎? 曰十日不雨則無禾.〕"라고 한 내용이 보인다. 《古文眞寶後集 卷9》

341 열기가……성하니 : 《시경(詩經)》〈대아(大雅) 운한(雲漢)〉에 "가뭄이 너무도 심하여 열기가 가득 쌓이고 성하네.〔旱旣大甚, 蘊隆蟲蟲.〕"라고 하였다.

342 산천이 씻어낸 듯합니다 : 《시경(詩經)》〈대아(大雅) 운한(雲漢)〉에 "가뭄이 너무 심한지라 산천을 씻어낸 듯하도다.〔旱旣太甚, 滌滌山川.〕"라고 하였다.

주나라의 남은 백성들이[343]	周餘之遺
아침에도 저녁을 도모하지 못합니다	朝不謀夕
사람의 공력이 다하였는데	人功竭矣
하늘의 뜻은 어찌 이와 같습니까	天意何若
우러러 하늘을 바라봄에 아득하기만 하니[344]	仰視夢夢
우리를 측은히 여기지 않는단 말입니까	則我不惻
백성들이 무슨 죄가 있으리오	赤子何辜
죄는 이 목민관에게 있습니다	罪在司牧
규벽[345]을 받들어서	珪璧旣擧
사직에 제사를 올렸으나	于社于稷
평소의 정성이 미덥지 않아	素忱罔孚
신묘한 조화가 아직도 아득합니다	玄化尙邈
곤궁하면 근본으로 돌아가는 법이니[346]	窮則反本

343 주나라의 남은 백성들이 : 《시경(詩經)》 〈대아(大雅) 운한(雲漢)〉에 "가뭄이 너무 심한지라 밀쳐낼 수가 없도다.……주(周)나라의 남은 백성이 반몸도 남은 이가 없도다.〔旱旣大甚, 則不可推.……周餘黎民, 靡有孑遺.〕"라고 한 데서 온 표현이다.

344 우러러……하니 : 《시경(詩經)》 〈소아(小雅) 정월(正月)〉에 "백성들이 지금 한창 위태로운데, 하늘을 보면 아득하기만 하네.〔民今方殆, 視天夢夢.〕"라고 하였다.

345 규벽(珪璧) : 신에게 예물로 바치는 옥으로 여기서는 사직단에 올리는 기우제(祈雨祭)를 뜻한다. 《시경(詩經)》 〈대아(大雅) 운한(雲漢)〉에, "신들에게 제사를 드리지 않음이 없고 이 희생을 아끼지 않아, 규벽을 이미 다 바쳤거늘 어찌 나의 호소를 들어주시지 아니하는가.〔靡神不擧, 靡愛斯牲, 圭璧旣卒, 寧莫我聽?〕"라고 하였다.

346 곤궁하면……법이니 : 사람이 곤궁해지면 조상을 찾게 되어있다는 뜻이다. 《사기(史記)》 권84 〈굴원열전(屈原列傳)〉에 "하늘은 사람의 시작이고 부모는 사람의 근본이다. 사람은 곤궁하면 근본으로 돌아가는 법이다. 그러므로 괴롭고 고생스러울 때 하늘에 호소하고, 아프고 고통스러울 때에 부모에게 호소한다.〔夫天者, 人之始也; 父母

그 이치가 어긋나지 않습니다	厥理不忒
저 담암사(曇巖寺)[347]를 보니	睠彼曇巖
소나무와 측백나무 빼어납니다	松柏挺特
그 곁에 제사를 올리니	卽祀于傍
깊게 닫힌 사당 고요합니다[348]	閟宮有侐
옥사[349]는 비록 오래되었으나	屋社雖久
강토는 예전과 같으니	疆域猶昔
어찌 여러 백성들로 하여금	寧使群黎
굶어죽어 구덩이에 들어가게 하겠습니까	納諸溝壑
때를 늦출 수가 없으니	時不可緩
농사일을 서둘러야 합니다	民事其亟
상제를 도와서	左右上帝
서둘러 단비를 내리게 하소서	遄降靈液

者，人之本也．人窮則反本．故勞苦倦極，未嘗不呼天也；疾痛慘怛，未嘗不呼父母也.〕" 라고 하였다.

347 담암사(曇巖寺) : 경상북도 경주의 오릉(五陵) 남쪽에 있었던 절로, 담엄사(曇嚴寺)라고도 한다. 신라(新羅) 신문왕(神文王) 때 창건된 것으로 추정되며, 신라의 전불칠처가람(前佛七處伽藍) 가운데 일곱 번째인 서청전(壻請田)에 해당되고 고려 중기까지 중시되었다고 한다.

348 깊게……고요합니다 : 《시경(詩經)》 〈노송(魯頌) 비궁(閟宮)〉에 "깊게 닫혀있는 사당 고요하기도 하니 견실하고 치밀하도다.〔閟宮有侐，實實枚枚.〕"라고 하였다.

349 옥사(屋社) : 패망한 나라의 사직(社稷)에 지붕을 덮는다는 뜻으로, 나라가 망한 것을 뜻한다. 《예기(禮記)》 〈교특생(郊特牲)〉에, "천자의 대사(大社)에 반드시 서리와 이슬, 바람과 비를 받게 하는 것은 천지의 기운을 통하게 하기 위함이다. 이 때문에 망한 나라의 사직에는 지붕을 덮어 하늘의 햇빛을 받지 못하게 하는 것이다.〔天子大社，必受霜露風雨，以達天地之氣也．是故喪國之社屋之，不受天陽也.〕"라고 하였다.

바람과 구름을 불러　召呼風雲
오악(五岳)과 사독(四瀆)[350]을 지휘하고　指揮岳瀆
적송과 하백[351]이　赤松河伯
분주히 직책을 따르게 하소서　奔走率職
만물이 형체를 갖추고 있음에[352]　品物流形
그 베풂이 넓고 넓습니다　厥施溥博
이룬 공을 공경히 따라　欽若成功
백성들이 곡식을 먹게 하소서　烝民粒食
선왕을 그리워함은　前王之思
이로움을 이롭게 여기고 즐거움을 즐거워해서입니다[353]　利利樂樂
아아 어찌 잊을 수 있겠습니까　於戲可忘
영원히 지극한 은혜에 무젖을 것입니다　永涵至渥

350 오악(五岳)과 사독(四瀆) : 오악은 중악(中岳) 숭산(崇山), 동악(東岳) 태산(泰山), 서악(西岳) 화산(華山), 남악(南岳) 형산(衡山), 북악(北岳) 항산(恒山)이고, 사독은 강(江)·회(淮)·하(河)·제(濟)를 말하는데, 가뭄이 들거나 홍수가 나면 제사를 지낸다.

351 적송(赤松)과 하백(河伯) : 둘 다 전설상에 나오는 물을 다스리는 신으로, 적송은 염제(炎帝) 때에 비를 다스리는 직책을 맡았던 인물이라고 하며, 하백은 황하(黃河)의 신이다.

352 만물이……있음에 : 《주역》 〈건괘(乾卦) 단(彖)〉에 "구름이 가고 비가 내려 만물이 형체를 갖춘다.〔雲行雨施, 品物流形.〕"라고 하였다.

353 선왕을……즐거워해서입니다 : 《대학장구》 전(傳) 3장에 "《시경》에 이르기를, '아아 선왕을 잊을 수 없네.' 하였다. 군자는 그 어진 이를 어질게 여기고, 그 친한 이를 친하게 여기며, 소인은 그 즐거움을 즐거워하고, 그 이로움을 이롭게 여긴다. 그러므로 세상을 떠났는데도 잊지 못하는 것이다.〔詩云於戲前王不忘. 君子賢其賢而親其親, 小人樂其樂而利其利, 此以沒世不忘也.〕"라고 하였다.

제천 주봉의 공 부자 영당에 봉안할 때 고유한 글

堤川周峯孔夫子影堂奉安告文

도가 하늘에서 근원하여	道原於天
성인에게 주어지니	而畀聖人
성인은 하늘이 내셨으니[354]	聖人天縱
생민 중에 이보다 훌륭한 분이 없습니다[355]	莫盛生民
비유하면 사시가 유행함에	四時流行
만물이 화순하는 것과 같습니다	萬物化醇
삼황오제를 조종으로 삼아	宗皇祖帝
집대성하였습니다[356]	集厥大成
옛것을 계술하고 가르침을 남기니	述古垂訓
억년토록 법이 되었습니다	億世章程
천지를 미륜하고[357]	彌綸天地

354 성인(聖人)은 하늘이 내셨으니 : 《논어》 〈자한(子罕)〉에 제자 자공(子貢)이 공자(孔子)를 두고 "선생님은 진실로 하늘이 내신 성인이실 것이요, 또 능한 것이 많으시다.〔固天縱之將聖, 又多能也.〕"라고 하였다.

355 생민……없습니다 : 《맹자》 〈공손추 상(公孫丑上)〉에 유약(有若)이 " 생민이 있어 온 이래로 공자만큼 훌륭한 분은 있지 않았다.〔自生民以來, 未有盛於孔子也.〕"라고 한 내용이 보인다.

356 집대성하였습니다 : 《맹자(孟子)》 〈만장 하(萬章下)〉에 맹자가 백이(伯夷)를 청성(淸聖), 이윤(伊尹)을 임성(任聖), 유하혜(柳下惠)를 화성(和聖)이라고 하고 공자를 여러 성인의 특징을 모두 겸비하여 때에 맞게 대처한 시성(時聖)이라고 하면서 "공자를 일러 집대성한 분이라고 한다.〔孔子之謂集大成.〕"라고 하였다.

그윽이 신명을 도와서[358]	幽贊神明
오전을 잘 보좌하고[359]	笙鏞五典
육경을 잘 보존하였습니다	筐篚六經
황색 치마와 같아 크게 길하니[360]	黃裳元吉
평소 행한 것이 편안하고 바릅니다[361]	素履安貞
도덕이 높고 두터우며	道德高厚
교화가 다함이 없습니다	敎化無窮
참찬하고 위육해서[362]	參贊位育

357 천지를 미륜(彌綸)하고 : 미륜은 두루 잘 다스린다는 뜻이다. 《주역》 〈계사전 상(繫辭傳上)〉에 "역(易)은 천지와 같다. 그러므로 천지의 도를 미륜한다.〔易與天地準. 故能彌綸天地之道.〕"라고 하였다.

358 그윽이 신명(神明)을 도와서 : 《주역》 〈설괘전(說卦傳)〉에 "옛날에 성인이 역을 만들 적에 그윽이 신명을 도와 시초를 내었다.〔昔者聖人之作易也, 幽贊於神明而生蓍.〕"라고 하였는데, 이에 대한 주자(朱子)의 본의(本義)에 "그윽이 신명을 돕는다는 것은 화육을 돕는다는 말과 같다.〔幽贊神明, 猶言贊化育.〕"라고 하였다.

359 잘 보좌하고 : 원문의 '생용(笙鏞)'은 생황(笙簧)과 대종(大鐘)으로, 《서경》 〈우서(虞書) 익직(益稷)〉에 순(舜) 임금 때의 악관(樂官)인 기(夔)가 "생과 용을 번갈아 울리자 새와 짐승들이 서로 춤을 추고, 소소를 아홉 번 연주하자 봉황이 와서 춤을 추었습니다.〔笙鏞以間, 鳥獸蹌蹌, 簫韶九成, 鳳凰來儀.〕"라고 한 데서 온 말이다. 본래는 임금을 잘 보좌하는 것을 의미하는데, 여기서는 오전(五典)을 잘 보좌하였음을 의미한다.

360 황색……길하니 : 《주역》 〈곤괘(坤卦) 육오(六五)〉에 "황색 치마라 크게 길하리라.〔黃裳元吉.〕"라고 하였다.

361 편안하고 바릅니다 : 《주역》 〈곤괘(坤卦) 단(彖)〉에, "편안하고 바른 길함이 땅의 무강함에 응한다.〔安貞之吉, 应地无疆.〕"라고 하였다.

362 참찬(參贊)하고 위육(位育)해서 : 참찬은 천지에 참여하여 돕는 것이고 위육은 천지가 자리를 잡고 만물이 길러지는 것을 말한다. 《중용장구》에 "오직 천하에 지극히

성인의 공이 높고 높으니 巍蕩聖功
모든 혈기를 가지고 있는 자가 凡有血氣
존숭하지 않는 이가 없습니다 罔不尊崇
군자가 거처하는 곳이면 君子攸居
어찌 구이라고 하여 누추하겠습니까[363] 何陋九夷
명이의 곧게 지킴이 이로움은 明夷利貞
바로 기자가 이를 따랐습니다[364] 箕子以之
홍범구주(洪範九疇)[365]를 펼치고 九疇攸叙

성실한 사람이라야 본성을 다할 수 있으니, 본성을 다하면 사람의 본성을 다하게 할 수 있고, 사람의 본성을 다하면 물건의 본성을 다하게 할 수 있고, 물건의 본성을 다하면 천지의 화육(化育)을 도울 수 있고, 천지의 화육을 도우면 천지에 참여할 수 있다.〔惟天下至誠, 爲能盡其性, 能盡其性, 則能盡人之性; 能盡人之性, 則能盡物之性; 能盡物之性, 則可以贊天地之化育; 可以贊天地之化育, 則可以與天地參矣.〕" 하였으며, 또한 "중(中)과 화(和)를 지극히 하면 천지가 제자리를 편안히 하고 만물이 길러진다.〔致中和, 天地位焉, 萬物育焉.〕"라고 하였다.

363 군자가……누추하겠습니까 : 《논어(論語)》 〈자한(子罕)〉에 공자가 구이(九夷)에 살려고 하자 혹자가 "그곳은 누추하니, 어떻게 하시렵니까?〔陋如之何?〕"라고 물었는데, 이에 공자가 대답하기를 "군자가 거처한다면 무슨 누추함이 있겠는가.〔君子居之, 何陋之有?〕"라고 한 내용이 보인다.

364 명이(明夷)의……따랐습니다 : 기자(箕子)가 은(殷)나라가 무도(無道)할 때 밝음을 감추고서 화(禍)를 면하였다가, 마침내 동방(東方)으로 와서 도를 전한 것을 말한다. 《주역》 〈명이괘(明夷卦) 육오(六五)〉에 "기자가 밝음을 감춤이니, 곧게 지킴이 이롭다.〔箕子之明夷, 利貞.〕"라고 하였다.

365 홍범구주(洪範九疇) : 주 무왕(周武王)이 은(殷)나라를 이기고 기자(箕子)를 방문하여 천도(天道)를 묻자 기자가 대답한 아홉 가지 법으로, 곧 오행(五行) · 오사(五事) · 팔정(八政) · 오기(五紀) · 황극(皇極) · 삼덕(三德) · 계의(稽疑) · 서징(庶徵) · 오복(五福)이다. 《書經 周書 洪範》

팔조(八條)의 가르침[366]을 베푸시니　八敎是施
굳이 뗏목에 오르기를[367] 기다리지 않고도　不待乘桴
신령이 감통한 것입니다　神理感通
긴긴 밤이 되어 아침이 오지 않으니　長夜不朝
하늘을 보건대 아득하기만 합니다　視天夢夢
신주와 적현[368]이　神州赤縣
모두 오랑캐 땅이 되니　盡化爲戎
창평과 곡부[369]도　昌平曲阜
비린내와 먼지로 어둡기만 합니다　腥塵晦蒙
한 조각 깨끗한 곳은　一片乾淨
좌해의 강토이니　左海之疆
동인들이 외고 본받아　東人誦法

366 팔조(八條)의 가르침 : 기자(箕子)가 지었다고 하는 고조선의 법률인 범금팔조(犯禁八條)를 말한다. 고조선에는 일찍부터 8개의 금법(禁法)이 있어 각종 범죄를 처벌하였는데, 그 가운데 현재 '사람을 죽인 자는 죽인다〔相殺償以命〕', '사람을 상하게 한 자는 곡물로 보상한다〔相傷以穀償〕', '남의 물건을 훔친 자는 그 집의 노비로 삼는다〔相盜者沒爲其家奴婢〕'의 3개 조항만 전하고 나머지는 전하지 않는다.

367 뗏목에 오르기를 : 《논어(論語)》 〈공야장(公冶長)〉에 공자가 자신의 도(道)가 행해지지 않자 탄식하면서 "도가 행해지지 않으니 뗏목을 타고 바다를 항해하리라.〔道不行, 乘桴浮于海.〕"라고 한 데서 온 말이다.

368 신주(神州)와 적현(赤縣) : 중국을 가리키는 말로, 전국(戰國) 시대 추연(鄒衍)이 화하(華夏)의 땅을 일컫는 말로 사용했던 데서 비롯되었다. 《史記 卷74 孟子荀卿列傳》

369 창평(昌平)과 곡부(曲阜) : 공자(孔子)가 탄생한 곳과 고향을 이른다. 공자는 춘추시대 노(魯)나라 양공(襄公) 22년인 경술년에 창평향(昌平鄕) 추읍(鄹邑)에서 태어났으며, 산동성(山東省)에 있는 곡부는 공자의 고향이다.

강한처럼 우러르고 갱장처럼 사모합니다[370] 江漢羹墻
어찌 대와 소를 논하리오 何論大小
이곳이 실로 중화입니다 是眞中華
주나라 예가 노나라에 남아 있으니[371] 周禮在魯
크게 밝아서 조화를 펼쳤습니다 大明宣和
이 성인의 화상은 維玆聖像
궐리[372]에서 나온 것이니 出自闕里
주형과 옥두[373]가 珠衡玉斗

370 동인(東人)들이……사모합니다 : 우리나라 사람들이 공자(孔子)를 높이 우러르고 깊이 사모함을 비유한 말이다. 강한(江漢)은 공자가 죽은 뒤에 제자들이 유약(有若)의 모습이 공자와 비슷하다는 이유로 공자를 섬기던 예로 그를 섬기려고 하자, 증자(曾子)가 그래서는 안 된다고 하면서, "공자께서는 강한으로 씻는 것과 같으며, 가을볕으로 쪼이는 것과 같아서 깨끗하여 더할 수 없다.〔江漢以濯之, 秋陽以暴之, 皓皓乎不可尙已.〕"라고 한 데서 온 말이며, 갱장(羹墻)은 옛날 요(堯)임금이 붕어한 뒤에, 순(舜)임금이 요임금을 앙모한 지 3년 만에 앉아 있으면 요임금이 담장〔墻〕에서 보이고, 밥 먹을 때는 요임금이 국〔羹〕에서 보였다는 데서 온 말이다. 《孟子 滕文公上》《後漢書 卷63 李固列傳》

371 주(周)나라의……있으니 : 춘추 시대에 진(晉)나라의 대부 한기(韓起)가 노(魯)나라에 가서 《역상(易象)》과 《노춘추(魯春秋)》를 보고서는 "주나라의 예(禮)가 모두 노나라에 있구나. 내 이제야 주공의 덕과 주나라가 왕자가 된 까닭을 알았도다.〔周禮盡在魯矣. 吾乃今知周公之德與周之所以王.〕"라고 하였는바, 여기서는 덧붙여 중국의 예(禮)가 우리나라에 남아 있음을 비유한 것이다. 《春秋左傳 昭公2年》

372 궐리(闕里) : 중국 산동성(山東省) 곡부현(曲阜縣)에 있는 지명(地名)으로, 공자(孔子)가 살던 곳이다.

373 주형(珠衡)과 옥두(玉斗) : 주형은 미간의 뼈가 구슬을 꿰어놓은 것과 같이 융기한 상(相)으로 성현의 모습을 상징하며, 옥두는 천문을 관측하는 옥형(玉衡)으로 북두성과 같은 성현에 비유한 말이다.

엄연히 임하신 듯합니다	儼若臨止
하읍에 거두어서 보관한 지가	收藏下邑
이백년이 되었습니다	垂二百祀
양이 깎였다가 회복하는 것[374]은 운수이고	剝復者數
음양이 소장하는 것은 시운입니다	消息者時
천명을 받들어 어긋나지 않으니	奉天不違
만세의 종사이십니다	萬世宗師
우리 제천 고을은	緊我堤鄉
옛 학사(學舍)가 있던 유지이니	舊黌遺址
화당의 물이 깨끗하고	花塘淸泠
주봉이 뻗어있습니다	周峯峛崺
정성과 힘을 함께 하여	壹乃誠力
터를 살펴보아 사당을 짓기 시작하였습니다	胥廟經始
산악의 정기를 받아 태어나신 옛 갑자가	嶽降舊甲
마흔 한 번 돌아오니	四十一廻
구월 이십육일에	九月廿六
탄신일이 거듭 찾아옵니다	晬辰重來

374 양(陽)이……것 : 원문의 '박복(剝復)'은 각각 주역의 박괘(剝卦)와 복괘(復卦)를 뜻하는 것으로, 복괘는 박괘 다음에 온다. 박괘는 다섯 개의 음효(陰爻) 위에 하나의 양효(陽爻)가 있는 형상으로 양기가 소멸될 위기에 처한 괘이며, 복괘는 다섯 음효의 아래에 다시 양효 하나가 생성되는 괘이다. 《주역》 〈서괘전(序卦傳)〉에 "박은 깎여서 다하는 것이다. 물건은 끝내 다할 수 없는 것이니, 박이 위에서 궁극에 이르면 아래로 돌아오므로 복으로써 받는 것이다.〔剝者, 剝也. 物不可以終盡, 剝窮上反下, 故受之以復.〕"라고 하였다.

일에 마치 기다림이 있었던 듯하니	事若有待
마음의 신령스러움이 묵묵히 통한 것입니다	默通心靈
희생과 단술이 매우 아름답고	牲醴孔嘉
찰기장과 메기장이 향기롭습니다	黍稷維馨
많고 많은 선비들이	莘莘髦士
경건히 심향을 올리니	虔薦心香
부디 돌아보고 흠향하여	庶蒙顧歆
양양하게 강림하소서	降格洋洋
그리하여 후인을 계도해 도와서	啓佑後人
사문이 영원히 창성하게 하소서	斯文永昌

회양 신안 주 부자[375] 영당에 봉안할 때 고유한 글

기해년(1839, 헌종3)

淮陽新安朱夫子影堂奉安告文 己亥

공자 이후로	子孔子後
또다시 공자가 있었으니	又有孔子
그 집대성한 것이	集厥大成
앞뒤로 같은 법도였습니다	前後一揆
육경을 밝게 천명하여	光闡六籍
온갖 이치를 정돈하니	整頓萬理
하늘과 땅이 다시 열리고	乾坤再闢
해와 달이 거듭 밝아졌습니다	日月重明
원기가 모여서	元氣之會
시운에 응하여 탄생하시니	應運挺生
만세토록 길이 힘입음에	萬世永賴
사람의 표준이자 하늘의 도였습니다	人極天經
도는 그보다 높은 이 없고	道莫與尊
공은 그보다 큰 것이 없습니다	功莫與京
덮어지고 실어주며 비춰주고 내리는 곳에	覆載照墜

375 주 부자(朱夫子) : 남송(南宋)의 대학자인 주희(朱熹, 1130~1200)로 자가 원회(元晦), 호가 회암(晦庵)이다. 도학(道學)과 이학(理學)을 통합한 성리학(性理學)을 집대성하여 중국 및 한국의 사상계에 지대한 영향을 미쳤다.

친애하고 높이지 않는 이가 없지마는	疇不親宗
참된 정성으로 연구하고 우러름[376]은	眞誠鑽仰
우리 동방만한 곳이 없습니다	無若我東
여러 현철들이 이어서 나와	群哲繼作
먼 후세에 유풍을 들으니	曠世聞風
심법을 전수받아 익혀서	傳習心法
망극한 은혜를 받았습니다	受罔極恩
회수의 북쪽에	維淮之陽
신안촌이 있으니	有新安村
무이산이 솟아 있고	竦武夷山
옥녀분을 이고 있으며	戴玉女盆
은병봉과 만정봉에	隱屛幔亭
구곡물이 잔잔히 흐르고	九曲潺湲
운곡과 자양도	雲谷紫陽
또한 그 명칭과 부합합니다[377]	亦符厥名

376 연구하고 우러름 : 원문의 '찬앙(鑽仰)'은 도(道)와 덕(德)을 우러르고 깊이 연구하는 것을 말하는바, 여기서는 주자(朱子)의 도와 덕을 찬양함을 가리킨다. 《논어(論語)》〈자한(子罕)〉에 안연(顔淵)이 공자(孔子)의 도와 덕을 찬탄하면서, "우러를수록 더욱 높아지고 뚫을수록 더욱 굳어진다.〔仰之彌高, 鑽之彌堅.〕"라고 한 데서 온 표현이다.

377 회수의……부합합니다 : 강원도 회양(淮陽)의 신안촌(新安村)에 속해있는 지명들이 모두 주자(朱子)와 관련이 있음을 보인 것이다. 신안은 중국 안휘성(安徽省)의 지명으로 주자의 관향이며, 무이산(武夷山)의 중국 복건성(福建省) 무이산시(武夷山市) 서남쪽에 있는 산으로, 주자가 이곳에서 자양서실(紫陽書室)을 짓고 제자들을 가르쳤다. 또한 주자가 지은 〈무이도가(武夷櫂歌)〉에 '옥녀봉(玉女峰)'·'은병(隱屛)'·'만

지명이 진실로 우연치 않으니　名固不偶

여러 사람의 마음에 감동을 일으킵니다　興感群情

다행이도 접역[378]은　何幸鰈域

엄연히 민중 고을[379]과 같으니　儼若閩鄉

서로 만 리가 떨어져있지만　相距萬里

아름다운 광채가 있습니다　猶有耿光

일찍이 듣건대 여산 언덕에　夙聞廬皐

와룡담이 있었는데　有潭臥龍

부자께서 그 명칭을 따라　夫子循名

제갈공(諸葛公)의 제사를 지냈다고 합니다[380]　毖祀葛公

법도가 멀리 있지 않으니　柯則不遠

감히 제 마음대로 한다고 하겠습니까　敢云師心

정봉(幔亭峰)' 등의 명칭이 보인다. 또 운곡(雲谷)은 복건성 건양현(建陽縣)에 위치한 노봉(蘆峯)으로, 주자가 그곳에 회암초당(晦庵草堂)을 짓고 글을 읽으면서 산의 이름을 운곡이라 고친바 있다.

378 접역(鰈域) : 가자미 모양으로 생긴 지역이라 하여, 또는 가자미가 많이 난다 하여 우리나라를 지칭하던 말이다.

379 민중(閩中) 고을 : 중국 복건성(福建省) 지역으로, 주자(朱子)가 태어난 곳이다.

380 일찍이……합니다 : 여산(廬山)의 와룡담(臥龍潭) 곁에 와룡암(臥龍菴)이란 암자가 있었으나 뒤에 무너져 버리고 터만 남아 있었는데, 주자가 55세인 1184년에 사재 10만 전(錢)을 내어서 이를 중수하고, 와룡이라는 이름이 제갈량(諸葛亮)의 호(號)와 같다 하여 옆에 무후사(武侯祠)를 세워서 제갈량의 화상을 안치하고 제사하였다. 무후는 제갈량의 시호이다.《晦菴集 卷79 臥龍菴記》여기서는 회양(淮陽) 신안(新安)의 신안이 주자의 관향의 명칭과 같다 하여 영당을 만들어 유상을 안치한 것이 주자가 무후사를 지은 뜻과 같으므로 이렇게 말한 것이다.

사당을 세우고 경건히 모시니 建廟揭虔
유상이 엄숙히 임하였습니다 遺像儼臨
이 진영은 維玆眞影
연남에서 온 것이니 出自燕南
북두성처럼 찬란하고 星斗燦燦
태산처럼 우뚝합니다 泰山巖巖
신주[381]를 바라보니 粤瞻神州
비린내와 누린내로 매몰되었는데 腥臊陸沈
이 땅은 깨끗하여 玆土乾淨
봉호[382]가 우뚝합니다 蓬壺嶔崟
비록 멀고 궁벽하나 雖則遐僻
성교가 동쪽으로 젖어드니 聲敎東漸
밝은 신령함은 도외시함이 없어 暢靈無外
혁혁히 강림하셨습니다 赫赫降監
이에 길한 아침을 가려 爰差穀朝
향기로운 제수를 올립니다 芬苾維馨
시냇가의 마름과 피로 溪毛澗血
작은 정성을 밝게 올리니 昭薦微誠
선비들이 일제히 달려가 髦士齊趨

381 신주(神州) : 중국을 가리키는 말로, 전국(戰國) 시대 추연(鄒衍)이 화하(華夏)의 땅을 일컫는 말로 사용했던 데서 비롯되었다. 《史記 卷74 孟子荀卿列傳》

382 봉호(蓬壺) : 전설에 전해지는 신선들이 사는 산인 봉래산(蓬萊山)을 가리키는데, 여기서는 금강산(金剛山)을 의미한다.

갱장에서 뵙는 듯이 합니다[383] 如見羹墻
산은 빛나서 광채를 더하고 山暉增耀
단비와 같은 교화가 크게 쏟아지니 雨化彌滂
군자가 돌아보고 흠향함에 君子顧歆
어찌 다른 지역이라 하여 누추하게 여기겠습니까 何陋殊方
마치 물이 땅에 있는 것과 같으니 如水在地
신의 이치가 양양합니다 神理洋洋
바라건대 문명을 계도하여 願啓文明
우리에게 무강한 은혜를 입혀주소서 惠我無疆

춘추향축문 春秋享祝文

세상에 유명한 아성으로 命世亞聖
생민의 표준을 세우시니 立極生民
순수한 정기를 모아서 集粹會精
널리 베풂에 끝이 없습니다 普施無垠
성교가 동쪽으로 젖어드니 聲敎東漸
좌해에서 존경하고 친애합니다 左海尊親
지명은 옛 명칭을 따르고 地循舊名
예는 밝은 제사를 거행합니다 禮擧明禋

383 갱장(羹墻)에서……합니다 : 주자(朱子)를 높이 우러르고 깊이 사모하는 것을 비유한 말이다. 갱장은 옛날 요(堯)임금이 붕어한 뒤에, 순(舜)임금이 요임금을 앙모한 지 3년 만에 앉아 있으면 요임금이 담장〔墻〕에서 보이고, 밥 먹을 때는 요임금이 국〔羹〕에서 보였다는 데서 온 말이다. 《後漢書 卷63 李固列傳》

이에 -춘·추-정을 만나	玆値【春秋】丁
공경히 희생과 제수를 올립니다	恭薦牲蘋

선산 매강사에 율곡 이 선생[384]을 봉안할 때 고유한 글
善山梅江祠栗谷李先生奉安告文

아 훌륭한 선생이여	猗歟先生
우리 동방의 부자이십니다	我東夫子
자품이 생지[385]에 가까워	資隣生知
여러 사람 가운데 빼어나셨습니다	出類拔萃
맑고 쇄락하며	淸通灑落
밝고 순수하였으니	昭朗純粹
한번 변하여 도에 이르러서	一變至道
종지를 통합하고 근원을 모았습니다	統宗會元
스승의 전수를 말미암지 않고도	不由師傳
큰 근원을 꿰뚫어 보았으니	洞見大原
총명하여 지혜로워 홀로 이치에 나아가	聰睿獨造
말을 알고 이치를 밝히셨습니다	知言明理
이기의 분합과	理氣分合

384 율곡(栗谷) 이 선생(李先生) : 이이(李珥, 1536~1584)로, 자는 숙헌(叔獻), 호는 율곡・석담(石潭)・우재(愚齋), 본관은 덕수(德水), 시호는 문성(文成)이다. 저서로는 《율곡전서》가 있다.

385 생지(生知) : '생이지지(生而知之)'의 줄임말로, 태어나면서 도리를 아는 것을 이른다. 《논어》 〈계씨(季氏)〉에 공자가 "나면서부터 아는 사람은 상등(上等) 인물이고, 배워서 아는 사람은 그 다음이고, 곤란을 겪고 나서 배우는 사람은 또 그 다음이다.〔生而知之者, 上也; 學而知之者, 次也; 困而學之, 又其次也.〕"라고 하였다.

심성의 근원과 말단을 心性源委
깊은 것을 탐구하고 기미를 연구하여 極深硏幾
손바닥에 놓고 보이듯이 하였습니다 如指掌示
여러 학설을 절충하여 折衷群言
백년토록 의혹되지 않게 하였습니다 不惑百禩
조정에서 이름을 드날림에 揚于王庭
상서로운 봉황이자 기린[386]과 같았고 瑞鳳祥麟
임금을 바로잡은 계책과 格君訏謨
나라를 살린 경륜이 活國經綸
하늘의 덕에서 근원하니 本之天德
왕도가 절로 순수하였습니다 王道自純
발휘하고 운용함에 發揮運用
벼슬의 진퇴에 있어 차이가 없었습니다 罔間屈伸
군주와 신하가 덕을 함께 하니 君臣同德
풍운의 때를 만났습니다[387] 際會風雲
세상을 구제하는 데에 급급하여 遑遑濟世
물에 빠진 이와 불에 타는 이를 구하듯이 하였습니다 拯溺救焚
견해가 같고 다른 이들을 조정하여 調停同異
함께 큰 도에 이르렀으니 偕底大道

386 봉황이자 기린 : 상서로움의 증표가 되는 것으로, 여기서는 걸출한 인재를 뜻한다.

387 풍운(風雲)의 때를 만났습니다 : 풍운은 《주역》 〈건괘(乾卦) 문언(文言)〉의 "구름은 용을 따르고 바람은 범을 따른다.〔雲從龍, 風從虎.〕"라는 말에서 유래한 것으로 용과 범은 군주를 비유하고 구름과 바람은 신하를 비유하는바, 현명한 임금과 충직한 신하가 서로 만나게 된 것을 말한다.

가슴에 가득한 공변된 마음은	滿腔公心
그 크기가 하늘과 같았지만	其大齊昊
요순의 뜻과 사업이	唐虞志業
단명에 국한되었습니다	局于短造
《성학집요》와 《격몽요결》[388]에	聖學蒙訣
모두 그 요점이 모였으니	俱輯厥要
이 두 책은	二書不讓
옛 《대학》과 《소학》에 뒤지지 않습니다	古學大小
하늘이 열리고 해가 밝은 듯하며[389]	天開日明
옥처럼 윤택하고 금처럼 정화롭다 하였으니[390]	玉潤金精
지난 현철이 칭송한 바가	往哲攸贊
다시 고쳐 평할 것이 없습니다	無復改評

388 성학집요(聖學輯要)와 격몽요결(擊蒙要訣) : 율곡(栗谷) 이이(李珥)가 편찬한 책으로, 《성학집요》는 제왕(帝王)의 학문을 주제로 경전(經典)과 사서(史書)에서 학문과 정치에 관련된 격언을 모아서 분류하고 편차한 책이며, 《격몽요결》은 학자들에게 도학(道學)의 입문을 제시한 책이다.

389 하늘이……듯하며 : 이항복(李恒福)이 지은 율곡(栗谷) 이이(李珥)에 대한 신도비명에서 《중용장구》의 말을 인용하여 "전(傳)에 이르기를 '성으로 말미암아 밝아진다.〔自誠明〕'라고 하였는데, 이를 해석한 사람이 '하늘이 열리고 해가 밝아 자연히 가림이 없다.〔天開日明, 自然無蔽.〕'라고 하였다."라고 하여서, 이로써 율곡의 자품을 표현하였다. 《栗谷先生全書 卷36 附錄4 神道碑銘》

390 옥처럼……하였으니 : 인조(仁祖)가 율곡(栗谷) 이이(李珥)에게 내린 사제문(賜祭文)에 "오도가 동방으로 와서 거유가 우뚝이 나셨네. 밝고 밝은 경이시어 옥처럼 윤택하고 금처럼 정화롭네.〔吾道之東, 巨儒挺生. 明明惟卿, 玉潤金精.〕"라고 한 내용이 보인다. 이는 조익(趙翼)이 지은 것이라고 한다. 《栗谷先生全書 卷37 附錄5 賜祭文三》

덕스런 말씀과 공렬이 德言功烈

영원히 무궁한 데에 남겨지니 永垂無垠

이 좌해 한 구역이 左海一區

망극한 은혜를 받아 受罔極恩

유풍을 듣고 기뻐 감복함에 聞風悅服

멀고 가까운 곳에 차이가 없습니다 無間遐邇

더구나 이 일선 지역은 矧茲一善

삼인이 거처하던 곳으로[391] 三仁居止

땅이 사람으로 인해 드러나니 地以人顯

일찍이 선생의 수건과 안석이 임한 곳입니다 曾辱巾几

교화된 것이 직접 가르침을 받은 것에 가까우니 化近親炙

제사를 올리는 정성이 간절합니다 誠切享祀

이 새 사당을 낙성하기를 落此新宮

저 강가에 하였습니다 于彼江干

누가 배사되었는가 孰居配侑

저 옥산입니다[392] 曰惟玉山

391 더구나……곳으로 : 일선(一善)은 경상북도 선산(善山)의 또 다른 명칭이다. 여기서 삼인(三仁)이란 선산의 세 인자(仁者)로, 김주(金澍, 1512~1563)·하위지(河緯地, 1412~1456)·이맹전(李孟專, 1392~1480)을 가리킨다. 김주는 태조(太祖) 이성계(李成桂)가 조선을 건국하자 고려에 절개를 지켰으며, 하위지와 이맹전은 수양대군(首陽大君)이 정권을 잡자 단종(端宗)을 위해 절개를 지켰다.《宋子大全 卷137 善山三仁錄序》

392 누가……옥산(玉山)입니다 : 옥산은 율곡(栗谷) 이이(李珥)의 아우인 이우(李瑀, 1542~1609)로, 자는 계헌(季獻), 호는 옥산·죽와(竹窩)·기와(寄窩)이다. 시(詩)·서(書)·화(畫)·금(琴)에 모두 뛰어나 사절(四絶)이라 불렸다. 1843년(헌종

높은 행실과 준엄한 절개가	高蹈峻節
더불어 짝할 이가 없으니	莫與爲班
풍류와 선비의 고아함이	風流儒雅
훈지로 번갈아 화답하듯[393] 하였습니다	迭和箎壎
세상을 피해 은둔하여 근심이 없어서	遯世無悶
매화와 학과 더불어 지냈으니	梅鶴與群
이를 인해 정자의 이름을 짓고[394]	因之名亭
길이 맑은 향기를 전하였습니다	永播淸芬
바로 그 곁에 사당을 지으니	卽祠于旁
옛것을 버리고 새것을 이루었습니다	去舊就新
형제가 위아래로 신위를 바로잡으니	上下正位
마치 천륜을 펼친 듯합니다	若敍天倫
이로써 평생을 형상하니	用象平生
형제간에 즐겁고도 화락합니다	翕樂且湛
고산은 높고 높으며	孤山岧嶢

9)에 매강서원(梅江書院)을 중건하면서, 율곡 이이와 함께 아우인 옥산 이우를 향사하였다.

393 훈지(壎箎)로 번갈아 화답하듯 : 형제 사이의 화목과 조화를 비유할 때 쓰는 표현으로, 훈은 질나발, 지는 젓대를 말한다. 《시경(詩經)》〈소아(小雅) 하인사(何人斯)〉의 "맏형은 훈을 불고 둘째형은 지를 분다.〔伯氏吹壎, 仲氏吹箎.〕"라고 한 데에서 온 말이다.

394 이를……짓고 : 현재 경상북도 구미시 고아읍(高牙邑) 예강리(禮江里)에 있는 매학정(梅鶴亭)이란 정자를 가리킨다. 고산(孤山) 황기로(黃耆老)가 1533년 건립하였는데, 뒤에 그의 사위인 옥산(玉山) 이우(李瑀)가 이를 물려받았다.

낙동강은 맑고 맑습니다　洛水澄澹
세상에 드문 소리[395]이니　曠世希聲
보배로운 갑에 있는 옥 거문고[396]와 같습니다　寶匣瑤琴
공회[397]의 여운이　孔懷餘韻
지음을 듣는 듯합니다　如聞賞音
밤낮으로 반드시 함께 하니　夙夜必偕
어찌 석담과 다르겠습니까　何異石潭
나아간 바는 비록 다르지만　所造雖殊
그 귀결은 똑같습니다　其歸則同
천추토록 아름다움을 짝하여　千秋匹美
후학에게 베푼 은혜가 무궁합니다　嘉惠無窮
똑같이 높이고 받드니　一體崇奉

395 드문 소리 : 원문의 '희성(希聲)'은 보통사람은 귀로 듣지 못하는 심오한 의미가 담겨 있는 위대한 소리를 말한다. 《도덕경(道德經)》 41장의 "지극히 큰소리는 잘 들리지 않는다.〔大音希聲.〕"라는 말에서 유래하였다.

396 보배로운……거문고 : 주희(朱熹)의 〈재거감흥(齋居感興)〉시 제12수에, "보배로운 갑 속에 옥 거문고 쓸쓸하니, 거문고 줄 끊김에 장차 어찌하리.〔瑤琴空寶匣, 絃絶將如何?〕"라는 구절이 보인다. 이는 백아(伯牙)와 종자기(鍾子期)의 고사를 인용한 표현으로, 춘추 시대 초(楚)나라 사람인 백아가 거문고를 잘 연주하였는데, 그가 높은 산에 뜻을 두고 연주를 하면 그의 지음(知音)인 종자기가 듣고는 "높고 높기가 태산과 같구나.〔峨峨兮若泰山!〕"라고 하고, 흐르는 물에 뜻을 두고 연주를 하면 종자기가 듣고는 "넓고 넓기가 강하와 같구나.〔洋洋兮若江河!〕"라고 하였다. 그러다 종자기가 죽자 백아는 거문고 줄을 끊어 버리고 다시는 연주하지 않았다. 《列子 湯問》

397 공회(孔懷) : 서로를 몹시 걱정하는 것으로 형제간의 정을 말한다. 《시경》〈소아(小雅) 상체(常棣)〉에, "죽음을 당할까 하는 두려움에 형제간에 몹시 걱정해 준다.〔死喪之威, 兄弟孔懷.〕"라고 하였다.

아가위 꽃이 광채를 연하였습니다[398] 棣華聯光
이에 길한 아침을 택하여 爰差穀朝
성대한 의식을 펼치니 縟儀斯張
우리 고을 누추하지만 吾鄕雖陋
또한 마음의 정성을 갖추고 있습니다 亦具心香
바라건대 밝게 임하시어 尙冀昭格
무궁히 후인을 계도하고 도우소서 啓佑無疆

춘추향축문 春秋享祝文

낙건의 도학[399]이요 洛建道學
이려의 사업[400]이었습니다 伊呂事功
인문을 크게 밝혀서 丕闡人文
여러 유자들의 종주가 되었습니다 爲群儒宗
좌해가 표준으로 삼으니 左海爲準
망극한 은혜를 받았습니다 受恩罔極

398 아가위……연하였습니다 : 형제가 모두 훌륭한 인물이었음을 뜻한다. 《시경》〈소아(小雅) 상체(常棣)〉에 "활짝 핀 아가위 꽃, 얼마나 곱고 아름다운가. 이 세상에 누구라 해도, 형제만한 이가 없네.〔常棣之華, 鄂不韡韡? 凡今之人, 莫如兄弟.〕"라고 하였다.

399 낙건(洛建)의 도학 : 낙건은 정호(程顥)·정이(程頤)와 주희(朱熹)를 말한 것으로, 이정(二程)은 낙양(洛陽) 사람이고 주희는 복건(福建) 사람이므로 이렇게 부른 것인바, 낙건의 도학이란 곧 정주학(程朱學)을 가리킨다.

400 이려(伊呂)의 사업 : 이려는 은나라 탕왕(湯王)의 승상인 이윤(伊尹)과 주나라 무왕(武王)을 보좌하여 은나라를 멸망시킨 여상(呂尙)을 말한 것으로, 이려의 사업이란 곧 임금을 잘 보필하여 큰 공을 거두었음을 말한다.

이에 -춘·추-정을 만나	玆値【春秋】丁
희생과 술잔을 경건히 올립니다	虔薦牢勺
바라건대 흠향하고 이르시어	冀垂歆格
남쪽 지방을 길이 가르쳐주소서	永詔南服

-이상은 율곡(栗谷)의 신위에 올리는 것이다.-

소탈한 흉금과 광달한 운치요	疏襟曠韻
고상한 지조와 바른 자취였습니다	雅操貞躅
한 사당에 배향되니	同堂陪侑
천현[401]으로 사람의 법도가 되었습니다	天顯人極
이에 -춘·추-정을 만나	玆値【春秋】丁
희생과 술잔을 경건히 올립니다	敬陳牲爵
신은 부디 돌아보고 흠향하시어	神其顧歆
영세토록 싫어하지 마소서	永世無斁

-이상은 옥산(玉山)의 신위에 올리는 것이다.-

401 천현(天顯) : 형제간을 말한다. 《서경(書經)》〈강고(康誥)〉에 "아우가 하늘의 드러난 이치를 생각하지 않아서 그 형을 공경하지 않으면 형 또한 부모가 자식을 기른 수고로움을 생각하지 않아서 아우에게 크게 우애하지 않을 것이다.〔于弟弗念天顯, 乃弗克恭厥兄, 兄亦不念鞠子哀, 大不友于弟.〕"라고 한 데서 온 말이다.

울산 난곡사에 우암 송 선생[402]을 봉안할 때 고유한 글

무신년(1848, 헌종14)

蔚山蘭谷祠奉安尤菴宋先生告文 戊申

하늘이 사문을 돌아보아 天眷斯文
규운[403]이 동방을 여니 奎運啓東
현철들이 뒤이어 나와서 賢哲繼作
대도를 넓혔습니다 大道以弘
원기가 모여 元氣之會
선생께서 탄생하시니 鍾毓先生
선생께서 마침내 일어나서 先生乃興
집대성하였습니다 集厥大成

402 우암(尤菴) 송 선생(宋先生) : 송시열(宋時烈, 1607~1689)로 자는 영보(英甫), 호는 우암, 시호는 문정(文正), 본관은 은진(恩津)이다. 현종 때 좌의정으로 치사(致仕)하고, 숙종 기사년에 화를 당했다가 갑술년에 설원되었으며, 시호는 문정(文正)으로 문묘(文廟)에 종사(從祀)되었다. 이이(李珥)·김장생(金長生)의 문인으로 기호학파의 대표이자 노론(老論)의 영수(領袖)였다. 저서에 《송자대전(宋子大全)》1백 2권이 있다. 1848년(헌종14)에 지방유림의 공의로 울산 난곡서원(蘭谷書院)이 창건되어 송시열의 위패를 모셨다.

403 규운(奎運) : 규운은 문운(文運)을 주관하는 규성(奎星)을 말한다. 송나라 태조 건덕(乾德) 5년(967)에 수(水)·목(木)·금(金)·화(火)·토(土)의 오성(五星)이 규수의 분야(分野)에 모였는데, 점치는 자들이 훌륭한 인재가 많이 배출되어 문운이 창성할 조짐이라 하였는바 과연 수많은 학자와 명신이 배출되고 정주학(程朱學)이 탄생하였다. 《宋史 卷2 太祖本紀》

양명하고 강건한 기운을 온전히 품부 받으니	稟全陽剛
진정 영웅호걸이었습니다	眞正豪雄
호연지기를 확충해 기름에	浩氣充養
높은 하늘을 채울 만하였고	可塞高穹
큰 절개 우뚝하여	大節卓犖
화산과 숭산에 대항할 만합니다	可抗華嵩
덕을 확립한 데에서 근원하여서	本之立德
이를 사업에 조처하였습니다	措諸事功
받아씀에 충분하니	受用優優
자양[404]의 명리이고	紫陽名理
잡아 지킨 것이 찬란히 빛나니	秉執煌煌
소왕[405]의 춘추대의였습니다	素王大義
세 성인을 계승하여	用承三聖
부정하고 편벽된 학설을 막았고[406]	距闢邪詖
우리 주나라를 높이니	尊我周室

404 자양(紫陽) : 송(宋)나라 유학자 주희(朱熹)를 가리킨다. 주희의 부친 주송(朱松)이 자양산(紫陽山)에서 독서하였는데, 후에 주희가 복건(福建) 숭안(崇安)에서 살면서 정사의 이름을 자양서실(紫陽書室)이라고 하였다.

405 소왕(素王) : 공자(孔子)를 이른다. 실제로 제왕이 되지는 못했지만, 《춘추(春秋)》를 지은 업적이 제왕의 덕에 비견된다 하여 일컫는 말이다. 《論衡 卷27 定賢》

406 세 성인(聖人)을……막았고 : 《맹자》 〈등문공 하(滕文公下)〉에 "나 또한 인심(人心)을 바로잡아 사설을 그치게 하고 편벽된 행실을 막으며 음탕한 말을 추방하여 세 성인을 계승하려고 하는 사람이다.〔我亦欲正人心, 息邪說, 距詖行, 放淫辭, 以承三聖者.〕"라고 한 데서 온 말로, '세 성인'은 곧 우왕(禹王), 주공(周公), 공자(孔子)를 가리킨다.

이적이 저절로 물리쳐졌습니다 夷狄自攘
난신적자를 징벌하여 懲討亂賊
영원히 강상을 부지하였고 永扶綱常
향원[407]을 통렬히 미워하여 痛惡鄕愿
바른 법도로 돌아오게 하였습니다 以反正經
이를 천지에 세울 수 있으니 建諸天地
찬란함이 해와 별과 같습니다 炳若日星
양구[408]의 운수를 만나 運値陽九
몸은 희생되었으나[409] 도는 형통하였으니 身殉道亨
진퇴에 있어 무슨 상관이 있겠습니까 何有屈伸
죽어서는 슬퍼하고 살아서는 영광스럽게 여겼습니다[410] 死生哀榮
공업과 교화가 다함이 없어 功化罔極
능히 추성[411]에게 짝하니 克配鄒聖

407 향원(鄕愿) : 향리(鄕里)에서 근후(謹厚)하다고 일컬어지는 사람으로 세상에 아첨하여 철저하게 위선(僞善)을 하는 사람을 가리키는데, 공자(孔子)가 이를 두고 "향원은 덕의 적이다.〔鄕愿, 德之賊也.〕"라고 하였다. 《論語 陽貨》《孟子 盡心下》

408 양구(陽九) : 하늘의 재액(災厄)이 몰아닥치는 불운한 시대를 말한다. 도가(道家)에서는 천액(天厄)을 양구(陽九)라 하고, 지액(地厄)을 백륙(百六)이라 한다.

409 몸은 희생되었으나 : 송시열(宋時烈)은 1689년(숙종15)에 소의(昭儀) 장씨(張氏) 소생인 윤(昀)을 왕세자로 삼으려던 숙종의 뜻에 반대하였다가 이를 지지한 남인(南人)에게 패배하여 제주도에 유배된 뒤 사사(賜死)되었다.

410 죽어서는……여겼습니다 : 생전과 사후에 모두 두터운 총애를 입었다는 뜻이다. 《논어(論語)》 〈자장(子張)〉에 "살아계시면 영광스럽게 여기고, 돌아가시면 슬퍼한다.〔其生也榮, 其死也哀.〕"라고 한 말에서 유래한 것이다.

411 추성(鄒聖) : 맹자(孟子)를 가리키는데, 맹자의 고향이 추나라이며 그가 아성(亞

좌해의 사람들을 차례대로 뽑아보건대 歷選左海
나란히 견줄 이가 없습니다 尠與比倂
우리 부자가 없었다면 微吾夫子
머리를 풀고 옷깃을 왼쪽으로 했을 것이니[412] 被髮左衽
저 질시하는 자들은 彼娼嫉者
여우와 같고 요괴와 같았습니다 如蜮如魘
시축으로 제향 하는 곳이 尸祝之享
아래 지방까지도 두루 펼쳐져 있는데 遍于下鄕
더구나 이 영남지방은 矧茲嶠南
거듭 선생의 자취가 이른 곳입니다 再辱佩纕
유풍을 듣고 덕을 보아 聞風覿德
먼 변방이 크게 변화하였으니 丕變遐荒
먼 후세에 사모하는 마음을 일으킴에 曠世興慕
높은 산처럼 우러르고 큰 길처럼 따릅니다[413] 高山景行
붉은 신의 의젓한 걸음[414]이 几几赤舃

聖)으로 칭해졌기 때문에 이렇게 칭한 것이다.

412 우리……것이니 : 송시열(宋時烈)이 없었다면 나라가 오랑캐의 풍속에 물들었을 것이라는 의미이다. 《논어》 〈헌문(憲問)〉에 "관중이 없었다면 우리는 머리를 풀고 옷깃을 왼쪽으로 하는 오랑캐가 되었을 것이다.〔微管仲, 吾其被髮左衽矣.〕"라고 한 데서 인용한 표현이다.

413 높은……따릅니다 : 원문의 '고산경행(高山景行)'은 높은 산과 큰 길처럼 훌륭한 인품을 사모함을 말한다. 《시경(詩經)》 〈소아(小雅) 거할(車舝)〉의 "높은 산처럼 우러르고 큰 길처럼 따라간다.〔高山仰止, 景行行止.〕"라는 구절에서 유래하였다.

414 붉은……걸음 : 《시경》 〈빈풍(豳風) 낭발(狼跋)〉에 "이리가 앞턱 살을 밟고 곧 그 꼬리를 밟는도다. 공은 도량이 넓으시고, 붉은 신 신고 걷는 걸음걸이 의젓하네.〔狼

일찍이 학성[415]에 임하였습니다　曾臨鶴城
공경히 본뜬 유상은　敬摸遺像
화양으로부터 온 것입니다　爰自華陽
황홀히 거듭 뵙는 듯하니　恍若再覿
동산의 수놓은 치마[416]였습니다　東山繡裳
이에 길한 날을 물어서　載諏吉辰
영령을 편안히 모셨습니다　揭妥英靈
엄숙히 맑고 높으니　肅然淸高
옥색과 금성[417]과 같습니다　玉色金聲
새로운 사당이 우뚝하니　新宮有翬
공경히 술과 희생을 올립니다　恭薦醴牲
마치 물이 땅에 있는 것과 같으니　如水在地
정성으로 감통하였습니다　感通以誠
선비들이 일제히 달려가니　衿紳齊趨

跋其胡, 載疐其尾. 公孫碩膚, 赤舃几几.〕"라고 한 데서 유래하였다.

415 학성(鶴城) : 경상도 울산(蔚山)의 옛 이름이다.

416 동산(東山)의 수놓은 치마 : 주공(周公)을 표현한 말로, 송시열(宋時烈)을 주공에 빗댄 것이다. 《시경(詩經)》 〈빈풍(豳風) 동산(東山)〉장은 주공이 동쪽으로 가서 반란군을 정벌하고 사방의 나라를 평정한 일을 시로 읊은 것이며, 〈빈풍(豳風) 구역(九罭)〉에서는 주공이 동쪽 지방에 거처하던 때에 동인들이 이를 찬미하여 "내가 그분을 만나 보니 곤의와 수놓은 치마를 입었도다.〔我覯之子, 袞衣繡裳.〕"라고 하였다.

417 옥색(玉色)과 금성(金聲) : 행위가 온화하고 인자하며 인품이 고결하고 지조가 굳음을 비유하는 말이다. 주희(朱熹)의 〈정명도찬(程明道贊)〉에 "양기로 만물을 기르듯 하고 산처럼 우뚝 섰으며, 옥빛처럼 아름답고 금성처럼 쟁쟁하였네.〔揚休山立, 玉色金聲.〕"라고 하였다.

난초와 국화가 피는 때입니다 蘭鞠孔時
이 고을이 비록 누추하나 玆邦雖陋
이 병이[418]를 똑같이 지녔으니 均此秉彝
인에 의지하고 예에 노닐어서[419] 依仁遊藝
영원히 귀의할 곳이 있게 되었습니다 其永有歸
양양히 강림하니 陟降洋洋
용이 끄는 말과 구름 깃발을 데리고 옵니다 龍驅雲旂
상상함에 방불하니 想像髣髴
오시어 흠향함이 여기에 있습니다 歆格在玆
후인들을 계도하고 도우시어 啓佑後人
우리를 싫어하거나 버리지 마시고 毋我斁遺
유학의 교화를 크게 밝혀서 丕闡儒化
만세토록 길이 전하게 하소서 萬世永垂

춘추향축문 春秋享祝文

도는 고정[420]의 적통이요 道嫡考亭

418 병이(秉彝) : 사람이 하늘로부터 타고난 떳떳한 본성을 말한다. 《시경(詩經)》 〈대아(大雅) 증민(烝民)〉에 "하늘이 백성을 내시니 사물이 있는 곳에 법이 있도다. 백성이 지닌 본성은 이 아름다운 덕을 좋아하도다.〔天生蒸民, 有物有則. 民之秉彝, 好是懿德.〕"라고 한 데서 온 말이다.

419 인(仁)에……노닐어서 : 《논어》 〈술이(述而)〉에 "도에 뜻을 두고 덕을 굳게 지키며 인에 의지하고 예에 노닐어야 한다.〔志於道, 據於德, 依於仁, 游於藝.〕"라고 한 데서 온 말이다.

420 고정(考亭) : 송(宋)나라 유학자 주희(朱熹)로, 복건성(福建省) 건양현(建陽

의리는 《인경》을 잡았습니다[421]	義秉麟經
우리 백성들의 표준을 세워	立我民極
큰 명성을 길이 남기셨습니다	永垂大名
이에 중-춘·추-을 맞이하여	玆値仲【春秋】
희생과 단술을 경건히 올립니다	虔薦牲{酉＋靈}
부디 정결한 제사에 흠향하여	庶歆精禋
억년토록 편안하소서	億世是寧

縣)에 있는 고정에 살며 강학하였으므로 이렇게 일컫는다.

421 의리는 인경(麟經)을 잡았습니다 : 《인경》은 《춘추(春秋)》의 이칭으로, 송시열(宋時烈)이 명(明)나라를 위해 청(淸)나라를 토벌할 것을 주장하여 중화(中華)를 높이고 이적(夷狄)을 물리치는 춘추대의(春秋大義)를 따르고자 하였기에 이렇게 말한 것이다.

포천 요산 영당에 삼연 김 선생[422]을 봉안할 때 고유한 글

신해년(1851, 철종2)

抱川堯山影堂三淵金先生奉安告文 辛亥

좌해의 규운[423]과	左海奎運
영가[424]의 찬란한 영령으로	永嘉炳靈
신령스러운 정화가 모여서	靈華亭毓
독실하게 영웅을 낳았습니다	篤生豪英
석실[425]이 의리를 잡은 것은	石室秉義

422 삼연(三淵) 김 선생(金先生) : 김창흡(金昌翕, 1653~1722)으로 자는 자익(子益), 호는 삼연, 본관은 안동, 시호는 문강(文康)이다. 영의정 김수항(金壽恒)의 셋째 아들이고 농암(農巖) 김창협(金昌協)의 아우로, 벼슬에 나아가지 않고 산수를 즐기다가 기사환국(己巳換局) 때 아버지가 사사(賜死)되자 영평(永平)에 은거하면서 학문에 전념하였다. 경종 즉위 후에 집의(執義)와 세제시강원 진선(世弟侍講院進善)에 제수되었으나 모두 사양하고 나아가지 않았다. 저서로 《삼연집》이 있다.

423 규운(奎運) : 규운은 문운(文運)을 주관하는 규성(奎星)을 말한다. 송나라 태조 건덕(乾德) 5년(967)에 수(水)·목(木)·금(金)·화(火)·토(土)의 오성(五星)이 규수의 분야(分野)에 모였는데, 점치는 자들이 훌륭한 인재가 많이 배출되어 문운이 창성할 조짐이라 하였는바 과연 수많은 학자와 명신이 배출되고 정주학(程朱學)이 탄생하였다. 《宋史 卷2 太祖本紀》

424 영가(永嘉) : 안동의 고호(古號)로, 김창흡의 본관이 안동이기 때문에 이렇게 말한 것이다.

425 석실(石室) : '석실산인(石室山人)'의 줄임말로, 청음(淸陰) 김상헌(金尙憲, 1570~1652)이 중년에 양주(楊州) 석실에 은거할 적에 사용한 호이며, 삼연(三淵) 김창흡(金昌翕)의 증조부이다. 김상헌은 자는 숙도(叔度), 호는 청음, 시호는 문정(文

해와 달처럼 항상 밝고	日月貞明
문옹[426]이 충성을 다한 것은	文翁竭忠
지주산처럼 기울지 않습니다	砥柱不傾
원기가 모임에	元氣攸會
마침내 선생을 탄생시켰습니다	乃挺先生
선대의 아름다움을 배태하여	胚胎先休
전형을 그대로 본받았습니다	儀式典型
천부 받은 품성이 우뚝하니	賦性卓犖
총명과 예지는 타고난 것이었습니다	聰睿天成
빙호와 추월[427] 같으니	氷壺秋月
철저히도 깨끗하고	徹底其淸
한겨울 차가운 소나무와 같으니	大冬寒松
영원히 그윽한 지조를 보존하였습니다	永葆幽貞

正)이다. 병자호란 때 주전론을 주장하였으며, 1639년 청나라가 명나라를 공격하기 위해 요구한 출병에 반대하는 상소를 올렸다가 청나라에 압송되어 6년 간 심양(瀋陽)에서 모진 고초를 받고 돌아왔다. 효종이 즉위하여 북벌(北伐)을 추진할 때 이념적 상징으로 추앙되어 대로(大老)라는 존칭을 받았다.

426 문옹(文翁) : 문곡(文谷) 김수항(金壽恒, 1629~1689)을 가리키며, 삼연(三淵) 김창흡(金昌翕)의 아버지이다. 김수항은 자는 구지(久之), 시호는 문충(文忠)이다. 벼슬이 영의정에 이르렀으나, 1689년(숙종15) 기사환국으로 남인이 집권하면서 진도(珍島)로 유배되고 그곳에서 사사되었다. 저서로는 《문곡집》 28권이 있다.

427 빙호(氷壺)와 추월(秋月) : 얼음병과 가을달로, 얼음으로 만든 호리병에 밝은 가을달이 비친 것과 같이 티 없이 맑고 고결한 정신을 뜻하는 말이다. 본래 등적(鄧迪)이 주희(朱熹)의 스승인 연평(延平) 이통(李侗)의 인품을 형용한 말이다. 《宋史 卷428 李侗列傳》

신령스러운 흉금 크게 온화하였으니 靈襟太和
세상을 떠남에 편안하였습니다 沒世其寧
근본이 확립되면 도가 생기니 本立道生
효와 공경은 인을 행하는 근본입니다[428] 孝弟爲仁
일상의 행실은 日用常行
지극한 정성이 신을 감동시켰습니다 至誠通神
애달프게 슬픔을 머금고서 哀哀銜恤
스스로 지조를 지켜 일생을 마쳤습니다 自靖終身
마음을 깨끗이 씻어 은밀한 곳에 감추었으니 洗心藏密
뜻을 펴려고 하지 않은 것입니다 匪以求伸
푸른 노을의 빼어난 뜻[429]이 靑霞奇意
위로 높은 하늘에 이르렀습니다 上薄穹旻
높은 작록을 진흙처럼 여기고 軒冕泥塗
부귀를 뜬구름처럼 여겼습니다 富貴浮雲
문장을 통하여 도에 들어가니 由文入道
삼주[430]를 그대로 따랐습니다 三洲是遵

428 근본이……근본입니다 : 《논어(論語)》〈학이(學而)〉에, 유자(有子)가 말하기를 "군자는 근본을 힘쓰니, 근본이 확립되면 도(道)가 생겨난다. 효도와 공경은 그 인(仁)을 행하는 근본일 것이다.〔君子務本, 本立而道生. 孝弟也者, 其爲仁之本與!〕"라고 하였다.

429 푸른……뜻 : 망자의 높고 원대한 지취를 비유한 말이다. 남조 시대 제(齊)나라 시인 강엄(江淹)의 〈한부(恨賦)〉에 "푸른 노을의 빼어난 뜻이 울창하였으나 긴 밤의 어두움으로 들어갔네.〔鬱靑霞之奇意, 入脩夜之不暘.〕"라고 하였는데, 이에 대해 이선(李善)은 "푸른 노을의 기이한 뜻은 의지가 높은 것이다.〔靑霞奇意, 志意高也.〕"라고 주하였다.

궁음과 상음이 서로 펼쳐지고 互宣宮商

훈지(壎篪)가 번갈아 창하였습니다[431] 迭唱篪壎

서로 간절히 타이르고 자세히 권면하였으니 相爲切偲

천륜간의 스승이자 벗이었습니다 師友天倫

누가 이분들과 견주겠습니까 疇與比擬

정숙과 백순[432]입니다 正叔伯淳

사문이 크게 의탁하니 斯文丕托

스승의 도가 이에 높아졌습니다 師道乃尊

독실하게 믿고 죽음으로 지키는 것[433]이 篤信守死

430 삼주(三洲) : 농암(農巖) 김창협(金昌協, 1651~1708)의 별호로, 삼연(三淵) 김창흡(金昌翕)의 형이다. 47세 되던 1697년(숙종23)에 이곳에 거처를 정한 뒤, 몇 칸짜리 사랑채를 지어 '삼산각(三山閣)'이라 편액하고, 삼산각 앞에 세 개의 모래톱이 있어 '삼주'라 이름 붙였다. 그는 자는 중화(仲和), 호는 농암으로, 1689년 기사환국(己巳換局)으로 아버지 김수항(金壽恒)이 사사되자 포천에 은거하였다. 저서에 《농암집》·《주자대전차의문목(朱子大全箚疑問目)》·《논어상설(論語詳說)》 등이 있다.

431 훈지(壎篪)가 번갈아 창하였습니다 : 형제 사이의 화목과 조화를 비유할 때 쓰는 표현으로, 훈은 질나발, 지는 젓대를 말한다. 《시경(詩經)》 〈소아(小雅) 하인사(何人斯)〉의 "맏형은 훈을 불고 둘째형은 지를 분다.〔伯氏吹壎, 仲氏吹篪.〕"라고 한 데서 온 말이다.

432 정숙(正叔)과 백순(伯淳) : 정숙은 북송(北宋)의 학자 이천(伊川) 선생 정이(程頤, 1033~1107)의 자이고, 백순은 그의 형인 명도(明道) 선생 정호(程顥, 1032~1085)의 자이다.

433 독실하게……것 : 《논어(論語)》 〈태백(泰伯)〉에 "독실하게 믿고 배우기를 좋아하며, 죽음으로 지켜 도를 선하게 한다.〔篤信好學, 守死善道.〕"라고 하였는바, 성인의 가르침을 돈독하게 믿고 배우기를 좋아하며, 죽기를 각오하고 자기가 가는 길을 올바르게 찾아간다는 뜻이다.

바로 원하는 것이었습니다	乃所願言
마음을 고명한 데에 두어서	玩心高明
도의 큰 근원을 꿰뚫어보았습니다	洞見大原
강한처럼 높이고 갱장으로 사모한 대상[434]은	江漢羹墻
자양부자[435]였습니다	紫陽夫子
삼재의 이치를 널리 통달하고	博通三才
온갖 이치를 포괄하였으니	包涵萬理
이치와 일이 원만하여 융통하고	理事圓融
겉과 속이 일치되었습니다	表裏一致
도도한 필설은	滔滔筆舌
묘한 도와 정밀한 의였습니다	妙道精義
영롱하게 구멍을 뚫으니	玲瓏穿穴
팔창이 밝게 보였습니다[436]	八窓洞視

434 강한처럼……대상 : 높이 우러르고 깊이 사모한 대상을 비유한 말이다. 강한은 공자가 죽은 뒤에 제자들이 유약(有若)의 모습이 공자와 비슷하다는 이유로 공자를 섬기던 예로 그를 섬기려고 하자, 증자(曾子)가 그래서는 안 된다고 하면서, "공자께서는 강한으로 씻는 것과 같으며, 가을볕으로 쪼이는 것과 같아서 깨끗하여 더할 수 없다.〔江漢以濯之, 秋陽以暴之, 皓皓乎不可尙已.〕"라고 한 데서 온 말이며, 갱장은 옛날 요(堯)임금이 붕어한 뒤에, 순(舜)임금이 요임금을 앙모한 지 3년 만에 앉아 있으면 요임금이 담장〔墻〕에서 보이고, 밥 먹을 때는 요임금이 국〔羹〕에서 보였다는 데서 온 말이다. 《孟子 滕文公上》《後漢書 卷63 李固列傳》

435 자양부자(紫陽夫子) : 송(宋)나라 유학자 주희(朱熹)를 가리킨다. 주희의 부친 주송(朱松)이 자양산(紫陽山)에서 독서하였는데, 후에 주희가 복건(福建) 숭안(崇安)에서 살면서 정사의 이름을 자양서실(紫陽書室)이라고 하였다.

436 영롱하게……보였습니다 : 팔창(八窓)은 사방에 난 여덟 개의 창문으로, 사방이

솔개가 날고 물고기가 뛰노는 것[437]에서 상을 깨달으니	會象鳶魚
본지의 풍광[438]이었으며	風光本地
거처함이 편안하고 자뢰함이 깊어서[439]	居安資深
얻음이 간이하였습니다	得之簡易
도를 호위함이 엄격하고 확고하여	衛道嚴確
실정과 거짓을 변별하였고	辨析情僞
성리학을 높이 말씀하여	揚扢名理
소호[440]처럼 귀에 가득하였으며	韶護盈耳
훌륭한 선비를 고무하고 도야함에	皷鑄髦髦
증세에 따라 약을 베풀었습니다	對證施藥

탁 트이는 경지에 도달하였음을 뜻한다. 당나라 노륜(盧綸)이 양덕종(楊德宗)을 전송하며 지은 〈송양덕종귀서주막(送楊德宗歸徐州幕)〉 시에 "네 개의 문에 여덟 개의 창 밝으니, 영롱하게 하늘 기운에 가깝네.〔四戶八窓明, 玲瓏逼上淸.〕"라고 하였다.

437 솔개가……것 : 하늘 위부터 깊은 물속까지 위아래로 환하게 드러나는 도(道)의 참다운 즐거움을 가리킨다. 《중용장구》 제12장에 "《시경》에 이르기를 '솔개는 날아 하늘에 이르고 물고기는 연못에서 뛰논다.' 하였으니, 위와 아래에 이치가 밝게 드러남을 말한 것이다.〔詩云: 鳶飛戾天, 魚躍于淵. 言其上下察也.〕"라고 하였다.

438 본지(本地)의 풍광(風光) : 본래 선가(禪家)의 용어인데, 여기서는 사람들이 본래 가지고 있는 심성, 즉 본래의 면목을 뜻한다.

439 거처함이……깊어서 : 학문의 깊이가 높아진 것을 말한다. 《맹자》 〈이루 하(離婁下)〉에 "군자가 깊이 나아가기를 도(道)로써 함은 그 자득(自得)하고자 해서이니, 자득(自得)하면 처하는 것이 편안하고, 처하는 것이 편안하면 자뢰함이 깊고, 자뢰함이 깊으면 좌우에서 취함에 그 근원을 만나게 된다.〔君子深造之以道, 欲其自得之也. 自得之則居之安, 居之安則資之深, 資之深則取之左右, 逢其原.〕"라고 하였다.

440 소호(韶護) : 순(舜) 임금의 음악과 은(殷)나라 탕왕(湯王)의 음악으로, 좋은 음악을 뜻한다.

높이 바위 속에 은둔하여	高蹈巖巖
초연히 세속을 끊으니	超然絶俗
구름 속에 눕고 노을 속에 일어나며	雲臥霞擧
시냇물을 마시고 나무열매를 먹었습니다	澗飮木食
만 길 높이로 우뚝하게 서니	壁立萬丈
깨끗한 바람이 참으로 시원하였습니다	淸風灑落
백원산(百原山)에서 등불을 밝혀서	百原篝燈
옷깃을 여미고 《주역》을 연구하듯 하였으며[441]	整襟硏易
염계의 뜰 풀에서	濂溪庭草
태극을 깨달았습니다[442]	會心太極
밭두둑에서 만족하고 있었으나[443]	囂囂畎畝

441 백원산(百原山)에서……하였으며 : 북송(北宋)의 역학가(易學家)인 강절(康節) 소옹(邵雍)처럼 경전을 깊이 연구하였다는 말이다. 명도(明道) 정호(程顥)가 지은 〈소요부선생묘지명(邵堯夫先生墓誌銘)〉에 "선생이 처음 백원산(百原山)에서 학문을 익힐 적에 부지런히 힘쓰고 각고하여 겨울에 화롯불도 피우지 않고 여름에 부채질도 하지 않고 밤에도 잠자리에 들지 않은 것이 3년이나 되었다.〔先生始學於百原, 勤苦刻厲, 冬不爐, 夏不扇, 夜不就席者, 數年.〕"라고 하였다. 《二程文集 卷4 明道文集 邵堯夫先生墓誌銘》

442 염계(濂溪)의……깨달았습니다 : 북송(北宋)의 도학자(道學者) 주돈이(周敦頤)처럼 이치를 깊게 깨우쳤다는 뜻이다. 염계는 주돈이가 살았던 곳으로, 《근사록(近思錄)》 권14에 주돈이가 뜰 가운데 풀이 무성히 자라도 베지 않기에 어떤 사람이 그 까닭을 묻자 "나의 의사(意思)와 같기 때문이다."라고 하였다는 내용이 보이는데, 이는 풀의 살려는 뜻〔生意〕이 자신의 살려는 뜻과 같기 때문에 베지 않는다는 뜻이다. 이 생의가 곧 태극의 이치와 상통하므로 이와 같이 말했던 것이다.

443 밭두둑에서 만족하고 있었으나 : 초야(草野)에 있으면서 욕심 없이 자득하여 만족스러워한다는 뜻이다. 《맹자(孟子)》 〈만장 상(萬章上)〉에 만장(萬章)이 맹자에게 이윤

어찌 백성에 대한 근심과 즐거움을 잊었겠습니까	詎忘憂樂
빼어난 기운을 온축하여 누설하지 않으니	蘊秀不泄
숭산과 태악과 같았습니다	崇山太岳
상서로운 구름과 별이	景雲瑞星
그윽한 빛이 은은하였습니다	幽光隱約
시작을 근원하고 결말을 따져보면	原始要終
순수하며 성실하고 한결같았습니다	純粹誠一
백대의 유종(儒宗)이요	百代宗儒
삼고[444]의 참된 일사(逸士)였습니다	三古眞逸
세상에 덕을 아는 분이 드무니	世希知德
누가 그 실질을 알겠습니까	孰諦其實
돌아보건대 이 요산은	瞻茲堯山
선생의 유택이 있는 곳이니	先生幽宅
무이산은 우뚝하고	武夷崒崒
한강은 깨끗합니다	漢川淸滌
지형이 용이 깊이 서린 기세라서	龍勢盤鬱

(伊尹)이 탕(湯) 임금에게 고기를 요리해 바쳐 등용된 것인지를 물었는데, 맹자가 "탕 임금이 사람을 시켜 폐백으로 그를 초빙하였으나 그는 욕심 없는 모습으로 말하기를 '내가 무엇 때문에 탕 임금의 초빙하는 폐백을 받겠는가. 어찌 이대로 밭두둑에 있으면서 요순의 도를 즐기는 것만 하겠는가.'라고 하였다.〔湯使人以幣聘之, 囂囂然曰: 我何以湯之聘幣爲哉? 我豈若處畎畝之中, 由是以樂堯舜之道哉?〕"라고 답한 데서 온 말이다.

444 삼고(三古) : 상고(上古) · 중고(中古) · 하고(下古)를 통칭한 말로, 복희(伏羲) 시대를 상고, 문왕(文王) 시대를 중고, 공자(孔子) 시대를 하고라고 하며, 하 · 은 · 주 삼대를 가리킨다고도 한다.

엄연히 형국을 이루었습니다	儼成形局
상설[445]이 엄숙하고	肅肅象設
소나무와 잣나무가 우뚝합니다	丸丸松柏
정신이 드러나고 남아계심[446]을 기약하니	神期著存
이 무덤에 모여있습니다	萃于玄魄
사판을 묻음에	祠版祧埋
신주와 영정이 나뉘어졌었는데	二主分隔
바로 옆에 영당을 지어 제사하니	卽祀于傍
정기가 서로 합하였습니다	精氣相合
지극한 마음으로 사랑하고 흠모함이	至心愛慕
우리 고을 사람들이 똑같이 그러합니다	同我鄉邑
경영한 지 오래됨에	經始旣久
여러 힘을 일제히 모았습니다	衆力齊集
이에 길한 아침을 택하여	爰差穀朝
영당에 영령을 모십니다	安靈影堂
한 폭의 단청은	一幅丹靑

445 상설(象設) : 묘(墓) 앞에 세우는 여러 가지 석물(石物)을 가리킨다.

446 드러나고 남아계심 : 돌아가신 분의 영령이 드러나고 남아 계시다는 뜻으로, 《예기》 〈제의(祭義)〉에 "선왕의 효는 선조의 안색이 눈에서 잊히지 않고 그 음성이 귀에서 끊어지지 않으며 그 심지와 기호와 하고자 하시던 것을 마음에서 잊지 않는다. 사랑을 지극히 하면 남아계시고 정성을 지극히 하면 드러난다. 드러나고 남아계심을 마음에 잊지 않으니, 어찌 공경하지 않을 수 있겠는가.〔先王之孝也, 色不忘乎目, 聲不絶乎耳, 心志嗜欲, 不忘乎心. 致愛則存, 致慤則著. 著存不忘乎心矣, 夫安得不敬乎?〕"라고 하였다.

사당에서 보관하던 데서 나온 것입니다　出自廟藏
이에 성대한 의식을 거행하니　載擧縟儀
선비들이 경건히 달려왔습니다　衿珮蹌蹌
황홀하게 함장에 임하시어　怳臨函丈
강장[447]이 펼쳐지는 듯합니다　絳帳斯張
목소리가 어렴풋이 들리니　僾然謦欬
향기로운 쑥을 올림에 서글퍼집니다　薰蒿悽傷
덕 있는 모습을 새로 뵙는 듯하니　如新覿德
풍류가 참으로 크고 큽니다　風流弘長
뽕나무와 가래나무 있는 곳[448]을 공경하여　敬止桑梓
대대로 아름다운 경치를 이어갑니다　世襲耿光
봄 난초와 가을 국화가　春蘭秋菊
영원히 향기를 뿜어내는데　永挹馨香
이 때에 정성을 올리니　聊以薦誠
붉은 여지와 누런 파초입니다　荔丹蕉黃
부디 돌아보심을 입어서　庶蒙眷顧
황황히 강림하시기를 바랍니다　降格皇皇

447 강장(絳帳) : 붉은 휘장이라는 말로, 사석(師席) 혹은 강석(講席)을 가리킨다. 후한(後漢)의 경학자 마융(馬融)이 항상 붉은 휘장을 드리운 채 생도들을 강학했다는 고사에서 유래하였다. 《後漢書 卷60上 馬融列傳》

448 뽕나무와……곳 : 부모가 살던 고향을 가리키는 말로, 《시경》 〈소아(小雅) 소반(小弁)〉에 "뽕나무와 가래나무도 반드시 공경하는데, 우러러볼 것이 아버지 아님이 없으며, 의지할 것이 어머니 아님이 없도다.〔維桑與梓, 必恭敬止, 靡瞻匪父, 靡依匪母.〕"라고 하였다.

그윽히 문교를 도와	幽贊文教
한 지방을 진작하여 새롭게 하소서	作新一方
대대로 공경하여	欽于世世
보답하는 제사 끝없이 이어질 것입니다	報祀無疆

강서 봉곡사의 정거 이공[449] 회두 에 대한 춘추향축문
江西鳳谷祠貞居李公 晦斗 春秋享祝文

경서를 연구하여 활용하고	窮經致用
윤리를 돈독히 하여 세속의 모범이 되었습니다	篤倫範俗
공업과 교화가 사람들에게 남아있으니	功化在人
영세토록 사라지지 않을 것입니다	永世不泐

449 정거(貞居) 이공(李公) : 이회두(李晦斗 ?~?)로, 자는 이장(而章), 호는 정거, 본관은 평창(平昌)이다. 도의(道義)로 천거되어 참봉에 제수되었지만 취임하지 않았다. 1838년(헌종4)에 지방유림의 공의로 평안남도 강서군(江西郡)에 있는 봉곡서원(鳳谷書院)에 위패를 모셨다.

능주 월곡사의 의암 민공[450] 회삼 에 대한 춘추향축문

綾州月谷祠義菴閔公 懷參 春秋享祝文

의리를 잡고 지조를 지켜서	秉義靖獻
일생동안 멀리 은둔하였습니다	沒世遐遯
바른 마음과 높은 절개가	貞心峻節
세상의 기준이 되었습니다	爲世程準
이에 -춘·추-정을 맞이하여	玆値【春秋】丁
희생과 단술을 경건히 올리니	虔薦牲醴
부디 정결한 제사에 흠향하여	庶歆精禋
영세토록 보우하소서	保佑永世

450 의암(義菴) 민공(閔公) : 민회삼(閔懷參 ?~?)으로, 호는 의암, 본관은 여흥(驪興)이다. 1452년(문종2) 진사가 되고 유일(遺逸)로 천거되어 사헌부 집의가 되었다. 단종의 장인인 송현수(宋玹壽)는 그의 고부(姑夫)인데, 송현수가 역모를 꾸민다고 고발되었던 일에 연루되어 제주도 대정 현감(大靜縣監)으로 좌천되기도 하였다.

나주 대암사에 대한 춘추향축문

羅州大巖祠春秋享祝文

문무를 법으로 삼아 文武爲憲

용호로 문장을 이루었으니 龍虎成章

크고 뛰어난 공렬이 豐功茂烈

태상기[451]에 기록되어 있습니다 用紀太常

이 중-춘·추-을 맞이하여 値玆仲【春秋】

경건히 희생과 술을 올리니 虔薦牢觴

부디 이르러 흠향하시어 冀垂歆格

무궁히 계도하고 보우하소서 啓佑無疆

이상은 무절(武節) 신공(辛公)[452] -유정(有定)- 에게 올리는 것이다.

대궐 뜰의 춤추는 봉황[453]이요 紫庭儀鳳

451 태상기(太常旗) : 주(周)나라 때에 공적을 이룬 사람을 해와 달, 별과 용을 그린 임금의 태상기에 새겨 정표했다는 고사가 전한다.

452 무절(武節) 신공(辛公) : 신유정(辛有定, 1347~1426)으로, 본관은 영산(靈山), 시호는 무절이다. 1386년(우왕12)에 정용호군(精勇護軍)이 되어 남해에 출몰하던 왜구를 무찔렀고 그 뒤 이성계(李成桂)의 휘하에서 무공을 세워 조선 태조가 즉위한 뒤 원종공신(原從功臣)이 되었다. 1403년(태종3) 강원도에 침입한 왜구를 무찔러 판강릉대도호부사(判江陵大都護府事) 겸 좌군 동지총제(左軍同知摠制)가 되었으며, 1410년 야인 올적합(兀狄哈)이 경원(慶源)에 침입하자 좌군 도총제(左軍都摠制)로 부원수가 되어 출정해 토벌하였다. 그 뒤 충청도 병마절도사(忠淸道兵馬節度使), 평안도 도안무사(平安道都安撫使) 등을 지냈다.

푸른 하늘의 높이 나는 기러기 같았습니다 青冥高鴻
만년에 스스로 절개를 지켰으니 晩節自靖
아름다움이 여섯 충신에 짝합니다 匹美六忠
이 중-춘·추-을 맞이하여 値玆仲【春秋】
공경히 희생과 단술을 올리니 恭蕆牲醴
사람과 신이 서로 의지하여 人神相依
무궁히 복을 드리우소서 垂裕無窮
이상은 공숙(恭肅) 신공(辛公)[454] -인손(引孫)- 에게 올리는 것이다.

대대로 이어온 충성과 정절이요 奕世忠貞
나라를 빛낸 문장이었습니다 華國文章
조심스러운 마음[455]을 스스로 지켜서 淵氷自持

453 춤추는 봉황 : 《서경(書經)》 〈익직(益稷)〉에 "소소를 아홉 번 연주하자 봉황이 와서 춤을 추었다.〔簫韶九成, 鳳凰來儀.〕"라고 한 데서 온 말로, 순(舜)임금의 조정에서 음악을 연주하자 신령한 봉황이 거동에 맞게 춤을 추었음을 말한 것이다. 여기서는 걸출한 인재를 뜻한다.

454 공숙(恭肅) 신공(辛公) : 신인손(辛引孫, 1384~1445)으로, 자는 조윤(祚胤), 호는 석천(石泉), 본관은 영산(靈山), 시호는 공숙이며, 아버지는 유정(有定)이다. 1408년(태종8) 식년문과에 동진사(同進士)로 급제하여 승정원주서(承政院注書)를 지냈고 세종의 총애를 받아 예조 정랑(禮曹正郎), 좌사간대부(左司諫大夫), 승정원 도승지(承政院都承旨), 병조 판서 등을 역임하였고 예문관 대제학에 제수되었으나 병으로 취임하지 못하였다.

455 조심스러운 마음 : 원문의 '연빙(淵氷)'은 '임연리빙(臨淵履冰)'의 줄임말로, 깊은 못에 임하거나 살얼음을 밟는 것처럼 조심스러운 마음을 뜻하는바, 《시경》 〈소아(小雅) 소민(小旻)〉의 "조심하고 삼가서 깊은 못에 임한 듯이 하며 살얼음을 밟듯이 하라.〔戰戰兢兢, 如臨深淵, 如履薄氷.〕"라는 구절에서 유래하였다. 신석조(辛碩祖) 호가 연

능히 가업을 이었습니다[456]	克肯構堂
이 중-춘·추-을 맞이하여	値玆仲【春秋】
이에 마음의 정성을 올리니	載薦心香
바라건대 묵묵히 도와주시어	願垂冥騭
유학의 교화가 길이 창성하게 하소서	儒化永昌

이상은 문희(文僖) 신공(辛公)[457] -석조(碩祖)- 에게 올리는 것이다.

빙당(淵氷堂)이므로 이와 같이 말한 것이다.

456 능히 가업을 이었습니다 : 원문의 '극긍구당(克肯構堂)'은 《서경》 〈주서(周書) 대고(大誥)〉에 "만약 아버지가 집을 지음에 이미 법을 이루었거늘, 그 자식이 기꺼이 당의 터도 만들려고 하지 않는데 더구나 기꺼이 집을 지으려 하겠는가.〔若考作室, 旣底法, 厥子乃弗肯堂, 矧肯構?〕"라고 한 데서 온 말로, 가업(家業)을 잘 계승한다는 뜻이다.

457 문희(文僖) 신공(辛公) : 신석조(辛碩祖, 1407~1459)로, 자는 찬지(贊之), 호는 연빙당(淵氷堂), 본관은 영산(靈山), 시호는 문희이다. 할아버지는 유정(有定), 아버지는 인손(引孫)이다. 1426년(세종8) 생원시에 합격하고 식년문과에 병과로 급제하여 집현전 부제학(集賢殿副提學) 등을 지냈고, 1452년(문종2) 《세종실록》을 시찬(始撰)하였으며, 1456년(세조2) 정조사(正朝使)로 명나라에 다녀와서 대사헌(大司憲), 한성 부윤(漢城府尹), 개성 유수(開城留守) 등을 역임하였다. 《의방유취(醫方類聚)》와 《경국대전(經國大典)》의 편찬에도 참여하였다. 저서로 《연빙당집》이 있다.

금호사의 금서재 박공[458] 광보 에 대한 춘추향축문

合湖祠琴書齋朴公 光輔 春秋享祝文

효성스럽고 우애로우면서도 강엄하였고	孝友剛嚴
시와 예를 표준으로 삼았습니다	詩禮是程
여유롭게 은둔한[459] 높은 자취로	肥遯高蹈
영세토록 훌륭한 명성을 남기셨습니다	永世流名

458 금서재(琴書齋) 박공(朴公) : 박광보(朴光輔, 1486~1554)로, 자는 국주(國柱), 호는 금서재, 본관은 상주(尙州)이다. 기묘사화(己卯士禍)의 때를 만나 벼슬에 뜻을 두지 않고 은둔하였다.

459 여유롭게 은둔한 : 원문의 '비둔(肥遯)'은 은둔하여 여유롭게 사는 삶을 말한다. 《주역(周易)》 〈둔괘(遯卦) 상구(上九)〉에 "상구는 여유 있는 은둔이니, 이롭지 않음이 없다.〔上九肥遯, 無不利.〕"라고 하였다.

가묘에 고유하는 글
告家廟文

유세차 정미년(1847, 헌종13) 정월 삭일 신사(辛巳)에, 효 현손 직필은 현고조고(顯高祖考) 증(贈) 통훈대부(通訓大夫) 사복시정(司僕寺正) 부군(府君)과 현고조비(顯高祖妣) 증 숙인(淑人) 전주 이씨(全州李氏), 현증조고 증 숭정대부(崇政大夫) 의정부 좌찬성(議政府左贊成) 겸 판의금부사(判義禁府事) 오위도총부 도총관(五衛都摠府都摠管) 행(行) 통훈대부 삼등 현령(三登縣令) 겸 성천 진관(成川鎭管) 병마동첨절제도위(兵馬同僉節制都尉) 부군과 현증조비 증 정경부인(貞敬夫人) 순천 김씨(順天金氏), 현조고 증 가선대부(嘉善大夫) 이조참판 겸 동지의금부사(同知義禁府事) 오위도총부 부총관(五衛都摠府副摠管) 행 통훈대부 광주 목사(黃州牧使) 겸 광주진(黃州鎭) 병마첨절제사(兵馬僉節制使) 부군과 현조비 증 정부인(貞夫人) 평산 신씨(平山申氏)와 현조비 증 정부인 전주 이씨(全州李氏), 현고 가의대부(嘉義大夫) 동지돈녕부사(同知敦寧府事) 겸 오위도총부 부총관 부군과 현비 증 정부인 음성 박씨(陰城朴氏)께 감히 밝게 고합니다.

불초가 삼가 제사를 받든 지가 이십여 년이 되었습니다. 선조의 가르침을 받들어서 우선 큰 죄는 면하였는데, 불행이도 근년 이래로 거듭 중병에 걸려 항상 위태로운 상황에 빠지니 크고 작은 제사를 몸소 받들 수가 없습니다. 다만 힘줄과 뼈가 해이해져 예(禮)를 행하지 못할 뿐이 아닙니다. 또 고례(古禮)의 늙어 전가하는 나이[460]가 지난 지 2년이 되었으니, 병이 날로 심해지고 노쇠함이 날로 더합니다. 비록 억지로 지팡이를 짚고 제사를 받들고자 해도 절하고 무릎 꿇고서 제수를 올릴 수가 없으니, 지극히 공경해야 할 자리에서 감히 다른 사람의 부축을 받을 수가 없습니다. 삼가 자양(紫陽)의 고사[461]와 동현(東賢)들의 가까운 예(例)를 따라서 금년부터 아들 일순(一純)에게 섭사(攝祀)의 예(禮)를 맡깁니다. 고축(告祝)의 경우에는 마땅히 '섭사손(攝祀孫)'이라고 해야 할 것이지만, 제사를 지내는 신위마다 각각 그 속칭을 따라서 칭한다면 또한 구애되는 바가 있을 것이므로 '사자모(使子某)'라는 글을 쓰고자 합니다. 불초가 다행히 남은 기력이 있어 자력으로 할 수 있다면 마땅히 분수에 따라 예(禮)를 행하여 작은 정성을 펼 것입니다. 삼가 정월 초하루에 올리는 예(禮)를 인하여서 감히 그 사유를 삼가 고합니다.

460 고례(古禮)의……나이 : 70세의 나이를 가리킨다. 《예기》 〈곡례 상(曲禮上)〉에 "쉰 살을 애라고 하니, 국가의 정사를 맡는다. 예순 살을 기(耆)라고 하니, 지시하여 부린다. 일흔 살을 노(老)라고 하니, 집안일을 자식에게 넘겨준다.〔五十曰艾服官政, 六十曰耆指使, 七十曰老而傳.〕"라고 하였다.

461 자양(紫陽)의 고사 : 자양은 송(宋)나라 성리학자 주희(朱熹)를 가리킨다. 주희의 부친 주송(朱松)이 자양산(紫陽山)에서 독서하였는데, 후에 주희가 복건(福建) 숭안(崇安)에서 살면서 정사의 이름을 자양서실(紫陽書室)이라고 하였다. 주자는 70세가 넘어 치사(致仕)한 후에 제사를 장손(長孫)인 감(鑑)에게 넘겨주고 야(埜)와 재(在) 두 아들로 하여금 이를 보좌하게 하였는바, 이 때 가묘에 고유한 글이 《주자대전(朱子大全)》 권86에 〈치사고가묘문(致仕告家廟文)〉에 보인다.

매산집

제31권

제문 祭文

입암 박공[1]에 대한 제문 무오년(1798, 정조22)

祭立菴朴公文 戊午

우리 외가[1]는	維我外氏
대대로 충효를 돈독히 하였으니	世篤忠孝
한 집안에 네 개의 정문(旌門)이 세워져	一閭四楔
성조의 표창을 받았습니다[2]	聖朝旌表

1 입암(立菴) 박공(朴公) : 박준흠(朴俊欽, 1719~1796)으로, 자는 덕여(德汝), 호는 입암(立菴), 본관은 음성(陰城)이다. 이재(李縡)·박필주(朴弼周)와 강학하였으며 윤봉구(尹鳳久)에게 배웠다. 부모가 돌아가신 후엔 벼슬하려는 뜻을 버리고 성리학과 예학 연구에 전념하였으며, 만년에는 안성(安城) 덕유산(德裕山)에 칩거하였다. 경상남도 합천(陜川) 옥계서원(玉溪書院)에 윤봉구와 함께 배향되었다. 문집으로《입암집(立菴集)》이 있다.

1 우리 외가 : 홍직필의 모친 음성 박씨(陰城朴氏)는 박양흠(朴亮欽)의 딸로, 박양흠과 박준흠은 형제지간인바, 박준흠은 홍직필의 외숙이다

2 한……받았습니다 : 네 개의 정문은 충민공(忠愍公) 박순(朴淳)에게 내려진 충신문, 박순의 처 장흥 임씨(長興任氏)에게 내려진 열녀문, 박준흠의 증조부 박호원(朴浩遠)에게 내려진 효자문, 박준흠의 부친 박정규(朴廷珪)에게 내려진 효자문을 말한다. 박순은 1388년(우왕14) 요동 정벌 때 이성계 휘하에서 종군하였고, 조선이 개국하자 상장군이 되었다. 태종이 여러 왕자들을 죽이고 왕위에 오르자 태조는 분노하여 함흥에 머물면서 태종이 파견한 사신을 모두 죽였는데, 이에 박순이 사신으로 가서 태조로부터 환궁하겠다는 확약을 받았다. 박순을 죽여야 한다는 측근의 말에 태조는 용흥강을 건넜으면 죽이지 말라고 명하고서 사자를 보냈는데 박순이 병 때문에 지체하여 결국 죽고 말았다. 태종은 박순의 공을 치하하여 관직과 토지를 내렸다. 박순의 처 장흥 임씨는 함흥차사로 간 남편을 기다리다가 남편이 죽었다는 소식을 듣고 자결하였는데, 태종이 이를 듣고 묘지를 하사하였다. 이들을 위한 정문은 숙종 때에 세워졌다. 박호원의 효자

선대의 훌륭한 공덕을 배태하고서 胚胎前光
이러한 집안에서 공이 태어났으니 公生是門
그 누가 영지(靈芝)와 예천(醴泉)이 孰謂芝泉
근원이 없다고 말하겠습니까[3] 而無根源
약관 시절에 학문에 뜻을 두어 弱冠志學
바른 길로 출발하였으니 正路發軔
동과 정을 함께 수양하고 動靜交養
지와 행이 나란히 진보하였습니다 知行雙進
누구에게 나아가 질정하였습니까 就正于何
옥계(玉溪)의 물가[4]였습니다 玉溪之濱
연원를 찾아 물길을 거슬러 오르니 沿江泝澗
석담(石潭)과 민중(閩中)[5]에 모였습니다 湊于潭閩
이와 기의 근원에 대해서는 理氣源頭
스승의 말을 돈독히 믿었으며 篤信師說
은미한 말을 받들어 지켜 奉持微言
죽어도 굽히지 않겠노라 맹세하였습니다 矢死不屈

문은 1725(영조1)에 세워졌고, 박정규의 효자문은 1743년(영조19)에 세워졌다. 현재 모두 충청북도 음성군 대소면에 있다.

3 영지(靈芝)와……말하겠습니까 : 영지는 상서로운 풀이고, 예천은 단물이 솟아나는 샘으로, 모두 훌륭한 자손을 비유하는 말이다.

4 옥계(玉溪)의 물가 : 윤봉구(尹鳳九, 1683~1767)를 가리킨다. 옥계는 충청남도 예산군 가야산 계곡으로, 박준흠은 옥계가에 거주하던 윤봉구에게 수학하였다.

5 석담(石潭)과 민중(閩中) : 석담(石潭)은 이이(李珥)를 가리키고, 민중은 주희(朱熹)를 가리킨다.

주고 받은 것은 무엇이었습니까	授受維何
하나의 '입'자였으니[6]	一言曰立
공으로 하여금 이름을 돌아보고 뜻을 생각하여	勉公顧思
과불급이 없게 하도록 권면하신 것입니다	毋過不及
스승의 훌륭한 덕을 기록함은	乃狀盛德
공의 큰 필력에 의뢰하였습니다[7]	資公鴻筆
해타[8]를 모으면서	裒輯咳唾
행여 잃을까 염려하였습니다	猶恐或失
분주히 주선(周旋)하여	奔走先後
정성을 다하였지만	克殫其誠
유편을 판각하는 것을	遺編登梓
공은 미처 보지 못하였습니다	公未見成

6 하나의 입자였으니 : 《입암집(立菴集)》 권6 〈입암기(立菴記)〉에, "나의 선생님께서 특별히 '입' 한 글자로 거처하는 집의 이름을 지어주셨다.〔惟我先生特以立一言, 命名所居之室.〕"이라고 하였는바, 입암이란 호를 윤봉구가 지어준 것임을 알 수 있다. 또 '입'의 뜻에 대해서는, "집의 이름을 '입'이라고 한 것은 《주역》에 '사람의 도를 세움은 인과 의이다.'라고 한 데에서 뜻을 취한 것이니, 사람이면서 자립할 도를 생각하지 않을 수 있겠는가.〔菴以立爲名者, 蓋取易經立人之道曰仁與義, 可以人而不思其自立之道哉?〕"라고 설명하였다. 《주역》의 말은 《주역》 〈설괘전(說卦傳)〉에 보인다.

7 스승의……의뢰하였습니다 : 박준흠이 스승 윤봉구의 행장을 지은 것을 말한다. 〈병계선생행장(屛溪先生行狀)〉은 《입암집(立菴集)》 권7에 실려 있다.

8 해타(咳唾) : 뛰어난 시문을 의미하는 말로, 내뱉는 침이 모두가 구슬 같다는 뜻인 '해타성주(咳唾成珠)'의 준말인데, 여기서는 스승의 훌륭한 시문을 가리켜 말한 것이다. 이 말은 《장자(莊子)》 〈추수(秋水)〉에 "그대는 저 튀어나오는 침들을 보지 못했는가. 한번 재채기라도 하면 큰 것은 마치 구슬과 같고 작은 것은 안개처럼 부서져 내린다네.〔子不見夫唾者乎? 噴則大者如珠, 小者如霧.〕"라고 한 데서 온 것이다.

스승을 따를 것을 생각하여	步趨之思
구천(九泉)에서도 잊지 못하였습니다	耿耿九京
아, 제가 공께 절을 올렸던 곳은	緊我納拜
자각봉(紫閣峯) 북쪽이었습니다[9]	紫閣峯陰
헌걸찬 용모와 위엄 있는 태도에	頎容棣度
저도 모르게 공경심이 일어났습니다	不覺起欽
도에 나아간 깊이를	造道深淺
동자가 어찌 알겠습니까마는	童子何知
중심(中心)에 성실하면 외면에 드러난다는 것[10]	誠中形外
진실로 여기에 가까우셨습니다	允矣庶幾
공은 사서(四書)에 있어서	公於四子
마치 자신의 말처럼 외우셨는데	如誦己言
요약되면서도 고루하지 않고	約而不陋
넓으면서도 번다하지 않았습니다	博而不煩
덕을 상고하고 학업을 여쭈어	考德問業
서업(緖業)을 받들기를 원하였는데	願承厥緖

9 제가……북쪽이었습니다 : 자각봉(紫閣峯)은 서울의 남산을 가리킨다. 《매산집》 권53 〈연보(年譜)〉에 따르면, 홍직필은 11세에 박준흠을 찾아가 수학하였고, 18세에는 찾아가 배알하고서 《대학》과 《중용》의 서문을 배웠다.

10 중심(中心)에……것 : 《대학》에, "소인이 한가로이 거처할 때에 불선한 짓을 하되 이르지 못하는 바가 없다가, 군자를 본 뒤에 겸연쩍게 그 불선함을 가리고 선함을 드러낸다. 남들이 자기를 보기를 자신의 폐부(肺腑)를 보듯이 할 것이니, 그렇다면 무슨 유익함이 있겠는가. 이것을 일러 '중심(中心)에 성실하면 외면(外面)에 나타난다.'라고 하는 것이다.〔小人閑居, 爲不善, 無所不至, 見君子而后厭然揜其不善, 而著其善, 人之視己, 如見其肺肝然, 則何益矣? 此謂誠於中, 形於外.〕" 하였다.

계축년 봄에 가르침을 받은 것은	癸春所受
《중용》과 《대학》의 서문(序文)뿐이었습니다[11]	止庸學序
정미한 뜻과 깊은 이치를	精微蘊奧
미처 찾아가 질정하지 못하였던 차에	罔及就正
공의 수레가 곧바로 돌아왔으나	高駕徑還
저는 상사(喪事)를 만나고 말았습니다[12]	我遘喪病
그래서 학문하려는 뜻을 간직하고도 성취하지 못했으니	齎志莫就
저 하늘은 어찌 저에게 이렇게 한단 말입니까	彼蒼胡然
그리워하고 그리워하는 저의 마음을	悠悠我思
멀어서 펼 수가 없었습니다	遠不能宣
서재의 기문(記文)과 명문(銘文)[13]은	齋記與銘
저를 경계함이 간절하고 지극하니	箴砭切至
마치 큰 보배 구슬을 얻은 듯	如獲拱璧
지켜서 실추하지 않기로 하였습니다	持守勿墜
학문의 힘이 미루어 나아간 바는	學力所推

11 계축년……뿐이었습니다 : 계축년은 1793년(정조17)으로, 홍직필의 나이 18세 때이다. 《매산집》 권53 〈연보(年譜)〉에, "2월에 장곡(長谷)으로 가서 입암 박공을 배알하였다. 이때에 박공이 자각(紫閣) 박공(朴公)의 집에 와서 머물렀는데, 선생이 찾아가 배알하여 《대학(大學)》과 《중용(中庸)》의 서문(序文)을 수학하였다.〔二月往長谷, 拜立菴朴公. 時朴公來留紫閣朴公家, 先生往拜, 受大學中庸序文.〕"라고 보인다. 자각 박공은 박성한(朴聲漢)을 말한다.

12 저는……말았습니다 : 홍직필은 1793년 7월에 모친상을 당하였다. 《梅山集 卷53 年譜》

13 서재의 기문(記文)과 명문(銘文) : 박준흠이 홍직필을 위해 지어준 〈소재기(素齋記)〉와 〈소재명(素齋銘)〉을 가리킨다. 모두 《입암집》 권6에 실려있다.

늙어서도 변함이 없으니	老而不衰
훗날에	謂有異時
다시 그 덕스런 모습을 뵈리라고 생각했습니다	更覿德儀
그런데 부음(訃音)이 갑자기 이르러	幽音忽至
아득히 옛일이 되어버렸으니	漠爲邃古
어찌하여 원로(元老)를 남겨두지 않는 것인지[14]	胡不憖遺
하늘에 호소할 길이 없습니다	籲天無路
와호의 안개 낀 달빛은	瓦湖烟月
빛이 가려져 광채를 잃고	晻翳無光
운강의 소나무와 계수나무는	雲岡松桂
날이 추워져 서리에 놀라고 있습니다	歲寒驚霜
높은 식견과 재주를	邃識高才
찾을 곳이 없으니	無地可尋
고개 들어 남쪽 하늘을 바라봄에	引領天南
슬픔을 스스로 금할 수 없습니다	悲不自禁
염할 적에 반함(飯含)[15]하는 것을 보지 못하고	斂莫視含
장례할 때에 상엿줄을 잡지도 못하였는데	葬未執紼
세월이 머무르지 않아	日月不淹
상생(象生)을 장차 철거하게 되었습니다[16]	象生將撤

14 어찌하여……것인지 : 원문의 '은유(憖遺)'는 원로를 이 세상에 남겨둠을 의미하는 바, 이 말은 《시경(詩經)》 〈소아(小雅) 시월지교(十月之交)〉에, "원로 한 분을 아껴 남겨 두어서 우리 임금을 지키게 하지 않는구나.〔不憖遺一老, 俾守我王.〕"라고 한 데서 온 말이다.

15 반함(飯含) : 염습할 때 죽은 사람의 입에 구슬이나 쌀을 물리는 것을 말한다.

옛날을 생각함에　撫念疇曩
눈물이 폭포수처럼 떨어지니　有淚懸泉
의당 급히 달려가야 하는데　義當匍匐
찾아가 제수를 올리는 예를 행하지 못합니다　禮闕鷄綿
그래서 부질없이 마음속의 말을 토해내어　謾吐肝肺
궤연에 대신 고하게 하지만[17]　替誦筵几
글이 뜻을 전달하지 못하고　辭未達意
말이 조리를 이루지 못하였습니다　語不成理
바라건대 영령께서는 성대하게 강림하시어　惟靈洋洋
저의 슬픈 마음을 굽어 살피시고　降監哀臆
부디 신령의 도움으로　幸垂冥祐
소경처럼 길을 더듬어 대지 않게 해주소서[18]　俾免擿埴

16　상생(象生)을……되었습니다 : 상기가 끝났음을 말한다. 상생은 궤연(几筵)을 이르는 말로, 살았을 때와 똑같이 자손들이 받든다는 데서 유래하였다.

17　궤연에……하지만 : 《입암집》 부록에 이 제문이 실려 있는데, 그 서두에 "유세차 숭정 병진년 6월 3일 입암 선생 박공이 덕곡(德谷)의 집에서 몰하셨는데, 내명년 무오년 정월 병인삭 12일 정축에 척하(戚下) 당성(唐城) 홍직필이 노친을 봉양하고 있어 형세상 달려가 곡하기 어려우므로 글을 지어 선생의 큰아들에게 보내어 대신 읽게 한다.〔維崇禎丙辰六月三日立菴先生朴公歿于德谷寓所, 越再明年戊午正月丙寅朔十二日丁丑戚下唐城洪直弼奉老之下, 勢難奔哭, 爲文送于先生胤子替讀.〕"라고 하였다.

18　소경처럼……해주소서 : 학문의 길을 잘 찾아갈 수 있게 해달라는 의미이다. 원문의 '적식(擿埴)'은 맹인이 지팡이로 땅을 더듬으면서 길을 찾는 것인데, 학문의 길을 찾지 못함을 비유하는 말로 쓰인다. 이 말은 《법언(法言)》 〈수신편(修身篇)〉에, "지팡이로 땅을 더듬어 길을 찾아 어둠 속으로 나아갈 따름이다.〔擿埴索塗, 冥行而已矣.〕"라고 한 데서 온 것이다.

근재[19] 선생에 대한 제문 기미년(1799, 정조23)

祭近齋先生文 己未

아! 슬픕니다. 도(道)는 하늘에서 나오고 사람에게 근원하니, 이것을 몸에 쌓으면 덕행이 되고 밖으로 행하면 사업이 됩니다.[20] 쌓기만 하고 쓰지 않으면 자신의 몸을 홀로 선하게 할 수 있고, 행해서 미루어 지극하게 하면 천하를 겸하여 구제할 수 있으니, 비록 곤궁과 영달이 구분이 있으나 그 이치는 똑같은 것입니다.[21] 아! 하늘이 선생을 내실 적에 이미 큰 것을 받을 만한 기량(器量)[22]을 부여하였으니, 장차 큰 임무를

19 근재(近齋) : 박윤원(朴胤源, 1734~1799)으로, 자는 영숙(永叔), 호는 근재(近齋), 본관은 반남(潘南)이다. 1792년 학행으로 천거되어 선공감 감역(繕工監監役)에 임명되었으나 사퇴하였으며, 1798년 원자를 위하여 강학청이 설치되자 서연관에 임명되었으나 역시 거절하여, 평생 벼슬하지 않고 학문 연구에 전념하였다. 미호(渼湖) 김원행(金元行)의 학통을 계승하였으며, 저서로 《근재집》과 《근재예설(近齋禮說)》이 있다.

20 이것을……됩니다 : 주돈이(周敦頤)의 《통서(通書)》에, "성인의 도는 귀로 듣고 마음속에 간직하여 이것을 몸에 쌓으면 덕행이 되고, 밖으로 행하면 사업이 되니, 저 문장만 할 뿐인 자는 비루하다.〔聖人之道, 入乎耳, 存乎心, 蘊之爲德行, 行之爲事業, 彼以文辭而已者陋矣.〕"라고 하였다.

21 쌓기만……것입니다 : 《맹자》 〈진심 상(盡心上)〉에, "옛사람들은 뜻을 얻으면 은택이 백성에게 가해지고, 뜻을 얻지 못하면 몸을 닦아 세상에 드러냈으니, 궁(窮)하면 그 몸을 홀로 선하게 하고, 영달하면 천하를 겸하여 선하게 한다.〔古之人得志, 澤加於民, 不得志, 修身見於世. 窮則獨善其身, 達則兼善天下.〕"라고 한 것을 원용한 것이다.

22 큰……기량(器量) : 중임을 맡을 수 있는 기량을 말한다. 《논어(論語)》 〈위령공(衛靈公)〉에, "군자는 작은 것으로는 알 수는 없으나 큰 것을 받을 수 있고, 소인은

주어서 군자로 하여금 대도(大道)의 요체를 들을 수 있게 하고 소인으로 하여금 지치(至治)의 은택을 입을 수 있게 할 것 같았습니다. 그런데 끝내 지위는 겨우 일명(一命)[23]에 그치고 나이는 겨우 하수(下壽)[24]에 올라서, 침체되고 곤궁한 채로 일생을 마치게 하여 황왕(皇王)의 정치를 펴려는 뜻을 세상에 조금도 드러내지 못하게 하였으니, 하늘이 현자를 낸 뜻이 진실로 이처럼 망연(茫然)하단 말입니까. 아니면 기수(氣數)가 변하고 뒤섞여서 하늘도 어찌할 수 없는 것입니까. 이것이 '백순(伯淳)이 복이 없으니 천하 사람들이 복이 없다'[25]는 것일 것입니다.

그러나 밖으로부터 이르는 하찮은 영욕(榮辱)이 선생에게 무슨 상관이 있겠습니까. 아! 선생은 불세출의 총명하고 지혜로운 자질로 격물치지(格物致知) · 성의정심(誠意正心)의 학문을 하여서, 스승에게 전수받음 없이 깊이 나아가 스스로 터득하여 대업(大業)을 풍부하게 소유하고 성덕(盛德)을 날로 새롭게 하였습니다.[26] 노년에 이르러는 질병

큰 것을 받을 수는 없으나 작은 것으로 알 수는 있다.〔君子不可小知, 而可大受也; 小人不可大受, 而可小知也.〕"라고 하였다.

23 일명(一命) : 조정으로부터 임명받는 최하위의 관직을 가리키는 말로, 조선조의 경우는 종9품이다.

24 하수(下壽) : 장수의 세 등급 중에 가장 낮은 등급을 가리킨다. 《장자(莊子)》〈도척(盜跖)〉에서는 60세라고 하였고 《춘추좌씨전(春秋左氏傳)》 희공(僖公) 32년 조에서는 80세라고 하였는데, 박윤원은 66세에 졸하였으므로 여기서는 60세를 가리킨 것이다.

25 백순(伯淳)이……없다 : 백순은 송(宋)나라 정호(程顥)의 자이다. 정호가 세상을 떠나자 당시 재상인 부필(富弼)이 그의 죽음을 애통해하며 "백순이 복이 없으니 천하의 사람들도 복이 없다.〔伯淳無福, 天下人也無福.〕"고 하였다. 《伊洛淵源錄 卷3》

이 고질(痼疾)이 됨과 남은 수명이 부족함을 알지 못하고서 오히려 더욱 부지런히 하고 그치지 않아서 강건(剛健)하고 중정(中正)한 경지에 충분히 들어가셨습니다. 그런데도 묵묵히 노력해서 안으로 쌓아두고 겉으로 드러내지 않았습니다. 그래서 동당(同堂)의 친족과 평생의 교우(交友)라고 하더라도 다만 선생이 도를 지닌 군자라는 것을 알았을 뿐이고, 조예의 지극함에 대해서는 다 알지 못한 것입니다. 하물며 소자와 같은 후진(後進)이 어찌 감히 그 경지를 헤아릴 수 있겠습니까.

그러나 그 마음을 헤아려보면 얼음 병에 담긴 가을 달빛[27]처럼 티 없이 빛나고, 그 기상을 바라보면 맑은 물에 핀 연꽃처럼 때 없이 깨끗합니다. 도의 큰 근원을 환히 보아 석담(石潭 이이(李珥))의 이기론(理氣論)을 종(宗)으로 삼았고, 큰 법도를 자임하여 화양(華陽 송시열(宋時烈))의 존주양이(尊周攘夷)의 의리를 밝혔습니다. 인물성(人物性)의 동이(同異)를 평론한 것은 삼연(三淵)과 함께 돌아갔고,[28] 심(心)과 기(氣)의 같음을 판별한 것은 미호(渼湖)를 따랐습니다.[29] 3백 가지·3

26 대업(大業)……하였습니다 : 《주역(周易)》 〈계사전 상(繫辭傳上)〉에, "풍부히 소유함을 대업이라 이르고 날로 새로워짐을 성덕이라 이른다.〔富有之謂大業, 日新之謂盛德.〕"라고 한 말을 원용한 것이다.

27 얼음……달빛 : 얼음으로 만든 호리병에 밝은 가을달이 비친 것과 같이 티 없이 맑고 고결한 정신을 뜻하는 말로, 등적(鄧迪)이 주희(朱熹)의 스승인 연평(延平) 이통(李侗)의 인품을 형용하면서 했던 말이다. 《宋史 卷428 李侗列傳》

28 인물성(人物性)의……돌아갔고 : 인물성 동이론에 있어 박윤원이 삼연을 따랐다는 말이다. 삼연(三淵)은 김창흡(金昌翕)을 가리키는바, 김창흡은, 형 김창협(金昌協)과 함께, 인성과 물성이 같음을 주장하였다.

29 심(心)과……따랐습니다 : 미호는 김원행(金元行)을 가리킨다. 김원행은 김창협(金昌協)의 손자이자 이재(李縡)의 문인으로, 심성이기설(心性理氣說)에 있어 대체로

천 가지의 경례(經禮)와 변례(變禮)[30]를 강론하여, 근본을 크게 하면서도 지엽을 빠뜨리지 않았고, 옛날에 통하고 지금에 매몰되지 않습니다. 그리하여 천리(天理)의 절문(節文)과 인사(人事)의 의칙(儀則)을 찬란하게 밝혀서[31] 지금과 후세의 모범이 되셨으니, 선생이 세교(世敎)에 공이 있는 것이 또한 크십니다. 군주를 높이고 백성을 보호하며 세상의 모범이 되고 후세에 법을 남김으로 말하면, 마음으로 강구하여 나라의 경영을 고심함이 본래 있었으니, 예컨대 정전법(井田法)을 기필코 행할 수 있다고 한 것과 과거제도를 반드시 개혁할 수 있다고 한 것은 바로 그 중의 한 두 가지일 뿐입니다. 매번 말씀하기를 "원성(元聖 주공(周公))의 《주례(周禮)》에는 강령이 기재되어 있고, 유씨(柳氏)의 《반계수록(磻溪隨錄)》[32]에는 조목이 갖추어져 있으니, 경세제민(經世濟民)의 책임을 맡은 자가 이를 들어서 조치한다면 작게는 나라를 다스리고 크게는 천하를 평안케 할 수 있을 것이다."라고 하셨습니다. 여기에서 선생의 뜻을 볼 수 있으니, 어찌 세상을 잊는데 과감하여 자신만 홀로 선하게 하려는 분이셨겠습니까.

이 두 사람의 설을 따랐는바, 심을 '기 중의 허령한 것〔靈處〕' 또는 '기의 정상(精爽)'이라고 주장하였다.

30 3백……변례(變禮) : 《예기(禮記)》 〈예기(禮器)〉에, "경례 3백 가지와 곡례(曲禮) 3천 가지가 그 이치는 하나이다.〔經禮三百, 曲禮三千, 其致一也.〕"라고 하였다. 경례는 큰 예절이고 곡례는 그 안의 작은 조목을 말한다.

31 천리(天理)의……밝혀서 : 주희(朱熹)의 《논어집주(論語集註)》에, "예(禮)란 천리의 절문이요, 인사의 의칙이다."라고 하였다.

32 유씨(柳氏)의 반계수록(磻溪隨錄) : 유씨는 반계 유형원(柳馨遠)을 말한다. 《반계수록(磻溪隨錄)》은 통치 제도의 개혁안을 서술한 책으로, 토지제도와 교육·임용 등에 대한 개혁안이 구체적으로 제시되어 있다.

아! 선생은 한 세상을 경륜할만한 재주를 지니고서 성명(聖明)한 군주가 몸을 기울이고서 빼어난 인재를 기다리는 때를 만났으나 끝내 하루도 군주의 지우(知遇)가 없었으니, 이것은 하늘의 뜻입니다. 후일 강관(講官)에 제수되어 이연(离筵)[33]에 출입하면서 세자를 보도(輔導)하게 됨에 미쳐서는 이것이 바로 선생이 도를 행하는 시발점이어서 60년 동안 온축한 것을 비로소 펼칠 희망이 있게 되었으니, 이에 조정의 권면이 날로 중해지고 사림의 기대가 날로 간절해졌습니다. 그러나 개석(介石)과 같은 선생의 지조는 확고하여 뽑을 수가 없었으니,[34] 한 해가 지나도록 끝내 명에 응하지 않은 것은 다만 깊은 병을 무릅쓰고 나가기가 어려웠기 때문만은 아니었습니다. 백세의 뒤에 응당 선생의 마음을 아는 자가 있어 반드시 출처에 대해 감동함이 있을 것입니다.

아! 소자는 재주가 혼매하고 노둔하며 자질이 잡박하고 탁해서 어려서는 배움을 잃고 자라서는 학업이 없었습니다. 나이가 열다섯이 지나서야 비로소 인을 구하고 자기를 위하는〔求仁爲己〕 학문을 할 것을 발원하여 편지를 폐백으로 삼아 선생께 찾아가 상 아래에서 절을 올렸습니다. 그리하여 푸른 언덕의 종강(鐘岡)에서 옷자락을 걷어잡고, 봄 산과 가을 당(堂)에서 가르침을 받았습니다. 육경(六經)과 제자백가,

33 이연(离筵) : 왕세자(王世子)가 독서(讀書)·강론(講論)하는 자리로 주연(胄筵)이라고도 하는바, 세자시강원(世子侍講院)의 서연(書筵)을 가리킨다.

34 개석(介石)과……없었으니 : 조정의 권면과 주변의 기대에도 불구하고 은둔하려는 뜻을 바꾸지 않았다는 말이다. 개석은 지조가 돌처럼 확고한 것으로, 《주역(周易)》 〈예괘(豫卦) 육이(六二)〉에 "육이는 절개가 돌과 같아 하루를 마치지 않고 떠나가니, 정(貞)하고 길(吉)하다.〔六二, 介于石, 不終日, 貞吉.〕"라고 보인다. 박윤원은 1798년(정조22)에 서연관에 임명되었으나 출사하지 않았다.

삼재(三才)와 만상(萬象)으로부터 치란흥망(治亂興亡)의 행적, 행장어묵(行藏語默)[35]의 요점에 이르기까지 논하지 않은 일이 없었고, 논하면 반드시 끝까지 다하셨으니, 몽매함을 계발하고 미혹함을 깨우쳐주신 것이 남김이 없었습니다. 불초가 형편없어서 조금도 칭찬할 만한 점이 없는데도 지나치게 격려해주셔서 "가르칠 수 있겠다."고 말씀해주셨으니, 매우 아끼고 사랑해주심이 지극하였습니다. 그러나 저는 기질이 고정되고 힘써 다스리지 못하여 인자한 가르침을 저버리고서 하류(下流)에 처하기를 달게 여겼습니다. 그럼에도 깊은 못가에 있는 듯이 하고 얕은 얼음을 밟은 듯이 하라는 경계[36]를 밤낮으로 게을리 하지 않으셨습니다. 그래서 법도와 견책으로 인도함이 끊이지 않고 오두(烏頭)의 힘이 제거되지 않기를[37] 삼가 바라면서 구구하게 문가(聞可)[38]의

35 행장어묵(行藏語默) : 행장(行藏)은 출처(出處)와 같은 말로, 도를 펼 만하면 나아가 벼슬하고 그렇지 않으면 초야에 은둔하는 것이다. 《논어》 〈술이(述而)〉의 "쓰이게 되면 도를 행하고 버려지게 되면 은둔한다.〔用之則行, 舍之則藏.〕"라는 말에서 유래하였다. 어묵(語默)은 《주역(周易)》 〈계사전 상(繫辭傳上)〉에, "군자의 도가 혹은 나아가고 혹은 처하며 혹은 침묵하고 혹은 말한다.〔君子之道, 或出或處或默或語.〕"라고 한 데에서 온 말이다.

36 깊은……경계 : 《시경(詩經)》 〈소아(小雅) 소민(小旻)〉의 "전전긍긍하여 깊은 못에 임하듯 얇은 얼음을 밟듯 한다.〔戰戰兢兢, 如臨深淵, 如履薄氷.〕"라는 말에서 온 것이다.

37 오두(烏頭)의……않기를 : 오두는 초오(草烏)의 별칭으로 독성이 강한 약제인데, 제자의 잘못을 바로잡는 스승의 가르침을 비유한 것이다. 이 말은 사양좌(謝良佐)가 정자(程子)를 하직하고 돌아갈 때 말하기를, "우리들이 아침저녁 선생을 따라 행실을 보면 배우고 말씀을 들으면 기억하였으니, 비유하면 사람이 오두를 복용하는 것과 같은 바, 이것을 복용할 때는 얼굴이 윤기가 나고 근력이 강성하지만 하루아침에 오두의 힘이 제거되면 장차 어찌될 것인가.〔吾徒朝夕從先生, 見行則學, 聞言則識, 譬如有人服

초심을 이루려고 했었는데, 하늘은 저의 소원을 이루어주고 싶지 않으신 것입니까. 어찌하여 선생께서 나를 가르치기를 끝마치지 않으셨는데 미련 없이 버린단 말입니까.

아! 지주산(砥柱山)[39]이 기울고 시귀(蓍龜)[40]가 없어졌으니, 온갖 냇물이 다투어 달려감에 누가 미친 물결을 되돌리는 일을 맡을 것이며,[41] 뭇 맹인들이 코끼리를 더듬음에 의심을 상고할 곳을 알지 못합니다. 장차 사문(斯文)이 이단으로 변하고 학자들이 이적(夷狄)의 예(禮)를 쓰는 데에 이르게 되면 석담과 화양께서 전수한 법문 중에 바닥까지 깎여 다 없어지지 않을 것이 얼마나 되겠습니까. 이는 실로 세도(世道)와 사문(斯文)의 무궁한 한이 되니, 하늘에 호소하고자 하나 할 수 없는 일입니다. 소자가 행기(行己)할 때에는 나아가 바로잡을 곳이 없고 독서할 때에는 의심나는 것을 물을 곳이 없어서 반평생을 갈팡질

烏頭者, 方其服也, 顏色悅懌筋力强盛, 一旦烏頭力去, 將如之何?〕"라고 한 데에서 원용한 것이다.《上蔡語錄 卷2》

38 문가(聞可) : 《논어》 〈이인(里仁)〉에, "아침에 도를 들으면 저녁에 죽어도 괜찮다.〔朝聞道, 夕死可也.〕"라고 한 것을 줄여 쓴 것이다.

39 지주산(砥柱山) : 하남(河南) 삼문협(三門峽) 동북쪽 황하 중심에 있던 돌산의 이름이다. 황하의 물결이 거세게 흘러 하류에 있던 모든 산이 침식되었으나 이 돌산만은 우뚝이 남아 있었다고 한다. 전하여 지절(志節)이 뛰어난 선비를 비유하는 말로 쓰인다.

40 시귀(蓍龜) : 점을 칠 때 쓰는 시초(蓍草)와 거북으로, 시초점과 거북점을 믿는 것처럼 믿고서 의지할 수 있는 원로를 비유한 것이다.

41 온갖……것이며 : 한유(韓愈)의 〈진학해(進學解)〉에, 이단을 물리치는 것을 치수(治水)에 빗대어 "온갖 냇물을 막아 동쪽으로 흐르게 하여 미친 여울물을 이미 거꾸로 흐르는 데서 돌리려 한다.〔障百川而東之, 迴狂瀾於旣倒.〕"라고 하였는데, 이를 인용한 것이다.

팡하면서 학업을 마치려해도 마칠 곳이 없음으로 말하면 이것은 오히려 일신의 사적인 애통한 일에 속할 뿐입니다.

아! 서당은 예전 그대로여서 고요하게 휘장을 드리우고 있으니, 광풍제월(光風霽月)의 흉금[42]에 읍할 수 있을 듯 하고, 금석(金石)과 같은 음성을 받들 수 있을 듯합니다. 그런데 맑고 밝고 온화하고 순수하며 공정하고 성실하고 평탄하여 여유가 있어서 덕을 보면 심취하고 말을 들으면 진심으로 복종하게 되는 그 모습을 이제 다시 볼 수 없습니다.

아! 정신(精神)과 정(情)이 서로 가깝고 유명(幽明)에 간격이 없으니, 부디 존령(尊靈)께서는 어둡고 적막한 가운데에서 묵묵히 경계와 깨우침을 내려주소서. 그렇게 해주신다면 소자가 감히 분발하고 실천해서 망극한 은혜를 끝내 받들지 않겠습니까. 삼가 바라건대, 존령께서는 굽어 살피고 가련하게 여겨주소서. 아! 슬픕니다.

42 광풍제월(光風霽月)의 흉금 : 비갠 뒤의 깨끗한 바람과 밝은 달처럼 맑은 마음을 말한다. 이 말은 황정견(黃庭堅)의 《산곡집(山谷集)》 권1의 〈염계시(濂溪詩)〉의 서문에, "용릉 주무숙은 인품이 매우 높아서 흉중의 쇄락함이 마치 광풍제월과 같다.〔舂陵周茂叔, 人品甚高, 胸中灑落, 如光風霽月.〕"라고 한데서 온 것이다. 주무숙은 주돈이(周敦頤)를 말한다.

근재 선생의 대상에 대한 제문
祭近齋先生大祥文

아! 슬픕니다. 선비에게는 두 가지 길이 있으니, 출사〔出〕와 은둔〔處〕일 뿐입니다. 출사하면 훌륭한 일을 할 수 있고, 은둔하면 지조를 지킬 수 있습니다. 그러나 공자의 지공(至公)과 혈성(血誠), 맹자의 거친 주먹과 큰 발길질로도 도저히 착수할 곳이 없었으니,[43] 그렇다면 임금을 요순으로 만들어서 훌륭한 이름이 밝게 빛나게 하는 것[44]이 삼대(三代) 이후로 드물어진 것은 그 형세상 당연한 것입니다. 이는 명철한 군주와 어진 신하의 만남은 광세(曠世)에 한 번 있는 일인데 기화(氣化)의 성쇠와 인사의 득실이 반복하여 서로 이어져서 융성했던 옛날의 정치를 끝내 이룰 길이 없기 때문이니, 이것이 천년 동안 지사(志士)의 한이 되는 일이요 하늘에 대해서도 유감이 없을 수 없는 이유입니다. 그렇다면 출사하여 훌륭한 일을 하지 못하기 보다는 은둔하여 지조를 온전히 지키는 것이 낫지 않겠습니까. 이것이 우리 선생께서 종신토록 스스로 은둔하면서도 후회하지 않은 이유일 것입니다. 그러나

43 공자의……없었으니 : 이 말은 《주자대전(朱子大全)》 권28 〈답진동보(答陳同父)〉에, "공자가 어찌 지극히 공정하고 지극히 정성스럽지 않았겠으며, 맹자가 어찌 거칠게 주먹을 휘두르고 크게 발길질하지 않았겠는가. 그러나 도저히 착수할 곳이 없었다.〔孔子豈不是至公至誠? 孟子豈不是粗拳大踢? 到底無著手處.〕"라고 보인다.

44 임금을……것: 한유(韓愈)의 〈쟁신론(爭臣論)〉에 "우리 임금을 요순으로 만들어 훌륭한 이름이 무궁한 후세에 밝게 빛나게 한다.〔致吾君於堯舜, 熙鴻號於無窮也.〕"라고 하였다.

당시는 크게 훌륭한 일을 할 수 있는 기회였습니다. 성군께서 임금 자리에 계시면서 자나 깨나 영웅호걸을 갈망하셨으니, 풍부한 학업을 소유한 선생이 혹시라도 마음을 돌려 왕명을 받들었다면 군주를 골목에서 만남에 허물이 없어서[45] 가구(可久)의 덕과 가대(可大)의 업[46]을 기대할 수 있었을 것이니, 어찌 잃어서는 안 될 기회가 아니었겠습니까. 그렇지만 뽑아버릴 수 없는 지조가 개석(介石)[47]과 같아서 마치 과감히 세상 잊는 것처럼 하셨으니, 이는 무슨 까닭입니까? 바로 이른바 "자기 몸을 숨겨서 나타나지 않게 한 것이 아니며 말을 막아서 꺼내지 않았던 것이 아니다."[48]라는 것입니다.

45 군주를……없어서:《주역(周易)》〈규괘(睽卦) 구이(九二)〉에, "구이는 군주를 골목에서 만나면 허물이 없으리라.〔九二, 遇主于巷, 无咎.〕"라고 하였는바, '골목에서 만남'을 정이(程頤)는 "골목은 위곡(委曲)한 길이고, 우(遇)는 모이고 만남을 이르니, 마땅히 위곡하게 서로 구하여 모이고 만나기를 기약해서 더불어 합해야 한다. 이른바 '위곡'은 선한 방도로 완곡히 변화시키고 성취시켜서 합하게 하는 것일 뿐이니, 몸을 굽히고 도를 굽히는 것은 아니다.〔巷者, 委曲之途也; 遇者, 會逢之謂也. 當委曲相求, 期於會遇, 與之合也. 所謂委曲者, 以善道宛轉將就, 使合而已, 非枉己屈道也.〕"라고 하였다.《伊川易傳 卷3》

46 가구(可久)의……업 : 현인의 덕과 업을 말한다.《주역(周易)》〈계사전 상(繫辭傳上)〉에, "쉬우면 알기 쉽고 간략하면 따르기 쉬우며, 알기 쉬우면 친함이 있고 따르기 쉬우면 공(功)이 있으며, 친함이 있으면 오래할 수 있고 공(功)이 있으면 크게 할 수 있으며, 오래할 수 있으면 현인(賢人)의 덕(德)이요, 크게 할 수 있으면 현인(賢人)의 업(業)이다.〔易則易知, 簡則易從, 易知則有親, 易從則有功, 有親則可久, 有功則可大, 可久則賢人之德, 可大則賢人之業.〕"라고 한 데서 온 말이다.

47 개석(介石) : 지조가 돌처럼 확고하다는 말로,《주역(周易)》〈예괘(豫卦) 육이(六二)〉에 "육이는 절개가 돌과 같아 하루를 마치지 않고 떠나가니, 정(貞)하고 길(吉)하다.〔六二, 介于石, 不終日, 貞吉.〕"라고 보인다.

48 자기……아니다:《장자(莊子)》〈선성(繕性)〉에, "옛날의 이른바 은둔한 선비들은

아! 군자의 나아감과 물러남, 도를 행함과 은둔함은 본디 정밀한 뜻이 있는 것이어서 작은 지혜와 편견을 가진 사람이 들을 수 있는 바가 아니니, 어찌 감히 제 억견대로 재량해서 흘겨보며 원망하는 말을 함으로써 법도와 의리로 주벌하는 권한을 침범하겠습니까. 그러나 선생의 잡아 지킨 바는 바로 소자만이 홀로 아는 것이니, 또한 어찌 차마 마음속에 묻어두고 발설하지 않아서, '선생의 한 몸으로 천하의 대경(大經)[49]을 자임하고 한 마음으로 천하의 대방(大防 예법(禮法))을 보존해서 천지 사이에 이어지게 하고 삼광(三光 해와 달과 별)처럼 빛나게 한 것'으로 하여금 감춰져 드러나지 못하게 하고 매몰되어 전해지지 못하게 할 수 있겠습니까.

아! 운수(運數)가 핍박하여 하늘이 재앙을 내린 것을 후회하지 않아서 황제의 조정이 혈식(血食)하지 못한 지가 200년이 되었고[50] 오랑캐 추장이 자손을 보존한 것이 5, 6대에 이르렀으니, 이는 중화와 오랑캐가 있은 이후로 있지 않았던 큰 변고입니다. 넓은 사해(四海)와 큰 구주(九州)의 안에 단 한 사람도 도끼를 잡고서 적을 토벌하여《춘추

자기 몸을 엎드려서 나타나지 않게 한 것이 아니며 말을 막아서 꺼내지 않았던 것이 아니며 지혜를 감추어서 드러나지 않게 한 것이 아니다.〔古之所謂隱士者, 非伏其身而弗見也, 非閉其言而不出也, 非藏其知而不發也.〕"라고 하였다.

49 천하의 대경(大經) :《중용》에, "오직 천하에 지극히 성실한 분이어야 천하의 대경을 경륜할 수 있다.〔唯天下至誠, 爲能經綸天下之大經.〕"라고 하였는데, 주희(朱熹)가 "대경이란 다섯 가지의 인륜이다.〔大經者, 五品之人倫.〕"라고 하였다.《中庸章句》

50 황제의……되었고 : 황제의 조정은 명(明)나라를 말하고, 혈식은 생고기 희생을 바쳐 종묘에 제사를 지내는 것을 말하는바, 명나라가 망하여 종묘에 제사 지내지 못한 지가 200년이 되었다는 말이다.

(春秋)》의 대일통(大一統)의 뜻[51]을 밝히는 자가 없고, 머리를 풀어헤치고 옷깃을 왼쪽으로 여미고서[52] 오랑캐의 신하가 되는 것을 달게 여기고 있으니, 아! 가련합니다. 우리 좌해(左海)[53] 한 지역은 대명(大明)의 천지를 이어받고 숭정(崇禎)[54]의 일월을 밝게 게시해서, 높고 높은 금원(禁苑)의 대보단(大報壇)[55]과 크고 큰 화양의 만동묘(萬東廟)[56]에서 북극성을 향하는 충성[57]을 펴고 동쪽으로 반드시 모이는 뜻[58]을 드러

51 춘추(春秋)의 대일통(大一統)의 뜻 : 천하의 제후 모두가 주(周)나라 왕에게 귀의하여 주나라 왕을 중심으로 크게 통일되게 하는 것을 말한다. 《춘추》 은공(隱公) 원년(元年)의 '춘 왕정월(春王正月)'에 대한 《공양전(公羊傳)》의 해석에, "왜 '왕정월'이라고 하는가? 크게 통일하기 위함이다.〔何言乎王正月? 大一統也.〕"라고 한 데서 온 말이다.

52 머리를……여미고서 : 오랑캐의 풍속을 가리키는 말로, 《논어》 〈헌문(憲問)〉에, 공자가 관중의 공을 찬양하면서 "만약에 관중이 없었더라면 우리들은 머리를 풀어헤치고 옷깃을 왼쪽으로 여미는 오랑캐가 되고 말았을 것이다.〔微管仲, 吾其被髮左衽矣.〕"라고 한 데서 온 말이다.

53 좌해(左海) : 동해(東海)와 같은 말로, 우리나라를 칭한다. 중국에서 보면 우리나라가 바다의 동쪽, 즉 왼쪽에 있다 하여 이렇게 칭하는 것이다.

54 숭정(崇禎) : 명나라 마지막 황제 의종(毅宗)의 연호로, 1627년부터 1644년까지 사용되었다.

55 금원(禁苑)의 대보단(大報壇) : 금원은 창덕궁 북동쪽 대궐의 후원이고, 대보단은 임진왜란 때 원군을 보내준 명나라 신종의 은의를 기리기 위해 1704년(숙종30)에 세운 제단인데, 금원 옆에 설치하였다.

56 화양의 만동묘(萬東廟) : 명나라 신종(神宗)과 의종(毅宗)을 위하여 세운 사당이다. 일찍이 민정중(閔鼎重)이 북경(北京)에 사신으로 갔다가 의종(毅宗)의 친필인 "비례부동(非禮不動)" 4자(字)를 얻어 가지고 와서 송시열(宋時烈)에게 주니, 송시열이 청주(淸州)의 화양동(華陽洞) 절벽에 이것을 새겼다. 뒤에 송시열이 죽을 때에 권상하(權尙夏)에게 이곳에 사당을 세워 의종과 신종을 제사 지내도록 하였는데, 1704년(숙종30)에 권상하가 부근 유생(儒生)들과 함께 화양동에 만동묘를 짓고 제사 지냈다.

내었으니, 장차 천하에 대의를 밝히고 길이 만세에 칭송하는 말이 있을 것입니다. 그러므로 임금과 신하가 강명(講明)한 바는 주(周)나라를 높이고 오랑캐를 물리치는 것이었고, 서로 닦은 것은 복수하여 치욕을 씻어내는 일이었습니다. 이 때문에 금·구슬·가죽·폐백을 왕래하는 가운데도 와신상담(臥薪嘗膽)[59]의 뜻을 잊지 않은 것이니, 이는 천경(天經)·지의(地義)와 민이(民彝)·물칙(物則)[60]으로서 그만둘 수 없는 것이었습니다. 그런데 세상이 쇠퇴하고 도가 미약해져 임금을 버리고 어버이를 뒤로 하여 '원한을 머금고 원통을 참고서 절박하여 어쩔 수 없이 한다'[61]는 뜻이 있음을 다시는 알지 못하고서 재여(宰予)가

57 북극성을 향하는 충성 : 항상 북극성을 향해 있는 뭇별들처럼 명나라에게 변함없이 충성함을 말한다. 이 말은 《논어》 〈위정(爲政)〉에, "정사를 덕으로써 하는 것이 비유하자면 북극성이 제자리에 있으면 여러 별들이 그에게로 향하는 것과 같다.〔爲政以德, 譬如北辰居其所, 而衆星共之.〕"라고 한 데에서 온 말이다.

58 동쪽으로……뜻 : '중국의 하천은 수없이 꺾여 흐르다가 끝내는 반드시 동쪽으로 간다〔萬折必東〕'는 뜻으로, 제후국이 중국 황제에게 충성을 바치는 말로 쓰인다. 《荀子 宥坐》

59 와신상담(臥薪嘗膽) : 땔나무를 깔고 눕고 쓸개를 맛본다는 뜻으로 원한을 잊지 않고서 복수할 것을 생각한다는 의미이다. 춘추시대 오(吳)나라의 왕 부차(夫差)가 섶나무 위에서 자면서 월(越)나라에 복수할 것을 잊지 않았고, 월나라 왕 구천(句踐)은 쓸개를 핥으면서 오나라에 복수할 것을 잊지 않았다는 데에서 나온 고사이다.

60 천경(天經)·지의(地義)와 민이(民彝)·물칙(物則) : 천경과 지의는 천지간의 변할 수 없는 예(禮)를 말하는바, 《춘추좌씨전(春秋左氏傳)》 소공(昭公) 25년에 "무릇 예는 하늘의 경이요, 땅의 의이다.〔夫禮, 天之經也, 地之義也.〕"라고 하였다. 민이와 물칙은 사람의 떳떳한 본성과 사물의 법칙을 말하는바, 《시경(詩經)》 〈대아(大雅) 증민(烝民)〉에 "하늘이 여러 사람을 내시니, 사물이 있으면 법칙이 있도다. 사람들이 마음에 떳떳한 본성을 가지고 있는지라 이 아름다운 덕을 좋아한다.〔天生烝民, 有物有則. 民之秉彝, 好是懿德.〕"라고 하였다.

부자(夫子)를 관찰하며 했던 말을 추한 오랑캐에 가하는 데에 이르렀으니,[62] 천지의 변고가 여기에서 지극합니다.

아! 성인(聖人)을 업신여길 수 있겠으며, 부모를 차마 잊을 수 있겠습니까. 이를 차마할 수 있다면 무엇을 차마할 수 없겠습니까. 아! 선생이 배운 바는 공자요, 품고서 보던 바는 《춘추》였습니다. 성인 공자가 모멸을 당하고 《춘추》 책을 읽을 곳이 없으니, 선생이 이때에 차라리 자기 몸을 숨겨서 나타나지 않게 하고 말을 막아서 꺼내지 않아서 스스로 자기 몸을 깨끗이 하여 절개를 지키고 변치 않았던 것은 바로 성인을 높이고 이적을 물리치는 방법이었을 것입니다. 《춘추》는

61 원한을……한다 : 오랑캐와 화친하는 것이 비록 원통하나 형세상 어쩔 수 없기 때문에 하는 것이라는 말이다. 《주자대전(朱子大全)》 권24 〈여진시랑(與陳侍郎書)〉에, "자신을 낮추는 말과 후한 예로 원수 오랑캐에게 화친을 청하여 행여 얻게 되면 또 군주와 신하가 서로 경하하며 기탄없이 천하에 명하기를 '전날의 자잘한 일들을 내 다 잊었다.'라고 한다. 그렇게 기뻐하면서 다시는 '원통함을 참고 원한을 머금은 채로 절박하여 어쩔 수 없이 한다'는 말을 함으로써 천하의 대방(大防)을 보존하는 자가 없다.〔顧爲卑辭厚禮, 以乞憐于仇讎之戎狄, 幸而得之, 則又君臣相慶而肆然以令于天下曰: 凡前日之薄物細故, 吾旣捐之矣. 欣欣焉無復豪分忍痛含冤迫不得已之言以存天下之防者.〕"라고 보인다.

62 재여(宰予)가……이르렀으니 : 재여의 말은 "내가 부자를 관찰하건대 요순보다 나음이 크시다.〔〔以予觀於夫子, 賢於堯舜遠矣.〕"라는 말로, 《맹자》 〈공손추 상(公孫丑上)〉에 보인다. 이 일은 이병모(李秉模)가 1796년(정조20) 진하사(進賀使)로 청(淸)나라에 들어가 황극전(皇極殿)에 시를 지어 바치기를, "비루한 한(漢)·당(唐)이야 말할 것이 뭐있겠는가. 요순보다 어진 임금을 다행히 몸소 만났도다.〔陋矣漢唐何足道, 賢於堯舜幸躬逢.〕"라고 한 것을 가리킨다. 1798년에 이병모가 우의정이 되어 박윤원을 서연관으로 천거하였는데, 박윤원이 '저 사람은 춘추의 죄인이다.'라고 하고는 명에 응하지 않았다고 한다. 《正祖實錄 22年 1月 11日》, 《純祖實錄 3年 3月 26日》, 《艮齋集 後編續 卷7 全齋先生語錄》

공자의 책인데 중국을 높이는 것은 곧 수십 가지의 대의(大義) 중 제일의(第一義)이니, 성인을 높이는 것이 곧 중국을 높이는 것입니다.

아! 선생이 지위에 있지 않았으니, 그렇다면 하늘의 토벌을 받들어 행해서 깨끗하게 배척할 수 없었음은 당연합니다. 그렇지만 어찌 한 몸의 출처를 통해 대경(大經)을 자임하고 대방(大防)을 보존할 수 없었겠습니까. 이 때문에 다만 자기의 마음에 천리가 있음만을 알고 자기의 몸에 화복(禍福)이 있음은 알지 못했던 것이니, 이것이 선생이 두려움 없이 만부(萬夫)도 빼앗을 수 없는 용기를 떨칠 수 있었던 이유일 것입니다.

선생의 마음은 부귀로 방탕하게 만들 수 없고, 선생의 절개는 빈천으로 바꿔 놓을 수 없고, 선생의 뜻은 무력으로 굽힐 수 없습니다.[63] 선생은 학문이 하늘과 사람의 이치를 꿰뚫고 행실이 신명에게 통하여, 소유한 것을 발휘하면 충분히 당세를 도야할 수 있고 나머지를 미루어 확대하면 영원한 후세에 모범이 될 수가 있는데, 오직 이 하나의 절개는 먼저 그 큰 것을 세운 것일 것입니다.[64]

아! 선생이 만일 출사하였더라면 진실로 주연(胄筵)[65]에서 세자를

63 선생의……없습니다 : 《맹자》 〈등문공 하(滕文公下)〉에, "부귀가 마음을 방탕하게 하지 못하며 빈천이 절개를 바꿔 놓지 못하며 위무가 지조를 굽히게 할 수 없는 것, 이것을 대장부라 이른다.〔富貴不能淫, 貧賤不能移, 威武不能屈, 此之謂大丈夫.〕"라고 한 것을 원용한 것이다.

64 먼저……것입니다 : 심지를 굳게 세워 외물에 의해 흔들리지 않음을 말한다. 《맹자》 〈고자 상(告子上)〉에, "먼저 그 큰 것을 세우면 그 작은 것이 빼앗을 수 없을 것이니, 이것이 대인이 되는 이유이다.〔先立乎其大者, 則其小者不能奪也, 此爲大人而已矣.〕"라 하였는바, 큰 것은 심지(心志)를 가리키고 작은 것은 이목(耳目)을 말한다.

도와 밝은 덕을 성취하게 하여 억만년 대대로 전할 우리의 대업을 공고히 하여 많은 백성들 모두가 그 은택을 입을 수 있었을 것이니, 그렇다면 은택과 이로움의 미침이 무엇이 이보다 크겠습니까. 그러나 이러한 일은 혹 그 책임을 맡을 자가 있을 것입니다. 선생이 한 번도 출사하지 않음으로 인하여 성인이 높아져 이적이 물리쳐지고 이적이 물리쳐져 중국이 절로 높아져서 위로는 천리를 밝히고 아래로는 인심을 선하게 할 수 있었습니다. 이는 비유하자면 구야(九野)가 추위로 덮여 있을 때에 잠겨있는 양기(陽氣)가 매우 밝고[66] 양의(兩儀)가 어두운데 별 하나가 홀로 밝은 것[67]과 같으니, 선생은 참으로 공문(孔門)의 충신이요, 명나라의 유민이라 할 수 있을 것입니다. 아! 성대합니다. 선생이 아니면 제가 누구를 따르겠습니까. 강한(江漢)과 갱장(羹墻)의 사모[68]

65 주연(胄筵) : 왕세자(王世子)가 독서(讀書)·강론(講論)하는 자리로 이연(离莚)이라고도 하는바, 세자시강원(世子侍講院)의 서연(書筵)을 가리킨다.

66 구야(九野)가……밝고: 음기(陰記)가 가장 강한 때에도 하나의 양(陽)은 사라지지 않고 땅속에서 밝게 빛나고 있다는 말이다. 이 말은 주희(朱熹)의 〈재거감흥(齋居感興)〉 20수 중 제8수에, "매서운 추위가 구야를 덮으니, 양기의 덕은 땅 깊은 곳에서 밝네.〔寒威閉九野 陽德昭窮泉〕"라고 보인다.

67 양의(兩儀)가……밝은 것: 《송자대전(宋子大全)》 권153 〈윤길보에 대한 제문〔祭尹吉甫文〕〉에, "양의(兩儀)가 어두운데 별 하나가 홀로 밝네.〔兩儀昏濛, 一星孤明.〕"라고 한 것을 원용한 것이다. 양의는 천지를 의미한다.

68 강한(江漢)과 갱장(羹墻)의 사모 : 돌아가신 스승을 우러러 사모하는 마음을 뜻한다. '강한'은, 공자가 죽은 뒤에 제자들이 유약(有若)의 모습이 공자와 비슷하다고 하여 공자를 섬기던 예로 그를 섬기려고 하자, 증자(曾子)가 그래서는 안 된다고 하면서, "공자께서는 강한(江漢)으로 씻는 것과 같으며 가을볕으로 쪼이는 것과 같아서 깨끗하여 더할 수 없다."라고 한 데서 온 말이다. 《孟子 滕文公上》 '갱장'은 옛날 요(堯) 임금이 붕어한 후로 순(舜) 임금이 3년 동안 요 임금을 앙모한 나머지, 앉아 있으면 요 임금이

는 3년이 지나도록 하루와 같으니, 죽을 때까지 잊을 수 없을 것입니다.

아! 덕을 아는 자가 드무니, 누가 그 귀함을 알겠습니까. 그러나 알아줌과 알아주지 않음이 또한 선생에게 무슨 상관이 있겠습니까. 어리석고 몽매한 소자는 은미한 말이 장차 끊어지려는 것을 애통하게 여기고 대의가 이미 없어짐을 안타깝게 여겨서 참람하고 망령되다는 혐의를 살피지 않고서 삼가 표장(表章)의 뜻을 붙여 영좌의 아래에서 곡하며 고하니, 만약 선생의 출처의 대절(大節)이 이를 힘입어 전함이 있어서 일세(一世)에 하늘의 강기(綱紀)를 부지하고 천추(千秋)에 풍교(風敎)를 심게 된다면, 소자 또한 거기에 참여하여 영광이 있을 것입니다. 삼가 바라건대 존령께서는 강림하여 살펴주십시오.

담장〔牆〕에서 보이고, 밥을 먹을 때면 요 임금이 국〔羹〕에서 보였다고 한 데서 온 말이다.《後漢書 卷63 李固列傳》

외구고[69]의 천장에 대한 제문 임술년(1802년, 순조2)
祭外舅姑遷葬文 壬戌

아! 슬픕니다. 제가 공을 만나 뵌 지가 이제 15년이 되었습니다. 당시를 아직도 기억하니, 무릎에 앉혀 머리를 쓰다듬어 주셨는데 덕의(德意)가 성대하셨고, 따님을 허락하여 저를 사위로 삼으셔서 이듬해에 두 집안의 인연을 맺도록 하셨습니다.[70] 이때 공의 연세가 거의 칠순이었는데 큰 키에 하체가 튼튼하시고 어깨와 등이 쳐지지 않고 곧으셨으니, 바라보면 마치 신선 같으셨지요. 그래서 응당 100세의 장수를 누리시면서 오래도록 저를 가르치고 깨우쳐 주시길 기약할 수 있을 것이라 생각했는데, 하늘은 어찌하여 원로(元老) 한 분을 세상에 남겨두지 않고 갑자기 돌아가시게 하였단 말입니까.[71] 제가 공의 집 문으로 들어가면서는 그 엄숙한 위의(威儀)를 다시는 뵙지 못하게 된 것에 서글퍼했고, 장모님을 알현하며 당으로 올라갈 적에는 주룩주룩 눈물이 제

69 외구고 : 장인인 이계(李溎, 1725~1789)를 말한다. 이계는 자가 영숙(英叔), 본관이 전주(全州)이다. 1762년(영조38) 정시 병과에 합격하였고, 사헌부 지평, 정언, 도승지 등을 거쳐 대사헌과 호조 참판, 형조 판서를 역임하였다.

70 당시를……하셨습니다 : 《매산집》 권53 〈연보(年譜)〉에 당시의 일에 대한 기록이 다음과 같이 보인다. "선생이 지은 잡록에 말하였다. '내 나이 13세에 악옹(岳翁) 이상서(李尙書)가 일섭정(日涉亭)으로 나를 찾아와 만나보았는데, 나를 몹시 귀애하여 이듬해인 기유년(1789, 정조13)에 혼사를 치를 것을 기약하였다.'"

71 갑자기……말입니까 : 이계는 1788년에 홍직필을 만나고서 이듬해에 혼사를 치를 것을 약속하였는데, 1789년 정월에 갑자기 별세하였다. 혼사는 상기가 끝난 1791년 5월에 치러졌다.

옷깃을 적시었습니다. 지난날 사위로 삼아주신 것을 생각하니 동상(東床)에서 배를 드러냈던 것이 부끄러웠습니다.[72]

아! 슬픕니다. 공의 충성은 분수를 다하고자 하여 시종 한결같은 절개를 완성하였고, 집안에서의 효행은 정사를 행하듯 하여 사방에 본보기가 되었습니다.[73] 문학은 아름다운 문장을 잘 짓기에 충분하였고, 덕량은 조정을 진정시키기에 충분하였습니다. 그러니 국론을 강구하고 나라의 공평함을 담당하여 어두운 거리를 밝히는 해와 별처럼 찬란하게 빛날 만하였습니다. 그런데 어찌하여 황급하게 옥산(玉山)의 북쪽으로 가버리고[74] 춘명(春明)[75]의 경치를 멀리한 것입니까.

72 동상(東床)에서……부끄러웠습니다 : 훌륭한 사윗감이 되지 못하는 것이 부끄럽다는 의미이다. 동상에서 배를 드러냄은 왕희지(王羲之)의 고사에서 유래한 말로, 진(晉)나라 치감(郗鑒)이 왕씨(王氏) 집안 자제들이 훌륭하다는 소문을 듣고 사람을 시켜 사윗감을 찾게 하였는데, 왕씨 집안의 형제들이 그 소식을 듣고 모두 단정하게 차려입고서 기다리고 있었고, 오직 왕희지(王羲之)만은 배를 드러낸 채 동상 위에 누워 있었다고 한다. 사윗감을 고르기 위해 왔던 사람이 돌아가서 치감에게 이런 얘기를 하자, 치감은 "그 사람이 바로 나의 사윗감이다.〔正此佳壻邪.〕"라고 하고 딸을 시집보냈다.《晉書 卷80 王羲之列傳》

73 집안에서의……되었습니다 :《논어》〈위정(爲政)〉에 혹자가 공자에게 왜 정사를 하지 않느냐고 묻자, 공자가, "《서경(書經)》에 말하지 않았는가. '효도하도다. 효도하고 형제간에 우애하여 정사에 베푼다.'라고 하였으니, 이 또한 정사를 하는 것이다. 어찌 벼슬을 해야만 정사를 하는 것이 되겠는가.〔書云: 孝乎! 惟孝, 友于兄弟, 施於有政. 是亦爲政, 奚其爲爲政?〕"라고 대답한 데에서 온 말이다.

74 옥산(玉山)의 북쪽으로 가버리고 : 신선의 세계로 가버린 것, 곧 죽음을 말한다. 옥산은 서왕모(西王母)가 살았다는 전설상의 선산(仙山)이다.

75 춘명(春明) : 춘명문(春明門)을 가리킨다. 당(唐)나라 때 도성 장안(長安)의 동쪽 세 문 중 가운데 문인데, 인하여 경도(京都)를 가리키는 말로 쓰인다.

원릉(元陵)[76]이 승하하여 상사(喪事)를 치를 적에 새벽부터 일어나 통곡하다가 날이 밝는 것도 모르셨습니다. 해마다 3월이 되면 하염없이 피눈물을 뿌렸으니,[77] 말과 행동이 서로 일치함을 알 수 있었습니다. 돌아가신 성상의 특별한 대우를 추억하시니, 어찌 차마 종국(宗國)을 잊으셨겠습니까. 벼슬을 구하여 출세하기를 힘써서 시속에 휩쓸리는 일을 부끄러워하신 것입니다. 그러다가 성인(聖人 정조를 가리킴)을 만나 발탁되었으니, 성상께서는 앞자리를 비워놓고서 차분하게 경청하셨으며, 목욕의 대의[78]를 인정해주시고 예전의 봉사(封事)를 가상히 여기셨으니,[79] 공은 크나큰 은혜에 감격하여 한 몸을 다 바칠 것을 다짐하셨습니다. 이미 남쪽 고을로 체직이 되자 강한(江漢)의 동쪽에서 한가한 정사를 하면서 기다리라고 명하셨습니다.[80] 그런데 공은 어찌

76 원릉(元陵) : 영조(英祖)의 묘호(廟號)이다.

77 해마다……뿌렸으니 : 영조가 3월에 승하하였기 때문에 이렇게 말한 것이다. 영조는 1776년 3월 5일에 승하하였다.

78 목욕의 대의 : 역적을 토벌하기를 청하는 것을 말한다. 《논어》〈헌문(憲問)〉에 "진성자가 자신의 임금인 간공을 시해하자, 공자가 목욕을 하고 조정에 나아가 애공에게 고하기를 '진항이 자기 임금을 시해하였으니 토벌하소서.' 하였다.〔陳成子弑簡公, 孔子沐浴而朝, 告於哀公曰: 陳恒弑其君, 請討之.〕"라고 한 데서 온 말이다. 진항(陳恒)은 진성자(陳成子)의 이름인바, 제(齊)나라의 대부이다.

79 예전의……여기셨으니 : 정조가 세손으로서 대리청정을 하던 1755년(영조51)에 이계가 홍인한(洪麟漢)과 심상운(沈翔雲)의 죄상을 진달하는 상소를 올렸는데, 정조가 비답하기를, "경은 대조(大朝)께서 믿고 맡기신 신하이다. 이렇게 상서하여 진달한 것을 살펴보니, '성상께서 간택한 뜻을 저버리지 않았다.'고 할 만하다."라고 하였다. 《日省錄 英祖51年 12月 22日》

80 이미……명하셨습니다 : 이계는 1787년(정조12)에 여주 목사(驪州牧使)에 제수되었다. 《日省錄 正祖11年 6月 12日》

하여 조금도 머물지 않으시고 태허를 떠돌며 노니신 것입니까. 부자(夫子)를 생각함에 크게 한숨 쉬고, 근심에 찬 제 마음은 서글프고 서글픕니다.

아! 슬픕니다. 묘지를 점쳐 길지(吉地)를 택하니 현화(玄和 시신)를 다시 옮기고, 좌우로 안치하여 합장을 하니 인정과 예법에 어긋나지 않습니다. 천년만년토록 같은 곳에 묻히고자 하는 마음을 길이 위로해 드리려 합니다. 길일의 좋은 날에 비석을 세우니, 마치 전형(典型)을 다시 뵙는 것과 같았는데 어느덧 매장하는 날이 되었습니다. 명정을 부여잡고 한 차례 통곡함에 저의 정을 이 글에 드러내었으나, 지금 사람들 그 누가 저의 슬픔을 알겠습니까. 아! 나의 슬픔이여! 사정(私情) 때문에 그런 것이 아닙니다. 아! 슬픕니다.

망매 윤씨 부인[81]에 대한 제문 을축년(1805년, 순조5)
祭亡妹尹氏婦文 乙丑

네가 세상을 떠난 지	自爾云亡
어느 덧 열흘이 되었구나	奄薄一旬
관에다가 시신을 거두고	收之空木
궤연을 진설하니	筵几爲陳
처음에는 꿈인가 의심하였다가	始疑若夢
끝내는 진짜인지 깨달았구나	終覺其眞
억지로 웃고 떠들어서	强作笑語
노친[82]을 위로하였으나	用慰老親
물러나 방에 있자니	退處于室
눈물이 마음을 따라 줄줄 흐른다	淚應心零
서글프고 한스러워	愴悅懭恨
꿈속에서도 놀란단다	寢夢猶驚
지금 사람들	凡今之人
그 누가 형제가 없겠는가마는	誰無弟兄
아! 나와 너	嗟吾與爾

81 윤씨 부인 : 홍직필의 누이 동생으로, 사인(士人) 윤약렬(尹約烈)의 부인이다. 윤약렬은 자가 중수(仲守), 본관이 해평(海平)이다.

82 노친 : 부친 홍이간(洪履簡)을 가리킨다. 모친 음성박씨(陰城朴氏)는 1793년에 별세하였다.

보통사람의 우애보다 백배는 되었지	特百常情
어머니께서 일찍 돌아가셨는데	先妣早世
그때 너는 아직 어려서	時尚孺嬰
너는 열두 살이었고	爾生十二
나는 여섯 살 더 많았지	我加六齡
또한 너의 누이가 있었는데	亦有爾姊
나이가 겨우 열여섯 살이었지	年堇二八
아우 수(壽)가 있었는데	有弟名壽
태어난 지 겨우 나흘 만에 죽었으니	生才四日
상복을 입고 다박머리를 어루만지며	蒙衰撫髫
서로 피눈물을 흘렸었지	相看泣血
하늘은 어찌하여 재앙을 내려서	天胡降割
막내를 빼앗아가셨나	阿季斯奪
나의 이 한 몸	維吾一身
형체가 고단하여 그림자가 외로웠네	形單影孑
그래도 두 누이가 있는 것에 힘입어서	賴有二妹
의지하여 살 수가 있었지	依以爲生
네가 시집감을 기뻐하였으니	喜爾于歸
군자의 집안이었지	君子之庭
훌륭한 선비의 짝이 되어	克配良士
덕스런 명성이 영원하리라 생각했었다	以永德聲
한 철만 보지 못하여도	時日不見
외로워 견딜 수 없더라	未堪伶仃
게다가 너의 누이를	暨送爾姊

호향(湖鄕)으로 보내었으니	在湖之鄕
하늘 끝, 땅 모퉁이에서 서로를 그리워하며	涯角相思
밤낮으로 눈물만 흘렸었지	日夕浪浪
다시 모인 것은	于以重會
저 백성(白城 안성(安城))에서였지	在彼白城
기쁘게 혼정신성(昏定晨省)하고[83]	怡怡晨昏
술과 음식을 한껏 차려 놓고 즐겼네	秩秩豆觴
'당체의 꽃이여	棠棣之華
척령새 날아가네'라고 시를 읊으며[84]	鶺鴒于翔
응당 백년토록	謂當百年
이 즐거움 다하지 말자 생각했었지	玆樂未央
그런데 어찌하여 너의 병은	云胡爾疾
치료할 수 없게 되었나	而不可爲
갖가지 방법으로도	瑣瑣千方

83 기쁘게 혼정신성(昏定晨省)하고 : 혼정신성은 어버이를 봉양하는 것으로, 《예기》 〈곡례 상(曲禮上)〉에 "자식이 된 자는 어버이에 대해서, 겨울에는 따뜻하게 해 드리고 여름에는 시원하게 해 드려야 하며, 저녁에는 잠자리를 보살펴 드리고 아침에는 문안 인사를 올려야 한다.〔凡爲人子之禮, 冬溫而夏凊, 昏定而晨省.〕"라고 한 데서 온 말이다. 1805년(순조5) 정월에 홍직필은 안성에 있는 부친의 임소를 찾아가 부친을 뵈었다. 《梅山集 卷53 年譜》

84 당체의……읊으며 : 함께 《시경(詩經)》 〈소아(小雅) 상체(常棣)〉를 읊었다는 것인데, 이 시는 형제간의 우애를 읊은 시로, 그 시에, "상체의 꽃이여. 환하게 빛난다. 지금 사람들은 형제만한 이가 없다.〔常棣之華, 鄂不韡韡. 凡今之人, 莫如兄弟.〕"라고 하고, "척령새가 언덕에 있으니, 형제가 급난을 구원한다.〔脊令在原, 兄弟急難.〕"라고 하였다. 당체는 상체(常棣)와 같은 말이다.

손쓸 수가 없었으니	無地可施
병이 어찌 사람을 죽게 하겠는가	病豈死人
병을 제 때 다스리지 못해서이니	治則失時
운명을 허물하지 말아라	莫責于命
사람의 도모가 좋지 못했던 것이다	人謀不臧
누구의 잘못이던가	云誰之故
변변치 못한 오라비 때문이지	有兄無良
지난겨울에 달려가서	苟趁客冬
조금이나마 좋은 처방을 썼더라면	小試良方
비록 노채[85]를 앓았으나	縱患勞瘵
어찌 고황[86]에까지 퍼졌겠는가	詎滿膏肓
의당 나를	宜我置之
우애하지 않은 죄로 처분해야 하리	不友之刑
너는 불행하게 될 줄을 알고서	爾知無幸
서울로 돌아오려 했지	願旋于京
조각에 나아가니	載造阜閣

85 노채(勞瘵) : 폐결핵의 부류로, 기침을 하고 피를 토하며 열이 나며 식은땀을 흘리며 몸이 점점 여위는 병이다.

86 고황(膏肓) : 사람의 몸 속 깊은 곳에 있는 장기를 말하는데, 일반적으로 난치병을 가리키는 말로 쓰인다. 《춘추좌씨전(春秋左氏傳)》 성공(成公) 10년 조에 "진(晉)나라 경공(景公)이 병이 심하여 진(秦)나라의 명의(名醫)를 청하였는데, 그가 오기 전에 경공의 꿈에 두 수상한 남자〔二竪〕가 서로 말하기를, '내일 명의가 오면 우리를 처치할 것이다. 그러니 우리가 고(膏)의 밑과 황(肓)의 위로 들어가면 명의도 어찌 하지 못할 것이다.'라고 하였다. 다음날 명의가 와서 진찰하고는, '병이 고황의 사이에 들어갔으니 치료할 수 없습니다.' 하였다."라고 보인다.

여전히 살기를 바랐었다네	猶冀其生
시아버지와 시어머니	尊舅尊姑
남편까지도	爰及夫子
이른 아침부터 밤까지 간병하면서	夙夜救護
정력을 다 바치고 약방의 기술을 다 하였네	盡精殫技
행여라도 정성에 감격하여	庶幾誠格
신명이 혹시나 너의 병을 그치게 해주길 바랐었지	神或感止
하물며 너의 사람됨은	矧爾爲人
하늘이 보우해야 할 사람이었지	宜天佑之
예부터 하늘의 뜻은 알기가 어려우니	終古難諶
어찌하여 위태한 목숨 부지해주지 않으셨나	奈莫持危
마음속에 불이 붙는 듯 또 타는 듯	如惔如焚
내 심정 어떠하랴	我心何其
지혜로운 마음을 밖으로 발하니	神明發外
선한 말[87]이 지극히 애처로웠지	善言絶悲
내가 건강을 해칠까 염려하여	慮我傷生
지나치게 슬퍼 말라고 경계했었네	戒我過哀
마음속에 간직한 것은	至性攸存
죽어서도 알 수가 있지	之死可知
내 차마 스스로를 훼손시켜	未忍自毁

87 선한 말 : 죽음을 앞 둔 사람의 말이다. 《논어》〈태백(泰伯)〉에, "새가 장차 죽을 때에는 울음소리가 애처롭고, 사람이 장차 죽을 때에는 그 말이 착한 법이다.〔鳥之將死, 其鳴也哀; 人之將死, 其言也善.〕"라는 증자(曾子)의 말이 보인다.

너의 고심을 상하게 할 수는 없지만 以傷苦心

마음속으로부터 밖으로 나오는 것은 由心發外

스스로 금하기 어렵구나 亦難自禁

죽은 이를 곡하여 슬퍼함이 哭死而哀

살아 있는 자를 위한 것이 아니니[88] 非爲生者

비록 백 개의 몸뚱이가 있다 한들 縱有百身

어찌 너를 위해 대신 죽을 수 있으랴 寧可贖也

아름다움을 머금고서 드러내지 않았으니 含章不見

누가 그 아름다움을 믿어 줄 것인가 孰信其然

풍부한 덕을 내리고는 수명을 박하게 하였으니 旣豐而嗇

나는 하늘에 그 까닭을 묻고 싶네 我欲問天

상여가 채비를 하여 輀車將駕

저 높은 산 깊은 물로 나아가려 하네 卽彼高深

버드나무 늘어선 강가에 물이 넘실넘실하고 楊流湯湯

계수나무 산골짝은 높고 험하구나 桂峀嶔嶔

내일 아침 한번 가버리면 明朝一往

영원히 돌아오지 못하리니 終天不返

88 죽은……아니니 : 곡하고 슬퍼함이 예에 맞게 하려는 의도를 가지고 하는 것이 아니라 내면의 감정이 자연스럽게 나와서 하는 것이라는 말로, 《맹자》〈진심 하(盡心下)〉에, "동용하고 주선함이 예에 맞는 것은 성덕이 지극한 것이니, 죽은 자를 곡하여 슬퍼함이 산 자를 위해서가 아니고, 떳떳한 덕을 지키고 간사하지 않음이 녹을 요구해서가 아니고, 언어를 반드시 미덥게 하는 것이 행실을 바르게 하려고 해서가 아니다.〔動容周旋, 中禮者, 盛德之至也. 哭死而哀, 非爲生者也; 經德不回, 非以干祿也; 言語必信, 非以正行也.〕"라고 한 데서 온 말이다.

적막한 빈 방을　寥寥虛室
내 어느 때나 다시 밟을까　何時復踐
살아서는 자식 하나 두지 못했으니　生無一息
누구를 의지하고 누구에게 기댈 것인가　曷依曷恃
외롭고도 외로운 혼령에게　煢煢孤魂
누가 시동이 되어주며 누가 제사를 지내줄까　誰尸誰祀
아! 나의 누이여　於乎吾妹
여기에서 영원히 끝났네　於此永已
눈물 섞어 제문을 지으니　和淚爲文
피눈물이 종이를 적시네　血漬于紙
널 앞의 보잘 것 없는 음식은　柩前隻鷄
집에서 손수 장만한 것이란다　出自家羞
같은 기운이 흘러 통하여　一氣流通
유명(幽明)에 간격이 없으니　無間顯幽
너의 영령이　知爾英靈
떠날 때가 되자 지체하는 것을 내 알고　臨發遲留
우리 어머니가　念我高堂
이 비통함을 간직하고 계실 것임을 내 생각하네　抱玆悲酸
이승에 깃들어 살다 저승으로 돌아감이　寄而有歸
밤낮이 바뀌는 것처럼 필연적이니　如夜晝環
구천(九泉)에 잘 가서　好去九冥
자친의 얼굴을 다시 뵙거라　重覩慈顔

성담 송공[89]에 대한 제문 무진년(1808, 순조8)

祭性潭宋公文 戊辰

아! 학문의 도는 인(仁)을 구하는 것일 뿐이니, 인의 도가 큽니다. 사단(四端)은 모두 하늘이 주신 양귀(良貴)[90]인데, 인은 천지가 만물을 낳는 마음으로, 가장 먼저 얻는 것이면서 인의예지 네 가지를 겸하여 통합하는 것입니다. 이것은 사람에게 있어서는 본심(本心) 전체의 덕이 되어서, 천리(天理)의 자연스러운 편안함이 있고 인욕(人欲)에 빠지는 위태로움이 없으니, 사람은 항상 이 가운데에 머물면서 잠시라도 떠나서는 안 됩니다. 이 때문에 공문(孔門)의 가르침은 인을 행하는 것을 우선으로 하였고, 추성(鄒聖) 또한 이것이 하늘의 높은 작위이며 사람의 편안한 집이라고 찬미하고는 막는 자가 없는데도 행하지 않는 것을 탄식하셨습니다.[91] 학문이 끊어지

89 성담 송공(性潭宋公) : 송환기(宋煥箕, 1728~1807)로, 자는 자동(子東), 호는 심재(心齋)·성담이고, 본관은 은진(恩津)이다. 송시열의 5대손이며, 당시 심성(心性)의 변(辨)으로 성리학계에서 논쟁을 벌일 때 호론(湖論)인 한원진(韓元震)의 주장을 지지하였다. 벼슬이 공조 판서, 의정부 우찬성에 올랐다. 시호는 문경(文敬)이고, 문집으로 《성담집》이 있다.

90 양귀(良貴) : 본연의 귀함으로, 사람이 인의예지를 지니고 있어 본래적으로 귀하다는 것이다. 이 말은 《맹자》 〈고자 상(告子上)〉에, "남이 귀하게 해준 것은 양귀가 아니다.〔人之所貴者非良貴也.〕"라고 한 데서 나온 말인데, 주희(朱熹)의 《집주(集註)》에, "양(良)은 본연의 선(善)이다."라고 하였다. 《孟子集註 告子上》

91 추성(鄒聖)…… 탄식하셨습니다 : 추성(鄒聖)은 '추나라의 성인'이란 뜻으로 맹자를 가리킨다. 《맹자》 〈공손추 상(公孫丑上)〉에, "인은 하늘의 높은 작위이며 사람의

고 가르침이 어긋나서 남에게 보이기 위한 학문을 하고 자기 자신을 위한 학문을 하지 않으니, 인을 행하면서 자신을 말미암는 자[92]가 드뭅니다. 근세의 선비를 일일이 손꼽아 보건대, 인을 구하고 자신을 위한 학문을 하여 수사(洙泗)[93]의 심학(心學)의 후계에 가까운 자는 오직 선생이 있으십니다.

아! 선생은 화양(華陽 송시열(宋時烈))의 훌륭한 후손으로 화양의 실추된 서업(緖業)을 계승하여, 그 책을 읽고 그 마음을 찾아서 스스로 유정(幽貞)의 상(象)[94]을 지니고, 홀로 고궁(固窮)의 지조[95]를 지키셨습니다. 만물이 그 뜻을 범하지 못하고 천하가 그 즐거움을 바꾸지 못해서, 초야에 살기를 길이 맹세하여 종신토록 근심하지 않았었는데, 홑옷으로 감춘 비단옷이 날로 드러남에[96] 깊은 곳의 학 울음소리가 하

편안한 집이다. 이것을 막는 이가 없는데도 인을 하지 못하니, 이는 지혜롭지 못한 것이다.〔夫仁, 天之尊爵也, 人之安宅也. 莫之禦而不仁, 是不智也.〕"라고 보인다.

92 인을……자 : 《논어》 〈안연(顏淵)〉에 "인을 행하는 것은 자신을 말미암는 것이니, 어찌 남을 말미암는 것이겠는가.〔爲仁由己, 而由人乎哉?〕"라고 하였다.

93 수사(洙泗) : 노나라 곡부현(曲阜縣)을 지나는 사수(泗水)와 그 지류(支流)인 수수(洙水)를 아울러 일컫는 말인데, 공자가 이 곳에서 강학 활동을 하였으므로 공자의 가르침 즉 유학의 뜻으로 쓰인다.

94 유정(幽貞)의 상(象) : 은둔하는 사람의 정길(貞吉)한 모습을 말하는 것으로, 《주역(周易)》 〈이괘(履卦) 구이(九二)〉에, "행하는 도가 평탄하니, 그윽한 사람이라야 정하고 길하다.〔履道坦坦, 幽人貞吉.〕"라고 하였다.

95 고궁(固窮)의 지조 : 의리를 고수하면서 곤궁한 처지를 편안하게 여기는 것을 말한다. 《논어》 〈위령공(衛靈公)〉에, "군자는 진실로 곤궁하니, 소인은 곤궁하면 넘친다.〔君子固窮, 小人窮斯濫矣.〕"라고 한 데에서 온 말이다.

96 홑옷으로……드러남에 : 군자의 은은한 도가 날로 드러남을 말한 것이다. 《중용》에, "《시경》에 말하기를, '비단옷을 입고 홑옷을 덧입는다.'라고 하였으니, 그 문채가

늘에까지 들렸습니다.[97] 그래서 성상께서는 선정(先正 송시열(宋時烈))에 대한 광세(曠世)의 감회[98]를 미루고 전형(典型)이 남아 있는 곳을 생각하셔서, 위에서는 봉황 같은 훌륭한 군자가 기러기처럼 점점 나오기를 요구하였으나[99] 아래에서는 용이 칩거하고 거북이가 등껍질 속으로 숨는 의리를 지켰습니다.[100] 교서가 십 수번 내려져 은총과 예우가 모두 극진하였으니, 바로 세신(世臣)[101]이 충의를 다하길 바란 것이니,

드러남을 싫어한 것이다. 그러므로 군자의 도는 은은하나 날로 드러나고 소인의 도는 선명하나 날로 없어지는 것이다.〔詩曰: 衣錦尙絅. 惡其文之著也. 故君子之道, 闇然而日章; 小人之道, 的然而日亡.〕"라고 하였다.

97 깊은……들렸습니다 : 은거하는 군자의 덕이 멀리까지 알려짐을 비유한 것으로, 《시경(詩經)》〈소아(小雅) 학명(鶴鳴)〉에 "학이 구고의 늪에서 우니, 그 소리가 하늘에 들린다.〔鶴鳴于九皐, 聲聞于天.〕"라고 한 것을 원용한 것이다.

98 광세(曠世)의 감회 : 동시대에 태어나지 못해 서로 만나지 못한 것에 대한 서글픔이다.

99 위에서는……요구하였으나 : 성상이 송환기에게 조정의 높은 자리로 나올 것을 책면하였다는 말이다. '기러기처럼 점점 나옴'은 《주역(周易)》〈점괘(漸卦) 상구(上九)〉에, "상구는 기러기가 공중에 점진(漸進)함이니, 그 깃이 의법(儀法)이 될 만하니, 길하다.〔上九, 鴻漸于陸, 其羽可用爲儀, 吉.〕"라고 한 데서 온 말로, 현자가 훌륭한 재주를 지니고서 조정에 나아가 벼슬함을 뜻한다.

100 아래에서는……지켰습니다 : 송환기가 은거하려는 지조를 지켰다는 말이다. 용이 칩거함은 자취를 감추고서 때를 기다리는 것을 의미하는 말로, 《주역(周易)》〈계사전 하(繫辭傳下)〉에, "자벌레가 몸을 굽히는 것은 장차 몸을 펴기 위함이요, 용과 뱀이 칩거하는 것은 몸을 보존하기 위함이다.〔尺蠖之屈, 以求信也; 龍蛇之蟄, 以存身也.〕"라고 한 데서 온 말이다. 거북이가 등껍질 속으로 숨음은 거북이가 위험을 만났을 때 머리와 꼬리와 네 발을 등껍질 속으로 넣는 것을 말하는바, 현자가 은거함을 비유한 것이다.

101 세신(世臣) : 대대로 조정을 섬기면서 나라와 휴척(休戚)을 같이 하는 신하를 말한다. 《孟子 梁惠王下》

은둔하여 인륜을 어지럽히는 무리[102]와는 다르게 여긴 것이었습니다. 그래서 초야에 은둔하려는 마음을 돌려 빈사(賓師)[103]의 영예로운 명에 응하였으니, 송 문정공(宋文正公)의 고사(故事)[104]를 뒤따를 듯하였으나, 서연(書筵)을 마치자마자 초복(初服)으로 급히 돌아가서 하루를 끝마치기도 기다리지 않을 것처럼 하였으니,[105] 이는 무슨 까닭입니까? 자신을 깊이 헤아린 데서 나와서 미리 정한 것이 궁해지지 않았기 때문이니,[106] 여기서 선생의 평소의 행실을 볼 수 있습니다.

아! 지위를 얻어 왕자(王者)의 스승이 되는 것은 벼슬하지 않는 선비

102 은둔하여……무리 : 예컨대 《논어》 〈미자(微子)〉에 나오는 장저(長沮)와 걸익(桀溺) 같은 이를 말하는 것으로, 자기 한 몸을 선하게 하기 위하여 인륜을 저버리는 사람들을 말한다. 여기에서 말하는 인륜은 특히 군신유의(君臣有義)의 윤리를 가리킨 것이다.

103 빈사(賓師) : 관직에 있지 않으면서 임금에게서 빈객과 스승의 예우를 받으며 자문에 응하고 학문을 강하는 사람을 이른다.

104 송 문정공(宋文正公)의 고사(故事) : 송문정공은 송시열을 말한다. 송시열은 병자호란으로 왕이 치욕을 당하고 소현세자와 봉림대군이 인질로 잡혀가자, 좌절감 속에서 낙향하여 10여 년 간 일체의 벼슬을 사양하고 전야에 묻혀 학문에만 몰두하였는데, 1649년 효종이 즉위하여 소명(召命)을 내리자 다시 상경하여 벼슬길에 나갔고, 효종 승하 시까지 효종의 절대적 신임을 얻어 이조 판서 등을 역임하였다.

105 서연(書筵)을……하였으니 : 송환기는 1797년(정조 21)에 상경하여 주강에 입시하였으나 집복헌(集福軒)에서 원자상견례를 행한 뒤 곧 돌아왔다. 초복(初服)은 출사(出仕)하기 전에 입던 의복으로, '초복으로 돌아감'은 벼슬을 그만두고 벼슬하기 전의 생활로 돌아감을 뜻한다. 굴원(屈原)의 《초사(楚辭) 이소경(離騷經)》에 "물러나 장차 다시 나의 초복을 손보리라.〔退將復修吾初服.〕"라고 한데서 온 말이다.

106 자신을……때문이니 : 평소 자신을 깊이 헤아려 자신이 행할 도를 미리 정해 놓았기 때문에 궁해지지 않았다는 말이다. 《중용》에, "도를 미리 정하면 궁하지 않다.〔道前定則不窮.〕"라고 하였다.

에게는 지극한 영달이요, 장수를 누려 여든 살에 이르는 것은 인생의 큰 소원인데, 이는 혹 우연히 얻을 수 있는 것입니다. 그러나 학문이 완성되고 도가 높아져서 우뚝하게 한 세상 선비의 종사가 되어 그러한 덕을 마음에 얻고 몸에 가득하게 함은 사람마다 소유할 수는 있는 것이 아닙니다. 이것이 맹자가 말씀한 '삼달존(三達尊)'[107]이란 것인데 선생께서는 이를 겸하셨으니, 이 세 가지를 겸하여 소유하고 있다면 온 나라 사람들이 모두 그 귀함을 알 것입니다. 그래서 비록 몸을 거두어 은둔하여 삼달존으로 자처하지 않았으나 사람들이 선생을 공경하였으니, 어찌 그 공경이 겉으로만 하고 마음으로 하지 않은 것이겠습니까.

아! 선생이 소유한 것은 양귀이고, 닦은 것은 천작(天爵)[108]이었습니다. 지위는 조화를 넓히는 이공(貳公)[109]에 이르렀으나 요구하여 된

107 삼달존(三達尊) : 누구나 공통적으로 높이는 세 가지로, 나이〔齒〕와 벼슬〔爵〕과 덕(德)을 이른다. 《맹자》 〈공손추 하(公孫丑下)〉에, "천하에 공통적으로 높이는 것이 세 가지이니, 나이와 벼슬과 덕이다. 지방에서는 나이가 많은 것이 제일이고, 조정에서는 벼슬이 높은 것이 제일이고, 세상을 돕고 백성을 잘 지도함엔 덕이 제일이다."라고 하였다.

108 천작(天爵) : 사람이 주는 작위(爵位)라는 뜻의 인작(人爵)과 상대되는 말로, 본래 소유하고 있는 덕성과 덕행을 이른다. 《맹자》 〈고자 상(告子上)〉에 "인의충신과 선을 좋아하여 게을리 하지 않는 것이 바로 천작이요, 공경대부는 인작이다.〔仁義忠信樂善不倦, 此天爵也; 公卿大夫, 此人爵也.〕"라고 하였다.

109 조화를 넓히는 이공(貳公) : 이공은 삼공(三公)을 보좌하는 지위를 말하는 것으로, 찬성(贊成)이나 참찬(參贊)에 해당하는바, 이 말은 《서경(書經)》 〈주서(周書) 주관(周官)〉에, "소사·소부·소보를 삼고(三孤)라 하니, 삼공의 다음이 되어 조화를 널리 펴서 천지를 공경하여 밝혀서 나 한 사람을 보필한다.〔少師、少傅、少保曰三孤, 貳公弘化, 寅亮天地, 弼予一人.〕"라고 한 데서 온 말이다. 송환기는 1800년(정조24)에 특지로 좌찬성(左贊成)에 제수되었다.

것이 아니었고, 수명은 동상(東庠)에서 국로(國老)로 봉양을 받음[110]에 이르렀으나 욕된 것이 아니었습니다. 또 집안 가득 손자와 증손들이 번창해서 전성(專城)의 봉양[111]을 받고 금첩(金帖)의 희소식[112]을 받았으나 두려워할 만한 것이 아니었습니다. 이것들은 바로 인도가 이미 확립됨에 천명이 저절로 거듭된 것이었으니, 선생께서는 도와 덕, 수(壽)와 복(福)에 있어서 거의 유감이 없었습니다. 이것을 가지고 가서 문정(文正 송시열) 선생에게 바친다면, 문정 선생께서 어찌 "나에게 훌륭한 자손이 있다."라고 말씀하지 않겠습니까.

아! 저 또한 일찍이 선생의 문하에 이르렀으나, 홀로된 몸에 병까지 계속되어 이미 작은 예를 갖추어 가르침을 청할 길이 없었고 또 경서를 가지고 가서 학업을 물을 수 없었으니 다만 이천(伊川)과 면식이 있는 것[113]에 불과하였는바, 이것이 종신의 한이 됩니다. 다만 우리 선조의

110 동상(東庠)에서……받음 : 동상(東庠)은 동교(東膠)와 같은 말이다. 《예기(禮記)》 〈왕제(王制)〉에, "주(周)나라 사람은 국로를 동교(東膠)에서 봉양하고 서로(庶老)를 우상(虞庠)에서 봉양한다.〔周人養國老於東.〕"라고 하였는바, 동교는 국중의 왕궁 동쪽에 있는 태학이고, 국로는 작위와 덕이 있는 원로이다.

111 전성(專城)의 봉양 : 한 고을 전부의 봉양이라는 말로, 자손이 고을의 수령이 되어 그 녹봉으로 어버이를 봉양하는 것을 말한다.

112 금첩(金帖)의 희소식 : 과거 급제의 소식을 말한다. 금첩은 금분(金粉)으로 장식한 서신을 말하는데, 새로 급제한 사람은 가서(家書)에다 이금첩(泥金帖)을 첨부해서 등과(登科)의 소식을 전했었기 때문에 이렇게 말한 것이다.

113 이천(伊川)과……것 : 다만 면식이 있을 뿐 문인이라고 칭할 수 없다는 의미이다. 《주자대전(朱子大全)》 권30 〈여왕상서(與汪尙書)〉에, "곽자화(郭子和)가 또 말하기를, '초천수(譙天授) 또한 당고(黨錮)의 화 이후의 문인이다.'라고 하였으나, 제가 호헌(胡憲)과 유자휘(劉子翬) 두 어른을 만나 뵈었을 때, 그 분들이 말씀하기를 '초공을 직접 만났었는데 그가 「이천을 부릉(涪陵)에서 알게 되어 낙양에서 함께 살기로 기약하

잠긴 덕과 그윽한 광채가 선생의 큰 필력에 힘입어 세상에 밝게 드러나서 거의 영세토록 불후할 수 있게 되었으니,[114] 이것이 유명(幽明) 간에 은혜를 입어서 살아서는 목숨을 바치고 죽어서는 결초보은(結草報恩)할 것을 다짐하여 감히 잊을 수 없는 까닭입니다.

아! 저는 선생의 광채를 직접 받든 시간이 길지 않았기 때문에 덕을 충분히 상고하지는 못하였습니다. 그러나 가만히 살펴보건대, 말은 입 밖으로 내지 못할 듯이 하고, 몸은 옷을 이기지 못할 듯이 하였지만,[115] 정신과 기운은 고요하고 안정되어 온화하고 편안해서 낮과 밤, 짧은 순간에도 길러지는 바가 모두 있었고 동정어묵(動靜語默) 간에도 이루어진 법이 넉넉히 있었으며, 남들과 교제할 때에는 태도가 온화하여 마치 봄바람이 불어옴에 만물이 싹트는 듯한 모습이 있어 선생에게 나아간 자들로 하여금 평이하고 정직하고 인자하고 어진 마음을 발로

였는데, 낙양에 가 보니 이천은 이미 하직하였었다.」라고 스스로 말했었다. 그에게 이천의 역학(易學)을 물었는데 「생각건대 옳지 않은 듯하다.」라고 했었다.'하셨다. 초공의 그 밖의 언행을 살펴보아도 자못 불교와 노자의 학문이 섞여 있으니, 문인이라고 일컫을 수 없을 듯하다.〔渠說又云: 譙天授亦黨事後門人. 熹見胡、劉二丈說: 親見譙公, 自言識伊川于涪陵, 約以同居洛中, 及其至洛, 則伊川已下世矣. 問以伊川易學, 意似不以爲然. 至考其它言行, 又頗雜于佛老子之學者, 恐未得以門人稱也.〕"라고 한 데서 온 말이다. 이천은 정이(程頤)이고, 초천수는 초정(譙定)이며, 곽자화는 곽옹(郭雍)이다.

114 우리……되었으니 : 홍직필의 선조인 홍익한(洪翼漢)의 유허비(遺墟碑)를 송환기가 지어준 일을 가리킨다. 유허비는 《성담집(性潭集)》 권18에 실려있다.

115 말은……하였지만 : 매우 공손하고 조심스러운 태도를 지님을 말한다. 《회남자(淮南子)》 〈범론훈(氾論訓)〉에, 주공(周公)이 부친 문왕(文王)을 섬길 때에 매우 공경하여 "몸은 옷을 이기지 못할 듯이 하고 말은 입 밖으로 내지 못할 듯이 하였다.〔身若不勝衣, 言若不出口.〕"라고 하였다.

하게 하였습니다. 이것이 어찌 다만 선생의 타고난 자질이 높아서 일뿐이겠습니까. 바로 보존한 것이 굳건하고 마음이 안정되었기 때문입니다. 정자(程子)는 마음을 잡아 안정시키지 못함을 '인(仁)하지 못함'이라고 하였는데,[116] 선생은 함양이 심후(深厚)하고 너그럽고 고요하여 온화함이 있어서 마치 화창한 봄날의 밝은 경치와 같고 고요한 바다의 맑은 하늘과 같았으니, 이것이 인에 가까운 이유일 것입니다.

아! 대갱(大羹)[117]은 조미를 하지 않으니, 누가 그 담박한 맛을 탄미하겠으며, 오래된 우물은 물결이 일지 않으니,[118] 누가 그 깊이를 헤아리겠습니까. 덕을 아는 자가 드문 것은 예로부터 그러했으니, 또한 어찌 선생에게 손상될 것이 있겠습니까. 저는 타고난 자질이 편벽되고 잡박하여 온후하고 화평한 기운이 들뜨고 거친 마음을 이기지 못하였는데, 천부(天賦)는 처음 태어날 때부터 이미 정해지고 교정하는 공부에는 힘을 쓰지 않았으니, 항상 스스로 몹시 서글퍼할 뿐 변화하여 아름답게 됨을 바랄 수가 없었습니다. 그런데 선생의 성대한 덕을 보고 법도에 맞는 가르침을 받게 됨에 미쳐서는 산란한 기운을 그치고 분노

116 정자(程子)는……하셨는데 : 정자는 정이(程頤)를 말한다. 《이정외서(二程外書)》 권1에, "대체로 마음을 잡아 안정시키지 못함은 모두 인하지 못한 것이다.〔大率把捉不定, 皆是不仁.〕"라고 보인다.

117 대갱(大羹) : 종묘 제사에 올리는 고깃국을 이르는바, 조미를 전혀 하지 않고 끓인다. 《예기(禮記)》 〈악기(樂記)〉에 "대갱에 조미를 하지 않는 것은 남은 맛을 두기 위해서이다.〔大羹不和, 有遺味者矣.〕"라고 하였다.

118 오래된……않으니 : 외물에 의해 흔들리지 않는 마음을 비유한 것으로, 당(唐)나라 맹교(孟郊)의 시 〈열녀조(列女操)〉에, "물결을 맹세코 일으키지 않으리니 저의 마음은 오래된 우물과 같습니다.〔波瀾誓不起, 妾心古井水.〕"라고 한 데서 온 비유이다.

와 욕심을 가라앉힐 수 있을 것 같았습니다. 내면에 쌓인 것이 있지 않았다면 어찌 밖으로 드러날 수 있었겠으며, 자신을 바로잡지 못했다면 어찌 남을 바로잡을 수 있었겠습니까. 이는 선생을 보고 느낀 데에서 증험한 것입니다.

이로 말미암아 선생의 학문은 내면에 스스로 터득하는 데에 힘쓰는 것임을 알았으니, 어찌 성명(性命)의 올바름을 귀와 눈의 욕망에 붙여두고 입과 혀로만 이치를 말하여 치자로 물들이고 밀랍을 덧칠해서[119] 스스로를 자랑하고 남에게 내보이려 하는 자가 방불하여 흉내낼 수 있는 것이겠습니까. 이 때문에 저는 홀로 말하기를 "선생은 공자가 인(仁)을 말씀한 본뜻을 얻었으니 그 학문은 심학(心學)이다."라고 하는 것입니다. 이 말로써 존령(尊靈)께 우러러 질정하고, 후세의 군자를 기다리기를 원하니, 삼가 바라건대 존령께서는 제 지극한 사모의 마음이 겉에서 나온 것이 아님을 헤아려 주시고, 저의 지극한 소원이 문가(聞可)[120]에 있음을 가련히 여기시어 보우하고 가르쳐주어서 묵묵히 제 마음을 인도해 주십시오. 그리 해주신다면 인을 구하고 자신을 위한 학문을 하는 데 종사하여 '가르치기를 게을리 하지 않은 인(仁)'[121]을

119 치자로……덧칠해서 : 가식적인 말과 행동을 함을 말한다. 당(唐)나라 유종원(柳宗元)의 〈편가(鞭賈)〉에, "부잣집 아들이 노란색의 반들반들한 채찍을 5만 전(錢)을 주고 사서 아끼며 자랑하였는데, 끓는 물로 씻어 내자 윤기 없고 희끗한 색깔의 본색이 드러났다. 노란 것은 치자로 물들였기 때문이고 윤이 난 것은 밀랍을 칠했던 것이다. 또 그 채찍으로 말을 치자 대여섯 조각으로 끊어지고 말아서 말이 날뛰는 바람에 땅에 떨어져 다쳤다."라고 한 것을 원용한 말이다.

120 문가(聞可) : 《논어》 〈이인(里仁)〉에, "아침에 도를 들으면 저녁에 죽어도 괜찮다.〔朝聞道, 夕死可也.〕"라고 한 것을 줄여 쓴 것이다.

저버리지 않을 것입니다. 아! 슬픕니다.

121 가르치길……인(仁) : 《논어》 〈술이(述而)〉에, "성과 인으로 말하면 내 어찌 감히 자처하겠는가. 그러나 이를 행하기를 싫어하지 않으며 남을 가르치기를 게을리 하지 않는 것은 그렇다고 말할 수 있을 뿐이다.〔若聖與仁則吾豈敢? 抑爲之不厭, 誨人不倦, 則可謂云爾已矣.〕"라고 보인다.

주암 이공[122]에 대한 제문 병자년(1816, 순조16) 2월

祭疇巖李公文 丙子二月

충(忠)과 효(孝)의 도는 같습니다. 힘을 다하여 어버이를 받드는 것을 효라고 하고 몸을 바쳐 임금을 섬기는 것을 충이라고 하니, 충은 효에서 나오고 효가 옮겨가서 충이 됩니다. 이 때문에 충신(忠臣)을 구할 때에는 반드시 효자의 집안에서 하고 효자를 구할 때에도 충신의 집안에서 하는 것이니,[123] 어찌 충과 효의 이치가 똑같이 지극하여 사람의 도를 세우는 것이 아니겠습니까.[124]

122 주암 이공(李公) : 이의병(李義秉, 1751~1814)으로, 초명은 상준(商濬), 자는 재심(在心) 또는 사형(士衡), 호는 주암(疇巖), 본관은 전주(全州)이다. 1782년(정조6) 부친 위암(韋菴) 이최중(李最中)이 역모에 무고되어 전라도 추자도로 유배되자 노복으로 위장하여 수행할 만큼 효심이 깊었다. 순조 즉위 후 부친의 억울함이 신원되어 조정의 부름을 받았으나 나가지 않고 향리에서 은둔하였다. 홍직필이 지은 행장이 본집 권47에 실려 있다.

123 충은……것이니 : 이 말은 후한의 위표(韋彪)가 황제에게 현자의 선발에 대하여 건의했던 말에 보이는바, 위표의 말은 다음과 같다. "공자가 말씀하기를, '어버이를 섬김이 효성스럽기 때문에 임금에게 충성을 옮길 수 있는 것이다. 이 때문에 충신을 구할 때에는 반드시 효자의 집안에서 찾아야 하는 것이다.'라고 하였습니다.〔孔子曰: 事親孝, 故忠可移於君. 是以求忠臣必於孝子之門.〕"《後漢書 卷56 韋彪列傳》

124 어찌……아니겠습니까 : 《남제서(南齊書)》 권24 〈유세륭전(柳世隆傳)〉에 "세륭은 지극한 효성이 순수하고 깊어서 부모의 상에 슬퍼하기를 예보다 더 하였다. 폐하를 섬길 때에는 위급한 상황에서 충성을 다하였고, 어버이의 상에 거상할 때에는 지팡이를 짚고서 일어났다. 그리하여 사람의 근본을 세워서 두 이치가 똑같이 지극하였다.〔世隆至性純深, 哀過乎禮. 事陛下, 在危盡忠, 喪親居憂, 杖而後起, 立人之本, 二理同極.〕"라

저는 뒤늦게 태어나 옛 사람들을 미처 보지는 못하였고, 다만 항상 옛 인물을 상론(尙論 이전의 시대로 올라가서 옛사람을 평론함)할 것을 생각합니다. 그리하여 비록 작은 선(善)이나 하나의 장점을 소유했다 하더라도 이를 마음속 깊이 좋아하여 제가 소유한 것이나 제 입에서 나온 것보다도 더 좋아하니,[125] 이는 바로 천성에서 나온 것이 그러한 것입니다. 그런데 만약 이보다 더 진전하여 몸을 잊고서 나라를 위해 목숨을 바치고 몸을 깨끗이 하여 어버이의 이름을 드러내서 하늘의 법도와 땅의 의리[126]를 붙들어 세워서 세교(世敎)의 빛이 된 자가 있다면, 비록 그를 위해 말채찍을 잡더라도 사양하지 않을 것입니다.[127] 근세(近世)의 인물을 차례로 뽑아보건대 누가 거기에 해당할지 모르겠으나, 만약 돌아가신 분을 구천에서 살려낼 수 있다면 오직 우리 위암공(韋菴

고 보인다.

125 비록……좋아하니 : 《서경》 〈진서(秦誓)〉에 "만일 어떤 신하가 성일(誠一)하고 딴 기예가 없으나 그 마음이 곱고 고와 용납함이 있는 듯하여, 남이 가지고 있는 기예를 자신이 소유한 것처럼 여기고, 남의 훌륭하고 통명함을 마음속으로 좋아하되 자기의 입에서 나온 것보다도 더 좋아한다면 이는 남을 포용하는 것이다.〔如有一介臣斷斷猗無他技, 其心休休焉, 其如有容, 人之有技, 若己有之, 人之彦聖, 其心好之, 不啻如自其口出, 是能容之.〕"라고 한 것을 원용한 것이다.

126 하늘의……의리 : 천지간의 변할 수 없는 도리를 말하는바, 《춘추좌씨전(春秋左氏傳)》 소공(昭公) 25년에 "무릇 예는 하늘의 경이요, 땅의 의이다.〔夫禮, 天之經也, 地之義也.〕"라고 보인다.

127 그를……것입니다 : 그 사람을 흠모하여 그의 마부(馬夫)가 되어 수레라도 끌고 싶다는 말이다. 《사기》 권62 〈관안열전찬(管晏列傳贊)〉에 "가령 안자(晏子)가 지금 이 세상에 살아 있다면 내 비록 그를 위해 말채찍을 잡는다 하더라도 기쁜 마음으로 받들어 모시겠다.〔假令晏子而在, 余雖爲之執鞭, 所忻慕焉.〕"라는 사마천(司馬遷)의 말이 보인다.

公)[128]이 여기에 가까울 것이고, 그 분의 아름다움을 계승한 자는 바로 주암공일 것입니다.

아! 위암공의 법도의 장엄함과 지기(志氣)의 강직함은 늠름하기가 마치 높은 봉우리의 깎아지른 절벽에 외로운 소나무가 홀로 빼어난 것과 같아서 사람들이 따라 잡을 수 없었습니다. 칠십의 나이가 되기를 기다리지 않고서 높이 읍하고 속세와 작별한 것은 바로 '급류에서 용감히 물러남이 신선과의 거리가 멀지 않은 것'[129]이었으니, 이러한 방도로 살다가 세상을 마치면 또한 만물의 밖으로 높이 벗어난 자가 될 수 있을 것입니다.

아! 임인년의 일[130]을 어찌 차마 말할 수 있겠습니까. 적신(賊臣)이

128 위암공(韋菴公) : 이최중(李最中, 1715~1784)으로, 자는 인부(仁夫), 호는 위암(韋菴), 본관은 전주(全州)이며, 이의병의 부친이다. 1751년(영조27) 별시 문과에 을과로 급제, 세자시강원 사서·홍문관 교리·수찬 등을 거쳐 강원도 어사·홍문관 부제학·형조 판서 등을 지냈다. 1774년(영조50) 우참찬을 마지막으로 치사하였다. 1782년(정조6) 대역부도죄(大逆不道罪)로 사형된 이유백(李有白)과 이택징(李澤徵)의 배후로 지목되어 추자도(楸子島)에 유배(流配)된 뒤 배소(配所)에서 죽었다. 순조 때 신원되었으며 시호는 문정(文貞)이다. 문집으로 《위암집》이 있다.

129 급류에서……것 : 북송(北宋) 진종(眞宗) 때의 명신 전약수(錢若水)가 거자(擧子)의 신분일 때, 화산(華山)으로 진희이(陳希夷)를 찾아갔는데 당시 옆에 있던 마의(麻衣)도사가 전약수를 한참 바라보고는 '할 수 없다〔做不得〕'라고 쓰고서 "급류 속에서 용감히 물러날 사람이다.〔急流中勇退人.〕"라고 하였는바, 이는 전약수가 신선이 될 수는 없겠지만 벼슬살이에 연연하지는 않을 것이라는 의미였다. 진희이가 이르기를 "전약수에게 선풍도골이 있으나 분명하지 않으므로 노승에게 살펴보게 하였는데 노승이 '할 수 없다'고 하기에 다시 머무르게 하지 않은 것이다. 그러나 급류 속에서 용감히 물러남이 신선과의 거리가 멀지 않다.〔若水有仙風道骨, 意未決, 命老僧者觀之. 僧云：做不得. 故不復留. 然急流中勇退, 去神仙不遠矣.〕"라고 하였다. 과연 전약수는 나이 40에 벼슬이 추밀부사(樞密副使)에 이르렀는데 스스로 벼슬길에서 물러났다. 《聞見前錄 卷7》

권세를 잡고서 장추(長秋)[131]를 흔들고, 권간(權奸)이 이를 이어서 곤극(坤極)[132]이 기울려 하였습니다. 이때에 두 이공(李公 이택징과 이유백)이 만 번 죽어도 한번 살기를 생각하지 않는 계책을 내어 연이어 항거하는 상소를 올려서 끝내 국모를 위해 절개를 지켜[133] 그 높은 충성과 곧은 강개가 일월(日月)과 빛을 다투었으니, 어찌 위대하지 않겠습니까.

그러나 두 공은 임금과 소원한 신하였습니다. 그런데도 이것이 시대의 의리상 중대한 일이라는 것을 알아서 말해야 할 때에 바로 말하였으니, 어찌 이유 없이 그렇게 된 것이겠습니까. 언론(言論)은 현자로부터 나오니, 두 공이 모두 위암공의 문하에서 나와 당시의 상황을 돌아보지 않고 오직 눈앞의 도리를 다하여 하나의 옳음을 성취하였으니, 아! 저는 이것이 유래가 있음을 알겠습니다. 두 공이 스스로 수립한 것은 그 분들의 훌륭한 덕과 높은 행실로 인해 만들어진 것이겠으나, 만약

130 임인년의 일 : 임인년은 1782년(정조6)이다. 이 해에 이택징과 이유백이 올린 응지소(應旨疏)의 내용이 문제가 되어 둘은 정조의 친국 중에 죽고, 그 배후로 지목된 이최중은 추자도에 천극(栫棘)되어 1784년 배소에서 죽었는데, 이 일을 가리킨다.

131 장추(長秋) : 한(漢)나라 때의 궁전 이름으로, 장락궁(長樂宮) 안에 있던 궁전 중에 하나이다. 초기에는 황제가 이곳에서 시조(視朝)하였으나 혜제(惠帝)의 모후(母后)인 여태후(呂太后)가 거처한 이후로는 모후의 거처를 의미하는 말이 되었다. 여기서는 정조의 생모인 헌경왕후(獻敬王后) 즉 혜경궁(惠慶宮) 홍씨(洪氏)를 가리킨다.

132 곤극(坤極) : '곤의 극'이라는 뜻으로, 왕의 지위를 의미하는 건극(乾極)과 상대되는 말인바, 왕비의 지위를 말한다. 여기서는 정조의 비 효의왕후(孝懿王后)를 가리킨다.

133 국모를……지켜 : 이택징의 상소 중에, 대신들이 입시하여 문후하면서 왕에게 문후한 뒤에 자전(慈殿)과 자궁(慈宮), 즉 정순왕후(貞純王后) 김씨(金氏)와 혜경궁 홍씨에게만 문후하고 중궁 즉 효의왕후에게는 문후하지 않은 것을 문제 삼은 내용이 있다. 《承政院日記 正祖 6年 5月 26日》

위암공의 지성(至誠)이 그 분들을 감동시키지 않았더라면 어찌 목숨을 내던지고 대절(大節)을 세우기를 이와 같이 할 수 있었겠습니까.

아! 곤륜산이 불타 옥을 태울 때[134]에는 남은 기염(氣焰)이 하늘까지 이르니, 위암공이 이 일로 인하여 화를 면하지 못해서 형벌을 받고 천극(栫棘)되어 여러 위태로운 일을 겪어서 끝내는 장기(瘴氣)[135]가 있는 먼 유배지에서 별세하였습니다. 이것이 나라 사람들이 함께 슬퍼했던 것으로, 그 슬픔이 멱라수(汨羅水)에 몸을 던진 굴원의 죽음을 애도한 것[136]보다 더하였습니다. 그러나 위암공은 태연히 자적(自適)하면서 마치 안락한 상황에 처해 있는 듯이 하여 아홉 번 죽음에 이르러도 후회하지 않았으니, 바로 그 마음에 맹세한 것이 그러했던 것입니다.

고명한 평론을 하는 자들은 위암공이 두 이공과 함께 하였다는 이유로 기사환국의 세 충신[137]에 견주며 "공적은 그들보다 더 낫다."고 말하

134 곤륜산이……때 : 큰 환란으로 인해 선인(善人)이 화를 입음을 비유한 말로, 《서경(書經)》 〈하서(夏書) 윤정(胤征)〉에 "불이 곤륜산 등마루를 태우면 옥과 돌이 모두 불탄다.〔火炎崑岡, 玉石俱焚.〕"라고 한 데서 온 말이다.

135 장기(瘴氣) : 온습(溫濕)한 기운으로, 풍토병을 일으키는 독기이다. 이최중은 추자도에 천극되어 유배지에서 죽었다.

136 멱라수(汨羅水)에……것 : 전국 시대 초(楚)나라의 충신 굴원(屈原)은 회왕(懷王)의 좌도(左徒)를 맡아 활약하였으나 정적(政敵)들의 중상모략을 받아 조정에서 쫓겨나고 강남으로 추방되었다. 초나라가 풍전등화의 위기에 처하자 비분을 금하지 못하고 멱라수에 투신자살하였는데, 초나라 사람들은 물고기들이 그의 시신을 먹지 못하도록 대나무 통에 밥을 담아 던졌으며 그의 죽음을 애도하여 기일마다 대나무 통 밥을 강에 던져 제사 지냈다고 한다.

137 기사환국의 세 충신 : 세 충신은 오두인(吳斗寅, 1624~1689), 이세화(李世華, 1630~1701), 박태보(朴泰輔, 1654~1689)이다. 기사년(1689, 숙종15)에 송시열(宋時烈)이 경종(景宗)의 원자정호(元子定號)를 반대하여 숙종의 노여움을 사게 되자,

기까지 합니다. 이는 양곡(陽谷 오두인(吳斗寅)) 등의 제현은 이미 일이 일어난 뒤에 말하였으나 위암 등의 제현은 아직 일이 일어나기 전에 말하여 환란의 기미가 확산되는 것을 막아서 위험을 안정으로 바꾸었기 때문이니, 이러한 이유로 어려운 일이 되는 것입니다. 아! 끝내 황상(黃裳)으로 하여금 크게 길하여 만물을 포용해서 공화(功化)를 빛내도록 하였으니,[138] 이것이 이른바 '몸을 잊고서 나라를 위해 목숨을 바치는 충성'이라는 것이 아니겠습니까.

아! 공이 위암공을 섬길 적에 감당하지 못할 듯이 하고 장차 잃을 듯이 하여서 진실로 옥을 잡는 것처럼 하고 가득찬 그릇을 받드는 것처럼 할 뿐만이 아니었으니,[139] 참으로 그 지극한 효성이 그러했던 것입니다. 화를 당한 이래로 스스로 분수로 여겼던 것은 죽음만 알고 삶은 알지 못하는 것이었으니, 형체를 토목(土木)처럼 여겨 돌보지 않으며

남인(南人)이 이를 기회로 다시 정권을 잡아 송시열과 그를 지지하던 서인(西人) 일파를 모두 축출하였다. 이로 인해 송시열은 제주도에 위리안치되었다가 사사되었고 수많은 서인 인사들이 일제히 처벌되었으며 인현왕후(仁顯王后)가 폐서인되고 희빈(禧嬪) 장씨(張氏)가 중전의 자리에 올랐다. 그러자 오두인·이세화·박태보가 인현왕후 폐위에 반대하는 상소를 올려 국문을 받고 유배되었는데 박태보와 오두인은 유배지로 가던 도중 죽었다.

138 황상(黃裳)으로……하였으니 : 왕비로 하여금 정위(正位)를 지키고서 교화를 베풀게 하여 만인이 그 은택을 입을 수 있게 하였다는 말이다. '황상이 크게 길함'은 《주역》 〈곤괘(坤卦) 육오(六五)〉에 보이는바, '황상'은 누런 색깔의 치마로, 왕비의 자리를 뜻하는 말이며, '만물을 포용하여 공화를 빛냄'은 《주역》 〈곤괘 문언(文言)〉에 보인다.

139 감당하지……아니었으니 : 효자가 어버이를 봉양할 적에 삼가고 조심함을 말한다. 《예기(禮記)》 〈제의(祭義)〉에 "효자는 옥을 잡은 듯이 하며 가득찬 그릇을 받든 듯이 하여 공경하고 조심해서 감당하지 못할 듯이 하며 장차 잃을 듯이 한다.〔孝子如執玉, 如奉盈, 洞洞屬屬然, 如弗勝, 如將失之.〕"라고 하였다.

간담을 싸늘하게 식혔다가 활활 불태우기도 하며 마음을 까맣게 태우고 몸을 티끌처럼 여기며 눈물을 흘리다 피눈물을 이루며 목구멍으로 낟알도 삼키지 못하며 병이 들어도 신채(辛菜)를 먹지 않았습니다. 이는 바로 백부(白傅)가 "스스로 깨끗이 하여 몸을 손상시키고자 하여도 몸을 온전히 하여 돌아가는 효에 누가 될까 두렵다.〔欲自潔而毁傷懼虧孝於歸全〕"라고 했던 것입니다.[140] 30년 동안 한결같이 원했던 것은 바로 몸을 버리고 따라 죽는 것이었으나 끝내 멸성(滅性)[141]에 이르지 않았던 것은 천운이었습니다.

그러다가 하늘의 해가 거듭 밝아져서 깊은 원한이 모두 신원(伸寃)되어 영화로운 치제(致祭)와 시호를 받아 은혜로운 빛이 널리 입혀짐에 미쳐서는, 공에게 벼슬하지 못할 의리가 없었는데도 죽을 때까지 깊은 산속에 은거하면서 버려진 것을 스스로 달게 여겨 자기 한 몸을 편안히 하여 그 뜻을 선친께 바쳤으니,[142] 그 마음에 진실로 유감이

140 백부(白傅)가……것입니다 : 백부는 태자소부(太子少傅)를 지냈던 당(唐)나라 시인 백거이(白居易)의 별칭이다. 백거이의 〈소제에 대한 제문〔祭小弟文〕〉에, "자결하여 죽고 싶지만 또 몸을 온전히 하여 돌아가는 효에 누가 될 것이네.〔欲自決以毁滅, 又傷孝於歸全.〕"라고 하였다. '몸을 온전히 하여 돌아가는 효'는 증자(曾子)의 제자인 악정자춘(樂正子春)이 "부모가 자식을 온전히 낳아주셨으니, 자식이 몸을 온전히 하여 돌아가야 효도라고 이를 수 있다. 몸을 훼손하지 않으며 몸을 욕되게 하지 않으면 온전히 한다고 이를 수 있는 것이다.〔父母全而生之, 子全而歸之, 可謂孝矣. 不虧其體, 不辱其身, 可謂全矣.〕"라고 한 데서 온 말이다. 《禮記 祭義》

141 멸성(滅性) : 부모의 상으로 너무 슬퍼한 나머지 목숨을 잃는 것이다. 《예기(禮記)》 〈상복사제(喪服四制)〉에 "너무 슬퍼하여 몸을 훼손해서 생명을 잃지 않게 해야 하니, 이는 죽은 사람 때문에 산 사람을 상하게 하지 않는 것이다.〔毁不滅性, 不以死傷生也.〕"라고 하였다.

없었던 것입니다. 농암(農巖)·삼연(三淵) 두 공과 만난 상황은 조금 다르나 자기 한 몸을 편안히 한 것은 같았으니,[143] 백세의 시간적 거리를 두고서 서로 계합한 것으로, 두 공의 유풍(遺風)에 지음(知音)[144]을 의탁한 것입니다. 후대에 《효우전(孝友傳)》을 편수하는 자가 있다면 반드시 농암·삼연과 주암의 일을 나란히 기술하고 이어서 쓸 것임을 의심할 것이 없습니다.

제가 처음 공을 동쪽 성곽에서 뵈었을 적에 위암공의 변고를 언급하자 공이 비 오듯 눈물을 흘리셨으니, 저는 '옛날 일을 말했기 때문에 우연히 그랬을 뿐이다.'라고 생각하였습니다. 그런데 그 이후에 어느 때고 그렇지 않은 적이 없었고, 《소학》을 개강(開講)하게 되자 글을 읽을 때마다 번번이 오열하여 마치 어린아이가 울부짖고 곡하는 것처럼 해서 비단 〈육아(蓼莪)〉편을 폐할 뿐만이 아니었으니,[145] 이것이

142 자기……바쳤으니 : 자신의 분수상 마땅히 지켜야 할 의리에 편안하여 그 뜻을 선인에게 진달함을 말한다. 《서경》 〈상서(商書) 미자(微子)〉에 "스스로 의리에 편안하여 사람마다 스스로 선왕에게 뜻을 바칠 것이다.〔自靖, 人自獻于先王.〕"라고 한 것을 원용한 것이다.

143 농암(農巖)·삼연(三淵)……같았으니 : 농암 김창협(金昌協, 1651~1708)과 삼연 김창흡(金昌翕, 1653~1722)은 부친 김수항(金壽恒, 1629~1689)이 기사환국으로 사사되자 모두 영평(永平)에 은거하였으며, 1694년(숙종20)에 부친이 신원되어 두 사람에게 여러 차례 관직이 제수되었으나 모두 사직하고 나가지 않았다.

144 지음(知音) : 상대방이 연주하는 음악의 뜻을 알아듣는다는 뜻으로, 서로의 마음을 알아주는 벗을 비유하는 말이다. 춘추 시대 거문고의 명인인 백아(伯牙)의 연주를 그의 벗인 종자기(鍾子期)만이 알아들었는데, 뒤에 종자기가 죽자 백아는 자신의 연주를 알아들을 사람이 없다 하여 거문고의 현(絃)을 끊고 다시는 연주하지 않았다고 한다. 《列子 湯問》

145 소학을……아니었으니 : 《소학》에는 부모를 모시는 예절과 도리, 옛날 효자의

이른바 '몸을 깨끗이 하여 어버이의 이름을 드러내는 효'라는 것이 아니겠습니까.

중니(仲尼)께서 말씀하시길, "효는 어버이를 섬김에서 시작되고 군주를 섬김에서 중간이 되고 몸을 세움에서 끝마친다."[146]라고 하셨습니다. 공은 효의 시작과 끝에 대하여 스스로 힘을 다한 것이 이와 같이 지극하였으니, 이로 말미암아 보면 군주를 섬기는 것이 어떠했을는지는 미루어 알 수가 있습니다. 만일 그때 선친이 적소(謫所)에서 별세하는 일을 당하지 않아서 일찍 아름다운 명성을 날렸더라면, 나아가서는 법도를 세우고 기강을 펴서 한때의 공적을 세울 수 있었을 것이고, 물러나서는 지조를 온전히 하고 명예를 완전히 하여 백세 뒤에까지 풍교(風敎)를 수립할 수 있었을 것입니다. 그리하여 평탄하든 험난하든 절개를 한결같이 하여 충과 효의 두 미덕을 합해서 위암공의 성법(成法)을 능히 이어 세신(世臣)[147]으로서 의리를 다하고 목숨을 바치고자하는 바람을 끝마칠 수 있었을 것입니다. 그런데 일이 크게 어긋나

고사 등 효와 관련된 내용을 서술한 것이 많기 때문에 이의병이 그 책을 읽을 때마다 오열하였다는 것인데, 《시경》을 읽을 때 〈육아〉편만 읽지 못했던 왕부(王裒)의 고사와 비교하여 이렇게 말한 것이다. 〈육아〉는 《시경》 〈소아(小雅)〉의 편명으로, 돌아가신 부모의 은혜를 생각하고 생전에 제대로 봉양하지 못한 것을 서글퍼하는 내용이다. 진(晉)나라 때의 효자 왕부는 《시경》을 읽다가 〈육아〉편에 이르면 항상 세 번을 반복하고는 눈물을 흘리곤 하였으므로 그의 문인들이 〈육아〉편은 폐하고 읽지 않았다 한다. 《晉書 卷88 王裒列傳》

146 효는……끝마친다 : 이 말은 《효경(孝經)》 〈개종명의장(開宗明義章)〉과 《소학》 〈명륜(明倫)〉에 보인다.

147 세신(世臣) : 대대로 조정을 섬기면서 나라와 휴척(休戚)을 같이 하는 신하를 말한다. 《孟子 梁惠王下》

그렇게 되지 못하자 몸을 감추고 돌아가서 조금도 드러내지 않았으니, 아! 이것이 어찌 천운이 아니겠습니까.

그러나 군주를 섬기는 의리는 어버이를 섬기는 도에서 벗어나지 않으니, 효에 그치는 것이 바로 충에 그치는 것입니다. 위암공이 이미 국가에 충성을 드러내고 어짊을 바쳤으며, 공이 또 집안에서 순히 섬기고 편안하였습니다.[148] 군주와 어버이의 은혜에 보답하여 신하와 자식으로서의 도리를 밝혔으니, 하나의 이치로서 함께 귀결되고 두 절개가 모두 다 거룩하였습니다. 철석(鐵石) 같은 괴로운 마음을 간직하고 대나무・측백나무와 같은 외로운 지조를 힘써서, 세한(歲寒)에 곧은 마음을 드러내고 질풍에 굳은 의표를 높이 세웠습니다. 동시대에는 성대한 아름다움으로 전해지고 후대의 역사에는 훌륭한 공렬로 기재될 것이니, 아, 성대합니다!

제가 공의 문하를 출입한 지 십 수 년에 외람되이 국사(國士)의 대우[149]를 받았습니다. 옆에서 모시던 즐거움과 지우(知遇)의 감동과 귀

148 순히……편안하였습니다 : 송(宋)나라 장재(張載)의 〈서명(西銘)〉에 "살아서는 내 하늘을 순히 섬기고 죽어서는 내 편안하다.〔存吾順事, 沒吾寧也.〕"라고 한 말을 원용한 것이다. 주희(朱熹)가 이에 대하여 해설하기를 "효자의 몸이 살아서는 어버이를 섬김에 그 뜻을 어기지 않을 뿐이요, 죽어서는 편안하여 어버이에게 부끄러움이 없는 것이다.〔孝子之身, 存則其事親也不違其志而已, 沒則安而無所愧于親也.〕"라고 하였다. 《朱子大全 卷52 答吳伯豐》

149 국사(國士)의 대우 : 후한 대우를 말한다. 전국시대 진(晉)나라의 신하였던 예양(豫讓)은 처음에 범씨(范氏)와 중항씨(中行氏)를 섬겼고 나중에 지백(智伯)을 섬겼다. 조양자(趙襄子)가 지백을 멸망시키자 예양은 지백을 위해 조양자를 살해하려고 자객이 되었는데, 조양자가 예양을 붙잡고서 '어째서 범씨와 중항씨를 위해서는 보복하지 않고 지백을 위해서만 보복하는가'를 묻자, 예양이 "신이 범씨와 중항씨를 섬겼을 적에 범씨

에 대고 도의(道義)를 말씀해주시던 가르침과 마음으로 산수의 경치를 감상하던 정취와 출처행장(出處行藏)의 도리로써 안신입명(安身立命)하는 방도와 작은 집을 마주하고서 산림에서 함께 살기를 10년 동안 기약하였다가 이루지 못하고서 천고의 한을 품게 된 것과 같은 것들은, 이를 다 기술하려 한다면 하인을 여러 번 바꾸고 글을 여러 장 쓰더라도 다하기 어려울 것입니다. 다만 공께서 충과 효를 다하려 애썼던 것으로서 제 작은 마음에 남아있는 것을 서술하여 소매를 펼쳐 궤연의 아래에서 말씀드리나, 질병으로 정신이 어지러워 글로 이 뜻을 다 나타내지 못합니다. 마음속으로 잊지 못하고 그리워함이 유명(幽明)을 관통한다면 지성(至誠)으로 감동함이 있을 것이니, 혹시라도 이 잔을 물리치지 마소서. 아, 슬픕니다!

와 중항씨는 나를 보통사람으로 대우하였으므로 나도 보통사람으로 보답하였고, 지백은 나를 국사로 대우하였으므로 나도 국사로 보답하는 것입니다.〔臣事范、中行氏, 范、中行氏衆人遇我, 我故衆人報之; 智伯國士遇我, 我故國士報之.〕"라고 대답한 데에서 온 말이다.《史記 卷86 刺客列傳》

박원득[150]에 대한 제문 병자년(1816, 순조16)

祭朴元得文 丙子

아, 슬픕니다! 대순(大舜)이 오교(五教)를 펴고[151] 공자가 오도(五道)를 말함[152]에 붕우(朋友)의 사귐이 그 중 하나를 차지하였으니, 붕우는 천속(天屬 천륜으로 맺어진 관계)의 친척은 아닌데도 군신(君臣)·부자(父子)·부부(夫婦)·형제(兄弟)의 사이에 반열된 것은, 군신·부자·부부·형제의 도(道)는 붕우간의 강습이 아니면 밝아지지 못하고

150 박원득 : 박종여(朴宗輿, 1766~1815)로, 자는 원득(元得), 호는 냉천(冷泉), 본관은 반남(潘南)이다. 홍직필의 스승인 근재(近齋) 박윤원(朴胤源)의 아들로, 홍직필과 교분이 깊어 학문을 논한 왕복 서신이 많았다. 음보(蔭補)로 강릉 참봉(康陵參奉)에 제수되고 벼슬이 서흥 부사(瑞興府使)에 이르렀다. 대사헌에 추증되었다. 문집으로는 증손 박정양(朴定陽)이 편집한 《냉천유고(冷泉遺稿)》가 있다.

151 대순(大舜)이 오교(五教)를 펴고 : 오교는 '다섯 가지 가르침'으로, 부자유친(父子有親)·군신유의(君臣有義)·부부유별(夫婦有別)·장유유서(長幼有序)·붕우유신(朋友有信)의 오륜을 말한다. 《서경》〈순전(舜典) 고요모(皐陶謨)〉에 "설(契)아, 백성이 친목하지 않고 오품(五品)이 순하지 않으므로 너를 사도(司徒)로 삼으니, 공경히 다섯 가지 가르침을 펼치되 너그러움에 있게 하라.〔契! 百姓不親, 五品不遜, 汝作司徒, 敬敷五教在寬.〕"라고 하였다.

152 공자가 오도(五道)를 말함 : 오도는 '다섯 가지 달도(達道)'인바, 이 역시 오륜을 말한다. 《중용》에 "천하의 달도가 다섯 가지인데 이를 행하는 것은 세 가지이다. 군신간·부자간·부부간·형제간·붕우간의 사귐이 다섯 가지는 천하의 달도요, 지·인·용 세 가지는 천하의 달덕이니, 이를 행하는 것은 하나이다.〔天下之達道五, 所以行之者三. 曰君臣也、父子也、夫婦也、昆弟也、朋友之交也五者, 天下之達道也; 智、仁、勇三者, 天下之達德也. 所以行之者一也.〕"라고 하였다.

도가 밝지 못하므로 행해지지 못하기 때문입니다. 이 때문에 붕우가 인륜에 있어서 그 정의(情誼)가 가벼운 듯하나 관계된 바가 매우 중요하고, 그 교분(交分)이 소원한 듯하나 연관된 바가 매우 중한 것이니,[153] 이는 바로 하늘이 편 것이요 사람이 할 수 있는 바가 아닙니다.[154]

예로부터 사귐의 도를 말하는 자들은 반드시 관중(管仲)과 포숙아(鮑叔牙)[155]을 말하나 이들은 행적을 통해 상대의 심정을 헤아렸던 것이고, 또 반드시 백아(伯牙)와 종자기(鍾子期)[156]를 말하나 이들은 연주하는 소리를 듣고서야 마음을 알았던 것이니, 이 또한 지극한 것이

153 붕우가……것이니 : 《주자어류(朱子語類)》 권13 〈학칠(學七) 역행(力行)〉에 "붕우는 인륜에 있어서 관계된 바가 지극히 중하다.〔朋友之於人倫, 所關至重.〕"라고 보인다.

154 하늘이……아닙니다 : 《주자대전(朱子大全)》 권81 〈황중본의 붕우설에 쓴 발문(跋黃仲本朋友說)〉에 "사람의 큰 윤리는 그 구별이 다섯 가지가 있는데, 예로부터 성현들이 모두 '이는 하늘이 편 것이요 사람이 할 수 있는 바가 아니다.'라고 하였다.〔人之大倫, 其別有五, 自昔聖賢皆以爲天之所敘而非人之所能爲也.〕"라고 보인다.

155 관중(管仲)과 포숙아(鮑叔牙) : 관중과 포숙아는 모두 춘추시대 제(齊)나라의 어진 신하들로, 빈천했을 적부터 부귀해졌을 때까지 그 우정이 변함없었다. 젊었을 적 함께 장사를 했는데 관중이 포숙아보다 이윤을 더 많이 챙겼으나 포숙아는 관중이 빈곤하다 하여 이를 이해해주었고, 훗날에는 포숙아가 제나라 환공(桓公)에게 관중을 추천하여 그를 정승으로 삼게 하였다.

156 백아(伯牙)와 종자기(鍾子期) : 백아는 춘추시대 거문고 명인이었는데 그의 벗 종자기는 청음(聽音)에 조예가 깊어 벅아가 높은 산을 염두에 두고 연주하면 다른 사람들은 알아듣지 못했으나, 종자기는 "좋구나, 높고도 험한 것이 태산과 같구나.〔善哉! 峨峨兮若泰山!〕"라고 하였으며, 흐르는 물을 염두에 두고 연주하면 종자기는 "좋구나, 양양한 흐름이 강하와 같구나.〔善哉! 洋洋兮若江河!〕"라고 하였다. 뒤에 종자기가 죽자 백아는 거문고 소리를 알아들을 사람이 없다 하여 거문고의 현(絃)을 끊고 다시는 연주하지 않았다고 한다. 《列子 湯問》

아닙니다. 어찌 말하지 않아도 마음으로 깨닫고 일이 있기도 전에 생각이 합했던 저와 공의 관계와 같겠습니까. 사광(師曠)이 오음(五音)을 조율함[157]과 역아(易牙)가 오미(五味)를 조리함[158]으로도 저와 공의 화합함을 비유할 수 없습니다. 이 때문에 서로 체득하고 자뢰한 것이 마치 형체에 그림자가 따르고 소리에 메아리가 응하는 것과 같았으니 이러한 지가 이제 30년이 되었습니다. 그런데 지금은 형체가 사라졌으니 그림자가 어디에 붙겠으며, 소리가 끊어졌으니 메아리가 어디에 답하겠습니까. 공께서 진정 돌아가신 것입니까? 저는 진정 살아있는 것입니까? 살아서도 즐거움이 없다면 그 삶은 죽은 것과 마찬가지이고 죽어서도 지각이 있다면 그 죽음은 산 것과 마찬가지입니다. 그렇지만 저는 유명(幽明)의 연고에 통달하지 못하였고 생사(生死)의 이론을 알지 못하니,[159] 장차 누구에게 묻는단 말입니까?

아! 제가 선선생(先先生)[160]의 문하에 나아갔을 때, 당시 저는 겨우 약관을 넘긴 나이였습니다. 어리고 몽매하여 걸음걸이와 대답에만 신

157 사광(師曠)이 오음(五音)을 조율함 : 사광은 춘추시대 진(晉)나라의 악사로, 음률을 잘 알았다. 《맹자》 〈이루 상(離婁上)〉에 "사광의 귀밝음으로도 육율을 쓰지 않으면 오음을 바로잡지 못한다.〔師曠之聰, 不以六律, 不能正五音.〕"라고 보인다.

158 역아(易牙)가 오미(五味)를 조리함 : 역아는 춘추시대 제(齊)나라 환공(桓公)의 신하로, 음식을 잘 만들고 맛을 잘 알기로 유명하였다. 《孟子 告子上》《列子 說符》

159 유명(幽明)의……못하니 : 《주역》 〈계사전 상(繫辭傳上)〉에 "위로는 천문을 관찰하고 아래로는 지리에서 살피기 때문에 유명의 연고를 안다. 시작을 근원하여 종에 돌이켜 연구하기 때문에 생사의 이론을 안다.〔仰以觀於天文, 俯以察於地理, 是故 知幽明之故. 原始反終, 故知生死之說.〕"라고 하였다. '유명'은 어두운 저승과 밝은 이승을 가리킨다.

160 선선생(先先生) : 박종여의 선친인 근재(近齋) 박윤원(朴胤源)을 가리킨다.

중을 기할 뿐 도와 학업을 전수받는 것에 종사할 줄은 알지 못하였습니다. 그런데 다행히 공이 함장(函丈 스승의 자리)에서 주선하면서 저를 은혜와 성신(誠信)으로 대하고 의리로 인도해주셨으니, 입설(立雪)[161] 한 뒤에 취사할 줄을 다소 알게 된 것은 공에게서 터득한 바가 많았습니다.

아! 기미년[162]은 어떤 해입니까. 들보가 갑자기 꺾여[163] 부음을 받고 새벽에 달려가니 공의 손가락에서는 피가 철철 흐르고 있었습니다.[164] 서로 껴안고 곡하여 울부짖으며 혼절한 것이 여러 번이었습니다. 이어서 장례가 끝남에 아름다운 음성이 영원히 끊겨 은미한 말씀이 점점 아득해지니, 길을 잃고 방황함에 가서 의지할 곳이 없어진 것이요, 다만 덕을 상고하고 학업을 물을 곳이 없어진 것일 뿐만이 아니었습니다.

161 입설(立雪) : '정문입설(程門立雪)'의 준말로 스승의 문하에 처음 들어감을 뜻한다. 송(宋)나라 유작(游酢)과 양시(楊時)가 처음 정이(程頤)를 뵈었는데, 정이가 눈을 감고 오랫동안 명상에 잠겨 있었다. 두 사람은 스승을 공경한 나머지 물러간다고 말씀드릴 수가 없어 그대로 서있었고, 얼마 후 정이가 눈을 떠서 두 사람을 보고는 귀가하라고 하였는데 문밖에 눈이 한 자나 쌓여 있었다 한다.《宋史 卷428 楊時列傳》

162 기미년 : 박윤원의 몰년인 1799년(정조23)을 가리킨다.

163 들보가 갑자기 꺾여 : 스승의 죽음을 말한다. 공자가 자신이 별세할 꿈을 꾸고 아침에 일찍 일어나 뒷짐을 지고 지팡이를 짚은 채 문 앞에서 한가로이 거닐며 노래하기를 "태산이 무너지겠구나. 들보가 꺾이겠구나. 철인이 죽게 되겠구나.〔泰山其頹乎! 梁木其壞乎! 哲人其萎乎!〕"라고 한 데서 온 말로, 이후로 태산이 무너지고 들보가 꺾임은 스승이나 철인의 죽음을 의미하게 되었다.《禮記 檀弓上》

164 공의 …… 있었습니다 : 부모의 병환이 위중할 때에는 자식이 단지(斷指)하여 그 피를 마시게 하므로 이런 일이 있었던 것이다.

그러나 효성스런 아들이 집안을 잘 계승하여 대문과 담장이 텅 비지 않게 되었으니, 빛나는 가르침을 이어받아 밝힘에 사도(斯道)를 계속 들을 수 있었습니다. 이 때문에 저의 발자취가 소원해지지 않았던 것입니다. 저는 늘 사계(沙溪)의 신재(愼齋)와 미호(渼湖)의 삼산(三山)이 되기를 공에게 기대하였습니다.[165] 공은 비록 겸허하여 자처하지 않으셨으나 거상(居喪)할 적에 이척(易戚)의 실제[166]를 다하였고 마음을 보존함에 인(仁)과 예(禮)의 요체를 세웠으며 말과 행실이 서로 부합함에 법도로 기준하였으니, 남을 대하고서 말하지 못할 일이 단 하나도 없었습니다.[167] 비록 전철(前哲) 중에서 내면을 닦는 일을 오로지 했던 분이라도 어찌 이보다 더할 수 있겠습니까.

매번 난실(蘭室)에 들어가 훌륭한 모습을 뵐 때면 자연히 믿어지고 감동되어서 황홀하게 마치 노성(老成)의 전형을 뵙는 듯하여 산이 무

165 사계(沙溪)의……기대하였습니다 : 선친의 학문을 계승하는 아들이 되기를 바랐다는 말이다. 사계는 김장생(金長生)이고 신재는 김장생의 아들인 김집(金集)으로 호가 신독재(愼獨齋)이며, 미호는 김원행(金元行)이고 삼산은 김원행의 아들인 김이안(金履安)으로 호가 삼산재(三山齋)이다.

166 이척(易戚)의 실제 : 상례에서의 외적 형식인 예문(禮文)과 내적 진정성인 슬픔을 말한다. 《논어(論語)》〈팔일(八佾)〉에, 임방(林放)이 예(禮)의 근본을 묻자 공자가 대답하기를, "예는 사치하기보다는 차라리 검소한 것이 낫고, 상은 형식적으로 잘 다스리기보다는 차라리 슬퍼하는 것이 낫다.〔禮與其奢也, 寧儉; 喪與其易也, 寧戚.〕"라고 한 데서 온 말이다.

167 남을…… 없었습니다 : 떳떳하지 못한 일을 한 적이 없음을 말한다. 사마광이 말하기를, "내가 남보다 나은 것이 없지만 다만 평소 행한 바가 일찍이 남을 대하여 말할 수 없는 것은 없다.〔吾無過人者, 但平生所爲, 未嘗有不可對人言者耳.〕"라고 하였는데, 이 말을 원용한 것이다. 《心經附註 卷1》

너진 긴 그리움[168]을 위로할 수 있었습니다. 공 또한 저를 형편없다 여기지 않고서 '천하의 이치를 열람하고 천하의 일을 논할 만하다'고 생각하시어 천인(天人)의 성명(性命)의 근원, 고금(古今)의 치란(治亂)의 근본, 삼백·삼천 가지의 상례(常禮)와 변례(變禮), 군자·소인의 진퇴소장(進退消長)의 기미, 집안에서 날로 쓰는 떳떳한 본체,[169] 어묵동정(語默動靜)의 절도 등을 거침없이 논하여 양단(兩端)을 다하셨습니다. 서로의 견해가 부합하기도 하고 서로 각자의 의견을 견지하기도 하였으나 끝내 난만(爛漫)하게 의견이 합치되어 빙그레 웃곤 하였으니, 요컨대 이치가 순하게 되고 얼음이 풀리듯이 된 연후에야 그만두었던 것입니다. 마음과 마음이 서로 밝게 비추고 일과 일이 서로 보완되어 백 년 동안의 금란(金蘭)의 우호[170]는 있고 한 마디의 종률(鍾律)의 어긋남[171]은 없음이 이와 같았으니, 어찌 한마디 말로 다 할 수

168 산이……그리움 : 돌아가신 스승을 그리워함을 말한다. '산이 무너짐'에 대해서는 386쪽 주163 참조.

169 집안에서……본체 : 집안에서 일상적으로 시행하는 예(禮)의 근본을 말한다. 주희(朱熹)의 〈가례서(家禮序)〉에, "무릇 예에는 근본이 있고 형식이 있다. 집에서 시행하는 것으로 말하면, 명분의 지킴과 경애의 실제가 그 근본이고, 관혼상제의 의장(儀章)과 도수(度數)는 그 형식이다. 그 근본은 집안에서 날로 쓰는 떳떳한 본체이니 진실로 하루라도 닦지 않으면 안 된다.〔凡禮有本有文. 自其施于家者言之, 則名分之守、愛敬之實, 其本也; 冠昏喪祭儀章度數者, 其文也. 其本者, 有家日用之常體, 固不可以一日而不修.〕"라고 한 데서 온 말이다.

170 금란(金蘭)의 우호 : 금란은 금란지교(金蘭之交)의 준말로 깊은 우정을 말한다. 《주역(周易)》 〈계사전 상(繫辭傳上)〉의 "두 사람이 마음을 같이하면 그 날카로움이 쇠도 자를 수 있다. 마음을 함께 하는 말은 그 향기로움이 난초와 같다.〔二人同心, 其利斷金. 同心之言, 其臭如蘭.〕"라는 말에서 온 것이다.

171 종률(鍾律)의 어긋남 : 북송 때의 촉공(蜀公) 범진(范鎭)과 사마온공(司馬溫公)

있겠습니까.

아! 선선생의 높은 덕과 올바른 학문은 진실로 이미 한 세상의 유종(儒宗)이 되었고, 지키신 대의(大義)는 천지(天地)에 우뚝하고 일월(日月)처럼 빛나서 천성(千聖)에게 질정하고 백세(百世)를 기다릴 수 있었습니다. 천지의 법도가 이에 힘입어 실추되지 않았으나 종신토록 자정(自靖)[172]하여 조금도 자신을 세상에 드러내지 않으셨습니다. 이 때문에 덕을 아는 자가 드무니 누가 그 진실을 알겠습니까. 생각건대 지금과 후세에서 이분을 본받는 것은 한 권의 《실기(實記)》[173]에 의해 가능할 것입니다. 효자의 지극한 심정으로 자신이 보고 들은 바를 기술하여, 비유하면 터럭만큼의 차이도 없이 성인(聖人)을 모사해낸 〈향당(鄕黨)〉 한 편과 같으니, 진실로 선생의 전체(全體)와 대용(大用)을 구하고자 한다면 《실기》를 버려두고 무엇으로써 하겠습니까. 이것으

즉 사마광(司馬光)은 서로 교분이 두텁고 모든 논의에 있어서 의견이 일치하였는데, 유독 종률(鍾律)의 제도에 있어서는 서로 의사가 맞지 않아 수일을 논쟁하였으나 끝내 의견이 합치되지 못하였다고 한다.

172 자정(自靖) : 은(殷)나라 태사(太師)인 기자(箕子)가 주왕(紂王)의 서형(庶兄)인 미자(微子)에게 "스스로 의리에 편안하여 사람마다 스스로 선왕(先王)에게 뜻을 바칠 것이니, 나는 떠나가 은둔함을 돌아보지 않겠다.〔自靖, 人自獻于先王, 我不顧行遯.〕"라고 한 데서 온 말로, 본래는 스스로 의리에 맞게 처신하여 그 처지를 편안하게 여긴다는 뜻인데, 후세에는 은둔하여 지조를 지킴을 가리키는 말로 많이 사용하였다. 《書經 微子》

173 실기(實記) : 박종여가 선친 박윤원의 언행을 기록한 《근재실기(近齋實記)》를 말한다. 홍직필이 쓴 〈제근재선생실기후(題近齋先生實記後)〉에 의하면 당시 초고는 완성되었던 것으로 보이나 간행되지는 못하였고, 현재는 관계 기록만 각 문집에 산발적으로 발견될 뿐이다.

로 이미 충분한데도 공은 "부자간의 천륜에서 나오고 말로 전함에 해당되어서 영원한 후세에 징험하고 믿게 할 수 없다."라 하고, 또 제가 선선생을 모신 지 오래되었다고 하여 덕(德)을 기록한 글[174]을 짓게 하였습니다. 돌아보건대 불초한 제가 어찌 이 부탁을 감당하겠습니까. 사양하였으나 허락을 얻지 못하여 오랜 뒤에 명을 따랐으니, 학문과 식견이 진취되기를 기다려 비로소 쓸 수 있게 된 것이었는데 갑자기 공의 상(喪)을 만났습니다. 인사(人事)를 헤아리기 어려움이 이와 같이 지극한 데에 이를 줄을 누가 생각이나 했겠습니까. 조만간 이 행장을 완성하더라도 시정할 곳이 없으니, 이것이 더욱 천고(千古)에 한이 되는 것입니다.

유고(遺稿) 전체는 선선생의 도학과 문장과 절의 세 가지가 실려 있는 것입니다. 마땅히 오래도록 전하여 없어지지 않도록 해야 하는데 이는 또한 공이 저에게 간곡히 부탁하신 일입니다. 중복된 내용을 삭제하고 오류를 바로잡아 깨끗이 정리하여 책을 만드는 일은 한 사람의 손과 눈으로 마칠 수 있는 일이 아닙니다. 전집(全集)의 초고를 책상에 높이 모셔놓고 있으니, 누구에게 가서 의논하겠습니까? 사우들에게 질정받자니 절충할 곳이 없을까 염려되고, 제 생각대로 취사하자니 독단하는 것이 될까 두렵습니다. 이제 간행하는 일은 두서가 잡혔지만 삭제하고 기술함은 끝낼 기한이 없으니, 유편(遺編)을 끌어안고 탄식하지 않은 적이 없어서 구원(九原)에 계신 분을 일으켜 세울 수 없음을 애통해 합니다. 가령 판각에 들어가더라도 혹시 완전하게 하지 못한다

174 덕(德)을 기록한 글 : 행장을 이른다. 박윤원의 행장은 《매산집》 권49에 실려 있다.

면 어찌 평소에 정중히 부탁하신 공의 뜻에 부합하는 것이겠습니까. 이것이 밤낮으로 답답해하는 바이나 누구와도 말할 사람이 없습니다. 이 두 가지는 공이 평소 고심을 다한 것이니, 반드시 사라지지 않은 영혼이 있어서 구천(九泉)에서도 잊지 못하고 계실 것입니다. 바라건대 밝은 영령은 자면서 감통하는 때에 경계와 깨우침을 묵묵히 내려주어 저로 하여금 따라야 할 바에 혼미하지 않게 해주실 수 있겠습니까?

아! 선선생은 자기 한 몸의 출처로 백대의 풍교(風教)를 수립하셨는데, 공은 연원(淵源)에 물들고 평소 집안에서 가르침을 받아 이러한 의리가 있음을 오래전부터 아셨습니다. 일명(一命)의 벼슬이 내려지자 공은 저에게 거취를 의논하셨는데 저는 제일(第一)의 의리를 들어 '이것이 공의 집안의 가법입니다.'라고 하였더니 공은 마음으로 분명히 깨닫고 거슬려하지 않았습니다. 그러나 첫 벼슬에 있어서는 그것이 임금이 은혜를 미룬 데에서 나온 것[175]이라는 이유로, 그 뒤에는 지조를 온전히 지키기가 어렵다는 이유로 출사하여 왕명에 응하였으니, 이는 부득해서였습니다. 이미 몸을 깨끗이 하여 인륜을 어지럽히지 않았고 의(義)를 잊고 녹봉을 구하지도 않았으니,[176] 진실로 이른바 '군자가

175 첫……것 : 박종여는 어버이가 모두 별세한 뒤에는 과거공부를 폐지하였는데, 1803년(순조3) 처음으로 강릉 참봉(康陵參奉)에 제수되었는바, 이는 숙부 충헌공(忠獻公) 박준원(朴準源)으로 인하여 추은을 받은 것이었다. 《梅山集 卷39 瑞興府使朴公墓誌銘》

176 몸을……않았으니 : '몸을 깨끗이 하여 인륜을 어지럽힘'은 벼슬하지 않고 은둔하여 군신유의(君臣有義)의 인륜을 어지럽히는 것이고, '의를 잊고 녹봉을 구함'은 일의 가부나 몸의 거취를 따져보지 않고 구차히 벼슬하여 부귀를 탐하는 것이다. 《論語集註 微子》

벼슬하는 것은 의를 행하는 것이다'[177]라는 것입니다. 어찌 구차히 그런 것이겠습니까. 제가 끝내 감히 만류하지 못한 것은 이 때문이었습니다. 공이 마지못해 녹사(祿仕 녹봉을 위해 벼슬함)를 한 것은 면례(緬禮)를 하고 문고(文稿)를 간행하는 두 가지 일이 남아 있기 때문이었습니다. 그런데 두 일 모두 성취하지 못하고서 구천으로 돌아가 큰 조화를 따라 아득히 사라져서 마치 듣고 봄이 없는 듯이 하시니, 이 어째서입니까? 이 어째서입니까?

예전에 백악산 아래로 공을 찾아갔었는데 당시에 누런 국화가 뜰에 가득하였습니다. 제가 '동쪽 울 밑에 가을색이 참 아름답다'고 하니 공은 즉시 제 뜻을 알고 "덕양(德陽)의 동각(東閣)에도 누런 국화가 있다네." 하시고는 저를 보고 한번 웃으셨습니다. 그런데 끝내 한 달이 못 되어 벼슬을 버리고 돌아오셨으니, 이 어찌 도연명(陶淵明)의 '구름은 무심히 산골짝에서 나온다'는 말에 감동함이 있었던 것이 아니겠습니까.[178] 서로 독실하게 믿었음을 여기에서도 알 수 있습니다.

저 같은 사람은 참으로 말할 만한 출처와 진퇴가 없지만 일찍이 장자(長者)의 유풍을 곁에서 들었고 또 선선생의 말씀을 받들어서 평소

177 군자가……것이다 : 《논어》 〈미자(微子)〉에 보이는 자로(子路)의 말이다.

178 제가……아니겠습니까 : 홍직필이 도연명 즉 도잠(陶潛)의 시를 들어 은거할 것을 권하자 박종여가 처음에는 은근히 거부하였다가 끝내는 벼슬을 그만 두었던 것이다. '동쪽 울 밑에 가을색이 참 아름다움'은 도연명의 시 〈음주(飮酒)〉의 "동쪽 울 밑에서 국화를 따다가 한가로이 남산을 바라본다.〔採菊東籬下, 悠然見南山.〕"라는 구절을 원용한 것이다. '덕양'은 경기도의 지명이고, '동각'은 지방 수령의 관아를 말하는바, 박종여는 고양 군수를 지낸 바 있다. '구름은 무심히 산골짝에서 나옴'은 도연명의 〈귀거래사(歸去來辭)〉의 한 대목이다.

공과 끝까지 연구하였으니, 이것이 바로 이른바 제일의 의리입니다. 그러다가 두 번째 제수의 명을 받고서는 집안의 분부에 떠밀려 허둥지둥 한번 출사하고 말았으니, 이 제일의 의리로 헤아려보건대 남김없이 파괴된 것입니다. 훗날 지하에 돌아가 선선생을 배알할 면목이 없게 되었고 김밀옹(金密翁)[179]에게 부끄러움이 또한 컸습니다.

급히 공에게 편지를 보내 이 뜻을 말씀드렸더니 공은 청송(聽松)이 한번 은명(恩命)에 사례하였던 일[180]과 녹문(鹿門)이 오랫동안 궁함(宮啣)에 매여 있었던 일[181]을 가지고 말씀해주셨습니다. 그러나 어찌 녹봉을 위한 벼슬도 아니고 도를 행하기 위한 벼슬이 아니면서 쉽게 출사

179 김밀옹(金密翁) : 밀암(密庵) 김지행(金砥行 1716~1774)으로, 자는 유도(幼道), 호는 밀암, 본관은 안동(安東)이다. 병계(屛溪) 윤봉구(尹鳳九)의 문하에서 수학하였고 공주(公州) 계실곡(溪室谷)에 은거하며 학문을 닦았다. 박윤원의 스승이기도 하다. 홍직필은 박윤원의 문하에 있으면서 김지행의 풍모를 익숙히 들었다고 회상한 바 있다.《梅山集 卷17 答朴伯如》

180 청송(聽訟)이……일 : 청송은 성수침(成守琛, 1493~1564)으로, 자는 중옥(仲玉), 호는 청송·죽우당(竹雨堂)·파산청은(坡山淸隱)·우계한민(牛溪閒民), 본관은 창녕(昌寧)이며, 우계 성혼(成渾)의 부친이다. 조광조(趙光祖)의 문인으로, 1519년(중종14) 기묘사화(己卯士禍)에 스승 조광조가 처형되고 많은 선비가 화를 당하자 두문불출하고 백악산 아래에 청송당을 짓고 은거하였다. 1541년 유일(遺逸)로 천거되어 후릉 참봉(厚陵參奉)에 제수되었으나 사은만 하고 출사하지는 않았다.《明宗實錄 18年 12月 26日》

181 녹문(鹿門)이……일 : 녹문은 임성주(任聖周, 1711~1788)로, 자는 중사(仲思), 호는 녹문(鹿門), 본관은 풍천이다. 1733년(영조9) 사마시에 합격하였으며, 1750년 세자익위사 세마가 되고 시직으로 승진하였다. 종부시 주부·공조 좌랑·임실 현감 등을 거쳐 1758년 공주의 녹문으로 돌아와 은거하였다. '궁함'은 세자시강원의 관원을 말한다.

하기를 제가 했던 것처럼 한 일이 있었겠습니까. 나아가고 물러남에 근거할 의리가 없고 위와 아래에 모두 미치지 못해서 스스로 전후의 태도가 판연히 달라짐을 면치 못하게 되었으니, 이것이 제가 망연자실하는 까닭입니다. 이치에 밝고 달관(達觀)하신 공으로서 끝내 저를 가르쳐주지 않으신단 말입니까. 어찌하여 한번 가고 돌아오지 않아 마치 강호(江湖)에서 잊은 듯이 하십니까?[182] 한번 만나보고 제 뜻을 말하고 싶어 구천을 가리키며 만날 기약을 하나, 구천에서의 만남을 기약함은 살아있는 사람이 스스로를 위로하는 말일 뿐입니다. 어찌 죽고 난 뒤에 다시 만나서 생전의 사모와 기쁨을 다할 수 있겠습니까. 말하지 않아도 마음이 맞았던 벗이 이미 가버렸기에 말을 하여도 알아줄 사람이 없어서 마음이 답답하니 목이 메어 다시 말할 수가 없습니다.[183] 옛사람이 도끼를 버리고[184] 거문고 줄을 끊었던 것[185]이 어찌 진실

182 마치……하십니까 : 서로의 존재를 완전히 잊음을 말한다. 《장자(莊子)》 〈대종사(大宗師)〉의 "물이 바짝 말라 물고기들이 뭍에 있으면서 서로 입안의 습기를 불어주고 서로 거품으로 적셔 주는 것이 강호에서 서로 잊고 사는 것만 못하다.〔泉涸, 魚相與處於陸, 相呴以濕, 相濡以沫, 不如相忘於江湖.〕"라는 말을 전용(轉用)한 것이다.

183 말하지……없습니다 : 지기를 잃은 슬픔을 표현한 것으로, 이 말은 《세설신어(世說新語)》 〈상서(傷逝)〉에 보이는 다음과 같은 말을 원용한 것이다. "지도림(支道林)은 법건(法虔)을 잃은 후에 정신을 상실하고 풍미를 잃었다. 항상 사람들에게 말하기를 '장석은 영인으로 인해 도끼를 버리고 백아는 종자기로 인해 거문고 줄을 끊어버렸으니, 내 경우를 미루어 다른 사람의 심정을 헤아려 보니 진실로 거짓이 아니구나. 지기가 세상을 떠나니 말을 해도 감상할 이 없구나. 마음이 답답하니 나는 장차 죽을 것이다.'라고 하였다. 1년 뒤에 지도림이 죽었다.〔支道林喪法虔之後, 精神實喪, 風味轉墜. 常謂人曰: 昔匠石廢斤於郢人, 牙生輟絃於鍾子, 推己外求, 良不虛也. 冥契旣逝, 發言莫賞. 中心蘊結, 余其亡矣! 卻後一年, 支遂殞.〕"

184 도끼를 버리고 : 《장자(莊子)》 〈서무귀(徐无鬼)〉편에 보이는 '운근성풍(運斤成

이 아니겠습니까.

아! 기억하건대 옛날에 공이 고을의 수령이 되어 부임할 적에 전별의 뜻으로 한마디 말을 해주기를 원하시므로 제가 '일마다 하나의 옳을 「시」 자를 찾아 구해야 한다〔事事尋求一箇是〕'는 말로 권면하였습니다. 그랬더니 공은 이것을 일곱 글자의 부절(符節)로 삼아서 종신토록 실천하려고 하셨습니다. 그런데 다 실천하지도 못한 채 공이 갑자기 여기에 이른단 말입니까. 다시 이것으로 제 자신을 권면하여 이로써 충심으로 고해주고 잘 인도해주던 공의 지극한 마음에 부응하려 할 뿐입니다.

아! 청명(淸明)하고 화락함은 공의 아름다운 자질이요, 인자하고 효도하고 성실함은 공의 순수한 행실이며, 털끝처럼 세미한 데에서 시비를 분석함은 언론의 정직함이요, 기미의 즈음에서 선과 이익을 신중히 구분함은 심법의 엄밀함입니다. 이치에 대하여 정견(定見)이 있어서 치수(淄水)와 민수(澠水)를 반드시 구별하고,[186] 뜻이 지키는

風)'의 고사를 원용한 것이다. 장자가 벗이었던 혜시(惠施)의 묘소를 지나다가 그를 회고하며 종자(從者)에게 들려주었던 이야기로, 그 대략은 다음과 같다. 영(郢) 땅 사람이 자신의 코끝에 파리의 날개만큼 백토(白土)를 얇게 바르고, 장석(匠石)으로 하여금 이것을 깎아내게 하자 장석이 도끼를 휘둘러 바람을 일으켜 백토를 깎아내었는데 영 땅 사람은 코끝의 백토를 깎아 내도록 내맡겨 두고 조금도 움직이지 않았다. 뒤에 송 원군(宋元君)이 그 말을 듣고는 장석을 불러 시연하게 하였는데, 장석이 "예전에는 잘했지만 지금은 나의 짝이 죽은 지 오래입니다.〔臣則嘗能斲之, 雖然臣之質死久矣.〕"라고 대답하였다.

185 거문고……것 : 자세한 내용은 379쪽 주144 참조.

186 치수(淄水)와……구별하고 : 치수와 민수는 모두 산동성 지경에 있는 물 이름이다. 두 물의 맛이 서로 다르지만 섞어 놓으면 맛을 구분하기가 어려운데 맛을 잘 감별하

바가 있어서 금석처럼 변치 않았으니, 이는 식견과 조행(操行)이 이미 밝고 확고한 것이었습니다. 학술은 세도에 생용(笙鏞)이 될 만하였고, 문장은 왕의 계책에 보불(黼黻)이 될 만하였으니,[187] 이로써 세상에 행하였다면 누가 감히 공과 우위를 다투었겠습니까. 그런데도 공은 스스로를 부족하게 여겨서 안으로 온축하고 밖으로 드러내지 않아 공손하고 신실하게 하여 마치 아무 것도 모르고 하나도 잘하지 못하는 것처럼 하셨습니다. 그리하여 뜻을 낮추고 머리를 굽혀서 가시나무에 깃들었는데[188] 오히려 자신이 직임에 걸맞지 못하여 분우(分憂)[189]에 적합하지 않을까 걱정해서 늘 다스리는 방법에 신중을 기하여 거의 침식을 모두 잊고 몸에 고질병이 있는 것도 잊을 정도였습니다. 사람들은 공의 마음 씀이 지나치게 수고로운 것을 걱정하기도 하였으나 끝내 고치지 않으셨으니, 이 어찌 다만 이 세상에 드문 것일 뿐이겠습니까. 옛 선현 중에서 찾아보더라도 찾기 어려울 것입니다.

오은지(吳隱之)[190]의 맑은 지조를 더욱 힘쓰고 촉 문옹(蜀文翁)[191]의

는 역아(易牙)는 이를 구분했다고 한다. 《列子 說符》

187 학술은……만하였으니 : 학술과 문장이 모두 임금을 보좌할 만하였다는 말이다. 생용은 생황(笙簧)과 대종(大鐘)으로 임금의 음악을 연주할 때에 쓰는 악기이며, 보불은 임금의 예복 하의에 도끼와 '아(亞)'자 모양으로 수를 놓은 것을 말한다. 《書經 益稷》

188 가시나무에 깃들었는데 : 현자가 낮은 지위에 있음을 말한다. 후한(後漢)의 고성영(考城令) 왕환(王渙)이 구람(仇覽)을 주부(主簿)로 임명하려다가 그의 그릇이 큰 것을 보고서 "가시나무는 봉황이 깃들 곳이 아니니, 100리의 지역이 어떻게 대현이 있을 곳이겠는가.〔枳棘非鸞鳳所棲, 百里豈大賢之路?〕"라고 탄식한 데에서 온 말이다. 《後漢書 卷76 循吏列傳 仇覽》

189 분우(分憂) : 임금의 근심을 나눈다는 뜻으로, 지방관의 직임을 맡은 것을 말한다.

190 오은지(吳隱之) : 진(晉)나라의 청백리로, 광주 자사(廣州刺史)로 부임할 적에

유화(儒化)를 이루려 하였는데, 조물주에게 빼앗김을 당해서 오래할 수 있고 크게 할 수 있는 덕업(德業)마저도 끝마치지 못하고, 끝내 쓸쓸함을 이루었으니, 곧장 하늘에 묻고 혼을 부르고 싶어도 할 수가 없습니다. 하늘의 도는 일정하게 친한 사람이 없어서 항상 선인(善人)을 도와줍니다. 그런데 이른바 수명과 복록이라는 것을 보통사람들도 모두 얻거늘 어째서 공에게만 인색하단 말입니까. 50년 동안 침상에서 한을 품고 있다가 끝내 여관에서 고복(皐復 초혼 의식)을 하여 고아가 관 옆에서 울부짖고 친한 벗들이 부의(賻儀)와 반함(飯含)을 하지 못해서 길 가는 이들도 이 때문에 눈물을 흘렸으니, 이른바 천도라는 것이 있는 것입니까, 없는 것입니까?[192]

아! 선비는 자신을 알아주는 자를 위하여 죽는 법이니, 죽음은 진실로 사양할 수 없는 것입니다. 그렇다면 죽음과 삶으로 갈라지게 된

탐욕을 불러일으킨다는 탐천(貪泉)의 샘물을 떠 마시면서 "옛사람이 말하기를 이 샘물은, 마시자마자 천금만을 생각하게 된다지만, 백이·숙제에게 마시게 해본다면, 끝내 그 마음을 바꾸지 않으리라.〔古人云此水, 一歃懷千金, 試使夷齊飮, 終當不易心.〕"라고 읊었는데, 과연 부임지에서 자신의 청렴한 지조를 잘 지켰다는 고사가 있다. 《晉書 卷90 良吏列傳 吳隱之》

191 촉 문옹(蜀文翁) : 한(漢)나라 경제(景帝) 때 촉군 태수(蜀郡太守)를 지냈는데 태수로 있으면서 저잣거리에 학교를 세우고 부역을 면제시키며 성적이 우수한 자를 관리로 임용하는 등 획기적인 문교 정책을 실시하여 문풍(文風)을 크게 진작시켰다. 《漢書 卷89 循吏傳 文翁》

192 이른바……것입니까 : 이 말은 사마천(司馬遷) 《사기》 권61 〈백이열전(伯夷列傳)〉에 보이는 말인바, 사마천은 이 문장에 앞서 "하늘의 도는 일정하게 친한 사람이 없어서 항상 선인을 도와준다."고 하는 혹자의 말을 인용한 뒤에 이와 어긋나는 사례들을 열거하고서 이 물음을 던졌다.

때에 어찌 차마 정을 잊을 수 있겠습니까. 장생(莊生)과 같은 달관한 자도 혜자(惠子)의 무덤을 지날 때에 오히려 지기를 잃은 슬픔을 느꼈는데[193] 하물며 장생이 되지 못하는 저의 경우는 어떻겠습니까. 무덤가의 풀은 자라기 쉬우나 서글픈 마음은 사라지지 않고,[194] 묘소의 소나무와 오동나무는 두 손으로 잡을 만큼 컸으나 슬픈 마음은 다하지 않으니, 이 슬픔은 이 몸이 다할 때에나 다할 것입니다.

아! 사마(駟馬)가 틈을 지나는 것처럼 빠른 세월은 머물지 않아서 파도가 지나가고 번개가 치는 것처럼 흘러가 버리지만 봄 난초와 가을 국화 같은 아름다운 꽃들은 끊임없이 피어나니, 만약 향기로운 지덕(至德)을 그리워하고 우뚝한 청절(淸節)을 상상한다면 이것으로 '살아서는 뜻을 같이하고 죽어서는 전(傳)을 같이 하겠다'던 저의 소원[195]을 위로할 수 있을는지요? 예(禮)에 따르면 붕우는 도를 함께하는 은혜가 있어 서로 최복을 입고 질대(絰帶)를 하는 법이니, 사(士)는 의최(疑衰)와 소관(素冠)을 하는바,[196] 이는 바로 제가 공에게 베푼 것입니다.

193 장생(莊生)과……느꼈는데 : 장생은 장자이다. 자세한 내용은 394쪽 주183 참조.

194 무덤가의……않고 : 곡을 그쳐야할 시기가 왔는데도 슬픔이 다하지 않았음을 말한다. 《예기》〈단궁 상(檀弓上)〉에 "붕우의 묘소에 해를 넘겨 묵은 풀이 있으면 곡하지 않는다.〔朋友之墓, 有宿草而不哭焉.〕"라고 보인다.

195 살아서는……소원 : 사마광(司馬光)이 범진(范鎭)과 서로 지기가 된 뒤에 "나와 너는 살아서는 뜻을 같이하고 죽어서는 전을 같이 할 것이다.〔吾與子, 生同志, 死當同傳.〕"라고 한 데서 온 말이다. 《宋名臣言行錄 後集 卷5》

196 예(禮)에……하는바 : 《의례(儀禮)》〈상복(喪服)〉 기(記)에 "붕우마(朋友麻)"라고 하였는데, 정현(鄭玄)의 주(註)에 "붕우는 친속이 아니지만 도를 같이 하는 은혜가 있으므로 서로 시마복에 질과 대를 한다.〔朋友雖無親, 有同道之恩, 相爲服緦之絰帶.〕"라고 하였고, 공영달(孔穎達)의 소(疏)에 "이제 이 나라 안에 있으면 조복(弔服)

그런데 이 상복을 벗은 지도 이미 오래되었으니 장차 어디에 저의 슬픔을 부치겠습니까. 행여 신명의 감응이 만약 이승과 저승에 간격이 없다면 아마도 제 마음을 밝게 알고 강림하실 것이니, 공께서는 이 술잔을 물리치지 마소서. 아, 슬픕니다!

에 마질대만 한다.〔今此在國, 相爲弔服麻絰帶而已.〕"라고 하였는바, 이에 따르면 사(士)는 붕우를 위해서 3개월 동안 의최를 입는다.

수우 이공[197]에 대한 제문 정축년(1817, 순조17)

祭守愚李公文 丁丑

아! 하늘이 현자를 내는 것은 자주 있는 일이 아닙니다. 그런데 혹 세대에 드물게 한번 이런 현자가 있으면 반드시 그 재질을 따라 돈독하게 해주어서 심은 것을 북돋아주고 기운 것을 엎어버리니,[198] 이것이 천도의 떳떳한 법칙입니다. 그런데 도리어 이 현자를 꺾고 요절하게 하여 그 생을 없애버린 뒤에야 그쳐서, 수많은 의지와 사업을 끝마치지 못하게 하여 마치 무지개와 신기루가 별안간 나타났다 사라지는 것처럼 해서 자취를 찾을 수 없어 한바탕 희극에 불과하고 말 뿐인 것처럼 하니, 이것은 무슨 이유입니까? 만약 운수와 운명이 정해져 있어서 진정 피할 수 없는 것이라면 애초에 그를 태어나게 하고 훌륭한 자질을 부여한 것은 또 무슨 이치입니까? 이것은 예로부터 지사(志士)들이 원망하고 한탄하던 것인데, 지금 재방(在邦)이 별세함에 대사명(大司命)의 권세를 가진 자[199]에게 더욱 깊은 유감을 느낍니다.

197 수우 이공 : 이승달(李承達, 1762~1814)로, 자는 재방(在邦), 호는 수우(守愚), 본관은 전주이다. 이계(李溎)의 아들로, 홍직필의 처남이다. 종숙인 이송(李淞)의 문하에서 수학하였다. 1803년(순조3) 별시 문과에 급제하고, 벼슬이 지평에 이르렀다. 본집 권39에 묘지명이 실려 있다.

198 반드시…… 엎어버리니 : 훌륭한 사람은 도와주고 나쁜 사람은 꺾어 버린다는 말로,《중용》에 "하늘이 물건을 낼 적에는 반드시 그 재질을 인하여 돈독히 한다. 그러므로 심은 것을 북돋아주고 기운 것을 엎어버리는 것이다.〔天之生物, 必因其材而篤焉, 故栽者培之, 傾者覆之.〕"라고 하였다.

아, 재방이여! 공의 인품은 완성되었다고 할 만하였습니다. 청명(淸明)하고 화락하였으니 어쩌면 그리도 천부(天賦)가 탁월하며, 효도하고 공경하고 화목하였으니 어쩌면 그리도 인륜이 돈독하였습니까. 한마디 말로 국시(國是)를 정할 수 있었으니 견식이 밝고도 발랐던 것이며, 선언(善言)을 올려 임금의 덕을 보필할 수 있었으니 학술이 정밀하고도 해박했던 것입니다. 지절(志節)이 높았으니 범안(犯顏)하고 비린(批鱗)할 수 있었고,[200] 문장이 발랐으니 임금의 계책을 도와 아름답게 꾸밀 수 있었습니다. 은둔하여 지조를 지키면 초야에서 유유자적하면서 완악한 자를 청렴하게 하고 유약한 자를 입지(立志)하게 하는 조행(操行)[201]을 가다듬을 수 있었고, 출사하여 훌륭한 일을 하면 조정에서 예복을 입고서 군주를 높이고 백성을 보호하는 공을 이룩할 수 있었습니다. 이것이 공이 보통사람보다 빼어나 세상에 항상 있지는 않은 자[202]가 되는 이유가 아니겠습니까. 그런데 어찌하여 이 지경에 이르렀단

199 대사명(大司命)의……자 : 인간의 수명을 주관하는 신(神)을 말한다. 《莊子 至樂》

200 범안(犯顏)하고……있었고 : 범안은 인금의 안색에 개의치 않고 바른 말로 직간함을 말하고, 비린은 용의 턱 아래에 거꾸로 난 비늘, 즉 역린(逆鱗)을 건드리는 것을 말하는데 전하여 신하가 임금의 위엄을 범하면서 직간하는 것을 이른다. 《韓非子 說難》

201 완악한……조행(操行) : 이 말은 《맹자》 〈만장 하(萬章下)〉의 "백이(伯夷)의 풍모를 들은 자는, 완악한 자가 청렴해지고 나약한 자가 뜻을 세우게 된다.〔聞伯夷之風者, 頑夫廉, 懦夫有立志.〕"라는 구절을 원용한 것이다.

202 세상에……자 : 출중하고 훌륭하여 세상에 드물게 있는 인물이라는 말이다. 한유(韓愈)의 〈잡설(雜說)〉에 "세상에 백락(伯樂)이 있은 연후에 천리마가 있으니, 천리마는 항상 있으나 백락은 항상 있지 않다. 그러므로 비록 명마가 있더라도 다만 노예의 손에 욕을 당하여 말구유 사이에서 보통 말과 함께 죽어가 천리마로 일컬어지지 못하는 것이다."라고 하였다.

말입니까.

사람의 통달한 재주는 당시에 쓰이지 못하면 반드시 후일에 명성이 알려져서 일반 대중들과 똑같이 사라져버리지 않는데, 지금 공은 벼슬은 하급 관리에 그치고, 수명은 중년에도 못 미쳐서 수많은 포부를 무하유(無何有)[203]로 돌려 백 가지 중에 한 두 가지도 시험해 보지 못하고 또 한 명의 아들도 남기지 못하였습니다.[204] 지극히 어질고 지극히 공정한 하늘이 이처럼 무심할 수가 없는데, 복을 내림의 어긋남이 이처럼 지극한 데에 이르렀으니, 참으로 이른바 '정직을 닦아 재앙을 부르고 인의를 좋아하여 허물을 초래한다'[205]는 것이 아니겠습니까.

공이 돌아가시고 1년 만에 공의 형님과 조카가 연달아 별세하였는데 그 간격이 며칠이 되지 못하였고 공의 부인과 딸이 또 수개월 지나지 않아 갑자기 서거하였습니다. 이에 옥산(玉山) 고택[206]에 아름다운 자취를 징험하지 못하게 되었을 뿐만 아니라 정자와 누대와 못이 이미 황폐하여 무성한 수풀이 되었습니다. 죽음의 두려움이 예로부터 어찌

203 무하유(無何有) : '무하유지향(無何有之鄕)'의 준말로, 아무것도 없이 끝없이 펼쳐진 적막한 세계를 말한다. 《莊子》〈逍遙遊〉

204 한 명의……못하였습니다 : 이승달은 부인 남양 홍씨(南陽洪氏)와의 사이에서 딸만 있고 아들은 없었는바, 형의 아들 익(瀷)을 후사로 삼았다. 《梅山集 卷39 守愚李公墓誌銘》

205 정직을……초래한다 : 이 말은 유종원(柳宗元)의 〈형주 여온에 대한 제문〔祭呂衡州溫文〕〉에 보인다. 《柳河東集 卷40》

206 옥산(玉山) 고택 : 옥산은 경기도 양주의 옥류산(玉流山)을 가리키는바, 옥류산의 본래 이름은 불곡산(佛谷山)인데, 《양주목읍지(楊州牧邑誌)》에, 1792년(정조16)에 정조가 이곳으로 행차하여 옥류산이라는 이름을 내렸다고 보인다. 이승달은 생전에 옥류산에 거처하였다. 《梅山集 卷39 守愚李公墓誌銘》

한정이 있었겠는가마는, 덕이 있는 가문에게 유독 혹독한 경우가 어찌 있었겠습니까. 상전벽해(桑田碧海)와 호겁(浩劫)[207]도 그 변화를 비유할 수 없고, 맹렬한 불과 회오리바람도 그 갑작스러움을 비유할 수 없습니다. '군자가 무슨 잘못이 있는가? 하늘이 실로 원수로 여긴 것이요, 백성이 무슨 죄가 있는가? 하늘이 실로 원수로 삼은 것이다'라는 말은 옛사람이 늙은 하늘에게 힐문했던 것이니,[208] 기수(氣數)가 움직여 변함에 하늘도 어쩔 수 없는 것입니까? 아니면 푸르른 저 하늘을 믿을 수 없고 아득한 저 하늘에게 신령함이 없는 것입니까?[209]

아! 살아서 영명한 자는 죽어서 영령(英靈)이 되므로 썩어 없어지는 육신을 따라 소멸하지 않습니다. 장차 광대하게 큰 조화(造化)가 되어 조물주와 한 무리가 되려는 것입니까?[210] 아니면 응결하여 신명(神明)이 되어서 천지간에 밝게 임하려는 것입니까? 장차 종산(鍾山)의 옥[211]

207 호겁(浩劫) : 본래는 불교의 용어로, '숫자로 셀 수 없는 긴 시간'을 의미하는데, 속어(俗語)로는 '긴 시간'과 '대재난'의 두 가지 의미가 있다.

208 군자가……것이니 : 옛사람은 유종원(柳宗元)이다. 인용한 말은 유종원(柳宗元)의 〈형주 여온에 대한 제문〔祭呂衡州溫文〕〉에 보인다. 《柳河東集 卷40》

209 푸르른……것입니까 : 유종원(柳宗元)의 〈형주 여온에 대한 제문〔祭呂衡州溫文〕〉에 "총명하고 정직해서 그 행실이 군자가 된 사람에 대하여 하늘은 반드시 그 죽음을 재촉하고, 도덕과 인의를 소유하여 백성에게 은택을 내려줄 것을 생각하는 사람에 대하여 하늘은 반드시 그 몸을 요절하게 하니, 푸르른 저 하늘을 믿을 수 없고 아득한 저 하늘에게 신령함이 없다는 것을 내 진정 알겠다.〔聰明正直, 行爲君子, 天則必速其死; 道德仁義, 志存生人, 天則必夭其身, 吾固知蒼蒼之無信, 莫莫之無神.〕"라고 보인다.

210 조물주와……것입니까 : 《장자(莊子)》 〈인간세(人間世)〉에 "마음이 곧은 사람은 하늘과 한 무리가 된다.〔內直者, 與天爲徒.〕"라고 하였다.

211 종산(鍾山)의 옥 : 종산은 곤륜산(崑崙山) 서북쪽에 있는 산의 이름으로, 아름다운 옥이 많이 생산된다고 한다. 《楚辭章句 卷14 哀時命》

이 되어 명당(明堂)에 올리는 규벽(珪璧)[212]이 되려는 것입니까? 아니면 태산(泰山)의 소나무가 되어 큰 집에 들보가 되려는 것입니까? 장차 구층(九層) 깊은 못의 신묘한 용(龍)이 되어 못 속에 잠겨 자중자애하려는 것입니까? 아니면 구포(九苞)[213]를 소유한 위엄 있는 봉황이 되어 높은 산에서 울어 세상을 상서롭게 하려는 것입니까? 장차 춘풍과 단비가 되어 대지에 큰 은택을 베풀려는 것입니까? 아니면 경성(景星)과 경운(慶雲)[214]이 되어 하늘에 상서로운 빛을 발하려는 것입니까? 그것도 아니면 장차 다시 현인군자로 태어나서 뜻을 잇고 소원을 이루어 국가의 성대함을 울리게 하고 쇠퇴한 사문(斯文)을 흥기시키려는 것입니까? 높은 하늘은 말이 없고 귀신은 아득하니 그러한지 그렇지 않은지를 제가 무슨 수로 알겠습니까.

아! 제 나이 16세에 재방의 집안에 들어갔으니[215] 재방이 좌우에서

212 명당(明堂)에 올리는 규벽(珪璧) : 명당은 태산(泰山)에 있는 큰 집으로 고대 제왕이 정사와 교화를 펼치던 곳인바, 조회(朝會)와 제사 등 중요한 국가 행사를 이곳에서 치렀다. 《孟子 梁惠王下》 규벽은 제사 혹은 조빙(朝聘) 때에 바치는 옥(玉)이다.

213 구포(九苞) : 봉황이 가지고 있는 아홉 가지 특징으로, 입은 함부로 울지 않음〔口包命〕, 마음은 법도에 합함〔心合度〕, 귀는 멀리까지 잘 들음〔耳聽達〕, 혀는 소리의 변화를 잘 냄〔舌詘伸〕, 깃의 색은 문채가 남〔彩色光〕, 벼슬은 붉은 색임〔冠矩朱〕, 발톱은 날카로움〔距銳鉤〕, 소리는 멀리까지 들림〔音激揚〕, 배는 아무 것이나 먹지 않음〔腹文戶〕의 아홉 가지이다. 《初學記 卷30 鳥部》

214 경성(景星)과 경운(慶雲) : 이는 모두 태평성대에 나타난다고 하는 상서로운 현상들로, 경성은 대성(大星) 혹은 덕성(德星)이라고도 하며, 경운(慶雲)은 오색의 빛깔의 구름이다.

215 제……들어갔으니 : 홍직필은 16세가 되던 해인 1791년(정조15) 5월에 이승달의 누이를 아내로 맞이하였다. 《梅山集 卷53 年譜》

이끌어준 것이 지금 20년이 되었습니다. 형제간의 은혜와 붕우간의 신의(信義)를 겸하였으니, 공은 청렴과 정직함으로 세속을 떠나고 저는 깊은 근심으로 종적을 감추어, 세상과 어울리지 못하는 처지에서 서로 얼굴을 맞대었고 많은 사람들이 반목하는 가운데서 묵묵히 마음이 맞았습니다. 비록 은둔하고 출사함이 똑같지 않았고 만나고 헤어짐이 일정치 않았으나 한 점의 무소뿔이 밝게 비춤[216]은 진실로 하루같이 변함없었으니, 이 어찌 한마디 말로 다 표현할 수 있겠습니까.

아! 맑은 얼음과 옥병은 공의 마음이고[217] 차가운 소나무와 외로운 대나무는 공의 모습이며 은산(銀山)과 철벽(鐵壁)[218]은 공의 높은 의표(儀表)이고 봄날의 난초와 가을의 국화는 공의 고상한 운치입니다. 이와 같은 사람은 비록 시대를 달리하여 서로 감동하더라도 마치 아침 저녁 사이에 서로 만난 것과 같거늘,[219] 하물며 시대를 같이 한 데다가 혼인의 친밀함까지 더한 저의 경우에 있어서이겠습니까. 그런데 지금 하루아침에 이것을 잃었으니, 저도 이제 끝났습니다. 선을 행하도록

216 한……비춤 : 마음과 마음이 서로 통함을 비유하는 말로, 무소뿔의 한가운데에 구멍이 뚫려 있어 양 쪽 뿔이 서로 관통, 감응하기 때문에 이렇게 비유한 것이다.

217 맑은……마음이고 : 맑은 얼음과 옥병은 고결한 인품을 비유하는 말로, 두보(杜甫)의 시에 "깊은 골짜기에서 나온 한 덩어리 맑은 얼음을, 영풍관과 노한관처럼 시원한 곳의 옥병에 넣어둔 것처럼 투명하게 빛나네.〔炯如一段淸冰出萬壑, 置在迎風露寒之玉壺.〕"라고 한 데서 온 것이다.《杜少陵詩集 卷10 入奏行贈西山檢察使竇侍御》

218 은산(銀山)과 철벽(鐵壁) : 불교의 용어로, 견고하고 높아서 훼손할 수 없는 사물을 비유하는 말이다.

219 시대를……같거늘 :《장자》〈제물론(齊物論)〉에 "만세가 지난 뒤에 대성인이 이해해 줌을 한번 만난다면, 아침과 저녁 사이에 만나는 것이 될 것이다.〔萬歲之後, 而一遇大聖知其解者, 是旦暮遇之也.〕"라고 한 말을 원용한 것이다.

도와주던 사람이 없어졌습니다.[220] 말로(末路)에서 갈팡대고 있으니 살아있은들 무슨 소용이 있겠습니까. 장석(匠石)은 영인(郢人)으로 인해 도끼를 버리고 백아(伯牙)는 종자기(鍾子期)로 인해 거문고 줄을 끊어버렸으니, 다만 정신을 상실하고 풍미(風味)를 잃게 된 것일 뿐만이 아닙니다.[221]

아! 사마(駟馬)가 틈을 지나는 것처럼 빠른 세월은 머물지 않아서 파도가 지나가고 번개가 치는 것처럼 흘러가 버렸습니다. 이에 상생(象生)이 이미 내실(內室)에서 철거되었고[222] 마른 풀이 무덤가에서 여러 해를 묵었으니, 장차 어디에서 곡을 한단 말입니까. 제가 처음에는 경계를 넘어가서 상여를 맞이하지 못하였고, 끝내는 묘소를 수리하고 나무를 심음으로써 전철(前哲)의 풍도와 의리를 따르지 못하였으며, 한번 통곡을 하는 것 또한 제때에 하지 못했으니, 제가 너무 늦게 왔다고 여기지는 않으십니까. 공은 평소 이치에 밝고 식견이 통달해서 죽음을 슬퍼하지 않아 우환이 와도 이를 마음속에 매어 두지 않았으니, 생사의 갈림길에서도 유명(幽明)의 이치에 통달하여 천명(天命)의 자연을 편안히 여겨서 인간 세상에 미련이 있지 않으셨겠지요. 공은 진실

220 저도……없어졌습니다 : 정(鄭)나라 자산(子產)이 친하게 지내던 자피(子皮) 즉 한호(罕虎)가 죽었다는 소식을 듣고는 통곡하며 말하기를 "나도 이제 끝났구나. 선을 행하도록 도와주던 이가 없어졌다. 오직 부자(夫子)만이 나를 알아주셨다.〔吾已! 無爲爲善矣, 唯夫子知我.〕"라고 하였는바, 이 말을 원용한 것이다. 《春秋左氏傳 昭公 13年》

221 장석(匠石)은……아닙니다 : 394쪽 주184 참조.

222 상생(象生)이……철거되었고 : 상기가 끝났음을 말한다. 상생은 궤연(几筵)을 이르는 말로, 자손들이 망자를 받들기를 살았을 때와 똑같이 한다는 의미로 '상생'이라 하는 것이다.

로 아득히 끝이 없는 곳에 정박하여 태초(太初)와 이웃이 되어서 하계(下界)를 굽어보기를 초파리가 출몰하는 것보다도 더 보잘 것 없는 것으로 여기실 것이니, 어찌 저를 돌아보고 위로해주시겠습니까. 들보가 부러진 애통함[223]과 옥수(玉樹)를 묻은 슬픔[224]은 제 몸이 없어진 뒤에야 그칠 것입니다.

아! 공의 양자(養子)가 한 몸으로 세 가지 상복을 입었으니, 이는 진실로 천고에 드문 일입니다. 엎어진 둥지의 남아있는 알이 목숨을 보전할 수 있을지 알 수 없고[225] 설령 보전한다 하더라도 가르침과 길러줌이 없다면 어찌 제대로 살 수 있겠습니까. 매번 찾아와 저를 볼 때마다 마음이 찢어질 듯합니다. 성립하는 방도를 진정 제게 기대하고 있고 뒤에 죽는 사람으로서의 책임 또한 응당 사양해서는 안 되지만, 제가 이미 곤궁하고 독신이며 게다가 고질병에 시달리고 있어 한 가지 일도 남들처럼 하지 못하니, 훗날 지하에서 공을 뵐 적에 아무것도 고할 것이 없을 듯합니다. 오직 공의 뜻을 기술하고 공의 행적을 서술하여 드러남을 은미하게 하고 그윽함을 밝혀서[226] 불후하기를 도모하는 일에

223 들보가 부러진 애통함 : 자세한 내용은 386쪽 주163 참조.

224 옥수(玉樹)를 묻은 슬픔 : 아까운 인재의 죽음을 슬퍼함을 말한다. 진(晉)나라 유량(庾亮)이 죽어서 땅에 묻힐 즈음에 하충(何充)이 "옥수(玉樹)를 땅속에 묻으니 사람의 슬픈 정을 어찌 억제하랴.〔埋玉樹著土中, 使人情何能已已?〕"라고 하며 슬픔을 가누지 못한 데에서 유래하였다. 《世說新語 傷逝》

225 엎어진……없고 : 부모를 잃은 자식이 목숨을 보전하기 어려움을 말한다. 한(漢)나라 공융(孔融)이 형벌을 받게 되었을 때 슬하에 8세와 9세의 아들이 있었는데, 자신을 잡으러 온 사자에게 두 아들의 목숨은 살려 달라고 부탁하였다. 이 말을 들은 두 아들이 "대인께서는 둥지가 엎어졌는데 알이 온전한 것을 보셨습니까?〔大人豈見覆巢之下, 復有完卵乎?〕"라고 말했다고 한다. 《世說新語 言語》

는 제 몸을 바치고자 합니다. 그러나 스스로 생각해봄에 저의 인품은 중함을 받지 못하고 저의 문장은 실제를 기록하지 못하니, 이 글이 무슨 영향을 미칠 수 있겠습니까. 그렇지만 온 세상이 혼탁할 때 비로소 고결한 선비가 드러나는 법이니, 그렇다면 역시 지혜로운 자가 알 뿐인 것입니다.

아! 은둔하여 홀로 가서[227] 목석(木石)과 거처하고 사슴 떼와 사는 것[228]은 공이 영원토록 맹세한 바였습니다. 이 때문에 몸과 세상을 모두 잊고서 조금도 드러내지 않아서 거의 알아주는 이가 없어도 후회하지 않았으니, 하찮은 사후의 명성이 공에게 무슨 상관이 있겠습니까.

아! 공은 문장에 있어 실로 하늘이 낸 신묘한 재주였는데도 이를 달갑게 여기지 않았기 때문에 문장을 짓지 않으셨으니, 그 높음을 더욱 알 수 있습니다. 세상에 남아있는 잔편(殘編)과 찢어진 원고는 봉황 중에 하나의 깃털이고 태뢰(太牢)[229]중에 한 점의 고기이니, 만일 이를

226 드러남을……밝혀서 : 선현의 덕과 행적을 기술하여 세상에 잘 알려지지 않은 것들을 천양(闡揚)함을 말하는바, 이때에는 '그윽함을 밝힘'에만 뜻이 있다. 이 말은 《주역》 〈계사전 하(繫辭傳下)〉에 "역은 과거를 드러내고 미래를 살피며 드러남을 은미하게 하고 그윽함을 밝힌다.〔夫易彰往而察來, 而微顯闡幽.〕"라고 한 데서 온 것이다.

227 홀로 가서 : 세상의 굴레를 벗어 버리고서 천지간에 홀로 왕래하며 자유롭게 생활하는 은자(隱者)를 비유한 말이다. 《장자》 〈재유(在宥)〉의 "상하 사방을 드나들고, 구주에서 노닐며, 홀로 가고 홀로 오는 이런 경지를 독유라고 한다.〔出入六合, 遊乎九州, 獨往獨來, 是謂獨有.〕"라는 말에서 연유한 것이다.

228 목석(木石)과……것 : 《맹자》 〈진심 상(盡心上)〉에 "순 임금이 깊은 산속에 사실 적에 나무, 돌과 거처하고 사슴, 멧돼지와 노셨으니, 깊은 산속의 야인과 다를 바가 별로 없었다.〔舜之居深山之中, 與木石居, 與鹿豕遊, 其所以異於深山之野人者幾希.〕"라고 하였다.

수집하여 일실됨이 없게 한다면 절세의 귀한 음악을 관현(管絃)으로 연주하고 종고(鐘鼓)와 어울리게 할 수 있을 것입니다. 그러나 후세에 고명한 평론을 하는 사람들이 공을 만약 이장길(李長吉)과 형거실(邢居實)[230] 등의 부류와 똑같이 여긴다면 차라리 그만두어서 완전히 자취가 없게 하는 것이 낫지 않겠습니까. 몸을 이미 감추었으니 꾸밈이 무슨 필요가 있겠습니까.[231]

아, 재방이여! 만사(萬事)가 영원히 끝났습니다. 해 저무는 황량한 언덕에서 울고 있는 외로운 원숭이는 창자가 끊어지는 듯하고[232] 구름이 차가운 가을 하늘에서 울고 있는 외기러기는 그림자가 쓸쓸합니다.

229 태뢰(太牢) : 제사 때에 소〔牛〕, 양〔羊〕, 돼지〔豕〕 세 가지 희생을 모두 갖춘 것을 이른다.

230 이장길(李長吉)과 형거실(邢居實) : 이장길(李長吉)은 당(唐)나라의 시인 이하(李賀)로, 장길은 그의 자(字)이다. 형거실(邢居實)은 송(宋)나라의 시인으로, 자는 돈부(惇父)이고, 형서(邢恕)의 아들이다. 두 사람 모두 시문에 능하여 명성이 높았으나 요절하였다.

231 몸을……있겠습니까 : 이 말은 《춘추좌씨전(春秋左氏傳)》 희공(僖公) 24년 조에 보이는 개지추(介之推)의 말로, 그 맥락은 다음과 같다. 진 문공(晉文公)이 망명생활을 마치고 즉위하였는데 줄곧 그를 수행하던 개지추는 문공이 즉위한 것이 하늘의 공로라 하여 녹위(祿位)를 구하지 않았고, 녹위를 구한 다른 이들과 함께 거처할 수 없다 하여 은거하려 하였다. 이에 개지추의 모친이 '그러한 뜻을 임금에게 알리라'고 하자, 개지추는 "말이란 몸을 꾸미는 것입니다. 몸을 숨기려 하면서 무엇 때문에 꾸미겠습니까?〔言, 身之文也. 身將隱, 焉用文之?〕"라고 하였다.

232 해……듯하고 : 진 환공(晉桓公)이 군사를 거느리고 촉(蜀)을 공격하러 가는 길에 삼협(三峽)에 이르렀는데, 어떤 군사가 원숭이 새끼 한 마리를 잡아 배에 실었다. 그러자 그 어미가 슬피 울며 강기슭으로 백여 리를 따라오다가 배 위로 뛰어 올라와서는 그만 죽고 말았는데, 배를 갈라 보니 창자가 한 치 한 치 끊어져 있었다고 한다. 《世說新語 黜免》

공은 깊은 지하에 누워 계시고 저는 고향 산으로 돌아가니, 밤 여관의 차가운 등불과 새벽 노정의 희미한 달빛에 어찌 제 마음을 가눌 수 있겠습니까. 저도 모르게 눈물이 하염없이 흐릅니다. 혼령께서 이 말을 들으신다면 응당 방황하며 슬퍼하시겠지요. 아, 재방이여!

서종형 영장[233] 석필 에 대한 제문 계미년(1823, 순조23)
祭庶從兄營將 奭弼 文 癸未

아!	嗚呼
모든 사람은 태어나면	凡民有生
본디 한번은 죽는 법입니다	固有一死
혹 창(窓) 아래에서 죽어[234]	或死牖下
편작(扁鵲)과 화타(華陀)의 의술을 모두 동원하기도 하고	華扁殫技
혹 관직을 수행하다 죽어	或死官守
친척들이 찾아와 보기도 하며	親懿臨視
혹 전쟁터에서 죽어	或死于兵
말가죽으로 시신을 싸기도 하며[235]	馬革裹尸

233 서종형 영장 : 홍석필(洪奭弼, 1775~1821)로, 자는 석여(奭汝)이다. 홍직필의 숙부인 홍정간(洪鼎簡)의 서자(庶子)로 홍직필의 종형(從兄)이 된다. 1811년(순조11) 정시(庭試) 무과에 급제하고 벼슬이 대구 진영장(大邱鎭營將)에 이르렀다. 본집 권44에 묘지명(墓誌銘)이 실려 있다.

234 창(窓) 아래에서 죽어 : 천수(天壽)를 다하고서 죽는 것을 비유한 말이다. 《춘추좌씨전(春秋左氏傳)》 애공(哀公) 2년 조에 "필만은 평범한 사내였는데 일곱 차례의 전투에서 모두 적을 사로잡았고 말 4백 필을 가진 부자처럼 살다가 창 아래에서 죽었다.〔畢萬, 匹夫也, 七戰皆獲, 有馬百乘, 死於牖下.〕"라고 하였는데, 두예(杜預)의 주에 "창 아래에서 죽음은 천수로 죽음을 말한다."라고 하였다.

235 전쟁터에서……하며 : 후한(後漢)의 장군 마원(馬援)이 "남아는 마땅히 변방의 들판에서 죽어 말가죽으로 시체를 싸 가지고 돌아와 땅에 묻혀야 한다. 어찌 침상 위에 누워 아녀자의 손에서 죽을 수 있겠는가.〔男兒要當死于邊野, 以馬革裹屍還葬耳. 何能

또 흉년이 들어	亦有凶年
유랑하다가 굶주려 죽는 경우도 있는데	餓莩流離
신을 벗어 버리듯이 하는 것은 똑같으니	等是脫屣
어찌 꼭 백세[236]를 누릴 것이 있겠습니까	何必期頤
초연하게 조화(造化)를 타고 돌아가니	翛然乘化
무엇을 애달파하며 무엇을 슬퍼하겠습니까	何怛何悲
두려움 때문에 죽고 깔려 죽고 물에 빠져 죽는 경우에는	畏壓溺死
조문하는 예의가 없다 하였고[237]	曰無弔儀
위태로운 담장에 깔려 죽고 죄를 지어 죽는 경우도[238]	巖墻桎梏
천명이 그러한 것이지만	亦命之爲
천명은 헤아릴 수 없으니	命不可測
누가 천명이 그러한 것인 줄을 알겠습니까	孰知其然
정명(正命)을 순히 받음을[239]	順受其正

臥牀上, 在兒女子手中邪?〕라고 말한 고사가 전한다. 《後漢書 卷24 馬援列傳》

236 백세 : 원문의 기이(期頤)는 나이 일백 세를 말한다. 《예기(禮記)》 〈곡례 상(曲禮上)〉에 "100세를 기(期)라 하니, 봉양을 받는다.〔百年曰期, 頤.〕"라고 한 데서 온 말인바, 100세를 '기'라고 한 것은 100세가 인간 수명의 기한이 되기 때문이다.

237 두려움……하였고 : 《예기(禮記)》 〈단궁 상(檀弓上)〉에 "죽었더라도 조문하지 않는 경우가 세 가지이니, 두려움 때문에 죽는 경우와 깔려 죽는 경우와 물에 빠져죽는 경우이다.〔死而不弔者三, 畏、厭、溺.〕"라고 하였는데, 정현(鄭玄)의 주에, "경솔히 처신하여 효를 잊었기 때문이다."라고 하였다.

238 위태로운……경우도 : 《맹자》 〈진심 상(盡心上)〉에 "정명(正命)을 아는 자는 위태로운 담장 아래에 서지 않는다. 도를 다하고 죽는 자는 정명이요, 죄를 지어 죽는 자는 정명이 아니다.〔知命者, 不立乎巖墻之下. 盡其道而死者, 正命也; 桎梏死者, 非正命也.〕"라고 하였다.

몸을 온전히 하여 돌아감[240]이라고 합니다　是謂歸全

자신이 죽은 뒤에　遑恤我後

체백(體魄)이 감춰지고 해골이 버려짐을 어느 겨를에 돌아보겠습니까　體藏骸捐

까마귀와 솔개의 밥이 되든 땅강아지와 개미의 밥이 되든[241]　烏鳶螻蟻

거기에 무슨 좋고 싫음의 차이가 있겠습니까　愛憎何殊

그러나 군의 죽음과 같은 것은　如君之死

만부 중에서도 없던 경우입니다　萬夫所無

비록 천지가　縱云天地

모두 여관이라고 하지만[242]　都是逆旅

길손 중의 길손이 되어　客中爲客

239 정명(正命)을 순히 받음을 : 정명은 천도에 순응하여 천수를 누리는 것을 말하는 바, 《맹자》 〈진심 상(盡心上)〉에 "명이 아닌 것이 없으나 그 정명을 순히 받아야 한다.〔莫非命也, 順受其正.〕"라고 하였다.

240 몸을……돌아감 : 몸을 잘 보존하여 생을 마침을 말한다. 《禮記 祭義》

241 까마귀와……되든 : 장자(莊子)가 죽게 되었을 때 제자들이 그를 후하게 장사 지내려 하였는데, 장자가 그리 하지 못하게 하자 제자들이 "저희들은 까마귀와 솔개가 선생님의 시체를 뜯어 먹을까 염려됩니다.〔吾恐烏鳶之食夫子也.〕"라고 하니, 장자가 "땅 위에 있으면 까마귀와 솔개의 밥이 되고 땅 아래에 있으면 땅강아지와 개미의 밥이 되는 것인데, 저기에서 뺏어다가 여기에 주려고 하니 어찌 그리 편벽되었는가.〔在上爲烏鳶食, 在下爲螻蟻食, 奪彼與此, 何其偏也?〕"라고 한 데에서 온 말이다. 《莊子 列禦寇》

242 비록……하지만 : 이백(李白)의 〈춘야연도리원서(春夜宴桃李園序)〉에 "천지는 만물의 여관이요, 광음은 백대의 지나는 길손이다.〔夫天地者, 萬物之逆旅; 光陰者, 百代之過客.〕"라고 하였다.

편안히 거처할 겨를이 없었습니다 不遑寧處
들에서 사람들과 함께 하다가 同人于野
놀란 말이 흉악을 부렸으니[243] 駭騂逞凶
숨이 막히고 정신이 떨어져서 氣索神零
결국 고종명(考終命)[244]을 하지 못하였습니다 竟違考終
텅 빈 객관에서 고복[245]을 함에 皐復虛館
산과 바다가 천 겹으로 막히니 嶺海千重
곁에 아무도 없어서 無人于側
이승과 저승 간에 통하지 못하였습니다 幽明莫通
이때의 이 일을 此時此事
병영의 하인들에게 들었으니 聞諸營僮
살았는지 죽었는지 其生其亡
집안에서는 아는 이가 없었습니다 家莫聞知
반함(飯含)하고 염습(殮襲)하는 일을 其含其殮
누구에게 의지하였습니까 其將憑誰
부고를 받아들고 목 놓아 통곡하며 執訃失聲

243 놀란……부렸으니 : 홍석필이 경상 감사 이재수(李在秀)의 막빈(幕賓)이 되어 감사의 순부(巡部)를 따르다가 칠원 읍참(漆原邑站)에서 말에 차여 별세하였으므로 이렇게 말한 것이다. 《梅山集 卷44 庶從兄營將墓誌銘》

244 고종명(考終命) : 《서경》〈홍범(洪範)〉에 나오는 다섯 가지의 복 중의 하나로, 채침(蔡沈)은 이를 《맹자》의 '그 정명을 순히 받음〔順受其正〕'과 같다고 하였다. 《書經集傳 周書 洪範》

245 고복(皐復) : 사람이 죽으면 그가 입던 옷을 가지고 지붕 위에 올라가 죽은 사람의 이름을 세 번 불러 초혼(招魂)을 하는 의식이다.

아득히 하늘 끝을 바라봅니다	目斷天涯
죽었는가 살았는가	其然豈然
반신반의하였습니다	半信半疑
그런데 아들 영이 나쁜 병을 만나	阿寧遘沴
하루아침에 요절하니[246]	一曙短折
자식과 아비가 모두 죽은 것이	子父俱沒
이틀도 못되었습니다	不能兩日
슬픔과 원한이 하늘을 찌르고	哀恨干霄
화란의 불꽃이 땅을 비추었습니다	禍炎燭坤
길가는 사람들도 서로 위문하고	行路相吊
귀신들도 괴로워하고 원통해하였습니다	鬼神煩冤
이것이 어찌 이 사람의 잘못이겠습니까	豈伊人尤
하늘이 실로 이렇게 한 것입니다	天實爲玆
하늘에 무슨 죄를 지었기에	何辜于天
차마 이렇게 한단 말입니까	其寧忍斯
천리 밖에서 반친(返櫬)[247]하는데	千里返櫬
하인 한 사람이 상여를 잡고 왔습니다	一僕攀輀
제가 가서 맞이하여 곡하기를	我往迎哭
동대문 길거리에서 하였습니다	東門之逵
과부가 된 형수와 고아가 된 딸이	孀嫂孤嬌

246 아들……요절하니 : 아들 영은 홍석필의 장자인 홍일영(洪一寧)을 말하는바, 홍일영은 홍석필이 별세한 바로 다음날에 죽었다. 《梅山集 卷44 庶從兄營將墓誌銘》

247 반친(返櫬) : 널을 고향으로 모시고 돌아감을 말한다.

서로 붙들고 울부짖으니	相將號絶
구름 낀 해도 슬퍼하여 어두워지고	雲日慘冥
산의 냇물도 서글퍼하며 오열하였습니다	山泉凄咽
장주(漳州)의 언덕에 빈소를 차려	逆殯漳阡
일년이 지나도록 얕은 땅에 묻혀 있었으니[248]	曠歲淺土
하루에도 아홉 번	一日九回
제 마음 동쪽으로 달려갔습니다	我心東注
군의 막내아들[249]을 데리고서	招携阿季
장례를 끝마치니	克襄窀穸
한 언덕의 두 무덤	一岡兩塋
소목에 따라 장례를 지냈습니다[250]	葬以昭穆
선영을 멀리 바라봄에	越瞻先兆
삼나무와 측백나무의 가지가 맞닿아 있습니다	杉柏連枝
정신이 매우 가까워	神情孔邇

248 장주(漳州)의……있었으니 : 장주는 경기도 연천(漣川)의 이칭이다. 홍석필은 1821년 8월 19일에 별세하였는데, 그 해에 연천 북면(北面)의 마산(馬山)에 임시로 장례하였다가 이듬해 2월 같은 산에 정식으로 장례하였다.《梅山集 卷44 庶從兄營將墓誌銘》

249 군의 막내아들 : 홍석필에게는 두 아들이 있었는데 장자인 홍일영은 홍석필이 별세한 바로 다음날 죽고 둘째 홍일성(洪一成)은 홍석필이 별세한 5개월 뒤에 태어났다.《梅山集 卷44 庶從兄營將墓誌銘》

250 소목(昭穆)에……지냈습니다 : 소목은 종묘나 사당에 신주를 모시는 차서(次序)로, 시조를 중앙에 모시고 짝수의 대는 '소'라 하여 왼쪽에 모시고 홀수의 대는 '목'이라 하여 오른쪽에 모시는바, 여기서는 아버지와 아들의 무덤을 좌우로 나란히 조성하였음을 말한 것이다.

영혼이 옮겨가지 않을 것이니	精魂不移
평생토록 효도하려했던 군의 마음을	亦足慰君
위로할 수 있을 것입니다	沒世孝思
얼마 되지 않아	不幾日月
형수가 하종을 하였으니	嫂氏下從
자결하기로 맹세하여	矢心自裁
태연하게 의를 취해서	取義從容
마치 단잠에 들듯이 하여	如得甘寢
지하로 오묘한 자취를 따라갔습니다	克躡玄蹤
이에 부장(附葬)을 하니	于以祔之
봉분의 왼쪽을 비워두었었습니다	虛左其封
가문은 빛이 났으나	輝光門戶
향린은 눈물을 흘렸으니	涕咨鄕隣
이로써 군이	亦以驗君
아내에게 모범이 되었던 진실을 징험할 수 있었습니다	刑化之眞
인생의 온갖 인연이	人生萬緣
관을 덮으면 끝이 나니	蓋棺則休
금슬을 타듯이 서로 좋고 화합함[251]이	琴瑟好合
인간 세상과 같습니까	如人世不
외롭고 외로운 과부는	煢煢孀婦
하소연 할 데가 없고	靡所因極

251 금슬(琴瑟)을……화합함 : 《시경》 〈소아(小雅) 상체(常棣)〉에 "처자가 서로 좋고 화합함이 금슬을 타는 듯하네.〔妻子好合, 如鼓瑟琴.〕"라고 한 것을 원용한 것이다.

엉엉 우는 고아는	呱呱遺孩
어른 될 날이 까마득합니다	成立綿邈
그러나 하늘이 안정시켜줌이 매우 견고하여[252]	天定孔固
끝내 반드시 회복함이 있으리니	終必有復
석과를 남겨두어서	爲留碩果
먹히지 않음으로 보답할 것입니다[253]	用報不食
아! 군의 사람됨은	嗟君爲人
보통사람보다 우뚝히 빼어났으니	拔類其卓
화락함에 근본하고	本之樂愷
강인함으로 성취하였습니다	濟以剛强
재주와 기예가 있으며	有才有藝
식견과 도량이 있었으니	有識有量
들어다 조처하면	擧以措之
합당하지 않은 것이 없었습니다	無所不當
막부에 들어가 막빈(幕賓)이 되어서는	入幕爲賓
송곳이 주머니를 뚫고 나왔고[254]	穎脫出囊

252 하늘이……견고하여 : 《시경》 〈소아(小雅) 천보(天保)〉에 "하늘이 그대를 안정시켜줌이 또한 매우 견고하시도다.〔天保定爾, 亦孔之固.〕"라고 한 것을 원용한 것이다.

253 석과(碩果)를……것입니다 : 《주역》 〈박괘(剝卦) 상구(上九)〉에 "큰 과일은 먹히지 않는다.〔碩果不食.〕"라고 한 것을 원용한 말인바, '석과불식'은 어지러운 세상에서도 큰 덕을 지녀 소인들에게 해를 당하지 않는 군자를 뜻한다. 여기서는 홍석필의 막내아들을 두고 한 말이다. 《梅山集 卷44 庶從兄營將墓誌銘》

254 송곳이……나왔고 : 뛰어난 재주가 분명하게 드러남을 말한다. 전국시대 조(趙)나라 평원군(平原君)이 초(楚)나라로 구원을 청하러 갈 적에 자신의 식객 중에서 수행

재차 소 잡는 칼을 시험하게 되어서는[255] 再試牛刀
온갖 법도가 펼쳐졌습니다 百度俱張
영남의 토포사가 되어서는 討捕嶠南
한 지방을 교화하고 안정시켰으니 嘉靖一方
누가 무신(武臣) 중에 孰謂韎韋
군자를 따른 사람 있을 줄 생각이나 했겠습니까 君子是將
무슨 덕술을 행하였기에 行何德術
역마처럼 이렇게 신속하게 한 것입니까 致郵斯速
조정에서는 公朝欲試
반근착절(盤根錯節)을 가르는 예리한 연장을 시험하고 싶어 했으니[256] 利器盤錯

원을 뽑았는데 이때 모수(毛遂)가 자신을 데려가 달라고 청하자 평원군이 모수에게 말하기를 "현사의 처세는 마치 송곳이 주머니 속에 있으면 그 끝이 당장에 드러나는 것과 같소. 그런데 선생은 나의 문하에 있은 지가 이제 3년인데 주변에 칭송하는 이가 없고 나도 들은 것이 없으니 이는 선생에게 특별한 것이 없는 것이오."라고 하였고, 이에 모수는 "저는 오늘에서야 주머니 안에 넣어주기를 청하는 것입니다. 만일 제가 일찍 주머니 안에 있었다면 송곳이 주머니를 뚫고 나왔을 것이요 그 끝만 드러날 뿐이 아니었을 것입니다."라고 하였다는 고사가 전한다.《史記 卷76 平原君列傳》

255 소……되어서는 : 큰 재능을 작은 일에 시행함을 말하는바, 여기에서는 큰 재주를 가지고 작은 고을을 다스림을 가리켜 말한 것이다. 공자가 자유(子游)가 다스리는 무성(武城)에 가서 현가(絃歌) 소리를 듣고, "닭을 잡는 데에 어찌 소 잡는 칼을 쓰느냐? [割雞, 焉用牛刀?] "라고 말한 데에서 온 것이다.《論語 陽貨》

256 반근착절(盤根錯節)을……했으니 : 반근착절은 이리저리 감긴 나무뿌리가 얽히고설킨 부위를 말하는바, 사물이 번잡하여 처리하기 곤란한 것을 비유한 말로,《후한서(後漢書)》 권58 〈우후열전(虞詡列傳)〉에 "반근착절을 만나지 않으면 예리한 연장임을 어떻게 구별하겠는가.〔不遇盤根錯節, 何以別利器乎?〕"라고 한 데서 온 말이다.

군을 생각하면서 莫不懷君

탄식하고 슬퍼하지 않는 이가 없습니다 齎咨嗟惜

어떻게 이러한 명성을 何以得此

양초 지역에서 얻었습니까[257] 梁楚之間

이를 소를 잡는 일에 비유하면 譬諸解牛

아직 허벅다리와 넓적다리 뼈에 도끼질하지 못한 것과 같았습니다[258] 未斧髀髖

처지로 인해 국한되었으니 因地而局

또한 하늘이 인색하였던 것입니다 亦天是慳

울어도 소리를 다 내지 못하고 鳴不盡聲

날아도 날갯짓을 다 하지 못하였으니 飛不盡翰

세도와 인물을 생각함에 世道人物

한숨 쉬며 길게 탄식합니다 愾我永嘆

아! 나와 군은 緊我與君

몸은 다르지만 한 몸과 같으니 異體一身

은의와 윤리로 말하면 恩義倫理

257 어떻게……얻었습니까 : 사람들에게 두터운 신망을 받아 명성이 높음을 이른다. 조구(曹丘)가 계포(季布)에게 말하기를 "초나라 사람의 속어에 '황금 백 근을 얻는 것이 계포의 승낙을 한번 얻는 것만 못하다.'고 하니, 족하는 어떻게 이러한 명성을 양초 지역에서 얻으셨습니까?〔楚人諺曰：得黃金百斤，不如得季布一諾，足下何以得此聲於梁楚間哉?〕"라고 말한 데서 온 말이다.《史記 卷100 季布列傳》

258 아직……같았습니다 : 홍석필의 재주를 아직 다 쓰지 못했음을 비유한 말로,《한서(漢書)》 권48 〈가의전(賈誼傳)〉에 "허벅다리와 넓적다리의 뼈가 있는 곳은 자귀 아니면 도끼를 써야 한다.〔至於髖髀之所，非斤則斧.〕"라고 한 데서 온 말이다.

동포형제와 같았습니다 同胞與均
비단 형제로서 不獨兄弟
수족과 같을 뿐만이 아니어서[259] 如手如足
같은 밥상에서 밥을 먹고 책을 물려받았으며 共案連業
긴 베개를 함께 베고[260] 옷을 물려 입었습니다 長枕傳服
한 살 터울로 一齒以差
머리가 반백이 되기까지 至于斑白
왼손으로 끌어주고 오른손으로 잡아주며 左提右挈
괴로움과 즐거움을 함께 했습니다 與同苦樂
아프고 가려운 것과 疾痛苛癢
숨을 쉬는 것까지 呼吸喘息
서로 기운이 유통하여 相爲流通
서로 의지하지 않은 것이 없었습니다 罔不相須
묘소를 면례하는 일과 부엌에서 음식을 만드는 일과 墓緬廚旨
입을 옷을 마련하는 일과 입에 풀칠하는 일을 身絲口餬
군에게 의지하여 꾸려가서 待君爲政
마치 문의 지도리를 돌리듯이 쉽게 하였는데 如轉戶樞
그 누가 생각이나 했겠습니까 詎謂一夕

259 비단……아니어서 : 비록 서종형제였으나 수족과 같은 동포형제와 같을 뿐만이 아니었다는 말이다. 이화(李華)의 〈조고전장문(弔古戰場文)〉에 "누가 형제가 없겠는가. 서로 수족처럼 여겼다.〔誰無兄弟? 如足如手.〕"라고 보인다.

260 긴……베고 : 형제간에 우애가 있음을 비유한 말로, 당 현종(唐玄宗)이 형제간에 우애가 깊어 긴 베개와 큰 이불을 만들어 형제들과 함께 잤다는 고사에서 온 말이다. 《資治通鑑 卷211 唐紀 玄宗 開元2年》

하루아침에 만사가 허무하게 끝날 줄을	萬事嗚呼
나만이 세상에 남아 있어서	留我滯世
외로움으로 고통스러우니	痛苦伶仃
마치 도와줄 사람이 없는 장님 같고	若無瞽相
형체를 잃은 그림자 같습니다	如影失形
변두와 담락[261]을	籩豆湛樂
누가 하며 누가 듣겠습니까	誰爲誰聽
더구나 급난이 있으면	況也急難
누가 안정시키고 또 편안하게 해주겠습니까	孰安且寧
자신을 위해 세웠던 백년의 계책이	百年身計
하루아침에 허물어졌습니다	一朝墮零
군을 곡한 지 삼년 만에	哭君三年
정신을 모두 잃어서	精爽都喪
집에 있으면 즐겁지 못하고	居室忽忽
문을 나서면 막막합니다	出門茫茫
혹 이런 마음을 쓰지 않아서	或不用情
담담하게 잊은 듯하다가도	惄若相忘
한번 생각이 돌아오면	一念回薄

261 변두(籩豆)와 담락(湛樂) : 형제가 우애를 나누며 단란하게 지냄을 말한다. 변두는 성찬(盛饌)의 뜻으로, 《시경》〈소아(小雅) 상체(常棣)〉에 "네 변두를 늘어놓아, 술 마시기를 실컷 하더라도, 형제간이 모두 있어야, 화락하고 또 사모할 수 있다네.〔儐爾籩豆, 飮酒之飫, 兄弟旣具, 和樂且孺.〕"라고 한 데서 온 말이다. 담락은 같은 시에 "처자가 좋고 화합함이 금슬을 타는 듯하더라도 형제간이 화합하여야 화락하고 또 길이 즐길 수 있다네.〔妻子好合, 如鼓瑟琴, 兄弟旣翕, 和樂且湛.〕"라고 한 데서 온 말이다.

온갖 칼날로 마음을 후벼 파는 듯합니다	萬刃攢腸
마치 곧 만날 듯하여	如將見之
마음과 눈에 자나 깨나 잊지 못하니	寤寐心目
참인지 거짓인지 분별하지 못하여	莫辨眞妄
여전히 서글픕니다	依舊忉怛
말도 차마 하지 못하는데	言之不忍
어떻게 붓을 잡고 글을 쓸 수 있겠습니까	詎堪泚筆
고통을 삼키고 머금으면서	含茹吞吐
어느덧 대상(大祥)이 임박하였습니다	奄迫祥月
번개처럼 흐르는 세월은 머물지 않고	流電不留
도환[262]처럼 빠르게 지나가니	跳丸斯疾
상생을 한번 철거함에[263]	一撤象生
영원히 이별하게 되었습니다	萬古契闊
눈물 흘리며 제문을 지어	涕泣爲文
마음속의 혈성을 바치니	用薦腔血
가슴을 치고 한번 통곡함에	搏胸一慟
오장이 갈라지고 찢어지는 듯합니다	五內決裂
뒤에 죽는 사람의 책임을	惟後死責
백 가지 중에 하나도 해내지 못하니	百不酬一
군의 행적을 명문(銘文)으로 지어서	擬銘君行

262 도환(跳丸) : 광대가 양손으로 여러 개의 둥근 물체를 빠르게 연속으로 던지고 받는 놀이로, 세월이 빠르게 흘러감을 비유하는 말이다.

263 상생(象生)을 한번 철거함에 : 자세한 내용은 332쪽 주16 참조.

구천에 들여보내고	納于九幽
은미한 것을 밝혀	幽顯闡微
영원히 사라지지 않게 하려 합니다	用圖不朽
아! 석여여	嗟嗟奭汝
부디 나의 술을 흠향하소서	尙歆我酒

막내 외숙[264]에 대한 제문 계미년(1823, 순조23)

祭季舅文 癸未

아! 천지가 생겨난 지 오래되고 세운의 쇠함이 지극하여 이치가 끝내 기운을 이기지 못하였습니다. 이 때문에 천명에 근원한 장수와 요절, 본성에 받은 어짊과 불초함이 마땅히 서로 배합이 되어야 하는데 항상 서로 어긋나기를 좋아하니, 아! 하늘이 사람을 태어나게 함이 의도가 있는 것입니까? 아니면 우연히 그런 것입니까? 우연히 그런 것이라고 한다면, 어찌면 그리도 순수한 자질과 단정한 몸가짐을 지녀서 덕행과 실천이 보통사람보다 출중한 것입니까? 의도가 있는 것이라고 한다면, 어찌면 그리도 큰 뜻과 훌륭한 재주를 주어서 장차 이 세상에서 훌륭한 일을 할 수 있을 것처럼 해주었다가 이를 꺾고 죽게 해서 행여나 성취함이 있을까 두려워하듯이 하는 것입니까? 가시나무는 무성한데 난초(蘭草)와 혜초(蕙草)는 베이고 올빼미는 많은데 봉황은 드무니, 이는 진실로 식자들이 하늘에게 힐문하는 것인데, 지금 외숙의 상에는 더욱 답할 길이 없습니다. 아! 이것이 무슨 까닭입니까?

외숙께서는 신명(神明)을 통하는 효행이 있고 백성에게 은택을 주는 인(仁)이 있으셨습니다. 덕량(德量)은 온 세상을 포용할 수 있고 신의(信義)는 육척(六尺)의 어린 임금을 부탁받을 만하여서[265] 하나의 성

264 막내 외숙 : 박성한(朴聲漢, 1763~1821)으로, 자는 사장(士長), 호는 자각(紫閣), 본관은 음성(陰城)이다. 1801년(순조1) 황감제(黃柑製)에 급제하였고 벼슬이 헌납(獻納)에 이르렀다. 본집 권35에 묘갈명이 실려 있다.

(誠)이 세워짐에 온갖 법도가 모두 충실하였습니다. 안으로부터 밖에 이르고 근본으로부터 말엽에 이르러서 동정(動靜)과 운위(云爲), 어묵(語默)과 행지(行止)가 순수하게 천리의 바름을 따랐으므로 남을 대하여 말할 수 없는 것이 없었습니다.[266] 외숙의 덕성을 본 자들은 기뻐하였고 풍도를 들은 자들은 돈후해졌으니, 이는 응당 옛사람 중에서 견주어야 할 것이요, 지금 세상에 있는 인물들을 두루 꼽아봄에 이런 분은 오직 우리 외숙 한 사람만이 있을 뿐입니다. 이와 같은 분은 어찌 이른바 '세상에 항상 있지는 않은 자'[267]가 아니겠습니까. 그런데 어찌하여 이런 지경에 이르렀단 말입니까?

인지상정은 모두 세상에 등용되고 후세에 알려지기를 바라는데 외숙은 대과(大科)에 급제한 뒤 수십 년 동안 한 걸음도 어두운 곳에서 일하지 않아[268] 발걸음은 종남(終南)의 첩경(捷徑)을 밟지 않고[269] 눈

265 육척(六尺)의……만하여서 : 《논어(論語)》〈태백(泰伯)〉에 "증자가 말했다. '육척의 어린 임금을 맡길 만하고, 제후국을 다스리는 임무를 부탁할 만하며, 중대한 일에 임하였을 때 절개를 빼앗을 수 없다면, 군자다운 사람인가? 군자다운 사람이다.'〔曾子曰：可以託六尺之孤, 可以寄百里之命, 臨大節而不可奪也, 君子人與? 君子人也.〕"라고 하였다.

266 남을……없었습니다 : 자세한 내용은 387쪽 주167 참조.

267 세상에……않은 자 : 자세한 내용은 401쪽 주202 참조.

268 어두운……않아 : 남을 속이거나 부정한 일을 하지 않음을 말한다. 《예기(禮記)》〈곡례 상(曲禮上)〉에, "효자는 어두운 데서 일하지 않는다.〔孝子不服闇.〕"라고 한 데서 온 말이다.

269 종남(終南)의……않고 : 벼슬길에 연연하지 않았다는 의미로, '종남의 첩경'은 '종남산에 은거하는 것이 벼슬하는 첩경'이라는 뜻이다. 당나라 노장용(盧藏用)이 진사에 급제하고 장안 가까이에 있는 종남산에 은거하였는데, 뒤에 고사(高士)로 알려져 측천무후(則天武后)의 부름을 받고 크게 등용되었다. 사마승정(司馬承禎)은 법명이

으로는 오후(五侯)[270]의 문을 보지 않으셨습니다. 그래서 모든 말발굽이 다투어 달리는데도 자신의 발은 스스로 멈추었고, 온갖 물줄기가 다투어 흐르는데도 자신의 치마는 적시지 않으셨습니다. 그리하여 버려지더라도 원망하지 않고 곤궁하더라도 근심하지 않았으니,[271] 다만 구하려는 자취가 없을 뿐만 아니라 구하려는 마음도 없었고, 다만 '구한다〔求〕'는 글자를 말하지 않을 뿐만 아니라 '구하지 않는다〔不求〕'는 글자도 말하지 않으셨습니다. 만일 참으로 실리(實理)를 환히 보아서 마음이 금석처럼 견고하지 않았더라면 어떻게 이렇게 할 수 있었겠습니까. 공자께서 이른바 '남이 알아주지 않아도 성내지 않는다'는 것[272]과 회옹(晦翁)이 이른바 '참으로 스스로를 지켜서 남이 알아주기를 구하지 않는다'는 것[273]을 외숙의 신상에 비견해보면 여기에 방불할 수

도은(道隱)인 도사로 천태산(天臺山)에 은거하였으나 측천무후로부터 현종에 이르기까지 빈번히 황제의 부름을 받았는데, 한번은 그가 황제의 부름을 받아 장안에 왔다가 천태산으로 돌아가려 하자, 노장용이 종남산을 가리키며, "이 산 중에 은거할 만한 좋은 곳이 많습니다."라고 하니, 승정이 "제가 보니, 이 산은 벼슬하는 첩경일 뿐입니다.〔以僕視之, 仕官之捷徑耳.〕"라고 답하였다. 《古今事文類聚 前集 卷33 隱逸》

270 오후(五侯) : 한나라 성제(成帝)가 즉위하여 모후 왕씨(王氏)의 오라비인 왕담(王譚), 왕상(王商), 왕입(王立), 왕근(王根), 왕봉시(王逢時) 등 다섯 사람을 같은 날에 후로 봉하였는데, 그 뒤로 이들이 권력을 독점하게 되었는바, 이들을 가리켜 '오후'라고 한다. 전하여 권세가 막강한 사람을 일컫는다. 《漢書 卷98 元后傳》

271 버려지더라도……않았으니 : 맹자가 유하혜(柳下惠)의 벼슬함에 대하여 설명하면서 했던 말로, 《맹자》 〈공손추 상(公孫丑上)〉에 보인다.

272 공자께서……것 : 《논어》 〈학이(學而)〉에 "남이 알아주지 않더라도 성내지 않는다면 군자가 아니겠는가.〔人不知而不慍, 不亦君子乎?〕"라는 공자의 말이 보인다.

273 회옹(晦翁)이……것 : 《주자대전(朱子大全)》 권59 〈답방약수(答方若水)〉에 "모름지기 독서하고 궁리하여 마음속으로 이 이치를 환히 보아서, 현달을 구하지 않음이

있지 않겠습니까.

눈과 서리가 크게 몰려옴에 소나무와 측백나무가 뒤늦게 시듦을 알고[274] 비바람이 몰아쳐 어두워짐에 닭울음소리가 그치지 않음을 아니,[275] 하나의 지조를 처음부터 끝까지 지켜서 죽을 때까지 이른 것은 또한 우리 외숙 한 분뿐입니다. 이런 분은 다만 같은 세상에 없는 분일 뿐만 아니라 옛사람 중에서 찾아보아도 짝할 이가 드무니, 이는 모두 의도함이 없이 이렇게 한 것이니, 어찌 오늘날과 후세에 알아주기를 바라셨겠습니까. 이는 천리의 당연한 것이어서 자신이 그렇게 하지 않을 수 없는 것이었습니다.

아! 하늘이 우리 외숙에게 재앙을 내림이 혹독하였습니다. 네 번이나 도독(荼毒)을 만나고[276] 아홉 번이나 계체(繼體)의 상에 곡하여 슬

본분이고 현달을 구함이 곧 죄과여서 다만 구하려는 자취가 있어서는 안 될 뿐만 아니라 구하려는 마음도 싹터서는 안 되고, '구한다'는 글자를 말하지 않을 뿐만 아니라 '구하지 않는다'는 글자도 말해서는 안 됨을 알아야 한다. 이렇게 하여야 비로소 참으로 스스로를 지켜서 남이 알아주기를 구하지 않을 수 있다.〔亦須是讀書窮理, 使方寸之間洞見此理, 知得不求只是本分, 求著便是罪過, 不惟不可有求之之迹, 亦不可萌求之之心; 不惟不得說著求字, 亦不可說著不求字. 方是眞能自守, 不求人知也.〕"라고 하였다.

274 눈과……알고 : 《논어》 〈자한(子罕)〉에 "공자께서 말씀하셨다. '날씨가 추워진 뒤에 소나무와 측백나무가 뒤늦게 시듦을 안다.'〔子曰: 歲寒, 然後知松柏之後彫也.〕"라고 하였다.

275 비바람이……아니 : 《시경(詩經)》 〈풍우(風雨)〉에 "비바람이 몰아쳐 어둡거늘 닭울음소리 그치지 않도다.〔風雨如晦 雞鳴不已〕"라고 하였는데, 모서(毛序)에서는 "〈풍우〉는 군자를 그리워한 시(詩)이니, 난세가 되면 법도를 바꾸지 않는 군자를 그리워하게 된다."라고 하였다. 《毛詩注疏 鄭風 風雨》

276 네……만나고 : '도독'은 심한 독으로 큰 슬픔이나 환란 등을 의미하는데, 여기서는 부모의 상을 겪는다는 뜻으로도 쓰였다. 박성한은 지족당(知足堂) 박양흠(朴亮欽)

하의 자취가 쓸어낸 듯이 없어져서 살아서는 남들처럼 살지 못하고 죽어서는 남들의 죽음보다 심하였으니, 이는 진실로 친척들이 원통해하고 행인들이 눈물을 흘려서 사명(司命)의 권세가 있는 자[277]에게 유감을 다하는 바입니다. 그러나 종신토록 벼슬길에 침체했던 것을 공의 불우의 한으로 여기는 것으로 말하면 이는 공을 알지 못하는 것일 뿐만 아니라 하늘의 뜻도 알지 못하는 것입니다. 공은 질박함을 안고 참됨을 간직해서 마음속에 득실을 잊었고 곤궁함에 처하면서도 지조를 바꾸지 않아 진미를 머금고 홀로 노닐었습니다.[278] 그렇게 함으로써 몸이 온전하고 이름이 완전하여 호연히 한이 없는 데에 이르렀으니 마치 검은 물이 들지 않고 결함이 없는 흰 벽옥과 같았습니다. 이는 한 마음의 정밀하고 순수함이 위로 하늘에 통한 것이니, 하늘의 보답이 여기에 있지 않겠습니까.

하늘이 물건을 낼 적에 이빨과 뿔을 똑같이 주지 않으며[279] 꽃과 열매

소생인데 박양흠의 아우인 박장흠(朴長欽)에게 양자로 갔으므로 부모의 상을 네 번 겪었다고 한 것이다. 《梅山集 卷35 內舅紫閣山人墓碣銘》

277 사명(司命)의……자 : 인간의 수명을 주관하는 신(神)을 말한다. 《莊子 至樂》

278 홀로 노닐었습니다 : 세상의 굴레를 벗어 버리고서 천지간에 홀로 왕래하며 자유롭게 생활하는 은자(隱者)를 비유한 말이다. 《장자》 〈재유(在宥)〉의 "상하 사방을 드나들고, 구주에서 노닐며, 홀로 가고 홀로 오는 이런 경지를 '홀로 노님'라고 한다.〔出入六合 遊乎九州, 獨往獨來, 是謂獨有.〕"라는 말에서 연유한 것이다.

279 이빨과……않으며 : 하늘이 물건을 낼 때 재주와 아름다움을 하나의 물건에 모두 부여하지 않음을 비유한 말이다. 동중서(董仲舒)가 말하기를 "하늘이 나누어 줄 적에 이빨을 준 것은 그 뿔을 제거하고 날개를 붙여준 것은 그 다리를 두 개만 주니, 이는 큰 것을 받은 자는 작은 것을 얻지 못하는 것이다.〔天亦有所分予, 予之齒者, 去其角; 傅其翼者, 兩其足. 是所受大者不得取小也.〕"라고 하였다. 《漢書 卷56 董仲舒傳》

를 똑같이 주지 않습니다. 그래서 부귀와 복택(福澤)으로 삶을 후하게 하는 자도 있고 빈천과 우환으로 옥처럼 연마하여 완성하는 자도 있으며[280] 덕의(德義)와 명절(名節)로 당시를 교화하고 후세에 전해지는 자도 있습니다. 공이 스스로 이룬 것으로 말하면 응당 세교의 밝은 빛이 될 것이니, 여기에서 하늘의 마음을 볼 수 있습니다. 가령 공이 세속을 따라 부침(浮沈)하고 시속과 함께 부앙(俯仰)했다면 비록 큰 공명(功名)을 세우고 큰 사업을 이룰 수는 있었을 것이나, 이것과 저것을 비교하면 무엇이 중하고 무엇이 가볍습니까? 그렇다면 하늘이 외숙을 완성시킨 것이 후하지 않겠습니까. 이 또한 하늘이 공을 내려 보낸 뜻이니, 골육지친이 또 어찌 슬픔을 말할 것이 있겠습니까. 그러나 저의 입장에서는 차마 잊을 수 없는 정과 스스로 그칠 수 없는 애통함이 있습니다.

저는 외가에서 생장하고 외할머니께 길러져서 음식과 가르침을 오직 외숙에게 의지하였으니, 외숙께서 저를 인도하여 키워주고 격려해 주심이 지극하지 않음이 없었습니다. 처음에는 과거 공부를 가지고 인도하셨고 끝에 가서는 성현의 학문으로써 권면하셨으니, 제가 대강 스스로 처음 길을 열 때에 어두운 앞길을 비춰준 것은 모두 외숙의 은혜였습니다. 저는 하늘의 보살핌을 받지 못하여 어려서 어머니〔所恃〕를 잃어서[281] 지극한 애통이 심장과 뼈를 관통하고 고질병이 고황에

280 빈천과……있으며 : 갖은 고난 끝에 완전한 사람이 됨을 이른다. 송(宋)나라 장재(張載)의 〈서명(西銘)〉에 "빈천과 우환은 너를 옥처럼 다듬어 완성시키려는 것이다.〔貧賤憂戚, 庸玉汝於成也.〕"라고 한 데에서 유래한 말이다.

281 어려서 어머니를 잃어서 : 원문의 '소시(所恃)'는 어머니에 대한 이칭으로, 《시경》〈육아(蓼莪)〉의 "아버지가 없으면 누구를 믿으며 어머니가 없으면 누구를 믿을까.

걸렸는데 그런 채로 여막에서 지내서 거의 상기(喪期)를 마칠 수 없는 지경이었습니다. 그런데 외숙께서 눈물을 흘리며 제 마음을 달래 주시고 의약을 써서 치료해 주시어 죽을 사람을 부지하여 다시 소생시켜 남은 숨을 이어주셨으니 이 또한 외숙의 은혜였습니다. 외할머니 슬하에서 색동옷 입고 춤추며 화락할 때면 누가 아들이고 손자인지도 모를 정도였으니 스스로 어미 없는 아이라는 것도 잊었습니다.

그러다가 외할머니께서 별세하시자 저는 외할머니를 섬기던 것으로 외숙을 섬겼고 외숙은 외할머니께서 저를 보던 것으로 저를 봐 주셨습니다. 그리하여 융숭한 은혜와 담흡(湛翕)의 즐거움[282]이 거의 한 피막의 막힘도 없어서 정신이 서로를 향하고 형체와 그림자처럼 서로 의지하여 살림에 여유가 있든 없든 서로 도왔고 기쁠 때나 슬플 때나 마음을 함께 하였으니, 서로 다른 집에 살고 성씨가 다르다는 것을 분별하지 못할 정도였습니다.

외숙께서 악록(岳麓 남산)에 터를 정해 살게 된 것은 바로 화산(華山)의 절반을 나눈 것이었습니다.[283] 난초꽃이 피는 봄날과 국화가 만발한

〔無父何怙? 無母何恃?〕"라는 구절에서 유래한 말이다. 홍직필은 17세에 모친상을 당하였다. 《梅山集 卷53 年譜》

282 담흡(湛翕)의 즐거움 : 가족 간에 화합하여 화락하고 즐거움을 말하는 것으로, 《시경》〈소아(小雅) 상체(常棣)〉에 "형제간이 화합하여야 화락하고 또 길이 즐길 수 있네.〔兄弟旣翕, 和樂且湛.〕"라고 한 데서 온 말이다.

283 화산(華山)의……것이었습니다 : 은거함을 말한다. 북송(北宋) 때의 명신인 장영(張詠)이 포의(布衣) 시절에 화산(華山)에 은거하고 있던 진단(陳摶)을 찾아가 만나보고는 그에게 "화산 절반을 나누어 살고 싶으니, 그래도 되겠습니까?〔願分華山一半居之, 可乎?〕"라고 하였는데, 진단이 "공이라면 진실로 그래도 된다."라고 답하였다는 데에서 온 말이다. 《事實類苑 卷37 張乖崖》

가을날이면 술잔을 기울이고 시를 읊으면서 질탕하게 놀고, 밝은 달이 뜨고 시원한 바람이 부는 날이면 걸음을 걸어 산 위로 오르셨습니다. 독송정(獨松亭)에서 꽃을 감상하고 소호천(小壺泉)에서 폭포소리를 들었으며 때로는 남악(南岳)의 최정상에서 가슴을 씻어내고 북정(北亭)의 빈터에서 옛날을 생각하셨습니다. 그리하여 네 가지 아름다움을 갖추고 두 가지 어려움을 함께 하였으니,[284] 이는 세상의 밖으로 초연할 것을 마음에 기약한 것이었습니다. 그런데도 공은 오히려 세속의 더러운 먼지가 사람을 오염시킬까 혐의하여 홀로 산림으로 떠나려는 소원이 있으셨습니다.

그리하여 동음(峒陰 경기도 영평(永平))의 산중에다가 집을 사서 장차 온 가솔을 데리고 함께 은둔하여 동은(峒隱)[285]의 먼 자취를 따르고 농암(農巖)[286]의 높은 풍도를 잇고자 하였습니다. 저 또한 항상 장수(漳水)가의 선영[287]에서 생을 마치려 하였으니, 장주(漳州)와 동음의 거리

284 네……하였으니 : '네 가지 아름다움〔四美〕'은 좋은 시절과 아름다운 경치, 그리고 이것을 감상하는 마음과 즐거운 일을 가리키며, '두 가지 어려움〔二難〕'은 어진 주인과 훌륭한 손님이 만나는 것인바, 왕발(王勃)의 〈등왕각서(滕王閣序)〉에 "네 가지 아름다움이 갖추어지고 두 가지 어려움이 함께 하였다.〔四美具, 二難幷.〕"라고 보인다.

285 동은(峒隱) : 이의건(李義健, 1533~1621)으로, 자는 의중(宜中), 호는 동은, 본관은 전주(全州)이다. 영평 백운산에 집을 짓고 은거하였다.

286 농암(農巖) : 김창협(金昌協, 1651~1708)으로, 자는 중화(仲和) 호로 농암, 본관은 안동이다. 김창협의 선친 김수항(金壽恒)이 영평의 백운산 아래에 집터를 잡아놓고 은거하려 하였으나 그렇게 하지 못하였는데 후에 김창협이 그곳으로 가서 '은구암(隱求庵)'이라는 편액을 걸고 학문을 연마하였다. 《農巖集 卷36 墓誌銘》

287 장수(漳水)가의 선영 : 장수 혹은 장주(漳州)는 경기도 연천(漣川)의 이칭이다. 본집 권44 〈조고 목사 증 이조참판부군에 대한 묘지명〔祖考牧使贈吏曹參判府君墓誌〕〉

는 30여 리 정도라서 소 타고 왕래함에 어려움이 없기 때문이었습니다. 금수정(金水亭)과 창옥병(蒼玉屛)에서 외숙을 모시고 다녔고 백운산(白雲山)과 보개산(寶蓋山)에서 함께 옷 먼지를 털었습니다. 그렇게 그윽한 곳을 찾고 아름다운 경치를 골라 다녀서 인자(仁者)와 지자(智者)의 취미[288]를 다하였습니다. 이 여정 중에 그림자를 그치게 하는 험준한 바위 밑에서 쉴 때와 어두워져 방안에서 편히 머물 때를 이용하여 외숙의 남은 가르침을 받들었습니다. 이에 교화를 받아 감동해서 얻음이 있었고 채찍질을 받아 분발해서 성공을 바랄 수 있게 되었습니다. 비록 제가 감히 '이웃이 있어 외롭지 않은, 덕 있는 자'[289]나 '서로 비추는 같은 밝음'[290]에 대하여 함부로 논할 수는 없지만, 가르침을 받들어 계승하고 응집해서 일원(一原)의 공부에 공효를 거둠으로써[291] 단지 자각(紫閣 남산)에서 끝마치지 못한 인연을 잇는 것일 뿐만이 아니

에 "연천현 동쪽 10리 현계의 위 청화산 아래에 우리 집안 6대 소목의 장지가 있다.〔漣川縣東十里玄溪之上淸華山下, 有吾家六世昭穆之葬.〕"라고 보인다.

288 인자(仁者)와 지자(智者)의 취미 : 산수를 즐김을 말한다. 《논어》 〈옹야(雍也)〉에 "인자는 산을 좋아하고 지자는 물을 좋아한다.〔仁者樂山, 知者樂水.〕"라는 공자의 말에서 온 것이다.

289 이웃이……자 : 《논어》 〈이인(里仁)〉에 "덕이 있는 사람은 외롭지 않다. 반드시 이웃이 있다.〔德不孤, 必有隣.〕"라고 한 것을 바꿔 쓴 것이다.

290 서로……밝음 : 《사기》 〈백이열전(伯夷列傳)〉에 "같은 밝음은 서로 비추고 같은 부류는 서로 구한다.〔同明相照, 同類相求.〕"라고 보인다.

291 일원(一原)의……거둠으로써 : 본원을 한결같이 탐구하여 공효를 거둔다는 것으로, 이 말은 주희(朱熹)의 〈재거감흥시(齋居感興詩)〉 제20수에 "일원의 기이한 공을 거둘 수 있으리.〔奇功收一原.〕"라고 한 데에서 온 것이다. 주희의 이 말은 《음부경(陰符經)》에 "이로움을 끊고 일원을 지키면 군사를 부림에 10배의 공이 있을 것이다.〔絶利一原, 用師十倍.〕"라고 한 것을 원용한 말이다.

기를 바랐습니다. 이것은 자나 깨나 잊지 않는 영원한 맹세였는데 인사(人事)의 변고가 이 지경에 이를 줄을 어찌 생각이나 했겠습니까. 설령 훗날에 이 희망을 이루더라도 다만 산택(山澤)을 방황하며 서문(西門)에서 말채찍으로 문을 두드리는 슬픈 감회[292]를 일으킬 뿐일 것입니다.

아! 공께서는 혼탁한 세상을 버리기를 매미허물 벗듯이 해서 하늘의 궁궐로 올라가 자줏빛 구름을 타고 다니며 조물주와 노니실 것이니, 산 자가 슬피 통곡하는 것은 망녕된 짓이 아니겠습니까. 또 어찌 눈물을 흘릴 것이 있겠습니까. '생명을 얻고 잃는 이치가 이와 같음을 이미 알았으니, 살아서는 마땅히 즐거워해야 할 것이요 죽어서는 어찌 슬퍼할 것이 있겠느냐'는 것은 옛날 통달한 사람의 훌륭한 의론입니다. 그러나 저로 말하면 지우(知遇)가 끊어지고 상음(賞音)[293]이 비었으니, 해 그림자가 짧아지는 노년의 말로에 앞길이 이미 궁합니다. 방황하는 여생이 누구와 함께 돌아간단 말입니까? 비록 크게 이치를 보아서 슬픈 정을 잊어보려 하나 또한 어찌 그렇게 될 수 있겠습니까.

공께서 저를 버리신 지 벌써 햇수로 3년이 되었고 묘지의 풀은 두 번이나 묵었습니다. 그간에 날로 멀어지고 다달이 잊혀서 아득하여

292 서문(西門)에서……감회 : 진(晉)나라 명재상인 사안(謝安)이 평소 생질인 양담(羊曇)을 애지중지하였는데, 사안이 죽자 양담은 크게 슬퍼하여 차마 사안이 살던 서주(西州)의 길을 가지 못하였다. 하루는 크게 취했다가 자기도 모르는 사이에 서주의 문까지 이르렀는데, 주변의 사람들이 "이곳은 서주의 문입니다."라고 하자 슬픈 감정을 주체할 수 없어 말채찍으로 문을 두드리며 "살아서는 화려한 집에서 살더니 영락하여 산기슭으로 돌아갔네.〔生存華屋處, 零落歸山丘.〕"라는 조식(曹植)의 시를 읊고는 통곡하고서 돌아갔다고 한다. 《晉書 卷79 謝安列傳》

293 상음(賞音) : 소리를 감상한다는 것으로, 지음(知音)과 같은 뜻이다. 지음에 대해서는 379쪽 주144 참조.

마치 딴 세상 같으나 한번 생각이 이를 때마다 문득 이미 별세하셨음을 잊어서 여전히 음성과 모습과 말씀과 웃음소리가 아직도 귀와 눈에 선합니다. 먹을 갈아 붓을 적셔 애통한 마음을 쏟아내고자 하나 눈물이 흘러내리고 가슴이 무너져 글을 지을 수 없어 이내 다시 붓을 내려놓은 것이 여러 번입니다. 지금 상생(象生)을 철거하게 되어서 영원한 이별이 임박하였는데 병과 우환으로 정신이 혼매하여 글로 제 마음을 다 나타낼 수 없으니, 몇 년 동안 음악을 철거했던 슬픈 마음을 어떻게 다 말씀드릴 수가 있겠습니까.

아! 저와 공은 친척으로 매우 닮은 입장이나 팥배나무와 배나무, 귤나무와 유자나무가 그 아름다움에 비견될 수 없습니다.[294] 그러나 헛되이 알아주고 장려해주어 '곁에 있는 훌륭한 인재'라고 오인을 하시어 일찍이 "세상에 나를 알아주는 자가 없고 오직 너만이 지기에 가깝다."라고 하셨으니, 영명한 혼과 밝은 기운이 성대하게 위에 계셔서 유명(幽明)으로 막히거나 사생(死生)으로 간격이 생기지 않아서 응당 지각이 있는 영혼이 계실 것입니다. 저에게 한마디 말을 바라시면서 그 말을 올리는 것이 늦었다고 여기지는 않으실는지요? 공의 덕을 기

294 팥배나무와……없습니다 : 이런 나무들은 쓸모 있는 나무이긴 하지만 사당을 지키는 상수리나무의 훌륭함에는 비견할 수 없다는 말로, 외숙의 훌륭함에 자신을 비견할 수 없음을 말한 것이다. 장석(匠石)이란 목수가 제자들을 데리고 가다가 토지신을 모시는 사당의 상수리나무를 보고 "이 나무는 쓸모가 없어서 저렇게 오래 살 수 있었던 것이다."라고 하였는데, 장석의 꿈에 상수리나무가 나타나서 말하기를 "그대는 나를 무엇에다가 비견하려 하는가? 그대는 나를 쓸모 있는 나무〔文木〕에 비견하려는 것인가? 팥배나무, 배나무, 귤나무, 유자나무와 같은 과실수는 열매가 익으면 잡아 뜯기고 잡아 뜯기면 욕을 당하게 되어서, 큰 가지는 꺾이고 작은 가지는 찢겨지니, 이것은 잘난 능력으로 자신의 삶을 괴롭히는 것이다."라고 하였다. 《莊子 人間世》

록하고 공의 행실을 명문(銘文)에 적어서 숨겨진 것을 드러내고 그윽한 것을 밝혀서 불후하기를 도모하여 뒤에 죽는 저의 책임을 완수하려 합니다. 다만 세상에 은둔하여도 후회하지 않았던 지조에 위배되고 깨끗이 사라져 자취가 없는 경지에 누가 될까 염려되니, 이것이 제가 늘 조심하는 바입니다. 한 잔의 술과 몇 줄의 제문에 50년 외숙과 조카의 정을 다합니다. 아, 슬픕니다!

종제 윤여[295] 익필 에 대한 제문 을유년(1825, 순조25)

祭從弟允汝 翼弼 文 乙酉

아!	嗚呼
우리가 형제 된 지	我爲兄弟
만 오십 년인데	滿五十年
기쁜 일은 적고 슬픈 일은 많았으니	寡懽多慽
이는 천명이었네	其命也天
지난날을 세세히 살펴보면	細檢疇曩
말에 앞서 눈물이 흐르네	淚在言先
을사년(1785, 정조9)은 어떤 해였던가	乙巳何歲
중모께서 일찍 세상을 떠나셨네	仲母蚤世
그대 겨우 여덟살 나이에	君纔八齡
갑자기 모친상을 만나서	奄罹孁戾
나의 어머니에게 양육 받아	受養吾母
마침내 어머니 잃음을 잊게 되었네	遂忘失恃
나는 그대보다	惟我於爾
겨우 두살 많았으니	差長二齒

295 종제 윤여 : 홍익필(洪翼弼, 1778~1825)로, 자는 윤여 혹은 익여(翊汝), 호는 수와(守窩), 초명은 용필(龍弼), 본관은 남양(南陽)이다. 1805년(순조5)에 생원시에 합격하여 1813년 광릉 참봉(光陵參奉)이 되었고 창평 현령(昌平縣令)을 지냈다. 홍직필의 중부(仲父) 홍정간(洪鼎簡)의 장남이다. 본집 권44에 묘지명이 실려 있다.

머리와 어깨를 나란히 하여	頭齊肩幷
어머니를 곁에서 모셨네	左右親侍
나란히 함께 다니고 같은 밥상에서 밥을 먹으며	聯袂共床
장성함에 이르렀으니	至于長大
이름은 여러 종형제라고 하였으나	名雖群從
우애는 천성의 사랑에서 나왔었네	友自天愛
내 다시 상(喪)을 만나	我復遘愍
어머니가 별세하였는데	母氏捐背
그대가 슬퍼하는 모습을 보니	看君含恤
참으로 자기 어머니를 잃은 것 같았네	眞如喪妣
할아버지와 계부의	皇祖季父
슬픔이 거듭 이르고[296]	哀慽荐摯
마침내 춘성에까지 이르러[297]	爰及春城
환난이 매우 혹독하였네	禍患孔酷
천리 먼 곳에서 상여를 부여잡고 오니	攀櫬千里
두 상주[298]의 모습 매우 수척 하였네	欒欒雙棘
비록 외롭고 고달팠으나	雖則孤苦
가업을 잘 계승하였고	亦克負荷

296 할아버지와……이르고 : 홍직필의 조고 홍선양(洪善養)은 1798년(정조22) 7월에 별세하였고, 계부 홍제간(洪濟簡)은 1800년 4월에 별세하였다.

297 마침내 춘성에까지 이르러 : 홍익필의 부친인 홍정간(洪鼎簡)이 별세하였음을 말한다. 춘성은 충청도 영춘(永春)의 이칭인바, 홍정간이 당시 영춘 현감(永春縣監)을 맡고 있었으므로 이렇게 말한 것이다. 홍정간은 1807년(순조7) 11월에 별세하였다.

298 두 상주 : 홍익필과 홍익필의 서형 홍석필(洪奭弼, 1775～1821)을 말한다.

훤당(萱堂)에 봄 햇살과 같은 은혜가 있었으니[299]	萱庭春輝
실로 친자식처럼 아껴주셨네	寔若生我
효도하고 우애하여	惟孝惟友
모든 면에 합당하게 하였네	宜右宜左
막 상기를 끝내자	纔免于喪
형은 급제하고 아우는 벼슬하여[300]	兄科弟仕
서로 이어서 고을을 맡으니	相繼典邑
영남과 호남이 매우 가까웠네[301]	嶺湖密邇
번갈아 판여로 모셔서[302]	迭奉板輿

299 훤당(萱堂)에……있었으니 : 홍익필의 계모 한산 이씨(韓山李氏)의 은혜가 돈독하였음을 말한다. '훤당'은 어머니가 계신 거처를 이르는 말로, 《시경》〈위풍(衛風) 백혜(伯兮)〉에 "어떻게 하면 훤초를 얻어 이것을 북당에 심을까?〔焉得諼草, 言樹之背?〕"라고 한 데서 온 말이다. '봄 햇살과 같은 은혜'는 어머니의 은혜를 비유하는 말로, 당나라 맹교(孟郊)의 〈유자음(遊子吟)〉에 "그 누가 말하랴. 한 치 풀만한 마음으로 삼월 봄 햇살 같은 그 은혜 갚는다고.〔誰言寸草心, 報得三春暉?〕"라고 한 데에서 온 말이다.

300 형은……벼슬하여 : 홍익필의 서형 홍석필은 1811년(순조11) 정시(庭試) 무과에 급제하였고, 홍익필은 1813년에 첫 벼슬로 광릉 참봉에 제수되었다. 《梅山集 卷44 從弟縣令君墓誌銘, 庶從兄營將墓誌銘》

301 서로……가까웠네 : 홍석필은 경상도 기장(機張)의 현감을 지냈고 홍익필은 전라도 창평(昌平)의 현감을 지냈다. 《梅山集 卷44 從弟縣令君墓誌銘, 庶從兄營將墓誌銘》

302 번갈아 판여로 모셔서 : 임지로 어머니를 모셔 가서 봉양함을 말한다. 판여는 부들방석을 깐 푹신한 가마로, 진(晉)나라 반악(潘岳)이 장안 영(長安令)으로 옮겼다가 박사(博士)로 제수되자 벼슬을 버리고 〈한거부(閑居賦)〉를 지었는데, 거기에 "태부인을 마침내 판여에 모시고 가벼운 수레에 올라, 멀리는 왕기를 구경하고 가까이는 집의 동산을 돌았다.〔太夫人乃御板輿, 升輕軒, 遠覽王畿, 近周家園.〕"라고 하였는바, 여기에서 온 말이다. 《晉書 卷55 潘岳列傳》

봉양함이 매우 성대하였네	致養孔侈
두 개의 일산(日傘)을 서로 기울이니	雙蓋互傾
길 가는 사람들도 영화롭게 여겼네	行路榮止
그러나 남은 재앙이 끝나지 않아	餘厄未艾
종형 석필(奭弼)이 운명하였네[303]	奭從折命
변고가 창졸간에 나왔으니	變出倉卒
그 죽음은 정명(正命)[304]이 아니였네	其死非正
곡하면서 하늘 끝을 바라봄에	哭望天涯
울부짖고 혼절하다 목이 메었네	號絶塞哽
그대 남쪽에서 오니	君來自南
서로 마주하고 눈물을 흘렸네	相對淚迸
죽은 사람은 다시 살아나오기 어려우니	死固難作
산 사람은 또 누구를 의지한단 말인가	生亦奚倚
서로 기르고 서로 지켜서	相養相守
시종 마음에 맹세하기를	矢心終始
형체와 그림자처럼 서로 떨어지지 말고	形影不離
백년에 이르자고 기약했었네	期于百祀
그런데 어찌하여 질병이	云胡疢疾

303 종형 석필(奭弼)이 운명하였네 : 홍익필의 서종형 홍석필은 경상 감사 이재수(李在秀)의 막빈(幕賓)이 되어 감사의 순부(巡部)를 따르다가 칠원 읍참(漆原邑站)에서 말에 차여 1821년(순조21)에 별세하였다. 《梅山集 卷44 庶從兄營將墓誌銘》

304 정명(正命) : 천도에 순응하여 천수를 누리는 것을 말하는바, 《맹자》〈진심 상(盡心上)〉에 "명이 아닌 것이 없으나 그 정명을 순히 받아야 한다.〔莫非命也, 順受其正.〕"라고 하였다.

또 그대의 몸을 침범한단 말인가　又嬰乃身

밥을 못 먹는 증상이 한 해 동안 계속됨에　阻食窮年

잠 못 이루고 날을 지새웠네　渴睡徹晨

안팎으로 녹이고 쇠하게 하니　內銷外鑠

육체는 피폐하고 정신은 훼손되었네　敝形竭神

이수[305]가 기승을 부리니　二竪肆虐

천 가지 약방이 효험이 없었네　千方蔑績

편작(扁鵲)과 화(和)[306]가 세상에 나오지 않으니　扁和不作

대약[307]을 얻을 수가 없었네　大藥難得

천명은 일정하지 않으니　惟命靡常

신의 이치를 그 누가 헤아리랴　疇測神理

하루가 다르게 위독해져　日臻危篤

마침내 일어나지 못했으니　遂以不起

305 이수(二竪) : 난치의 병을 말한다. 《춘추좌씨전(春秋左氏傳)》 성공(成公) 10년조에 "진(晉)나라 경공(景公)이 병이 심하여 진(秦)나라의 명의(名醫)를 청하였는데, 그가 오기 전에 경공의 꿈에 두 수상한 남자〔二竪〕가 서로 말하기를, '내일 명의가 오면 우리를 처치할 것이다. 그러니 우리가 고(膏)의 밑과 황(肓)의 위로 들어가면 명의도 어찌 하지 못할 것이다.'라고 하였다. 다음날 명의가 와서 진찰하고는, '병이 고황의 사이에 들어갔으니 치료할 수 없습니다.' 하였다."라고 보이는바, 여기에서 온 말이다.

306 편작(扁鵲)과 화(和) : 고대의 명의(名醫)인바, 《한서(漢書)》 권30 〈예문지(藝文志)〉에 "태고 시대에는 기백과 유부가 있었고, 중세에는 편작과 진화가 있었다.〔太古有岐伯、兪拊, 中世有扁鵲、秦和.〕"라고 하였는데, 안사고(顏師古)의 주(註)에 "화는 진(秦)나라 명의의 이름이다."라고 하였다.

307 대약(大藥) : 도가의 금단(金丹)을 말한다.

북당에 계신 백발 모친이　鶴髮北堂
통곡하다 쓰러지고 말았네　號隕投地
구월 오일에　菊月五日
주갑을 맞이하게 되어　載周甲晬
구여의 글[308]을 송축하려 하였으나　將頌九如
끝내 술잔 하나를 들지 못하게 되었네　莫擧一觴
무슨 말로 모친을 위로하여　何言寬譬
만수무강을 기도할 수 있겠는가　用禱壽康
이 한이 뼈에 사무치니　斯恨徹骨
유명 간에 이 한을 지우기 어려울 것이네　難腐幽明
합부인의 통곡소리 하늘에 이르니　闔哭干昊
대낮의 촛불이 꺼지려 하네[309]　晝燭欲滅
삼척의 동자가 최복을 입으니　三尺抱衰
양자로 들어온 고아[310]는 의지할 데가 없고　螟孤孑孑
어린 딸이 엉엉 우니　弱女呱呱

308 구여(九如)의 글 : 축수(祝壽)하는 글을 말한다. 구여는 《시경》 〈소아(小雅) 천보(天保)〉에 나오는 아홉 가지 축복하는 내용으로, 수명과 복록이 산과 같고〔如山〕, 언덕과 같고〔如阜〕, 산마루와 같고〔如岡〕, 구릉과 같고〔如陵〕, 냇물이 막 흘러오는 것과 같고〔如川之方至〕, 초승달과 같고〔如月之恒〕, 떠오르는 해와 같고〔如日之升〕, 장구한 남산과 같고〔如南山之壽〕, 무성한 송백과 같음〔如松柏之茂〕을 말한 것이다.

309 대낮의……하네 : 삶의 의미를 잃어 죽고자 함을 말한다. 대낮의 촛불은 켜놓아도 주변이 밝아 쓸모가 없는바, 의미 없는 삶을 비유할 때에 일컫는 말이다.

310 양자로 들어온 고아 : 홍익필은 부인 고령 신씨(高靈申氏)와의 사이에서 딸 하나만을 두어, 홍일정(洪一貞)을 양자로 들였다.

밤낮으로 원통해하네	日夜煩寃
불러도 응답하지 않으니	叩之不應
떠도는 혼이 돌아오지 않네	莫返游魂
슬프고 슬프다 내 아우여	嗟嗟吾弟
말세의 선인이었지	末路善人
마음이 평탄하고 정직하고 자애롭고 성실함은	易直慈諒
천성의 순수함을 품부 받은 것이었고	厥賦天純
효도하고 공손하며 화목함은	孝悌睦婣
그 행실이 인에 가까웠네	其行近仁
청탁에 잃음이 없었으나[311]	無失淸濁
그 마음은 청탁을 분별하였고	其中則辨
월단에 인물평을 할 때에[312]	月朝人物
그 품평이 잘못된 적이 없었네	臧否不眩

311 청탁(淸濁)에 잃음이 없었으나 : 상대가 청류(淸流)이건 탁류(濁流)이건 상관없이 두루두루 잘 지냈다는 말이다. 《소학(小學)》 〈가언(嘉言)〉에 "두계량이 호협하고 의를 좋아하여 남의 근심을 근심하고 남의 즐거움을 즐거워하여 청탁에 잃는 바가 없었다.〔杜季良豪俠好義, 憂人之憂, 樂人之樂, 淸濁無所失.〕"라고 하였는데, 《소학집설(小學集說)》에 "청류와 탁류를 구별하지 않고 그들을 대하여 모두 잘못하는 바가 없는 것이다.〔不辨淸濁待之, 皆無所失.〕"라고 하였다.

312 월단(月旦)에……때에 : 원문의 '월조(月朝)'는 월단을 바꿔 쓴 것으로, 조선조에서는 '단(旦)'이 태조 이성계의 이름이므로 이를 휘하여 뜻이 같은 '조(朝)'로 바꿔 표기하였다. 월단평은 매달 초하루에 행해지는 인물에 대한 비평을 뜻하는바, 후한 영제(靈帝) 때 여남(汝南)의 명사인 허소(許劭)와 그의 종형제인 허정(許靖)은 매달 초하루에 지방 사람들의 인물을 평했는데, 이 인물평이 정확해서 사람들은 '여남의 월단평'이라고 부르며 높이 평가하였다. 《後漢書 卷68 許劭列傳》

재물을 가볍게 여기고 남에게 베풀기를 좋아하여　輕財喜施
재물이 남고 부족함을 따지지 않았네　罔較贏屈
자신을 뒤로 하고 남을 우선하면서도　後己先人
행여 조금이라도 소홀함이 있을까 염려하였으니　猶恐少忽
어찌 헐벗음과 굶주림을 걱정하였겠는가　詎恤凍餓
항상 저축이 비어있었다네[313]　常空杼軸
의리로써 남에게 미쳐서　義而及物
급한 사람을 도와주니　用資緩急
보답을 받으려 했던 것도 아니고　非出責報
은덕을 입고자 했던 것도 아니었네　不要見德
만약 그 뜻을 다 채웠더라면　苟充其志
많은 이를 구제하고 은혜 베풂이 넓었을 것이네　衆濟施博
현령이 된 사년 동안에　作宰四載
추목의 임무[314]에 고심하였네　苦心芻牧
큰 흉년을 만남에　値歲大沴
백성들을 구제하는 좋은 약으로　濟生良藥
곤궁함을 속히 풀어주어서　亟解倒懸

313 항상 저축(杼軸)이 비어있었다네 : 저축은 베틀의 북과 바디인데 베를 짤 수 없을 정도로 가난하다는 말이다. 이 말은《시경》〈소아(小雅) 대동(大東)〉에 "대동과 소동에 북과 바디가 모두 비었도다.〔大東小東, 杼軸其空.〕"라고 한 데에서 온 말이다.

314 추목(芻牧)의 임무 : 추목(芻牧)은 가축을 사육하면서 목장과 꼴을 마련해주는 것으로, 지방관의 직임을 맡음을 말하는바, 맹자(孟子)가 평륙(平陸)의 읍재(邑宰) 공거심(孔距心)에게 읍재의 임무를 말하면서 이를 추목하는 것에 비유한 데서 온 말이다.《孟子 公孫丑下》

곡식을 내보내어 환곡을 줄여주었네　移粟減糴
이에 중론으로 비석을 이루어　衆口成碑
우뚝히 칭송비가 세웠졌네[315]　載屹頌石
아침에 현령의 인수를 내놓자　朝遞縣紱
저녁에는 집안에 먹을 것이 부족하였네　夕闕家食
그대에게 있어 무슨 유감이 되겠는가　在君奚憾
한번 배척되고 다시는 등용되지 못한 것이　一斥不復
인자는 반드시 장수한단 말[316]이　仁者必壽
어긋나지 않는다고 누가 말하였는가　孰云不忒
늙은 하늘에 힐문하지만　致詰老蒼
끝까지 따질 수가 없네　罔可究極
장수(漳水) 언덕에 무덤을 쓴 지가　漳邱卜塋
삼백년이 되니[317]　垂三百祀
세대가 멀어짐에 땅이 다 차서　世逴地殫
다시 무덤을 쓸 곳이 없네　無容更窆
양주 동쪽　惟楊州東

315 칭송비가 　 세워졌네 : '현령홍후익필청간불망비(縣令洪候翼弼淸簡不忘碑)'가 1824년에 건립되었는바, 현재 전라남도 담양군 창평면사무소 내에 있다.

316 인자(仁者)는……말 : 《논어》 〈옹야(雍也)〉에 "지자(智者)는 낙천적이고 인자는 장수한다.〔知者樂, 仁者壽.〕"라고 하였다.

317 장수(漳水)……되니 : 장수 혹은 장주(漳州)는 경기도 연천(漣川)의 이칭이다. 본집 권44 〈조고 목사 증 이조참판부군에 대한 묘지명〔祖考牧使贈吏曹參判府君墓誌〕〉에 "연천현 동쪽 10리 현계의 위 청화산 아래에 우리 집안 6대 소목의 장지가 있다.〔漣川縣東十里玄溪之上淸華山下, 有吾家六世昭穆之葬.〕"라고 보인다.

효자봉 북쪽에 孝子峯北
작은 무덤이 있으니 有封睾如
계부가 묻혀 있는 곳이라오 季父攸卽
소나무와 가래나무 울창하고 松檟鬱鬱
상서로움이 가득한데 吉祥郁郁
바로 옆에 부장(祔葬)하니 卽祔于傍
하늘이 만든 참된 유택(幽宅)이네 天作眞宅
점을 침에 참으로 선하다 하니 卜曰允臧
해좌(亥坐)의 기슭이라오 枕亥之麓
신이 사람과 도모하여 神與人謀
골육으로 함께 모이게 하였으니 同聚骨肉
억만세가 지나도록 庶幾億世
이 무덤을 길이 편안하게 하리라 永寧兆域
무덤에 들어갈 시기가 잡혔으니 窀穸有期
빈소를 장차 열게 되었네 玄殯將啓
친척과 손님이 모두 모여서 親賓畢集
그대 길이 가는 길을 전별하는데 以祖長逝
그대는 깊이 잠들어 깨지 않으니 大寐不醒
어쩌면 이렇게 모른단 말인가 一何冥昧
어째서 獨不顧我
쓰라린 애통 품고 있는 나를 돌아보지 않는가 飽茹痛毒
창자가 찢어지고 상처가 깊으니 爛腸剜瘡
내 어찌 감당할 수 있겠는가 其何能克
스스로 생각건대 自念無術

뒤에 죽는 이의 책임을 다할 길이 없네	塞後死責
남은 인생이 얼마 남지 않아서	餘生澟澟
아침에도 저녁 일을 도모할 수 없으니	朝不謀夕
늘그막의 곤궁한 길에	晩塗窮轍
머물 곳이 없네	靡所止泊
어찌하여 잠시 더 머물러서	胡不少淹
곤궁하고 외로운 이 형을 위로해주지 않고서	相慰窮獨
이 집을 버려두고	舍此堂宇
저 먼 수륙으로 나아가는가	卽彼川陸
밝은 해도 어두워지려 하고	白日欲陰
여러 새들도 와서 곡을 하네	群鳥來哭
한번 가면 다신 돌아오지 못하니	一往無回
이 작별의 이름 무엇이던가	是名何別
깊은 땅속에 편안히 묻히니	安固厚壤
그대의 일이 끝나고 말았네	君事則畢
내 슬픈 마음을 엮어 글을 지어서	抽心爲文
그대와 영원히 작별하네	終天與訣
슬픔 마음을 고하니	告以百哀
울음과 눈물 모두 다하였네	聲淚俱竭

김 충주[318] 기풍 에 대한 제문 기축년(1829, 순조29)
祭金忠州 基豐 文 己丑

아! 학문은 왕도와 패도의 경략(經略)을 다 연구하였으나 스스로 안다고 여기지 않았고, 행실은 효우(孝友)의 도리를 돈독히 하였으나 스스로 만족스럽다 여기지 않았으며, 훌륭한 계책은 세도(世道)를 경륜할 만하였으나 스스로 이름을 내려 하지 않았고, 문장은 왕의 계책에 보불(黼黻)이 될 만하였으나[319] 스스로 소유하였다고 여기지 않았으며, 임금을 사랑하고 나라를 걱정하는 정성과 옛날에 해박하고 지금에 통달한 식견과 넉넉하여 조급해하지 않는 태도와 너그러워 포용력 있는 아량을 지니셨으니, 이는 바로 공이 하늘에서 받은 것으로서 남들보다 크게 뛰어난 것이었는바, 이러한 분은 어찌 세상에 항상 있지는 않은 자[320]가 아니겠습니까. 그런데 어찌하여 여기에 그치고 말단 말입니까.

하늘과 땅이 생겨난 지가 오래되었는지라 인물의 품성(稟性)도 풍기(風氣)에 따라 순수하기도 하고 혼탁하기도 해서 보통사람보다 뛰어난

318 김 충주 : 충주 목사(忠州牧使)를 지낸 김기풍(金基豐, 1754~1827)으로, 자는 대백(大伯), 본관은 청풍(淸風)이다. 1783년(정조7) 진사시에 합격하고 음직으로 출사하여 내·외직을 역임하였는데 특히 외직에 있을 때에는 선정을 베풀어 명성이 높았다. 본집 권38에 묘지명이 실려 있다.

319 문장은……만하였으나 : 김기풍의 문장이 임금을 보좌할 만하였다는 말이다. 보불은 임금의 예복의 하의에 도끼와 '아(亞)'자 모양으로 수를 놓은 것을 말한다. 《書經 益稷》

320 세상에……자 : 자세한 내용은 401쪽 주202 참조.

자를 찾아보면 천 명 만 명 중에 한두 명도 못 됩니다. 그런데 혹시라도 우연히 이런 사람을 한번 만나게 되면 사람들은 그가 살아있음을 기뻐하고 죽는 것을 슬퍼하여 왕왕 자기 몸으로 백 번이라도 대신해서[321] 죽은 사람을 구원(九原)에서 일으키려는 생각을 합니다. 지금 공의 죽음에 있어서, 슬퍼하며 탄식하는 마음을 더욱 가눌 수가 없으니, 이것이 어찌 저의 사정(私情) 때문에 그러는 것이겠습니까.

공은 명문가에서 생장하여 그 도구를 많이 소유하였습니다. 임금을 보필하는 대신이 될 것이라는 기대를 일찍부터 받아서 만물을 고르게 이루어주는 책임을 받게 될 듯하였으니, 진실로 시(時)와 명(命)이 함께 이르러서 공의 마음에 원하던 바를 이룰 수 있었더라면, 최상으로는 임금을 요순(堯舜)으로 만들고 백성들에게 은택을 입혔을 것이고 그 다음으로는 세상을 구원하여 소강(小康)으로 만들었을 것인바,[322] 이러한 일들이 성대하게 범위(範圍)가 있어서 은택을 백성들에게 입혀주었던 잠옹(潛翁)[323]의 공렬을 이을 수 있었을 것입니다. 그런

321 자기……대신해서 : 《시경》 〈진풍(秦風) 황조(黃鳥)〉는 진 목공(秦穆公)의 순장(旬葬)에 자거씨(子車氏)의 세 아들이 희생되는 것을 서글퍼한 내용인데, 여기에 "저 푸른 하늘이여! 우리의 훌륭한 사람을 죽이도다. 만일 대신할 수 있다면 사람마다 모두 자기 몸을 백 번이라도 바치겠다.〔彼蒼者天! 殲我良人. 如可贖兮, 人百其身.〕"라는 구절이 있는바, 이를 원용한 것이다.

322 소강(少康)으로 만들었을 것인바 : 중흥을 이루었을 것이란 말이다. 소강은 하(夏)나라를 중흥시킨 군주로, 부왕(父王) 상(相)이 유궁후 예(有窮后羿)에게 나라를 빼앗겼었는데, 소강이 한착(寒浞)을 멸망시켜 부왕의 원수를 갚고 다시 나라를 수복하였는바, 전하여 중흥을 의미하는 말로 쓰인다.

323 잠옹(潛翁) : 김육(金堉, 1580~1658)으로, 자는 백후(伯厚), 호는 잠곡(潛谷)·회정당(晦靜堂), 시호는 문정(文貞), 본관은 청풍(淸風)이다. 여러 벼슬을 역임하면

데 법도대로 모는 것을 얻지 못하여[324] 음직(蔭職)의 길에서 침체해서 그 가슴 속 가득한 포부를 펴지 못하여 계획한 것을 조금도 드러내지 못하였으니, 군읍이 편안히 다스려진 것은 아홉 솥의 음식 중의 고기 한 점일 뿐이었습니다. 이것이 어찌 깊고 넓은 온축을 다 한 것일 수 있겠습니까.

공은 당세에 알아주기를 구하지 않았고, 또 알지 못하는 이들과는 말하지 않았습니다. 그러므로 공을 아는 자들이 세상에 드물었으니 이 때문에 끝내 불우하였던 것입니다. 그러나 우(遇)와 불우가 또한 공과 무슨 상관이 있겠습니까. 하늘이 공에게 베풀어 준 것은 세상에 도가 행해질 조짐을 이미 보인 것인데 끝내 그 몸을 막아 그치게 해서 마치 희극인 것처럼 하였으니, 비록 늙은 하늘에 따지지 않고자 하나

서 백성들을 위한 정책을 두루 추진하였는바, 대동법의 실시, 화폐의 주조・유통, 수차(水車)의 사용, 수레의 제조・보급, 시헌력(時憲曆)의 제정・시행 등을 주장하였으며 특히 대동법의 확대 실시를 적극적으로 주장하여 충청도에 확대 시행하는 것을 성공시켰고 전라도에도 대동법을 시행하도록 건의하였는데 이 역시 그의 사후 서필원(徐必遠)에 의해 성취되었다.

324 법도대로……못하여 : 원칙과 법도대로 행하고 또 그에 따라 실력을 인정받는 환경을 만나지 못했음을 말한다. 춘추 시대 진(晉)나라 대부인 조간자(趙簡子)가 말몰이를 잘하는 왕량(王良)을 시켜 자신이 총애하는 신하 해(奚)를 위해 그의 사냥 수레를 몰게 하였는데, 왕량이 법도대로 말을 몰자 해는 한 마리의 짐승도 잡지 못하였고, 해는 사냥을 마친 뒤에 조간자에게 "왕량은 천하의 값어치 없는 말몰이꾼입니다."라고 하였다. 이를 전해들은 왕량이 다시 말몰기를 청하여 비정상적인 방법으로 말을 모니 해가 하루아침에 짐승을 열 마리나 잡을 수 있었고 이에 조간자에게 "왕량은 천하의 훌륭한 말몰이꾼입니다."라고 하였다. 조간자가 왕량에게 해의 전속 말몰이꾼이 되라고 하자, 왕량이 "나는 소인과 더불어 수레를 타는 것을 익히지 않았으니, 사양하겠습니다."라고 하였다. 《孟子 滕文公下》

그럴 수가 있겠습니까.

아! 저는 존문(尊門 상대방의 가문에 대한 존칭)에 대해서 본래 대대로 가깝게 지낸 정의(情誼)와 집안끼리 통한 우호가 있었습니다. 또 저의 선친은 공에 있어서 뜻이 합하고 방향이 같아서 사모하고 좋아함이 더욱 돈독하여, 백 년 동안의 금란(金蘭)의 우호[325]는 있고 한 마디의 종률(鍾律)의 어긋남[326]은 없었습니다. 그래서 높은 나이의 깊은 사랑이 골육의 친척들보다 더한 점이 있었습니다. 그리고 저는 어렸을 때부터 머리를 쓰다듬어주시는 사랑을 특별히 입었고 귀에 대고 도의(道義)를 말씀해주시는 가르침을 삼가 받았습니다. 경·사·자·집(經史子集)의 의리와 그 문장의 지취(志趣), 현사(賢邪)·숙특(淑慝)과 진퇴·소장(消長)의 기미로부터 세교의 승강(陞降)·성쇠, 언의(言議)의 시비·득실에 이르기까지, 뜻을 다하여 자세히 의논해서 양단(兩端)을 다 들어서 논해주셨습니다. 또 선우후락(先憂後樂)[327]에 더욱 마음을 쏟아서, 여(呂)·진(陳)의 계책과 가의(賈誼)·육지(陸贄)의 경륜[328]과 소작(蘇綽)이 우문태(宇文泰)를 보좌한 것[329]과 왕박(王朴)이

325 금란(金蘭)의 우호 : 자세한 내용은 388쪽 주170참조.

326 종률(鍾律)의 어긋남 : 자세한 내용은 388쪽 주171 참조.

327 선우후락(先憂後樂) : 북송 시대의 명재상인 범중엄(范仲淹)의 〈악양루기(岳陽樓記)〉에 "남 때문에 기뻐하지 않고 자기 때문에 슬퍼하지 않아 묘당(廟堂)의 높은 곳에 처하면 백성들을 걱정하고 강호(江湖)에 처하면 군주를 근심하니, 이는 나가도 근심하고 물러나도 근심하는 것이다. 그렇다면 어느 때에나 즐거워할 수 있는가? 반드시 천하 사람들이 근심하기 전에 근심하고 천하 사람들이 즐거워 한 뒤에 즐거워할 것이다.〔不以物喜, 不以已悲, 居廟堂之高, 則憂其民; 處江湖之遠, 則憂其君. 是進亦憂、退亦憂, 然則何時而樂耶? 其必曰先天下之憂而憂, 後天下之樂而樂歟.〕"라고 한 데서 온 말이다. 《古文眞寶 後集 卷5》

시종(柴宗)을 도운 것[330]을 공업(功業)을 세울 만한 것이라고 여기셨습니다. 또 썩은 선비들이 시무에 통달하지 못하고 남의 잘못을 들추어내는 것을 정직한 것으로 여기다가[331] 군주에게 미움을 받아서, 군주의 잘못을 바로잡지 못하고 도리어 일을 그르치는 것을 항상 병통으로 여기셨습니다. 그래서 군주가 미칠 수 있는 바에 나아가서 말해주고 군주가 밝게 아는 부분으로부터 들어가는 것, 이것이 납약자유(納約自牖)[332]라고 하셨습니다.

328 가의(賈誼)·육지(陸贄)의 경륜 : 가의는 한(漢)나라 문제(文帝) 때의 신하로, 문제에게 치안책(治安策)을 올려 당시의 사세(事勢)에 대하여 통곡할 만한 것 한 가지, 눈물을 흘릴 만한 것 두 가지, 길이 탄식할 만한 것 여섯 가지를 열거하였다. 《史記 卷84 賈誼傳》 육지는 당(唐)나라 중기의 정치가로, 정사를 걱정하여 수많은 상소를 임금에게 올렸는데 말이 강직하고 논리가 정연하였다. 후인들이 그가 쓴 주의(奏議)를 모아 《육선공주의(陸宣公奏議)》를 편찬하였다. 《舊唐書 卷139 陸贄列傳》

329 소작(蘇綽)이……것 : 소작은 남북조 때의 인물인데 박학다식하고 유능하여 북주(北周)의 태조인 우문태에게 등용되었고, 자신의 능력을 모두 바쳐 우문태를 도와 부국강병을 꾀하였다. 《北史 卷63 蘇綽列傳》

330 왕박(王朴)이……것 : 시종은 후주(後周)의 세종(世宗) 시영(柴榮)을 가리키는 바, 시영은 오대를 통틀어 최고의 명군으로 일컬어진다. 왕박은 총명하고 유능하여 흠천력(欽天曆)과 아악(雅樂)을 만들었으며 세종 시영을 도와 변경을 평정하였다. 《周書 卷4 明帝》

331 남의……여기다가 : 《논어》 〈양화(陽貨)〉에 "남의 잘못을 들추어내는 것을 정직함으로 여기는 자를 미워한다.〔惡訐以爲直者.〕"라는 자공(子貢)의 말이 있는데, 이를 원용한 것이다.

332 납약자유(納約自牖) : 신하가 군주에게 간하되, 군주가 잘 알 수 있는 것부터 시작하여 점진적으로 군주의 마음을 유도함을 이른다. 《주역》 〈감괘(坎卦) 육사(六四)〉에 "군주에게 나아가서 맺음을 들이되 통명한 곳으로부터 하면 끝내 허물이 없으리라.〔納約自牖, 終无咎.〕"라고 한 데서 온 말이다.

이와 같이 하는 자는 성공함은 많고 실패함은 적을 것이니, 정백자(程伯子)가 이른바 "일을 가지고 말한다면, 크게 변경하면 크게 유익하고 작게 변경하면 작게 유익하다."는 것입니다.[333] 이 때문에 논지를 세우기를 과격하게 하지 않으면서 대체(大體)를 보존하려 힘쓰고, 정사를 할 적에 독특함을 행하지 않으면서 홀로 기강(紀綱)을 들어서, 시고 짜고 달고 쓴 것으로 하여금 서로 그 맛이 어우러지게 하고 모나고 둥글고 평평하고 곧은 것으로 하여금 각각 그 용도에 알맞게 해서, 한 세상의 똑같지 않은 마음을 들어 모두 태화(太和)의 경지에 모이게 하는 것이니, 이것이 바로 공이 희망했던 것이었는바, 이를 일러 "충서(忠恕)는 공평하게 하는 것이다."[334]라고 하는 것일 것입니다.

공은 만년에 벼슬살이 하는 것을 항상 눈살을 찌푸리며 싫어하셨으나 친척의 끼니를 잇는 것을 제공하기 위하여 뜻을 낮추기도 하셨으니, 여기에서 또한 공의 인함을 알 수 있습니다. 그러니 "인(仁)의 도는

333 정백자(程伯子)가……것입니다 : 정백자는 정호(程顥)로, 이 말은《근사록(近思錄)》권8〈치체류(治體類)〉에 다음과 같이 보인다. "치도(治道)는 근본을 가지고 말한 것이 있고 일을 가지고 말한 것이 있으니, 근본을 가지고 말한다면 오직 군주 마음의 나쁜 것을 바로잡아 마음을 바루어 조정을 바로잡고 조정을 바루어 백관을 바로잡는 것이요, 만약 일을 가지고 말한다면 바로잡지 않으면 그만이지만 만약 바로잡으려 한다면 모름지기 변경하여야 하니, 크게 변경하면 크게 유익하고 작게 변경하면 작게 유익하다.〔治道亦有從本而言, 亦有從事而言. 從本而言, 惟從格君心之非, 正心以正朝廷, 正朝廷以正百官. 若從事而言, 不救則已, 若須救之則須變, 大變則大益, 小變則小益.〕"

334 충서(忠恕)는…것이다 :《근사록》권2〈위학(爲學)〉에 보이는 정이(程頤)의 말인바, 거기에 "충서는 공평하게 하는 것이니, 덕에 나아감은 충서로부터 시작하고 이것이 지극하면 공평해진다.〔忠恕所以公平, 造德則自忠恕, 其致則公平.〕"라고 하였다.

다만 공(公)일 뿐이니, 공평하면서 사람을 체(體)로 삼기 때문에 인이 되는 것이다."[335]라는 말이 공을 두고 말한 것이 아니겠습니까. 매번 말씀을 받들 때마다 폭포수가 콸콸 흘러 다함이 없는 것과 같아서 저도 모르게 말씀하는 즉시 마음이 기뻐지고 풀리곤 하였으니, 비단 예전의 훌륭한 말씀과 훌륭한 행실이 귀에 가득하고 배를 가득 채울 뿐만이 아니었습니다. 혹시라도 제가 천 번 생각함에 한 번 맞는 경우[336]가 있어서 이를 반복하여 말씀드리면 가슴을 열고 흔쾌히 받아들여서 인정해 줌을 아끼지 않으셨으니, 이를 통해 공께서 마음이 텅 비어 아집이 없어서 남의 말을 모두 받아들여 천하의 선한 말을 오게 하는 분임을 징험할 수 있습니다.

아! 종산(鍾山)[337]에서 폭포소리를 듣고 읍청루(挹淸樓)에서 여울물을 구경하며 고요한 낮에 북정(北亭)을 오르고 깨끗한 가을에 남악(南

335 인(仁)의……것이다 : 《근사록》 권2 〈위학〉에 보이는 정이(程頤)의 말을 요약한 것인바, 원문은 다음과 같다. "인의 도는 요컨대 다만 하나의 '공(公)' 자로 말할 수 있으니, 공은 인의 이치이다. 공을 가지고 곧바로 인이라고 불러서는 안 되니, 공평하면서 사람을 체(體)로 삼기 때문에 인이 되는 것이다.〔仁之道, 要之只消道一公字, 公只是仁之理, 不可將公便喚做仁, 公而以人體之, 故爲仁.〕" 이 말은, 인(仁)을 그 이치로 말하면 사(私)가 없는 공(公)이라고 할 수 있지만 인은 다만 공의 의미만 있는 것이 아니요 그 안에 측달자애(惻怛慈愛)의 인도(人道)를 포함한다는 의미이다.

336 천……경우 : "성인도 천 번 생각함에 반드시 한 번 잘못이 있고, 어리석은 사람도 천 번 생각함에 반드시 한 번 맞음이 있다.〔聖人千慮, 必有一失; 愚人千慮, 必有一得.〕"라는 말을 원용한 것이다. 《晏子春秋 卷6 內篇 雜下》

337 종산(鍾山) : 종암(鐘巖)을 가리키는바, 지금의 성북국 소재 고려대학교 뒷산 일대로 여기에 종 모양의 큰 바위가 있어 종암이라고 불렸기 때문에 이곳을 종산이라고 칭한 것이다.

岳)을 오르면서 공을 모시고 따랐던 것이 또한 여러 번이었습니다. 공은 생질을 데리고 오시고 저는 선친을 따라 갔으며 임장(任丈)과 오장(吳丈)[338] 두 현자도 함께 하셨으니, 경치는 마음과 함께 상쾌하고 마음은 뜻과 함께 화락하여서 한가롭게 모이고 즐거워하며 기뻐하였습니다. 이에 인자(仁者)와 지자(智者)의 동(動)과 정(靜)을 징험하고[339] 술과 안주의 풍류를 지극히 하여, 물아(物我)의 경계를 모두 잊고 천지의 조화와 함께 유행하였으니, 저는 '이 즐거움이 무궁해서 백년을 두고 기약할 수 있을 것이다'라고 생각하였습니다. 그런데 소자가 하늘의 도움을 받지 못하여 선친이 저를 버리고 세상을 떠나시니, 화를 당한 이후로 부디 공의 문하에서 성대한 비호를 받아서 우뚝하게 한 분의 원로가 세상에 남아 계시기를 바랐는데, 겨우 반년 만에 공이 또다시 관사(館舍)를 버리고 돌아가시니, 노성(老成)의 전형이 이에 다 사라졌습니다. 어찌 인사(人事)의 변고가 마침내 이처럼 극심한 지경에 이를 줄을 생각이나 했겠습니까.

아! 다시 무슨 말을 차마 할 수 있겠습니까. 역책(易簀)[340]할 즈음에

338 임장(任丈)과 오장(吳丈) : 임장은 임노(任魯)를 가리키고 오장은 오희상(吳熙常)을 가리킨다. 본집의 〈연보〉를 보면, 1817년 9월에는 이들과 정릉(貞陵) 등을 유람하고, 1822년 9월에는 종암의 수각(水閣)에서 만났으며, 1823년 6월에는 읍청루를 유람하였다는 등의 기록이 있다.

339 인자(仁者)와……징험하고 : 산수를 즐겼다는 말로, 정적인 인자가 산을 좋아함과 동적인 지자가 물을 좋아함을 징험하였다는 의미이다. 《論語 雍也》

340 역책(易簀) : 학식과 덕망이 높은 사람의 죽음이나 임종을 이르는 말로, 증자(曾子)가 임종 시에 자신이 깔고 누운 대자리가 신분에 맞지 않음을 깨닫고 즉시 자리를 바꾸었던 일에서 온 말이다. 《禮記 檀弓上》

정신이 조금도 흐리지 않아서 저와 얼굴을 보고 결별하지 못함을 생사(生死) 간의 유감으로 여기시고는 이를 생질에게 말씀해주시어 이 말이 저에게 미쳤으니, 이 뜻이 참으로 정중하여 차마 잊을 수가 없습니다. 처음에는 예(禮)를 넘어 병문안을 가지 못하였고[341] 끝내는 또 장례에 정성을 쓰지 못하였으니, 유명(幽明) 간에 한을 품음이 끝이 없습니다. 저는 상복[342]을 벗고서도 죽지 않았으나 외롭고 고단하니 노년의 곤궁한 길에 이 마음 하소연하고 의지할 곳이 없습니다. 그런데 또 생질의 집안도 가화(家禍)로 버려지고 임장(任丈)이 또 갑자기 세상을 떠나셔서[343] 폭풍이 몰아치고 소낙비가 내리는 듯이 하여 여러 번 상전벽해(桑田碧海)가 되었으니, 비록 지난날의 즐거움을 다시 찾고자 하나 어느 곳에서 다시 얻을 수 있겠습니까.

사마(駟馬)가 틈을 지나는 것처럼 빠른 세월이 물 흐르듯 흘러가서 하늘의 별이 두 번 돌아옴에 상생(象生)을 철거하는 일이 임박하였습니다.[344] 공의 소탈하고 광달한 가슴과 평탄하고 넓은 마음과 비루한 자를 관대하게 하고 경박한 자를 돈후하게 하고[345] 욕심 많은 자를 화평

341 예(禮)를……못하였고 : 상중이어서 문병하지 못하였다는 말이다. 홍직필의 부친 홍이간(洪履簡)이 1827년 2월에 별세하였는바, 홍직필은 당시 부친상의 상복을 입고 있었다.

342 상복 : 부친상의 상복을 말한다.

343 임장(任丈)이……떠나셔서 : 임장은 임노(任魯)를 가리키는바, 임노는 1828년에 별세하였고 김기풍은 1827년에 별세하였다.

344 하늘의……임박하였습니다 : 만 2년이 지나 상기가 끝났음을 말한다. 상생은 궤연(几筵)을 이르는 말로, 자손들이 망자를 받들기를 살았을 때와 똑같이 한다는 의미로 '상생'이라 하는 것이다.

345 비루한……하고 : 《맹자》 〈만장 하(萬章下)〉에, 화성(和聖)으로 일컬어지는 유

하게 하고 조급한 자를 풀어줄 수 있었던 크고 온후한 기상을 이제 다시는 볼 수 없게 되었습니다. 한 잔의 술과 몇 줄의 제문에서 천고의 결별이 끝납니다. 어찌 이 슬픔을 참고 일생을 마쳐서 죽지 않은 남은 날을 살아갈 수 있겠습니까. 존령(尊靈)이 밝게 지각이 있다면 또한 저를 가엽고 측은하게 여겨서 돌아봐주실 것입니다. 아, 슬픕니다!

하혜(柳下惠)의 풍도를 들은 자는 "경박한 지아비가 돈후해지고 비루한 지아비가 관대해진다.〔鄙夫寬, 薄夫敦.〕"라고 하였는바. 이를 원용한 것이다.

영서 임공[346]에 대한 제문 경인년(1830, 순조30)

祭穎西任公文 庚寅

아! 학문은 하늘과 사람의 묘함을 다하였으나 장구(章句)를 깊이 해석하려 하지 않았고, 도(道)는 성철(聖哲)에게 귀의하기를 원하였으나 한 가지 잘함〔善〕으로 이름을 이루는 것을 부끄러워하였으며, 언행(言行)의 상도(常道)에 부지런히 힘썼으나 작은 예절에 구애받지 않았고, 경제(經濟)의 계책에 마음을 쏟았으나 벼슬길에 나아가는 것을 달가워하지 않았습니다. 흉금의 평탄함은 나와 남의 경계를 잊을 수 있고 풍모의 빼어나고 명랑함은 위의(威儀)를 고를 것이 없어서[347] 너그러우면서도 우뚝하고 온후하면서도 준상(俊爽)하였으니, 이 같은 분은 밝은 세상의 홍유(弘儒)와 좋은 세상의 위인(偉人)으로서, 보통사람보다 특출하여 세상에 항상 있지는 않은 자가 아니겠습니까. 그런데 어찌하여 수고롭게 하고 혼란하게 하여 우환으로 일생을 마치게 해서 크게 훌륭한 일을 할 뜻으로 하여금 막혀서 이루지 못하도록 한단 말입

346 영서 임공 : 임노(任魯, 1755~1828)로, 자는 득여(得汝), 호는 영서거사(穎西居士), 본관은 풍천(豐川)이다. 대사간 임종주(任宗周)의 아들로, 부친이 1777년(정조1) 홍국영에게 정치적 공세를 받아 유배를 가던 도중에 죽은 이후로 학문에만 전념하였다. 1809년(순조9)에 신령 현감(新寧縣監), 충원 현감(忠原縣監) 등을 지냈는데, 지방 토반들의 모함으로 충청도 진천으로 귀양 갔다. 이듬해 풀려나고 두 번 다시 벼슬하지 않았다. 학문적 계보를 보면 임성주를 스승으로 모셨다.

347 위의(威儀)를……없어서 : 위의가 매우 훌륭해서 좋고 나쁜 것을 가려내고 말고 할 것이 없다는 말이다. 이 말은 《시경》 〈패풍(邶風) 백주(柏舟)〉에, "위의가 성하고 성하니 가릴 것이 없도다.〔威儀棣棣, 不可選也.〕"라고 한 데에서 온 말이다.

니까.

아! 선생은 임금을 보필하는 대신이 될 것이라는 기대를 일찍부터 받아서 개연(慨然)히 공명을 세우겠다고 다짐하였으니, 장차 큰 바름을 도야하고 큰 계책을 연구하여서 장구하고 위대한 사업을 끝마칠 수 있을 것 같았습니다. 그런데 세상의 화란[348] 때문에 자기 한 몸을 편안히 하여[349] 도를 따라 힘을 길러 좋은 때가 오기를 기다리고[350] 은거하여 자신의 처음 뜻을 구하여 오직 도를 듣기를 원하셨으니, 몸을 편안히 하고 천명을 받든 것이 여기에 들어 있었습니다. 그러나 선생이 누추한 마을에서 굶주리며 지내는 것을 보고서 이를 우두커니 스스로 지조나 지키는 것으로 생각한다면 어찌 안자(顔子)를 아는 자라고 할 수 있겠습니까.[351] 선생이 몇 고을에서 잠깐 시험해볼 적에 이를 '뜻을 굽히고 몸을 욕되게 함'이라고 혐의하지 않으셨던 것은 또한 선우후락

348 세상의 화란 : 임노의 부친 임종주(任宗周)가 홍국영의 정치적 공세로 인해 유배 중에 별세한 일을 가리킨다.

349 자기……하여 : 자신의 분수상 마땅히 지켜야 할 의리를 편안히 따르는 것을 의미하는바, 후세에는 은거하여 자신의 절개를 지킴을 가리키는 말로 많이 쓰였다. 《서경》 〈상서(商書) 미자(微子)〉에, "스스로 의리에 편안하여 사람마다 스스로 선왕에게 뜻을 바칠 것이다.〔自靖, 人自獻于先王.〕"라고 한 데에서 온 말이다.

350 도를……기다리고 : 《시경》 〈주송(周頌) 작(酌)〉에 "아 성대한 왕사로, 도를 따라 힘을 길러 때로 감추고 있다가, 크게 밝아진 뒤에야, 큰 갑옷을 쓰셨다.〔於鑠王師, 遵養時晦, 時純熙矣, 是用大介.〕"라고 한 데서 온 말이다.

351 누추한……있겠습니까 : 《논어》 〈옹야(雍也)〉에, 공자가 안회(顔回)에 대하여 평하기를 "어질다, 안회여. 한 그릇의 밥과 한 표주박의 음료로 누추한 마을에 있는 것을 남들은 그 근심을 견디지 못하는데 안회는 그 즐거움을 변치 않으니, 어질다, 안회여.〔賢哉回也! 一簞食一瓢飮在陋巷, 人不堪其憂, 回也不改其樂, 賢哉回也!〕"라고 하여, 그의 안빈낙도(安貧樂道)하는 생활을 칭찬한 내용을 원용하여 말한 것이다.

(先憂後樂)[352]의 평소 마음에서 나온 것이니, 어찌 오로지 어버이를 봉양하고 가난을 구제하기 위한 두 가지 의의에 의한 것일 뿐이었겠습니까. 그런데 현자의 벼슬길이 기구하여 손쓸 곳이 없어서 때에 맞는 사공(事功)과 급한 것에 부응하는 수단을 지니고도 애쓰고 고생하였으니, 무성(武城)의 현가(絃歌)[353]가 유종의 미를 거둘 수 없었던 것에서 세상의 변고를 볼 수 있습니다. 어찌 다만 선생의 불행이 될 뿐이겠습니까.

아! 제가 선생의 문하를 드나든 것이 40년인데, 인정을 받음이 돈독하고 덕을 우러름이 깊어서, 배우기를 원하였으나 능하지 못한 것이 많았습니다. 안에서의 수양[354]이 순수하고 갖추어져서 가정을 감동시키시는 것을 보면 뭉클하게 효제(孝悌)의 마음이 생겨났고, 대그릇 밥과 표주박 물로 자주 끼니를 거르는데도 본분을 편안히 여겨 스스로 만족하심을 보면 마음이 편안해져 득실(得失)의 생각을 잊었습니다. 마음잡은 것이 확고하여 흔들리거나 굽힘이 없으심을 보면 날씨가 추워진 뒤에 소나무와 측백나무가 시든다[355]는 생각을 하게 되었고, 병촉(炳燭)의 공부[356]를 하면서 참을 쌓고 힘쓰기를 오래하심을 보면 죽음

352 선우후락(先憂後樂) : 자세한 내용은 451쪽 주327 참조.

353 무성(武城)의 현가(絃歌) : 자세한 내용은 419쪽 주255 참조.

354 안에서의 수양 : 효도하고 우애하여 집안을 잘 다스림을 말한다.

355 날씨가……시든다 : 《논어》 〈자한(子罕)〉에 "해가 저물어 날씨가 추워진 뒤에야 소나무와 측백나무가 뒤늦게 시듦을 알 수 있다.〔歲寒然後知松柏之後雕.〕"라고 한 공자의 말을 원용한 것으로, 곤궁할 때에도 지조와 의리를 지키는 선비의 마음을 비유한 것이다.

356 병촉(炳燭)의 공부 : 병촉은 촛불을 밝힌다는 뜻으로 늙어서도 학문을 좋아함을

으로 지키며 도를 잘하려는 소원[357]이 간절해졌습니다. 그리고 지엽은 다 털어버리고 본실(本實)을 돈독히 하며 가운데 문을 활짝 열고 성부(城府 심기(心機)를 비유하는 말)를 펼쳐서 험난하거나 평탄하거나 막히지 않고 영화와 욕을 모두 잊어서 참된 뜻이 흘러넘치고 풍류가 크고 길어서 세속의 악착같고 어지럽고 얽매이고 애매모호한 태도를 깨끗이 씻어내심을 보면 확연(廓然)히 동포가 되어서[358] 물아의 경계를 나누는 가로막힌 생각이 다시는 없게 되었습니다.

일찍이 명산의 신령스런 산악과 명루(名樓)의 깨끗한 경계에서 선생을 모시고 다닐 적에 그윽한 곳을 찾고 좋은 경치를 가려서 가슴을 깨끗이 하고 인연을 맑게 하여 인자(仁者)와 지자(智者)의 동(動)하고 정(靜)하는 즐거움[359]을 다하고 바람과 달을 읊조리는 정취를 다하였습

비유하는 말이다. 춘추 시대 진(晉)나라 평공(平公)이 공부하기에는 자신의 나이가 너무 많음을 걱정하자, 사광(師曠)이 "어찌하여 촛불을 밝히지 않으십니까?〔何不炳燭乎〕……신이 들으니, 어려서 학문을 좋아하는 것은 해가 돋아날 때의 햇빛과 같고, 장성하여 학문을 좋아하는 것은 해가 중천에 있을 때의 햇빛과 같으며, 늙어서 학문을 좋아하는 것은 켜놓은 촛불의 빛과 같다고 하였으니, 촛불을 밝혀 밝은 것과 어둠 속을 가는 것이 어느 것이 낫겠습니까?"라고 말한 데서 유래하였다. 《說苑 卷3 建本》

357 죽음으로……소원 : 《논어》 〈태백(泰伯)〉에 "독실하게 믿으면서도 학문을 좋아하며, 죽음으로 지키면서도 도를 잘해야 한다.〔篤信好學, 守死善道.〕"라고 하였는데, 이 말을 원용한 것이다. '도를 잘함'은 도를 닦고 보전함을 말한다.

358 확연(廓然)히 동포가 되어서 : 동포는 같은 어머니로부터 태어난 형제나 자매를 이르는바, 마음이 활짝 열려 자타의 간격이 사라져서 만인을 동포로 여기게 됨을 말한다. 이 말은 장재(張載)의〈서명(西銘)〉에 "사람들은 나의 동포이고 물건은 나와 함께 살아가는 존재이다.〔民吾同胞, 物吾與也.〕"라고 한 데서 온 것이다.

359 인자(仁者)와……즐거움 : 정적인 인자가 좋아하는 산과 동적인 지자가 좋아하는 물을 즐겼음을 이른다. 《論語 雍也》

니다. 이에 정신과 운치가 넘쳐나서 마치 만물의 바깥으로 벗어날 듯하여 저로 하여금 기수(沂水)에서 목욕하고 무우(舞雩)에서 바람 쐬고 노래하며 돌아오려는 감흥[360]을 일으키게 하였으니, 표표히 구름을 타고 올라가서 노니는 듯한 기상이 있었을 뿐만이 아니었습니다.

맑은 날에는 화로에 향을 피우고 고요한 밤에는 등잔불을 밝히고서 삼재(三才)·만상(萬象)과 육경(六經)·백가(百家)를 재미있게 이야기 하여 역대의 치란흥망과 성현의 출처진퇴와 세도(世道)의 성쇠와 인물의 선악을 오르내리며 토론해서 궁구하지 않은 바가 없었습니다. 간혹 제가 천 번 생각하여 한 번 맞는 경우[361]가 있으면 기쁘게 받아들여서 자기가 소유한 것이나 자기 입에서 나온 것보다도 더 좋아하셨습니다.[362] 혹 제가 저의 좁은 소견을 지켜 혼미한 견해를 고집하고 굽히지 않아서 심지어 장유(長幼)의 차서를 잊기까지 하였으나, 선생은 또한 흉금을 비우고 받아들이셨습니다. 이에 서로 마음이 풀리고 화순해져서 가슴속에 조금도 막힘이 없었습니다. 이는 진실로 선철(先哲)들도 하기 어려웠던 바인데 선생께서는 이것을 얻은 것입니다. 이는 지기(知

360 기수(沂水)에서……감흥 : 기수는 춘추 시대 노(魯)나라에 있던 물 이름이며, 무우(舞雩)는 하늘에 기우제를 지내던 곳이다. 공자가 시종하는 제자들에게 자신의 뜻을 어떻게 펼칠 것인지 물었을 적에, 공자의 제자인 증점이 "늦은 봄이 되어 봄옷이 만들어지면 관(冠)을 쓴 어른 5, 6명과 동자 6, 7명과 함께 나가 기수에서 목욕하고 무우에서 바람 쐬고 노래하며 돌아오겠습니다."라고 대답하여 공자의 칭찬을 들었던 고사를 인용한 것이다. 《論語 先進》

361 천……경우 : "성인도 천 번 생각함에 반드시 한 번 잘못이 있고, 어리석은 사람도 천 번 생각함에 반드시 한 번 맞음이 있다.〔聖人千慮, 必有一失; 愚人千慮, 必有一得.〕"라는 말을 원용한 것이다. 《晏子春秋 卷6 內篇 雜下》

362 자기가……좋아하셨습니다 : 자세한 내용은 373쪽 주125 참조.

己)의 감동함이 되니 만년의 큰 영광이 아니겠습니까.

또 선생은 연세가 이미 높으셨으나 정신이 쇠하지 않았고 흰 눈썹과 흰 머리칼에 풍채가 환하게 빛났으며 온화하고 참되고 편안하고 고요해서 홀로 도(道)와 함께 하셨으니, 기름과 불이 서로 태워서[363] 안은 마르고 겉만 번지르르한 세상 사람들과는 진실로 매우 현격하였습니다. 온갖 꽃이 시들어 말라도 교송(喬松)은 꼿꼿하게 서있고 수많은 집이 불타 재가 되어도 노전(魯殿)은 홀로 남아 있는 것[364]처럼 하셔서 찬란하게 한 세상의 큰 빛이 되어 주시기를 항상 바랐고, 다만 쇠잔한 이 목숨을 이뤄주시기를 바랄 뿐만이 아니었습니다. 그런데 변고의 무상함이 이같이 갑작스러울 줄을 어찌 생각이나 했겠습니까.

아! 하늘의 도는 일정하게 친한 사람이 없어서 항상 선인(善人)을 도와줍니다. 그런데 처음에는 몸을 곤궁히 하여 불우하게 하였고 끝내는 한 원로를 남겨두지 않았으니,[365] 좋아하고 미워함과 주고 빼앗음을

363 기름과……태워서 : 자신의 재능으로 인하여 화를 입음을 말한다. 《장자(莊子)》〈인간세(人間世)〉에 "산의 나무는 스스로 자신을 해치며 기름 등잔불은 스스로를 태운다.〔山木自寇也, 膏火自煎也.〕"라고 한 데서 온 말로, 이 두 경우는 모두 쓸모가 있기 때문에 스스로를 해치는 사례를 든 것이다.

364 노전(魯殿)은……것 : 원로 석학이 홀로 남아 있음을 말한다. 노전은 전한(前漢)의 제후국 노나라의 영광전(靈光殿)을 가리키는바, 영광전은 한(漢)나라 경제(景帝)의 아들 노 공왕(魯恭王)이 세운 궁전으로 산동(山東) 곡부현(曲阜縣) 동쪽에 있었는데, 한나라 중기에 도적 떼에 의하여 수도 장안(長安)의 미앙궁(未央宮)과 건장궁(建章宮) 등은 다 불탔으나 영광전만은 그대로 보존되었기 때문에 이 말로 홀로 남아 있는 원로 석학을 비유하는 것이다.

365 한……않았으니 : 이 말은 《시경(詩經)》〈소아(小雅) 시월지교(十月之交)〉에 "원로 한 분을 남겨 두어서 우리 임금을 지키게 하지 않는구나.〔不憖遺一老, 俾守我

사람과 상반되게 한 것입니다. 비록 늙은 하늘을 원망하지 않고자 하나 어찌 그럴 수 있겠습니까. 짐작컨대 선생께서는 혼탁한 세상을 싫어해서 형체를 버리고 조화를 타서 해와 달을 곁에 두고 바람과 우레를 타면서 옛날의 명유(名儒)·석사(碩士)들과 왼쪽으로는 소매를 잡고 오른쪽으로는 어깨를 나란히 하여 하늘 위에서 한가로이 노닐며 속세를 굽어보고는 손뼉치고 웃으실 것이니, 이 때문에 한번 가고는 돌아오지 않으시는 것입니까? 아니면 긴 잠에 들어 아무 소리도 듣지 못하는 듯이 하여 이를 즐거움으로 삼으시는 겁니까? 어쩌면 그리도 저를 당당하게 버리고서 조금도 돌아보고 연연하지 않으시는 것입니까?

아! 신의 이치는 알 수 없고 천명은 헤아리기 어려우니, 이는 예로부터 그러하였습니다. 또 달관하고 천명을 아신 선생은 일찍부터 주야(晝夜)의 상리(常理)를 간파해서 몸을 숨겨 자취를 남기지 않아 천지의 큰 조화와 그 아득함을 함께 하셨으니, 선생께서 다시 무슨 유감이 있으시겠습니까. 그러나 저에게는 마음에 잊을 수 없는 평생의 서글픈 감회가 있습니다. 선생의 병환이 막 일어났을 때에 저에게 영결을 고하시며 심지어 "얼굴을 보지 못하고 죽는 것이 차마 눈을 감기 어려운 여한이다."라고 말씀하기까지 하셨다 하니, 그 뜻은 돈독하고 그 말씀은 애처로웠습니다. 제가 어찌 당장에 명령을 따르고 싶지 않았겠습니까. 그러나 상복이 몸에 있어 예법을 넘기가 어려웠던지라[366] 선현들의

王.]"라고 한 것을 원용한 것이다.

366 상복이……어려웠던지라 : 상중이어서 문병하지 못하였다는 말이다. 홍직필의 부친 홍이간(洪履簡)이 1827년 2월에 별세하였는바, 홍직필은 당시 부친상의 상복을 입고 있었다.

전례(前例)를 원용할 것을 생각했지만 전례를 찾을 수가 없었습니다. 그런데 또다시 '다행히 시일(時日)의 염려가 없으므로 감히 큰 예법을 넘는 것을 바랄 수가 없다'는 말씀을 가지고 가르쳐 주시어, 인정(人情)과 예문(禮文)의 사이에서 간곡히 말씀하신 것과 병상의 가운데서 거듭 타일러 주신 것이 정성스럽고 지극하였으니, 이는 진실로 덕으로 하는 사랑이어서 잠시도 그 바름을 잃지 않으신 것입니다. 저는 행여 훗날에 다시 가르침을 받아서 덕을 상고하고 학업을 물으려는 소원을 끝마치기를 기대했습니다. 그래서 선생을 그리워하는 저의 미약한 정성이 마음에 맺혀 꿈속에서 뵙기도 하였던 것입니다. 그런데 세월이 흐르는 사이에 부고가 갑자기 이르니, 이에 영원한 결별을 하게 되었습니다. 이 무슨 일 입니까? 이 무슨 일 입니까? 깊은 못과 살얼음에 임한 듯이 하라는 경계를 병석에서 받들지 못하였고[367] 수질과 요질을 하고서 곡하는 것을 빈소할 때와 하관할 때에 하지 못하였습니다. 이것이 천고의 한이 되니 구천에 계신 선생께서도 잊지 못하실 것입니다.

아! 휘장이 철거됨[368]에 비호를 바랄 곳이 없고 기둥과 들보가 꺾임[369]에 서까래가 붙을 곳이 없습니다. 이에 노년의 곤궁한 길에서 머물

367 깊은……못하였고 : 증자(曾子)가 병환이 있을 때 문하의 제자들을 불러 경계하기를 "전전긍긍해서 깊은 못에 임한 듯이 하고 엷은 얼음을 밟은 듯이 하라.〔戰戰兢兢, 如臨深淵.〕"라고 하였는바, 이 말은 《시경》 〈소아(小雅) 소민(小旻)〉에 "전전긍긍하여 깊은 못에 임한 듯이 하고 살얼음을 밟은 듯이 하라.〔戰戰兢兢, 如臨深淵, 如履薄氷.〕"라고 보인다. 《論語 泰伯》

368 휘장이 철거됨 : 자신을 보호해주던 사람의 죽음을 비유한 말로, 특히 스승의 죽음을 비유할 때에 주로 쓰인다. 휘장은 비바람을 가리고 덮어 주는 장막을 가리키는바, 《법언(法言)》에 "우레와 바람, 세찬 폭우가 온 뒤에야 큰 집이 병풍과 휘장이 됨을 안다.〔震風陵雨, 然後知廈屋之爲帡幪也.〕"고 한 데서 온 말이다.

곳 없이 방황하고 있어서 뒤에 죽는 사람의 책임을 다할 수 없을 것이니, 이와 같은 사람이 살아 있은들 무슨 소용이 있겠습니까. 사마(駟馬)가 틈을 지나는 것처럼 빠른 세월이 머무르지 않아서 이제 찬수(鑽燧)가 두 번 바뀌어 상생(象生)의 궤연을 철거하게 되었습니다.[370] 한 잔 술을 올리는 것이 비록 늦었으나 영원한 결별을 여기에서 끝냅니다. 저는 상복을 벗고 구차히 살고 있으나 그대로 병이 들어 한 해 동안 병석에 누워 있으니 숨이 실낱같습니다. 게다가 망극한 국상(國喪)[371]이 있어서 하늘이 무너지고 땅이 갈라지는 듯하여 정신과 혼이 모두 도망하여서 죽음과의 간격이 종이 한 장 밖에 되지 않습니다. 병을 무릅쓰고 제문을 지으나 글이 문장을 이루지 못하고, 남은 슬픔이 마음에 남아 마음과 눈물이 함께 쏟아집니다. 존령(尊靈)께서는 성대히 강림하여 부디 저를 돌아보고 저의 술잔을 흠향해주시겠습니까? 아, 슬픕니다!

369 기둥과 들보가 꺾임 : 자세한 내용은 386쪽 주163 참조.

370 찬수(鑽燧)가……되었습니다 : 만 2년이 지나 상기가 끝났음을 말한다. 찬수(鑽燧)는 나무를 비벼서 불을 일으키는 것을 가리키는데 계절마다 쓰는 나무가 달라 1년이 지나면 새 나무로 바뀌므로 1년이 지남을 이렇게 표현한 것이다.《論語 陽貨》 궤연을 상생이라고 말한 것은, 죽은 망자를 살았을 때와 똑같이 받든다는 의미에서 상생이라고 한 것이다.

371 망극한 국상(國喪) : 순조의 아들 효명세자(孝明世子)의 상을 말한다. 효명세자는 1830년(순조30) 5월 6일에 창덕궁(昌德宮) 희정당(熙政堂)에서 홍서(薨逝)하였다.《純祖實錄 30年 5月 6日》

백고모[372]에 대한 제문 경인년(1830, 순조30)

祭伯姑文 庚寅

아, 슬픕니다! 嗚呼哀哉
우리 증조비께서는 惟曾王妣
큰 덕이 세상의 모범이 될 만하였으니 大德範世
반드시 징험을 얻으셔서 必得之徵
일흔 넷의 수명을 누리셨습니다 七旬有四
유향이 없으니[373] 不有劉向
누가 이를 동사[374]에 기재하겠습니까 孰載彤史
온후하신 백고모께서는 雍雍伯姑
증조비의 전형을 그대로 띠고 계셨습니다 典型是寄
배워서 능할 뿐만이 아니요 不惟學能
타고난 자품이 꼭 닮으셨습니다 天姿式似
넘치는 인자함이 藹然仁惻

372 백고모 : 유인(孺人) 남양 홍씨(南陽洪氏 1757~1830)로, 통덕랑(通德郎) 김재상(金載象)에게 시집가서 2남 2녀를 두었다. 본집 권44에 묘지명이 실려 있다.

373 유향(劉向)이 없으니 : 유향이 《열녀전(列女傳)》을 지었기 때문에 이렇게 말한 것이다. 《열녀전》은 일명 《고열녀전(古列女傳)》이라고도 하는데 모범적인 언행을 보인 여성 100여 명의 행적을 기록한 책이다.

374 동사(彤史) : 후비의 훌륭한 덕과 행실이 기록되어 있는 역사책을 말한다. 옛날에 여사(女史)가 궁중의 정령과 후비의 일을 기록할 때 붉은 색깔의 동관(彤管)을 사용하였으므로 이 필기도구로 쓴 역사책을 동사라고 한다.

마음속에 가득하였습니다	充滿腔子
동하면 반드시 법도에 맞고	動必中度
정할 때에도 예를 어김이 없었습니다	靜無違禮
온화한 옥이 갈아도 얇아지지 않고	溫玉不磷
정고한 옥돌이 잘라도 끊어지지 않았습니다	貞珉不鍥
베푸는 곳마다 마땅하지 않음이 없었던 것은	無施不宜
내면에 아름다움을 소유하였기 때문이었습니다	以有內美
이에 조고께서 특별히 사랑하셨으니	王考鍾愛
아름다운 옥 귀걸이[375]와 같았습니다	用當瑜珥
반대[376]의 가르침을 베풂에	施教鞶帶
삼가 이를 잘 따르셨습니다	謹愼從爾
환패[377]가 상도에 맞아	環珮有常

375 옥 귀걸이 : 훌륭한 부모에 걸맞은 훌륭한 자식을 비유한 말로, 한유(韓愈)의 〈전중소감마군묘명(殿中少監馬君墓銘)〉에 "어린 아들은 아름답고 예쁘며 고요하고 빼어나 옥가락지 옥 귀고리와 같고 난초 싹이 돋아난 듯하였으니, 그 집안의 아들에 걸맞았다.〔幼子娟好靜秀, 瑤環瑜珥, 蘭茁其芽, 稱其家兒也.〕"라고 한 데서 온 말이다.《古文眞寶後集 卷4》

376 반대(鞶帶) : 금반(衿鞶)과 같은 말로, 금(衿)은 작은 띠이고 반(鞶)은 작은 주머니로 세건(帨巾)을 담는 것인데, 딸을 시집보낼 때에 어머니가 작은 띠를 매 주고 수건을 매 주며 훈계하기를 "힘쓰고 공경하여 밤낮으로 집안일을 어기지 말라.〔勉之敬之, 夙夜無違宮事.〕"라고 하고, 서모(庶母)가 문 안에 이르러 작은 주머니를 매 주며 훈계하기를 "공경히 듣고 네 부모의 말씀을 높여 밤낮으로 잘못이 없게 하여, 이 작은 띠와 주머니를 보라.〔敬恭聽, 宗爾父母之言, 夙夜無愆, 視諸衿鞶.〕"라고 말했다고 한다.《儀禮 士昏禮》

377 환패(環佩) : 여자가 차는 옥 장식인데, 여기서는 위의(威儀)를 의미하는 말로 쓰였다.

훌륭한 선비의 배필이 되었습니다	克配良士
하늘의 도가 착한 이에게 복을 주어서	天道福善
훌륭한 아드님을 내려주니	錫以胤嗣
지초와 난초[378]가 뜰에 가득하였는바	芝蘭盈庭
형제와 자매들이었습니다	姊妹昆季
그런데 비바람에 성이 무너져[379]	風雨崩城
대낮에 곡을 하여[380] 몸을 훼손하셨습니다	晝哭而毁
위태로운 둥지가 전복되려 하자	危巢欲覆
새끼를 보호하려 매우 노력하셨습니다	護雛勞止
많고 많은 손자와 증손에서	振振孫曾
가문의 번성함을 징험할 수 있었습니다	可驗昌熾

378 지초와 난초 : 향기로운 풀로, 훌륭한 자제를 비유한 말이다. 진(晉)나라의 명재상인 사안(謝安)이 여러 자제들에게 "왜 사람들은 모두 자기의 자제가 출중하기를 바라는가?"라고 묻자, 조카 사현(謝玄)이 "이것은 마치 지초·난초와 옥수(玉樹)가 자기 집 정원에서 자라나기를 바라는 것과 같습니다."라고 한 데서 유래하였다. 《晉書 卷79 謝安列傳》

379 비바람에 성이 무너져 : 남편을 잃음을 말한다. 춘추 시대 제(齊)나라 대부 기량이 임금을 따라 거(莒)나라의 성을 공격하다가 전사하였는데, 기량의 처가 남편의 시체 옆에서 10일 동안을 엎드려 통곡하니, 그 성이 무너졌다는 고사에서 온 말이다. 《古列女傳 卷4 貞順傳》

380 대낮에 곡을 하여 : 경강(敬姜)의 고사를 원용한 것이다. 춘추 시대 노(魯)나라 재상 문백(文伯)의 어머니 경강이, 남편 목백(穆伯)의 상에는 낮에만 곡하였고 아들 문백의 상에는 밤낮으로 곡을 했는데, 공자가 이를 두고 경강이 예(禮)를 안다고 평하였다. 《禮記 檀弓下》《예기》〈방기(坊記)〉에 "과부는 밤에 곡하지 않는다.〔寡婦不夜哭.〕"라고 하였는바, 남편의 상에는 주곡(晝哭)을 하는 것이 예에 맞기 때문에 공자가 이렇게 평한 것이다.

남편에게 공을 고하여	告功皇辟
공적을 기록하게 되었습니다	成績于紀
먼저는 울고 뒤에는 웃으니	先咷後笑
길하여 이롭지 않음이 없었습니다	吉無不利
몸이 강녕하셔서	惟其康寧
백세를 누리시고	宜享百祀
집안사람들이 우러러 봄에	宗黨瞻仰
홀로 우뚝한 영광전[381]과 같을 것이라고 생각하였습니다	靈光獨巋
그런데 어찌하여 하늘은 한 원로를 남겨두지 않아서	胡不憖遺
갑자기 별세하게 만든단 말입니까	奄捐巾几
급히 참세계로 돌아가시니	倏然反眞
진세(塵世)의 혼탁함을 싫어하셨던 것입니다	厭世塵累
어찌 유감이 없다고 할 수 있겠습니까	豈曰無憾
그러나 자손들이 받을 보답이 끝이 없을 것입니다	食報不匱
시작부터 종말까지 따져봄에	原始要終
호연하여 부끄러움이 없습니다.	浩然無愧
하물며 향년하신 수는	矧玆年數
증조모와 일치하였으니[382]	曾毋一致

381 홀로 우뚝한 영광전(靈光殿) : 홀로 남아 있는 원로를 비유한 말이다. 영광전은 한(漢)나라 경제(景帝)의 아들 노 공왕(魯恭王)이 세운 궁전으로 산동(山東) 곡부현(曲阜縣) 동쪽에 있었는데, 한나라 중기에 도적 떼에 의하여 수도 장안(長安)의 미앙궁(未央宮)과 건장궁(建章宮) 등은 다 불탔으나 영광전만은 그대로 보존되었기 때문에 이 말로 홀로 남아 있는 원로를 비유한 것이다.

382 하물며……일치하였으니 : 본집 권44 〈백고모유인묘지명(伯姑母孺人墓誌銘)〉

어떻게 이와 같을 수 있었던 것입니까	夫曷能爾
정숙한 덕이 있었기 때문입니다	貞德之以
소자는 하늘의 도움을 받지 못하여	小子不天
어머니를 일찍 여의었습니다[383]	蚤喪先妣
돌아가신 어머니를 그리워하는 마음으로	先妣之思
우리 고모를 섬겼습니다	我姑是事
먹여주시고 가르쳐주심에	飮食敎誨
사랑과 은혜가 뼛속까지 사무쳤습니다	仁恩浹髓
세시에 맞이해 돌아와서	歲時迎歸
잠자리와 음식을 받들었으며	奉以寢饋
고당에서 안석을 받잡고	受几高堂
좌우로 빙 둘러 모셨습니다	左右環侍
훌륭한 봄을 이어가니[384]	式觀以襲
온화한 안색이 아름다우셨습니다	色笑婉懿
감히 방의 손님이라 하겠습니까	敢云房賓

에 "처음 우리 증조모 김씨의 지극한 덕이 세상의 모범이 되었는데 또한 감식(鑑識)이 있어서 여러 손자들 가운데 유인(孺人)을 특히 아꼈다. 유인이 매번 말하기를 '나의 용모와 언행이 우리 조모를 매우 닮았다.'라고 하셨는데 결국 향년의 수가 서로 부합하니 참으로 기이하다.〔始吾曾祖妣金氏至德範世, 亦有鑑識, 諸孫中愛孺人殊絶. 孺人每云 : 吾顔貌言動酷肖我祖母. 竟致年數相符, 亦可異焉.〕"라고 보인다.

383 소자는……여의었습니다 : 홍직필은 1793년(정조17) 18세 때 모친상을 당했다.

384 훌륭한 봄을 이어가니 : 어머니 생전에는 어머니에게서 훌륭한 모습을 보았었는데 이제는 그 봄을 백고모를 통해 이어간다는, 즉 어머니의 훌륭한 모습을 백고모에게서 본다는 말이다.

고모는 어머니[385]와 같았습니다　姑氏天只
정해년[386]은 어떤 해였습니까　丁亥何歲
신과 하늘이 재앙을 내렸습니다　神天降戾
고모께서는 제가 생명을 잃을 것을 경계해서　戒我滅性
선조의 제사를 받들도록 하시고는　用延先祀
손수 생강과 계피를 권하시므로　手勸薑桂
제가 억지로 얼굴을 들고 눈물을 거두었습니다　强顔收淚
고모의 지극한 정성이 아니었다면　微姑苦誠
저는 이미 죽은 지가 오래일 것입니다　久矣已死
응당 이 장막 아래에서　謂當帲幪
제 일생을 마치리라고 생각했었는데　以沒吾齒
어찌 새벽에　詎料斯晨
저를 버리듯이 떠나실 줄 알았겠습니까　舍去如棄
큰소리로 곡하고　哭之訇訇
땅에서 발을 굴렀습니다　踊絶于地
얼음 밑 물고기의 쇠잔한 목숨을　冰魚殘喘
고모께 비호 받을 것이라고 영원히 맹세했었는데　永失仰庇
정이 지극하고　情之鞠矣
이치가 다하니　理之極矣

385 어머니 : 원문의 '천지(天只)'는 어머니의 별칭인바, 《시경》 〈백주(柏舟)〉의 '어머니는 하늘이신데, 이처럼 사람마음 몰라주시나.〔母也天只, 不諒人只.〕'라고 한 데에서 온 말이다.

386 정해년 : 1827년(순조27)으로, 이 해 2월 홍직필의 부친 홍이간(洪履簡)이 별세하였다.

살아 있은들 또 무엇 하겠습니까	生亦何爲
슬픔을 머금고 이를 곳이 없습니다[387]	含恤靡至
다시는 지극한 정으로	更無至情
저의 이러한 심정 알아줄 분이 없습니다	知我如此
더욱 잊을 수 없는 것은	尤不可諠
고모께서 규문의 법도를 타고 나셨다는 점이니	壼彝卓異
어느 곳에서 다시 보겠습니까	何處更覩
사교[388]를 모두 갖춘 분이셨습니다	四教咸備
제가 만일 이를 기술하지 않는다면	緊我無述
후세 사람들이 어떻게 기억하겠습니까	後人何記
행여 착오가 없기를	庶無遺爽
제 마음에 스스로 맹세합니다	寸心自矢
빠른 세월은 기다려 주지 않아	隙駟不停
조재[389]가 가까워졌으니	祖載載邇
이 가정을 떠나서	謝此庭闈
유택(幽宅)으로 가게 되었습니다	往卽幽隧

387 슬픔을……없습니다 : 어버이가 세상을 떠난 뒤의 자식의 심경을 말한 것으로, 《시경》 〈소아(小雅) 육아(蓼莪)〉에 "아버지가 없으면 누구를 믿으며 어머니가 없으면 누구를 믿을꼬. 나가면 슬픔을 머금고 들어오면 이를 곳이 없네.〔無父何怙? 無母何恃? 出則銜恤, 入則靡至.〕"라고 한 데서 온 말이다.

388 사교(四教) : 옛날 부인이 갖추어야 할 네 가지 덕성으로, 사덕(四德)이라고도 하는바, 부덕(婦德)·부언(婦言)·부용(婦容)·부공(婦功)을 말한다. 《周禮 天官 九嬪》

389 조재(祖載) : 조(祖)는 상례(喪禮)에 발인(發靷)하기 전에 지내는 조전(祖奠)을 이르고, 재(載)는 관(棺)을 상여에 실음을 이른다.

두꺼운 얼음과 흰 눈에 玄冰皓雪
하천과 들판을 더디게 지납니다 川原靡靡
상여의 휘장은 바람에 날리고 輤帷泛風
명정(銘旌)과 삽이 가물가물합니다 旌翣翳翳
정신 기운이 감통함은 神氣感通
저승과 이승 간에 하나의 이치이니 幽明一理
돌아가서 우리 어버이를 만나시면 歸見吾親
형제간의 우애를 펼 수 있으실 것이고 克叙友悌
인간 세상에 可知人世
슬픈 일도 있고 기쁜 일도 있었음을 알게 되실 것입니다 有慽有喜
구천(九泉)의 길이 아득하니 泉路茫茫
덕음이 끝내 감춰질 것입니다 德音終閟
천고의 영원한 이별이 千古契闊
한번의 통곡에 영원히 끝납니다 一慟永已
눈물을 섞어 글을 짓지만 和淚爲辭
글은 제 마음을 다 하지 못합니다 辭不盡意
존령께서는 강림하여 尊靈有臨
저의 영결하는 술잔을 흠향하소서 歆我訣觶
아, 슬픕니다! 嗚呼哀哉

노주 오공[390]에게 올리는 제문 계사년(1833, 순조33)
祭老洲吳公文 癸巳

아, 슬픕니다! 선생은 덕으로 지위를 얻고[391] 인으로 장수를 얻어서[392] 살아서는 하늘을 순히 섬기고 죽어서는 편안하여[393] 훌륭한 명성이 한 세상에 가득하고 성대한 사업이 후세에 남겨졌으니, 기주(箕疇)의 오복(五福)[394]과 《맹자》의 삼달존(三達尊)[395]을 선생께서는 아울러 소유

390 노주 오공 : 오희상(1763~1833)으로, 자는 사경(士敬), 호는 노주(老洲), 본관은 해주(海州), 시호는 문원(文元)이다. 1800년(정조24) 천거로 세자익위사 세마에 제수되고, 황해도 도사 등을 지낸 뒤, 벼슬에서 물러나 광주(廣州)의 징악산(徵嶽山)에 은거하였다. 이후 찬선(贊善) 등 여러 관직에 제수되었으나 모두 사양하고 나아가지 않았다. 문집으로 《노주집》이 있다. 본집 권45에 행장이 실려 있다.

391 덕으로 지위를 얻고 : 《중용》에, 순 임금에 대하여 평하기를 "대덕(大德)은 반드시 그 지위를 얻고 반드시 그 녹을 얻고 반드시 그 이름을 얻고 반드시 그 수(壽)를 얻는다.〔大德必得其位, 必得其祿, 必得其名, 必得其壽.〕"라고 하였는바, 이 말을 원용한 것이다.

392 인으로 장수를 얻어서 : 《논어》 〈옹야(雍也)〉에 "인자는 장수한다.〔仁者壽.〕"라고 하였으므로 이렇게 말한 것이다.

393 살아서는……편안하여 : 송(宋)나라 장재(張載)의 〈서명(西銘)〉에 "살아서는 내 하늘을 순히 섬기고 죽어서는 내 편안하다.〔存吾順事, 沒吾寧也.〕"라고 한 말을 인용한 것이다.

394 기주(箕疇)의 오복(五福) : 기주는 기자(箕子)의 홍범구주(洪範九疇)를 가리킨다. 구주는, 주 무왕周武王)이 은(殷)나라를 이기고 기자(箕子)를 방문하여 천도(天道)를 묻자 기자가 대답한 아홉 가지 법으로, 곧 오행(五行)·오사(五事)·팔정(八政)·오기(五紀)·황극(皇極)·삼덕(三德)·계의(稽疑)·서징(庶徵)·오복(五福)인데, 오복은 수(壽)·부(富)·강녕(康寧)·유호덕(攸好德)·고종명(考終命)이다. 《書經 周

하신 것입니다. 그러니 선생의 상에 곡하는 자들은 마땅히 유감이 없어서 슬픈 마음을 서술할 것이 없을 듯합니다. 그러나 이 불초는 홀로 한을 품고 있습니다.

우리 도의 병폐가 오래 되었었는데 정자(程子)와 주자(朱子) 이후로 거의 일통(一統)으로 돌아가게 되었습니다. 하지만 혹 한 지방을 점거하여 옥독(屋纛)으로 스스로 즐거워한 자도 있고,[396] 혹 일부분만을 갖추고서 좁은 식견으로 스스로 도를 작게 여긴 자도 있었습니다. 또 명망이 우뚝하여 스스로를 높이는 자는 혹 평탄하고 진실함이 부족하고, 말을 잘하고 해박하여 스스로 큰 체하는 자는 혹 치밀함을 빠뜨리며, 기절(氣節)을 높이는 자는 너무 거칠고 호걸스러움으로 흐르고, 충후(忠厚)함에 힘쓰는 자는 혼탁함으로 돌아가며, 법도를 지키다 보면 일정한 방소에 빠지고, 재예가 풍부하면 작용으로만 달려갔습니다. 사공(事功)의 유혹하여 빼앗음과 사장(詞章)의 고혹시켜 얽어맴이 또 그 사이에서 생겨나서, 심하면 미쳐서 스스로 날뛰며 제멋대로 떠들어 대서 동쪽을 붙들면 서쪽으로 쓰러지고 저쪽에 물을 대면 이쪽이 고갈되므로 중도(中道)를 따를 수가 없습니다. 이에 도술이 천하에 의해

書 洪範》

395 맹자의 삼달존(三達尊) : 자세한 내용은 366쪽 주107 참조.

396 한……있고 : 한 지방에서 학자로서 왕 노릇을 하였다는 말이다. '옥독'은 황옥좌독(黃屋左纛)의 줄임말로, 황옥은 천자의 수레 덮개이고 좌독은 천자의 수레 왼쪽에 꽂는 깃발이다. 한(漢)나라 때 남월(南越)의 왕 조타(趙佗)가 제호(帝號)를 쓰고 황옥과 좌독을 사용하자 한 문제(漢文帝)가 육가(陸賈)를 보내어 꾸짖게 하니, 조타가 "황옥과 좌독으로 스스로 즐겨본 것일 뿐입니다."라고 하고 이후로는 제호와 황옥좌독을 쓰지 않았다고 한다.《史記 卷97 陸賈列傳》

분열되어서[397] 세교를 손상하고 후학을 그르치게 되었으니, 이 무슨 연고입니까? 다만 견식이 이르지 못하고 앎이 진실하지 못하기 때문이니, 참으로 진유(眞儒)를 얻기가 어렵습니다.

선생은 일어나 화패(禍敗)를 받아서[398] 그 기회를 맞았습니다. 이에 명통공보(明通公溥)의 자질[399]로서 각고면려(刻苦勉勵)하는 독실한 공부에 착수해서 마음을 비우고 뜻을 겸손히 하며 글을 따라 뜻을 순히 해서 말과 훈고에 갇히지 않고 견문과 사유에 국한되지 않으셨습니다. 그래서 푹 젖어들어 함영(涵泳)을 하고 익숙하도록 익혀 향기가 짙어서, 털끝까지 모두 찾아내고 긍경(肯綮)[400]을 풀어내셨습니다. 큰 것을

397 도술이……분열되어서 : 도술은 도학과 같은 말로, 이 말은《장자(莊子)》천하(天下)에 "도술이 장차 천하의 사람들 때문에 분열될 것이다.〔道術將爲天下裂.〕"라고 보인다.

398 일어나 화패(禍敗)를 받아서 : 도학이 비록 거의 망하게 되었다고 하더라도 이를 떠나지 않고 떨쳐 일어나 도학과 운명을 함께 하였다는 말이다. 이는《서경》〈미자(微子)〉의 말을 인용한 것으로, 상(商)나라가 망하게 되었을 때 미자가 나라를 떠날 것을 결심하고 기자(箕子)와 상의하였는데, 기자가 이 말로 떠나지 않겠다는 자신의 뜻을 밝혔다.

399 명통공보(明通公溥)의 자질 : 성인(聖人)이 될 자질을 말한다. 주돈이의《통서(通書)》에, 어떤 사람이 성인을 배우는 요점을 묻자 답하기를 "순일함이 요체가 되니, 순일함은 욕심이 없는 것이다. 욕심이 없으면 고요할 때에는 마음이 비고 움직일 때에는 곧게 된다. 고요할 때에 비면 밝아지고, 밝아지면 천하의 이치에 통달하게 된다. 움직일 때에 곧으면 공정해지고, 공정하면 천하의 서무(庶務)를 널리 처리할 수 있다. 밝고 통달하고 공정하고 넓어지면 거의 성인이 될 것이다.〔一爲要, 一者, 無欲也. 無欲 則靜虛動直, 靜虛則明, 明則通, 動直則公, 公則溥, 明通公溥, 庶矣乎!〕"라고 하였는바, 이를 원용한 것이다.

400 긍경(肯綮) : 사물의 가장 긴요한 곳, 즉 핵심을 이르는 말이다. '긍'은 뼈 사이에 붙은 살을 가리키고, '경'은 힘줄과 살이 얽힌 부분을 가리키는데, 소를 잡는 포정(庖丁)

다하면서도 작은 것을 소략히 하지 않았고, 정밀함을 연구하면서도 거친 것을 소홀히 하지 않았습니다. 그리하여 얕은 데로부터 깊은 곳으로 들어가고 넓은 데로부터 요약함으로 나아가서, 열 겹의 현관(玄關도에 들어가는 법문)을 통과하고 일원(一原)의 공부에 공효를 거두셨습니다.[401] 참된 견식이 이미 확립됨에 말씀하는 것이 착오가 없었으니, 마치 여덟 개의 창이 영롱함에 만상이 밝게 드러나는 것과 같았습니다.[402] 그러나 이는 대체로 남에게 들은 것이 아니라 자신의 마음을 스승으로 삼고 홀로 나아가서 한결같이 저절로 이치에 순하게 된 것이었습니다.

형기(形氣)와 신리(神理)의 뜻을 밝히고 동정(動靜)과 체용(體用)의 묘(妙)를 다하여서, 천지의 조화(造化)가 만물을 낳고 이루어 줌이 두 근본이 아니고 도(道)와 기(器)의 나뉘고 합함이 두 가지 일이 됨을 밝혔습니다. 주기론이 한 세상에 횡행하여 천명의 본체를 가지고 혈육의 구덩이에 매몰시키기도 하고 인간 본성의 순선함을 기질의 선함으로 여기기도 해서 이(理)가 기(氣)의 주체가 된다는 뜻이 어두워졌는데, 선생께서는 '이(理)' 자를 발휘하여 마음을 다해서 밝게 분석하시고는 "하나의 사물 속에 본래 바르고 정해진 이(理)가 있어서 항상 변치

이 긍경을 정확히 알아 순리에 따라 칼을 써서 오랜 세월 동안 수천 마리의 소를 잡고도 칼날이 마치 숫돌에서 막 갈아낸 것처럼 예리했다는 고사에서 온 말이다. 《莊子 養生主》

401 일원(一原)의……거두셨습니다 : 자세한 내용은 433쪽 주291 참조.

402 여덟……같았습니다 : 여덟 개의 창은 사방에 난 여덟 개의 창문으로, 사방이 시원하게 트인 누각을 말한다. 당나라 노륜(盧綸)이 양덕종을 전송한 〈송양덕종귀서주막(送楊德宗歸徐州幕)〉 시에 "네 개의 문에 여덟 개의 창문 어찌나 밝은지, 영롱해라 하늘 기운 그대로 쏟아져 들어오네.〔四戶八窓明, 玲瓏逼上淸.〕"라고 하였다.

않는 체(體)가 있는 것이니, 비록 형체가 없고 함이 없으나 기(氣)의 근간이 된다. 혹시라도 빠뜨릴 수 없고 혹시라도 어지럽힐 수가 없어서 조화(造化)의 기강이 되고 고금에 유행하니, 천지가 뒤집히지 않는 이유와 만사가 모두 안정되는 이유는 바로 이 때문이다."[403]

라고 하셨으니, 세교를 부식(扶植)한 공이 응당 맹자가 성선(性善)을 말씀한 것에 그 아름다움을 필적해야 할 것입니다. 그리고

"명리(名理)에 대한 의론은 본래 하나의 공안(公案)이 있어서 사람의 지혜와 힘으로 변화시킬 수 있는 것이 아니다. 그런데 습속이 모두 휩쓸려가서 한갓 쓸데없는 기운을 숭상하여 공공(公共)의 의리를 가계(家計)로 삼아서 한결같이 먼저 들은 말을 근본으로 삼으니, 그 핵심이 이미 성학(聖學)의 종지와 어긋난 것이다."[404]

라고 하셨으니, 이것이 선생의 평소 말씀으로 천차만별의 가운데에서 한 가닥 바른 길을 홀로 찾으신 것인바, 지금을 교화하고 후세에 전하려 하신 것이 여기에 들어있었습니다.

또 성현의 당(堂)과 폐(陛)의 구별[405]이 존엄하지 않음과 중화를 높

403 하나의……때문이다 : 이 말은 《노주집(老洲集)》 권25 〈잡지(雜識) 3〉에 보인다.

404 명리(名理)에……것이다 : 이 내용은 《노주집(老洲集)》 권24 〈잡지(雜識) 3〉에 보이는데, 거기에는 '명리에 대한 의론'이라 하지 않고 '심성이기의 이론'이라고 하였다. '공공의 의리를 가계로 삼음'은 개인이 바꿀 수 없는 심성이기의 공론을 마치 자신의 계획인양 스스로 안배하여 바꾼다는 말이다.

405 성현의……구별 : 성인은 높은 당(堂)이 되고 현자는 그보다 낮은 섬돌〔陛〕이 된다는 말이다. 오희상은 오연상(吳淵常)에게 답한 편지에서, 이태순(李泰淳)이 자신의 봉사(封事)에 주자와 이황(李滉)을 열거한 뒤에 이현일(李玄逸)로 끝맺음으로써 마치 이현일이 두 현인의 적통을 이은 것처럼 보이게 한 것을 비판하며 이 말을 하였다. 《老洲集 卷3 答士默》

이고 오랑캐를 물리침이 엄격하지 않음과 천경(天經)·지의(地義)·인이(人彝)[406]가 확립되지 않음을 가지고 영세(永世)의 긴 염려를 하셨으니, 이는 모두 이치를 아는 데에서 나온 말씀으로 여러 음(陰)의 밑에서 일선(一線)의 양맥(陽脈)을 붙들고 이미 좀 먹힌 가운데에서 바른 이치를 밝히신 것인바, 인의 체를 견득하심이 참되고 간절했던 것입니다. 그러므로 대심중생(大心衆生)[407]이 되어서 남과 선을 행하는 것을 좋아하여 남들과 어긋남 없이 함께 대도(大道)에 이르기를 바라셨던 것이니, 이는 참으로 천지에 세워도 어그러지지 않고 귀신에게 질정하여도 의심이 없는 것[408]이었습니다.

우리 동방에서 이치를 잘 말씀한 분으로는 오직 석담(石潭 이이(李珥))과 삼주(三洲 김창협(金昌協))가 으뜸이셨으니, 소상하고도 완벽하고 양단(兩端)을 다 들어 논해서 도의 깊은 뜻을 발휘하고 경전(經典)을 호위하여 우리 종통의 표준이 되셨습니다. 그런데 선생께서는 석담의 밝은 지혜에 삼주의 정밀함까지 겸하여 자신의 마음과 눈에 얻은 것으로부터 글과 말로 형용한 것에 이르기까지 묘한 말씀과 정밀한

406 천경(天經)·지의(地義)·인이(人彝) : 자세한 내용은 346쪽 주60 참조.

407 대심중생(大心衆生) : 범어(梵語) 'Bodhisattva'의 의역으로, 그 음역인 '보리살타(菩提薩陀)' 또는 '보살(菩薩)'과 같은 말이다. '보리(菩提)'는 '깨달음' 또는 '지혜'의 뜻이고, '살타(薩陀)'는 '중생(衆生)' 또는 '유정(有情)'의 뜻이다.

408 천지에……것 : 《중용》에 "군자의 도는 자기 몸에 근본하여 여러 백성들에게 징험하며, 삼왕(三王)에게 상고해도 틀리지 않으며, 천지에 세워도 어그러지지 않으며, 귀신에게 질정하여도 의심이 없으며, 백세에 성인을 기다려도 의혹되지 않는 것이다. 〔君子之道, 本諸身, 徵諸庶民, 考諸三王而不謬, 建諸天地而不悖, 質諸鬼神而無疑, 百世以俟聖人而不惑.〕"라고 보인다.

뜻 아닌 것이 없어서 금 저울과 옥척(玉尺 옥으로 만든 자)처럼 털끝만큼도 어긋나지 않았습니다. 온갖 이치를 종합하고 여러 설들을 절충한 것이 모두 선철을 계승하고 후학을 계도하여 하나로 정해지게 한 것으로서 우뚝히 우리 도의 끝마침이 될 만하였으니, 이와 같은 분은 참으로 주자(朱子)의 충신이요, 세상의 참된 유자(儒者)입니다. 하늘이 오늘에 선생을 내려 보낸 것은 장차 기수(氣數)의 국한을 통하게 하려 한 것이니, 어찌 우연이겠습니까.

선생께서는 남다른 자질을 지니고 태어나 모든 선을 두루 갖추셨습니다. 가정에서 스승을 얻어[409] 일찍이 스스로 수립하였고 남몰래 감추고 묵묵히 수양하여 자신의 성(誠)을 기르셨습니다. 이에 밝으면서도 돈후하고 화락하면서도 정직하셨습니다. 효도와 공경은 천성에 근본하고 공손과 검소함은 일상생활에 드러나서, 처함이 편안하고 이용함이 깊어서[410] 저절로 도가 응집하는 경지에 이르러서 넉넉하게 내면에 쌓고 윤택하게 외면에 드러났습니다. 하나의 티끌에도 오염되지 않아 찌꺼기가 완전히 없어지고 백 번의 단련으로 더욱 강해져 중립하여 치우치지 않았습니다.[411] 그리하여 말과 행실은 원만하고 높으며 명성

409 가정에서 스승을 얻어 : 오희상은 어린 시절에 형 오윤상(吳允常)에게 수학하였다.

410 처함이……깊어서 : 도를 자득함이 있어서 흔들림 없이 편안하게 처신하고, 또 편안하게 처신하기 때문에 도를 이용함이 심원하여 다함이 없다는 말인바, 《맹자》 〈이루 하(離婁下)〉에 "군자가 깊이 나아가기를 도(道)로써 함은 자득(自得)하고자 해서이니, 자득하면 처하는 것이 편안하고, 처하는 것이 편안하면 자뢰함이 깊고, 자뢰함이 깊으면 좌우에서 취함에 그 근원을 만나게 된다.〔君子深造之以道, 欲其自得之也. 自得之則居之安, 居之安則資之深, 資之深則取之左右, 逢其原.〕"라고 하였다.

과 실제는 순수하였으니, 이는 모두 바른 덕의 상징으로서 저절로 그렇게 된 것이었습니다.

나라를 걱정하고 군주를 사랑하는 일념으로 말하면, 단사(丹砂)처럼 찬란하여 본디 뱃속 가득한 열혈이 있으셨습니다. 그래서 항상 나라를 위해 한번 죽기를 원해서 왕왕 눈물을 삼키고 울기까지 하셨습니다. 그러나 평소 지조를 지켜 굽히지 않았던 것은 마부의 부끄러움[412]이 있기 때문이었고 확고하여 뽑을 수 없었던 것은 절벽처럼 서 있는 한계가 있기 때문이었으니[413] 이에 황왕(皇王)의 정사를 펼치려는 뜻을 조

411 중립하여 치우치지 않았습니다 : 《중용》에 "군자는 화(和)하되 흐르지 않으니, 강하다, 꿋꿋함이여! 중립하여 치우치지 않으니, 강하다, 꿋꿋함이여!〔君子和而不流, 强哉矯! 中立而不倚, 强哉矯!〕"라고 하였다.

412 마부의 부끄러움 : 원칙과 법도를 버리고서 남을 따름을 부끄러워함을 말한다. 마부는 왕량(王良)을 가리키는바, 왕량은 춘추 시대 진(晉)나라 대부 조간자(趙簡子)의 마부였는데, 조간자가 왕량을 시켜 자신이 총애하는 신하 해(奚)를 위해 그의 사냥 수레를 몰게 하였다. 이에 왕량이 해의 사냥 수레를 몰면서 법도대로 하였더니 해는 한 마리의 짐승도 잡지 못하였고 다시 비정상적인 방법으로 말을 몰았더니 해가 하루아침에 짐승을 열 마리나 잡았다. 조간자가 왕량에게 해의 전속 말몰이꾼이 되라고 하자, 왕량이 자신은 소인과 수레를 탈 수 없다는 이유로 거절하였다. 맹자는 이 고사를 인용한 뒤에 평하기를 "마부도 사수(射手)에게 아부하는 것을 부끄러워하여 아부하여 짐승을 잡기를 비록 구릉(丘陵)처럼 많이 할 수 있더라도 하지 않았으니, 선비가 만일 도를 굽혀 저를 따른다면 어떠하겠는가.〔御者且羞與射者比, 比而得禽獸, 雖若丘陵, 弗爲也. 如枉道而從彼, 何也?〕"라고 하였다. 《孟子 滕文公下》

413 확고하여……때문이었으니 : 세파에 흔들리지 않는 높은 지조를 지녔기 때문에 그 확고한 뜻을 빼앗을 수 없었음을 말한다. '확고하여 뽑을 수 없음'은 《주역》 〈건괘(乾卦) 문언(文言)〉에 "세상에 따라 변치 않으며 명성을 이루려 하지 않아서, 세상에 은둔하되 근심하지 않으며, 남에게 인정받지 못해도 고민하지 않아, 즐거운 세상이면 도를 행하고 걱정스런 세상이면 떠나가서, 뜻이 확고하여 뽑을 수 없음이 잠룡(潛龍)이다.

금도 세상에 드러내지 못하였던 것입니다. 후세에 선생의 마음을 아는 자가 있다면 응당 그 행장(行藏)의 이유에 대해 슬퍼하고 괴로워할 것입니다.

선생께서는 평소 세도(世道)로 자임하지 않으셨지만 세도의 중함이 되셨으니, 이는 마치 높은 산과 큰 바다가 움직인 자취가 없으면서도 공효(功效)를 미치게 하는 것과 같은바, 이에 양덕(陽德)을 기르고 도맥(道脈)을 연장할 수 있었습니다. 그런데 하늘의 좋아함과 미워함이 사람과 반대가 되어서 끝내 한 원로를 남겨두지 않을 줄을 어찌 생각이나 했겠습니까. 경성(景星)이 침몰함[414]에 사람들이 그 광화(光華)를 입지 못하고 일관봉(日觀峰)이 무너짐[415]에 세상이 우러러 바라볼 곳이 없습니다. 선생께서 때마침 왔다가 때마침 가는 것[416]이 시운(時運)의 성쇠에 관계됨이 이와 같으니, 이 어찌 한 사람의 존망일

〔不易乎世, 不成乎名, 遯世无悶, 不見是而无悶, 樂則行之, 憂則違之, 確乎其不可拔, 潛龍也.〕"라고 보인다. '절벽처럼 서 있음'은 천 길 만 길의 절벽이 온갖 풍상에도 변치 않고 의연하게 서 있는 것처럼 험난한 세파에도 흔들리지 않는 높은 기개를 지녔음을 비유하는 말이다.

414 경성(景星)이 침몰함 : 오희상의 죽음을 비유한 말로, 경성은 태평 시대에 나타나는 상서로운 별인데, 전하여 훌륭한 덕과 재주를 지닌 인물을 비유하는 말로 쓰인다.

415 일관봉(日觀峰)이 무너짐 : 이 역시 오희상의 죽음을 비유한 말인바, 일관봉은 태산(泰山) 정상의 봉우리로 해돋이를 보는 장소이다.

416 때마침……것 : 천리에 순응하여 태어나고 죽음을 말한다. 노담(老聃)이 죽자 그의 벗인 진실(秦失)이 말하기를 "때마침 이 세상에 태어난 것은 태어날 때였기 때문이고, 때마침 세상을 떠난 것은 떠나갈 때였기 때문이니, 태어나는 때를 편안히 맞이하고 죽는 때를 편안히 따른다면 슬픔이나 즐거움이 그 사람의 마음에 들어갈 수 없다.〔適來, 夫子時也; 適去, 夫子順也. 安時而處順, 哀樂不能入也.〕"라고 하였는데, 이 말을 원용한 것이다. 《莊子 養生主》

뿐이겠습니까.

저는 어리석고 용렬해서 누구에게 견줄 것이 없지만, 일찍부터 선생의 전형(典型)을 받들어서 정의(情誼)가 골육과 같았으니 돈독하게 인정을 받고 높이 덕을 우러른 것을 한 두 마디 말로 다 표현할 수가 없습니다. 정신과 뜻이 서로 믿고 그림자와 메아리가 서로 따라서, 고요한 낮 강가의 누각과 맑은 밤 산의 기슭에서 훌륭한 말씀을 듣고 가르침을 받들었습니다. 그래서 안으로는 신심(身心)의 성정(性情)의 깊음과 밖으로는 인륜(人倫)의 백행(百行)의 드러남과 크게는 태극(太極)·음양(陰陽)의 변화와 작게는 곤충(昆蟲)·초목(草木)의 영고성쇠(榮枯盛衰)로부터 고금(古今)의 치란(治亂), 현사(賢邪)의 선악, 왕패(王覇)와 유불(儒彿)의 변론에 이르기까지 상하를 오르내리며 끝까지 논의하셨으니 이에 아름다운 소리와 훌륭한 말씀이 귀에 가득하였습니다. 물러나와 다시 생각해 봄에 분명하여 어긋나지 않았으니, 감히 억지로 옳다고 여겨 구차히 동조한 것이 아니었습니다.

일찍이 곁에서 모시면서 물가 누대의 정경(淨界)과 산중 별장의 장실(丈室)에서 구름과 달을 좇아 놀았으니, 구담(龜潭)과 도담(島潭)과 옥순봉(玉筍峯)에서 뱃놀이를 하고[417] 곡령(鵠嶺)과 박연(朴淵)에서 신을 챙겼으며[418] 청령포(淸泠浦)[419]에서 슬퍼하였고 선죽교(善竹橋)[420]에

417 구담(龜潭)과……하고 : 세 곳은 모두 단양(丹陽)의 명승지이다. 홍직필은 1820년(순조20) 4월에 오희상·임노(任魯)와 함께 단양과 청풍, 영월의 여러 명승지를 유람하였다. 《梅山集 卷53 年譜》

418 곡령(鵠嶺)과……챙겼으며 : 곡령과 박연은 개성에 있는 산과 폭포이다. 홍직필은 1824년(순조24) 4월에 오희상과 함께 개성을 유람하였다. 《梅山集 卷53 年譜》

419 청령포(淸泠浦) : 단종이 유폐되어 살았던 곳으로 영월군 광천리(廣川里)에 있

서 눈물을 흘렸으며 도악(道岳)에 들어가 두 현인의 영령(英靈)에 제문을 올리고[421] 청절사(淸節祠)에서 읍하여 오세(五歲)의 사당에 조문하였습니다.[422] 인자(仁者)와 지자(智者)의 동(動)하고 정(靜)하는 즐거

다. 남쪽이 층암절벽으로 막혀 있고 동・북・서쪽은 남한강 상류의 지류인 서강(西江)이 곡류하고 있어 배로 강을 건너지 않으면 밖으로 나갈 수 없는 특수지형인데, 단종은 이곳을 육지고도(陸地孤島)라고 표현하였다. 단종은 1457년(세조3) 유폐되어 이곳에 살았는데, 그해 여름 서강이 범람하여 이 일대가 침수되자, 객사인 관풍헌(觀風軒)으로 옮겨 지내다가 몇 달 만에 승하하였다. 홍직필과 오희상은 이곳을 1820년 4월에 방문하였으며 이때 지은 〈청령포기(淸泠浦記)〉가 본집 권28에 실려 있다.

420 선죽교(善竹橋) : 개성시 선죽동에 있는 고려 시대의 석교(石橋)로 본래의 이름은 선지교(善地橋)이다. 고려 말 충신 정몽주(鄭夢周)가 이방원(李芳遠)이 보낸 조영규(趙英珪) 등에 의해 철퇴를 맞고 피살되었는데, 이때 다리 옆에서 참대가 솟아 나와 선죽교로 고쳐 불렀으며, 당시 정몽주의 핏자국이 지워지지 않고 계속 남아있다고 한다. 홍직필과 오희상은 이곳을 1824년 4월에 방문하였으며 이때 지은 〈선죽교기(善竹橋記)〉가 본집 권28에 실려 있다.

421 도악(道岳)을……올리고 : 도악은 도봉산을 말한다. 홍직필은 1819년(순조19) 9월에 오희상과 함께 도봉산(道峯山)을 유람하고 도봉서원을 방문하였는데, 이는 조광조(趙光祖)가 별세한 지 만 60년이 된 것에 감회가 있어 다녀온 것이었다. 두 현인은 조광조와 송시열(宋時烈)을 말하는바, 도봉서원은 1573년(선조6)에 조광조의 학문과 덕행을 추모하기 위해 창건되었으며 1696년(숙종22)에 송시열을 추가 배향하였다. 본집 권2에 〈중양절 다음날 도봉서원에서 징악 오 어른을 따라 두 문정 선생의 묘에 절하다〔重陽之翌 隨澄岳吳丈于道峯 拜兩文正先生廟〕〉라는 시 3수가 실려 있으며, 권28에 〈유도봉기(遊道峯記)〉가 실려 있다.

422 청절사(淸節祠)에서……조문하였습니다 : 도봉서원을 방문한 이튿날에 수락산(水落山)의 청절사를 방문하였다. 청절사는 생육신의 한 사람으로 수락산에서 수도한 매월당(梅月堂) 김시습(金時習)을 모신 사당이다. 김시습은 5세에 이미 시를 지을 줄 알았는데 이 소문이 세종에게 알려져서 세종이 시험해보고는 크게 감탄하며 훗날 큰 인재로 등용하겠다고 약속하였다. 이에 사람들은 그를 '김오세'라고 불렀다고 한다. 본집 권28에 〈유수락산기(遊水落山記)〉가 실려 있다.

움[423]을 다하고 빼어난 경치에서 술과 안주의 흥취를 다함에 가는 곳마다 덕을 살펴보지 않은 적이 없었습니다. 풍운(風韻)이 움직이는 바와 성기(聲氣)가 감응하는 바에 저절로 기뻐하고 감복하였으니, 죽은 뒤에야 잊을 수 있을 것입니다.

선생께서는 항상 저의 거처가 진세(塵世)의 장안을 떠나지 못함을 안타깝게 여겨서 제게 화산(華山)을 나누어 줄 것을 허락하시고[424] 저에게 이웃에 살기를 바라셔서 산림에서 10년 동안 함께 살 것을 기약하셨으니, 저의 말년의 계책이 항상 여기에 있었습니다. 그런데 생존하고 별세함이 갑자기 이렇게 되었습니다. 휘장이 철거되어[425] 비호 받을 곳을 잃고 도철(塗轍)이 다하여 돌아갈 곳을 잃었으니, 훗날 소원을 이루게 된다한들 장차 누구와 함께 하겠습니까. 정신과 혼이 상실되어 외로운 그림자가 거품 같고[426] 도끼를 버리고 거문고 줄을 철거하여[427] 나아가 하소연 할 곳이 없으니, 죽지 않은 남은 날을 어떻게 보낸단 말입니까.

깊은 땅속에 한번 묻으니 세상만사가 아득하고 아득합니다. 고개를

423 인자(仁者)와……즐거움 : 정적인 인자가 좋아하는 산과 동적인 지자가 좋아하는 물을 즐겼음을 이른다. 《論語 雍也》

424 화산(華山)을……허락하시고 : 자세한 내용은 431쪽 주283참조.

425 휘장이 철거되어 : 자세한 내용은 465쪽 주368 참조.

426 외로운……같고 : 세상사가 무상하고 덧없음을 의미하는 말로, 《금강반야바라밀경(金剛般若波羅密經)》에 "일체유위법은 꿈과 같고 허깨비와 같고 물거품과 같고 그림자와 같으며, 이슬과 같고 번개와도 같으니, 이와 같이 관찰해야 한다.〔一切有爲法, 如夢幻泡影, 如露亦如電, 應作如是觀.〕"라고 한 데서 온 말이다.

427 도끼를……철거하여 : 자세한 내용은 384쪽 주156 및 395쪽 주185 참조.

들어 강다리를 바라봄에 작은 초가집이 희미하게 보이니, 해지는 황폐한 강을 차마 다시 건널 수가 없고 눈과 구름과 물고기와 새는 보는 곳마다 슬픈 마음 일으킵니다. 이 일과 이 회포가 응당 유명 간에 관통될 것입니다. 그러나 슬퍼하기만 하고 분발하여 실천하고 계승할 것을 생각하지 않는다면 이는 선생을 저버리는 것입니다. 엎드려 바라건대 존령(尊靈)께서는 자면서 감통하는 때에 경계와 깨우침을 묵묵히 내려주어서 저로 하여금 아름다운 은혜를 끝까지 받을 수 있도록 해주소서. 그러나 이것은 저의 사사로운 정에 속할 뿐입니다. 성인의 문하에 천고토록 끝나지 않은 일과 해결되지 않은 문제가 있어 후세의 주자(朱子)를 기다리는 것이 장차 아무 것도 없게 된단 말입니까. 이 때문에 사문(斯文)을 위하여 애통해 하여 목소리와 눈물이 모두 고갈되는 것이니, 영령(英靈)께서 밝게 지각이 있다면 응당 안타깝게 여기고 측은히 여겨서 크게 한숨을 쉬실 것입니다. 아, 슬픕니다!

고려 충신 장령 서 선생[428] 견 의 묘에 올리는 제문 무술년(1838, 헌종4)

祭高麗忠臣掌令徐先生 甄 墓文 戊戌

아! 선생은	猗歟先生
고려조의 충신이었습니다	麗朝忠臣
말을 다 하여 숨기지 않아서	盡言不諱
정도전과 남은을 주벌하기를 청하니	請誅傳誾
유혈이 흐르는 싸움에	玄黃之戰
공을 먼 변방으로 귀양 보냈습니다	屛公荒垠
하늘과 다투어 지탱하지 못하자	爭天不支
공은 몸을 희생하고자 하였습니다[429]	公欲殉身
두 성을 섬기는 것을 부끄러워하여	恥事二姓
그 고심이 간절하고 간절하였습니다	苦心肫肫

428 장령 서 선생 : 서견(徐甄)으로, 본관은 이천(利川)이다. 1369년(공민왕18) 문과에 급제하였다. 1391년(공양왕3) 사헌 장령(司憲掌令)이 되었으며, 다음해 다른 간관들과 함께 조준(趙浚)·정도전(鄭道傳)·남은(南誾)·윤소종(尹紹宗) 등 이성계 일파를 탄핵하였다. 그러나 정몽주가 피살되고 이성계와 조준·정도전이 실권을 장악하자 김진양(金震陽) 등과 더불어 유배되었다.

429 공은……하였습니다 : 고려가 멸망하려 하므로 순국하고자 하였다는 말이다. 원문의 '순신(殉身)'은 《맹자》 〈진심 상(盡心上)〉에 "천하에 도가 있을 때에는 도로써 자신을 따르게 하고, 천하에 도가 없을 때에는 자신으로써 도를 따르는 것이다.〔天下有道, 以道殉身; 天下無道, 以身殉道.〕"라고 한 데서 온 말로, '순(殉)'은 죽음으로써 따른다는 의미이다.

세상을 피해서 길이 떠나갔으니	遯世長往
번당[430]의 물가였고	樊塘之濱
앉아서는 북쪽으로 향하지 않았으니	坐不北向
한양의 성이었습니다	漢陽城闉
평생동안 절개를 지켜서[431]	沒齒靖獻
몸과 도가 모두 펴졌습니다	身道俱伸
천년의 신도는	千載神都
어둑하게 옛 먼지만 가득하고	杳茫前塵
삼한을 통합하여 하나로 만들었던	統三爲一
그 공업도 이미 사라졌네[432]라고 하니	功業已湮
자신의 뜻을 말한 이 시(詩)에서	言志之什
그 인품을 상상해볼 수 있습니다	想見其人
의리는 해와 달까지 이르고	義薄日月

430 번당(樊塘) : 금천현(衿川縣) 번당리(樊塘里)로, 지금의 서울시 금천구 시흥동 일대이다.

431 절개를 지켜서 : 원문의 '정헌(靖獻)'은 은(殷)나라 기자(箕子)가 "스스로 의리에 편안하여 사람마다 스스로 선왕(先王)에게 뜻을 바칠 것이니, 나는 떠나가 은둔함을 돌아보지 않겠다.〔自靖, 人自獻于先王, 我不顧行遯.〕"라고 한 데서 온 말로, 본래는 스스로 의리에 맞게 처신하여 그 처지를 편안하게 여긴다는 뜻인데, 후세에는 은둔하여 지조를 지킴을 가리키는 말로 많이 사용하였다. 《書經 微子》

432 천년의……사라졌네 : 이 부분은 《동문선(東文選)》과 《국조보감(國朝寶鑑)》등에 전하는 서견의 칠언절구를 축약해서 쓴 것이다. 《동문선》에는 다음과 같이 실려 있다. "천년의 신도가 한강의 위에 있는데, 충성스럽고 어진 신하가 밝은 임금을 도왔었네. 삼한을 통일했던 그 공은 어디에 있는가. 전조의 왕업이 길지 못한 것이 한스럽네. 〔千載神都隔漢江, 忠良濟濟佐明王. 統三爲一功安在? 却恨前朝業不長.〕"

정성은 푸른 하늘을 꿰뚫었습니다	精貫蒼旻
정 문충공[433]과	與鄭文忠
생과 사는 비록 달랐으나	生死雖分
하늘의 법도[434]를 붙들어 수립하였으니	扶樹天經
인이 됨에 있어서는 똑같습니다	同其爲仁
성조에서 말씀하기를, 가상하다	聖朝曰嘉
그 임금을 잊지 않았으니	不忘其君
이 또한 백이숙제의 무리에게	是亦無愧
부끄럽지 않다 하시고는[435]	夷齊之倫
봉분하고 제사하여서	旣封旣祭
그 무덤을 표숭하였습니다	表崇厥墳
도암 선생께서도	亦粤陶菴
글을 지어 묘도에 게시해서[436]	揭阡以文

433 정 문충공(鄭文忠公) : 정몽주(鄭夢周, 1337~1392)로, 문충(文忠)은 그의 시호이다.

434 하늘의 법도 : 천지간에 변할 수 없는 도리로, 예(禮)를 말하는바, 《춘추좌씨전(春秋左氏傳)》 소공(昭公) 25년에 "무릇 예는 하늘의 법이요, 땅의 의이다.〔夫禮, 天之經也, 地之義也.〕"라고 한 데서 온 말이다.

435 성조에서……하시고는 : 이 내용은 《국조보감》 권4 〈태종 조(太宗條) 2〉에 보이는바, 위에 인용한 서견의 시를 두고 대신과 대간이 죄줄 것을 청하자 왕이 국문하지 말라고 하였고, 뒤에 다시 죄줄 것을 청하니 왕이 "서견은 고려의 신하로서 우리 집안에게 북면을 하지 않고 자신이 섬기던 임금을 추모하고 있으니, 이는 백이숙제의 무리이다. 어찌 죄줄 수 있겠는가."라고 하였다.

436 글을……게시해서 : 도암은 이재(李縡, 1680~1746)로 《도암집》 권38에 〈고려충신장령서선생묘표(高麗忠臣掌令徐先生墓表)〉가 실려 있다.

숨겨져 있고 그윽한 덕을 드러내고 밝혀 發潛闡幽
아름다운 향기를 길이 전파하셨습니다 永播淸芬
명성이 사람을 감동시킴이 風聲竦動
밤이 끝나면 새벽이 돌아오는 것과 같습니다 如夜回晨
한강물은 넓고 깊고 洌水瀰泓
관악산이 우뚝 높으니 冠岳嶙峋
공의 큰 명성이 惟公大名
저 산과 물과 함께 영원히 보존될 것입니다 與之永存
떳떳한 천성의 마음이 격발하니 彝衷攸激
누가 감히 선생을 높이지 않겠습니까 疇敢不尊
아! 저는 선생의 의리를 외워서 繄我誦義
종신토록 잊지 못할 것입니다 沒身不諼
평생의 마음의 향을 平生心香
술잔에 담아 올리니 薦以泂樽
황폐한 작은 무덤에 一抔荒原
만고의 밝은 신이 계십니다 萬古明神
고인과 정신으로 사귀려 하니 神交冥漠
저의 이 소원을 굽어 살피소서 鑑此願言

이여홍[437]에 대한 제문 기해년(1839, 헌종5)

祭李汝弘文 己亥

아!	嗚呼
옛날 나는 그대와	昔我與子
낙교(洛橋)에서 대대로 살았으니	世宇洛橋
남쪽과 북쪽으로 물을 사이에 두고서	分水北南
작은 초가집을 멀리 바라보곤 하였습니다	對望衡茅
즐겁게 아침저녁으로 함께하여	樂與晨夕
금석(金石) 같은 교분을 맺었습니다	仍結石交
내가 겨우 약관을 넘겼을 때	我纔勝冠
그대는 이미 두각을 드러내서	子嶄頭角
사원[438]과 글 모임에서	詞垣文會
왼쪽으로는 소매를 잡고 오른쪽으로는 어깨를 나란히 하였습니다	左提右拍
나는 그대가 아름다운 자질로	愛子美質

437 이여홍 : 이재의(李載毅, 1772~1839)로 여홍은 자이고 호는 문산(文山), 본관은 전주(全州)이다. 홍직필과 함께 근재(近齋) 박윤원(朴胤源)의 문하에서 수학하였다. 1801년(순조1) 증광 생원시에 합격하였으나 벼슬에 뜻을 두지 않고 학문에만 전념하였는데, 특히 《주역》과 시에 능하였으며 홍직필과 막역한 사이로 서로를 평생의 지기(知己)로 여겼다. 문집으로는 《문산집》이 있으며, 본집 권42에 묘지명이 실려 있다.

438 사원(詞垣) : 홍문관이나 예문관 등 문학하는 신하가 봉직하는 부서를 이르는데, 이는 문학하는 신하를 사신(詞臣)이라 칭하는 데에서 유래한 것이다.

옛 학문에 정진하는 것을 사랑하였습니다	進以古學
학문은 위기지학에 힘써서	學務爲己
그대와 함께 하였습니다	與子偕作
나는 실로 무능하여	我實悾悾
무슨 일을 하지 못하였으나	無能爲役
그래도 그대를 위해	猶願爲子
옥을 다듬는 숫돌이 되기를 원하였습니다[439]	攻玉之石
오십 년 동안에	五十年間
사모하고 왕래해서	慕悅徵逐
맑은 호수에서 뱃전을 두드리고	鼓枻澄湖
신령스러운 산악에서 지팡이를 떨치며	振策靈岳
유명한 누각에서는 구름에 눕고	名樓臥雲
높은 바위에서는 폭포소리를 들으며	穹巖聽瀑
질탕하게 술 마시고 시를 읊어서	觴詠跌宕
좋은 일이 참으로 많았습니다	勝事占圓
손을 잡고 진경(眞景)을 찾으니	携手尋眞
바로 화양동이었습니다[440]	華陽洞天

439 옥을……원하였습니다 : 이 말은 《시경》 〈소아(小雅) 학명(鶴鳴)〉에 "타산의 돌이 옥을 갈 수 있느니라.〔他山之石, 可以攻玉.〕"라고 한 것을 원용한 것으로, 아름다운 옥끼리는 서로 연마할 수 없고 옥 옆에 있는 거친 돌이 그 옥을 연마할 수 있다는 말인바, 정자(程子)는 이 시에 대하여, 군자가 소인과 함께 거쳐함으로써 단련되고 성립되는 것과 같다고 해석하였다. 《詩經集註 小雅 鶴鳴》

440 손을……화양동(華陽洞)이었습니다 : 홍직필과 이재의는 1799(정조23) 3월에 화양동과 선유동(仙遊洞)을 유람하였다. 《梅山集 卷53 年譜》

《춘추》[441]를 함께 읽고　共讀陽秋
풍천의 시[442]에서 감회를 일으켰습니다　興感風泉
이 유람은 참으로 기이하고 빼어나니　玆遊奇絶
없어지지 않고 길이 전할 것입니다　不朽遐傳
나는 살길이 곤궁하여　我窮塗轍
강가에서 표류하였는데　漂泊江濱
나를 물가의 누대로 데려가니　招携水榭
누가 주인이고 누가 손님인지 몰랐습니다　孰主孰賓
흰 머리에 반기는 눈빛으로　皓首靑眼
가슴속을 터놓고 진솔하게 대하였습니다　披豁任眞
밝은 달과 시원한 바람에　朗月淸風
그대는 허순이 되고[443]　子爲許詢
안개 낀 물결에 낚시하는 무리에　煙波釣徒
나 또한 지화가 되었습니다[444]　我亦志和

441 춘추(春秋) : 원문의 '양추(陽秋)'는 《춘추(春秋)》와 같은 말로, 동진(東晉) 간문제(簡文帝) 때에 정후(鄭后)의 이름인 아춘(阿春)을 휘(諱)하여 '춘'을 '양'으로 바꾼 것이다.

442 풍천(風泉)의 시 : 《시경》 〈회풍(檜風)〉의 〈비풍(匪風)〉과 〈조풍(曹風)〉의 〈하천(下泉)〉을 가리킨다. 이 두 시는 모두 주(周)나라 왕실이 쇠미해짐을 서글퍼한 내용이다.

443 밝은……되고 : 허순(許詢)은 동진(東晉) 때의 명사인데, 승려 지도림(支道林)과 교유하면서 청담으로 일세를 풍미하였다. 유윤(劉尹)이 그에 대해서 평하기를 "밝은 바람과 밝은 달을 대하노라면, 문득 현도(玄度)가 생각난다.〔淸風朗月, 輒思玄度.〕"라고 하였는바, 현도는 허순의 자(字)이다. 《世說新語 言語》

444 안개……되었습니다 : 지화는 당나라 때의 은자 장지화(張志和)로, 그는 강호에

지나가는 바람과 가랑비에	斜風細雨
푸른 삿갓 쓰고 푸른 도롱이 걸치고서[445]	靑箬綠蓑
그대와 짝이 되어	與子爲侶
함께 노닐고 노래 불렀습니다	以遊以歌
연초에 이틀 밤을 묵고서	年頭信宿
작별에 임해 시를 주니	臨別留詩
그 시에서 복사꽃 피고 물고기가 살찔 때에	桃花魚肥
다시 만나자는 그윽한 기약을 다시 확인하였습니다	更證幽期
기약한 날은 아직 오지 않았는데	期未及屆
그대가 갑자기 세상을 하직하니	子忽世辭
베개를 밀쳐놓고 길이 울부짖음에	推枕長嘷
믿다가 또 의심하다 합니다	將信將疑
사람이 누군들 그대 죽음 슬퍼하지 않겠는가마는	人誰不悼
내가 가장 슬픈 눈물을 머금어서	我最齎洟
새가 깃이 잘린 것처럼	如禽剪羽
나무가 가지가 잘린 것처럼 합니다	若木剗枝
형체와 그림자가 외롭고 외로우니	形影孑孑
내가 살아있은들 또 그 시간이 얼마나 되겠습니까	存亦幾時
바람이 흘러가고 별이 흩어져서	風流星散

은거하면서 스스로를 연파조도(煙波釣徒)라고 칭하였다.

445 지나가는……걸치고서 : 장지화(張志和)의 〈어부사(漁父詞)〉에 "푸른 삿갓 쓰고 푸른 도롱이 걸쳤으니, 지나가는 바람과 가랑비에 굳이 돌아갈 것 없네.〔靑箬笠綠蓑衣, 斜風細雨不須歸.〕"라고 하였다.

한번 작별하고는 나를 잊은 듯이 하니	一別如遺
모래 위 갈매기와 물가의 버들도	沙鷗汀柳
이 처량한 슬픔을 함께 합니다	共此悽悲
나는 늙어서도 죽지 않아	我老不死
세상의 어지러운 일들을 많이 겪었으니	多閱世紛
온 세상이 모두 하나같이	擧俗滔滔
양의 바탕에 범의 무늬입니다[446]	羊質虎文
그러니 누가 그대처럼	疇若吾子
옛사람의 모습과 마음을 간직하고 있겠습니까	古貌古心
이는 옛날에도 드물었으니	於古亦罕
어찌 지금 세상에서 볼 수 있겠습니까	寧見斯今
마음에 가득한 충신이	滿腔忠信
성실하여 끝마침이 있을 수 있었으니[447]	有終時忱
두 가지의 중간이요 네 가지의 아래여서[448]	二中四下

446 양의……무늬입니다 : 겉은 화려하나 내실은 부족함을 비유한 말이다. 양웅(楊雄)의 《법언(法言)》 권2 〈오자(吾子)〉에 "양의 바탕에 범의 가죽을 쓰고 있어서, 풀을 보면 좋아하고 승냥이를 보면 벌벌 떤다.〔羊質而虎皮, 見草而說, 見豺而戰.〕"라고 보인다.

447 성실하여……있었으니 : 《서경》 〈탕고(湯誥)〉에 "아! 부디 성실하게 하여야 마침내 종이 있을 것이다.〔嗚呼! 尙克時忱, 乃亦有終.〕"라고 한 것을 인용한 것이다.

448 두……아래여서 : '두 가지의 중간'은 선인(善人)과 신인(信人)의 중간을 말하고, '네 가지의 아래'는 미인(美人)·대인(大人)·성인(聖人)·신인(神人)의 아래를 말하는바, 맹자가 악정자(樂正子)를 평하면서 이 말을 하였다. 맹자의 설명에 따르면 선인은 누구나 좋아하는 사람이고 신인(信人)은 선을 자기 몸에 소유한 사람이며 미인은 그 선이 충실한 사람이고 대인은 그 충실함이 밖으로 드러난 사람이며 성인은 화(和)하여

덕이 깊고 그윽하였습니다	而德愔愔
박옥(璞玉)에 감추어진 훌륭한 옥이고	蘊璞良玉
광석에 남아있는 정금이었으니	留礦精金
몸과 세상을 모두 잊고서	身世兩忘
자신의 환한 흉금을 보존하였습니다	葆我沖襟
포의로 몸이 깨끗하였으니	布衣皓潔
조정의 벼슬과 바꾸지 않았습니다	不換朝簪
노년에 조화(造化)를 타고 떠나가니	耋齡乘化
어찌 기구하다 하겠습니까	詎云嶇嵚
누가 공의 운명이 궁하다고 말하겠습니까	孰謂命窮
천리는 본디 믿기 어려운 것입니다[449]	天理難諶
몸을 온전히 해서 호연히 돌아가니[450]	浩然全歸
그대는 응당 즐거울 것입니다	子應歆歆
지기가 이미 떠남에	冥契既逝
나는 거문고 줄을 끊고자 하니	我欲斷琴
고산유수곡을 연주함에	高山流水
그 음을 감상해 줄 사람 영원히 없습니다[451]	永絶賞音

저절로 도에 맞는 사람이고 신인은 성스러워 측량할 수 없는 사람이다.《孟子 盡心下》

449 천리는……것입니다 :《서경》〈함유일덕(咸有一德)〉에 "아! 하늘은 믿기가 어려움은 천명이 떳떳하지 않기 때문이다.〔嗚呼! 天難諶, 命靡常.〕"라고 보인다.

450 몸을……돌아가니 : 자세한 내용은 378쪽 주140 참조.

451 지기가……없습니다 : 고산유수곡은 춘추 시대의 거문고 명인 백아(伯牙)의 즐겨 연주한 곡조로, 아양곡(峨洋曲)이라고도 한다. 백아의 지기(知己)인 종자기(鍾子期)는 청음(聽音)에 조예가 깊어, 백아가 높은 산을 염두에 두고 연주하면 다른 사람들

한 세상 외롭고 쓸쓸해서	踽涼一世
팔방이 모두 적막하니	寥廓八垠
어느 곳에서 다시 오게 하겠습니까	何處得來
그대처럼 바르고 순박한 사람을	如子貞醇
그대처럼 온화하고 후덕한 사람	如子和厚
어느 곳에서 다시 가까이 하겠습니까	何處更親
장차 무덤으로 돌아가려 함에	將返眞宅
장례일이 임박해옵니다	不淹靈辰
어찌 백마가 없겠는가마는[452]	豈無白馬
병으로 장지(葬地)에 가지 못합니다	病莫臨窀
내가 와서 그대를 곡함에	我來哭子
다만 상여를 볼 뿐입니다	秪見靈輴

은 알아듣지 못했으나, 종자기는 "좋구나, 높고도 험한 것이 태산과 같구나.〔善哉! 峨峨兮若泰山.〕" 하였으며, 흐르는 물을 염두에 두고 연주하면 종자기는 "좋구나, 양양한 흐름이 강하와 같구나.〔善哉! 洋洋兮若江河.〕"라고 하였다. 뒤에 종자기가 죽자 백아는 거문고 소리를 알아들을 사람이 없다 하여 거문고의 줄을 모두 끊고 다시는 연주하지 않았다고 한다.《列子 湯問》

452 어찌 백마(白馬)가 없겠는가마는 : 후한(後漢)의 범식(范式)은 장소(張劭)와 매우 절친한 사이였다. 장소가 죽은 뒤에 범식의 꿈에 나타나서 자신이 아무 날에 죽어서 아무 날에 장례하여 저승으로 간다고 알려주니, 범식은 잠에서 깨어 슬퍼하며 눈물을 흘리고는 급히 달려갔으나 제때에 도착하지 못하였고, 장소의 상여는 이미 발인하여 장지에 도착하였다. 이에 사람들이 널을 묻으려고 하였는데 움직이지 않았고, 시간이 지나 범식이 백마에 소거(素車)를 타고 울부짖으며 달려와서 상여를 두드리며 "길을 떠나게, 원백이여. 생사의 길이 달라졌으니, 영결을 하세나.〔行矣元伯! 死生路異, 永從此辭.〕"라고 하고서 줄을 잡고서 끌자 그제서야 상여가 움직였다고 한다. 원백은 장소의 자이다.《後漢書 卷81 獨行列傳 范式》

다시는 소식을 들을 길이 없으니	無從更聞
그대의 말은 간곡하고 간곡하였습니다	謦欬諄諄
정자와 누대는 예전 그대로이고	亭臺依舊
도서는 먼지만 쌓여 있습니다	圖書凝塵
남겨진 자취에 눈길이 닿자	觸目遺躅
슬픔이 지극하여 정신이 상합니다	愴極傷神
그대의 덕을 기술하여	擬述子德
민멸되지 않기를 영원히 도모하려 하니	永圖不泯
이는 뒤에 죽는 사람의 책임으로	是後死責
고인을 저버리지 않는 것입니다	不負故人
영령(英靈)은 감응하여	英爽感應
나를 지극한 정성을 굽어 살피소서	鑑我肫肫

오촌 송공[453]에 대한 제문 경자년(1840, 헌종6)

祭鰲村宋公文 庚子

하늘이 우리나라를 사랑하시어	天眷左海
영특함을 드러낸 명문가에서	炳靈名門
천지의 정기를 모아서 대로[454]를 탄생시키니	篤生大老
간기[455]를 받아 그 몸에 원기(元氣)가 모였습니다	間氣鍾元
인극이 그 분에 힘입어 서고[456]	人極賴立

453 오촌 송공 : 송치규(宋穉圭, 1759~1838)로, 자는 기옥(奇玉), 호는 강재(剛齋), 본관은 은진(恩津), 시호는 문간(文簡)이다. 우암(尤庵) 송시열(宋時烈)의 6대손이며, 과재(過齋) 김정묵(金正默)의 문인이다. 유일(遺逸)로 벼슬에 여러 번 제수되었으나 평생 동안 나아가지 않았는데, 그 이유가 자신의 스승 김정묵이 억울한 일로 유일에서 삭제되었기 때문이라고 하는바, 김정묵은 송치규의 스승이라는 이유로 1801년(순조1)에 유일이 회복되었다. 72세가 되던 1830년(순조30) 왕의 간곡한 부름을 받아 세손의 시강원 찬선으로 나아가 대사헌 및 이조 참판을 역임하였다. 1838년(헌종4) 80세의 수직(壽職)으로 정헌대부(正憲大夫)에 가자(加資)되었다. 본집 권42에 묘지명이 실려 있다.

454 대로 : 우암 송시열(1607~1689)을 가리킨다.

455 간기(間氣) : 영웅호걸이 품부받는 천지의 특수한 기운으로, 이러한 기운을 받은 영웅호걸은 세상에 드물게 나오므로〔間世而出〕 '간기'라고 이름한 것이다. 《太平御覽 卷360 春秋孔演圖》

456 인극(人極)이……서고 : 인극(人極)은 인간의 윤리·도덕에 있어서 최고의 표준 혹은 최고의 원리를 이르는 말로, 주돈이(周敦頤)의 《태극도설(太極圖說)》에, "성인은 중·정·인·의로써 정하되, 정을 주장하여 인극을 세운다.〔聖人定之以中正仁義, 而主靜立人極.〕"라고 보인다.

천경(天經)[457]이 윤몰(淪沒)하지 않았으니　天經不淪

도는 이보다 큰 것이 없고　道莫與京

공은 이에 견줄 것이 없습니다　功莫與倫

덕으로써 복을 받아　承祚以德

훌륭한 후손을 얻으셨습니다　是有肖孫

멀리 가지 않고 연원을 찾아가서　無遠沿溯

마치 향기를 이은 듯하니　若襲以薰

어찌 직접 전수한 것과 다르겠습니까　何間手授

심법으로 후손을 넉넉하게 해주었습니다　心法裕昆

또한 과옹[458]의　亦惟過翁

법도를 따르시니　丈尺是遵

거취와 행장에 있어　去就行藏

의리를 따라 굴신을 똑같이 하였습니다　義同屈伸

덕이 몸에 흡족하여　德浹于躬

영화를 떨치고 향기를 전하였습니다　振華揭芬

깊고 깊은 구고에서　黝黝九皐

457 천경(天經) : 자세한 내용은 346쪽 주60 참조.

458 과옹(過翁) : 김정묵(金正默, 1739(영조15)~1799(정조23))으로, 자는 이운(而運), 호는 과재(過齋), 본관은 광산(光山), 초명은 두묵(斗默)이고, 김장생(金長生)의 후손이다. 조부 김운택(金雲澤)이 신임사화 때에 화를 당한 것을 애통해 하여 벼슬하는 것을 꺼리고 학문에만 전념하였다. 유일(遺逸)로 천거되어 돈녕부 참봉, 사헌부 지평 등에 제수되었으나 사직하고 나아가지 않았는데, 대역죄로 처형된 김하재(金夏材)와 김두공(金斗恭)의 일족이라는 이유로 1786년(정조10) 유일에서 삭제되었다가 1801년(순조1) 송치규의 스승이라는 이유로 유일이 회복되었다. 성리학과 예설(禮說)에 밝았으며, 문집으로는 《과재유고(過齋遺稿)》가 있다.

훌륭한 명성이 하늘에까지 이르니[459] 令聞徹旻

네 조정에서 활과 깃발로 초빙하여[460] 弓旌四朝

스승이 되고 손님이 되셨습니다 爲師爲賓

어떻게 대하였습니까 曷以處之

80세의 원로로 높였습니다 八耋其尊

무엇으로 초빙하였습니까 曷以召之

열 줄의 윤음(綸音)[461]으로 하였습니다 十行其綸

그런데도 절개가 돌처럼 확고하여[462] 確乎介石

고향 산천을 영원히 잊지 않을 것을 맹세하셨습니다 永矢弗諼

어찌 과감히 세상을 잊고자 하셨겠습니까 豈欲果忘

임금을 요순으로 만들고 백성들에게 은택을 내리려 했습니다 致澤君民

459 깊고……이르니 : 은거하는 군자의 덕이 멀리까지 알려짐을 비유한 것으로, 《시경》〈소아(小雅) 학명(鶴鳴)〉에 "학이 구고의 늪에서 우니, 그 소리가 하늘에 들린다.〔鶴鳴于九皐, 聲聞于天.〕"라고 한 것을 원용한 것이다.

460 네……초빙하여 : 네 조정은 영조·정조·순조·헌종의 4대의 조정을 말한다. 활과 깃발은 고대에 대부와 사(士)를 초빙하던 도구로, 《춘추좌씨전》 소공(昭公) 20년에 "옛날 우리 선군이 사냥할 때에 깃발로 대부를 부르고 활로 사를 부르셨다.〔昔我先君之田也, 旃以招大夫, 弓以招士.〕"라고 보인다.

461 열 줄의 윤음(綸音) : 임금의 조서를 말한다. 후한의 광무제(光武帝)가 제후나 지방관들에게 손수 조서를 내릴 적에, 글씨를 조밀하게 써서 열 줄을 넘지 않았다는 일찰십행(一札十行)의 고사에서 유래한 것이다. 《後漢書 卷76 循吏列傳 序》

462 절개가 돌처럼 확고하여 : 《주역(周易)》〈예괘(豫卦) 육이(六二)〉에 "절개가 돌과 같아 하루를 마치지 않고 떠나가니, 정(貞)하고 길하다.〔介于石, 不終日, 貞吉.〕"라고 한 것을 원용한 것이다.

그러나 출처를 익숙히 헤아려 出處熟量

깊은 못에 감겨 스스로를 진중히 하셨습니다 淵潛自珍

그 뜻이 본받을 만 하니 其志可則

이것이 몸을 지킴[463]이 되었습니다 是爲守身

이 때문에 생을 마치도록 所以畢生

한강 나루터를 묻지 않으셨습니다[464] 不問漢津

이 몸과 마음을 가지고서 將此身心

임금의 은혜에 보답하려 하였습니다 用答君恩

사람들이 아름다운 덕을 좋아하니 人之好懿

누군들 공을 사모하고 좋아하지 않겠습니까 孰不慕欣

공의 풍도를 듣고 덕을 보면 聞風覿德

비루한 자가 관대해지고 경박한 자가 돈후해졌습니다[465] 鄙寬薄敦

사방에서 공의 행실을 보고서 四方觀生

상서로운 별과 상서로운 구름처럼 우러르니 仰若星雲

박괘(剝卦)의 석과(碩果)와 같으며[466] 若果於剝

463 몸을 지킴 : 지조를 지켜 불의에 빠지지 않음을 말한다. 《맹자》 〈이루 상(離婁上)〉에, "섬기는 일 중에 무엇이 가장 큼이 되는가? 어버이를 섬김이 큼이 된다. 지키는 일 중에 무엇이 가장 큼이 되는가? 몸을 지킴이 큼이 된다. 몸을 잃지 않고서 그 어버이를 잘 섬긴 자는 내가 들었고, 몸을 잃고서 그 어버이를 잘 섬긴 자는 들어보지 못하였다.〔事孰爲大? 事親爲大. 守孰爲大? 守身爲大. 不失其身而能事其親者, 吾聞之矣; 失其身而能事其親者, 吾未之聞也.〕"라고 한 데에서 온 말이다.

464 한강……않으셨습니다 : 한양에 가서 벼슬살이 할 생각을 갖지 않았음을 말한다.

465 비루한……돈후해졌습니다 : 자세한 내용은 456쪽 주345 참조.

466 박괘(剝卦)의 석과(碩果) : 어지러운 세상에서도 큰 덕을 지녀 소인들에게 해를 당하지 않는 군자를 뜻한다. 《주역》 〈박괘(剝卦) 상구(上九)〉에 "큰 과일은 먹히지

어두운 길거리의 촛불과 같았습니다	若燭於昏
천명을 즐기고 조화(造化)를 타니[467]	樂天乘化
팔십에 가까운 나이였습니다	準八其年
청명한 하나의 기운이	淸明一氣
호연한 원초로 돌아갑니다	復初浩然
어찌하여 백 년 동안 살게 하지 않아서	曷不百曆
끝내 사문에 복을 주시지 않는단 말입니까	卒幸斯文
하늘이 사문을 망하게 하니	斯文天喪
눈물이 줄줄 흘러내립니다	衆涕沄沄
부정한 학술이 횡행하여	邪術橫挐
바른 길이 황폐해지니	正路荒榛
이를 막고 물리치는 것을 누가 자임하겠습니까	疇任距闢
구원에 깊이 감추어졌습니다	奄閟九原
예전 계해년(1803, 순조3)에	維昔癸亥
공을 전촌에서 뵈었는데	拜公荃村
제 마음 먼저 취하니	我心先醉
한번 봄에 이분에게 도가 있음을 알았습니다[468]	目擊道存

않는다.〔碩果不食.〕"라고 한 데서 온 말이다.

467 천명을……타니 : 도연명(陶淵明), 즉 도잠(陶潛)의 〈귀거래사(歸去來辭)〉에 "그럭저럭 조화를 타고 참세계로 돌아가려 한다. 천명을 즐기니, 다시 무엇을 의심하겠는가.〔聊乘化以歸盡, 樂夫天命復奚疑?〕"라고 하였다.

468 한번……알았습니다 : 공자가 온백설자(溫伯雪子)를 만나보고서 말하기를 "그와 같은 사람은 한번 보기만 해도 도가 있는 사람임을 알 수 있는지라 말로 형용할 수 없다.〔若夫人者, 目擊而道存矣, 亦不可以容聲矣.〕"라고 평하였는바, 이 말을 원용한

성대한 명리가　洋洋名理

끊임없이 이어져서 근원을 만났습니다[469]　滚滚逢原

성대한 상서로움과 온화함이　藹然祥和

마치 따뜻한 봄바람 부는 듯하였고　若噓陽春

옥호에 담긴 얼음 같은 마음[470]이　冰心玉壺

맑고 맑아 티끌조차 없었습니다　瑩澈無塵

어떻게 이러한 경지에 이른 것입니까　何以致之

인을 구하고 자기를 위하는 학문을 했기 때문입니다　爲己求仁

인이 근본이 되니　仁之爲本

온갖 선이 이에 따릅니다　萬善是循

그런데도 공은 스스로 겸허해서　公惟自虛

저를 진정으로 대해주셨습니다　款我以眞

몽매하고 누추하다 여기지 않고　不以蒙陋

간곡한 뜻을 다하셨습니다　屬意肫肫

것이다.《莊子 田子方》

469 근원을 만났습니다 : 학문을 자득하여 그 근원을 얻었음을 말한다.《맹자》〈이루하(離婁下)〉에 "군자가 깊이 나아가기를 올바른 방도로써 하는 것은 자득하고자 해서이니, 자득하면 거함이 편안하고, 거함이 편안하면 이용함이 깊고, 이용함이 깊으면 좌우에서 취하여 씀에 그 근원을 만나게 된다. 그러므로 군자는 자득하고자 하는 것이다.〔君子深造之以道, 欲其自得之也. 自得之, 則居之安; 居之安, 則資之深; 資之深, 則取之左右, 逢其原. 故君子欲其自得之也.〕"라고 한 데서 온 말이다.

470 옥호(玉壺)에……마음 : 마음의 고결함을 표현한 말이다. 빙심(氷心)과 옥호는 본래 매화의 맑고 고결한 자태를 묘사한 말로, 이것은 당(唐)나라 시인 왕창령(王昌齡)이 지은 〈부용루송신점(芙蓉樓送辛漸)〉에 "낙양의 친구가 만약 묻거든 한 조각 빙심이 옥호에 있다고 하게나.〔洛陽親友如相問, 一片氷心在玉壺.〕"라고 보인다.

물음이 있으면 즉시 응하여	有叩斯應
창고와 같은 지식을 쏟아주셨습니다	傾倒倉囷
덕으로 사랑해주심이	惟德之愛
제 마음을 관철하였는데	貫徹肺肝
죽든 살든 멀리 떨어져있든 잊지 않기로 약속한 지가[471]	死生契闊
사십년이 되었습니다	四十年間
어찌 편지가 없었겠는가마는	豈無竿牘
제 마음 깊이 쌓여있는 것을 쏟아낼 수가 없었습니다	莫瀉心蘊
누가 제 발을 붙잡는 것입니까	誰縻我足
꿈속의 혼만 수고로웠습니다	常勞夢魂
천리 멀리에서 멍에를 메었다 하니	千里命駕
고인에게 많이 부끄럽습니다	多慙古人
저는 정을 머금고 이루지 못했는데	含情莫遂
고인은 흰 수레를 몰고 달려왔습니다[472]	素車其奔
길을 잃고 헤매는 말로에	倀倀末路
누구와 더불어 이웃이 되겠습니까	疇與爲隣
온 마음에 답답함이 가득하니	滿腔壹鬱
죽을 때까지 서글픈 마음 간직할 것입니다	沒齒噎呑
바른 덕을 추념하여	追惟貞德

471 죽든……지가 : 《시경》 〈패풍(邶風) 격고(擊鼓)〉에 "죽든 살든 멀리 떨어져 있든 그대와의 약속 이루자고 하였노라. 그대의 손잡고 그대와 백년해로하자고 하였노라.〔死生契闊, 與子成說. 執子之手, 與子偕老.〕"라고 한 말을 원용한 것이다.

472 누가……달려왔습니다 : 자세한 내용은 498쪽 주452 참조.

제 좁은 식견으로 헤아려 글을 올립니다	測蠡以陳
살아서는 순하고 죽어서는 편안한 이치[473]에	庶幾無媿
행여 부끄러움이 없기를 바랍니다	生順死安
처음부터 끝까지 따져봄에	原始要終
공은 몸이 온전하고 이름이 완전하셨습니다	身全名完
우암의 참된 전함을 실천하니	踐述眞傳
연원에 광채가 있었습니다	有光淵源
공이야 무슨 유감이 있겠습니까	公復何憾
뒤에 죽는 사람은 슬프게 울부짖습니다	後死哀呻
누구를 법도로 삼아서	云誰之準
세상의 혼탁함을 경계한단 말입니까	警世汶汶
다만 애통할 뿐 아니라	非直爲恫
이 때문에 매우 근심합니다	是庸憂殷
빠른 세월은 머물지 않아	隙駟不停
영좌(靈座)를 철거할 때가 되었습니다	撤靈及辰
생추(生芻)와 솜에 적신 술은 올리지 못하고[474]	莫致芻綿

473 살아서는……이치 : 송(宋)나라 장재(張載)의 〈서명(西銘)〉에 "살아서는 내 하늘을 순히 섬기고 죽어서는 내 편안하다.〔存吾順事, 沒吾寧也.〕"라고 한 말을 인용한 것이다.

474 생추(生芻)와……못하고 : 직접 조문하지 못한다는 말이다. 원문의 '추면(芻綿)'은 생꼴과 솜으로, 소박한 제수를 의미하는바, 후한의 곽태(郭泰)가 모친상을 당했을 적에 누군가 그 여막 앞에 생꼴을 두고 가니 사람들이 괴이하게 여겼는데, 곽태가 말하기를 "이는 아마도 남주(南州)의 고사 서유자(徐孺子)일 것이다. 시에 이르지 않았던가. '생꼴 한 다발을 주니 그 사람 옥처럼 아름답도다.'라고. 허나 내가 덕이 부족하여 이를 감당할 수가 없도다.〔此必南州高士徐孺子也. 詩不云乎? 生芻一束, 其人如玉. 吾

멀리서 향불을 올립니다	遙薦蒿焄
깊은 정을 저버리니	孤負冥契
슬픔과 한이 모두 지극합니다	悲恨幷臻
그러나 아무리 멀다 한들 통하지 못하겠습니까	何遠不徹
밝고 밝으신 신이 있습니다	有赫明神
신께서는 강림하여	神之臨之
제 마음을 굽어 살피소서	鑑我忞忞

無德以堪之.]" 라고 하였다. 서유자는 서치(徐穉)이고 시는 《시경》 〈소아(小雅) 백구(白駒)〉이다. 솜은 술을 간편하게 휴대하기 위해 사용한 물건으로, 서치(徐穉)가 항상 자기 집에서 닭 한 마리를 굽고 솜 한 냥을 술에 담갔다가 볕에 말려 둔 뒤, 상사가 있을 때에 이것을 술 대신 사용하여 제사를 지낸 고사에서 나온 말이다. 《後漢書 卷53 徐穉列傳》

심치언[475]에 대한 제문 신축년(1841, 헌종7)

祭沈稚彦文 辛丑

아!	嗚呼
인재를 이루기 어려움은	成才之難
성인께서 말씀하신 것입니다[476]	聖人云然
하물며 우리나라는	矧玆左海
땅이 좁고 기운이 편벽되니	境局氣偏
그 누가 마음을 광대하게 하여	疇能大心
근심은 먼저하고 즐거움은 뒤에 하겠습니까	憂樂後先
제가 처음 그대를 보았을 때	我始見子
뜻이 희문(希文)에 있어서[477]	志在希文

475 심치언 : 심능용(沈能容, 1777~1841)으로, 본관은 청송(靑松), 치언은 자이다. 1809년(순조9) 생원시에 합격하였으며, 음직으로 벼슬하여 호조 좌랑・고산 현감(高山縣監)・금천 군수(金川郡守) 등을 역임하였다.

476 인재를……것입니다 : 성인은 공자(孔子)를 가리킨 것으로, 이 말은《논어》〈태백(泰伯)〉에 "인재를 얻기 어렵다는 말이 옳은 말이 아니겠는가. 당(唐)・우(虞)의 즈음만이 주(周)나라보다 성하였으나, 열 사람 중에 부인(婦人)이 있으니, 아홉 사람일 뿐이다.〔才難, 不其然乎? 唐虞之際, 於斯爲盛, 有婦人焉, 九人而已.〕"라고 보인다. 열 사람은 무왕(武王)의 신하 10인으로, 마융(馬融)에 의하면 10인은 주공 단(周公旦)・소공 석(召公奭)・태공 망(太公望)・필공(畢公)・영공(榮公)・태전(太顚)・굉요(閎夭)・산의생(散宜生)・남궁괄(南宮适), 그리고 문왕(文王)의 비(妃)인 문모(文母)인바, 한 사람의 부인은 문모를 가리킨다.《論語集註 泰伯》

477 뜻이 희문(希文)에 있어서 : 희문은 송 인종(宋仁宗) 때의 명재상인 범중엄(范仲

백성들이 굶주리는 것을　赤子失哺

자신의 절실한 아픔으로 여겼습니다　若痛切身

손 안에는 계책이 있고　掌中劈畫

가슴 속에는 경륜이 있어　腔裏經綸

성대하게 규모를 보유하여　蔚有範圍

경영(經營)에 애태우는 마음[478]을 베풀었습니다　慘澹鋪陳

명당[479]이 가까이 있는데도　明堂在邇

옥 같은 재주를 올리지 못하여　莫薦璘珣

때에 따라 베푸는 사업을　隨時事功

淹)의 자이다. '근심은 먼저하고 즐거움은 뒤에 함'은 범중엄의 〈악양루기(岳陽樓記)〉에 "남 때문에 기뻐하지 않고 자기 때문에 슬퍼하지 않아 묘당(廟堂)의 높은 곳에 처하면 백성들을 걱정하고 강호(江湖)에 처하면 군주를 근심하니, 이는 나가도 근심하고 물러나도 근심하는 것이다. 그렇다면 어느 때에나 즐거워할 수 있는가? 반드시 천하 사람들이 근심하기 전에 근심하고 천하 사람들이 즐거워 한 뒤에 즐거워할 것이다.〔不以物喜, 不以己悲, 居廟堂之高, 則憂其民; 處江湖之遠, 則憂其君. 是進亦憂、退亦憂, 然則何時而樂耶? 其必曰先天下之憂而憂, 後天下之樂而樂歟.〕"라고 한 데서 온 말로, '뜻이 희문에 있음'은 망자가 자신보다 천하를 먼저 생각하여 치세(治世)를 이루고자 하는 뜻을 가지고 있었음을 말한다. 《古文眞寶 後集 卷5》

478 경영(經營)에 애태우는 마음 : 원문의 '참담(慘澹)'은 '참담경영(慘澹經營)'의 준말로, '참담(慘淡)'이라고도 하는바, 본래는 그림을 그리기 전에 어떤 것을 진하게 하고 어떤 것을 흐리게 할지 구상하는 것을 의미하였는데, 전하여 '어떤 일을 고심하여 구상함'의 뜻이 되었다. 참담경영은 마음을 다하여 나라의 경영을 생각한다는 뜻으로, 당(唐)나라 두보(杜甫)의 〈송종제아부하서판관(送從弟亞赴河西判官)〉에서는 벼슬에 제수 받고 난 뒤의 태도를 "용약하는 것은 보통사람의 정이요, 참담하는 것은 고사의 뜻이다.〔踊躍常人情, 慘澹苦士志.〕"라고 묘사하였다.

479 명당(明堂) : 태산(泰山)에 있는 큰 집으로 고대 제왕이 제후들을 접견하거나 정사를 보던 곳이다. 《孟子 梁惠王下》 여기에서는 조정을 가리킨 것이다.

시행할 곳이 없었습니다	無地可伸
만년에 조금 시험하니	晩暮薄試
환처럼 작은 험준한 암읍이었습니다[480]	巖邑如丸
기기가 땅에 떨어지려 하는데[481]	攲器墜地
편안히 앉아 완전하게 수습하였습니다	安坐收完
갈대가 자라듯 북채로 북을 치듯	蒲敏桴捷
백성들이 믿고 감동함이 신처럼 빨랐으니[482]	孚感如神

480 만년에……암읍이었습니다 : 암읍은 지세가 험한 산중의 고을을 말하는 것으로, 심능용이 60세에 고산 현감(高山縣監)에 제수되었으므로 이렇게 말한 것이다.《承政院日記 憲宗2年 6月 25日》

481 기기(攲器)가……하는데 : 혼란과 곤궁에 빠진 백성들의 상황을 비유한 것이다. '기기'는 물이 없으면 기울어지고 가득차면 엎어져서 물이 알맞게 담겨야 반듯하게 서 있는 형태의 그릇으로, 고대의 왕들이 이 것을 자리 오른쪽에 두고 과불급을 없애는 경계로 삼았는바, '유좌기(宥坐器)' 혹은 '유치(侑巵)'라고도 한다.《荀子 宥坐》

482 갈대가……빨랐으니 : '갈대가 자람'과 '북채로 북을 침'은 모두 정사의 효험이 빠르게 나타남을 비유하는 말이다. 갈대의 비유는《중용》에 "사람의 도는 정사에 빠르게 나타나고 땅의 도는 나무에 빠르게 나타나니, 정사의 신속한 효험은 쉽게 자라는 갈대와 같다.〔人道敏政, 地道敏樹. 夫政也者, 蒲盧也.〕"라고 한 데에서 온 것이고, 북채의 비유는《논어》〈자장(子張)〉에, 자공(子貢)이 공자를 칭찬하여 "부자(夫子)께서 나라를 얻으신다면 이른바 '세우면 서고 인도하면 따르고 편안하게 해주면 따라오고 고무시키면 화(和)하여 살아계시면 영광스럽게 여기고 죽으면 슬퍼한다.'는 것이다."라고 하였는데,《논어집주(論語集註)》에 "부자께서 나라를 얻는다면 여러 백성들을 고무시킴이 북채로 북을 두드림과 그림자와 메아리보다도 빠를 것이다.〔夫子之得邦家者, 其鼓舞群動, 捷於桴鼓影響.〕"라는 사양좌(謝良佐)의 말이 채록되어 있는바, 여기에서 온 것이다. 이는 북채로 북을 두드리면 즉시 소리가 나고 물체가 있으면 즉시 그림자가 있으며 소리를 내면 즉시 메아리가 울리는 것처럼, 훌륭한 사람이 정치를 하면 백성이 믿고 고무되는 효험이 빠르게 나타남을 비유한 것이다.

할계[483]의 한 점 고기에서 割鷄一臠
솥 전체가 진실로 진미임을 알 수 있습니다[484] 全鼎自珍
행할 때가 말할 때보다 뛰어나니[485] 做勝於說
행실이 말에 부합하였습니다 行符其言
애석하게도 크게 쓰여지지 못하여 惜不大施
백성에게 복을 주지 못하였습니다 用壽斯民
이 백성들이 복이 없으니 斯民無福
푸른 하늘을 원망합니다 有憾蒼旻
우물이 깨끗한데도 먹어주지 않으니 井渫不食
깨끗하고 시원한 샘물을 누가 슬퍼하겠습니까[486] 誰惻洌寒

483 할계(割鷄) : '할계'는 작은 고을을 다스리는 데에 대도(大道)를 씀을 비유하는 말로, 자유(子游)가 무성(武城)의 읍재가 되어 고을을 예악(禮樂)으로 가르치자 공자가 빙그레 웃으며 "닭을 잡는 데 어찌 소 잡는 칼을 쓰는고?〔割鷄, 焉用牛刀?〕"라고 한 데에서 온 말이다. 《論語 陽貨》

484 한……있습니다 : 부분을 보고 전체를 알 수 있다는 말로, 《회남자(淮南子)》〈설림훈(說林訓)〉에 "한 점 고기를 맛보면 솥 전체의 맛을 알 수 있다.〔嘗一臠肉而知一鑊之味.〕"라고 보인다. 여기에서는 심능용이 작은 고을을 다스리면서 대도(大道)를 행한 것을 통해 그의 인품과 재주 전체를 알 수 있다는 의미이다.

485 행할……뛰어나니 : 실제 정사를 해보지 않고 다만 말로만 정사를 논하다가 실제 정사를 행하게 되면 이전 자신의 말처럼 하지 못하는 경우가 많은데, 심능용은 반대로 이전의 말보다 이후 실제의 행위가 더 훌륭했다는 의미이다. 《주자대전(朱子大全)》 권28 〈답진동보서(答陳同父書)〉에, 주자가 제수의 명을 사면하는 이유를 설명하면서 "세간의 일을 생각함이 익숙하지 않은 것은 아니지만, 단지 행할 때가 말할 때와 같지 않고 남의 마음이 나의 마음과 같지 않음이 두렵다.〔世間事思之非不爛熟, 只恐做時不似說時, 人心不似我心.〕"라고 하였다.

486 우물이……슬퍼하겠습니까 : 재주와 덕이 있음에도 세상에 쓰이지 못함을 말한

재주를 쌓아 세상에 쓰임은	蘊才需世
그대에게 있어 하나의 시초였고	在子一端
담박하고 영정함[487]은	澹泊寧靜
진실로 타고난 자품이었습니다	自其天分
효도와 우애로 정사를 함에[488]	孝友爲政
반드시 달이었지 문이 아니었습니다[489]	必達非聞

다. '깨끗한 우물을 먹어주지 않음'은 《주역》〈정괘(井卦) 구삼(九三)〉에 "우물이 깨끗한데도 먹어주지 아니하여 내 마음에 슬퍼함이 된다.〔井渫不食, 爲我心惻.〕"라고 한 데서 온 말로, 정이(程頤)의 주석에 따르면, 구삼은 양강(陽剛)으로 정(正)을 얻었으므로 재주가 있고, 하괘(下卦)의 위에 있으므로 물이 깨끗한 자인데, 우물은 위로 올라오는 것을 쓰임으로 삼기 때문에 하괘에 있는 구삼은 크게 쓰이지 못하는 것이니, 그래서 슬퍼하는 것이다.《伊川易傳 卷4》'깨끗하고 시원한 샘물'도 《주역》〈정괘(井卦) 구오(九五)〉에 "우물이 깨끗하여 시원한 샘물을 먹는다.〔井洌寒泉食.〕"라고 한 데서 온 말로, 뛰어난 재주와 덕을 비유한 것인바, '누가 슬퍼하겠는가'라는 말은 이러한 뛰어난 재주와 덕을 알아주는 이가 없어 등용되지 못함을 말한 것이다.

487 담박하고 영정함 : 제갈량(諸葛亮)이 군자의 행실로 아들을 경계한 글에 "담박함이 아니면 뜻을 밝힐 수 없고, 영정함이 아니면 멀리 함을 이룰 수 없다.〔非澹泊, 無以明志; 非寧靜, 無以致遠.〕"라고 보인다.《小學 嘉言》

488 효도와……함에 : 혹자가 공자에게 "왜 정사를 하지 않느냐?"고 묻자, 공자가 《서경》〈주서(周書) 군진(君陳)〉의 "효도하고 형제간에 우애하여 정사에 베푼다.〔惟孝, 友于兄弟, 施於有政.〕"라고 한 것을 인용하고서 "이 또한 정사를 하는 것이니, 어찌 지위에 있어야만 정사를 하는 것이 되겠는가.〔是亦爲政, 奚其爲爲政?〕라고 한 데서 온 말이다.《論語 爲政》

489 반드시……아니었습니다 : '달(達)'은 내면의 덕이 밖으로 드러나 남들에게 신뢰를 받아 현달(顯達)하는 것이고, '문(聞)'은 내실과 상관없이 명성이 알려지는 것이다. 《논어》〈안연(顔淵)〉에, 자장(子張)이 '달(達)'에 대하여 '나라에 있어도 반드시 알려지고 집안에 있어도 반드시 알려짐〔在邦必聞 在家必聞〕'이라고 정의하자, 공자가 "이것은 문(聞)이지 달(達)이 아니다. 달이란 질박하고 정직하고 의(義)를 좋아하며, 남의

근본이 확립되면 인(仁)의 도가 발생하니[490]	本立道生
절로 치린[491]이 없었습니다	自無緇磷
때를 따라 감추고 세속을 떠나가서	遵晦長往
은거할 것을 영원히 맹세하였는데	永矢隱淪
유하혜(柳下惠)와 소련(少連)처럼 뜻을 굽힘은[492]	惠連降志

말을 살피고 얼굴빛을 관찰하며, 생각하여 남에게 낮추는 것이니, 나라에 있어도 반드시 달하고 집안에 있어도 반드시 달한다. 문이란 얼굴빛은 인을 취하나 행실은 위배되며, 여기에 머물면서 의심하지 않는 것이니, 나라에 있어도 반드시 알려지고 집안에 있어도 반드시 알려진다.〔是聞也, 非達也. 夫達也者, 質直而好義, 察言而觀色, 慮以下人. 在邦必達, 在家必達. 夫聞也者, 色取仁而行違, 居之不疑. 在邦必聞, 在家必聞.〕"라고 하였다.

490 근본이……발생하니 : 근본은 인(仁)을 행하는 근본으로 효도와 공경을 말한다. 이 말은 《논어》 〈학이(學而)〉의 "군자는 근본을 힘쓰니, 근본이 확립되면 인의 도가 발생한다. 효도와 공경은 인을 행하는 근본일 것이다.〔君子務本, 本立而道生. 孝弟也者, 其爲仁之本與!〕"라는 유자(有子)의 말을 원용한 것이다.

491 치린(緇磷) : '치(緇)'는 검은 물을 들여 검어지는 것이고 '인(磷)'은 갈려 얇아지는 것으로, 자신의 지조를 지키지 못하고 다른 사람의 불선에 영향을 받음을 말한다. 《논어》 〈양화(陽貨)〉에 "단단하다고 말하지 않겠는가, 갈아도 얇아지지 않는다. 희다고 말하지 않겠는가, 검은 물을 들여도 검어지지 않는다.〔不曰堅乎? 磨而不磷. 不曰白乎? 涅而不緇.〕"라고 하였다.

492 유하혜(柳下惠)와……굽힘은 : 유하혜는 춘추 시대 노(魯)나라 대부로, 사사(士師)로 있을 때 세 번이나 벼슬에서 쫓겨났으나 떠나지 않고 계속 벼슬하면서 자신의 도리만을 다하였으며, 소련은 동이(東夷) 사람으로, 벼슬에 대한 기록은 없고 거상(居喪)을 잘 했다는 기록이 있다. 《論語 微子》 《禮記 雜記下》 《논어》 〈미자〉에 공자가 7명의 일민(逸民)을 거론하면서 이 둘을 언급하였고 이어 이 둘을 평가하기를 "뜻을 굽히고 몸을 욕되게 하였으나 말이 의리에 맞으며 행실이 바른 사려에 맞았다.〔降志辱身, 言中倫, 行中慮.〕"고 한 데에서 온 말이다. 여기서는 심능용이 자신의 재주와 덕에 걸맞지 않는 낮은 관직에 부임한 것을 가리켜 말한 것이다.

가난 때문만은 아니었습니다 非直爲貧
아! 내가 그대의 의로움을 칭송한 지 繄我誦義
수십 년이 되었으니 餘數十春
정신으로 사귐의 아득함이 神交冥漠
마치 옛사람과 사귀는 것 같았습니다 若在古人
그러다 그대가 특별히 나에게 찾아오니 子特我就
한강의 물가였습니다 洌水之濱
수레를 맞대고[493] 즐거워하여 傾蓋爲樂
서로 아는 것이 새로워졌습니다 以相知新
그대는 스스로 겸허하여 子惟自虛
나를 진정으로 대하였습니다 款我以眞
물가 누대의 고요한 낮과 水樓靜晝
산 별장의 좋은 때를 함께 하고 山墅良辰
맑은 물에 배를 띄우기도 하여 亦汎淸流
바람과 달을 읊조림이 끝이 없었습니다 風月無邊
백발의 머리와 반기는 눈빛으로 皓髮靑眼
무릎을 가까이하고 옷깃을 연이으니 膝促襟聯

493 수레를 맞대고 : 원문의 '경개(傾蓋)'는 경개여고(傾蓋如故)의 준말로, 처음 보고 잠깐 만났음에도 마치 오랜 벗처럼 느껴짐을 말한다. '개(蓋)'는 수레에 달린 덮개인데 길을 가다가 서로 만나서 수레를 맞대고서 몸을 기울여 이야기하면 수레의 덮개가 기울어지기 때문에 '경개'라고 말한 것이다. 이 말은 《사기(史記)》 권83 〈추양열전(鄒陽列傳)〉에 "흰머리가 되도록 오래 사귀었어도 처음 본 사람처럼 느껴지는 경우가 있고, 수레를 맞대고 잠깐 이야기하면서도 오랜 벗처럼 느껴지는 경우가 있다.〔白頭如新, 傾蓋如故.〕"라고 한 데서 온 것이다.

수준 높은 의론이 차례로 나옴에 名論迭出
호탕한 기상이 넘쳐났습니다 豪氣翩翩
기미를 아는 명철함은 知幾之明
시초점과 거북점처럼 틀리지 않았고 蓍龜不愆
의로움을 지키는 확고함은 秉義之確
금석처럼 견고하였습니다 金石其堅
평소 몸에 축적함이 있었으니 有素蓄積
나라를 위해 몸을 바치려는 것이었습니다 身爲國捐
밝고 밝은 이 단심(丹心)이 炯炯丹衷
위로 높은 하늘에 이르렀습니다 上薄重玄
이에 내 마음이 환해지고 기뻐져서 怡渙我心
마치 병이 나은 듯하였습니다 如病斯痊
봉황은 닭처럼 모이를 쪼지 않으며 鳳不雞啄
소나무는 넝쿨나무처럼 휘감지 않으니 松不蘿纏
이와 같은 사람이라야 乃如之人
어깨를 치며 벗을 삼을 수 있습니다 始可拍肩
일찍이 이런 의리를 夙聞斯義
삼연에게 들었는데[494] 于古三淵
그대의 밝은 자취가 惟子貞躅

494 봉황은……들었는데 : 삼연은 김창흡(金昌翕, 1653~1722)으로, '봉황은……삼을 수 있다'는 말은 《삼연집(三淵集)》 권32 〈제이자동문(祭李子東文)〉에 보이는바, 이자동은 이해조(李海朝, 1660~1711)이다. '어깨를 치며 벗을 삼음'은 막역하고 허물없는 교분을 맺을 수 있음을 말하는바, '어깨를 침'은 상대방의 어깨를 가볍게 치는 것으로 우호를 표시하는 행위이다.

나의 행실을 끝마칠 수 있게 하였습니다	了我周旋
마치 구리와 돌처럼 응하고	銅石其應
자석과 쇠침처럼 연결되니	磁針其連
의기를 서로 쏟아서	意氣相傾
온축한 것을 펴지 않음이 없었습니다	靡蘊不宣
신선의 오리가 서쪽으로 날아갔을 적에[495]	仙鳧西飛
두 번 초가집을 찾아주었는데	再叩衡門
손을 잡고서 답답한 마음을 폄에	握手舒懣
담소가 참으로 즐거웠습니다	談笑孔云
봄과 여름이 교차할 무렵에	謂春夏交
다시 이런 자리를 마련하자고 했었는데	重開斯筵
또 편지를 수고롭게 보내어	又勞赫蹄
멀리서 소식을 전해주었습니다	惄惄其傳
그런데 얼마 지나지 않아	曾未幾何
부음을 전하는 수레가 갑자기 이르니	訃車遽遄

495 신선의……적에 : 신선의 오리는 지방의 수령을 가리키는 말로, 심능용은 고산 현감(高山縣監)과 금천 군수(金川郡守)를 지낸 바 있는데, 고산은 전북 완주에 있고 금천은 황해도에 있기 때문에 서쪽으로 날아갔다고 한 것이다. 신선의 오리라는 말은 《후한서(後漢書)》 〈방술열전상(方術列傳上) 왕교전(王喬傳)〉에 "왕교는 하동(河東) 사람인데 현종(顯宗) 때 섭현 영(葉縣令)이 되었다. 왕교는 신술(神術)이 있어서 매달 삭망(朔望)에 대(臺)에 나와 조회하였다. 황제가 그가 자주 오는데도 수레가 보이지 않는 것을 괴이하게 여겨 태사(太史)로 하여금 몰래 엿보게 하니, 태사가 그가 올 때에는 두 마리의 오리가 동남쪽에서 날아온다고 하였다. 이에 오리가 오는 것을 보고 그물을 펴서 잡으니, 단지 신발 한 짝만 있었다. 상방(尙方)에 명하여 자세히 살펴보게 하니 전에 상서원(尙書院)의 관속들에게 하사한 신발이었다."라고 한 데서 온 말이다.

가슴을 치고 실성통곡함에 搏胸失聲
침문에서 주룩주룩 눈물만 흘렸습니다[496] 寢門涕漣
천명을 즐기고 조화(造化)를 타고 가니[497] 樂天乘化
몸과 이름이 모두 온전하였고 身名俱全
보배로운 나무[498]가 서로 빼어나니 寶樹交秀
청전[499]을 맡길 만합니다 可托青氈
큰 아들의 시례[500]는 長胤詩禮
후손에게 넉넉함을 드리우고 선조를 빛나게 합니다 裕後光前
유택(幽宅)을 점침에 매우 길하니 筮宅允臧
선조의 묘 옆에 있습니다 先兆交埏

496 침문(寢門)에서……흘렸습니다 : 《예기(禮記)》 〈단궁 상(檀弓上)〉에 "스승에 대해서는 내가 정침(正寢)에서 곡을 하고 붕우에 대해서는 내가 침문의 밖에서 곡을 한다."라는 공자의 말이 보인다.

497 천명을……가니 : 자세한 내용은 504쪽 주467 참조.

498 보배로운 나무 : 옥수(玉樹)와 같은 말로, 훌륭한 자제들을 비유한 말이다. 진(晉)나라의 명재상인 사안(謝安)이 여러 자제들에게 "왜 사람들은 모두 자기의 자제가 출중하기를 바라는가?"라고 묻자, 조카 사현(謝玄)이 "이것은 마치 지초·난초와 옥수가 자기 집 정원에서 자라나기를 바라는 것과 같습니다."라고 한 데서 유래하였다. 《晉書 卷79 謝安列傳》

499 청전(青氈) : 푸른 모포로, 선대로부터 내려온 오랜 가업을 이른다. 진(晉)나라 왕헌지(王獻之)가 방에 누워 있다가 도둑이 들어와서 물건을 훔쳐 가려는 것을 보고는 "도둑이여, 그 푸른 모포는 우리 집안의 유물이니, 그것만은 놓고 가시오.〔偸兒! 青氈我家舊物, 可特置之.〕"라고 하였는바, 이로부터 선대로부터 전해오는 귀한 유물이나 가업을 가리키는 말로 쓰이게 되었다. 《晉書 卷80 王羲之列傳 王獻之》

500 시례(詩禮) : 선대로부터 전수받은 가학(家學)을 이른다. 공자(孔子)가 그의 아들 이(鯉)에게 시와 예를 배워야 한다고 훈계한 데에서 유래하였다. 《論語 季氏》

그대야 다시 무슨 유감이 있겠습니까	子復奚憾
일과 이치가 모두 원만합니다	理事皆圓
오직 뒤에 죽는 나는	惟我後死
노년에 갈팡질팡합니다	彳亍殘年
곡조를 감상해줄 사람 영원히 없으니	賞音永空
거문고가 망가지고 줄이 끊어졌습니다[501]	亡琴絶絃
어찌 곤궁한 내가	豈我之窮
이렇게 어진 벗을 보존할 수 있겠습니까	保此友賢
소탈한 흉금과 넓은 운치를	疎襟廣韻
다시는 볼 수 없습니다	再覿無因
한잔 술로 천고의 이별 하는 것을	一酹千古
병들어 직접 할 수 없습니다[502]	病莫以親
이에 몇 되의 눈물을 담아가지고서	貯漏數升
이 비통한 심정을 글에 쏟아놓습니다	泄此悲辛
신의 이치는 감통하니	神理感通
나의 간절한 말을 들어주소서	聽我肫肫

501 곡조를……끊어졌습니다 : 자세한 내용은 384쪽 주156 참조.

502 한잔……없습니다 : 홍직필은 1841년에 아들 홍일순(洪一純)을 보내어 심능용의 영연에 제사를 올리게 하였다. 《梅山集 卷53 年譜》

박경룡[503]에 대한 제문 신축년(1841, 헌종7)

祭朴景龍文 辛丑

아!	嗚呼
내 삶이 지리하게 길어서	我生支離
그대의 삼대의 상에 곡하였습니다[504]	哭子三世
나의 스승은 대덕이었는데도	吾師大德
희수(稀壽)를 누리지 못하셨고[505]	壽愆稀歲
존공은 단명하여	尊公短造

503 박경룡(朴景龍) : 박운수(朴雲壽, 1797~1841)로, 호는 덕은(德隱) 또는 죽계(竹溪), 본관은 반남(潘南), 경룡은 그의 자이다. 부친은 냉천(冷泉) 박종여(朴宗輿, 1766~1815)이고 조부는 근재(近齋) 박윤원(朴胤源, 1734~1799)이다. 조부에게 수학하였으며, 1820년(순조20)에 문과(文科)에 급제하였다. 사헌부 감찰·돈녕부 판관·예산 현감(禮山縣監)·문화 현령(文化縣令) 등을 지냈으며, 1829년 가평 군수(加平郡守)를 거쳐 1833년 거창 부사(居昌府使)·순흥 부사(順興府使) 등을 역임하였다. 수령으로 있는 동안 실정(失政)을 많이 고쳐 백성들의 칭송을 받았으며, 특히 순흥 부사로 있을 때에 허위로 보고된 2만 6000여석의 환곡(還穀)을 정리하여 부민들이 선정비를 세웠다. 글씨에 뛰어나 금석 문자도 남아 있다. 문집으로는 《덕은유고(德隱遺稿)》가 있다.

504 그대의……곡하였습니다 : 3대는 박윤원(朴胤源, 1734~1799), 박종여(朴宗輿, 1766~1815), 박운수이다. 홍직필은 박윤원을 스승으로 섬겼고 박종여와는 교분이 깊었다. 본집 본권에 박윤원과 박종여에 대한 제문이 실려 있다.

505 나의……못하셨고 : '나의 스승'은 박윤원을 가리키고 희수는 70세를 말하는바, 박윤원의 향년은 65세였다. '대덕'은 《중용》에, 순 임금을 가리켜 "대덕은 반드시 그 지위를 얻으며 반드시 그 녹을 얻으며 반드시 그 이름을 얻으며 반드시 그 수(壽)를 얻는다.〔大德必得其位, 必得其祿, 必得其名, 必得其壽.〕"라고 한 데에서 인용한 것이다.

대연수에 그쳤는데[506] 止大衍數
그대는 어찌하여 장수하지 못해서 子胡無年
거기에서 또 다섯을 덜었단 말입니까 又損其五
천도가 선인에게 보시함에 대하여 不能無憾
유감이 없을 수 없습니다 天道報施
슬프고 슬픈 어머니는 哀哀萱闈
백발로 상복을 입고 있고 垂白服衰
외롭고 외로운 아내와 자식들은 煢煢孀孤
누구에게 가서 의지한단 말입니까[507] 因極其誰
인리의 상정에 서글픈 일이어서 人理慘怛
듣는 자들도 마음 아파합니다 聞者短氣
하물며 나의 이 마음은 矧玆我心
베는 듯 끓는 듯 괴롭습니다 如割如沸
아! 내가 그대를 어루만진 것은 繄我撫子
그대가 돌도 되기 전부터였는데 自子未晬
그 아름답고 빼어난 모습을 사랑하였으니 愛其娟秀
난초 싹과 옥 귀고리[508] 같았습니다 蘭芽瑜珥

506 존공(尊公)은……그쳤는데 : 대연수는 '크게 부연한 수'라는 의미로 50인바, 하도(河圖)의 가운데에 있는 천수(天數) 5에 지수(地數) 10을 곱하여 얻은 것으로, 《주역》 〈계사전 상(繫辭傳上)〉에 "대연의 수가 50이다."라고 하였다. 존공은 박종여를 가리키는바, 박종여의 향년은 50세였다.

507 누구에게……말입니까 : 원문의 '인극(因極)'은 《시경》 〈용풍(鄘風) 재치(載馳)〉에 "큰 나라에 하소연하고 싶지만 누구를 의지하고 누구에게 가겠는가.〔控于大邦, 誰因誰極?〕"라고 한 말을 원용한 것이다.

그대의 해맑은 얼굴은	子之淸揚
겉과 속이 똑같았습니다	洞徹表裏
근본한 바가 있었으니	曰有攸本
단혈[509]에서 유래한 것입니다	丹穴其自
어린 나이에 집안에 걸맞으니	沖齡稱家
가도를 이룰 수가 있었습니다	家道克遂
효를 돈독히 하고 예를 높여서	敦孝崇禮
문호를 실추시키지 않았으니	門戶不墜
그대가 원하던 바는	乃所願言
선대의 뜻과 사업을 계승하는 것이었습니다	繼述志事
항상 경계하고 두려워하는 마음을 품어서	恒懷兢惕
녹사로 벼슬하였는데[510]	用供祿仕
정사를 편 네 고을[511]에서	爲政四邑

508 난초……귀고리 : 훌륭한 부모에 걸맞은 훌륭한 자식을 비유한 말이다. 한유(韓愈)의 〈전중소감마군묘명(殿中少監馬君墓銘)〉에 "어린 아들은 아름답고 예쁘며 고요하고 빼어나 옥가락지 옥 귀고리와 같고 난초 싹이 돋아난 듯하였으니, 그 집안의 아들에 걸맞았다.〔幼子娟好靜秀, 瑤環瑜珥, 蘭茁其芽, 稱其家兒也.〕"라고 한 데서 온 말로, '어린 아들'은 마군(馬君)을 가리키는바, 한유 또한 마군에 대해서 그의 조부와 부친을 합해 3대에 곡하였다. 《古文眞寶後集 卷4》

509 단혈(丹穴) : 오색 무늬의 봉황이 산다고 하는 전설상의 산 이름으로, 여기서는 훌륭한 인재를 배출하는 훌륭한 가문을 비유하는 말로 쓰였다. 《山海經 南山經》

510 녹사(祿仕)로 벼슬하였는데 : 녹사는 '녹을 위해 하는 벼슬'을 말하는바, 가난 때문에 어쩔 수 없이 벼슬하는 것이다. 이때에는 도를 행할 책무를 자임하지 않고 미관말직을 맡는 것이 법도이다. 《孟子集註 萬章下》

511 네 고을 : 박운수는 예산 현감(禮山縣監)·문화 현령(文化縣令)·가평 군수(加平郡守)·거창 부사(居昌府使)·순흥 부사(順興府使)를 지냈는데, 예산 현감의 경우

칼날을 놀림에 넓고 넓었습니다[512]	游刃恢恢
매각에서 갈대의 교화를 폄에[513]	梅閣蒲化
양춘이 다시 돌아왔습니다[514]	陽春載回
하지만 벼슬하는 것을 좋아하지 않고 떠나가서	不屑其去

임명된 지 4일 만에 다시 문화 현령에 임명되었으므로 이를 포함하지 않고 네 고을이라고 한 것이다.《承政院日記 純祖 26年 6月 29日》

512 칼날을……넓었습니다 : 어려운 정무를 여유롭게 잘 처리하였음을 의미하는 말로, 《장자》에 보이는 포정해우(庖丁解牛)의 고사를 인용한 것이다. 포정은 푸줏간의 백정으로 일찍이 문혜군(文惠君)을 위해 소를 잡았는데, 소 잡는 솜씨가 매우 뛰어나 문혜군을 감탄하게 하였다. 그가 소 잡는 방도를 말하면서 "뼈마디에는 틈이 있고 칼날 끝에는 두께가 없습니다. 두께가 없는 칼을 가지고 틈이 있는 뼈마디에 넣으니, 넓고 넓어서 칼날을 놀리는 데에 반드시 남는 공간이 있게 마련입니다.〔以無厚入有間, 恢恢乎, 其於遊刃, 必有餘地矣.〕"라고 하였는바, '회회(恢恢)'는 넓어서 움직임에 전혀 장애가 없음을 표현한 말이다.

513 매각(梅閣)에서……폄에 : 매각은 매화가 피어 있는 동각(東閣)을 말하는바, 부임지를 비유한 말이다. 남조(南朝) 양(梁)나라 하손(何遜)이 건안왕(建安王)의 수조관(水曹官)으로 양주(楊州)에 있을 적에 관청 뜰에 매화 한 그루가 있으므로 매일 그 나무 아래에서 시를 읊곤 하였는데, 뒤에 낙양(洛陽)에 돌아갔다가 그 매화가 그리워서 다시 양주로 발령해주길 청하여 양주에 당도하니, 매화가 한창 피었기에 매화나무 아래서 종일토록 서성거렸다. 두보(杜甫)는 이 고사를 인용하여 시를 짓기를 "동각의 관매가 시흥을 돋우니 또한 하손이 양주에 있을 때와 같구나.〔東閣官梅動詩興, 還如何遜在楊州.〕"라고 하였다.《杜少陵詩集 卷9 和裵迪登蜀州東亭 送客逢早梅相憶見寄詩》'갈대의 교화를 폄'은 정사를 폄에 그 효험이 빠르게 나타났음을 말하는바, 《중용》에 "사람의 도는 정사에 빠르게 나타나고 땅의 도는 나무에 빠르게 나타나니, 정사의 신속한 효험은 쉽게 자라는 갈대와 같다.〔人道敏政, 地道敏樹. 夫政也者, 蒲盧也.〕"라고 한 데에서 온 것이다.

514 양춘(陽春)이 다시 돌아왔습니다 : 양춘은 만물이 소생하는 때인바, 백성들에게 은택을 주는 인정(仁政)이 베풀어졌음을 이렇게 표현한 것이다.

두 번이나 〈귀거래사〉를 읊었습니다[515] 再賦歸來
양식이 부족하다는 이유로 不以艱食
평소의 지조를 바꾸지 않았으며 變其素守
곤궁함을 지키고 졸렬함을 닦으니[516] 守約修拙
문을 나선 일이 드물었습니다 罕出庭牖
선대의 아름다운 사업과 덕을 계승하여 庶幾趾美
그 가르침에 부응하려 하였습니다 先訓是副
내가 이 세상을 보고 살면서[517] 觀居此世
사람을 겪은 것이 이미 오래였으나 閱人旣久
천진(天眞)의 성품을 잃지 않음으로 말하면 不失眞性
그대 같은 사람 드물었습니다 如子尠覯
믿음이 있는지라 서로 따라서[518] 有孚攣如

515 두……읊었습니다 : 박운수는 거창 부사이던 1835년(헌종1)과 순흥 부사이던 1840년에 모친의 병을 이유로 사직을 청하여 체차되었다. 《承政院日記 憲宗 1年 1月 5日, 6年 5月 27日》

516 졸렬함을 닦으니 : 스스로를 꾸미거나 드러내려 하지 않고 순수함과 질박함을 지켰다는 말로, '졸렬함'은 《도덕경(道德經)》 45장에 "크게 곧은 것은 굽은 것처럼 보이고, 크게 공교한 것은 졸렬한 것처럼 보이고, 큰 언변은 어눌한 것처럼 보인다.〔大直若屈, 大巧若拙, 大辯若訥.〕"라고 한 데서 온 말이다.

517 내가……살면서 : 이 역시 한유의 글 〈전중소감마군묘명(殿中少監馬君墓銘)〉에 "사람이 오래도록 죽지 않고서 이 세상을 보면서 살고자 하는 자는 어째서인가?〔人欲久不死, 而觀居此世者, 何也?〕"라고 한 표현을 가져온 것이다. 《古文眞寶 後集 卷4》

518 믿음이……따라서 : 《주역》 〈소축괘(小畜卦) 구오(九五)〉에 "믿음이 있는지라 서로 이끌고 따른다.〔有孚, 攣如.〕"라고 보이는바, 여러 양(陽) 즉 군자가 하나의 음(陰) 즉 소인에게 저지당할 때 군자끼리 서로 믿고 이끌어준다는 의미이다.

그대와 나의 정의(情誼)는 친척과 같았습니다　靡間親誼
그래서 세한의 마음[519] 보존할 것을 기약함이　歲寒心期
죽을 때까지도 간곡하였습니다　垂死肫摯
장차 그대에게 기대어　將以待子
내 죽은 뒤의 일을 끝마치려 하였으니　了我後事
그대가 훌륭하기 때문에 그런 것일 뿐만 아니라　非直以子
그대의 선친을 생각하였기 때문입니다　先人之思
지난해 반갑게 만났을 적에　客歲良覿
이 약속을 다시 한번 간곡히 확인하였는데　證約丁寧
갑자기 별세하여　忽焉幻化
끝내 아득히 먼 곳으로 떨어졌습니다　竟墜杳冥
산도 찌푸리고 물도 오열하며　山皺水咽
새와 짐승들도 울부짖습니다　禽鳥叫聲
나는 궁벽한 산림에 엎드려　我伏窮林
발길이 묶여있으니　形跡如縻
부여잡고서 곡하지 못하고　哭不攀和
술잔을 제전(祭奠)에 올리지 못합니다　奠不擧巵
영원히 헤어지게 됨을 흐느끼며 생각하니　感念契闊
다시는 이전의 기약을 지키지 못하게 되었습니다　無復前期
선고는 상자에 있고　先稿在篋

519 세한(歲寒)의 마음 : 곤궁할 적에도 지조와 의리를 지키는 선비의 마음을 이르는 바, 이는 공자가 "날씨가 추워진 뒤에야 소나무와 측백나무가 뒤늦게 시듦을 알 수 있다.〔歲寒然後知松柏之後彫也.〕"라고 한 데에서 온 말이다. 《論語 子罕》

손수 쓴 글은 책상에 가득하니　手書盈丌
묵은 자취가 눈에 닿음에　陳跡觸目
늙은이의 눈물이 줄줄 흐릅니다　老淚浪浪
그대의 행실과 치적을 기록하여　擬述行治
부당[520]에 기록하고자 하니　用誌斧堂
뒤에 죽는 자의 책임은　惟後死責
그윽하게 숨은 빛을 드러내는 것입니다　載闡幽光
펄럭이는 명정(銘旌)과 삽으로　有翩旌翣
선영에 나아가니　往卽先藏
능히 효도할 수 있어 마음에 흡족할 것인바　克孝恔心
살아생전에 옆에서 모셨던 것과 항상 같을 것입니다　常若侍傍
훌륭한 아들이 집안을 잘 계승할 것이니　肖胤克家
그대야 슬픈 것이 무어 있겠습니까　子其奚傷
나만 홀로 세상에 남겨져서　獨我滯世
외롭고 쓸쓸함을 견딜 수 없습니다　叵耐踽涼
천고에 한번 작별을 하니　一別千古
하늘을 바라봄에 아득하기만 합니다　視天茫茫
글을 지어 그대를 전송하며　緘辭送子
한잔 술을 슬피 올립니다　薦哀一觴

520 부당(斧堂) : 봉분(封墳)을 이르는 말로, 《예기(禮記)》〈단궁 상(檀弓上)〉에 자하(子夏)가 말하기를 "옛날에 공자가 말씀하시기를 '나는 봉분이 당(堂)과 같은 것을 보았으며……도끼〔斧〕와 같은 것을 보았으니, 나는 도끼처럼 하는 것을 따르겠다.'라고 하셨다.〔昔者, 夫子言之曰: 吾見封之若堂者矣……見若斧者矣. 從若斧者焉.〕"라고 한 데서 온 말이다.

망녀 민씨 부인[521]에 대한 제문 임인년(1842, 헌종8)

祭亡女閔氏婦文 壬寅

아, 애통하다! 너는 어찌하여 죽었느냐? 어찌하여 죽었느냐? 너는 부모의 한 점 혈육이 아니냐? 그런데 어찌 차마 부모를 버리고 죽었느냐? 어떻게 부모로 하여금 죽음이나 다름없는 삶을 살게 한단 말이냐? 나는 다섯 명의 아들과 딸을 낳았으나 모두 요절해서 기르지 못하였는데 네가 태어남에 미쳐서는 곤륙(坤六)의 수를 이루었고[522] 기이한 징조 또한 많았다. 명문가에 시집가서 어진 선비의 아내가 되어서는 항렬이 높은 분과 낮은 분들에게 화합하고 동서 간에 화목하였으며, 또 아들을 일찍 낳아서 장차 며느리를 데려오게 되었으니, 길한 상서와 좋은 일이 하나도 갖추어지지 않은 것이 없었다. 이와 같은 것은 산 사람의 지극한 즐거움이요 규문(閨門)의 큰 소원인데, 어찌하여 죽었단 말이냐?

521 민씨 부인 : 1809~1842. 홍직필의 다섯 째 딸로, 1822년(순조22)에 참판 민치문(閔致文)의 둘째 아들 참봉 민술용(閔述鏞)에게 시집가서 3남 3녀를 두었는데 막내딸을 낳은 지 29일 만에 병으로 별세하였다. 본집 권44에 묘지명이 실려 있다.

522 나는……이루었고 : 홍직필은 모두 여섯의 자녀를 두었는데, 다섯은 모두 요절하고 민씨 부인만이 장성하였다. 본집 권53 〈연보〉 1803년의 기록에 따르면, 홍직필은 그 해 12월에 넷째 딸을 얻었는데 이전에 태어났던 딸 셋은 모두 요절하였다고 한다. 그런데 넷째 딸마저 1807년에 요절하였고 1808년에 태어난 첫째 아들 홍일한(洪一漢) 역시 바로 다음 해에 죽었는바, 여섯 자녀 중에 막내 딸 민씨 부인만이 장성했던 것이다. 《梅山集 卷53 年譜》 '곤륙의 수'는 곤과 육이 모두 음(陰)을 상징하기 때문에 '곤륙'이라고 하는바, 민씨 부인이 딸이고 또 여섯 번째 자식이기 때문에 이렇게 말한 것이다.

인자하고 선하고 온화하고 후덕해서 덕기(德器)가 후중한 너는 마땅히 복록을 충분히 누려서 하늘의 도움을 받아야 했으니, 이는 좌계(左契)를 잡은 듯이 들어맞고 손금을 보는 것처럼 확실한 것이었다. 그런데 지금 크게 어긋나 그렇게 되지 않아서 갑자기 이 지경에 이르렀으니 과연 어째서인가? 과연 어째서인가? 푸르른 저 하늘을 믿을 수 없고 아득한 저 하늘이 신령함이 없는 것인가?[523] 너의 시댁은 덕과 인을 여러 대 동안 쌓아서 자손들이 번성하였는지라 사람들이 모두 너의 시아버지를 '지금 세상의 곽 영공(郭令公)'[524]이라고 칭하니, 그렇다면 당연히 이처럼 요절하는 근심이 없어야 한다. 그러니 이는 다만 내가 타고난 운명이 기박(奇薄)하여 여식 하나를 보전할 수 없었던 것으로, 허물이 나의 몸에 쌓여 천지에 죄를 얻어서 그 화가 너에게 옮겨간 데에 연유한 것일 뿐이다.

스스로 생각건대, 내 비록 평소에 선을 닦아 그 은택을 남에게 미친 것은 없으나 그래도 시기하고 이기려 하여 남을 해쳐서 은연중에 신명

523 푸르른……것인가 : 유종원(柳宗元)의 〈형주 여온에 대한 제문〔祭呂衡州溫文〕〉에, "총명하고 정직해서 그 행실이 군자가 된 사람에 대하여 하늘은 반드시 그 죽음을 재촉하고, 도덕과 인의를 소유하여 백성에게 은택을 내려줄 것을 생각하는 사람에 대하여 하늘은 반드시 그 몸을 요절하게 하니, 푸르른 저 하늘을 믿을 수 없고 아득한 저 하늘이 신령함이 없다는 것을 내 진정 알겠다.〔聰明正直, 行爲君子, 天則必速其死; 道德仁義, 志存生人, 天則必夭其身, 吾固知蒼蒼之無信, 莫莫之無神.〕"라고 보인다.

524 곽 영공(郭令公) : 당나라의 명장 곽자의(郭子儀)로, 숙종(肅宗) 때 안녹산(安祿山)과 사사명(史思明)의 난을 평정하여 왕실 중흥에 큰 공을 세워 분양왕(汾陽王)에 봉해졌다. 생전에 부귀영화를 누렸는데 특히 8인의 아들과 7인의 사위가 모두 귀현(貴顯)하게 되었고 손자는 수십 인이나 되어 얼굴도 다 알지 못했으므로 문안을 올리면 그저 턱만 끄덕일 뿐이었다고 한다. 《新唐書 卷137 郭子儀列傳》

에게 화를 받을 만한 것은 없었다. 다만 학자라는 이름을 무릅쓰고 도둑질해서 상하의 사람들을 크게 속여 갑작스레 분수 아닌 영광을 이르게 하였으니, 이는 크게 상서롭지 못한 일이 된다. 그런데 터럭에 연결되고 마음에 걸리는 것[525]이 오직 네 한 몸에 있으므로 너에게 재앙이 뻗쳐서 이 지경에 이른 것이다. 진실로 나의 죄가 벌을 내릴 만한 것이라면 어찌하여 쇠잔한 이 목숨을 끊어버리지 않고서 하필 죄 없는 너의 몸에 가한 것인가? 이는 무슨 까닭인가? 이처럼 하지 않으면 나의 악을 징계할 수 없어서인가?

너는 처음 태어났을 때 앓기를 잘했는데 장성함에 미쳐서는 점점 완전해졌다. 병석에 누워있는 날이 많고 거동한 날은 적었으나 그래도 노채(勞瘵)[526]에는 이르지 않았는데, 몇 해 전부터 음식 먹는 것도 많이 줄고 배에 적취(積聚)가 자주 일어나니, 허약한 몸이 원인이 되어 기혈이 손상된 것이라고 알 뿐이었다. 어찌 오늘에 이를 줄을 생각이나 했겠느냐. 섣달 보름에 너는 딸을 낳은 지 겨우 7일이었는데, 네 자식이 병이 드니 병세가 돌림병인 천연두인 듯하였다. 그러므로 너를 위해 깊이 염려하여 속히 네 오라비[527]를 보내어 네게 나가서 피할 것을 권했더니 너는 편지에 "모자(母子)가 서로 떨어지는 이치는 없습니다."라고

525 터럭에……것 : 자식을 가리키는 말로, 부모는 자식과 터럭이 연결되고 자식을 마음에 담아두기 때문에 이렇게 말한 것이다. 이 말은 《시경》 〈소아(小雅) 소반(小弁)〉에 "나는 부모의 터럭에도 연결되지 않았단 말인가. 나는 부모의 마음속에 걸리지도 않는단 말인가.〔不屬于毛? 不離于裏?〕"라고 한 데서 온 말이다.

526 노채(勞瘵) : 노채(癆瘵)라고도 하는바, 폐결핵의 종류이다. 기침을 하고 피를 토하고 열이 나고 식은땀을 흘리며 몸이 점점 여위는 병이다.

527 네 오라비 : 홍직필이 양자로 삼은 홍일순(洪一純, 1804~1856)을 말한다.

하였고, 또 병든 아이와 방을 나누어 거처하기를 권했더니 너는 또 듣지 않았다. 네 자식의 병이 여러 번 위험한 지경에 빠지니 너는 네 몸이 있는 줄을 알지 못하고서 마음을 애태우고 몸을 피로하게 하여 잠자는 것을 잊고 밥 먹는 것을 폐하였으니, 이에 자식이 안정되기도 전에 네가 병이 들고 만 것이다. 건강한 사람이 이렇게 하더라도 오히려 화를 면치 못할까 근심일 텐데 하물며 초췌하고 허약한 네가 버틸 수 있었겠느냐.

네가 병이 들었다는 소식을 들은 뒤로 두려움과 근심으로 마음을 태워서 지극하지 않음이 없었으나 그래도 네가 죽지는 않으리라 생각했던 것은 네 모습과 성품이 끝내 반드시 원대함을 이룰 것이라 여겼기 때문이었다. 그런데 네가 끝내 나를 버리고 죽으니, 어찌 차마 죽는단 말이냐. 만약 네가 반드시 죽을 줄을 알았다면 나는 마땅히 형적에 얽매이지 않고 기휘(忌諱)를 따지지 않고 가서 영원한 이별을 했을 것이다. 갑자기 이 지경에 이를 줄을 어찌 생각이나 했겠느냐. 사람이 질병으로 고통스러워 할 때에 부모를 찾는 것은 인지상정인데 나는 네가 병들었을 때에는 가서 도와주지 못하였고 죽어서는 가서 영결하지 못했으니 사람의 도리가 끊어졌다. 네가 임종할 때에 다시 부모를 뵙지 못하고 죽는 것을 지극한 애통으로 여겼다 하니, 이는 곧 부모와 자식 간에 눈을 감지 못하는 한이요, 천지를 향해 울부짖어 다만 살고 싶지 않게 하는 것이다.

나는 너의 상에 곡한 뒤로 처음엔 마음으로 반신반의하여 네 모습이 눈에 어른거렸는데 끝내 찾으려 해도 찾을 수 없어서 망연자실하여 꿈을 꾸는 듯 술에 취한 듯 미친 듯 바보인 듯하니, 비록 세상사에 달관하여 이치로 마음을 달래고자 하나 어찌 될 수 있겠느냐. 나는 본래 죽을 날이 얼마 남지 않은 사람인데 게다가 눈물을 삼키며 날을 보내어 창자가 한 치마다 끊어지니[528] 어찌 너를 따라 죽지 않을 수 있겠느냐. 진실로 곧 죽는다면 슬퍼할 시간은 얼마 되지 않고 슬퍼하지 않을 날은 무궁하겠지만, 죽어서 지각이 있는지 없는지를 또한 알 수 없으니, 옛사람이 가설한 말[529]은 스스로를 달래기 위한 말일 뿐이다. 천지의 조화(造化)는 아득하고 구원(九原)은 어두우니, 어찌 다시 부모자식 간의 인연을 이어가기를 인간세상에서처럼 할 수 있겠느냐. 인간의 삶과 죽음, 화와 복, 요절과 장수, 곤궁과 영달은 천명을 받는 처음에 정해지는 것이니, 비록 재배경복(栽培傾覆)하는 이치[530]가 있으나 끝내 애증(愛憎)과 여탈(與奪)을 사사롭게 할 수가 없다. 천지가 사람에 있어서와 부모가 자식에 있어서는 그 마음이 동일하니, 내 너에게 어쩔 수가 있겠느냐.

아! 너의 딸아이는 이미 네 어머니가 있는 곳으로 데려와서 며느리

528 창자가……끊어지니 : 자식을 잃은 부모의 슬픈 심정을 표현한 말이다. 자세한 내용은 409쪽 주232 참조.

529 옛사람이 가설한 말 : 한유(韓愈)가 생질 한노성(韓老成)의 죽음을 애도하여 지은 제문인 〈제십이랑문(祭十二郎文)〉을 가리킨다. 이 글에 "모혈은 날로 더욱 쇠약해지고 지기는 날로 더욱 쇠미해지니, 곧 너를 따라 죽지 않겠느냐. 죽어서 지각이 있다면 헤어져있는 시간이 얼마나 되겠느냐. 죽어서 지각이 없다면 슬퍼할 시간은 얼마 되지 않고 슬퍼하지 않을 날은 무궁할 것이다.〔毛血日益衰，志氣日益微，幾何不從汝而死也? 死而有知，其幾何離? 其無知，悲不幾時而不悲者無窮期矣.〕"라고 하였다.

530 재배경복(栽培傾覆)하는 이치 : 훌륭한 사람은 도와주고 나쁜 사람은 꺾어 버리는 하늘의 이치를 말하는바, 《중용》에 "하늘이 물건을 낼 적에는 반드시 그 재질을 인하여 돈독히 한다. 그러므로 심은 것을 북돋아주고 기운 것을 엎어버리는 것이다.〔天之生物，必因其材而篤焉，故栽者培之，傾者覆之.〕"라고 한 데서 온 말이다.

로 하여금 양육하게 하였고, 아들아이는 내가 막 안고 데려와서 출입할 때에 어루만지고 쓰다듬어서 마치 네 얼굴을 보는 것처럼 하고 있으니, 이로써 죽지 않은 남은 날을 보내려한다. 두 아이가 다행히 장성한다면 너는 죽어도 죽지 않은 것이 되니, 너는 두 점 남긴 혈육에 대하여 너무 마음 쓰지 말거라.

나는 처음에 다른 것은 돌아보지 않고 상차(喪次)에 달려가고자 하였으나 아들이 울며 만류하므로 뜻을 이루지 못하였었다. 그러다 이제야 병을 무릅쓰고 와서 곡하니 한 조각의 관목이 텅 빈 마루에 갖추어져 있었다. 불러도 대답이 없고 두들겨도 들음이 없어 오직 하늘에 닿고 땅에 사무치는 비통함과 황하를 뒤엎고 강을 기울이는 눈물만 있을 뿐이다. 매번 너는 처가를 떠날 적에 차마 잠시도 떠나지 못할 것처럼 하였고, 나는 문에서 너를 전송할 적에 한참 동안 멀리 바라보아서 길 위의 먼지가 보이지 않게 된 뒤에야 그만두었었다. 그런데 이제 영영 헤어지게 되었다. 지극한 정은 이를 표현할 말이 없고 지극한 슬픔은 이를 담아낼 글이 없으니, 참으로 내가 붓을 적셔서 글을 쓸 수가 없으나 또한 한 마디 말로써 유명(幽明)의 연고를 통하게 하는 것을 그만 둘 수가 없다. 그러나 정신이 없어서 글을 짓지 못하니, 이 슬픔을 참고서 일생을 마쳐야 한단 말이냐. 위태로운 숨이 죽을 때가 되어서 비록 너의 영구를 따라 가지는 못하지만, 장차 묘에 가서 대면하고 영결할 것이니, 너는 너무 돌아보며 연연해하지 말고 편안한 마음으로 길을 가거라. 아, 슬프다!

오서오[531]에 대한 제문 을사년(1845, 헌종11)

祭祭吳瑞五文 乙巳

아, 슬픕니다!	嗚呼哀哉
혁혁하게 빛나는 영기(靈氣)가 모인 곳은	赫赫炳靈
양곡[532]의 가문이었습니다	陽谷之門
높은 문장과 성대한 덕은	高文盛德
월곡(月谷)과 순암(醇菴)[533]에게 대를 이어 전해졌고	繼世月醇
영재의 도학이	寧齋道學

531 오서오 : 오치성(吳致成, 1785~1844)으로, 초명은 치규(致奎), 자는 서오(瑞五), 호는 아관(我觀), 본관은 해주(海州)이다. 5대조는 양곡(陽谷) 오두인(吳斗寅)이고 증조는 월곡(月谷) 오원(吳瑗)이고 조부는 순암(醇菴) 오재순(吳載純)이며 생부는 노주(老洲) 오희상(吳熙常)인데 백부 영재(寧齋) 오윤상(吳允常)에게 출계하였다. 공령(功令)으로 1810년(순조10) 사마시(司馬試)에 합격하고, 동몽교관(童蒙敎官)으로 처음 벼슬에 올라 내외직을 두루 거쳐 통훈대부(通訓大夫) 상주 목사(尙州牧使)에 이르렀다. 1833년(순조33) 생부 오희상이 별세하자 애통함이 심하여 벼슬을 내놓았다가, 천거로 감정(監正)에 제수되었으나 사양하였다. 본집 권35에 묘갈명이 실려 있다.

532 양곡(陽谷) : 오두인(吳斗寅, 1624~1689)으로, 자는 원징(元徵), 호는 양곡, 시호는 충정(忠貞), 본관은 해주이다. 1689년(숙종15) 인현왕후(仁顯王后) 민씨(閔氏)가 폐위되자 이세화(李世華)·박태보(朴泰輔)와 함께 이에 반대하는 소를 올렸다가 국문을 받고 의주로 유배 가던 도중 파주에서 죽었다. 1694년 영의정에 추증되었다. 오치성의 5대조이다.

533 월곡(月谷)과 순암(醇菴) : 월곡은 오원(吳瑗, 1700~1740)으로 오두인의 손자이며 오치성의 증조부이다. 순암은 오재순(吳載純1727~1792)으로 오두인의 증손이자 오원의 아들이며 오치성의 조부이다.

문원에 미쳤습니다[534]	爰及文元
능히 드러내고 능히 계승하여	克顯克承
사문의 영수가 되셨습니다	宗祐斯文
그대는 선조들을 잘 닮아서	惟子克肖
시와 예를 들었으니[535]	詩禮是聞
영지와 예천은	靈芝醴泉
본래 근원이 있는 법입니다[536]	自有根源
선조의 유훈을 몸소 실천하여	躬蹈遺訓
집안에서 전하던 심의를 전수받았습니다[537]	家傳深衣
밤낮으로 게을리 하지 않아 욕되지 않게 함을[538]	夙夜無忝

534 영재(寧齋)의……미쳤습니다 : 영재는 오재순의 아들이자 오치성의 양부인 오윤상(吳允常, 1746~1783)으로 자는 사집(士執), 호는 영재(寧齋)이다. 문원은 오치성의 생부인 오희상(吳熙常, 1763~1833)으로 자는 사경(士敬), 호는 노주(老洲), 시호는 문원(文元)이다. 어려서 형 오윤상에게 수학하였다. 문집으로 《노주집》이 있다.

535 시와 예를 들었으니 : 선대로부터 가학을 전수받았음을 말하는바, 공자(孔子)가 그의 아들 이(鯉)에게 시와 예를 배워야 한다고 훈계한 데에서 유래한 것이다. 《論語 季氏》

536 영지(靈芝)와……법입니다 : 영지는 상서로운 풀이고 예천은 단물이 솟아하는 샘으로, 훌륭한 인물이 나옴은 훌륭한 선조가 있었던 데에서 연유한 것이라는 의미이다.

537 집안에서……전수받았습니다 : 심의는 고대의 의복인데 주희(朱熹)가 이를 유학자의 법복으로 추거한 뒤로 유학자들에게 중시되었다. 심의를 전수받았다는 것은 가학의 정통을 전수받았다는 의미인바, 선가에서 의발을 전수하는 것과 그 의미가 같다. 주희가 병이 위독해지자 심의와 저서를 제자이자 사위인 황간(黃幹)에게 주면서 "내 도의 부탁이 여기에 있다. 나는 아무런 유감이 없다.〔吾道之託在此, 吾無憾矣.〕"라고 하였다고 한다. 《朱子年譜 卷4》

538 밤낮으로……함을 : 늘 노력하여 부모를 욕되지 않게 한다는 말인바, 《시경(詩

그대가 거의 그렇게 하였습니다	子其庶幾
영특한 기운을 타고나서	式鍾英氣
기우가 크고 훌륭하니	器宇魁碩
아름다운 문장을 잘 지었던 것은	治以斐文
깊은 식견에 근본했던 것입니다	本之淵識
마음이 크고 외면이 거룩해서	宏中偉外
굳세고 우뚝하였습니다	暨暨嶷嶷
자잘한 예절에 얽매이지 않고도	不拘細檢
저절로 법도에 맞았습니다	自準繩尺
어질고 걸출한 인물들과 시간을 거슬러 벗하여[539]	尙友賢傑
옛날의 일을 모두 포괄하였습니다	包括往昔
어두워 분명하지 않은 백가와	混混百家
밝게 빛나는 육경(六經)을 연구하여	煌煌六籍
그 꽃을 머금고 씹어서	含英咀華
뱃속에 간직하였습니다	笥之于腹
그런데도 오히려 말을 아껴서[540]	尙訒其言

經)》〈소아(小雅) 소완(小宛)〉에 "일찍 일어나고 밤늦게 잠들어서, 너를 낳아주신 분을 욕되게 하지 말라.〔夙興夜寐, 無忝爾所生.〕"라고 한 것을 인용한 것이다.

539 어질고……벗하여 : 옛사람의 시와 글을 읽고 그의 행적을 논함으로써 그를 자신의 벗으로 삼는다는 말로, 원문의 '상(尙)'은 상(上)과 같은 뜻인바, '상우(尙友)'는 시간을 위로 거슬러 올라가 벗을 삼는다는 뜻이다. 《孟子 萬章下》

540 말을 아껴서 : 말을 함에 함부로 하지 않고 참아서 함을 말한다. 사마우(司馬牛)가 인(仁)에 대하여 묻자 공자가 "인자는 그 말을 참아서 한다.〔仁者, 其言也訒.〕"라고 대답하였다. 《論語 顔淵》

말에 가릴만한 것이 없었습니다[541]　言無可擇

해타가 아름다운 옥구슬이 됨에[542]　咳唾瓊琚

여러 선비들이 놀랐으니　衆甫瞿若

옛날이면 진귀한 대접을 받았을 텐데　惟古之珍

지금 세상에서는 박대를 받았습니다　今世攸薄

저 칠양에　如彼七襄

보불의 꾸밈을 넣지 않은 것과 같고[543]　而不黼餙

또 천구를　又如天球

깊은 독에 감추어둔 것과 같았습니다[544]　而藏韞櫝

541 말에……없었습니다 : 말이 모두 법도에 맞고 훌륭해서 좋고 나쁜 것을 가려내고 말고 할 것이 없다는 말이다. 《효경(孝經)》에 "입에는 가릴 말이 없고 몸에는 가릴 행실이 없으면, 말이 천하에 가득하여도 잘못한 말이 없을 것이고 행실이 천하에 가득하여도 원망과 증오가 없을 것이다.〔口無擇言, 身無擇行, 言滿天下, 無口過; 行滿天下, 無怨惡.〕"라고 보인다.

542 해타(咳唾)가……됨에 : 내뱉는 침이 모두 옥구슬과 같다는 뜻으로, 시문을 잘 지었음을 의미한다. 이 말은 《장자(莊子)》 〈추수(秋水)〉에 "그대는 저 튀어나오는 침들을 보지 못했는가. 한번 재채기라도 하면 큰 것은 마치 구슬과 같고 작은 것은 안개처럼 부서져 내린다네.〔子不見夫唾者乎? 噴則大者如珠, 小者如霧.〕"라고 한 데서 온 것이다.

543 저 칠양(七襄)에……같고 : 훌륭한 능력을 가지고도 임금을 보필하는 신하가 되지 못했음을 말한다. 칠양은 일곱 번 성차(星次)를 옮기는 직녀성(織女星)을 말하는바 베를 짜서 아름다운 문양을 이루는 것을 뜻하고, 보불은 임금의 예복 하의에 도끼와 '아(亞)'자 모양으로 수를 놓은 것을 말한다. 《詩經 大東》《書經 益稷》

544 천구(天球)를……같았습니다 : 천구는 푸른 빛깔의 옥구슬로, 이 말은 옥구슬처럼 아름다운 재주를 세상에 내보이지 않고 혼자서만 갖고 있었다는 의미인바, 《논어(論語)》 〈자한(子罕)〉에 자공(子貢)이 공자에게 묻기를 "여기에 아름다운 옥이 있다면 이 옥을 궤 속에 넣어 감추어 두고 계시겠습니까? 제 값을 받고 파시겠습니까?〔有美玉

현주와 대갱은　　玄酒大羹
그 맛이 무미에 있습니다[545]　　味在無味
그럼에도 마음속에 금 저울을 간직하고 있어서　　中蘊金秤
경수(涇水)와 위수(渭水)를 밝게 분변하였습니다[546]　　辨哲涇渭
청안(青眼)과 백안(白眼)을 드러내지 않았으나　　不形青白
안중에는 만사만물이 없었습니다[547]　　眼空群彙
온갖 냇물이 다투어 흐르는데도　　百川奔趍
자신의 치마는 적시지 않았고　　我裳不濡
모든 말발굽이 다투어 달리는데도　　萬馬騰踔

於斯, 韞匵而藏諸? 求善賈而沽諸?〕"라고 한 데서 온 말이다.

545 현주(玄酒)와……있습니다 : 오치성의 성품이 무던하고 담담하였음을 말한다. 현주는 고대에 제사 지낼 때 술 대신 썼던 맑은 물이고, 대갱은 양념을 하지 않고 맹물로 끓인 고깃국을 말한다. 《예기(禮記)》 〈예운(禮運)〉에 "현주는 실에 있고 예잔은 호에 있다.〔玄酒在室, 醴醆在戶.〕"라고 하였는데 이에 대한 공영달(孔穎達)의 소(疏)에 "현주는 물을 이른다. 그 빛이 검기 때문에 '현'이라 하는데, 태고 때에는 술이 없어 이 물을 술이 쓰이는 데에 썼기 때문에 '현주'라고 한 것이다.〔玄酒謂水也. 以其色黑, 謂之玄, 而大古無酒 , 此水當酒所用, 故謂之玄酒.〕"라고 하였으며, 《예기》 〈악기(樂記)〉에 "대갱에 간을 하지 않는 것은 남은 맛을 두기 위한 것이다.〔大羹不和, 有遺味者矣.〕"라고 하였다.

546 경수(涇水)와……분변하였습니다 : 청탁과 시비를 잘 분변하였음을 말한다. 경수와 위수는 중국 섬서성(陝西省)에 있는 두 강 이름인데, 경수는 물이 탁하고 위수는 맑기 때문에 이렇게 비유한 것이다.

547 청안(青眼)과……없었습니다 : 타인에 대한 호오를 분명하게 드러내지 않고 두루두루 잘 지냈으나 그런 것들에 연연해하지도 않았다는 말이다. 청안과 백안은 진(晉)나라 죽림칠현(竹林七賢)의 한 사람인 완적(阮籍)의 고사를 쓴 것으로, 완적은 예교(禮教)에 얽매인 속된 선비가 찾아오면 백안을 뜨고, 깨끗한 고사(高士)가 찾아오면 청안을 뜨고 상대하였다고 한다. 《晉書 卷49 阮籍列傳》

자신의 발은 멈추어 움직이지 않았습니다	我脚不踰
삶을 편안히 맞이하고 죽음을 편안히 따라서[548]	安時處順
마음이 변하지 않고 격하지 않았습니다	不渝不激
때를 따라 감추고 참됨을 길러서	遵晦養眞
묵묵히 높은 덕을 이루었습니다	默成尊德
네 고을에서 들리던 현가에서[549]	四邑絃歌
어진 수령의 정사를 대략 보였습니다	粗迹循良
어째서 쌓은 것은 이렇게 후한데	何積之厚
시험한 것은 이렇게 박하였던 것입니까	何試之涼
재목이 커서 쓰기가 어려우니[550]	材大難用
누가 이를 명당[551]에 바치겠습니까	疇貢明堂

548 삶을……따라서 : 삶과 죽음을 모두 편안히 여기면서 천리에 순응함을 말한다. 자세한 내용은 483쪽 주416 참조.

549 네……현가(絃歌)에서 : 현가가 들렸다는 것은 큰 재능을 가진 사람이 작은 고을을 다스려서 그 고을이 교화되었다는 의미로, 공자의 제자 자유(子遊)가 무성(武城)의 재(宰)로 있을 적에 공자가 그곳을 지나다가 현가 소리를 들었다는 고사에서 온 말이다. 《論語 陽貨》 오치성은 영평 현령(永平縣令)・천안 군수(天安郡守)・남원 부사(南原府使)・상주 목사(尙州牧師)를 지낸 바 있다. 《梅山集 卷35 軍資監正吳公墓碣銘》

550 재목이……어려우니 : 혜자(惠子)가 장자(莊子)에게 자신에게 있는 큰 가죽나무〔樗〕는 크기만 하고 쓸모가 없어 길 옆에 있어도 목수들이 쳐다보지도 않는다고 말하자, 장자는 "이제 그대에게 큰 나무가 있으면서도 그 나무의 쓸모없음이 걱정 된다면 그것을 아무것도 없는 허무의 고을, 끝없이 펼쳐진 광원막대한 들판에 심어 놓고 그 옆에서 자유롭게 거닐면서 아무 하는 일 없이 지내고 그 아래에서 유유자적하면서 낮잠이라도 자는 것이 좋지 않겠는가. 이 큰 나무는 도끼에 잘릴 염려도 없고 아무도 해칠 자가 없을 것이니, 쓸모가 없긴 하지만 어찌 괴롭게 여길 것이 있겠는가."라고 답하였다고 한다. 《莊子 逍遙遊》

옥찬에 담긴 황류주[552]를 玉瓚黃流
증제(蒸祭)와 상제(嘗祭)[553]에 올리지 않았습니다 罔薦蒸嘗
다행히 어진 후사가 있어 賴有賢嗣
장차 남은 복을 전해주려 하였는데 將以羸遺
이미 이 아들에게 훌륭한 재주를 주어놓고 旣以貽之
또 어찌 빼앗아간단 말입니까[554] 又何奪之
비록 그대가 달관하였다고 하지만 縱然達觀
그 창자가 한 치도 남은 것이 없었습니다[555] 其腸無寸
그래서 일찍이 얼마 못 되어 曾未幾何
함께 따라서 세상을 떠났습니다 幷隨而殞
슬프고 슬픈 두 대(代)여 哀哀兩世
혈손이 영원히 끊어졌으니 永斷血胤

551 명당(明堂) : 태산(泰山)에 있는 큰 집으로 고대 제왕이 제후들을 접견하거나 정사를 보던 곳이다. 《孟子 梁惠王下》 여기에서는 조정을 가리킨 것이다.

552 옥찬(玉瓚)에 담긴 황류주 : 옥찬은 옥 손잡이에 바닥은 금으로 된 국자이고 황류(黃流)는 누른빛의 울창주인바, 종묘 제사에서는 옥찬에 담긴 황류주를 땅에 부어 강신(降神)한다. 《시경》 〈대아(大雅) 한록(旱麓)〉에 "아름다운 저 옥찬에 황류가 담겨 있도다.〔瑟彼玉瓚, 黃流在中.〕"라고 하였다.

553 증제(蒸祭)와 상제(嘗祭) : 주(周)나라 때 종묘에서 올렸던 사시(四時) 제사로, 증은 겨울 제사, 상은 가을 제사이다. 《시경》 〈천보(天保)〉에 이르기를, "약제(禴祭)와 사제(祠祭)와 증제와 상제를 선공과 선왕에게 올린다.〔禴祠烝嘗, 于公先王.〕"라고 하였는바, 약제는 여름 제사, 사제는 봄 제사이다.

554 이미……말입니까 : 오치성의 아들이 요절하였음을 말한다. 오치성은 청송 심씨(靑松沈氏)와 혼인하여 슬하에 1남 1녀를 두었는데, 아들 오홍성(吳弘善)이 요절하여 족자(族子)인 오준영(吳俊泳)을 양자로 삼았다. 《梅山集 卷35 軍資監正吳公墓碣銘》

555 그……없었습니다 : 자세한 내용은 409쪽 주232 참조.

산 사람의 해독(害毒)이	生人殄毒
예로부터 이런 일이 있었습니까	古有是麽
하늘은 선인을 도와준다고 하는데	謂天與善
어찌하여 지금은 이렇게 어긋난 것입니까	胡今之差
단지 죽은 사람을 위해 슬퍼할 뿐이 아니라	非直哀死
나의 남은 삶을 슬퍼합니다	嗟哉吾生
금단과 잠합[556]으로	金斷簪盍
담박한 그 교분이 이루어졌습니다[557]	淡而交成
세한의 마음[558] 보존하기로 기약함은	歲寒心期
죽으나 사나 금석처럼 단단하였습니다	死生金石
소리와 기운이 감응한 바에[559]	聲氣攸感

556 금단(金斷)과 잠합(簪盍) : 금단은 '쇠를 끊는다'는 말로, 깊은 우정을 비유한 말인바, 《주역(周易)》〈계사전 상(繫辭傳上)〉에 "두 사람이 마음을 함께 하면 그 날카로움이 쇠를 끊을 수 있다.〔二人同心, 其利斷金.〕"라고 한 데서 온 말이다. 잠합은 벗들이 함께 모여 마음이 즐거운 것을 말하는바, 《주역》〈예괘(豫卦) 구사(九四)〉에 "말미암아 즐거워하므로 크게 얻음이 있으니, 의심하지 않으면 벗들이 모여들리라.〔由豫, 大有得, 勿疑, 朋盍簪.〕"라고 한 데서 온 말이다.

557 담박한……이루어졌습니다 : 《장자(莊子)》〈산목(山木)〉에 "군자의 사귐은 담박하기가 물과 같고, 소인의 사귐은 달기가 단술과 같다.〔君子之交淡若水, 小人之交甘若醴.〕"라고 한 것을 원용한 말이다.

558 세한(歲寒)의 마음 : 곤궁할 적에도 지조와 의리를 지키는 선비의 마음을 이르는바, 이는 공자가 "날씨가 추워진 뒤에야 소나무와 측백나무가 뒤늦게 시듦을 알 수 있다.〔歲寒然後知松柏之後彫也.〕"라고 한 데에서 온 말이다. 《論語 子罕》

559 소리와……바에 : 《주역(周易)》〈건괘(乾卦)〉에 "같은 소리는 서로 응하고, 같은 기운은 서로 구한다.〔同聲相應, 同氣相求.〕"라고 한 데서 온 말로, 뜻이 맞는 사람을 말한다.

생각하면 들어맞지 않은 적이 없었습니다 無思不服
노년에 서로 의지함이 晩暮相須
가까운 친척보다 더 하였습니다. 有逾懿戚
내 남은 목숨을 가지고 願將殘喘
그대의 경계와 책려에 힘입길 바랐었고 賴子警策
내가 먼저 죽어서 常恐先溘
그대에게 슬픔을 끼칠까 항상 염려하였습니다 貽子之慽
세상만사 알 수가 없으니 萬事難料
이렇게 잘못되어 경악하게 한단 말입니까 有是錯愕
주자(朱子)는 애통해하며 팔이 잘린 듯하다 하였고[560] 朱痛割臂
백아는 종자기의 죽음을 슬퍼하며 거문고 줄을 끊었습니다[561] 鍾悼輟絃
지기를 잃고 흘리는 눈물은 知己之淚
예나 지금이나 똑같습니다 今古同然
외로운 그림자가 물거품과 같으니 孤影如泡
음을 알아줄 사람이 영원히 없게 되었습니다 賞音永絶

560 주자(朱子)는……하였고 : 주희(朱熹)는 장식(張栻)의 죽음을 애도하며 지은 제문 〈우제장경부전찬문(又祭張敬夫殿撰文)〉에서 "제가 비록 정사를 보다가 틈이 생겨 서책에 나아가 글을 짓게 되더라도 이것은 왼쪽 팔에 맡겨놓고 오른쪽 팔을 잃은 것입니다.〔政使得間以就其書, 是亦任左肱而失右臂也.〕"라고 하였는데, 《주자대전차의(朱子大全箚疑)》에 이를 해설하기를 "왼쪽 팔에 맡겨놓음은 주 선생이 글을 지음을 말한 것이고 오른쪽 팔을 잃음은 장남헌이 도를 행할 수 없음을 말한 것이다.〔任左肱謂先生著書也, 失右臂謂南軒不能行道也.〕"라고 하였다. 남헌은 장식의 호이다.

561 백아(伯牙)는……끊었습니다 : 자세한 내용은 384쪽 주156 참조.

무엇으로 나의	何以了我
죽기 전 남은 날들을 마친단 말입니까	未死餘日
병으로 행적이 구애되어	病癃迹拘
아직도 한 번의 곡을 못하였으니	尙阻一哭
침문에서 곡하고 남은 눈물이[562]	寢門餘涕
아직도 베개와 자리에 흐릅니다	尙流枕席
두꺼운 얼음과 날리는 눈발에	層氷飛雪
냇물과 언덕이 아득합니다	川原倭遲
그대의 행차는 어디로 가는 것이며	子行何之
그대 돌아올 날은 언제입니까	子返何時
흐르는 물은 멈추지 않고	流水不停
떨어진 잎은 영영 나무를 떠납니다	落葉永離
죽어서 지각이 없는 그대는 괜찮지만	哿矣無知
살아서 지각이 있는 이 사람은 슬픕니다	哀此人斯
아득하고 아득한 우주에	茫茫宇宙
다시 만나볼 기약이 없습니다	再覯無期
관에 기대어 한번 통곡함을	憑棺一痛
무덤에 임하여 하지 못합니다	莫遂臨窆
글은 짧고 슬픔은 기니	辭短悲長
막히지 않는 것은 오직 신입니다	不滯惟神
보잘 것 없는 제수로 영영 이별함에	薄奠大訣
나의 마음을 다 펴지 못하니	情未盡伸

562 침문에서……눈물이 : 자세한 내용은 518쪽 주496 참조.

모래 위의 새와 강가의 물고기도	沙鳥江魚
나의 슬픈 신음을 돕는 듯합니다	如助哀呻
영령은 밝으시니	英靈颯爽
나의 진심을 굽어 살피소서	降監吾眞
아, 슬픕니다!	嗚呼哀哉

오치보[563]에 대한 제문 을사년(1845, 헌종11)

祭吳稚輔文 乙巳

아, 치보여!	嗟嗟稚輔
그대가 정말 죽었습니까	子眞死耶
한 가문에 네 번 통곡을 하였으니[564]	一門四哭
내가 흘린 눈물 참으로 많습니다	我淚孔多
소매를 들고 눈물을 훔치는 애통함을	擧袖餘慟
너무도 참기가 어렵습니다	苦難搓挪
그대는 죽지 않기를 바랐는데	將子無死
그대가 죽은 것은 어째서입니까	子死謂何
태어남이 있으면 반드시 죽는 것은	有生必死
모든 사람들이 면치 못하는 바이지만	人所不免
바름을 얻어[565] 조화(造化)를 타고 돌아갔으니	得正乘化

563 오치보 : 오치익(吳致翼, 1790~1845)으로 자는 치보, 본관은 해주(海州)이다. 노주(老洲) 오희상(吳熙常)의 셋째 아들로, 오희상의 첫째 아들 오치성(吳致成)은 백부 오윤상(吳允常)에게 출계하였고 둘째 아들은 요절하였다. 1828년(순조28)에 소과에 급제하여 생원이 되었고 음직으로 벼슬하여 공조 좌랑, 의령 현감(宜寧縣監), 사직령(社稷令), 합천 군수(陜川郡守)를 지냈다.

564 한……하였으니 : 홍직필은 오치익의 부친 오희상(吳熙常), 오치익의 형 오치성(吳致成), 오치성의 아들 오홍선(吳弘善)의 상에 곡한 바 있다.

565 바름을 얻어 : 증자(曾子)의 고사를 인용한 것으로, 증자가 임종 시에 동자의 지적으로 인해 자신이 깔고 누운 대자리가 신분에 맞지 않음을 깨닫고 즉시 자리를 바꾸게 하였는데 아들 증원(曾元)이 "지금은 병이 너무 위독해서 자리를 바꿀 수가

이치로 마음을 달랠 수 있습니다	可以理遣
아! 그대 한 몸은	繄子一身
책임이 산처럼 무거웠습니다	擔夯巉嶙
한 노끈이 큰 집을 지탱함에	如繩支廈
그 끈에 힘입어 무너지지 않는 것과 같았는데	賴以不隕
하루아침에 갑자기 죽으니	一曙騈摧
누가 그 지붕의 등마루와 마룻대를 지탱한단 말입니까	疇撐脊檼
그대 같은 이의 죽음을	如子之死
아! 참을 수 있겠습니까	嗚呼可忍
병들었다는 소식도 듣지 못했는데	不聞某病
부고가 왔으니	而以訃來
서글퍼서 깊이 서운해 하여	憯焉深疚
마치 쇠가 뼈를 찌르는 듯합니다	若刺在骸
영남이 아득히 멀어[566]	嶺嶠迢遞
친척들이 함께하지 못하니	親懿不偕
효자가 새벽길을 달려감에	孝子星奔
나그네 길에서 눈물을 흩뿌리고 울부짖었습니다	行旅揮唬
천도가 보시함이	天道報施

없습니다. 날이 밝으면 바꾸겠습니다."라고 하니 증자가 "너는 나를 사랑하는 것이 저 동자만도 못하구나. 군자는 사람을 사랑하기를 덕(德)으로써 하고, 소인은 사람 사랑하기를 고식(姑息)으로써 한다. 내가 무엇을 구하겠는가. 내 바름을 얻고 죽으면 이뿐이다."라고 하였다고 한다.《禮記 檀弓上》

566 영남이 아득히 멀어 : 경남 합천에서 군수로 재직 중 사망하였기 때문에 이렇게 말한 것이다.

어찌 이리도 어긋나는 것입니까 一何其乖
생각건대 그대 선조의 규범은 念子先範
충효의 화려한 가문이었습니다 忠孝華門
이에 드러내고 이에 계승하였으니 乃顯乃承
참으로 훌륭한 문원[567]이었습니다 允矣文元
성대한 덕을 계승함이 盛德之嗣
아우와 형에게 있었습니다 在季及昆
훌륭한 아름다움이 서로 같아서 齊休匹美
세상에서 쌍벽이라 일컬었는데 世稱雙璧
운수가 비색하여 氣數之否
백형이 불운하였고 伯兮不淑
봉분의 흙이 마르기도 전에 墳土未乾
그 화가 아우에게 미쳤습니다[568] 又及其叔
초상의 슬픔이 거듭 이르니 喪威荐集
폭풍우가 몰아치듯 하였습니다 風驟雨暴
누가 조화의 권세를 잡고 있길래 誰秉化欛
이 지경에 이르게 한단 말입니까 而底斯極
휩쓸리고 휩쓸리는 말세의 길에 靡靡末路
내 다행히 그대와 벗이 되었으니 余幸友子

567 문원 : 오치익의 부친 오희상(吳熙常, 1763~1833)으로 자는 사경(士敬), 호는 노주(老洲), 시호는 문원(文元)이다.

568 운수가……미쳤습니다 : 오치익의 형 오치성(吳致成)이 1844년 11월 10일에 별세하였는데 바로 다음 해에 오치익이 별세하였으므로 이렇게 말한 것이다.

장성할 때부터 노년에 이르기까지	自壯及老
그 시종을 환히 알고 있습니다	諳厥終始
상서롭고 온화한 길함은	祥和之吉
하늘이 내려준 것이었고	惟天所畀
욕심 없고 검소한 지킴은	恬約之守
선대의 규범에 부합하는 것이었습니다	克契先軌
얼음처럼 맑고 옥처럼 온화하니[569]	氷淸玉溫
평소의 행실이 참으로 아름다웠습니다	媄哉素履
효제를 근본으로 삼음은[570]	孝悌爲本
천성으로 타고난 순수함과 독실함이었습니다	天植純篤
삼년 동안 거상함에	三年居瘠
검은 머리가 백발이 되었습니다	化郁爲白
즐거움이 육친에게까지 미쳐서	燕及六親
모두 화목하였습니다	咸歸姻睦
한 집안에서 효우(孝友)로 정사를 하니[571]	爲政一家
집안사람들 모두 믿고 우러러 공경하였습니다	有孚顒若
마음이 넓고 넓었으나	城府洞豁
그 속엔 차가운 돌이 감춰져 있었습니다	中藏寒石

569 옥처럼 온화하니 : 《시경》 〈진풍(秦風) 소융(小戎)〉에 "군자를 생각하니 온화함이 옥과 같네.〔言念君子, 溫其如玉.〕"라고 한 것을 원용한 것이다.

570 효제를 근본으로 삼음은 : 《논어(論語)》 〈학이(學而)〉에 "효와 제는 인을 행하는 근본일 것이다.〔孝悌也者, 爲仁之本與!〕"라고 하는 유자(有子)의 말이 보인다.

571 한……하니 : 자세한 내용은 352쪽 주73 참조.

어찌 모형을 가지고	那庸爾楦
서각으로 삼을 수 있겠습니까[572]	而爲瑞角
이와 같은 지극한 성품에	有若至性
지혜와 식견을 겸하였습니다	濟以慧識
다섯 수레의 서책에[573]	車精竹素
그 여러 진액을 남김없이 마셨습니다	瀝盡衆液
스스로 괴롭게 함을 혐의하지 않고	不嫌自苦
홀로 통달하고 박학하였으니	獨爾通洽
마치 큰 황하의 넓은 물처럼	洪河浩漫
막힘없이 두루 섭렵하였고	沛乎博涉
옆으로 백가의 학설에까지	旁及百家
출입하며 섭렵하였습니다	出入蒐獵
이것을 발휘하여 문장을 지음에	發爲文辭
따뜻한 봄 햇살이 펼쳐진 것 같았고	有敷春曄
높은 뜻과 고결한 행실은	抗志高步
굴원(屈原)의 보루요 가의(賈誼)의 담장이었습니다[574]	屈壘賈墻

572 어찌……있겠습니까 : 오치익이 외형과 내실을 겸비하고 있었음을 표현한 말로, 원문의 '훤(楦)'은 기린훤(麒麟楦) 즉 기린의 모형을 말하고 서각은 '상서로운 뿔'로 기린의 뿔을 가리키는바, 겉만 그럴듯한 모형은 진짜 기린이 될 수 없다는 말이다. 《朝野僉載》

573 다섯 수레의 서책에 : 장자(莊子)가 혜시(惠施)에 대해서 "혜시는 다방면에 걸친 학술을 추구하여 장서가 다섯 수레나 된다.〔惠施多方, 其書五車.〕"라고 한 데서 온 말이다. 《莊子 天下》

574 굴원의……담장이었습니다 : 두보(杜甫)의 시 〈장유(壯遊)〉에 "기개는 굴원과

젊은 나이로 문단(文壇)에서 妙齡詞林
그 명망이 찬란한 옥처럼 성대하였습니다 望菀珪璋
사람들은 그대가 이어서 문병(文柄)을 잡아 擬嗣秉文
분미(粉米)와 보불(黼黻)[575]처럼 빛날 것을 기대했는데 粉黻有光
공거[576]에 궁액을 당하니 厄于公車
시운이 좋지 못했던 것입니다 時命不臧
누구를 등용하기에 云誰之用
그대를 명당[577]에 천거하지 않은 것입니까 不薦明堂
검어지지 않고 얇아지지 않기를 맹세하였으니[578] 矢無緇磷
불우함을 어찌 서글퍼하겠습니까 不遇何傷
남쪽 고을에서 잠깐 시험함에[579] 薄試南郡
인자하다는 명성이 가득하였습니다 仁聞洋洋

가의의 보루에 바짝 다가갈 만하고, 눈은 조식(曹植)과 유정(劉禎)의 담장을 낮게 본다네.〔氣劘屈賈壘, 目短曹劉牆.〕"라고 하였다.

575 분미(粉米)와 보불(黼黻) : 예복을 꾸미는 화려한 무늬로, 상의에는 분미를 그리고 하의에는 보불을 수놓는다.

576 공거(公車) : 중앙에서 치르는 과거 시험에 응시하는 것을 뜻하는 말로, 한(漢)나라 때 지방 선비들이 과거 시험에 응시할 적에 공가(公家), 즉 국가의 수레를 타고 서울로 왔으므로 이렇게 이른 것이다.

577 명당(明堂) : 태산(泰山)에 있는 큰 집으로 고대 제왕이 제후들을 접견하거나 정사를 보던 곳이다.《孟子 梁惠王下》 여기에서는 조정을 가리킨 것이다.

578 검어지지……맹세하였으니 : 주변에 영향을 받지 않고 꿋꿋하게 자신의 지조를 지켰다는 말이다. 514쪽 주491 참조.

579 남쪽……시험함에 : 오치익이 의령 현감(宜寧縣監)과 합천 군수(陜川郡守)를 지냈기 때문에 이렇게 말한 것이다.

솜씨 좋은 포정(庖丁)[580]이 소를 잘 해체하여 良庖善解
손에서 칼을 멈추지 않았던 것과 같았습니다 手無停刃
은혜가 백성들에게 흡족하게 입혀지니 惠洽黎獻
오래될수록 더욱 믿었습니다 久而益信
그러니 백성들이 그 선정을 그리워하여 宜爾興思
노인이나 어린이나 모두 노래로 읊은 것은 당연한 일이었습니다 謳吟艾齔
그러나 한 지방에만 오로지 하고 두루 하지 못함은 專而不咸
예나 지금이나 똑같은 근심입니다[581] 古今同懣
지난번 부석[582]을 굽혀 방문해 주어서 曩屈鳧舃

580 포정(庖丁) : 문혜군(文惠君)을 위해 소를 잡았던 푸줏간의 백정인데 소 잡는 솜씨가 매우 뛰어나 오랜 세월 동안 수천 마리의 소를 잡고도 칼날이 마치 숫돌에서 막 갈아낸 것처럼 예리했다고 한다. 《莊子 養生主》

581 한……근심입니다 : 한유(韓愈)는 〈송육흡주시서(送陸歙州詩序)〉에서, 육군(陸君)이 흡주 자사가 되어 나가는 것을 사람들이 슬퍼하는 이유에 대하여 “육군의 도가 조정에서 행해지면 천하가 그 은혜를 바라게 되고 한 고을을 맡으면 거기에 오로지 하여 두루 하지 못하기 때문이다.〔陸君之道, 行乎朝廷, 則天下望其賜, 刺一州, 則專而不能咸.〕”라고 설명하였다.

582 부석(鳧舃) : 신선들이 신는 신발인데, 여기에서는 지방 수령의 행차의 뜻으로 쓰인 것인바, 오치익이 지방관을 맡고 있었기 때문에 이렇게 말한 것이다. 이 말은 《후한서(後漢書)》 〈방술열전상(方術列傳上) 왕교전(王喬傳)〉에 “왕교는 하동(河東) 사람인데 현종(顯宗) 때 섭현 영(葉縣令)이 되었다. 왕교는 신술(神術)이 있어서 매달 삭망(朔望)에 대(臺)에 나와 조회하였다. 황제가 그가 자주 오는데도 수레가 보이지 않는 것을 괴이하게 여겨 태사(太史)로 하여금 몰래 엿보게 하니, 태사가 그가 올 때에는 두 마리의 오리가 동남쪽에서 날아온다고 하였다. 이에 오리가 오는 것을 보고 그물을 펴서 잡으니, 단지 신발 한 짝만 있었다. 상방(尚方)에 명하여 자세히 살펴보게

누추한 나의 집에서 유숙하였는데 止宿衡廬
닭이 울 때까지 심지를 돋우면서 鷄號燈灺
두 사람의 흉금을 모두 비웠습니다 雙襟俱虛
그대 나에게 말하기를, 우리 양대(兩代)는 曰我兩世
묘소에 비문을 나열하지 못했으니 未列幽墟
부디 그대가 늙은 몸을 책려하여 煩子策老
나를 헛되이 버리지 말아달라고 하였습니다[583] 毋我虛徐
내가 어찌 감당할 수 있겠습니까 我豈敢承
불후하게 해달라는 부탁을 不朽之托
그랬는데 편지를 보내어 다시 부탁하였으니 申之以書
그 말이 간곡하였습니다 其辭懇惻
만일 내가 죽지 않는다면 如我不死
어찌 스스로 힘쓰기를 소홀히 하겠습니까 詎忽自力
그러나 비록 붓을 들어 글을 짓는다 하더라도 縱令泚筆
누구와 더불어 상의하겠습니까 疇與商確
내 병세가 위태로워 我病阽危
무덤에 가보지를 못하고 莫臨玄窀
정령(精靈)을 맞이하여 통곡하기를 迎精而哭
호숫가에서 하니 于湖之側

하니 전에 상서원(尙書院)의 관속들에게 하사한 신발이었다."라고 한 데서 온 말이다.

583 그대……하였습니다 : 오치익이 홍직필에게 오희상과 오치성의 묘지명을 부탁한 것이다. 홍직필이 지은 오치성의 묘갈명에 "공의 아우 치익 치보가 나에게 묘도문자를 지어줄 것을 명하였는데 1년이 되기 전에 치보가 또 별세하였다.〔公弟致翼稚輔命不佞以麗牲之文, 未朞而稚輔又歿矣.〕"라고 하였다. 《梅山集 卷35 軍資監正吳公墓碣銘》

마치 웃고 담소를 나누며　若將笑語
옛날에 즐겁게 만나던 일이 펼쳐지는 것 같았습니다　用展良覿
모래 위의 새들도 슬피 울부짖어서　沙鳥嗷嗷
나와 비통함과 놀람을 함께 합니다　同我悲愕
문장은 향기가 남아 있으니　文藻留馨
강산의 고택입니다　江山古宅
신의 이치가 매우 빛나니　神理孔炯
유적을 돌아보고 그리워하지만　眷懷遺躅
풍류가 구름처럼 흩어지니　風流雲散
온갖 형상이 쓸쓸합니다　萬象寥廓
병을 무릅쓰고 글을 지어서　力疾矢辭
내 마음속의 말을 고합니다　惟以告臆
백년의 눈물을　百年之淚
이 한잔에 다 쏟아내니　磬此一酌
유명의 연고로　幽明之故
부디 영령은 와서 흠향하소서　冀靈歆格

금계 이공[584]에 대한 제문 정미년(1847, 헌종13)
祭襟溪李公文 丁未

아, 우리 형이여! 학문은 삼재(三才)의 묘함을 꿰뚫었으면서도 어리석은 이처럼 자처하였고, 식견은 천고(千古)의 숨은 이치에 통달하였으면서도 어눌한 듯이 자수(自守)하였으며, 가슴에는 임금의 큰 교화를 도울 수 있는 재주를 간직하고도 조금도 드러내지 않았고, 문장은 임금의 계책을 아름답게 꾸밀 수 있는 화려함을 소유하고도 스스로 잘한다고 여기지 않았습니다. 효도와 공경은 신명을 통할 수 있고 정성과 신의는 금석을 뚫을 수 있으며 명의(名義)와 풍절(風節)은 지금과 옛날의 표준이 될 만하였으니, 이는 형이 보통사람보다 빼어나 세상에 항상 있지는 않은 자가 되는 이유였습니다. 그러니 높은 하늘 길을 걸으며[585] 사공(事功)을 펼쳐서 임금을 요순(堯舜) 같은 성군으로 만들고 백성에게 은택을 끼치려는 뜻을 이루어야 했습니다. 그런데 깊은 산의 구석과 들판 위의 물가에 버려져서 목석(木石)과 거처하고 사슴떼와 무리지어서[586] 침체하고 곤궁하여 삶을 마쳤으니, 하늘이 현자를

584 금계 이공 : 이봉수(李鳳秀, 1778～1847)로, 자는 자강, 호는 대은(大隱) 또는 금계(襟溪), 본관은 연안(延安)이다. 1805년(순조5) 증광 생원시에 합격하고, 1812년 세마(洗馬)가 되었으며, 의령 현감(宜寧縣監) 등의 벼슬을 지냈다. 성리학에 조예가 깊었으며, 문집으로 《금계집》이 있다. 홍직필과 교분이 깊었으며, 본집 권40에 묘지명이 실려 있다.

585 높은……걸으며 : '하늘 길'은 조정을 비유한 것으로, 조정에서 높은 관직에 종사함을 말한다.

낸 뜻이 이와 같이 아득하단 말입니까?

형은 여덟 대[587]의 훌륭한 문장의 서업(緖業)을 잇고 한 시대의 태산북두(泰山北斗)의 명망을 지녀서, 그 은현(隱顯)이 시운(時運)의 경중에 연관되고 그 출처(出處)가 세교(世敎)의 성쇠에 관련되었습니다. 그런데 불혹의 나이에 벼슬을 포기하고서 밝고 넓은 도(道)의 근원에 마음을 두었으니, 이는 타고난 자품이 밝고 지혜로워서 자연히 도에 가까웠던 것이고 함양하고 연찬(硏鑽)하는 공부가 또 따라서 연마되고 젖어들어 애초에 바로잡고 고쳐 개과천선할 필요가 없었던 것입니다. 이 때문에 마음에 보존한 것이 공정하면서도 평탄하고 밖에 드러난 것이 화락하면서도 간이(簡易)했던 것이니, 선철(先哲)들을 차례로 뽑아서 망령되이 그 높고 낮음을 비교해본다면, 엄격하게 마음을 다스림과 치밀하게 이치에 나아감과 확고하게 도를 자임함은 진실로 앞서거니 뒤서거니 하며 서로 어울렸고, 말하지 않아도 믿음을 받고 성내지 않아도 남들이 두려워해서, 순수한 정성과 돈독한 덕이 대면한 사람들로 하여금 비루하고 인색한 마음을 사라지게 하고 맑은 음성과 훌륭한 문장이 우러러 본 사람들로 하여금 교활하고 거짓된 마음을 변화하게

586 목석(木石)과……무리지어서 : 《맹자》 〈진심 상(盡心上)〉에 "순 임금이 깊은 산속에 사실 적에 나무, 돌과 거처하고 사슴, 멧돼지와 노셨으니, 깊은 산속의 야인과 다를 바가 별로 없었다.〔舜之居深山之中, 與木石居, 與鹿豕遊, 其所以異於深山之野人者幾希.〕"라고 하였다.

587 여덟 대 : 홍직필이 지은 이봉수의 묘지명에 그 내용이 자세한바, 직계만 약술하면 이봉수의 8대조는 이정귀(李廷龜)이고, 7대조는 이명한(李明漢), 6대조는 이단상(李端相), 5대조는 이하조(李賀朝), 증조는 이숭신(李崇臣), 조부는 이민보(李敏輔), 부친은 이시원(李始源)이다. 《梅山集 卷40 襟溪李公墓誌銘》

함에 이르러서는 우리 형과 같은 사람이 적었습니다.

비록 풍륜(風輪)[588]이 만 번 돌고 상전벽해가 백 번 되더라도 태화(太和)의 원기는 우주에 가득 넘치고 바른 덕의 상징은 평소 행실에 드러나 징험되니 이에 도의가 더욱 드러나고 명망이 더욱 높아졌습니다. 그래서 마치 여러 꽃이 서리를 맞고 떨어질 적에 차가운 소나무가 홀로 빼어나고, 수많은 가옥이 모두 불탔을 적에 영광전(靈光殿)이 홀로 남아 있는 것[589]과 같았습니다. 금일에 있어서는 땅 속의 작은 양(陽)[590]이 되고 후일에 있어서는 먹히지 않는 석과(碩果)[591]가 될 터인데, 어찌하여 한 분의 원로를 남겨두지 않고 이처럼 빨리 빼앗아가서 사문(斯文)으로 하여금 의탁할 곳이 없게 하고 세도로 하여금 의지할 바가 없게 한 것입니까. 내 곧장 하늘에게 묻고 영혼을 불러 오고자 하나 어찌 그리 될 수 있겠습니까.

아! 형은 봉황새요 나는 노루이며, 형은 교목(喬木)의 세신(世臣)[592]

588 풍륜(風輪) : 불교의 용어로, 세계를 받치고 있는 삼륜(三輪) 중의 하나인바, 구산팔해(九山八海) 아래의 금륜(金輪), 그 아래의 수륜(水輪), 그 아래에 풍륜이 있다고 하여 이를 삼륜세계라고 한다.

589 수많은……것 : 영광전은 한(漢)나라 경제(景帝)의 아들 노 공왕(魯恭王)이 세운 궁전으로 산동(山東) 곡부현(曲阜縣) 동쪽에 있었는데, 한나라 중기에 도적 떼에 의하여 수도 장안(長安)의 미앙궁(未央宮)과 건장궁(建章宮) 등은 다 불탔으나 영광전만은 그대로 보존되어 있었다고 한다.

590 땅……양(陽) : 음(陰)이 극성한 때에 처음 생기는 하나의 양(陽)을 가리키는 것으로, 괘로 말하면 복괘(復卦)의 초구효(初九爻)가 여기에 해당한다.

591 먹히지 않는 석과(碩果) : 어지러운 세상에서도 큰 덕을 지녀 소인들에게 해를 당하지 않는 군자를 뜻한다. 《주역》〈박괘(剝卦) 상구(上九)〉에 "큰 과일은 먹히지 않는다.〔碩果不食.〕"라고 한 데서 온 말이다.

이요 나는 초가집의 천한 선비이며, 형은 고명하고 명랑하고 나는 어리석고 편협하니, 그 현격한 차이가 하늘의 별과 땅의 연못의 거리보다 더 멀었습니다. 그런데 약관시절에 교분을 맺어 노년에 이르기까지 백 년 동안의 금란(金蘭)의 우호[593]는 있고 한 마디의 종률(鍾律)의 어긋남[594]은 없었습니다. 마음과 마음이 서로 비추고 일마다 큰 것을 취하였으니, 역아(易牙)가 국을 조미함[595]과 사광(師曠)이 음을 조율함[596]으로도 그 흡족함을 비교할 수 없습니다.

예로부터 사귐의 도를 말하는 자들은 반드시 관중(管仲)과 포숙아(鮑叔牙)[597], 백아(伯牙)와 종자기(鍾子期)[598]를 거론하지만 관중과 포숙아는 행적을 통해 상대의 심정을 헤아렸던 것이고 백아와 종자기는 연주하는 소리를 듣고서야 마음을 알았던 것이니, 지극한 것이 아닐 듯합니다. 나와 형의 관계로 말하면, 말하지 않아도 마음으로 깨닫고 일이 있기도 전에 생각이 합하였으니, 자운(子雲)과 요부(饒夫)를 굳이 후세에서 기다릴 필요가 없고[599] 보고 감동하는 데에서 평생의 지기

592 교목(喬木)의 세신(世臣) : 교목은 키가 큰 나무로, 여러 대에 걸쳐 중요한 지위를 차지한 신하를 배출하여 국가와 화복을 함께하는 유서 깊은 명문 세가(名門世家)를 비유하는 말이다. 《맹자》 〈양혜왕 하(梁惠王下)〉에 "이른바 고국(故國)이란 것은 교목이 있음을 말함이 아니요 세신(世臣)이 있음을 말한 것입니다.〔所謂故國者, 非謂有喬木之謂也, 有世臣之謂也.〕"라고 한 데에서 유래하였다.

593 금란(金蘭)의 우호 : 자세한 내용은 388쪽 주170 참조.

594 종률(鍾律)의 어긋남 : 자세한 내용은 388쪽 주171 참조.

595 역아(易牙)가 국을 조미함 : 자세한 내용은 385쪽 주158 참조.

596 사광(師曠)이 음을 조율함 : 자세한 내용은 385쪽 주157 참조.

597 관중(管仲)과 포숙아(鮑叔牙) : 자세한 내용은 384쪽 주155 참조.

598 백아(伯牙)와 종자기(鍾子期) : 자세한 내용은 384쪽 주156 참조.

를 취하면 그저 충분하였습니다. 이 때문에 비록 백 리 멀리에서 서로 바라보아서 삼성(參星)과 상성(商星)처럼 멀리 떨어져 있었음에도[600] 나는 그림자요 형은 형제이며 나는 메아리요 형은 소리여서 산천과 세월이 우리의 교분을 막지 못하였습니다. 그런데 지금은 형체가 이미 사라졌으니 그림자가 어디에 붙겠으며, 소리가 이미 끊어졌으니 메아리가 어떻게 응하겠습니까. 형이 진정 죽은 것입니까? 저는 진정 살아 있는 것입니까? 형은 천리를 즐기고 천명을 알았으니 죽음이 싫어할 만한 것이 아니겠지요? 저는 도끼를 버리고 거문고 줄을 끊었으니[601] 사는 것이 어찌 제가 원하는 바이겠습니까.

형은 순양(純陽)의 기운을 온전히 받아서 외면과 내면이 모두 강하였습니다. 그래서 내가 "형은 반드시 대야(大爺) 효정공(孝貞公)[602]의

599 자운(子雲)과……없고 : 자운과 요부는 자신을 알아줄 사람을 생전에 만나지 못하여 후세에 자기를 알아줄 사람이 있을 것이라고 기대했으나, 홍직필과 이봉수는 서로가 지기가 되었으므로 그럴 필요가 없었다는 말이다. 자운은 전한 말기의 학자인 양웅(揚雄)으로 자운은 그의 자이다. 양웅이 《주역(周易)》을 모방하여 《태현경(太玄經)》을 짓자 사람들이 말하기를 "이처럼 어려운 글을 누가 읽겠는가. 무용지물이 되고 말 것이다."라고 하였는데, 이에 양웅은 "나는 후세의 자운을 기다린다."라고 하였다고 한다. 《漢書 卷87 揚雄傳》 요부는 송나라의 학자 소옹(邵雍)으로, 요부는 그의 자이다. 소옹은 《황극경세서(皇極經世書)》를 짓고서 책 겉면에 "이 글을 요부에게 올린다.〔文字上呈堯夫.〕"라고 썼다고 한다. 《朱子語類 卷53 孟子三 公孫丑中》

600 삼성(參星)과……있었음에도 : 이 두 별은 하나가 뜨면 하나가 져서 영원히 한 하늘에 같이 뜰 수 없다고 하는바, 이 때문에 서로 멀리 떨어져 있는 경우를 비유하는 말로 쓰인다.

601 도끼를……끊었으니 : 지기를 잃은 슬픔을 비유한 것이다. 394쪽 주184 참조.

602 대야(大爺) 효정공(孝貞公) : 이봉수의 조부 이민보(李敏輔, 1720~1799)로, 향년이 80세였다.

높은 연세를 누려서 나보다 10년을 더 살아서 내 죽은 뒤의 일을 끝마쳐 줄 것입니다."라고 했었습니다. 그런데 지금의 이 지극한 지경에 이를 줄을 어찌 헤아렸겠습니까. 작년 여름 천한 이 몸의 병이 위독해져서 목숨이 경각에 달려 있었는데, 형은 더위와 비를 무릅쓰고 나를 찾아와 주어 마치 화양(華陽)이 동춘(同春)과 영결하려 할 적에 고산(高山)과 청빙(淸氷) 두 구를 인용하여 서로 미뤄 주고 사양했던 것처럼 하였습니다.[603] 작별에 임하여 손을 잡고는 나의 시종을 하나하나 열거하고 말하기를 "옛사람이 말씀한 '굽어보나 우러러보나 부끄러움이 없다.'[604]

603 마치……하였습니다 : 화양은 송시열(宋時烈, 1607~1689)의 호이고, 동춘은 송준길(宋浚吉, 1606~1672)의 호이다. '고산'은 '고산앙지(高山仰止)'를 줄여 쓴 것으로 《시경》 〈소아(小雅) 차할(車舝)〉에 "높은 산봉우리 우러러보며, 큰길을 향해 나아가노라.〔高山仰止, 景行行止.〕"라고 보이는바, 고상한 덕행을 사모하여 이를 따름을 의미한다. '청빙'은 '일조청빙(一條淸氷)'을 줄여 쓴 것으로 고결한 인품을 비유한 말인바, 두보(杜甫)의 시에 "깊은 골짜기에서 나온 한 덩어리 맑은 얼음을, 영풍관과 노한관처럼 시원한 곳의 옥병에 넣어둔 것처럼 투명하게 빛나네.〔炯如一段淸冰出萬壑, 置在迎風露寒之玉壺.〕"라고 한 데서 온 것이다. 《杜少陵詩集 卷10 入奏行贈西山檢察使竇侍御》 송준길이 병중에 있을 때 손자 송병원(宋炳遠)에게 '고산앙지' 네 글자와 '일조청빙' 네 글자를 써서 걸게 하고는 '고산앙지'에 대해서는 "우암(尤菴)이 여기에 당할 수 있다."라고 하고 '일조청빙'에 대해서는 "이는 선배들이 하서(河西)와 율곡(栗谷)을 흠모하고 숭상하며 했던 말인데, 지금 세상에는 이런 사람을 보지 못하였다."라고 하였다. 후에 송준길의 병이 위독해지자 송시열이 문병을 왔는데, 송준길이 '고산앙지'라고 쓴 글씨를 가리키며 "이 네 글자는 오직 공이 여기에 당할 수 있습니다."라고 하니 송시열이 사양하며 "일조청빙 네 글자는 오직 형이 여기에 당할 수 있습니다."라고 했다고 한다. 《宋子大全 附錄 卷6 年譜5》

604 굽어보나……없다 : 《맹자》 〈진심 상(盡心上)〉에 "우러러봄에 하늘에 부끄러움이 없고 굽어봄에 인간에 부끄러움이 없는 것이 군자의 두 번째 즐거움이다.〔仰不愧於天, 俯不怍於人, 二樂也.〕"라고 보인다.

는 것은 그대가 참으로 여기에 해당합니다."라고 하였으니, 내 이것을 감당할 수는 없으나 또 어찌 감히 잊을 수 있겠습니까. 내가 병에도 요행히 죽지 않아서 물가의 누대와 산중의 별장에서 했던 그윽한 약속을 다시 확인하였으니, 내 소원이 여기에 있었습니다. 그런데 이 소원을 끝내 이루지 못하고서 이 필생의 한을 갑자기 품게 될 줄을 어찌 알았겠습니까.

기억하건대, 옛날에 좋은 밤을 가려 밤이 깊도록 이야기를 나눌 적에 내가 "후일 우리가 세상을 버리게 될 때 나는 내가 먼저 죽기를 원하니 이 슬픔을 감당할 사람이 누구이겠습니까?"라고 하였더니 형이 "죽고 사는 것은 본디 선후가 있으니 어찌하겠습니까."라고 하였습니다. 그리고는 각자 서글퍼하며 헤어졌었는데 형이 끝내 먼저 가버렸습니다. 아! 이 슬픔을 감당하는 것이 유독 저에게 있을 줄을 누가 생각이나 했겠습니까.

말세 시속의 험한 길에 갈 길이 이미 다하였는데, 알아주는 이가 적은 처지에서 서로 만났고 많은 사람들이 반목하는 가운데서 묵묵히 마음이 맞았으니, 이는 천년 뒤의 만남을 아침저녁 사이의 만남으로 여길 수 있는 것과 같은 것인데,[605] 더구나 반백년을 하루처럼 지낸 우리는 어떠하겠습니까. 그런데 하루아침에 이를 잃었으니, 죽지 않은 남은 숨을 어떻게 이어간단 말입니까. 자양노자(紫陽老子)는 남헌(南軒)의 상에 곡하면서 "하늘이 오른쪽 팔을 베어갔다."라고 하였는데,[606]

605 천년……것인데 : 《장자》〈제물론(齊物論)〉에 "만세가 지난 뒤에 대성인이 이해해 줄을 한번 만난다면, 아침과 저녁 사이에 만나는 것이 될 것이다.〔萬歲之後, 而一遇大聖知其解者, 是旦暮遇之也.〕"라고 한 말을 원용한 것이다.

나는 내 몸 전체가 없어진 것입니다. 이와 같은 자가 어찌 살아있을 수 있겠습니까.

천인성명(天人性命)의 근원에 대해 다시는 그 훌륭한 이치를 들을 수 없고, 치란흥망(治亂興亡)의 자취에 대해 다시는 그 빼어난 의론을 들을 수 없으며, 영허소식(盈虛消息)·진퇴행장(進退行藏)의 기미에 대해 다시는 그 탁월한 식견을 물을 수 없게 되었습니다. 삼극만상(三極萬象)[607]과 구류백가(九流百家)[608]의 천만가지 기괴함으로 무릇 한 이치에 포함된 것을 일마다 모두 강론하고 강론하면 반드시 양단(兩端)을 다했던 것과 산수를 마음에 즐기는 취미와 풍류로 마음을 즐겁게 하는 일에 이르러서도 다시는 얻지 못하게 되었으니, 어떻게 참고서 일생을 마친단 말입니까.

아! 나는 10년 동안 병이 있었으나 명부의 부적을 기다려도 오지 않았고, 형은 하루아침의 근심도 없었는데 신을 벗어버리듯 떠나기를 이처럼 바삐 하였으니, 조화(造化)의 자루와 신의 권세를 잡고 있는 자가 누구이기에 죽고 사는 것을 측량할 수 없음이 이와 같단 말입니까. 아니면 형이 이 각박한 말세의 길을 싫어하고 얽어매는 사대(四

606 자양노자(紫陽老子)는……하였는데 : 자양노자는 주희(朱熹)의 별호이고 남헌은 장식(張栻)의 호이다. 자세한 내용은 541쪽 주560 참조.

607 삼극만상(三極萬象) : 삼극은 천(天)·지(地)·인(人)의 삼재(三才)로, 천지 안의 온갖 현상을 말한다.

608 구류백가(九流百家) : 다양한 학술 유파를 일컫는 말로, 구류는 선진(先秦) 시대에 존재하였던 아홉 가지의 학술 유파를 가리키는바, 아홉 가지는 유가(儒家)·도가(道家)·음양가(陰陽家)·법가(法家)·명가(名家)·묵가(墨家)·종횡가(縱橫家)·잡가(雜家)·농가(農家)이다.

大)[609]를 괴롭게 여겨서, 미련 없이 조화를 타고 돌아가 해와 달을 곁에 두고 바람과 우레를 타고서 먼 옛날의 여러 철인(哲人)들과 높은 하늘에서 노닐면서 나를 내버리듯 버린 것입니까? 아니면 내가 죽지 않고 인간 세상에 군더더기처럼 남아 있는 것을 보고는 손뼉 치며 웃어 마지않는 것입니까? 다만 나는 나이와 병이 모두 지극하여 이제 곧 사라질 물거품과 같고 바람 앞의 등불과 같으니, 얼마지 않아 광활한 세계로 형을 따라가서 무궁(無窮)의 문[610]을 출입하지 않겠습니까. 그러니 진실로 슬퍼할 시간이 얼마 남지 않은 것이지만 그런데도 스스로 마음을 달랠 수가 없어서 망연자실하여 어찌할 바를 모르겠으니, 달관한 거룩한 도량으로 나를 꾸짖고 있지는 않습니까?

형이 일찍이 묘지명을 직접 짓고서 나에게 보여주었는데 내가 "형이 스스로 말한 것이어서 이와 같이 겸손하게 하였으니, 내가 죽은 뒤에는 세상에 다시 우리 형을 알 사람이 없을 것입니다. 그러니 내 형을 위하여 생지(生誌 살아있을 때 짓는 묘지명)를 지어서 백 대 뒤의 사람들로 하여금 이대은(李大隱) 선생이 있었음을 알게 하겠습니다."라고 하였습니다. 그러자 형이 웃으며 말하기를 "나는 후인들에게 알려지기를 구하는 자가 아닙니다."라고 하였습니다. 내 진실로 마음속에 그렇게 하리라 생각하였으나 미처 짓지 못했는데, 갑자기 인사(人事)의 변고가 이와 같으니, 이것이 내 종신의 유감이 됩니다. 아! 슬픔을 이루 다 말할

609 사대(四大) : 불교의 용어로, 만물을 이루는 네 가지 요소 즉 지(地)・수(水)・화(火)・풍(風)을 말하는데, 여기에서는 이 사대로 이루어진 몸을 가리켜 말한 것이다.

610 무궁(無窮)의 문 : 도가의 말로, 속세를 무극의 세계로 들어가는 지도(至道)의 문이다. 《莊子 在宥》

수 있겠습니까. 장차 정신과 혼백을 모아 사마온공(司馬溫公)과 범진(范鎭)의 옛 의리[611]를 서술해서 뒤에 죽는 사람의 책임을 다하려 합니다. 그러나 붓과 마음이 모두 썩었으니, 어떻게 숨겨진 것을 드러내고 그윽한 것을 밝혀서 영원한 후세에 불후하기를 도모할 수 있겠습니까.

아! 선비는 자신을 알아주는 자를 위하여 죽어서 죽음도 사양하지 않는 법입니다. 그렇다면 유명(幽明)으로 영원히 갈라지게 된 때에 그 애통함이 어떻겠습니까. 광달한 장수(莊叟)도 혜자(惠子)를 잃고 망질(亡質)의 슬픔이 있었는데,[612] 하물며 나처럼 장수가 되지 못하는 자에 있어서이겠습니까. 비록 태상(太上)의 망정(忘情)[613]을 구경(究竟)의 법으로 삼고 싶지만 심담(心膽)이 모두 파괴되어서 풍미(風味)가 사라져버렸습니다. 뜻이 맞는 벗이 이미 가버려 말을 해도 알아줄 사람이 없어서 끝내 이 슬픔을 크게 감당할 수 없으니, 요컨대 죽은

611 사마온공(司馬溫公)과……의리 : 북송 때의 사마온공 즉 사마광(司馬光)과 범진(范鎭)은 서로 교분이 매우 두터웠으며 서로 지기가 된 뒤에는 "나와 너는 살아서는 뜻을 같이하고 죽어서는 전을 같이 할 것이다.〔吾與子, 生同志, 死當同傳.〕"라고 하였다고 한다. 《宋名臣言行錄 後集 卷5》

612 광달한……있었는데 : 장수는 장자(莊子)를 가리키고 혜자는 혜시(惠施)이며 '망질'은 '짝을 잃음'을 의미하는바, 장자가 혜시의 묘소를 지나면서 앞서 인용한 장석(匠石)의 고사를 종자에게 들려주었기 때문에 이렇게 말한 것이다. 자세한 내용은 394쪽 주183 참조.

613 태상(太上)의 망정(忘情) : 최고의 인품의 사람은 정을 잊는다는 말이다. 진(晉)나라 때 왕연(王衍)이 일찍이 아들을 잃었으므로 산간(山簡)이 조문을 갔는데, 왕연이 비통함을 감당하지 못하자, 산간이 "어린애는 품 안의 물건이거늘 어찌 이처럼 슬퍼한단 말인가."라고 하니, 왕연이 "성인은 정을 잊고 하등의 물건은 정을 느낄 줄 모르네. 그렇다면 정을 다 쏟을 수 있는 것은 바로 우리들에게 있는 것이라네.〔聖人忘情, 最下不及於情, 然則情之所鍾, 正在我輩.〕"라고 대답하였다고 한다. 《晉書 卷43 王戎列傳》

뒤에야 끝날 것입니다. 옛날 육검남(陸劍南)이 주부자(朱夫子)에 대한 뇌문(誄文)에 이르기를 "이 몸으로 백 번이라도 대신해서 구원(九原)에 있는 그대를 일으키고 싶은 마음이 있고, 긴 황하를 기울여서 동해로 주입하는 눈물이 있다."라고 하였으니,[614] 내가 형에 대해서도 이렇게 말합니다. 아, 슬픕니다!

614 육검남(陸劍南)이……하였으니 : 육검남은 남송(南宋)의 시인 육유(陸游, 1125 ~ 1210)이고 주부자는 주희(朱熹)를 가리킨다. 이 말은 육유가 지은 〈제주원회시강문(祭朱元晦侍講文)〉에 보인다. '이 몸으로 백 번이라도 대신함'은 《시경》 〈진풍(秦風) 황조(黃鳥)〉에 "저 푸른 하늘이여! 우리의 훌륭한 사람을 죽이도다. 만일 대신할 수 있다면 사람마다 모두 자기 몸을 백 번이라도 바치겠다.〔彼蒼者天! 殲我良人. 如可贖兮, 人百其身.〕"라고 한 것을 원용한 것으로 이 시는 진 목공(秦穆公)의 순장(殉葬)에 자거씨(子車氏)의 세 아들이 희생되는 것을 서글퍼한 내용이다.

노주 오공의 천장[615]에 대한 제문 정미년(1847, 헌종13)

祭老洲吳公遷葬文 丁未

아!	嗚呼
선생께서 별세한 지	先生觀化
십오년이 되었는데	十有五年
그 사이의 재화(災禍)와 변고는	中間禍故
여러 번 상전벽해가 되었습니다	桑海貿遷
성덕의 후손이	盛德之嗣
끊임없이 이어졌었는데	綿綿延延
하늘의 보시가 어긋남을	報施之舛
저 늙은 하늘에게 따져 묻습니다[616]	致詰老天
사람들이 말하기를, 유택의	人言幽宅
재해가 후손에게 미친 것이라고 하니	災害攸挻
동산(銅山)이 무너짐에 종이 울림은[617]	山崩鍾應

615 노주 오공의 천장 : 노주 오공은 오희상(1763~1833)으로, 자는 사경(士敬), 호는 노주(老洲), 본관은 해주(海州), 시호는 문원(文元)이다. 성리학에 조예가 깊었으며 홍직필이 스승으로 섬겼다. 문집으로 《노주집》이 있다. 본집 권45에 행장이 실려 있다. 오희상은 1833년 9월에 졸하여 12월 광주(廣州) 이호촌(梨湖村)에서 장례하였고 1847년 4월에 선영이 있는 용인(龍仁) 구흥촌(駒興村)으로 이장하였다.

616 성덕(盛德)의……묻습니다 : 오희상의 첫째 아들로서 백부 오윤상(吳允常)에게 출계한 오치성(吳致成)이 1844년에 죽었고, 그 전에 오치성의 아들 오홍선(吳弘善)이 요절하였으며, 오희상의 후사(後嗣)인 오치익(吳致翼)이 1845년에 죽었다.

이치가 혹 그럴 듯합니다 其理或然
묘도(墓道)를 옮기려고 하여 墓隧將改
점을 침에 이미 길지를 얻었습니다 卜既得吉
명정(銘旌)과 삽을 열어 爰啓旐翣
새 무덤으로 돌아가려 하니 爰歸新室
마치 붉은 휘장[618]에서 宛若絳帳
엄숙히 불자(拂子)를 잡은 모습[619]을 보는 듯합니다 有儼秉拂
준걸스런 선비들은 상여줄을 잡고 髦士攀紼
여러 사람들은 눈을 뿌리듯 눈물을 흘립니다 衆涕如雪
아! 선생은 猗歟先生
남다른 자질을 타고나셨습니다 天挺異質
신명이 내면에 넉넉하니 神明內腴
때를 따라 몸을 감추었기 때문이고[620] 遵晦其身

617 동산이……울림은: 한(漢)나라 효무제(孝武帝) 때 미앙궁(未央宮)의 동종(銅鐘)이 이유 없이 3일 동안 저절로 울리자 그 이유를 동방삭(東方朔)에게 물었는데, 동방삭이 말하기를 "제가 들으니, 동(銅)은 흙의 자식이라고 합니다. 음양의 기운이 같은 것으로 말하면 자식과 어미가 서로 감응한 것이니, 아마도 산이 무너진 일이 있는 것 같습니다."라고 하였다. 과연 3일 후에 남군 태수(南郡太守)가 산이 무너졌다고 보고하였다. 《太平御覽 卷575 樂部十三 鐘》

618 붉은 휘장 : 스승의 강석(講席)을 가리키는 말로, 후한(後漢) 때 마융(馬融)이 항상 붉은 휘장을 드리우고 앞을 가린 채 학생들을 가르친 고사에서 유래한 것이다. 《後漢書 卷60上 馬融列傳》

619 불자(拂子)를 잡은 모습 : 제자들을 가르치는 모습을 말한다. 불자는 짐승의 털, 삼 줄기 등을 묶어 자루에 붙인 먼지떨이인데, 고승이나 도사가 설법을 하거나 청담을 할 때 이를 손에 잡고 하였기 때문에 이렇게 말한 것이다.

효도와 우애로 정사를 하니[621]	孝友爲政
온 집안이 인을 흥기하였습니다	一家興仁
인의 본체는 지극히 큰데	仁體至大
그 참됨을 환히 아셨으니	洞諦其眞
이를 일상생활에 베풀어	措諸日用
만물과 봄을 함께 하셨습니다[622]	與物同春
가학을 연원으로 하여	淵源家學
향기에 훈습된 듯이 하셨으니	若襲以薰
깊이 나아가고 홀로 깨달아서	深造獨詣
화려함을 떨치고 향기를 풍기셨습니다	振華揚芬
명리가 탁월하니	名理超卓
그 누가 비견할 수 있겠습니까	疇與倫擬
율로의 맑고 통창함과	栗老淸通
농옹의 정교하고 치밀함을 지니셨습니다[623]	農翁精密

620 신명이……때문이고 : '때를 따라 몸을 감춤'은 《시경》〈주송(周頌) 작(酌)〉에 "아 성대한 왕사로, 도를 따라 힘을 길러 때로 감추고 있다가, 크게 밝아진 뒤에야, 큰 갑옷을 쓰셨다.〔於鑠王師, 遵養時晦, 時純熙矣, 是用大介.〕"라고 한 데서 온 말이다. 주희(朱熹)의 관례(冠禮) 때 그의 스승 병산(屛山) 유자휘(劉子翬)가 주희의 자(字)를 부르며 송축하기를 "나무는 뿌리를 흙 속에 감추어야만 봄에 잎이 성하게 피고 사람은 몸을 감추어야만 신명이 내면에 넉넉해진다.〔木晦於根, 春容燁敷; 人晦於身, 神明內腴.〕"라고 하였는바, 주희의 자가 '회암(晦菴)'이기 때문에 이렇게 말한 것이다. 《晦庵集 卷78 名堂室記》

621 효도와……하니 : 자세한 내용은 352쪽 주73 참조.

622 만물과……하셨습니다 : 인(仁)을 실천했음을 의미하는바, 인은 계절로 따지면 봄에 해당하기 때문에 이렇게 말한 것이다.

선생이 아름다움을 독차지하여	先生專美
두 가지 뛰어남을 모두 갖추셨으니	該此兩絶
여러 사람들의 어지러운 말을	衆言淆亂
하나로 모으셨습니다	亦旣會一
남기신 글이 많고 많으니	遺文浩浩
누가 뗏목으로 건널 수 있겠습니까	孰涉其筏
은미한 말이 아득하고 아득하니	微言茫茫
누가 그 요결을 찾을 수 있겠습니까	孰尋其訣
제가 감히 선생의 덕을 안다고 하는 것이 아니요	非曰知德
그저 감발함이 있었던 것입니다	竊有感發
높음을 비견하고 밝음을 형상하여	侔高狀明
제가 글을 지었습니다[624]	繄我有述
빠뜨리거나 잘못됨이 없게 하기로 맹세하여	矢無遺爽
제 고심혈성을 바쳤으나	獻我苦血
죽음을 앞둔 곤궁한 길에	垂死窄逕
굼뜬 걸음이 여러 번 넘어졌습니다	窘步顚蹶
가는 길이 이미 다함에	塗轍已窮
옛날 이웃에 살던 그 집에 머물러 있습니다	棲遲舊隣
작은 집이 서로 마주하니	衡宇相望

623 율로(栗老)의……지니셨습니다 : 율로는 율곡(栗谷) 이이(李珥)이고 농옹은 농암(農巖) 김창협(金昌協)이다.

624 높음을……지었습니다 : 행장을 지었음을 말한다. 홍직필은 1837년에 오희상의 행장을 지었는바, 이 행장은 본집 권45에 〈노주오선생행장(老洲吳先生行狀)〉이라는 제목으로 실려 있다.

풍광이 아직도 새롭습니다	風光猶新
옥 같은 낯빛과 종소리 같은 음성[625]을	玉色金聲
가까이 할 수 있을 듯하였습니다	如將可親
화산(華山)을 나누어 주시겠다던 옛 약속[626]	分華宿約
고상한 가르침이 간곡하였습니다	雅誨諄諄
경물은 그대론데 사람은 아니니	物是人非
요동의 학이 슬피 울부짖습니다[627]	遼鶴哀呻
초상과 병이 서로 이어져서	喪病相仍
옛 뜻이 이미 막혀버렸습니다	宿志已湮
그러나 은혜로운 가르침을 생각하니	尙繹恩敎
마음과 정신이 깨우쳐집니다	悚惕心神
만년의 말세 길은	晩節末路

625 옥……음성 : 주희(朱熹)가 명도(明道) 정호(程顥)의 화상찬(畫像贊)을 지으면서 "봄기운처럼 따뜻하고 산처럼 우뚝 섰으며, 옥 같은 낯빛과 종소리 같은 음성을 지니셨네.〔揚休山立, 玉色金聲〕"라고 한 데서 온 말이다.《朱子大全 卷85 六先生畫像贊》

626 화산(華山)을……약속 : 함께 은거하기로 하였다는 말이다. 자세한 내용은 431쪽 주283 참조.

627 요동의……울부짖습니다 : 경물(景物)은 옛날 그대로지만 사람은 죽고 없어 전과 같지 않음을 말한다. 옛날에 요동(遼東) 사람 정영위(丁令威)가 신선이 되고 나서 천 년 만에 학으로 변해 다시 고향을 찾아와 요동 성문의 화표주(華表柱) 위에 내려앉았는데, 소년 하나가 활로 그를 쏘려고 하자 허공으로 날아올라 배회하면서 말하기를, "새여, 새여, 정영위가, 집 떠난 지 천 년 만에 이제야 돌아왔네. 성곽은 예전과 다름없는데 사람은 옛사람이 아니니, 어찌 신선술 배우지 아니하여 무덤만 즐비하게 되었는고.〔有鳥有鳥丁令威, 去家千年今始歸. 城郭如故人民非, 何不學仙冢纍纍?〕"라고 했다는 고사가 있다.《搜神後記 卷1》

기구한 가시밭길인데	崎嶇荊榛
아! 자강이	嗟嗟子岡
또 고인이 되고 말았습니다[628]	又作古人
외로운 그림자가 물거품과도 같으니	孤影如泡
음을 알아줄 사람 영영 끊어졌습니다[629]	賞音永殄
이 쇠잔한 남은 인생을 가지고	將此殘生
누구에게 가서 의지하겠습니까	誰極誰因
선비들의 취향이 낮아지고 낮아짐은	士趍泯泯
마치 물이 날마다 아래로 흐르는 것과 같고	如水日下
꿈틀대는 온갖 변괴들은	蜿蜿百怪
진세(塵世)의 버러지와 같습니다	如塵蝹蜾
사문의 한 줄기 맥이	斯文一脉
끊어지게 되었으니	到得墜墮
영령께서 굽어보신다면	尊靈有臨
어찌 근심 걱정이 없을 수 있겠습니까	將無憂恤
부디 영령께서는	庶勞英爽
묵묵히 도와주시어	默賜冥騭
남은 실마리를 이어가서	俾紬遺緖
이 세상을 선하게 할 수 있게 해주소서	以淑斯世

628 자강(子岡)이……말았습니다 : 자강은 이봉수(李鳳秀, 1778~1847)의 자이다. 이봉수는 1847년 2월에 별세하였다.

629 음을……끊어졌습니다 : 지기를 잃은 것을 말하는바, 자세한 내용은 384쪽 주156 참조.

박괘(剝卦)의 석과(碩果)[630]와 같고	如果於剝
어둔 밤중의 혜성과 같아서	若昏之嘒
참된 전함을 오래 이어가	用壽眞傳
우리 도가 영원히 힘입기를 바랍니다	吾道永賴
세월이 흘러 기한이 되어	日月有期
어느덧 안장할 때가 되었습니다	窀穸奄屆
정의(情誼)상 마땅히 달려가서	誼當匍匐
광풍제월(光風霽月)[631]을 뵈어야 하지만	載瞻光霽
병들어 힘쓸 수가 없으니	病莫爲力
인정(人情)과 예문(禮文)이 모두 상실되었습니다	情禮俱喪
평소 지우를 입었던 것을	平生知遇
끝내 잊을 수가 없습니다	終不可忘
미련한 흙이 무엇을 알겠습니까	頑土何知
예로부터 아득하였습니다	從古蒼茫
가성[632]을 멀리 바라봄에	目斷佳城

630 박괘(剝卦)의 석과(碩果) : 자세한 내용은 503쪽 주466 참조.

631 광풍제월(光風霽月) : 비갠 뒤의 깨끗한 바람과 밝은 달처럼 맑은 인품을 말한다. 이 말은 황정견(黃庭堅)의 《산곡집(山谷集)》 권1 〈염계시(濂溪詩)〉의 서문에, "용릉 주무숙은 인품이 매우 높아서 흉중의 쇄락함이 마치 광풍제월과 같다.〔春陵周茂叔, 人品甚高, 胸中灑落, 如光風霽月.〕"라고 한데서 온 것이다. 주무숙은 주돈이(周敦頤)를 말한다.

632 가성(佳城) : 무덤을 뜻한다. 한(漢)나라 고조(高祖) 때의 명신 등공(滕公) 하후영(夏侯嬰)이 하루는 말을 타고 동도문(東都門)에 이르렀는데, 말이 가지 않고 발로 땅을 차기에 그곳을 파 보니 석곽(石槨) 하나가 나왔고, 여기에 "답답하던 가성이 3천 년 만에 태양을 보았네. 아, 등공이 이곳에 머물리라.〔佳城鬱鬱, 三千年見白日. 吁嗟!

눈물이 줄줄 흐릅니다	有淚浪浪
솜에 적신 술[633]을 올리니	奠依漬綿
술잔에 서글픈 생각을 다합니다	辭瀝于觴
아, 선생이여!	嗚呼先生
정성스런 마음을 굽어 살피소서	降格心香

滕公居此室.〕"라는 명문(銘文)이 새겨져 있었다. 이에 등공이 유언하여 자신이 죽은 뒤에 이곳에 장사지내게 하였다고 한다. 《西京雜記 卷4》

633 솜에 적신 술 : 솜은 술을 간편하게 휴대하기 위해 사용한 물건으로, 서치(徐穉)가 항상 자기 집에서 닭 한 마리를 굽고 솜 한 냥을 술에 담궜다가 볕에 말려 둔 뒤, 상사가 있을 때에 이것을 술 대신 사용하여 제사를 지낸 고사에서 온 말이다. 《後漢書 卷53 徐穉列傳》

금계 이공[634]에 대한 두 번째 제문 기유년(1849, 헌종15)

再祭襟溪李公文 己酉

아!	嗚呼
내가 공의 상에 곡한 지가	自我哭公
이제 삼년이 되었습니다	于今三年
삼년이라는 세월이 머물지 않아	三年不淹
마치 사마(駟馬)가 틈을 지나는 것처럼 빠르더군요	若隙駟然
생전에는 그리워해도 보지 못하니	思而不見
시간이 더디 흐르는 것을 괴로워했고	苦其遲延
만나서 함께 있으면 머물러 있기를 바라니	存而欲留
시간이 빨리 흐르는 것 같았습니다	覺其悤遄
그러나 해와 달이 흘러감에	日月居諸
어찌 빠르고 더딤이 있겠습니까	詎有進退
살아있는 사람 마음의	生者爲心
슬픈 한이 미칠 수 없어 그런 것입니다	哀恨靡逮
생각하건대 공은 평소에	念公素日
혼탁한 세상을 몹시도 싫어하였으니	苦厭濁世
혹시라도 사대[635]에 구속된 삶을	未或惜生

634 금계 이공 : 이봉수(李鳳秀, 1778~1847)로, 자는 자강, 호는 대은(大隱) 또는 금계(襟溪), 본관은 연안(延安)이다. 문집으로 《금계집》이 있다. 본집 본권에 1847년에 지은 첫 번째 제문이 실려 있으며 본집 권40에 묘지명이 실려 있다.

애석히 여기지 않을 것입니다　拘纏四大
비록 몸은 천명에 맡겼으나　縱軀委命
큰 조화(造化)와 짝이 되었으니　大化爲配
위로 찬란한 태양에 올라가서　上陟赫曦
인간 세상을 비추며 굽어보겠지요　照臨下界
경성과 경운[636]을　景星卿雲
사람들이 앞다투어 보며 즐거워하니　爭覩爲快
진세(塵世)를 굽어봄에　俯視塵寰
마음에 무슨 답답함이 있겠습니까　何有芥滯
정을 잊지 못하는 내 모습을 보며　拊掌笑我
손뼉 치며 웃고 있을 것입니다　不能忘情
그러나 나는 달관하지 못하여　我欠達觀
외롭고 쓸쓸함을 견딜 수가 없습니다.　叵耐伶仃
소매를 들고 눈물 훔치는 남은 슬픔에　擧袛餘悲
눈물이 다하고 목이 메니　淚盡呑聲
공처럼 소명한 사람을　何處更覯
어느 곳에서 다시 보겠습니까　如公昭明
소명함이 매우 밝으니　昭明有融
고명(高明)하여 잘 마치리로다[637]라고 하였으니　高朗令終

635 사대(四大) : 불교의 용어로, 만물을 이루는 네 가지 요소 즉 지(地)·수(水)·화(火)·풍(風)을 말하는데, 여기에서는 이 사대로 이루어진 몸을 가리켜 말한 것이다.

636 경성(景星)과 경운(慶雲) : 자세한 내용은 404쪽 주214 참조.

637 소명함이……마치리로다 : 《시경》 〈대아(大雅) 기취(旣醉)〉의 구절이다.

시인의 이 찬사가	詩人攸贊
내 마음을 말한 것입니다	道得我衷
말세의 학문하는 사람들은	末路爲學
이름만 따르고 실제를 잊는데	循名忘實
오직 공은 충신하였으니	惟公忠信
이는 빼어난 자질에 근본한 것입니다	本之異質
하사[638]들이 덕을 행함은	下士爲德
문이지 달이 아닌데[639]	以聞非達
오직 공은 몸을 숨겨서	惟公隱約
덕을 쌓고 드러내지 않았습니다	蘊而不泄
참됨을 쌓고 오래도록 힘을 쓰니[640]	眞積力久
겉으로는 괴로운 듯하나 속마음은 즐거웠고	外苦內悅
왼쪽에 곱자를 놓고 오른쪽에 먹줄을 놓음에	左矩右繩
엄숙함이 상제를 대하는 듯하였습니다[641]	儼若對越

638 하사(下士) : 수준 낮은 선비를 일컫는 말로, 《도덕경(道德經)》에 "상사는 도를 들으면 힘써 실천하고, 중사는 도를 들으면 보존하기도 하고 잃기도 하며, 하사는 도를 들으면 크게 비웃는다.〔上士聞道, 勤而行之; 中士聞道, 若存若亡; 下士聞道, 大笑之.〕"라고 한 데서 온 말이다.

639 문(聞)이지 달(達)이 아닌데 : '달(達)'은 내면의 덕이 밖으로 드러나 남들에게 신뢰를 받아 현달(顯達)하는 것이고, '문(聞)'은 내실과 상관없이 명성이 알려지는 것이다. 자세한 내용은 513쪽 주489 참조.

640 참됨을……쓰니 : 《순자(荀子)》 〈권학(勸學)〉의 "참됨을 쌓고 오래도록 힘을 써야만 학문의 경지에 들어갈 수 있으니, 학문은 죽음에 이른 뒤에야 그만두는 것이다.〔眞積力久則入, 學至乎沒而後止也.〕"라는 구절을 원용한 것이다.

641 상제를 대하는 듯하였습니다 : 《시경(詩經)》 〈주송(周頌) 청묘(淸廟)〉에 "하늘

자양[642]의 명리는	紫陽名理
광대하고 은미하고 치밀한데	廣大微密
오직 공이 이를 전공하여	惟公專門
부지런히 하고 힘썼습니다	克孳克矻
평생토록 수용하기를	受用平生
뱃속에서 끌어다 쓰듯이 하였고	若取腹笥
주소[643]를 마음에 두었으나	周邵玩心
자신을 내세우지 않았습니다	不自標置
옛사람을 벗 삼고[644] 사모하는 마음을 일으켜서	尙友興慕
그 분들에게 견줄 수 있게 되기를 생각하였습니다	意盖竊比
날로 새로워지고 위로 천리에 통달하여	日新上達
명과 실이 순수하였으니	名實純粹
천 길 높이 나는 봉황이요	鳳翔千仞
구층 깊은 못에 잠긴 용과 같았습니다	龍潛九淵
동시대의 인물을 두루 꼽아봄에	歷選幷世
누가 혹시라도 앞설 수 있겠습니까	疇能或先
그런데도 하늘은 이 원로 한분을 남겨두지 않았으니	不少憖遺
저 늙은 하늘이 원망스럽습니다	有憾老天

에 계신 상제를 대하고 사당에 계신 신주를 매우 분주히 받든다.〔對越在天, 駿奔走在廟.〕"라고 한 것을 원용한 것이다.

642 자양(紫陽) : 주희(朱熹)의 별호이다.

643 주소(周邵) : 북송의 학자 주돈이(周敦頤)와 소옹(邵雍)을 말한다.

644 옛사람을 벗 삼고 : 자세한 내용은 535쪽 주539 참조.

때마침 왔다가 때마침 떠나가서[645] 適來適去
흔적 없이 깨끗이 거두어갔습니다 斂却無跡
효성이 지극한 아드님이 胤子純孝
나에게 묘도의 명문을 부탁하였습니다 隧銘是屬
부끄러운 얼굴로 그 부탁을 받으니 汗顔承之
감히 덕을 안다고 말하겠습니까 敢云知德
공의 덕을 아는 자가 드무니 知德者希
누가 그 바른 법도를 알겠습니까 孰諦正矱
불이 곤륜산을 태울 적에 火炎崑岡
완전히 타지 않는 것은 옥뿐이고[646] 不燼惟玉
한겨울 매서운 바람에 大冬烈風
고고히 서있는 것은 외로운 측백나무입니다 孤高老柏
공은 본디 덕이 높아 불후가 될 것이니 公自不朽
나는 진실로 붓이 망가졌습니다 我實筆禿
사마온공(司馬溫公)과 범진(范鎭)의 옛 의리[647]로 馬范古義
뒤에 죽는 자의 책임을 다할 뿐입니다 塞後死責
사람과 거문고가 모두 없어졌으니[648] 人琴俱亡

645 때마침……떠나가서 : 천리에 순응하여 태어나고 죽음을 말한다. 자세한 내용은 483쪽 주416 참조.

646 불이……옥뿐이고 : 《서경(書經)》〈하서(夏書) 윤정(胤征)〉에 "불이 곤륜산 등마루를 태우면 옥과 돌이 모두 불탄다.〔火炎崑岡, 玉石俱焚.〕"라고 한 것을 전용한 것이다.

647 사마온공(司馬溫公)과……의리 : 자세한 내용은 562쪽 주611 참조.

648 사람과……없어졌으니 : 자세한 내용은 384쪽 주156 참조.

누구에게 가서 의지하겠습니까 誰與因極
선을 행하도록 도와주던 사람이 없어졌으니[649] 無爲爲善
내가 어디로 가겠습니까 緊我安適
인간 세상에 군더더기처럼 남아서 贅疣於世
온갖 병만 불어났습니다 疢疾滋毒
괴로운 바다에 표류하는 뗏목이 苦海飄筏
머물러 정박할 곳이 없습니다 靡所止泊
의리는 무궁하고 理義無窮
사변은 측량할 수 없으니 事變莫測
여러 의심과 많은 논란이 群疑衆難
마음에 답답하게 쌓여 있습니다 伊鬱襞積
어서 빨리 조화를 타고 가서 願速乘化
옛날처럼 합잠[650]을 하면서 盍簪猶昔
불평스런 심사 다 씻어내고 滌盡磈磊
심복에 쌓인 말 모두 펼쳐내고 싶습니다 披豁心腹
병든 목숨은 위태로워 癃喘危惙
물거품 같고 바람 앞의 등불 같으니 泡沫風燭
곡하기를 침문에서 그치고[651] 哭止寢門
끝내 달려가지 못했습니다 竟違匍匐

649 선을……없어졌으니 : 자세한 내용은 406쪽 주220 참조.

650 합잠(盍簪) : 자세한 내용은 540쪽 주556 참조.

651 곡하기를 침문에서 그치고 : 붕우에게 곡함을 말한다. 자세한 내용은 518쪽 주496 참조.

일어나고자 하나 도로 쓰려져서	欲起還仆
스스로 힘을 쓸 수가 없으니	奈莫自力
전현(前賢)의	有愧前脩
생꼴 한 다발에 부끄럽습니다[652]	生芻一束
한번의 통곡을 하지 못하니	罔展一慟
남은 한이 사라지지 않습니다	遺恨不泐
옥 같은 낯빛과 종소리 같은 음성[653]이	玉色金聲
자나 깨나 마음과 눈에 선하지만	寤寐心目
구천(九泉)의 길은 깊고 깊어서	九重泉路
다시 만날 수가 없습니다	無從更覿
상생을 영원히 철거함이	永撤象生
오늘밤이 그 기한이니	限以斯夕
한번 이별로 만고에 헤어짐에	一別萬古
하늘을 보니 아득하고 아득합니다	視天漠漠
공의 죽음을 내 슬퍼하니	公逝我哀
내 죽음은 누가 곡해주겠습니까	我死誰哭
지기를 위하여 애통해하여	爲知己慟
마음속 슬픔을 하소연합니다	用愬寸臆
신의 이치는 매우 밝으니	神理孔炯
내 마음의 슬픔 알아주겠지요	爲我心惻

652 전현(前賢)의……부끄럽습니다 : 직접 조문하지 못하여 부끄럽다는 말이다. 생꼴 한 다발은 소박한 제수를 의미하는 것으로, 자세한 내용은 507쪽 주474 참조.

653 옥……음성 : 자세한 내용은 568쪽 주625 참조.

심군헌[654]에 대한 제문 기유년(1849, 헌종15)
祭沈君憲文 己酉

아, 군헌이여!	嗟嗟君憲
그대는 죽어서 어디로 갔는가	子死何之
내 그대를 보지 못한 뒤로	自我不見
물건이 바뀌고 별자리가 옮겼으니[655]	物換星移
오래되지 않은 것은 아니지만	非曰不久
여전히 반신반의하네	尙置然疑
마치 잠에서 깨기를 기다리는 듯하고	如候夢覺
길 떠났다가 돌아오는 사람 기다리는 듯하네	若待行歸
천지의 조화(造化)가 아득하고 아득하니	大化冥漠
그림자와 메아리가 희미하고 희미하네	影響依依
내 이제 그대와	吾今與子
유명이 크게 갈라지게 되었네	大判幽明

654 심군헌(沈君憲) : 심의덕(沈宜德, 1804~1848)로, 본관은 청송(靑松), 자는 군헌(君憲)이다. 생부는 심능용(沈能容)이고 심능백(沈能百)에게 출계하였다. 홍직필의 문인으로 유신환(兪莘煥)·심규택(沈奎澤)·홍한주(洪翰周) 등과 교유하였다. 1831년(순조31) 진사시에 합격하였고, 대사헌과 좨주에 추증되었다. 《承政院日記 高宗 22年 3月 20日》

655 물건이……옮겨가니 : 해가 바뀜을 말한다. 당나라 왕발(王勃)의 〈등왕각서(滕王閣序)〉의 시에 "한가로운 구름과 연못 그림자가 날로 아득하니, 물건이 바뀌고 별자리가 옮긴 것이 몇 해나 지났는가?〔閑雲潭影日悠悠, 物換星移幾度秋?〕"라고 하였다. 《古文眞寶後集 卷2》

사람이 정해진 명이 있는 것은　人有定命
이미 처음 태어났을 때부터이니　已自初生
뒤에 죽든 앞에 죽든 한번 죽는 것을　一死後先
누가 이 법칙을 면할 수 있겠는가　疇免斯程
만일 수명을 빌려주었다면　苟假年壽
함께 백세를 누리겠지만　共享百齡
주야가 교대하는 것과 같은 이치[656]　夜晝一理
어찌 원망할 것이 있겠는가　何所怨尤
향기로운 난초 참으로 무성하고　芳蘭正苞
아름다운 이삭 막 빼어나니　嘉穟方油
바람과 서리가 꺾는 것을　風霜摧折
일찍이 근심하지 않았네　曾所不憂
성인의 가르침 상고해보건대　粤稽聖訓
인자는 반드시 장수한다 하셨으니[657]　仁者必壽
그대처럼 온화하고 어진 사람　如子溫良
마땅히 신의 도움을 받아야 할 것이요　宜蒙神佑

656 주야(晝夜)가……이치 : 생사의 이치가 주야가 교대하는 이치와 같다는 말로, 낮이 되면 밤이 오고 밤이 되면 낮이 오는 것처럼 살다가 죽음을 맞는 것이 자연스러운 이치라는 의미이다. 《장자(莊子)》 〈대종사(大宗師)〉에 "죽고 사는 것은 명이다. 죽고 사는 것에 밤낮처럼 일정함이 있는 것은 천리인지라 사람이 관여할 수 없는 바가 있으니, 이것이 사물의 실정이다.〔死生, 命也. 其有夜旦之常, 天也, 人之有所不得與, 皆物之情也.〕"라고 하였고, 같은 책 〈지락(至樂)〉에 "사생은 주야의 교대와 같다.〔死生爲晝夜.〕"라고 하였다.

657 성인의……하셨으니 : 성인은 공자를 가리킨다. 《논어》 〈옹야(雍也)〉에 "지자(智者)는 낙천적이고 인자는 장수한다.〔知者樂, 仁者壽.〕"라는 공자의 말이 보인다.

사람들이 또 말하기를	人亦有言
허약한 사람은 쉽게 요절한다 하니	虛者易殀
그대처럼 단정하고 의젓한 사람이	如子端凝
어찌 멀리 이르지 못하였단 말인가	胡嗇遠到
뜻과 사업을 끝까지 펼쳐서	罔究志業
우리 도를 빛나게 하지 못하였네	用光吾道
일이 어긋나고 이치가 잘못되니	事謬理舛
하늘을 봄에 아득하고 아득하네	視天窅窅
생각건대 그대는 소년 시절에	念子妙齡
재기가 빼어나서	才氣俊逸
웅장하고 화려한 문장이	雄詞麗藻
구름이 일어나는 듯 노을이 타오르는 듯하였네	雲興霞蔚
온 세상의 교유하는 사람을 굴복시킴이	交遊伏世
다만 시문뿐만이 아니었으나	非直聲律
높이 읍하고 떠나가 은둔하려는 처음 뜻을 이루어서	高揖遂初
화려함을 거두고 실제에 나아갔네	斂華就實
오직 고정[658]의 책은	惟考亭書
바다가 만물을 포용하고 땅이 만물을 싣는 것과 같았는데	海涵地負
그대는 여기에 힘을 펼쳐서	子肆其力
피부를 벗겨내어 골수에 들어갔으니	洞剝膚腠

658 고정(考亭) : 주희(朱熹)를 이른다. 고정은 복건성(福建省) 건양현(建陽縣)에 있는 지명인데 주희가 여기에 살았으므로 이렇게 일컫는 것이다.

그 문을 얻지 못했다면	不得其門
어떻게 그 많음을 보았겠는가[659]	曷觀庶富
통달하고 외는 것을	通貫誦數
마음으로 하였지 입으로만 한 것이 아니었네	以心非口
사이사이에 삼례[660]를 전공하여	間治三禮
회와 불고기처럼 좋아하니	嗜若膾炙
자나 깨나 연구하여	寤寐鑽研
밤낮으로 쉬지 않았네	繼晝以夜
주자와 황면재(黃勉齋)를 따라 기술하고[661]	遵述朱黃
정현(鄭玄)과 가공언(賈公彦)을 두루 통하였네[662]	旁通鄭賈
위의(威儀) 삼천 가지와 예의(禮儀) 삼백 가지에	三千三百
의례(疑禮)과 변례(變禮)가 많고 많으니	疑變繁委

659 그 문을……보았겠는가 : 노(魯)나라 대부 숙손 무숙(叔孫武叔)이 조정의 대부에게 "자공(子貢)이 중니(仲尼)보다 어질다."라고 하자 자복 경백(子服景伯)이 이를 자공에게 고하였는데, 자공이 "부자의 문장(門牆)은 두어 길이나 되기 때문에 그 문을 통하여 들어가지 않으면 종묘의 아름다움과 백관의 풍부함을 볼 수가 없다.〔夫子之墻數仞, 不得其門而入, 不見宗廟之美百官之富.〕"라고 하였는바, 이 말을 인용한 것이다. 《論語 子張》

660 삼례(三禮) : 《주례(周禮)》, 《의례(儀禮)》, 《예기(禮記)》를 가리킨다.

661 주자와……기술하고 : 황면재는 황간(黃幹)이다. 주자는 《의례경전통해(儀禮經傳通解)》를 지었고 황간은 《의례통해속(儀禮通解續)》을 지었는바, 《의례통해속》은 주희의 《의례경전통해》 중에 생전에 완성하지 못한 상례(喪禮)·제례(祭禮) 2편을 그 속편으로 편찬한 것이다.

662 정현(鄭玄)과……통하였네 : 정현과 가공언은 당나라 때의 경학가로, 십삼경 주소의 《주례주소(周禮注疏)》와 《의례주소(儀禮注疏)》는 정현의 주와 가공언의 소로 되어 있다.

여러 논란이 뒤섞여 분분하여　衆難棼如
절충하기가 쉽지 않았네　折衷不易
그러나 그대는 능히 전공하여　子能專門
명리에 마음을 다하여 연구하였네　刳心名理
조리가 분명하여　條緖井井
절로 하늘의 척도에 맞았고　自中天咫
물으면 바로 응해서　有叩斯應
시원하게 여유가 있었네　沛有餘地
넓고 넓은 큰 황하를　洪河浩漫
산보하며 널리 건넜으며　散步博涉
백가의 구류[663]를　百家九流
출입하여 섭렵하였네　出入蒐獵
이것을 발휘하여 문장을 지으니　發爲詞章
봄볕에 꽃이 피는 듯하였네　敷榮春曄
장차 돌이켜 요약해서[664]　將以反約
성실함을 세우고 업을 쌓아[665]　立誠居業

663 백가의 구류(九流) : 다양한 학술 유파를 일컫는 말이다. 자세한 내용은 560쪽 주608 참조.

664 장차 돌이켜 요약해서 : 《맹자(孟子)》 〈이루 하(離婁下)〉에 "널리 배우고 자세히 말하는 것은 장차 이를 돌이켜서 요약함을 말하고자 해서이다.〔博學而詳說之, 將以反說約也.〕"라고 한 것을 인용한 것이다.

665 성실함을……쌓아 : 《주역》 〈건괘(乾卦) 문언(文言)〉의 "군자는 덕을 진전시키고 업을 닦으니, 충신이 덕을 진전시키는 것이고, 수사에 그 성실함을 세움이 업을 쌓는 것이다.〔君子進德修業, 忠信所以進德也, 修辭立其誠, 所以居業也.〕"라는 구절을

지극한 덕으로 지극한 도를 응집하여[666]　至德凝道

몸을 감추고 스스로를 검속하였네　晦身自攝

또한 세상에 은둔하여　亦擬潛遯

영원히 남에게 고하지 않을 것을 맹세하려 하였네　永矢不告

이러한 뜻을 두고서 아직 이루지 못하였는데　有志未就

갑자기 불행이 이르렀네　遽至不淑

누가 조화의 자루를 잡고 있기에　誰秉化欛

이런 희극을 만들었는가　致此戲劇

기억하건대 그대가 나의 집 문을 두드린 것은　憶子款扉

현강[667]의 굽이였지　玄江之曲

북을 쳐 책상자를 열고서[668] 묻고 답하니　鼓篋叩鍾

그 뜻이 진실하고 돈독하였네　寄意眞篤

문장을 감상하고 뜻을 분석하며　賞文析義

아침저녁으로 함께 즐겼네[669]　樂與晨夕

원용한 것이다.

666 지극한……응집하여 : 《중용(中庸)》에 "만일 지극한 덕이 아니면 지극한 도가 응집되지 않는다.〔苟不至德, 至道不凝焉.〕"라고 한 것을 원용한 것이다.

667 현강(玄江) : 지금의 마포구 현석동(玄石洞) 지역을 말한다. 홍직필은 1835년에 현석동 소동루(小東樓)로 이사하였다. 《梅山集 卷53 年譜》

668 북을……열고서 : 강학하는 것을 말한다. 《예기》 〈학기(學記)〉에 "학교에 들어갈 적에 북을 쳐 선비들을 모아 책상자를 여는 것은 학업을 손순(遜順)히 하는 것이다.〔入學鼓篋, 孫其業也.〕"라고 한 데서 온 말이다.

669 문장을……즐겼네 : 도연명의 시 〈이거(移居)〉에 "예전부터 남촌에 살고 싶었으니 좋은 집터 찾으려 해서가 아니었네. 들으니 마음씨 착한 사람들 많다기에 아침저녁으로 자주 만나 즐기고 싶어서였지.……기이한 문장을 함께 감상하고 의심스러운 뜻을

걸음걸이가 여유로워 步趨雍容
법도에 맞았고 準以繩尺
마음이 확 트여 中扃洞豁
피차의 경계를 두지 않았네 不設關域
소리와 기운이 서로 감응하여[670] 聲氣相感
옷깃 여미고 탄복하였다오 斂衽以服
인도하고 도와주어 以引以翼
경계하고 책려함에 도움이 되었네 用資警策
내 나이가 다소 많다 하여 推一日長
그대 나를 돌아보고 스승 삼으니 子顧師我
육항(陸抗)이 되기를 사양하고 공손정(公孫丁)이 되기를 부끄러워하여[671]

함께 분석하네.〔昔欲居南村, 非爲卜其宅. 聞多素心人, 樂與數晨夕……奇文共欣賞, 疑義相與析.〕"라고 하였다.

670 소리와……감응하여 : 두 사람의 마음이 잘 맞았음을 말한 것이다. 자세한 내용은 541쪽 주559 참조.

671 육항(陸抗)이……부끄러워하여 : 스승은 제자를 벗으로 삼으려는데 제자가 사양하고 제자는 스승을 스승으로 삼으려는데 스승이 스스로 스승 되기 부족하다고 여기는 것이다. 당나라 한유(韓愈)가 제자 장철(張徹)에게 준 시에 "그대를 벗으로 삼자 하니 그대는 육항 되기를 사양하고, 나를 스승으로 받드는데 나는 공손정 되기가 부끄럽네.〔結友子讓抗 請師我慙丁〕"라고 한 데서 온 말이다.《韓昌黎集 卷2 答張徹詩》육항은 삼국시대 오(吳)나라 사람으로 그와 양호(羊祜)는 교분이 두터워 서로 깊게 믿었는바 육항이 양호에게 술을 보내자 양호는 의심 없이 그것을 마시고 양호가 육항에게 약을 보내자 육항 역시 의심 없이 약을 먹었다고 한다.《三國志 卷58 陸抗傳》공손정은 춘추시대에 활을 잘 쏘기로 유명했던 유공차(庾公差)의 스승으로, 유공차가 위 헌공(衛獻公)을 추격할 때 공손정이 그 수레를 몰고 있었는데 유공차가 "활을 쏘면 스승을 배반하

讓抗懸丁

스승의 자리 감당할 수가 없었네　　靡敢當座

천인 성명의 이치와　　天人性命

삼황오제, 왕도패도의 일　　皇王帝霸

치란흥망의 기미와　　治亂興替

행장용사의 도를　　行藏用舍

그 양단을 다하여 논해서　　兩竭其端

마치 선창하면 복창하는 듯이 하였네　　若唱有喏

술과 음식 차려놓은 고요하고 아름다운 때에　　樽俎靜嘉

훌륭한 의론으로 상하에 오르내렸네　　名論上下

간간이 술잔을 들고 시를 읊어서　　以間觴詠

마음 다해 쏟아내었지　　盡情陶寫

하늘을 나는 솔개와 연못에서 뛰노는 물고기[672]　　飛鳶潛魚

밝은 달과 맑은 바람이　　朗月淸風

나의 참된 즐거움을 도와서　　助我眞樂

생기발랄하고 즐거움이 넘쳐났네　　潑潑融融

서울의 구름 낀 산이　　京洛雲山

비록 막혀 있었지만　　雖貽離隔

게 되고 활을 쏘지 않으면 죽임을 당하게 되니 활을 쏘는 것이 예에 맞는다."라고 하고 멍에에 두 대의 화살을 쏘아 맞혔다고 한다.《春秋左氏傳 襄公 14年》

672 하늘을……물고기 : 도(道)가 하늘 끝에서 깊은 못 속까지 환하게 드러남을 형용한 말로, 《시경》〈대아(大雅) 한록(旱麓)〉에 "솔개는 날아 하늘에 이르고 물고기는 연못에서 뛰논다.〔鳶飛戾天, 魚躍于淵.〕"라고 하였는데, 《중용》에서 이 시를 인용하고 "이는 상하의 이치가 밝게 드러남을 말한 것이다.〔言其上下察也.〕"라고 하였다.

기약하지 않아도 기약한 것처럼	不期爲期
한 달에 두 번씩 찾아왔네	月再踐約
맑은 낮 물가의 누대에서	水榭淸晝
강연하는 자리 펼치니	中闢講席
육경(六經)의 정미하고 깊은 뜻과	六籍精蘊
온갖 조화(造化)의 요체를	萬化機軸
그대의 묘한 말을 따라	從子妙諦
그 귀결이 서로 합하였네	會其歸極
혹시라도 누가 먼저 아침이슬처럼 사라져서	恐先朝露
이 즐거움을 이어가지 못할까 염려했었지	此樂不續
병들고 쇠잔하여 위태로운 이 목숨	癃喘危惙
바람에 흔들리는 촛불처럼 다하기를 기다리니	待盡風燭
나 죽은 뒤의 일을	將此後事
그대에게 부탁하려 하였는데	惟子是托
어찌하여 조금 머무르지 않고서	胡不少留
신을 벗어버리듯이 이렇게 바삐 떠나갔는가	脫屣斯迫
비록 나는 돌아보지 않더라도	縱我不顧
자친(慈親)을 차마 두고 가겠는가	忍辭慈闈
백발의 노모가 하늘에 부르짖으니	鶴髮號天
눈물이 말라 뿌릴 수 없고	無淚可揮
고아는 슬퍼서 경황이 없으니	孤胤皇皇
대낮인데도 햇빛이 밝지 못하네	晝日無暉
파평산은 높고 높고	坡峀嵯峨
임진강은 넘실넘실한데	臨江蕩潏

새벽하늘 비바람에 曉天風雨
붉은 명정이 휘날리네 丹旌飄拂
그 정분을 상상해봄에 想像情界
내 창자가 끊어지려 하네 寸腔欲折
어떤 귀신이 차마 이렇게 했는고 何鬼忍此
비색한 운수를 어찌하랴 奈運之閼
그대는 이제 영원히 편안하겠지만 子今永休
남아있는 나의 삶이 가련하네 可哀吾生
금계[673]를 잃은 뒤로부터 自喪襟溪
형체를 잃은 그림자와 같았는데 如影失形
그대 또한 가버리니 子又云亡
내 오른팔 잘려나간 듯하네[674] 割我右臂
아득하고 아득한 우주에 茫茫宇宙
음을 알아줄 사람 영영 끊어졌네[675] 賞音永墜
공자는 애통해하며 나를 망하게 한다고 탄식하였고[676] 孔恫喪予
백아(伯牙)는 종자기(鍾子期)의 죽음을 슬퍼하며 줄을 끊어버렸네 鍾悲絶絃

673 금계(襟溪) : 이봉수(李鳳秀, 1778～1847)의 호이다. 이봉수는 1847년 2월에 별세하였다.

674 내……듯하네 : 자세한 내용은 541쪽 주560 참조.

675 음을……끊어졌네 : 자세한 내용은 384쪽 주156 참조.

676 공자는……탄식하였고 : 안연(顔淵)이 죽자 공자는 "아! 하늘이 나를 망하게 하였구나! 하늘이 나를 망하게 하였구나!〔噫! 天喪予! 天喪予!〕"라고 하며 탄식하였다. 《論語 先進》

지기 잃은 통곡을	知己之哭
저 늙은 하늘에 따져 묻노라	致詰老天
어디서 오게 할 수 있겠는가	何處得來
그대처럼 밝고 밝은 사람을	如子昭朗
밝게 빛나는 훌륭한 덕을	昭朗令德
죽은들 잊을 수 있겠는가	沒世可忘
세월이 머물지 않아서	日月不淹
상여에 멍에하게 되었네	載戒靈輀
구천(九泉)의 길 아득하고 아득하니	泉路冥冥
다시 돌아올 기약이 없네	無復來期
나는 죽을 날이 가까워	緊我濱死
자취가 매어놓은 듯하니	其跡如縻
정신 기운으로 감통하여	神氣感通
나의 슬픔을 알아줄 것이네	庶諒我悲
초상에 달려가 영구를 어루만지지 못하였는데	喪不撫柩
장례에도 상여 줄을 잡지 못하네	葬違相紼
제문을 봉함해 사람을 보내어 대신 술잔을 올리니	緘辭替酹
늙은이 눈물이 다하려하네	老淚如渴
아, 군헌이여!	嗟嗟君憲
만고에 영원히 결별하노라	萬古長訣
통한이 마음에 가득하여	痛恨弸中
말로 다 형용하지 못하노라	言不能畢

지은이 **홍직필(洪直弼)**

1776년(영조52) 6월 13일 신시(申時)에 한성의 주자동(鑄字洞)에서 태어나 1852년(철종3) 7월 17일 유시(酉時)에 노호(鷺湖)의 노의정사(蘆漪精舍)에서 향년 77세로 세상을 떠났다. 초명은 긍필(兢弼), 자는 백응(伯應)·백림(伯臨), 호는 매산(梅山), 본관은 남양(南陽)이며, 시호는 문경(文敬)이다. 평생 출사하지 않고 학문 강학에 힘써 근재(近齋) 박윤원(朴胤源) 문하에서 그 학맥을 계승하고 이를 후대에 전한 노론(老論) 낙론(洛論)의 핵심 사상가이자 문인 교육자이다. 학문은 박윤원 외에도 노주(老洲) 오희상(吳熙常)의 영향을 많이 받았으며 문하의 제자로 전재(全齋) 임헌회(任憲晦), 중암(重菴) 김평묵(金平默) 등이 있다.

옮긴이

김창효(金昌孝)

1956년 전남 장흥에서 태어났다. 고려대학교 행정학과를 졸업하였다. 민족문화추진회 국역연수원 연수부 및 일반연구부를 졸업하였으며, 현재 해동경사연구소 선임연구원으로 재직하고 있다. 번역서로는 《도곡집》(공역)이 있다.

김성은(金成恩)

1986년 서울에서 태어났다. 연세대학교 국어국문학과를 졸업하고 동 대학원 국어국문학과에서 석사학위를 취득하고 박사과정을 수료하였다. 한국고전번역원 부설 고전번역교육원의 연수과정과 전문과정을 마쳤다. 현재 성신여자대학교 고전연구소 연구원으로 재직하고 있다.

신상후(申相厚)

1981년 서울에서 태어났다. 이화여자대학교 철학과를 졸업하고 동 대학원 철학과에서 석사학위와 박사학위를 취득하였다. 한국고전번역원 부설 고전번역교육원의 연수과정과 전문과정을 마쳤다. 성신여자대학교 고전연구소 연구원을 지냈고, 현재 이화여자대학교 철학과 강사로 재직하고 있다. 번역서로는 《주역정의》(공역), 《도곡집》(공역)이 있으며, 논문으로는 〈주희의 미발 지각론 연구〉, 〈조선조 낙학의 미발심론 연구〉, 〈왕필 『주역』 해석의 특징에 관한 연구〉, 〈강정일당의 공부론과 그 철학적 토대〉 등이 있다.

※ 각 권별 옮긴이는 권29 김창효, 권30 김성은, 권31 신상후이다.

권역별거점연구소협동번역사업 연구진

연구책임자 **신영주**(성신여자대학교 한문교육과 교수)
공동연구원 **김여주**(성신여자대학교 한문교육과 교수)
김용재(성신여자대학교 한문교육과 교수)
류준경(성신여자대학교 한문교육과 교수)
이종덕(한국고전번역원 부설 고전번역교육원 강사)
책임연구원 **성백효**
연 구 원 **김창효 김형석**
연석환 사경화
신상후 이영준
이정은 김성은
박희정
윤 문 **윤은숙**

매산집 11

홍직필 지음 | 김창효 · 김성은 · 신상후 옮김
2019년 12월 31일 초판 1쇄 발행
편집 · 발행 학자원
등록 2011.4.6 제2011-14호
주소 (05355) 서울시 강동구 천호대로 1121
전화 02-6403-1000 | 팩스 02-6338-1001 이메일 hakjaone@daum.net

값 40,000원
ISBN 979-11-6247-154-8 94810
979-11-87806-00-4 (세트)

게임 법무 & 정책을 위한

게임법

김윤명 지음

저자소개

남도의 니르바나 해남에서 태어난 김윤명은 두 아이의 아빠이자, 아내를 '허니'라고 부른다.
취미로 사진을 찍고 있다. 피사체는 주로 아내, 아이들 그리고 동네 풍경이다.

물맑은 양평의 도서관N하우스에서 산다. 정사서 1급 자격을 갖고 있다.
'도서관이 사람을 키운다'는 생각에 집에 도서관N을 두었다.
경기도 대표도서관의 사회적 공론화 작업에 참여하기도 했다.

경희대학교에서 저작권법으로 박사학위를 받았다.
경희대 법무대학원에서 저작권법, 게임법 등에 대해 강의하기도 했다.
이러닝과 저작권법, 포털과 리걸프레임, 소프트웨어와 리걸프레임, 인공지능과 리걸프레임 등의 책을 동료들과 같이 쓰거나 혼자 썼다.

엠파스, 네이버에서 포털과 게임 관련 법무, 정책 일을 했다.
과학기술정보통신부 산하 소프트웨어정책연구소(SPRi)에서 AI, SW, 데이터 관련 법제도에 대해 연구했다.
대한민국 국회 박정의원 보좌관으로 산업통산자원부, 중소벤처기업부, 특허청 등 소관 및 소프트웨어, 인공지능 관련 입법, 정책을 보좌했다.
경기도지사 후보 이재명 캠프에서 정책특보로, 새로운경기위원회(이재명 경기도지사 인수위원회)에서 전문위원으로 활동했다.
보좌관 시절, 작은 아이의 요청에 따라 육아휴직을 했고, 이후 의원면직했다.
'국회는 지옥같지만 재미있는 곳'이라는 얘기에 공감한다.

대통령소속 국가지식재산위원회 인공지능(AI) 특별위원회 활동으로 인공지능의 핵심인 데이터 관련 법제, 알고리즘의 공정성 등 신기술에 대한 이슈에 대해 고민하고 있다. 대한민국의 문화산업, 그리고 혁신성장에 대해 일조하고자 하는 마음이다.

지금은 국민게임 '애니팡'신화의 주역인 선데이토즈(SundayToz)에서 법무와 대외협력 일을 하고 있다. 아이들이 즐겨하는 게임은 아쿠아스토리이다.

게임 법무 & 정책을 위한

게임법

김윤명 지음

도서출판 홍릉

게임 법무 & 정책을 위한

게임법

인 쇄 : 2021년 1월 15일 초판 1쇄
발 행 : 2021년 1월 22일 초판 1쇄

저 자 : 김윤명
발행인 : 송 준
발행처 : 도서출판 홍릉
주 소 : 01093 서울시 강북구 인수봉로 50길 10
등 록 : 1976년 10월 21일 제5-66호

전 화 : 02-999-2274~5
팩 스 : 02-905-6729
e-mail : hongpub@hongpub.co.kr
http://www.hongpub.co.kr
ISBN : 979-11-5600-804-0(93000)

정 가 : 35,000원

추천사

게임산업은 '문화국가원리'의 토대에서…

대한민국은 문화국가입니다. 우리 헌법은 문화국가원리를 표방하고 있습니다. 자율적인 토대위에서 문화가 꽃피울 수 있도록 국가가 직접적인 관여를 하기보다는 구성원 누구라도 문화 창작활동을 할 수 있거나, 문화 이용활동을 할 수 있도록 인프라를 만들어주는 것입니다. 자율적으로 만들고 이용하면서 새로운 가치를 찾아가고, 또 경험함으로써 보다 나은 문화적 결과물을 만들어내는 것입니다. 이처럼, 문화(文化)라는 말은 우리 스스로의 가치를 높여주는 말입니다. 누구나 자신이 원하는 문화를 누릴 수 있다는 것은 그만큼 우리사회가 성숙해져있다는 의미가 아닐까 싶습니다.

해외에 진출한 자랑스러운 우리문화를 K-culture(한류)라고 합니다. '사블(사랑의 불시착)'이라는 드라마가 넷플릭스를 통해 전세계로 퍼져나가고 있습니다. 기생충이 아카데미상을 수상한 것은 우리 문화에 축적된 힘이 발현된 것입니다. BTS는 아미라는 전세계적인 팬을 만들었습니다. 글로벌한 영향력을 행사하는 그룹이 된 것이지요. 그동안 경험해보지 못한 대한민국의 영화와 음악에 대해 세계시민 누구라도 환호하고 있습니다.

1990년대 중반, 지금의 음악과 영화가 K-culture에 합류하기 훨씬 전 글로벌 산업으로 등장한 것이 게임이었습니다. 게임은 누구라도 자유롭게 자신의 여가를 위해, 오락을 위해 즐기는 문화입니다. PC방에서 즐기던 게임이 비록 '스타크래프트'라는 외국계 게임이었지만, 이러한 문화 향유의 과정에서 최초의 온라인게임인 '바람의 나라'가 만들어졌습니다. 우리만의 게임이 만들어진 것입니다. 외국에서 얻는 로열티도 다른 분야의 수출액을 넘어서기도 했습니다.

거대한 중국시장에서 우리 게임은 성공한 바 있습니다. 대표적으로 스마일게이트의 '크로스파이어'를 들 수 있습니다. 중국시장에서 우리 게임이 성장하고, 얻은 이익을 국내 게임에 투자함으로써 선순환적 발전이 이루어질 수 있었습니다. 네이버와 한게임이 합병한 NHN 역시, 최초의 부분유료화 모델을 성공시키기도 했습니다. 한게임이 없었다면, 지금의 네이버도 없었을지도 모릅니다.

그러나 어느 순간 게임에 환호화던 사회적 반응이 바뀌기 시작했습니다.

게임에 중독됨으로써 규제를 해야한다는 논리가 강하게 제기된 것입니다. 청소년들의 수면권을 방해한다는 주장이 제기되었고, 헌법재판소에 위헌 소송이 제기되기도 했습니다. 그렇지만, 지금의 청소년들이 게임을 회피처로 인식하는 것은 아니라고 봅니다. 현실을 도피하는 것도 아닙니다. 스트레스를 푸는 하나의 방법이 게임에 불과한 것입니다. 게임규제가 아닌 무엇보다도 청소년들이 자신의 꿈을 키우고, 창의적인 사고를 할 수 있는 환경이 마련되어야 합니다. 경험함으로써, 온전한 자아를 발견하고 더 새로운 문화를 형성할 수 있는 기반이 되는 것이라고 봅니다.

문화라는 것은 국가가 의도해서 만들어지는 것은 아니라고 봅니다. 게임의 셧다운이 아닌, 게임이 과연 해로운 것인지 판단할 수 있는 능력을 키워주는 것이 국가의 역할이 아닐까 합니다. 청소년으로서 마땅히 누려야할 행복, 그 행복의 가치를 보장하는 것이 행복추구권입니다. 그것이 바로 국가의 책무인 것입니다.

저도 국회문화체육관광위원회 간사 위원으로서 문화에 대한 이해의 폭을 넓히고, 게임을 포함한 콘텐츠, 문화산업 등에 대한 관심을 높여가고자 합니다. 20대 국회에서는 산업통상자원중소벤처기업위원회 위원으로 활동하면서 중국진출을 위한 방안을 마련하도록 유관부처에 요청하기도 했습니다. 이제 국회에서도 국내 게임산업이 중국을 포함한 글로벌 시장에 진출할 수 있도록 물심양면으로 지원하고자 합니다.

앞으로 우리나라가 성장해나가야할 분야의 핵심 키워드는 문화라고 봅니다. 차별 없이, 공정하게 문화적 토대가 마련되고, 게임 등 관련산업이 성장할 수 있도록 정책과 입법을 추진해갈 것입니다.

게임산업에 대한 관심과 애정을 가진 김윤명 박사의 《게임법》은 게임, 넓게는 문화에 대한 오해를 바꾸어줄 수 있을 것이라고 봅니다. 국민게임 애니팡을 만든 선데이토즈에 있는 김윤명 박사는 20대 국회에서 저의 보좌관으로서 같이 하였습니다. 국회에서도 몇 되지 않은 육아휴직으로 다른 길을 갔지만, 기회가 되면 게임분야, 문화분야 전문가로서 같이 일할 수 있을 것입니다.

아빠로서 애틋함이 본문에 실린 아이들 사진에 비춰집니다. 《게임법》의 출간을 진심으로 축하합니다. 널리 일독을 권합니다.

국회의원 **박 정**

추천사

게임은 놀이의 다름이 아니다!

게임의 시대, 게임이 갖는 의미는 누구나 즐길 수 있어야 하는 놀이라는 점입니다.

우리 세시풍습에는 길쌈놀이, 강강술래, 팽이치기, 제기차기 놀이 등 여러 가지 전통놀이가 있습니다. 어른들의 놀이, 아이들의 놀이 등 다양합니다. 우리민족은 놀이를 통하여 사회적 관계를 유연하게 하거나 또는 지속적으로 유지해왔습니다. 잘 놀면서 새로운 경험을 하고, 그러한 경험이 누적되면서 문화적 가치가 쌓였다고 봅니다. 이러한 놀이문화가 문화강국 대한민국을 만들었다고 해도 과언이 아닐 것입니다.

한편으로 인터넷에 과감한 투자로 인터넷 강국이 되었던 것도, 다양한 정보공유가 가능해지면서 새로운 창작의 가치를 만들어낼 수 있는 기반이 되었다고 봅니다. 이 과정에서 우리는 '온라인게임'을 만들어냈습니다. 누구라도 고개를 끄덕일 산업의 한 축이 되었습니다.

제조분야의 수출보다, 더 높은 부가가치를 해외에서 창출하는 게임산업은 다양한 요소의 결합이자 시너지를 가져오는 산업이기도 합니다. 게임 스토리 제작, SW 개발, 음향 및 영상 등의 그래픽과 디자인을 포함하여, 서버의 운영이나 이용자 접점의 CS 등 다양한 분야의 인력이 참여하며 만들어내는 종합예술이라고 해도 과언이 아닐 것입니다. 이러한 이유 때문에 국회에서는 〈문화예술진흥법〉을 개정하여, 게임도 당당한 문화예술의 범주에 포함시키려는 논의가 지속되어오고 있습니다. 이처럼 게임산업은 문화예술분야의 사람을 키우는 산업이기도 합니다.

이제 게임은 문화예술로서, 종사하는 게임인은 문화예술인으로서 대우받아야 합니다.

물론, 게임의 긍정적인 요소만을 보기에는 〈바다이야기〉가 게임산업에 미친 원죄는 큽니다. 전성기에 비해 아케이드 게임 시장이 거의 소멸되었다고 해도 과언이 아니기 때문입니다. 게임에 대한 인식도 '사행성게임물'이라는 프레임이 씌워지기도 했습니다.

그럼에도 한 가지 고민스러운 것은, 게임물이 갖는 사행성 요소에 대한 돌파구가 마련될 필요가 있다는 것입니다. 웹보드게임물에는 인간이 가지고있는 요행수에 대한 욕망이 반영되어 있습니다. 인류의 역사에서 도박이 갖고있는 문제는 작지 않지만, 엄격한 사후관리가 가능하다면 제도권으로 편입시켜야할 필요가 있습니다. 예를 들면 폐광지역 경제를 살리기 위해 내국인의 카지노 출입을 허용한 것이나, 국민의 여가생활을 위해 허용되는 경마처럼, 사행성이 있지만 긍정의 효과를 높이면서 관리가능한 여가로서 게임을 확대하는 것은 문화의 다양성 만큼 중요한 것이 아닐까 합니다.

아케이드 게임으로 인한 역사적 문제에 대해 부인할 수는 없지만, 게임이 가지고 있는 여가문화라는 긍정적 효과를 이제는 아케이드 게임에도 확대시킬 필요가 있습니다. VR이나 AR을 접목시키고, 가족단위의 게임문화를 확대시키기 위한 노력이 필요한 것입니다. 이러한 과정에서 아케이드 게임에 대한 인식도 개선될 것으로 기대합니다.

중독 이슈나 셧다운제를 포함하여, 게임에 대한 다양한 규제가 있습니다. 산업진흥 없는 규제는 해당 산업의 성장을 어렵게 할 것입니다. 지금이야 성장하고 있지만 어느 순간 어려운 상황에 직면할 수도 있다고 봅니다. 산업의 진흥을 위해서는 규제 혁신이 필요한 이유입니다.

게임물관리위원회 위원장으로서 '그림자규제'라고 알려진 성인의 게임물 월간 결제한도를 주무부처와 함께 폐지하기도 했습니다. 다양한 교육을 통하여 게임에 대한 인식을 개선하기도 했습니다. 우리나라의 게임정책을 선도하고자, 위원회 내에 정책연구소를 만들기도 했습니다. 이제는 더 나은 게임산업의 성장을 위해 다양한 전문가들이 참여하는 협의체에서 게임의 나아갈 방향을 찾는 의미있는 작업이 필요한 때라고 생각합니다. 정부도 콘텐츠 산업에 대한 투자를 약속했습니다만, 이를 지속적으로 지켜갈 수 있는 법과 제도가 뒷받침되어야할 것입니다.

딱 이러한 시점에서 김윤명 박사의 《게임법》은 중요한 이정표가 되지 않을까 생각을 합니다. 게임에 대한 문화적 가치와 인식에 대해 《게임법》에서 다루고 있습니다. 법률 서적이지만, 게임에 대한 인문학적 고민도 작지 않게 담고 있어 반갑기 그지없었습니다. 게임에 대한 관심과 애정이 담겨있는 책이라고 생각됩니다. 비대면 시대, 출판환경이 녹록치 않는 환경에서도 출간을 허락해주신 출판사에도 고마운 마음 전합니다.

게임물관리위원회 위원장으로 대한민국의 게임을 넘어, 글로벌 시장에서 우리 게임이 성장할 수 있도록 지원하겠습니다.

김박사님, 축하해요!

게임물관리위원회 위원장 **이 재 홍**

Insert coin V. 1.0 (2014)

'게임은 재미를 통해 사람을 행복하게 한다'는 것을 경험한 1983년 중학교 1학년, 학교 부근 오락실. 50원짜리 동전을 넣고 갤러그 게임기의 둥그런 시작 버튼을 누른다. 갤러그 고유의 영상과 음향이 로드된다. 디지털 게임에 접한 최초의 게임물이었다. 여전히 그 생경한 기억은 뇌리에 각인되어 있다. 지금은 오락실에서 찾아보기 어렵지만, 인터넷에는 갤러그의 시작부터 종료까지 설계된 음향효과 파일을 쉽게 찾을 수 있다. 갤러그의 단조로운 영상이나 음향과는 달리, 세련되고 근사하게 만들어진 게임기를 통해 더욱 자극적인 게임물이 이용에 제공되고 있다. 그러나 변치 않는 명제가 있다.

게임은 놀이라는 점이다. 즐겁고, 재미있게 노는 일인 놀이는 게임의 다른 이름이다. 온종일 노는 일은 지겨울 새가 없다. 놀이는 인간의 본성이다. 갓 태어난 아이도 부모와 눈을 맞추는 놀이를 하거나, 까르르 웃으면서 놀이를 한다. 이처럼 사람은 본능에 따라 놀이를 즐긴다. 게임은 게임물이라는 매체에 담겨 유통된다. 이렇게 매체에 담긴 게임물은 미디어가 되어 간다.

미디어로서 게임물은 다양한 메시지를 담고 있다. 게임물 자체에 담겨있는 것도 메시지이지만, 게임물을 통해 확산되는 다양한 이슈가 만들어짐으로써 게임물은 커뮤니케이션의 중요한 대상이 되고 있다. 이처럼 게임이 미디어로서 역할을 함에도 불구하고 실제 게임을 이용하는 사람들 사이에는 커뮤니케이션이 부족한 것 같다. 이 책《게임법》은 게임과 관련된 법적, 제도적 이슈에 대해 널리 알리고자 하는 취지의 글이다. 게임산업법을 얘기하면 게임물의 규제, 사행성, 도박, 중독 등 부정적 이슈들이 쏟아져 나온다. 법학이 이렇게 부정적일 수 있겠구나 싶은 분야가 게임법학이 아닐까 싶다. 그러나 법학은 어느 일면만 보는 학문이 아

달걀 까기 놀이 ©5월의 바람(2014)[1]

레고 놀이 ©5월의 바람(2014)[2]

---

1 아이들은 음식을 먹는 행위도 하나의 놀이로 만들 수 있는 능력을 갖고 있다!

2 스스로 만드는 것의 대표적인 레고놀이는 아이들의 상상력을 자극하고, 실제 만들어내는 성취감을 맛보게 한다.

몰입: 진지함 ©5월의 바람(2014)

니다. 법학은 실용적인 학문이기도 하다.

법학은 가장 인간적인 가치를 추구하는 학문이다. 게임법학도 마찬가지이다. 게임과 관련된 인문적 가치를 찾는 것을 목적으로 하는 학문으로 이해할 수 있다. 이런 맥락에서 볼 때, 게임법학이라는 표현은 그리 낯설지 않다. '신데렐라법'으로 알려진 강제적 셧다운제, 몰입의 또 다른 프레임으로서의 중독 등 게임 관련 수많은 이슈가 게임에 대한 법률적인 문제로 수렴되고 있기 때문이다.

특히 의도적인 중독 프레임은 사회적으로 작지 않은 논란을 일으키고 있다. 게임이 갖는 효용에도 불구하고, 사회적 이슈가 발생했을 때 언론사나 이해관계자가 찾는 그 원인은 '게임'이라는 것이다. 총기사고의 원인, 폭행사건의 이유, 수업에 등한시하거나 성적이 떨어지거나 하는 것은 모두 게임 때문이라고 단정한다. 정말 게임이 원인일까? 현상에 대한 제대로 된 이해 없이 게임이 원인이라고 단정짓는 것은 과연 합리적일까? 결과에 대한 관심도 좋지만, 그 원인을 찾는 것이 더 중요하다. 왜 사람들이 게임을 즐기는지에 대한 관심을 가져볼 필요가 있다. 게임에 대한 논란이 있으면 주무 부처는 깊이 있는 연구를 해야 한다.

게임관련법은 중독 이슈를 포함하여, 저작권 이슈, 서비스 이슈 등 다양한 법률의 집합이다. 게임산업법, 청소년 보호법, 저작권법 및 상표법, 정보통신망 이용촉진 및 정보보호 등에 관한 법률, 전자상거래소비자보호법, 약관법, 민법, 형법, 헌법, 사행행위 등 규제 및 처벌 특례법, 공정거래법 등 많은 법률이 직간접적으로 관여하고 있기 때문이다. 게임법학을 이루어도 충분할 정도다. 관련 판례도 다수 축적되고 있다. 상당수 판례가 사행성게임물과 관련된 것이기는 하지만 등급분류나 저작권 등 지식재산권 관련 내용도 나오고 있다. 게임 관련 논문도 마찬가지이다. 기존 학회 이외에도 여러 관련 학회가 조직되고 있으며, 관련 서적도 발간되고 있다. 본서도 이러한 의미에서 게임법학을 이루는 기본적인 내용을 담아내고자 한다. 본 서는 8개의 장과 21개의 절로 구성되었고, 좀 더 구체적이고 다양한 실무적이면서도 이론적인 내용을 담아내고 있다. 게임법학의 집대성을 하고자 하는 욕심도 담겨있다.

이런 취지에서 본서는 게임법학을 위한 이론적, 실무적 관점에서 집필되었다. 엠파스, 네이버, NHN 등 인터넷 및 게임업계에서만 10년(2003.9~2014.3) 넘게 근무하면서 경험한 내용을 중심으로 하였다.

2013년을 정점으로 게임규제 등이 강하게 이루어지고 있는 시점에서 필자는 여러 가지 논문이나 발표를 통해, 게임규제의 문제점을 지적해 왔으나 역부족이었다. 게임업계는 스스로 자신의 목소리를 내지 않았다. 대표나 임원들이 적극적으로 나서야 했으나, 그렇지 못했다. 지금도 여전하다. 답답한 마음이나 또 그들 나름대로의 애로가 있는 것은 사실이니 이해할 수밖에 없었다.

《주해 게임산업진흥에 관한 법률(세창출판사)》, 《게임서비스와 법(경인문화사)》 그리고 본서는 이러한 과정에서 정리된 것이며, 앞으로도 계속 이어나갈 생각이다. 앞의 두 책이 깊이 있는 논거를 찾는 책이라면 지금 이 책은 실무적인 내용을 중심으로 한다. 이론적인 면도 있지만, 실무와 이론의 결합을 통해 게임산업법이 나아가야 할 방향을 찾는다는 점에서 그 의의가 있다.

부족한 면이 작지 않지만, 게임사업자나 게임개발자 또는 소프트웨어 개발자가 이해하고 있으면 좋을 내용을 담았고, 관심 있는 연구자를 위해 실무에서 일어나고 있는 내용을 중심으로 하였다. 20여 개의 영역을 살펴보았고, 게임산업법 및 인접 법률의 전반적인 내용으로 방대하다. 주된 키워드는 여전히 놀이이자 게임이다. 여기에 법이라는 도구를 접목한 것이며,

법은 인간을 위한 도구이다. 법학은 그걸 연구하는 학문이다.

지적 자산은 인류의 공공재라고 본다. 본 서는 누군가의 경험을 바탕으로 하고 있다. 선행 연구자들에게 감사한다. 또한 본 서도 필자의 경험을 나누고자 하는 의도로 만든 것이다. 게임 산업과 게임 문화의 발전을 위한 초석이고자 하는 바람도 있다. 책을 쓰는 것은 스스로 생각을 정리한다는 점에서 그 의미를 찾을 수 있겠다.

이 책은 아내와 두 아이가 없었다면, 만들어지기 힘들었을 것이다. 모든 게 감사할 일이다.

2014.7.21

글 쓰기에 대한 한없는 욕심을 확인하며,

'지금'이 가장 좋은 '여기' 양평 도서관N에서

김윤명 드림

Insert coin V. 2.0 (2020)

2014년 서문을 작성한지, 6년만에 다시 서문을 쓴다. 개정판이 아님에도 초고를 출판사에 넘긴 후 시간이 흘러 더 이상 그 때의 서문과 맞지 않다고 보았기 때문이다. 그 사이 SW정책연구소에서 인공지능(AI) 및 소프트웨어(SW) 법제도, 게임규제 개선에 대해 연구했다. 이후, 국회에서 보좌관으로 일했으며, 경기도지사 인수위원회인 경기위원회에서 활동하기도 했다. 그러는 사이, 6년이라는 시간이 흘렀고, 사진속 아이들은 훌쩍 커버렸다.

아이들의 게임 시간을 엄격하게 제한하고 있다. 매주 엄마와 계약한 퀘스트(quest)를 완료할 경우, 주말에 모바일 게임을 할 수 있는데, 그 시간은 20분으로 제한된다. 타이머를 설정하고, 초단위로 알뜰하게 이용하고 있다. 대신 방탈출 게임, 장기, 체스, 당구 등 같이 할 수 있는 보드게임물은 대체로 사주고 있다.

2014년 초고 이후, 게임산업법 및 관련 제도에 많은 변화가 있었다. 예를 들면, 비영리 게임물의 등급분류 제외, 대리게임의 처벌 규정이 도입되기도 했다. 찬반이 갈리지만 확률형 아이템에 대한 자율규제가 도입되기도 했다. 입법 과정에서 논란이 컸던 오픈마켓 게임물에 대한 자율등급분류제도는 '지정사업자제도'가 도입됨에 따라 폐지되기도 했다. WHO에서 게임중독을 질병코드에 등재하는 결정을 내리기도 했다. 그림자 규제로 불리던 월간 결제한도가 폐지되었다. 2020년 4월에는 게임산업법 시행령 개정에 따라 웹보드 게임물에 대한 규제 완화가 이루어진 바 있다.

규제개선을 위한 게임산업계의 요구가 높고, 2020년 초에는 게임산업법 전면 개정안이 발표되기도 했다. 많은 이해관계가 걸려있는 게임산업법 개정안에 대해 누구 하나 만족할 수 없는지도 모를일이다. 다만, 그 이해관계자는 자신의 위치에서 역할을 제대로 하고있는지 되

돌아볼 필요가 있다. 그렇지 않고서는 시장의 신뢰를 얻는 것은 물론, 규제 방향을 예측하기 어려울 것이기 때문이다. 해법은 게임사업자에게 달려있지, 규제기관에 달려있는 것은 아니라고 생각된다.

2020년 봄, 코로나19 사태로 다들 힘들다. 기본소득(basic income)에 대한 논의도 활발하다. 경기도를 시작으로 재난기본소득이 국가적으로 확대 지급되고 있다. 그 효과도 나타나고 있다. 4차산업혁명에 따른 로봇의 일자리 대체 등을 포함한 사회 시스템의 변화에 따른 고용불안을 해소하고, 사회적 안정과 사람다운 생활을 위한 기본소득의 보전은 인권으로서 고민되어야할 정책과제여야 한다. 선별적 복지가 아닌 보편적 복지여야 한다. 국민의 70% 지급 기준점을 사이에 두고, 현실을 제대로 반영하는 것은 불가능에 가까운 일일 수도 있다. 100% 지급하는 보편적 복지는 또한 선별과정에서 사회적 비용이 들지 않기 때문에 합리적이다.

게임산업계는 나은 듯하다. 비대면으로도 충분히 게임을 즐길 수 있기 때문이다. 언컨택트(uncontact) 사회라 해도 과언이 아니다. 더욱 급속한 사회변혁이 이루어질 것이다. 패러다임 쉬프트(paradigm shift)라는 표현이 오래전에 회자된 적이 있으나, 지금 그 모습을 실감하고 있는 것은 아닌지 생각된다. 우리 사회가 변화하듯, 게임에 대한 이해도 변화할 필요가 있다.

게임의 시대를 위해 이 한 권을 보탠다. 기다려주신 출판사에 감사드리며, 가족을 생각하게 하는 지금, 아내와 두 아이에게도 감사한다. 우리나라의 헌신적인 의료진, 공무원들이 없었다면, 이 결과물이 나오기 어려웠을 것이다. 모든 분들께 감사드린다.

2020.5.7

'5월의 바람'이 부는

이곳 양평 '도서관N'에서

김윤명 드림

차례

제 1 장

놀이와 게임

어렸을 적 기억에 남은 즐겨했던 놀이 중 하나는 편을 갈라 했던 나무로 만든 총싸움 놀이이다. 진영을 나누어 공격을 하는 놀이였는데, 여러 판을 해도 지겹지 않았다. 일정한 규칙이 있었지만, 지금 생각해도 의문인 것은 심판도 없이 '누구보고 탕'이라는 규칙과 그에 따라 여지없이 그 '누구'는 죽음을 맞이했다는 점이다. 가끔 이의제기가 있었으나 거의 인정되지 않았다. 규칙은 놀이를 이어갈 수 있는 동력이었다. 놀이는 즐거움과 재미를 가져왔고, 인류는 수많은 놀이를 즐겨왔다. 놀이의 다양성으로 많은 연구가 진행되어 왔고, 지금도 진행 중이다.

제 1 절 | 로그인(log in)

1. Start

가. 아이러니

디지털 게임을 하기 위해서는 온라인에 접속을 하거나, 아케이드게임기에 동전을 넣어야 한다. 시작 버튼을 누르는 것은 예나 지금이나 다르지 않다. 게임은 즐거움과 재미를 목적으로 하는 행위이자 놀이이다. 아이들과 가끔 오락실을 가기는 하지만, 예전만큼 많은 종류의 게임물을 찾기는 쉽지 않다. 수많은 동네 오락실은 자취를 감추고 있으며, 중심가에 있던 오락실도 다른 업종으로 대체된 지 오래다. 대신 PC방이 유행처럼 생겨나기도 하였다. 지금은 PC방도 점점 쇠락해가고 있다. 오락과 문화를 즐기는 행태가 다양해진 것이고, 시대와 환경의 변화에 따라 당연한 것인지도 모른다.

역사적으로 볼 때에도 우리는 세시풍속으로써 길쌈놀이, 차전놀이, 연날리기 등 다양한 놀이를 즐겨왔다. 어렸을 적에는 친구들과 땅따먹기, 딱지치기 등 경쟁을 위한 놀이를 하기도 하였다. 이러한 놀이는 다양한 사회적 관계를 형성하기도 한다. 관계를 가지지 않고, 스스로 즐기는 놀이도 있겠지만, 게임이나 놀이는 관계를 통해 경쟁하고 또는 협력을 통해 다양한 게임내용을 수행하게 된다. 이러한 과정에서 우리는 새로운 가치를 만들거나 새로운 가치를 만들기 위한 여가(餘暇)를 갖게 된다. 이러한 여가는 새로운 문화를 형성하기도 한다.

문화는 다양한 사회적 관계 속에서 형성된다. 특히 온라인 게임은 게임내에서 유무형의 새로운 것을 만들어내기도 하고, 또한 새로운 사람을 만나기도 한다. 모르는 사람과도 게임

딱지치기 놀이 ©5월의 바람(2014)

을 통해 친교를 하게 된다. 이처럼 게임은 상호작용에 기반을 둔 관계를 통해 진행된다. 놀이도 또한 관계를 통해 진행되었다는 점에서 놀이적 맥락이 게임에도 전이된 것이다.

유감스럽게도 놀이는 즐겁고, 재미있게 노는 것인데, 어느 순간 법적인 논란의 중심이 되고 있다. 잘 놀면 그만인 놀이가 규제 대상이 되고 있으며, 중독과 과몰입의 중심, 셧다운제, 사행성 이슈로 점철되고 있다. 이처럼 게임이 법학에서 중요한 연구대상이 되는 아이러니한 세상이 되었다. 본 서의 중심은 게임을 둘러싼 아이러니에 대한 법적인 검토와 대응방안을 찾는 것이다. 실무자에게 게임관련법의 수많은 이슈를 알리는 것도 포함된다.

나. 놀이의 정의

여러 사람이 모여서 즐겁게 노는 일 또는 그런 활동을 일컫는 놀이는 정의가 쉽지 않다. 왜냐하면 "기본적으로 매우 원초적인 활동이며, 놀이는 의식과 언어 이전의 것이다. 인간의 의식이나 언어능력 이전에 존재했던 아주 먼 옛날의 생물학적 구조에 기원을 두고 있기 때문"[1]이다. 놀이는 아기자기하게 즐거운 기분이나 느낌이라고 정의되는 재미를 추구하는 활동이기도 하다. 즉, 놀이는 "재미를 얻기 위해 반드시 거쳐야 하는 과정"[2]이기 때문에 직접 경험할 때 가장 잘 이해할 수 있다.[3]

뒤에서 살펴보겠지만, 놀이에 대한 깊은 연구를 진행한 하위징아나 카이와를 포함한 연구자들도 놀이에 대한 명확한 정의를 내리지 못한다. 이는 놀이가 갖는 특성 때문이다. 이러한 특성 때문에 두 연구자는 놀이에 대한 정의를 얘기하지만, 실상 놀이에 대한 특성으로 기술하고 있음을 알 수 있다.

다. 놀이는 어떤 의미가 있는가?

놀이는 다양한 의미를 갖는 영역임에는 틀림없다. 놀이는 "유전자만으로 습득할 수 있는 것보다 세상에 대해 더 많이 배울 수 있는 기회를 제공한다. 즉, 놀이를 하면 똑똑해지고 변화하는 세상에 적응할 수 있는 능력이 향상된다"[4]고 한다. 또한 게임물을 이용하면서 이용자는 게임을 매개로 하여 다양한 관계를 갖기 때문에 게임을 하는 것은 하나의 사회를 형성하는 것과 같다. 게임에 형성된 가상의 사회에서는 현실과 마찬가지로 다양한 이해관계가 형성되기 때문이다. 예를 들면, 과도한 경쟁으로, 몰입으로, 사행성을 이유로 게이머 간 이해관계의 충돌이 일어나게 되는 것이다. 그 결과, 놀이에 대한 부정적 시각이 형성되기도 한다. 이 또한 인류의 역사에서 일어나는 본능적인 현상이라는 점에서 놀이를 문제 삼기 어렵다.

놀이는 "태초에 공공장소에서 이루어지는 공공의 문화행위로 정리된다. 여러 나라의 민속놀이들을 살펴봐도 집단적인 형태를 유지함을 알 수 있다. 그것은 놀이가 유희제공 이외에

---

1 스튜어트 브라운·크리스토퍼 본 지음, 윤미나 옮김, 플레이, 즐거움의 발견, 흐름출판, 2010, 52면.

2 김학진 외, 디지털 펀! 재미가 가치를 창조한다, 삼성경제연구소, 2007, 23면.

3 스튜어트 브라운·크리스토퍼 본 지음, 윤미나 옮김, 플레이, 즐거움의 발견, 흐름출판, 2010, 53면.

4 스튜어트 브라운·크리스토퍼 본 지음, 윤미나 옮김, 플레이, 즐거움의 발견, 흐름출판, 2010, 53면.

요한 하위징아와 로제 카이와[6]

도 집단의 사회화를 유지하는 하나의 체제유지 수단으로 활용되었기 때문"[5]이라고 한다. 그러나 공동체적 놀이는 개인주의와 사생활의 요구가 커지면서 점점 개인화되어가고 있다. 놀이가 가지는 공동체 또는 관계는 대면이라는 물리적인 일체성에서 느끼는 감정이겠지만, 오늘날 게임은 물리적으로는 독립된 개체이면서, 게임 내에서는 또 다른 공동체를 형성한다는 점에서 일종의 사회화로서 놀이가 이루어지고 있다. 오늘날 놀이의 작은 요소라고 할 수 있는 게임은 다양한 가치를 갖고 있으며, 사회·문화적으로도 게임의 방식이 체화되기도 한다. 일종의 게임화(gamification)가 우리 일상에 내재하여 있는 것이다.

게임과 놀이에 대해 많은 연구가 진행되어오고 있다. 대표적인 놀이 연구가로는 요한 하위징아(John Huizinga)와 로제 카이와(Roger Caillois)를 들 수 있다. 두 학자는 놀이 연구에 대한 대표적인 저술을 남김으로써 후세 연구자들이 이를 계승하여, 게임연구에 활용함으로써 게임에 대한 연구가 게임학으로서 성립할 수 있는 기틀을 마련해 놓았다고 평가된다.

5 강지웅 외, 게임과 문화연구, 커뮤니케이션북스, 2008, 124면.

6 국제신문, 2012.07.31 일자.

2. 놀이 연구

가. 요한 하위징아

요한 하위징아는 게임을 즐기는 인간으로 호모 루덴스(homo ludens)라고 하였다.[7] 도구적 인간으로서 호모 사피엔스와 같이, 놀이하는 인간으로서 호모 루덴스를 만들어 낸 것이다. 게임은 우리에게 친숙하다. 인류는 놀이로서, 경쟁으로서, 오락으로서, 여가로서, 사냥으로서 때론 가장(假裝)으로서 게임을 즐겨왔다. 하위징아는 카이와와 달리 도박과 같은 우연 놀이를 배제했다는 점에서 비판을 받고 있다.

(1) 놀이의 정의

하위징아는 놀이에 대해 "특정 시간과 공간 내에서 벌어지는 자발적 행동 혹은 몰입 행위로서, 자유롭게 받아들여진 규칙을 따르되 그 규칙의 적용은 아주 엄격하며, 놀이 그 자체에 목적이 있고, 일상생활과는 다른 긴장, 즐거움, 의식을 수반한다"[8]라고 보고 있다.

(2) 놀이의 특징

하위징아는 놀이의 특징을 몇 가지로 나누고 있다. 무엇보다도 "모든 놀이는 자발적 행위이다. 명령에 의한 놀이는 더는 놀이가 아니다"[9]라고 단언한다. 놀이 그 자체는 자유로운 행위라는 점이며, 자유 그 자체라고 말한다. 일상적이거나 또는 실제 생활에서 벗어난 행위라는 점을 강조한다. 즉, "놀이는 실제 생활에서 벗어나 그 나름의 성향을 가진 일시적 행위 영역으로 들어가는 것"[10]으로 설명한다. 또한 "놀이는 그 장소와 시간에서 일상생활과는 뚜렷하게 구분된다. 이처럼 따로 떨어져 있고 시간과 공간의 제약을 받는다"[11]고 한다. 만약 게임이나 놀이가 일상과 구분되지 않는다면, 이는 게임이 아닌 현실이 된다. 게임물을 가상현실로 보는 것은 현실과 구분되는 규칙과 방식이 있기 때문이다.

---

7 요한 하위징아, 호모 루덴스, 연암서가, 2010, 27면.

8 요한 하위징아, 호모 루덴스, 연암서가, 2010, 78면.

9 요한 하위징아, 호모 루덴스, 연암서가, 2010, 41면.

10 요한 하위징아, 호모 루덴스, 연암서가, 2010, 42면.

11 요한 하위징아, 호모 루덴스, 연암서가, 2010, 45면.

나. 로제 카이와[12]

(1) 하위징아의 승계

카이와는 하위징아의 연구를 바탕으로 더욱 깊이 있는 연구를 할 수 있었다. 선행 연구가 훌륭하기 때문에 더 나은 연구가 발전적으로 이루어질 수 있다는 본보기를 보여준 사례가 아닐까 싶기도 하다. 카이와는 하위징아의 연구를 비판적으로 계승하고 있다. 즉, 카이와의 놀이론은 "하위징아의 견해를 그대로 답습하지 않고 비판적으로 계승한 점에 대해 주목할 수 있으며 '놀이와 인간'이라는 저서에 놀이를 유형적으로 분류한 시도가 카이와의 최대의 공적"[13]이라고 한다. 하위징아가 내린 놀이의 정의에서 '어떠한 물질적 이익도 효용도 없는 행위'라는 표현으로 "내기와 우연놀이, 말하자면 도박장, 카지노, 경마, 복권 등은 간단히 제외되어 버린다. 그렇지만 그것들은 좋건 나쁘건 간에, 여러 국민의 경제와 일상생활에서 분명히 중요한 몫을 차지하고 있다"[14]고 비판하고 있다. 이러한 비판적 맥락하에 카이와는 하위징아와는 다르게 놀이에 대해 접근하고 있다.

(2) 놀이의 원리

카이와는 놀이의 원리를 규칙과 자유로움이라는 축으로 루두스(Ludus), 파이디아(Paidia) 2가지로 나누어 설명하고 있다. "우리말 놀이를 영어로 번역하자면 게임이 될 수 있고, 플레이가 될 수도 있다. 불어에서는 게임과 플레이 모두 주(Jeu)라는 한 단어로 표현하는데, 이 혼동을 최소화하기 위해 카이와는 루두스와 파이디아라는 용어"[15]를 제안한 것이다.

규칙과 자유로움은 같은 맥락적 의미를 가지며, 규칙이 강하면 루두스가 되고, 그렇지 않을 때에는 자유롭게 놀이를 할 수 있는 파이디아가 된다. 이러한 "루두스와 파이디아라는 놀이를 구성하는 두 가지 성격이 중요한 것은 이들이 서로에 대해 지니는 모순적인 상호작용 때문이다. 파이디아는 질서화되고 규칙화되는 외적 규제를 끊임없이 위반하고, 넘어서는 우연적이고 우발적인 충동이자, 그것의 반영이다. 반면, 루두스는 여기에 규칙을 부여하고, 또

12 이용욱, 온라인 게임의 놀이적 맥락과 환상성, 대중서사연구 제16호, 2006, 138-141면.

13 안상혁, 로제 카이와의 놀이론을 통한 온라인 게임 고찰, 디자인학연구 통권 제55호, 2003, 121면.

14 로제 카이와, 놀이와 인간, 문예출판사, 1994, 27면.

15 강지웅 외, 게임과 문화연구, 커뮤니케이션북스, 2008, 207면.

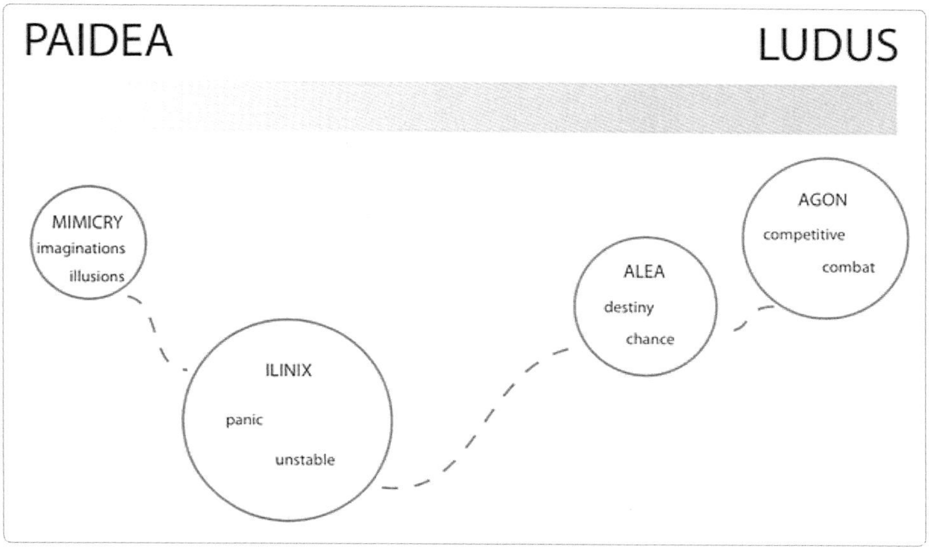

카이와의 놀이 4분류

한 제도화함으로써 놀이가 줄 수 있는 즐거움을 더욱 밀도 높게 추출해 내기 때문"[16]이라고 한다. 이러한 원리에 따라 카이와는 아곤, 알레아, 미미크리, 일링크스 등 4가지의 놀이 형태를 구분하고 있다.

(3) 놀이의 특성

카이와는 놀이의 특성에 대해 하위징아의 구분과 달리 좀 더 구체적으로 나누고 있다. 즉, 놀이의 특성을 "① 자유로운 활동; 놀이하는 자가 강요당하지 않는다. 만일 강요당하면, 곧바로 놀이는 마음을 끄는 유쾌한 즐거움이라는 성질을 잃어버린다. ② 분리된 활동; 처음부터 정해진 명확한 공간과 시간의 범위 내에 한정되어 있다. ③ 확정되어 있지 않은 활동; 게임의 전개가 결정되어 있지도 않으며, 결과가 미리 주어져 있지도 않다. ④ 비생산적 활동; 재화도 부도 어떠한 새로운 요소도 만들어내지 않는다. ⑤ 규칙이 있는 활동; 약속에 따르는 활동이다. 이 약속은 일상의 법규를 정지시키고 일시적으로 새로운 법을 확립하며, 이 법만이 통용된다. ⑥ 허구적인 활동; 현실생활에 비하면, 이차적인 현실 또는 명백히 비현실이라는 특수

---

16 박상우, 컴퓨터게임의 일반 문법, 커뮤니케이션북스, 2009, 37면.

한 의식을 수반한다"[17]와 같이 6가지로 정리하고 있다.

놀이의 특성은 무엇보다도 자유로워야 한다는 점이다. 이와 같은 맥락에서 놀이의 방법이나 결과에 대해 제한을 가하지 않아야 한다. 이러한 특성을 벗어난 놀이라면 재미있거나 즐거운 놀이가 되기 어렵다. 그런 의미에서 놀이의 특성은 게임물에도 같게 구현되어 있음을 알 수 있다.

(4) 놀이의 형태

놀이 형태는 다양하다. "놀이는 컴퓨터 게임에서도 볼 수 있듯이 그 수가 많고 무한히 다양하기 때문에 놀이 전부를 명확한 소수의 범주로 나눌 수 있도록 해주는 분류원칙을 발견하는 것에는 상당한 의미가 있다. 하위징아는 놀이분류의 기본 범주로 두 가지(경쟁과 모의) 밖에 제시하지 못했지만, 카이와는 경쟁과 모의 이외에도 운과 현기증이라는 두 개의 범주를 더 제시했다. 하위징아는 운에 맡기는 놀이와 같은 범주는 비문화적이라는 이유로 묵살하였다. 그렇지만 운에 맡기는 놀이들은 현실생활에 엄연하게 존재한다. 이런 점에서는 카이와가 하위징아보다 놀이에 대한 현실적인 입장을 취한다"[18]고 볼 수 있다.

카이와에 따르면 인간은 즉흥과 희열의 원초적인 힘인 파이디아에서 이유 없이 어려움을 추구하는 루두스로 나아가면서 여러 가지 놀이를 만들고 있다. 그는 놀이를 아곤(agon, 그리스어로 시합, 경기), 알레아(alea, 라틴어로 요행, 우연), 미미크리(mimicry, 영어로 흉내, 모방), 일링크스(ilinx, 그리스어로 소용돌이, 현기증)의 4개 범주로 구분하고 있다.[19] 이러한 구분은 서로 중

---

17 이와 유사하게 놀이의 특성에 대해 "놀이는 목적이 없어 보인다는 점에서 다른 활동과 구분된다. 놀이는 그 자체가 목적이다. 그래서 놀이가 시간낭비라고 생각하는 사람들이 있는 것이다. 또한 놀이는 자발적이다. 강제적인 의무가 아니다. 놀이는 고유의 매력이 있다. 재미있으며 기분이 좋아진다. 또 놀이는 지루함을 없애준다. 놀이는 시간 개념에서 자유로워지게 만든다. 놀이에 완전히 빠지면 시간감각을 잃어버린다. 또 놀이를 할 때는 자의식이 줄어든다. 심지어 상상 놀이에서는 다른 자아가 되기도 한다. 또다른 놀이의 특징은 즉흥적으로 바꿀 수 있다는 점이다. 어떤 놀이를 하든 방법이 엄격하게 정해져 있지 않다. 우연과 기회라는 요소가 놀이에 끼어들 때도 있다. 아무런 관련이 없어 보이는 요소들을 놀이에 끌어들이기도 한다. 놀이라는 행동 자체가 정상적인 활동에서 벗어나는 것일 수 있다. 마지막으로 놀이는 지속하고 싶은 욕구를 불러 일으킨다. 놀이를 통해 얻은 즐거움이 그러한 욕구를 부채질한다"고 설명한다. 스튜어트 브라운·크리스토퍼 본 지음, 윤미나 옮김, 플레이, 즐거움의 발견, 흐름출판, 2010, 55-56면.

18 안상혁, 로제 카이와의 놀이론을 통한 온라인 게임 고찰, 디자인학연구 통권 제55호, 2003, 121면.

19 로제 카이와, 놀이와 인간, 문예출판사, 1999, 37면.

복되고 다중적인 현상으로서 이해될 수 있기 때문에 완전한 구분으로 보기는 어렵다.[20]

온라인 게임에서도 이러한 구분은 명확하게 이루어지기는 어렵다. 다양한 요소가 게임물에 구현되고, 기능적 측면에서도 4가지 요소가 체화되기 때문이다. 4가지 요소가 명확하게 구분되는 게임물도 있는 반면, 복합적으로 구성되는 게임물도 존재한다.[21]

다. 곤살로 프라스카(Gonzalo Frasca)

하위징아의 연구를 카이와가 발전시켰다면, 카이와의 연구는 프라스카가 발전시켜 나갔다. 카이와가 루두스와 파이디아의 개념을 상대적인 것으로 이해했다면, 프라스카는 서로 같이 존재할 수 있는 것으로 보았다. 어떤 놀이나 게임이 아곤, 알레아, 미미크리, 일링크스라는 절대적인 분류로만 구분할 수 없다는 점이다. 아곤적 요소와 알레아적 요소가 같이 있을 수 있는 것이 놀이의 일반적인 형태인 것처럼, 루두스와 파이디아도 규칙과 자유로움은 상대적인 것이 아닐 수도 있다는 것을 밝힌 것이다.

3. 놀이와 경제

가. 놀이와 노동

근대시대 이전까지 노동은 하찮은 것으로 여겼음을 신분제도를 통해 알 수 있다. 노예해방 이전에 노예계급은 노동을 전담했다. 노동 자체를 하찮은 것으로 여겼기 때문에 지배계급은 노동을 하지 않은 것이다. 역사적으로 보면, 조선 시대까지 노비는 노동을 전담하는 사람이었다. 역설적으로 지배계급이 풍류를 즐겼다는 의미는 노동의 가치를 인정하지 아니한 지배계급의 문화였을지도 모른다.

놀이에서도 지배계급은 사냥이나 풍류 같은 놀이를 생활로써 즐겼으나, 피지배계급은 풍

---

20 물론 "놀랍게도 로제 카이와가 말한 놀이의 네 가지 종류를 한 번에 충족시켜 주는 놀이가 인류 최첨단의 기술과 결합하여 탄생했다. 그것이 컴퓨터 게임이다. 컴퓨터 게임이 최고의 놀이기구로 평가받을 수 있는 것은 로제 카이와가 밝힌 놀이의 네 가지 종류인 미미크리, 아곤, 알레아, 일링크스가 완벽하게 상호 조합되어 있기 때문"이라고도 한다. 김정남 외, 게임의 운명을 결정하는 기획과 시나리오, e비즈북스, 2013, 18-19면.

21 카이와의 4가지 요소에 대한 예시적 구분에 대해서는 안상혁, 로제 카이와의 놀이론을 통한 온라인 게임 고찰, 디자인학연구 통권 제55호, 2003, 122면 이하 참조.

김홍도 타작도

자극이나 가면놀이와 같이 현실을 벗어난 가상의 것으로 놀이를 즐겼다. 근대 이전의 사회는 삶과 놀이의 구분이 그리 명확하지 않았다. 지금처럼 노동이 중요한 가치가 된 것이 아니었기 때문에 삶을 영위할 정도의 노동 이외는 놀이로 소일하였다는 점이다.

경제적 입장에서 놀이에 대해 살펴보면 "놀이는 그 근본 성격이 현실 이탈이다. 결국 놀이를 하고 있는 것은 가장자리에서 보면 상태이지만, 현실에 존재하고 있지 않다. 놀이를 하는 사람들은 그곳에 있으면서 아무 것도 하고 있지 않는 것이 된다. 문자 그대로 놀고 있는 것이고, 아무 것도 하지 않는 것이다. 논다는 것은 아무것도 하지 않는 것이 된다. 이런 의미에서 놀이의 상태는 '하는 것'의 적극적인 부정이다. 이와 같이 현실 세계에서 볼 때 아무것도 하지 않는 것, 아무 도움이 안 되는 것, 그것이 '놀다'가 되는 것"[22]이다.

이러한 이유 때문에 노동이나 경제적 측면에서 놀이는 배척된다. 현대 사회는 자본이 우위에 서는 사회이고, 자본은 노동을 통해 형성된다. 놀이와 노동의 차이는 바로 자본을 형성하느냐 아니냐로 구분된다. 놀이의 가치를 깍아내리는 시각은 놀이가 갖는 비생산성에 방점을 둔다. 즉, 놀이를 통해 노동의 가치를 이루지 못하기 때문에 놀이에 대한 가치를 인정하지 못하는 것이다.[23]

나. 놀이와 노름(도박)

근대시대 이전까지 도박이나 노름은 어떤 대접을 받았을까? 현재 도박은 경제적 관념을 저해한다는 이유로 형사처벌의 대상이 된다. 도박이라는 단어 이전에 노름이라는 용어를 주로 사

밀희투전(密戲鬪錢), 18세기말~19세기 초, 간송미술관

22 민주식, 놀이 개념의 정립을 위한 시론, 인문연구 제54호, 2008, 20면.

23 로제 카이와, 놀이와 인간, 문예출판사, 1994, 9면.

용했다. 사전적 의미로서 노름은 '돈이나 재물 따위를 걸고 주사위, 골패, 마작, 화투, 트럼프 따위를 써서 서로 내기를 하는 일'로 정의된다. 유사어로는 손장난, 또는 투전이나 도박이 있다. 도박의 사전적 의미도 노름과 다르지 않다. 다만, '요행수를 바라고 불가능하거나 위험한 일에 손을 대는 것'이라는 다른 의미를 추가하기도 한다.

도박의 비경제적 가치를 이유로 로제 카이와는 도박이 "부를 생산하지 않는다. 단지 부의 위치만을 바꿀 뿐이다"[24]라고 주장한다. 또한, 도박이 사람들을 끊임없이 유혹하는 이유를 "인내와 노력은 확실히 수입을 가져다 주지만 그 액수가 얼마 되지 않는 데 반해서, 우연 놀이의 매력은 순식간에 큰 재산을 얻을 수 있다는 환상을 주는 데 있다"[25]고 한다.

실제 노름은 놀이와 달리 특정한 목적, 즉 일확천금(一攫千金)이라는 요행수(僥倖數)를 바란다는 점에서 놀이적 요소가 있다고 하더라도 놀이라고 보지 않는다. 반면, 노름이 아닌 그 자체가 놀음이나 놀이를 목적으로 하는 경우라면 도박으로 보지 않는다.

다. 합법적 도박

노동의 가치를 갖지 못하는 도박이 금지되는 행위유형임에도 불구하고, 왜 국가는 도박을 합법화하고 있는가? 국가는 도박에 대해 이중적인 모습을 보이고,[26] 도박이라는 범죄행위에 대한 방조를 넘어서 적극적으로 조장하고 있기 때문에 형벌권의 충돌로까지 이해될 수 있다.

형법은 도박죄, 도박개장죄 및 복표발행죄 등에 대해서는 형벌로써 다스리도록 규정하고 있다. 그렇지만 일정한 경우에는 형사정책적으로 도박의 구성요건을 예외로 하기도 한다. 내국인의 카지노 출입을 허용하는 것에 대해 "형법 제3조는 본법은 대한민국 영역 외에서 죄를 범한 내국인에게 적용한다고 하여 형법의 적용 범위에 관한 속인주의를 규정하고 있고, 또한 국가 정책적 견지에서 도박죄의 보호법익보다 좀 더 높은 국가이익을 위하여 예외적으로 내국인의 출입을 허용하는 폐광지역개발지원에관한특별법 등에 따라 카지노에 출입하는 것은 법령에 의한 행위로 위법성이 조각된다"[27]고 보는 것이 대표적이다.

24 로제 카이와, 놀이와 인간, 문예출판사, 1994, 10면.
25 로제 카이와, 놀이와 인간, 문예출판사, 1994, 211면.
26 로제 카이와, 놀이와 인간, 문예출판사, 1994, 227면.
27 대법원 2004. 4. 23. 선고 2002도2518 판결.

개별법에 규정된 사행산업의 법적 정의

명칭	법적정의
카지노업	전문 영업장을 갖추고 주사위·트럼프·슬롯머신 등 특정한 기구 등을 이용하여 우연의 결과에 따라 특정인에게 재산상의 이익을 주고 다른 참가자에게 손실을 주는 행위 등을 하는 업(관광진흥법)
경마	기수가 기승(騎乘)한 말의 경주에 대하여 승마투표권(勝馬投票券)을 발매(發賣)하고, 승마투표 적중자에게 환급금을 지급하는 행위(한국마사회법 제2조)
경륜	자전거 경주에 대한 승자투표권(勝者投票券)을 발매하고 승자투표 적중자(勝者投票 的中者)에게 환급금을 내주는 행위(경륜·경정법 제2조)
경정	모터보트 경주에 대한 승자투표권을 발매하고 승자투표 적중자에게 환급금을 내주는 행위(경륜·경정법 제2조)
복권	다수인으로부터 금전을 모아 추첨 등의 방법으로 결정된 당첨자에게 당첨금을 지급하기 위하여 발행하는 표권(복권 및 복권기금법 제2조)
체육진흥 투표권	운동경기 결과를 적중시킨 자에게 환급금을 내주는 표권(票券)으로서 투표 방법과 금액, 그 밖에 대통령령으로 정하는 사항이 적혀 있는 것(국민체육진흥법 제2조)
소싸움경기	소싸움경기장에서 싸움소 간의 힘겨루기(전통 소싸움경기에 관한 법률 제2조)

이처럼 국가는 인간의 본능에 의한 도박을 사실상 금지할 수 없음을 역설적으로 확인하고 있다. 어느 한 부분을 허용함으로써 음성적인 도박을 양성화하고, 대신 그로 인하여 발생하는 수익을 공익 목적으로 활용하는 것이다. 이를 위하여 사행산업통합감독위원회라는 국가기구를 통해 사행산업에 대한 총량을 관리하고, 불법 사행산업에 대해서는 적극적인 모니터링시스템을 운영하고 있다.

4. 놀이의 진화

가. 놀이와 게임

게임은 단순한 놀이를 벗어나 누군가를 대신하는 가장(假裝), 또는 누군가와 경쟁 관계를 가진다. 종교적 의미의 신의 계시, 전쟁, 사냥이나 스포츠와 같은 겨루기는 게임의 일 유형이다. 이러한 유형은 현실 세계의 것을 바탕으로 한다. 현실 세계를 벗어나 가상 또는 상상속의 세계는 인간이 꿈꾸어 온 세계이다. 이러한 신화 내지 신화적 세계관을 설화에서, 문학에서 구

영화 아바타[28]

현하기도 한다. 영화에서 구현되기도 한다. 2009년 개봉된 영화 〈아바타〉가 대표적인 예가 아닐까 생각된다.

신화에 바탕을 둔 상상 속 세계 또는 상상 속의 욕구를 표현하는 도구가 디지털 게임이다.[29] 디지털 게임은 자신의 욕망을 투영하는 하나의 세계이다. 즉, 온라인 게임은 온라인에서 자신의 아바타를 조종하여 상상의 나래를 펴는 마당이다. 소설 속 상상력이 게임의 화려

28 구글 이미지 검색, 2014.7.8.일 접속.

29 게임물의 신화적 요소에 대해 "근대적 세계의 등장과 더불어 소멸했던 신화적 사고가 디지털 기술과 만나면서 다시 부활하기 시작했다. 게임 제작에 필요한 그래픽 이미지와 프로그래밍 기술은 신화 세계를 재현하는 일을 가능케 해주었고, 게임의 기호 체계들을 신화적 사고의 연장선상에서 상징적 의미 생성을 창발시킨다. 뿐만 아니라 디지털 게임을 유희하는 플레이어에게도 신화적 상상력은 다이나믹한 플레이를 위해 동반되어야 하는 요소 중 하나"라고 한다. 이동은, 디지털 게임 플레이의 신화성 연구—MMOG를 중심으로, 이화여자대학교 박사학위 청구논문, 2013, 53면.

한 그래픽과 음향 등을 통해 구현된다. 오락을 넘어서 게임 그 자체는 가상현실이 되고, 예술이 된다. 게임은 다양한 요소가 포함된 종합예술인 셈이다. 화려한 그래픽, 음향, 디자인, 운영방식 등 모든 것이 예술의 범주에서 생각할 수 있는 요소들이다.

나. 게임 환경의 변화 - 융합 환경에서의 게임 플랫폼

현대인은 게임을 즐기는 도구로써 스마트 디바이스(smart device)를 사용한다. 휴대성과 이동성이 쉬운 스마트 디바이스는 게임 환경에도 영향을 미치고 있다. 스마트폰에 설치되는 앱은 부담 없이 즐길 수 있으며, 친구와 또는 다른 지인들과의 관계(social network)에서 경쟁하기도 한다. 네트워크의 발전에 따라 온라인과 모바일의 연동은 당연한 것이 되고 있다. 즉, 온라인과 모바일 플랫폼의 융합에 따른 게임 서비스 환경의 변화가 이루어지고 있다. 이러한 환경은 굳이 앱(app)과 웹(web)의 구분이 필요없다는 것을 의미한다. 즉, 모바일 플랫폼과 온라인 플랫폼의 구분이 없어지고 있다. 그러나 법제도는 여전히 온라인과 모바일을 구분하고 있다. 게임산업법 상 등급분류나 서비스 방식은 여전히 플랫폼별 구분으로 이루어지고 있기 때문이다.[30]

다. 삶의 게임화

게임화(gamification)는 생활에서 경험하는 많은 것들에 게임적 요소가 가미된 것을 말한다. 게임이론은 다양한 정치, 경제, 사회적 현상을 설명하는 도구로 활용되고 있다. 게임화는 어떤 것에 대해 좀 더 재미있거나 관심을 끌기 위해 도입된다. 학습이나 운동에 재미요소를 가미하는 것도 게임화가 될 수 있다. 지금까지 관심을 갖지 못했던 것에 대해 자발적으로 참여할 수 있도록 이끌어주는 것이 게임화이다.

놀이는 일상생활의 유희(遊戱)였다고 볼 수 있지만, 게임은 놀이와 달리 독립된 물리적인 공간을 통해 구현된다는 점에서 그 차이를 찾을 수 있다. 그렇지만 놀이가 갖는 삶의 속성을 게임이라고 하여 달리할 수 있는 것은 아니다. 따라서 놀이의 속성을 삶에 체화시킨다는 의미에서 삶을 게임화로 포장할 수 있다.

---

30 스마트 플랫폼 환경의 변화에 대한 내용은 김윤명, 스마트플랫폼화에 따른 게임물 자율등급분류제도의 도입 방안, 가천법학 제6권 제1호, 2013, 316-317면 참조.

라. 기능성 게임

게임은 기본적으로 놀이라는 속성을 갖기 때문에 재미를 추구하지 않으면 이용자와의 접점을 찾기가 쉽지 않다. 그럼에도 불구하고, 새로운 시도로서 기능성 게임(serious game)이 등장하고 있다. 기능성 게임이란 "엔터테인먼트는 부차적이고 주로 행동 교정이나 기능 교육을 위해 만들어진 제품"[31]을 말한다.

기능성 게임은 그 자체로서 재미를 추구하는 게임물이 아닌 교육이나 교정이라는 기존 가치체계와 다르지 않은 환경을 구현한 것이기 때문에 접근하기가 쉽지 않다. 그러므로 투자하는 입장에서도 선뜻 나서지 못하는 면이 있다.

마. 가상현실

놀이는 현실에서 이루어지지만 그 자체는 놀이 규칙에 따른 하나의 가상세계로 볼 수 있다. 놀이에는 상대가 필요하다. 놀이에 참가하는 사람들은 그들만의 세계를 완결시키며, 다른 세계와는 완전히 유리된다. 놀이가 계속되는 한 그 세계는 유지되지만, 그 놀이가 끝남과 동시에 소멸된다. 그렇기 때문에 현실 이탈성은 순수하게 유지된다.[32]

사람은 일종의 일탈로서 현실을 떠나 새로운 세계를 만들고 싶어한다. 현실의 욕구와 관념을 가상의 공간에서 만들어가는 것을 하나의 서비스로 개발한 것이 세컨드라이프(second life)이다. 세컨드라이프의 성격은 "온라인 가상현실에서 새로운 세계를 경험하려는 사람들에게 제2의 인생을 경험할 수 있게 해주는 3차원 시뮬레이션 게임"[33]으로 볼 수 있다.

세컨드라이프는 인터넷이라는 가상공간이기는 하지만, 독립된 자아를 형성할 수 있으며 은행이나 부동산을 소유할 수 있다. 여기에서 사용되는 사이버머니는 은행을 통해 현실의 화폐와 교환을 할 수 있다. 즉, 환금이 가능해진다. 세컨드라이프가 가지는 가치는 이용자와 게임사업자 간의 공동협력을 통해 새로운 가치를 만들어 간다는 점이다. 아바타를 포함하여 다양한 콘텐츠를 이용자가 만들 수 있으며, 그 결과에 대한 지식재산권을 가질 수 있다는 점이 기존 게임물과 다르다. 즉, 기존 게임물은 게임사업자가 설계한 아이템이나 아바타의 이용

---

31 존 라도프(박기성 옮김), Gamification & 소셜게임, 에이콘, 2011, 217면.

32 민주식, 놀이 개념의 정립을 위한 시론, 인문연구 제54호, 2008, 30-31면.

33 김대호 외, ICT생태계, 커뮤니케이션북스, 2014, 132면.

린든랩의 세컨드라이프

권을 구매하는 채권 형태의 권리에 머물러 있다. 따라서 이용자의 지식재산권을 인정한 세컨드라이프는 한 차원 높은 이용자 지향형 서비스라고 볼 수 있다. 이로써 세컨드라이프는 "참가자들이 콘텐츠를 만들어 서로 현금을 주고 거래하는 경제시스템"[34]이라는 특징을 가지게 되었다.

세컨드라이프 내에서 다양한 게임물이 서비스되고, 그 자체를 시뮬레이션 게임으로 볼 수도 있다. 이러한 이유로 국내에서는 세컨드라이프를 게임물로 간주하고, 등급분류를 받도록 하기도 하였다. 그러나 성공하지 못한 서비스가 되어서, 등급분류 이슈로 확대되지는 않았다.

5. 놀이의 디지털화

게임의 역사에서 재미있는 점이라면 디지털화된 놀이가 만들어진 것은 본질적인 목적이 아닌 부수적인 결과였다는 점이다. 컴퓨터라는 시스템을 대학이나 국방연구소 이외에서는 갖추기

34 존 라도프(박기성 옮김), Gamification & 소셜게임, 에이콘, 2011, 85면.

힘든 1960년대에 최초로 게임물이 만들어진 것은 원래의 목적이 아니었음을 추론할 수 있다. 스티브 러셀(Steve Russell)이 개발한 스페이스워(space war)가 최초의 디지털 게임물로 기록되며, PDP-1[35]을 이용하여 개발한 것이다.

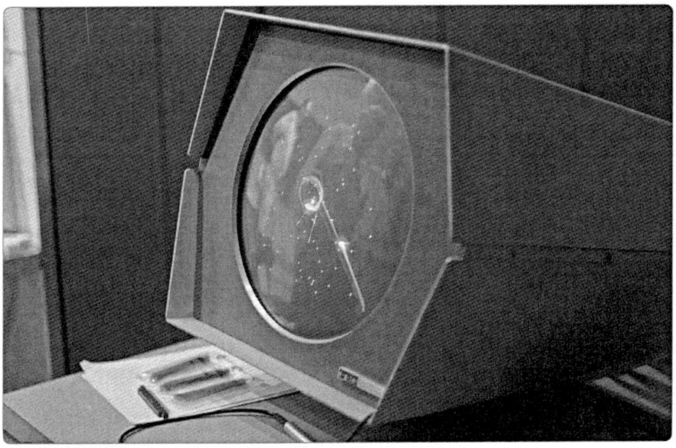

스페이스워[36]

디지털화된 놀이로서 게임물은 상업적인 목적이 아닌 생활의 유희를 위해 개발된 것이다. 결과적으로 연구실의 다양한 기술이 게임물의 개발로 이어지면서 전통적인 놀이가 갖는 기능을 게임물이 대체한 것이다. 이러한 점에서 놀이의 디지털화는 놀이문화의 혁명적인 변화임을 알 수 있다. 단순한 점의 이동에 불과했던 초기 게임이 이제는 다양한 디지털 기술이 접목된 종합예술이 되고 있다는 점에서 기술이 결합된 놀이는 차원 높은 가치를 가져오고 있다.

또한, 디지털화된 놀이에 따라 게임 개발영역 이외에 게임물을 이용한 새로운 직업군이 생겨났다. 즉, 프로게이머라는 직업군이 만들어졌으며, 이는 이스포츠(e-sports)라는 게임물을 업으로써 행하는 사람을 말한다. 이처럼 놀이의 디지털화는 새로운 경제 영역에서도 의미 있는 가치를 더하고 있는 것이다.

---

35 Programmed Data Processor-1. 디지털이큅프먼트사에서 1959년 최초로 개발한 상용 컴퓨터이다. 위키피디아, 2014.7.5.일자 검색.

36 위키피디아, 2014.7.5.일자 검색.

6. 소셜 게임

소셜 게임(social game)은 소셜 플랫폼을 이용하여 게임을 즐길 수 있는 것을 말한다. 소셜 플랫폼에서 다양한 회원들과의 관계를 통해 이용할 수 있는 게임을 소셜 게임이라고 한다. 소셜 게임이 성공할 수 있었던 것은 플랫폼의 개방성에 기인한다. 즉, "페이스북이나 마이스페이스와 같은 소셜 네트워크 서비스가 서드파티(3rd party) 개발자에게 API를 공개하지 않았다면 지금과 같은 소셜 게임의 발전은 없었을 것이다. 소셜 게임은 페이스북과 구글이 공개한 소셜 네크워크 API를 효과적으로 활용하려고 노력하는 가운데 생겨난 것"[37]이다.

소셜 게임은 4가지 유형으로 구분된다.[38] 첫째, 소셜 시뮬레이션 게임으로 캐릭터보다는 농장, 레스토랑, 동물원과 같은 환경의 경영과 개발에 초점을 둔다. 둘째, 소셜 경험 게임으로 소셜 네트워크에 유통될 수 있도록 재가공된 게임이나 이용자 참여를 강화하기 위해 게임

소셜게임 와라! 편의점

37 김정남 외, 게임의 운명을 결정하는 기획과 시나리오, e비즈북스, 2013, 259면.

38 존 라도프 지음, Gamification & 소셜 게임, 에이콘, 2011, 86-87면.

같은 기능을 차용한 기타 서비스가 포함된다. 셋째, 소셜 롤플레잉 게임으로 가상 세계에서 특정 캐릭터를 플레이 하는 게임을 말한다. 넷째, 소셜 전략게임으로 보드게임, 실시간 전략 게임류의 전통을 기반으로 게임 플레이 도중의 의사결정에 초점을 맞춘다.

이처럼 소셜 서비스를 포함한 "소셜 미디어의 경제적 가치를 파악할 수 있는 것은 파트너십이다. 소셜미디어는 플랫폼으로 제공되는 경우가 많기 때문에 다양한 파트너 기업이 존재한다. 파트너 기업들은 소셜 미디어 플랫폼 위에 새로운 기능의 앱을 만들어 제공하기도 하고, 콘텐츠를 연동해서 플랫폼 안에서 소비되도록 통합하기도 한다"[39]는 주장은 소셜 게임이 성공할 수 있는 구조를 설명한 것이다.

> **인사이트**
>
> 놀이는 문화 이전에 생겨난 개념으로 본능적이다. 본능을 통제하는 것은 인간의 본질적인 가치를 훼손할 수 있다. 정부는 어느 정도는 유연한 도박 정책을 펴고 있다. 따라서 도박과는 차원이 다른 게임은 더할 나위 없이 유연성이 높아야 한다.

39 한상기, 한상기의 소셜미디어 특강, 에이콘, 2014, 37면.

제 2 절 | 게임의 긍정적 프레임

1. 게임을 보는 시각

게임을 하다 보면, 다른 것에 대해 생각하지 못하는 상태에 이르게 된다. 일종의 몰입(flow)에 빠져든 것이다. 오락실용 아케이드 게임기는 한 회당 금액이 정해져 있었기 때문에 무한정 게임을 즐길 수 없었고, 경제력이 부족한 아이들은 어느 순간 아쉬워하며 오락실에서 나올 수밖에 없었다. 온라인 게임은 회당 제한하는 경우를 찾기 어렵다. 물론, 모바일 게임에서는 특정 아이템이 있어야만 게임을 진행할 수 있다는 점에서 일종의 허들을 만들어 놓은 것으로 볼 수 있다.

이러한 허들은 2가지 의미가 있다. 먼저, 이용자 입장에서는 게임을 멈출 수 있는 계기가 되고, 다른 것을 찾아 떠나야 할 시간이 도래했음을 알리는 '알람'의 역할이다. 반면, 게임사업자의 입장에서는 게임을 지속할 수 있는 아이템을 판매할 수 있는 시간이 도래했음을 알려주는 기회이다. 우리는 이 상황에서 어떤 것은 선택할 것인가? 그 선택에 대해서는 누구도 탓할 수 없다. 이는 사람이 갖는 자유의지의 결과이기 때문이다. 다만, 과몰입을 통해 발생하는 문제에 대해서는 법적 책임에서 벗어난다고 하더라도, 윤리적 또는 사회적 책임(CSR)은 어느 정도 져야 한다.

게임은 다양한 가치를 가진다. 게임물의 개발과 그 이용은 경험의 확장 또는 외연의 확장이기도 하다. 이 모든 것이 온라인을 통해 가능하게 되었다. 그렇지만 여전히 게임에 대한 프레임은 유동적이고, 상반되게 설정되고 있다.

2. 오락실, 그리고 PC방

가. 유년시절의 기억, 오락실

요즘 세대와는 달리, 70-80년 세대는 그들의 아동 및 청소년기에 '전자오락실'을 찾았을 것이다. 시골 국민학교를 졸업하고, 읍내로 나온 후 경험한 것 중 하나는 갤러그, 제비우스, 엑스리온과 같은 '전자오락'이었다. 그전까지 놀이는 친구들과 어울려 하던 숨박꼭질, 공놀이, 전쟁놀이였다. 봄이나 가을에 있었던 운동회도 다양한 경주가 포함된 지역공동체가 같이 즐기는 놀이였다. 이러한 놀이 중 몇몇은 비용을 들여 게임물을 사는 경우도 있었지만, 대부분 주변에 있는 물건 등을 활용하는 놀이였다. 그렇지만 오락실은 매번 일정 금액을 소비했다는 점에서 상당한 고급 문화였다.

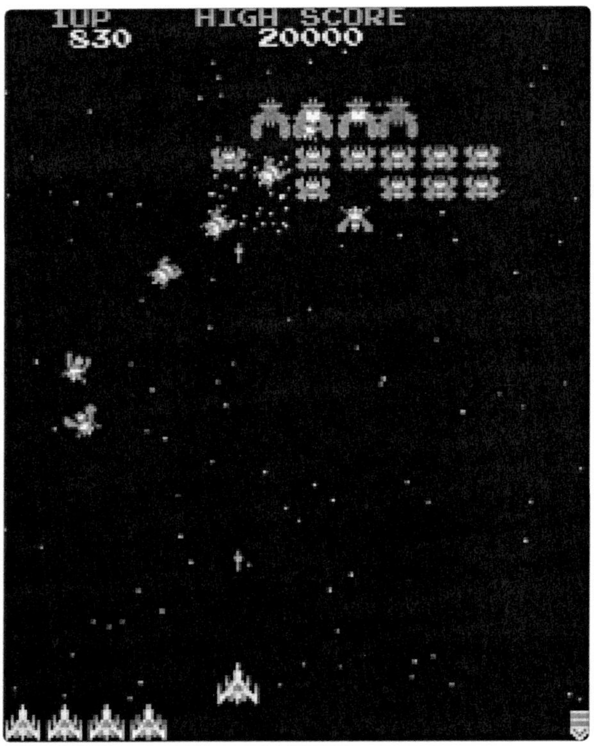

남코의 갤러그[40]

40 구글 이미지검색, 2014.7.8. 접속.

오락실은 문화적 측면에서 다양한 의미를 갖는다. 초기 아케이드 게임물은 대부분 일본에서 수입해 오거나 국내에서 불법 복제한 기판으로 보급되었다. 불법 복제된 게임물이 유통되는 구조라는 점에서 저작권 문제가 잠재하고 있었다. 그 당시에는 게임산업법 체계가 없었기 때문에 유기장법 등을 통해 규제가 이루어지고 있었다. 흥미로운 것은 지금과 같은 등급분류에 가름하는 심의가 민간에서 자율적으로 이루어졌다는 점이다. 그러나 정당하게 권한을 행사하지 않았기 때문에 정부에서 다시 회수하게 된다.

이처럼 오락실 문화는 불법적인 면도 있었으며, 또한 사업자 단체는 자율등급분류라는 자율적인 권한의 행사가 가능한 시절이기도 하였다. 그 당시 노력으로 현재 게임 산업의 발전이 이루어질 수 있었다는 점에서 그 의의가 있다.

나. PC방

PC방은 PC와 인터넷을 이용할 수 있는 공간 개념이다. 우리나라에서 PC방이 생겨난 것은 1997년 IMF 사태 이후로 볼 수 있다. 정보통신부의 초고속 인터넷망이 구축되면서 인터넷이 급속하게 보급된 것과 맞물려서 새로운 사업으로서 PC방이 생겨난 것이다.[41] 이런 와중에서 PC방을 더욱 확산시킨 계기는 〈스타크래프트〉라는 게임물이다.[42] 스타크래프트의 수요가 PC방의 확산을 가져왔고, PC방의 확산은 스타크래프트의 확산을 가져왔다. 일종의 네트워크 효과가 발생한 것이다.

PC방은 게임물이라는 가상의 공간을 이어주는 새로운 공간 개념으로 볼 수 있다. 즉, "온라인 공간과 오프라인 공간은 각기 독립된 공간이 아닌 서로 밀접한 관계를 구축하고 있다. 이러한 역학관계가 현실 공간에 반영된 것 중 하나가 PC방이다. PC방은 온라인 공간과 오프라인 공간이 만나는 접점"[43]인 것이다.

규제기관은 PC방이 청소년의 일탈이나 과몰입, 사행성 등 다양한 이슈를 양산한다고 주장하기도 한다. 이러한 이유로 청소년들은 밤 10시부터 다음날 오전 9시까지 PC방 출입이 제한된다.

---

41 PC방 사업이 특별한 노하우나 기술이 필요한 것이 아니고, 큰 자본이 드는 것도 아니며 다른 자영업에 비해 진입장벽이 거의 없다고 하여 당시 IMF로 인하여 실직한 퇴직자들이 창업에 많이 뛰어들었다고 한다. 강지웅 외, 게임과 문화연구, 커뮤니케이션북스, 2008, 105면.

42 강지웅 외, 게임과 문화연구, 커뮤니케이션북스, 2008, 19면, 114면 참조.

43 강지웅 외, 게임과 문화연구, 커뮤니케이션북스, 2008, 119면.

3. 오락실에서 모바일게임까지

가. 가정용 게임기의 출현

아케이드 게임물을 제공하던 오락실은 전국적인 유통망을 형성하고 있었다. 그만큼 놀이문화가 한정되었다고 볼 수 있다. 오락실 문화는 점점 가정용 게임기로 그 역할을 바꾸게 된다. 가정용 오락기는 그동안 오락실에서 게임을 공유하던 문화가 약화되는 계기가 되었다. 즉, 오락실에 모여서 게임을 하던 친구들이 이제는 각자 집에서 게임기로 게임을 하는 시대가 된 것이다.

닌텐도 패미콤[44]

이러한 변화는 친구들과의 놀이문화가 점점 희석되는 과정이었다. 물론 오락이 가정에서 행해지는 점에서 부모는 아이들에 대한 양육이 보다 수월해졌다는 점에서 안도를 느꼈을 지도 모른다.

나. PC통신의 출현

이러한 과정을 거치면서, 이용자들은 오락실에서 PC통신으로 관계를 확대해 간다. 가정용 게임기와 달리 PC통신은 다양한 정보를 이용할 수 있다는 점에서 많은 이용자들이 모이게 된다. BBS 자료실에는 경험하지 못한 게임물이 올라오고, 게시판에는 게임물을 활용할 수 있는 방법들이 정리되어 공유되었다. 그동안 경험하지 못한 공유문화가 형성된 것이다.

초기 통신문화는 고립된 자아를 우려했으나, 이는 기우에 불과했다. 다양한 동호회가 형성되었고, 온라인에서만 활동하는 것이 아닌 오프라인 활동을 통해 새로운 사회관계가 이루어지게 된 것이다. 이러한 문화는 지금도 다르지 않다. 다양한 동호회는 경험을 나누고, 새로운 것을 같이 하는 공유문화를 형성함으로써 인터넷의 발전을 이끌어 냈다. 대중은 공유된 사회의 문제점을 지적하면서 발전적인 방향으로 이끌어간 것이다.

44 구글 이미지 검색, 2014.7.21.일자 접속.

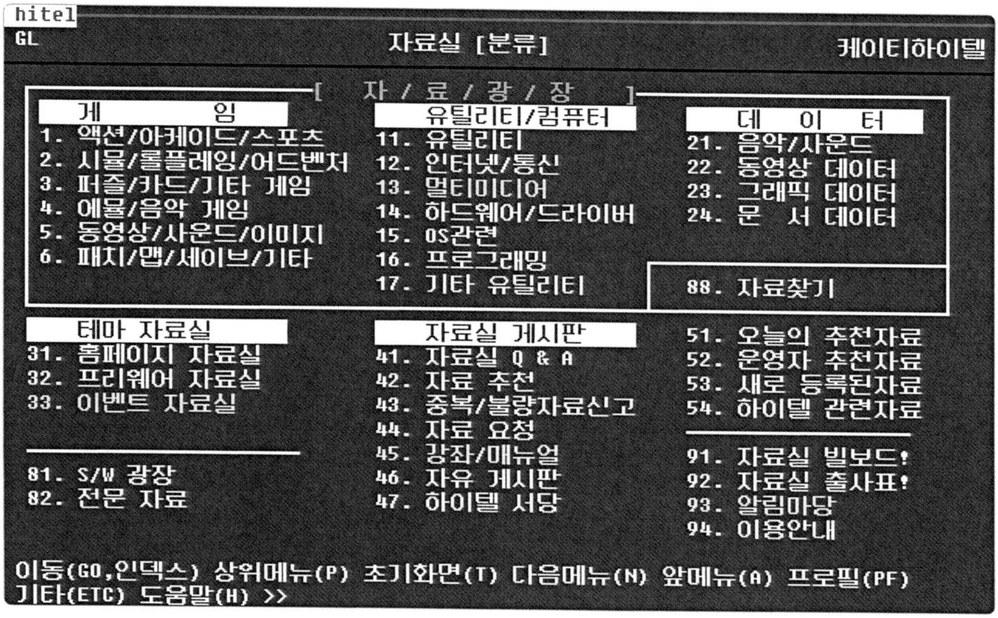

PC통신 하이텔[45]

다. 온라인 게임의 출현

(1) 인터넷의 특성

게임을 판단하기 전에 헌법재판소가 바라보고 있는 인터넷의 특성에 대해 살펴보고자 한다. 일반적인 특성과 다름없이 인터넷에 대한 견해를 가지고 있음을 알 수 있다. 즉, "인터넷은 전 세계를 망라하는 거대한 컴퓨터 통신망의 집합체로, 국내에서는 1994. 6. 한국통신이 최초로 인터넷 상용 서비스(KORNET service)를 개시한 이래 급속도로 보급되어 그 사용이 보편화되었으며, '인터넷주소자원에 관한 법률', '인터넷 멀티미디어 방송사업법' 등 법률 명칭에도 인터넷이라는 용어가 등장하고, 공직선거법 제82조의4 제1항 제1호에서도 선거운동을 할 수 있는 자는 선거운동기간 중에 '정보통신망 이용촉진 및 정보보호 등에 관한 법률' 제2조 제1항 제1호에 따른 정보통신망을 이용하여 '인터넷 홈페이지 또는 그 게시판·대화방 등에 선거운동을 위한 내용의 정보를 게시하거나 전자우편을 전송하는 방법으로 선거운동을 할 수 있다.'고 규정하는 등, 그 사용이 일반화 되었다. 인터넷 홈페이지는 웹 브라우저를 실행시켰을

45 구글 이미지 검색, 2014.7.8.일자 접속.

때 나타나는 웹페이지 또는 웹사이트 전체를 의미하고, 블로그란 1997년 미국에서 등장한 인터넷 매체의 일종으로 자신의 관심사에 따라 자유롭게 글을 올릴 수 있는 웹사이트이며, 트위터는 2006년경 개발되어 140자 미만의 짧은 글로써 여러 사람들과 소통할 수 있는 '단문 블로그'로서 모바일 웹 환경에 친화적인 인터넷 매체이다. 한편, UCC는 일반적으로 이용자가 상업적 의도 없이 개인적으로 창작한 것으로서, 글(텍스트)과 사진·음악(오디오)·동영상 등을 포괄하는 인터넷 콘텐츠를 일컫는다"[46]고 한다.

트위터 로고[47]

실시간으로 인터넷의 다양한 기능을 활용할 수 있게 되었으며, 커뮤니케이션은 물론 다양한 콘텐츠를 소비할 수 있는 매체로서 활용이 가능하게 되었다. 무엇보다도 인터넷은 UCC 중심으로 이루지고 있다고 해도 과언이 아닐 정도이다. 특히 SNS는 UCC 중심이며, 여기에 더하여 게임서비스를 통해 그 가치가 높아지고 있다.

이처럼 "인터넷은 온라인게임의 물적 토대이다. 그러나 인터넷은 문학의 물적 토대인 책이나 영화의 물적 토대인 스크린과는 전혀 다르다. 읽거나, 볼 수 있는 것에만 그친 수동적인 형태가 아니라 직접 참여하여 읽고 쓰고, 보고 듣고 만드는 능동적인 형태이며 눈에 보이지 않는 가상의 토대"[48]이다.

(2) 온라인게임의 태동

PC통신을 통해 파일 형태로 공유하던 게임물은 이제 온라인을 통해 실시간으로 제공된다. 머드(MUD game)[49] 내지 머그(MUG game)[50]로 통칭되던 게임물이 실시간으로 제공되는 시대

46 헌재 2011. 12. 29. 2007헌마1001 등, 판례집 23-2하, 739 [한정위헌].

47 구글 이미지 검색, 2014.7.20.일자 접속.

48 이용욱, 온라인게임 스토리텔링의 서사시학, 글누림, 2010, 48면.

49 머드는 multiuser dungeon(dimension)의 약자. 온라인 상에서 다수의 유저들이 글로 즐기는 게임을 의미한다. 네이버 지식백과, 2014.7.8.일자 접속.

50 머그는 멀티미디어 그래픽(multimedia graphic)을 의미한다. 머그 게임의 특징은 그래픽으로 이루어진 특정 캐릭터를 자신이 원하는 이름을 부여하고 인터넷상에서 다른 유저들과 어울려서 레벨도 올리고, 채팅도 하면서 즐기는 독특한 재미가 있다는 점이다. 네이버 지식백과, 2014.7.8.일자 접속

가 된 것이다. 텍스트 형태의 게임물이 그래픽 기반의 게임물로 발전해감으로써 화려한 게임을 즐기게 된다. 네트워크 속도가 높아졌고, 개선된 PC 성능도 이를 뒷받침함으로써 지금의 게임문화가 형성될 수 있었다.

온라인 게임은 "지금까지 우리가 경험해 보지 못했던 새로운 놀이문화이다. 남녀노소 누구나 참여할 수 있고, 시간과 공간의 구애를 받지 않으며, 일상의 억압으로부터 해방된 진정한 놀이이다. 동시에 이 혁명적인 놀이는 단순한 놀이에서 머무는 것이 아니라 새로운 서사 양식이기도 하다. 작가와 독자가 있고 풍부한 이야기를 바탕으로 새로운 이야기를 창조하고 있으며, 시간성과 공간성을 갖고 의식의 흐름을 보여주고 있다"[51]고 평가된다.

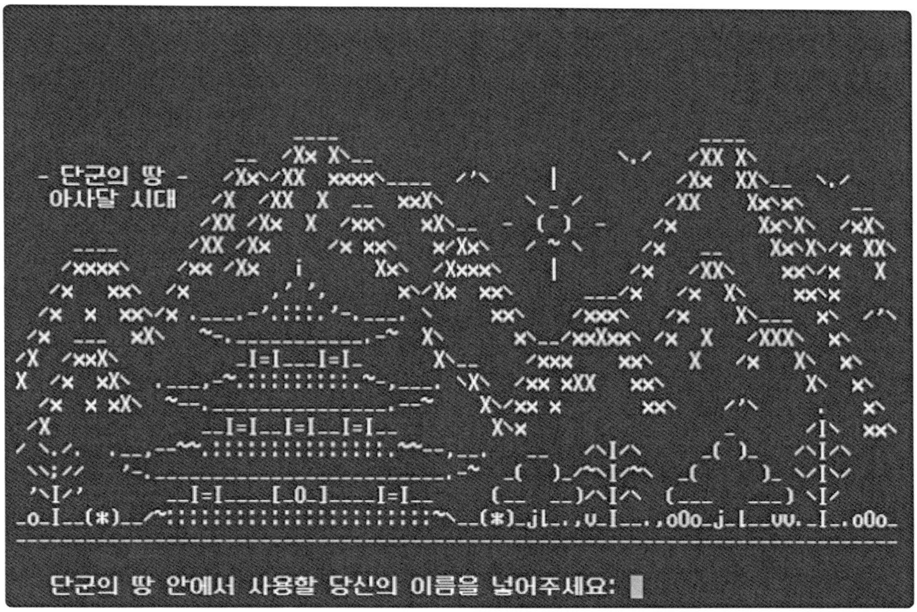

머드 게임 단군의 땅[52]

인터넷의 발전에 따라 새롭게 형성된 놀이문화인 온라인 게임은 여전히 PC의 가격이나, 네트워크를 가정에서 사용하기에는 부담이었다. 그런 와중에서 형성된 PC방 문화는 인터넷을 발전시키고, 게임문화를 형성한 직접적인 계기였다고 해도 과언이 아니다.

---

51 이용욱, 온라인 게임의 놀이적 맥락과 환상성, 대중서사연구 제16호, 2006.12, 151면.

52 구글 이미지 검색, 2014.7.8.일자 접속.

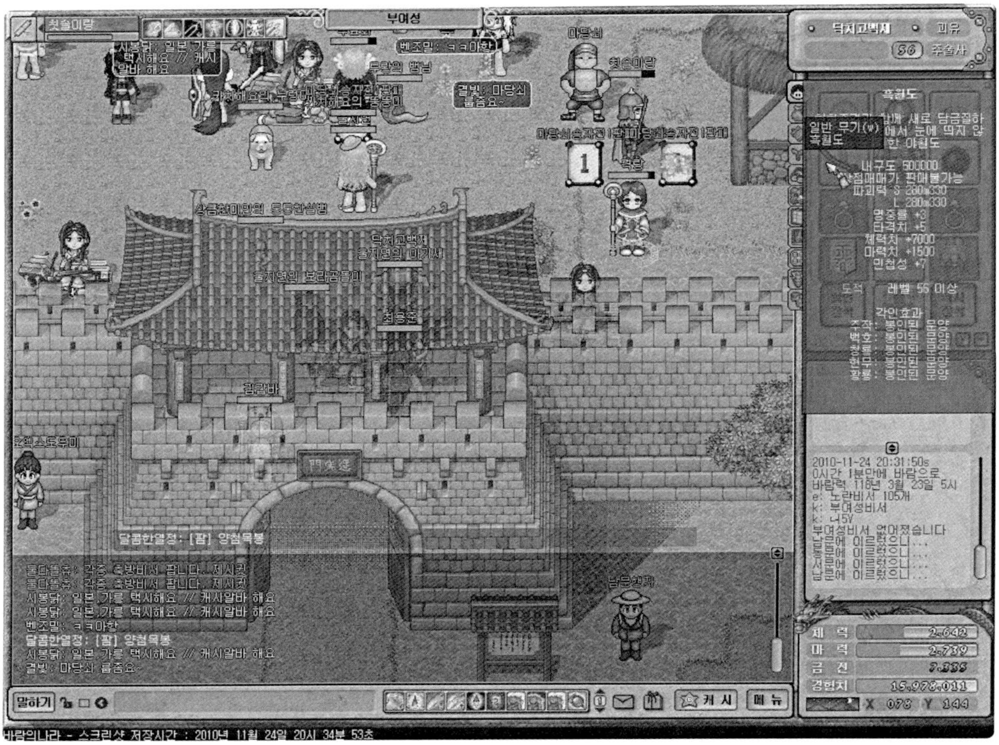

온라인게임인 바람의 나라[53]

게임사업자들이 게임물을 온라인으로 제공한 이유는 그동안 불법 복제된 게임물이 많았기 때문이다.[54] 즉, 많은 게임물이나 소프트웨어(SW)가 용산 전자상가 등을 통해 불법 유통됨으로써 경제적 이익을 감소시킨 점에서 게임사업자들은 또 다른 고민을 하게 되었다. 그 결과가 바로 온라인을 통해 게임물을 제공하는 것이었다.[55] 이러한 고민의 결과인 '바람의 나라'는 1996년 4월 천리안에서 상용 서비스를 시작했다.

---

53 구글 이미지 검색, 2014.7.8.일자 접속.

54 이처럼 "한국에서 PC온라인 게임이 발전하게 된 이유는 컨슈머 게임, PC용 스탠드얼론형 게임의 불법 복제판이 성행했던 사실과 깊은 관련이 있다. 불법 복제판 문제 때문에 스탠드얼론형 게임을 개발해도 충분한 수익을 올릴 수 없었지만 데이터를 서버에서 관리하는 온라인 게임은 이 문제를 해결할 수 있었다. 또한 고속 인터넷 회선과 PC가 일본보다 더 빨리 보급된 환경 덕분에 수많은 오리지널 PC 온라인게임이 속속 등장하게 된 것"이라고 한다. 디지털 게임 교과서 제작위원회, 디지털 게임교과서, 에이콘출판, 2012, 188면.

55 실제 1990년대에 한글과컴퓨터는 아래아한글의 불법복제에 대한 문제를 해결하고자 하는 취지로 아래아한글 불법복제 디스켓을 가져오면 매체비용정도에서 정품으로 교환해 주기도 하였다.

온라인 게임물은 불법복제의 위험이 없고, 회원가입을 통해서만 제공되기 때문에 게임사업자는 이용자에 대한 정보 확인은 물론 게임의 결과에 대한 분석이 가능하게 되었다. 그리고 매월 정기적인 매출이 가능하게 되었다는 점에서 성공적이었다.

라. 모바일 게임의 출현

온라인 게임은 대부분 제작에 많은 비용과 시간이 소요되는 대작 게임들이 주류를 이루었다. 그렇지만 스마트 디바이스의 보급에 따라 캐주얼한 게임이 대세를 이루게 되었다. 즉, 용량이 작은 게임물이 주류를 이루면서 MMORPG와 같은 대작 게임물의 개발보다는 소규모 게임물의 개발이 용이하게 되었다. 게임물의 유통 트렌드는 모바일 게임으로 변화하고 있다.

4. 게임의 역할

가. 여가 및 오락으로서 게임

게임을 즐기는 것은 여가(餘暇)[56]를 활용하기 위한 목적으로 하거나 또는 오락을 목적으로 한다는 것이다. 자신의 본연의 업무에서 벗어나 휴식을 취하거나 여유를 갖거나 오락을 즐기면서 충전을 하는 것이다. 게임산업법도 게임물을 "오락을 하게 하는 것"으로 정의되어 있다. 이처럼 게임은 오락을 목적으로 하는 것이라는 점에서 생활에서 필요한 사회적, 문화적 요소가 되었다.

70년대를 넘어, 80~90년대의 대표적인 놀이문화가 한동안 전국적으로 유행한 적이 있는 화투놀이[57]이다.[58] 미성년자도 즐겨했다고 하는 화투놀이는 그만큼 많은 국민에게 친숙하게 작용하였고, 상호관계를 형성해 주는 놀이문화의 하나였다. 화투놀이에 배팅이나 배당과 같은 도박적 요소가 포함되면서 속칭 하우스나 주부도박단[59]이 사회문제화 되기도 하였다.

---

56 일이 없어 남는 시간. 네이버 국어사전, 2014.7.5.일자 검색.

57 "화투가 들어오면서 도박의 판도가 바뀌어 옛날식 투전은 자취를 감추게 되었고 화투가 도박의 전형으로 토착화되었다. 고스톱, 섯다, 도리짓고땡 등이 바로 그런 것들이다"고 한다. 황현탁, 사행산업론, 나남, 2012, 79-80면.

58 화투놀이의 법률 문제에 대해서는 김윤명, 온라인 화투놀이의 법률 문제, 홍익법학, 2013 참조.

59 70년대에서 90년대까지 사회적인 문제가 되었던 사건을 말한다.

성인들에게 게임은 쉬운 문화가 아니다. 화투놀이와 같은 성인용 게임물이 아닌 일반 게임물을 성인들이 접하는 것은 쉬운 것이 아니었다. 기껏해야, 바다이야기와 같은 '사행성게임물'이 전부였다. 그러나 어느 순간 성인들도 사행성게임물이나 청소년이용불가 게임물이 아닌 스타크래프트(Star Craft)[60]라는 게임물을 즐기게 되었다.

스타크래프트[61]

60 스타크래프트에 대한 평가를 다음과 같이 할 수 있을 것이다. "한국 게임사는 [스타크래프트] 이전과 이후 시대로 나눌 수 있다. 스타 이전 시대가 중세 암흑기와 같았다면, 스타 이후부터 찬란한 르네상스가 시작됐다. 90년대 중반까지 한국사회가 그랬다. 게임하는 아이들은 '공부 못하는 아이'라는 낙인이 찍혔고, 게임하는 어른들은 '애들처럼 게임이나 하냐'며 핀잔 받았다. PC게임이 노래방처럼 짭짤한 사업수단이 될 줄은 생각도 못했다. 게임하는 걸 직업으로 삼는다는 건 더더구나 상상도 못했던 시절이다. 대한민국에서 '게임' 따위는 사회낙오자들의 전유물처럼 취급됐다. 그러나 [스타크래프트]가 나오면서 세상은 달라졌다. 이 게임은 한국 사람들의 취향에 찰떡궁합처럼 맞아 떨어졌다. PC방은 새로운 유망사업으로 각광 받았고, 프로게이머는 청소년들의 선망의 직업이 됐다. 한국은 IT 강국으로 떠올랐고, 남녀노소 모두 게임을 하기 시작했다. 무엇보다 우리사회의 게임에 대한 경계심이 봄눈 녹듯 사라졌다. 스타가 변화시킨 한국사회는 그야말로 '신세계'였다". 이덕규, 스타크래프트, 네이버 캐스트, 2014.7.5.일자 검색.

61 네이버 캐스트, 2014.7.5.일자 검색.

성인들도 그들의 청소년기에 많은 오락실 게임을 즐겼을 것이고, 그러한 기억은 성인이 되어서도 향수로 작용하였을 것이다. 스타크래프트가 우리나라 성인용 게임의 대중화를 이끌었다고 해도 과언이 아니다. 이후 보급된 와우(WOW)는 온라인 게임이 갖는 가치와 철학이 담겼다고 해도 좋을 게임이다.

더 나아가 국민게임으로 불리울 정도인 '애니팡(anypang)'은 남녀노소가 어려움 없이 모바일 게임을 즐길 수 있도록 해주었다. 이로써 대한민국의 게임문화와 게임에 대한 인식이 바뀌었다고 해도 과언이 아니다. 애니팡 개발사인 선데이토즈(SundayToz)라는 명칭도, 주일마다 토즈라는 모임공간에서 사업구상을 하면서 붙여진 것이라고도 한다. 최근 디즈니와 터너 등 글로벌 IP를 활용함으로써 캐주얼 게임의 명가로 거듭나고 있다.

애니팡[62]

62 구글이미지검색, 2020.4.30.일자 접속.

나. 관계로서 게임

게임을 통해 다양한 사회적 관계를 형성하곤 한다. 대표적으로 오락실에서는 또래 문화를 형성할 수 있었다. 온라인 게임은 NPC(Non-Player Character)[63]가 게임을 진행하는 경우도 있지만, 일정한 퀘스트(quest)를 수행하기 위한 경우가 대부분이다. 초기에는 낮은 단계의 인공지능형 NPC와 이용자 간의 게임이 이루어지기 때문에 재미는 반감할 수밖에 없었다. NPC의 능력이 낮기 때문에 게임 패턴을 이용자가 알아차린 다음에는 이용자가 게임을 할 재미를 느끼지 못하기 때문이다. 게임이 레벨별로 다양한 콘텐츠를 제공하는 이유가 이용자의 재미를 이끌기 위한 것이다. 결국 NPC의 한계를 극복할 수 있는 것은 사람이 직접 게임을 하도록 하고, 사람을 서로 다른 진영에 배치시킴으로써 사람 대 사람의 게임진행이 이루어지도록 세계관을 설정하게 된 것이다.

온라인 게임에서는 다양한 길드(Guild)[64]나 파티플레이(party play)[65]를 통해 관계를 형성하기도 한다. 물론 게임 내에서 이러한 관계가 형성되기도 하지만, 게임을 벗어난 현실에서도 동호회나 커뮤니티를 통해 다양한 관계가 형성되기도 한다. 단순하게 게임만을 즐기는 것이 아닌 게임을 구성하는 이용자 또는 NPC와의 상호작용을 통해 게임의 외연을 확장시켜나가는 것이다. 즉, "게임에서는 인간은 항상 상대방을 강하게 의식하는데도 불구하고, 상대방은

---

63 NPC(Non-Player Character)란 게임 안에서 플레이어(Player)가 직접 조종할 수 없는 캐릭터(Character)를 말한다. TRPG(Table Role Playing Game)에서 유래한 말로, PC(Player Character)의 상반된 의미를 가지고 있다. 대부분의 NPC는 한 자리 또는, 한 지역에 머물면서 게임의 원활한 진행을 위해 도우미 역할을 한다. 영화나 드라마의 엑스트라 조연처럼 배경 역할을 하기도 하고, 플레이어가 수행해야 할 퀘스트(Quest)나 퀘스트 수행 이후 아이템 등 콘텐츠를 제공하기도 한다. 상점 주인, 대장간 대장장이, 창고 관리인 등 특정한 직업을 가지고 아이템 판매나 무기 강화, 아이템 보관 같은 플레이어에게 직접적인 도움을 주는 NPC도 있다. 그 밖에도 NPC는 이벤트를 진행하거나 특정한 장소로 이동 시키는 역할을 수행함으로써 전반적으로 게임 진행을 원활하게 도와준다. 네이버 지식백과, 2014.7.8.일자 접속.

64 '길드'(Guild)란 MMORPG(Massive Multiplayer Online Role Playing Game)에서 유저들이 모여 형성하는 일종의 집단을 말한다. 일종의 커뮤니티 시스템(Community System) 중 하나로, 어원은 중세 유럽에서 상공업자들의 동업자 조합에서 유래한 것이다. 유저들이 함께 모여서 게임을 즐기기 위해 구성되는 모임이다. 파티 시스템(Party System)이 거대 몬스터 사냥이나 강력한 보스 제거 등 혼자서 성공하기 어려운 퀘스트(Quest)를 수행하기 위해 구성된 일종의 TF팀(Task Force Team, 단기 목표 성취를 위한 임시조직)이라면, 길드 시스템(Guild System)은 동호회와 성격이 유사하다고 볼 수 있다. 네이버 지식백과, 2014.7.8.일자 접속.

65 온라인 RPG(On-line Role Playing Game)에서 특정 목적을 달성하기 위해 모인 이용자 그룹. 거대 몬스터를 사냥이나 강력한 보스 제거와 같이 혼자서 성공하기 어려운 퀘스트(Quest)를 수행하기 위해 게임 내 다른 이용자와 모임을 구성하여 함께 전투하는 시스템이다. RPG는 캐릭터마다 직업과 직업에 따라 사용하는 무기·전투방법·스킬(Skill) 등이 제각각 다르며, 각 캐릭터에 고유의 역할을 부여함으로써 게임의 재미를 더한다. 일정수의 여러 캐릭터가 모여 고유한 캐릭터성을 활용해 시너지(Synergy)를 만드는 파티 시스템은 RPG의 핵심 콘텐츠 중 하나다. 네이버 지식백과, 2014.7.8.일자 접속.

자기와 함께 노는 사람으로서 지극히 긴밀하게 결합된 공동세계 속으로 용해되어 버린다"[66] 고 한다.

카카오 게임하기는 대표적인 관계형 플랫폼이 되었다.

테라 샤드라 길드 파티[67]

관계로서 게임은 게임에서 다양한 형태로 나타나게 된다. 예를 들면, 게임에서 이타주의적인 선행이 자주 관찰됐다는 내용이 발표된 바 있다. 즉, "고레벨 이용자들이 저레벨 이용자들이 게임에 적응할 수 있도록 아이템을 선물하거나, 서로 협력 플레이 행위를 함으로써 선행을 베풀며, 선행을 받은 사람의 80%가 3개월 이내에 또 다른 누군가에게 선행을 베푸는 이타적 행위의 전파가 일어난다는 것이다. 이처럼 객관적 데이터를 통한 긍정적 결과가 있음에도 게임에 대한 부정적 이슈만 부각되는 것은 경계해야 한다며, 현실 세계는 사람 간의 관계가 각박해져가지만 오히려 온라인 세계에서 호의적, 이타적인 행위들이 일어나고 있다"[68]

66 민주식, 놀이 개념의 정립을 위한 시론, 인문연구 54권, 2008, 13면.

67 구글 이미지 검색, 2014.7.20.일 검색.

68 지디넷코리아, 게임, 어른들은 아직도 모른다, 2014.5.21.일자.

는 것이다.[69]

이와 같이, 게임은 퀘스트(Quest)[70], 길드, 팀플 등을 통해 관계를 형성하며 드물기는 하지만 게임 내 결혼은 실제 결혼에 이른 경우도 있다. 이러한 관계설정이 게임에서 중요한 요소가 된 것은 스타크래프트의 배틀넷에서 찾을 수 있다. 배틀넷(Battle Net)[71] 이전은 NPC와의 대전이었다면 배틀넷을 통해 다양한 이용자간의 경쟁이 가능해졌고, 이로써 이용자간의 관계를 통한 게임이 가능하게 된 것이다. 이러한 아이디어가 카카오 게임하기 플랫폼으로 구현된 것임을 알 수 있다.

다. 기능성을 목적으로 하는 게임

게임물은 즐기는 오락에서 벗어나, 다양한 기능을 수행하기도 한다. 이러한 기능성을 염두에 둔 것이라는 점에서 기능성 게임물(serious game)이라고 한다. 대표적으로 군사용, 산업용, 학습용 게임물을 들 수 있다. 물론 특수 목적용으로 하는 게임물은 게임산업법 상 게임물로 보기는 어렵다. 게임산업법은 오락을 할 수 있도록 제작된 것으로만 한정하기 때문이다. 만약, 오락적 요소가 없거나 오락이 주된 목적이 아닌 게임물이라면 게임산업법의 적용을 받지 않는다.

닌텐도는 화투로 시작하여 디지털 게임의 대표적인 기업으로 성장한 바 있다.

---

69 이러한 맥락에서 "온라인 게임의 키워드는 사람이라고 한다. 사람은 사회적 동물이고 사람과의 관계속에서 재미를 느낀다. 온라인게임은 바로 사람과 사람을 연결시켜주는 네트워크 기술의 발전으로 탄생된 게임인 만큼 재미 역시도 사람에게서 찾아야 한다. 온라인게임에서 유저와 유저간의 교류를 커뮤니티라고 한다. 이러한 커뮤니티는 경쟁, 협력, 관계 이 세 가지로 나뉜다"고 한다. 김정남 외, 게임의 운명을 결정하는 기획과 시나리오, e비즈북스, 2013, 205면.

70 퀘스트의 사전적 정의는 탐구 탐색으로, 게임 속에서 이용자가 수행해야 하는 임무나 특정 행동을 지칭한다. 퀘스트의 궁극적인 목표는 게임을 원활하게 진행하는 데 있다. 퀘스트는 게임의 플레이 방법을 학습할 수 있는 튜토리얼 역할을 하기도 하며, 전반적인 이야기를 진행하게 하는 스토리 가이드 역할도 한다. 또한, 퀘스트 수행을 통해 얻은 보상으로 이용자의 캐릭터를 성장시키기도 한다. 네이버 지식백과, 2014.7.8.일자 접속.

71 배틀넷은 네트워크를 통해 다른 게이머(gamer)를 만나 대전을 벌일 수 있는 공간을 의미한다. 배넷이라고도 한다. 원래 배틀넷은 스타크래프트를 만든 블리자드사가 자사 게임을 구매한 사람들을 위해 만든 공개 대전 서버를 지칭하는 용어였다. 블리자드는 이곳을 통해 세계의 모든 사용자들이 만날 수 있는 사이버상의 게임장을 형성하였을 뿐만 아니라 스타크래프트를 알리는 도구로 활용했다. 초기에는 블리자드의 배틀넷만 있었으나 정품 사용자가 아닌 사람도 접속해 대전을 할 수 있는 배틀넷으로 주로 개인이 서버를 운영하는 프리 배틀넷 프로그램이 나오면서 일반화되기 시작했고, 지금은 대부분의 대전 게임들이 자체 서버를 운영하고 있다. 배틀넷 서비스가 정품 사용자를 증가시킨다는 측면에서 이제는 게임 개발 업체의 필수적인 서비스가 되었으며, 배틀넷이라는 명칭도 블리자드의 상품명에서 일반명사처럼 쓰이고 있다. 네이버 지식백과, 2014.7.8.일자 접속.

닌텐도 Wii[72]

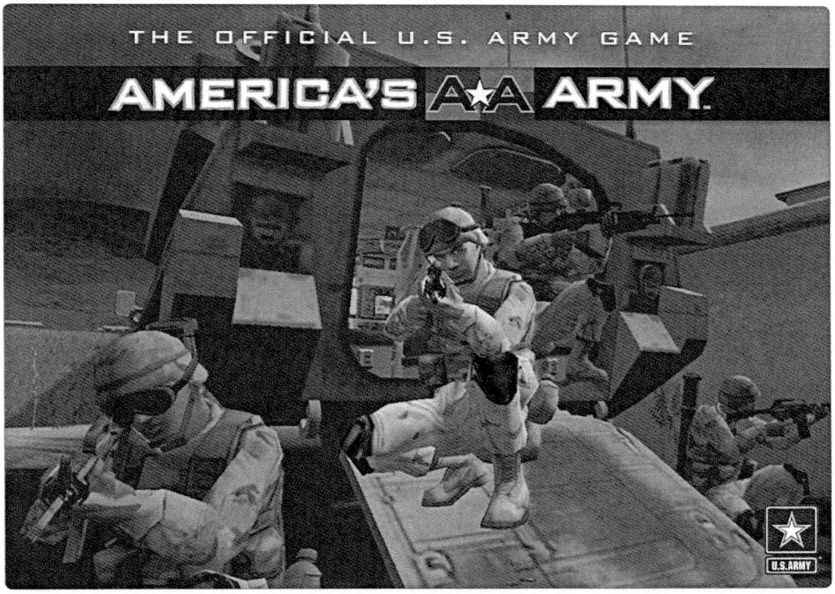

America's Army[73]

72 구글 이미지 검색, 2014.7.8.일자 접속.

73 구글 이미지 검색, 2014.7.8.일자 접속.

기능성 게임인 America's Army가 공개되고 나서 미국의 모병 지원률이 높아졌다고 한다. 그만큼 정책적으로 의도하는 바가 게임물에 구현되었다는 것으로 이해된다.

5. 게임의 분류

가. 플랫폼별 분류

게임산업법 제2조 제1호에서 규정한 게임물에는 i) 개인용 컴퓨터(PC) 게임물(PC에서 구동되는 게임물), ii) 비디오 게임물(게임전용 기기에서 구동되는 게임물), iii) 모바일 게임물(모바일 기기에서 작동하는 게임물), iv) 아케이드 게임물(게임산업법 제2조 제6호의 규정에 의한 게임제공업용 게임물), v) 기타 게임물 등으로서 유통이나 이용제공을 목적으로 제작된 게임물은 게임물관리위원회로부터 심의를 받아야 한다(등급분류 심의규정 제4조).

나. 장르별 분류

게임장르는 등급분류 과정에서 게임물관리위원회에 제출하는 서류 내역에 표기한다. 즉, 퍼즐, 시뮬레이션, 보드, MMORPG, FPS, 스포츠, 교육 등 다양한 장르의 게임물로 구분하고 있으나 이는 등급분류 과정에서 발생하는 수수료의 기준을 위해 활용되고 있다.

다. 이용 유형별

게임물을 이용할 수 있는 이용자수에 따라 단독형, 네트워크형, 다중접속형 게임물로 구분할 수 있다. 단독형은 상대 유저가 없이 게임을 진행하는 형태를 말한다. 애니팡과 같이 혼자서 게임을 즐기는 경우가 대표적이다. 네트워크형은 상대와 같이 대전을 하거나 같이 퀘스트를 수행하는 방식의 게임물을 말한다. 고스톱류에서 상대와 같이 게임을 즐기는 경우가 대표적이다. 다중접속형 게임물은 MMORPG와 같이 다수의 이용자가 동시에 접속하여 퀘스트를 수행하는 방식의 게임물을 말한다. 테라(TERA)나 와우(WOW)와 같은 게임물이 대표적인 예이다.

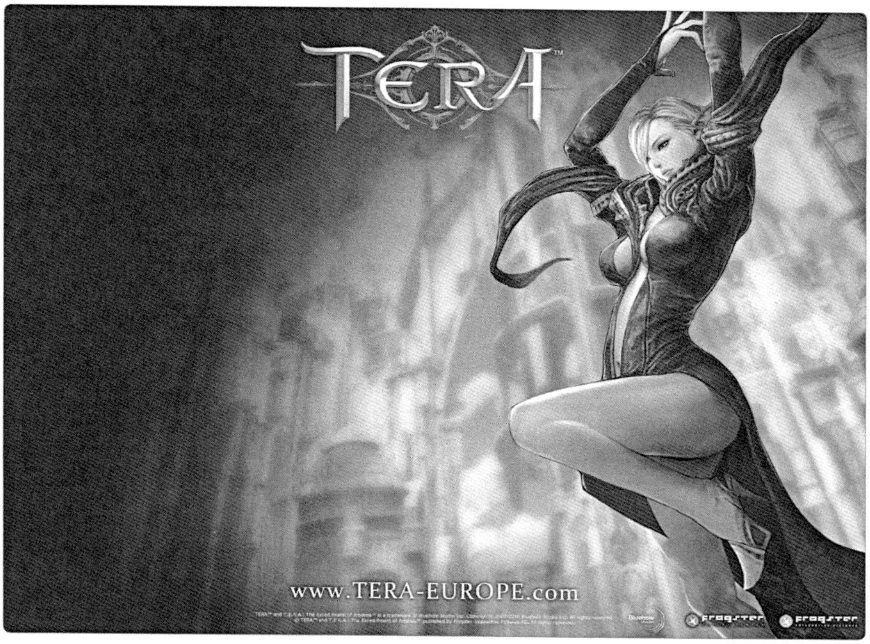

테라 유러 버전[74]

6. 중독 및 그 프레임의 한계

게임 중독을 이야기하면서 인터넷 중독을 혼동하는 경우가 많다. 이러한 혼동의 이유는 온라인 게임물이 인터넷의 속성을 따르기 때문이다. 게임은 "인터넷보다 더 긴 역사를 가지고 있다. 그러나 게임 중독이 본격적으로 논의되기 시작한 것은 게임과 인터넷이 융합하기 시작하면서 부터이다. 기존의 패키지 형태의 게임은 분명한 시작과 끝이 존재했으며, 플레이어와 컴퓨터 이외의 다른 존재와의 상호작용은 거의 없었다. 그러나 게임과 인터넷의 만남은 다양한 온라인게임들을 발전시켰고, 그 결과 사람들은 하나의 게임 속에서 끊임없이 달라지는 게임 네러티브와 상호작용을 경험할 수 있게 되었다"[75]고 보고 있다.

74 구글 이미지 검색, 2014.7.12.일 접속.

75 강지웅 외, 게임과 문화연구, 커뮤니케이션북스, 2008, 162면.

이러한 이유 때문에 인터넷 중독과 게임 중독은 크게 다르지 않게 보고 있으며, 중독이라는 법적 정의를 두고있는 국가정보화 기본법이나 청소년 보호법은 표현이 약간 상이하지만 인터넷 중독과 게임 중독을 동일하게 정의하고 있는 것이다.

가. 몰입과 중독 - 공포를 판다!

게임을 즐기는 것은 바로 재미가 있기 때문이다. 재미가 있기 때문에 자발적으로 게임에 몰두, 열중 또는 몰입(沒入)[76]하게 된다. 이러한 몰입은 누군가가 시켜서가 아니고 자유의지로써 행하는 것이다.

미하이 칙센트미하이(Mihalyi Csikszentmihalyi)[77]

몰입(flow)에 대해 미하이 칙센트미하이(Mihalyi Csikszentmihalyi)는 "쉽지는 않지만 그렇다고 아주 버겁지도 않은 과제를 극복하는 데 한 사람이 자신의 실력을 온통 쏟아부을 때 나타나는 현상"[78]이라고 정의한다.

---

76 사전적 의미로서 몰입이란 "깊이 파고들거나 빠짐"을 의미한다.

77 구글 이미지 검색, 2014.7.8.일자 접속.

78 미하이 칙센트미하이 지음, 이희재 옮김, 몰입의 즐거움, 해냄, 2013, 46면.

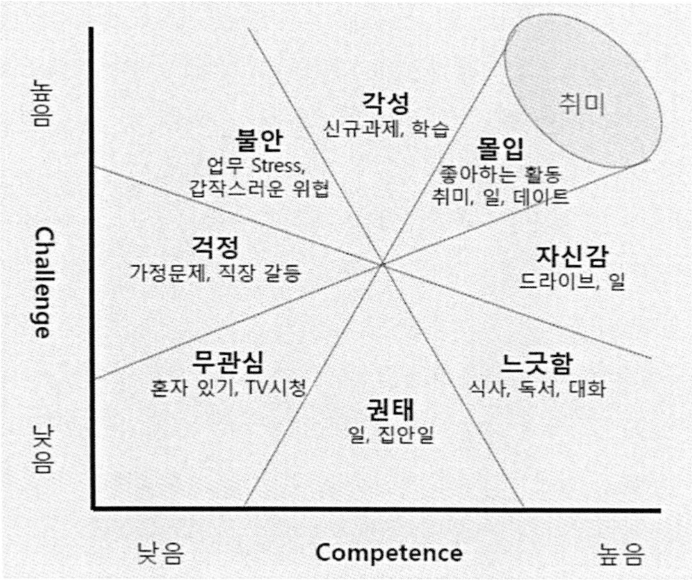

과제와 실력의 함수관계에 따른 경험의 질[79]

몰입은 자연스러운 본성이자 현상으로 이해될 수 있다. 그럼에도 불구하고, 중독이라는 프레임을 씌워 게임물이 악을 대변하는 것인 양 하는 것은 인간의 본성을 억압하는 결과를 가져오게 될 것이라는 점에서 우려스럽다. 이러한 점에서 "중독을 일으키는 약물의 경우 그것을 접하게 되면 거의 대부분이 중독 증상을 보이게 되고, 그 물질에 지나치게 의존하게 된다. 그러나 게임의 경우 그렇지 않은 경우가 대부분이며, 모든 게임이 사람들에게 중독을 일으키지도 않는다. 이러한 사실은 기존의 약물중독과 같은 논리로 게임에 대한 몰입이나 중독을 다루어서는 안 된다는 것을 말하고 있다. 즉, 게임 중독에 대해서는 중독의 대상이 되는 존재에 대한 근본적인 접근을 금지하는 논리보다는 중독을 일으키는 환경에 대한 관심과 중독의 다차원적인 측면을 이해할 필요가 있다"[80]는 지적은 타당하다.

청소년 보호법은 인터넷게임 중독에 대해 "인터넷게임의 지나친 이용으로 인하여 인터넷게임 이용자가 일상생활에서 쉽게 회복할 수 없는 신체적·정신적·사회적 기능 손상을 입은

79 구글 이미지 검색, 2014.7.8.일자 접속.

80 강지웅 외, 게임과 문화연구, 커뮤니케이션북스, 2008, 161면.

것"으로 정의내리고 있다. 그러나 입법과정에서 어떻게 이러한 의미가 중독을 나타내는 것인지에 대한 논의가 이루어진 것으로 보이지 않는다. 인터넷게임의 중독에 대한 치유 등을 위한 국가 예산을 사용하는 것인데도 불구하고, 논의가 제대로 이루어지지 아니한 것은 중독의 실체를 명확하게 규정하지 못하는 것을 나타낸다.

인터넷게임 중독은 국가정보화 기본법에서 인터넷중독에서 그 개념을 차용한 것이다. 국가정보화 기본법에서 인터넷중독은 인터넷게임 중독과 다르지 않게 정의내리고 있다는 점에서 그러하다. 인터넷중독이란 "정보통신망을 통하여 제공되는 정보통신서비스의 지나친 이용으로 이용자가 일상생활에서 쉽게 회복할 수 없을 정도로 신체적·정신적·사회적 기능의 손상을 입는 것"으로 정의되어 있다. 게임은 인터넷을 통해 제공되는 것이기 때문에 인터넷의 속성과 다르지 않다는 점에서 개념적 차이가 없다. 국가정보화 기본법 개정 논의에서도 인터넷중독의 개념적 정의에 대해 논의가 제대르 이루어지지 아니하였다.

이와는 별개로 4대 중독법안으로 알려진 정신과 의사 출신인 신의진 의원이 발의한 '중독 예방·관리 및 치료를 위한 법률안'[81]에서도 게임물이 포함되어 있다. 4대 중독물질 내지 행위에는 마약, 술, 도박 및 게임 등이 포함된다. 금기되는 금제품 등과 같은 가치로서 게임이 대우받는 시대인 것이다. 동법안에서 중독이란 "다음 각 목의 어느 하나에 해당하는 물질 및 행위 등을 오용, 남용하여 해당 물질이나 행위에 신체적, 정신적으로 의존하고 있는 상태"를 말한다. 각 목에 해당하는 물질에는 가. 알코올, 나. 마약류 관리에 관한 법률에 따른 마약류, 다. 사행산업통합감독위원회법에 따른 사행산업을 이용하는 행위 또는 사행행위 등 규제 및 처벌 특례법에 따른 사행행위, 라. 인터넷게임 등 미디어 콘텐츠, 마. 그 밖에 중독성이 있는 각종 물질과 행위로서 대통령령으로 정하는 것 등이 포함된다.

---

81 동법안의 제안이유는 다음과 같다. "중독은 중독유발 물질 및 행위(알코올, 인터넷 게임, 도박, 마약 등)에 신체적·심리적으로 의존하는 상태로 우리나라 인구 약 5천만명 가운데 약 333만명이 의학적인 치료가 필요한 중독자로 추정되고 있음. 중독은 중독으로 인한 뇌손상, 우울증 등 중독자 개인의 건강상의 문제를 발생시킬 뿐 아니라 폭행, 강도 및 살인 등 강력범죄의 30%가 음주상태에서 발생하고, 중독으로 인한 근로자의 생산성 저하와 청소년의 학습기회 손실로 이어지는 등 중독자의 가족 및 사회전반에 걸쳐 심각한 사회적 폐해를 초래함. 이에 중독을 적극적으로 예방·치료하고, 중독폐해 발생을 방지·완화하는 등의 적극적인 국가의 역할이 요구되고 있음. 중독 및 중독폐해는 다양한 사회, 경제, 문화적 요인에 의해 발생하기 때문에 문제의 해결을 위해서는 중독을 종합적이고, 체계적으로 관리할 수 있는 범정부 차원의 통합적 관리체계가 필요하나, 현재는 중독 및 중독폐해 관리 업무가 여러 부처에 분산되어 있고, 부처 간 협력체계가 미비하여 통합적 대처가 미흡한 실정임. 또한 기존의 알코올, 인터넷 게임, 도박 등 중독과 연관된 법률들은 해당 산업의 진흥을 목적으로 제정된 법으로서 중독 예방 및 폐해 방지에는 한계가 있음. 따라서 중독에 대한 적극적인 보호환경을 조성하고, 범부처 차원의 통합적인 중독관리체계를 구축함으로써 중독과 중독폐해가 없는 건강하고 행복한 가정과 사회를 만들려는 것임", 김대현, 중독 예방·관리 및 치료를 위한 법률안 검토보고, 국회보건복지위원회, 2013.6, 1면.

나. 부정적 프레임

게임의 부정적 프레임은 어느 일방에 의해서만 만들어진 것은 아니다. 언론, 주류 콘텐츠 산업, 정치권 및 공포를 매개로 하는 이해관계자들의 복합적인 노력의 결과물이다. 미디어에서는 게임이 갖는 온갖 문제점들에 대해 커뮤니케이션함으로써 매체를 접하는 시청자들에게 게임의 부정적인 인식을 주입시켜 왔다. 언론매체는 이슈의 원인을 게임으로 돌린다.[82] 자살, 살인 등 사건·사고의 주된 원인을 게임을 해서, 게임에 중독되었기 때문이라는 메시지를 던진다.

이러한 언론의 행태는 어떤 원인일까? 전문 연구결과에 따르면 "게임을 포함한 미디어의 진화와 청소년의 생활 환경 변화, 창의적 사회 분위기 조성 등 여러 중요하고 본질적인 쟁점들이 있음에도 게임에 대한 논의는 언제나 중독 담론을 중심으로 이뤄지고 있다. 그것도 평소에는 진지한 논의조차 없다가 자극적인 강력한 사건이 벌어지면, 사실 여부에 관계없이, 무조건 게임에 책임을 뒤집어 씌우는 마녀사냥만이 벌어진다"[83]고 비판한다. 문제되는 사건의 원인을 게임으로 돌리는 것은 게임이 도덕적 책임이 있다는 것을 강조하는 것으로 문제해결이 아닌 문제의 책임을 손쉽게 돌리려는 행태이다.[84]

언론은 사건의 본질을 분석하고, 그러한 문제가 발생하지 않도록 비판하고 대안을 제시하여야 하는데, 너무 쉽게 그리고 선정적으로 기사를 쓰고자 하는 비윤리적 행태가 표출된 것이다. 많은 사건들의 원인을 게임으로 지목한 기사들이 쏟아져 나오고 있으나 이후에 확인된 바로는 게임과는 전혀 관련 없이 발생된 것이 대부분이었다. 설령 게임이 관련되었다고 하

82 어떤 사건에 대해 사실여부에 관계없이 무조건 게임에 대해 책임을 씌우는 마녀사냥에 대해 도덕적 공황(moral panic)의 상태를 연상시킨다고 한다. 이러한 도덕적 공황은 "미국의 사회학자 스탠리 코헨 등이 처음 제기한 개념으로 사회의 일부 집단이 사회 전체에 자신들의 신념을 부과하려는 것을 뜻한다. 이때 사회의 가치에 해를 끼치는 존재들을 희생양(devil folks)으로 삼아 사회 구성원들의 마음에 공포와 적개심을 일으키는 전략이 주로 쓰인다. 중세 시대의 마녀사냥이나 근대의 인종학살, 현대의 사탄 숭배를 거쳐 현재 게임이 도덕적 공황의 대상이 되었다"고 평가한다. 조인혜 외, 현행 게임 규제 논의의 쟁점과 문제점, 전자신문, 2010, 13면.

83 조인혜 외, 현행 게임 규제 논의의 쟁점과 문제점, 전자신문, 2010, 12-13면.

84 "온라인게임의 특성상 유저들의 동시접속에 따른 게임이용의 집중도가 어느 다른 오락물에 비해 높은 만큼 온라인게임을 비롯해 게임과 관련된 많은 사회문제들이 일정한 사회적, 문화적 성찰 없이 직접적으로 파급 효과를 일으키는 경우가 많다. 그래서 온라인게임을 하는 PC방에서 불미스러운 사건들이 터질 때마다 미디어에서 보도하는 태도들은 대부분 상당한 공포심을 증폭시킨다. 주류미디어는 게임과 관련된 청소년 일탈 현상이나 사회적으로 불미스러운 일이 발생할 때면 게임의 중독과 폭력성을 집중적으로 부각하여 설명하는 경우가 대부분"이라고 한다. 강지웅 외, 게임과 문화연구, 커뮤니케이션북스, 2008, 250면.

더라고, 그것은 게임이 원인이 아닌 하나의 표출된 매개체였다는 점이 기사의 선정성을 나타내는 것이라 해도 과언은 아니다.

다. 놀이의 억압

놀이는 자연스러운 본능이고, 사람은 누구나 재미있게 놀고 싶은 욕구가 있다. 특히 "아이들에게는 놀고 싶은 욕구는 매우 큰 영향을 미친다. 부모와 아이들이 끊임없이 충돌하는 것도 공부를 강요하는 부모와 재미있게 놀고 싶은 아이들의 욕구가 다르기 때문이다. 이 때 중요한 것은 단지 놀고 싶은 것이 아니라 재미있게 놀고 싶은 것이다. 놀이를 통해 재미를 얻을 수 없다면 아이들은 더 이상 놀지 않을지도 모른다. 반면 공부를 통해 재미를 얻을 수 있다면 부모가 강요하기 전에 아이들이 자발적으로 공부할 것"[85]이라고 한다.

이러한 충돌에서 패한 진영은 놀이에 대한 부정적 프레임으로 놀이 자체를 차단하는 정책을 이끌어냈다. 즉, 놀이를 억압함으로 자신들이 원하는 것을 얻을 수 있다고 생각하는 것이다. 일순간 억압은 성공한 것으로 보일 수 있으나, 장기적으로 볼 때는 억압에 따른 갈망이 커지기 때문에 성공하기 쉽지 않다.

아이와 부모의 관계는 무엇보다 중요하다. ©5월의 바람(2014)

85 김학진 외 지음, 디지털 펀! 재미가 가치를 창조한다, 삼성경제연구소, 2007, 21면.

놀이나 게임에 대한 억압은 부모의 입장에서 그 필요성이 강조되고 있다.[86] 그 결과 강제적 셧다운제, 중독 이슈를 통해서 이끌어가고 있지만, 인간의 본성이자 헌법적 기본권인 문화향유권에 대한 제한은 자칫 인간의 자율적인 행태에 대한 훼손으로 나타날 수 있다. 2014년 헌법재판소는 강제적 셧다운에 대해 합헌이라고 결정하였지만, 이후에 청구권자가 달리할 경우에는 다른 결정이 나올 가능성도 배제할 수 없다. 게임을 포함한 놀이의 억압은 문화의 억압이자, 헌법에서 구현하고 있는 문화국가의 원리에 대한 심각한 도전이자 위협인 것이다.

라. WHO와 질병코드

WHO는 '게임장애(gaming disorder)'가 포함된 국제질병분류 11차 개정안(ICD-11)을 만장일치로 의결(2019.5.25)한 바 있으며, 게임 중독을 새로운 질병으로 분류한 ICD-11은 2022년 1월부터 발효 예정이다. ICD-11에 질병 코드 '6C51'로 등재된 게임 장애는 "다른 일상생활보다 게임을 우선시해 부정적인 결과가 발생하더라도 게임을 지속하거나 확대하는 게임 행위의 패턴"으로 정의된다.

진단 기준으로는 i) 게임에 대한 통제 기능 손상, ii) 삶의 다른 관심사 및 일상생활보다 게임을 우선시하는 것, iii) 부정적인 결과가 발생함에도 게임을 중단하지 못하는 것으로 이런 현상이 최소 12개월 이상 지속되는 경우이다. 게임이 중독 물질은 아니지만, 게임 장애가 중독 행위의 일환으로 분류된다는 의미이다.

WHO질병코드에 대한 국내 이행은 한국표준질병분류(KCD)에 포함됨으로써 구체화되는데, KCD는 통계청이 관계부처 협의를 거쳐 5년마다 개정하며, 2026년 개정될 것으로 예상된다. 문제는 게임 중독을 질병으로 지정한 ICD개정안이 발효될 경우, 국내 게임 산업이 위축되면서 2023년부터 3년간 최대 11조원의 경제 손실이 생길 것이라고 추정하고 있다.[87]

더욱이, 셧다운제 주무 부처인 여성가족부와 함께, 중독 치유라는 목적으로 보건복지부

---

86 이러한 부모의 입장에서 규제 이외에 대안을 생각하는 것은 교육용 게임물을 제시하는 것이다. 그렇지만 교육용 게임물은 교육용 완구와 같이 "실제 아이들의 이익보다 오히려 부모를 끌어들이고자 하는 의도에 충실한 상태로 제작되고 홍보된다는 것이라고 하겠다. 과거 장난감 제조업체들이 부모의 신념과 가치관을 반영하는 장난감을 만들려고 노력했다면 오늘날에는 부모의 공포심과 걱정을 이용해 장난감을 만들고 있다"는 비판은 게임에서도 다르지 않다. 데이빗 엘킨드 지음/이주혜 옮김, 놀이의 힘, 한스미디어, 2008, 58면.

87 이덕주 외, 게임 과몰입 정책 변화에 따른 게임 산업의 경제적 효과 추정, 한국콘텐츠진흥원, 2018.12.

도 게임규제 정당성을 확보하는 근거로 활용할 가능성이 높다. 향후, 게임 관련 분담금(예를 들면, 국민건강진흥분담금 등이 있다)의 법제화, 셧다운제도의 강화(모바일 게임까지 확대될 가능성도 있다) 등 게임산업에 미치는 입법 내지 규제가 진행될 것으로 예상됨에 따라, 이에 대한 적극적 대응 필요하다고 본다. 참고로, 의료계의 로비를 통해 19대 국회에서 게임중독예방법안, 게임중독분담금법안 및 알코올, 게임, 도박, 마약 등을 중독에 포함한 중독 예방·관리와 치료를 위한 법률안(4대 중독법안) 등이 발의된 바 있었다.

마. 리프레임(reframe)

게임에 대한 부정적 프레임은 이해관계의 충돌에 따른 것으로, 누가 벗겨주는 것이라고 보기는 어렵다. 즉, 게임인들 스스로가 게임에 대한 부정적 인식에서 벗어나야 한다. 자신이 개발하거나 서비스하고 있는 게임물이 사회적으로, 국가적으로 더 나아가 인류에게 미치는 영향력에 대해 생각해 볼 필요가 있다. 가치가 있는 게임인지 스스로 평가를 내리는 것이 좋겠다. 회사의 매출을 위해 게임물을 개발하는 것이 아닌 게임이 문화적, 예술적 가치를 가질 수 있다는 신념으로써 게임을 대하는 것이 필요하다.

게임중독 논의에서 "사람들이 게임을 하는 데 많은 시간을 보내고 집중하는 행위에 대해서 게임중독으로 규정하는 것은 게임에 대한 다양한 논의와 가능성을 위축시킨다. 또한 게임이 가지고 있는 여러 가지 긍정적 요소들이 폐기되도록 만들고 게임 자체를 중독성을 지닌 존재로 격하시킨다. 그렇다면 많은 시간을 게임을 하면서 보내는 사람들의 행위를 중독이 아닌 다른 시각으로 보아야 할 것"[88]이다. 이러한 노력에 더하여, 게임을 이용하는 이용자는 물론 이용자의 법정대리인에게도 게임에 대한 인식과 이해를 쉽게 할 수 있도록 하여야 한다. 게임이용 과정에서 이용자나 법정대리인이 게임사업자와 연결을 시도하는 경우가 종종 있다. 그러나 의도하는 만큼 쉽게 연결이 되지 않는다. 게임사업자가 의도적으로 연결 수단을 찾기 쉽게 표시하지 않기 때문이다. 그 결과 악성 민원으로 확대될 수 있으며, 법적 분쟁으로 이어지기도 한다.

88 강지웅 외, 게임과 문화연구, 커뮤니케이션북스, 2008, 164면.

게임중독은 게임에 대한 선입견의 문제라고 할 수 있으며, 이러한 선입견을 깰 수 있는 가장 좋은 해독제가 있다면 그것은 실질적인 데이터이다.[89] 데이터를 바탕으로 하는 반증으로 상대를 설득시키거나 이해시킬 필요가 있다. 빅데이터를 활용하는 방안이 마련된다면 게임정책의 새로운 전기가 마련될 것이다.

인사이트

게임물은 문화에 대한 접근으로 이해되어야 한다. 가족 오락으로서 방향성을 갖는 것도 필요하다. 세대간의 단절은 우리가 극복해야 할 중요한 문화정책의 하나이기 때문이다.

89 존벡, 미첼 웨이드, 게임세대 회사를 점령하다, 세종서적, 2006, 29면.

제 2 장

게임과 법

게임은 그 성격상 다양한 법률을 매개한다. 기본법으로 볼 수 있는 게임산업진흥에 관한 법률, 게임물의 제작과 관련된 저작권법, 콘텐츠로서 성질을 갖기 때문에 콘텐츠산업 진흥법이나 문화산업진흥 기본법과 관련을 맺는다. 또한 게임물을 서비스하는 과정에서 약관의 규제에 관한 법률, 전자상거래 관련 법률, 정보통신망 이용촉진 및 정보보호 등에 관한 법률 등이 관여하게 되며, 강제적 셧다운제가 문화국가원리와 충돌하는지 여부, 등급분류와 표현의 자유의 충돌 등에 있어서 헌법이 관여하게 된다.

제 3 절 게임법학

1. 게임법학의 역사

가. 게임법학 일반

게임산업법은 진흥법이라기 보다는 규제법의 역사라고 해도 과언이 아니다. 초기에는 지금과 같은 게임물이 아닌 유기장 내지 유기기구 등 아케이드형 기기들이 게임물로서 국내에 유통된 시스템이었기 때문이다. 아케이드형 기기는 놀이기구가 많았지만, 또한 사행성을 본질로 하는 기기도 작지 않았기 때문에 풍속(風俗)을 저해하는 기기에 대한 규제는 중요한 국가정책의 하나였다.

게임물의 규제는 장소에 대한 유기장법, 행위에 대한 사행행위특례법 및 형법상 도박죄 등으로 규제하는 방식이었다. 이러한 규제는 게임물 본질에 대한 규제로 확대되었고, 현재까지 정책적 기저의 큰 변화는 없었다. 게임법학이라는 법체계가 아직 구성된 것은 아니지만, 게임을 둘러싼 다양한 이슈가 발생하면서 게임에 대한 법적 연구가 본격화되고 있다.

게임에 대한 법학적 접근으로서 게임법학의 역사는 그리 길지 않다. 이제 시작하는 단계라고 할 수 있다. 많은 연구자들이 게임물의 본질, 법적 문제 등에 대해 많은 연구결과물을 만들어 내고 있기 때문에 게임법학이 독자적인 학문 영역으로 성장할 것으로 기대한다.

나. 게임산업법의 역사

게임법의 역사는 게임규제의 역사와 궤를 같이 한다. 1961년 제정된 유기장법이 첫 규제의 시작이며, 1973년 유기장법 시행규칙에 "사용료를 유기기구에 투입하거나 지불하여 일정한 시간 유기할 수 있도록 만들어진 비사행성 전자적 유기기구"를 전자유기시설로 규정하였다. 유기장법은 1981년 유기장업법으로 변경된다. 유기장법에서는 유기장에 대한 정의가 이루어졌으며, 유기장의 종류로서 당구장, 전자유기장 등이 포함되었다. 이로써 전자유기장은 유기장의 한 종류가 되었고, 이른바 게임장업자가 법적 규제대상이 되었다고 주장한다.[1]

1984년에는 전면 개정된 유기장업법에 따라 유기기구에 대한 심의제도가 처음 도입되었다.[2] 이에 따라 유기장업심의위원회의 심의를 거친 유기기구를 전자유기장에 설치하도록 하였다. 1990년에는 공중위생법을 개정하여 유기장업심의원회의 유기기구 심의제도를 폐지하고 유기기구 검사제도를 도입하였다. 1991년 개정된 사행행위 관련법은 사행기구, 카지노기구의 검사제도를 도입, 내무부장관의 검사를 받도록 하였다. 이후 검사주체가 경찰청장으로 변경되어 사행행위 등 규제 및 처벌특례법에 이어지고 있다. 사행성게임물 확인도 유기기구 검사제도에 그 뿌리를 두고 있다.

유기기구에 대한 관리 권한이 보건복지부에서 문화부로 이관됨에 따라 1999년 유기장업법은 폐지되고, 대신 음반·비디오 및 게임물에 관한 법률(이하, 음비게법이라 함)이 제정되었다. 물론 그 이전에 음반 및 비디오물에 관한 법률(이하, 음비법이라 함)이 있었으나, 영상물과의 특성을 고려하여 음비법을 음비게법으로 변형시킨 것으로 이해할 수 있다. 음비게법에서 영상물과 게임기기로 구성된 게임물이라는 용어가 처음 사용되었으며, 게임에 대한 등급분류 제도가 도입되었다.

이후 음비게법은 콘텐츠별로 개별 입법이 추진되었고, 게임물은 2006년 별도 게임산업진흥에 관한 법률(이하, 게임산업법이라 함)로 제정하였다. 음비게법의 규제지향적 성격에서 벗어

---

1 이상정·김윤명 편, 주해 게임산업진흥에 관한 법률, 세창출판사, 2014, 5면.

2 유기장업법 시행령 제2조(유기장업 심의위원회) 보건사회부장관의 자문에 응하여 다음 사항을 심의하기 위하여 보건사회부에 유기장업심의위원회(이하 "위원회"라 한다)를 둔다.

1. 법 제6조 제2항의 규정에 의한 공익상 또는 공중오락의 건전성을 유지하기 위한 영업허가지역의 제한 및 그 해제에 관한 사항
2. 유기기구 및 그 프로그램의 도박성 또는 사행성 유무에 관한 사항
3. 새로이 생겨난 유기종목이 법 및 이 영에 의한 유기장에 해당하는지의 여부의 결정에 관한 사항
4. 기타 유기장업과 관련하여 보건사회부장관이 부의하는 사항

나 게임산업의 진흥을 목적으로 제정되었으나, 2006년 바다이야기 사태가 터지면서 게임산업법은 시행도 되기 전에 '사행성게임물'의 규제를 위한 전면에 가까운 개정이 이루어졌다.[3] 게임물이 아닌 사행성게임물에 대한 정의가 추가되면서, 사행성게임물에 대해서는 등급거부가 가능하게 되었고, 게임의 결과에 따른 환전도 금지되었다.

2. 게임관련 법의 분류

2003년 게임과 관련된 법령을 유형화한 적이 있다.[4] 당시에는 게임관련 법령을 게임관련 기본법으로서 음비게법을 설정하였고, 게임을 진흥하는 법률, 게임물을 보호하는 보호법 및 게임규제와 관련된 규제법 등 4가지로 분류하였다. 다만, 10여년 후의 흐름에는 문화예술로서 게임물에 대한 논의가 커지고 있으며, 게임물은 문화산업으로서 지위를 명확히 하고 있다. 게임물이 예술인지 여부에 대해 활발한 논의가 진행 중에 있다. 이에 기존의 4가지 분류에 더하여 문화예술법을 더하여 5가지로 분류하였다.

가. 기본법

(1) 내용

문화관련 법제에서 대표적인 기본법은 문화기본법과 문화산업진흥 기본법을 들 수 있다. 기본법이란 법정 개념이라기보다는 다양한 법률의 명칭에 사용된 '기본법'이라는 용어의 사용에 따른 것이다. 1960년대 중소기업기본법이 최초의 기본법이다. 기본법은 "국정의 중요 분야에 있어서 지도법적·지침법적인 성격을 가지는 것"[5]으로 위치 지워진다.

문화산업진흥 기본법은 문화산업의 지원 및 육성에 필요한 사항을 정하여 문화산업 발전의 기반을 조성하고 경쟁력을 강화함으로써 국민의 문화적 삶의 질 향상과 국민경제의 발전에

3 게임법의 한계에 대해서는 김민규, 게임산업진흥에 관한 법률의 제·개정 경과와 의의, 성신법학 제6호, 2007, 106면 이하 참고.

4 게임과 관련된 법제는 게임산업법을 포함하여 콘텐츠, 문화산업, 정보통신서비스, 지적재산권 등과 관련하여 다양하다. 이러한 다양한 법제를 기본법, 지원법, 보호법, 규제법 등으로 구분하여 분류하기도 한다. 김윤명 외, 게임관련 법률의 현황·문제점 및 개선방안, 한국게임산업개발원, 2003 참조.

5 박영도, 기본법의 입법모델 연구, 연구보고 2006-03, 한국법제연구원, 2006, 21면.

이바지함을 목적으로 한다. 문화산업진흥 기본법의 지원대상이 되는 문화산업은 예술성·창의성·오락성·여가성·대중성(이하 "문화적 요소"라 한다)이 체화(體化)되어 경제적 부가가치를 창출하는 유형·무형의 재화(문화콘텐츠, 디지털문화콘텐츠 및 멀티미디어문화콘텐츠를 포함한다)와 그 서비스 및 이들의 복합체를 말하는 문화상품의 기획·개발·제작·생산·유통·소비 등과 이에 관련된 서비스를 하는 산업을 말한다.

문화기본법은 문화에 관한 국민의 권리와 국가 및 지방자치단체의 책임을 정하고 문화정책의 방향과 그 추진에 필요한 기본적인 사항을 규정함으로써 문화의 가치와 위상을 높여 문화가 삶의 질을 향상시키고 국가사회의 발전에 중요한 역할을 할 수 있도록 하는 것을 목적으로 한다. 즉, 문화산업진흥 기본법이 문화산업에 관한 기본법이라고 한다면, 문화기본법은 이를 포함한 다양한 문화관련 법제의 기본법으로서 역할을 하게 된다.

게임법제에서는 기본법이라고 칭하여지는 법제는 없다. 다만, 게임만을 위한 법률로서 게임산업법을 두고 있으며, 법명에는 기본법이라는 표현이 사용되지는 않았지만 실질적인 게임 기본법으로서 역할을 하고 있다.

(2) 유형

기본법은 표현의 자유, 영업의 자유를 보장하는 헌법이 될 수 있다. 헌법은 예술표현의 자유를 보장하고 있다는 점에서 게임물의 개발에 자율성을 보장하고 있다. 아울러, 창작물로서 게임물의 제작자에 대한 저작권 등 지식재산권 보호에 관한 규정을 담고 있다. 이러한 헌법적 가치를 구현해 놓은 것이 게임관련 기본법이라고 할 수 있는 게임산업법이다. 2006년 게임산업법 제정 이전에는 음비게법이 기본법으로서 역할을 했다.

나. 진흥법

(1) 내용

게임산업의 진흥을 위해 게임산업법이 그 역할을 하고 있다. 문화산업진흥법도 여기에 포함될 수 있다. 문화산업진흥 기본법에서는 문화산업을 음악 및 게임과 관련된 산업으로 정의내리고 있기 때문이다. 동법에서는 문화산업이란 문화상품의 기획·개발·제작·생산·유통·소비 등과 이에 관련된 서비스를 하는 산업을 말하며, 음악·게임과 관련된 산업 등을 포함한다고 정의 내리고 있다. 게임은 문화산업으로서 확고한 지위를 갖고 있다는 점은 부인할 수 없다.

(2) 유형

게임산업을 포함하여 문화산업 전반적인 진흥을 위한 법제로서 문화산업진흥 기본법을 들 수 있다. 기본법적 성질을 갖고 있지만, 내용을 보면 다양한 문화산업의 진흥을 위한 규범적 내용을 담고 있다. 대표적으로 영화·비디오물과 관련된 산업, 음악·게임과 관련된 산업, 방송영상물과 관련된 산업, 만화·캐릭터·애니메이션·에듀테인먼트·모바일문화콘텐츠·디자인(산업디자인은 제외한다)·광고·공연·미술품·공예품과 관련된 산업, 디지털문화콘텐츠, 사용자제작문화콘텐츠 및 멀티미디어문화콘텐츠의 수집·가공·개발·제작·생산·저장·검색·유통 등과 이에 관련된 서비스를 하는 산업, 전통적인 소재와 기법을 활용하여 상품의 생산과 유통이 이루어지는 산업으로서 의상, 조형물, 장식용품, 소품 및 생활용품 등과 관련된 산업을 포함하여 각 문화산업 중 둘 이상이 혼합된 산업 등이 포함된다.

문산업진흥 기본법의 특별법이라고 할 수 있는 게임산업법은 게임물의 진흥과 규제를 동시에 담고 있다. 또한 콘텐츠로서 게임물을 볼 수 있기 때문에 콘텐츠산업 진흥법을 진흥법제의 유형으로 볼 수 있다. 게임을 소비재로 본다는 점에서 게임콘텐츠를 소비하는 프레임에서 벗어나, 게임을 창작하는 관점에서 소프트웨어(SW)로 볼 수도 있다. 게임SW라는 관점에서 SW산업의 일유형으로 볼 수 있기 때문이다. 이런 점에서 소프트웨어 진흥법 상 SW로서 게임을 보는 것도 의미있는 관점이다.

다. 보호법

(1) 내용

게임물은 다양한 지적 소산의 집합체라고 해도 과언이 아니다. 즉, 게임에 사용되는 음악, 게임에 사용되는 시나리오, 게임에 사용된 원작 출판, 게임물의 영상물로서 영화, 게임에 사용된 구술의 실연 등은 각각 독립된 객체로서 보호 가치가 있는 저작물이다. 게임물을 구성하는 내용은 물론 게임을 제작하는 방법, 도구 등도 보호의 대상이 된다.

(2) 유형

게임물을 보호하는 법제로는 저작권법, 특허법, 영업비밀보호법, 상표법 등을 들 수 있다. 게임물의 개발에서 소요되는 다양한 영업비밀의 보호와 관련되어서는 영업비밀보호법도 일정 정도 그 역할을 한다. 게임물의 상표와 관련해서는 상표법상 보호 가능성도 있기 때문에 상표법이 보호법으로서 역할을 할 것이다. 또한 게임물도 기본적으로 SW이기 때문에 특허법상 SW특허로서 보호도 가능하다.

라. 규제법

(1) 내용

규제는 일종의 정책적 수단이라고 할 수 있으나, 사업자의 입장에서는 사업하기 힘든 경우가 발생하곤 한다. 부처마다 상이한 규제는 각 부처의 독립된 기능이나 역할에 따른 것이기 때문에 부정하기도 쉽지 않다. 다만, 각각의 부처마다 시행되는 규제를 종합하면 하나의 완성된 규제괴물(regulation troll)이 만들어지는 것이다. 각각의 부처는 선의의 정책을 집행한다고 하더라도 다중적인 규제는 의도하지 않는 정책 결과를 만들어 내기 때문이다.

네트워크를 통해 제공되는 게임물에 대해 정보통신망법이 관여된다. 전자상거래로 제공되기 때문에 전자상거래소비자보호법 상 규제의 대상이 되기도 한다. 아이템거래는 개인적으로 허용되는 것임에도 불구하고, 아이템 중개사이트는 청소년 보호법 상 유해매체물로 고시되어 있다. 정점에 있는 규제는 게임물의 접속을 차단시키는 셧다운제이다. 셧다운제는 청소년 보호법 및 게임산업법에서 2중적으로 규정하고 있다. 대표적인 규제괴물의 유형이 아닐 수 없다.

(2) 유형

게임규제는 게임산업법을 포함하여, 강제적 셧다운제를 규정하고 있는 청소년 보호법을 들 수 있다. 셧다운제는 강제적 셧다운제 이외에 게임산업법에 규정된 선택적 셧다운제를 들 수 있다. 게임산업법은 기본법, 진흥법인 동시에 규제법으로서 성격을 지닌다. 근본적으로 외관상 기본법의 성질을 담고 있다고 하더라도, 내용상 다양한 규제적 성질을 지니고 있는 게임산업법은 기본법으로 역할이 제한적일 수밖에 없다.

마. 문화예술법

(1) 내용

게임관련 문화예술법에는 문화산업진흥 기본법, 문화예술진흥법, 예술인 복지법 등이 있다. 게임은 문화산업의 영역에 자리잡고 있지만, 예술인지에 대해서는 아직 확신을 갖지 못한 듯하다. 예술관련 법제에서는 게임이나 게임물을 명시적으로 예술의 범주에 포함시키고 있지는 않고 있다.

문화예술의 기본법으로 볼 수 있는 문화예술진흥법에서는 문화예술을 문학, 미술(응용미술을 포함한다), 음악, 무용, 연극, 영화, 연예(演藝), 국악, 사진, 건축, 어문(語文), 출판 및 만화로 정의하고 있다. 2013년도에 개정된 문화예술진흥법에서는 출판 분야가 별도 있음에도 불구하고, 만화가 문화예술의 범위에 추가된 바 있다.

(2) 만화의 경우

문화예술진흥법 개정을 통해 만화를 문화예술의 범위에 포함시키고자 한 입법목적은 다음과 같다. 개정안은 만화가 갖는 특수성을 반영하여 "만화는 사진, 영화에 이어 '제9의 예술'로서 국내외적으로 이미 널리 인정받고 있으며, 영화, 애니메이션, 캐릭터, 출판 등 주요 문화산업의 창조적 원천으로서 그 중요성 또한 널리 인정받고 있음. 이러한 이유로 2012년 2월에 만화진흥에 관한 법률(법률 제11311호)이 제정되기에 이르렀을 정도로 만화는 예술로서, 산업으로서 그 가치가 널리 확인된 바 있음. 그럼에도 불구하고 문화예술 진흥에 관한 사실상의 기본법인 동법 제2조제1항에서 규정하고 있는 '문화예술'의 정의 개념에는 만화가 빠져 있음. 이에 동법 제2조 제1항 제1호의 문화예술 개념 규정에 '만화'를 포함시켜 더 늦지 않게 법적 미비점을 보완하려는 것임"[6]을 그 입법목적으로 밝히고 있다.

출판문화산업진흥법 제4조는 만화를 출판문화의 한 유형으로 간주하고 있고, 현행 문화예술진흥법 상 '문화예술'의 정의에 '출판'이 포함되어 있는 바, 문화예술진흥법에 만화를 독자적인 장르로서 열거할 경우 실익이 적으며, 다른 법률과의 관계 측면에서 혼선을 일으킬 우려가 있다는 측면에서 신중한 검토가 필요하다는 지적이 제기되었다. 이러한 지적에 대해 대표 발의자인 도종환 의원은 '문화예술'의 범위에 '만화'를 포함시키는 것은 실익의 문제가 아닌

---

6 국회교육문화체육관광위원회, 문화예술진흥법 일부개정법률안 심사보고서, 2013.6

외설 시비에 휘말렸던 이현세의 '천국의 신화'

예술장르에 대한 인식의 문제로서, 만화에 대한 사회적 인식의 변화를 반영할 필요가 있다고 반론을 제기하여, 통과시킨 선례가 있다.

이처럼 문화예술의 개념이나 범주는 사회적인 요구에 따라 입법정책적 차원에서 가변적인 것으로 보인다. 그렇다면 새로운 예술의 영역으로서 게임물은 당연하게 문화예술에 포함된다. 단지 그걸 법적으로 확인하는 절차만 남은 것이다.[7]

---

7 실제 만화는 1997년에 중고생들의 폭력 조직인 일진회가 일본 만화의 영향에 의한 것이라며 만화에 대한 단속이 이루어지기도 하였다. 이때 만화산업은 뿌리째 흔들리는 수모를 당하였다. 더욱이, 2000년 이현세의 '천국의 신화'는 음란물 제작 혐의로 경찰의 조사를 받았고, 청소년유해매체물로 지정받기도 하였다. 실제 문제가 되는 장면을 삭제하기도 하였으나, 청소년 보호법 위반으로 기소되어 유죄판결을 받기도 하였다. 그러나 최종심에서는 무죄판결을 받았다. 즉, 만화 "천국의 신화 소년용"이 미성년자에게 음란성 또는 잔인성을 조장할 우려가 있는 것이라고 볼 수 없다고 한 사례에서 법원은 "공소사실 기재 중 일부는 만화 "천국의 신화 소년용"의 각 해당 도화에는 없는 장면이거나 이를 달리 해석 또는 추측한 것이며, 나머지 부분에 대하여는 음란성 및 잔인성 판단의 기준, 예술성, 사상성 등에 의한 음란성과 잔인성에 대한 판단기준의 완화 여부, 만화의 특성 및 그에 따른 음란성, 잔인성 판단의 특이성, 위 만화의 소재 및 그 시대적 배경에 따른 음란성과 잔인성에 대한 판단기준의 완화 여부, 위 만화의 구독 대상에 따른 음란성과 잔인성에 대한 판단기준의 완화 여부 등을 종합적으로 고려하면 위 만화가 미성년자에게 음란성, 잔인성을 조장할 우려가 있다고 보기는 어렵다"고 판시한 것이다. 서울지방법원 2001.06.14. 선고 2000노7104 판결.

(3) 입법론-게임물의 예술법제화[8]

게임에 사용되는 음악, 게임에 사용되는 시나리오, 게임에 사용된 원작 출판, 게임물의 영상물로서 영화, 게임에 사용된 구술의 실연, 사진, 게임 매뉴얼은 문화예술에 포함된다. 그렇다면, 그 모체인 게임자체는 문화예술의 정의에 포함되지 않았기 때문에 문화예술이 아니라는 결론에 이르게 된다. 즉, 개별 요소는 예술인데, 그 집합물이 예술이 아니라는 불합리한 결과가 나오는 것이다. 물론 이는 법률 위반이 아닌 입법의 과정에서 나오는 현상으로 볼 수 있다. 따라서 입법론으로 게임을 예술문화에 포함시키는 것이 가장 합리적인 방안이다.[9]

20대 국회에서 김병관 의원이 발의한 문화예술진흥법 개정안의 입법취지는 다음과 같다.

"1972년에 문화예술진흥법이 제정된 이래로 문화예술에 대한 정의는 사회적 인식의 변화에 따라 확대되어 왔음. 문화예술진흥법 제정 당시에는 문화예술의 범위가 문학, 미술, 음악, 연예, 출판의 5개 항목에 불과했으나, 1987년에는 무용, 연극, 영화가, 1995년에는 응용미술, 국악, 사진, 건축, 어문이 추가되었고 2013년에 만화로까지 확대되었음. 하지만 현대의 게임은 영상, 미술, 소설, 음악 등 다양한 예술장르가 융합된 종합예술로 부각되고 있음에도 오랜 기간 이어져온 게임에 대한 부정적인 인식으로 인해 지원·육성해야 할 대상이 아닌 규제의 대상으로만 취급되고 있음. 이미 선진국에서는 21세기의 문화예술 패러다임을 주도할 새로운 예술장르로서 게임을 주목하고 있음. 해외 사례를 보더라도 미국은 2011년 연방대법원 판결을 통해 게임을 소설이나 영화, 연극과 같은 예술의 한 장르로 인정했으며, 미국의 문화부 격인 NEA(국립예술기금)에서도 게임을 예술로 보아 이에 대한 지원을 하고 있음. 일본 또한 자국의 문화예술진흥기본법에서 게임

---

8 "게임예술을 위해 들어가는 디자인, 그래픽, 음악, 음향, 시나리오, 소설 등은 이미 게임의 본체를 위한 것이다. 즉, 게임이야말로 다양한 예술장르가 포함된 종합예술인 것이다. 이처럼 게임은 명확하게 게임은 예술이다라는 등식이 성립하는 법령으로 존재하지는 않지만, 게임에 소요되는 많은 예술적 요소의 집합물이라는 점이다. 그렇기 때문에 어느 하나의 예술장르가 아닌 종합예술로서 그 지위를 갖고 있다는 점이다. 설령 입법적으로 부인된다고 하더라도, 사실상 종합예술이라는 점은 부인할 수 없다고 본다. 결국, 게임과 게임인들에 대한 무시와 차별을 극복하기 위한 방안은 4대중독법과 같은 규제법이 아닌 예술로서 게임을 법제화하는 것이다. 문화부의 관심이 필요한 부분이다. 이에 필자는 이 자리는 통해서 공식적으로 게임이용자의 한사람으로서 예술인복지법, 대중문화예술발전법, 문화예술진흥법의 개정을 통해서 게임을 명실상부한 예술로서 대접해주시길 입법청원한다." 김윤명, "게임인은 예술인, 게임은 종합 예술", 인사이트, 2014.6.12.일자.

9 김광진 의원이 2014.7.16.일자로 '문화예술진흥법' 일부 개정안을 발의하였다. 제안이유는 다음과 같다. "현대의 게임은 영상·미술·소설·음악 등 많은 예술 분야가 융합된 종합 문화예술로 발전하였으며, 선진국에서는 20세기의 영화가 그랬던 것처럼 21세기의 문화예술 패러다임을 주도할 새로운 예술장르로서 게임을 주목하고 있음. 해외 사례를 보면 미국은 2011년 연방대법원 판결을 통해 게임을 소설이나 영화, 연극과 같은 예술의 한 장르로 인정한 바 있으며, 미국의 문화부 격인 NEA(국립예술기금)에서도 게임을 예술로 보아 이에 대한 지원을 하고 있음. 일본 또한 자국의 「문화예술진흥기본법」에서 게임을 문화예술로 명시하여 이를 진흥시키는 것을 국가의 책무로 규정하고 있음. 그러나 우리나라는 문화예술에 관한 기본법이라 할 수 있는 「문화예술진흥법」상의 문화예술의 정의에 게임이 포함되어 있지 않아, 기존에 포함되어 있는 영화, 연예, 만화 등의 다른 문화예술 장르와 동등한 대우를 받고 있지 못한 상황임. 이에 문화예술의 정의에 게임을 추가하여, 게임을 법적으로 문화예술에 포함하고 이와 관련된 문화예술사업 및 활동을 지원·육성하고자 함(안 제2조제1항 제1호)."

을 문화예술로 명시하여 이를 진흥시키는 것을 국가의 책무로 규정하고 있음. 그러나 우리나라의 문화예술에 관한 기본법인 현행법에는 문화예술의 정의에 게임이 포함되어 있지 않아 영화, 연예, 만화 등의 다른 문화예술 장르와 동등한 대우를 받고 있지 못한 실정임. 이에 문화예술의 정의에 게임을 추가하여 문화예술사업 및 활동으로서 게임을 지원·육성하려는 것임"

이처럼, 문화예술진흥법 개정안은 현대의 게임이 영상, 미술, 소설, 음악 등 다양한 예술 장르가 융합된 종합 예술로 부각되고 있음에도 오랜 시간 부정적 인식으로 인해 규제 대상으로만 취급되고 있는 바, 문화예술의 정의에 게임을 추가하여 게임을 지원 및 육성하는 것을 주요 내용으로 하고 있다.

그렇지만, 이에 대한 국회 검토보고서는 부정적인 입장을 보이고 있다. 즉, "게임에는 영상·배경음악·디자인·스토리텔링 등의 분야 외에도, 개발 또는 기술지원 등과 같이 예술로 보기 어려운 분야도 혼재되어 있음. '게임'을 문화예술 진흥법 상 '문화예술'에 포함시킬 경우, 게임프로그래머 등 게임분야 종사자는 자동적으로 예술인 복지법 상 '예술인'에 해당된다는 점을 고려해 볼 때, '예술인'에 대한 법적 정의 및 기존 문화예술 지원 체계와의 혼선을 유발할 우려가 있다"[10]는 것이다.

이러한 우려는 시행령에 분야 등을 특정하거나 구체화함으로써 해소할 수 있을 것으로 생각된다. 단순한 지원의 의미를 넘어, 게임물에 대한 정책 기조의 변화와 사회적 인식의 개선을 기대하는 것이라는 점에서 21대 국회에서 재논의될 필요가 있다.

---

10 국회 교육문화체육관광위원회, 문화예술진흥법 일부개정법률안 검토보고서, 박용수, 2017, 5~6면.

3. 게임물의 법적 정의

가. 사전적 정의[11]

오락[1] (娛樂)[오ː락] [명사]

1. 쉬는 시간에 여러 가지 방법으로 기분을 즐겁게 하는 일.
2. [같은 말] 환락(歡樂)(아주 즐거워함).

유의어: 레크리에이션, 유흥[2], 게임

놀이 [명사]

1. 여러 사람이 모여서 즐겁게 노는 일. 또는 그런 활동.
2. 굿, 풍물, 인형극 따위의 우리나라 전통적인 연희를 통틀어 이르는 말.
3. 일정한 규칙 또는 방법에 따라 노는 일.

유의어: 오락[1], 위락[3], 유흥[2]

게임(game) [께임] [명사]

1. 규칙을 정해 놓고 승부를 겨루는 놀이. '경기[11]', '내기[1]', '놀이[1]'로 순화.
2. 운동 경기나 시합. '경기[11]'로 순화.
3. 경기의 횟수를 세는 단위.

유의어: 오락[1], 시합[1]

유희[2] (遊戲)[유히] [명사]

1. 즐겁게 놀며 장난함. 또는 그런 행위.
2. 유치원이나 초등학교에서, 어린이들의 육체적 단련과 정서 교육을 위하여 일정한 방법.
3. [북한어] 근로자의 휴식과 오락을 위한 놀이.

유의어: 오락[1], 유흥[2], 플레이

---

11 네이버 국어사전, [2014.2.6. 검색].

나. 법적 정의

(1) 게임산업법

게임산업법은 게임물에 대해 "컴퓨터프로그램 등 정보처리 기술이나 기계장치를 이용하여 오락을 할 수 있게 하거나 이에 부수하여 여가선용, 학습 및 운동효과 등을 높일 수 있도록 제작된 영상물 또는 그 영상물의 이용을 주된 목적으로 제작된 기기 및 장치"로 정의한다.

게임물에 관한 정의규정의 입법연혁을 살펴보면, ① 1999. 2. 8. 법률 제5925호로 음비게법이 제정되면서, 게임물의 개념에 관하여 '컴퓨터프로그램에 의하여 오락을 할 수 있도록 제작된 영상물(유형물에의 고정여부를 가리지 아니한다)과 오락을 위하여 게임제공업소 내에 설치·운영하는 기타 게임기구'라고 정의하였다. ② 2001. 5. 24. 법률 제6473호로 위 음비게법이 전부 개정되면서, 게임물에 대한 정의규정도 '컴퓨터프로그램 등 정보처리 기술이나 기계장치를 이용하여 오락을 할 수 있게 하거나 이에 부수하여 여가선용, 학습 및 운동효과 등을 높일 수 있도록 제작된 영상물 및 기기'로 개정되었다. ③ 2006. 4. 28. 법률 제7941호로 게임산업법이 제정되고 음비게법이 폐지되면서 게임산업법에서 '게임물'을 '컴퓨터프로그램 등 정보처리 기술이나 기계장치를 이용하여 오락을 할 수 있게 하거나 이에 부수하여 여가선용, 학습 및 운동효과 등을 높일 수 있도록 제작된 영상물 또는 그 영상물의 이용을 주된 목적으로 제작된 기기 및 장치'로 규정한 이래 현재까지 위 정의규정이 계속되고 있다.

(2) 청소년 보호법

청소년 보호법은 셧다운제도의 적용을 위한 게임물의 범위를 정하기 위해 인터넷게임을 정의하고 있다. 즉, "게임산업법에 따른 게임물 중 정보통신망법 제2조 제1항 제1호에 따른 정보통신망을 통하여 실시간으로 제공되는 게임물"로 인터넷게임을 정의하고 있다. 게임산업법상 게임물이지만, 네트워크를 통해 실시간으로 제공되는 게임물에 한정된다.

다. 게임물의 내용

게임산업법은 게임물의 정의 이외에 게임내용이라는 표현을 사용하고 있다. 게임물내용수정제도를 통해 게임물의 내용이 변경된 경우에는 그 사항을 게임물관리위원회에 신고토록 하고 있다. 게임내용은 무엇을 말하는가? 등급분류를 받은 게임물의 내용을 수정한 경우에는 문화체육관광부령이 정하는 바에 따라 24시간 이내에 이를 게임물관리위원회에 신고하여야 한다. 이 경우 게임물관리위원회는 신고된 내용이 등급의 변경을 요할 정도로 수정된 경우에는 신고를 받은 날부터 7일 이내에 등급 재분류 대상임을 통보하여야 하며, 통보받은 게임물은 새로운 게임물로 간주하여 위원회 규정이 정하는 절차에 따라 새로이 등급분류를 받도록 조치하여야 한다(게임산업법 제21조 제5항). 게임물의 내용은 게임물에 포함된 콘텐츠로 이해될 수 있다.

4. 게임산업법상 게임물의 요건

게임산업법 상 게임물의 정의인 "컴퓨터프로그램 등 정보처리 기술이나 기계장치를 이용하여 오락을 할 수 있게 하거나 이에 부수하여 여가선용, 학습 및 운동효과 등을 높일 수 있도록 제작된 영상물 또는 그 영상물의 이용을 주된 목적으로 제작된 기기 및 장치"에 대해 분석함으로써 게임물에 대한 이해를 좀 더 높일 수 있기를 기대한다.[12]

가. 컴퓨터프로그램 등 정보처리 기술이나 기계장치를 이용하여

PC를 이용하여 게임을 하거나, 스마트폰이나 태블릿 PC와 같은 스마트기기를 이용하거나 게임전용 콘솔기기나 아케이드 게임기 등은 정보처리 기술이나 기계장치임에는 틀림이 없다. 따라서 시중에 시판 중에 있는 게임기기나 게임물을 활용할 수 있는 기기라면 여기에 포함될 수 있다. 게임을 목적으로 제작된 기기가 아니더라도, 이용자가 게임물을 즐기는 용도로 사용되는 기기장치라면 여기에 포함된다.

나. 오락을 할 수 있게 하거나 이에 부수하여 여가선용, 학습 및 운동효과 등을 높일 수 있도록 제작된

무엇보다도 게임물이 될 수 있는 요건은 오락을 할 수 있어야 한다는 점이다. 사전적으로 오

12 무엇보다도, 게임물의 정의를 통해서 확인이 필요한 내용은 첫째, 정보처리 기술이나 기계장치를 이용할 수 있는지의 의미, 둘째, 오락을 할 수 있게 하는지의 의미, 셋째, 영상물의 개념, 넷째, 그 영상물의 이용을 주된 목적으로 제작된 기기 및 장치의 의미에 관한 것이다.

락이란 "쉬는 시간에 여러 가지 방법으로 기분을 즐겁게 하는 일"로 정의된다. 만약 어떤 게임물이 오락적이지 않다면 이는 게임물의 요건을 충족하지 못하게 된다. 아무리 여가선용, 학습 및 운동효과를 높일 수 있더라도, 오락적 요소가 빠져있다면 이는 콘텐츠이지 게임물이 아니다.

다. 영상물

게임산업법에서는 게임물의 핵심요소로 이해되는 영상물이 어떤 것인지는 명확하지가 않다. 다만, 영상진흥기본법 상 영상물에 대한 정의를 통해서 확인할 수 있다. 즉, 영상진흥기본법에서는 영상물이란 "연속적인 영상이 필름·테이프·디스크, 그 밖의 유형물(有形物)에 고정되어 그 영상을 기계나 전자장치로 재생하여 보고 들을 수 있거나 송수신할 수 있는 물체(컴퓨터프로그램에 의한 것은 제외한다)"로 정의된다. 이는 저작권법 상 영상저작물의 정의와 크게 다르지 않다. 즉, 저작권법은 영상저작물에 대해 "연속적인 영상(음의 수반여부는 가리지 아니한다)이 수록된 창작물로서 그 영상을 기계 또는 전자장치에 의하여 재생하여 볼 수 있거나 보고 들을 수 있는 것"으로 정의하고 있다.

영상물 내지 영상저작물의 개념으로 보면, 영상을 재생하여 보거나 보고 들을 수 있는 것을 말하기 때문에 게임물이 여기에 해당하는 것인지는 의문이다. 더욱이 반복적으로 동일한 영상이 재생될 수 없기 때문에 영상콘텐츠로서 성질은 갖지만 영상저작물로 보기에는 무리가 있어 보인다.[13] 참고로, 영상진흥기본법의 입법과정에서 제정취지에 대한 검토 의견 중 "우리나라의 경우 영상산업 관련 내용이 영화법, 방송법 등에 다양하게 규정되어 있고"[14]라는 내용으로 보건데 게임물에 대한 고려는 생각지도 못한 것으로 보인다. 다만, 영상물 자체를 게임물로 볼 수 있다는 견해로 본다면, 그 자체만으로 이용이 가능한 영상 콘텐츠로서 게임물을 의미하는 것으로 이해된다. 특히, 하드웨어와 상관없이 이용가능한 온라인 게임물 등 비(非)아케이드형 게임물이 여기에 해당한다.

---

13 본 논의와는 별개로 게임산업법에서 중요하게 다루어지는 영상물에 대한 개념적 정의가 필요한 부분이라고 생각된다.

14 국회문화체육공보위원회, 영상진흥기본법안 심사보고서, 1994.12, 4면.

라. 또는 그 영상물의 이용을 주된 목적으로 제작된 기기 및 장치

영상물인 게임물과는 달리, 영상물의 이용을 주된 목적으로 하는 기기 및 장치는 아케이드 게임물을 염두에 둔 개념이다. 아케이드 게임기에 담겨지는 디스플레이를 통해 현시되는 영상물을 이용할 수 있는 기기 또는 장치이어야 한다. 영상물의 이용이 주된 목적이 아니거나 기기 또는 장치만으로 구성된 것이라면 이는 게임물의 구성요건에서 벗어나기 때문에 게임물로 보기 어렵다. 이러한 견해에 배치되는 주장이 있다면, 게임산업법 제21조에 의거하여 등급분류를 받아야하는 객체가 '게임물의 내용'이라는 점을 생각지 못한 것으로 보인다.[15] 이와 달리, 판례는 영상물과 상관없이 '장치' 그 자체만으로도 게임물성을 갖는다고 판시하고 있다.[16]

5. 법적 성질

가. 저작물

게임물은 다양한 요소의 집합체로서 음악, 시나리오, 음향, 디자인 등이 결합된 종합예술이다. 각각의 요소는 저작권법 상 음악저작물, 어문저작물, 미술저작물, 영상저작물 등의 성질을 갖는다. 이와 같이 게임물은 저작권법 상 저작물로서 이해될 수 있으며, 게임물이 구동되는 것은 컴퓨터프로그램이기 때문에 컴퓨터프로그램저작물성을 지닌다.

무엇보다도 저작권법 상 게임물의 성격에 대해서는 영상저작물성에 대한 논의가 주를 이룬다. 영상저작물은 "연속적인 영상(음의 수반여부는 가리지 아니한다)이 수록된 창작물로서 그 영상을 기계 또는 전자장치에 의하여 재생하여 볼 수 있거나 보고 들을 수 있는 것"으로 정의된다. 연속되는 영상이기 때문에 영상저작물성을 인정할 수 있다는 점이 주된 논거이다. 그러나 저작권법이 염두에 두고 있는 영화와 같은 영상저작물은 게임물과는 이용방식에 차이가 있기 때문에 게임물이 영상저작물이라는 등식이 성립하기에는 무리가 있어 보인다. 즉, 게임물을 이용하는 "게임은 읽거나 보는 텍스트가 아니다. 게임은 하는 것이다. 이러한 점에

---

15 당연하지만, 현행 게임물의 정의에 따른다면 내용이 없는 게임물은 성립하기 어렵다고 보는 견해도 있다. 이상정·김윤명 편(김형렬 집필분), 주해 게임산업진흥에 관한 법률, 세창출판사, 2014, 234면.

16 전주지방법원 2010.02.11. 선고 2009노890 판결.

서 게임은 수행의 텍스트이며, 행위의 텍스트이며, 이러한 수행과 행위가 의미의 수준에서 조직되어 어떠한 일관성이 부여될 때, 이야기가 발생한다. 이러한 점에서 비디오 게임의 이야기는 주어지는 것이라기보다는 생성되고 만들어지는 것"[17]이라고 한다. 이처럼 게임물은 보는 것으로서 영상저작물이 아닌 '하는 것'으로서 영상물이라는 점에서 차이가 있다.

나. 콘텐츠

게임물은 문화산업진흥 기본법 상 콘텐츠에 해당한다. 동법에서는 콘텐츠를 부호·문자·도형·색채·음성·음향·이미지 및 영상 등(이들의 복합체를 포함한다)의 자료 또는 정보로 정의하고 있다. 여기에 문화적 요소가 체화된 것을 문화콘텐츠라고 하며, 그 보존 및 이용의 효용을 높일 수 있도록 디지털 형태로 제작하거나 처리한 것을 디지털콘텐츠라고 한다. 그리고 문화적 요소가 체화된 디지털콘텐츠를 디지털문화콘텐츠라고 한다. 동법에서는 문화적 요소란 예술성·창의성·오락성·여가성·대중성이 있는 것으로 정의된다.

다. 소프트웨어(SW)

게임물은 컴퓨터프로그램과 동일한 개발 과정을 거치게 된다. 게임엔진이나 미들웨어 및 이를 개발하는 다양한 도구가 컴퓨터프로그램의 형태로 구현되기 때문이다. 저작권법은 별도로 컴퓨터프로그램저작물을 인정하고 있으며, 또한 소프트웨어 진흥법에서는 소프트웨어를 별도로 정의하고 있다. 즉, "컴퓨터, 통신, 자동화 등의 장비와 그 주변장치에 대하여 명령·제어·입력·처리·저장·출력·상호작용이 가능하게 하는 지시·명령(음성이나 영상정보 등을 포함한다)의 집합과 이를 작성하기 위하여 사용된 기술서(記述書)나 그 밖의 관련 자료"로 정의된다. 특이한 점은 컴퓨터프로그램저작물에 더하여, 이를 작성하기 위해 사용된 기술서 등이 포함된다는 점이다. 게임을 예로 들면 게임개발에 필요한 기획서나 컨셉기술서 등이 포함된다. 게임산업에 있어서도 기본적으로 구현되는 내용은 소프트웨어이기 때문에 소프트웨어산업으로서 게임산업에 대한 이해가 필요하다.[18]

---

17 박근서, 비디오 게임의 이야기와 놀이에 관한 연구, 언론과학연구 제9권 제4호, 2009, 237면.

18 일본이나 미국에서도 게임물을 게임소프트웨어라고 하고 있다는 점도 고려될 필요가 있다.

6. 게임법학의 가능성은 있는가?

가. 게임법학의 방향성

게임법학은 새로운 학문영역으로 볼 수 있는가? 아니 그 이전에 게임법학으로 성립이 가능한가? 어떤 요건이 있어야 학문이라는 명칭을 부여할 수 있는가? 그렇다면 누가 부여하거나, 또는 승인을 하여야 학문으로서 명칭을 사용할 수 있는가? 결론적으로 누군가 이를 부여하거나 승인을 득할 것은 아니다. 다양한 학자나 연구가들이 모여서, 같이 연구하는 것이라면 그것이 바로 학문이기 때문이다. 국어사전에서도 학문을 "어떤 분야를 체계적으로 배워서 익힘. 또는 그런 지식"[19]으로 정의하고 있다. 배움에 있어서 체계적이지 않더라도, 다양성을 가지고 체계화 시킨다면 그 또한 체계적으로 배우거나 배운 지식으로 볼 수 있다. 마찬가지로, 게임법학도 다양한 학문영역이 모일 수 있기 때문에 전문 연구가들이 참여하여 연구 성과를 교류함으로써 독자적인 학문으로서 성립할 수 있을 것이다.

나. 게임법학의 범주

(1) 게임법학 총론

본 서에서 다루어지고 있는 주제는 게임물의 문화적 특성, 예술로서 게임물, 헌법적 가치로서 표현의 자유 내지 검열 및 등급분류제도, 청소년 보호, 보호범위와 관련된 지식재산권 문제, 전자상거래로서 게임물의 이용관계, 이용과정에서 체결되는 약관문제, 도박과 관련된 형법, 사행행위와 관련된 사행행위문제, 계약관련 문제, 정보통신망을 통해 제공되는 서비스의 이행과 관련된 내용, 공정거래 행위유형 및 경품관련 이슈, 그리고 셧다운제도, 중독, 게임아이템 거래 등 전반적인 내용 등 직간접적으로 관련된 법률을 중심으로 한다.

위의 내용을 법학의 분류로 본다면 헌법, 게임산업법, 청소년 보호법, 저작권법 및 상표법, 정보통신망법, 전자상거래소비자보호법, 약관의 규제에 관한 법률, 민법, 형법, 사행행위특례법, 공정거래법 등이 게임법학의 범위에서 논의될 수 있을 것이다.

19 네이버 사전, 2014.4.30. 검색.

(2) 게임법학 각론

게임법학 총론에서와 같이, 게임법학 각론은 구체적인 하나하나의 학문영역 내지 이슈 중심으로 나누어 볼 수 있다.

- 게임이 갖는 표현의 자유를 포함한 헌법적 가치에 대한 논의에 있어서 헌법은 중요한 영역이다.
- 게임에 대한 정책과 규제에 관한 논의에 있어서 게임법을 포함한 행정법은 중요한 영역이다.
- 게임물의 제작과 이용에 있어서 저작권, 영업비밀 등을 포함한 지식재산법은 중요한 영역이다.
- 게임물을 이용하는 이용자이자 소비자의 보호는 소비자법의 중요한 영역이다.
- 게임물의 이용이 도박으로 변질될 경우에 게임법을 포함한 형사법은 중요한 영역이다.
- 게임물 관련 다양한 계약은 약관규제법을 포함한 민사법의 중요한 영역이다.

다. 게임법학의 방향성

이와 같이 게임법학은 기존 법학이 갖는 체계를 그대로 가져와도 될 정도의 영역을 확보하고 있다. 그러나 게임을 둘러싼 헤게모니가 다양하기 때문에 다양성에 따른 합리성과 객관성을 확보할 수 있는 연구가 병행되어야 한다. 이슈나 문제점에 대한 대안을 제시할 수 있어야 한다. 궁극적으로는 독자적인 법체계로서 게임법학의 체계 정립이 이루어져야 할 것이다.

> **인사이트**
>
> 게임은 궁극적으로 사람을 위한 놀이이자 문화다. 게임을 즐기는 사람에 대한 연구가 필요한 이유이다.

제 4 절 | 표현으로서 게임물

1. 게임은 표현이다!

헌법 제21조 제1항은 모든 국민은 언론·출판의 자유를 가진다고 규정하여 언론·출판의 자유를 보장하고 있는 바, "의사표현의 자유는 바로 언론·출판의 자유에 속하고, 이러한 의사표현의 자유에 있어서 의사표현의 수단은 어떠한 형태이건 그 제한이 없다"[20]고 본다. 헌법재판소도 게임물을 표현예술로 보고 있다. 게임물은 표현예술의 대상이 되며, 표현예술의 자유로서 보호받는 객체이다.

저작권법도 인간의 사상과 감정이 담긴 창작적 표현을 보호한다. 저작권법의 기본원리인 아이디어·표현 이분법은 인간의 사상과 감정 자체를 보호하는 것이 아닌 그것이 표현된 것을 보호한다. 표현되지 아니한 것은 보호대상으로 보기 어렵고, 표현되었다고 하더라도 그 보호는 아이디어가 담긴 창작적 표현으로 한정된다.

기획자의 상상력이 구현된 게임물은 기본적으로 다양한 요소가 포함된다. 게임물을 구현하는 그래픽, 음향, 음성, 게임방식, 세계관 등 모든 것이 인간의 사상과 감정이 담긴 창작물이다. 게임물은 콘텐츠로 표현되고, 컴퓨터프로그램 저작물로 구현된다. 게임산업법에서는 게임물을 "컴퓨터프로그램 등 정보처리 기술이나 기계장치를 이용하여 오락을 할 수 있게 하거나 이에 부수하여 여가선용, 학습 및 운동효과 등을 높일 수 있도록 제작된 영상물 또는

20 대법원 2004. 4. 13. 자 2001초472(2001도3495) 결정.

그 영상물의 이용을 주된 목적으로 제작된 기기 및 장치"로 정의하고 있는 것은 이러한 맥락에 따른 것이다.

2. 영상물심의제도의 연혁[21]

게임물을 포함한 영상물을 시장에 내보이기 위해서는 국가기관으로부터 사전 등급분류를 받아야 한다. 따라서 등급분류제도가 사전검열에 해당하는 위헌적인 것인지의 여부를 살펴보기 위해서는 영상물심의제도의 연혁에 대한 고찰이 필요하다.

영화에 대한 심의제도는 1962. 1. 20. 법률 제995호에 의해 영화법이 제정된 당시부터 도입되었다. 이 당시의 심의주체는 문공부장관이었고, 그 운영방식은 영화상영사전허가제를 채택하고 있었다. 그리고 1984. 12. 31. 법률 제3776호에 의해 영화법이 일부개정되면서, 심의주체는 공연윤리위원회로 되었으며, 운영방식은 사전심의제의 형태를 띠었다. 그런데 1995. 12. 30. 법률 제5129호에 의해 영화법이 폐지되고 새로이 영화진흥법이 제정되면서도, 이러한 사전심의제는 여전히 채택되고 있었다. 하지만 헌법재판소는 1996. 10. 4. 영화법 제12조 등에 대한 위헌제청 등의 사건에서 이러한 공연윤리위원회에 의한 사전심의가 사전검열에 해당하는 것으로 판단하여 위헌 선언하였다.[22]

위와 같은 헌법재판소의 위헌결정의 결과 1997. 4. 10. 법률 제5321호에 의한 영화진흥법의 일부개정으로 상영등급부여제도(사전등급제)가 도입되었는데, 이러한 등급부여를 위한 심의주체는 종전의 공연윤리위원회에서 한국공연예술진흥협의회로 바뀌었으며, 등급구분은 전체관람가, 12세관람가, 15세관람가, 18세관람가로 구분되었다. 이때부터 본격적으로 등급부여보류제도가 신설되어 6개월 이내의 기간을 정하여 등급부여를 보류할 수 있도록 하였다.

1999. 2. 8. 법률 제5929호에 의한 영화진흥법의 전문개정에서는 심의주체가 다시 영상물등급위원회로 바뀌었으며, 등급구분에 있어서도 '15세관람가' 등급이 삭제되었고, 등급보류

---

21 헌재 2001. 8. 30. 2000헌가9, 판례집 13-2, 134 [위헌].

22 헌재 1996. 10. 4. 93헌가13등, 판례집 8-2, 212, 공연윤리위원회에 의한 음반의 사전심의에 관하여는 헌재 1996. 10. 31. 94헌가6, 판례집 8-2, 395; 헌재 1997. 3. 27. 97헌가1, 판례집 9-1, 267, 공연윤리위원회에 의한 비디오물의 사전심의에 관하여는 헌재 1998. 12. 24. 96헌가23, 판례집 10-2, 807; 헌재 2000. 2. 24. 99헌가17, 판례집 12-1, 107.

기간도 6개월에서 3개월로 축소 변경되었다. 그런데 헌법재판소는 1999. 9. 16. 음비법 제17조 제1항등 위헌제청사건에서 한국공연예술진흥협의회에 의한 비디오물의 사전심의도 사전검열에 해당한다 하여 구 음비법 상 조항들에 대해 위헌 판단을 하였다.[23] 한편, 2000. 1. 21. 법률 제6186호에 의한 영화진흥법의 일부개정에서는 기존에 삭제되었던 '15세관람가' 등급이 다시 신설되었다.

3. 표현의 자유와 검열

표현의 자유와 관련한 역사적인 사건들이 작지 않았다. 검열이 통치를 위한 수단으로써 표현물에 대한 종교, 국가 또는 권력에 의한 사전적 통제가 작용했기 때문이다. 이러한 역사적 경험으로 각국의 헌법은 표현의 자유를 기본권의 영역에서 다루고 있다. 우리 헌법도 명백히 검열을 금지하고 있으며,[24] 표현의 자유를 보장함으로써 사상과 감정을 보다 적극적으로 표현할 수 있도록 하고 있다.

가. 개념

헌법에서 말하는 검열은 "실질적으로 행정권이 주체가 되어 사상이나 의견 등이 발표되기 이전에 예방적 조치로서 그 내용을 심사, 선별하여 발표를 사전에 억제하는, 즉 허가받지 아니한 것의 발표를 금지하는 제도"[25]를 의미한다. 사전검열은 법률로써도 불가능한 것으로서 절대적으로 금지된다.

나. 검열의 요건 분석

검열은 일반적으로 허가를 받기 위한 표현물의 제출의무, 행정권이 주체가 된 사전 심사절차,

---

23 헌재 1999. 9. 16. 99헌가1, 판례집 11-2, 245.

24 검열금지의 원칙은 모든 형태의 사전적인 규제를 금지하는 것이 아니고, 의사표현의 발표여부가 오로지 행정권의 허가에 달려있는 사전심사만을 금지하는 것이다. 그리고 검열은 일반적으로 허가를 받기 위한 표현물의 제출의무, 행정권이 주체가 된 사전심사절차, 허가를 받지 아니한 의사표현의 금지 및 심사절차를 관철할 수 있는 강제수단 등의 요건을 갖춘 경우에만 이에 해당하는 것이다. 청소년 등에게 부적절한 내용의 音盤에 대하여는 청소년에게 판매할 수 없도록 미리 等級을 審査하는 이른바 等級審査制度는 事前檢閱에 해당하지 아니한다. 헌재 1996. 10. 31. 94헌가6, 판례집 8-2, 395 [위헌].

25 헌재 2008. 10. 30. 2004헌가18, 판례집 20-2상, 664 [위헌].

허가를 받지 아니한 의사표현의 금지 및 심사절차를 관철할 수 있는 강제 수단 등의 요건을 갖춘 경우를 말한다. 헌법재판소는 "헌법 제21조 제1항은 모든 국민은 언론·출판의 자유를 가진다고 규정하고, 제21조 제2항은 언론·출판에 대한 허가나 검열은 인정되지 아니한다고 규정하고 있다.

잠시 검열이 있겠습니다. 개마고원(2012)

그런데 의사표현의 매개체는 어떠한 형태이건 제한 없이 헌법 제21조 제1항이 보장하고 있는 언론·출판의 자유의 보호대상이 되므로 비디오물도 언론·출판의 자유에 의해서 보호되는 의사표현의 매개체임은 명백하다. 또한, 헌법 제21조 제2항에서 말하는 검열은 실질적으로 행정권이 주체가 되어 사상이나 의견 등이 발표되기 이전에 예방적 조치로서 그 내용을 심사, 선별하여 발표를 사전에 억제하는, 즉 허가받지 아니한 것의 발표를 금지하는 제도를 뜻하고, 이러한 사전검열은 법률로써도 불가능한 것으로서 절대적으로 금지된다"[26]고 판시한 바 있다.

---

26 헌재 2008. 10. 30. 2004헌가18, 판례집 20-2상, 664 [위헌]

(1) 허가를 받기 위한 표현물의 제출의무[27]

영화진흥법 제21조 제1항은 영화가 상영되기 위해서는 상영 전에 영상물등급위원회로부터 상영등급을 분류받아야 할 것을 규정하고 있다. 헌법재판소가 영화의 상영으로 인한 실정법 위반의 가능성을 사전에 막고, 청소년 등에 대한 상영이 부적절할 경우 이를 유통단계에서 효과적으로 관리할 수 있도록 미리 등급을 심사하는 것은 사전검열이 아니라고 하여 사전등급제 그 자체는 사전검열에 해당되지 아니한다고 한 바 있지만, 사전등급제가 관철되기 위해서는 영화라는 표현물이 등급분류업무를 담당하는 기관에 상영 이전에 제출되어야 한다는 점은 분명하다. 이 사건 법률조항에 의해 인정되는 등급분류보류결정은 등급분류의 일환으로서 행해지기 때문에, 등급분류보류제도는 '허가를 받기 위한 표현물의 제출의무'라는 요건을 충족한다.

(2) 행정권이 주체가 된 사전심사절차

헌법 상 검열금지의 원칙은 검열이 행정권에 의하여 행하여지는 경우에 한하므로 영화의 심의 및 등급분류기관인 영상물등급위원회가 이에 해당하는지에 대하여 의문이 있을 수 있다. 그런데 여기서 영상물등급위원회가 행정기관인가의 여부는 기관의 형식에 의하기보다는 그 실질에 따라 판단되어야 할 것이다. 예를 들면, 검열을 행정기관이 아닌 독립적인 위원회에서 행한다고 하더라도 행정권이 주체가 되어 검열절차를 형성하고 검열기관의 구성에 지속적인 영향을 미칠 수 있는 경우라면 실질적으로 보아 검열기관은 행정기관이라고 보아야 한다. 왜냐하면, 그렇게 해석하지 아니한다면 검열기관의 구성은 입법기술의 문제이므로 정부에게 행정관청이 아닌 독립된 위원회의 구성을 통하여 사실상 검열을 하면서도 헌법상 검열금지원칙을 위반하였다는 비난을 면할 수 있는 길을 열어주기 때문이다.[28]

그런데 영화에 대한 심의 및 상영등급분류업무를 담당하고 등급분류보류결정권한을 갖고 있는 영상물등급위원회의 경우에도, 비록 이전의 공연윤리위원회나 한국공연예술진흥협의회와는 달리 문화관광부장관에 대한 보고 내지 통보의무는 없다고 하더라도, 여전히 영상물등급위원회의 위원을 대통령이 위촉하고(공연법 제18조 제1항), 영상물등급위원회의 구성방

---

27 헌재 2001. 8. 30. 2000헌가9, 판례집 13-2, 134 [위헌].

28 헌재 1996. 10. 4. 93헌가13등, 판례집 8-2, 212, 226.

법 및 절차에 관하여 필요한 사항은 대통령령으로 정하도록 하고 있으며(공연법 제18조 제2항, 공연법시행령 제22조), 국가예산의 범위 안에서 영상물등급위원회의 운영에 필요한 경비의 보조를 받을 수 있도록 하고 있는 점(공연법 제30조)등에 비추어 볼 때, 행정권이 심의기관의 구성에 지속적인 영향을 미칠 수 있고 행정권이 주체가 되어 검열절차를 형성하고 있다고 보지 않을 수 없다.

영상물등급위원회가 비록 그의 심의 및 등급분류활동에 있어서 독립성이 보장된 기관이라 할지라도(공연법 제23조), 그것이 검열기관인가 여부를 판단하는 데 있어서 결정적인 것이라고는 할 수 없다. 심의기관의 독립성이 보장되어야 하는 것은 단지 심의절차와 그 결과의 공정성 및 객관성을 확보하기 위하여 모든 형태의 심의절차에 요구되는 당연한 전제일 뿐이기 때문이다.[29] 국가에 의하여 검열절차가 입법의 형태로 계획되고 의도된 이상, 비록 검열기관을 민간인들로 구성하고 그 지위의 독립성을 보장한다고 해서 영화진흥법이 정한 등급분류보류제도의 법적 성격이 바뀌는 것은 아니다.

따라서 이러한 영상물등급위원회에 의한 등급분류 보류제도는 '행정권이 주체가 된 사전심사절차'라는 요건도 충족한다.

(3) 허가를 받지 아니한 의사표현의 금지 및 심사절차를 관철할 수 있는 강제수단

영화진흥법에 의하면, 영화가 상영되기 위해서는 그 상영 이전에 영상물등급위원회로부터 등급을 분류받아야 하고(영화진흥법 제21조 제1항), 상영등급을 분류받지 아니한 영화는 상영이 금지되며(영화진흥법 제21조 제2항), 만약 상영등급의 분류를 받지 않은 채 영화를 상영할 경우 과태료가 부과되고(영화진흥법 제41조 제1항 제2호), 상영등급을 분류받지 아니한 영화가 상영되는 경우에는 문화관광부장관이 그 상영금지 혹은 정지명령을 발할 수 있으며(영화진흥법 제29조 제1호), 이러한 명령을 위반한 경우에는 형벌까지 부과할 수 있게 되어 있다(영화진흥법 제40조 제3호).

이상과 같은 영화진흥법상의 내용을 살펴볼 때, 등급분류 보류는 영화에 대한 심의 및 상영등급분류를 그 논리적 전제로 하고 있는바, 그와 같은 심의 및 상영등급분류는 의사표현 전에 이루어진다. 즉, 어떤 영화가 상영되기 이전에 영상물등급위원회에 의해 당해 영화

29 헌재 1996. 10. 4. 93헌가13등, 판례집 8-2, 212, 227.

의 심의 및 상영등급분류가 이루어지고, 이러한 과정에서 당해 영화의 내용이 일정한 기준을 충족하는 경우에는 상영등급분류가 보류된다. 그런데 등급분류보류의 횟수제한이 설정되어 있지 않아 등급분류보류기간의 상한선이 없는 것과 마찬가지의 효과가 발생한다. 영화진흥법 제21조에 의하면 3개월 이내의 기간을 정하여 등급분류를 보류할 수 있게 되어 있지만, 3개월 이내의 일정한 등급분류보류기간이 만료된 뒤에도 등급분류보류의 원인이 치유되지 않는 한, 즉 영화제작자가 자진해서 문제되는 내용을 삭제 내지 수정하지 않는 한 무한정 등급분류가 보류될 수 있다. 이는 비록 형식적으로는 '등급분류보류'에 의하더라도, 실질적으로는 영상물등급위원회의 허가를 받지 않는 한 무한정 영화를 통한 의사표현이 금지될 수 있다는 것을 의미한다. 그리고 헌법 재판소가 사전등급제 자체는 사전검열이 아니라고 판단하였고 또한 위와 같은 강제수단들이 이러한 사전등급제를 관철하기 위한 불가피한 것들이라고 할지라도, 등급분류보류결정은 등급분류의 일환으로 행해지기 때문에, 결과적으로 등급분류보류가 결정된 영화에 대해서도 이러한 강제수단들이 적용된다.

따라서 영상물등급위원회에 의한 등급분류보류제도는 '허가를 받지 아니한 의사표현의 금지' 및 '심사절차를 관철할 수 있는 강제수단'이라는 요건도 충족한다.

(4) 정리

위 요건에 따라 비디오물의 등급분류와 관련해서 위헌판결이 있었다. 즉, 영상물등급위원회에 의한 등급분류 보류는 비디오물 등급분류의 일환으로 유통 전에 비디오물을 제출받아 그 내용을 심사하여 이루어질 뿐 아니라, 영상물등급위원회는 그 위원을 대통령이 위촉하고, 위원회의 운영에 필요한 경비를 국고에서 보조할 수 있으며, 국고 예산 등이 수반되는 사업계획 등은 미리 문화관광부장관과 협의하도록 규정하고 있고, 등급을 분류받지 아니한 비디오물은 유통이 금지되어 등급분류가 보류된 비디오물이나 등급분류를 받지 아니한 비디오물에 대하여 문화관광부장관 등은 관계 공무원으로 하여금 이를 수거하여 폐기하게 할 수도 있고 이를 유통 또는 시청에 제공한 자에게는 형벌까지 부과될 수 있으며, 등급분류 보류의 횟수제한이 설정되어 있지 않아 무한정 등급분류가 보류될 수 있다. 따라서 영상물등급위원회는 실질적으로 행정기관인 검열기관에 해당하고, 이에 의한 등급분류 보류는 비디오물 유통 이전에 그 내용을 심사하여 허가받지 아니한 것의 발표를 금지하는 제도, 즉 검열에 해당되므

로 헌법에 위반된다.[30]

다. 게임에서 검열 이슈

(1) 개요

게임에서 검열 이슈는 등급분류와 관련이 있다. 국가기관이라고 할 수 있는 게임물관리위원회에서 진행하는 사전 등급분류는 게임 개발자에게 부담이 아닐 수 없기 때문이다. 시장에 유통시키기 위해 개발된 게임물을 게임물관리위원회에 제출하여야 하며, 게임산업법에 위임된 게임물관리위원회에서 사전절차에 따라 심의를 진행한다. 사전 등급분류를 받지 아니하면 유통 자체가 금지되며, 이를 위반할 경우에는 형사처벌의 대상이 된다. 따라서 현행 등급분류제도 위헌적 요소가 잔존함은 부인할 수 없다.

(2) 게임산업법 제22조에 따른 검열 논란

2013년 게임산업법 개정을 통해 "게임물관리위원회는 사행행위 등 규제 및 처벌특례법, 형법 등 다른 법률의 규정 또는 '이 법'에 의하여 규제 또는 처벌대상이 되는 행위 또는 기기에 대하여 등급분류를 신청한 자, 정당한 권원을 갖추지 아니하였거나 거짓 그 밖의 부정한 방법으로 등급분류를 신청한 자 또는 사행성게임물에 해당되는 게임물에 대하여 등급분류를 신청한 자에 대하여 등급분류를 거부할 수 있다"(제22조)고 규정하고 있다. 이 개정으로 인해 사행행위 등 규제 및 처벌특례법과 형법뿐만 아니라 게임산업법에 의하여 규제 또는 처벌대상이 되는 행위 또는 기기에 대하여 등급분류를 신청한 자에 대해서도 등급분류를 거부할 수 있게 되었다. 이로 인해 게임산업법 위반행위에 대해서는 등급분류 거부가 가능하기 때문에 사전검열에 해당될 여지가 더 커지게 된 셈이다.[31]

(3) 영업질서 위반을 근거로 한 등급거부

게임산업법은 게임사업자에 대해 게임물 관련사업자의 준수 의무(제28조)를 부과하고 있으며, 불법게임물의 유통금지 등의 의무(제32조)를 부과하고 있다. 게임사업자가 위와 같은 의무사항을 위반할 경우에는 게임물관리위원회는 게임산업법 제22조에 근거하여 해당 게임물에

30 헌재 2008. 10. 30. 2004헌가18, 판례집 20-2상, 664 [위헌]

31 문기탁, 게임법상 등급분류거부제도의 위헌성에 대한 연구, 한국컴퓨터게임학회 논문지 제26권 제3호, 2013.9, 222면.

대해 등급거부를 할 수 있게 된다. 이와 같이, "영업질서규제 등 게임산업법 상의 모든 규제를 등급거부사유로 편입한다면 등급분류거부제도는 헌법재판소가 금지하는 검열제도로 해석될 위험이 더 커질 것으로 예상된다. 영업질서규제는 행정기관, 즉 정부에 의한 행정규제이기 때문에 실질적으로 준행정기관인 게임위의 사전심의에 의한 등급분류거부가 영업질서규제를 근거로 이루어진다면 게임위의 등급분류거부 자체가 위헌일 개연성이 더욱 높아지는 것이다. 즉 게임산업법 개정으로 인하여, 영업질서규제 등과 같은 게임외적인 사항까지도 게임산업법 위반사항이라는 이유로 게임물등급위원회에서 판단하여 등급을 거부할 수 있게 된다면, 사전검열에 해당될 개연성이 높다"[32]는 지적은 게임사업자에게 부담이 아닐 수 없다. 위법사항은 벌칙 규정을 통해 처벌이 가능하다는 점에서, 등급분류 규정을 다시 적용하는 것은 일종의 검열과 같은 효과를 의도한다는 점에서 사전 등급분류제도는 폐지될 필요가 있다.

4. 사행성게임물 확인과 등급거부

검열과 관련되어 문제가 될 수 있는 제도는 사행성게임물 확인제도이다. 사행성게임물로 확인된 경우에는 등급이 거부되고, 유통이 금지되기 때문이다.

가. 사행성게임물

게임산업법 상 사행성게임물이라 함은 베팅이나 배당을 내용으로 하는 게임물, 우연적인 방법으로 결과가 결정되는 게임물, 한국마사회법에서 규율하는 경마와 이를 모사한 게임물, 경륜·경정법에서 규율하는 경륜·경정과 이를 모사한 게임물, 관광진흥법에서 규율하는 카지노와 이를 모사한 게임물, 그 밖에 대통령령이 정하는 게임물로서, 그 결과에 따라 재산상 이익 또는 손실을 주는 것으로 정의하고 있다(제2조 제1의2호). 게임산업법 상 정의에도 불구하고, 게임산업법의 적용대상이 되는 게임물에서 제외되는 '사행성게임물'이라 함은 게임의 진행이 게임산업법 제2조 제1의2호에서 제한적으로 열거한 내용 또는 방법에 의하여 이루어져야 할 뿐만 아니라, 게임의 결과에 따라 게임기기 또는 장치에 설치된 지급장치를 통하여

32 문기탁, 게임법상 등급분류거부제도의 위헌성에 대한 연구, 한국컴퓨터게임학회 논문지 제26권 제3호, 2013.9, 223면.

게임이용자에게 직접 금전이나 경품 등의 재산상 이익을 제공하거나 손실을 입도록 만들어진 게임기기 또는 장치를 의미한다.

나. 사행성게임물의 확인

사행성게임물 확인제도는 명시적인 제도라기보다는 게임산업법 상 반드시 거치게 되는 확인의 과정으로 이해할 수 있다.[33] 게임물관리위원회는 등급분류를 신청한 게임물에 대하여 사행성게임물 여부를 확인하여야 한다고 규정하고 있다(제21조 제4항). 등급분류 신청이 들어오면 해당 게임물에 대해 사행성게임물인지 여부를 확인하게 되고 이후에 실질적인 심의가 이루어진다.

등급분류 규정 제17조[34]에서와 같이 등급분류 신청된 게임물이 사행성게임물로 확인된 경우, 게임산업법 제22조에서는 사행성게임물에 해당되는 게임물에 대하여 등급분류를 신청한 자에 대하여 등급분류를 거부할 수 있도록 규정하고 있다. 등급거부에 대해 이의신청을 받을 수 있겠지만, 게임물관리위원회의 특성상 한번 결정된 내용을 번복하기가 쉽지 않기 때문에 이의신청은 형식적인 과정으로 인식되고 있다.

---

33 즉, "사행성게임물 여부의 확인은 선택적으로 결정할 수 있는 재량사항이 아니"라고 한다. 이상정·김윤명 편저, 주해 게임산업진흥에 관한 법률, 세창출판사, 2014, 279면.

34 등급분류 규정 제17조(사행성 확인 사항) 게임산업법 제21조 제7항, 동법 시행규칙 제8조 제3항 및 등급분류규정 제16조에 따라 게임물의 사행성 확인을 위해서는 다음과 같은 요소를 종합적으로 고려하여야 한다.

1. 게임의 결과로 얻은 점수 또는 게임머니 등을 직·간접 유통과정을 통해 현금 또는 다른 유·무형의 경제적 이익으로 제공하는지 여부
2. 예시, 자동진행, 연타 등의 기능이 있는지 여부
3. 게임제공업소용 게임물로서 다음 각목에 해당하는 게임물
   가. 기술심의의 대상이 되는 게임물의 1시간당 이용금액이 10,000원을 초과하는 경우
   나. 다음 각 방법을 통하여 가목의 기준을 회피하는 경우
      - 투입금액에 상응하는 누적점수를 강제적으로 발생시키는 방법
      - 임의로 누적점수를 충전하는 방법
      - 데모(Demo)게임 등을 통해 획득한 점수를 누적점수로 이전시키는 방법
      - 기타 이와 유사한 형태를 통하여 투입금액 및 누적점수를 발생시키는 방법
   다. 환전이 용이하도록 게임의 결과물 등을 장치를 이용하여 보관하거나 네트워크를 통해 상호 전송하는 경우
   라. 게임산업법 제21조 제8항에서 규정된 기술심의를 통해 부적합 의견을 받은 경우
   마. 관광진흥법에 의한 규율 대상을 모사한 경우(단, 통상적인 이미지와 규칙을 사용하는 고스톱, 포커 등의 경우에는 예외로 함)
   바. 경마, 경륜, 경정, 복권, 소싸움 등 관련 법률의 규율 대상을 모사한 경우
4. 정보통신망 이용촉진 및 정보보호 등에 관한 법률 제2조 제1항 제1호의 정보통신망을 통하여 베팅이나 배당의 내용을 모사한 카드게임이나 화투놀이 등의 게임물이 게임머니를 현금으로 직접 구매하거나 선물 또는 이체 등이 가능한 경우

다. 검열로서 위헌인지 여부

게임물관리위원회라는 행정기관에서 진행하는 것으로 게임물을 제출받아 그 출시여부를 판단한다는 점에서 검열이라고 볼 수 있다. 사행성게임물이라는 확인이 아닌 사행성 우려 게임물이라는 점 때문에 사행성게임물로 확인하여 등급을 거부하는 것은 명백한 위법 내지 위헌적 결정이라는 견해도 있다.[35]

라. 사행성 규제정책의 명암

등급분류제도는 게임의 내용인 콘텐츠에 대한 심의를 한다. 이러한 원칙은 게임산업법을 포함하여 등급분류 심의규정에서 천명하고 있는 '콘텐츠 중심성'[36]에 나타나 있다. 그러나 어느 순간부터 게임물의 콘텐츠가 아닌 운영방식에 대한 규제가 등급분류라는 심의과정에서 행해지고 있다. 이러한 운영방식에 대한 심의는 "기본적으로 게임의 내용에 대한 규제정책인 등급분류제도를 게임의 운영방식, 즉 비즈니스 모델을 통제하는 수단으로 사용하는 것도 제도의 성격을 모호하게 한다"[37]는 비판이 제기된다.[38]

사행성게임물과 게임물의 사행화는 동전의 양면이 아닐 수 없다. 사행화가 우려된다고 하여 등급을 거부하거나 보류하는 것은 검열에서 자유로울 수 없다. 따라서 등급분류 단계에서 내용을 확인하여 내용정보표시를 강화하는 방안으로 제도가 이용되는 것이 바람직하다. 또한 게임물의 사후관리에 대한 부분도 강화되어야 할 것이다.[39] 사행화 우려만으로 게임물에 대한 규제를 합리화하는 것은 바람직하다고 보기 어렵기 때문이다.

---

35 문기탁, 게임법상 등급분류거부제도의 위헌성에 대한 연구, 한국컴퓨터게임학회 논문지 제26권 제3호, 2013.9.

36 구 등급분류 심의규정 제6조(원칙) 게임물을 등급분류함에 있어 다음 각 호와 같은 원칙을 준수하여야 한다.

1. 콘텐츠 중심성: 콘텐츠 이외의 부분에 대해서는 등급분류의 대상으로 삼지 않는다.
2. 맥락성: 전체적인 게임물의 맥락, 상황을 보고 등급을 정한다.
3. 보편성: 사회적 통념에 부합하는 등급을 정한다.
4. 국제적 통용성: 범세계적인 일반성을 갖는 등급을 정한다.
5. 일관성: 동일 게임물은 심의시기, 심의주체가 달라지더라도 동일한 등급을 갖도록 한다.

37 조인혜 외, 게임규제정책의 발전적 해법, 전자신문 미래기술연구센터, 2009, 21면.

38 콘텐츠중심성에 대한 원칙은 2016년 심의규정 개정과정에서 삭제되었다. 게임물관리위원회 스스로 감당할 수 없었던 내용임을 인정한 것으로 볼 수 있다.

39 사후관리의 강화에 대해서는 "물론 게임 운영방식에 따라 게임의 사행화를 부추길 수 있고, 게임심의제도의 빈틈을 악용해 사행성 게임 영업을 하는 경우가 많은 것도 사실이다. 하지만 이는 철저한 사후관리나 게임 기업에 대한 윤리적 책임 요구를 통해 해결해야 할 문제"라는 지적에 대해 고민할 필요가 있다. 조인혜 외, 게임규제정책의 발전적 해법, 전자신문 미래기술연구센터, 2009, 22면.

5. 게임물에 있어서 표현의 자유

가. 개발자의 예술표현의 자유

(1) 표현의 자유

개발자는 기획된 내용을 바탕으로 다양한 리소스를 활용하여 게임물을 개발한다. 그래픽, 모션 방식, 장비, 게임내 운영방식, 규칙 등을 설정하여 밸런싱이 어우러진 게임물을 개발하여 이용에 제공하게 된다. 게임물은 표현의 자유의 대상이 된다. 게임물에는 개발자의 사상과 감정이 담기게 된다. 이러한 점에서 게임물도 다른 어떤 표현물과 마찬가지로, 표현의 자유에 있어서 의미있는 대상이 된다.

헌법재판소도 게임물도 표현의 대상이 됨을 명확히 하고 있다. 즉, "의사표현의 자유는 언론·출판의 자유에 속하고, 여기서 의사표현의 매개체는 어떠한 형태이건 그 제한이 없는바, 게임물은 예술표현의 수단이 될 수도 있으므르 그 제작 및 판매·배포는 표현의 자유를 보장하는 헌법 제21조 제1항에 의하여 보장을 받는다"[40]고 판시한 바 있다.

(2) 예술의 자유

예술의 자유는 "자유로운 인격의 창조적 발현으로서 고도의 주관성을 특징으로 하는 주관적 공권인 동시에 문화국가의 구현을 이념으로 하는 문화 헌법의 일부를 이루는 문화적 기본권"[41]이라고 한다. 게임물은 다양한 예술적 요소가 포함된 표현물이기 때문에 제작자의 예술의 자유는 무엇보다도 보장되어야 한다. 이는 개발사는 물론이거니와 게임물관리위원회의 등급분류 과정에서도 보호받아야 할 가치이다.

나. 사업자의 영업의 자유

개발자의 표현의 자유와 마찬가지로, 개발된 게임물을 이용에 제공하는 게임사업자도 표현의 자유의 일 유형으로 볼 수 있는 영업의 자유로서 보호받을 수 있다.

헌법 제15조에 의한 직업선택의 자유는 자신이 원하는 직업을 자유롭게 선택하는 좁은

---

40 헌재 2002. 2. 28. 99헌바117, 판례집 14-1, 118 [합헌].

41 권영성, 헌법학원론, 법문사, 2003, 502면.

의미의 직업선택의 자유와 그가 선택한 직업을 자기가 원하는 방식으로 자유롭게 수행할 수 있는 직업수행의 자유(영업의 자유)를 포함하는 직업의 자유를 뜻한다.[42] 이처럼, 영업의 자유에 대하여 현행 헌법은 명문의 규정을 두고 있지 않다. 그렇지만 영업이란 직업 활동을 전제로 한다는 점에서 직업의 자유에서 헌법이 이를 포섭하여 보장한다고 본다.[43] 그렇기 때문에 헌법에 명문의 규정은 없지만 영업의 자유를 하나의 기본권으로 보는 것에 대해서는 이의가 거의 없다. 영업의 자유에 대하여 헌법재판소와 대법원 등의 판례에서는 영업의 자유가 무엇인지에 대하여 언급하고 있지는 않으나, 명문으로 표현하고 있기 때문에 이를 인정하고 있는 것으로 볼 수 있다.

다. 표현물 이용의 자유

게임물을 이용하는 이용자의 표현의 자유도 보장되어야 한다. 이용자는 표현물인 게임물을 자유롭게 이용할 권리를 갖는다. 게임물관리위원회의 등급분류 과정에서 해당 게임물이 선정적인지, 폭력적인지, 사행성 요소가 있는지 등에 대해 심의를 진행하게 되고, 심의결과에 따라 이용할 수 있는 연령을 결정하게 된다. 사행성게임물이 아닌 경우에는 성인은 어떠한 게임물이라도 이용이 가능하다. 청소년들은 해당 연령에 따른 게임물을 이용할 수 있다.[44]

이처럼 엄격하게 관리되는 게임물에 대해 국가가 법적인 하자 없는 게임물의 이용을 제한하는 것은 헌법 상 문화향유권 등 행복추구권을 침해하는 것이 되어 위법하다. 이용자의 선택의 자유를 제한하는 이러한 행위가 위법한지에 대한 고민 없이 정책을 입안하고 집행한다는 점에서 정책의 전문성 내지 담당자의 전문성에 대해 의문을 표하지 아니할 수 없다.

라. 게임물 운영방식의 보호

게임물의 운영방식도 법적으로 보호받는다. 일정한 경우에는 표현의 자유로서 보호받을 수 있음은 자명하다.

---

42 헌재 1998. 3. 26. 97헌마194, 판례집 10-1, 302, 314.

43 김상겸, 엔터테인먼트산업과 영업의 자유에 관한 연구, 〈스포츠와 법〉 10권 2호. 2007, 121-122면.

44 현행 게임산업법은 전체이용가, 12세 이용가, 15세 이용가, 청소년 이용불가 등 4가지 등급으로 나뉜다. 다만, 아케이드 게임물은 게임장에서 연령확인이 쉽지 않다는 정책적 판단하에 전체이용가 및 청소년이용불가 등 2개 등급으로 하고 있다.

표현의 자유는 직접 해당 표현물을 만드는 사람은 물론 만들어진 표현물을 이용에 제공하는 사람도 누려야 하는 자유이다. 예를 들면, 책을 집필한 문학가도 표현의 자유를 누려야 하지만 이를 유통시킨 출판사나 서점도 표현의 자유를 누려야 하는 것과 다름이 아니다. 더욱이 학문의 자유도 같이 누릴 수 있어야 한다.[45]

게임물 개발자는 물론 개발된 게임물을 이용에 제공하는 퍼블리셔나 게임사업자도 표현의 자유를 누릴 수 있는 것은 헌법 상 기본적인 권리이기 때문이다. 그렇기 때문에 국가기관이 검열이나 규제로서 표현물인 게임물을 규제하는 것은 표현의 자유에 있어서 심대한 침입이다. 더욱이 사업자는 자신의 사업을 자유롭게 진행할 수 있는 영업의 자유도 함께 갖는다. 이처럼 게임물에 대한 규제는 표현의 자유는 물론 영업의 자유에 대한 침해도 같이 이루어지게 된다.

6. 등급분류기관이 검열기관인지 여부

가. 음비게법상 영등위가 검열기관인지 여부

(1) 위헌론

헌법재판소는 영화진흥법(1999. 2. 8. 법률 제5929호로 전문 개정된 것) 제21조 제4항이 규정하고 있던 영화의 상영등급분류보류제도의 위헌성 여부를 심사하면서, 영상물등급위원회의 성격과 관련하여 다음과 같이 판시하였다.

"영화에 대한 심의 및 상영등급분류업무를 담당하고 등급분류보류결정권한을 갖고 있는 영상물등급위원회의 경우에도, 비록 이전의 공연윤리위원회나 한국공연예술진흥협의회와는 달리 문화관광부장관에 대한 보고 내지 통보의무는 없다고 하더라도, 여전히 영상물등급위원회의 위원을 대통령이 위촉하고(공연법 제18조 제1항), 영상물등급위원회의 구성방법 및 절차에 관하여 필요한 사항은 대통령령으로 정하도록 하고 있으며(공연법 제18조 제2항, 공연법시

45 "의사표현의 자유는 언론·출판의 자유에 속하고, 여기서 의사표현의 매개체는 어떠한 형태이건 그 제한이 없다고 할 것이다. 따라서 이 사건에서 문제되고 있는 음반은 학문적 연구결과를 발표하는 수단이 되기도 하고, 예술표현의 수단이 되기도 하므로 그 제작 및 판매 배포는 학문·예술의 자유를 규정하고 있는 헌법 제22조 제1항에 의하여 보장을 받음과 동시에 헌법 제21조 제1항에 의하여도 받는다". 헌재 1996. 10. 31. 94헌가6, 판례집 8-2, 395 [위헌].

행령 제22조), 국가예산의 범위 안에서 영상물등급위원회의 운영에 필요한 경비의 보조를 받을 수 있도록 하고 있는 점(공연법 제30조) 등에 비추어 볼 때, 행정권이 심의기관의 구성에 지속적인 영향을 미칠 수 있고 행정권이 주체가 되어 검열절차를 형성하고 있다고 보지 않을 수 없다. 영상물등급위원회가 비록 그의 심의 및 등급분류활동에 있어서 독립성이 보장된 기관이라 할지라도(공연법 제23조), 그것이 검열기관인가 여부를 판단하는 데 있어서 결정적인 것이라고는 할 수 없다. 심의기관의 독립성이 보장되어야 하는 것은 단지 심의절차와 그 결과의 공정성 및 객관성을 확보하기 위하여 모든 형태의 심의절차에 요구되는 당연한 전제일 뿐이기 때문이다. 국가에 의하여 검열절차가 입법의 형태로 계획되고 의도된 이상, 비록 검열기관을 민간인들로 구성하고 그 지위의 독립성을 보장한다고 해서 영화진흥법이 정한 등급분류보류제도의 법적 성격이 바뀌는 것은 아니다. 따라서 이러한 영상물등급위원회에 의한 등급분류보류제도는 '행정권이 주체가 된 사전심사절차'라는 요건도 충족시킨다."[46]

또한 헌법재판소는 외국비디오물의 수입추천업무를 수행하던 영상물등급위원회는 개정 전 공연법에 의거 설치되고 있던 것으로서 위 헌재 2001. 8. 30. 2000헌가9 결정에서 영화의 상영등급분류보류제도의 운영주체로서 행정기관성 여부를 인정하였던 바로 그 영상물등급위원회와 동일한 것이므로, 검열과 관련해서는 그 조직과 구성 면에서 행정권의 성격을 가진 행정기관에 해당한다고 보았다.[47] 이 사건에서 문제되는 음비게법상의 영상물등급위원회의 경우를 살펴보면, 비록 2001. 5. 24.의 법 개정을 통해 그 근거법률이 공연법에서 음비게법으로 바뀌면서 관련조항의 일부 내용에도 변경이 있었지만, 음비게법상의 영상물등급위원회의 경우에도 그 위원에 대해서는 대통령이 위촉하도록 하고 있고 국가예산의 범위 안에서 영상물등급위원회의 운영에 필요한 경비의 보조를 받을 수 있도록 하고 있다는 점에서 공연법상 영상물등급위원회와 아무런 차이가 없다. 다만 영상물등급위원회 위원의 선임기준 등 그 구성·운영에 관하여 필요한 사항을 대통령령이 아닌 영상물등급위원회의 규정에 위임(음비게법 제7조 제3항)하고 있다는 점에서 종전과는 다르게 되어 있으나, 위원회의 구성에 관한 핵심적 부분은 이미 상세히 법률로 규정하고 있으므로 그 점만으로 영상물등급위원회의 성격이 본질적으로 변화되었다고 보기 어렵다.

46 헌재 2001. 8. 30. 2000헌가9 결정.

47 헌재 2005. 2. 3. 2004헌가8 결정.

또한, “국가에 의하여 검열절차가 입법의 형태로 계획되고 의도된 이상, 비록 검열기관을 민간인들로 구성하고 그 지위의 독립성을 보장한다고 해서 그 기관 또는 그 기관에 의한 행위가 형식적 또는 실질적으로 완전한 민간자율기관이 되는 것은 아니다”[48]라는 헌법재판소의 기존 결정들을 통해서도 적절히 지적되고 있는 바와 같이, 음비게법상의 영상물등급위원회의 경우 그 설립 및 구성이 국가 입법절차로 완성되고, 영상물·음반 등에 대한 등급심의, 외국음반의 수입추천 및 국내제작추천이라는 행정적 특권이 부여되고 있으며, 또한 그 기관의 결정에 따라 형사적 처벌이라는 국가의 가장 강력한 강제수단의 부과 여부가 결정되므로, 단지 그 기관구성원이 민간인이라는 점만으로 영상물등급위원회의 행정기관성을 부인하기 어렵다.[49]

(2) 합헌론

소수의견은 설령 다수의견과 같이 헌법상 보호되지 않는 표현이라도 행정기관에 의해 사전검열될 수 없다고 한들 위 영상물등급위원회는 ‘행정기관’에 해당하지 아니하므로 영상물등급위원회에 의한 등급분류보류는 검열에 해당되지 아니한다는 판단이다. 우선, 영상물등급위원회는 각 전문분야별 순수 민간인으로 구성된 기관·단체에서 선정한 사람을 대한민국예술원회장이 추천하여 대통령이 위촉하도록 하고 있다. 여기서의 대통령의 위촉행위는 단지 형식적인 것에 그칠 뿐이고, 행정부 공무원이 당연직 위원으로 위촉되는 경우도 없을뿐더러 현 구성상 위원으로 되어 있지도 아니하므로 위원회 구성에서 행정권이 실질적으로 영향을 미칠 여지가 없다. 오히려 위원의 면면을 보면 각계의 전문가로서 행정권의 입김을 배제하고 전문적 관점에서 심의를 할 자질을 갖추고 있다고 생각된다. 또한, 과거의 공연윤리위원회나 한국공연예술진흥협의회와는 달리 영상물등급위원회의 문화관광부장관에 대한 심의결과 보고의무 및 문화관광부장관의 위원장·부위원장 승인제도를 두지 않고 있다. 또한, 위원장·부위원장을 위원회가 호선하도록 하고(공연법 제19조 제2항), 위원의 임기를 정하고 있다(공연법 제20조). 나아가, 임기 중 직무상 어떠한 지시나 간섭을 받지 아니하고 그의 의사에 반하여 면직되지 아니하도록 하고 있으므로(공연법 제23조), 영상물등급위원회는 독립된 지위를 가진다고 보아야 한다. 영상물등급위원회의 운영에 필요한 경비를 국고에서 보조할 수 있도록 되어 있

48 헌재 1996. 10. 4. 93헌가13 등.

49 헌재 2006. 10. 26. 2005헌가14, 판례집 18-2, 379 [위헌].

으나, 실제로 국고에서 보조되는 것은 20%에도 미치지 못하고 있으므로, 국고 보조를 들어 영상물등급위원회를 행정기관이라고 보는 것도 지나친 비약이라고 할 것이다.[50]

결론적으로 영상물등급위원회는 과거 공연윤리위원회나 한국공연예술진흥협의회에 대하여 행정기관성을 인정하여 검열기관으로 본 헌법재판소의 결정취지에 따라 행정기관적 색채를 불식하고 출범한 것으로서 행정권과는 독립된 민간 자율기관으로 보아야 할 것이다. 따라서, 영상물등급위원회에 의한 등급보류는 검열에 해당한다고 보기 어렵다는 주장이다.

나. 게임물관리위원회의 성격

게임물관리위원회는 행정주체로서 문화체육관광부의 업무를 위임사무하는 공공기관으로서 사업자로부터 게임물을 제공받아 이를 심의하며, 심의결과에 따라 해당 게임물의 유통가부를 결정할 수 있다. 사업자가 이를 위반하여 유통에 제공할 경우에는 형사처벌의 대상이 될 수 있다. 이러한 요건으로 보건데 게임물관리위원회는 게임물에 대한 검열기관으로서 성격을 지니고 있음을 부인하기 어렵다.

개정 게임산업법 제16조의2에 따른 게임물관리위원회의 법인격에 대한 논의는 다음과 같다. "게임물관리위원회는 법인으로 한다(제1항). 이는 제16조부터 제20조까지 기존의 게임물등급위원회를 2013.5.22자 개정을 통해서 게임물관리위원회로 변경하고, 그 내용에 있어서는 게임물 등급분류 업무를 담당하던 게임물등급위원회를 폐지함과 아울러 이 법 시행일인 동년 11월 23일까지 청소년이용불가 게임물의 등급분류 및 사후관리 업무 등을 독립된 권리·의무의 주체로서 수행하는 독립 법인체인 것이다. 다만, 게임물관리위원회는 이 법 및 공공기관의 운영에 관한 법률에서 정한 것을 제외하고는 민법상 재단법인에 관한 사항을 준용하는 법인체이므로(제4항) 이 법에 의하여 설립되는 특수법인으로써 기타 공공기관이라 할 것이며, 게임물관리위원회의 위원은 게임산업법에 의하여 설립되는 특수법인의 이사로 보아야 할 것이다(제3항). 그 운영에 있어서는 개정 전 부칙 제5조에서 정한 국고지원시한을 삭제함으로써 안정적 운영이 담보된 것이라고 볼 수도 있겠으나, 국고보조의 의존율을 낮추는 노력이 독립된 업무를 수행하는 법인체로서의 지위를 확보하게 할 것이다. 게임물관리위원회 주부부처

50 송인준 반대 의견-헌재 2001. 8. 30. 2000헌가9, 판례집 13-2, 134 [위헌].

인 문화체육관광부장관의 인가를 받아 주된 사무소에 설립등기 하도록 하고(제2항), 그 설립을 위하여 동법 부칙 제2조에 설립추진단을 구성하도록 하여 운영하도록 했으며, 폐지되기 전 게임물등급위원회와 신설되는 게임물관리위원회의 업무연속성을 위하여 게임물등급위원회는 게임물관리위원회의 업무를 대행하는 것으로 하고(동 부칙 제3조), 게임물등급위원회에서 받은 등급분류는 개정법에 따라 게임물관리위원회에서 받은 등급분류로 간주하도록 하였다(동 부칙 제4조)."[51]

인사이트

창작적 요소가 강한 게임물은 가장 이용이 활성화된 미디어이다. 이러한 미디어로서 게임물은 문화로서, 예술로서 그 역할을 하고 있다.

---

51 이상정·김윤명 편(신봉기 집필분), 주해 게임산업진흥에 관한 법률, 세창출판사, 2014, 204-205면.

제 3 장

등급분류

기본적으로 등급분류는 규제적 속성을 갖는다. 영화에서 시작된 등급분류가 게임물에 적용된 것은 서로 다른 포맷을 갖지만 영상물이라는 추상적 개념으로 음비게법이라는 법률에 공통으로 규정된 것을 그 원인으로 할 수 있다. 즉, 음비게법의 영화나 비디오물의 등급분류제도가 영상물등급위원회에서 이루어지던 것이 게임물에까지 확대된 것이다. 물론 청소년 보호법의 심의제도도 일조하고 있다. 이처럼 등급분류는 그 취지는 타당하다고 하더라도, 방법에 있어서 적절하지 못한 경우가 많았기 때문에 검열과 위헌이라는 판단을 받게 된다. 이러한 헌법적 논란은 게임물의 등급분류에서도 지속된다.

제 5 절 | 등급분류를 둘러싼 쟁점

1. 등급분류는 어떤 제도적 가치를 갖는가?

가. 등급분류의 가치

국내에서 게임물을 이용에 제공하기 위해 개발자는 사전에 게임물관리위원회의 등급분류를 받아야 한다. 물론 예외는 있다. 오픈마켓 게임물이나 몇몇 게임산업법 상 예외로 하는 경우 등이다. 아케이드용 게임물을 제외한 청소년이용가 게임물은 민간기구에서 등급분류가 가능하다. 그렇다고 하더라도, 이는 등급분류의 예외로 보기는 어렵다. 민간기구에 단순 위탁하고 있기 때문이다.

등급분류는 크게 2가지의 가치를 갖는다. 즉, 정보의 비대칭성을 완화하기 위한 역할과 청소년 보호를 위한 역할이 그것이다. 이를 위해 게임산업법은 "게임물의 윤리성 및 공공성을 확보하고 청소년을 보호하기 위하여" 게임물관리위원회를 두도록 하고 있다. 산업 진흥과 규제는 충돌하는 면이 있기 때문에 이를 단편적으로 볼 때 게임산업의 진흥을 위한 게임산업법의 목적과는 상충하는 면이 있다.

나. 등급분류제도의 의의

등급분류제도는 게임이 게임산업법 상 규정한 이용자의 연령에 맞게 제작되었는지를 확인하는 제도이다. 사전에 등급을 확인하도록 함으로써 부적절하게 제공하는 사업자에 대한 제재를 통해 이용자에게 적합한 게임물을 제공하도록 하는 것을 목적으로 한다. 이러한 과정을 통해 등급분류제도는 "게임산업 및 청소년 보호"의 원칙을 지켜나가는 것이다. 이러한 측면에서 보았을 때, 게임물 등급분류제도는 이용자의 선택성을 높이고 청소년 보호를 위한 게임물 내용에 대한 통제를 하도록 하는 데 있다.[1]

등급분제도의 취지는 해당 게임물을 이용할 수 있는 이용자에게 게임에 대한 정확한 정보를 제공하고, 사행성 게임물이나 등급에 맞지 않는 게임물의 이용을 제한하도록 하는 것이다. 등급분류는 전체이용가, 12세 이용가, 15세 이용가, 청소년이용불가 등 4단계로 구분된다. 다만, 아케이드게임물의 경우에는 전체이용가 및 청소년이용불가 등 2단계로 구분된다. 참고로, 정식 게임물 출시 이전에 평가용으로 받는 경우에는 평가용 표시를 한다. 공익목적으로 개발된 게임물에 대해서는 '공익목적'을 표시할 수 있도록 등급분류 규정을 개정하였다.

이용등급 표시

전체이용가	12세이용가	15세이용가	청소년 이용불가	평가용 (유예)	공익목적	등급분류를 받지 아니하는 게임물
전체이용가	12세이용가	15세이용가	청소년이용불가	평 가 용	공 익 목 적	등급면제

또한, 등급분류 규정 제30조에 따라 등급분류를 받지 아니하는 게임물 확인을 받은 경우, 이용등급은 별표 5의 등급분류를 받지 아니하는 게임물 이용등급 표시에 따라 표시할 수 있다. 결국, 등급분류제도가 갖는 의의는 게임물에 대한 사전적 평가를 통해 이를 이용하는 이용자에게 적절한 정보를 제공함으로써 이용자의 선택 기준을 제시하는 것이다. 또한 게임산업법에서는 '게임물내용정보'[2]를 부가함으로써 연령대에 맞는 게임물과 해당 게임물이 갖는 내용정보를 제공함으로써 게임의 이용성을 높이도록 하고 있다.

---

1 "등급분류는 해당 콘텐츠의 정보제공과 청소년 보호라는 두 가지 목적을 가지고 있는데, 정보제공은 연령별 이용자층의 경계를 제시하고, 이용자층이 이를 근거로 스스로 선택할 수 있게 하는 것이다. … 이는 결과적으로 청소년층과 성인층의 구분을 필연적으로 가져오게 되어 결국 청소년 보호의 장치가 된다"고 한다. 김민규, "등급분류 대상으로서 오픈마켓 게임물의 범주와 정의", 「2010 오픈마켓 게임물 등급분류 개선방안 세미나 자료집」, 2010.5, 5면.

2 게임물내용정보라 함은 게임물의 내용에 대한 폭력성·선정성 또는 사행성의 여부 또는 그 정도와 그 밖에 게임물의 운영에 관한 정보를 말한다(게임산업법 제2조 제2호).

이와 같은 역할을 통해 게임에 대한 규제라기보다는 게임에 대한 이용자의 이용성을 높임으로써 게임산업법의 취지를 달성할 것이다.

다. 등급분류의 원칙

게임물의 등급을 분류함에 있어 게임물의 내용(콘텐츠) 이외의 요소는 등급 결정에 반영하지 않는 것이 심의의 원칙이다. 그러나 게임물의 내용(콘텐츠)이 의미하는 바가 정확히 무엇인지 또는 그 범위가 어디까지인지를 판단하기란 쉽지 않다. 해석하기에 따라서는 사행성도 내용에 포함된다고 볼 여지가 있고 이 경우 게임물의 운영방식 등도 등급분류의 심의대상에 해당될 가능성이 없지 않다. 신중한 판단을 요하는 부분이다.[3]

2. 등급분류 대상 및 예외

가. 대상

등급분류의 대상은 게임물에 한정되며, 게임산업법은 게임물에 대해 "컴퓨터프로그램 등 정보처리 기술이나 기계장치를 이용하여 오락을 할 수 있게 하거나 이에 부수하여 여가선용, 학습 및 운동효과 등을 높일 수 있도록 제작된 영상물 또는 그 영상물의 이용을 주된 목적으로 제작된 기기 및 장치"로 정의하고 있다.

게임산업법 제2조 제1호에서 규정한 게임물에는 i) 개인용 컴퓨터(PC) 게임물(PC에서 구동되는 게임물), ii) 비디오 게임물(게임전용 기기에서 구동되는 게임물), iii) 모바일 게임물(모바일 기기에서 작동하는 게임물), iv) 아케이드 게임물(게임산업법 제2조 제6호의 규정에 의한 게임제공업용 게임물), v) 기타 게임물(제1호 내지 제4호에서 규정된 게임물 외에 디지털 TV를 통해 제공이 되거나, 플래시 등을 이용하여 제작된 저용량 게임물 및 이용자가 직접 제작하여 배포하는 게임물 등) 등으로서 유통이나 이용제공을 목적으로 제작된 게임물은 게임물관리위원회로부터 심의를 받아야 한다(심의규정 제3조). 그렇지만 우리가 알고 있는 게임물이라 함은 PC나 단말기 등 영상기기를 통해 이용하는 게임물로 이해되는 경우가 있으나 영상물이 포함되지 않은 인형뽑기와 같

---

3 이상정·김윤명 편(김형렬 집필분), 주해 게임산업진흥에 관한 법률, 세창출판사, 2014, 271-271면.

은 류의 게임도 게임물에 포함된다는 것이 대법원의 입장이다.

나. 예외

등급분류는 국가에 의한 강제주의 원칙을 따르고 있으나 게임산업법 제21조 제1항 단서조항을 통해 그 성질상 등급분류의 강제가 필요없다고 판단되는 경우에는 예외적으로 사전등급분류를 받지 않아도 된다. 여기에 해당하는 게임물에는 i) 중앙행정기관의 장이 추천하는 게임대회 또는 전시회 등에 이용·전시할 목적으로 제작·배급하는 게임물, ii) 교육·학습·종교 또는 공익적 홍보활동 등의 용도로 제작·배급하는 게임물로서 대통령령이 정하는 것, iii) 게임물 개발과정에서 성능·안전성·이용자만족도 등을 평가하기 위한 시험용 게임물로서 대통령령이 정하는 대상·기준과 절차 등에 따른 게임물 등이 있다.

3. 한계 및 그 대안으로서 입법론

가. 원론적인 문제

(1) 인디게임

독립영화와 같은 맥락에서 차용한 것으로 보이는 인디게임은 인디밴드와 같은 모습을 의미하는 것일까? 상업화를 지양하는 인디밴드와 같이 상업성을 지양하는 개념으로 인디게임이 사용되는 것으로 보인다. 즉, "인디 게임의 인디라는 말은 독립을 뜻하는 말로 여기서 독립의 의미는 자본으로부터의 독립을 의미한다. 그러니까 자본의 간섭을 받지 않고 만들고 싶은 게임을 만드는 것이 인디 게임이라고 할 수 있다. 결국 이 독립은 창작의 자유를 의미한다. 그러므로 인디 게임은 자본의 간섭을 벗어나 창작의 자유를 누리려는 게임이라고 볼 수 있다. 여기서 창작의 자유라는 말이 반드시 예술적 작가주의를 의미하는 것은 아니다. 하지만 인디 게임은 대개 참신하거나 예술적이기를 요구받는다"[4]는 것이다. 이처럼 인디게임은 창작의 독립성과 자율성 그리고 유연성을 누리기 위해 비상업적인 게임물을 제작하는 것으로 볼 수

4 [인디 게임 1] 2014년, 다시 인디 게임을 말한다, 한국경제, 2014.3.18일자.

있다.[5]

정부는 게임산업의 활성화를 위하여 비영리 목적의 아마추어 게임물 제작자의 활동을 지원할 수 있도록 하고 있다(게임산업법 제4조). 즉, 아마추어 게임물의 제작을 지원할 수 있는 근거는 상업용 게임물이 아닌 게임물의 제작 지원을 의미한다. 그렇지만 아마추어라는 개념이 상당히 모호하다. 비영리 목적으로 운영하는 사업자라고 하더라도 사업의 기본적인 영위를 위한 경우라면 일정한 경우 영리적 행위를 할 수 있기 때문이다. 학교 교육과정에서 제작하는 게임물도 비영리를 목적으로 제작한 게임물로 볼 수 있다. 동 규정이 단순하게 인디게이머의 지원을 위한 것인지에 명확히 규정하는 것이 필요하다. 따라서 아마추어 게임물에 대한 명확한 기준을 제시할 필요가 있다.[6]

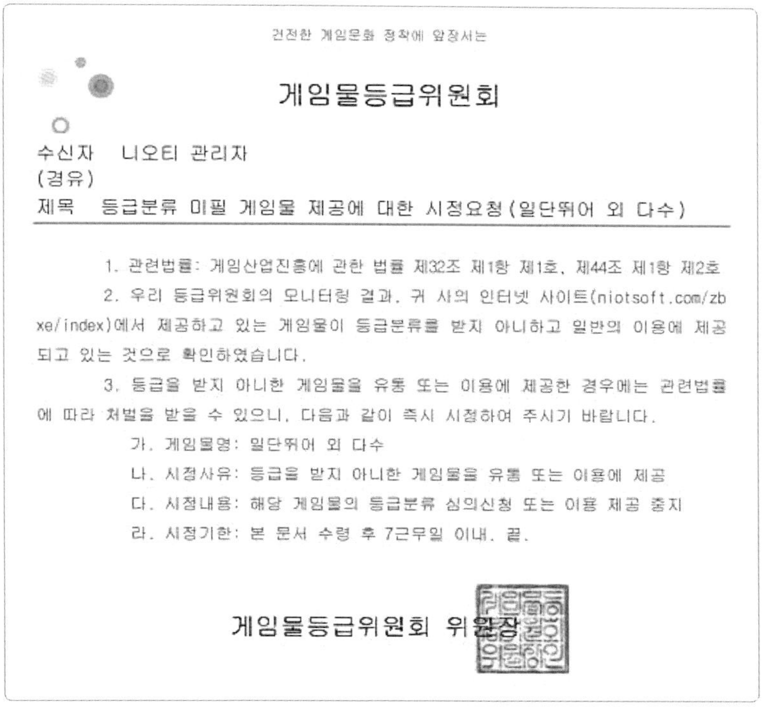
건전한 게임문화 정착에 앞장서는

게임물등급위원회

수신자 니오티 관리자
(경유)
제목 등급분류 미필 게임물 제공에 대한 시정요청(일단뛰어 외 다수)

1. 관련법률: 게임산업진흥에 관한 법률 제32조 제1항 제1호, 제44조 제1항 제2호

2. 우리 등급위원회의 모니터링 결과, 귀 사의 인터넷 사이트(niotsoft.com/zbxe/index)에서 제공하고 있는 게임물이 등급분류를 받지 아니하고 일반의 이용에 제공되고 있는 것으로 확인하였습니다.

3. 등급을 받지 아니한 게임물을 유통 또는 이용에 제공한 경우에는 관련법률에 따라 처벌을 받을 수 있으니, 다음과 같이 즉시 시정하여 주시기 바랍니다.

가. 게임물명: 일단뛰어 외 다수
나. 시정사유: 등급을 받지 아니한 게임물을 유통 또는 이용에 제공
다. 시정내용: 해당 게임물의 등급분류 심의신청 또는 이용 제공 중지
라. 시정기한: 본 문서 수령 후 7근무일 이내. 끝.

게임물등급위원회 위원장

니오티가 받은 시정요청 공문

5 디지털 게임 교과서 제작위원회, 디지털게임교과서, 에이콘출판, 2012, 347면.

6 이상정·김윤명 편, 주해 게임산업진흥에 관한 법률, 세창출판사, 2014, 76면.

인디게임은 등급분류의 영역에서 제외되기를 바라고 있으며, 사실상 게임물관리위원회는 여기에 대해 강제를 못하고 있다. 그러나 이는 명백히 불법적인 행위이며, 이를 방조하는 것은 행정기관의 직무를 유기한 것과 다름없다. 물론 사실상 어렵다면, 입법을 통해서 문제점을 개선해 나가야 한다.

(2) 스팀[7]

스팀(Steam)은 밸브 코퍼레이션에서 개발한 디지털 배급, 디지털 권리 관리, 멀티플레이어 플랫폼이다. 스팀 서비스는 2003년 9월 12일 시작되어 일인칭 슈팅 게임부터 롤플레잉 게임, 레이싱 게임 그리고 인디 게임까지 다양한 게임을 디지털로 관리하며 배급하고 있다.

스팀을 운영하는 벨브 사이트

등급분류를 받지 않는 게임물이 유통되는 스팀서비스에 대해 문제라고 지적하고 있으나,[8] 스팀서비스는 벨브사의 플랫폼이기 때문에 유통되는 게임물의 등급분류 등에 대해 관여하기

7 위키백과, 2014.5.22.일 검색.

8 박주선 의원 "스팀도 국내 게임등급분류 적용해야", 전자신문, 2014.9.29.일자.

는 어렵다. 한글화된 게임물이 제공되는 경우도 있겠지만 이는 국내 서비스를 염두에 둔 것이라기 보다는 글로벌 환경에 맞는 서비스 정책의 일환으로 한글화된 게임물이 제공되는 것으로 이해할 수 있다.

나. 해외 게임물 심의의 역외적용

해외에서 제공되는 많은 게임물이 국내 이용자를 염두에 둔 것이라고 할지라도, 등급분류의 대상으로 보기 어려운 경우도 있다. 이러한 사실상의 이유 때문에 게임물등급위원회 시절에는 등급분류의 대상이 되는 게임물은 국내 서버를 통해 제공되는 게임물로 한정하기도 했다.

(1) 국내 서버 한정설

구 게임물등급위원회가 등급분류를 함에 있어 그 구체적인 절차와 기준 등에 관하여 정하고 있는 게임물등급위원회의 구 등급분류심의규정(2007. 12. 26. 개정되기 전의 것) 제3조 제2항 제3호에서 게임물등급위원회의 심의대상이 되는 게임물에 관하여 '국내서버로 한정한다'고 규정하고 있었다.

성인PC방에서 그곳을 찾은 손님들을 상대로 카운터에 설치된 컴퓨터 장치를 이용하여 도박에 사용되는 손님 아이디로 현금을 충전해 주고, 현금을 충전 받은 손님들이 이를 이용해 게임머니를 구입하여 '아마존' 도박게임을 이용하게 하고, 게임종료 후 남은 게임머니를 환전 사이트에서 환전을 받게 하며, 손님들이 게임머니를 구입한 금액의 5%를 수수료 명목으로 지급받는 방법으로 영리의 목적으로 도박을 개장함과 동시에 게임물을 이용하여 도박을 하게 하고, 누구든지 등급분류를 받지 아니한 게임물을 이용에 제공하여서는 아니 됨에도, 위와 같은 일시, 장소에서 영상물등급위원회의 등급분류를 받지 아니한 '아마존' 게임물을 이용에 제공한 사건에서 피고인이 주장한 논거이다. 동 사건에서 "피고인이 PC방을 운영하면서 이용에 제공한 게임은 해외에 서버가 있어 게임산업법에 의한 등급위원회의 등급분류심의대상이 되지 않으므로, 이를 이용에 제공한 행위는 위 법률상 등급분류위반에 해당하지 않는다"[9]고 주장한 것이다.

---

9 창원지방법원 2008.4.24. 선고 2007노1768,2008노401(병합) 판결.

그렇지만 피고인의 주장은 "게임산업법은 게임산업의 기반을 조성하고 게임물의 이용에 관한 사항을 정하여 게임산업의 진흥 및 국민의 건전한 게임문화를 확립함으로써 국민경제의 발전과 국민의 문화적 삶의 질 향상에 이바지함을 목적으로 하고 있고(제1조), 게임물의 윤리성 및 공공성을 확보하고 청소년을 보호하기 위하여 게임물등급위원회를 두어 게임물의 등급분류에 관한 사항 등을 심의·의결하도록 하고 있으며(제16조), 이를 위반하여 등급분류를 받지 아니한 게임물을 유통 또는 이용에 제공한 행위에 대하여 형사처벌을 하도록 규정하고 있다(제32조 제1항 제1호). 위와 같은 게임산업법의 목적, 위 법이 게임물에 관하여 등급분류를 받도록 규정하고 등급분류를 받지 아니한 게임물의 유통, 이용제공 행위를 처벌하고 있는 취지에 비추어 보면 외국에 서버를 두고 있는 게임물이더라도 이를 국내에서 등급분류를 받지 아니하고 유통 또는 이용에 제공하는 행위는 위 법에 의하여 처벌할 수 있다고 해석되므로, 피고인의 이 부분 주장은 이유 없다"[10]고 배척된다. 이 후, 게임물등급위원회는 심의규정을 개정하여, 국내서버 한정설에 입각한 내용을 역외적용 가능한 규정으로 하였다.

해외에서 제공하는 게임물은 등급분류를 받지 않고 제공되더라도, 국내 법률에 의해서 등급분류의 강제가 어렵다. 이런 의미에서 실상 제정 심의규정의 취지가 현실에 부합한 것이 아닌가 생각된다.

(2) 역외적용 가능설

사실상 게임산업법은 국내 이용자가 이용할 수 있는 게임물에 대해서는 등급분류를 받도록 하고 있다. 그러나 해외 사업자가 등급분류를 받지 않는다고 해도, 이를 강제할 수 없다. 반면 규제기관은 역외적용을 해야 한다는 입장이다.

일반적으로 해외에서 개발되어 서비스되는 게임은 서버를 국내에 두지 않고서도 국내에서 이용이 가능하다. 실질적으로 해외 게임에 대한 등급분류를 강제할 수 없다. 물론 2007년에 개정되기 전에 게임물등급위원회에서 운영하였던 등급분류 심의규정에서는 명시적으로 심의대상을 "국내서버로 한정"함으로써 등급분류 대상이 제외된 것처럼 이해되었으나 법원칙상 타당하지 않다.

---

10 창원지방법원 2008.4.24. 선고 2007노1768,2008노401(병합) 판결.

동 규칙에 의하여 발생한 다툼에서 대법원은 "게임산업법의 입법 목적이나 위 규정들의 취지 및 내용 등에 비추어 볼 때, 게임산업법 제21조 제1항 단서에서 인정하고 있는 예외사유에 해당하지 않는 한 게임물을 유통 또는 이용에 제공하기 위하여서는 반드시 게임산업법에 따른 등급분류를 받아야 할 것이고, 이는 해당 게임물의 서버가 국내에 있는지 해외에 있는지 여부에 따라 달리 볼 것이 아니다. 게임산업법 제21조에 의하여 게임물등급위원회가 등급분류를 함에 있어 그 구체적인 절차와 기준 등에 관하여 정하고 있는 게임물등급위원회의 구(舊) 등급분류심의규정(2007.12.26. 개정되기 전의 것. 이하 같다) 제3조 제2항 제3호에서 게임물등급위원회의 심의대상이 되는 게임물에 관하여 '국내서버로 한정'한다고 규정하고 있는 것은(2007.12.26. 개정된 현행 등급분류심의규정에서는 위와 같은 '국내서버로 한정'한다는 문구가 삭제되었다) 단지 해당 게임물의 서버가 국내서버가 아닌 경우에는 등급분류 심의대상에서 제외한다는 취지일 뿐이고, 따라서 해당 게임물의 서버가 국내서버가 아니어서 등급분류를 받지 못하는 경우, 그 결과로서 해당 게임물을 유통 또는 이용에 제공할 수 없게 된다고 해석하여야 할 것이지, 위 구 등급분류심의규정의 위 문구를 근거로 해당 게임물의 서버가 국내서버가 아닌 경우에는 등급분류를 받지 아니한 채로 해당 게임물을 유통 또는 이용에 제공할 수 있다고 해석할 수는 없는 것이다(관할 행정관청의 내부규정에 불과한 구 등급분류심의규정에, 게임산업법이 정하고 있는 '등급분류를 받아야 유통 또는 이용에 제공할 수 있는 게임물의 범위'를 임의로 축소하여 '해외에 서버가 위치한 게임물'에 대하여는 등급분류를 받지 아니한 채 이를 유통 또는 이용에 제공할 수 있도록 허용하는 규정을 둘 수는 없다)"[11]라고 판시함으로써 심의대상에 대한 법률적인 제한이 없음을 명시하고 있다.

(3) 사실상 국내 한정설

역외적용 가능설에도 불구하고, 게임물관리위원회가 해외 사업자에게 등급분류를 강제할 수 있는 수단이 없기 때문에 사실상 국내 한정설이 설득력이 있다. 국내 서버 한정설에 대한 비판으로 게임산업법이 그 범위를 역외까지 적용하고 있으나, 실상 불가능한 사항을 규정한 것에 불과하기 때문이다.

11 대법원 2008.10.23. 선고 2008도3970 판결.

애플 앱스토어 v. 구글 플레이[12]

구글이나 애플과 같은 오픈마켓 서비스의 경우에는 국내에서 등급분류를 받지 않고 서비스를 제공하고 있기 때문에 정보통신서비스제공자로 하여금 국내에서 접근이 제한되도록 조치한 것으로 보인다. 이는 외국의 사업자들이 자국의 등급분류제도와 다르게 사전등급분류를 강제하는 국내 제도를 따르지 않겠다는 것이 기본적인 이유이다. 외국서버에 대한 접근은 기능적인 차단에 불과하기 때문에 이를 충분히 우회할 수 있다는 점에서 국내 사업자와의 역차별이 문제된다.

디지털데일리, 2014.8.28.일자

12 구글 이미지 검색, 2014.7.15.일 검색.

2014년도 하반기에 페이스북은 등급분류를 받지 않은 게임물에 대한 국내 서비스를 중단한 바 있다.

다. 입법론

행위의 미집행이 문제가 아니라 실효성이 없는 것을 법에 규정한 것이 문제이다. 외국에서 제공되는 게임물에 게임산업법의 적용을 강제할 수 있는 수단이 없기 때문이다. 외국에서 서비스하는 게임물이 국가의 존립에 영향을 미치는 수준의 것은 아니다. 다만 국내 사업자에게 역차별을 가져오는 것이기 때문에 외국 게임물에 대해서 규제를 하지 못하면서, 국내 게임만 규제하는 것은 작은 문제가 아니다.

사실상 국내 한정설이 현실적이고, 게임물관리위원회에서 진행하는 전부이다. 차단할 수 있는 기술적 방법도 마땅치 않다. 이처럼 역차별을 방조할 수밖에 없다면, 차라리 명확하게 법 개정을 통해, 규제를 못하는 것은 못한다고 선언하는 것이 바람직하다. 아니면, 사실상 국내의 규제를 해제하는 것이다. 그래야 국내 기업의 경쟁력을 확보할 수 있을 것이다. 외국 사업자는 규제하지 못하고, 오히려 합법적인 설비와 수단을 가지고 사업하겠다는 국내사업자만 규제하는 것은 상식적인 수준에서도 이해하기 힘들기 때문이다.

4. 내용수정신고제도[13]

가. 의의

내용수정신고제도라 함은 등급분류 받은 게임물의 내용이 수정된 경우에 수정된 내용을 게임물관리위원회에 24시간 이내에 신고하는 것을 말한다.[14] 온라인의 특성을 감안하여 사후심의 성격을 도입한 것이다. 그렇지만 '내용의 수정'이라는 표현이 상당히 불확정적 개념이기 때문에 이에 대한 해석이 문제가 되어, 결과적으로 내용수정의 정도가 어느 수준이어야 하

---

13 김윤명, 게임물의 창작활성화를 위한 게임법상 내용규제 검토, 법학연구 제52권 제2호, 2011.5.

14 게임물의 내용과 유사한 표현으로는 게임물내용정보가 있으나 이는 "게임물의 내용에 대한 폭력성·선정성 또는 사행성의 여부 또는 그 정도와 그 밖에 게임물의 운영에 관한 정보"를 말하기 때문에 게임물의 내용이 담고 있는 정보, 즉 게임물의 2차적 정보를 말한다. 따라서 내용수정신고에 대한 개념이나 그 범위를 찾는 데 있어서 의미 있는 개념으로 보기는 어렵다.

는지에 대해 논란이 있다.

게임산업법 시행규칙에서 내용수정 신고의 구체적인 내용을 확인할 수 있다. 즉 시행규칙 제9조의2에서는 "등급분류를 받은 게임물의 내용을 수정하려는 자는 게임물관리위원회 규정으로 정하는 신고서에 수정내용을 입증할 수 있는 자료를 첨부하여 게임물관리위원회에 제출"하도록 규정하고 있다. 다만, "등급분류 받은 게임물의 내용이 수정된 경우에 한하며, 내용수정 없이 등급분류 받은 게임물을 기술적으로 보완하거나 개선하는 경우를 제외한다"라고 단서를 두고 있다. 따라서 내용이 수정된 경우에 신고를 하도록 되어있으며, 게임물에 대한 기술적 보완이나 개선의 경우에는 신고의 대상이 되지 않음을 밝히고 있다.[15]

나. 게임물의 내용

게임산업법 상 내용수정신고의 범위는 "등급분류를 받은 게임물의 내용을 수정한 경우"로 규정되어 있다. 구체적으로는 게임산업법 시행령 제9조의2에서는 게임물의 내용수정의 범위를 "등급분류 받은 게임물의 내용이 수정된 경우에 한하며, 내용수정 없이 등급분류 받은 게임물을 기술적으로 보완하거나 개선하는 경우를 제외한다"고 하고 있다. 따라서 내용수정의 대상은 게임물의 내용이 변경된 것이다. 여기에서 말하는 게임물의 내용은 게임을 구성하는 콘텐츠이며, 실질적인 게임을 즐길 수 있는 게임성이 담긴 부분으로 보아야 할 것이다. 그러나 '변경의 정도'를 어떻게 판단할 것인지는 여전히 의문이다.

등급분류 심의규정에서는 "최소규제의 원칙을 심의기본으로 하며, 콘텐츠 중심성을 등급분류 원칙"을 기본으로 하고 있으며, 이는 대법원에서도 확인한 바 있다. 이처럼 게임물관리위원회가 주장하는 내용수정신고의 대상이 명백히 게임산업법 상 규제대상이 되지 아니함에도 불구하고 강제하는 것은 법치주의의 원칙에 대한 문제가 아닐 수 없다. 이와 같은 논리에서 보건데, 게임의 운영이나 이용방식은 게임물의 변경으로 보기 어렵다.

---

15 게임물관리위원회는 신고받은 게임물에 대하여 그 수정내용을 확인하고, i) 게임물의 내용이 수정되었으나 등급의 변경을 요할 정도는 아닌 경우로서 원래 분류받은 등급을 유지하게 하는 등급유지 통보를 하거나, ii) 게임물의 내용이 등급의 변경을 요할 정도로 수정된 경우로서 게임산업법 제21조 제5항 후단에 따라 새로이 등급분류를 받게 하는 등급재분류 통보를 하여야 한다. 또한 게임물관리위원회는 내용수정으로 신고된 게임물이 그 이용방식이 현저하게 변경되거나 게임의 계정사항(특정 게임이용자의 게임이용정보 또는 내용을 말한다)이 승계되지 아니하여 게임산업법 제21조 제5항에 따른 내용수정범위를 초과하는 경우에는 지체 없이 제1항에 따른 신고서를 반려하고 신고인에게 반려의 취지 등을 통보하여야 한다. 이 경우 신고인은 당해 게임물에 대하여 게임산업법 제21조 제1항에 따라 등급분류를 신청하여야 한다.

다. 경품, 이벤트 등의 포함 여부

게임물관리위원회는 게임물의 변경과 상관없는 경품제공, 이벤트나 시드머니와 같이 게임물의 밸런싱에 필요한 조치 등에 대해서도 내용수정신고를 강제하고 있다. 먼저, 경품을 통하여 사행심의 조장 우려가 있는 경우 내용수정 신고의무 부과하는 것에 대해서 보면 게임내용과 무관한 이벤트의 내용수정신고 의무부과는 게임산업법 상 근거 없는 과잉규제에 해당한다. 경품을 통해 이루어지는 이슈는 게임의 운영상의 문제이지, 게임내용수정 신고의 대상으로 문제를 해결할 수 있는 것은 아니기 때문이다. 이는 게임물관리위원회의 규제편의주의를 그대로 반영한 것으로 볼 수 있다. 경품 규제에 대해서는 공정거래위원회에서 제정한 경품고시를 적용하면 될 것이다.

또한 포커류 게임물의 딜러비 변경은 게임산업법 상 내용수정 신고의 대상이 되므로 신고하지 않는 사업자에 대한 과태료 처분의 대상으로 보고 있으나 게임물관리위원회는 온라인 게임의 밸런싱[16]에 대해서는 신고대상이 아니라고 명시적으로 밝히고 있으며, 이용자의 입장에서 대상인지 여부를 판단한다고 밝힌 바 있다. 즉, 딜러비를 낮추는 것은 이용자에게 그만큼 혜택을 주는 것이므로, 게임물관리위원회가 '금반언 원칙'을 위반한 것으로 볼 수 있다. 딜러비는 게임상 밸런스를 유지하기 위한 '기술적인 보완이나 개선에 해당'하므로 내용수정 신고의 대상이라고 보기 어렵기 때문이다(게임산업법 시행규칙 제9조의2).

라. 내용수정신고와 재심의 결정

재심의 결과 등급변경이 없는 경우의 처리를 어떻게 할 것인지는 작지 않은 문제이다. 특정 게임물의 내용수정신고 후에 재심의 결정이 이루어져 등급분류를 받은 경우, 게임물관리위원회는 어떠한 행정 조치를 취해야 하는가? 상식적으로 등급이 유지된 경우라면 내용수정신고 자체에 하자가 없다는 점을 확인한 것으로 볼 수 있다. 따라서 사업자는 해당 게임물을 서비스해도 무방하다.

---

16 밸런싱(balancing)이란 게임 내에서 재미, 난이도, 레벨, 몬스터 등의 수량 등 게임 내에서 이루어지는 구성요소가 최적의 상태에 놓이도록 하는 것을 말한다. 김윤명, "자동게임 프로그램에 대한 법적 고찰", 중앙법학 제13권 제1호, 2011.3, 450면.

여기서 문제로 볼 수 있는 점은 사업자 부담으로 재심의 비용을 부담한다는 것이다. 사업자는 등급변경의 정도가 아니라고 판단하여 내용수정신고를 했을 뿐인데, 게임물관리위원회가 강제로 재심의 결정을 내렸다면 게임물관리위원회 부담으로 재심의를 진행하는 것이 맞다. 반면, 변경에 이를 정도라고 심의하여 다른 등급이 결정되었다면, 사업자에게 사후적으로 비용을 징수하는 것이 타당하다.

또한 등급의 변경에 이를 정도가 아니어서 등급유지 결정이 내려졌다면 이에 대해 명확하게 사업자에게 통지하고 원래 게임물을 서비스해도 무방하다는 내용의 통지를 해야 한다. 그렇지만 현행 게임산업법 내지 게임물관리위원회 체제 하에서는 이러한 역할을 하지 않고 있다는 점에서 문제가 아닐 수 없다.

이처럼 개임물관리위원회는 직권으로 재심의 결정을 내린 게임물이 등급 변경을 요하지 않을 정도의 변경이 아니라고 판단한 경우에는 동일 게임물에 2개의 등급분류 번호가 부여된다. 유통과정에서 혼동이 일어날 수 있기 때문에 하나의 등급분류 번호는 직권으로 삭제하는 것이 맞다. 또한 재심의에 따른 등급분류 비용은 '원인자 부담원칙'에 따라 게임물관리위원회가 부담하는 것이 상식에 부합하다.

5. 내용정보 표시

가. 의의

게임사업자는 게임물의 심의 결과에 따른 표시 의무를 진다. 표시내용은 등급분류 과정에서 확인된 게임물 내용정보를 대상으로 한다. 게임둘 내용정보라 함은 "게임물의 내용에 대한 폭력성·선정성(煽情性) 또는 사행성(射倖性)의 여부 또는 그 정도와 그 밖에 게임물의 운영에 관한 정보"로 정의된다.

내용정보 표시

등급 심의를 통해 확인하게 되는 게임물의 내용정보는 게임이 갖고 있는 성향에 관한 사항으로, 주로 폭력성, 선정성, 사행성 등에 관한 사항을 이미지로 표시하여, 이용자가 해당 게임물이 어떠한 내용으로 구성되어 있는지 쉽게 알 수 있도록 하자는 취지이다. 연령에 따라 게임물의 등급이 결정되는 구조에서 해당 게임물이 주로 폭력성을 묘사하고 있는지, 선정적인 장면이 묘사되어 있는지 또는 사행적 요소를 담고있는지에 대한 심의를 통해 등급이 결정된다.

결정된 등급에서 전체이용가가 아닌 사유에 해당하는 내용에 대해서는 해당 등급이 결정되게 된 이유가 있을 것이고, 그 이유를 표시하도록 하는 것이다. 게임물내용정보는 단순하게 등급분류를 통해 연령정보만 제공해 주는 것이 아닌 게임에 대한 전반적인 심의를 통해 해당 게임물이 가지고 있는 정보를 이용자에게 제공해 주는 개념이다. 이러한 맥락에서 게임물내용정보에 대해 "게임의 내용기술시스템을 법제도화한 것은 올바른 정책방향이라고 할 수 있고, 또한 규제가 아닌 서비스의 관점이 투영된 대표적인 경우"[17]라고 평가하기도 한다.[18]

나. 표시 사항

게임산업법은 아케이드 게임물과 그렇지 아니한 게임물을 구분하여 표시의무를 부여하고 있다.

(1) 비아케이드 게임물

비아케이드 게임물에 대해서는 게임물을 유통시키거나 이용에 제공할 목적으로 게임물을 제작 또는 배급하는 자는 당해 게임물마다 제작 또는 배급하는 자의 상호(도서에 부수되는 게임물의 경우에는 출판사의 상호를 말한다), 등급 및 게임물내용정보를 표시하여야 한다.

(2) 아케이드 게임물

아케이드 게임물을 유통시키거나 이용에 제공할 목적으로 게임물을 제작 또는 배급하는 자는 대통령령이 정하는 게임물에 대하여 게임물의 운영에 관한 정보를 표시하는 장치를 부착하여야 한다. 여기서 대통령령이 정하는 '게임물에 표시하는 상호 등의 표시방법'은 운영정보

17 황성기, "게임산업진흥법상의 게임물 내용심의 및 등급분류제도의 문제점", 게임문쟁연구소, 2006, 25면.

18 이상정·김윤명 편, 주해 게임산업진흥에 관한 법률, 세창출판사, 2014, 45-46면.

표시장치를 부착하여야 하는 게임물은 게임제공업소용 게임물로서 게임산업법 제2조 제1호의2가목부터 바목까지의 규정에 해당하는 게임물 및 제28조 제3호 단서에 따라 경품을 지급하는 게임물(위원회가 법 제21조에 따라 등급분류를 할 때 해당 게임물이 그 등급분류와 다르게 제작·유통 또는 이용제공될 우려가 없다고 확인한 경우는 제외한다)을 말한다(시행령 제19조).

다. 운영정보 표시

게임산업법은 명시적으로 운영정보 표시에' 대해 정의하거나 설명해 놓고 있지 않다. 다만, 구 게임산업법 시행령[19]에서는 '게임물의 운영에 관한 정보를 표시하는 장치'로 규정하고 있을 뿐이다. 개정 시행령[20]에서는 이러한 설명도 없다. 즉, 2013년 개정된 게임산업법 시행령 제19조는 운영정보 표시장치를 부착하여야 하는 게임물은 게임제공업소용 게임물로서 법 제2조 제1호의2 가목부터 바목까지의 규정에 해당하는 게임물 및 게임산업법 제28조 제3호 단서[21]에 따라 경품을 지급하는 게임물(위원회가 게임산업법 제21조에 따라 등급분류를 할 때 해당 게임물이 그 등급분류와 다르게 제작·유통 또는 이용제공될 우려가 없다고 확인한 경우는 제외한다)을 말한다.

게임산업법 제32조 제1항 제6호 및 제33조의 규정을 위반하여 표시의무를 이행하지 아니한 게임물을 유통시키거나 이용에 제공한 자는 2년 이하의 징역 또는 2천만원 이하의 벌금에 처한다(게임산업법 제45조 제7호).

---

19 대통령령 제23863호, 2012.6.19, 일부개정.

20 대통령령 제24865호, 2013.11.20, 일부개정.

21 게임산업법 제28조(게임물 관련사업자의 준수사항) 게임물 관련사업자는 다음 각 호의 사항을 지켜야 한다.

1-2의 2. 생략

3. 경품 등을 제공하여 사행성을 조장하지 아니할 것. 다만, 청소년게임제공업의 전체이용가 게임물에 대하여 대통령령이 정하는 경품의 종류(완구류 및 문구류 등. 다만, 현금, 상품권 및 유가증권은 제외한다)·지급기준·제공방법 등에 의한 경우에는 그러하지 아니하다.

6. 간접충전과 결제 한도

가. 부분 유료화와 간접충전 모델

(1) 부분 유료화

아이템 과금제라고 할 수 있는 부분 유료화(F2P, free to play)란 게임물 자체의 이용은 무료로 하지만, 게임 중에 경험치의 증가나 필요한 기능을 위한 아이템은 유료로 구입하는 것을 말한다. 게임물은 무료로 이용하게 함으로써 많은 이용자가 참여할 수 있도록 하나, 수익모델은 게임물 자체가 아닌 게임물의 이용에서 필요한 아이템이나 게임머니를 판매함으로써 얻는 구조이다. 온라인 게임에서 도입된 부분유료화는 NHN의 '한게임'에서 최초로 적용되었다.

NHN의 '한게임'

부분 유료화는 후발 게임사업자의 비즈니스 전략 중 하나이다. 이미 선점된 시장에서 후발 주자에게 게임 자체의 유료화는 진입장벽으로 작용하기 때문이다. 게임물은 선험효과가 작지 않기 때문에 기존의 게임물을 멈추고 새로운 게임물을 선택하기가 쉽지 않다. 따라서 후발사업자는 경쟁전략 상 선택의 여지가 없는 방식이다. 이러한 상황에서 부분 유료화는 "다수 이용자를 모을 수 있는 타개책으로 탄생한 것"이라고 할 수 있으며, "다른 게임을 즐기는 이용자도 부담 없이 새로운 게임을 시험해 볼 수 있는 집객 방법"[22]이다.

22 디지털 게임 교과서 제작위원회, 디지털게임교과서, 에이콘출판, 2012, 189면.

모바일 게임물의 주된 수익원이 확률형 아이템과 같은 부분 유료화 모델이라는 점에서 많은 문제점이 지적되기도 한다. 즉, 확률에 따라 특정한 아이템의 조합을 통해 상위의 능력치를 갖는 아이템을 얻는 방식으로 이용자의 과소비를 이끌어낼 수 있다는 것이다. 경우에 따라서는 사행성 이슈가 지적되기도 한다. 다만, 게임산업법 상 사행성게임물의 요건 등에서 볼 때, 사행성게임물로 규제하기는 쉽지 않다. 따라서 가장 합리적인 방법은 소비자의 과소비를 방지라는 측면에서 접근할 필요가 있으며, 자율규제 형식으로 과소비를 억제하는 것이 타당하다.

(2) 간접충전 모델

간접충전 모델이라 함은 온라인 게임에서 직접적으로 게임물을 이용할 수 있는 게임머니를 구매하는 것이 아닌, 아바타 등을 구매하면서 부수적으로 게임머니를 지급하는 것을 말한다. 간접충전 모델은 정액제 요금제와 대비되는 개념으로 부분 유료화라고도 한다.

구 등급분류 규정 제18조 제6호에서는 직접 충전을 하는 경우에는 사행성게임물로 확인토록 하고 있으며, 명시적으로 "온라인 게임물로서 베팅의 수단으로 사용되어 승패의 결과로 이용자간 이체될 수 있는 게임머니를 현금으로 직접구매 가능한 경우"를 명시적으로 규정하고 있다. 따라서 간접충전 모델 자체는 게임머니의 환금성 등이 부여되지 않기 때문에 위법하다고 볼 수 없다. 다만, "상품권이나 돈으로 환전할 수 있으면 사이버 도박을 판단하는 기준의 하나인 환금성을 충족하게 된다"[23]고 볼 수 있으며, 이 경우에는 도박죄가 성립하게 된다. 따라서 환금성이 없는 간접충전은 도박이나 사행성게임물에 해당하지 않는다.

본질적으로 간접충전은 게임사업자가 매출을 발생시킬 수 있는 방법이며, 게임물관리위원회 심의에서도 허용되는 방식이다. 그렇지만 게임물관리위원회는 게임머니가 사행적으로 이용될 수 있다는 우려로 인하여 등급을 거부하기도 하였다. 이에 대해 법원은 "게임물관리위원회는 게임을 즐기는데 직접 사용되는 게임머니인 '두꺼비'는 '아바타'나 '아이템'을 매개로 특정 금액과 연결된 현실가치를 갖는 것이고, 따라서 게임 결과에 따라 '두꺼비'를 득실하게 되는 경우 비록 직접 현금으로 교환할 수 없다 하더라도 '두꺼비'가 갖는 현실가치 자체로 인하여 재산상 손익이 발생하는 것으로 보아야 한다고 주장한다. 피고 주장은 간접 충전 방식

23 대법원 1990. 7. 13. 선고 90도604 판결.

자체를 부정하는 것으로서 사행성게임물 요건으로 게임 결과에 따라 직접 금전이나 경품 등 재산상 이익을 제공할 것을 요구하고 있는 대법원 판례에 비추어 받아들이기 어렵다. 게임에 적중한 결과 '두꺼비'를 배당받게 되어 추가로 충전하지 않고 게임을 더 즐길 수 있게 된 것은 기존 투입 금전으로 게임을 이용할 수 있는 기회가 늘어나는 것일 뿐 별도로 재산 상 이익을 보는 것이 아니다. 이 사건 게임은 사행성게임물로 보기 어렵다"[24]고 판시한 바 있다.

또한 단골스포츠 사건에서 대법원은 "게임산업법 상 사행성 게임물이라 함은 게임의 결과에 따라 게임기기 또는 장치에 설치된 지급장치를 통하여 게임이용자에게 직접 금전이나 경품 등의 재산상 이익을 제공하거나 손실을 입도록 만들어진 게임기기 또는 장치를 의미하는 것으로 보았다. 따라서 게임의 결과에 따라 재산상 이익을 제공하는 것이 아니고, 단지 게임머니를 아바타나 아이템의 구매를 통해 간접적으로 충전하는 방법만이 마련되어 있을 뿐, 게임머니를 환전하거나 경품 등으로 바꾸어 지급하는 방법 내지 장치가 마련되어 있지 아니하고, 게임이용자들간에 게임머니를 거래하거나 교환 내지 이체하는 절차나 공간도 없고 이용약관 자체에서 이를 허용하고 있지 않다면, 게임산업법 상 사행성게임물이라고 볼 수 없다"[25]고 판단하였다. 즉, 게임 내에서 게임머니를 이용하였다고 하더라도, 그 결과물이 게임 밖으로 나와 환전할 수 없다면 사행성게임물로 볼 수 없다는 것이다. 따라서, 해당 게임물에 대한 등급분류 거부는 부당하는 판단이다. 이에 따라, 합법적으로 등급분류 받은 스포츠베팅 게임물의 서비스가 가능하게 된 것이다.

나. 결제한도

(1) 결제한도의 의의

게임물의 결제한도란 월간 이용자가 게임물을 이용함에 있어서 사용할 수 있는 금액의 상한선을 말한다. 게임물 결제한도는 이용자가 게임물의 이용 시에 월간 이용할 수 있는 이용한도로 이해되나, 게임산업법이나 심의규정에서는 그 개념이 정의되어 있지 않다. 다만, 영상물등급위원회에서 게임물을 등급분류하던 2005년 영상물등급위원회 공고 제 2005-18호로 공고된 PC온라인게임 세부 심의기준에서는 월정액, 직접 충전 및 간접충전, 월 구매한도 등에

---

24 서울고법 2011.4.20. 선고 2010누35687 판결.

25 대법원 2012.6.28. 선고 2011두11815.

대한 정의규정을 두고 있다. 동 심의기준에서는 월정액을 "한달 동안 해당 컨텐츠를 사용하기 위해 지불하는 금액"(제3조 제2호)으로 정의하고 있으며, 월 구매한도를 "이용자가 게임 또는 사이트에서 한달 동안 유료로 구매할 수 있는 아이템(아바타 등)의 총액"(제3조 제8호)으로 정의하고 있다.

게임물등급위원회는 2007년 4월부터 그동안 게임사업자가 관행적으로 기재해 왔던 결제한도를 주민번호 당 월간 결제 한도에 대해 심의신청 서류에 기재토록 하여 사실상의 심의기준으로 작용토록 해왔다. 이러한 관행에 대해 2009년도에 게임산업협회는 규제완화라는 형식을 빌어, 결제 한도를 월간 기준 성인 50만원, 미성년자는 7만원으로 요구하게 되었다.[26] 물론 웹보드 게임물은 사행적 요소가 있다고 하여, 30만원으로 결제 한도를 예외적으로 하였다.

게임산업법 제21조 및 심의규정에 따르면, 등급분류의 대상은 게임물의 내용에 한정된다. 다만, 등급분류 신청 시에 결제 한도는 내용정보기술서에 기재하며, 동 기술서에는 월 구매한도를 주민번호 당 결제 한도로 기재하도록 하고 있는 바, 결제수단으로 게임물에서 이용할 수 있는 캐쉬를 결제할 수 있는 한도를 의미한다.[27] 심의규정에 따라 게임머니를 직접적으로 구입할 수 있는 경우에는 사행성게임물로 확인되고, 등급거부를 내릴 수 있도록 하고있기 때문이다. 즉, 게임머니를 직접 충전토록 한다면 이는 심의규정 상 사행성게임물의 확인이 가능하기 때문에 게임사업자 입장에서는 불가능한 사업모델이다. 따라서 구매한도는 캐쉬 등을 구매할 수 있는 한도이기 때문에 게임머니의 구매라고 보기 어렵다.[28] 실제 게임머니를 구입하는 캐쉬는 게임머니 등을 구입할 수 있는 도구에 불과하고, 게임머니는 게임물의 이용에 사용되는 도구로서, 게임머니의 구매는 게임이 시작되기 전 게임물을 이용하기 위한 준비절차에 불과하다. 따라서 캐쉬나 게임머니의 충전한도는 게임물의 내용구현과 밀접한 관련이 없다는 것이 법원의 판단이다.[29]

---

26 이러한 요구는 2009.11.19.일 경 국무총리 주재로 개최된 규제개혁위원회 관계 장관 합동회의를 통해서 한도액을 증액하는 것으로 조정하기로 결정하였고, 게임사업자는 동년 12월부터 동일 금액으로 적용한 것으로 보인다.

27 서울북부지법 2012. 12. 28 선고 2012고정1809 판결.

28 서울북부지법 2012. 12. 28 선고 2012고정1809 판결.

29 서울북부지법 2013. 7. 24 선고 2013노88 판결.

(2) 결제한도의 제한

결제한도의 제한에 대해 "게임 기업이 게임등급분류를 받기 위해 게임물등급위원회에 서류를 제출할 때, 게임의 내용기술서에 월 이용한도액을 30만원으로 적도록 되어 있다. 청소년을 주요 대상으로 하는 게임은 월7만원으로 제한선이 더욱 내려간다. 일종의 암묵적 가이드라인"[30]으로 보기도 한다.

게임물 이용한도 이외에 결제한도를 갖는 문화콘텐츠를 찾기는 쉽지 않다. 영화, 뮤지컬 등 공연예술을 이용하는 경우에는 한도를 찾기 어렵다. 뮤지컬이나 대형공연은 금액을 비교하기 어려울 정도이기도 하다. 이처럼 결제한도를 제한하는 "묵시적인 가이드라인은 게임을 즐기는 사람들의 게임이용과 선택의 자유를 심각하게 침해한다."[31]

문제는 이러한 조치에 대한 법적 근거를 찾을 수 없다는 점이다. 법원에서도 결제한도가 법적 근거가 없음을 확인하고 있다. 결제한도에 대해 "온라인 게임에 대한 초법적인 월 사용한도 제한은 게임을 제대로 된 문화콘텐츠로 인식하지 않는 사회의 의식을 반영한 것"[32]이라는 견해도 있다.

일종의 그림자 규제인 결제한도는 2019.6.26일 진행된 제18차 경제활력대책회의에서 서비스 산업 혁신전략에서 폐지결정이 정해졌고, 6.27일 성인 PC온라인게임 월 50만 원 결제 한도는 폐지됐다. 다만 고스톱, 포커 등 웹보드 게임은 유지되었다.

이후, 한국게임산업협회는 결제 한도액을 자율적으로 정할 수 있도록 자가한도시스템을 구축하고 가이드라인을 공개한 바 있다. 가이드라인을 통해 PC온라인게임을 즐기는 성인 이용자가 월 1천만 원까지 결제를 자유롭게 할 수 있도록 권고하고 있다. 또한 이용자는 자신의 결제 한도를 매달 2회까지 변경할 수 있다.

---

30 조인혜 외, 게임규제정책의 발전적 해법, 2009-02, 전자신문 미래기술연구센터, 2009, 31면.

31 조인혜 외, 게임규제정책의 발전적 해법, 2009-02, 전자신문 미래기술연구센터, 2009, 32면.

32 조인혜 외, 게임규제정책의 발전적 해법, 2009-02, 전자신문 미래기술연구센터, 2009, 32면.

7. 오픈마켓 자율등급분류[33]

가. 입법 취지

국회 전병헌 의원이 발의한 게임산업법안의 입법취지 내용을 보면 "최근 게임물 관련사업자 또는 개인이 컴퓨터나 모바일 등을 통하여 자유롭게 게임물을 판매하고 구매하는 시장인 게임물 오픈마켓이 활성화되고 있지만, 이에 관한 법적 근거가 명확하지 아니하다. 세계적으로는 애플의 앱스토어, 구글의 안드로이드마켓 등이 활성화되면서 새로운 마켓플레이스로 오픈마켓이 새로운 시장을 열어가고 있으나, 우리나라의 경우 게임물관리위원회의 사전심의를 거쳐야 게임을 유통할 수 있는 상황에서 애플, 구글 등 세계적 오픈마켓 서비스의 게임서비스를 중단하고, 국내 이용자는 이용국가를 해외 임의의 국가로 변경해 해당 오픈마켓의 게임을 이용하고 있는 등 법과 현실의 괴리가 이뤄지고 있으며, 국내의 오픈마켓 시장 활성화에도 걸림돌이 되고 있다. 또한 오픈마켓에서 유통되는 게임물의 경우 대다수의 게임들이 저용량에 단순한 내용이 다수일 뿐만 아니라, 그 종류가 다양하여 게임물관리위원회의 등급분류 절차가 불필요하고 번거로운 경우가 많이 있다. 이에 게임물 오픈마켓과 오픈마켓 게임물, 오픈마켓 게임물 서비스 제공자의 정의 규정을 신설함으로써 그 개념을 명확히 하고, 오픈마켓 게임물의 경우 게임물관리위원회의 등급분류 대상에서 제외하여 오픈마켓 게임물 서비스 제공자가 자체 등급분류를 하도록 함으로써 오픈마켓 게임물의 거래를 활성화하여 게임 산업의 발전을 기하려는 것이다"[34]고 밝히고 있다.

나. 유통환경의 변화

국회 검토보고서에서는 오픈마켓 유통환경에 대해 "최근 온라인 콘텐츠의 유통망이 다변화되고 있으며 특히 콘텐츠 이용자 자신이 개발한 다양한 콘텐츠(게임물 등)를 인터넷에 자유롭

---

33 오픈마켓 자율등급분류제도는 다음과 같은 이유로 폐지되었다. 다만, 기록을 위해 남겨두기로 한다.

"변화하는 환경에 맞추어 기존의 플랫폼 중심의 등급분류 체계를 통합하여 내용물 중심의 등급분류 체계로 변경하는 한편 그 방식은 민간사업자들의 자율심의를 확대하여 민간 자율성을 확보할 수 있도록 하며, 게임물관리위원회는 올바른 등급분류가 이루어질 수 있도록 민간 자율 심의 사업자에 대한 교육 및 사후관리 기능을 강화하여 건전한 게임 환경을 확보하고자 하는 것"

34 전병헌의원 대표발의, 게임산업진흥에 관한 법률 일부개정법률안, 의안번호 1809426, 2010.9.27.

게 올릴 수 있는 '콘텐츠 오픈마켓'은 새로운 콘텐츠 유통형태로서 주목받고 있음. 외국의 경우 애플사(앱스토어), 구글사(안드로이드 마켓) 등 콘텐츠 오픈마켓을 통해 디지털 콘텐츠 시장이 활성화되고 있으며, 국내에서도 콘텐츠 오픈마켓을 개설하려는 업계의 시도가 활발해지고 있음. 그런데 우리나라의 경우 게임물을 유통하기 위해서는 사전에 행정기관(게임물등급위원회)의 등급분류심의를 받도록 하는 등 게임물 심의를 엄격히 규정하고 있음. 이로 인하여 국내 오픈마켓 게임물 개발자의 경우 사전 등급심의를 받을 필요가 없는 외국의 오픈마켓을 통해 게임물 이용을 제공하거나, 외국 오픈마켓 사업자가 국내 오픈마켓을 개설하는 경우 게임물을 제외한 콘텐츠만을 제한적으로 제공하고 있음. 한편, 현행 게임물 등급분류심의제도에서는 향후 게임물 오픈마켓이 국내에서도 활성화될 경우 심의 대상 게임물 수의 폭증으로 인하여 게임물등급위원회 등급분류심의 업무에 상당한 부담이 될 것으로 보임. 또한, 온라인 게임물의 특성 상 개·변조나 업그레이드(2008년 내용수정 신고 게임물 중 온라인게임이 97%임)가 활발하기 때문에 게임물이 오픈마켓을 통해 본격적으로 유통되는 경우에는 내용수정 게임물에 대한 게임물등급위원회의 등급 재분류 업무가 대폭 증가하게 되므로 현행 게임물 등급심의제도 개선이 필요하다고 할 수 있음. 따라서 국내외적으로 오픈마켓을 통한 게임물 유통이 활발히 시도되고 있는 점을 감안할 때, 제도적 도입 필요성이 인정된다고 할 수 있음"이라고 밝히고 있다.

무엇보다도 콘텐츠 유통환경이 모바일 플랫폼으로 이동하고 있다는 사실과 게임물 등급분류 기관인 게임물등급위원회의 역량을 넘어서는 물량을 수용할 수 없는 물리적인 한계를 이유로 들고 있다.

다. 오픈마켓의 개념 및 특성

오픈마켓 등급분류에 대해 특혜를 주는 것에 대해 국회는 "최근 온라인, 모바일 게임분야에서 영세 콘텐츠개발자 및 개인 콘텐츠 제작자가 직접 자신이 만든 프로그램을 고객에게 서비스할 수 있는 오픈마켓 시장이 세계적으로 활성화되고 있는 추세이나, 현행 법체계 하에서는 게임물관리위원회의 사전 등급분류를 거쳐야 게임을 유통할 수 있어 국내의 오픈마켓 시장 활성화에도 걸림돌이 되고 있다. 이에 개정안은 오픈마켓 게임물 등 '제작주체·유통과정의 특성'[35]상 게임물관리위원회의 사전 등급분류가 적절하지 않은 게임물은 게임물을 유통하는 자 등이 자체적으로 등급분류를 할 수 있도록 하며, 게임물의 사행적 운영방식과 불법프로그램 등을 통한 정상적인 게임이용 방해 행위에 대한 제재의 근거를 마련하려는 것"[36]이라고 밝히고 있다.

라. 요건

오픈마켓 자율등급분류제도는 누구나 자유롭게 게임물을 제작하여 시장에 유통시킴으로써 경제활동을 영위할 수 있도록 지원한다는 점에서 대상의 제한이 없어야 할 것이다. 그렇지만 주무부서에서는 오픈마켓의 범위를 상당히 제한적으로 해석하였고, 그 범위를 시행령에서 이동통신 단말기를 통해서 제공되는 게임물로 한정시켜버렸다.[37] 즉, 게임산업법 시행령에서는 오픈마켓의 대상이 되는 게임물을 "i) 전기통신사업법에 따른 기간통신사업의 허가를 받은 자가 제공하는 기간통신역무에 의하여 제공될 것,[38] ii) 온라인 오픈마켓 등 전자상거래중개로 제공될 것,[39] iii) 이동통신단말기기 또는 이동통신단말기기에 구동되는 것과 같은 종류의 운영프로그램을 사용하는 무선인터넷 접속 단말기기에 의하여 제공될 것[40]" 등 3가지 요건을 중첩적으로 규정함으로써, 이러한 요건을 충족하는 오픈마켓 사업자를 제한해 버린 것

---

35 오픈마켓 게임물의 제작주체 및 유통과정의 특성에 대해서는 황승흠, "오픈마켓 게임콘텐츠 유통에 대한 법제도적 검토", 2010 오픈마켓 게임물 등급분류 개선방안 세미나 자료집, 2010[이하 황승흠, "오픈마켓 게임콘텐츠 유통에 대한 법제도적 검토"], 23-24면; 김종일, "제작주체·유통과정 특성을 반영한 등급분류 개선방안에 대한 의견", 2010 오픈마켓 게임물 등급분류 개선방안 세미나 자료집, 2010, 61-62면 참조.

36 위원회 대안은 2011.3.11일자로 국회본회의를 통과하여, 2011.4.5일자로 공포되었다.

37 게임산업법 시행령 제11조의4(자체 등급분류 게임물) 법 제21조제1항제4호 본문에 따른 게임물은 다음 각 호의 요건을 모두 갖추어야 한다.

1. 전기통신사업법에 따른 기간통신사업의 허가를 받은 자가 제공하는 기간통신역무에 의하여 제공될 것
2. 온라인 오픈마켓 등 전자상거래중개로 제공될 것
3. 이동통신단말기기 또는 이동통신단말기기에 구동되는 것과 같은 종류의 운영프로그램을 사용하는 무선인터넷 접속 단말기기에 의하여 제공될 것

38 오픈마켓 사업자의 범위에 대한 고민의 결과로, KT와 같은 기간통신사업자가 제공하는 오픈마켓도 범위에 포함시키기 위하여 조문화한 것으로 생각된다.

39 전자상거래 중개는 전자상거래관련 법령에서 규정하고 있는 개념이고, 또한 오픈마켓 자체가 중개의 개념을 담고 있기 때문에 굳이 구별할 필요성은 크지 않을 것으로 생각된다.

40 동 규정은 모바일과 온라인 플랫폼 융합을 담보할 수 있는 규정으로 보기 어렵다. 윈도우즈 8은 모바일과 온라인에서 동일하게 사용되는 OS이기 때문에 본 규정에 따르면, 온라인 플랫폼에서 제공되는 게임물도 오픈마켓 사업자에 의해서 등급분류가 가능해지기 때문이다.

이다. 결국 이렇게 됨으로써, PC온라인 오픈마켓 사업자는 수범대상에서 제외되는 결과를 가져왔다. 동일한 게임물임에도 대상에서 제외되는 역차별을 받게 된 것이다. 이는 플랫폼과 콘텐츠가 융합되는 환경에 대한 고려 없이 정책을 입안한 결과가 아닌가 생각된다. 동 규정은 OS에 의한 PC온라인과 모바일 플랫폼이 융합되고 있는 상황이 고려되지 못한 것이었다.

마. 예외

오픈마켓 게임물이라고 하더라도, 청소년이용불가 등급에 해당하는 게임물에 대해서는 게임물관리위원회의 등급분류를 받아야 한다. 게임산업법은 게임물의 제작주체·유통과정의 특성 등으로 인하여 위원회를 통한 사전 등급분류가 적절하지 아니한 게임물은 자율등급분류를 허용하고 있지만, 제9항의 기준에 따른 청소년이용불가 게임물일 경우에는 예외로 하고 있기 때문이다(게임산업법 제21조 제1항 제4호).

청소년이용불가 등급에 대해서만 예외로 하고 있는 것은 청소년보호라는 등급분류의 고유기능 때문이다. 오픈마켓에서 의도하지 않게 청소년이용불가 게임물이 등급분류 없이 제공된다면 청소년보호 취지를 몰각할 수 있다고 판단한 것이다. 이런 우려와 달리 오픈마켓이라고 하더라도, 신고의무가 부여되고 있기 때문에 청소년이용불가 등급이라고 하더라도 예외로 규정할 필요성은 크지 않다.

바. 쟁점

오픈마켓 자율등급분류는 오픈마켓을 통해 유통되는 모바일 게임물에 한정된다. 따라서 비오픈마켓 게임물은 여전히 게임물관리위원회에서 등급분류를 받아야 한다. 그런데 게임물의 성격은 모바일 플랫폼이라고 하더라도 온라인과 크게 차이가 나는 것은 아니다. 또한 온라인과 모바일 플랫폼의 차이가 없어지고, 양 플랫폼이 융합되고 있는 상황에서 양자를 구분하는 것도 쉽지 않다.

8. 지정사업자의 등급분류

지정사업자 제도란 문화체육부장관으로부터 지정 받은 사업자가 등급분류기준 또는 게임물관리위원회와 협약한 별도의 기준에 따라 서비스 하는 게임물을 자체적으로 등급분류를 하는 것을 말한다.

가. 입법 취지

지정사업자의 등급분류 제도의 입법취지는 다음과 같다.

"현행법은 폭력성·선정성(煽情性) 등으로부터의 청소년 보호 목적 및 사행(射倖)적인 게임물의 유통을 통제하고자 국내 유통되는 게임물에 대해 구동되는 게임기기(플랫폼)에 근거하여 각각 사전 등급분류를 받도록 하고 있음. 그러나 게임 환경의 변화로 IPTV, 가상현실기기 등 기존의 분류 유형에 속하지 않는 새로운 플랫폼이 등장하였으며, 모바일-PC온라인 등 여러 플랫폼에서 연동 가능한 게임물이 등장하여 기존의 법률 체계 적용이 어려운 문제점이 지적됨. 한편, 게임물에 대한 등급분류를 공공기관에서 담당하는 것은 표현의 자유에 대한 제한이 될 수 있다는 논란의 대안으로 2011년 7월 및 2013년 4월 「게임산업진흥에 관한 법률」의 개정으로 모바일 게임물에 대한 자율심의 근거와 온라인 게임물에 대한 등급분류 업무의 민간위탁 근거를 마련하여 시행 중임. 이에 개정안은 변화하는 환경에 맞추어 기존의 플랫폼 중심의 등급분류 체계를 통합하여 내용물 중심의 등급분류 체계로 변경하는 한편 그 방식은 민간사업자들의 자율심의를 확대하여 민간 자율성을 확보할 수 있도록 하며, 게임물관리위원회는 올바른 등급분류가 이루어질 수 있도록 민간 자율 심의 사업자에 대한 교육 및 사후관리 기능을 강화하여 건전한 게임 환경을 확보하고자 하는 것임. 다만, 청소년 보호를 위해 청소년이용불가 게임물 및 사행성의 우려가 큰 아케이드 게임물은 민간 자율심의 대상에서 제외함. 이와 더불어, 등급분류 받지 않은 해외 게임물의 국내 유통에 대한 문제가 제기되어 온바, 민간 사업자가 자율심의를 통해 이를 관리할 수 있도록 함"[41]

나. 지정요건

게임산업법 제21조의 2(자체등급분류사업자의 지정)에 따라 문화체육관광부장관은 지정 요건

41 박주선 의원 게임산업법 일부 개정 제안이유(2015).

을 갖춘 사업자[42] 중에서 다음 각 호의 사항을 심사하여 자체적으로 등급분류를 할 수 있는 사업자로 3년 이내의 기간을 정하여 지정할 수 있다. 이 경우 문화체육관광부장관은 업무운영에 관한 조건을 부과하여 지정할 수 있다.

1. 자체등급분류 업무운영계획의 적정성
2. 게임산업 발전 및 건전 게임문화 조성에 대한 기여 계획의 적정성

다. 위탁 사항

게임물관리위원회는 문화체육부장관이 지정하는 등급분류기관에 5년 이내의 기간을 정하여 다음 업무를 위탁할 수 있다. 지정사업자는 만료전 6개월 이내에 적정성 평가를 받을 수 있으며, 적정 판정을 받을 경우 5년이내의 기간동안 재위탁을 받을 수 있다(게임산업법 제24조의2).

1. 제21조제1항 본문에 따른 등급분류 결정
2. 제21조제5항에 따른 내용 수정 신고 수리, 등급 재분류 대상 통보 및 조치
3. 제22조제1항에 따른 자료(제16조제2항제1호 및 제2호에 따른 업무의 수행을 위하여 필요한 자료로 한정한다) 제출 요구
4. 제22조제2항에 따른 등급분류 거부결정(사행성게임물에 해당되는 게임물은 제외한다)
5. 제22조제3항에 따른 등급분류 결정 관련 서류의 교부
6. 제22조제4항에 따른 등급분류 결정 취소

42 지정요건은 게임산업법 제21조의 2 제2항에서 다음과 같이 규정하고 있다.

1. 다음 각 목의 어느 하나에 해당하는 법인일 것
   가. 게임제작업, 게임배급업 또는 게임제공업을 영위하는 자로서 최근 3년간 평균 매출액이 문화체육관광부령으로 정하는 금액 이상일 것
   나. 게임산업 및 게임문화 진흥에 관한 업무를 수행하는 공공기관의 운영에 관한 법률에 따른 공공기관 또는 비영리 법인일 것
   다. 방송법에 따른 종합유선방송사업자, 위성방송사업자이거나 인터넷 멀티미디어 방송사업법에 따른 인터넷 멀티미디어 방송 제공사업자일 것
2. 자체등급분류를 할 수 있는 등급분류책임자(지정받고자 하는 법인의 임원 또는 등급분류와 관련된 업무를 담당하는 부서의 장에 해당하는 지위에 있는 자를 말한다)와 전담인력(업무위탁 계약을 맺은 자를 포함한다)을 둘 것
3. 제3항 제2호에 해당하는 게임물에 대한 등급분류의 적정성에 관한 자문의견을 제시하는 소속 직원이 아닌 2인 이상의 전문가를 위촉할 것
4. 자체등급분류 업무의 수행을 위한 온라인 업무처리 시스템(위원회의 시스템과 연계되는 기능을 포함한다)을 구축할 것
5. 최근 3년간 이 법을 위반하여 영업정지 이상의 행정제재 또는 벌금 이상의 형이 확정된 사실이 없을 것

이와 같이, 자체등급분류사업자로 지정받은 사업자는 등급분류기준 또는 게임물관리위원회와 협약한 별도의 기준(등급표시방법을 포함한다)에 따라 자체적으로 등급분류를 할 것 등 게임산업법 제21조의3[43]에서 규정한 사항을 준수하여야 한다.

라. 자체등급분류의 효력

게임산업법 제21조의4에 따른 자체등급분류에 따른 효력은 게임물관리위원회의 등급분류와 동일한 효력을 갖는다. 게임산업법은 자체등급분류사업자로부터 등급분류를 받은 게임물은 게임물관리위원회의 등급분류를 받은 것으로 간주하고 있다. 다만, 자체등급분류사업자가 등급분류한 게임물을 다른 자체등급분류사업자가 유통하고자 하는 경우에는 새로이 등급분

---

43 게임산업법 제21조의3(자체등급분류사업자 등의 준수사항) ① 자체등급분류사업자는 다음 각 호의 사항을 준수하여야 한다.

1. 제21조 제7항에 따른 등급분류기준 또는 위원회와 협약한 별도의 기준(등급표시방법을 포함한다)에 따라 자체적으로 등급분류를 할 것. 다만, 제21조 제7항으로 정하는 등급분류기준에 따른 같은 조 제2항 제4호에 해당하는 게임물은 제외한다.
2. 제1호에 따른 등급분류 결과를 중개계약을 맺은 사업자로 하여금 표시하게 할 것. 다만, 제21조의5 제1항에 따른 등급분류의 경우에는 이를 적용하지 아니한다.
3. 제22조 제2항에서 정하는 사유에 해당하는 게임물에 대하여는 등급분류 서비스를 제공하지 아니하고 그 사실을 위원회에 통보할 것
4. 제1호에 따른 등급표시 및 이에 따른 서비스 적합성 여부를 중개계약의 종료일까지 확인하고 중개계약 종료 시 이 사실을 종료일로부터 5영업일 이내에 위원회에 통보할 것
5. 제21조 제1항에 따른 등급분류 결정(게임물내용정보에 관한 사항을 포함한다) 및 같은 조 제5항에 따른 내용수정신고사항이 위원회에 5영업일 이내에 통보될 수 있도록 제21조의2 제2항 제4호에 따른 시스템 연계를 유지할 것
6. 제21조의8 제3항 및 제21조의9 제2항에 따른 조치를 이행하고 조치결과를 위원회에 통보할 것
7. 등급분류책임자 및 전담인력은 문화체육관광부령으로 정하는 바에 따라 위원회가 실시하는 등급분류 업무에 필요한 교육을 연 4회 이상 받을 것
8. 등급분류 업무와 관련된 위원회의 자료요청에 따를 것
9. 제21조의2 제2항 제3호에 따라 위촉한 전문가의 활동보고서를 제10호에 따른 평가 실시 1개월 전에 위원회에 제출할 것
10. 자체등급분류 업무수행의 적정성 여부에 관하여 문화체육관광부령으로 정하는 바에 따라 위원회의 평가를 연 1회 이상 받고 이에 따른 개선조치를 이행할 것
11. 제21조의2 제4항의 업무를 수행할 때 같은 조 제3항제1호의 게임물과 같은 항 제2호의 게임물을 차별하지 아니할 것
12. 그 밖에 자체등급분류 업무의 적정성 유지 등에 관하여 필요한 사항으로서 문화체육관광부령으로 정하는 사항을 준수할 것

② 중개계약을 맺은 게임물 관련사업자는 다음 각 호의 사항을 준수하여야 한다.

1. 제1항제1호부터 제4호까지, 제6호, 제8호, 제10호 및 제12호의 사항을 준수하기 위한 자체등급분류사업자의 조치에 대하여 협력할 것
2. 제1항 제1호에 따라 등급분류된 게임물을 자체등급분류사업자가 아닌 자가 유통하는 경우에 이 사실을 위원회에 통보할 것

③ 위원회는 중개계약이 종료되거나 제2항 제2호에 따라 유통되는 게임물에 대하여 등급표시 및 이에 따른 서비스 적합성 여부를 확인하여야 한다.

④ 중개계약 종료 후 자체등급분류사업자가 아닌 자를 통하여 제1항 제1호에 따라 등급분류된 게임물을 유통하는 경우 게임물 내용의 수정이 발생하면 위원회에 제21조 제5항에 따른 신고를 하여야 한다. 이 경우 위원회는 내용수정신고된 게임물을 새로운 게임물로 간주하여 위원회규정이 정하는 절차에 따라 새로이 등급분류를 받도록 조치하여야 한다.

류를 하여야 한다.

자체등급분류사업자 간 등급분류 결과가 상이한 게임물을 자체등급분류사업자가 아닌 자가 유통하는 경우, 청소년 기준 연령과의 차이가 적은 연령으로 표시한 등급으로 유통하여야 한다. 정보통신 플랫폼(게임물 이용을 위한 것으로서 정보처리 능력을 가진 전자적 장치 또는 체계를 말한다)의 변경을 위하여 게임물의 내용수정이 이루어진 경우 등급의 변경을 요하지 아니할 정도에 한하여 제21조의3 제1항 제1호[44]에 따른 등급분류의 효력을 유지한다. 다만, 청소년게임제공업과 일반게임제공업에 제공되는 게임물의 경우는 제외한다.

9. 민간기구에 의한 등급분류

가. 현황 및 근거

게임산업법 제24조의2에 따라 민간등급분류기관으로 지정된 게임문화재단에 게임물 등급분류업무의 일부가 위탁되어 시행 중에 있다. 구체적으로는 게임콘텐츠등급분류위원회에서 실시 중에 있다.

나. 위탁 내용

제21조 제1항 본문에 따른 등급분류 결정, 제21조 제5항에 따른 내용 수정 신고 수리, 등급재분류 대상 통보 및 조치, 제22조제1항에 따른 자료(제16조 제2항 제1호 및 제2호에 따른 업무의 수행을 위하여 필요한 자료로 한정한다)제출요구, 제22조 제2항에 따른 등급분류 거부결정(사행성게임물에 해당되는 게임물은 제외한다), 제22조제3항에 따른 등급분류 결정 관련 서류의 교부, 제22조제4항에 따른 등급분류 결정 취소 등에 관한 사항이다.

특히 등급분류 대상은 PC온라인 게임물, 비디오콘솔 중 전체이용가, 12세이용가, 15세이용가에 한정된다. 다만, 여전히 청소년이용불가등급에 대해서는 게임물관리위원회에서 진행

44 게임산업법 제21조의3(자체등급분류사업자 등의 준수사항) ① 자체등급분류사업자는 다음 각 호의 사항을 준수하여야 한다.

1. 제21조 제7항에 따른 등급분류기준 또는 위원회와 협약한 별도의 기준(등급표시방법을 포함한다)에 따라 자체적으로 등급분류를 할 것. 다만, 제21조 제7항으로 정하는 등급분류기준에 따른 같은 조 제2항제4호에 해당하는 게임물은 제외한다.

하고 있다. 모바일 게임물이 대상으로 포함되지 않은 것은 오픈마켓에서 자율적으로 등급분류가 되고 있기 때문이다. 반면, 아케이드게임물은 민간기구에서 위탁할 수 있도록 규정하고 있으나, 적임 기관이 없기 때문에 여전히 게임물관리위원회에서 등급분류를 진행하고 있다. 적임 기관이 설립될 경우에 적법 절차에 따라 민간위탁이 이루어질 것이다.

10. 등급분류 절차의 간소화

가. 입법 취지

게임산업법 상 국내에 배급 및 유통하고자 하는 게임물은 청소년 보호 및 사행성 방지, 불법 게임물 유통을 막기 위해 게임물관리위원회, 게임콘텐츠등급분류위원회, 자체등급분류사업자부터 연령에 따른 등급분류를 받아야 한다(게임산업법 제21조).

등급분류 시스템 현황[45]

주체	게임물관리위원회〈GRAC〉	게임콘텐츠등급분류위원회〈GCRB〉	자체등급분류 사업자〈소니, 구글, 애플 등〉
등급분류 대상	• 청소년이용불가 게임물 • 청소년/일반게임제공업용(아케이드) 게임물	• 전체/12세/15세이용가 게임물(PC·온라인/비디오 콘솔 게임물)	• 청소년이용불가를 제외한 자체 유통 게임물
등급분류 방식	〈의결형〉 • 담당자 검토 후 검토보고서 작성 및 안건 상정 • 등급분류회의를 통한 등급위원의 다수결 의결로 등급분류 결정		〈설문형〉 • 개발자 등급분류설문 작성 및 제출 또는 담당자 검토 후 등급분류 결정
등급분류 처리 기간	• '19년 등급분류 평균 소요일: 9.38일 – 법정기한: 15일 이내(시행규칙 제9조제3항) ·아케이드 게임물은 제외한 수치임 (기술심의 기간 추가 소요)		• IARC 설문형: 1일 (구글, MS, 오큘러스) • 자체기준 설문형: 4~15일 (애플, 삼성전자) • 위원회 설문형: 최대 4일 (소니, 원스토어, 카카오게임즈)

45 문화체육관광부, 2020.

하지만 국내 심의 절차가 복잡하여 실제 등급 분류를 받기까지 소요되는 시간(평균 9일 정도)이 길어 개발자는 물론 이용자들이 불편을 호소하고 있다. 이러한 이유로, 2020.11월 개정된 게임산업법은 게임물의 등급분류를 신청하려는 자는 게임물관리위원회가 구축한 시스템을 통해 자체적으로 분류를 할 수 있도록 하여 심의 절차를 간소화하고 이를 통해 효율성을 제고하되, 선정성·폭력성·사행성이 강한 게임물에 대해서는 종전대로 게임물관리위원회가 면밀히 검증하도록 하여 게임물의 윤리성을 담보하고자 개정한 것이다.[46]

나. 간소화 시스템

(1) 필요성

등급분류 절차는 아래 표와 같이 사전에 검토 후, 위원회 회의에 상정하여 결정하는 의결형으로 진행되고 있기 때문에 절차적으로 상당한 시간이 소요되고 있다. 심의 절차를 간편화하는 세계 추세와도 동떨어진 것으로 유럽 PEGI 시스템이나, 국제등급분류연합(IARC)에서는 개발자가 설문지를 작성하여 제출하면 즉시 등급을 부여하고 있는 것과는 차이가 있다.

의결형 등급분류 절차

1단계	2단계	3단계	4단계
등급분류 신청	게임 자료 제출	담당자 검토	위원회 회의 상정 및 등급분류 결정
홈페이지 회원가입	등급분류신청서, 내용정보기술서, 설명서, 동영상, 게임파일, 기타 증빙 등	검토 연구원 배정 게임 플레이/ 보고서 작성	등급분류 안건 상정/등급위원 다수결 등급 결정

등급분류 간소화된 절차에 따를 경우, 등급분류의 적정성에 대한 평가 및 관리가 사후에 이루어지므로, 간소화 절차 제외대상을 사행성게임물보다 넓은 범위인 청소년이용불가 게임

46 임재주, 게임산업진흥에 관한 법률 일부개정법률안 검토보고, 국회문화체육관광위원회, 2020.9, 6면.

물로 확대하여 선정적·폭력적인 게임물이 부적절하게 유통되는 일일 발생할 가능성이 있다. 이러한 이유로 청소년이용불가게임을 포함하여, 청소년게임제공업과 일반게임제공업에 제공되는 게임물인 아케이드 게임물도 대상에서 제외하고 있다(게임산업법 제21조의10[47]).

(2) 시스템 구축

게임산업법은 간소화 시스템을 '등급분류 시스템'이라고 칭하고 있다. 즉, 게임물관리위원회 및 등급분류기관이 구축한 온라인 업무처리 시스템 또는 이와 연계된 시스템으로 규정하고 있는 것이다. 등급분류 시스템을 구체적으로 어떠한 내용으로 구축할 것인지는 아직 확정되지 않았으며, 1년의 경과기간 동안 구축할 것으로 예상된다.

다만, 이 과정에서 설문형 등급분류 시스템인 유럽 PEGI(Pan European Game Information) 시스템이나, 국제등급분류연합(IARC)의 등급분류 시스템을 참조할 것으로 보인다.

---

47 게임산업법 제21조의10(등급분류 절차의 간소화)

① 위원회는 게임물을 유통시키거나 이용에 제공하고자 하는 자가 제21조제1항에 따른 등급분류를 신청하는 경우 위원회 및 등급분류기관이 구축한 온라인 업무처리 시스템 또는 이와 연계된 시스템(이하 "등급분류 시스템"이라 한다)을 통하여 등급분류를 하도록 할 수 있다. 다만, 제21조 제2항 제4호에 해당하거나 청소년게임제공업과 일반게임제공업에 제공되는 게임물은 제외한다.

② 제1항에 따라 등급분류 시스템을 통하여 등급분류를 신청한 자(이하 "시스템등급분류신청자"라 한다)는 등급분류 시스템에 해당 게임물의 주요 내용, 등급 관련 자료 및 등급분류 결과를 입력하여야 한다.

③ 위원회 및 등급분류기관은 시스템등급분류신청자의 등급분류 결과가 제21조제7항의 등급분류 기준에 적합하지 아니하거나 제22조제2항에 따른 등급분류 거부 대상이 된다고 판단하는 경우 직권으로 등급분류 결정을 하거나 그 등급분류 결과를 취소할 수 있다.

④ 위원회 및 등급분류기관은 제3항에 따라 직권으로 등급분류 결정을 하거나 그 등급분류 결과를 취소한 경우 이를 시스템등급분류신청자에게 지체 없이 통보하여야 한다.

⑤ 위원회 및 등급분류기관은 제2항에 따라 입력된 자료의 추가·보완이 필요하거나 제3항에 따른 등급분류 기준에의 적합 여부 등의 검토를 위하여 필요하다고 인정하는 경우 시스템등급분류신청자에게 관련 자료의 제출을 요구할 수 있다.

⑥ 제3항에 따른 직권에 의한 등급분류 결정 또는 취소의 절차, 제4항에 따른 통보의 절차, 제5항에 따른 자료 제출 요구에 필요한 사항은 문화체육관광부령으로 정한다.

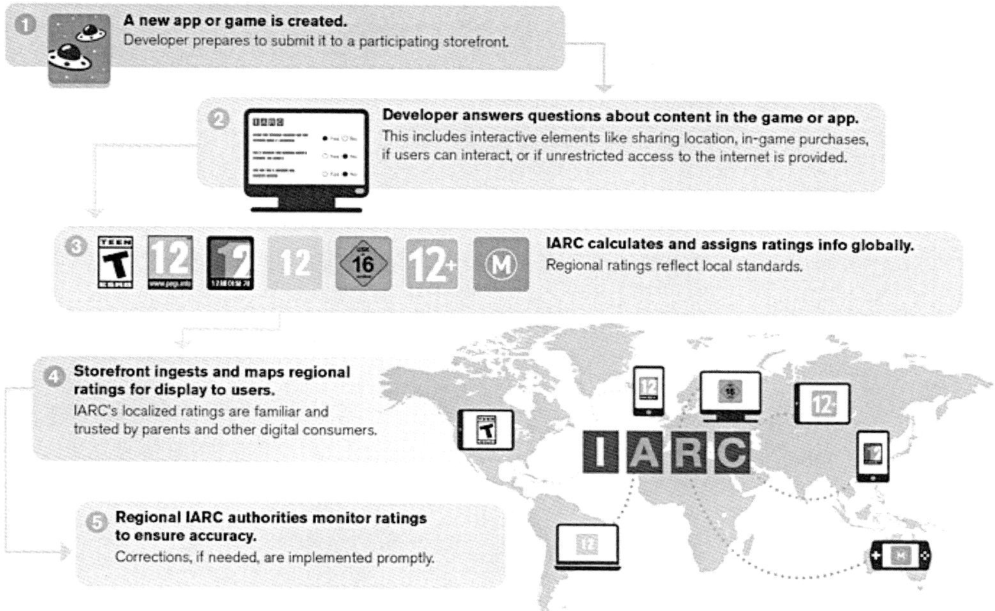

IARC등급분류 절차[48]

다. 시스템등급분류신청자의 준수사항

제21조의10에 따른 등급분류 시스템을 통하여 등급분류를 신청한 자인 시스템등급분류신청자는 다음 각 호의 사항을 준수하여야 한다(게임산업법 제21조의 11).

---

1. 제21조의10 제1항에 따른 간소화시스템인 등급분류시스템에 따른 등급분류기준에 따라 등급분류를 할 것
2. 등급분류 및 사후관리와 관련된 위원회의 자료 요구에 따를 것
3. 그 밖에 등급분류 및 사후관리에 필요한 사항으로서 문화체육관광부령으로 정하는 사항을 준수할 것

---

48 IARC, 2020.

11. 인디게임의 등급분류

가. 정의

인디게임이 갖는 문화적 파장력은 작지 않지만, 이를 한정하거나 또는 법률적으로 인디게임을 특정하기가 쉽지 않다. 상업적 자본이 없는 경우라고 하지만, 인디게임도 개인자본이든 개발비용이 들어가는 구조이기 때문에 이를 부정하는 접근은 어려울 것으로 보인다. 따라서 문화적 요소를 포함하는 게임물로서 그 범위를 한정할 필요가 있다. 즉, 예술성이나 창의성이 담긴 게임물로 한정하며, 여기에 더하여 비영리를 목적으로 하는 게임물이어야 한다. 영리성은 상업적 게임물의 여부를 구분하는 중요한 요소이기 때문이다. 다만, 비영리의 구분도 또한 쉽지 않은 것도 사실이다.

스팀의 인디게임 BRAID

앞의 내용으로 인디게임물을 정의하면, 문화적 요소(예술성, 창의성 등)가 담기며, 비영리 목적으로 이용에 제공되는 게임물로 이해될 수 있을 것이다. 다만, 모든 인디게임물을 문화적 요소가 담긴 비영리 목적으로 제공되는 게임물이라고 한다면, 일반 게임물과 차별이 되지 않을 것으로 보인다. 따라서 구체적인 인디게임물의 유형을 대통령령으로 한정하여 위임할 필요가 있다. 다만, 게임산업법 제21조 제9항의 기준에 따른 청소년이용불가 게임물일 경우에는 그러하지 아니하다. 참고로, 용어는 인디게임 또는 독립게임 둘 다 무방하나, 실제 주로 사용되는 용어는 인디게임이 선호되는 것으로 보인다.

나. 사후관리 방안

인디게임은 성격상 등급분류를 받기 위한 요건이 일반 상용 게임물과 차이가 있기 때문에 사후관리를 강화하는 방안으로 가야 할 것으로 보인다. 즉, 사전적 등급분류를 면제하되, 상용화를 목적으로 하는 경우에는 소급하여 등급분류를 받도록 하는 방안을 강구할 필요가 있다.

별도 요건을 시행령에 두는 것을 고려할 수 있다. 다만 다른 게임물과 형평성 차원에서 청소년이용불가 등급은 게임물관리위원회에서 진행하는 것으로 한다.

다. 요건

(1) 유형

인디게임에 대한 구체적인 요건을 갖추기가 쉽지 않기 때문에 아래와 같이 열거적으로 등급분류에서 제외되는 게임물의 유형을 두는 방안을 강구할 수 있다.

- 개인정보 제공이 없는 게임물
- 학교 수업 중에 제작된 게임물
- 오락성 없이 기능적 목적으로 제작된 게임물(기능성 게임물)
- 제작자가 미성년자인 게임물 등

---

(2) 세부 요건

인디게임이 되기 위해서는 다음과 같은 요건을 갖추어야 한다. 즉, 비영리 + 문화적 요소 + 열거적 게임물이 융합된 게임물이어야 한다. 예를 들면, 예술성이 담긴 비영리 목적으로 미성년자가 제작한 게임물이나 창의성이 담긴 비영리 목적으로 학교수업 중에 제작한 게임물을 들 수 있다.

만약 이러한 요건을 갖추지 않고, 등급분류 없이 이용에 제공되는 경우에는 또는 그러한 조건이 상실될 경우에는 등급분류를 받도록 해야 한다. 바로 형사처벌을 하는 것보다, 자발적으로 등급분류 신청을 하거나 또는 게임물관리위원회에서 유예기간을 부여하여 등급분류를 하도록 해야 한다. 게임물관리위원회에서 사후 모니터링을 통해서 관리를 강화하는 것이 필요하다.

라. 시행령 개정

2019년 문화체육관광부는 개인·동호회 등이 비영리 단순 공개를 목적으로 창작한 게임물에 대한 등급분류를 면제하는 내용 등을 포함한 게임산업법 시행령을 개정했다.[49] 개인·동호회 등이 비영리 단순공개 목적으로 게임물을 창작하여 플랫폼에서 공유하는 사례가 증가함에 따라, 이러한 게임물에 대해서도 등급분류를 받도록 하는 것은 지나치므로 완화해야 한다는 의견이 반영된 것이다. 다만, 청소년이용불가 등급의 기준에 해당하는 내용을 포함하는 게임물은 제외함으로써 게임창작 활성화와 청소년 게임이용자 보호를 균형적으로 도모한 것으로 평가된다.

마. 게임법 개정

2020년 개정 게임산업법은 비영리 목적의 게임물을 제작 및 배급하는 경우에는 등급분류를 면제하도록 규정하고 있다. 이를 위해 게임산업법 제21조 제1항에 제4호를 다음과 같이 신설하였다.

---

4. 영리를 목적으로 하지 아니하고 제작·배급하는 게임물로서 대통령령으로 정하는 것. 다만, 제2항 제4호에 따른 청소년이용불가 등급의 기준에 해당하는 내용을 포함하는 게임물은 제외한다.

---

49 게임산업법 시행령 제11조의3(등급분류를 받지 아니하는 게임물) ①법 제21조 제1항 제2호에서 "대통령령이 정하는 것"이란 다음 각 호의 어느 하나에 해당하는 게임물을 말한다. 〈개정 2019. 9. 3.〉

1. 법 제25조 제1항 제1호부터 제3호까지의 규정에 따라 제작·배급하는 게임물
2. 법 제25조 제1항 제1호부터 제3호까지의 규정에 해당하는 자 외의 자가 국내에서 영리를 목적으로 하지 않고 제작·배급하는 게임물로서 다음 각 목의 어느 하나에 해당하는 게임물. 다만, 법 제21조 제2항 제4호에 따른 청소년이용불가 등급의 기준에 해당하는 내용을 포함하는 게임물은 제외한다.
   가. 교육·학습·종교 또는 공익적 홍보활동 등의 용도로 사용하기 위한 게임물
   나. 개인·동호회 등이 단순 공개를 목적으로 창작한 게임물

   ② 게임물을 제작 또는 배급하려는 자는 해당 게임물이 제1항 제2호의 게임물에 해당되는지의 여부를 미리 위원회에 확인받을 수 있다. 〈개정 2013. 11. 20., 2019. 9. 3.〉

개정전 게임산업법에서는 게임물을 제작·배급·유통하는 자는 게임물관리위원회, 등급분류기관(게임콘텐츠등급분류위원회) 또는 자체등급분류사업자에게 등급분류를 받도록 하되,[50] 등급분류 면제 대상을 규정하면서 구체적인 사항은 시행령에 위임하고 있다. 이에 따라, 시행령에서는 국가 또는 지방자치단체가 제작하는 게임, 영리를 목적으로 하지 않고 개인·동호회 등이 단순공개를 목적으로 제작하는 게임 등에 대하여는 등급분류를 면제하도록 규정하고 있다.

등급분류 면제 대상[51]

법률(제21조제1항 단서)	시행령(제11조의3제1항 각호)
중앙행정기관장이 추천하는 게임대회 또는 전시회 등에 이용·전시 목적으로 제작·배급하는 게임물	
교육·학습·종교 또는 공익적 홍보활동 등의 용도로 제작·배급하는 게임물로 대통령령이 정하는 것	❶국가 및 지자체가 제작 ❷법령에 의한 교육기관 또는 연수기관이 자체교육 등 목적 제작 ❸공공기관이 사업홍보에 따라 제작
	❶~❸ 이외의 자가 영리를 목적으로 하지 않고 제작·배급하는 게임물(단, 청소년 이용불가 게임은 제외) • 교육·학습·종교 또는 공익적 홍보활동 등의 용도 • 개인·동호회 등이 단순공개 목적
게임물 개발과정에서 성능·안전성·이용자만족도 등을 평가하기 위한 시험용 게임물	

문제는 등급분류 면제대상을 시행령에 위임하는 현행 법률의 규정이 "교육·학습·종교 또는 공익적 홍보활동 등의 용도로 제작·배급하는 게임물로서 대통령령이 정하는 것"으로 되어 있어 법률만으로는 비영리목적의 게임물이 면제대상에 해당되는지 여부가 불명확한 측면이 있다[52]는 점이다.

50 주체별 등급분류 게임물 현황은 다음과 같다.
- 게임물관리위원회: 청소년이용불가 게임물 및 아케이드 게임물
- 게임콘텐츠등급분류위원회: 15세 이용가 이하 게임물(PC·온라인, 콘솔 게임물)
- 자체등급분류 사업자: 청소년이용불가 게임을 제외한 자체 유통 게임물(주로 모바일 게임물)

51 문화체육관광부, 2020

52 임재주, 게임산업진흥에 관한 법률 일부개정법률안 검토보고, 국회문화체육관광위원회, 2020.9, 6면.

이에 개정 게임산업법은 시행령에서 규정하고 있는 비영리목적 게임물의 등급분류 면제에 관한 사항을 법률에 명시하여 등급분류 면제대상을 보다 명확히 하고 있다. 다만, 선정적·폭력적인 게임물로부터 청소년을 보호하기 위해 비영리목적이라도 청소년이용불가 등급에 해당하는 내용을 포함하는 게임물은 등급분류 면제대상에 해당되지 않는다는 점을 명확히 하고 있다.

12. 향후 등급분류제도의 방향

가. 자율등급분류제도

자율등급분류제도의 의의는 등급분류제도가 규제를 목적으로 하는 것이 아닌 유통되는 게임물의 적정 등급을 확인하여, 게이머에게 해당 게임물의 내용정보를 제공하는 데에 있다. 현행과 같이 게임물에 대한 사전적 내용규제가 아닌 사후적으로 게임의 내용정보를 확인할 수 있도록 심의제도가 운영되어야 함은 재론의 여지가 없다.[53] 그렇지만 자율등급분류제도에 대해 국가나 규제기관이 지금까지의 규제정도나 방법을 답습하거나, 가이드라인을 제공하게 되면 이는 자율등급분류제도의 의의를 훼손하게 되는 문제가 나타난다.[54] 내용수정신고제도의 경우도 국가에서 강제하는 가이드라인을 제시한다면 지금까지의 문제점을 답습하게 되는 우를 범하게 될 것이다.[55] 현행 등급분류제도가 국가에 의한 사전강제주의라고 한다면, 자율등급분류제도는 민간에 의한 자율적 등급분류라는 점에서 그 의의를 찾을 수 있다. 이로써 개발자들은 자신이 개발하고 있는 게임물에 대한 표현의 자유를 확보할 수 있다는 장점을 갖게 되었다.

53 물론 그렇다고 하더라도 공적규제 영역에서 다루어져야 할 사행성 게임물에 대한 확인제도는 여전히 유효하다고 본다. 그러나 문제는 자율등급분류제도 하에서 사행성 게임물의 확인을 어떻게 진행할 것인지에 대한 것이다. 엄밀히 말하자면 사행성 게임물은 게임산업법상 게임물이 아니다. 따라서 사행성 게임물에 대한 확인제도는 다른 법령으로 이관할 필요가 있다. 그렇지 않고서는 게임물에 대한 전면적인 자율등급분류제도의 운영이 지장을 받을 수 있다. 결국 민간영역에서 이루어지게 될 자율등급분류제도의 성공여부는 사행성 게임물에 대한 차단의 정도와도 관련됨을 알 수 있다. 따라서 현재 문화체육관광부를 중심으로 진행되고 있는 자율등급분류제도의 도입논의에 있어서 사행성 게임물의 처리에 대한 정책적 판단이 선행되어야 할 것이다.

54 조인혜 외, 스마트폰 시대, 게임 심의 정책의 현황과 과제, 전자신문, 2010, 33면.

55 김윤명, “게임물의 창작활성화를 위한 게임법상 내용규제 검토”, 법학연구 제52권 제2호, 2011.5, 552면.

나. 청소년 보호법의 남용 - 체계 정합성의 충돌

음반에 대해서는 음악산업진흥에 관한 법률(이하 '음악법'이라 함)이 제정되기 전에는 영상물등급위원회에서 등급분류를 받았으나, 음악법이 제정되면서 자율적인 등급분류를 하도록 별도 등급분류 규정을 두지 않게 되었다.[56] 그러자 '청소년보호위원회'[57]는 청소년 보호법에 근거하여 음반에 대한 등급분류를 강제하게 되었다. 이는 문화체육관광부가 추진했던 자율등급분류에 대한 철학을 부처이기주의에 따라 훼손한 대표적인 사례가 아닐 수 없다. 또한 청소년보호위원회는 음반이 갖는 예술적 표현에 대해 맥락과 의도를 살피는 것이 아닌 '술', '담배'와 같은 단어가 포함되었는지에 대한 단순한 기계적인 심의를 진행함으로써 예술이나 표현에 대한 헌법적 가치를 훼손하고 있다는 점에서 문제가 아닐 수 없다.

실례로, 가수 싸이의 '라잇나우'가 유해매체물로 지정되었으나 강남스타일이 유투브(youtube.com)를 통해서 해외의 극찬을 받으면서 언론에서 문제점을 지적하자 유해매체물의 판정을 철회한 바 있다.[58] 청소년 보호라는 가치를 담보하기 위한 기준이 전혀 객관적이지 않다는 점을 스스로 반증한 예이다. 이처럼 객관성을 담보하지 못한 청소년보호위원회의 등급분류를 통해서 게임물의 자율등급분류의 입법취지가 훼손되어서는 아니 될 것이다. 물론, 청소년 보호법이 추구하는 기본적인 취지가 유해매체물의 유통제한이라는 점은 이해될 것이나 게임물 하나하나가 갖는 맥락성이나 콘텐츠에 대한 이해가 전혀 없기 때문에 게임물관리위원회의 시스템과 비교할 수 없는 규제시스템으로 작용하는 것이다.

만약 입법을 통해서 자율등급분류기구에서 청소년이용불가게임물의 등급분류가 가능하게 된다면 법상 등급분류기구를 지정하여 게임물의 유해성을 심의할 수 있도록 하게 되더라

---

56 청소년 보호법은 "청소년보호위원회는 매체물이 청소년에게 유해한지를 심의하여 청소년에게 유해하다고 인정되는 매체물을 청소년유해매체물로 결정하여야 한다. 다만, 다른 법령에 따라 해당 매체물의 윤리성·건전성을 심의할 수 있는 기관(이하 "각 심의기관"이라 한다)이 있는 경우에는 예외로 하고 있다. 또한 청소년보호위원회는 매체물이 청소년에게 유해한지를 각 심의기관에서 심의하지 아니하는 경우 청소년 보호를 위하여 필요하다고 인정할 때에는 심의를 하도록 요청할 수 있도록 규정하고 있다(제7조).

57 청소년보호법 상 다음 각 호의 사항에 관하여 심의·결정하기 위하여 여성가족부장관 소속으로 청소년보호위원회를 둔다(제36조).

1. 청소년유해매체물, 청소년유해약물등, 청소년유해업소 등의 심의·결정 등에 관한 사항
2. 제54조 제1항에 따른 과징금 부과에 관한 사항
3. 여성가족부장관이 청소년보호를 위하여 필요하다고 인정하여 심의를 요청한 사항
4. 그 밖에 다른 법률에서 청소년보호위원회가 심의·결정하도록 정한 사항

58 황창근 외, 청소년 보호를 위한 효율적인 등급제도 개편 방향 연구, 영상물등급위원회, 2012, 50면.

도 청소년 보호법 제7조의 단서에 따라 청소년보호위원회가 개입할 수는 없을 것이다. 물론 민간기구의 성격에 대해 문제제기를 할 가능성도 있다. 그러나 민간기구에서 청소년이용불가 게임물에 대해서도 등급분류를 받을 수 있도록 하게 된다면, 기구 성격에 대한 논란은 크지 않을 것으로 본다. 더욱이 이러한 논란을 사전적으로 차단할 수 있는 방법으로는 게임산업법에 명문으로 청소년보호위원회의 개입을 제한하는 형태로 입법을 추진하는 방안이 합리적일 수 있다.

다. 모든 영역의 자율등급분류제도의 필요

향후 콘텐츠에 대한 강제적인 등급분류는 예외없이 모두 자율등급분류제도로 전환되어야 한다. 등급분류 강제주의를 주장하는 주된 이유는 청소년 보호가 약화될 수 있다고 하나, 이는 우려할 이유가 되지 아니한다. 이미 음반에서 자율등급분류를 추진한 바 있고, 이를 여성가족부에서 청소년 보호법을 이유로 하고 있으나 강남스타일 사건에서 본 바와 같이 여성가족부는 전문적인 기관이 아니기 때문에 객관성을 담보할 수 없음을 확인한 바 있다. 여성가족부의 비전문성에 따른 심의가 진행되기 때문에 자율등급분류제도를 정착시키기 위해서는 청소년 보호법의 개정 수반되어야 한다. 그렇지 아니할 경우, 음반의 경우와 같이 입법 목적을 달성하기 어렵기 때문이다.

인사이트

등급분류 제도는 등급에 맞는 이용정보를 제공함으로써 해당 게임물에 대한 정보의 비대칭성을 완화하고자 하는 취지이다. 그러나 입법목적과 달리 등급분류제도를 남용하는 경우가 종종 보인다. 이러한 남용은 위법한 것으로 당연 무효이다.

제 4 장

게임물의 이용과 보호

게임산업법에 게이머의 권리에 대한 규정은 없다. 게임산업법은 게임산업을 위한 법이기는 하지만, 매출은 이용자인 게이머에 의해서 발생하기 때문에 게이머를 위한 규정을 도입할 필요가 있는 이유이기도 하다. 이와 더불어 게임사업자는 이용자가 안전하게 게임할 수 있는 환경을 마련해야 하며, 게이머의 민원에 대해 적극적으로 대응할 의무가 있다.

제 6 절 게이머 권리

1. 게임은 누가 하는가?

게임물을 이용하는 이용자로서 게이머(gamer)는 게임사업자의 소비자이다. 게임 이용자에 대해 "게임 플레이어는 플레이라는 행위에 관여하고 있는 사람을, 게이머는 게임을 정기적으로 플레이하며 그에 따라 게임에 대해 어느 정도의 실력과 지식을 갖춘 사람"[1]으로 정의한다.

게이머들은 게임문화를 형성하는 주체이다. 게임문화는 게임을 이용하는 과정에서 형성되는 커뮤니티나 게임 외적으로 만나서 형성되는 문화적 관계라고 볼 수 있다. 즉, "게이머들이 게임을 가지고 노는 방식은 단지 게임회사가 제공하는 게임콘텐츠를 게임회사가 제시하는 방식대로 소비하는 것에 그치지 않는다. 게임은 상호작용성의 놀이인데 특히 게이머 대 게이머 간의 상호작용성이 매우 긴밀하여 나름의 독특한 게임문화를 만들어 내고 있는"[2] 것이다. 게임개발자는 게임물을 개발하면서 어떠한 의도성을 가지고 개발했을 것이다. 게임콘텐츠를 소비하는 소비 패턴을 분석하거나 의도한 방식으로 소비되도록 기획했을 것이다. 게이머는 이러한 게임개발자의 의도를 따라야 할 의무는 없다. 이용약관에서 정해진 위반사항을 벗어나는 것은 약관 위반에 따른 제재를 받을 수 있을 것이나, 그렇지 않은 경우라면 게임사업자의 의도성은 어떠한 제약사유가 될 수 있다고 보기 어렵다.

---

1 강지웅 외, 게임과 문화연구, 커뮤니케이션북스, 2008, 215면.

2 강지웅 외, 게임과 문화연구, 커뮤니케이션북스, 2008, 216면.

게임을 이용하는 게이머의 자율성은 게임에 대한 긍정적 이해를 이끌어낼 수 있으며, 경우에 따라 게임의 부정적 요소를 제기함으로써 개선된 방향으로 나아갈 수 있도록 하기도 한다. 즉, 게임물을 소비하는 소비자로서 게이머는 게임문화를 이끌어내며, 게임물의 개선이나 업그레이드를 이끌어내는 요인인 것이다. 더 나아가 새로운 게임물을 창조케하는 동력으로 볼 수 있다. 경우에 따라 게이머는 게임사업자에게 강한 클레임을 제기하는 민원인으로서 역할을 하게 된다. 게임물의 이용과정에서 이용약관을 위배했다는 이유가 가장 큰 것으로 보인다. 이처럼 게이머는 게임사업자의 주요 고객으로서 역할을 하며, 게임문화를 이끌어가는 이용자로서 역할을 하며, 경우에 따라서는 게임사업자의 이해와 충돌하는 민원인으로서 역할을 하게 된다. 악성적인 경우가 아닌 게임물의 이용개선 등에 대한 민원을 제기할 정도의 게이머라면 현명한 게임을 소비하는 경우일 확률이 높다.

게임물의 소비는 게임사업자의 의도에 따라 이루어지기도 한다. 일정한 소비패턴을 따르도록 설계했을 것이기 때문이다. 그렇지만 이러한 패턴을 벗어나 스스로 게임방식을 만들어내고, 그 방식을 공유하고 경험함으로써 문화를 형성해 나간다는 점에서 '현명한 소비자'로서 게이머를 들 수 있다.

이처럼 게이머는 경우에 따라 상반된 입장과 역할을 한다는 점에서 게이머에 대한 연구가 이루어질 필요가 있다.

2. 게임법상 게이머

가. 게이머(이용자)

게이머란 게임물을 이용하거나, 게임콘텐츠를 소비하는 자를 말한다. 게임산업법에는 게이머와 관련된 규정이 없다. 게임산업법이 게임산업을 위한 법이기 때문에 당연한 것일지도 모른다. 다만 게임산업법은 이용자의 권익을 보호하는 규정을 두고 있다. 동 규정은 다분히 선언적으로 이루어진 것이기 때문에 실효성 있는 정책을 이끌어내기는 쉽지 않다.

게임산업법은 정부가 게임물을 이용하는 자의 권익을 보호하기 위하여 다음 각 호의 사업을 추진하여야 한다고 규정하고 있다(제14조).

i. 건전한 게임이용문화의 정착을 위한 교육·홍보

ii. 게임물의 이용자가 입을 수 있는 피해의 예방 및 구제

iii. 유해한 게임물로부터의 청소년 보호

엄밀히 따지면 게임산업법에서는 게임을 이용하는 이용자를 위한 규정을 찾기 어렵다. 그렇지만 청소년 보호법, 전자상거래소비자보호법, 정보통신망법 등 다양한 관련 법률에서 이용자 내지 소비자로서 게이머의 보호를 위한 규정을 두고 있다.

나. 보호대상으로서 청소년

게임산업법에 담겨있는 기본적인 가치는 게임산업의 발전이라기 보다는 게임을 이용하는 청소년의 보호라는 점이다. 물론, 게임산업법의 목적은 "게임산업의 기반을 조성하고 게임물의 이용에 관한 사항을 정하여 게임산업의 진흥 및 국민의 건전한 게임문화를 확립함으로써 국민경제의 발전과 국민의 문화적 삶의 질 향상에 이바지함"이지만, 실제 구현된 제반 규정은 게임물의 제작, 유통 및 이용과정에서 나타나는 청소년 보호에 있다.

등급분류기관의 주된 업무가 바로 청소년 보호에 있다는 점에서 더욱 그러하다. 게임산업법 제16조 제1항은 "게임물의 윤리성 및 공공성을 확보하고 사행심 유발 또는 조장을 방지하며 청소년을 보호하"기 위하여 게임물관리위원회를 두도록 하고 있다. 아울러 게임물관리위원회는 '청소년 유해성 확인에 관한 사항'에 대해 심의·의결토록 하고 있다.

물론, 청소년 보호는 헌법의 기본적 가치이기도 하다. 이러한 가치를 다양한 법제에서 구현하고 있는 것은 기본권에 대한 충실한 이행이라는 점에서 당연한 것이기도 하다.

3. 이용약관과 게이머의 보호

가. 이용약관과 게이머

(1) 이용약관에 의한 계약의 체결

게이머는 게임사업자와의 계약관계에 있다. 게이머는 게임사가 제공하는 이용약관을 통해 플랫폼 이용계약을 체결한다. 약관의 규제에 관한 법률상 약관이란 "그 명칭이나 형태 또는 범위에 상관없이 계약의 한쪽 당사자가 여러 명의 상대방과 계약을 체결하기 위하여 일정한 형식으로 미리 마련한 계약의 내용"을 말한다. 게임산업법은 약관에 대한 별도 규정을 두고있지 않다. 다만, 게임이용 계약의 체결과정에서 사업자가 제공하는 이용약관을 근거로 하기 때문에 해당 약관이 약관의 규제에 관한 법률상 위법한 지에 대한 판단이 이루어지곤 한다.

이후, 게이머는 개별 게임물의 클라이언트를 다운로드 받으면서 게임물 이용허락계약을 체결하는 구조이다. 게이머의 권리는 게임을 이용할 수 있는 채권적 권리이다.

(2) 운영정책

운영정책은 특단의 사정이 없는 한 이용약관에 포함된다는 것이 대법원의 입장이다. 운영정책은 세부적인 사항을 규정하는 것을 목적으로 하기 때문에 사업자가 이용약관에 담지 못하는 내용에 대해서는 운영정책에 위임하는 것이 관행이다. 대법원은 "MMORPG: (Massively Multiplayer Online Role Playing Game)을 제공하는 사업자가 게임 약관 및 통합서비스 약관에서 게임의 운영정책을 약관 내용의 일부로 규정하고 따로 그 운영정책을 공지하고 있어 운영정책이 적법하게 약관의 일부가 되었으며, 사업자가 개별 이용자의 게임 이용 시 화면에 이용자 동의서를 띄워 놓는 방법으로 운영정책의 내용을 개별적으로 고지한 후 게임을 이용하도록 하였으므로, 게임이용자들은 그 동의서의 내용에 동의한 사실을 추단할 수 있으므로 운영정책이 편입된 위 게임 약관에 동의한 것으로 보아야 한다"[3]고 판시한 바 있다.

나. 이용자 개인정보의 보호

이용자는 이용계약 체결과정에서 다양한 개인정보를 사업자에게 제공한다. 이용자가 사업자

---

3 대법원 2010.10.28. 선고 2010다9153 판결.

에게 제공하거나 또는 사업자가 수집하는 개인정보라 함은 "살아 있는 개인에 관한 정보로서 성명, 주민등록번호 및 영상 등을 통하여 개인을 알아볼 수 있는 정보(해당 정보만으로는 특정 개인을 알아볼 수 없더라도 다른 정보와 쉽게 결합하여 알아볼 수 있는 것을 포함한다)"를 말한다(개인정보보호법 제2조 제1호). 이러한 정보에 대해 사업자는 선관의무로서 보호해야 할 책임이 있으며, 개인정보 관련법 상 의무가 발생한다.

다. 대리게임

게임산업법은 게임물을 타인이 대신하여 이용하여 레벨을 높여주는 행위인 대리게임 행위를 금지하고 있다. 즉, 게임물 관련사업자가 승인하지 아니한 방법으로 게임물의 점수·성과 등을 대신 획득하여 주는 용역의 알선 또는 제공을 업으로 함으로써 게임물의 정상적인 운영을 방해하는 행위를 금지하는 것이다. 구체적인 요건으로는 i) 영리를 목적으로, ii) 게임물 관련사업자가 제공 또는 승인하지 아니한 방법으로, iii) 게임물 이용자가 점수, 성과 등을 획득하게 하여 게임물의 정상적인 운영을 방해하거나 iv) 이를 알선하는 행위를 금지한다. 위반할 경우에는 2년 이하의 징역 또는 2천만 원 이하의 벌금에 처하게 된다.

라. 계정 양도

(1) 계정 양도의 이유

계정은 이용계약 체결과정에서 이용자가 자신을 나타내는 표시로서 정하는 ID를 말한다. 아바타로서 의미를 지니기도 하며, 자신을 구별하는 것이기도 하다. 이러한 계정은 성질은 게임 내에서 자신의 분신이지만, 게임외적인 부분에서는 개인정보의 일 유형이다.

게임은 다양한 콘텐츠로 구성되며, 단계별 콘텐츠를 소비하면서 좀더 난위도가 있는 단계로 진행하게 된다. 이러한 과정에서 이용자는 다양한 기술과 능력치를 얻게 되고, 게임을 보다 자유롭게 즐길 수 있는 단계에 이르게 된다. 저 레벨의 이용자는 고 레벨의 이용자를 선망하고, 경우에 따라서는 타인의 계정을 양도받거나 또는 자신의 레벨을 높여주는 계약을 체결하여 계정의 권한을 이전하기도 한다. 이러한 계정의 이전은 이용약관에서는 금지하는 행위의 일유형으로 규정하고 있다. 상당 수 게임사업자는 이러한 행위를 금지하고 있으며, 계약해지 사유로 정하고 있다.

(2) 단순 계정 양도

이용자가 자신의 아이디와 비밀번호를 알려주며 사용을 승낙하여 제3자로 하여금 정보통신망을 사용하도록 한 경우, 그 제3자에게 정당한 접근권한이 있는지 여부에 있어서 대법원은 "정보통신망 이용촉진 및 정보보호 등에 관한 법률 제48조 제1항은 구 전산망 보급확장과 이용촉진 등에 관한 법률 제22조 제2항 및 구 정보통신망 이용촉진 등에 관한 법률 제19조 제3항과 달리 정보통신망에 대한 보호조치를 침해하거나 훼손할 것을 구성요건으로 하지 않고 '정당한 접근권한 없이 또는 허용된 접근권한을 초과하여 정보통신망에 침입'하는 행위를 금지하고 있으므로, 정보통신망 이용촉진 및 정보보호 등에 관한 법률은 그 보호조치에 대한 침해나 훼손이 수반되지 않더라도 부정한 방법으로 타인의 식별부호(아이디와 비밀번호)를 이용하거나 보호조치에 따른 제한을 면할 수 있게 하는 부정한 명령을 입력하는 등의 방법으로 침입하는 행위도 금지하고 있다고 보아야 한다. 정보통신망 이용촉진 및 정보보호 등에 관한 법률 제48조 제1항은 이용자의 신뢰 내지 그의 이익을 보호하기 위한 규정이 아니라 정보통신망 자체의 안정성과 그 정보의 신뢰성을 보호하기 위한 것이라고 할 것이므로, 위 규정에서 접근권한을 부여하거나 허용되는 범위를 설정하는 주체는 서비스제공자라 할 것이고, 따라서 서비스제공자로부터 권한을 부여받은 이용자가 아닌 제3자가 정보통신망에 접속한 경우 그에게 접근권한이 있는지 여부는 서비스제공자가 부여한 접근권한을 기준으로 판단하여야 한다. 이용자가 자신의 아이디와 비밀번호를 알려주며 사용을 승낙하여 제3자로 하여금 정보통신망을 사용하도록 한 경우라고 하더라도, 그 제3자의 사용이 이용자의 사자 내지 사실행위를 대행하는 자에 불과할 뿐 이용자의 의도에 따라 이용자의 이익을 위하여 사용되는 경우와 같이 사회통념상 이용자가 직접 사용하는 것에 불과하거나, 서비스제공자가 이용자에게 제3자로 하여금 사용할 수 있도록 승낙하는 권한을 부여하였다고 볼 수 있거나 또는 서비스제공자에게 제3자로 하여금 사용하도록 한 사정을 고지하였다면 서비스제공자도 동의하였으리라고 추인되는 경우 등을 제외하고는, 원칙적으로 그 제3자에게는 정당한 접근권한이 없다고 봄이 상당하다"[4]고 판시한 바 있다. 따라서, 계정 양도에 따른 계약관계가 제3자에게 이전되는 것은 아니기 때문에 제3자는 정당한 권한이 없다고 하겠다.

---

4 대법원 2005.11.25. 선고 2005도870 판결.

(3) 계정 양도 후 비밀번호의 변경

'인터넷온라인 게임의 이용자이자 계정 개설자 겸 명의자가 자신의 계정을 양도한 이후 그 계정을 현재 사용 중인 전전양수인이 설정해 둔 비밀번호를 변경하여 접속을 불가능하게 한 사안'[5]에서 대법원은 "구 정보통신망 이용촉진 및 정보보호 등에 관한 법률 제48조 제1항은 이용자의 신뢰 내지 그의 이익을 보호하기 위한 규정이 아니라 정보통신망 자체의 안정성과 그 정보의 신뢰성을 보호하기 위한 것으로, 위 규정에서 접근권한을 부여하거나 허용되는 범위를 설정하는 주체는 정보통신서비스 제공자라 할 것이므로, 정보통신서비스 제공자로부터 권한을 부여받은 계정 명의자가 아닌 제3자가 정보통신망에 접속한 경우, 그에게 위 접근권한이 있는지 여부는 정보통신서비스 제공자가 부여한 접근권한을 기준으로 판단하여야 한다. 구 정보통신망 이용촉진 및 정보보호 등에 관한 법률 제48조 제1항, 제49조, 제62조 제6호의 규정 및 해석론에 따르면, '위 법 제49조의 규정을 위반하여 타인의 정보를 훼손한 행위'에 해당하는지 여부를 판단할 때 그 전제가 되는 정보의 귀속은 정보통신서비스 제공자에 의하여 그 접근권한이 부여되거나 허용된 자가 누구인지에 따라 정해져야 할 것이고, 이는 정보통신서비스 제공자가 정한 인터넷온라인 게임 이용약관상 계정과 비밀번호 등의 관리책임 및 그 양도나 변경의 가부, 그에 필요한 절차와 방법 및 그 준수 여부, 이용약관에 따른 의무를 이행하지 않았을 경우 행해질 수 있는 조치내용, 캐릭터 및 아이템 등 게임정보에 관한 이용약관상 소유관계 등 여러 사정을 종합적으로 고려하여야 한다. 인터넷온라인 게임인 '리니지'의 이용자이자 계정 개설자 겸 명의자가 자신의 계정을 양도한 이후 그 계정을 현재 사용 중

---

5 대법원 2010.7.22. 선고 2010도63 판결. 피고인이 2005. 6. 21. 공소외 1에게 인터넷온라인 게임인 리니지의 계정 및 캐릭터를 유상으로 양도하면서 계정포기각서를 작성하여 교부한 사실, 그 후 공소외 1은 공소외 2에게 이를 양도하였고, 공소외 2는 2006. 9. 중순경 공소외 3에게 다시 이를 유상으로 양도한 사실, 공소외 3은 위 양수 후 자신의 이메일로 비밀번호를 변경한 사실, 피고인은 2006. 10. 18. 계정 설정 당시 사용하였던 신용카드를 사용하여 초기화한 다음 비밀번호를 변경하여 공소외 3의 접속을 불가능하게 한 사실을 알 수 있다. 그러나 더 나아가 위 게임의 이용약관상 피고인의 이러한 유상 양도행위가 허용되는지 여부, 위 계정에 대한 정당한 접근권한이 피고인으로부터 공소외 3에게로 적법하게 이전되었는지 여부 등을 알 수 있는 자료는 없다. 그렇다면 원심으로서는 앞서 본 법리 및 관계 법령에 비추어 위 게임의 이용약관에 따른 계정의 변경 가능 여부, 비밀번호의 관리책임 및 변경의 주체·방법, 이용자가 자신의 계정 및 캐릭터 등을 제3자에게 이용하게 하거나 양도하는 행위가 허용되어 있는지 여부, 이용자가 이용약관에 따른 의무를 이행하지 않았을 경우 행해질 수 있는 조치내용, 캐릭터 및 아이템 등 게임정보에 관한 소유관계 등을 면밀히 따져 본 다음, 그에 기초하여 위 계정에 대한 정보통신망법상 정당한 접근권한자가 누구인지를 밝혀 과연 피고인의 행위가 '정보통신망법 제49조의 규정을 위반하여 타인의 정보를 훼손한 행위'에 해당하는지 여부를 판단하였어야 할 것이다. 그럼에도 불구하고 그 인정 사실만으로 이 사건 공소사실이 유죄라고 판단한 원심판결에는 위 범죄구성요건에 관한 법리를 오해하여 범죄의 성립에 필요한 심리를 다하지 아니한 위법 등이 있다. 따라서 이를 지적하는 상고이유의 주장은 이유 있다.

인 전전양수인이 설정해 둔 비밀번호를 변경하여 접속을 불가능하게 한 사안에서, 위 계정에 대한 구 정보통신망 이용촉진 및 정보보호 등에 관한 법률상 정당한 접근권한자가 누구인지를 밝혀 같은 법 제49조의 위반 여부를 판단하였어야 함에도 그 인정사실만으로 유죄라고 판단한 원심판결에 법리오해 및 심리미진의 위법이 있다"[6]고 판시한 바 있다.

마. 계정 압류

(1) 계정압류를 둘러싼 입장차

계정압류란 게임이용자의 귀책으로 인하여 게임사와 계약으로 발급받은 이용자의 계정으로 게임접속을 차단당하는 상태를 말한다. 이러한 차단상태는 계정삭제와는 달리 영구적으로 계정을 이용할 수 없기 때문에 지나치다는 지적이 작지 않았다. 또한 계정압류의 경우에는 이용자에 대한 보상이나 배상이 전혀 이루어지지 않기 때문에 과잉금지원칙에 위배될 수도 있다는 주장도 가능하다.

다만, 게임사업자의 입장에서는 수많은 이용자가 이용하는 게임물의 이용규칙인 이용약관에 명시된 이용자의 의무사항이나 금지사항을 위반할 경우에는 게임성을 훼손하게 되고, 다른 이용자의 게임 이용을 방해하는 문제가 발생하기 때문에 이를 간과할 수 없다는 입장이 충돌하고 있다. 게임사업자는 계정압류의 근거를 이용약관에 근거하고 있기 때문에 이용약관에 대한 해석논란이 작지 않다.

6 다른 사안에서도 대법원은 '정보통신망법 제49조의 규정을 위반하여 타인의 정보를 훼손한 행위'에 해당하는지 여부를 판단함에 있어 그 전제가 되는 정보의 귀속은 정보통신서비스 제공자에 의하여 그 접근권한이 부여되거나 허용된 자가 누구인지에 따라 정해져야 할 것이고, 이는 정보통신서비스 제공자가 정한 인터넷온라인 게임 이용약관상 계정과 비밀번호 등의 관리책임 및 그 양도나 변경의 가부, 그에 필요한 절차와 방법 및 그 준수 여부, 이용약관에 따른 의무를 이행하지 않았을 경우 행해질 수 있는 조치내용, 캐릭터 및 아이템 등 게임정보에 관한 이용약관상 소유관계 등 여러 사정을 종합적으로 고려하여야 한다고 보고 있다. 비록 피고인이 위 계정의 양도를 승낙함으로써 김◇◇ 등 제3자로 하여금 위 계정을 사용하도록 한 경우라고 하더라도 원칙적으로 김◇◇ 등 제3자에게는 정당한 접근권한이 없는 점, 반면 피고인으로서는 여전히 위 계정에 대한 정당한 접근권한을 가지고 있는 점, 설령 김◇◇가 위 계정을 정당하게 양수하였다고 하더라도, 그로 인하여 정보통신서비스 제공자가 피고인에게 부여한 위 계정상의 정보마저 김◇◇의 것으로 바뀐다고 할 수는 없는 점 등을 종합하여 피고인이 위 계정의 비밀번호를 변경하였다고 하더라도 그것이 곧 '정보통신망법 제49조의 규정을 위반하여 타인의 정보를 훼손한 행위'에 해당한다고 볼 수 없다고 판단한 원심의 판단은 정당하다고 판시한 것이다.

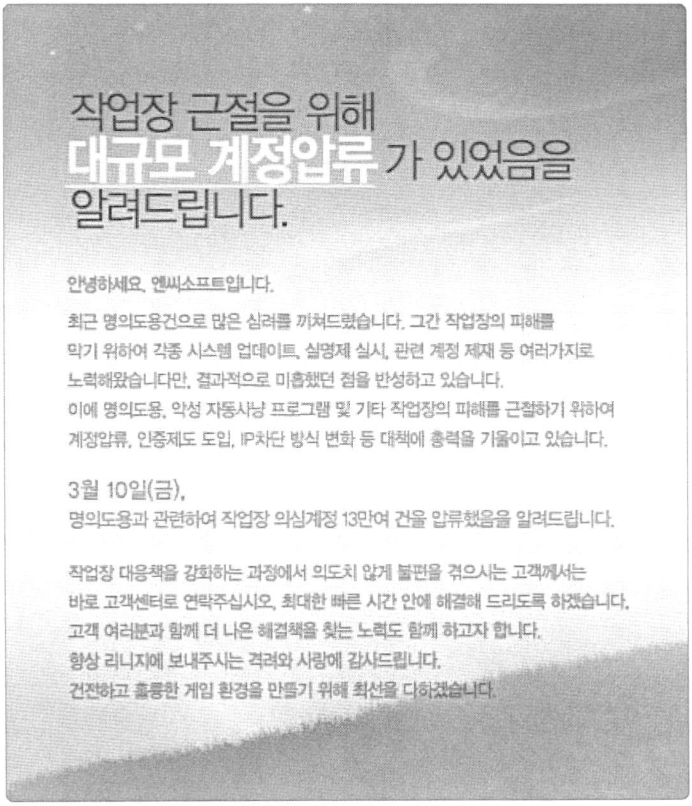

엔씨소프트 계정압류 공지[7]

(2) 약관의 해석

약관의 규제에 관한 법률상 이용약관의 해석원칙은 경제적 약자의 입장에서 이루어진다는 원칙을 담고 있다. 대법원도 약관의 해석에 있어서는 "약관의 내용은 개개 계약체결자의 의사나 구체적인 사정을 고려함이 없이 평균적 고객의 이해가능성을 기준으로 하여 객관적·획일적으로 해석하여야 하고, 고객보호의 측면에서 약관 내용이 명백하지 못하거나 의심스러운 때에는 고객에게 유리하게, 약관작성자에게 불리하게 제한 해석하여야 한다"[8]고 판시하고 있다.

7 김다은, "리니지, 작업장관련 13만 계정 압류!", 인벤, 2006.3.13.일자.

8 대법원 2005. 10. 28. 선고 2005다35226 판결, 대법원 2007. 2. 22. 선고 2006다72093 판결.

(3) 계정 압류

계정 압류에 대한 이해관계의 충돌 및 그에 따른 약관의 해석원칙에 있어서 대법원은 리니지 이용자의 편을 들어주었다.

NC소프트의 리니지2

대법원은 "엔씨소프트가 제공하는 다중 이용자 온라인 롤플레잉 게임인 '리니지(Lineage) I' 인터넷 게임 서비스 이용자 을이 자신의 계정을 이용하여 3회에 걸쳐 게임 내에서 통용되는 화폐 아이템을 현금으로 구입하는 현금거래행위를 하였는데, 게임 이용약관 및 운영정책에서 '아이템 현금거래행위에 대하여 최초 1회 적발이라고 하더라도 해당 계정으로 과거 현금거래를 한 사실이 추가 확인되는 경우 등에는 해당 계정에 대한 영구이용제한의 조치를 받을 수 있고, 2회 적발 시 적발된 계정의 영구이용정지가 가능하다'고 규정하고 있으나, 3회에 걸쳐 이루어진 위 현금거래행위가 모두 엔씨소프트에 의하여 한꺼번에 적발되었음에도, 엔씨소프트가 을의 해당 계정에 대하여 영구이용정지조치를 취한 사안에서, 엔씨소프트가 위 규정 전단을 적용하여 영구이용정지조치를 취하기 위해서는 '최초 1회 적발'이라는 요건과 '해당 계정으로 과거 현금거래행위를 한 사실의 추가 확인'이라는 요건이 모두 충족되어야 하는데, '최초 1회 적발'의 의미는 문언상 현금거래행위의 횟수와 상관없이 이용자의 현금거래행위에 대한 '첫 번째 적발'을 의미하고, '해당 계정으로 과거 현금거래행위를 한 사실의 추가 확인'의 의미는 엔씨소프트가 이용자의 현금거래행위에 대하여 '첫 번째 적발' 후 그에 따른 제재조치를 하기 전에 다른 현금거래행위가 있는지 확인하는 과정에서 '추가로 새로운 현금거래행위를 확인하는 경우'를 의미한다고 해석될 여지가 충분히 있으며, 나아가 엔씨소프트가 위 규정 후단을 적용하여 영구이용정지조치를 취하기 위해서도 이용자의 현금거래행위가 2회 '있는' 경우가 아니라 이용자의 현금거래행위가 2회 '적발'된 경우에 해당되어야 한다고 해석될 여지가 충분히 있으므로, 약관 해석에서 작성자 불이익의 원칙상 엔씨소프트로서는 위 규정에 근거하여 이용자의 해당 계정에 대한 영구이용정지조치를 취할 수 없다"[9]고 판시한 것이다.

바. 게임아이템의 원상 회복

(1) 계정도용

이용자는 게임물을 이용하는 도중에 계정을 도용당하는 경우가 작지 않다. 계정도용의 경우는 해킹이나 계정관리에 따른 문제이나, 후자가 많은 부분을 차지한다. 게임사에서 정의하는 계정도용(해킹)이란 계정에 등록된 정보를 당사자의 동의 없이 타인이 무단으로 접속하여 고객의 계정정보(E-Mail 주소 및 내용, 계정, 캐릭터, 아이템 및 실버 등)에 피해를 입히는 모든 행위를 말한다. 게임물의 계정도용 신고센터에서 계정도용 신고를 접수받고, 계정도용 조사를 진행하는 부분은 비정상적으로 이동된 아이템을 추적하여 이를 습득한 계정을 서비스 이용제한 조치한다. 또한 피해 아이템의 경우, 생성이 아닌 원래 아이템의 이용권을 갖고 있던 신고자에게 계정도용 관련 아이템을 되돌려 주는 회수를 의미한다.

(2) 계정도용 신고제도

계정도용 및 이에 따른 아이템 등이 타 계정으로 이전되는 경우에 이를 복구해줄 것을 요청하는 것을 계정도용 신고제도라고 한다. 이처럼 복구해주는 이유는 게임아이템 등이 의도하

9 대법원 2011.08.25. 선고 2009다79644 판결.

지 않게 제3자에게 이전됨으로써 자신이 생성하거나 획득한 아이템을 이용할 수 없는 상태가 되는 것을 방지하기 위한 것으로 볼 수 있다. 그렇지만 계정도용 신고제도는 기본적으로 게임이용자를 위한 부수적인 서비스이지, 원래 계정에 있던 아이템 등의 완전한 복구를 의미하는 것으로 보기는 어렵다. 게임물의 이용계약은 이용자의 도용된 아이템의 복구나 보호가 아닌 안전한 게임물의 이용제공이 주된 서비스이기 때문이다.

게임사들은 이용약관에 계정도용 신고제도에 관한 사항을 두고 있으며, 완전복구에 대해서는 불가하다는 것을 명시적으로 규정하고 있다. 만약 도용자의 계정에 남아있는 아이템은 원 계정으로 회수할 수 있으나 해당 아이템이 제3자의 계정으로 넘어간 경우에는 선의취득으로 볼 수 있어 이를 회수하기 어렵다.

(3) 원상 회복 조치의무

계정을 도용하는 이유는 해당 계정에 담겨있는 아이템이 고가인 경우이다. 실제 계정관리 미흡으로 인하여 게임아이템의 무단이전이 일어나자, 이를 해당 게임사업자에게 신고하였으나 무단 이전된 아이템의 복구가 이루어지지 않자 소송을 제기한 경우가 있다.

'한게임'을 서비스하는 NHN이 제공하는 R2 게임에서 이루어진 본 사건에서 "피고는 원고 계정에 대한 보호 의무를 소홀히 하여 원고가 계정도용의 피해를 당하였거나 또는 ② 이 사건 게임 약관 제15조는 게임서비스는 연중무휴, 1일 24시간을 원칙을 하고 있고, 약관 제12조는 고객의 의견이나 불만은 즉시 처리한다고 규정하고 있으므로, 계정도용신고에 대한 피고의 조치도 연중무휴, 1일 24시간 동안 즉시 처리되어야 함에도 불구하고, 원고가 이 사건 계정도용 이후 회원문의란에 계정도용 피해를 신고하였는데도 피고는 계정도용신고센터로 신고하라고 답신만 한 채 아무런 조치를 취하지 아니하였고, 원고가 같은 날 20:20경 계정도용신고센터에 신고하였으나 그 날이 일요일이라는 이유로 담당직원이 근무하지 아니하여 신고 즉시 신고에 대한 조치가 이루어지지 아니하고 그 다음날이 되어서야 계정도용신고 건에 대한 조사가 이루어졌으며, 계정도용신고가 되면 아이템 이동경로를 조사하여 계정도용 의심 계좌에 대하여 즉시 이용제한조치를 취하여야 하는데도 그 조치를 지연함으로 인하여 원고는 이 사건 각 아이템을 상실당하는 피해를 입었다"는 주장이다.

이에 대해 법원은 "NHN이 운영하는 다중접속온라인 게임인 'R2'를 이용하던 유료 게임

사용자 원고가 계정을 도용당하여 아이템을 상실한 사안에서, 원고가 사고 계정도용신고를 하였으나 사고 발생일이 일요일인 관계로 담당직원이 근무하지 아니하여 신고 즉시 조치가 이루어지지 아니한 사실은 인정되나, 위 계정도용 사고는 NHN이 보관하는 정보가 직접 누출되어 이루어진 것이 아니라 원고의 관리 소홀로 인하여 발생하였을 가능성을 배제할 수 없을 뿐만 아니라, NHN의 관리·감독의 범위에 이용고객의 사정에 의한 계정도용의 경우까지 대비하여 24시간 내내 직원이 대기하면서 계정도용신고를 처리하여야 한다거나 NHN이 지배할 수 없는 영역에서 발생한 사항에 대하여 즉시 조치하여야 한다고 볼 수 없고, 당시 상황을 판단하여 통상의 주의를 가지고 처리하면 주의의무를 다한 것이라고 보아야 할 것인 점 등에 비추어, 을의 계정도용신고에 대한 NHN이 조치가 적기에 이루어지지 못한 귀책사유로 원고가 아이템을 상실하였다고 볼 수 없다"[10]고 판시한 바 있다.

결론적으로, 게임사업자는 자사의 귀책이 아닌 사유로 발생한 계정도용 및 이에 따른 아이템 이전에 대해 아이템 회수에 대한 신의성실의 원칙을 따라 처리해야 하겠지만, 그 정도를 넘어선 부분에 대해서까지 손해배상의 책임이 있다고 보기 어렵다는 것을 확인한 사안이다.

사. 명의 도용

온라인 게임 서비스 제공자가 이용자의 실명정보 확인의무를 위반하였는지 여부의 판단 방법에 있어서 대법원은 "온라인 게임 서비스 제공자가 자신이 제공하는 게임 서비스에 명의 도용자가 회원으로 가입하는 것을 허용하고 이를 방치하였을 때 피도용자들에 대해 불법행위로 인한 손해배상책임을 지게 하기 위해서, 실명정보의 확인의무를 부담하는 온라인 서비스 제공자가 이러한 확인의무를 위반함으로써 부당하게 가입한 온라인 회원이 게임서비스를 이용하는 것을 방치한 경우여야 한다. 온라인 서비스 제공자가 실명정보의 확인의무를 위반하였는지는 온라인 게임 서비스의 제공이 인터넷을 통해 수시로 또한 대규모로 이루어지는 비대면 거래로서 서비스 제공자의 입장에서는 이용자 각각의 서비스 이용 실태를 개별적으로 파악하여 그 중 명의도용에 의한 회원가입 내지 이용행위인지 여부를 식별해 내는 것이 용이하지 않다는 점을 고려하여 볼 때, 관련 인터넷 기술의 발전 수준, 해당 게임의 특성, 운영 주

10 서울고등법원 2011.05.12. 선고 2010나77530 판결: 확정.

체로서의 서비스 제공자의 영리적 성격·규모, 기술적 수단의 도입에 따른 일반 이용자에 대한 이익과 불이익 및 이에 따른 경제적 비용, 명의도용행위로 인한 피해의 정도, 가해자와 피해자의 관계 등을 종합하여 판단하여야 한다"[11]고 판시한 바 있다.

제3자가 타인의 명의를 도용하여 온라인 게임 서비스에 회원가입을 한 사안에서, 온라인 서비스 제공자로서는 회원가입절차에서 이용신청자가 실제 본인인지를 확인할 주의의무, 즉 실명정보의 확인의무를 부담하지만, 명의도용 발생 당시 가입신청자의 실명정보를 실명자료 데이터베이스와 실시간 검색·비교하는 방법으로 확인절차를 거침으로써 실명정보 확인의무를 다하였고, 명의도용 발생 후에도 적절한 조치를 취하였으므로, 온라인 서비스 제공자가 명의도용행위를 방치하여 불법행위에 도움을 주었다고 할 수 없다고 보았다.

4. 소비자로서 게이머의 보호

가. 소비자의 정의

게이머는 게임을 구매하거나 게임 서비스를 이용하는 최종 이용자가 소비자로서 지위를 얻는다. 전자상거래 소비자보호법에서는 소비자를 가. 사업자가 제공하는 재화 등을 소비생활을 위하여 사용(이용을 포함한다. 이하 같다)하는 자, 나. 가목 외의 자로서 사실상 가목의 자와 같

11 대법원 2009.05.14. 선고 2008다75676 판결. 이 사건 명의도용 발생 당시 원고들이 주장하는 휴대폰인증제, 오프라인에서 주민등록증, 주민등록등본에 의한 본인 확인 등 여러 방안들에 대해서는 다수의 일반 이용자들이 불편하게 여길 수 있었던 점, 온라인 게임 이용자와 금융기관 이용자 사이에는 개인정보의 보안관리에 대한 요구 수준에 큰 차이가 있고, 법령상으로도 차이가 있는 점, 이 사건 명의도용이 발생할 당시 게임업체들 중에 휴대폰인증제를 실시한 업체는 없었던 점, 대규모 명의도용에 의한 회원가입이 문제된 것은 이 사건 명의도용이 사실상 최초의 사례인 점, 2005년 현재 국내 이용자 수만 약 170만 명에 이르고 수시로 상당한 신규가입 및 탈퇴가 이루어지는 상황에서 이용자별로 회원가입정보를 분석하여 명의도용에 의한 회원가입 여부를 식별해 내기는 용이하지 않은 점, 피고 회사는 경찰청 통보에 따라 2005. 6.경부터 2006. 1.경까지 명의도용의 우려가 큰 약 21만 개의 계정에 대해 압류 등 조치를 취한 점, 아이템 중개업자 등의 접속차단을 위해 IP당 접속 계정수를 제한하는 방안은 인증서버에 지나친 부하를 초래하여 이 사건 게임 서비스의 원활한 제공에 장애가 될 수 있는 반면, 접속시마다 IP를 변경하거나 유동 IP를 사용하는 방식으로 용이하게 회피할 수도 있어 실효성이 적은 점, 가상사설망(virtual private network, VPN)이나 프록시서버(Proxy server) 서비스를 이용한 우회 접속을 미리 차단하는 방안은 국내에서 VPN 서비스 등을 제공하는 다른 업체들의 협조를 구하는 것이 가능한지가 불분명한 점, 자동프로그램을 통한 부정한 게임 서비스 이용행위를 방지하기 위해 'GameGuard' 등 각종 보안프로그램을 도입하고, 자체적으로 게임 내에서 캐릭터의 비정상적인 활동을 감시·규제하기 위한 감시팀(Game Master)을 상시로 운영한 점, 피고 회사가 여러 대응방안을 모색하던 중 2006. 1.경부터 휴대폰인증제의 도입을 검토·준비하여 게임서비스업계에서는 처음으로 2006. 2. 23.경부터 전격적으로 이를 시행한 점 등을 종합하면, 이 사건 명의도용 발생 당시 피고 회사가 가입신청자의 실명정보를 실명자료 데이터베이스와 실시간 검색·비교하는 방법으로 확인절차를 거친 것은 온라인 서비스 제공자로서의 실명정보 확인의무를 다하였다고 할 것이고, 그 후 이 사건 명의도용이 발생하자 피고 회사는 명의도용을 방지하기 위한 여러 방안을 강구하였고 휴대폰인증제까지 도입하는 등 적절한 조치를 취하였다고 할 것이므로 피고 회사가 명의도용행위를 방치하여 불법행위에 도움을 주었다고 할 수 없다.

은 지위 및 거래조건으로 거래하는 자 등 대통령령[12]으로 정하는 자로 정의하고 있다.

반면 소비자기본법에서는 소비자를 "사업자가 제공하는 물품 또는 용역(시설물을 포함한다. 이하 같다)을 소비생활을 위하여 사용(이용을 포함한다. 이하 같다)하는 자 또는 생산활동을 위하여 사용하는 자로서 대통령령[13]이 정하는 자"로 정의하고 있다.

나. 청약 철회

청약철회란 "소비자가 일정한 기간 동안 아무런 부담을 지지 않은 채 성급하게 체결한 계약의 구속에서 벗어날 수 있도록 하는 권한"[14]을 말한다. 모든 소비자 거래에서 청약철회가 인정되는 것은 아니고 특별히 소비자를 보호할 필요가 있는 특수한 거래 분야 즉, 방문 판매·전자상거래판매·전화권유판매·다단계 판매·할부 거래에만 적용된다. 철회할 수 있는 기간은 분야별로 다른데, 방문판매 및 전화권유판매는 계약일로부터 14일, 전자상거래판매는 7일, 다단계 판매는 14일, 할부 거래는 7일 이내이다.[15]

전자상거래소비자보호법은 일정한 경우를 한정하여 예외를 두고 있다. 소비자는 다음 각 호의 어느 하나에 해당하는 경우에는 통신판매업자의 의사에 반하여 청약철회등을 할 수 없다. 다만, 통신판매업자가 제6항에 따른 조치를 하지 아니하는 경우에는 제2호부터 제4호까지의 규정에 해당하는 경우에도 청약철회등을 할 수 있다(제17조 제2항).

---

12 소비자기본법 제2조(소비자의 범위) 전자상거래 등에서의 소비자보호에 관한 법률(이하 "법"이라 한다) 제2조 제5호 나목에서 "대통령령으로 정하는 자"란 사업자가 제공하는 재화 또는 용역(이하 "재화등"이라 한다)을 소비생활 외의 목적에 사용하거나 이용하는 자로서 다음 각 호의 어느 하나에 해당하는 자를 말한다.

1. 재화등을 최종적으로 사용하거나 이용하는 자. 다만, 재화등을 원재료(중간재를 포함한다) 및 자본재로 사용하는 자는 제외한다.
2. 법 제3조제1항 단서에 해당하는 사업자로서 재화등을 구매하는 자(해당 재화등을 판매한 자에 대한 관계로 한정한다)
3. 재화등을 농업(축산업을 포함한다) 또는 어업 활동을 위하여 구입한 자. 다만, 원양산업발전법 제6조 제1항에 따라 해양수산부장관의 허가를 받은 원양어업자는 제외한다.

13 제2조(소비자의 범위) 소비자기본법(이하 "법"이라 한다) 제2조제1호의 소비자 중 물품 또는 용역(시설물을 포함한다. 이하 같다)을 생산활동을 위하여 사용(이용을 포함한다. 이하 같다)하는 자의 범위는 다음 각 호와 같다.

1. 제공된 물품 또는 용역(이하 "물품등"이라 한다)을 최종적으로 사용하는 자. 다만, 제공된 물품등을 원재료(중간재를 포함한다), 자본재 또는 이에 준하는 용도로 생산활동에 사용하는 자는 제외한다.
2. 제공된 물품등을 농업(축산업을 포함한다. 이하 같다) 및 어업활동을 위하여 사용하는 자. 다만, 원양산업발전법 제6조제1항에 따라 해양수산부장관의 허가를 받아 원양어업을 하는 자는 제외한다.

14 이호영, 소비자보호법, 홍문사, 2010, 238면.

15 네이버 지식검색, 2014.4.29.일자.

1. 소비자에게 책임이 있는 사유로 재화등이 멸실되거나 훼손된 경우. 다만, 재화등의 내용을 확인하기 위하여 포장 등을 훼손한 경우는 제외한다.
2. 소비자의 사용 또는 일부 소비로 재화등의 가치가 현저히 감소한 경우
3. 시간이 지나 다시 판매하기 곤란할 정도로 재화등의 가치가 현저히 감소한 경우
4. 복제가 가능한 재화등의 포장을 훼손한 경우
5. 용역 또는 문화산업진흥 기본법 제2조 제5호의 디지털 콘텐츠의 제공이 개시된 경우. 다만, 가분적 용역 또는 가분적 디지털 콘텐츠로 구성된 계약의 경우에는 제공이 개시되지 아니한 부분에 대하여는 그러하지 아니하다.
6. 그 밖에 거래의 안전을 위하여 대통령령[16]으로 정하는 경우

다. 취소권

취소란 일단 유효하게 성립한 법률행위의 효력을 일정한 이유에서 후에 행위시로 소급하여 소멸케 하는 특정인의 의사표시를 말한다. 원래 취소라 함은 법률행위 당사자의 무능력(민법 제5조 2항, 제10조, 제13조)을 이유로 하여 그 법률행위의 효력을 소급적으로 무효로 하는 것이다.

미성년자로서 게임을 이용하는 경우에는 경우에 따라 법정대리인에 의하여 계약행위 등에 대한 취소권을 행사할 수 있다.

라. 경품 제공

(1) 지급조건

게임물을 제공하는 과정에서 사업자는 마케팅의 일환으로 게이머에게 다양한 경품을 제공하게 된다. 경품은 공정거래법상 '경품고시'를 통해 지급방식이나 조건을 설정하기도 한다. 여러 가지 이유로 임의로 경품의 제공을 바꾸는 경우가 발생하기도 한다. 게이머는 게임사업자의 청약에 승낙하여 지급 조건에 부합하는 행위를 하게 된다. 통상 조건은 게임을 몇 판 진행하

16 제21조(청약철회등의 제한) 법 제17조 제2항 제5호에서 "대통령령으로 정하는 경우"란 소비자의 주문에 따라 개별적으로 생산되는 재화등 또는 이와 유사한 재화등에 대하여 법 제13조 제2항 제5호에 따른 청약철회등(이하 "청약철회등"이라 한다)을 인정하는 경우 통신판매업자에게 회복할 수 없는 중대한 피해가 예상되는 경우로서 사전에 해당 거래에 대하여 별도로 그 사실을 고지하고 소비자의 서면전자문서를 포함한다)에 의한 동의를 받은 경우를 말한다. [전문개정 2012.8.13]

거나 퀘스트(quest)를 수행하는 과정을 거치는 것이다. 이러한 조건을 수행하면, 게임사업자는 게이머에게 응모권을 부여하여 해당 경품의 현상공모가 이루어지도록 한다.

(2) 준수 사항

게임물 관련사업자의 준수사항으로써 경품 등을 제공하여 사행성을 조장하지 아니하여야 한다.[17] 다만, 청소년게임제공업의 전체이용가 게임물에 대하여 대통령령[18]이 정하는 경품의 종류(완구류 및 문구류 등. 다만, 현금, 상품권 및 유가증권은 제외한다)·지급기준·제공방법 등에 의한 경우에는 가능하다. 이에 따라 제공할 수 있는 경품은 완구류, 문구류, 문화상품퓨 및 스포츠용품류에 한정된다. 지급 기준도 소비자판매가격(일반 소매상점에서의 판매가격을 말한다) 5천원 이내의 것으로 한정된다. 무엇보다, 등급분류 시 심의된 게임물의 경품지급장치를 통해서만 제공하여야 하며, 영업소관계자 등이 경품을 직접 제공하여서는 아니된다.

게임산업법은 지급되는 경품이 사행성을 조장하지 않도록 사업자의 의무규정으로 두고있다. 게임물관리위원회는 게임사업자가 이벤트 과정에서 지급하는 경품에 대해 내용수정신고 절차에 따라 신고토록 하고 있다. 이 경우도 직접적인 지급은 제한되며 경품에 응모할 수 있는 응모권 지급 방식을 따르도록 하고 있다. 공정거래위원회 경품고시에서도 '소비자 현상'에 의한 경품 지급만을 제한하고 있을 뿐이다.

---

17 게임산업법 제28조(게임물 관련사업자의 준수사항)게임물 관련사업자는 다음 각 호의 사항을 지켜야 한다.

3. 경품 등을 제공하여 사행성을 조장하지 아니할 것. 다만, 청소년게임제공업의 전체이용가 게임물에 대하여 대통령령이 정하는 경품의 종류(완구류 및 문구류 등. 다만, 현금, 상품권 및 유가증권은 제외한다)·지급기준·제공방법 등에 의한 경우에는 그러하지 아니하다.

18 게임산업법 시행령 제16조의2(경품의 종류 등) 법 제28조 제3호 단서에 따라 제공할 수 있는 경품의 종류와 그 지급기준 및 방법은 다음과 같다.

1. 경품의 종류
   가. 완구류 및 문구류
   나. 문화상품류 및 스포츠용품류. 다만, 청소년 보호법 제2조에 따른 청소년유해매체물, 청소년유해약물 및 청소년유해물건을 제외한다.
2. 경품의 지급기준
   지급되는 경품은 소비자판매가격(일반 소매상점에서의 판매가격을 말한다) 5천원 이내의 것으로 한다.
3. 경품의 제공방법
   등급분류 시 심의된 게임물의 경품지급장치를 통해서만 제공하여야 하며, 영업소관계자 등이 경품을 직접 제공하여서는 아니된다.

5. 프로게이머의 법적 지위

가. 이스포츠

이스포츠(e-sports)를 논하기 전에 스포츠에 대해 이해할 필요가 있다. 우선 스포츠관련 기본법으로 이해될 수 있는 국민체육진흥법에서는 스포츠(체육)를 운동경기·야외 운동 등 신체 활동을 통하여 건전한 신체와 정신을 기르고 여가를 선용하는 것으로 정의하고 있다(제2조 제1호). 이와 달리, 스포츠를 산업적으로 진흥하기 위하여 제정된 스포츠산업 진흥법에서는 스포츠를 건강한 신체를 기르고 건전한 정신을 함양하며 질 높은 삶을 위하여 자발적으로 행하는 신체활동을 기반으로 하는 사회문화적 행태라고 정의하고 있다(제2조 제1호). 이와 관련하여 스포츠산업을 스포츠와 관련된 재화와 서비스를 통하여 부가가치를 창출하는 산업으로 정의하고 있다.

스포츠의 3분류[19]

스포츠		
피지컬 스포츠	마인드 스포츠	이스포츠
야구 축구 농구 테니스 골프 마라톤 수영 등 신체 스포츠	바둑 체스 장기 오셀로 포커 마작 등 두뇌 스포츠	스타크래프트 피파 테트리스 카운터 스트라이크 워크래프트 LOL 등 디지털 스포츠

실제 스포츠는 신체적인 활동을 통해서 하는 경우도 있지만, 정신적인 활동으로 하는 경우도 있다. 즉, 바둑이나 장기와 같은 경우에는 두뇌스포츠로 인정받고 있다. 이와달리, 게임물을 이용한 체육활동으로 볼 수 있는 이스포츠란 게임산업법 제2조 제1호에 따른 게임물을 매개로 하여 사람과 사람 간에 기록 또는 승부를 겨루는 경기 및 부대활동을 말한다. 전문 이스포츠란 이스포츠 선수들이 행하는 이스포츠 경기 활동을 말한다. 생활 체육과 비슷한 맥락의 생활 이스포츠란 여가와 친목도모를 위하여 행하는 자발적이고 일상적인 이스포

19 디지털 게임 교과서 제작위원회, 디지털게임교과서, 에이콘출판, 2012, 296면.

츠 활동을 말한다. 이처럼 이스포츠는 전문적인든 생활에서 이루어지든 게임산업법 상 게임물을 매개로 한다는 점에서 차이가 없다.

나. 프로게이머

국민체육진흥법은 선수를 경기단체에 선수로 등록된 자를 말한다(제2조 제4호). 이스포츠산업진흥법에서는 프로게이머를 게임물을 활용하여 이루어지는 이스포츠를 행하는 자를 이스포츠 선수라 하며, 이스포츠 단체의 정하여진 바에 따라 등록된 사람으로 정의하고 있다. 아울러 선수들의 단체로 볼 수 있는 이스포츠 단체란 이스포츠에 관한 활동이나 사업을 목적으로 설립된 법인이나 단체를 말한다.

대표적으로 한국e스포츠협회를 들 수 있을 것이다. 따라서 이스포츠 단체에 등록되지 않으면 이스포츠 선수로 보기 어렵다.

다. 법적 지위

프로게이머는 이스포츠 단체에 등록된 사람을 말한다. 전문 이스포츠 활동을 하는 프로게이머는 자신이 행한 이스포츠의 결과에 대한 권리관계의 주체가 될 수 있다. 프로게이머는 방송중계, 퍼블리시티권 등의 주체가 될 수 있다. 물론 소속 구단이 방송중계권을 가지고 있을 것이나, 이를 활용하기 위해서는 실제 프로게이머의 승낙이 있어야 한다.

라. 블리자드 사태로 본 이해관계

(1) 블리자드 v. e스포츠협회 분쟁 경과

스타크래프트는 이츠포츠의 주요 경기종목 중 하나이다. 국내 이스포츠의 주된 종목으로 선정되었기 때문에 스타크래프트가 이만큼 성장할 수 있었으며, 국내에 블리자드의 브랜드가 확대될 수 있었다고 본다. 그러나 이는 부수적인 문제이고, 본질적으로는 e스포츠협회에서 방송중계권을 방송사에 판매함으로써 블리자드의 저작권이 침해되었는지 여부이다.

2010년도 블리자드는 e스포츠협회에 저작권 침해 등을 이유로 소를 제기하였다. 주된 논거는 e스포츠협회가 자사의 허락없이 방송중계권을 판매함으로써 부당이득을 얻었다는 것이다. 반면 e스포츠협회는 블리자드의 스타크래프트는 공공재이기 때문에 이용허락 없이 사용이 가능하다는 주장이었다.

이러한 분쟁은 2011년 e스포츠협회와 블리자드의 분쟁 사례가 대표적이라고 할 수 있다. 이 문제는 합의를 통해서 해결되었다.

(2) 프로게이머의 권리

이스포츠를 즐기는 프로게이머가 가질 수 있는 권리를 특정하기가 쉽지 않다. 저작권법상 권리가 부여되는 것이라기 보다는 사실상의 게임을 실행하는 게이머의 입장에서 단순한 소비 이상의 가치를 찾기가 쉽지 않기 때문이다. 게임물을 실행함으로써 게이머는 자신의 역할을 하게 되며, 이 경우에는 실연으로 볼 여지는 있다. 저작권법에서는 실연자에 대한 정의를 통해 간접적으로나마 실연을 "저작물을 연기·무용·연주·가창·구연·낭독 그 밖의 예능적 방법으로 표현하거나 저작물이 아닌 것을 이와 유사한 방법으로 표현하는 것"으로 이해할 수 있으나, 게임물을 실행하는 것이 실연의 정도까지인지는 의문이다. 결론적으로 현행 저작권법상 프로게이머의 가치를 인정해줄 수 있는 장치를 찾기 어렵다.

(3) 블리자드의 권리

스타크래프트의 게임물에 대한 저작물성을 부인하기 어렵다. 따라서 블리자드는 저작권자로서 자신의 저작물에 대한 권리를 행사할 수 있다. 이스포츠와 관련해서는 자신의 저작물에 대한 복제권 및 방송권을 가지고 있다. 방송물을 인터넷을 통해 제공할 때는 전송권도 포함된다. 따라서 블리자드는 e스포츠협회에 대해 방송권을 포함한 공중송신권 이용에 따른 권리를 행사할 수 있을 것이다. 이와 별도로 "이스포츠 방송은 게임물을 원작으로 하기 때문에 2차적 저작물로 볼 여지도 있다"[20]고 한다.

(4) 방송사의 권리

(가) 계약상 방송중계권의 취득

방송사는 e스포츠협회와 계약을 통해 방송중계를 할 권리를 취득할 것이다. 물론 게임 저작권자와의 계약을 통해 이루어질 경우에는 법적 이슈는 없을 것이다. 다만, 이 경우에 방송물에 대한 권리취득은 어떻게 할 것이냐의 문제일 것이다. 다시 말하자면, 게임사업자의 게임을 이용하여 방송중계가 이루어질 경우에 이에 대한 권리를 게임사업자가 주장할 수 있겠느냐

20 오승종, 저작권법상 공표된 저작물의 인용에 관한 고찰, 홍익법학 제10권 제2호, 2009, 66면.

는 것이다. 방송사는 중계 결과물인 영상저작물에 대한 별도의 권리를 가지게 될 것이다. 왜냐하면 게임물의 실연이나 게임물의 방송이라고 하더라도, 이는 실연과 방송과 별개로 방송저작물로서 성격을 갖기 때문이다.

(나) 공정이용의 주장가능성

이와 별개로 방송사로서는 이스포츠 중계가 공정이용에 해당할 수 있다는 주장도 가능하다. 저작권법은 공정이용에 대한 일반조항을 두고있기 때문에 저작재산권의 제한규정이 적용되지 않는 방식의 저작물의 이용에 대해서 적용할 수 있다.[21] 즉, 저작물의 통상적인 이용 방법과 충돌하지 아니하고 저작자의 정당한 이익을 부당하게 해치지 아니하는 경우에는 보도·비평·교육·연구 등을 위하여 저작물을 이용할 수 있다. 다만, 저작물 이용 행위가 앞의 요건에 해당하는지를 판단할 때에는 다음 각 호의 사항 등을 고려하여야 한다.

---

1. 영리성 또는 비영리성 등 이용의 목적 및 성격
2. 저작물의 종류 및 용도
3. 이용된 부분이 저작물 전체에서 차지하는 비중과 그 중요성
4. 저작물의 이용이 그 저작물의 현재 시장 또는 가치나 잠재적인 시장 또는 가치에 미치는 영향

첫 번째 요건에 대해서는 방송사는 이스포츠 중계를 진행하면서 다양한 광고수익을 얻기 때문에 영리적 방식으로 이용하는 것으로 볼 수 있다. 두 번째 요건에 대해서는 이스포츠의 중계를 통해서 시청자에게 해당 게임물에 대한 방송저작물이다. 세 번째 요건에 대해서는 차지하는 비중은 방송에서 중계자의 코멘트 등의 화면은 극히 일부일 것이며, 화면이나 프로게이머의 활동을 결합한 내용이 주된 영상물로 포함될 것으로 보인다. 네 번째 요건에 대해서는 이스포츠의 중계는 원 게임물의 시장이나 잠재적 시장 또는 가치에 미치는 영향은 크지

---

21 제35조의3(저작물의 공정한 이용) ① 제23조부터 제35조의4까지, 제101조의3부터 제101조의5까지의 경우 외에 저작물의 통상적인 이용 방법과 충돌하지 아니하고 저작자의 정당한 이익을 부당하게 해치지 아니하는 경우에는 저작물을 이용할 수 있다.

② 저작물 이용 행위가 제1항에 해당하는지를 판단할 때에는 다음 각 호의 사항등을 고려하여야 한다.

1. 이용의 목적 및 성격
2. 저작물의 종류 및 용도
3. 이용된 부분이 저작물 전체에서 차지하는 비중과 그 중요성
4. 저작물의 이용이 그 저작물의 현재 시장 또는 가치나 잠재적인 시장 또는 가치에 미치는 영향

않을 것으로 보인다. 시장대체성에 대해서는 "방송사들의 이용행위의 결과로 나타난 인용저작물과 피인용저작물인 스타크래프트는 시장적 경쟁관계에 있지 않다고 보는 것이 타당할 것이다. 즉, 이스포츠 방송물은 스타크래프트와 대체재 관계에 있지 않다. 스타크래프트는 직접 게임을 즐기기 위하여 사용되는 게임저작물인데 반하여 이스포츠 방송물은 다른 사람이 진행하는 게임을 시청함으로써 그 게임의 진행상황과 승패의 결과를 파악하고 곁들여지는 해설을 청취하기 위하여 이용되는 시청각저작물이므로, 양 저작물은 이용되는 목적과 형태, 기능에 있어서 전혀 다르기 때문"[22]이다.

(5) 한국e스포츠협회의 권리

e스포츠협회는 게임방송사와 계약을 통해 방송중계권을 행사할 수 있을 것이다. 방송중계권은 별도 계약상의 권리이기 때문에 창설이 가능하다. 다만, e스포츠협회는 게임물에 대한 라이선스가 없기 때문에 방송중계로 인한 수익은 부당이득이 될 수 있음은 물론이다. 방송중계권을 행사하기 위해서는 블리자드의 저작물에 대한 방송권의 범주에서 협의가 이루어져야 한다. 그렇지 아니할 경우에는 방송권을 침해할 수 있기 때문이다.

6. 예술가로서 게이머

산업이나 문화의 예술성에 대한 논의를 벗어나, 실제 예술을 행하는 사람에 대한 지위에 대한 법령도 살펴볼 필요가 있다. 현행 예술인의 지위와 관련된 법령은 예술인 복지법이다. 예술인 복지법은 예술인의 직업적 지위와 권리를 법으로 보호하고, 예술인 복지 지원을 통하여 예술인들의 창작활동을 증진하고 예술 발전에 이바지하는 것을 목적으로 한다. 예술인 복지법에서 "예술인"이란 예술 활동을 업(業)으로 하여 국가를 문화적, 사회적, 경제적, 정치적으로 풍요롭게 만드는 데 공헌하는 자로서 문화예술진흥법 제2조 제1항 제1호에 따른 문화예술 분야에서 대통령령으로 정하는 바에 따라 창작, 실연(實演), 기술지원 등의 활동을 증명할 수 있는 자를 말한다. 무엇보다도 예술인은 예술 활동을 업(業)으로 하여 국가를 문화적, 사

22 오승종, 저작권법상 공표된 저작물의 인용에 관한 고찰, 홍익법학 제10권 제2호, 2009, 84면.

회적, 경제적, 정치적으로 풍요롭게 만드는 데 공헌하는 자로 정의된다.

예술인 복지법에서 정의하고 있는 예술인은 문화예술진흥법 상 문화예술 분야에서 창작, 실연, 기술지원 등의 활동을 증명할 수 있는 자로 한정된다. 그러나 이미 문화예술에 대한 정의에서도 볼 수 있듯이, 게임예술을 위해 들어가는 디자인, 그래픽, 음악, 음향, 시나리오, 소설 등은 이미 게임의 본체를 위한 것이다. 즉, 게임이야말로 다양한 예술장르가 포함된 종합예술인 것이다.

이처럼 게임은 명확하게 '게임은 예술이다'라는 등식이 성립하는 법률은 존재하지는 않지만, 게임에 소요되는 많은 예술적 요소의 집합물이라는 점이다. 그렇기 때문에 어느 하나의 예술장르가 아닌 종합예술로서 그 지위를 갖게 된다. 설령 입법적으로 부인된다고 하더라도, 사실상 종합예술이라는 점은 부인할 수 없다.

7. 게임물과 디지털 유산

가. 디지털 유산

디지털 유산은 인터넷이나 게임물 서비스를 이용하면서 생성하거나 얻은 온라인 상의 결과물을 말한다. 디지털 유산은 온라인은 물론 오프라인 상 유산을 포괄하는 개념이다. 오프라인 유산에서도 디지털화된 형태의 유산을 포함하기 때문이다. 다만 본서에서는 디지털 유산 중, 온라인 유산으로 한정하는 의미로 사용하나 그 표현은 디지털 유산으로 하고자 한다. 온라인 게임이나 게임물에서 디지털 유산이 문제될 수 있는 것은 온라인으로 제공되는 경우에 한정되기 때문이다. 또한 온라인 게임물의 제공은 인터넷을 통해서 이루어지기 때문에 다른 유통방식으로 이루어지는 게임물에 대한 논의는 실익이 있다고 보기 어렵다.

디지털 유산이라 함은 망자가 사전에 인터넷 등 사이버공간에서 생성해 놓은 정보나 저작물 등의 유품을 말한다. 게임을 이용한 경우라면 게임내에서 사용하던 게임아이템이나 게임머니 등을 포함한 게임사업자와 체결한 계약 상 권리관계를 포함한 일체의 것을 말한다.[23] 게임 플랫폼 등에 남겨진 게시글이나 게임 상 아이템이나 게임머니 등이 대표적인 예가 될

23 김윤명, 확률형 게임아이템의 법률 문제, 단국법학 제38권 제1호, 2014.

수 있다. 무엇보다도 디지털 유산이 될 수 있는 것은 망자가 직접적으로 생성한 경우에 해당한다. 망자가 생전에 상속받거나 양도받은 경우라면 해당될 수 있다.

디지털 유산의 개념은 재산으로 한정되어 있기 때문에 재산에 포함되지 아니한 정보의 경우에는 디지털 유산의 논의에서 배제될 수도 있다. 디지털 유산은 재산 내지 재산적 가치가 부인되는 경우를 포함하는 경우도 있기 때문에 재산성이 있는 것을 전재로 하는 개념정의는 다른 논란을 일으킬 수 있다. 디지털 유산의 개념에 대해서는 중립적, 균형적으로 풀어낼 수 있어야 할 것이며, 필요하다면 이를 법률적인 개념으로 정의내려야 할 것으로 판단된다.

나. 게임물의 디지털 유산

게임물의 디지털유산에 대한 논의는 아직 구체화된 것은 없는 것으로 보인다. 다만, 제9대 국회에서 김장실 의원은 정보통신망법 개정안을 발의하면서, 그 제안이유를 "최근 이용자가 작성·게시한 사진 등 게시물 등에 대한 재산적 가치에 대한 인식이 높아지고 있으며, 사망자의 미니홈피·블로그 등을 유족들이 고인을 추모하는 공간으로 활용하려 하지만 현행법에는 사망한 사람의 게시물, 미니홈피 등의 승계·관리에 관한 규정이 없음. 정보통신서비스제공자는 약관에 관련 내용을 두기는 하나 각 정보통신서비스제공자마다 약관이 다르며 재산적 가치 및 승계여부 보다 이용자가 사망한 점에 중점을 두어 일정기간이 지나면 삭제하는 경우가 많은 실정임. 이에 이용자가 생전에 올린 게시물 및 그의 미니홈피·블로그 등을 디지털유산으로 인정하여 그 소유 및 관리권한을 상속인으로 하여금 승계받을 수 있도록 하려는 것"[24]이라고 밝히고 있다.

동 법안의 주요 내용은 다음과 같다.

가. 이용자가 생전에 획득한 게임아이템, 작성한 게시물, 관리한 미니홈피·블로그 등을 디지털유산이라 하고, 그 소유 및 관리권한의 승계에 관한 규정과 제3자의 이의제기 규정을 마련함(안 제44조의11 제1항).

나. 이용자가 사망하기 전에 디지털유산의 처리방법을 대통령령으로 정하는 바에 따라 미리 지정한 경우 정보통신서비스제공자는 이용자가 지정한 처리방법에 따라 디지털유산을 처리하도록 함(안 제44조의11 제2항).

다. 디지털유산의 승계에 관하여 본조에 규정되지 않은 사항은 「민법」의 상속에 관한 규정을 준용하도록 함(안 제44조의11 제3항).

게임물과 관련한 내용은 이용자가 생전에 획득한 게임아이템, 작성한 게시물, 관리한 미니홈피·블로그 등을 디지털유산이라 한다는 점이다. 따라서 입법이 이루질 경우에는 게임 내에 남겨진 아이템 등이 포함될 수 있을 것이다.[25]

24 김장실 의원 대표발의, 정보통신망 이용촉진 및 정보보호 등에 관한 법률 일부개정법률안, 의안번호 1905056, 제안일자 2013.5.22.

25 김윤명, 온라인게임 표준약관에 대한 검토 및 개선방안, 단국법학 37권 3호, 2013, 320면.

제 7 절 | 게임보안 및 기술적 이슈

1. 게임보안과 게임물을 안전하게 즐기기 위한 조건

게이머는 자신의 회원가입 시에 제공하는 회원 정보, 게임 이용정보 등 게임 정보가 안전하게 보관되기를 바란다. 이러한 게임 정보는 의도하지 않게 제3자에게 제공되기도 한다. 물론, 게임서비스를 위해 관련된 법률에 따라 제공되는 것은 별론으로 하나, 해킹 등 기술적인 사유로 인하여 발생하는 경우도 있다.

또한 게임사는 안전한 게임서비스를 위하여 기술적, 물리적, 관리적 수단을 도입하고 있다. 게임접속 정보의 암화화는 물론 게임물의 이용결과에 대한 암호화를 통해 이용자가 보다 안전하게 게임물을 즐길 수 있도록 환경을 제공하고 있다. 이를 위해 ID나 패스워드 이외에 난수표 카드와 같이 특정 번호의 4자리 난수를 입력해야 게임접속이 될 수 있도록 하는 SC(security code)카드를 사용하도록 하기도 한다.

이와 별개로 "게임 기획차원에서의 대응방안으로는 아이템을 취득한 사람만이 이용할 수 있고 매매하지 못하도록 귀속 처리해 게임봇이 아이템 거래를 통한 금전적인 이득을 얻지 못하도록 설계하거나, 반복적으로 고정적인 행위를 할 경우 새로 출현하는 몬스터의 레벨을 점차 강하게 하여 게임봇의 효율을 떨어뜨리도록 한 예를 들 수 있는데, 게임 기획차원의 대응방법은 사용자들이 별도의 보안솔루션을 설치하지 않더라도 콘텐츠 자체만의 특성을 이용하여 서비스 보안수준을 높인 예"[26]이다.

게임사업자의 노력에도 불구하고, 개인정보에 대한 해킹은 기술적인 한계로 인하여 원천적인 차단이 쉽지 않을 것으로 알려지고 있다. 해킹에 의한 개인정보 유출사건은 넥슨 등 게임사업자를 포함하여, SK커뮤니케이션즈, KT 등 인터넷기업 전반적으로 이루어지고 있다는 점에서 문제가 아닐 수 없다.

스마트 디바이스의 성능이 PC 수준을 넘어서면서 스미싱과 같은 금전적인 이익을 얻고자 하는 행위가 잦아지고 있다. 더욱이 "모바일게임은 장르 자체가 대부분 캐주얼 게임이어서 스테이지 단위로 구성이 되어있고, 스테이지당 플레이타임이 기존 PC환경에서의 온라인게임에 비해 짧으므로, 변별력을 충분히 확보할 수 있을 만큼 대량의 로그가 생성되기 어렵다. 더불어 게임 내 행위가 다채롭지 않고, 로그를 매 이벤트가 발생할 때마다 게임서버단에 생성하도록 요청을 할 수 없는 구조이므로, 로그분석을 통한 부정행위 적발이 용이하지 않다"[27]고 한다.

모바일 플랫폼 중 상당한 점유율을 갖는 안드로이드는 OS의 개방성에 따른 보안이 iOS보다 상대적으로 취약하다. 앱을 안전하게 개발하였다고 하더라도, OS의 취약으로 인해 스마트폰이 해킹을 당한 경우에는 대책이 어렵다. 보안조치를 강화하면 할수록 데이터통신이 유발되거나 배터리 소모가 빨라져 보안 적용이 어려운 면이 있고, PC기반 게임처럼 많은 운영인원을 투입하여 운영관제를 한다는 것은 게임 장르 상, 시장에 적시에 출시하지 못할 경우에는 성공을 담보할 수 없는 게임 수익모델 상 성립할 수 없다고 한다.[28]

해킹도 문제이지만, 이용자 스스로 자신의 계정정보에 대해 철저한 관리가 필요하다. 해킹을 통한 문제는 일시에 이루어진다는 점에서 문제가 되지만, 계정관리 소홀로 인하여 이루어지는 경우는 지속적으로 이루어지고 있기 때문이다.

26 김휘강·금영준, 안드로이드 환경에서의 모바일 게임 서비스 보안이슈, 정보보호학회지 제23권 제2호, 2013, 36면.

27 김휘강·금영준, 안드로이드 환경에서의 모바일 게임 서비스 보안이슈, 정보보호학회지 제23권 제2호, 2013, 38면.

28 김휘강·금영준, 안드로이드 환경에서의 모바일 게임 서비스 보안이슈, 정보보호학회지 제23권 제2호, 2013, 38면.

2. 게임 로그 파일

게임 로그파일은 게이머가 이용한 게임물의 이용 기록 등에 대한 결과물이 저장된 파일을 말한다. 게임사업자는 이용자 로그파일을 남기는데, 이러한 이유는 계정 도용 등에 따른 분쟁해결을 목적으로 한다. 로그파일 자체에 권리가 있는지에 대해 논란이 있으나,[29] 로그파일은 게임을 진행한 사실정보이기 때문에 저작물성이 있다고 보기 어렵다.

소비자원은 이용제한에 따른 로그파일을 요청할 수 있는지에 대해 "인터넷게임의 로그파일은 통신비밀보호법에 따라 검사, 사법경찰관이 수사 또는 형의집행 등을 위해 필요한 경우에만 전기통신사업법에 의해 전기통신사업자에게 로그파일 등을 요청할 수 있도록 되어 있어, 수사기관이 아닌 소비자나 정부기관에 게임로그파일 등을 제공할 의무는 없다"고 답변한 바 있다.

이용자가 자신의 로그파일의 제공을 요청할 수 있는지에 대해서는 논란이 있다. 로그파일 자체는 이용자가 자신의 게임을 행한 기록이기 때문에 자신의 개인정보에 해당할 수 있기 때문이다. 따라서 게임사업자가 이용자의 요구에 대해 제공 요청을 거부할 수 있는 근거를 찾기는 쉽지 않다.

3. 자동사냥 프로그램

가. 의의

자동사냥 프로그램은 이용자가 마우스나 키보드를 조작하는 방식으로 명령하지 않더라도 자동으로 몬스터의 선택, 공격할 방법의 선택, 체력지수에 따른 물약섭취 등을 함으로써 하루 24시간 지속적으로 사냥을 할 수 있게 되는 프로그램을 말한다. 자동사냥 프로그램은 "게임 내 밸런스를 무너뜨려 일반 이용자들의 정상적 플레이를 방해할 뿐 아니라 불법 거래되는 게임머니나 아이템 역시 대부분 오토 프로그램을 이용한 이른바 '작업장'에서 생산되는

29 로그파일의 보호가능성에 대해 "통상적인 로그파일은 컴퓨터의 운용기록인데 반해, 게임기록 파일은 게임사용자가 게임을 진행한 일체의 방법이나 운용전략 등이 고스란히 담겨 있기 때문에 개성이 포함되기 마련이다. 따라서 게임기록 파일을 단순히 게임제공 컴퓨터의 기록으로 보아 게임사용자의 권리주장을 무시할 수만은 없을 것으로 생각된다"고 한다. 기술과법연구소, 게임법, 게임아카데미, 2006, 109면.

등 게임계의 공적으로 간주된다"[30]고 지적된다. 자동사냥 프로그램인지는 일관된 패턴을 통해 확인이 가능할 수 있지만, 완전하게 확인할 수 있는 것은 아니다.

"On the Internet, nobody knows you're a dog."

익명성에 대한 풍자[31]

나. 입법 연혁 및 그 취지

게임산업법은 게임물의 정상적인 운영을 방해할 목적으로 게임물 관련사업자가 제공 또는 승인하지 아니한 컴퓨터프로그램이나 기기 또는 장치(이하 '자동게임 프로그램'이라 한다)를 배포하거나 배포할 목적으로 제작하는 행위를 금지하고, 이를 위반한 자에 대해서는 1년 이하의 징역 또는 1천만 원 이하의 벌금을 부과하고 있는 바, 2011. 4. 5. 법률 제10554호로 개정된 게임산업법에서 신설되어 2011. 7. 6.부터 시행되고 있다.

자동게임 프로그램을 금지하는 게임산업법의 입법취지는 컴퓨터게임에서 이용자들이 수

30 조인혜 외, 게임규제정책의 발전적 해법, 전자신문 미래기술연구센터, 2009, 18면.

31 구글 이미지 검색, 2014.10.10.일자 검색.

많은 자동게임 프로그램을 이용하게 됨에 따라 게임의 균형을 깨뜨리게 되고 게임시스템을 황폐화시킬 뿐만 아니라, 고가의 아이템을 둘러싼 환전으로 인하여 사행성 문제와 사기 등의 범죄도 발생하는 등 여러 가지 사회 문제가 야기되자, 게임머니나 게임아이템을 획득하기 위하여 자동게임 프로그램을 사용하는 행위를 금지하고 이를 처벌하는 근거를 마련하여 정상적인 게임이용을 방해하는 행위를 근절함으로써 게임산업의 진흥 및 국민의 건전한 게임문화를 확립하려는 데 있다.

다. 자동사냥 프로그램의 문제점

자동사냥 프로그램이 문제가 되는 것은 게임의 밸런싱을 파괴할 수 있다는 점이 가장 큰 이유다. 관련 문제점을 정리하면 다음과 같다.[32] 이용자의 순간적인 판단 및 조작에 의하여 좌우되는 이 사건 게임 본래의 시스템을 와해시키고, 다른 정상적인 이용자의 흥미를 떨어뜨리며, 게임서버에 과부하를 가져오는 등 이 사건 게임의 정상적인 운영 및 이용자 보호에 반하는 것이어서 그 불법성의 정도가 중하고 피고의 이 사건 게임 운영에 있어 치명적 방해요소가 되는 점, 자동사냥 프로그램을 사용하는 이용자들은 결국 이 사건 게임을 즐기기 위해서가 아니라 단시간 내에 많은 아이템을 수집하여 현금거래를 하기 위한 목적으로 이를 사용할 가능성이 많은 점, 자동사냥 프로그램은 컴퓨터에 다운로드 받아 놓으면 계속적·반복적으로 사용할 수 있어 이용자의 어느 계정이 이용중지를 당하더라도 다른 계정을 개설할 수 있도록 한다면 그 계정으로 자동사냥 프로그램을 계속 사용할 수 있으므로 이를 방지하기 위해서는 계정별 제재만으로는 한계가 있어 이용자의 모든 계정 이용제한 및 신규계정 생성금지와 같은 강력한 제재가 필요한 점, 이 사건 게임 약관에는 제재조치를 받은 이용자에 대하여 피고의 사이버 고객센터의 절차에 따라 이의신청을 할 수 있도록 규정하고 있는 점 등이다.[33]

---

32 서울고등법원 2009.12.17. 선고 2009나21227 판결.

33 대법원 2010.10.28. 선고 2010다9153 판결.

라. 자동게임 프로그램 규제의 위헌 여부[34]

(1) 법률주의 위반 여부

게임물의 정상적인 운영을 방해할 목적으로 게임물 관련사업자가 제공 또는 승인하지 아니한 컴퓨터프로그램이나 기기 또는 장치를 배포하거나 배포할 목적으로 제작하는 행위를 금지하고, 이를 위반한 자에 대해서는 1년 이하의 징역 또는 1천만 원 이하의 벌금을 부과하고 있는 '게임산업법' 제46조 제3의2호(이하 '이 사건 법률조항'이라 한다)가 죄형법정주의의 법률주의에 위배되는지 여부에 있어서 헌법재판소는 이 사건 법률조항은 게임물의 정상적인 운영을 방해할 목적으로 게임물 관련사업자가 제공 또는 승인하지 아니한 컴퓨터프로그램이나 기기 또는 장치를 배포하거나 배포할 목적으로 제작하는 행위라는 구성요건과 1년 이하의 징역 또는 1천만 원 이하의 벌금이라는 형벌을 스스로 규정하고 있어 구성요건의 세부사항을 하위법령에 위임하고 있지 아니하며, 게임물 관련사업자의 제공 또는 승인 여부는 구성요건 해당성을 판단하는 하나의 요소에 불과할 뿐 게임물 관련사업자에게 구성요건의 실질적 내용을 형성할 권한을 주었다고 볼 수는 없다. 따라서 이 사건 법률조항은 죄형법정주의의 기본적 요청인 법률주의에 위배된다고 볼 수 없다.

(2) 명확성원칙 위반 여부

이 사건 법률조항의 입법취지·보호법익과 관련 법조항 전체를 유기적·체계적으로 종합하면, '게임물의 정상적인 운영을 방해'한다 함은 게임산업법 제2조 제1호 본문에서 규정하고 있는 '게임물' 본래의 시스템을 와해시키고, 다른 정상적인 이용자의 게임활동을 방해하며, 게임서버에 과부하를 가져오는 등 게임내용에 부정적인 영향을 주는 일체의 행위를 의미함을 알 수 있고, '컴퓨터프로그램이나 기기 또는 장치'란 이용자가 마우스나 키보드를 조작하는 방식으로 명령하지 않더라도 자동으로 게임머니나 게임아이템을 취득함으로써 하루 24시간 지속적으로 게임을 할 수 있게 되는 프로그램 즉, 자동게임 프로그램을 의미함을 알 수 있다. 나아가 이 사건 법률조항이 게임산업의 진흥 및 건전한 게임문화에 대한 사회적 신뢰의 보호를 그 보호법익으로 하고 있다는 점에서, 제공·승인의 주체는 게임제작업, 게임배급업, 청소년게임제공업, 일반게임제공업, 인터넷컴퓨터게임시설제공업, 복합유통게임제공업의 영업을 하

---

34 헌재 2012. 6. 27. 2011헌마288, 판례집 24-1하, 773 [기각].

는 자 모두를 포함하는 '게임물 관련사업자'라 할 것이다(게임산업법 제2조 제9호). 따라서 이 사건 법률조항이 죄형법정주의의 명확성의 원칙에 위배된다고 볼 수 없다.

(3) 직업수행의 자유 침해 여부

게임머니나 게임아이템을 획득하기 위하여 자동게임 프로그램을 사용하는 행위를 금지함으로써 게임물 관련사업자의 정상적인 게임운영을 방해하는 행위를 근절하고 게임산업의 진흥 및 건전한 게임문화를 확립하여 국민의 문화적 삶의 질을 향상시키고자 하는 이 사건 법률조항의 입법목적은 정당하고, 이를 형사처벌하는 것은 위 목적의 달성을 위하여 효과적이고 적절한 수단이다. 자동게임 프로그램은 단지 게임수행을 편하게 해 주는 자동도구에 그치지 않고 정밀하게 설계된 게임 속 환경을 망쳐 다른 이용자들에게 피해를 줄 수 있는 도구이며, 게임 전체의 관리전략 상 큰 혼란을 야기할 뿐만 아니라 이로 인하여 게임물 관련사업자의 경제적 손실이 불가피한 점, 자동게임 프로그램을 사용하는 이용자들은 결국 게임을 즐기기 위해서가 아니라 단시간 내에 많은 아이템을 수집하여 현금거래를 하기 위한 목적으로 이를 사용할 가능성이 많으므로 자동게임 프로그램은 사행성을 부추기는 커다란 요인이 되는 점, 이 사건 법률조항은 게임의 정상적인 운영을 방해할 목적이 있는 경우에만 처벌하는 목적범인 점 등에 비추어 볼 때, 자동게임 프로그램으로 인한 피해의 주체가 될 수 있는 게임물 관련사업자가 제공하거나 승인하지 아니한 자동게임 프로그램을 배포하거나 배포할 목적으로 제작하는 행위를 규제할 필요성이 강력하게 요청된다. 형사상 형벌이라는 제재 대신 과태료 등의 행정상 제재를 가하는 방법도 있을 수 있으나, 과태료 등의 행정상 제재로 충분할 것인지, 아니면 나아가 형벌이라는 제재를 동원하는 것이 더 필요하다고 볼 것인지의 문제는 일차적으로 입법자의 판단에 맡겨져 있는 것이고, 형사처벌보다 가벼운 행정청의 과태료 처분 등으로 이 사건 법률조항의 입법목적을 충분히 달성할 수 있다고 쉽게 단정할 수도 없으므로 피해의 최소성 원칙에 반한다고 할 수 없다. 또한 이 사건 법률조항으로 말미암아 청구인의 직업수행의 자유가 다소 제한된다고 하더라도 그 제한의 정도가 이 사건 법률조항을 통하여 달성하려는 건전한 게임문화를 확립하여 국민의 문화적 삶의 질을 향상시키고자 하는 공익에 비하여 결코 중하다고 볼 수 없다. 따라서 이 사건 법률조항은 과잉금지의 원칙을 위반하여 청구인의 직업수행의 자유를 침해한다고 볼 수 없다.

(4) 피해의 최소성 원칙위반 여부

온라인 게임은 많은 이용자가 네트워크를 사용하여 상호작용을 주고 받는 게임인 바, 일반 이용자들의 정상적인 게임 활동을 방해하는 자동게임 프로그램을 사용하게 되면 게임콘텐츠의 부족과 이용자의 흥미 반감, 사이버머니의 증가로 인한 가상세계 경제시스템의 붕괴 등으로 결국 이용자들로 하여금 게임을 떠나게 만든다. 이는 이용자들의 게임 시간에 비례하여 수익을 얻는 게임물 관련사업자의 수익의 감소로 이어지게 될 뿐만 아니라, 게임물 관련사업자로 하여금 자동게임 프로그램을 단속하기 위한 보안프로그램을 개발·설치하는 데에도 상당한 비용을 지출하게 한다. 이와 같이 자동게임 프로그램은 단지 게임수행을 편하게 해 주는 자동도구에 그치지 않고 정밀하게 설계된 게임 속 환경을 망쳐 다른 이용자들에게 피해를 줄 수 있는 도구이며, 게임 전체의 관리전략 상 큰 혼란을 야기할 뿐만 아니라 이로 인하여 게임물 관련사업자의 경제적 손실이 불가피한 점, 자동게임 프로그램을 사용하는 이용자들은 결국 게임을 즐기기 위해서가 아니라 단시간 내에 많은 아이템을 수집하여 현금거래를 하기 위한 목적으로 이를 사용할 가능성이 많으므로 자동게임 프로그램은 사행성을 부추기는 커다란 요인이 되는 점, 이 사건 법률조항은 게임의 정상적인 운영을 방해할 목적이 있는 경우에만 처벌하는 목적범인 점 등에 비추어 볼 때, 자동게임 프로그램으로 인한 피해의 주체가 될 수 있는 게임물 관련사업자가 제공하거나 승인하지 아니한 자동게임 프로그램을 배포하거나 배포할 목적으로 제작하는 행위를 규제할 필요성이 강력하게 요청된다. 이 경우 자동게임 프로그램을 사용하여 게임물 관련사업자의 정상적인 게임운영을 방해하는 행위를 근절하기 위해서는 형사상 형벌이라는 제재 대신 과태료 등의 행정상 제재를 가하는 방법도 있을 수 있다. 그러나 과태료 등의 행정상 제재로 충분할 것인지, 아니면 나아가 형벌이라는 제재를 동원하는 것이 더 필요하다고 볼 것인지의 문제는 일차적으로 입법자의 판단에 맡겨져 있는 것이고,[35] 형사처벌보다 경한 행정청의 과태료 처분 등으로 이 사건 법률조항의 입법목적을 충분히 달성할 수 있다고 쉽게 단정할 수도 없다. 따라서 이 사건 법률조항은 피해의 최소성 원칙에 반한다고 할 수 없다.

35 헌재 2011. 4. 28. 2009헌바90, 판례집 23-1하, 13, 25 참조.

(5) 법인균형성 충족 여부

또한 이 사건 법률조항으로 말미암아 청구인이 자동게임 프로그램을 제작하거나 배포하지 못함으로써 직업수행의 자유가 다소 제한된다고 하더라도 그 제한의 정도가 이 사건 법률조항을 통하여 달성하려는 건전한 게임문화를 확립하여 국민의 문화적 삶의 질을 향상시키고자 하는 공익에 비하여 결코 중하다고 볼 수 없다. 따라서 이 사건 법률조항으로 인하여 달성하려는 공익과 제한되는 사익 사이에 법익균형성도 충족된다.

마. AI와 NPC[36]

게임산업법에서는 의도하지 않게 인공지능에 대한 규제조항을 두고 있다. 누구든지 게임물의 유통질서를 저해하는 게임물의 정상적인 운영을 방해할 목적으로 게임물 관련사업자가 제공 또는 승인하지 아니한 컴퓨터프로그램이나 기기 또는 장치를 배포하거나 배포할 목적으로 제작하는 행위를 금지하고 있기 때문이다.[37]

게임 내에서 인공지능은 다양하게 활용되고 있다. NPC라는 인공지능이 게임을 진행하는 경우도 있다. 게임 내 다양한 빅데이터를 이용하여 이용자의 패턴을 분석하는 경우도 있다. 게임외적으로 인공지능이 사용되는 경우도 가능한데, 제3자가 게임사업자가 승인하지 않는 프로그램을 부가하여 이용하는 경우이다.

알파고(AlphaGo)를 개발했던 딥마인드(deep mind)는 다음 대결장르를 게임으로 선정한 바 있다. 알파고는 바둑을 넘어서 전통적인 아케이드 게임물에도 딥러닝(deep learning)을 진행하였다. 결과적으로 다양한 장르의 게임물도 가능하다는 점을 확인했으나, 인공지능(AI)의 한계인 다양한 게임을 동시에 할 수 있는 범용적인 이용은 어렵다는 점을 확인했다.[38]

---

36 김윤명 외, 인공지능 기술 관련 국제적 논의와 법제 대응방안 연구, 한국법제연구원, 2016, 79-80면 참조.

37 게임산업법 제32조(불법게임물 등의 유통금지 등) ① 누구든지 게임물의 유통질서를 저해하는 다음 각 호의 행위를 하여서는 아니 된다. 다만, 제4호의 경우 「사행행위 등 규제 및 처벌특례법」에 따라 사행행위영업을 하는 자를 제외한다.
1~7. 생략
8. 게임물의 정상적인 운영을 방해할 목적으로 게임물 관련사업자가 제공 또는 승인하지 아니한 컴퓨터프로그램이나 기기 또는 장치를 배포하거나 배포할 목적으로 제작하는 행위

38 Adria Puigdomenech Badia 외, Agent57:OutperformingtheAtariHumanBenchmark, 2020.3.30, arXiv:2003.13350

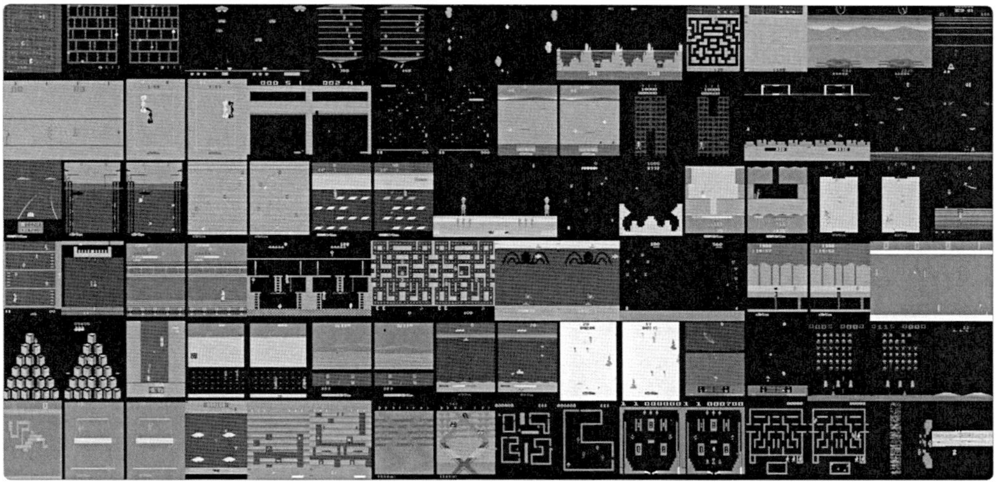

알파고와 Agent57[39]

만약, 위 내용이라고 한다면 딥마인드는 게임물의 유통질서를 저해하는 행위에 해당하게 된다. 우리법 상 허락 없이 AI가 게임을 하도록 한 경우라면 게임산업법 위반으로 형사처벌의 대상이 된다는 점은 기술발전에 대한 문제가 아닐 수 없다.

4. 기술적 보호조치

가. 의의

저작권법은 기술적 보호조치를 규정하고 있으며, 접근통제형 및 복제통제형으로 구분하여 정의하고 있다.[40] 접근통제형 기술적 보호조치는 저작권, 그 밖에 저작권법에 따라 보호되는 권리의 행사와 관련하여 저작권법에 따라 보호되는 저작물등에 대한 접근을 효과적으로 방지하거나 억제하기 위하여 그 권리자나 권리자의 동의를 받은 자가 적용하는 기술적 조치를

39 구글이미지검색, 2020.4.30.일자 접속

40 저작권법 제2조 제28호. "기술적 보호조치"란 다음 각 목의 어느 하나에 해당하는 조치를 말한다.

가. 저작권, 그 밖에 이 법에 따라 보호되는 권리의 행사와 관련하여 이 법에 따라 보호되는 저작물 등에 대한 접근을 효과적으로 방지하거나 억제하기 위하여 그 권리자나 권리자의 동의를 받은 자가 적용하는 기술적 조치

나. 저작권, 그 밖에 이 법에 따라 보호되는 권리에 대한 침해 행위를 효과적으로 방지하거나 억제하기 위하여 그 권리자나 권리자의 동의를 받은 자가 적용하는 기술적 조치

말한다. 반면, 복제통제형 기술적 보호조치는 저작권, 그 밖에 저작권법에 따라 보호되는 권리에 대한 침해 행위를 효과적으로 방지하거나 억제하기 위하여 그 권리자나 권리자의 동의를 받은 자가 적용하는 기술적 조치를 말한다.

구 저작권법에서는 복제통제형 기술적보호조치만 규정하고 있었으나, 한미FTA에 따라 접근통제형까지도 포함하고 있다.

나. 엑세스 코드의 기술적보호조치 여부

(1) 구 컴퓨터프로그램보호법 상 기술적보호조치의 의미

지금은 폐지된 구 컴퓨터프로그램보호법 상 기술적 보호조치에 대한 다툼이 있었다. 대법원은 "구 컴퓨터프로그램 보호법 제30조[41] 제1항 본문, 제2항은 누구든지 상당히 기술적 보호조치를 회피, 제거, 손괴 등의 방법으로 무력화하는 기기·장치·부품 등을 제조·수입하거나 공중에 양도·대여 또는 유통하여서는 아니되며, 기술적 보호조치를 무력화하는 프로그램을 전송·배포하거나 기술적 보호조치를 무력화하는 기술을 제공하여서는 아니된다고 규정하고 있고, 같은 법 제46조 제1항 제3호는 위 규정을 위반한 자를 처벌하도록 규정하고 있는바, 같은 법 제2조 제9호, 제7조를 종합하면 위 '기술적 보호조치'란 프로그램에 관한 식별번호·고유번호 입력, 암호화 및 기타 법에 의한 권리를 보호하는 핵심기술 또는 장치 등을 통하여 프로그램저작자에게 부여된 공표권, 성명표시권, 동일성유지권과 프로그램을 복제·개작·번역·배포·발행 및 전송할 권리 등 프로그램저작권에 대한 침해를 효과적으로 방지하는 조치를 의미하는 것으로 봄이 상당하다"[42]고 보았다.

---

41 제30조(기술적보호조치의 침해 등의 금지) ① 누구든지 정당한 권원없이 기술적보호조치를 회피, 제거, 손괴 등의 방법으로 무력화(이하 "기술적보호조치무력화"라 한다)하여서는 아니된다. 다만, 다음 각호의 1에 해당하는 경우에는 그러하지 아니하다.

1. 제10조의 규정에 의한 프로그램의 동일성을 변경하는 경우
2. 제12조 각호의 1에 해당되어 복제 사용하는 경우
3. 제14조의 규정에 의한 프로그램 사용자가 필요한 범위안에서 복제하는 경우
4. 정당한 권원에 의하여 사용하는 자가 다른 프로그램과 호환성을 유지하기 위하여 필요한 경우
5. 정당한 권원에 의한 최종사용자로부터 프로그램의 수정·보완을 요청받은 경우
6. 정당한 권원에 의하여 사용하는 자가 연구·교육 등의 목적으로 프로그램과 관련된 암호화 분석을 하기 위하여 필요한 경우

② 누구든지 상당히 기술적보호조치를 무력화하는 기기·장치·부품 등을 제조·수입하거나 공중에 양도·대여 또는 유통하여서는 아니되며, 기술적보호조치를 무력화하는 프로그램을 전송·배포하거나 기술적보호조치를 무력화하는 기술을 제공하여서는 아니된다.

42 대법원 2006.02.24. 선고 2004도2743 판결.

(2) 게임기기 내장된 엑세스 코드

소니 엔터테인먼트사가 제작한 '플레이스테이션 2'라는 게임기 본체에 삽입되는 게임프로그램 저장매체에 내장된 엑세스 코드가 컴퓨터프로그램 보호법이 정한 '기술적 보호조치'에 해당한다고 보아, 엑세스 코드가 없는 불법 복제된 게임 CD도 '플레이스테이션 2'를 통해 프로그램 실행이 가능하도록 하여 준 것은 컴퓨터프로그램 보호법 제30조 제2항에서 정한 상당히 기술적 보호조치를 무력화하는 행위에 해당한다고 보았다.

소니의 플레이스테이션 2

(3) 정리

구 컴퓨터프로그램 보호법 제30조 제2항은 프로그램의 복제품을 정당한 권원에 의하여 소지·사용하는 자가 개인적으로 프로그램저작물을 이용하는 행위를 제한하기 위한 것이 아니라, 다수의 사람이 프로그램저작물을 불법적으로 이용할 수 있도록 기술적 보호조치의 무력화장치를 전파하는 행위 등을 제한하고자 하는 것이고, 특정 프로그램저작물을 정당하게 구입한 자가 그 프로그램저작물의 원본을 보호할 목적으로 기술적 보호조치를 무력화하여 복제물을 생성하는 것은 같은 법 제30조 제1항 제3호, 제14조에 의하여 허용되는 것이므로, 같은 법 제30조 제2항은 헌법 제23조, 제10조에 위반되지 아니한다.

다. 시리얼 넘버

컴퓨터관리 프로그램의 시리얼번호를 자신의 홈페이지에 복제하고 이를 게재하는 방식으로 배포한 경우, 구 컴퓨터프로그램보호법 제34조 제1항 제1호 소정의 컴퓨터프로그램저작권을 침해하는 행위에 해당하는지 여부에서 대법원은 "구 컴퓨터프로그램보호법의 보호대상인 프로그램은 특정한 결과를 얻기 위하여 컴퓨터 등 정보처리능력을 가진 장치 내에서 직접 또는 간접으로 사용되는 일련의 지시, 명령으로 표현된 것을 말하는데(동법 제2조 제1호), 컴퓨터프로그램 시리얼번호는 컴퓨터프로그램을 설치 또는 사용할 권한이 있는가를 확인하는 수단인 기술적 보호조치로서, 컴퓨터프로그램에 특정한 포맷으로 된 시리얼번호가 입력되면 인스톨을 진행하도록 하는 등의 지시, 명령이 표현된 프로그램에서 받아 처리하는 데이터에 불과하여 시리얼번호의 복제 또는 배포행위 자체는 컴퓨터프로그램의 공표·복제·개작·번역·배포·발행 또는 전송에 해당하지 아니할 뿐 아니라 위와 같은 행위만으로는 컴퓨터프로그램저작권이 침해되었다고 단정할 수 없다"[43]고 판시하였다.

라. 기술적보호조치의 무력화

닌텐도 디에스(DS) 게임기와 불법복제된 게임소프트웨어가 저장된 메모리카드를 연결하여 불법복제된 게임소프트웨어를 정품으로 인식하게 하는 중국산 모드칩을 세관장에게 신고하지 아니하고 수입하였다는 내용으로 기소된 사안에서, 대법원은 "이 사건 물품을 '모드칩'이라고 부르든 '어댑터'라고 부르든 이 사건 물품은 이른바 '닥터툴'로서 닌텐도 디에스(DS) 게임기와 불법복제 게임소프트웨어가 저장된 메모리카드를 연결하여 불법복제 게임소프트웨어를 정품으로 인식하게 함으로써 위 게임기에 구축된 기술적 보호조치를 무력화시키는 장치에 해당함이 명백하므로, 같은 취지의 원심의 판단은 정당하고, 거기에 상고이유의 주장과 같이 채증법칙을 위반하고 자유심증주의의 한계를 벗어나거나 기술적 보호조치 무력화장치 및 미신고 수입행위의 주체에 관한 법리를 오해하는 등의 위법이 없다"[44]고 판시하였다. 위 물품이 피해자 회사가 프로그램저작권을 보호하기 위하여 게임기에 구축한 기술적 보호조치를 무력화시키는 장치에 해당한다고 본 원심판단을 수긍한 사례이다.

---

43 대법원 2002.06.28. 선고 2001도2900 판결.

44 대법원 2011.07.14. 선고 2010도1441 판결.

마. 복제통제형 기술적 보호조치가 아니라는 판단

구 컴퓨터프로그램 보호법에서 정한 '기술적 보호조치'의 의미 및 단순히 컴퓨터프로그램저작물에 대한 접근만을 통제하는 기술적 조치가 이에 포함되는지 여부에서 대법원은 "구 컴퓨터프로그램 보호법 제30조 제1항 본문[45]은 누구든지 정당한 권원없이 기술적 보호조치를 회피, 제거, 손괴 등의 방법으로 무력화하여서는 아니된다고 규정하고 있고, 법 제46조 제1항 제3호는 위 규정을 위반한 자를 형사처벌하도록 규정하고 있다. 그런데 법 제2조 제9호, 제7조 등을 종합하면, '기술적 보호조치'란 컴퓨터프로그램저작물(이하 '프로그램'이라 한다)에 관한 식별번호·고유번호 입력, 암호화 및 기타 법에 의한 권리를 보호하는 핵심기술 또는 장치 등을 통하여 프로그램저작자에게 부여된 공표권, 성명표시권, 동일성유지권과 프로그램을 복제·개작·번역·배포·발행 및 전송할 권리 등 프로그램저작권에 대한 침해를 효과적으로 방지하는 조치를 의미할 뿐, 단순히 프로그램에 대한 접근만을 통제하는 기술적 조치는 이러한 '기술적 보호조치'에 포함되지 아니한다고 보아야 한다"고 판시하였다.

피고인들이 원고가 개발·등록한 대리운전 배차 프로그램의 기술적 보호조치를 자신들이 개발한 프로그램을 이용하여 무력화하였다고 하여 구 컴퓨터프로그램 보호법 위반으로 기소된 사안에서, 원고가가 취한 기술적 조치는 모두 프로그램에 대한 접근통제조치에 해당될 뿐 같은 법 제30조에서 정한 '기술적 보호조치'에 해당한다고 볼 수 없다는 이유로, 피고인들에게 무죄를 인정한 원심판단을 정당하다고 인정한 것이다.

본 판결의 대상은 현행 저작권법과 달리 구 컴퓨터프로그램보호법에서 규정하고 있는 기술적 보호조치는 복제통제형 기술적 보호조치였다. 구법하에서는 접근통제형 기술적 보호

---

45 제30조(기술적보호조치의 침해 등의 금지) ① 누구든지 정당한 권원없이 기술적보호조치를 회피, 제거, 손괴 등의 방법으로 무력화(이하 "기술적보호조치무력화"라 한다)하여서는 아니된다. 다만, 다음 각호의 1에 해당하는 경우에는 그러하지 아니하다.

1. 제10조의 규정에 의한 프로그램의 동일성을 변경하는 경우
2. 제12조 각호의 1에 해당되어 복제 사용하는 경우
3. 제14조의 규정에 의한 프로그램 사용자가 필요한 범위안에서 복제하는 경우
4. 정당한 권원에 의하여 사용하는 자가 다른 프로그램과 호환성을 유지하기 위하여 필요한 경우
5. 정당한 권원에 의한 최종사용자로부터 프로그램의 수정·보완을 요청받은 경우
6. 정당한 권원에 의하여 사용하는 자가 연구·교육 등의 목적으로 프로그램과 관련된 암호화 분석을 하기 위하여 필요한 경우

② 누구든지 상당히 기술적보호조치를 무력화하는 기기·장치·부품 등을 제조·수입하거나 공중에 양도·대여 또는 유통하여서는 아니되며, 기술적보호조치를 무력화하는 프로그램을 전송·배포하거나 기술적보호조치를 무력화하는 기술을 제공하여서는 아니된다.

조치가 규정되어있다고 하더라도, 이를 처벌할 수 있는 근거가 없었다. 따라서 시리얼 넘버를 입력하여 특정 프로그램에 접근하도록 설계된 기술적 보호조치는 위법하지 않다고 법원은 판단한 것이다.

5. 사설서버

가. 문제 제기

사설서버란 게임사가 공식적으로 제공하는 게임물이 아닌 제3자가 임의로 개작하여 제공하는 서버를 말한다. 온라인 게임은 월정액제로 운영되고 있어, 이용금액에 거부감을 느낀 이용자를 유인하여 저렴하게 게임물을 제공함으로써 부당이익을 얻는 경우가 많다. 또한 사설서버는 공식서버와 달리 아이템을 얻기 쉽고, 레벨업을 용이하게 만들어 제공하기도 한다. 따라서 게임사 입장에서는 매출액의 감소를 가져올 수 있는 문제가 있다.[46]

사설서버는 게임물의 서버 프로그램을 불법 복제의 방식으로 인터넷 등을 통해 제공하는 방식을 따른다. 따라서 타인의 서버에 복제되는 것이기 때문에 복제권의 침해에 해당한다. 그러나 사설서버는 해외에서 운영되는 경우가 많기 때문에 불법행위에 대한 집행이 쉽지 않다. 사설서버의 접속경로나 이용방법을 게시하고 있는 국내 포털사업자에게 해당 게시물의 게시중단을 요청하는 정도라고 하겠다. 이 경우에도 OSP 책임원칙 상 사설서버와 관련된 일체의 정보에 대한 게시중단은 허용되지 않는다. 불법행위가 일어나고 있는 게시물을 특정하여 게시중단을 요청하여야 한다. 일반적인 정보까지 포함되는 경우라면, 자칫 표현의 자유를 침해하는 결과를 가져올 수 있기 때문이다.

나. 저작권 침해 여부

사설서버는 몇 가지 법적 쟁점을 갖는다. 사설서버가 게임산업법 상 금지하고 있는 허락 없이 배포하는 프로그램의 유형인지 여부, 저작권법 상 복제권 등을 침해하는지 여부, 저작인격권 중 동일성유지권을 침해하는지 여부 등이다.

46 김윤명, 인터넷과 저작권법 100문100답, 지앤선, 2014, 226면.

먼저, 저작권법은 저작권자에게 복제권, 공중송신권을 부여하고 있다. 사설서버는 게임사의 컴퓨터프로그램저작물인 게임물을 임의로 복제한 것이기 때문에 복제권을 침해한 것으로 볼 수 있다. 또한 인터넷 상에 연결된 사설서버에 서버게임을 탑재하여 이용에 제공하는 것이기 때문에 공중송신권의 침해를 가져올 수 있다. 공식 서버에 접속되지 않도록 게임서버 및 게임클라이언트를 임의 개변하기 때문에 컴퓨터프로그램 저작물의 동일성 유지권을 침해한 것이 될 수 있다. 동일성유지권은 저작물의 내용·형식 및 제호의 동일성을 유지할 권리를 말한다.

둘째, 사설서버의 운영자는 서버 개설 및 이로 인하여 얻은 이익에 대해 게임사업자의 저작권 침해에 따른 손해배상 책임을 질 수 있다. 대법원은 "손해배상액의 산정함에 있어 그 권리의 행사로 통상 받을 수 있는 금액에 상당하는 액이라 함은 침해자가 저작물의 이용허락을 받았더라면 그 대가로서 지급하였을 객관적으로 상당한 금액을 말하는 것으로, 저작권자가 침해행위와 유사한 형태의 저작물 이용과 관련하여 저작물이용계약을 맺고 이용료를 받은 사례가 있는 경우라면, 특별한 사정이 없는 한 그 이용계약에서 정해진 이용료를 저작권자가 그 권리의 행사로 통상 받을 수 있는 금액으로 보아 이를 기준으로 손해액을 산정함이 상당하다"[47]고 판시한 바 있다.

다. 게임산업법 위반 여부

사설서버가 게임산업법에서 금지하는 유통질서를 저해하는 행위인지에 대해 논란이 있을 수 있다. 현행 게임산업법은 '게임물의 정상적인 운영을 방해할 목적'으로 게임물 관련사업자가 제공 또는 승인하지 아니한 컴퓨터프로그램이나 기기 또는 장치를 배포하거나 배포할 목적으로 제작하는 행위와 같이 누구든지 게임물의 유통질서를 저해하는 행위를 하여서는 아니된다(제32조 제1항). 이를 위반할 경우에는 형사처벌의 대상이 될 수 있다.

동 규정의 입법취지는 컴퓨터게임에서 이용자들이 수많은 자동게임 프로그램을 이용하게 됨에 따라 게임의 균형을 깨뜨리게 되고 게임시스템을 황폐화시킬 뿐만 아니라, 고가의 아이템을 둘러싼 환전으로 인하여 사행성 문제와 사기 등의 범죄도 발생하는 등 여러 가지 사회

47 대법원 2013.6.27. 선고 2012다104137 판결.

문제가 야기되자, 게임머니나 게임아이템을 획득하기 위하여 자동게임 프로그램을 사용하는 행위를 금지하고 이를 처벌하는 근거를 마련하여 정상적인 게임이용을 방해하는 행위를 근절함으로써 게임산업의 진흥 및 국민의 건전한 게임문화를 확립하려는 데 있다.

구성요건인 '게임물의 정상적인 운영을 방해할 목적으로'라는 의미에 관하여 보건대, '게임물'이라 함은 컴퓨터프로그램 등 정보처리 기술이나 기계장치를 이용하여 오락을 할 수 있게 하거나 이에 부수하여 여가선용, 학습 및 운동효과 등을 높일 수 있도록 제작된 영상물 또는 그 영상물의 이용을 주된 목적으로 제작된 기기 및 장치를 말한다(게임산업법 제2조 제1호 본문). 또한 그 '정상적인 운영을 방해'한다 함은 이와 같은 게임물 본래의 시스템을 와해시키고, 다른 정상적인 이용자의 게임활동을 방해하며, 게임서버에 과부하를 가져오는 등 게임내용에 부정적인 영향을 주는 일체의 행위를 의미한다. 따라서 게임물 관련사업자의 정상적인 영업을 방해할 수 있는 일체의 행위를 금지하는 규정이라기 보다는, 정말하게 설계된 게임 속 환경을 망치거나 게임 전체의 관리전략에 혼란을 주는 등 게임물의 내용 자체에 부정적인 영향을 줄 목적으로 컴퓨터프로그램 등을 배고하거나 제작하는 행위를 금지하는 규정으로 해석된다.[48]

헌법재판소는 '게임물의 정상적인 운영을 방해할 목적'으로 게임물 관련사업자가 제공 또는 승인하지 아니한 컴퓨터프로그램이나 기기 또는 장치를 배포하거나 배포할 목적으로 제작하는 행위의 죄형법정주의에 위배되는지 여부에 대해 "게임머니나 게임아이템을 획득하기 위하여 자동게임 프로그램을 사용하는 행위를 처벌하는 근거를 마련하여 정상적인 게임이용을 방해하는 행위를 근절함으로써 게임산업의 진흥 및 국민의 건전한 게임문화를 확립하고자 하는 이 사건 법률조항의 입법취지에 비추어 볼 때, 여기서 말하는 '컴퓨터프로그램이나 기기 또는 장치'란 이용자가 마우스나 키보드를 조작하는 방식으로 명령하지 않더라도 자동으로 게임머니나 게임아이템을 취득함으로써 하루 24시간 지속적으로 게임을 할 수 있게 되는 프로그램 즉, 자동게임 프로그램을 의미함을 알 수 있다. 그렇다면 게임물 관련사업자가 '제공하지 아니한' 자동게임 프로그램이라 함은 게임물 관련사업자가 제작하거나 배포하는 자동게임 프로그램이 아닌 경우를, 게임물 관련사업자가 '승인하지 아니한' 자동게임 프로그램이

48 광주지법 2013.4.26. 선고 2012노2525 판결.

라 함은 게임물 관련사업자가 타인에 의한 자동게임 프로그램의 배포나 배포 목적 제작행위를 정당하다고 인정하지 아니하는 경우를 각 의미한다"[49]고 함으로써, 여기에 해당하는 프로그램이나 기기 또는 장치는 자동게임 프로그램임을 명확히 하고 있다.

나아가 "게임산업의 진흥 및 건전한 게임문화에 대한 사회적 신뢰의 보호를 그 보호법익으로 하고 있다는 점에서, 제공·승인의 주체는 게임제작업, 게임배급업, 청소년게임제공업, 일반게임제공업, 인터넷컴퓨터게임시설제공업, 복합유통게임제공업의 영업을 하는 자 모두를 포함하는 '게임물 관련사업자'라 할 것이다. 즉, 당해 게임물과 관련 있는 게임물 관련사업자 중 일부라도 그 제공이나 승인을 하지 아니하는 경우에는 이 사건 법률조항이 처벌하는 행위에 해당하여 형사처벌을 면할 수 없다고 보아야 한다. 끝으로 '배포하거나 배포할 목적으로 제작하는 행위'라는 표현에 관하여 살펴보면, '배포'의 사전적 의미는 '널리 나누어 주다'이며, '제작'의 사전적 의미는 '기계나 작품 따위를 일정한 재료를 사용하여 만든다'는 것인 바, '배포하거나 배포할 목적으로 제작하는 행위'란 자동게임 프로그램을 일반인이 이용할 수 있도록 제공하거나 이를 위해 자동게임 프로그램을 만드는 행위를 의미한다"[50]고 보았다.

라. 정리

이처럼 사설서버는 게임산업법 상 게임물관련사업자가 유통을 금지하는 게임물로 보기 어렵기 때문에 이를 금지할 수는 없다. 즉, 게임산업법 상 금지되는 게임물은 자동게임 프로그램과 같이 공식서버의 운영을 방해하는 게임물을 의미하는 것이지, 사설서버와 같이 공식 서버의 정상적인 운영을 방해하는 것으로 보기 어려운 게임물을 의미하는 것은 아니다.

마. 게임법 개정을 통한 사설서버의 규제

(1) 게임 '뮤' 클라이언트 프로그램 사건[51]

피고인은 (주)웹젠의 인터넷 온라인 게임 '뮤'의 클라이언트 서버 프로그램을 개작한 클라이언트 서버 프로그램을 다운받은 후 피고인이 운영하는 사이트에 접속하게 할 목적으로 인터

49 헌재 2012. 6. 27. 2011헌마288 결정.

50 헌재 2012.6.27. 2011헌마288 결정.

51 광주지법 2013.4.26. 2012노2525. 대법원 2013도5800 상고기각. 이에 대한 평석은 임상혁, 법률신문 2014.8.14.일자 참조.

넷에 개작된 클라이언트 프로그램을 게재하여 전송·배포했다. 그런데 위 개작된 클라이언트 프로그램은 피해자가 운영하는 인터넷 온라인 게임 '뮤'의 정상서버에 접속하는 것을 막고 개인이 운영하는 불법 사이트에 접속할 수 있도록 개작된 것으로서 게임산업법 제32조 제1항 제8호(게임물의 정상적인 운영을 방해할 목적으로 게임물 관련사업자가 제공 또는 승인하지 아니한 컴퓨터프로그램을 배포하는 행위)를 위반하였다는 이유로 기소된 사건이다.

법원은 위 조항이 소위 '자동게임 프로그램'을 금지하기 위한 조항으로서, 여기서 "정상적인 운영을 방해한다"고 함은 게임물 본래의 시스템을 와해시키고 다른 정상적인 이용자의 게임활동을 방해하며 게임서버에 과부하를 가져오는 등 '게임 내용'에 부정적인 영향을 주는 일체의 행위를 의미한다는 전제 하에, 만약 게임이용자들이 (주)웹젠이 제공하는 게임을 이용하려면 '뮤'의 정상서버에 접속하면 되며, 피고인의 클라이언트 프로그램과 피해자의 클라이언트 프로그램은 서로 충돌을 일으키지 않고 피고인의 클라이언트 프로그램을 통해 게임을 하더라도 피해자가 정상서버에서 제공하는 게임물의 내용 자체에 영향이 없고, 정상서버에 접속한 게임이용자들도 문제없이 게임물을 이용할 수 있는 점 등을 이유로 무죄를 선고했다.

(2) 사설서버 처벌을 위한 게임산업법 개정

1) 제안 이유

위 사건에서처럼, 사설서버에 대한 사실 상의 처벌이 어렵기 때문에 게임산업법 개정을 통해 해결한 것으로 보인다. 개정안의 제안 이유를 보면,[52] 다수의 온라인 게임이 불법 사설서버, 또는 불법 위·변조 프로그램 등으로 인해 금전적 손실을 입고 저작권을 침해받고 있으며 이용자 역시 위·변조된 게임으로 인해 직·간접적 피해를 입고 있다. 그러나 이와 같은 불법 사설서버와 위·변조 프로그램에 대한 정의와 처벌 조항이 없어 불법 행위를 적발하더라도 마땅한 제재 방법이 없었다. 따라서 온라인 게임의 불법 사설서버 및 불법 위·변조 프로그램에 대한 명확한 정의와 법적 처벌 근거를 마련하여 게임시장 질서 확립과 이스포츠를 보호하고자 한다고 그 이유를 밝히고 있다.

52 박용수, 게임산업진흥에 관한 법률 일부개정법률안 검토보고서, 국회 교육문화체육관광위원회, 2016.11, 1면.

2) 주요 내용

게임물 관련사업자가 제공 또는 승인하지 아니한 게임물이나 이를 임의로 변경한 게임물을 제작, 배급, 제공 또는 알선하는 행위 및 이와 같은 불법행위를 할 목적으로 컴퓨터프로그램이나 기기 또는 장치를 제작 또는 유통하는 행위를 금지하고 있다. 이를 위반한 자에 대해 5년 이하의 징역 또는 5천만원 이하의 벌금에 처하도록 하고 있다.

6. 대리게임 금지

일반적으로 게임물을 이용함에 따라 획득할 수 있는 게임 내 점수, 등급, 성과 등은 게임물의 이용자가 직접 또는 정상적으로 게임물을 이용함에 따라 획득할 수 있도록 하는 것이 원칙이며, 특히 여러 게임 이용자들이 함께 이용하는 온라인 게임 환경에서는 게임 이용자가 게임 내에서 획득한 결과물이 다른 게임 이용자와의 관계에 영향을 끼칠 수 있다는 점에서 대리게임 금지행위를 규정한 것이다.

국회 심사보고서에서는 "최근 게임물의 이용자가 직접 또는 정상적으로 게임을 하지 아니하고, 제3자에게 자신의 개인정보와 계정정보를 공유하는 방법을 통해 부적절한 게임 결과물을 획득하고 있는 사례가 급증함. 또한 이와 같이 게임 내 결과물 획득 행위를 불법적으로 제공, 알선하여 그 대가로 금전 등을 취득하는 영리행위를 하는 자들 역시 증가하고 있음. 이러한 불법행위는 게임 내 공정한 경쟁을 해침으로써 게임물을 이용하는 이용자들에게 피해를 입히고 있으며, 게임물 관련사업자에게도 직·간접적 피해를 주고 있는 상황임. 아울러 이러한 영리행위를 목적으로 타인의 개인정보를 무분별하게 도용하거나 결제사기가 발생하는 등, 사회적으로도 심각한 물의를 빚는 결과도 발생하고 있음. 이와 같이 게임물의 유통질서를 저해하는 행위를 처벌할 수 있도록 하여 건전한 게임문화를 조성하고 게임물 이용자와 관련사업자를 보호하고자 함"을 그 제정 이유로 밝히고 있다.

위와 같이 대리게임이 ① 게임 이용자 간 공정한 경쟁을 해침으로써 게임 이용자의 불만을 증가시키고, ② 게임이용자를 해당 게임에서 이탈하게 만들어 게임 사업자의 영업 피해까지 유발한다는 점과, ③ 아울러 대리게임을 수행하는 제3자에게 계정 정보를 알려줘야 하는 특성상 개인정보 유출 및 결제 사기 피해 등의 문제까지도 우려된다는 점에서, 대리게임 행위를 게임물의 유통질서를 저해하는 행위로서 법에 규정하고 어길 경우의 처벌 규정을 함께 마련하여 건전한 게임 이용문화 및 공정한 시장 질서를 확립할 필요가 있다고 판단한 것이다.

대리게임 금지행위 개정안

현 행	개 정 안	전문위원 수정의견
〈신 설〉	11. 영리를 목적으로 하여 게임물 관련사업자가 제공 또는 승인하지 아니한 방법으로 게임물 이용자가 점수·성과 등을 획득하게 하여 게임물의 정상적인 운영을 방해하거나 이를 알선하는 행위	11. 게임물 관련사업자가 승인하지 아니한 방법으로 게임물의 점수·성과 등을 대신 획득하여 주는 용역의 알선 또는 제공을 업으로 함으로써 게임물의 정상적인 운영을 방해하는 행위

다만, 지인들 간에 게임을 대신하여 주는 단순·일상적 행위를 포함하는 모든 대리게임 행위에 대하여 국가의 형벌권을 동원하는 것은 과도한 조치가 될 우려가 있다고 보이는 바, 이에 사업자가 승인하지 않은 방법으로 대리게임 용역 제공 및 알선을 업으로 하면서 게임물의 정상적인 운영을 방해하는 경우로 위법행위의 구성요건을 한정할 필요가 있다고 보아 수정의견이 마련되었다.

7. 게임 광고

가. 게임광고

게임내 광고는 게임물에 광고를 노출시키면서 무료로 게임을 이용할 수 있도록 함으로써 새로운 수익원이 되고 있다. 게임내 광고가 수익원이 되면서 나타나는 문제는 제공되는 연령대와 맞지 않는 광고가 노출되고 있다. 게임산업법은 기본적으로 연령에 따른 콘텐츠를 제공하는 구조이나, 게임광고에 노출되는 내용이 해당 게임물을 이용할 수 있는 이용자의 연령대와 다른 경우가 문제이다.

나. 금지 행위

게임사업자를 포함하여 누구라도 다음의 행위가 금지된다(게임산업법 제34조).

1. 등급을 받은 게임물의 내용과 다른 내용의 광고를 하거나 그 선전물을 배포·게시하는 행위
2. 등급분류를 받은 게임물의 등급과 다른 등급을 표시한 광고·선전물을 배포·게시하는 행위
3. 게임물내용정보를 다르게 표시하여 광고하거나 그 선전물을 배포·게시하는 행위
4. 게임물에 대하여 내용정보 외에 경품제공 등 사행심을 조장하는 내용을 광고하거나 선전물을 배포·게시하는 행위

또한, 게임제공업, 인터넷컴퓨터게임시설제공업 또는 복합유통게임제공업을 하는 자는 사행행위와 도박이 이루어지는 장소로 오인할 수 있는 광고물로서 대통령령[53]이 정하는 광고물을 설치 또는 게시하여서는 아니 된다.

다. 수거 등의 조치

광고 등에 제공되는 내용이 위법한 경우에 문화체육관광부장관, 시·도지사 또는 시장·군수·구청장은 유통되거나 이용에 제공되는 게임물 또는 광고·선전물 등이 다음 각 호의 어느 하나에 해당하는 때에는 이를 수거하거나 폐기 또는 삭제할 수 있다. 다만, 제2호의 경우 사행행위 등 규제 및 처벌특례법에 의한 사행행위영업을 하는 경우를 제외한다.

1. 등급분류를 받지 아니하거나 등급분류를 받은 것과 다른 내용의 게임물
2. 시험용 게임물로서 제21조 제1항 제3호의 대통령령이 정하는 대상·기준과 절차 등을 위반한 게임물
3. 사행성게임물에 해당되어 등급분류가 거부된 게임물
4. 제2조 제6호 다목의 대통령령이 정하는 종류 및 방법 등을 위반하여 제공된 게임물
5. 제25조의 규정에 의하여 등록을 하지 아니한 자가 영리의 목적으로 제작하거나 배급한 게임물
6. 제34조의 규정을 위반하여 배포·게시한 광고·선전물
7. 게임물의 기술적 보호조치를 무력하게 하기 위하여 제작된 기기·장치 및 프로그램

---

53 게임산업법 시행령 제20조(광고·선전의 제한) 법 제34조 제2항에서 "대통령령이 정하는 광고물"이라 함은 다음 각 호의 매체 또는 수단을 이용한 광고물을 말한다.

1. 옥외광고물 등의 관리와 옥외광고산업 진흥에 관한 법률 제2조 제1호에 따른 옥외광고물
2. 정보통신망 이용촉진 및 정보보호 등에 관한 법률 제2조 제1항 제1호에 따른 정보통신망
3. 신문 등의 진흥에 관한 법률 제2조 제1호 및 제2호에 따른 신문·인터넷신문 또는 잡지 등 정기간행물의 진흥에 관한 법률 제2조 제1호에 따른 정기간행물
4. 방송법 제2조 제1호에 따른 방송
5. 전기통신기본법 제2조 제1호에 따른 전기통신
6. 전단지·견본 또는 입장권
7. 비디오물·음반·서적·간행물·영화 또는 연극
8. 그 밖에 문화체육관광부령이 정하는 매체 또는 수단

또한, 문화체육관광부장관은 정보통신망을 통하여 제공되는 게임물 또는 광고·선전물 등이 앞의 6가지 중 어느 하나에 해당하는 경우 정보통신망법상 정보통신서비스 제공자 또는 게시판을 관리·운영하는 자로 하여금 그 취급을 거부·정지 또는 제한하는 등의 시정을 명할 수 있다. 이 경우 사전에 위원회의 심의 및 시정권고의 절차를 거쳐야 한다. 이때, 시정권고나 시정명령을 받은 자는 7일 이내에 조치를 완료하고 그 결과를 게임물관리위원회위원장 또는 문화체육관광부장관에게 통보하여야 한다. 아울러, 게임물관리위원회위원장 또는 문화체육관광부장관은 시정권고나 시정명령의 대상이 되는 자에게 사전에 의견제출의 기회를 주어야 한다. 다만, 다음 각 호의 어느 하나에 해당하는 경우에는 그러하지 아니하다.

1. 공공의 안전 또는 복리를 위하여 긴급한 경우
2. 의견청취가 현저히 곤란하거나 명백히 불필요한 경우
3. 명백한 의사로 의견제출을 포기하거나, 정당한 이유 없이 의견제출을 지연하는 경우

라. 광고규제의 한계

게임광고는 사후 심의를 통하여 문제점을 개선할 수 있다는 기본적인 한계를 갖는다. 따라서, 사행성, 선정성이 있는 게임물 광고를 사후 심의로 진행하는 것인지는 의문이다. 게임산업법의 등급분류 제도 및 연령에 적합한 게임물의 서비스 의무에 부합하지 않기 때문이다.

인사이트

게임을 안전하게 이용할 수 있는 환경을 제공하는 것은 게임사의 기본적인 의무이자 책임이다.

제 8 절 | 게임아이템

1. 사실상의 아이템거래

가. 게임아이템의 정의

게임산업법 시행령에서는 게임아이템을 "게임의 진행을 위하여 게임 내에서 사용되는 도구"로 정의하고 있다. 법률이 아닌 시행령에서 게임아이템에 대한 정의를 두고 있는 것은 게임산업법에서 금지하고 있는 유형 중 하나로 유·무형의 결과물의 환전 등을 금지하고 있기 때문이다.[54] 게임 내에서 사용되는 유·무형의 결과물이 다양하기 때문에 이를 한정하는 정의를 게임산업법에서 규정하는 것은 논란이 될 수 있기 때문이다. 따라서 비교적 논란이 적은 게임아이템 등의 환전을 금지하는 시행령의 적용에 한정될 수 있도록 정의하고 있는 것으로 판단된다.

나. 아이템거래 유형[55]

게임산업법 시행령의 정의와 별개로 공정거래위원회에서는 온라인 게임 아이템을 온라인 게

---

54 제32조(불법게임물 등의 유통금지 등) ① 누구든지 게임물의 유통질서를 저해하는 다음 각 호의 행위를 하여서는 아니된다. 다만, 제4호의 경우 사행행위 등 규제 및 처벌특례법에 따라 사행행위영업을 하는 자를 제외한다.

1-6. 생략

7. 누구든지 게임물의 이용을 통하여 획득한 유·무형의 결과물(점수, 경품, 게임 내에서 사용되는 가상의 화폐로서 대통령령이 정하는 게임머니 및 대통령령이 정하는 이와 유사한 것을 말한다)을 환전 또는 환전 알선하거나 재매입을 업으로 하는 행위

55 공정거래위원회 보도자료, 2014.6.

임에서 활용되는 가상의 물건으로 보고, 이를 ① 캐릭터, ② 장비, ③ 게임 화폐(게임 머니) 등 세가지 유형으로 구분하고 있다.

① 캐릭터	② 장비	③ 게임 화폐 (게임 머니)
	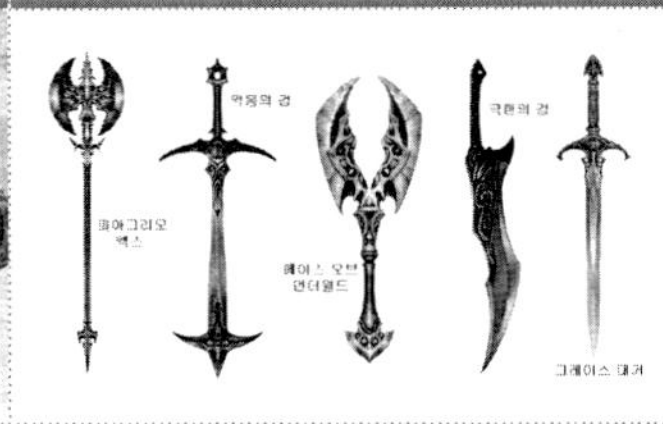	
게임 내에서 게이머를 대신하여 게임을 수행하는 주체	캐릭터가 게임 내에서 사용하는 각종 도구를 의미함 (무기, 장갑, 신발 등)	게임을 진행하는 과정에서 보상으로 획득하게 되며, 해당 게임에서 장비를 구입하는데 사용

아이템 유형[56]

게임 아이템은 게임을 수행하는 도중에 보상으로 획득하거나, 게임 이용자가 게임을 즐기기 위해 다른 게임이용자가 획득한 게임 아이템을 외부에서 현금으로 구매하기도 한다. 게임 아이템을 거래하는 유형은 크게 ① 직거래, ② 중개 거래, ③ 불환 거래 방식이 있다.

1. (직거래) 게임 아이템 판매자와 구매자 간 직접 거래 방식으로, 안전거래(에스크로) 장치가 없어 중개 거래와 달리 사기행위(예, 판매자가 현금을 받고 아이템을 건내주지 않음)가 발생할 가능성이 높다.
2. (중개 거래) 게임 아이템 판매자와 구매자 간 거래를 중개하는 형태로 아이템 거래가 정상적으로 완료된 후 거래 대금이 판매자에게 지급되는 안전거래(에스크로) 방식이다.
3. (불환 거래) 게임 아이템을 개발한 게임 회사가 직접 이용자에게 아이템을 판매하는 방식으로, 모든 게임 아이템을 거래할 수 있는 직거래나 중개 거래와 달리 일부 아이템만 구매할 수 있다.

다. 아이템 현금거래

리니지에서 발생했던 바츠해방전은 한정된 자원이나 지배관계의 고착화, 분배구조의 불공평성, 그리고 아이템 현금거래 문제까지 결합되어 그 이해관계가 첨예하게 부딪힌 사건이라고

56 공정거래위원회 보도자료, 2014.6. 필자 내용 수정.

한다.[57] 게임 내에서 이루어진 해프닝이지만 실제 사회에서도 작지 않은 의미와 충격을 주기도 하였다. 이중 중요하게 볼 수 있는 부분은 아이템 거래이다. 경제현상으로서 아이템 거래는 만연하게 이루어지고 있다. 특히, 아이템 중개 사이트를 통해 이루어지고 있는 거래량은 2조원 대에 이른다고 한다.[58] 게이머 간에는 아이템의 현실 가치가 인정되고 있으며, 아이템 중개 사업자는 적지 않은 매출을 발생시키고 있는 것이 사실이다. "아이템의 가치는 개발사가 인위로 매겨놓은 결과지만, 현금교환의 기틀을 개발사가 마련했다고 보기는 힘들다. 게임에 따라 게임 내부에 교환 장치를 두는 곳도 있지만 대부분 비합법 거래전문 사이트에서 교환된다"[59]고 한다.

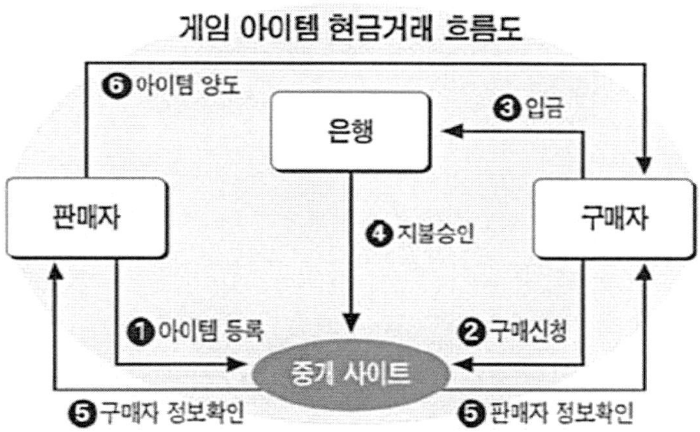

아이템 거래 흐름도[60]

아이템 거래가 게임사업자가 의도한 것이든 또는 그렇지 아니하든 아이템을 둘러싼 다양한 문제들이 발생하고 있으며, 논란도 작지 않다. 현실적으로 게임아이템의 가치가 인정되고 있기 때문에 이러한 문제가 발생하는 것이라는 주장은 억지라고 보기는 어렵다.[61]

---

57 강지웅 외, 게임과 문화연구, 커뮤니케이션북스, 2008, 98면.

58 일례로, 게임사의 경품으로 2, 3등은 중형 또는 소형 자동차가 내걸렸다. 그런데 정작 1등 경품은 수 천 만원에 이르는 아이템이었다고 한다.

59 강지웅 외, 게임과 문화연구, 커뮤니케이션북스, 2008, 100면.

60 구글 이미지 검색, 2014.7.15.일 검색.

61 강지웅 외, 게임과 문화연구, 커뮤니케이션북스, 2008, 94면.

아이템은 게임 내에서 이용되는 도구의 일종이다. 게임의 레벨에 따라 다양한 아이템을 착용할 수 있으며, 종족 등에 따라 능력치에 차이가 있다. 아이템은 게임의 재미를 높여주는 역할을 하나, 이용에 제공되는 양이 많지 않기 때문에 희소성이 있다.

게임사업자는 이용약관을 통해 아이템 거래를 금지하고 있으며 이를 위반할 경우에는 계정을 정지시키는 등의 조치를 취하고 있다. 주된 이유는 아이템 거래가 자칫 안정적인 게임 운영을 방해한다는 것이다. 이러한 점에서 게이머와 게임사 간의 이해가 충돌하는 부분이다. 게임사는 아이템을 판매하면서 정작 게이머 간의 거래를 금지하는 것이 형평성에 맞지 않다고 보기 때문이다.

2. 아이템의 귀속

가. 아이템의 법적 성질

아이템의 성질을 무엇을 볼 지에 따라 논란은 있으나, 게임이라는 가상세계에서 이루어지는 행위를 현실 세계의 것으로 보기에는 어려움이 있다. 현실의 법이 가상세계에서 적용되지 못하는 것도 또한 아니기 때문에 이를 무시하기 어렵다.

민법은 디지털정보에 대해 별도로 규정하고 있지 않으며, 정보통신망법 등 특별법에서 정보에 대해 정의하고 있지만, 이는 산업의 필요성에 의한 것이기 때문에 민법 상 물건으로 보기는 어렵다. 해석론으로 민법 상 물건에 유사한 성질의 것으로 보기는 하지만 이는 제조물책임법에서 SW와 같이 CD나 ROM에 부품화된 경우라면 제품으로서 적용가능성을 긍정할 수 있겠지만, SW자체에 대해서는 인정하기 어렵다는 것이 다수적 견해이다.

현행 법제 하에서는 게임아이템은 0과 1의 조합인 수치에 불과하므로 물건에 해당하지 않으며 소유권의 객체에도 해당되지 않는다. 다만, 게임물은 저작물이기 때문에 준물권으로서 또한 무체재산권으로서 다루어진다. 또한 게임프로그램에 의해 생성된 컴퓨터파일로서 게임정보의 일종이나 게임 내에서 일정한 재화 혹은 물건적 성질을 갖는 채권으로 보기도 한다.

나. 아이템의 소유권

아이템 소유권에 대한 다툼은 여전하다. 아이템의 권한이 누구에게 있는지에 대한 논란은 온라인 게임의 역사와 그 궤를 같이 하고 있다. 아이템도 기본적으로 성질은 이미지이기 때문에 저작물성을 갖는 경우에는 저작권법의 보호를 받을 수 있다. 저작물이라고 하더라도, 그 기본적인 가치가 인정될 수 있는 것은 아니기 때문에 게이머에게 유리하게 해석되기는 어렵다. 또한 저작물은 창작자 원칙에 따라 게임사업자에게 그 권리가 귀속되기 때문에 게이머에게 유보될 수 있는 권리는 찾기 어렵다. 다만, 게임사와 체결한 계약상 채권적 권리로서 게임을 이용하는 동안 해당 아이템을 이용할 수 있을 뿐이라는 것이 일반적인 견해이다.

3. 아이템의 재산성

가. 재산상의 이익

확률형 아이템이 사행적 요소가 있는지에 대한 기준은 아이템의 실행 결과로 얻게 되는 신규 아이템을 재물 내지 재산상의 이익으로 볼 수 있느냐 하는 점이다. 민법 제98조는 물건에 대해 "유체물 및 전기 기타 관리할 수 있는 자연력"으로 정의하고 있으며, 형법 346조에서는 "관리할 수 있는 동력은 재물로 간주한다"라고 함으로써 기본적으로 민법상 재물과 동일시하고 있다. 그러나 게임산업법 및 사업자의 이용약관에서는 확률형 아이템을 포함한 게임머니 등에 대해 재산성 등을 부정하고 있다. 일각에서는 재산상의 이익을 넓게 보는 견해도 있다.[62] 즉, 개인에게 현금을 지불하고 아이템을 구입하기 때문에 재산적 가치를 지니고 있고, 그렇기 때문에 아이템을 획득하는 것은 재산상의 이익이라고 보는 것이다.[63] 그렇지만 이러한 주장은 게임산업법 및 게임사업자의 이용약관에서 재산적 가치를 부인하고 있는 점, 게임외부에서 위법한 행위로써 아이템이 현금으로 거래되고 있는 점, 재산상의 이익에 관한 제

62 정정원, 온라인게임 아이템의 형사법적 취급, 법학논총 제29집 제4호, 2012, 488면. 아울러 본 절은 이정훈, 게임아이템 거래와 형사법적 문제, 게임법제도의 현황과 과제, 박영사, 2009, 149면을 그 근거로 삼고 있다. 실제 정정원 박사가 인용한 이정훈 교수의 논문에서도 게임머니에 대한 재산적 가치를 인정하고 있으며, "게임머니를 걸고 고포류의 게임을 하는 경우에는 형법상 도박죄가 성립한다"고 한다. 또한 웹보드게임물의 위법성 조각사유를 형법상 조각사유인 일시적 오락이기 때문이라고 주장한다(이정훈, 게임아이템 거래와 형사법적 문제, 149-159면 및 각주 12번 참조).

63 김정환외 2인, 청소년 보호를 위한 게임물(확률형 아이템)의 합리적 규제 방안, 법학연구 제15집 제3호, 2012.11, 229면.

반 학설상 아이템에 대한 가치를 인정하기 어렵다는 점 등에 비추어 타당하다고 보기 어렵다. 종합적으로 보면, 게임물의 사행성에 대한 판단은 게임내에서의 환금성을 전제하는 것이기 때문에 게임외적으로 아이템이 거래되는 것을 게임사업자가 인지하기 어렵거니와 이에 관여하거나 차단하기 어렵다.

나. 재물성에 대한 검토

현행법 상 컴퓨터프로그램이나 디지털 저작물은 민법 상 물건의 요건에 해당된다고 보기 어렵기 때문에 물건으로 인정될 수 없다. 온라인 게임의 경우에도 물건으로서 법적 성질을 파악하기에는 어려움이 있다. 형법 상 물건으로서 요건을 갖추기 위해서는 제346조에서 "본 장의 죄에 있어서 관리할 수 있는 동력은 재물로 간주하다"라고 규정하고 이를 사기와 공갈죄, 횡령과 배임죄 등에 각각 적용하고 있다. 또한 민법 상 물건이 되기 위해서는 제98조에서 규정하고 있는 유체물 및 전기 기타 관리할 수 있는 자연에 해당되어야 한다. 물론 형법 상 재물과 민법 상 재물의 요건이 같을 필요는 없지만 거의 같은 내용으로 해석하고 있는 듯하다.[64]

게임아이템과 관련된 사건에서 법원은 공갈죄를 적용하고 있다.[65] 형법 제350조에 의하면 "사람을 공갈하여 재물의 교부를 받거나 재산상의 이익을 취득한 자는 10년이하의 징역 또는 2천만원 이하의 벌금에 처한다"고 규정하고 있다. 동 규정은 재산상의 이익 및 재물이 동시에 공갈죄의 행위객체로 되어 있기 때문에 동 판결의 구체적인 적용요건을 추론하기는 힘들다. 대법원은 "컴퓨터프로그램파일이 형법 제243조 소정의 음란한 물건에 해당하지 않는다"[66]고 함으로써 디지털 형태로 저장된 자료에 대해 재물성을 부인하고 있다. 절도죄 등의 객체는 관리가능한 동력을 포함한 재물에 한한다고 할 것이고, 절도죄가 성립하기 위해서는 그 재물의 소유자 기타 점유자의 점유 내지 이용가능성을 배제하고 이를 자신의 점유하에 배타적으로 이전하는 행위가 있어야만 할 것인 바, 컴퓨터에 저장되어 있는 정보 그 자체는 유체물이라고 볼 수도 없고, 물질성을 가진 동력도 아니므로 재물이 될 수 없다.[67] 결국 이러한 맥락에서 본다면 게임아이템의 경우에도 재물성을 인정하기 어렵다.

---

64 이재상, 형법각론, 박영사, 2001, 239면.

65 서울지법 2000.11.8 선고, 2000고단1366판결.

66 대법원 1999.2.24. 선고 98도3140 판결.

67 대법원 2002.8.12. 선고 2002도745 판결.

(3) 재산상 이익에 대한 검토

재산상 이익이란 재물이외의 일체의 재산적 가치가 있는 이익을 말한다.[68] 게임아이템은 그 거래재의 성질상 재물이 아니기 때문에 절도죄 등의 접근은 어렵겠지만 게임이나 게임아이템을 재산상의 가치가 있는 이득으로 보는 견해로 본다면 공갈죄 적용이 유력하다. 법원은 게임아이템과 관련된 공갈죄의 적용을 인정하였으며, 재산성을 인정하기에는 많은 어려움이 해석상 있기 때문에 재산상의 이익을 행위객체로 인정한 것이다. 다만, 공갈죄의 인정은 그것이 아이템의 재물성을 인정했기 때문에 가능했던 것이 아니라 종래의 판례의 태도에 따라 부당한 아이템의 취득을 재산상의 이익의 취득으로 보았기 때문에 공갈죄로 인정된 것이다.[69]

4. 아이템 거래의 금지

가. 입법 취지

게임산업법은 "게임산업의 기반을 조성하고 게임물의 이용에 관한 사항을 정하여 게임산업의 진흥 및 국민의 건전한 게임문화를 확립함으로써 국민경제의 발전과 국민의 문화적 삶의 질 향상에 이바지"하는 것을 목적으로 한다. 환전금지와 관련하여 이와 같은 게임산업법의 목적규정의 해석은 게임의 사행화에 대한 방지를 통한 국민의 건전한 게임문화를 확립하는데 있다. 현대 과학기술의 진보에 발맞추어 게임물의 종류와 기능이 급속하게 발달·증가함으로 인하여, 종전처럼 게임제공업자만을 규제하는 방법으로는 사행성게임물의 확산에 따른 사행심 조장 등으로 도박중독자가 양산되는 것을 방지하기에 역부족이었고, 이로 인하여 게임물 관련사업자만이 아니라 모든 국민을 대상으로 직접적으로든 간접적으로든 게임물을 사행기구로 변질시키는 행위를 방지하기 위하여 환전업 및 재매입 행위를 금지할 필요성이 강력하게 요청되었다. 따라서 본호의 입법취지는 게임물 운영체계 안에서 제공되는 보상인 게임결과물이 그 운영체계 밖에서 현금 또는 이와 동등한 가치 있는 재화로 교환됨으로써 게임물이 사실상 사행기구로 변질되는 것을 방지함으로써 건전한 게임문화를 확립하여 국민의

---

68 이재상, 형법각론, 박영사, 2001, 284면.

69 변종필, 인터넷게임 아이템과 재산범죄, 인터넷법률 제5호, 2001.3, 47면.

문화적 삶의 질을 향상시키고자 한 것이라 볼 수 있다. 형사처벌을 목적으로 하는 게임산업법 제32조는 환전을 금지함으로써 게임물의 사행화를 방지함에 있다. 그럼에도 불구하고 아이템 거래를 업으로 하는 경우에는 처벌을 함으로써 건전한 게임문화를 확립하고자 하는 것으로 이해된다.

나. 금지 행위 유형

게임산업법은 누구든지 게임물의 이용을 통해 획득한 유·무형의 결과물(점수, 경품, 게임 내에서 사용되는 가상의 화폐로서 대통령령이 정하는 게임머니 및 대통령령이 정하는 이와 유사한 것을 말한다)을 환전 또는 환전 알선하거나 재매입을 업으로 하는 행위를 금지하고 있다(제32조). 금지되는 대상에 대해 게임산업법 시행령(제18조의3(게임머니 등))은 다음과 같이 규정하고 있다.

1. 게임물을 이용할 때 베팅 또는 배당의 수단이 되거나 우연적인 방법으로 획득된 게임머니
2. 제1호에서 정하는 게임머니의 대체 교환 대상이 된 게임머니 또는 게임아이템(게임의 진행을 위하여 게임 내에서 사용되는 도구를 말한다. 이하 같다) 등의 데이터
3. 다음 각 목의 어느 하나에 해당하는 게임머니 또는 게임아이템 등의 데이터
   가. 게임제작업자의 컴퓨터프로그램을 복제, 개작, 해킹 등을 하여 생산·획득한 게임머니 또는 게임아이템 등의 데이터
   나. 법 제32조 제1항 제8호에 따른 컴퓨터프로그램이나 기기 또는 장치를 이용하여 생산·획득한 게임머니 또는 게임아이템 등의 데이터
   다. 다른 사람의 개인정보로 게임물을 이용하여 생산·획득한 게임머니 또는 게임아이템 등의 데이터
   라. 게임물을 이용하여 업으로 게임머니 또는 게임아이템 등을 생산·획득하는 등 게임물의 비정상적인 이용을 통하여 생산·획득한 게임머니 또는 게임아이템 등의 데이터

다. 게임아이템 규제 포괄 위임의 위법성[70]

게임산업법상 금지유형인 게임머니를 시행령에 위임한 것이 헌법에 위반된 것인지에 대한 논란이 있었다. 게임머니의 유형이 불분명한 상태에서 이에 대해 형사처벌할 수 있는 것이 명확성의 원칙에 위배될 수 있다는 주장이다.

70 대법원 2009.4.23. 선고 2008도11017 판결.

(1) 위임의 명화성원칙의 위배 여부

게임산업법 제32조 제1항 제7호, 제44조 제1항 제2호 및 같은 법 시행령 제18조의3이 죄형법정주의가 요구하는 명확성의 원칙에 반하는지 여부에 대해 대법원은 "게임산업법의 입법 목적이나 그 전체적 내용, 구조 등을 살펴보면, 사물의 변별능력을 갖춘 일반인의 이해와 판단으로써 게임산업법 제44조 제1항 제2호, 제32조 제1항 제7호, 같은 법 시행령 제18조의3의 구성요건 요소에 해당하는 행위 유형을 정형화하거나 한정할 합리적인 해석 기준을 찾을 수 있다고 보이므로, 게임산업법 제44조 제1항 제2호, 제32조 제1항 제7호, 같은 법 시행령 제18조의3은 처벌규정으로서의 명확성을 지니는 것이어서 헌법 제12조 제1항 제2문과 제13조 제1항 전단이 요구하는 죄형법정주의의 명확성의 원칙에 위배되지 않는다"고 보았다.

(2) 포괄위임금지 원칙의 위배 여부

또한, 게임산업법 제32조 제1항 제7호, 같은 법 시행령 제18조의3이 형벌법규의 포괄위임금지 원칙이나 죄형법정주의에 반하는지 여부에 대해서도 대법원은 "게임산업법 제32조 제1항 제7호가 '환전, 환전 알선, 재매입 영업행위를 금지하는 게임머니 및 이와 유사한 것'을 대통령령이 정하도록 위임하고 있는 것은 사회현상의 복잡다기화와 국회의 전문적·기술적 능력의 한계 및 시간적 적응능력의 한계로 인하여 형사처벌에 관련된 모든 법규를 예외 없이 형식적 의미의 법률에 의하여 규정한다는 것은 사실상 불가능할 뿐만 아니라 실제에 적합하지도 아니하기 때문에, 특히 긴급한 필요가 있거나 미리 법률로써 자세히 정할 수 없는 부득이한 사정이 있다는 고려에서 비롯된 것이다. 위 조항은 처벌대상인 행위의 객체인 '게임물의 이용을 통하여 획득한 유·무형의 결과물'에 관하여 점수, 경품, 게임 내에서 사용되는 가상의 화폐로서 대통령령이 정하는 게임머니 및 대통령령이 정하는 이와 유사한 것을 말한다라고 규정하고 있는데, 그 문언 자체에 의하더라도 누구나 게임물의 이용을 통하여 획득한 유·무형의 결과물이 무엇인지 이해할 수 있고, 대통령령에 위임될 사항이 어떠한 것인지도 예측할 수 있다. 그리고 같은 법 시행령 제18조의3 각 호에 규정된 '게임머니 및 이에 유사한 것'은 게임산업법 제32조 제1항 제7호에 규정된 '게임물의 이용을 통하여 획득한 유·무형의 결과물'에 해당한다고 보인다. 따라서 게임산업법 제32조 제1항 제7호, 같은 법 시행령 제18조의3은 형벌법규의 포괄위임입법금지 원칙이나 죄형법정주의에 위배되지 않는다"고 판시한 바 있다.

(3) 소급효 금지원칙의 위배 여부

아울러, 게임산업법 시행령 제18조의3의 시행일 이전에 행해진 게임머니의 환전 등 행위를 처벌하는 것이 형벌법규의 소급효금지 원칙에 반하는지 여부에 대해 대법원은 "헌법 제13조 제1항 전단과 형법 제1조 제1항은 형벌법규의 소급효금지 원칙을 밝히고 있고, 2007. 1. 19. 제8247호로 법률이 개정되면서 시행된 게임산업법 제44조 제1항 제2호, 제32조 제1항 제7호와 2007. 5. 16. 제20058호로 대통령령이 개정되면서 신설된 법 시행령 제18조의3과 그 부칙 제1조에 의하면, 법 시행령 제18조의3의 시행일 이후 위 시행령 조항 각 호에 규정된 게임머니의 환전, 환전 알선, 재매입 영업행위가 처벌되는 것이므로, 그 시행일 이전에 위 시행령 조항 각 호에 규정된 게임머니를 환전, 환전 알선, 재매입한 영업행위를 처벌하는 것은 형벌법규의 소급효금지 원칙에 위배된다"고 보았다.

5. 아이템거래에 대한 부가가치 인정

가. 아이템거래의 부가세 과세[71]

(1) 부가가치세의 납부

구 부가가치세법(2008. 12. 26. 법률 제9268호로 개정되기 전의 것. 이하 같다) 제1조 제1항은 "부가가치세는 다음 각호의 거래에 대하여 부과한다"고 하면서 그 제1호로 "재화 또는 용역의 공급"을 규정하고 있고, 제1조 제2항은 "제1항에서 재화라 함은 재산적 가치가 있는 모든 유체물과 무체물을 말한다"고 규정하고 있으며, 같은 법 시행령 제1조 제2항은 "법 제1조 제2항에서 규정하는 무체물에는 동력·열 기타 관리할 수 있는 자연력 및 권리 등으로서 재산적 가치가 있는 유체물 이외의 모든 것을 포함한다"고 규정하고 있다. 구 부가가치세법 제6조 제1항은 "재화의 공급은 계약상 또는 법률상의 모든 원인에 의하여 재화를 인도 또는 양도하는 것으로 한다."고 규정하고 있고, 제2조 제1항은 "영리목적의 유무에 불구하고 사업상 독립적으로 재화(제1조에 규정하는 재화를 말한다. 이하 같다) 또는 용역(제1조에 규정하는 용역을 말한다. 이하 같다)을 공급하는 자(이하 '사업자'라 한다)는 이 법에 의하여 부가가치세를 납부할 의무가

---

71 대법원 2012.04.13. 선고 2011두30281 판결.

있다"고 규정하고 있다.

원심판결 이유에 의하면 원심은, 그 채택 증거를 종합하여 원고는 2004년 부가가치세 과세기간 동안 게임아이템 중개업체의 인터넷사이트를 통하여 온라인 게임인 '리니지'에 필요한 사이버 화폐인 게임머니를 게임제공업체나 게임이용자로부터 매수한 후 이를 다시 다른 게임이용자에게 매도하고, 그 대금을 게임이용자로부터 중개업체를 경유하여 지급받은 사실, 피고는 원고가 구 부가가치세법상의 납세의무자인 사업자로서 게임머니(원심판결의 판시 이유 1. 나. 에 기재된 '게임아이템'은 '게임머니'를 지칭한 것으로 보인다)를 판매하면서도 이에 대한 매출신고를 누락하였다는 이유로 이 사건 부가가치세 부과처분을 한 사실 등 판시와 같은 사실을 인정한 다음, 게임머니는 구 부가가치세법상의 '재화'에 해당하고, 원고의 게임머니 매도거래는 재화의 '공급'에 해당하며, 원고는 부가가치를 창출해 낼 수 있는 정도의 사업형태를 갖추고 계속적이고 반복적인 의사로 재화인 게임머니를 게임이용자에게 공급하였다고 봄이 상당하므로 원고는 구 부가가치세법상의 '사업자'에 해당한다고 판단하였다.

(2) 종합소득세의 부과

소득세의 과세대상인 사업소득은 영리를 목적으로 독립된 지위에서 계속적·반복적으로 행해지는 사회적 활동인 사업에서 발생하는 소득을 말한다.[72] 원심판결 이유에 의하면 원심은, 피고가 원고의 위와 같은 게임머니 거래에서 발생한 소득을 사업소득에 해당한다고 보고, 업종을 전자상거래업으로 하여 종합소득금액을 산정한 다음 그 세액을 산출한 방식이 적법하다고 판단하였다.

(3) 조세법률주의 등의 위반 여부

원심판결 이유에 의하면 원심은, 원고의 게임머니 거래행위가 구 부가가치세법상 재화의 공급에 해당하는지 여부는 법률해석 문제로서 원고의 납세의무 성립 당시에도 이 사건 부가가치세 및 종합소득세 부과처분의 근거법령은 이미 존재하고 있었고 새로운 세법의 제정에 의하여 그 부과처분이 가능해진 것이 아니므로 조세법률주의나 소급과세금지원칙의 위반 여부는 문제되지 아니한다고 판단하는 한편 원고의 게임머니 거래 당시 그 거래에 대하여 과세하

72 대법원 2010. 9. 9. 선고 2010두8430 판결 참조.

지 않겠다는 공적 견해의 표명이 있었다거나 비과세의 관행이 성립되었음을 인정할 아무런 증거가 없다고 판단하였다. 원심의 위와 같은 판단은 정당한 것으로 수긍할 수 있고, 거기에 상고이유의 주장과 같이 조세법률주의, 소급과세금지원칙, 비과세관행에 관한 법리를 오해하는 등의 위법이 없다. 그리고 이 사건 부가가치세 및 종합소득세 부과처분이 공평과세원칙에 위반된다는 주장은 원고가 상고심에 이르러 비로소 내세우는 새로운 주장으로서 적법한 상고이유가 되지 못할 뿐더러, 원심의 판단에 그와 같은 위법이 있다고 할 수 없다.

나. 대법원 판결과 비판

(1) 대법원 판결

대법원은 "과세관청이 게임아이템 중개업체의 인터넷 사이트를 통해 온라인 게임 '리니지'에 필요한 게임머니를 게임제공업체나 게임이용자에게서 매수한 후 다른 게임이용자에게 매도하고 대금을 중개업체를 경유하여 지급받은 갑이 사업자로서 게임머니를 판매하면서도 매출신고를 누락하였다는 이유로 갑에게 부가가치세 부과처분을 한 사안에서, 게임머니는 구 부가가치세법상의 '재화'에 해당하고, 갑의 게임머니 매도거래는 재화의 '공급'에 해당하며, 갑은 부가가치를 창출해 낼 수 있는 정도의 사업형태를 갖추고 계속적이고 반복적인 의사로 재화인 게임머니를 게임이용자에게 공급하였다고 봄이 타당하므로 구 부가가치세법상의 '사업자'에 해당한다고 보아 부가가치세 부과처분이 적법하다고 한 원심판단을 수긍한"[73] 바 있다.

(2) 대법원 판결에 대한 비판

아이템에 대한 재산적 가치를 인정한 것은 아니지만, 부가세법 상 아이템거래에 따른 부가세 미납에 대해 법원은 거래가 있는 곳에 과세가 있다는 과세원칙상 징세를 인정한 바 있다. 동 판례에 대해 혹자는 아이템의 재산적 가치를 인정한 것이라고 주장하나, 이는 타당하지 못하다. 부가세법과 민법상의 재산적 가치의 인정은 다른 차원이기 때문이다.[74]

---

73 대법원 2012.4.13. 선고 2011두30281 판결 [부가가치세 및 종합소득세 부과처분 취소].

74 동지; 박준석 교수는 "아이템이 설령 용역이 아니라 재화에 속한다고 해석할지라도 부가가치세법상 재화라함은 재산적 가치가 있는 모든 유체물과 무체물을 말하는 것으로, 여기서 무체물은 동력·열 기타 관리할 수 있는 유체물이외의 모든 것이므로 민법상 문건의 개념에 비하여 무척 포섭하기가 넓다. 결국 우리 법령 중 적어도 부가가체세법의 태도에 근거하여 아이템을 물권의 대상인 물건이나 재물과 같이 취급하고 있다는 일부 설명은 잘못된 것이다."고 한다. 박준석, 게임 아이템의 법적 문제, LAW&TECHNOLOGY 제5권 제1호, 2009.1, 51면.

아이템 거래가 갖는 사행성이 문제된다면 게임산업법의 개정을 통해, 일반적인 게임물의 이용결과로 획득한 아이템이나 게임머니의 거래도 금지하여야 한다. 그러나 실제 사행성이 크지 않다면 게임아이템 거래를 양성화하여 과세대상으로 명확히 하는 것도 방안이다. 실제 게임머니가 부가가치세법 상 과세대상인 재화에 해당하는지 여부에 대해 법원은 "부가가치세가 부과되는 거래의 대상인 '재화'에는 재산적 가치가 있는 유체물뿐만 아니라, '동력·열 기타 관리할 수 있는 자연력 및 권리 등으로서 재산적 가치가 있는 유체물 이외의 모든 무체물'도 포함된다. 게임머니는 이를 유상으로 매수하였다가 이윤을 남기고 매도하는 경우 엄연히 재산적 가치가 있는 거래의 객체로서, 게임회사가 제공하는 온라인게임서비스상의 게임 등을 이용할 수 있는 권리 내지 기타 재산적 가치가 있는 무체물의 일종인 부가가치세법 상의 '재화'에 해당한다"[75]고 판시함으로써 게임머니에 대한 과세를 긍정하였다. 따라서 아이템 거래 등에 대한 과세관할권을 명확히 하는 것도 아이템 거래로 인한 사행화 등을 방지하는 방안이 될 수 있다.[76]

6. 아이템 중개와 공정거래[77]

가. 아이템 중개 시장

아이템 중개 시장이란 인터넷 중개 거래 사이트를 통해 판매자와 구매자 간의 아이템 거래를 중개하고 수수료를 부과하는 것을 말한다. 게임 이용자는 게임을 더 잘하기 위해 다른 이용자가 획득한 아이템을 현금으로 구매하고자 한다. 이때, 판매자와 구매자가 거래의 상대방을 찾고 안전하게 거래하기 위해 중개 사이트를 이용하는 경우가 많다. 아이템 중개 시장의 거래 규모는 약 1조 원 수준이고, 중개 거래 사업자의 총 수입 규모는 약 400억 원 수준이라고 한다.

---

75 서울행정법원 2009.8.28. 선고 2009구합4418 판결.

76 김윤명, 게임서비스와 법, 경인문화사, 2014, 382면 참조.

77 본 내용은 공정거래위원회 보도자료(2014.6)를 참고하여 정리한 것이다.

나. 공정거래위원회의 IMI·아이템베이 기업결합 조건부 승인[78]

공정거래위원회는 IMI와 아이템베이의 기업결합이 아이템 거래 시장에 대해 일정한 영향을 미칠 수 있을 것으로 판단하면서 몇 가지 시정권고를 내리고 있다.

아이템중계 사업자인 IMI와 아이템베이

(1) IMI 및 아이템베이의 기업결합

기업결합 후 관련 시장에서 중개 거래 수수료 인상 등 경쟁제한에 따른 소비자의 부담이 발생할 가능성이 높다. 결합 후 당사 회사의 거래 금액 기준 시장 점유율 합계는 95.2%로서 경쟁제한성 추정 요건에 해당된다. 결합 이후 1위 사업자로서 시장 점유율 50% 이상, 2위 사업자와의 차이 25% 이상(공정거래법 제7조 제4항) 이며, 해당 중개 거래 사이트의 방문자 수도 다른 중개 거래 사이트에 비해 많아 판매자의 영향력이 크다.

(2) 결합 후 수수료 인상 가능성

무엇보다도, 결합 이전에 중개 수수료를 인상한 사례와 결합 이후에 인상을 계획한 사례가 있어, 결합 이후 수수료 인상 가능성이 매우 높다는 것이다. 과거 IMI 단독으로 중개 수수료를 인상하여 매출을 증가시킨 사례로 볼 때, 결합 이후 수수료 인상 유인이 존재한다고 판단하고 있다.

(단위: 건, 백만 원)

구분	인상 전('11.2.~7.)	인상 후('11.8.~'12.1.)	증감
실질 수수료율	3.23%	3.82%	18.3%
거래 건수	4,090,772	3,925,200	Δ4.05
수수료 매출	8,375	10,394	24.1

IMI 단독으로 중개 수수료를 인상한 사례('11. 8.)[79]

---

78 'IMI·아이템베이' 게임아이템 거래수수료 3년간 인상 제한, 뉴스원, 2014.7.1.일자.

79 공정거래위원회 보도자료, 2014.6.

(3) 시정조치의 의의

공정거래위원회가 밝히는 시정조치의 의의는 다음과 같다. 특히 이번 건은 공정거래위원회가 이베이의 인터파크 G마켓 주식 취득 건('09년) 이후 인터넷 시장에서의 기업결합에 시정조치를 내리는 두 번째 사례이며, 이베이가 지마켓의 주식을 인수하는 행위에 3년간 수수료 인상 금지, 중소판매자 보호 대책 수립 등의 조건을 부과하여 승인한 것이다. 특히 인터넷 시장에서 일반 소비자를 보호하도록 조치하되, 시장의 역동성도 함께 인정하였다는 점에서 의의가 있다.

결합 후 아이템 중개 시장에서 판매 수수료 등을 인상하지 못하도록 하여 소비자 보호에 기여할 것으로 기대되며, 개인정보 유출 등 중개 거래 이용 과정에서 발생할 수 있는 사고와 소비자 피해 보상과 피해 구제 방안을 마련에 기여할 것으로 기대된다.

앞으로 공정거래위원회는 판매자에게 부과하는 수수료 현황 등을 주기적(1년)으로 점검하는 등 시정조치의 이행 여부를 지속적으로 점검할 계획이라고 한다.

7. 아이템거래의 입법론적 검토

가. 서론

아이템 거래의 가능성에 대해 검토하기 위해서는 먼저 왜 아이템거래가 이루어지는지 고민해야 한다. 아이템 거래의 동기는 "외부적 요인이 아니라, 게임 플레이 자체가 결과적으로 즐거움은 제공할지라도 결코 플레이 자체에서 즐거움을 제공하지 못하는 게임콘텐츠의 불충분"[80]에 따른 것이라는 주장도 있기 때문이다.

아이템 거래에 대해 몇 가지 의문이 든다. 게임 내의 아이템 거래는 왜 문제인가? 아이템베이, IMI와 같은 중개 사이트에서 거래되고 있는 비즈니스 모델은 불법인가? 결론적으로 게임 내 아이템 거래는 문제라고 보기 어렵다. 사실상 아이템 거래가 이루어지고 있기 때문에 이를 금지하는 것은 형평성 있는 정책이라고 보기 어렵기 때문이다. 그럼에도 불구하고, 왜

80 박상우 외, MMORPG 현금거래 시장의 발생동기와 경제적 기능, 정보과학회지 제23권 제6호, 2005.6, 48면.

아이템 거래가 제한되었는가? 정부의 규제 정책이나 규제 입법은 사전에 관련된 문제가 있었다는 것을 반증한다. 바다이야기 사태 이후, 문화체육관광부는 경품의 환전, 환전알선, 재매입 행위 및 게임에서 획득한 점수의 보관, 매매, 매매방조 행위를 금지하였다. 이는 게임제공업소의 경품취급기준의 고시를 근거로 하여 규제한 것이다. 위 고시는 아케이드 게임물에 한정한 것으로 온라인에서 이루어지는 게임물을 염두에 둔 규정은 아니다.

아이템 거래는 아케이드 게임물의 범주를 넘어서 인터넷 상에서 행해지는 모든 게임물로 확대돼 왔다. 게임사업자는 완전한 콘텐츠로 게임을 개발하지는 않는다. 게이머는 불완전한 콘텐츠를 사용하면서 좀 더 몰입할 수 있도록 하는 구조이다. 이 과정에서 게이머는 필요한 아이템을 구매하게 된다. 그렇지만, 아이템 자체가 희소성을 갖는 재화이기 때문에 이를 구하는 것은 작지 않은 비용이 소요된다. 필요하다고 해서 현금으로 바로 구매할 수 있는 성질도 아니기 때문이다. 게임사업자는 게임의 밸런싱을 위해 아이템 경제를 주도할 수밖에 없다. 게이머의 아이템에 대한 수요가 있고, 아이템을 획득한 게이머도 판매의지가 있기 때문에 자연스럽게 시장이 형성되는 것이다.

이러한 결과 무슨 문제가 발생하게 되었는가? 새로운 비즈니스 모델이라고 할 수 있는 아이템 중개사업자가 등장한 것이다. 아이템베이, IMI 등이 대표적인 사업자이다. 해당 사이트는 국내 점유율 90% 이상을 차지한다. 물론 개인적인 거래도 이루어지고 있다. 문제는 게임사업자의 아이템을 이용하여, 제3자가 수익을 발생시키는 것이 타당한 것인지이다. 어떠한 비즈니스 모델을 개발할 것인지는 자유이다. 인터넷이 성공적으로 발전해가는 것은 플랫폼의 개방정책에 기인한 것이기 때문이다. 어느 면에서 게임도 플랫폼이 개방된 것이기 때문에 가능한 것으로 이해된다. 그러나 플랫폼의 개방과 아이템 거래는 인과관계를 찾기 어렵다. 사실상 필요에 따라 아이템 거래를 중개하는 형태에 불과하다. 단지, 필요에 따라 개인간 거래의 안전성을 확보해주는 에스크로우를 제공함으로써 이용자를 보호해주는 기능도 하고 있다.

게임에 부수한 기능인 아이템 거래를 금지하거나 또는 사실상 이루어지는 현실을 합리화하기는 어렵다. 게임사업자가 스스로 선택해서 아이템 거래를 금지한 것이 아닌 게임산업법상 금지규정을 이용약관에 도입한 것에 불과하기 때문이다. 또한 제3자가 게임사업자의 플랫폼을 이용하여 사업화하고 수익을 발생시키는 것이 용납되기 어려울 수 있다. 이러한 맥락에서 게임사가 관여하지 않는 아이템 거래는 합리적인 정책결정으로 보기 어렵다. 합리적이지 않다면, 어떠한 대응이 필요한가? 입법론적 대응이 필요하다. 다른 나라의 경우는 어떠한가? 다른 나라는 이와 관련하여 게임에 대한 규제를 갖지 않고 있다. 그동안의 논의가 갖는 찬반의 논의가 아닌, 현상을 파악하고 그것을 어떻게 끌고 갈 것인지에 대한 대응 방안(전략)이 필요한 시점이다.

나. 게임아이템을 둘러싼 법률 문제

(1) 아이템 거래는 유통질서를 저해하는가?

경제현상으로서 아이템 거래는 이미 만연하게 이루어지고 있다. 특히, 아이템중개 사이트를 통해 이루어지고 있는 거래량은 2~3조 원 대에 이른다고 한다. 이처럼 게이머 간에는 아이템의 현실 가치가 인정되고 있으며, 아이템 중개사업자는 작지 않은 매출을 발생시키고 있는 것이 사실이다. 이에 "아이템의 가치는 개발사가 인위로 매겨놓은 결과지만, 현금 교환의 기틀을 개발사가 마련했다고 보기는 힘들다. 게임에 따라 게임 내부에 교환 장치를 두는 곳도 있지만 대부분 비합법 거래전문 사이트에서 교환된다"[81]는 주장도 있다.

이러한 현상에도 불구하고, 게임산업법은 일반인의 금지행위 유형으로 아이템 거래를 들고 있다. 구체적으로 게임아이템을 "환전 또는 환전 알선하거나 재매입을 업으로 하는 행위"에 대한 규제이다. 중요한 규제 대상인 게임아이템의 유형을 시행령에 두는 것은 명확성이 떨어지는 입법이다. 게임산업법 시행령에서는 게임아이템을 "게임의 진행을 위하여 게임 내에서 사용되는 도구"로 정의하고 있다.[82] 도구라는 것은 물리적인 형태를 전재하기 때문에 명확한 정의라고 보기 어렵다. 게임아이템을 정의하는 것은 사실상 이루어지고 있는 아이템의 거래금지를 위한 대상을 설정하기 위한 것이다.

게임산업법은 누구든지 게임물의 유통질서를 저해하는 행위를 금지하고 있다. 게임아이템과 관련된 금지유형은 "누구든지 게임물의 이용을 통하여 획득한 유·무형의 결과물(점수, 경품, 게임 내에서 사용되는 가상의 화폐로서 대통령령이 정하는 게임머니 및 대통령령이 정하는 이와 유사한 것을 말한다)을 환전 또는 환전 알선하거나 재매입을 업으로 하는 행위"(제32조 제1

81 강지웅 외, 게임과 문화연구, 커뮤니케이션북스, 2008, 100면.

82 게임산업법 시행령의 정의와 별개로 공정거래위원회에서는 온라인 게임 아이템을 온라인 게임에서 활용되는 가상의 물건으로 보고, 이를 ①캐릭터, ②장비, ③게임 화폐(게임 머니) 등 세 가지 유형으로 구분하고 있다. 공정거래위원회 보도자료, 2014.6.

항 제7호)이다. 여기에 더해 시행령에 위임한 게임머니 또는 이와 유사한 것은 더욱 상세하다 (제18조의3).

---

1. 게임물을 이용할 때 베팅 또는 배당의 수단이 되거나 우연적인 방법으로 획득된 게임머니
2. 제1호에서 정하는 게임머니의 대체 교환 대상이 된 게임머니 또는 게임아이템(게임의 진행을 위하여 게임 내에서 사용되는 도구를 말한다. 이하 같다) 등의 데이터
3. 다음 각 목의 어느 하나에 해당하는 게임머니 또는 게임아이템 등의 데이터
   가. 게임제작업자의 컴퓨터프로그램을 복제, 개작, 해킹 등을 하여 생산·획득한 게임머니 또는 게임아이템 등의 데이터
   나. 법 제32조 제1항 제8호에 따른 컴퓨터프로그램이나 기기 또는 장치를 이용하여 생산·획득한 게임머니 또는 게임아이템 등의 데이터
   다. 다른 사람의 개인정보로 게임물을 이용하여 생산·획득한 게임머니 또는 게임아이템 등의 데이터
   라. 게임물을 이용하여 업으로 게임머니 또는 게임아이템 등을 생산·획득하는 등 게임물의 비정상적인 이용을 통하여 생산·획득한 게임머니 또는 게임아이템 등의 데이터

이러한 금지규정이 실효성 있는 것인지는 의문이다. "기술적으로 자동사냥 프로그램인지 여부에 대해 판단이 쉽지 않고, 그러한 결과로 게임아이템 등을 습득하였는지도 확인하는 것이 쉽지 않기 때문"[83]이다.

(2) 아이템 거래의 법률 문제

아이템 거래를 제한하는 것은 명확한 정책적 목표의 설정에 따른 것으로 이해하기 어렵다. 게임 내에서 이루어지는 또는 생성되는 모든 정보 내지 데이터가 포함될 수 있기 때문이다. 따라서 가능한 많은 대상을 포섭하겠다는 규제적인 의도로 해석될 수 있다.

아이템 거래를 통한 사행성 우려를 규제의 원인으로 들기도 한다. 그러나 사행성이라는 것은 현상에 대한 해석론이다. 아이템 거래는 대가 관계가 이루어지고 있지만, 사행성은 게임 자체를 통해 이루어지는 문제이지 아이템 거래를 통해 형성되는 것으로 보기 어렵기 때문이다. 이는 거래의 한 유형인 것이지, 그 거래가 사행성을 가진다는 것과는 다르기 때문이다. 이러한 이유로 아이템 거래를 병리적인 현상의 일부로 확대해석하는 것은 전혀 다른 진단이자 처방이다.

---

83 김윤명, 게임서비스와법, 경인문화사, 2014, 168면.

게임산업법에서는 업으로 하는 경우만을 제한하고 있다. 업으로 하는 경우의 판단을 어떻게 할 것인가? 이는 개인적인 거래는 허용한다는 의미로 보인다. 게임 내에서 이루어지는 비중이 중개사이트에서 이루어지는 비중보다는 작지 않을 것으로 판단된다.[84] 개인이 반복적으로 하는 것도 업으로 하는 경우에 포함될 수 있다. 사업자 등록을 하면서 거래를 해야 업으로 하는 것이 아닌 반복적으로 대가 관계를 형성하는 구조라면 업으로 포함되는 것으로 보아야 한다. 따라서 개인이 반복적으로 거래 관계를 형성한다면 이는 업으로 하는 것이다. 이러한 경우는 게임 내에서 이루어지기 때문에 거래 관계의 확인이 쉽지 않다. 확인이 쉽지 않은 상황이지만, 이들은 사실상 위법행위자이다. 이처럼 법적 안정성이 취약한 부분을 그대로 두는 것은 법이 추구하는 보수적인 가치와는 다르다고 볼 수 있다.

(3) 중개사업자는 허용된 모델인가?

개인 간 아이템 거래는 사기 등의 법률문제가 지속적으로 제기되기도 하였다. 이러한 이유 때문에 중개사이트가 사업모델로 만들어진 것으로 이해된다. 거래 과정에서 에스크로우제도를 도입함으로써 거래의 안정성을 높이기도 했다.

중개사이트의 노력은 시장의 신뢰를 얻은 것으로 볼 수 있다. 그러나 중개사이트의 태생을 보면 규제에 따른 결과로 볼 수 있다. 아이템 거래의 규제를 통해, 새로운 시장이 열린 것에 불과하지 새로운 것이 창조된 것으로 보기 어려운 이유이다.

우리나라에서 '와우'의 등급분류 과정에서 자체 거래가 가능하도록 한 경우가 있었다. 이러한 내용이 담긴 게임물의 등급분류 과정에서 문제가 되었고, 결국 국내에서 해당 내용이 포함되지 않은 상태로 서비스되었다. 등급분류 규정에서는 "게임의 결과로 얻은 점수 또는 게임머니 등을 직·간접 유통과정을 통해 현금 또는 다른 유·무형의 경제적 이익으로 제공하는 경우"에는 사행성 확인 기준으로 제시하고 있다.

---

84 중개사이트에 제공하는 수수료는 개인의 입장에서는 부담될 수밖에 없기 때문에 업으로서 하는 경우보다 작지 않을 것으로 추측할 수 있다.

등급분류 규정 제17조(사행성 확인 사항) 게임산업법 제21조 제7항, 동법 시행규칙 제8조 제3항 및 등급분류규정 제16조에 따라 게임물의 사행성 확인을 위해서는 다음과 같은 요소를 종합적으로 고려하여야 한다.

1. 게임의 결과로 얻은 점수 또는 게임머니 등을 직·간접 유통과정을 통해 현금 또는 다른 유·무형의 경제적 이익으로 제공하는지 여부
2. 예시, 자동진행, 연타 등의 기능이 있는지 여부
3. 게임제공업소용 게임물로서 다음 각목에 해당하는 게임물
   가. 기술심의의 대상이 되는 게임물의 1시간당 이용금액이 10,000원을 초과하는 경우
   나. 다음 각 방법을 통하여 가목의 기준을 회피하는 경우
      - 투입금액에 상응하는 누적점수를 강제적으로 발생시키는 방법
      - 임의로 누적점수를 충전하는 방법
      - 데모(Demo)게임 등을 통해 획득한 점수를 누적점수로 이전시키는 방법
      - 기타 이와 유사한 형태를 통하여 투입금액 및 누적점수를 발생시키는 방법
   다. 환전이 용이하도록 게임의 결과물 등을 장치를 이용하여 보관하거나 네트워크를 통해 상호 전송하는 경우
   라. 게임산업법 제21조 제8항에서 규정된 기술심의를 통해 부적합 의견을 받은 경우
   마. 관광진흥법에 의한 규율 대상을 모사한 경우(단, 통상적인 이미지와 규칙을 사용하는 고스톱, 포커 등의 경우에는 예외로 함)
   바. 경마, 경륜, 경정, 복권, 소싸움 등 관련 법률의 규율 대상을 모사한 경우
4. 정보통신망 이용촉진 및 정보보호 등에 관한 법률 제2조 제1항 제1호의 정보통신망을 통하여 베팅이나 배당의 내용을 모사한 카드게임이나 화투놀이 등의 게임물이 게임머니를 현금으로 직접 구매하거나 선물 또는 이체 등이 가능한 경우

동 규정의 의미는 아이템 거래를 통해 경제적 이익을 얻는 경우 등에 대해서는 사행성게임물로 간주하겠다는 의미이다. 심의과정에서 사행성게임물로 확인된 경우에는 해당 게임물의 이용제공이 불가능하다. 등급 자체의 변경이 아닌 출시가 불가능하기 때문에 게임사업자로서는 해당 기능을 게임에서 삭제시키는 것을 선택하는 것이다.

국내의 상황과 달리, 해외에서 제공되는 동일 게임물에서는 허용되는 비즈니스 모델이다. 이처럼 동일한 게임물의 내용이 국내외적으로 차이가 있는 것은 사업자의 예측가능성을 해칠 수 있다. 물론, 국가마다 가지는 문화와 관습에 따른 것일 수도 있지만, 게임이 갖는 속성은 어느 일국의 문화라기 보다는 다양한 경험이 내재한 국제적인 문화라는 점에서 보면 이 주장은 합리성을 결여한 것으로 이해될 수 있다.

(4) 아이템 거래 비용의 결제한도 적용 여부

아이템 거래는 등급분류 규정에 따라 금지된 유형이기 때문에 결제한도에 포함될 소지는 없다. 물론, 아이템 거래가 허용된 이후에는 어떻게 될 것인지 논란이 될 수 있을 것이다. 즉, 판매와 중개의 경우를 달리 볼 수는 없을 것이나 이를 같이 포함하는 것은 결제한도에 따른 이용자의 규제가 될 수 있다는 점은 또 다른 문제다. 아이템 거래 허용은 결제한도를 통해 규제될 여지가 충분하다. 법적인 금지와 별개로 많은 유형의 아이템이 작지 않은 비용에 거래되기 때문에 결제한도가 적용되면 게임 이용자체가 불가능할 수도 있다. 아이템 거래 허용의 전제는 결제한도의 폐지라고 하겠다.

다. 입법론적 과제 및 기대효과

(1) 입법방안의 검토

2006년 게임산업법이 제정된 이후 적지 않은 개정이 이루어진 바 있다. 2008년에는 정부에서 전면개정안이 발의되기도 하였다. 이때는 바다이야기 사태가 어느 정도 진정된 시점이어서, 규제를 완화하는 차원이었다. 그렇지만 발의된 이후에 구체적으로 검토나 논의가 진행되지는 못하였다. 이후, 산발적으로 개정이 이루어졌고 전면 개정안의 일부가 산발적으로 개정되기도 하였다. 따라서 전반적인 입법취지의 검토 없이 개정되는 상황이 발생한 것이다.

게임 내 아이템 거래가 가능하다면, 그 만큼 게임 자체에 대한 신뢰성을 높일 수 있을 것이다. 게임이용 시 발생하는 분쟁은 이용자와 사업자간 약관의 해석과 적용의 문제에 기인한다. 이용약관에서는 아이템 거래를 금지하고 있으나, 게임산업법은 개인간의 거래를 허용하고 있기 때문에 사적 영역과 공적 영역의 충돌이 발생하는 것이다. 법이 허용하는 거래 유형이 사적인 계약으로 차단되기 때문에 이용자로서는 법적 안정성이 떨어질 수 있다고 보는 것이다.

게임산업법은 업으로써 행하는 아이템 거래를 금지한다. 개인간의 아이템 거래는 중개사이트에서 하지만 사실상의 거래는 게임 내에서 진행하게 된다. 이 과정에서 중개사이트는 에스크로우를 제공하지만 게임사는 거래 관계에 참여하지 못한다. 게임사와 상관없이 수익이 제3자에게 넘어가는 구조이다. 이처럼 게임서비스를 이용하여 다른 사업자가 이익을 내는 구조의 불합리성이 발생하고 있는 것이다.

따라서 게임사업자가 해당 게임 내에서 거래가 가능하도록 서비스를 제공하는 것이 필요하다. 오히려 게임사업자가 좀 더 이용자에게 편의를 제공할 수 있다는 점에서 의미가 있다. 물론 규제기관의 우려와 같이, 사업자가 악의적으로 아이템 거래를 조장함으로써 수익을 발생시키는 경우도 예상할 수 있을 것이다. 이러한 문제에 대해 명확한 입법적 구조와 감시구조를 갖추는 것이 필요하다. 일각에서는 이를 골목상권을 침해한 것으로 주장할 수 있으나 기생적 구조와 원론적인 금지행위에 대해 법의 보호를 요구를 주장하는 것은 법정책적으로 타당하지 않다.

(2) 입법론

1) 게임사업자 자체 거래 허용 방안

아이템 거래에 대해 입법론으로 제시할 수 있는 것은 게임사업자가 게임 내에서 제공하는 거래는 허용하는 방안이다. 게임 내에서 진행되는 것이 가장 안정적인 거래를 형성할 수 있기 때문이다. 또한, 거래 비용이 발생하지 않는다. 그동안 게임분쟁의 상당수가 약관 위반에 따른 처벌의 위법성에 대한 논란이지만, 게임사업자가 제공함으로써 이에 대한 문제는 해결될 수 있다. 정부 입장에서는 안정적인 과세가 가능하다. 게임사업자도 수익을 발생시킬 수 있으며, 선순환적 투자가 가능하다. 우려는 게임아이템의 거래 가격이 형성될 경우에 발생하는 손실 문제를 누가 책임질 것이냐이다.

대안으로 제시할 수 있는 방안은 다음과 같다. 먼저, 기술적인 거래 시스템의 구현이 전제되어야 한다. 알고리즘을 통한 거래가 이루어질 수 있도록 한다면 가능할 것이다. 이를 위해 사업자에 대한 부담을 주어야 한다. 만약, 자체 중개사이트를 통해 발생하는 분쟁에서는 사업자 책임에 따른 문제 해결을 해야 한다. 발생하는 분쟁에 대해서는 제3의 분쟁조정이 진행될 경우에 적극적인 협력의무 및 정보제공 의무를 부담시켜야 한다. 이를 위해 거래의 투명성 확보 방안에 대한 명확한 가이드라인이 제시되어야 할 것이다. 모든 류의 게임물을 허용하는 것보다는 RPG 게임물에 먼저 적용하고 나서, 다른 게임물에 대해 순차적으로 적용하는 방안 검토할 수 있다. 또한, 아케이드 게임물 등과의 형평성 이슈에 대한 논리적 대응이 필요하다. 이미 네트웍이 보편적인 이용 형태라면, 아케이드 게임물도 허용해야 할 것인지에 대한 논의는 진행될 필요가 있다.

2) 인공지능에 의한 결과물의 인정

인공지능(artificial intelligence)이 진행하는 게임물은 비정상적인 게임물인가? 게임산업법이 금지하고 있는 유형에는 "법 제32조 제1항 제8호에 따른 컴퓨터프로그램이나 기기 또는 장치를 이용하여 생산·획득한 게임머니 또는 게임아이템 등의 데이터"가 포함된다. 이는 자동사냥프로그램 등을 전제한 것이다. 따라서, 인공지능에 의해서 생산되거나 획득한 게임머니 또는 게임아이템 등이 여기에 포함된다.

자동사냥프로그램을 금지하는 이유는 "자동사냥 프로그램을 통해 게임 밸런싱이 파괴되고, 정상적인 이용자의 이용성을 저해하거나 게임수명이 단축됨으로써 기대이익을 상실할 수 있기 때문"[85]이다. 이러한 입법은 인공지능에 대한 평가 없이, 자동사냥이라는 결과만을 보고 평가된 것이기 때문에 인공지능이 주된 역할을 하는 향후 지능정보시대에 대응하기에는 어려움이 있다. 따라서, 게임산업법 개정 시에 이에 대한 개정작업이 병행될 필요가 있다. 이는 아이템거래의 전제가 되는 부정한 목적에 대한 위법성을 조각해야 하기 때문이다.

또한 고려할 사항은 이용약관에 관한 사항이다. 비정상적인 이용은 통상적으로 "게임서비스제공자의 이용약관에 위배되는 이용행위"[86]를 말한다. 그런데, 이용약관에서 규정하고 있는 내용은 사업자가 임의로 규정한 사적인 계약내용에 불과하다. 이러한 사적계약의 주된 내용을 형사처벌의 근거로 사용하는 것이 타당한 입법인지는 의문이다. 사적계약을 해치는 규정이 될 수 있으며, 자기책임의 원칙을 해칠 수 있기 때문에 이에 대한 입법검토가 필요하다.

3) 과세를 통한 거래의 양성화와 법적안정성의 제공

아이템 자체는 재산적 가치가 인정된다. 게임머니가 부가가치세법 상 재화의 일종인 '권리 내지 기타 재산적 가치가 있는 무체물'에 해당한다고 한 사례에서, "부가가치세가 부과되는 거래의 대상인 '재화'에는 재산적 가치가 있는 유체물 뿐만 아니라, '동력·열 기타 관리할 수 있는 자연력 및 권리 등으로서 재산적 가치가 있는 유체물 이외의 모든 무체물'도 포함되는 바, 이 사건 게임머니는 원고가 이를 유상으로 매수하였다가 이윤을 남기고 매도한 바와 같이 엄연

85 김윤명, 게임서비스와 법, 경인문화사, 2014, 156면.

86 이정훈, 게임산업진흥법상 환전금지조항의 의미, 법학논문집 제31집 제1호, 2007, 16면.

히 재산적 가치가 있는 거래의 객체로서, 소외회사가 제공하는 온라인 한게임서비스 상의 게임 등을 이용할 수 있는 권리 내지 기타 재산적 가치가 있는 무체물의 일종인 부가가치세법상의 '재화'에 해당한다"[87]고 판시한 바 있다.

또한, 대법원은 "과세관청이 게임아이템 중개업체의 인터넷 사이트를 통해 온라인 게임 '리니지'에 필요한 게임머니를 게임제공업체나 게임이용자에게서 매수한 후 다른 게임이용자에게 매도하고 대금을 중개업체를 경유하여 지급받은 갑이 사업자로서 게임머니를 판매하면서도 매출신고를 누락하였다는 이유로 갑에게 부가가치세 부과처분을 한 사안에서, 게임머니는 구 부가가치세법상의 '재화'에 해당하고, 갑의 게임머니 매도거래는 재화의 '공급'에 해당하며, 갑은 부가가치를 창출해 낼 수 있는 정도의 사업형태를 갖추고 계속적이고 반복적인 의사로 재화인 게임머니를 게임이용자에게 공급하였다고 봄이 타당하므로 구 부가가치세법상의 '사업자'에 해당한다고 보아 부가가치세 부과처분이 적법하다고 한 원심판단을 수긍한"[88] 바 있다. 아이템 거래 등에 대한 과세관할권을 명확히 하는 것도 아이템 거래로 인한 사행화 등을 방지하는 방안이 될 수 있다.[89]

(3) 기대효과

아이템 거래의 허용은 게임사업자, 이용자 및 정부 입장에서도 의미가 있다. 아이템 거래 양성화를 통해 아이템 거래에 대한 과세근거를 명확히 하는 것도 건전한 게임산업의 진흥에 도움이 될 것이다. 해외 게임장으로 넘어가는 국부 유출을 차단할 수 있으며, 결과적으로 국가는 아이템 관련 세수를 확보할 수 있다. 2~3조로 추산되는 아이템 거래 비용에 대한 증세가 가능하기 때문이다. 이 비용을 게임산업에 재투자할 수 있을 것으로 기대한다.

이용자는 해당 게임 내에서 아이템 거래를 함으로써, 편의성과 신뢰성을 가지게 된다. 게임사업자는 일시적으로 이용자가 감소할 수 있다. 반면, 전체 게임시장에서 차지하는 면을 보면 긍정적이다. 게임사업자는 아이템 거래를 통해 발생하는 법률 문제를 해소할 수 있다. 또한, 게임사업자는 아이템 거래로 발생하는 게임이용 패턴을 최적화할 수 있다. 이로써, 게임성을 살릴 수 있기 때문이다.

---

87 서울행정법원 2009. 8. 28. 선고 2009구합4418 판결.

88 대법원 2012.4.13. 선고 2011두30281 판결 [부가가치세 및 종합소득세 부과처분 취소].

89 김윤명, 게임서비스와 법, 경인문화사, 2014, 382면.

라. 결론

아이템이 게임 내에서 필요한 구조이며, 수요를 충족하기 위한 거래가 이루어지고 있다. 그럼에도 '거래있는 곳에 과세있다'는 과세원칙이 배제되고 있는 분야가 아이템 거래분야이다. 물론 중개사이트를 통해 이루어지는 거래는 가능하겠지만, 많은 비중을 차지하는 개인 간 거래는 대상에 포함되지 못하기 때문에 이를 방치하는 것은 국가의 조세정책과 어긋난다.

중개사이트를 통하지 않는 개인간 아이템 거래는 법률적으로 취약하다. 아이템 거래의 양성화를 추진 시에는 아이템 거래에 대한 부정적 인식을 제거할 수 있는 노력이 필요하다. 게임사업자는 이용약관을 통해 아이템 거래를 금지하고 있으며 이를 위반할 경우에는 계정을 정지시키는 등의 조치를 취하고 있다. 주된 이유는 아이템 거래가 자칫 안정적인 게임운영을 방해한다는 것이다. 이러한 점에서 게이머와 게임사업자간의 이해가 충돌하는 부분이다. 게임사업자는 아이템을 판매하면서 정작 게이머간의 거래를 금지하는 것이 형평성에 맞지 않다고 보기 때문이다. 그동안 정책적으로 반대의 입장을 취하였던 입법자 내지 행정부의 설득작업도 병행되어야 할 것이다. 정책은 법적인 강제력보다는 이해관계자의 이해를 충족시키는 설득 작업이 필요하기 때문이다.

끝으로, 아이템 거래에 대한 입법론을 제안하였지만 게임산업법 전반적인 개정 작업은 필요하다. 음비게법 상 아케이드 게임물에 대한 규제 내용이 온라인에도 여과 없이 적용되고 있어 실효성 있는 입법효과를 기대하기 어렵기 때문이다. 현시점에서는 게임산업법의 전면개정을 통한 규제 내지 규정의 정합성을 갖출 수 있어야 할 것이다. 개정안에는 게임산업의 경쟁력을 확보할 수 있는 방안이 제시되어야 할 것이다.

인사이트

아이템 현금 거래는 사실상 이루어지고 있다. 게임산업법은 물론 업으로 하는 거래를 금지하고 있지만 개인간의 거래는 대상이 아니다. 창조경제는 멀리 있지 않다. 아이템 거래를 인정하고, 공평 과세를 적용하는 것도 하나의 방법이 될 수 있다.

제 9 절 | 게임민원과 분쟁 조정

1. 게임민원과 분쟁

가. 게임민원의 발생

게임관련 분쟁은 게임물을 이용하는 과정에서 이용약관 위반과 관련된 사항이 주된 내용이다. 게임분쟁의 양태는 민원처리 대응체계의 미흡으로 유사·중복 민원이 지속적으로 발생한다. 게임관련 민원의 공인된 전문접수처리 기관이 없어, 해당 기업이나 문화관광부 등 정책담당기관, 사법기관 등은 물론 일반 정부 민원담당 부서 등에 무차별적으로 민원이 접수되고 있는 실정이다.[90] 현재는 게임관련 전문분쟁조정기구가 아닌 콘텐츠관련 분쟁조정기구에서 게임관련 민원을 대응하고 있다.

민원은 분쟁으로 비화되어 소송으로 진행하거나, 당사자간의 합의 내지 제3기관에 의한 조정으로 해결되기도 한다. 게임물의 이용과정에서 나타나는 분쟁은 이용자의 정보비대칭으로 인하여, 합의로 가거나 또는 조정기구를 통해 해결된다. 다만, 게임사업자는 조정으로 해결하는 경우는 드물다. 이용자 개개인의 요구수준은 높지 않지만, 이용자 전체로 그 범위가 확대될 수 있기 때문에 게임사업자는 조정을 통한 분쟁해결에 소극적이다.

90 권헌영 외, 게임 분쟁조정 기구설립 및 운영방안 연구, 한국게임산업진흥원, 2007, 31면.

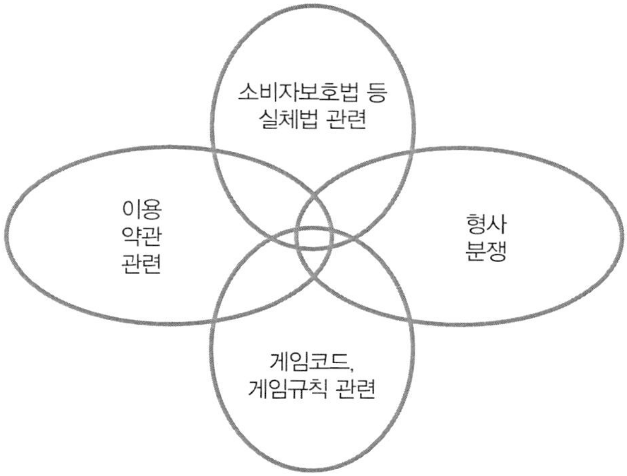

게임민원의 법적 유형[91]

나. 민원의 분쟁화

게임물의 이용계약을 체결하고 게이머는 게임사업자가 제공하는 게임물을 이용한다. 이 과정에서 게이머와 게임사업자는 약관을 통해 권리와 의무를 확인하고, 이용자는 이에 대해 동의한 후 약관에 따라 게임사업자는 발생하는 문제에 대한 기준을 제시하고, 해결하려고 한다. 물론 경우에 따라서는 약관의 무효에 대한 다툼도 가능하다. 게이머에게 발생하는 이용상 문제는 게임사업자의 서비스의 하자 내지 운영과정에서 발생하는 이해관계의 충돌이다. 시스템의 운영 과정에서 나타나는 문제는 이용약관에 따라 해결해 줄 의무가 발생하기 때문에 크게 문제가 되지 않는다. 그렇지만 약관이나 운영정책을 위반하여 제재를 받은 게이머의 경우에는 게임사업자가 적극적으로 해결하기가 쉽지 않다.

온라인 게임 이용약관의 불공정성은 지속적으로 제기되는 이슈 중 하나이다. 약관의 무효와 관련해서는 이용자의 심사청구 등에 의하여 공정거래위원회가 판단하기도 한다. 공정거래위원회는 2000년,[92] 2005년,[93] 2009년도에 공정거래위원회의 게임사의 이용약관에 대한

91 권헌영 외, 게임 분쟁조정 기구설립 및 운영방안 연구, 한국게임산업진흥원, 2007, 29면.

92 공정거래위원회, 11개 온라인게임사업자의 불공정약관조항에 대한 시정명령, 보도자료, 2000.10.19

93 공정거래위원회, 온라인게임 이용약관 및 운영정책(규정)에 대한 시정조치, 보도자료, 2005.10.14.

실태조사 관련하여,[94] 시정권고를 내린 바 있다. 먼저 2005년도의 실태조사의 주된 내용은 아이템 현금거래 금지 조항, 현금거래로 인한 계정 압류 등 아이템 현금거래와 관련된 사항, 게임중단에 대한 책임 사항, 미성년자의 유료서비스 이용관련 내용, 사업자의 분쟁개입 의무 없도록 한 규정 등에 대한 시정조치 등이 해당된다. 이후 2009년 공정거래위원회는 다시 온라인 게임 이용약관에 대한 시정초지를 실시하였으며, 이때 주된 내용은 온라인디지털콘텐츠의 청약철회 불가조항, 사안의 경중 없는 게임계정 영구압류조항, 약관 변경 시 짧은 사전 고지기간 조항 등에 대한 것이다. 실제 이러한 시정초지에 대해 공정거래위원회는 행정처벌을 진행한 것이 아닌 사업자가 자진하여 시정토록 유도하였다는 점에서 그 의의가 있다.

다. 확률형 아이템의 확률 공개

2018년 공정거래위원회는 게임사업자의 확률표시 현황을 점검한 바 있으며, 확률형 아이템을 판매하면서 획득 확률 및 획득 기간과 관련된 정보를 허위로 표시하는 등 거짓·과장·기만적 방법으로 소비자를 유인한 ㈜넥슨코리아, 넷마블게임즈㈜, ㈜넥스트플로어 등 3개 게임사업자에 시정명령과 함께 과태료 등의 부과를 결정한 바 있다. 공정거래위원회는 "사행성 논란이 지속적으로 제기되고 있는 확률형 아이템을 판매하는 게임 사업자의 거짓·과장 및 기만적인 확률 표시 행위를 적발·제재하여, 소비자의 구매 선택에 중요한 영향을 미칠 수 있는 정보의 경우에는 소비자가 오인하지 않도록 표시할 책임이 있음을 분명히 했다는 점에서 의의가 있다"고 밝힌 바 있다.[95]

2020년 공정거래위원회는 '전자상거래 등에서의 상품 등의 정보제공에 관한 고시' 개정안을 공개했다. 개정 이유는 확률형 상품은 소비자가 최종적으로 어떤 상품을 공급받게 될지 개봉 전에는 알 수 없다는 점에서 정보비대칭이 심한 상품이며, 그에 따라 소비자 피해 발생 가능성이 매우 높기 때문에 확률형 상품 판매 시 사업자가 공급 가능한 재화 등의 종류 및 종류별 공급 확률 정보를 소비자에게 제공하도록 개정하려는 것이다.

---

94 공정거래위원회, 10개사의 온라인게임사의 불공정약관조항 건, 보도자료, 2009.11.19.

95 세계일보, 2018.4.1.일자.

확률형 상품에 대한 확률 정보 표시(안)

확률형 상품 판매 시 사업자가 공급 가능한 재화 등의 종류 및
종류별 공급 확률 정보를 소비자에게 제공하도록 개정

(예시) 사업자가 총 4개의 서로 다른(A, B, C, D)의 시계를 랜덤박스 형태로 판매 시,
각각의 시계가 공급될 확률을 A(25%), B(25%), C(25%), D(25%)방식으로 표시함.

2. 대체적 분쟁 해결(ADR)

가. 소송

일반적인 분쟁 해결은 손해배상 청구 내지 원상회복 청구이다. 이용자의 입장에서는 자신의 아이템이 손실되거나 또는 해킹을 통해 이전되는 경우가 발생하기 때문이다. 아이템에 대해 게임사업자는 그 가치를 인정하지 않기 때문에 손해배상 청구는 어렵다. 다만, 원상회복 청구를 하게 된다.

원상회복 청구의 원인에 따라 게임사업자의 의무가 달라지기는 하지만, 게임사업자의 과실이 아닌 이상 원상회복도 쉽지 않다. 만약 해킹이나 게이머의 계정관리 소홀에 따른 경우라면 게임사업자의 책임은 있다고 보기 어렵다. 해킹에 의하여 발생한 아이템의 이전이 있을 경우, 해당 아이템이 강화 등에 따라 훼손되거나 제3자에게 전전유통 되어 선의취득이 이루어질 경우에는 이를 원상해 줄 수 있는 법적인 권원이 없기 때문이다.

나. 조정

조정은 소송이 갖는 시간적, 경제적 부담으로 인하여 전문적인 조정기구를 통해 분쟁을 해결하는 제도이다. 전문가를 통해 조정이 진행되기 때문에 분쟁에 대한 해결이 손쉽게 진행될 수 있다는 장점을 갖는다. 그렇지만 조정에 참여하는 어느 일방이 조정내용에 대해 합의하지 않을 경우에는 조정은 성립되지 않는다. 또한 조정은 일종의 합의와 같은 성질을 갖기 때문에 이를 강제할 수 없다. 조정기구에는 권고를 하겠지만 권고 자체는 강제력을 갖지 않기 때문에 이를 따라야 할 의무는 없다.

다. ODR(online alternative dispute resolution)

분쟁 조정의 장점은 소송을 통하지 않고서도 분쟁 해결이 가능하다는 점이다. 그렇지만 인터넷을 통한 다양한 서비스가 가능함에도 불구하고, 대면을 통해 해결해야 하는 것은 효율성을 담보하기 쉽지 않다. 이러한 한계를 극복하기 위해 분쟁해결 방안으로 제시된 것이 온라인 분쟁조정(ODR)이다.

ODR의 장점으로는 "멀리 떨어진 당사자들은 낯선 원격지나 장소에서의 심리적 부담감을 없애고 자신의 컴퓨터를 이용함으로써 편안하게 분쟁 해결에 임하게 된다. 그리고 전통적인 ADR에서의 대면협상이 아무래도 풍부한 의사소통을 가져오는 것은 사실이다. 하지만 이러한 당사자간 대면하는 상황이 오히려 분쟁해결에 장애요소가 되는 분쟁에는 비대면성을 매우 중요한 특징으로 하는 ODR을 제외하고는 다른 분쟁 해결 절차가 없다. 당사자들은 신체적인 대면을 하지 않고 ODR 절차에 참여함으로써 자신의 입장을 더 신중하게 표현할 수 있고 분쟁 상대방에 대한 감정적 마음이 제거될 수 있어서 당사자들이 냉철함을 유지하기가 쉽고 효과적으로 협상할 수 있다"[96]는 것이다.

3. 분쟁조정 기구

가. 콘텐츠분쟁조정위원회

(1) 분쟁조정대상

분쟁조정은 사업자와 이용자 간, 이용자와 이용자 간, 사업자와 사업자 간 콘텐츠 거래 또는 이용에 관한 사항을 대상으로 한다. 다만, 저작권과 관련한 분쟁은 저작권법에 따르며, 방송통신과 관련된 분쟁 중 방송법 제35조의3에 따른 분쟁조정의 대상이 되거나 전기통신사업법 제45조에 따른 재정의 대상이 되는 분쟁은 각각 해당 법률의 규정에 따른다. 주로 콘텐츠 관련 내용으로 하나, 다음과 같이 게임분야에 대해서는 온라인 게임의 이용·거래로 발생하는 문제를 대상으로 한다.

96 권헌영 외, 게임분쟁조정위원회 세부 운영방안 연구, 한국게임산업진흥원, 2008, 85-86면.

- 아이템거래 금지약정 위반에 따른 계정정지
- 이용약관 위반으로 취득한 아이템 거래
- 게임사업자의 부당한 이용계약 해지
- 게임회사의 계정·아이템 압류, 아이템 부당삭제 원상회복
- 개인간 아이템 거래시비, 아이템 중개사이트와 분쟁
- 게임 서비스 장애로 인한 피해보상 등

콘텐츠분쟁조정위원회의 회의는 전자적 방식에 의한 원격회의로 할 수 있다. 이 경우 콘텐츠분쟁조정위원회의 위원, 분쟁당사자 또는 참고인은 동일한 회의장에 출석한 것으로 본다(콘텐츠산업진흥법 시행규칙 제6조).

(2) 분쟁조정위원회

콘텐츠사업자 간, 콘텐츠사업자와 이용자 간, 이용자와 이용자 간의 콘텐츠 거래 또는 이용에 관한 분쟁을 조정(調停)하기 위하여 콘텐츠분쟁조정위원회(이하 "조정위원회"라 한다)를 둔다. 다만, 저작권과 관련한 분쟁은 저작권법에 따르며, 방송통신과 관련된 분쟁 중 방송법 제35조의3에 따른 분쟁조정의 대상이 되거나 전기통신사업법 제45조에 따른 재정의 대상이 되는 분쟁은 각각 해당 법률의 규정에 따른다(콘텐츠산업진흥법 제29조).

(3) 분쟁의 조정

콘텐츠 사업 또는 콘텐츠 이용과 관련한 피해의 구제와 분쟁의 조정을 받으려는 자는 조정위원회에 분쟁 조정을 신청할 수 있다. 다만, 다른 법률에 따라 분쟁조정을 신청하였거나 분쟁조정이 완료된 경우는 제외한다. 조정위원회는 분쟁조정 신청을 받은 날부터 60일 이내에 조정안을 작성하여 분쟁당사자에게 권고하여야 한다. 다만, 부득이한 사정으로 그 기한을 연장하려는 경우에는 그 사유와 기한을 명시하고 분쟁당사자에게 통보하여야 한다. 콘텐츠 관련 분쟁의 조정방법, 조정절차, 조정업무의 처리 등에 필요한 사항은 조정위원회가 정한다(콘텐츠산업진흥법 제30조).

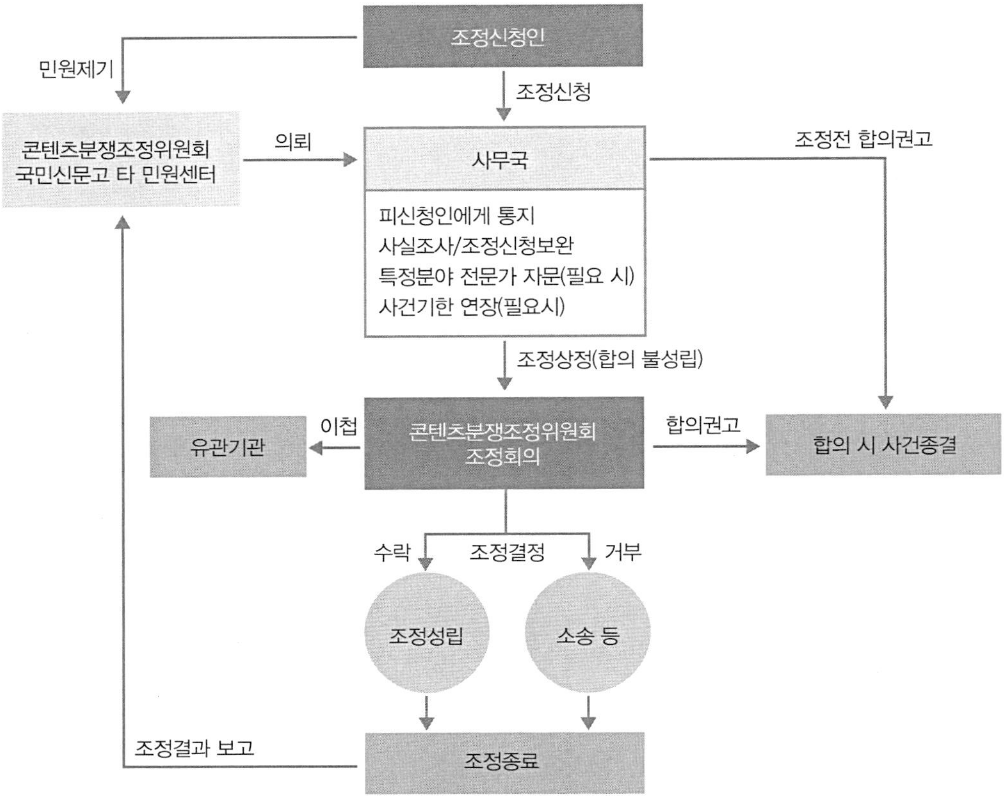

콘텐츠분쟁조정위원회 분쟁조정 절차

(4) 자료의 요청

조정위원회는 분쟁조정에 필요한 자료를 제공할 것을 분쟁당사자, 콘텐츠사업자 또는 참고인(이하 "분쟁당사자등"이라 한다)에게 요청할 수 있다. 이 경우 해당 분쟁당사자등은 정당한 사유가 없으면 이에 응하여야 한다. 조정위원회는 필요하다고 인정하는 경우에는 분쟁 당사자등으로 하여금 조정위원회에 출석하게 하여 그 의견을 들을 수 있다(콘텐츠산업진흥법 제32조).

(5) 조정의 효력

조정위원회는 조정안을 작성한 때에는 지체 없이 각 당사자에게 제시하여야 한다. 조정안을 제시받은 당사자는 그 제시를 받은 날부터 5일 이내에 그 수락 여부를 조정위원회에 통보하여야 한다. 당사자가 조정안을 수락하였을 때에는 조정위원회는 당사자 사이에 합의된 사항을 기재한 조정서를 작성하여야 한다. 당사자가 조정안을 수락하고 조정위원회가 조정서를 작성하여 당사자에게 통보한 때에는 그 분쟁조정의 내용은 재판상 화해와 동일한 효력을 갖는다(제33조).

재판상 화해는 화해계약인 "당사자가 서로 양보하며, 그들 사이의 분쟁, 즉 다툼을 해결하고 끝낼 것을 약정함으로써 성립하는 계약"[97]을 소송의 결과에 따른 것으로 그 효력을 부여하는 것을 말한다. 재판상 화해 또는 제소전 화해는 확정판결과 동일한 효력이 있으며 당사자 간의 사법상의 화해계약이 그 내용을 이루는 것이면 화해는 창설적 효력을 가져 화해가 이루어지면 종전의 법률관계를 바탕으로 한 권리의무관계는 소멸하나,[98] 재판상 화해 등의 창설적 효력이 미치는 범위는 당사자가 서로 양보를 하여 확정하기로 합의한 사항에 한하며, 당사자가 다툰 사실이 없었던 사항은 물론 화해의 전제로서 서로 양해하고 있는데 지나지 않은 사항에 관하여는 그러한 효력이 생기지 않는다.[99]

나. 소비자분쟁조정위원회

(1) 조정위원회의 구성

소비자기본법은 소비자와 사업자 사이에 발생한 분쟁을 조정하기 위하여 한국소비자원에 소비자분쟁조정위원회(이하 "조정위원회"라 한다)를 두도록 하고 있다. 조정위원회는 다음 각 호의 사항을 심의·의결한다.

1. 소비자분쟁에 대한 조정결정
2. 조정위원회의 의사(議事)에 관한 규칙의 제정 및 개정·폐지
3. 그 밖에 조정위원회의 위원장이 토의에 부치는 사항

97 곽윤직, 채권각론, 박영사, 2003, 331면.

98 대법원 1981. 9. 8. 선고 80다2649 판결; 대법원 1982. 4. 13. 선고 81다531 판결 등.

99 대법원 2001.4.27. 선고 99다17319 판결.

(2) 분쟁의 조정

소비자와 사업자 사이에 발생한 분쟁에 관하여 소비자기본법 제16조 제1항의 규정에 따라 설치된 기구에서 소비자분쟁이 해결되지 아니하거나, 합의권고에 따른 합의가 이루어지지 아니한 경우 당사자나 그 기구 또는 단체의 장은 조정위원회에 분쟁조정을 신청할 수 있다. 조정위원회는 분쟁조정을 신청받은 경우에는 대통령령이 정하는 바에 따라 지체 없이 분쟁조정절차를 개시하여야 한다. 조정위원회는 분쟁조정을 위하여 필요한 경우에는 전문위원회에 자문할 수 있다. 필요에 따라서 조정위원회는 분쟁조정절차에 앞서 이해관계인·소비자단체 또는 관계기관의 의견을 들을 수 있다(소비자기본법 제65조).

(3) 조정 기간

조정위원회는 분쟁조정을 신청받은 때에는 그 신청을 받은 날부터 30일 이내에 그 분쟁조정을 마쳐야 한다. 조정위원회는 30일 이내에 분쟁조정을 마쳐야 함에도 불구하고 부득이한 사정으로 30일 이내에 그 분쟁조정을 마칠 수 없는 경우에는 그 기간을 연장할 수 있다. 이 경우 그 사유와 기한을 명시하여 당사자 및 그 대리인에게 통지하여야 한다(소비자기본법 제66조).

(4) 조정의 효력

조정위원회의 위원장은 분쟁조정을 마친 때에는 지체 없이 당사자에게 그 분쟁조정의 내용을 통지하여야 한다. 통지를 받은 당사자는 그 통지를 받은 날부터 15일 이내에 분쟁조정의 내용에 대한 수락 여부를 조정위원회에 통보하여야 한다. 이 경우 15일 이내에 의사표시가 없는 때에는 수락한 것으로 본다. 당사자가 분쟁조정의 내용을 수락하거나 수락한 것으로 보는 경우 조정위원회는 조정조서를 작성하고, 조정위원회의 위원장 및 각 당사자가 기명·날인하여야 한다. 다만, 수락한 것으로 보는 경우에는 각 당사자의 기명·날인을 생략할 수 있다. 당사자가 분쟁조정의 내용을 수락하거나 수락한 것으로 보는 때에는 그 분쟁조정의 내용은 재판상 화해와 동일한 효력을 갖는다(소비자기본법 제67조).

(5) 집단분쟁 조정

국가·지방자치단체·한국소비자원 또는 소비자단체·사업자는 소비자의 피해가 다수의 소비자에게 같거나 비슷한 유형으로 발생하는 경우로서 대통령령이 정하는 사건에 대하여는 조정위원회에 일괄적인 분쟁조정(이하 "집단분쟁조정"이라 한다)을 의뢰 또는 신청할 수 있다. 집단분쟁조정을 의뢰받거나 신청받은 조정위원회는 조정위원회의 의결로써 법에서 정한 바에 따라 집단분쟁조정의 절차를 개시할 수 있다. 이 경우 조정위원회는 대통령령이 정하는 기간동안 그 절차의 개시를 공고하여야 한다(소비자기본법 제68조).

조정위원회는 집단분쟁조정의 당사자가 아닌 소비자 또는 사업자로부터 그 분쟁조정의 당사자에 추가로 포함될 수 있도록 하는 신청을 받을 수 있다. 조정위원회는 사업자가 조정위원회의 집단분쟁조정의 내용을 수락한 경우에는 집단분쟁조정의 당사자가 아닌 자로서 피해를 입은 소비자에 대한 보상계획서를 작성하여 조정위원회에 제출하도록 권고할 수 있다.

조정위원회는 집단분쟁조정의 당사자인 다수의 소비자 중 일부의 소비자가 법원에 소를 제기한 경우에는 그 절차를 중지하지 아니하고, 소를 제기한 일부의 소비자를 그 절차에서 제외한다. 집단분쟁조정은 공고가 종료된 날의 다음 날부터 30일 이내에 마쳐야 한다. 다만, 부득이한 사유로 해당 기간 내에 분쟁조정을 마칠 수 없는 경우에는 2회에 한하여 각각 30일의 범위에서 그 기간을 연장할 수 있으며, 이 경우 그 사유와 기한을 구체적으로 밝혀 당사자 및 그 대리인에게 통지하여야 한다.

다. 전자문서·전자거래분쟁조정위원회

(1) 분쟁조정위원회의 구성

전자문서 및 전자거래 기본법(이하, '전자거래기본법'이라 함)에 근거한 전자문서·전자거래분쟁조정위원회는 전자거래에 관한 조정을 담당한다. 전자문서 및 전자거래에 관한 분쟁을 조정하기 위하여 전자문서·전자거래분쟁조정위원회를 두며, 위원회는 위원장 1명을 포함하여 15명 이상 50명 이하의 위원으로 구성한다(전자거래기본법 제32조).

(2) 분쟁의 조정

전자문서 및 전자거래와 관련한 피해의 구제와 분쟁의 조정을 받으려는 자는 위원회에 분쟁의 조정을 신청할 수 있다. 다만, 다른 법률에 따라 분쟁조정이 완료된 경우는 제외한다. 조정은 3명 이내의 위원으로 구성된 조정부(이하 "조정부"라 한다)에서 행한다. 다만, 위원회에서 조정하기로 의결한 사건의 경우에는 위원회에서 행한다. 조정부의 위원은 사건마다 각각 위원회의 위원 중에서 위원장이 지명하되, 제32조 제3항 제3호에 해당하는 사람이 1명 이상 포함되어야 한다(전자거래기본법 제33조).

위원회 또는 조정부는 제1항에 따른 분쟁조정 신청을 받은 날부터 45일 이내에 조정안을 작성하여 분쟁당사자(이하 "당사자"라 한다)에게 권고하여야 한다. 다만, 부득이한 사정으로 그 기한을 연장하려는 경우에는 그 사유와 기한을 명시하여 당사자에게 통지하여야 한다. 권고를 받은 당사자는 권고를 받은 날부터 15일 이내에 조정안에 대한 동의 여부를 위원회 또는 조정부에 알려야 한다. 이 경우 15일 이내에 의사표시가 없는 때에는 수락한 것으로 본다.

(3) 자료의 요청

위원회는 분쟁조정을 위하여 필요한 자료의 제공을 당사자 또는 참고인에게 요청할 수 있다. 이 경우 해당 당사자는 정당한 사유가 없으면 요청에 따라야 한다. 위원회는 필요하다고 인정하는 경우에는 당사자 또는 참고인으로 하여금 위원회에 출석하게 하여 그 의견을 들을 수 있다(전자거래기본법 제34조).

(4) 조정의 성립 및 불성립

조정은 1. 제33조 제4항에 따른 조정안에 대하여 당사자가 동의한 경우, 2. 당사자가 위원회에 조정합의서를 제출한 경우 중 어느 하나의 경우에 성립한다. 위원회는 조정이 성립한 경우에는 위원회의 위원장과 각 당사자가 기명·날인한 조정조서를 당사자에게 보내야 한다. 조정조서는 민사소송법에 따른 재판상 화해와 동일한 효력을 갖는다(전자거래기본법 제35조).

반면, 위원회는 1. 분쟁조정의 신청이 취하되거나 당사자 어느 한 쪽이 분쟁의 조정에 응하지 아니하는 경우, 2. 당사자가 위원회의 조정안을 거부한 경우 중 어느 하나에 해당하는 경우에는 조정이 성립하지 아니하였음을 당사자에게 통지하여야 한다(전자거래기본법 제36조).

4. 모바일 콘텐츠 분쟁 유형

온라인은 물론 "오픈마켓에서의 모바일콘텐츠 결제와 관련한 주요 민원의 원인은 다양하게 나타나고 있다. 그 중에서도 대표적인 피해 발생사례를 들면, 다음과 같은 형태로 나타나고 있다"[100]고 한다.

1. 결제 시, 인증절차가 미흡하여 이용자가 의도하지 않은 결제에서 발생하는 피해
2. In-App 결제(In-App Purchase) 시스템을 포함하고 있는 경우, 이를 이용자에게 명확히 알리지 않은 의문의 과금에서 발생하는 피해
3. 이용자가 모바일콘텐츠를 결제한 경우에 SMS, E-Mail 등과 같은 확인 가능한 방법으로 과금 내역이 고지되지 않아 발생하는 피해
4. 월별 결제요금 한도가 정해져 있지 않아 큰 규모로 발생하는 피해
5. 부모 혹은 친인척 명의의 모바일 기기를 미성년자가 사용한 경우와 모바일 기기 명의자의 인식부재에서 발생하는 피해
6. 모바일 오픈 마켓 플레이스 내에서의 적절한 민원처리 프로세스 부재로 발생하는 피해 등

5. 조정의 한계 및 대안

가. 조정제도의 한계

조정제도 갖는 장점은 분쟁의 해결에 있어서 재판절차를 거치지 않아도 된다는 점이다. 이는 어느 정도 당사자 간의 신뢰나 기대가 전재되어야 한다는 것을 의미한다. 그러한 전재가 성립되지 않고 어느 일방이 조정을 신청한 경우에는 조정의 성립을 기대하기가 쉽지 않다. 조정제도는 조정 자체에 대한 강제력을 갖지 못하기 때문이다. 조정기구 자체는 전문성을 갖추었다고 볼 수 있으나, 조정위원이 전문성을 갖춘 경우가 많지 않기 때문에 전문성에 대한 비판을 받을 수 있다. 당사자는 해당 조정기구의 조정 결과에 대해 만족하기 어렵다.

또한 "조정안 수락 시 조정결과의 효력을 사법상의 합의(화해계약)로만 인정하는 경우에는 ADR의 유용성이 떨어질 가능성이 있는 반면, ADR의 유용성을 높이기 위해 재판상 화해의

---

100 이재홍, 모바일게임 관련 콘텐츠분쟁조정 현황 연구, 한국게임학회지, 2013, 128면.

효력을 부여할 경우 당사자가 오히려 부담을 느껴 조정의 활용이나 조정에의 참여를 꺼려함으로써 원만한 조정을 방해할 수도 있다. 따라서 조정결과에 어느 정도의 효력을 부여할 것인지는 각각의 장단점이 있기 때문에 어느 것이 바람직한 것인지에 대한 지배적 이론은 존재하지 않고 각 관련 법률에서 정책적으로 정해지고 있는 실정"[101]이라고 한다.[102]

나. 게임물의 특수성

조정제도는 소송과 같이, 어느 일방의 귀책을 찾는 것에 의의를 두는 것이 아닌 분쟁 해결을 목적으로 하는 경우가 많다. 사업자가 과실이 없다고 하더라도, 경제적인 약자로 전재되는 이용자에게 어느 정도 보상을 해주는 것을 의도하는 경우가 작지 않다. 이러한 점 때문에 조정부는 사업자에게 합의를 종용하는 경우가 있다. 이러한 합의의 종용은 조정위원이 게임에 대한 전문성이 부재한 경우에는 더욱 그러할 것으로 보인다. 조정위원이 게임의 세부적인 운영 등을 알 수 없어 이용자의 입장에서 분쟁을 해결하려는 경향이 있기 때문이다.

다. 대안으로서 전문성 확보 필요

게임물의 이용에 따른 분쟁 조정을 위해서는 무엇보다도 조정위원들의 게임 내지 게임서비스 방식에 대한 이해가 선행되어야 한다. 그렇기 위해서는 조정위원 및 전문위원 제도의 실효적 운영이 요구된다. 다양한 분야의 전문가를 위촉하는 현행 조정위원들은 해당 분야의 전문가일지언정, 게임에 대한 전문가는 아니기 때문이다.

또한 조정과정에서 조정위원은 물론 사무국에서 조정 당사자에 대한 비밀유지 의무를 충실히 이행할 필요가 있다. 조정과정에서 게임사업자가 제공하는 정보는 영업비밀에 해당하거나, 공개될 경우에 게임물의 운영에 상당한 부담을 주는 정보가 포함될 수 있기 때문이다.

---

101 최승필, 행정법상 재판외분쟁해결제도(ADR)에 대한 고찰—조정(調停)제도를 중심으로—, 공법학연구 제11권 제1호, 2010.2.

102 전반적인 조정제도의 효율성 제고방안에 대해서는 권헌영 외, 게임분쟁조정위원회 세부 운영방안 연구, 한국게임산업진흥원, 2008, 143면 이하 참조.

6. 모바일 게임 관련 민원 해결

가. 미성년자의 이용

모바일 게임물의 민원은 미성년자의 결제 및 환불이슈가 작지 않다. 글로벌 플랫폼의 경우에는 국내 사업자와 달리 결제 시에 허들이 많지 않기 때문이다. 특히 결제 시 비밀번호 입력과 같은 간단한 프로세스도 도입하지 않기 때문이라고 한다. 그러나 미성년자에 의한 결제는 부모 등 법정대리인에 의해 취소가 가능하고, 전자상거래소비자보호법에 의해서도 청약철회가 가능함에도 불구하고, 사법기관 등의 관할의 실효성이 없다는 이유로 거부해 왔다.

나. 모바일 생태계의 신뢰 형성

PC게임은 설사 피해가 발생하더라도 시장을 버텨나갈 수 있는 이용자층을 확보하고 있지만, 모바일 게임은 피해 발생 이용자를 상당히 잃게 될 가능성이 농후하다. 이는 향후 모바일 게임 시장의 성장에 불안 요소로 작용할 수 있는 부분이라는 사실을 기억해야 한다. 따라서 모바일 오픈마켓 생태계 주체 간에 자율적인 신뢰를 형성하여 시장 확대에 만전을 기해야 한다. 현재 모바일 콘텐츠 분쟁해결을 위한 조치들이 향후 다양한 모바일 서비스 거래에 신뢰성의 기본적인 틀이 될 것으로 예상된다.[103]

인사이트

조정의 경제성에 대한 이해를 당사자에게 알리는 노력이 필요하다. 아울러, 당사자를 이해시킬 수 있는 조정의원의 전문성 및 자율성에 대해서도 고민해야 유의미한 결과가 도출될 수 있을 것이다.

103 이재홍, 모바일게임 관련 콘텐츠분쟁조정 현황 연구, 한국게임학회지, 2013, 129면.

제 5 장

게임 계약과 지식재산권

계약은 모든 것을 합리화 할 수 있을까? 계약은 당사자간 동등한 지위를 전재로 성립하며, 그 효력이 인정된다. 그렇지 아니할 경우에는 무효를 주장할 수 있으며, 다수 당사자 간의 약관계약은 약관의 규제에 관한 법률의 규제를 받기 때문에 이용자에게 불리하게 작성된 약관은 당연 무효로 볼 수 있다. 게임과 관련된 계약은 게임물의 개발계약, 퍼블리싱 계약 및 플랫폼 입점계약 등 다양하다.

제 10 절 | 게임물 제작 및 서비스

1. 게임물의 기획

게임물의 제작을 위해 어떻게 제작할 것인지 다양한 기획 작업이 필요하다. 무엇보다도 중요한 것은 "게임을 좋아하는 마음"이 필요하다. 단지 업으로 한다면 기존 게임과 다른 기획이 나오기 어렵기 때문이다. 게임기획도 게임을 즐기는 것처럼 하는 자세가 필요한 이유이기도 하다. 이러한 마음에서 기획자나 개발자가 아닌 이용자의 관점에서 게임을 기획하게 된다. 다양한 관점의 기획이 필요한 이유는 수많은 이용자의 재미 욕구를 충족시켜줄 수 있는 가장 합리적인 방법이기 때문이다.[1]

전반적인 게임물의 컨셉을 기획하기 위한 컨셉 기획과 게임시스템의 구성에 관한 시스템 기획을 하게 된다. 컨셉 기획과 시스템 기획 등 기획 작업의 결과로 만들어지는 것이 기획서 또는 기획문서이다. 기획서가 만들어지면, 이를 바탕으로 게임물의 구체적인 디자인과 코딩 작업이 이루어진다.

---

1 "게임기획자는 자신의 게임에서 모든 유저들이 동등한 기회로 게임을 플레이하고 있다는 기분을 가지도록 밸런싱을 해야 한다. 게임기획은 끊임없이 무엇인가를 조정하고 수정하면서 균형점을 찾는 일이다. 특히 게임 밸런싱이라는 것은 게임의 완성도를 결정한다"고 한다. 김정남 외, 게임의 운명을 결정하는 기획과 시나리오, e비즈북스, 2013, 53면.

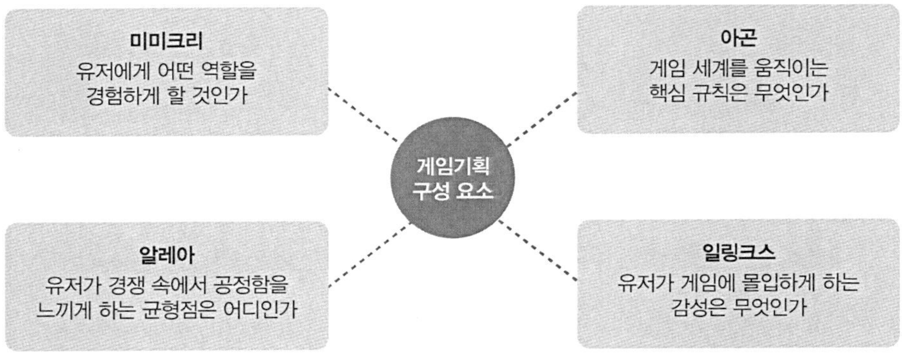

게임기획의 구성 요소[2]

2. 게임물의 제작

가. 게임물 제작 일반

게임물의 기획서를 바탕으로 게임물의 제작 작업이 진행된다. 크게 게임물의 제작은 디자인과 코딩으로 구성된다. 제작 과정에서 다양한 필드 테스트를 거치게 된다. 필드 테스트 과정에서 외부에 게임물이 공개되는 경우에는 CBT나 OBT시에는 등급분류에 대한 고려가 필요하다. 시험용 게임물로 갈 것인지, 아니면 정식 등급분류를 진행할 것인지 여부이다. 만약 해당 게임물이 모바일 게임물이고 청소년이용가 게임물이라면, 게임물관리위원회에서 등급분류를 받을 필요는 없다. 게임물의 제작은 외부 개발사에서 이루어진 경우가 많다. 즉, 퍼블리싱을 목적으로 만들어진 게임물은 소싱 작업을 통해 퍼블리셔와 계약을 체결하게 된다.

나. 그래픽 디자인

기획이 완료되면 기획서의 컨셉에 맞는 캐릭터와 배경, 아이템 등 다양한 그래픽 작업에 들어가게 된다. 특히 MMORPG는 배경이 전체 게임에서 차지하는 비중이 작지 않기 때문에 컨셉에 따라서 다양한 원화가 만들어진다. 원화는 직접 창작하여 구성될 수 있고, 또는 컨셉에 따라 현지 실사와 다양한 사진촬영을 통해 보충하는 방식을 취한다. 디자인 과정에서 다양한 이미지를 사용하는 경우에 의도하지 않게 표절 내지 복제권 침해가 이루어지는 경우도 있

2 김정남 외, 게임의 운명을 결정하는 기획과 시나리오, e비즈북스, 2013, 23면.

다. 타인의 권리를 침해하는 경우에는 서비스 자체가 지연되거나 손해배상의 책임을 질 수도 있다.

매트페인팅과 트레이싱 등 디자인 방식에 따라 다양한 매커니즘이 사용되지만, 매트페인팅이라고 주장하는 경우에도 트레이싱된 경우도 작지 않기 때문에 작업한 결과물이 불법복제가 된 경우 또는 2차적 저작물로 작성된 경우라도 저작권법 위반에 해당하게 된다. 매트페인팅이나 트레이싱이 디자인작업을 효과적으로 할 수 있을지 모르지만, 의도하지 않게 타인의 권리를 침해하기도 한다.

따라서 디자인 작업은 디자이너 스스로의 가치는 물론이거니와 회사의 가치와 충돌하지 않도록 해야 한다. 표절이나 복제가 아닌 창작의 형태로 만들어내는 작업이 게임의 예술적 가치를 높이는 작업이다. 게임물의 예술에 대한 논의 중 하나는 게임의 속성에 따른 것도 있지만 게임에 구현된 다양한 그래픽과 음향효과에 따른 것이기 때문이다.

다. 프로그래밍

(1) 게임엔진

온라인 게임은 다양한 인력이 참여하여 만들어지는 대작이기 때문에 개발인력이 무엇보다 중요하다. 개발된 게임물이 성공하면 개발자의 명성은 높아지게 된다. 게임물의 성공은 프로듀서나 특정 개발자에 대한 의존도가 높아지는 것을 의미한다. 이러한 의존도는 게임물의 개발 시에 전직 등이 이루어질 경우에 게임물의 개발은 중단될 수밖에 없게 된다. 그렇게 된다면 개발사는 물론 투자자에게는 상당한 부담으로 작용할 수밖에 없다. 게임엔진은 이러한 문제를 보완하거나 심지어 대체할 수도 있다. 상용엔진의 사용으로 특정 개발자에 대한 의존성이 약화되고, 관리보다는 게임개발에 집중할 수 있기 때문이다.

게임엔진의 특성상 기본적인 플랫폼을 공유한다. 게임엔진은 게임에 필요한 기본적인 구성요소를 다 갖추고 있기 때문에 기본적인 속성의 유사성을 갖게 된다. 즉, 다른 게임물이지만 동일한 게임엔진을 사용하는 경우에는 유사성을 부인하기 쉽지 않다. 이러한 유사성을 이유로 법적 분쟁, 특히 저작권 분쟁이 일어날 개연성이 있다. 이럴 경우에는 추상화된 해당 부분을 배재한 후에 유사성을 판단하여야 한다.

대표적인 게임엔진

특히 게임엔진인 유니티(unity)는 '게임개발의 민주화'를 추구한다는 비전을 제시하고 있다. 기존 게임엔진과 차별화된 가격을 책정함으로써 개인 개발자도 자신이 원하는 게임을 개발할 수 있는 밑바탕을 마련해 주었다는 점에서 그 의의가 있다. 더욱이 유니티는 다양한 이벤트를 통해 개발자에게 적극적인 어필을 하고 있다.

유니티테크놀로지 재팬의 '유니티 짱'

유니티테크놀로지 재팬에서 개발한 '유니티 짱'이라는 캐릭터를 보면 이러한 문화를 알 수 있다.

(2) 미들웨어

게임엔진을 선정하여 게임개발에 들어간다고 하더라도, 다양한 개발 도구나 리소스를 구현할 수 있는 미들웨어는 필수적이다. 게임엔진보다 많은 비용이 미들웨어를 구비하면서 소요되기도 한다. 실제 미들웨어를 상용 버전으로 구입하는 경우도 있으며, 반면 개발사에서 직접 미들웨어를 제작하여 사용하는 경우도 있다. 만약 직접 제작하여 사용하는 경우에 이를 외부에 공개 또는 유출하는 경우에는 영업비밀 이슈가 발생하게 된다.

라. 게임제작업

게임제작은 게임산업법상 게임제작업으로 분류된다. '게임제작업'이라 함은 게임물을 기획하거나 복제하여 제작하는 영업을 말한다. 게임제작업을 영위하기 위해서는 사업자 소재지의 지방자치단체에 등록하여야 한다. 게임물을 기획하거나 복제하여 제작하는 영업으로서 게임제작업은 게임을 프로그램을 통해 만들어내는 업을 말한다. 음비게법에서도 유사하게 규정된 바 있다. 음비게법에서는 음반 등 제작업이라 함은 음반·비디오물·게임물을 기획제작하거나 복제제작하는 영업으로 정의하고 있었다. 게임의 제작을 위해서는 기획을 거치기 때문에 기획단계에서부터 제작이 마무리되는 단계까지를 포괄하는 개념으로 게임제작업에 대한 정의가 이루어진 것이다. 입법취지와 다르게 게임물의 기획에는 결과물이 나오지 않기 때문에 기획도 게임제작업에 포함될 수 있는지는 의문이다. 단순하게 게임물의 제작에 필요한 기획만을 하게 된다면, 그 자체로 게임물이나 게임이라고 볼 수 없기 때문이다. 또한 원본의 게임물을 다른 매체에 담기 위해서는 복제가 수반되기 때문에 복제라는 개념이 포함된 것이다.

게임물을 복제하여 제작하는 것에 대한 개념도 불확실하다. 제작은 연혁적으로 아케이드 게임물의 HW를 제작하는 개념을 담고 있기 때문이다. 따라서 온라인 게임의 콘텐츠를 개발하는 것이 제작으로 표현될 수 있는지에 대한 고민이 요구된다.[3]

3 이상정·김윤명 편, 주해 게임산업진흥에 관한 법률, 세창출판사, 2014, 50면.

3. 게임물의 소싱

가. 소싱 일반

게임소싱은 말 그대로 시장에서 필요로 하는 경쟁력 있는 게임물을 찾는 업무이다. 게임물의 소싱은 플랫폼 사업자의 주된 임무 중 하나이다. 플랫폼 사업자의 기준에 부합하는 게임물을 찾는 것은 쉬운 일이 아니지만, 플랫폼 사업자 입장에서는 플랫폼의 질적 관리도 필요하다. 게임소싱은 투자계약 형태로 할 수 있으며, 플랫폼에 입점을 원하는 개발사의 요청에 의해서도 가능하다. 무엇보다도 플랫폼사업자는 해당 개발자의 역량, 과거의 성공사례, 개발인력의 구성 등을 게임소싱을 위한 판단요소로 한다.

나. 사업성 검토

소싱하는 게임물이 정해지면 해당 게임물에 대한 사업성을 검토하게 된다. 퍼블리셔 입장에서는 소싱하는 게임물이 상업적으로 성공할 수 있어야 한다. 사업적인 성공을 이끌 수 없는 게임물이라면 소싱의 의미가 없기 때문이다.

이러한 이유 때문에 퍼블리셔는 사업성에 따르는 평가기준을 내부적으로 준비한다. 평가기준에서 무엇보다 중요한 것은 게임물의 접근성 또는 용이성이다. 표준적인 UX 등을 따르지 않으면 다른 게임물의 UI, UX에 익숙해진 이용자의 흥미를 끌기 어렵기 때문이다. 또한 게임물을 지속적으로 수행할 수 있는 동기가 부여되어야 한다. 동기는 다양한 게임내의 콘텐츠나 게임 운영방식일 수 있다. 또한 다른 게임물과 차별되는 고유의 가치를 지니고 있어야 한다. 장르를 포함하여, 구현되는 방식에서의 차별성은 우선 선택권을 부여받을 수 있게 할 것이다. 경우에 따라서는 이미 시장에서 성공한 개발자 내지 스튜디오를 찾는 것도 방법이다. 과거의 성공이 미래의 성공을 담보할 수 없겠지만, 게임시장의 속성상 과거의 성공에 따른 기대수준은 낮지 않기 때문이다다. 또한 OSMU 방식으로 이미 타 분야에서 성공한 지식재산을 라이선싱한 게임물은 후광효과를 기대할 수 있다. 다만, 지금까지 후광효과를 가지고 게임물에서 성공한 사례는 찾기 어렵다. 국내에서 '반지의 제왕'이나 '드래곤볼' 등의 지식재산으로 게임화한 경우가 있었으나 성공하지 못하였다. 성공한 지식재산이라고 하더라도, 게임성과 맞지 않는 경우도 있으며 영화의 속성과 게임물의 속성이 상이한 점도 반영된 것으로 생각된다.

무엇보다 평가기준에서 중요한 것은 사업성에 있다. 수익을 실현할 수 있어야 한다는 점이다. 수익성을 평가해서 기준에 부합한다고 하더라도, 중요한 점은 게임물로 구현할 수 있는 인력구성이 되어있는가 하는 점이다. 개발역량이 되어있지 않다면 상용화까지 갈 수 있는 가능성이 크지 않기 때문에 최종적인 소싱계약을 체결하는 것은 위험성이 높다. 이러한 경우에는 개발인력에 대한 개런티를 받아야 하며, 개발사에서는 다양한 방식으로 개발자에 대한 로열티를 높이게 된다.

다. 소싱 계약

사업성 검토가 완료되면 개발사와 퍼블리셔간의 소싱계약이 체결된다. 계약은 쌍방에서 리스크를 헷지하는 방식으로 체결되는 구조이나, 개발사가 우선적으로 게임물에 대한 개런티를 담보하는 구조가 될 것이다. 소싱계약은 궁극적으로 퍼블리싱을 목적으로 하기 때문에 퍼블리싱과 관련된 제반 사항이 포함되게 된다.

라. 게임배급업[4]

(1) 의의

게임소싱의 경우는 게임산업법상 게임배급업으로 분류된다. "게임배급업"이라 함은 게임물을 수입(원판수입을 포함한다)하거나 그 저작권을 소유·관리하면서 게임제공업을 하는 자 등에게 게임물을 공급하는 영업을 말한다. 게임배급업에 대한 정의는 음비게법으로 거슬러 올라간다. 즉, 음비게법에서는 음반 등 배급업에 대한 정의를 "음반·비디오물·게임물을 수입(원판수입을 포함한다)하거나 그 저작권을 소유·관리하여 음반·비디오물·게임물을 음반등 판매업자 등에게 공급하는 영업"으로 내리고 있었다. 이처럼 배급업은 비디오물의 배급에 해당하는 것으로, 게임물을 수입하는 경우는 외국산 아케이드 게임물을 국내에 반입하여 배포하거나, 또는 저작권 이용허락 계약을 통해서 국내 유통을 영위하는 것을 목적으로 하고 있다. 이러한 유형은 아케이드 게임사업자를 염두에 둔 규정이었기 때문에 온라인 게임물의 배급과는 차이가 있는 개념이다. 따라서 온라인제공업을 별도 유형으로 정의하는 것도 필요하다고 본다.

---

4 이상정·김윤명 편, 주해 게임산업진흥에 관한 법률, 세창출판사, 2014, 51면.

(2) 게임배급

배급은 원래 영화나 비디오물을 외국에서 수입하여, 이를 복제하여 배급사에게 제공하는 방식을 말한다. 초기에는 저작권자의 허락없이 이루어지는 문제점 때문에 저작권을 소유하거나 관리하는 것을 요건으로 함으로써 저작권에 관한 별도 계약을 체결토록 하고 있다.

게임배급은 영화나 비디오물에 한정된 것을 게임에까지 확대한 것이기 때문에 현실과는 차이가 있다. 영화나 비디오물과 달리, 게임배급은 배급업자가 중간에 존재한다기 보다는 퍼블리셔가 라이선싱 계약을 통해 저작권 등을 확보하여 이를 로컬라이징하여 이용에 제공하는 개념으로 보는 것이 합리적이다.

4. 게임물의 서비스

가. 게임서비스 일반

게임물의 개발이나 소싱이 완료되면 완성된 게임물을 이용에 제공하는 단계를 거치게 된다. 즉, 서비스가 이루어지게 되는 것이다. 서비스 과정에서 다양한 이슈가 있으며, 민원이 발생하기도 한다. 직접 서비스할 수 있는 역량이 되지 않으면 운영대행을 하게 된다. 게임물의 서비스는 전문적인 운영인력과 시스템이 필요하기 때문에 개발사가 직접 서비스하는 경우는 많지 않다. 대부분 플랫폼을 보유하고 있는 플랫폼사업자에 의한 퍼블리싱 형태로 이루어지게 된다.

나. 퍼블리싱 역량

소싱이 이루어진 게임물을 플랫폼에 탑재하여 이용에 제공하게 된다. 중요한 것은 게임물을 성공적으로 런칭하는 것이다. 이 과정에서 퍼블리싱 기술에 대한 역량은 물론 마케팅이나 홍보 능력도 필요하다.

런칭된 게임물은 지속되는 운영과정 상 다양한 이슈에 대응하여야 한다. 시스템으로 운영 도구가 마련된 경우도 있지만 실제 운영경험을 갖춘 인력 구성이 필요한 부분이기도 하다. 시스템이 고도화된다고 하더라도, 구체적인 판단은 사람이 할 수밖에 없는 것이 기술이 갖는 한계이기 때문이다.

운영과 함께 중요한 것은 게임물의 성공을 위한 상용화이다. 게임물 자체를 유료로 판매하거나 월정액으로 이용에 제공하는 경우도 있지만, 대부분 부분 유료화 방식을 선호하게 된다. 게임물 자체를 유료화하는 경우에는 신규 이용자의 유입을 차단하는 결과를 가져오기 때문에 스스로 진입장벽을 만들어버리는 과오를 범할 수 있다. 성공적인 게임운영은 부분 유료화 방식으로 이용자의 유료결제를 높이는 것이다. 그러나 과도한 확률형 아이템의 판매는 오히려 게임성을 낮추게 되는 역기능을 가져올 수 있다. 따라서 게임의 밸런싱을 맞출 수 있는 수준에서의 부분 유료화가 퍼블리싱의 중요한 역량으로 볼 수 있다.

다. 홍보 & 마케팅

개발사가 직접 하기 어려운 업무영역 중 하나는 홍보나 마케팅에 관한 부분이다. 이는 전문성을 바탕으로 언론을 포함한 다양한 이해관계자와의 커뮤니케이션을 통해, 관계를 조정하고 게임물을 홍보하는 역할이기 때문이다. 마케팅은 이용자의 마음을 얻는 심리적인 작업을 하는 것이기 때문에 많은 경험이 필요한 직군이다. 이러한 이유 때문에 전문성이 필요하고 때로는 대행사를 통해서 홍보나 마케팅이 이루어지는 경우가 많다.

던전앤파이터의 표절 논란[5]

대행사를 통해 진행하는 경우에는 대행사와의 대행계약을 체결해야 하며, 제3자의 권리를 침해하지 않아야 한다는 점과 이를 위반할 경우에 대한 배상책임을 구체화해야 한다. 게임출시에서 문제되는 것은 유명한 광고내용을 가져다가 사용하는 경우이다. 저작권 침해에 대한 인식이 없이 이루어지는 경우가 많기 때문에 대행계약에서 체크해야 할 항목이다.

5 인벤, [취재] 트레이싱 논란 '던파' 쿠노이치 애니메이션, 네오플 이인 대표 사과, 2014.7.10. http://www.inven.co.kr/webzine/news/?news=113974.

네오플의 던전앤파이터의 신규 캐릭터를 홍보하면서 반다이남코의 '다크소울' 홍보 포스터를 트레이싱한 경우이다. 이러한 경우에는 저작권법 상 복제권 및 동일성유지권의 침해에 따른 책임을 지게 된다.

라. 정책 수립

게임물을 제공하기 위해서는 다양한 정책(policy) 수립이 필요하다. 이용자에 대한 정책이 대표적이다. 이용자에 대한 정책은 이용약관, 운영정책을 들 수 있다. 이용약관은 공정거래위원회에서 고시한 온라인 게임 이용표준약관이 있기 때문에 이를 참고할 수 있다. 다만, 해당 게임물마다 특성이 있기 때문에 참고하여 수정하여 이용이 가능하다. 이용약관에 포함할 수 없는 수시로 변경될 수 있는 운영정책은 별도로 분리하여 운용이 가능하다. 운영정책도 약관성을 인정하기 때문에 이의 변경에 대해서는 약관의 규제에 관한 법률에 따라 사전에 공지를 해야 다툼에서 자유로울 수 있다.

또한 유료화 정책이나 유료화에 따른 캐쉬 정책 및 환불정책을 수립하여야 한다. 규제기관에서 중요하게 보는 부분도 이와 관련된 정책이다. 특히 소비자에 대한 청약철회나 환불은 중요한 이슈이기 때문에 전자상거래관련법에 근거하여 명확한 정책을 수립하여야 한다. 이용약관에 명시적으로 규정해야 함은 물론이다.

마. 커뮤니케이션 채널의 확보

퍼블리싱은 다양한 이해관계자와의 역할을 분배하는 것과 같다. 퍼블리셔의 입장, 개발자의 입장, 또는 게임물에 대한 관리 내지 규제하는 입장 등 다양한 이해관계자가 관여하기 때문이다. 무엇보다 중요한 것은 상충하는 이해를 조정하는 역할이다. 이를 위해서는 커뮤니케이션 채널을 확보해야 하며, 실제로 확보된 커뮤니케이션채널을 통해 문제를 해결할 필요가 있다.

규제는 사업에 큰 타격을 줄 수 있기 때문에 규제당국과 사전적인 커뮤니케이션이 무엇보다 중요하다. 커뮤니케이션 채널을 실무자가 아닌 경영진으로 격상시켜서 진행할 필요가 있다. 게임사업자는 대부분 대외협력팀을 갖추고 있다. 대외협력은 규제당국이나 게임사업자간의 정책협의를 통해서 자사의 서비스에 미치는 영향을 분석하여 우호적인 방향으로 이끌어내는 역할을 말한다. 규제리스크 대응은 대외협력팀에서 수행하는 것이기 때문이다. 대외협력팀은 이해관계자의 마음을 얻는다는 점에서 홍보보다는 마케팅의 성격이 강하다.

대외협력팀은 회사에 충실하지만, 현실적으로 리스크가 발생할 경우에는 책임을 지는 입장이기 때문에 회사에 대한 로열티(loyalty)를 가질 수 있도록 지속적인 관심과 지원이 필요한 부서이기도 하다.

바. 게임제공업[6]

(1) 의의

"게임제공업"이라 함은 공중이 게임물을 이용할 수 있도록 이를 제공하는 영업을 말한다. 게임을 공중이 이용할 수 있도록 제공하는 게임물제공업은 논란이 있는 개념이다. 오락실용 게임물이 제임제공의 주된 대상을 이루던 음비게법 상 게임제공업이 여전히 그 기본적인 개념으로 작용하기 때문이다. 이러한 결과, 온라인에서 유통되거나 이용되는 게임도 게임제공업에 포함되지만, 청소년게임제공업이나 일반게임제공업에 한정되도록 규정됨으로써 온라인 게임에 대해 적용될 수 있는지 의문이다. 게임산업법 제정안에서는 게임제공업에 청소년게임장업과 일반게임장업으로 한정하고 있었다는 점에서 이를 확인할 수 있다.

게임제공업이 오락실용 게임제공으로 한정될 수 있는 것은 앞에서 살펴본 바와 같으며, 당시 입법과정에서 온라인게임제공업에 대한 명시적 규정을 요구한 바 있으나 반영되지 못하였다.[7] 음비게법에서도 게임제공업은 청소년게임장업과 일반게임장업으로 구분하고 있는 바, 이는 시설기준으로 설정한 것이기 때문에 온라인게임제공을 업으로 하는 사업에는 게임제공업이 포함되지 않는다.

참고로, 1999년 시행된 제정 음비게법은 게임제공업을 "게임시설 또는 게임기구를 갖추고 게임물을 이용하여 대중오락을 제공하는 영업(다른 영업을 경영하면서 이용자의 유치 또는 광고 등을 목적으로 게임시설 또는 게임기구를 설치하여 대중오락을 하게 하는 경우를 포함한다)을 말하며, 필요한 경우에는 대통령령으로 업종을 세분할 수 있다. 다만, 사행행위 등 규제 및 처벌 특례법에 의한 사행기구를 갖추어 사행행위를 하는 경우 및 관광진흥법에 의한 카지노업을 하는 경우를 제외한다"라고 규정했었다.

---

6 이상정·김윤명 편, 주해 게임산업진흥에 관한 법률, 세창출판사, 2014, 52-57면 참조.

7 국회문화관광위원회, 게임진흥법안 검토보고서, 2005.4, 9면.

(2) 온라인게임제공업

온라인게임은 플랫폼사업자를 통해 게임물을 이용에 제공하는 퍼블리싱과 퍼블리셔와 이용자를 연결해주는 채널링 형태의 서비스를 통해 이용자에게 제공된다. 전자는 퍼블리셔[8]가 독점적으로 게임물을 이용자에게 제공하는 온라인 유통업으로, 제공 및 운영을 퍼블리셔가 진행하게 된다. 후자는 퍼블리셔가 존재하나, 유통채널을 추가하여 이용자 POOL을 확보하는 유통방법이다. 채널링은 게임물 운영은 퍼블리셔가 하지만, 별도 플랫폼을 통해 이용자 정보를 수집할 수 있는 구조이다.

(3) 아케이드 게임제공업
(일정한 물리적 장소에서 필요한 설비를 갖추고 게임물을 제공하는 영업)

게임제공업 중 일정한 물리적 장소에서 필요한 설비를 갖추고 게임물을 제공하는 영업은 다음 각 호와 같다.

가. 청소년 게임제공업: 등급분류된 게임물 중 전체이용가 게임물을 설치하여 공중의 이용에 제공하는 영업

나. 일반 게임제공업: 등급분류된 게임물 중 청소년이용불가 게임물과 전체이용가 게임물을 설치하여 공중의 이용에 제공하는 영업

본 규정은 게임물제공업을 보다 구체적으로 정비한 내용이다. 게임산업법 제정안에는 게임제공업에 청소년 게임장업과 일반 게임장업으로 규정하고 있었다. 물리적인 장소라 함은 결국 오프라인에서 게임물을 이용할 수 있는 경우를 말하는 바, 오락실용 게임장에 대한 규정을 말한다.

음비게법에서는 게임제공업을 규정하며, 공중이 게임물을 이용할 수 있도록 이를 제공하는 청소년게임장업과 일반게임장업으로 구분하고 있었다.[9] 다만, 사행행위 등 규제 및 처벌특

---

8 퍼블리셔의 역할에 대해 설명하는 글을 인용하면, "게임 퍼블리셔는 단어 뜻 그대로 게임을 배급하는 역할을 한다. 하지만, 이들이 단순히 완성된 게임 콘텐츠를 배급하는 수동적인 업무만을 하는 것이 아니다. 이들은 게임 완성에 관련된 제반 사항을 계획에 맞춰 관리하고 완성된 게임이 소비자에게 전달되기 직전 단계인 도매상에 이르기까지의 모든 과정을 책임진다. 즉 게임의 제작비를 조달하고 완성된 게임의 마케팅을 펼치는 일이 고스란히 퍼블리셔의 몫"이라고 한다. 허준석, 『재미의 비즈니스—경제학으로 본 게임 산업』, 책세상, 2006, 54면.

9 가. 청소년 게임장업: 전체이용가 게임물만을 설치하여 공중의 이용에 제공하는 영업
나. 일반 게임장업: 전체이용가 게임물과 18세이용가 게임물을 구분·설치하여 공중의 이용에 제공하는 영업

례법에 의한 사행기구를 갖추어 사행행위를 하는 경우와 관광진흥법에 의한 카지노업을 하는 경우를 제외하며, 게임물과 관계없는 다른 영업을 경영하면서 고객의 유치 또는 광고 등을 목적으로 당해 영업소의 고객이 게임물을 이용할 수 있도록 하는 경우에 있어서 대통령령이 정하는 게임물의 종류 및 방법 등에 해당하는 경우를 제외한바 있다.

아케이드 게임제공업은 일정한 물리적 시설을 갖춘 경우에만 한정되며, 연령확인 자체가 쉽지 않기 때문에 규제완화 차원에서 전체이용가 및 청소년이용불가 게임물만이 제공 가능하도록 규정하고 있다. 등급분류에 있어서도, 전체이용가 및 청소년이용불가 등급의 2가지로 한정되어 등급분류가 진행되고 있다. 아케이드 게임제공업자는 미성년자가 청소년이용불가 게임물을 이용할 수 없도록 조치를 취하여야 하며, 이를 위반할 경우에는 등급분류와 다른 게임물을 제공하는 것이 되기 때문에 형사처벌의 대상이 될 수 있다.

제 10.2 절 게임 계약

1. 계약의 이해

가. 계약 일반

계약은 2인 이상의 당사자가 일정한 사항에 대하여 청약과 승낙이라는 서로 대립하는 의사표시를 하고, 그 의사의 합치대로 각각 실행하기로 하는 약속(법률행위)을 말한다. B2B는 주로 대면계약을 하겠지만, B2C는 주로 이용약관에 근거한 온라인 계약을 통해 이루어진다. 온라인으로 이루어지는 계약을 말하는 전자계약은 거래행위가 그 준비에서 성사, 이행단계에 이르기까지의 과정에서 그 전체나 일부가 전자데이터의 전달방식으로 이루어지는 계약을 말한다.[10] 기존 계약이 종이문서나 구두계약을 통하여 이루어진 것임에 반하여 전자계약은 전자문서를 통한 파일의 교환이나 격지자 간에 전자거래 시스템을 통해 이루어진다.

나. 게임계약의 특수성

게임은 이용과정에서 다양한 이해관계자와의 계약이 이루어진다. 사업자간 투자 계약 및 퍼블리싱 계약, 이용자와의 약관계약 등을 들 수 있다. 이러한 계약과정에서 나타날 수 있는 분쟁에 대해 투자 계약과 퍼블리싱 계약 및 이용약관을 중심으로 실제 사례와 더불어 살펴본다.

---

10 정종휴, "전자상거래와 계약이론의 변용", 전남대학교 법률행정연구소 심포지움 발표문, 1998, 6면.

계약 상 저작권 문제는 여러 의미를 갖는다. 원론적인 권리발생일 것이나 계약의 성격 상 저작권 귀속여부가 결정될 수 있을 것이며, 이에 대한 계약서 상 명문화는 분쟁해결 수단으로써 의미를 가질 수 있다.

그렇지만 게임물은 다양한 변인이 있기 때문에 계약을 유형화하는 것은 쉽지 않다. 그 이유는 "첫째, 게임물 자체가 다양한 내용을 가지고 있고, 둘째, 게임물의 개발과정과 게임물 완성후에 이용자에게 제공되는 유형과 과정이 게임물의 유형에 따라 다르게 나타나고, 셋째, 이용형태에 따라 이용자와의 관계에서 당사자 상호간에 다양한 경우가 발생하기 때문"[11]이라고 한다.

2. 게임물 개발(투자) 계약

가. 의의

게임물 개발 계약은 개발비 등은 투자자 또는 퍼블리셔가 담당하고, 개발자는 게임물만 제작하는 유형의 계약으로, 일종의 완성된 게임물의 제공을 목적으로 하는 도급계약으로 볼 수 있다.

나. 계약의 성격

(1) 도급계약인지 여부

컴퓨터프로그램 도급계약과 관련한 사례에서 대법원은 "업무상 창작한 프로그램의 저작자에 관한 구 컴퓨터프로그램보호법(1994. 1. 5. 법률 제4712호로 개정되기 전의 것) 제7조의 규정은 프로그램 제작에 관한 도급계약에는 적용되지 않는 것이 원칙이나, 주문자가 전적으로 프로그램에 대한 기획을 하고 자금을 투자하면서 개발업자의 인력만을 빌어 그에게 개발을 위탁하고 이를 위탁받은 개발업자는 당해 프로그램을 오로지 주문자만을 위해서 개발·납품하여 결국 주문자의 명의로 공표하는 것과 같은 예외적인 경우에는 법인 등의 업무에 종사하는 자가 업무상 창작한 프로그램에 준하는 것으로 보아 같은 법 제7조를 준용하여 주문자를 프

11 기술과법연구소, 게임과 법, 게임아케데미, 2006, 138면.

로그램저작자로 볼 수 있다"[12]고 보고 있다. 즉, 게임개발 계약은 업무상저작물로 볼 수 있다는 점을 확인한 것이다.

(2) 유지보수 계약

또한 게임의 속성상 지속적인 업데이트 등이 이루어져야 하기 때문에 유지보수 계약을 별도 체결하는 것이 필요하다. 그렇지만 도급계약으로 개발된 게임물은 장기적인 서비스를 목적으로 하는 것보다는 유행하는 게임물을 제작하여 이용에 제공할 목적으로 하는 경우가 많을 것으로 보인다. 따라서 도급계약은 대작 게임물이 아닌 웹게임이나 SNG(social network game)와 같은 캐주얼 게임에서 합리적이다. 물론 캐주얼 게임이 아닌 다른 게임도 가능하다고 보나, 그렇다면 퍼블리싱 계약이나 투자계약의 유형으로 볼 수 있다.

다. IP 담보

개발계약은 투자계약의 성격을 갖는다. 그렇기 때문에 담보권이 설정되는 경우가 많으며, IP의 소스코드에 대한 담보가 일반적이다. 다만 IP를 담보로 하더라도, 투자자가 개발력이 없는 경우에는 담보권을 실행하는 것이 쉽지 않다. 개발 중에 있는 게임물의 IP는 시장성을 얼마나 갖는지 확인할 수 없기 때문에 더욱 그러하다. 개발중인 게임물의 IP에 대한 담보가 이루어진 경우에는 개발자는 부담을 받을 수 있다. 자신이 기획하고 개발하는 게임물이 시장에서 성공하기를 원하는 개발자의 입장에서 기한에 맞추어서 개발하지 못하고, 이에 따른 투자금을 보증해 주지 못한다면 해당 IP는 투자자에게 귀속될 수도 있기 때문이다.

특정한 결과를 얻기 위하여 컴퓨터 등 정보처리능력을 가진 장치 안에서 직접 또는 간접으로 사용되는 일련의 지시·명령으로 표현된 창작물인 컴퓨터프로그램의 개발에 있어서 투자자로부터 자금을 모아 진행하면서, 담보로 제공할 수 있는 것은 개발자의 기술력이나 결과물인 소스코드이다. 다른 담보물건이 없는 경우가 대부분이기 때문에 소스코드를 임치하는 방식으로 담보권을 설정한다. 그렇지만 약정기한 내에 투자에 따른 자금회수가 되지 않을 경우에 투자자는 담보권을 실행하고자 할 것이다. 개발자의 입장에서는 개발한 결과물에 대해 권리를 행사할 수 없기 때문에 조심스러울 수밖에 없을 것이다. 이러한 과정에서 투자자의

12 대법원 2000. 11. 10. 선고 98다60590 판결.

양해 하에 기한을 연장하기도 한다. 그러나 담보권은 여전히 유보되기 때문에 기한을 지키지 못할 경우에 투자자는 자신의 담보권을 실행할 수밖에 없다.

담보권의 실행에 있어서 고려해야 할 사항은 몇 가지로 나뉠 수 있다. 첫째, 담보권의 대상이 공동저작물인 경우에는 담보권의 행사나 또는 행사의 저지를 위해서는 공동저작자가 같이 하거나 공동저작자를 대상으로 해야 한다는 점이다. 공동저작물은 2인 이상이 공동으로 창작한 저작물로서 각자의 이바지한 부분을 분리하여 이용할 수 없는 것을 말한다. 따라서 공동저작물의 저작재산권은 그 저작재산권자 전원의 합의에 의하지 아니하고는 이를 행사할 수 없고, 다른 저작재산권의 동의가 없으면 그 지분을 양도하거나 질권의 목적으로 할 수 없다(저작권법 제48조). 공동저작물의 공동보유관계의 성격은 합유에 준하는 성질을 갖는다. 민법은 합유물에 대해 합유자는 전원의 동의없이 합유물에 대한 지분을 처분하지 못하며, 합유자는 합유물의 분할을 청구하지 못한다고 규정하고 있다(민법 제273조). 민법의 합유물의 성격에 대해 대법원은 "특허권을 공유하는 경우에 각 공유자는 다른 공유자의 동의를 얻지 아니하면 그 지분을 양도하거나 그 지분을 목적으로 하는 질권을 설정할 수 없고, 그 특허권에 대하여 전용실시권을 설정하거나 통상실시권을 허락할 수 없는 등 특허권의 공유관계는 합유에 준하는 성질을 가진다"[13]고 보고 있다. 저작물도 민법의 합유물과 같이 볼 수 있다. 따라서 공동저작자를 상대로 공동저작물의 이용권의 확인을 구하는 소송은 공동저작물의 저작재산권 행사인 이용허락의 효력에 관한 것으로서 공동저작자의 전원에 대하여 합일적으로 확정되어야 하는 필수적 공동소송으로 본다.[14]

둘째, 저작물의 권리를 양도하는 것인지, 또는 이용권 유보부 계약인지 해석의 문제이다. 담보권의 실행이 단순하게 이용허락의 방법인지 아니면 권리자체가 양도되는 것인지의 확인이 필요하기 때문이다. 계약서에 명확히 규정하는 것이 필요하지만, 단순하게 담보권으로 설정한다는 문구만으로는 해석의 논란이 따른다. 담보권의 성격에 대해 투자자는 위약벌로서 저작재산권 전체의 권리행사로 해석하고자 할 것이다. 이러한 경우에는 계약서에 약정의 형식과 내용에 "담보물건에 대한 권리 취득이 투자금의 반환연기에 대한 대가이지 투자금에 대한 대가가 아님을 명시적으로 표시한 것"이어야 한다. 그렇지 아니할 경우에는 손해배상의 성

13 대법원 1999.03.26. 선고 97다41295 판결.

14 수원지법 성남지원 2013.5.8. 선고 2012가합5441 판결.

격이나 질권 설정의 합의의 성질을 갖기 때문이다. 반면, 개발자는 단순한 비독점적 이용허락의 범위로만 해석할 것이다.

컴퓨터프로그램 저작물에 대한 계약의 해석이 달라질 경우 "프로그램저작권이 양도 또는 사용 허락되었음이 외부적으로 표현되지 아니한 경우 프로그램저작자에게 그 권리가 유보된 것으로 유리하게 추정함이 상당하며, 계약 내용이 불분명한 경우 구체적인 의미를 해석함에 있어 거래 관행이나 당사자의 지식, 행동 등을 종합하여 해석함이 상당하다"[15]고 하겠다. 또한 그 내용에 대해서는 "이용허락계약을 해석함에 있어서 그 이용허락의 범위가 명백하지 아니한 경우에는 당사자가 그 이용허락계약을 체결하게 된 동기 및 경위, 그 이용허락계약에 의하여 달성하려는 목적, 거래관행, 당사자의 지식, 경험 및 경제적 지위, 수수된 급부가 균형을 유지하고 있는지 여부, 이용허락 당시 당해 저작물의 이용방법이 예견 가능하였는지 및 그러한 이용방법을 알았더라면 당사자가 다른 내용의 약정을 하였을 것이라고 예상되는지 여부, 당해 저작물의 이용방법이 기존 음반시장을 대체하는 것인지 아니면 새로운 시장을 창출하는 것인지 여부 등 여러 사정을 종합하여 그 이용허락의 범위를 사회 일반의 상식과 거래의 통념에 따라 합리적으로 해석하여야 한다"[16]고 판시한 바 있다.

결론적으로, 투자계약은 담보권의 설정에 있어서 구체적인 문구의 계약내용이 필요하다. 체결당시의 계약관계는 우호적일 수 있지만, 계약이행 과정에서 어느 일방이 이행을 하지 못할 경우에는 소송까지 진행될 수 있기 때문이다. 계약당시에 소송이라는 최악의 상황까지 염두에 두고 계약서를 체결하는 것이 필요하다.

3. 퍼블리싱 계약

가. 퍼블리싱계약의 의의

퍼블리싱이란 게임물의 서비스 또는 유통과 관련하여 필요하거나 그에 부수되는 회원의 모집, 과금, 고객 응대, 마케팅 업무 등을 포함한 영업활동으로 정의내릴 수 있다. 퍼블리싱계약은 퍼블리싱을 목적으로 하는 쌍무·유상계약이다. 퍼블리싱은 개발된 게임물을 독점적으

15 대법원 2012.01.27. 선고 2010다50250 판결.

16 대법원 2007.02.22. 선고 2005다74894 판결.

로 이용허락 받아 제공하는 경우가 대부분이다. 즉, 저작권법 상 배타적발행권 유사의 권리를 퍼블리셔에게 허락하는 것이다.

퍼블리셔는 게임산업법 상 게임물 배급업자로서 지위를 갖게 되며, 별도 지자체에 등록을 하여야 한다. 채널링사업자 및 모바일플랫폼 사업자도 게임물의 유통에 관여하기 때문에 게임물 배급업자로 볼 수 있다. 플랫폼 사업자 및 퍼블리셔는 많은 개발자로부터 게임물을 소싱하기 때문에 게임물의 시장성을 평가하여 퍼블리싱 계약을 체결하게 된다.

나. 계약의 성격

퍼블리싱 계약은 투자계약과 마찬가지로 기본적으로 수익에 대한 분배를 목적으로 한다. 퍼블리셔가 투자하고, 개발사는 게임을 개발만을 하는 구조에서 도급 유사한 계약으로도 볼 수 있다. 일정 수준의 수익을 정하고, 매월 해당 수익에 대해 나누는 구조라는 점에서 연속적 도급 유사 계약으로 볼 수 있는 것이다. 게임물의 운영이라는 점에서 운영대행 계약으로도 볼 수 있다.

퍼블리셔의 역할에 대해 보면, "게임 퍼블리셔는 단어 뜻 그대로 게임을 배급하는 역할을 한다. 하지만, 이들이 단순히 완성된 게임 콘텐츠를 배급하는 수동적인 업무만을 하는 것이 아니다. 이들은 게임 완성에 관련된 제반 사항을 계획에 맞춰 관리하고 완성된 게임이 소비자에게 전달되기 직전 단계인 도매상에 이르기까지의 모든 과정을 책임진다. 즉 게임의 제작비를 조달하고 완성된 게임의 마케팅을 펼치는 일이 고스란히 퍼블리셔의 몫"[17]이라고 한다.

이용자는 자신이 이용하는 게임물에 대해 커뮤니티 사이트 등에 스크린 샷이나 동영상 등을 제작하여 게시하게 된다. 이러한 이용행태는 저작권 침해를 구성할 수도 있기 때문에 퍼블리셔는 계약서에 비영리 목적으로 이루어지는 경우에는 이용자를 대신하여 이용허락을 받고 있다. 다만, 이러한 이용허락은 퍼블리싱 계약기간 내에만 유효하다고 볼 것인지 아니면 계약기간이 만료된 이후라도 가능한 것인지는 논란의 여지가 있다.

게임물의 운영과정에서 서버와 클라이언트의 구성을 위해 클라이언트 프로그램이나 이에 부수하는 다양한 애드온이 개발될 수 있으나, 퍼블리싱 계약기간 내에서는 무상으로 공유하는 개념으로 이해될 수 있다.

---

17 허준석, 『재미의 비즈니스-경제학으로 본 게임 산업』, 책세상, 2006, 54면.

다. 게임물 제공 및 유지보수 의무

퍼블리싱 계약이 체결되면 게임개발사는 자신의 게임물을 퍼블리셔에게 제공할 의무가 발생한다. 퍼블리싱 계약은 독점적으로 이루어진다. 개발사는 퍼블리싱 계약중에 게임물의 버그 등이 발생할 경우에 해당 내용을 수정할 의무가 발생한다. 새로운 퀘스트나 맵 등 게임콘텐츠가 추가되는 경우에는 해당 내용을 업데이트 하게 된다.

라. 운영상 정보의 귀속

게임운영 정보를 어떻게 귀속시킬 것인지 여부에는 논란이 있을 것이나 계약서에 명시적으로 규정할 필요가 있다. 게임 운영정보는 퍼블리셔의 영역에서 생성되기 때문에 퍼블리셔가 권리를 갖는 것이라고 볼 수 있으나, 계약 종료이후에 제3자가 연속적인 서비스를 영위할 필요성이 있는 경우에 게임 운영 정보를 필요로 하게 된다. 이럴 경우를 대비하여 계약서에 게임 운영 정보 제공에 대한 의무를 퍼블리셔에게 부담지우는 것이 필요하다. 다만, 이용자 정보가 포함될 경우에는 개인정보 관련 법률에 따라 사전에 이용자의 동의절차를 거쳐 이전받아야 한다.

정보 제공에 관한 명시적인 규정이 없다면 저작권법의 기본원칙 및 신의성실의 원칙에 따라 해결해야 한다. 아니면 일정한 대가를 지불하고 정보를 제공받을 수 있다.

마. 문화적 현지화

또한 지역단위의 퍼블리싱이 아닌 글로벌 단위의 퍼블리싱에서는 현지화 과정이 필요하다. 이때 현지화 비용을 누가 부담할 것인지이다. 현지화의 대표적인 내용은 해당 지역의 언어로 번역하는 것이다. 단순한 현지화는 성공하기 쉽지 않다. 언어를 포함한 다양한 문화적 현지화(culturalization)가 필요하기 때문이다. 필요할 경우에는 타이틀, 이미지, 배경, 스토리 등 해당 국가의 문화에 맞는 요소를 가미하거나 특정한 내용은 배재하는 것이 필요하다. 즉, 언어의 현지화는 기본이지만 다양한 요소와 콘텐츠에 대한 문화적 현지화를 통해 시장의 선택을 이끌어낼 필요가 있다.

참고로, 퍼블리셔의 비용으로 현지화하는 경우라면 퍼블리셔는 2차적 저작물작성권자로서 지위를 갖게 된다.

현지화의 의미를 잘 나타내주는 그림[18]

바. 상표권 이슈

상표권의 문제도 발생할 수 있다. 퍼블리셔가 게임물의 상표권을 등록하여 이용하는 경우에는 퍼블리싱 계약 종료 시점에서 해당 상표권을 어떻게 할 것인지에 대한 다툼이 일 수 있다. 상표의 기능은 자기의 업무에 관련된 상품을 타인의 상품과 식별되도록 하기 위하여 사용하는 것을 말한다. 게임물은 개발자의 상표에 체화된 서비스이기 때문에 상표권을 퍼블리셔가 고집할 이유는 없다. 다만, 퍼블리셔가 원래 있던 상표를 가지고 해당 게임물을 제공하는 경우라면 상표권 양도 의무를 부담지우기는 어려울 것으로 보인다. 이때 개발사는 퍼블리셔와 협의를 통해 상표권을 양도받을 수 있다.

계약이 종료될 경우에는 개발자와 퍼블리셔는 상대방의 저작물 등에 대해 반환의무가 발생하게 된다. 반환이 불가능한 경우에는 복구가 불가능한 상태로 삭제 및 폐기시켜야 한다.

---

18 구글 이미지 검색, 2014.10.10. 검색.

4. 채널링 계약

가. 채널링 계약의 의의

채널링이란 게임물을 제공하는 방식으로 하나의 플랫폼에서 다른 플랫폼으로 게임물의 이용경로를 설정해주는 개념이다. 예컨대, NHN의 한게임이라는 게임포털에서 제공되는 게임물을 넷마블에서 동시에 이용할 수 있다. 즉, 퍼블리셔와 개발사의 계약관계가 퍼블리싱 계약이라고 한다면, 퍼블리셔와 채널러와의 계약관계가 채널링 계약이다.

네이버 게임

네이버 게임에서 제공하는 게임물은 대부분 채널링 형태로 제공되고 있다.

나. 계약의 성격

퍼블리셔는 한게임이지만 개발사와 협의하여 새로운 이용경로를 넷마블에 추가함으로써 양포털을 통해 게임물이 제공되는 결과가 되므로 개발자 입장에서는 수익을 확대시킬 수 있는 장점이 있다. 원 퍼블리셔도 수익 채널을 확보할 수 있기 때문에 선호하는 방식이다. 다만, 게임물의 운영방식에 대해 명확하게 관계설정을 해야 한다. 퍼블리셔가 할 수 있는 영역과 그렇지 않는 영역이 존재하기 때문에 서로 간의 책임영역을 명확하게 해야 한다. 채널링서비스의 법적 성질은 전자상거래소비자보호법 상 전자상거래 중개의 성질을 갖는 것으로 볼 수 있다. 따라서 전자상거래 중개에 준하여 법적 의무를 준수하여야 한다.

다. 채널링 계약시 유의점

채널링 계약은 서로 다른 이용자 군이 동일한 게임물에 접속할 수 있는 방법이 2가지이기 때문에 무엇보다도 양 이용자군에 대한 차별이 없어야 한다. 차별이 발생하게 되면 어느 한쪽의 이용자는 이용상의 손해가 발생할 수도 있기 때문에 차별 없는 업무 수행의 의무를 규정할 필요가 있다.

채널링은 채널러가 게임물을 운영하는 것이 아닌 퍼블리셔가 운영하는 것이기 때문에 앞에서 살펴본 퍼블리싱 계약에 준하여 이해될 수 있다. 채널러는 퍼블리셔에게 자사 이용자의 접근경로를 제공해 주는 역할을 하기 때문에 채널러가 원래부터 보유하고 있는 이용자 정보의 소유권은 채널러에게 있다. 물론 퍼블리셔의 영역에서 발생하는 새로 생성된 계정정보, 이용정보 등의 소유권은 퍼블리셔에게 있다.

채널링 계약에서 생성된 저작물의 권리귀속에 있어서 특별한 규정이 없는 한, 일반원칙에 따라 해석되어야 할 것이다. 다만, 퍼블리싱 계약은 배타적발행권 형태의 독점계약이지만, 채널링 계약은 일종의 독점을 회피할 수 있는 계약이기 때문에 사전에 개발사와의 계약변경이 협의되어야 할 것이다. 그렇지 아니할 경우에는 계약 위반에 따른 해지 조항 등이 효력을 발휘하기 때문이다.

라. 채널러의 의무

채널링 사업자는 여러 가지 협력의무를 지닌다. 직접적인 서비스 주체가 아닌 서비스를 위한 통로를 연결해주는 역할을 하기 때문이다. 셧다운제 하에서 채널링 사업자는 게임정보 등을 퍼블리셔에게 제공함으로써 자신의 의무를 다하게 되는 셈이다. 셧다운을 실행해야 할 의무를 부담하는 것은 아니기 때문이다.

결제한도의 체크에서도, 이용자당 주민등록번호로 체크하는 경우에는 채널링 사업자도 결제한도를 체크할 수 있는 정보를 퍼블리셔에게 제공하여야 한다. 예를 들면, 네이버에서 제공하는 게임물은 직접적인 퍼블리싱이 아닐 경우에는 퍼블리셔와 결제정보를 공유하여 결제한도가 넘어서지 않도록 하여야 할 협력의무가 발생한다. 만약, 협력의무를 다하지 않을 경우에는 그에 대한 책임을 지게 된다. 다만, 웹보드게임물을 제외한 성인의 결제한도는 폐지되었다.

5. 플랫폼 입점 계약

가. 플랫폼 입점

플랫폼 입점은 게임개발자와 플랫폼사업자간에 해당 플랫폼에서 게임물을 서비스할 수 있는 계약을 말한다. 입점할 수 있는 계정을 발급하는 형태로 계약을 체결하게 되고, 매 게임물을 올리면서 필요한 부수 계약을 체결하기도 한다. 이 모든 것은 플랫폼에서 제공하는 이용약관을 통해 이루어지는 약관계약이라고 할 수 있다.

예를들면, 플랫폼은 네이버의 일본 자회사인 라인에서 개발한 모바일 메신저인 라인이나 카카오에서 개발한 카카오의 게임하기가 대표적이다. 물론 구글 플레이나 애플 앱스토어도 마찬가지이다.

나. 오픈마켓과 공정거래

모바일 플랫폼은 카카오, 라인 그리고 애플 앱스토어나 구글 플레이를 들 수 있다. 플랫폼은 다양한 이용자가 게임물을 내려받기 할 수 있는 마켓이라고 할 수 있다. 모바일 플랫폼 입점 계약에서 퍼블리셔들은 플랫폼사업자로서 역할을 하고 있기 때문에 퍼블리싱 계약과 다르지 않다. 다만, 플랫폼에 입점하는 프로세스는 별도 계정을 등록하고 이 계정으로 해당 게임물을 등록하는 절차를 밟게 된다.

게임산업법 상 등급분류의 예외로서 자율등급분류 권한을 오픈마켓 사업자에게 부여하고 있기 때문에 구글이나 애플은 자체등급사업자로서 역할도 하게 된다. 다만, 청소년이용불가게임물에 대해서는 제외된다. 입점자는 자신의 게임물을 플랫폼사업자가 원하는 양식으로 구성하여 등록하면, 플랫폼사업자는 해당 게임물에 대한 심의기준에 따라 등급분류와 승인의 절차를 진행하게 된다. 이 과정에서 개발자가 직접 플랫폼사업자와 계약을 체결하는 방식도 있으나, 개발자를 대신하여 또다른 퍼블리셔가 MCP로서 입점계약을 진행하는 경우도 있다.

다. 입점 수수료 이슈

모바일 플랫폼에서 분배 구조에 대한 법적 검토에 대한 필요성을 지적하고자 한다. 예를 들면, 100원의 매출이 발생했을 때 구글이나 애플에 30%인 30원을 분배하고, 나머지 70원 중 30%인 21원을 수수료로 카카오에 분배하고, 나머지 49원 중 퍼블리셔가 있는 경우에는 30%인 14.7원을 분배하게 되고, 최종적으로 34.3원을 매출로 잡게 된다. 순수익은 6-7% 안팎이라고 한다.[19]

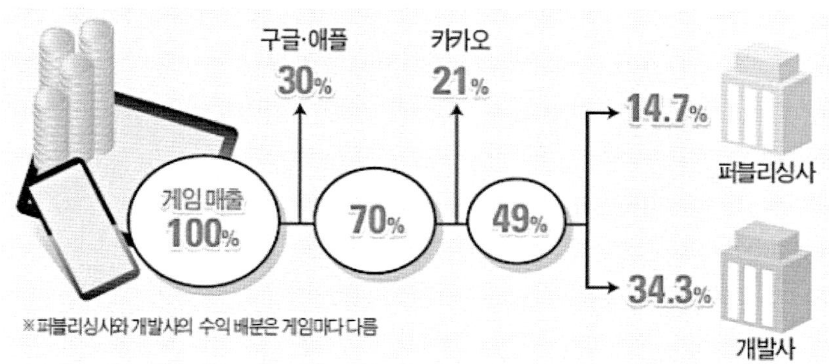

모바일 게임 수수료 체계[20]

플랫폼사업자에게 상당한 수수료가 지급되는 상황으로 이러한 수수료 체계는 플랫폼사업자가 기 투자한 투자금액의 회수라는 점과 맞물리겠지만 결코 작지 않은 비율이라고 한다. 따라서 경제민주화라는 시대적 흐름에 따른 수수료 체계의 정비도 고려할 필요가 있다. 생태계 조성은 발생된 수익의 투자도 하나의 방법이겠지만, 수수료율의 조정을 통해서도 가능하다고 보기 때문이다.

수수료 체계와 관련이 있는 또다른 문제는 애플과 구글의 IAP(in app purchase)[21]에 대한 강제규정이다. 즉, 자사의 결제시스템 이외에 다른 결제 시스템을 사용할 수 없다는 정책이

19 한국경제신문, 2013.5.23.일자.

20 한국경제신문, 2013.5.23.일자.

21 애플이나 구글이 자사의 마켓에서 자체적으로 제공하는 결제수단을 말한다.

다.[22] 마켓의 결제 정책은 다른 마켓과 동일해야 한다는 원칙이며, 그렇지 아니할 경우에는 등록이 거부되거나 등록되었더라도 취소가 이루어지게 된다. 이는 불공정한 거래 행위라고 하지 않을 수 없다.[23]

기타 수익 분배와 관련한 사항이 이외에 모바일 플랫폼 입점계약의 분쟁사항은 퍼블리싱 계약에 준하여 이해될 수 있다.

---

22 IAP에 대한 개략적인 내용에 대해서는 이규정 외, 인터넷 비즈니스 공정환경 제도개선방안 연구, 한국정보화진흥원, 2011.12, 49면 이하 참조.

23 이러한 현상에 대해 규제기관인 공정거래위원회는 공식적인 입장은 아니지만, 외국 사업자가 국내 사업을 철수하는 것을 걱정한다는 것이다. 그렇기 때문에 강하게 외국 사업자에 대한 규제를 할 수 없다고 한다. 결국 국내 사업자는 적극적인 규제를 받게 되는 결과이다. 정부가 주장하는 경제민주화를 위해서는 이러한 차별의 혁신적인 폐지가 아닐까 생각된다.

제 11 절 표절과 저작권 침해

1. 왜 표절인가?

표절은 아이디어나 권리 없는 정보나 저작물을 사용하는 것을 말한다. 이러한 경우, 저작권 등 권리 침해가 발생하지 아니한다. 저작권법이 관여할 사안은 아니라고 보지만, 표절과 저작권 침해는 동전의 양면과 같으므로, 결국 저작권법에 의존하여 분쟁 또는 아이디어의 침해에 대한 법적 판단을 하게 된다.

게임물에는 다양한 아이디어가 게임물에 체화되어 표현된다. 운영방식, 구성요소, 아이템, 디자인 등 다양한 유형의 아이디어가 게임물에 표현됨으로써 그 가치가 발현된다.

표절과 저작권 침해

표절	저작권 침해
• 저작권 만료 시에도 인정 • 고의 없이도 가능 • 아이디어의 도용 • 윤리적인 비난	• 저작권이 없으면 침해 부정 • 고의를 요건으로 함 • 표현되지 않는 아이디어는 보호받지 못함 • 법적인 책임

물론 표절이나 저작권 침해가 발생하는 것은 저작물을 쉽게 만들려는 제작자의 의도가 반영되거나, 또는 사업자에 의해 조속한 개발을 요구받는 경우도 있을 것이다. 설령 자신의 의지와 상관없이 이루어진 것이라고 하더라도, 이에 대한 책임이 감면될 수 있는 것은 아니다.

게임물 개발에서 표절 논란이 많은 것은 사실이나, 표절 자체가 바로 저작권 침해 등 위법 행위라고 보기 어렵다. 저작권이 만료되거나 보호받지 못하는 아이디어의 경우라면 누구라도 자유롭게 이용할 수 있기 때문이다. 그럼에도 이를 표절로 매도하여 비판하는 것은 타당하지 않다.

2. 저작권의 보호범위

가. 사상과 감정의 창작물

저작권법은 저작물에 대해 인간의 사상과 감정이 표현된 창작물로 정의하고 있다. 즉, 인간에 의하여 만들어진 창작적 표현이 저작물인 것이다. 저작권법은 열거적으로 저작물의 유형에 대해 규정하고 있으나, 여기에 포함되지 않는 유형의 저작물도 저작물성이 부인되는 것은 아니다. 게임저작물도 이러한 유형에 해당한다. 물론, 게임저작물은 영상저작물성 및 컴퓨터프로그램저작물성을 인정하는 것이 일반적인 견해이기 때문에 저작물성에 대한 논란은 크지 않다.

나. 아이디어·표현 이분법

(1) 아이디어의 표현

저작권법은 표현된 창작물을 보호하기 때문에 표현되지 아니한 아이디어는 보호받지 못한다. 아이디어가 영업비밀로서 관리되고 있다면 영업비밀보호법의 보호를 받는 것은 당연하다.

아이디어의 영역은 관념적인 부분이기 때문에 아이디어를 구체화하지 아니하는 이상 아이디어를 구상하고 있는 자 이외에는 해당 아이디어의 내용에 대해 알 수가 없다.[24] 따라서 아

---

24 미국 저작권법 제102조는 저작권의 보호대상에 대해 규정하고 있다. 즉 현재 알려져 있거나 장래에 개발될 유형적인 표현매체로서, 직접 또는 기계나 장치에 의하여 저작물을 지각, 복제, 또는 기타 전달할 수 있는 것에 고정된 독창적인 저작물은 본 편 법전의 규정에 따라 저작권 보호를 받는다. 다만 어떠한 경우에도, 독창적인 저작물에 대한 저작권 보호는 그것이 당해 저작물에 기술, 설명, 예시, 또는 수록되는 방법에 관계없이, 관념, 절차, 공정, 체제, 조작 방법, 개념, 원칙, 또는 발견에는 미치지 아니한다라고 규정되어 있다. 따라서 관념, 절차, 공정, 체제, 조작 방법, 개념, 원칙, 또는 발견 등과 같이 아이디어 영역에 대해서는 저작권법의 보호대상이 아님을 명확하게 하고 있는 것이다. 또한 저작권은 창작자의 아이디어가 나타나는 구체적인 표현에만 미치고 아이디어 그 자체에는 미치지 않는다. 그러므로 저작권법은 아이디어나 과학적인 발견, 역사적 사실 등의 이용을 금하지 않는 것이다(장주영, 『미국 저작권판례』, 육법사, 2003, 59면). 미국 저작권법의 영향을 받아, WTO/TRIPs 제9조 제2항(저작권의 보호범위)은 "저작권 보호는 표현에는 적용되나 사상, 절차, 운용방법 또는 수학적인 개념 그 자체에는 적용되지 아니한다"라고 규정하고 있다. 따라서 표현이외의 사상, 절차, 운용방법 또는 수학적인 개념에 대해서는 보호범위에 포함되지 아니함을 명확하게 하고 있는 것이다. 이점은 또한 산업재산권의 보호범위와 구분되는 점이다. 산업재산권은 그 표현

이디어 그 자체에 대해서는 실체를 확인할 수 없기 때문에 법적 보호를 받지 못한다.[25] 물론, 아이디어를 구체적으로 표현한 것이라고 하더라도, 창작성이 있는 경우에만 보호범위에 포함될 수 있다. 즉 저작물은 문학·학술 또는 예술의 범위에 속하는 창작물을 말하기 때문에 창작의 영역이면서 표현된 아이디어의 경우에 한하여 저작물로써 그에 대한 저작권법의 보호를 받게 된다. 반면, 저작권법은 저작자에게 일종의 독점권을 부여하여 창작에 대한 인센티브를 부여하지만, 저작물의 구성요소 중에는 이를 저작권으로 보호하기 보다는 퍼블릭도메인에 둠으로써 문화의 창달이라고 하는 보다 궁극적인 저작권법의 목적을 달성하는 데 지장이 없도록 하는 것도 있다.[26]

(2) 아이디어와 표현의 구분

아이디어·표현 이분법[27]에 대한 판례는 저작권법에 의하여 보호되는 저작물은 학문과 예술에 관하여 사람의 정신적 노력에 의하여 얻어진 사상 또는 감정의 창작적 표현물이어야 하는 것이고, 저작권법이 보호하고 있는 것은 사상, 감정을 말, 문자, 음, 색 등에 의하여 구체적으로 외부에 표현한 창작적인 표현형식이며, 그 표현되어 있는 내용 즉 아이디어나 이론 등의 사상 및 감정 그 자체는 설사 그것이 독창성, 신규성이 있다 하더라도 원칙적으로 저작물이 될 수 없어 저작권법의 보호 대상이 되지 아니한다고 판시하였다.[28]

왜 아이디어는 저작권법으로 보호되지 못하고 표현만으로 보호되는가 하면, 표현만이 저작자의 개성이 나타나있고, 아이디어 그 자체는 본질적으로 특정인의 소유로 하기는 적합하지 않고 또 아이디어는 누구나 사용할 수 있도록 하는 것이 문화 발전에 유익하다고 보기 때

자체뿐만 아니라 표현을 구성하고 있는 사상 즉 아이디어, 절차 등의 보호를 모두 포괄하고 있지만 저작권은 그렇지 않기 때문이다. 이러한 법리는 저작권법적인 접근방식을 채택하고 있는 모든 지적재산권, 예를 들면 컴퓨터프로그램, 데이터베이스 및 반도체칩 배치설계 등에도 적용된다(특허청국제협력담당관실 편, 『무역관련지적재산권협정해설』, 특허청, 1994, 59면). WCT 제2조에서도 마찬가지로 저작권 보호는 표현에는 미치지만 사상, 절차, 운용 방법 또는 수학적 개념에는 미치지 아니하도록 규정하고 있다. 이는 WTO/TRIPs의 기본이념을 승계하고 있음을 알 수 있다. 결국 이러한 구체적인 규정의 형태는 미국 저작권법의 영향을 받은 것이다.

25 Amaury Cruz, What'S the Big Idea behind the Idea-Expression Dichotomy? Modern Ramifications of the Tree of Porphyry in Copyright Law, 18 Fla. St. U. L. Rev. 221, 221(Summer, 1990).

26 오승종, 저작재산권 침해의 판단 기준에 관한 연구, 서강대학교 박사학위논문, 2004, 10면.

27 이는 개인의 사상이나 관념 또는 무엇인지에 대한 방법 등은 원칙적으로 특허법 등의 보호대상이지 저작권법의 보호대상이 아니라는 것이다. 정상기, Idea/Expression 이분법에 대한 소고(1), 『계간저작권』(제22호), 1993.6, 50면.

28 서울지방법원 2001.3.16. 선고 99가합93776 판결.

문이다.[29] 따라서 표현에 있어서 아이디어 영역은 저작권법 상 비보호 대상이며, 단지 그것이 표현된 것만을 보호한다.

(3) 아이디어·표현 이분법의 기원과 기능

저작권법 상 보호대상은 창작성 있는 아이디어가 표현된 것이다. 저작권법은 저작물에 대해 문학·학술 또는 예술의 범위에 속하는 창작물을 말한다. 그러나 저작권법에서는 아이디어·표현에 대해 별도 규정하지 아니하고 있다. 학설과 판례에 따라서 이루어진 개념이 아이디어·표현 이분법(Idea/Expression Dichotomy)이다.

아이디어·표현 이분법의 기원은 Baker v. Selden 사건[30]에 두고 있다. 동 사건에서 법원은 "셀던의 대차대조표 양식은 표현이 아니라 새로운 부기체계의 방식(method of book keeping system)으로서 저작권의 보호를 받지 못하는 아이디어에 해당하며, 이와 같은 아이디어는 모든 공중이 자유롭게 사용할 수 있어야 한다. 또한 부기방식은 설명한 책과 같은 기능적 저작물에 있어서 문제해결의 방식이나 조작방법과 같은 해법에 대하여 저작권의 보호를 해주는 것은 마치 의자를 만드는 방법을 저술한 저작자에게 그 의자를 만드는 방법 자체에 대한 독점권을 주어 다른 사람이 같은 방식으로 의자를 만들지 못하도록 하는 결과를 초래하므로 부당하다. 특히, 원고인 셀던이 자신의 저서에서 예시한 대차대조표 양식은 표안에 적절한 표제와 공란을 배치하여 양식을 사용하는 사람이 편리하게 공란을 채워 넣을 수 있도록 하는 것으로서, 새로운 부기방식을 있는 그대로 구현하여 놓은 것일 뿐 어떠한 표현을 내포하고 있는 것이 아니며, 이와 같은 양식에 대하여 독점권을 부여하는 것은 특허법 등의 영역이지 저작권법의 영역이 아니다"라고 판시하였다.[31] 물론, 동 판결에서는 아이디어·표현 이분법에 대해 구체적인 언급을 한 것은 아니며, 그러한 취지의 판결을 내린 것이다.[32]

아이디어·표현 이분법의 기원은 Baker v. Selden 사건이라고 하겠지만 구체적으로 아이

---

29 이상정·이재길·김형렬·김윤명, 디지털시대의 지적재산권과 정보공유의 국가전략적 의미, 15면.

30 101 U.S. 99(1879).

31 본 판결의 주요 부분은 미국의 저작권법 제102조(b)를 통하여 입법화되었다고 한다. 김문환, 미국법연구(I), 267면 각주 11번 참조.

32 즉 본 판결에서 연방대법원은 아이디어·표현 이분법에 관한 명시적인 설명이 나타나 있지 않고, 오히려 저작권법과 특허법의 관계에 초점을 맞추어 아이디어에 대한 저작권의 보호는 불가능하다는 것을 명확하게 하였다는 점에서 아이디어·표현 이분법에 관한 판례라고 한다. 사법연수원, 저작권법, 2006, 33면.

디어·표현 이분법을 언급한 것은 문예작품이 관련된 Nichols 사건에서 Learned Hand 판사에 의하여 시도되었다고 한다.[33] Hand 판사는 문예물은 등장인물과 시퀀스로 나누어 볼 수 있는데, 그 중 시퀀스를 예로 들면 보호받을 수 없는 사상으로부터 비교적 보호받기 힘든 주제, 보호받을 수 있는지 여부가 다투어질 수 있는 구성, 비교적 보호받기 쉬운 사건, 보호받을 것이 거의 확실시되는 대화나 어투 등으로 구성되어 있다고 하였다. Hand 판사의 이러한 견해는 저작권의 보호를 받는 저작물이라고 하여도 그 저작물 전체가 보호를 받는 것이 아니라 그 중에는 보호를 받지 못하는 부분도 포함되어 있고, 이와 같이 보호를 받지 못하는 부분은 비록 다른 사람들이 허락 없이 복제를 하더라도 저작권 침해가 되지 않는다는 점에 그 의의가 있다.[34]

개인의 독특한 생각을 타인이 무단으로 사용하는 행위를 규제하지 않음으로써 저작자의 창작활동이 위축되고, 결과적으로 학문이나 예술이 저하될 수 있다는 의문이 제기될 수 있다. 그러나 거시적 관점에서 볼 때 타인의 생각을 자유롭게 이용함으로써 문화의 확대재생산이 가능하다고 할 것이다.[35] 이와 같이 아이디어·표현 이분법의 기능은 아이디어 영역에 대한 보상과 퍼블릭도메인의 영역에 대한 보호범위를 설정할 수 있도록 적절하게 제약함으로써 다양하고 풍부한 문화적 산물을 가져올 수 있도록 하여 저작권법의 목적을 달성하게 된다. 아이디어와 표현의 경계선을 탐구함으로써 보상과 퍼블릭도메인의 적절한 균형을 찾아가는 역할을 한다.[36] 이러한 균형의 탐구는 사회전체의 공익과 비교할 때 그러한 개인적인 손실은 아주 작을 수 있다.[37]

이외에도 표현의 자유를 위해 아이디어를 이용하기 위한 기준으로써 아이디어·표현 이분법을 활용할 수 있다. 즉, 우리가 특정한 저작물을 이용하여 연설을 하거나 언론활동을 할 경우, 이용되는 내용은 직접적인 인용의 형태이지만 그것이 고정과 상관없이 당해 표현은 일반 대중에게 전달되기 때문에 저작권자 입장에서는 충분히 문제제기를 할 수 있기 때문이다. 그러나 표현 자체는 언론의 자유와 표현의 자유라는 측면에서도 허용되고, 그 기준을 판가름

33 Nichols v. Universal Pictures Corp., 45 F.2d 119(2d Cir. 1930).

34 오승종, 저작재산권 침해의 판단 기준에 관한 연구, 서강대학교 박사학위논문, 2004, 10-11면.

35 정상기, Idea/Expression 이분법에 대한 소고(1), 『계간저작권』(제22호), 1993.6, 52면.

36 권영준, 저작권 침해소송에 있어서 실질적 유사성 판단기준, 서울대학교 박사학위논문, 2005, 93면.

37 정상기, Idea/Expression 이분법에 대한 소고(1), 『계간저작권』(제22호), 1993.6, 52면.

할 수 있는 기능을 하게 된다.[38] 저작물이 적극적으로 이용됨으로써 사회전체의 진보를 가져올 수 있으며, 이로 인하여 문화적인 신장을 함께 할 수 있기 때문이다.

(4) 아이디어·표현의 합체 영역 또는 분리불가능성

아이디어 보호에 있어서 또 다른 문제는 아이디어와 표현이 합체된 저작물의 경우에 이를 분리하여 판단하기가 어렵다는 점이다. 아이디어와 표현이 일체화된 저작물의 경우에는 아이디어 자체를 보호함으로써 나타날 수 있는 문제가 발생하기 때문에 이를 보호범위에서 배제시키는 것이다. 아이디어 영역과 표현의 영역이 구분되지 못하는 경우에는 아이디어와 표현의 영역이 밀접하게 연계되어 양자를 구분하는 것이 어렵기 때문이다.[39]

저작권법은 아이디어 영역을 퍼블릭도메인에 둠으로써 법적 보호를 배제하고 있기 때문에 아이디어와 표현이 합체되는 경우에도 이를 보호해줄 필요가 없다. 표현을 보호해주는 것처럼 보이지만, 결과적으로 표현에 담겨져 있는 아이디어 자체를 보호해주는 효과가 있기 때문이다. 아이디어를 보호하게 된다면 아이디어는 만인공유의 영역인 퍼블릭도메인으로 하여 다른 창작자에 대한 창작의 자유를 확보해 주려는 저작권법의 기본적인 취지가 몰각될 수 있기 때문이다.[40]

다. 불공정행위[41]

캐릭터는 저작권법적 보호가 가능하다. 보호의 전제는 저작물성이 있어야 한다는 점이다. 그렇지 못할 경우에는 저작권이 발생하지 않기 때문에 누구나 이용이 가능한 공유상태에 놓이게 된다. 게임의 운영방식도 마찬가지다. 저작권법은 아이디어·표현 이분법에 따라, 창작성이 있는 아이디어라고 하더라도 표현되지 않는 경우라면 보호받지 못한다. 물론, 아이디어 그 자

---

38 Harper & Row Publishers, Inc. v. Nation Enterprises, 471 U.S. 539 (1985).

39 실질적으로 SW와 같은 기능적저작물의 경우에는 이러한 구분이 사실상 쉬운 일이 아니다. 미국은 SW의 경우에는 다양한 판단기준을 제시함으로써 아이디어와 표현의 구분을 시도하고 있다. 즉 추상화, 여과, 비교의 3단계 테스트를 통하여 판단토록 하고 있다. i) 추상화단계는 문언적 code에서부터 프로그램을 구성하는 부분들을 모두 분해하는 단계이며, ii) 여과단계는 분해된 부분들 중에서 프로그램 자체의 기능이나 목적, 추상적인 아이디어와 합체된 표현, 퍼블릭도메인에서 인용된 부분 등 저작권의 보호를 받을 수 없는 요소들을 하나씩 제거하여 창작적 표현만을 여과하며, iii) 비교단계는 남아있는 창작적 표현을 상호비교하여 그 실질적 유사성을 판단하여 판단한다는 것이다. Computer Association Int'l Inc. v. Altai Inc., 982 F. 2d. 693(2d Cir. 1992).

40 오승종, 저작재산권 침해의 판단 기준에 관한 연구, 서강대학교 박사학위논문, 2004, 12-13면.

41 김윤명, 지식재산 관점에서 본 기술과 콘텐츠의 융합, 소프트웨어정책연구소, 2017, 27~29면 참조.

체도 보호받지 못하는 것은 당연하다. 아래 그림과 같이, 카카오의 캐릭터를 이용하여 제작한 게임은 이미 동일 주체의 캐릭터를 사용했기 때문에 계약위반에 해당하더라도 저작권 침해는 성립하지 않을 것으로 보인다.

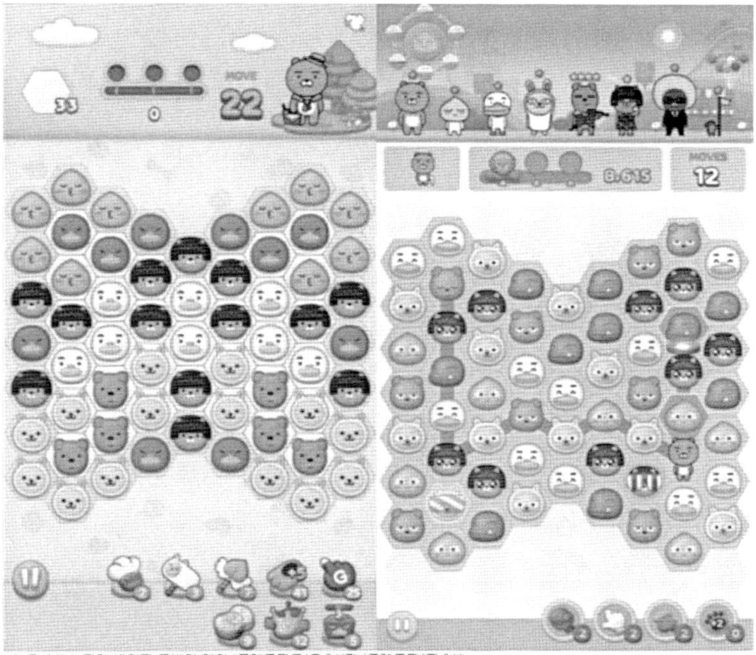

◇ 유사성 논란이 벌어진 모바일 게임 '프렌즈팝콘(우측)'과 '프렌즈팝(좌측)'.

프렌즈팝 v. 프렌즈팝콘

다만, 이미 경쟁업자가 동일 또는 유사한 게임을 제작하여 서비스하는 상태에서 동일 또는 유사한 형태의 게임을 개발하여 서비스하는 것은 부정경쟁방지법 상 부정경쟁 행위에 해당할 수 있다. 2013년 개정된 부정경쟁방지법 제2조 제1항 카목은 부정경쟁행위를 "타인의 상당한 투자나 노력으로 만들어진 성과 등을 공정한 상거래 관행이나 경쟁질서에 반하는 방법으로 자신의 영업을 위해 무단으로 사용함으로써 타인의 경제적 이익을 침해하는 행위"로 규정하고 있다. 킹소프트 사건에서 적용되었고 부정경쟁행위에 해당한다는 판단을 받은 바 있다. 이 경우에는 저작권 침해에 대한 형사처벌이 아닌 부정경쟁 행위에 따른 손해배상 청구만 가능하다. 다만, 한 가지 유념할 것은 부정경쟁행위가 인정된다고 하더라도, 저작권법이 보호하지 않는 "아이디어를 게임화하는데 필수불가결하거나 공통적 또는 전형적으로 수반되는 표현 등"[42]을 모방한 것은 부정경쟁행위에 해당하기는 어렵다고 본다. 이를 부정경쟁 행위로 규제하는 것은 만인이 공유할 수 있는 아이디어(public domain)에 대한 독점권을 인정해주는 것과 다름없기 때문이다.

3. 게임시나리오의 보호

가. 게임 시나리오의 저작물성

게임물을 만든다는 것은 새로운 세계를 창조하는 것과 다름이 없다. 이러한 세계를 창조하기 위한 기획서는 다양한 아이디어와 내용을 담게 된다. 게임의 세계관을 구성하고, 시스템을 구조화함으로써 개발에 필요한 절차를 마무리하게 된다. 이렇게 준비된 기획서의 법적 보호는 중요하다. 제작에 필요한 시나리오를 포함한 기획서 등은 저작권법 상 어문저작물로서 보호받을 수 있다.

나. 시나리오의 2차적 적작물성

저작권법은 원저작물을 번역·편곡·변형·각색·영상제작 그 밖의 방법으로 작성한 창작물은 독자적인 저작물로서 보호된다고 규정하고 있는 바, 2차적 저작물로 보호를 받기 위하여는 원저작물을 기초로 하되 원저작물과 실질적 유사성을 유지하고, 이것에 사회통념상 새로운 저작물이 될 수 있을 정도의 수정·증감을 가하여 새로운 창작성이 부가되어야 하는 것이며, 원저작물에 다소의 수정·증감을 가한 데 불과하여 독창적인 저작물이라고 볼 수 없는 경우에는 저작권법에 의한 보호를 받을 수 없다.[43]

무언극의 시놉시스와 '프리즈(Freeze)' 시놉시스는 우연히 비보이를 만나게 된 발레리나가 비보이로 동화되어 간다는 기본 설정이 실질적으로 유사하나, 무언극의 시놉시스는 단순히 '프리즈' 시놉시스에 나타난 기본 설정을 그대로 차용하여 구체적인 상황설정 등에만 다소의 수정·증감이나 변경을 가한 데에 그치지 않고, 구체적인 사건의 전개과정, 등장인물들의 성

---

42 서울고법 2017.1.12. 선고 2015나2063761 판결.

43 대법원 2002.01.25. 선고 99도863 판결.

격과 상호관계 등에 발레리나가 비보이와 동화되어 가는 과정에서의 사랑, 내·외적 갈등 및 그 극복 구조 등을 새로이 추가한 것이어서, 원저작물인 '프리즈' 시놉시스와는 구분되는 새로운 저작물로서 저작권법 제5조 제1항 소정의 2차적저작물에 해당한다 할 것인데, 피고인은 발레리나가 비보이를 우연히 만나게 되는 장소와 같은 구체적인 상황설정 등에서만 다소 차이가 있을 뿐 무언극의 시놉시스 중 위와 같이 '프리즈' 시놉시스에 새롭게 부가된 창작적인 표현형식에 해당하는 부분과 실질적으로 유사한 내용의 공연을 진행함으로써 무언극의 시놉시스에 관한 저작재산권을 침해하였다는 취지로 판단하였다.[44]

4. 게임의 규칙 및 전개방식 등의 보호

모바일 게임물의 특성은 PC온라인 게임과 달리, 게임내 구현할 수 있는 요소가 제한적이다. 따라서, 유사한 특성이 담긴 요소가 구현될 가능성도 있는 것이 사실이다. 킹닷컴사와 아보카도엔터테인먼트사의 게임물인 캔디크러쉬사가와 포레스트매니아가 그러한 사례이다.

캔디크러쉬사가와 포레스트매니아[45]

44 대법원 2011.05.13. 선고 2010도7234 판결.

45 구글이미지검색, 2020.5.7.일자.

이번 사건의 쟁점은 게임 규칙과 시나리오 등이 저작권법 상 보호범위에 포함되는지 여부이다. 저작권법은 저작물을 '인간의 사상 또는 감정을 표현한 창작물'로 규정하여 창작성을 요구하고 있다. 여기서 창작성은 완전한 의미의 독창성을 요구하는 것은 아니라고 하더라도, 창작성이 인정되려면 적어도 어떠한 작품이 단순히 남의 것을 모방한 것이어서는 아니 되고 사상이나 감정에 대한 저작자 자신의 독자적인 표현을 담고 있어야 한다.

그동안 게임저작권 분쟁에서 아이디어·표현 이분법에 따라, 아이디어 영역과 그것이 표현된 영역이 분리하기 어려운 경우에는 보호범위에 포함되지 않는 것으로 해석해왔다. 대법원은 원심[46] 및 기존 판례와 다른 결론을 도출하였다. 이 사건은 모바일 게임에 관한 산업정책적 측면도 고려된 것으로 보인다.

대법원은 "게임 저작물(이하 '게임물'이라 한다)은 어문저작물, 음악저작물, 미술저작물, 영상저작물, 컴퓨터프로그램 저작물 등이 결합되어 있는 복합적 성격의 저작물로서, 컴퓨터 게임물이나 모바일 게임물에는 게임 사용자의 조작에 의해 일정한 시나리오와 게임 규칙에 따라 반응하는 캐릭터, 아이템, 배경화면과 이를 기술적으로 작동하게 하는 컴퓨터프로그램 및 이를 통해 구현된 영상, 배경음악 등이 유기적으로 결합되어 있다. 게임물은 저작자의 제작 의도와 시나리오를 기술적으로 구현하는 과정에서 다양한 구성요소들을 선택·배열하고 조합함으로써 다른 게임물과 확연히 구별되는 특징이나 개성이 나타날 수 있다. 그러므로 게임물의 창작성 여부를 판단할 때에는 게임물을 구성하는 구성요소들 각각의 창작성을 고려함은 물론이고, 구성요소들이 일정한 제작 의도와 시나리오에 따라 기술적으로 구현되는 과정에서 선택·배열되고 조합됨에 따라 전체적으로 어우러져 그 게임물 자체가 다른 게임물과 구별되는 창작적 개성을 가지고 저작물로서 보호를 받을 정도에 이르렀는지도 고려해야 한다"[47]고 판시함으로써, 기존과 다른 결론을 이끌어낸 것이다.

또한, 대법원은 "저작권의 보호 대상은 인간의 사상 또는 감정을 말, 문자, 음, 색 등에 의하여 구체적으로 외부에 표현한 창작적인 표현형식이므로, 저작권의 침해 여부를 가리기 위하여 두 저작물 사이에 실질적인 유사성이 있는지를 판단할 때에는 창작적인 표현형식에 해당하는 것만을 가지고 대비해 보아야 한다. 매치-3-게임(match-3-game) 형식의 모바일 게임을

46 서울고법 2017. 1. 12. 선고 2015나2063761 판결.

47 대법원 2019. 6. 27. 선고 2017다212095 판결.

개발하여 출시한 킹닷컴사가 아보카도엔터테인먼트를 상대로, 아보카도엔터테인먼트가 출시한 모바일 게임이 킹닷컴사의 저작권을 침해한다는 이유로 침해행위 금지 등을 구한 사안에서, 킹닷컴사의 게임물은 개발자가 축적된 게임 개발 경험과 지식을 바탕으로 게임물의 성격에 비추어 필요하다고 판단된 요소들을 선택하여 나름대로의 제작 의도에 따라 배열·조합함으로써, 개별 구성요소의 창작성 인정 여부와 별개로 특정한 제작 의도와 시나리오에 따라 기술적으로 구현된 주요한 구성요소들이 선택·배열되고 유기적인 조합을 이루어 선행 게임물과 확연히 구별되는 창작적 개성을 갖추고 있으므로 저작물로서 보호 대상이 될 수 있고, 아보카도엔터테인먼트사의 게임물은 킹닷컴사의 게임물 제작 의도와 시나리오가 기술적으로 구현된 주요한 구성요소들의 선택과 배열 및 유기적인 조합에 따른 창작적인 표현형식을 그대로 포함하고 있으므로,[48] 양 게임물은 실질적으로 유사하다고 볼 수 있는데도,[49] 이와 달리 본 원심판단에 법리오해 등의 잘못이 있다"[50]고 판시하여, 파기환송하였다.[51]

본 사건에서 대법원은 산업정책적으로 무분별한 아이디어의 복제를 차단한다는 취지를 담아낸 것이라고 하나, 아이디어·표현 이분법의 가치는 아이디어 영역의 자유로운 이용을 통해, 보다 가치있는 창작물을 만들어낼 수 있는 토대를 마련한다는 점이 몰각된 것은 아닌지 우려스럽다.

---

48 대법원은 "피고 게임물은 원고 게임물과 동일한 순서로 히어로 모드, 전투 레벨, 알 모으기 규칙, 특수 칸 규칙, 양동이 규칙(그루터기 규칙), 씨앗과 물방울 규칙(엘프와 버섯 규칙), 방해 규칙 등을 단계적으로 도입하여 원고 게임물의 제작 의도와 시나리오에 따라 기술적으로 구현된 주요한 구성요소들의 선택과 배열 및 조합을 그대로 사용하였다. 그뿐만 아니라 원고 게임물이 위와 같이 채택한 ① 노드의 모양과 색상, 특수 효과, ② 화면 하단의 부스터 아이콘의 형태, ③ 히어로 모드의 반짝임, ④ 양동이 규칙(그루터기 규칙), ⑤ 씨앗과 물방울 규칙(엘프와 버섯 규칙), ⑥ 전투 레벨, ⑦ 특수 캐릭터, ⑧ 방해 규칙에서의 전개와 표현형식을 그대로 또는 캐릭터만 바꾸어 사용하였다. 결국 피고 게임물은 이러한 개별적인 요소들이 원고 게임물과 마찬가지로 구체적으로 어우러져 사용자에게 원고 게임물에서 캐릭터만 달라진 느낌을 주고 있다"고 설시하고 있다.

49 또한 대법원은 "피고 게임물은 원고 게임물의 제작 의도와 시나리오가 기술적으로 구현된 주요한 구성요소들의 선택과 배열 및 유기적인 조합에 따른 창작적인 표현형식을 그대로 포함하고 있으므로, 양 게임물은 실질적으로 유사하다고 볼 수 있다"고, 설시하고 있다.

50 대법원 2019. 6. 27. 선고 2017다212095 판결.

51 본 사건에 대해서는 손천우, 모바일 게임물의 창작성 및 실질적 동일성의 판단 기준: 대법원 2019. 6. 27. 선고 2017다212095 판결 ('포레스트 마니아' 사건)을 중심으로, 사법 49호, 사법발전재단 2019 참조.

5. 게임캐릭터의 보호[52]

가. 캐릭터의 의의

캐릭터란 만화, 텔레비전, 영화, 신문, 잡지, 소설, 연극 등 대중이 접하는 매체를 통하여 등장하는 인물, 동물, 물건의 특징, 성격, 생김새, 명칭, 도안, 특이한 동작 그리고 더 나아가서 작가나 배우가 부여한 특수한 성격을 묘사한 인물을 포함하는 것으로서 그것이 상품이나 서비스, 영업에 수반하여 고객흡인력 또는 광고효과라는 경제적 가치를 지니는 것을 말하고, 캐릭터가 상품 등에 이용되는 목적은 대중매체를 통해 일반 대중에게 잘 알려진 캐릭터가 가지고 있는 광고 선전력, 주의 환기력, 고객흡인력을 이용하고자 하는 것이다.[53]

나. 상품화권

게임물에 등장하는 캐릭터에 창작성이 인정되므로 원저작물인 게임물과 별개로 저작권법의 보호대상이 될 수 있고, 그 캐릭터에 관하여 상품화가 이루어졌는지 여부는 저작권법에 의한 보호 여부를 판단함에 있어서 고려할 사항은 아니다.

저작권 보호의 대상이 되는 저작물이란 "인간의 사상 또는 감정을 표현한 창작물을 말한다."고 규정하고 있고, 이 창작물이란 표현 그 자체를 가리킨다는 것이 일반적인데, 캐릭터라는 것은 일정한 이름, 용모, 역할 등의 특징을 가진 등장인물이 반복하여 묘사됨으로써, 각각의 표현을 떠나 일반인의 머릿속에 형성된 일종의 이미지로서 표현과는 대비된다. 즉, 캐릭터란 그 개개장면의 구체적 표현으로부터 승화된 등장인물의 특징이라는 추상적 개념이지 구체적 표현이 아니며, 결국 그 자체가 사상 또는 감정을 창작적으로 표현한 것이라고 볼 수 없는 것이다. 따라서 이 사건을 돌이켜 보면, '실황야구' 캐릭터가 등장하는 '실황야구' 자체를 영상저작물로 보호하는 것으로 족하고, 별도로 '실황야구' 캐릭터 자체를 독립된 저작권법의 보호대상으로 보기에는 부족하다 할 것이다.[54]

52 대법원 2010.02.11. 선고 2007다63409 판결.

53 서울고등법원 2007.8.22. 선고 2006나72392 판결.

54 서울고등법원 2007.8.22. 선고 2006나72392 판결.

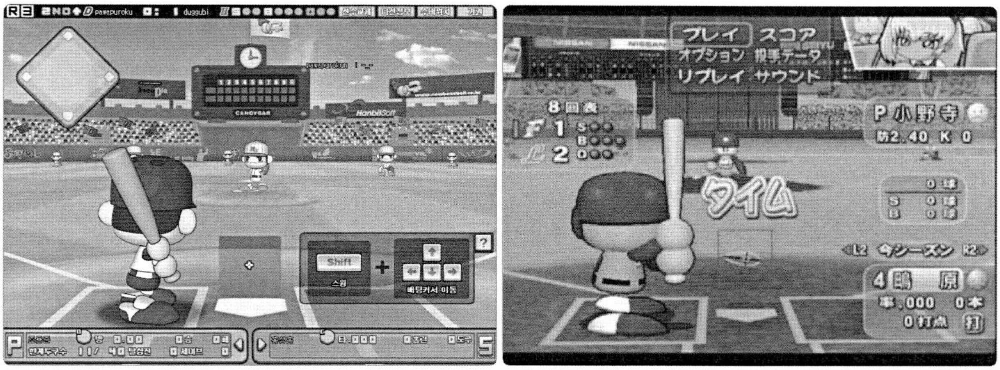

신야구 캐릭터와 실황야구 캐릭터[55]

야구를 소재로 한 게임물인 '실황야구'에 등장하는 캐릭터는 야구선수 또는 심판에게 만화 속 등장인물과 같은 귀여운 이미지를 느낄 수 있도록 인물의 모습을 개성적으로 도안함으로써 저작권법이 요구하는 창작성의 요건을 갖추었으므로, 이는 창작성이 있는 저작물로서 원저작물인 게임물과 별개로 저작권법의 보호대상이 될 수 있고, 한편 위 '실황야구' 캐릭터에 관하여 상품화가 이루어졌는지 여부는 저작권법에 의한 보호 여부를 판단함에 있어서 고려할 사항이 아니다. 그럼에도 불구하고 원심이 캐릭터라 함은 일정한 이름, 용모, 역할 등의 특징을 가진 등장인물이 반복하여 묘사됨으로써, 각각의 표현을 떠나 일반인의 머릿속에 형성된 일종의 이미지로서 표현과는 대비된다는 전제에서, 위 '실황야구' 캐릭터가 상품화 과정을 거쳐 독자적인 저작물성을 인정할 정도에 이르지 않았다는 이유로 독립된 저작권법의 보호대상으로 보기에는 부족하다고 판단한 것은 잘못이라 할 것이다.[56]

다. 저작권법에 의한 보호

(1) '캐릭터'가 원저작물과 별개로 저작권법에 의하여 보호되는 저작물이 될 수 있는지 여부

저작권법에 의하여 보호되는 저작물이기 위하여는 인간의 사상 또는 감정을 표현한 창작물이어야 할 것인 바, 만화, 텔레비전, 영화, 신문, 잡지 등 대중이 접하는 매체를 통하여 등장

55 구글 이미지 검색, 2014.6.22.일자 최종 접속.

56 대법원 2010.02.11. 선고 2007다63409 판결.

하는 인물, 동물 등의 형상과 명칭을 뜻하는 캐릭터의 경우 그 인물, 동물 등의 생김새, 동작 등의 시각적 표현에 작성자의 창조적 개성이 드러나 있으면 원저작물과 별개로 저작권법에 의하여 보호되는 저작물이 될 수 있다.

(2) 어떤 저작물이 기존 저작물의 복제권 또는 2차적 저작물작성권을 침해하였는지 여부의 판단 기준

다른 사람의 저작물을 무단 복제하게 되면 복제권의 침해가 되고, 저작물을 원형 그대로 복제하지 아니하고 다소의 수정·증감이나 변경이 가하여진 것이라고 하더라도 새로운 창작성을 더하지 아니한 정도이면 복제로 보아야 한다. 한편, 2차적 저작물로 보호받기 위하여는 원저작물을 기초로 하되 원저작물과 실질적 유사성을 유지하고 이것에 사회통념상 새로운 저작물이 될 수 있을 정도의 수정·증감을 가하여 새로운 창작성을 부가하여야 하는 것이므로, 어떤 저작물이 기존의 저작물을 다소 이용하였더라도 기존의 저작물과 실질적인 유사성이 없는 별개의 독립적인 신 저작물이 되었다면, 이는 창작으로서 기존의 저작물의 저작권을 침해한 것이 되지 아니한다. 그리고 저작권법이 보호하는 것은 인간의 사상 또는 감정을 말·문자·음·색 등에 의하여 구체적으로 외부에 표현하는 창작적인 표현 형식이므로, 복제권 또는 2차적 저작물작성권의 침해 여부를 가리기 위하여 두 저작물 사이에 실질적 유사성이 있는가의 여부를 판단함에 있어서는 창작적인 표현형식에 해당하는 것만을 가지고 대비하여야 한다.

피고 주식회사 네오플이 제작한 야구를 소재로 한 게임물인 원심 판시 '신야구'에 등장하는 '신야구' 캐릭터는 '실황야구' 캐릭터와, 귀여운 이미지의 야구선수 캐릭터라는 아이디어에 기초하여 각 신체 부위를 2등신 정도의 비율로 나누어 머리의 크기를 과장하고 얼굴의 모습을 부각시키되 다른 신체 부위의 모습은 과감하게 생략하거나 단순하게 표현하는 한편, 역동성을 표현하기 위해 다리를 생략하되 발을 실제 비율보다 크게 표현한 점 및 각 캐릭터의 야구게임 중 역할에 필요한 장비의 모양, 타격과 투구 등 정지 동작의 표현 등에 있어 유사한 면이 있다. 그러나 이와 같은 표현은 '실황야구' 캐릭터가 출시되기 이전에 이미 만화, 게임, 인형 등에서 귀여운 이미지의 어린아이 같은 캐릭터들을 표현하는 데에 흔히 사용되었던 것이거나 야구를 소재로 한 게임물의 특성상 필연적으로 유사하게 표현될 수밖에 없는 것이라 할 것이므로, 위와 같은 유사점들만으로는 양 캐릭터의 창작적 표현형식이 실질적으로 유사하다고 할 수 없는 반면, '실황야구' 캐릭터 저작자의 창조적 개성이 가장 잘 드러난 부분인 얼굴 내 이목구비의 생김새와 표정 및 신발의 구체적인 디자인 등에서 원심 판시와 같은 상당한 차이가 있어, 양 캐릭터 사이에 실질적 유사성이 인정되지 아니하므로, '신야구' 캐릭터가 '실황야구' 캐릭터를 복제한 것이라고 볼 수 없음은 물론 '실황야구' 캐릭터의 2차적 저작물에 해당한다고도 볼 수 없다.[57] 대법원도 "같은 취지의 원심 판단은 정당하고, 거기에 상고이유의 주장과 같은 복제권 및 2차적 저작물작성권의 침해 여부에 관한 법리오해 등의 위법이 없다"[58]고 보았다.

6. 게임과 퍼블리시티권

가. 퍼블리시티권

퍼블리시티권에 대해 법원은 "사람이 자신의 성명이나 초상 등을 상업적으로 이용하고 통제할 수 있는 배타적 권리를 의미하는 것"[59]으로 보기도 하며, "재산적 가치가 있는 유명인의 성명, 초상 등 프라이버시에 속하는 사항을 상업적으로 이용한 권리(right of commercial appropriation)"[60]로 정의하기도 한다. 강학상으로는 퍼블리시티권을 "전통적으로 인격권으로서 성명, 초상 등을 보호하는 초상권 또는 프라이버시권과는 달리 자기동일성이 지니는 경제적 가치를 자유롭게 향유할 수 있는 상업적 권리"[61]라고 할 수 있다. 이는 초상 등의 경제적 측면에 관한 권리라는 점에서, 인격권으로서의 성격을 가지는 전통적 의미의 초상권과 구별된다고 할 것인 바, 유명 연예인이나 운동선수 등의 경우 자신의 승낙 없이 자신의 성명이나 초상 등이 상업적으로 사용되어 지는 경우 정당한 사용계약을 체결하였다면 얻을 수 있었던

57 서울고등법원 2007.8.22. 선고 2006나72392 판결.

58 대법원 2010.02.11. 선고 2007다63409 판결.

59 서울중앙지방법원 2005.9.27. 선고 2004가단235324 판결.

60 이휘소 사건에서 법원은 명시적으로 퍼블리시티권이라는 표현을 사용하고 있으나, "문학작품인 위 소설에서 위 이휘소의 성명, 사진 등을 사용하였다고 하더라도 이를 상업적으로 이용했다고 볼 수는 없으므로, 위 주장은 이유 없다"라고 판시함으로써 퍼블리시티권의 침해를 인정하지는 않았다. 서울지방법원 1995.8.23. 선고 94카합9230 판결.

61 정진근, 퍼블리시티권의 공정거래법에 의한 제한 - 일본 게임회사 Konami 사례를 중심으로, 계간저작권 통권 81호, 2008, 93-94면.

경제적 이익의 박탈이라고 하는 재산상 손해를 입게 된다는 점에서 퍼블리시티권을 권리로서 인정할 필요가 있다고 한다.[62]

나. 게임상의 퍼블리시티권 이슈[63]

(1) 당사자 주장

원고들은 각 국내 프로야구 8개 구단에 소속된 프로야구 선수들로서 피고들이 원고들의 허락을 받지 아니하고 원고들의 성명을 사용하여 이 사건 게임물을 공동으로 제작, 공급 및 판매함으로써 원고들의 인격권으로서의 성명권과 원고들의 퍼블리시티권을 침해하였다고 주장한다. 이에 피고들은 ① 인격권의 일종인 성명권 등과는 별도로 법령상 명문의 근거도 없이 원고들이 주장하는 퍼블리시티권을 인정할 수는 없고, ② 원고들은 각 소속된 프로야구구단과 야구선수계약을 체결함에 있어 자신들의 초상권, 저작권 등의 권리가 구단에 속하는 것을 승낙하였으므로 구단 소속의 선수로서 집단적으로 사용되는 성명에 관한 권리는 원고들이 아닌 각 구단에 속한 것이며, ③ 원고들은 언론을 통한 프로야구 경기중계, 인터뷰, 광고 등으로 인해 공적(公的) 인물이 되었으므로 자신들의 성명이 공표되는 것을 어느 정도 수인하여야 하는데 이 사건 게임물은 프로야구 선수들인 원고들의 성명을 사용한 휴대전화용 야구게임에 불과하므로 피고들이 이 사건 게임물에 원고들의 성명을 사용하였다고 하더라도 원고들의 인격권으로서의 성명권이 침해되었다고 할 수 없다고 주장한다.

(2) 원고들의 성명권 및 퍼블리시티권에 대한 침해 여부 판단

(가) 원고들의 퍼블리시티권 인정 여부

법원은 "퍼블리시티권의 내용, 양도 및 상속성, 보호대상과 존속기간, 구제수단 등을 구체적으로 규정한 우리나라의 실정법이나 확립된 관습법이 존재하지 않는 것은 사실이다. 그러나 헌법상의 행복추구권과 인격권의 한 내용을 이루는 성명권은 사회통념상 특정인임을 알 수 있는 방법으로 성명이 함부로 사용, 공표되지 않을 권리, 성명이 함부로 영리에 이용되지 않

62 서울중앙지방법원 2005.9.27. 선고 2004가단235324 판결.

63 서울중앙지법 2006.4.19. 선고 2005가합80450 판결. 이종범 사건이후에 마구마구 사건에서는 야구선수의 성명을 영문 이니셜로 사용한 것에 대해 퍼블리시티권을 인정한 바 있다.

을 권리를 포함한다고 할 것이고, 유명인의 성명이나 초상을 사용하여 선전하거나 성명이나 초상을 상품에 부착하는 경우 유명인의 성명이 상품의 판매촉진에 기여하는 효과가 발생할 것인데 이러한 효과는 원고들과 같은 유명인이 스스로의 노력에 의하여 획득한 명성, 사회적인 평가, 지명도 등으로부터 생기는 독립한 경제적 이익 또는 가치로서 파악"[64]하면서 "원고들의 허락을 받지 아니하고 원고들의 성명을 상업적으로 이용하는 행위는 원고들의 성명권 중 성명이 함부로 영리에 이용되지 않을 권리를 침해한 민법상의 불법행위를 구성한다고 볼 것이고, 이와 같이 보호되는 한도 내에서 원고들이 자신의 성명 등의 상업적 이용에 대하여 배타적으로 지배할 수 있는 권리를 퍼블리시티권으로 파악하기에 충분하다"[65]고 판시하였다.

(나) 피고들의 주장에 대한 판단

법원은 "원고들은 공적 인물이 되었으므로 성명이 공표되는 것을 어느 정도 수인하여야 하는데 피고들은 휴대전화용 야구게임에 사용한 것에 불과하므로 침해가 될 수 없다."[66]는 피고들의 주장에 대해 "공적 인물이라 하더라도 그 성명을 상업 목적만을 위해 사용하는 경우까지 그 사용을 수인하여야 한다고 할 수 없다"[67]는 이유로 피고들의 주장을 배척하였다.

(3) 본 판결의 의의 및 한계

실제 게임에서 선수들의 성명이나 초상을 이용하여 서비스 한 것에 대해서는 이의가 없으나 실제 게임내에서의 성명의 사용이 본 판결에서 설시한 바와 같이 "유명인의 성명이나 초상을 사용하여 선전하거나 성명이나 초상을 상품에 부착하는 경우 유명인의 성명이 상품의 판매촉진에 기여하는 효과가 발생할 것인데 이러한 효과는 원고들과 같은 유명인이 스스로의 노력에 의하여 획득한 명성, 사회적인 평가, 지명도 등으로부터 생기는 독립한 경제적 이익 또는 가치"[68]로 파악할 수 있는지는 의문이다. 프로야구라는 현실계의 스포츠 경기를 게임으로 만드는 제작자 및 그것을 이용하는 이용자의 입장에서는 프로야구라는 현실계의 스포츠 경기를 연상할 수밖에 없기 때문이다.

---

64 서울중앙지법 2006.4.19. 선고 2005가합80450 판결.

65 서울중앙지법 2006.4.19. 선고 2005가합80450 판결.

66 서울중앙지법 2006.4.19. 선고 2005가합80450 판결.

67 서울중앙지법 2006.4.19. 선고 2005가합80450 판결.

68 서울중앙지법 2006.4.19. 선고 2005가합80450 판결.

프로야구 선수의 성명이나 구단명을 다른 이름으로 바꾸는 것은 실제 선수에 대한 기망이 될 수 있을 것이다. 그러나 선수의 성명을 사용하는 것은 사실의 정보를 프로야구 게임에 구현한 것이므로 이는 누구나 이용할 수 있는 권리라는 점에서 퍼블리시티권을 침해하였다고 판단하기는 어렵다. 이미 누구나 알고 있는 선수의 성명은 사실정보이며, 누구나 자유롭게 접근할 수 있는 스포츠 경기 또는 그 기록에 부수한 것이다. 따라서 개인이 아닌 프로야구 선수 전체의 이름을 게임에 이용하는 것이 퍼블리시티권을 침해하는 형태의 이용으로 볼 수 있을지는 의문이다.

다만, 선수의 성명을 프로야구 게임에서 이용하는 것이 아닌 특정한 제품이나 서비스에 사용하는 경우에는 해당 선수의 퍼블리시티권을 침해하는 형태의 이용으로 볼 수 있다. 이러한 행위는 실제 선수가 갖는 퍼블리시티권의 가치라고 할 수 있는 명성과 이를 활용한 광고의 선전효과를 가져오는 것이며, 이로써 고객흡입력에 대한 무단편승으로 볼 수 있기 때문이다. 따라서 스포츠선수의 성명을 스포츠 게임에서 사용하는 것과 개별 선수의 성명을 특정 제품에 광고 등으로 사용하는 것은 다른 형태의 사용이라고 할 것이고 이에 대한 가치판단은 달라져야 한다.

7. 게임 음악

가. 이용허락 계약

게임물에 사용되는 많은 음악들은 외부의 음악을 사용하는 경우도 있으며, 자체 스튜디오에서 제작한 음악을 사용하는 경우도 있다. 디즈니의 프로즌(frozen)이라는 게임물은 애니메이션 겨울왕국에서 사용된 배경음악을 사용한 경우이다. 이렇게 게임 내에 사용되는 음악은 라이선스를 통해 이용권을 취득하기도 한다.

계약 해석의 기준과 방법에 있어서 대법원은 “저작권에 관한 계약을 해석함에 있어 과연 그것이 저작권 양도계약인지 이용허락계약인지는 명백하지 아니한 경우, 저작권 양도 또는 이용허락되었음이 외부적으로 표현되지 아니한 경우에는 저작자에게 권리가 유보된 것으로 유리하게 추정함이 상당하며, 계약내용이 불분명한 경우 구체적인 의미를 해석함에 있어

거래관행이나 당사자의 지식, 행동 등을 종합하여 해석함이 상당하다. 저작권에 관한 이용허락계약의 해석에 있어서 저작권 이용허락을 받은 매체의 범위를 결정하는 것은 분쟁의 대상이 된 새로운 매체로부터 발생하는 이익을 누구에게 귀속시킬 것인가의 문제라고 할 것이므로, '녹음물 일체'에 관한 이용권을 허락하는 것으로 약정하였을 뿐 새로운 매체에 관한 이용허락에 대한 명시적인 약정이 없는 경우 과연 당사자 사이에 새로운 매체에 관하여도 이용을 허락한 것으로 볼 것인지에 관한 의사해석의 원칙은, ① 계약 당시 새로운 매체가 알려지지 아니한 경우인지 여부, 당사자가 계약의 구체적 의미를 제대로 이해한 경우인지 여부, 포괄적 이용허락에 비하여 현저히 균형을 잃은 대가만을 지급 받았다고 보여지는 경우로서 저작자의 보호와 공평의 견지에서 새로운 매체에 대한 예외조항을 명시하지 아니하였다고 하여 그 책임을 저작자에게 돌리는 것이 바람직하지 않은 경우인지 여부 등 당사자의 새로운 매체에 대한 지식, 경험, 경제적 지위, 진정한 의사, 관행 등을 고려하고, ② 이용허락계약 조건이 저작물 이용에 따른 수익과 비교하여 지나치게 적은 대가만을 지급하는 조건으로 되어 있어 중대한 불균형이 있는 경우인지 여부, 이용을 허락 받은 자는 계약서에서 기술하고 있는 매체의 범위 내에 들어간다고 봄이 합리적이라고 판단되는 어떠한 사용도 가능하다고 해석할 수 있는 경우인지 여부 등 사회일반의 상식과 거래의 통념에 따른 계약의 합리적이고 공평한 해석의 필요성을 참작하며, ③ 새로운 매체를 통한 저작물의 이용이 기존의 매체를 통한 저작물의 이용에 미치는 경제적 영향, 만일 계약 당시 당사자들이 새로운 매체의 등장을 알았더라면 당사자들이 다른 내용의 약정을 하였으리라고 예상되는 경우인지 여부, 새로운 매체가 기존의 매체와 사용, 소비 방법에 있어 유사하여 기존 매체시장을 잠식, 대체하는 측면이 강한 경우이어서 이용자에게 새로운 매체에 대한 이용권이 허락된 것으로 볼 수 있는지 아니면 그와 달리 새로운 매체가 기술혁신을 통해 기존의 매체시장에 별다른 영향을 미치지 않으면서 새로운 시장을 창출하는 측면이 강한 경우이어서 새로운 매체에 대한 이용권이 저작자에게 유보된 것으로 볼 수 있는지 여부 등 새로운 매체로 인한 경제적 이익의 적절한 안배의 필요성 등을 종합적으로 고려하여 사회정의와 형평의 이념에 맞도록 해석하여야 한다"[69]고 판시한 바 있다. 즉, 이용허락 범위를 정해 라이선스를 받은 경우에는 그 범위를 넘어선 사용

69 대법원 1996.07.30. 선고 95다29130 판결.

에는 그 이용허락 범위를 넘어선 것이기 때문에 저작권 침해의 소지가 있다. 게임물과 별개로 게임에서 사용된 음향이나 음악을 독립시켜서 이용에 제공하는 것은 별도의 독립된 음악을 이용하는 것과 같기 때문이다.

나. 게임물에 사용된 음악의 전송

게임물의 제작에 있어서 이용허락을 받은 경우에 이용허락 범위가 달라질 경우에는 해석 논란이 있다. 게임물을 이용하면서 게임물에 체화된 음악을 같이 사용하는 것은 당연하지만, 이와 달리 게임물의 다운로드가 음악저작물을 통신의 방식으로 공중에 전송한 것에 해당하는지 여부에서 법원은 "비디오게임을 상점에서 구입하는 것과 우편이나 인터넷 다운로드를 통해 구입하는 것은 실질적으로 차이가 없다. 즉, 최종 소비자에게 비디오게임을 다운로드 방식으로 판매하는 것은 게임에 사용된 음악의 전송에 해당되지 않는다"[70]고 판시하였다. 본 사건에서 캐나다 연방 대법원은 "비디오게임의 복제권에 기한 로열티를 지급한 소프트웨어 판매업자에게 단지 상품의 기술적 전달 수단으로 인터넷을 이용하였다는 이유로 추가 수수료를 부과하는 것은 '기술중립성 원칙'에 위배된다"고 본 것이다.[71]

8. 게임 이미지의 이용

가. 매트페인팅과 트레이싱

매트페인팅은 영화에서 주로 쓰이는 기법으로 디지털에 접목하여 CG기술의 중추적 역할을 하게 된 드로잉 기법이다. 매트페인팅은 창작방식 중 한 분야로 인정받는다. 반면, 지도·그림 등을 투명한 종이 밑에 받쳐 놓고 베끼는 것을 의미하는 트레이싱(tracing)은 이와 달리 저작권이 있는 그림이나 사진을 소스로 하여 복사하여 사용하는 방식이다.

트레이싱의 경우, 중요한 판단의 분기점은 원작을 그대로 교차하여 투영했을 경우의 일치 여부다. 배경은 캐릭터 보다는 기준이 약하다. 배경은 원화를 트레이싱 했을 경우에 합리적

---

70 Entertainment Software Association v. Society of Composer, Authors and Music Publishers of Canada, 2012 SCC 34.

71 박경화, 저작권동향 제14호, 한국저작권위원회, 2012.8.3., 1-2면.

인 트레이싱으로 판단한다. 메카닉이나 소품류는 복잡하고 정교한 사물이기에 트레이싱으로 판별한다. 배경작업에서 사진 트레이싱의 경우에 법적으로는 문제의 소지가 있으나 도덕적으로는 판별이 어렵고 필터 등의 소스로 생각하는 경향이 있어서 기준이 약한 것으로 추정된다.[72]

다른 저작물 등에 사용된 이미지를 게임 이미지로 트레이싱하는 경우는 원작과의 비교를 통해 저작권 침해여부를 판단하여야 한다. 창작행위로 볼 수 있는 매트페인팅이라고 하더라도, 타인의 저작물을 임의로 개작하는 경우라면 저작권 침해로 볼 수 있다.

원작을 변형하는 트레이싱이나 매트페인팅은 원작과 전혀 다른 창작물로 만들어낼 수 있을 것이나, 원작의 느낌을 벗어나지 못하였지만 새로운 특성이 가미된 경우라면 2차저작 저작물로서 인정받을 수 있다. 그렇지만 원저작자의 2차적저작물 작성권을 침해한 것은 부인할 수 없다.

프리스타일2, 슬램덩크 이미지 표절 논란[73]

72 엔하위키 미러, 2014.6.22. 접속.

73 프리스타일2, 슬램덩크 이미지 표절 논란, 데일리게임, 2011.11.22.일자.

나. 출판물에의 이용[74]

이미지의 트레이싱과 달리, 게임 이미지를 출판물에 이용하는 경우도 있다. 게임사가 자사의 게임물에 대한 홍보나 마케팅을 목적으로 제작하는 경우라면 문제가 없을 것이다. 제3자가 해당 게임물의 특성을 살리기 위한 책이나 매뉴얼을 만들 수도 있다. 이러한 경우에 해당 게임물의 특성을 반영할 수 있는 게임물의 이미지를 표지 등에 사용하는 경우도 있다.

저작권법은 연구, 비평 등의 목적에는 저작권자의 허락 없이 해당 저작물을 이용할 수 있다고 규정하고 있다(저작권법 제28조). 따라서 해당 이미지를 연구나 비평을 목적으로 책자에 사용하는 경우라면 이를 저작권 침해라고 단정하기 어렵다. 저작물을 복제하여 배포한 것은 사실이기 때문에 저작재산권을 침해한 것이지만, 저작재산권의 제한규정에 따라 저작권 침해행위가 조각된다.

한 가지 더 고려할 수 있는 사항은 공정이용(fair use)에 해당할 수 있는지 여부이다. 저작권법 제28조에 따른 인용에 해당하지 않을 경우에는 공정이용 규정(제35조의3)[75]을 통해 저작권 침해에 대한 판단을 받을 수 있다.

9. 저작권 침해 판단

가. 침해 판단론

저작권 침해 판단은 침해를 주장하는 저작물이 저작권법 상 보호대상인지 여부의 판단이 선행되어야 한다. 만약 주장하는 내용이 보호대상이 아니라면, 침해여부의 판단을 진행할 실익이 없기 때문이다. 따라서 아이디어 영역인지 여부, 공유 영역인지 여부, 저작권이 소멸된 것인지 여부 등에 대한 선행 판단이 이루어져야 한다.

---

74 게임동아, 2009.12.9.일자.

75 저작권법 제35조의3(저작물의 공정한 이용) ① 제23조부터 제35조의2까지, 제101조의3부터 제101조의5까지의 경우 외에 저작물의 통상적인 이용 방법과 충돌하지 아니하고 저작자의 정당한 이익을 부당하게 해치지 아니하는 경우에는 저작물을 이용할 수 있다.
② 저작물 이용 행위가 제1항에 해당하는지를 판단할 때에는 다음 각 호의 사항등을 고려하여야 한다.

1. 이용의 목적 및 성격
2. 저작물의 종류 및 용도
3. 이용된 부분이 저작물 전체에서 차지하는 비중과 그 중요성
4. 저작물의 이용이 그 저작물의 현재 시장 또는 가치나 잠재적인 시장 또는 가치에 미치는 영향

이후 보호가치가 없는 대상을 걸러낸 후, 침해주장자는 상대방이 자신의 저작물에 접근했는지, 대상이 되는 저작물의 실질적인 유사정도를 가지고 침해 여부를 판단하여야 한다.

나. 접근가능성(또는 의거)

의거라 함은 원저작물을 향유하였는지에 대한 것이다. 원저작물이 누구라도 이용할 수 있도록 공개된 경우라면 의거의 가능성은 높다. 또한 저작권법은 원저작물이 등록된 경우에는 나중에 표현된 저작물이 의거성이 없다고 하더라도, 이를 의거하여 이용한 것으로 추정하고 있다.

다. 실질적 유사성

저작권의 보호 대상은 학문과 예술에 관하여 사람의 정신적 노력에 의하여 얻어진 사상 또는 감정을 말, 문자, 음, 색 등에 의하여 구체적으로 외부에 표현한 창작적인 표현형식이고, 표현되어 있는 내용 즉 아이디어나 이론 등의 사상 및 감정 그 자체는 설사 그것이 독창성, 신규성이 있다 하더라도 원칙적으로 저작권의 보호 대상이 되지 않는 것이므로, 저작권의 침해 여부를 가리기 위하여 두 저작물 사이에 실질적인 유사성이 있는가의 여부를 판단함에 있어서도 창작적인 표현형식에 해당하는 것만을 가지고 대비하여야 할 것이며, 소설 등에 있어서 추상적인 인물의 유형 혹은 어떤 주제를 다루는 데 있어 전형적으로 수반되는 사건이나 배경 등은 아이디어의 영역에 속하는 것들로서 저작권법에 의한 보호를 받을 수 없다.[76]

원저작물이 전체적으로 볼 때는 저작권법 소정의 창작물에 해당한다 하더라도 그 내용 중 창작성이 없는 표현 부분에 대해서는 원저작물에 관한 복제권 등의 효력이 미치지 않는다. 따라서 어문저작물에 관한 저작권침해소송에서 원저작물 전체가 아니라 그 중 일부가 상대방 저작물에 복제되었다고 다투어지는 경우에는, 먼저 원저작물 중 복제 여부가 다투어지는 부분이 창작성 있는 표현에 해당하는지 여부, 상대방 저작물의 해당 부분이 원저작물의 해당 부분에 의거하여 작성된 것인지 여부 및 그와 실질적으로 유사한지 여부를 개별적으로 살펴야 하고, 나아가 복제된 창작성 있는 표현 부분이 원저작물 전체에서 차지하는 양적·질적 비중 등도 고려하여 복제권 등의 침해 여부를 판단하여야 한다.[77]

---

76 대법원 2000. 10. 24. 선고 99다10813 판결.

77 대법원 2012.08.30. 선고 2010다70520 판결.

라. 컴퓨터프로그램저작물 간의 실질적 유사 여부 판단 방법

구 컴퓨터프로그램 보호법에서 보호하는 컴퓨터프로그램저작물이라 함은 특정한 결과를 얻기 위하여 컴퓨터 등 정보처리능력을 가진 장치 안에서 직접 또는 간접으로 사용되는 일련의 지시·명령으로 표현된 창작물을 의미하므로, 프로그램저작권 침해 여부를 가리기 위하여 두 프로그램저작물 사이에 실질적 유사성이 있는지를 판단할 때에도 창작적 표현형식에 해당하는 것만을 가지고 대비하여야 한다.[78] 또한 오픈소스(open source)를 이용한 경우라면 오픈소스 부분은 제외하고 유사여부 판단해야 한다.

마. 게임 표절 여부

게임물의 표절 논란은 오랫동안 이어져왔다. 앞서 살펴보았던 붐버맨이나 신야구 사례에서 보듯이 게임물에 표현된 내용이 아이디어 영역에 있는 것은 독자적인 대상으로 보호받기가 쉽지 않다.

모바일 게임이 갖는 한계 때문에 표현할 수 있는 정보의 양이 제한적일 수 있다. 따라서 기존 게임물에 비해 혁신적인 결과물을 만들어내기는 쉽지 않다. 아이디어·표현 이분법이 원래 의도했던 바와 다르게 실무에서 운용되고 있는 사례가 아닐까 생각한다. 현행 법체계에서 아이디어와 표현이 합체된 경우에는 독자적인 보호를 받지 못한다는 대원칙을 벗어나서, 이를 침해로 인정할 경우에는 정보의 독점이 가속화될 수 있다. 모바일 게임의 유사성은 이러한 결과로 볼 수 있을 것이다.

이와 달리 레이싱 게임물로 볼 수 있는 CJE&M의 '다함께 차차차'가 소니컴퓨터엔터테인먼트코리아의 플레이스테이션포터블(PSP) 게임인 '모두의 스트레스 팍'에 포함된 자동차 경주게임의 표현과 시스템이 유사하다는 주장을 한 바 있다. 모바일 게임물에 구현할 수 있는 UX는 온라인 게임물과 달리 크지 않기 때문에 유사하게 구현될 수밖에 없는 구조이다. 이러한 점 때문에 표절 논란이 끊임없이 이어지고 있는 것으로 생각된다. 그렇기 때문에 소송으로 이어지더라도 침해의 인정이 쉽지 않기 때문에 합의로 이루어지는 경우가 많다. 위 사건은 양사의 합의로 해결된 것으로 보인다. 참고로, 앞의 붐버맨 사건도 2심에서 합의로 종료되었다.

---

78 대법원 2013.3.28. 선고 2010도8467 판결.

CJ 다함께 차차차(위)와 소니 스트레스 팍(아래)[79]

아이디어·표현 이분법의 원리는 정보의 독점을 배제하여, 보다 공정한 경쟁이 될 수 있도록 하자는 취지이나, 이를 악용하여 타인의 아이디어를 무조건적으로 이용하는 것은 바람직하다고 보기 어렵다.

79 데일리게임, 2013.1.14.일자.

10. 가치의 충돌: 창조자원의 활용 v. 도덕적 해이(解弛)

표절 판단에 있어서 중요한 점은, 아이디어에 관한 부분에 대해 배타적 권리를 인정할 것인지 여부이다. 저작권법은 아이디어 영역에 대해서는 누구나 이용할 수 있는 퍼블릭도메인으로 보고 있다. 독점권을 인정함으로써 나타날 수 있는 문제가 작지 않기 때문에 이에 대해서는 법적 보호가 아닌 공유의 영역으로 남겨두고자 한 것이다. 다만, 아이디어의 구체적인 표현에 있어서도 달리 구분하여 보호받을 수 있는 방법은 표현된 결과물이기 때문에 결과물만을 변형하여 이용하는 경우에는 경쟁업자보다 우위에 설 수 있다는 문제가 발생한다. 따라서 이러한 점은 저작권법이 의도한 것은 아니지만 도덕적인 해이를 가져올 수 있다는 점에서 문제가 아닐 수 없다.

정보독점은 막아야 하며, 저작권법은 이를 바탕으로 보다 혁신적인 결과물을 만들어낼 수 있도록 하고 있다. 타인의 아이디어를 사용하는 것은 어떻게 할 것인지 고민이 아닐 수 없다. 아이디어 도용에 대해 부정경쟁방지법은 역할을 하기 어렵다.[80] 대신, 불법행위 법리를 통해 보충적으로 해석하는 경향이 있다.[81] 지식재산권법 체계를 훼손할 수 있다는 우려가 제기된다.

결국 창조자원을 활용한 것인지, 아니면 타인의 아이디어를 표절한 것에 불과한 것인지에 대해서는 시장이 판단할 수 있다. 언제나 시장이 옳은 판단을 내리는 것은 아니지만, 최소한 참조할 수 있는 판단을 내릴 수 있다고 보기 때문이다.

인사이트

퍼블릭도메인은 창조적 자원으로 활용되어 더 많은 콘텐츠를 만들어낼 수 있다. 아이디어를 독점화하는 것은 새로운 아이디어를 만들어낼 수 있는 기반을 막는 것과 같다. 이를 좀더 시장이 필요한 형태로 표현하는 것, 그것이 바로 혁신의 시작이다.

---

80 차. 사업제안, 입찰, 공모 등 거래교섭 또는 거래과정에서 경제적 가치를 가지는 타인의 기술적 또는 영업상의 아이디어가 포함된 정보를 그 제공목적에 위반하여 자신 또는 제3자의 영업상 이익을위하여 부정하게 사용하거나 타인에게 제공하여 사용하게 하는 행위. 다만, 아이디어를 제공받은 자가 제공받을 당시 이미 그 아이디어를 알고 있었거나 그 아이디어가 동종 업계에서 널리 알려진 경우에는 그러하지 아니하다.

81 카. 그 밖에 타인의 상당한 투자나 노력으로 만들어진 성과 등을 공정한 상거래 관행이나 경쟁질서에 반하는 방법으로 자신의 영업을 위하여 무단으로 사용함으로써 타인의 경제적 이익을 침해하는 행위

제 12 절 게임물의 제작과 영업비밀

1. 왜 영업비밀의 보호인가?

게임물의 개발에 있어서 영업비밀로 보호받아야 할 정보는 작지 않다. 기획서는 물론, 소스코드나 개발 도구 등은 영업비밀로 관리하고 있을 것이다. 개발자의 전직금지 약정도 영업비밀 보호를 위한 수단이다. 문제는 보호 중인 영업비밀을 특정하기가 쉽지 않다는 점이다. 영업비밀을 포함한 지식재산권 자체가 실체를 갖는 것이라기 보다는 기술적, 영업 상 정보를 문서 등으로 정리한 상태이기 때문이다. 영업비밀 보호를 위해서는 영업비밀보호법에서 요구하는 3가지 요건에 따라 관리될 것이 요구된다.

영업비밀보호법 제2조 제2호의 '영업비밀'이란 공연히 알려져 있지 아니하고 독립된 경제적 가치를 가지는 것으로서 상당한 노력에 의하여 비밀로 유지된 생산방법, 판매방법 그 밖에 영업활동에 유용한 기술상 또는 경영상의 정보를 말하는 것인 바, 여기서 '공연히 알려져 있지 아니하다'는 것은 그 정보가 간행물 등의 매체에 실리는 등 불특정 다수인에게 알려져 있지 않기 때문에 보유자를 통하지 아니하고는 그 정보를 통상 입수할 수 없는 것을 말하고, '독립된 경제적 가치를 가진다'는 것은 그 정보의 보유자가 그 정보의 사용을 통해 경쟁자에 대하여 경쟁상의 이익을 얻을 수 있거나 또는 그 정보의 취득이나 개발을 위해 상당한 비용이나 노력이 필요하다는 것을 말하며, '상당한 노력에 의하여 비밀로 유지된다'는 것은 그 정보가 비밀이라고 인식될 수 있는 표시를 하거나 고지를 하고, 그 정보에 접근할 수 있는 대상자나 접근 방법을 제한하거나 그 정보에 접근한 자에게 비밀준수의무를 부과하는 등 객관적

으로 그 정보가 비밀로 유지·관리되고 있다는 사실이 인식 가능한 상태인 것을 말한다.[82]

2. 영업비밀의 요건

가. 비밀성

공연히 알려져 있지 아니하다고 함은 '비밀성'으로 볼 수 있으며, "그 정보가 간행물 등의 매체에 실리는 등 불특정 다수인에게 알려져 있지 않기 때문에 보유자를 통하지 아니하고는 그 정보를 통상 입수할 수 없는 것을 말하고, 보유자가 비밀로서 관리하고 있다고 하더라도 당해 정보의 내용이 이미 일반적으로 알려져 있을 때에는 영업비밀이라고 할 수 없다"[83]고 한다.

특허같은 경우에는 특허출원을 하기 위한 특허출원서에는 발명의 명세서와 필요한 도면 및 요약서를 첨부하여야 하고, 발명의 상세한 설명에는 그 발명이 속하는 기술 분야에서 통상의 지식을 가진 자가 용이하게 실시할 수 있을 정도로 그 발명의 목적·구성 및 효과를 기재하여야 하며, 특허청구범위에는 발명이 명확하고 간결하게 그 구성에 없어서는 아니되는 사항을 기재하여야 하므로(특허법 제42조 제2항, 제3항, 제4항 참조), 그 기술분야에서 통상의 지식을 가진 자라면 누구든지 공개된 자료를 보고 실시할 수 있다. 따라서 공개되는 시점에서 특허가 갖고 있는 영업비밀의 비밀성은 상실된다. 이러한 이유 때문에 "특허출원된 발명에 대하여 영업비밀을 주장하는 자로서는 그 특허출원된 내용 이외의 어떠한 정보가 영업비밀로 관리되고 있으며 어떤 면에서 경제성을 갖고 있는지를 구체적으로 특정하여 주장·입증하여야"[84]한다.

나. 경제적 가치성

경제적 가치성에 대한 판단에 있어서 대법원은 "정보가 '독립된 경제적 가치를 가진다'는 의미는, 그 정보의 보유자가 그 정보의 사용을 통해 경쟁자에 대하여 경쟁상의 이익을 얻을 수 있거나, 또는 그 정보의 취득이나 개발을 위해 상당한 비용이나 노력이 필요하다는 것인 바,

---

82 대법원 2008. 7. 10. 선고 2008도3435 판결 등 참조.

83 대법원 2004. 9. 23. 선고 2002다60610 판결.

84 대법원 2004. 9. 23. 선고 2002다60610 판결.

어떠한 정보가 위와 같은 요건을 모두 갖추었다면, 위 정보가 바로 영업활동에 이용될 수 있을 정도의 완성된 단계에 이르지 못하였거나, 실제 제3자에게 아무런 도움을 준 바 없거나, 누구나 시제품만 있으면 실험을 통하여 알아 낼 수 있는 정보라고 하더라도, 위 정보를 영업비밀로 보는 데 장애가 되는 것은 아니다"[85]라고 판시한 바 있다.

영업비밀을 취득함으로써 얻는 이익은 그 영업비밀이 가지는 재산가치 상당이고, 그 재산가치는 그 영업비밀을 가지고 경쟁사 등 다른 업체에서 제품을 만들 경우, 그 영업비밀로 인하여 기술개발에 소요되는 비용이 감소되는 경우의 그 감소분 상당과 나아가 그 영업비밀을 이용하여 제품생산에까지 발전시킬 경우 제품판매이익 중 그 영업비밀이 제공되지 않았을 경우의 차액 상당으로서 그러한 가치를 감안하여 시장경제원리에 의하여 형성될 시장교환가격이라고 하겠다.[86]

다. 관리성

영업비밀의 관리성은 영업비밀 보유자가 자신의 영업비밀에 대해 상당한 노력을 기하여 비밀상태로 유지될 것을 말한다. 따라서 영업비밀의 비밀유지와 관련된 자라면, 이에 대한 계약상, 법률상의 의무로써 해당 영업비밀의 보호에 대한 책임을 지게 된다. 영업비밀로써 보호되기 위해서는 보유자의 주관적 생각이나 주장만으로 충분하지 않고, 객관적으로 당해 정보가 비밀로, 유지 내지 관리되고 있어야 한다.[87] 이처럼 "영업비밀의 보유자인 회사가 직원들에게 비밀유지의 의무를 부과하는 등 기술정보를 엄격하게 관리하는 이상, 역설계가 가능하고 그에 의하여 기술정보의 획득이 가능하더라도, 그러한 사정만으로 그 기술정보를 영업비밀로 보는 데에 지장이 있다고 볼 수 없다"[88]고 판시한 바 있다. 즉, 역설계를 통해 영업비밀의 획득이 가능하더라도, 실질적으로 관리되고 있는 상태라면 해당 영업비밀을 임의로 이용할 수 없다는 점을 확인한 것이다.

---

85 사원이 회사를 퇴사하면서 부품과 원료의 배합비율과 제조공정을 기술한 자료와 회사가 시제품의 품질을 확인하거나 제조기술 향상을 위한 각종 실험을 통하여 나타난 결과를 기재한 자료를 가져간 경우 이는 절도에 해당하고, 위 자료는 구 부정경쟁방지 및 영업비밀보호에 관한 법률(2004. 1. 20. 법률 제7095호로 개정되기 전의 것)에 정한 영업비밀에 해당한다고 한 사례이다. 대법원 2008. 2. 15. 선고 2005도6223 판결.

86 대법원 1999. 3. 12. 선고 98도4704 판결.

87 정상조·박준석, 영업비밀의 사법적 보호에 관한 비교법적 연구, 서울대학교, 2009, 51면.

88 대법원 1996. 11. 26. 선고 96다31574 판결, 1996. 12. 23. 선고 96다16605 판결 등 참조.

대법원은 영업비밀을 외부로 유출하여 경제적인 이익을 얻은 배임죄 관련 사건에서 "배임죄는 타인의 사무를 처리하는 자가 그 임무에 위배하는 행위로써 재산상 이익을 취득하거나 제3자로 하여금 이를 취득하게 하여 본인에게 손해를 가함으로써 성립하는 바, 이 경우 그 임무에 위배하는 행위라 함은 사무의 내용, 성질 등 구체적 상황에 비추어 법률의 규정, 계약의 내용 혹은 신의칙상 당연히 할 것으로 기대되는 행위를 하지 않거나 당연히 하지 않아야 할 것으로 기대되는 행위를 함으로써 본인과 사이의 신임관계를 저버리는 일체의 행위를 포함하는 것이므로, 기업의 영업비밀을 사외로 유출하지 않을 것을 서약한 회사의 직원이 경제적인 대가를 얻기 위하여 경쟁업체에 영업비밀을 유출하는 행위는 피해자와의 신임관계를 저버리는 행위로서 업무상배임죄를 구성한다"[89]고 판시하였다.

잉크제조와 관련한 사안에서는 "부정경쟁방지법 제2조 제3호 (라)목에서 말하는 '계약관계 등에 의하여 영업비밀을 비밀로서 유지할 의무'라 함은 계약관계 존속 중은 물론 종료 후라도 또한 반드시 명시적으로 계약에 의하여 비밀유지의무를 부담하기로 약정한 경우뿐만 아니라 인적 신뢰관계의 특성 등에 비추어 신의칙상 또는 묵시적으로 그러한 의무를 부담하기로 약정하였다고 보아야 할 경우를 포함한다"고 보면서, "필기구 제조업체의 연구실장으로서 영업비밀에 해당하는 기술정보를 습득한 자가 계약관계 및 신의성실의 원칙상 퇴사 후에도 상당 기간 동안 비밀유지의무를 부담함에도 불구하고 타 회사로부터 고액의 급여와 상위의 직위를 받는 등의 이익을 취하는 한편 타 회사로 하여금 잉크를 제조함에 있어서 그 기술정보를 이용하여 시간적·경제적인 면에서 이익을 얻게 하기 위하여 타 회사로 전직하여 타 회사에서 그 기술정보를 공개하고 이를 사용하여 잉크를 생산하거나 생산하려고 한 경우, 그러한 행위는 공정한 경쟁의 이념에 비추어 선량한 풍속 기타 사회질서에 반하는 부정한 이익을 얻을 목적에서 행하여진 것으로서 부정경쟁방지법 제2조 제3호 (라)목 소정의 영업비밀 유지의무 위반행위에 해당한다"[90]고 판단한 바 있다. 이처럼 관리성은 보유자에 의하여 엄격하게 관리될 것을 요구하고 있으며, 직원에 대한 비밀유지약정서 등을 통해 관리되는 것이 바람직하다.

---

89 대법원 1988. 4. 25. 선고 87도2339 판결 참조.

90 대법원 1996. 12. 23. 선고 96다16605 판결.

3. 아이디어의 보호

가. 일반적 지식(General Knowledge)과 비밀성

영업비밀이라고 주장하는 내용이 이미 공중이나 일반인에게 알려져 있는 것으로서 일반적 지식에 속할 때에는 영업비밀이라고 할 수 없다. 일반적으로 누구나 알고 있는 사실정보에 대해서는 영업비밀성을 갖는다고 보기 어렵기 때문이다. 다만, 어느 정도로 알려져야만 일반적으로 알려져 있다고 할 수 있는지도 사례별로 검토를 하여야 하지만, 반드시 공중(public)에 알려져야만 하는 것은 아니고 그 분야에 정통한 중요한 사람에게만 알려진 경우에도 비밀성을 상실한다.[91] 즉, 일반인이 아니더라도 당업자가 인식할 수 있는 수준의 정도라면 비밀성을 상실하였다고 볼 수 있는 것이다.[92]

대법원 판례를 보면, "단가리스트 CD에 담긴 자료는 단순한 선박용 엔진부품의 규격, 단가 및 거래처 등에 관한 개별 정보의 나열이 아니라 선박용 엔진부품의 판매업체로서 삼원산업의 영업노하우(know-how)가 집적된 영업비밀에 해당하며, 나아가 피고인에게 부정한 목적이 있었음을 인정할 수 있다"[93]고 판단한 바 있다. 즉, 엔진부품의 규격, 단가 및 거래처 등에 관한 개별 정보의 나열이 아닌 영업비밀성을 갖는 정보로 보고있다는 점에서 이러한 개별 정보라고 하더라도, 그 구체적인 내용에 있어서는 영업비밀성을 갖는다. 다만, 대법원 판례에서는 개별 정보가 영업비밀성을 갖는다는 판단이기 때문에 일반적인 정보로써 영업비밀성을 갖는다는 취지로 보기는 어렵다.

나. 보호받을 가치가 있는 아이디어

공개된 상태에 놓여있지 아니한 아이디어를 제공함으로써 경제적 가치를 창출할 수 있는 경우에 해당 아이디어는 영업비밀성을 갖는가? 가능하다는 견해가 유력하다. 아이디어 자체가 표현되지 아니한 것이지만, 이를 통해 경제적인 가치를 얻는 경우라면 비공지성, 관리가능성,

---

91 김연학, 부정경쟁방지 및 영업비밀보호에 관한 법률상 영업비밀(A Trade Secret)의 개념과 요건, 사법논집 제46집, 2008, 228면 이하 참조.

92 어느 발명이 특허발명의 권리범위에 속하는지를 판단함에 있어서 특허발명과 대비되는 발명이 공지의 기술만으로 이루어지거나 그 기술분야에서 통상의 지식을 가진 자(당업자)가 공지기술로부터 용이하게 실시할 수 있는 경우에는 특허발명과 대비할 필요 없이 특허발명의 권리범위에 속하지 않게 된다. 대법원 2001. 10. 30. 선고 99후710 판결.

93 대법원 2008.9.11. 선고 2008도5364 판결.

경제적 가치성을 요건으로 하는 영업비밀성을 충족하기 때문이다. 해당 아이디어가 비공지성 요건을 상실하였다면 보호를 받지 못하겠지만, 비공지성 상태에 놓인 경우가 아니라면 가능하다.

게임물의 제작에 있어서 경제적 가치가 있는 아이디어에 대해 당사자간 계약을 통해, 가치이전을 받은 경우에는 영업비밀로서 보호가능하다. 이처럼 계약상 아이디어 보호를 약정하였다면 계약당사자로서 해당 아이디어에 대한 보호의무를 부담하게 된다.

다. 외부에 표현된 아이디어를 담고있는 문서의 영업비밀성

경제적 가치가 있는 아이디어를 게임물에 표현하였다고 하더라도, 아이디어를 담고있는 문서가 외부에 공개된 것은 아니기 때문에 해당 문서는 영업비밀성이 상실된 것으로 보기는 어렵다. 영업비밀을 담고있는 문서가 외부에 공개되어야만이 영업비밀성 요건을 상실하기 때문이다.

그러나 구체적인 아이디어를 게임물에 표현하는 경우에도 이를 영업비밀로 보는 것이 영업비밀 보호제도 및 지식재산권법의 취지에 부합하는 것인지는 의문이다. 이미 특정 제품에 체화된 것이고, 이를 통해 누구나 게임물을 제작함에 있어서 인용할 수 있는 아이디어라고 한다면, 더 이상 비밀성을 갖는다고 보기 어렵기 때문이다. 다만, 해당 아이디어가 담긴 문서를 외부에 유출시키는 경우라면 해당 문서에 대한 절도죄를 구성한다고 볼 수 있겠으나, 영업비밀 침해죄를 구성하기는 어렵다.

4. 리버스엔지니어링과 영업비밀 보호요건의 충돌 여부

가. 역분석

(1) 저작권법상 역분석

저작권법은 프로그램코드 역분석에 대해 "독립적으로 창작된 컴퓨터프로그램저작물과 다른 컴퓨터프로그램과의 호환에 필요한 정보를 얻기 위하여 컴퓨터프로그램저작물코드를 복제 또는 변환하는 것"으로 정의하고 있다. 호환에 필요한 정보를 얻기 위하여 코드를 복제하거나 또는 변환하는 것으로 볼 수 있으나 단순하게 복제하는 것까지 역분석으로 볼 수 있는

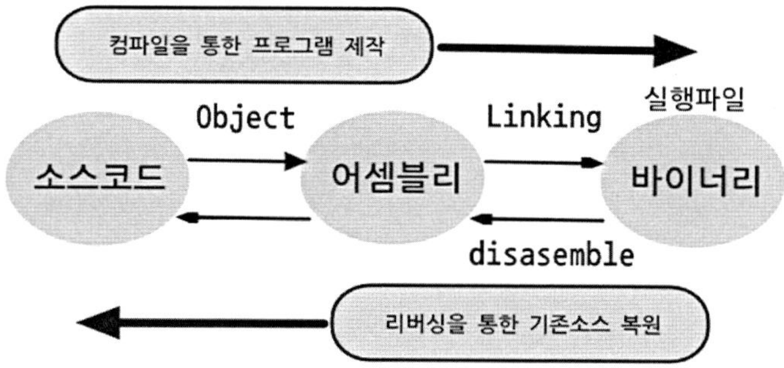

역분석(reverse engineering)[94]

지는 의문이다.

저작권법은 프로그램코드 역분석에 대해서는 저작권자의 허락 없이 가능하도록 규정하고 있다는 점에서, 저작재산권의 제한규정과 같은 역할을 한다. 다만, 일정한 요건하에서만 가능하기 때문에 이러한 요건을 벗어난 경우에는 저작권 침해를 구성한다.

(2) 영업비밀보호법상 역분석

영업비밀보호법에서는 역분석에 대한 규정을 두고 있지 않다. 다만, 영업비밀보호법 제13조(선의자에 관한 특례)에서는 "거래에 의하여 영업비밀을 '정당하게 취득한 자'[95]가 그 거래에 의하여 허용된 범위에서 그 영업비밀을 사용하거나 공개하는 행위에 대하여는 제10조부터 제12조까지의 규정을 적용하지 아니한다"라고 규정하고 있을 뿐이다. 본 규정을 통해 역분석의 근거를 찾기는 쉽지 않다. 영업비밀보호법에서 역분석의 근거는 영업비밀성의 요건을 통해 가능할 것으로 보인다. 즉, 비공지성 요건을 보면 비밀상태로 관리될 것이기 때문에 공개된 제품이나 콘텐츠, 서비스를 역분석하여 그 내용을 습득하는 경우는 영업비밀 침해죄를 구성하기 어렵기 때문에 이러한 요건을 충족할 경우에는 역분석이 가능하다.[96] 이처럼 사실상의 영업비밀 보호제도를 통해 역분석이 가능하다고 하겠다.

---

94 구글 이미지 검색, 2014.10.10.일자 검색.

95 영업비밀보호법 제13조 ② 제1항에서 "영업비밀을 정당하게 취득한 자"란 제2조제3호다목 또는 바목에서 영업비밀을 취득할 당시에 그 영업비밀이 부정하게 공개된 사실 또는 영업비밀의 부정취득행위나 부정공개행위가 개입된 사실을 중대한 과실 없이 알지 못하고 그 영업비밀을 취득한 자를 말한다.

96 역분석을 용이하게 할 수 있는 정도라면 별도의 보호의 필요성이 없이 비공지성은 인정되지 아니하나, 반면 고도의 전문적 기술과 막대한 비용 및 시간이 소요되는 경우라면 비공지성을 인정할 수 있다고 한다. 송영식외 6인, 송영식 지적소유권법(하), 2008, 456-457면.

(3) 역분석에 대한 저작권법상 한계

저작권법 제101조의4에서는 "정당한 권한에 의하여 프로그램을 이용하는 자 또는 그의 허락을 받은 자는 호환에 필요한 정보를 쉽게 얻을 수 없고 그 획득이 불가피한 경우에는 해당 프로그램의 호환에 필요한 부분에 한하여 프로그램의 저작재산권자의 허락을 받지 아니하고 프로그램코드 역분석을 할 수 있다"고 규정하고 있다. 다만, 이러한 허용에도 불구하고, i) 호환 목적 외의 다른 목적을 위하여 이용하거나 제3자에게 제공하는 경우, ii) 프로그램코드 역분석의 대상이 되는 프로그램과 표현이 실질적으로 유사한 프로그램을 개발·제작·판매하거나 그 밖에 프로그램의 저작권을 침해하는 행위에 이용하는 경우에는 프로그램코드 역분석을 통하여 얻은 정보라도 이를 이용할 수 없게 된다.

저작권법은 역분석을 허용하고 있지만, 역분석된 결과물을 이용할 수 있는 범위를 제한하고 있기 때문에 실효성 있는 결과를 가져오기는 어렵다. 프로그램을 역분석하여 얻은 알고리즘을 이용하여 좀더 개선된 프로그램을 제작할 것을 목적으로 하는 경우에는 저작권법 위반에 해당하여 실제 게임물의 개발에 이용할 수 없는 한계에 직면하기 때문이다.

나. 역분석의 가능성과 영업비밀성

영업비밀 보유자인 회사가 직원들에게 비밀유지 의무를 부과하는 등 기술정보를 엄격하게 관리하는 이상, 역설계가 가능하고 그에 의하여 기술정보의 획득이 가능하더라도, 그러한 사정만으로 그 기술정보를 영업비밀로 보는 데에 지장이 있다고 볼 수 없다. 즉, 실질적으로 그 기술정보 보유업체의 영업의 핵심적 요소로서 독립한 경제적 가치가 있으며, 그 내용이 일반적으로 알려져 있지 아니함은 물론 당해 업체의 직원들조차 자신이 연구하거나 관리한 것이 아니면 그 내용을 알기 곤란한 상태에 있어 비밀성이 있고, 당해 업체는 공장 내에 별도의 연구소를 설치하여 관계자 이외에는 그 곳에 출입할 수 없도록 하는 한편 모든 직원들에게는 그 비밀을 유지할 의무를 부과하고, 연구소장을 총책임자로 정하여 그 기술정보를 엄격하게 관리하는 등으로 비밀관리를 하여 왔다면, 그 기술정보는 부정경쟁방지법 소정의 영업비밀에 해당하고, 당해 업체가 외국의 잉크제품을 분석하여 이를 토대로 이 사건 기술정보를 보유하게 되었다거나, 역설계가 허용되고 역설계에 의하여 이 사건 기술정보의 획득이 가능하다고

하더라도 그러한 사정만으로는 그 기술정보가 영업비밀이 되는 데 지장이 없다고 하겠다.[97]

영업비밀성에 대한 다툼에 있어서, 영업비밀성을 해소할 수 있는 방안으로써 역설계가 가능하다는 주장만으로는 항변에 대한 주장이 받아들여질 수 없다. 항변으로써 인용되기 위해서는 가능성이 아닌 실제 역설계를 통해 해당 영업비밀을 취득했어야 한다. 이처럼 영업비밀 침해를 둘러싼 분쟁이 생긴 이후에 제품을 분석하여 다른 퍼블릭 도메인에서 입수 가능한 요소들로 분리하는 이른바 '뒤늦은 역설계 항변'의 경우, 그와 같은 역설계는 피고가 원고의 영업비밀을 알게 됨에 따라 비로소 가능하게 되었다는 이유로 인정되지 아니한다.[98]

5. 게임개발시 소스코드의 사용과 영업비밀의 침해

가. 소스코드의 영업비밀성

소스코드라 함은 프로그램을 개발할 때에 사용하는 언어나 툴(TOOL)로 만들어진 일련의 지시·명령의 집합이다. 언어 자체는 저작물성을 갖는다고 보기 어렵지만, 프로그램 언어로 제작된 소스코드는 텍스트 형태로 저장되기 때문에 어문저작물로서 보호를 받을 수 있다. 이는 외부에 공표된 경우를 상정한 것이며, 공표되지 않고 영업비밀로써 보호를 받을 수 있다. 컴퓨터프로그램 발명이나 비즈니스 모델(BM) 특허로 출원될 경우에는 해당 프로그램에 담겨져 있는 영업비밀은 명세서를 통해 공개되기 때문에 영업비밀성을 상실하게 된다.

나. 인터넷상에 공개된 소스코드의 사용

인터넷은 다양한 정보가 공개되어 있는 공간이며, 콘텐츠나 정보뿐만 아니라 컴퓨터프로그램 저작물과 소스코드도 공개되어있다. 자발적으로 개발자에 의해서 올려진 것도 있으며, 의도하지 않게 제3자에 의해서 공개된 경우도 예상할 수 있을 것이다. 인터넷 상 공개된 소스파일을 자신의 프로그램의 목적에 맞게 개작된 것이라고 한다면 독자적인 저작물성을 갖는 것은 별론으로 하고, 오픈소스를 이용하여 개발한 프로그램을 독자적인 영업비밀로써 관리한 경

97 대법원 1996. 12. 23. 선고 96다16605 판결.

98 Servo Corp. of America v. General Electric Co., 393 F.2d 551(4th Cir. 1968).

우라면 영업비밀성을 갖는다고 볼 수 있다.

대법원은 인터넷 상 프로그램을 구성하는 소스파일이 어느 정도 공개되어 있다고 하더라도 공개된 소스파일들을 이용목적에 맞게끔 수정·조합하여 회사의 시스템에 맞게 구현하는 것이 기술력의 중요한 부분인 점, 이 사건 소스파일들은 외국상품 구매대행 온라인 쇼핑몰 업체라는 피해 회사의 업무특성에 맞추어 여러 직원들의 아이디어, 회사에서의 영업회의과정, 실제시행에 따른 수정과정을 거쳐 상당한 시간과 비용, 노력을 기울여 다시 피해 회사의 이용 목적에 맞게 개별적으로 다시 제작된 점, 피해 회사 웹사이트의 관리자 모드를 구성하는 소스파일들 자체는 인터넷상 전혀 공개되어 있지 아니하고, 이러한 소스파일들이 보관되어 있는 피해 회사의 서버는 IP주소, 아이디(ID), 비밀번호 등을 입력하여야 접근할 수 있는 점, 피고인 역시 외국 온라인 쇼핑몰에서 판매하는 상품들의 재고·수량·가격 등을 실시간으로 조회하는 파일과 회원을 구매경력에 따라서 등급을 나눠서 자동으로 할인혜택을 차별적으로 주도록 되어 있는 파일 및 피해 회사에서 판매되는 상품과 경쟁사에서 판매되는 상품의 가격을 비교해 주는 파일 등은 피해 회사의 독자적인 영업비밀로 보호받아야 할 중요한 소스파일이라고 진술하고 있는 점 등을 종합하여 피고인이 사용한 피해 회사가 운영하는 웹사이트상 관리자모드를 구성하는 소스파일들은 공연히 알려져 있지 아니하고 독립된 경제적 가치를 가지며 상당한 노력에 의하여 비밀로 유지된 피해 회사의 영업비밀에 해당한다고 판단한 바 있다.[99]

---

99 또한 원심이 인정한 사실관계에 의하면, 피해 회사는 종전 프로그래머가 회사를 그만두면서 킬러(killer) 소스파일(해외브랜드 홈페이지를 접속하여 실시간 해당 상품의 재고 여부, 신상품 등록 여부, 각 상품별 가격, 색상, 사이즈 등의 정보를 자동으로 외국상품 구매대행회사의 홈페이지에 업데이트하여 주는 기능을 가진 소스파일)에 암호를 걸어두어 접근하지 못하게 하여 영업에 곤란을 겪던 중 킬러 소스파일을 제작한 적이 있다고 하는 피고인을 다소 높은 임금을 지급하면서까지 채용하여 피해 회사가 필요로 하는 킬러 소스파일의 제작을 맡긴 사실, 피고인이 피해 회사에 입사한 직후인 2006. 5. 3.경 "피해 회사의 모든 업무 분야에서 습득한 경영정보 및 기술정보는 법적 권리화 및 보호 여부와 관계없이 피해 회사만이 독자적으로 소유, 사용, 처분할 권리가 있음을 인정하고, 사내외의 어떠한 사람 및 단체에 대하여도 비밀유지의무를 지키며, 피해 회사의 모든 업무 분야에서 소유하고 있던 회사 경영상 비밀을 요하는 도표, 설계도, 명세서, 보고서, 기록노트, 개인 컴퓨터 내 자료(PC DATA), 시스템 등의 모든 경영정보 또는 기술정보가 기록된 일체의 자료를 즉시 회사에 반납한다."는 내용의 보안서약서에 서명한 사실을 알 수 있는 바, 이러한 사실을 토대로 피해 회사가 위 보안서약서의 기재와는 달리 이 사건 킬러 소스파일에 대하여만 피고인에게 원천기술을 인정해주고 권리를 주장하지 않기로 약정하였다는 피고인의 주장을 배척한 원심의 조치는 정당하고, 거기에 상고이유의 주장과 같은 법리오해 등의 위법이 없다. 대법원 2008.7.24. 선고 2007도11409 판결.

다. 오픈소스의 사용과 영업비밀의 침해

게임물을 제작함에 있어서 창작성 있는 프로그래밍을 통해 게임을 개발할 수도 있겠지만 공개된 소스코드를 이용하는 경우도 있다. 오픈소스를 사용하는 경우가 대표적이다. 다만, 오픈소스를 이용하는 경우에는 라이선스를 통해 배포에 제한을 두고 있기 때문에 이러한 제한 규정에 따른 다툼이 발생한다.

General Public License, GPL[100]

일반공중 사용허가서(General Public License, GPL)의 조건이 부가된 인터넷 가상사설네트워크(Virtual Private Network) 응용프로그램을 개작한 2차적 프로그램의 저작권자가 GPL을 위반하여 개작프로그램 원시코드(source code)의 공개를 거부한 사안에서, 개작프로그램의 원시코드가 개작프로그램 저작권자의 영업비밀에 해당한다고 판시한 바 있다.[101]

이러한 논리로 본다면 게임물을 제작함에 있어서 소스코드는 비밀로 관리할 경우에는 영업비밀성을 충족할 수 있겠지만, 오픈소스를 사용하는 경우에는 해당 소스가 공개된 상태에

---

100 구글 이미지 검색, 2014.10.10.일자 검색.

101 ETUND 1.00은 원래 Maxim Krasnyansky가 창작하여 GNU 일반공중사용허가서(General Public License, 이하 'GPL' 이라 한다)의 조건을 붙여 공개한 프로그램인 VTUND를 개작한 것인데, GPL에 의하여 공개된 프로그램의 저작권자는 원 프로그램을 개작한 프로그램의 작성자가 개작프로그램의 원시코드(source code)를 일반 공중에게 공개하고 일반 공중의 사용을 허락할 것을 조건으로 개작프로그램의 작성자에게 원 프로그램에 대한 개작권을 부여한 것이라 하더라도, ETUND 1.00, ETUND 1.04가 원 프로그램인 VTUND에 대하여 새로운 프로그램이라고 할 정도의 창작성이 인정되는 이상 ETUND 1.04의 저작권자는 공소외 주식회사이므로, 비록 공소외 주식회사가 ETUND 1.04 원시코드의 공개를 거부함으로써 GPL을 위반하였다고 하더라도, 공소외 주식회사가 VTUND의 저작권자에 대하여 그로 인한 손해배상책임 등을 부담하는 것은 별론으로 하고, ETUND 1.04의 원시코드가 공연히 알려져 있지 아니하고 독립된 경제적 가치를 가지며 상당한 노력에 의하여 비밀로 유지된 이상 공소외 주식회사의 영업비밀에 해당한다는 취지로 판단하였는바, 이러한 원심의 사실인정과 판단은 옳고, 구 부정경쟁방지법 제2조 제2호의 영업비밀에 관한 법리오해의 위법이 없다. 대법원 2009.2.12. 선고 2006도8369 판결.

놓여있기 때문에 영업비밀성을 상실하게 된다. 그렇지만 GPL을 위반하여 해당 소스코드 및 개작된 프로그램을 공개하지 않는 경우에는 GPL의 위반에 해당할 수는 있어도, 영업비밀로서 보호를 받을 수 있다.[102] 그러나 영업비밀보호법과 저작권법 또는 계약법이 추구하는 법이념은 독자성을 갖는다고 볼 수 있겠지만, 저작권법 또는 계약법이 추구하는 사인 간의 계약의 형태를 영업비밀보호법이 형해화시키는 것은 바람직하지 않다.

오픈소스를 제도화하거나 이를 조건부로 이용에 제공하는 개발자는 GPL을 위반하는 사용에 대해서는 저작권 침해에 대한 책임을 물을 수 있을 것이다. GPL이 적용된 오픈소스를 이용하여 게임물을 개발한 경우에 이를 공개하지 않더라도 영업비밀성을 갖춘 경우에는 영업비밀로써 보호를 받을 수 있겠지만, 저작권법 상 저작권 침해를 구성한다.

6. 게임 알고리즘의 영업비밀성

저작권법은 특정한 프로그램에서 프로그램 언어의 용법에 관한 특별한 약속이라고 할 수 있는 규약과 프로그램에서 지시·명령의 조합방법이라고 할 수 있는 해법, 즉 알고리즘 등을 프로그램을 작성하기 위하여 사용하는 경우에는 저작권법의 적용을 배제하고 있다. 즉 알고리즘이나 프로토콜에 대해서는 누구나 이용가능한 상태로 두고 있다. 알고리즘이나 규약이 외부에 공개되지 않고 관리되는 상태라고 하더라도 저작권법 상 보호대상이 되지 아니한다. 이러한 규약이나 알고리즘이 게임물에 컴퓨터프로그램의 형태로 체화된 경우라면 어떠할까? 결론적으로 보면, 저작권법이 보호하는 영역은 공개된 상태에서의 표현이기 때문에 아이디어는 아이디어·표현 이분법의 논리에 따라 보호가 불가능하다.[103] 설령 영업비밀의 형태로 관리된다고 하더라도, 외부에 공개됨으로써 역분석이 이루어는 경우라면 비밀성의 해제를 부인할 수 없게 된다.

---

102 이철남, 주요 모바일 플랫폼의 특성 및 비즈니스 모델과 SW 지적재산권의 역할에 관한 고찰, 계간저작권, 2009. 12, 77면.

103 알고리즘의 보호를 부인한 것에 대한 설명과 실제 미국의 사례에 대해서는 송영식·이상정, 저작권법개설, 세창출판사, 2009, 400면 이하 참조.

7. 공개된 게임물에 구현된 아이디어를 집합한 문서의 영업비밀성

세계관 등이 포함된 비전문서라는 게임물의 제작에 있어서 만들어진 기획문서의 영업비밀성에 대해 법원은 "① 기획문서의 경우 게임회사들이 새로 출시하게 될 게임의 방향성과 기존 게임에 없던 핵심적인 특징들을 포함하고 있어서 대부분 이를 공지하지 않은 것으로 보이며, ② 기획문서에 포함된 핵심사항들은 기존 MMORPG 게임에서는 도입되지 않았던 내용으로 판단되며, ③ 특정 게임을 개발함에 있어서 상당한 규모의 자금과 인력이 사용된 것으로 보이고, ④ 경쟁 회사에서 기획문서를 이용할 경우 MMORPG 게임을 만드는 데 시간적, 비용적으로 경쟁상 이익을 얻을 수 있다고 판단되므로, 이 사건 기획문서들은 비공지성 및 경제적 가치도 인정 된다"[104]고 판단하였다.

세계관은 많은 온라인 게임에서 보편적으로 채용된 방식이다. 세계관은 "캐릭터가 살고 있는 세상의 정치, 경제, 사회, 문화에 대한 전반적인 설명으로 이뤄진다"[105]고 한다. 2004년 게임산업개발원은 '게임기획서 표준양식에 관한 연구'를 통해서 게임기획에 필요한 내용을 정리하여 공유한 바 있다. 이러한 점에서 이미 공개되거나 공유된 게임의 기획내용을 문서화하였다고 하더라도, 이를 영업비밀로 보호하는 것은 타당하지 않다.

NC소프트 v. 블루홀 스튜디오[106]

104 서울중앙지방법원 2009.6.26 선고 2008고합1378 판결.

105 김정남 외, 게임의 운명을 결정하는 기획과 시나리오, e비즈북스, 2013, 218면.

106 구글 이미지 검색, 2014.10.10.일자 검색.

그렇지만 법원은 기획문서에 담겨있는 핵심내용들은 기존 MMORPG 게임에서는 도입되지 않았다고 판단하고 있으며, 부연으로 “변호인이 주장하는 바와 같이, 위 핵심사항들 중 일부가 기존의 게임에 포함되어 있는 요소들인 측면도 있으나, 기존의 게임들은 MMORPG 게임들이 아니거나(파이널 판다지, 완다와 거상, 몬스터 헌터라는 게임들은 모두 MMORPG 게임이 아니다), 기존 MMORPG 게임 중에서 위 모든 특성들이 구현된 게임은 없는 것으로 보인다”라고 설시하고 있다.[107]

8. 영업비밀의 특정

가. 침해 내용의 특정

영업비밀의 침해와 관련된 소송에서 침해주장자는 자신의 영업비밀이 침해되었다는 것을 입증하기 위해 구체적으로 자신의 영업비밀을 특정하여야 한다. 그렇지 못할 경우에는 영업비밀 침해를 인정하기 어렵다. 영업비밀 자체가 실체적인 것으로 보기 어렵기 때문에 침해를 주장하는 자가 자신의 영업비밀을 실체를 구체화하지 않으면 상대방은 예측하지 못한 손해를 받을 수 있기 때문이다. 침해주장자가 침해를 특정하지 못할 경우, 상대방은 정당한 방법으로 영업비밀을 획득한 것으로 볼 수 있다.

나. 영업비밀의 특정 정도 및 판단 기준

영업비밀의 특정 정도나 그 판단 기준에 대해 대법원은 “영업비밀 침해행위의 금지를 구하는 경우에는 법원의 심리와 상대방의 방어권 행사에 지장이 없도록 그 비밀성을 잃지 않는 한도

---

107 “2006년 9월 리니지3 프로젝트를 개발하고 있던 엔씨소프트의 박용현 프로듀서는 프로젝트를 가지고 투자유치를 하기 위해 일본게임업체와 접촉을 하게 됩니다. 이런 과정은 엔씨소프트에서 모르게 진행하였으며, 2007년 2월 엔씨소프트는 리니지3 프로젝트가 외부에서 시연된 사실을 인지하고 경찰에 수사의뢰를 맡기게 되었습니다. 2007년 4월, 외부에서 투자를 받아 새로운 회사(현재, 블루홀스튜디오)를 차렸던 전 엔씨소프트 직원의 사무실을 수색하게 되고, 수사 1달여만인 2007년 5월, 검찰은 리니지3 핵심비밀 유출혐의 박모실장 및 직원 영장 청구를 진행합니다. 이후 2008년 8월, 엔씨소프트는 리니지3 유출관련 전 직원들에게 65억 원 민사소송제기하게 되었으며, 2008년 12월, 리니지3 비밀유출 관련 전 개발실장 불구속 기소하게 됩니다. 2009년 6월, 형사1심에서 엔씨 전 직원 5명 유죄 판결을 받게 되었고, 재판부는 2심에서도 유죄 판결을 내렸고 2012년 4월 대법원도 영업비밀 유출로 판단한 원심은 정당하다며 박모 개발실장에 징역 1년 6개월에 집행유예 2년 등 3인에게 징역형을, 관련 2인에겐 벌금형을 판결합니다. 이후, 박용현 개발실장은 회사의 부담감 및 개인적 사유로 인하여 2011년 7월, 블루홀스튜디오에서 퇴사하게 됩니다.” http://www.moknol.com/2013/09/blog-post_11.html. 2014.7.15.일 접속.

에서 가능한 한 영업비밀을 구체적으로 특정하여야 하고, 어느 정도로 영업비밀을 특정하여야 하는지는 영업비밀로 주장된 개별 정보의 내용과 성질, 관련 분야에서 공지된 정보의 내용, 영업비밀 침해행위의 구체적 태양과 금지청구의 내용, 영업비밀 보유자와 상대방 사이의 관계 등 여러 사정을 고려하여 판단하여야 한다"[108]고 판시한 바 있다.

위와 같은 법리에 따라 "신청인이 염료를 생산하는 것이 아니라 중국에서 염료 자체를 수입하여 포장만 바꾼 뒤 단품으로 판매하거나 그 염료를 원하는 색상이 나올 때까지 단순반복 작업을 통하여 배합하여 판매하고 있을 뿐 이 사건 기술정보와 관련하여 어떠한 고도의 염료 생산기술이나 품질관리기술을 보유하고 있지 않고, 신청인이 가지고 있는 생산기술정보나 품질관리기술정보는 솔벤트 염료나 형광증백제를 생산하는 다른 회사의 인터넷 웹사이트 등에서 누구나 쉽게 구할 수 있는 정보이거나 국제적으로 공인된 규격에 이미 정형화되어 있는 정보이며, 이 사건 영업정보와 관련하여 신청인이 가지고 있는 정보 또한 인터넷 웹사이트에서 누구나 쉽게 구할 수 있는 정보에 불과하다고 다투면서, 그에 부합하는 소명자료까지 일부 제출하였다. 그럼에도 신청인은 이 사건 정보가 수치자료, 업무매뉴얼 등의 데이터베이스 형태로 신청인 회사 내에 보관되고 있다는 취지로 주장만 할 뿐 그러한 데이터베이스의 존재를 인정할 수 있는 아무런 소명자료를 제출하지 아니하고, 이 사건 정보가 피신청인들이 주장하는 공지된 정보와 어떻게 다른지를 구체적으로 특정하여 주장·소명하지도 아니하였다. 그렇다면 피신청인들이 이 사건 정보가 일반적, 개괄적, 추상적으로 기재되어 있어 공지된 정보와 차이점이 무엇인지 알 수 없다고 주장함에도, 신청인이 공지된 정보와 차별화되도록 이 사건 정보를 더욱 구체적으로 특정하여 주장·소명하지 아니함으로써, 법원은 이 사건 정보가 영업비밀에 해당하는지를 판단할 수 없고 피신청인들도 영업비밀의 구체적인 내용을 알 수 없어 적절한 방어행위를 할 수 없으므로, 이 사건에서 영업비밀은 제대로 특정되었다고 할 수 없다"[109]고 판시하였다.

---

108 대법원 2013.08.22. 자 2011마1624 결정.

109 대법원 2013.08.22. 자 2011마1624 결정.

9. 전직과 헌법상 직업선택의 자유

직업선택의 자유라 함은 자신이 원하는 직업을 자유로이 선택하고 이에 종사하는 등 직업에 관한 종합적이고 포괄적인 자유를 말하고, 직업결정의 자유, 직업종사(직업수행)의 자유, 전직의 자유 등을 포함한다.[110]

가. 헌법상 직업의 자유의 보장과 한계

헌법은 제15조에서 "모든 국민은 직업선택의 자유를 가진다"고 하여 '직업선택의 자유'만을 언급하고 있으나, 이는 개인이 국가의 간섭을 받지 아니하고 원하는 직업을 자유롭게 선택하는 '직업선택의 자유'뿐이 아니라 선택한 직업을 자신이 원하는 대로 자유롭게 행사할 수 있는 '직업수행의 자유'도 포함한다. 직업선택의 자유와 직업행사의 자유는 기본권의 주체에 대한 그 제한의 효과가 다르기 때문에 제한에 있어 적용되는 기준도 다르고, 특히 직업수행의 자유에 대한 제한은 인격발현에 대한 침해의 효과가 일반적으로 직업선택 그 자체에 대한 제한에 비하여 작기 때문에, 그에 대한 제한은 보다 폭넓게 허용된다고 할 수 있다.[111] 그러나 직업수행의 자유를 제한할 때에도 헌법 제37조 제2항에 정한 비례의 원칙에 위배되어서는 아니된다.[112]

직업선택의 자유와 영업비밀 보호의 딜레마[113]

---

110 헌재 1996. 4. 25. 92헌바47, 판례집 8-1, 370 [위헌].

111 헌재 1993. 5. 13. 92헌마80 판례집 5-1, 365, 374; 헌재 2005. 2. 3, 2003헌마930, 판례집 17-1, 167, 176.

112 헌재 2008. 7. 31. 2006헌마666, 판례집 20-2상, 319 [기각,각하].

113 구글 이미지 검색, 2014.10.10.일자 검색.

나. 경업금지 약정의 유효성과 보호가치

경업금지 약정의 유효성과 보호가치에 대한 판단에서 대법원은 "사용자와 근로자 사이에 경업금지약정이 존재한다고 하더라도, 그와 같은 약정이 헌법상 보장된 근로자의 직업선택의 자유와 근로권 등을 과도하게 제한하거나 자유로운 경쟁을 지나치게 제한하는 경우에는 민법 제103조에 정한 선량한 풍속 기타 사회질서에 반하는 법률행위로서 무효라고 보아야 하며, 이와 같은 경업금지약정의 유효성에 관한 판단은 보호할 가치 있는 사용자의 이익, 근로자의 퇴직 전 지위, 경업 제한의 기간·지역 및 대상 직종, 근로자에 대한 대가의 제공 유무, 근로자의 퇴직 경위, 공공의 이익 및 기타 사정 등을 종합적으로 고려하여야 한다. 여기에서 말하는 '보호할 가치 있는 사용자의 이익'이라 함은 부정경쟁방지 및 영업비밀보호에 관한 법률 제2조 제2호에 정한 '영업비밀'뿐만 아니라 그 정도에 이르지 아니하였더라도 당해 사용자만이 가지고 있는 지식 또는 정보로서 근로자와 이를 제3자에게 누설하지 않기로 약정한 것이거나 고객관계나 영업상의 신용의 유지도 이에 해당한다. 근로자 갑이 을 회사를 퇴사한 후 그와 경쟁관계에 있는 중개무역회사를 설립·운영하자 을 회사 측이 경업금지약정 위반을 이유로 하여 갑을 상대로 손해배상을 청구한 사안에서, 갑이 고용기간 중에 습득한 기술상 또는 경영상의 정보 등을 사용하여 영업을 하였다고 하더라도 그 정보는 이미 동종업계 전반에 어느 정도 알려져 있었던 것으로, 설령 일부 구체적인 내용이 알려지지 않은 정보가 있었다고 하더라도 이를 입수하는데 그다지 많은 비용과 노력을 요하지는 않았던 것으로 보이고, 을 회사가 다른 업체의 진입을 막고 거래를 독점할 권리가 있었던 것은 아니며 그러한 거래처와의 신뢰관계는 무역 업무를 수행하는 과정에서 자연스럽게 습득되는 측면이 강하므로 경업금지약정에 의해 보호할 가치가 있는 이익에 해당한다고 보기 어렵거나 그 보호가치가 상대적으로 적은 경우에 해당한다고 할 것이고, 경업금지약정이 갑의 이러한 영업행위까지 금지하는 것으로 해석된다면 근로자인 갑의 직업선택의 자유와 근로권 등을 과도하게 제한하거나 자유로운 경쟁을 지나치게 제한하는 경우에 해당되어 민법 제103조에 정한 선량한 풍속 기타 사회질서에 반하는 법률행위로서 무효라고 할 것이므로, 경업금지약정이 유효함을 전제로 하는 손해배상청구는 이유 없다고 하겠다. 업무상배임죄는 타인의 사무를 처리하는 자가 그 임무에 위배하는 행위로써 재산상 이익을 취득하거나 제3자로 하여금 이를 취득하게 하여 본인에게 손해를 가함으로써 성립하는데, 여기에서 '그 임무에 위배하는 행위'란 사무의 내용, 성질 등 구체적 상황에 비추어 법률의 규정, 계약의 내용 혹은 신의칙상 당연히 할 것으로 기대되는 행위를 하지 않거나 당연히 하지 않아야 할 것으로 기대되는 행위를 함으로써 본인과 사이의 신임관계를 저버리는 일체의 행위를 말한다. 따라서 근로자 갑이 을 회사를 퇴사한 후 그와 경쟁관계에 있는 중개무역회사를 설립하고 고용기간 중에 습득한 기술상 또는 경영상의 정보 등을 사용하여 영업을 한 부분이 업무상 배임에 해당하는지 여부가 문제된 사안에서, 이미 공지되었거나 다른 경쟁업체가 상당한 비용이나 노력을 들이지 않고도 쉽게 얻을 수 있는 정보이므로 을 회사의 영업비밀이라 할 수 없고, 을 회사만이 가지고 있고, 또한 보호할 가치 있는 정보 내지 을 회사의 영업상 중요한 자산인 자료에 해당한다고 보기 어렵다는 점 등을 고려하여, 갑의 영업행위가 을 회사에 대한 업무상 배임에 해당하여 불법행위를 구성한다고 보기 어렵다"[114]고 보았다.

인사이트

아이디어는 공유되어야 한다!

114 대법원 2010.03.11. 선고 2009다82244 판결.

제 6 장

게임플랫폼과 규제

본 장에서는 게임플랫폼에 대한 다양한 규제정책에 대해 살펴본다. 게임플랫폼이라 함은 게임물의 개발 및 이용제공에서 필수적으로 요구되는 기반기술을 의미한다. 게임물의 분류에서 착안할 수 있는 게임플랫폼은 아케이드, 온라인, 모바일 플랫폼 등을 대표적으로 나눌 수 있다. 본 장에서는 아케이드 게임물과 모바일 게임물을 중심으로 플랫폼 유형을 살펴본다. 게임사업자의 책임이나 셧다운제도는 플랫폼의 구분 없이 적용될 수 있는 규제정책이다. 주로 아케이드 게임물의 규제, 모바일 게임물의 규제, 게임사업자의 책임 및 셧다운제도의 문제점 등을 중심으로 한다.

제 13 절 바다이야기와 아케이드 게임물

1. 아케이드 게임물

가. 아케이드 게임물의 역사

아케이드 게임물의 역사는 게임물의 역사와 궤를 같이 한다. 물론 게임물이 컴퓨터에서 개발된 것이기 때문에 최초의 게임물은 컴퓨터 게임물이다.[1] 게임물의 상용화도 아케이드 게임물을 통해 이루어졌기 때문에 상용게임물의 역사를 논할 때에는 아케이드 게임물의 역사를 살피는 것이 필요하다.

최초의 상업적 비디오 게임은 아타리에서 개발한 퐁(pong)이라고 한다. 퐁이 처음 보급된 1975년을 기준으로 본격적인 비디오 게임시대가 시작되었다. 이후 아타리는 1977년 아타리 2600이라는 비디오 컴퓨터 시스템을 발표하였고, 이를 통해 비디오 게임시장은 아날로그 오락실인 페니아케이드를 잠식하였다. 이후 1977년 파칭코 업체였던 타이토는 스페이스 인베이더를 개발하였고, 선풍적인 인기를 끌었다.[2]

---

1 최초의 디지털게임이라고 기록할 수 있는 것은 MIT의 학생이었던 스티브 러셀 등이 1961년에 PDP-1이라는 컴퓨터로 개발한 스페이스워(space war)라고 한다. 스페이스워는 2명이서 조이스틱을 이용하여 게임플레이할 수 있었다고 한다. 강지웅 외, 게임과 문화연구, 커뮤니케이션북스, 2008, 128면.

2 강지웅 외, 게임과 문화연구, 커뮤니케이션북스, 2008, 130면.

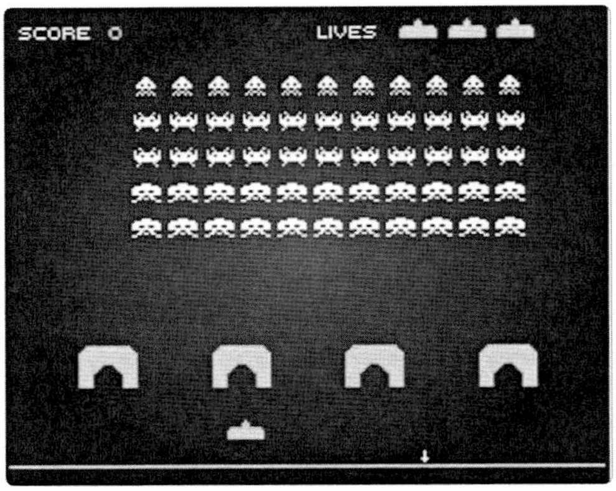

타이토의 '스페이스 인베이더'[3]

이후 스페이스 인베이더와 달리 외계인의 패턴을 다양화한 갤러그가 등장하였고, 화면을 스크롤할 수 있는 남코사의 제비우스가 등장하여 비디오 게임의 새로운 초석을 다지기도 하였다.

남코의 '제비우스'[4]

3 구글 이미지 검색, 2014.6.22.일자.

4 구글 이미지 검색, 2014.6.22.일자.

나. 오락실과 게임제공업

아케이드 게임물은 동네 오락실에서 즐기던 게임물이었다. 지금은 게임제공업으로 바뀐 동네 오락실은 우리나라의 게임산업과 궤를 같이 한다. 아케이드 게임물에 대한 관리는 다양한 법령에서 진행해왔다. 유기장업, 전자식유기장업 등 다양한 행태로 진행되던 것이 게임산업법에서 정리가 된 것이다. 아케이드 게임물이 동네 오락실과 같이 청소년을 위한 오락실이 아닌 성인을 위한 오락실의 경우에는 오락의 목적이나 게임제공에 대한 문화적 측면의 접근은 어려운 것이 아닌가 생각된다. 지금까지 아케이드 게임물은 오락이라기보다는 사행성 이슈에서 벗어나기가 쉽지 않기 때문이다.

아케이드 기술은 온라인게임과 같이 온라인에 대응하는 네트워크 게임이 가능하게 하였다. 이로써 "네트워크 대응 게임의 큰 특징은 같은 매장 내에 있는 사람뿐만 아니라 전국 각지의 게임 센터에 있는 플레이어끼리 대전이나 협력 플레이를 할 수 있다"[5]는 점이다. 이러한 네트워크 기술의 적용은 국내 게임물에서는 어렵다. 게임물등급분류 심의규정에 따르면 게임제공업소용 게임물로서 게임산업법 제2조 제1호의2 가목부터 바목까지 해당하는 게임물 중 '네트워크로 상호 연결되어 게임의 결과에 의해 점수 등이 상호 이체되는 경우' 및 '게임산업법 제21조 제8항에서 규정된 기술심의를 통해 등급거부 권고 판정을 받은 경우'에는 사행성 게임물로 확인하여 등급을 거부할 수 있기 때문이다(제18조 제5호).

네트워크로 연결되어 게임의 결과에 의해 점수 등이 상호 이체되는 경우가 불명확하지만, 네트워크로 연결되는 경우에는 사행성게임물에 대한 우려를 이유로 등급거부가 나올 수 있기 때문에 네트워크 자체를 차단하는 것으로 보인다. 다만, 청소년이용가 게임물중 게임제공업소 내에서 랜파티 형식으로 연결하여 이용하는 경우는 가능한 것으로 보인다.[6]

5 디지털 게임 교과서 제작위원회, 디지털게임교과서, 에이콘출판, 2012, 321면.

6 철권 내지 스트리트파이터는 2대의 게임기를 상호 연결하여, 대전토록 하고 있다. 이는 기존의 하나의 아케이드 게임물에서 2인이 플레이할 수 있도록 해주던 방식에서 진일보한 것으로 볼 수 있다.

2. 아케이드 게임물의 등급분류

오락실용 게임기기를 말하는 아케이드 게임물의 자율등급분류에 대해서는 논란의 여지가 있다. 아케이드 게임물에 대해서는 1990년대에 사단법인 한국컴퓨터게임산업중앙회에서 자율등급분류 형태로 진행되었으나, 제도를 악용한 사례가 많아 등급분류 권한을 회수한 바 있기 때문이다. 2007년 즈음의 사행성 논란에 중심이 되었던 '바다이야기 사건'[7]도 아케이드 게임물에 대한 부정적 시각을 갖게 하였다.

가. 아케이드 등급분류 역사

아케이드 게임물의 등급분류 역사는 그리 오래지 않는다. 그동안 기기에 대한 점검 형태로 이루어져왔기 때문에 지금처럼 콘텐츠에 대한 등급분류는 음비게법에서 처음 도입되었다.

나. 게임산업법상 등급분류

청소년 이용가 및 청소년 이용불가 게임물 등 2가지 등급으로 분류된다. 아케이드 게임물은 일반게임제공업을 통해 이용에 제공된다. 물리적인 공간을 통해 제공되기 때문에 이용 연령을 다른 게임물과 같이 확인하는 것은 사실상 쉽지 않다. 즉, 연령을 전체이용가, 12세, 15세 및 청소년이용불가로 정할 경우에 게임제공업자는 해당 연령을 확인해야 할 의무를 이행하느라 영업의 자율성을 침해받을 수 있기 때문이다.

이러한 의무를 회피하기 위해 전체이용가 및 청소년이용불가 게임물만 취급할 것이기 때문에 이러한 현실을 반영한 등급분류 체계를 마련한 것으로 이해할 수 있다.

다. 등급분류의 민간위탁

아케이드 게임물은 그 특성상 전체이용가 내지는 청소년이용불가 등급으로 구분되어있다. 그렇지만 아케이드 게임물은 사전등급분류에서 문제가 발생하는 것이라기보다는 등급분류 받은 게임물을 임의로 개변하여 이용에 제공하는 것이 문제이다. 이러한 문제 때문에 2011년

7 바다이야기 사건이란 '바다이야기', '황금성'과 같은 성인용 아케이드 게임기기를 등급분류를 받은 것과 달리 상품권 환전이 가능하도록 하게 함으로써 사행성 논란이 되었던 것을 말한다. 동 사건에 대해서는 김윤명, "게임물의 사행화 규제 및 그 타당성 검토", 정보법학 제16권 제3호, 2012, 236면 참조.

게임산업법 개정을 통해 아케이드 게임물 이외의 게임물에 대해서는 민간의 등급분류기관을 지정할 수 있도록 하였다.[8] 즉, 구 게임산업법 제24조의2(등급분류 업무의 위탁)에 따라 게임물관리위원회는 제21조 제2항 제1호부터 제3호까지에 해당하는 게임물에 대한 업무를 대통령령으로 정하는 인력 및 시설 등을 갖춘 법인으로서 문화체육관광부장관이 지정하는 등급분류기관에 위탁할 수 있었다. 그러나 명시적으로 아케이드 게임물이 유통되는 청소년게임제공업, 일반게임제공업 및 복합유통게임제공업에 제공되는 게임물은 제외하도록 함으로써 형평성 논란이 제기되었다.

이러한 이유 때문에 아케이드 게임물에 대해서는 민간위탁을 금하던 내용을 개정하여, 모든 게임물에 대해 민간에서 등급분류가 가능하도록 2013년 게임산업법이 개정되었다.[9] 물론 청소년이용불가 게임물에 대해서는 여전히 게임물관리위원회에서 등급분류를 하도록 하고 있다. 아직 아케이드 게임물에 대한 민간등급기구가 지정받은 것은 아니다. 다만, 일반 게임물과 형평성 논란 때문에 동일 수준의 등급분류 정책을 펴나갈 것으로 보인다.[10]

---

8 구 게임산업법 제24조의2(등급분류 업무의 위탁) 등급위원회는 제21조제2항제1호부터 제3호까지에 해당하는 게임물(청소년게임제공업, 일반게임제공업 및 복합유통게임제공업에 제공되는 게임물은 제외한다)에 대한 다음 각 호의 업무를 대통령령으로 정하는 인력 및 시설 등을 갖춘 법인으로서 문화체육관광부장관이 지정하는 등급분류기관에 위탁할 수 있다.

1. 제21조제1항 본문에 따른 등급분류 결정
2. 제21조제5항에 따른 내용 수정 신고 수리, 등급 재분류 대상 통보 및 조치
3. 제22조제1항에 따른 자료(제16조제2항제1호 및 제2호에 따른 업무의 수행을 위하여 필요한 자료로 한정한다) 제출 요구
4. 제22조제2항에 따른 등급분류 거부결정(사행성게임물에 해당되는 게임물은 제외한다)
5. 제22조제3항에 따른 등급분류 결정 관련 서류의 교부
6. 제22조제4항에 따른 등급분류 결정 취소

9 게임산업법 제24조의2(등급분류 업무의 위탁 등)
① 위원회는 제21조 제2항 제1호부터 제3호까지에 해당하는 게임물에 대한 다음 각 호의 업무를 대통령령으로 정하는 인력 및 시설 등을 갖춘 법인으로서 문화체육관광부장관이 지정하는 등급분류기관에 5년 이내의 기간을 정하여 위탁할 수 있다.

1. 제21조제1항 본문에 따른 등급분류 결정
2. 제21조제5항에 따른 내용 수정 신고 수리, 등급 재분류 대상 통보 및 조치
3. 제22조제1항에 따른 자료(제16조제2항제1호 및 제2호에 따른 업무의 수행을 위하여 필요한 자료로 한정한다) 제출 요구
4. 제22조제2항에 따른 등급분류 거부결정(사행성게임물에 해당되는 게임물은 제외한다)
5. 제22조제3항에 따른 등급분류 결정 관련 서류의 교부
6. 제22조제4항에 따른 등급분류 결정 취소

② 문화체육관광부장관은 제1항에 따른 위탁기간이 만료하기 6개월 전에 등급분류기관의 업무수행이 적정한지 여부를 대통령령으로 정하는 바에 따라 평가하여야 한다. ③ 위원회는 제2항에 따른 평가에서 적정판정을 받은 등급분류기관에 대하여 5년 이내의 기간을 정하여 업무를 재위탁할 수 있다.

10 향후, 자율등급분류에 대해서도 아케이드 게임물도 포함시키는 것이 아케이드산업을 위해서나, 게임산업간의 형평성을 위해서도 타당하다. 다만, 아케이드 게임물은 다른 게임물과는 달리 엄격한 사후관리가 이루어질 필요가 있다.

3. 바다이야기 트라우마와 사행성게임물

가. 바다이야기 사건

2007년 게임관련 법률이었던 음비게법은 폐기되고, 게임산업의 진흥을 위한 법률로서 게임산업법으로 탄생하게 된다. 그러나 바다이야기, 황금성이라는 사행성게임물로 인하여 게임산업법은 그 시행도 전에 개정된다. 개정 게임산업법은 사행성게임물을 명시적으로 게임물이 아닌 것으로 규정하게 되었다.

문제가 되었던 바다이야기란 “고래, 상어, 해파리 등의 그림이 화면에 나타날 경우 최고 2,500,000점이 당첨되고 그 점수가 리더기에 임의분할 형식으로 기록되는 등으로 사행성을 조장하는 속칭 ‘예시 기능’과 ‘메모리 연타 기능’이 불법 변조되어 내장된 바다이야기 게임기”를 말한다. 원래 바다이야기는 영상물등급위원회를 통해 합법적으로 등급분류를 받은 게임물이다. 다만, 기기를 제작하거나 오락실을 통해 유통시키는 과정에서 사행성게임물로 변조한 것이 문제였다. 예시기능과 메모리 연타기능을 부활시키거나 삽입시킴으로써 이용자의 사행심을 조장함으로써 사회문제가 된 것이다.

사행성게임물인 바다이야기[11]

11 구글 이미지 검색, 2014.7.13.일자.

바다이야기 사태 이후 게임산업은 사회의 냉담한 시선, 급감한 매출, 당국의 강도 높은 규제 등으로 큰 어려움을 겪어 왔다. 특히 직격탄을 맞은 아케이드 게임의 경우 2006년 이전에 3조원 이상의 시장을 유지하던 것이 2007년 870억원으로 줄면서 산업의 존립기반까지 위협받게 되었다.[12]

나. 사행성게임물의 규제

2007년 시행전 법 개정으로 사행성게임물이 게임산업법에 포함됨으로써, 사행성게임물의 시중 유통은 불가능하다.

게임산업법의 적용대상이 되는 게임물에서 제외되는 사행성게임물이라 함은 게임의 진행이 게임산업법 제2조 제1호의2에서 제한적으로 열거한 내용 또는 방법에 의하여 이루어져야 할 뿐만 아니라, 게임의 결과에 따라 게임기기 또는 장치에 설치된 지급장치를 통하여 게임이용자에게 직접 금전이나 경품 등의 재산상 이익을 제공하거나 손실을 입도록 만들어진 게임기기 또는 장치를 의미하는 것이고, 게임제공업자가 게임이용자에게 게임결과에 따라 시상하거나 경품을 제공하는 등 간접적인 방법에 의하여 재산상 이익이나 손실이 주는 경우에는 비록 게임내용이나 방법이 게임산업법 제2조 제1호의2에서 열거하고 있는 것이라고 하더라도 사행행위 등 규제 및 처벌특례법에서의 사행성 유기기구에 해당함은 별론으로 하고 이를 사행성게임물이라고 할 수는 없다.[13]

4. 아케이드 게임물의 규제[14]

가. 운영정보표시 장치

(1) 역할

운영정보표시장치(OIDD)는 게임 본체와 지폐 인식기, 동전 투입기(코인기), 경품(아이템 카드) 배출기, 경품(아이템 카드)인식기 사이의 신호를 제어하는 역할을 수행한다. 운영정보표시장치

12 조인혜 외, 게임규제정책의 발전적 해법, 전자신문 미래기술연구센터, 2009, 2면

13 대법원 2010.01.28. 선고 2009도11666 판결

14 이상정·김윤명 편(유대종 집필분), 주해 게임산업진흥에 관한 법률, 세창출판사, 2014, 460면, 465면.

와 지폐 인식기간에는 병렬 신호선(10핀)으로 연결되며, 지폐의 투입은 지폐 인식기가 인식하여 발생하는 신호를 운영정보표시장치가 감지하여 입수 금액을 판단한다. 운영정보표시장치와 동전 투입기(코인기)간에는 5P커넥터를 사용하여 연결되며, 동전의 투입은 동전투입기(코인기)가 인식하여 발생하는 신호를 운영정보표시장치가 감지하여 입수 금액을 판단한다. 운영정보표시장치는 입수금액을 판단하여, 금액 데이터 값을 게임기로 전송한다. 게임기는 지폐 인식값 및 게임진행으로 발생되는 각종데이터(사용금액, 게임점수 등)를 운영정보표시장치로 전송해야 한다. 운영정보표시장치와 게임기 본체는 UART(5P 시리얼) 또는 USB 2.0으로 연결된다. 게임 진행 중 발생하는 모든 정보는 게임자가 확인할 수 있도록 운영정보표시 장치상의 LCD화면에 표시된다. 운영정보표시장치 및 인터페이스 되는 기기들(게임기, 지폐인식 등)에서 발생하는 오류 메시지는 LCD와 게임기 화면상에 표시된다.

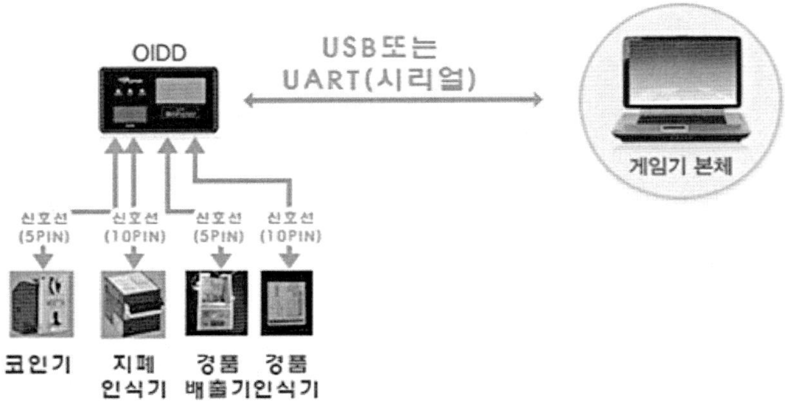

운영정보 표시장치 구성도

(2) 표시의 내용

운영정보표시장치에는 다음의 사항이 표시되어야 한다.

---

1. 1회의 게임이 진행되는 시간
2. 시간당 게임기에 투입할 수 있는 이용요금의 한도
3. 회당 획득하는 최대점수
4. 1인의 이용게임당 누적되는 최대점수

---

(3) 표시방법

운영정보표시장치를 게임물에 부착하여야 하나, 게임물의 특성상 운영정보표시장치를 부착할 수 없는 경우에는 이를 적용하지 아니한다.

(4) 운영정보표시장치의 지정

운영정보표시장치는 게임물관리위원회 위원장이 문화체육관광부장관 및 산업통상자원부장관과의 협의를 거쳐 지정한 표준모델의 것으로서 게임물관리위원회로부터 그 성능 등을 인정받은 것을 부착하여야 한다.

운영정보표시장치의 성능 등의 인정 신청 및 심사절차, 비용부담 그 밖에 필요한 사항은 문화체육관광부령으로 정한다.

나. 운영정보표시장치의 위헌론[15]

(1) 대상 법령

제정 게임산업법은 2006. 10. 29.부터 시행되었고(부칙 제1조), 종전의 음비게법의 규정에 의하여 등급을 부여받은 게임물 중 '경품을 제공하는 게임물'에는 2007. 4. 29.까지 게임물 운영정보표시장치를 부착하도록 규정하였으며(제33조 제2항, 부칙 제7조, 제정 게임산업법 시행령 제19조), 위 장치를 부착하지 아니한 게임물의 이용제공행위를 금지하였다(제32조 제1항 제6호). 그런데 개정 게임산업법은 사행성게임물의 개념을 새로이 정립하는 한편, 개정 게임산업법 시행령은 사행성게임물에 대하여만 게임물 운영정보표시장치를 부착하도록 규정하였고(제19조 참조), 개정 게임산업법은 2007. 4. 20.부터 시행되었다(부칙 제1조 본문).

(2) 기본권 침해 여부

게임물 운영정보표시장치 조항 중 제정 게임산업법 제33조 제2항 및 제정 게임산업법 시행령 제19조는 그 시행일 이전에 각 개정되어 더 이상 적용될 여지가 없어졌으므로, 청구인들이 게임물 운영정보표시장치 조항으로 인하여 기본권을 현실적으로 제한당하고 있다거나 향후 기본권제한이 예상된다고 보기 어렵고, 따라서 청구인들에게 위 조항의 위헌확인을 청구

15 헌재 2009. 4. 30. 2006헌마1258, 결정문[기각,각하].

할 주관적 권리보호의 이익이 있다고 볼 수 없다(청구인들이 2007. 4. 20. 이후에도 게임물 운영정보표시장치를 부착하지 아니한 경우 그에 대한 행정상 제재나 형사처벌은 개정 게임산업법의 규정에 의하게 될 뿐이다).

위 조항이 경품을 제공하는 모든 게임물에 운영정보표시장치를 부착하도록 요구하였던 것에 비하여 개정 게임산업법은 사행성게임물(개정 게임산업법 제2조 제1호의2, 개정 게임산업법 시행령 제1조의2 참조)에만 운영정보표시장치를 부착하도록 함으로써 그 적용대상을 완화한 점에 비추어 볼 때 같은 유형의 기본권 제한행위가 앞으로도 반복될 위험이 있다고 할 수 없고, 개정 게임산업법 제33조 제2항이 여전히 게임물 운영정보표시장치 부착의무를 규정하고 있으나 이는 개정 게임산업법이 새롭게 기준을 정립한 사행성게임물에 대한 것으로 제정 게임산업법 제33조 제2항과 유사한 내용을 규정한 것이라고도 볼 수 없으며, 달리 헌법질서의 수호·유지를 위하여 위 조항에 대한 헌법적 해명이 필요한 경우라고 할 수도 없다.

따라서 사행성게임물 제공금지 조항, 게임물 운영정보표시장치 조항 및 게임장 면적비율 조항에 대한 심판청구는 모두 권리보호의 이익이 인정되지 아니하므로 부적법하다.

다. 점수보관제 이슈

(1) 게임점수 보관 금지

점수보관제는 비경품 아케이드 게임을 즐기던 이용자가 업장 영업 종료시점까지 게임기에 쌓인 점수를 다 소진하지 못한 경우 해당 점수를 기록해 뒀다가 그 이용자가 다시 업장을 찾을 경우 사업자가 현금을 남은 점수만큼 기기에 대신 투입해주는 것을 말한다.[16] 아케이드 게임물은 게임의 결과가 점수로서 보관되는 것을 금지하고 있다. 등급분류 과정에서 이러한 점수보관 시스템은 모두 차단하고 있다. 그 이유는 점수를 보관하거나 누적함으로써 그것을 기화로 환전을 할 수 있다는 우려 때문이다.

(2) 점수보관제 관련 소송

비경품아케이드 게임에 대하여 게임물관리위원회가 시간당 만원이상 사용 및 점수재사용을 금지하고 그 외 다른 이유를 주장하면서 비경품아케이드 게임에 대한 심의를 거부한 사건에

16 아케이드 게임 '점수보관제' 적법성 논란 거세, 아이뉴스24, 2009.10.30.일자.

대하여 행정소송을 제기한 바 있다.

먼저, 게임점수 재사용 및 보관기능에 대하여 "이 사건 심의거부처분사유중 (비경품아케이드게임)게임에서 획득한 점수를 보관 및 재사용하는 기능이 있다는 부분은 이 사건 게임물의 등급분류를 거부할 만한 적법한 사유가 될 수 없다"라고 판시하고 있다. 또한 법원은 "그러나 피고(게임위)가 이 사건과 같은 침익적 행정처분을 하는 데에는 국민의 재산권을 보호하는 헌법적 요청 및 법치행정의 원리에 비추어 그 근거규정을 가능한 한 엄격하게 해석을 하여야 하고 관련 규정을 섣불리 유추해석하여 국민의 권리를 함부로 제한하고 규제하는 처분을 할 수 없다. 따라서 게임산업법에 사행성의 조장을 막기 위하여 게임장에서 경품등을 제공하는 행위나 환전등의 행위를 금지하는 있다거나 게임제공업자로 하여금 영업시간을 엄격히 제한하고 있다고 하여 위 규정을 유추적용하여 이 사건 각 게임물에 대한 점수보관 및 재사용의 기능을 제한하고 규제하는 근거로 삼을 수 없다. 이 사건 처분서에 기재되어 있는대로 게임물에 보관기능을 통하여 이용점수가 재사용되는 것은 피고 홈페이지에 공시된 게임제공업소용 청소년이용불가 게임물심의접수안내 제5조에서 금지하고 있고, 베팅배당을 내용으로 한 게임제공업소용 청소년이용불가 게임물이용관련 사항안내를 통하여 공고되었다고 하여 위와 같은 안내 및 공고는 파고가 등급분류를 신청한 이건 게임물에 대한 점수보관 및 재사용의 기능을 제한하고 규제하는 정당한 법률적 근거라고는 할 수 없다"[17]라고 판시하고 있다.

아울러, 시간당 만원으로 제한하고 있는 내용에 대하여 "피고는 이 사건 로얄포커게임물의 시간당 1만원을 초과한다는 점 자체도 위 게임물에 대한 등급분류를 거부할 사유가 된다는 취지로 주장하나, 피고가 그 근거로 주장하는 게임산업법 제16조 제2항 제3호 및 피고심의규정 제18조 제1호는 이용요금이 정상적인 범위를 벗어나 사행성이 우려되는 경우에 피고가 게임물의 등급분류를 거부할 수 있다는 내용의 추상적인 규정만 두고 있을 뿐 사행성게임물의 이용요금이 정상적인 범위를 벗어나는 객관적이고 구체적인 아무런 세부기준을 정하고 있지 아니하여 이 사건 게임물과 같이 시간당 투입금액이 1만원을 초과하는 경우에 이 게임물의 이용요금아 정상적인 범위를 벗어나 사행성이 우려되는 경우에 당연히 해당된다고 볼 수 없고 을제8호증 및 을제11호증의 기재만으로는 이를 인정하기에 부족하고 달리 이를 인정할 아무런 증거가 없으므로 피고 주장은 이유없다"고 판시한 바 있다.

---

17 서울행정법원 2010구합17304.

(3) 점수보관제의 규제

위 행정소송에서 법원이 "피고(게임위)가 이 사건과 같은 침익적 행정처분을 하는 데에는 국민의 재산권을 보호하는 헌법적 요청 및 법치행정의 원리에 비추어 그 근거규정을 가능한 한 엄격하게 해석을 하여야 하고 관련 규정을 선불리 유추해석하여 국민의 권리를 함부로 제한하고 규제하는 처분을 할 수 없다. 따라서 게임산업법에 사행성의 조장을 막기 위하여 게임장에서 경품등을 제공하는 행위나 환전등의 행위를 금지하는 있다거나 게임제공업자로 하여금 영업시간을 엄격히 제한하고 있다고 하여 위 규정을 유추적용하여 이 사건 각 게임물에 대한 점수보관 및 재사용의 기능을 제한하고 규제하는 근거로 삼을 수 없다. 이 사건 처분서에 기재되어 있는대로 게임물에 보관기능을 통하여 이용점수가 재사용되는 것은 피고 홈페이지에 공시된 게임제공업소용 청소년이용불가 게임물심의접수안내 제5조에서 금지하고 있고, 베팅배당을 내용으로 한 게임제공업소용 청소년이용불가 게임물이용관련 사항안내를 통하여 공고되었다고 하여 위와 같은 안내 및 공고는 파고가 등급분류를 신청한 이건 게임물에 대한 점수보관 및 재사용의 기능을 제한하고 규제하는 정당한 법률적 근거라고는 할 수 없다"고 판시한 바와 같이, 게임물관리위원회의 공지사항을 점수보관제의 규제 근거로 삼을 수 없을 것이다.

정부는 법원의 소송을 통해 점수보관제가 위법이라는 점을 확인받은 후에 시행령을 개정하여 점수보관 자체를 금지하는 입법을 하게 된다. 즉, 게임산업법 시행령의 사업자준수 규정을 개정하여 점수보관을 원천적으로 차단하고 있는 것이다.

점수보관을 금지하는 법적 근거는 게임물 관련사업자의 준수사항을 규정한 게임산업법 제28조 제8호 '그 밖에 영업질서의 유지 등에 관하여 필요한 사항으로서 대통령령이 정하는 사항을 준수할 것'에 근거한다. 대통령령에 위임한 내용은 별표 2(게임물 관련사업자 준수사항) 제7호에서 "일반게임제공업자·청소년게임제공업자 및 복합유통게임제공업자는 게임물의 이용을 통하여 획득한 결과물(점수 및 이와 유사한 것을 말한다)이 환전되도록 장부에 표시하여 관리하거나 그 결과물이 표시된 증표를 내주어서는 안 된다"라는 규정이다.

본 사건에서 중요하게 받아들여야 할 점은 점수보관제가 문제가 있다면 처음부터 게임산업법령에 근거해야 한다는 점이다. 규제당국은 규제의 정당성이 인정된다고 하더라도, 그 수단이나 방법이 적정한 지에 대해 의문을 가져야 한다. 그렇지 않을 경우에는 헌법상 금지하고 있는 과잉금지원칙에 위배될 수 있기 때문이다.

라. 싱글로케이션-게임제공업소 등이 아닌 영업소의 게임물 설치대수[18]

게임산업 진흥에 관한 법률 제2조 제6호 다목 및 동법 시행령 제2조의 규정에 의거 게임제공업소 등(게임제작업·게임배급업·청소년게임제공업·일반게임제공업·인터넷컴퓨터게임시설제공업·복합유통게임제공업)이 아닌 영업소에서 설치할 수 있는 게임물의 수는 아래와 같다.

(1) 싱글로케이션

게임산업법은 게임제공업 및 인터넷컴퓨터게임시설제공업을 정의하고 있으나, 일정한 요건을 갖춘 소규모 제공업인 싱글로케이션에 대해서는 제외하고 있다. 싱글로케이션이란 게임제공업이나 인터넷컴퓨터게임시설제공업 등에서 제외되는 게임물제공을 말한다.

(2) 게임제공업의 제외

공중이 게임물을 이용할 수 있도록 이를 제공하는 영업을 말하는 게임제공업에서 제외되는 게임물 제공은 전체이용가 게임물만을 제공하는 것으로, 1개의 영업소당 문화체육관광부장관이 정하여 고시[19]하는 수 이하의 게임물을 해당 영업소 건물 내에 설치할 것을 요건으로

---

18 문화체육관광부 고시 제2016-8호, 2016년 5월 4일.

19 문화체육관광부 고시 2016-8호 〈게임제공업소 등이 아닌 영업소의 게임물 설치 대수〉
게임산업법 제2조 제6호 다목·제7호 단서 및 동법 시행령 제2조의 규정에 의거 게임제공업소 등(게임제작업·게임배급업·청소년게임제공업·일반게임제공업·인터넷컴퓨터게임시설제공업·복합유통게임제공업)이 아닌 영업소에서 설치할 수 있는 게임물(게임산업법 제2조 제7호 단서의 경우에는 게임물을 이용할 수 있는 컴퓨터 등 필요한 기자재를 말한다)의 수는 다음과 같다.

1. 게임제공업소 등이 아닌 영업소의 게임물 설치 대수
   가. 5대 이하
   1) 관광진흥법 제4조 제1항에 의한 휴양 콘도미니엄업
   2) 관광진흥법 제5조 제2항에 의한 종합유원시설업
   3) 영화 및 비디오물의 진흥에 관한 법률 제36조제1항에 의한 영화상영관
   4) 청소년활동진흥법 제11조 제3항에 의한 유스호스텔
   5) 유통산업발전법 제8조에 의한 백화점·대형마트
   6) 체육시설의 설치·이용에 관한 법률 제10조 제1항에 의한 스키장업
   7) 식품위생법시행령 제21조 제8호 나목에 의한 일반음식점(신고면적 660m^2 이상)
   나. 2대 이하
   1) 제1항 가호의 업소를 제외한 영업소

2. 준수사항
   가. 동 고시에 따른 게임물은 '전체이용가 비경품 게임물'만 해당되며 당해 영업소 건물내에 설치하여야 한다.
   나. 경품 등을 제공하여 사행심을 조장하지 아니하는 등 게임산업 진흥에 관한 법률 제28조와 학교보건법, 학원의 설립·운영 및 과외교습에 관한 법률 등 타 법령에서 규정하고 있는 사항을 준수하여야 한다.
   다. 3인 이상이 동시에 이용할 수 있는 게임물은 이를 이용자의 수와 동일한 게임물의 수로 간주하며 2인이 동시에 이용할 수 있는 게임물은 이를 1대로 간주한다.

부칙〈제2010-16호,2010. 4. 15.〉
제1조(시행일)이 고시는 2010년 4월 일부터 시행한다.

부칙〈제2016-8호,2016. 5. 4.〉
제1조(시행일)이 고시는 2016년 5월 4일부터 시행한다.

하고 있다.

따라서, 게임제작업, 게임배급업, 게임제공업, 청소년게임제공업, 일반게임제공업, 터넷컴퓨터게임시설제공업, 복합유통게임제공업 등에 규정한 영업 외의 영업을 하면서 고객의 유치 또는 광고 등을 목적으로 해당 영업소의 고객이 게임물을 이용할 수 있도록 하는 경우에는 게임제공업으로 보지 않는다.

(3) 인터넷컴퓨터게임시설제공업의 제외

컴퓨터 등 필요한 기자재를 갖추고 공중이 게임물을 이용하게 하거나 부수적으로 그 밖의 정보제공물을 이용할 수 있도록 하는 영업을 말하는 인터넷컴퓨터게임시설제공업에서 제외되는 인터넷컴퓨터게임시설의 제공은 전체이용가 게임물만을 제공하는 것으로, 1개의 영업소당 게임물을 이용할 수 있는 컴퓨터 등 필요한 기자재를 문화체육관광부장관이 정하여 고시하는 수 이하로 컴퓨터 등 필요한 기자재를 해당 영업소 건물 내에 설치할 것을 요건으로 하고 있다.

따라서, 게임제작업, 게임제공업, 청소년게임제공업, 일반게임제공업, 인터넷컴퓨터게임시설제공업, 복합유통게임제공업 등에 규정한 영업 외의 영업을 하면서 고객의 유치 또는 광고 등을 목적으로 컴퓨터 등 필요한 기자재를 갖추고 해당 영업소의 고객이 게임물을 이용하게 하거나 부수적으로 정보제공물을 이용할 수 있도록 하는 경우로서 대통령령으로 정하는 종류 및 방법 등에 따라 게임물을 제공하는 경우에는 인터넷컴퓨터게임시설제공업으로 보지 않는다.

마. 기술 심의

(1) 대상 게임물

기술심의는 아케이드 게임물의 위변조에 대한 우려를 해소하기 위한 방법이다. 게임물관리위원회는 게임산업법 제21조 제8항에 따라 등급분류를 신청한 게임물이 1. 게임제공업에 제공되는 게임물(이하 "게임제공업소용 게임물"이라 한다)로서 게임산업법 제2조 제1호의2 가목부터 바목까지의 어느 하나에 해당하는 게임물에 대하여 등급분류를 하려는 경우, 2. 게임산업법 제28조 제3호 단서에 따라 경품을 지급하는 청소년게임제공업의 전체이용가 게임물(게임물관리위원회가 해당 게임물이 그 등급분류와 다르게 제작·유통 또는 이용제공될 우려가 없다고 확인한 게임물은 제외한다)로 등급분류를 하려는 경우 해당 게임물에 대하여 기술심의를 할 수 있도록 하고 있다.

(2) 심의 내용

게임물관리위원회는 기술심의를 하는 경우에는 게임물이 다음 각 호의 기능을 갖추었는지를 확인하여야 한다.

1. 게임물 운영 소프트웨어의 개조 및 변조 방지 기능
2. 화폐의 위조 및 변조 식별 기능
3. 법 제33조 제2항에 따라 게임물의 운영에 관한 정보를 표시하는 장치의 작동 기능

심의의 실시방법 그 밖에 심의에 관하여 필요한 사항은 게임물관리위원회의 위원장이 문화체육관광부장관과 산업통상자원부장관의 협의를 거쳐 정한다. 기술심의의 확인사항에 대해서는 "예컨대 아케이드 게임의 사행성게임물로의 개·변조 내지는 사행성 조장 가능성을 사전에 차단하거나 해당 게임물이 등급분류와 다르게 제작·유통 또는 이용제공되지 않도록 하기 위한 것이라고 할 수 있다. 사실상 기기나 장치의 기술적 사항에 대한 검사라고 할 수 있으며 게임물의 내용 자체에 대한 심의라고 하기는 어렵다"[20]고 한다.

5. 상품권 제도의 도입과 폐지[21]

가. 경품용 상품권 제도의 도입

2002년 월드컵축구대회(FIFA World Cup) 개최를 앞두고 관광객 유치를 위한 객실수 증대·리모델링 등 호텔업계의 협조가 필요한 상황에서, 관광업계는 수익성 제고를 위해 게임제공업소에서 제공할 수 있는 경품의 종류에 상품권을 포함시켜 줄 것을 요구하였고, 이에 문화관광부는 2002. 2. 9. 월드컵축구대회 숙박대책과 문화산업의 진흥·발전이라는 명분하에 관광상품권을 경품의 종류에 포함시키는 내용의 '게임제공업소의 경품취급기준'을 마련함으로써 경품용 상품권제도를 도입하였고(문화관광부고시 제2002-2호), 이어 2002. 12. 30.에는 위 기준을 개정하여 도서상품권 등을 경품의 종류에 추가함으로써 그 범위를 확대하였다(문화관광부

20 이상정·김윤명 편(김형렬 집필분), 주해 게임산업진흥에 관한 법률, 세창출판사, 2014, 289면.

21 헌재 2009. 4. 30. 2006헌마1258, 결정문[기각,각하].

고시 제2002-18호). 그러나 정부 및 관광업계의 기대와는 달리 경품용 상품권은 당시 전국적으로 유행하던 사행성게임물인 스크린경마게임물의 배당금에 대한 환전용으로 이용되었고, 사실상 가맹점 이용 및 상환이 불가능한 소위 딱지상품권이 난립하여 환전행위가 급속히 확산되는 부작용을 초래하였다.

나. 사행성간주게임물제도의 도입과 '릴게임'의 성행

경품용 상품권제도의 도입 결과 딱지상품권의 난립에 따른 사행성 조장이 사회적 문제를 일으키자, 2004. 4. 일부 국회의원이 경품용 상품권 폐지 법안(음반·비디오물 및 게임물에 관한 법률 개정안)을 발의하였고, 2004. 7. 문화관광부도 위 제도를 폐지하는 방안을 검토하기 시작하였는데, 일부 상품권발행업자가 한국컴퓨터게임산업중앙회장과 결탁하여 위 제도의 폐지 방안을 번복시켰고, 이에 문화관광부장관은 2004. 12. 31. 위 기준을 개정하여(문화관광부고시 제2004-14호), ① 게임제공업소에서 게임이용자에게 제공할 수 있는 상품권의 종류를 '(재) 한국게임산업개발원 등의 인증심사를 거쳐 문화관광부장관이 공고하는 인증된 상품권'으로 제한하는 상품권인증제도, ② 게임물은 1회 게임시간 4초 이상, 1시간당 총 이용금액 9만원 이하, 최고당첨액이 경품한도액인 2만원 이하이어야 하며, 위 각 요건을 충족하지 못하는 경우 사행성게임물로 간주하는 사행성간주게임물제도 및 ③ 경품제공과 동시에 이용요금창을 제외한 모든 창의 기록사항을 삭제하도록 하고, 이에 따라 마련된 영상물등급위원회의 등급분류심의 세부규정에서 당첨점수가 2만점이 되면 무조건 상품권이 배출되도록 규정함으로써 경품강제배출제도를 도입하였다.

문화관광부장관은 개정된 위 기준에 의하여 2005. 3. 31. 22개 상품권발행업체를 인증업체로 선정하였는데 그 후 인증과정에서 가맹점의 조작 및 허위 상환실적이 발각되어 2005. 6. 30. 위 22개 업체에 대한 인증을 취소하는 한편, 2005. 7. 6. 위 기준을 개정하여(문화관광부고시 제2005-9호, 즉 종전 고시), 게임제공업소에서 게임이용자에게 제공할 수 있는 상품권의 종류를 '(재) 한국게임산업개발원에서 지정하는 상품권'으로 제한하는 상품권지정제도를 도입하였다.

위 개정된 각 기준에 의해 도입된 사행성간주게임물제도와 경품강제배출제도는 4초만에 1게임이 종료되고 즉시 상품권이 배출될 수 있는 게임물을 전제로 하는 것인데, 그 도입 이

전에 전국적으로 성행하였던 스크린경마게임물은 1게임당 최대 225,000원까지 베팅이 가능하도록 되어 있어 사행성간주게임물 요건을 충족할 수 없을 뿐 아니라, 1게임 소요시간이 4분에 달하여(통상 1시간당 15~16경주) 4초 정도면 1게임이 충분한 릴게임에 대하여 경쟁력을 상실하였고, 그 자리를 슬롯머신 형태로 게임이 진행되는 릴게임이 차지하게 되었다(슬롯머신과 릴게임은 구체적인 게임방법과 당첨금액 및 배당금지급방법 등에 차이가 있으나, 화면에 같은 그림이나 숫자가 열을 맞추어 나오면 그에 따라 점수를 획득하는 방식으로, 양자 공히 '우연에 의한 승패의 좌우'라는 면에서는 매우 유사하다).

다. 릴게임 게임장의 운영실태

카지노에 설치된 슬롯머신은 잭팟이 터질 경우 게임기 자체에서 배당금을 직접 코인 또는 전표로 교부하고 이를 세금을 공제한 현금과 교환하는 방식으로 즉시 지급하는 반면, 18세이용가게임물을 제공하는 게임장에 설치된 릴게임은 위 각 기준에 따라 잭팟시 2만원을 한도로 상품권으로 배출되고 이를 환전해 주지 않는 것이 원칙이다. 그런데, 릴게임은 그 특성상 게임시간이 4초 정도에 불과한데다가 경품강제배출제도로 인하여 당첨점수가 2만점을 초과하여 누적될 수 없기 때문에 2만점이 되는 경우 상품권이 배출될 수밖에 없었고, 이에 따라 게임이용자들은 짧은 시간에 많은 수량의 상품권을 획득하게 되자 가맹점에서의 사용보다는 현금화하려는 욕구로 인해 상품권의 환전이 본격적으로 이루어지면서 환전소가 난립하게 되었다.

온라인 릴게임 화면[22]

22 구글 이미지 검색, 2014.7.15.일 검색.

게임제공업자들은 상품권 환전수익이 10%(5,000원권 상품권 1장당 500원)에 이르고 환전소가 광범위하게 난립됨으로써 승률에 따른 수익보다는 상품권 환전수익을 취하는 것이 더 수월해지자 승률을 100%대로 조작하여 게임 이용자들을 끌어들임으로써 릴게임의 사행성화를 조장·심화하였다. 즉, 개정된 위 각 기준이 예정한 경품용 상품권의 유통구조는 발행업체가 지역총판에 상품권을 공급하고, 게임제공업자는 지역총판에 1장당 4,750~4,810원을 지급하고 상품권을 구입하여 경품으로 제공하며, 게임이용자는 취득한 상품권을 가맹점에서 사용하고, 가맹점은 회수된 상품권을 발행업체에 반환하고 그 대금을 취득하는 것이다. 그러나 실제에 있어서는 게임제공업자들이 환전소를 전속관리하면서 환전소를 통하여 회수한 상품권을 지역총판에 반환함과 동시에 1장당 70원 정도의 교환수수료를 지급하고 새로운 상품권을 공급받으며, 지역총판은 발행업체에 회수된 상품권과 위 교환수수료에서 10원 정도의 환전마진을 공제한 나머지 돈을 교부하고 새로운 상품권을 수령하여 게임제공업소에 공급하는 방식을 취함으로써 상품권은 그 액면가치와 무관하게 유통되었으며, 환전수익의 대부분은 게임제공업자가 취득하였다(통상 상품권 1장당 발생하는 환전수익은 발행업체가 60원 정도, 지역총판이 10원 정도, 환전소가 30~50원 정도를 각 취득하고, 나머지는 게임제공업자가 취득한다).

라. 사행성게임물 제공금지 조항

제정 게임산업법 시행규칙은 '시간당 총 투입금액이 1만원을 초과하는 게임물'을 사행성게임물로 간주하였고(제7조 제1항 [별표 3] 1. 나), 제정 게임산업법은 '게임제공업자가 제21조 제3항의 규정에 의하여 사행성게임물로 결정된 게임물을 이용에 제공하는 행위 또는 이용제공의 목적으로 진열·보관하는 행위'를 금지하면서(제32조 제1항 제4호), 이미 이용에 제공하고 있는 음비게법상 18세이용가로 등급분류를 받은 게임물에 대하여는 2007. 4. 29.까지 재등급분류를 받을 것을 요구하고 있었다(부칙 제1조, 제5조 단서). 그런데, 2007. 1. 19. 법률 제8247호로 개정된 '게임산업법'(이하 '개정 게임산업법'이라 한다)은 "베팅이나 배당을 내용으로 하는 게임물, 우연적인 방법으로 결과가 결정되는 게임물, 한국마사회법에서 규율하는 경마와 이를 모사한 게임물, 경륜·경정법에서 규율하는 경륜·경정과 이를 모사한 게임물, 관광진흥법에서 규율하는 카지노와 이를 모사한 게임물, 그 밖에 대통령령이 정하는 게임물로서 그 결과에 따라 재산상 이익 또는 손실을 주는 것"을 사행성게임물로 규정하였으며(제2조 제1호의2), 2007.

5. 16. 대통령령 제20058호로 개정된 '게임산업법 시행령'(이하 '개정 게임산업법 시행령'이라 한다)은 대통령령으로 정하는 게임물로 "'사행행위 등 규제 및 처벌 특례법' 제2조 제2호에 따른 사행행위영업을 모사한 게임물, '복권 및 복권기금법' 제2조 제1호에 따른 복권을 모사한 게임물, '전통소싸움경기에 관한 법률' 제2조 제1호에 따른 소싸움을 모사한 게임물"을 규정함으로써(제1조의2) 사행성게임물의 개념을 새로이 정립하였고, 제정 게임산업법 제32조 제1항 제4호의 규정내용을 "게임제공업자가 제22조 제2항의 규정에 따라 사행성게임물에 해당되어 등급분류가 거부된 게임물을 이용에 제공하는 행위 또는 이용제공의 목적으로 진열·보관하는 행위"를 금지하는 것으로 변경하였으며(개정 게임산업법 제32조 제1항 제4호), 개정 게임산업법은 2007. 4. 20.부터 시행되었고(부칙 제1조 본문), 한편 사행성게임물에 대한 개념이 새로이 정립됨으로써 2007. 5. 18. 문화관광부령 제163호로 개정된 '게임산업법 시행규칙'(이하 '개정 게임산업법 시행규칙'이라 한다)에서 제7조 등을 삭제하였다.

마. 경품용 상품권 제도의 폐지에 따른 위헌 소송

스크린경마게임물의 사행성을 억제하기 위하여 도입한 사행성간주게임물제도, 경품용 상품권지정제도 및 경품강제배출제도가 오히려 이 사건 게임물의 사행성을 극대화하여 그 폐해의 심각성이 대두되자, 정부는 2006. 7. 27. 경품용 상품권제도의 폐지를 비롯한 '사행성 게임 근절방안'을 발표하였고, 이에 따라 문화관광부장관은 2006. 10. 27. 이 사건 고시(문화관광부 고시 제2006-21호)를 개정·고시하면서 게임제공업소에서 게임의 결과로 제공할 수 있는 경품의 종류 중 '(재) 한국게임산업개발원에서 지정하는 상품권'(종전 고시인 문화관광부고시 제2005-9호의 제2조 제④항)을 삭제하였다.

(1) 경품용 상품권 제도 폐지의 목적

음비게법은 게임물의 질적 향상을 도모하고 관련산업의 진흥을 촉진함으로써 국민의 문화적 삶의 질을 높이고 국민경제의 발전에 이바지하게 하는 것을 목적으로 하고 있었고(제1조), 그 목적달성을 위한 방법의 하나로 게임제공업자의 준수사항으로 사행성을 조장하거나 청소년에게 해로운 영향을 미칠 수 있는 경품 제공행위를 금지하면서 그 구체적인 기준의 정립을 문화관광부장관에 위임하였으며(제32조 제3호), 위 준수사항을 위반한 자에 대하여는 2년 이하의 징역 또는 2천만원 이하의 벌금에 처하였고(제50조 제3호), 영업폐쇄나 등록취소를 하도록 규정하고 있었다(제39조 제1항 제5호).

종전 고시(문화관광부고시 제2005-9호)는 릴게임의 문제점을 간과한 채 게임제공업소에서 게임의 결과로 제공할 수 있는 경품의 종류로 '(재) 한국게임산업개발원에서 지정하는 상품권'을 규정하고 있었는데, 앞서 본 바와 같이 위 규정이 경품강제배출제도와 결합하여 상품권의 발행목적 외의 사용 및 환전행위를 조장하는 환전소의 난립으로 인하여 사회적·경제적으로 이 사건 게임물의 사행성이 크게 문제되었다. 이에 문화관광부장관은 게임제공업소에서 상품권을 경품으로 제공하는 경우에 발생하는 문제점을 해결하기 위하여 이 사건 고시를 개정·고시하면서 종전 고시의 경품용 상품권 조항을 삭제하였다. 따라서 경품용 상품권제도의 폐지는 국민의 문화적 삶의 질을 향상시키는데 이바지하고자 하는 음비게법의 목적에 부합되므로 그 목적이 정당하다.

(2) 과잉금지원칙의 위배 여부

이 사건 게임물의 사행성은 경품으로 제공한 상품권을 즉석에서 게임제공업자 자신 또는 그에 전속된 환전상을 통하여 현금으로 환전하여 준다는 점에 가장 중요한 원인이 있었고, 이를 규제하기 위해서는 게임제공업소가 제공할 수 있는 경품의 종류에서 상품권을 배제하는 것이 유효적절한 방법이라는 점에서, 종전 고시에서 인정하였던 경품용 상품권제도를 폐지한 것은 그 방법이 적절하다 할 것이다. 입법자는 새로운 상황인식을 수용하고 변화한 현실에 적절하게 대처해야 하기 때문에, 국민은 현재의 법적 상태가 항상 지속되리라는 것을 원칙적으로 신뢰할 수 없다. 국가는 1999. 2. 8. 법률 제5925호로 음비게법을 제정·시행한 이후 게임제공업소에서 제공하는 게임물의 사행성이 사회문제화 되자 2001. 5. 24. 음비게법을 전부개정하여 게임물의 사행화를 방지하기 위한 규정을 강화하면서(제20조 제3항, 제21조 제3항, 제32조 제3호, 제39조 제1항 제5호, 제49조 제1항 제1호, 제50조 제3호 등 참조) 문화관광부장관에게 게임제공업소가 제공할 수 있는 경품의 종류에 관한 지정을 위임함으로써 게임제공업소를 운영하려는 자들에 대하여 법령에 근거한 개인의 신뢰를 제한하거나 배제하려는 명확한 규범적 표현을 하였다. 또한 음비게법의 위임에 따라 제정된 '게임제공업소의 경품취급기준'이 경품으로 제공할 수 있는 상품권의 종류와 경품을 제공할 수 있는 게임물을 제한하는 방향으로 개정되어 왔다는 점에서 볼 때 경품의 종류에서 상품권이 제외될 수 있다는 가능성을 충분히 예견할 수 있었다고 보이므로, 경품용 상품권제도가 도입된 이후 이 사건 게임물 제공업을 영위하여 온 청구인들에게 인정될 수 있는 신뢰이익의 보호가치는 미약하다고 할 것이다.

또한, 청구인들의 영업행위는 특정 경제정책상의 목표를 달성하기 위하여 국가에 의하여 유도된 사경제의 활동에 속하는 것이 아니라, 스스로의 위험부담으로 법률이 부여한 기회를 활용한 경우에 지나지 않는다고 할 것이므로(헌재 2008. 11. 27. 2005헌마161등, 공보 제146호, 1758, 1769 참조), 그러한 관점에서도 법규개정의 이익에 우선하는 특별히 보호되어야 하는 신뢰이익이라 볼 수 없다. 다만, 청구인들이 경품용 상품권제도의 폐지 이전에는 합법적으로 영업을 해온 사실에 비추어, 청구인들의 신뢰이익은 변화한 법적 상황에 적응할 적정한 유예기간을 요청할 뿐이다.

이 사건 고시는 2007. 4. 28.까지 종전의 상품권을 경품으로 제공할 수 있도록 하여 유예기간을 부여하고 있다(제6조 나항). 위 유예기간은 청구인들에게 기존의 영업을 포기하든지 아니면 상품권이 아닌 다른 종류의 경품을 제공하는 방식으로 영업할지에 관하여 결정하고 그에 대처하는 기간을 의미한다.

이 사건의 경우, 청구인들로서는 경품용 상품권제도가 폐지될 수 있다는 가능성을 충분히 예견할 수 있었다고 보이는 점, 이 사건 게임물이 그 지나친 사행성으로 말미암아 장기간의 유예기간을 부여하는 것에 대하여 이의를 제기하는 공익상의 이유가 존재한다는 점, 게임제공업의 경우 다른 게임물을 설치함으로써 다른 업종으로의 전환이 용이하다는 점 등을 고려할 때, 이 사건 고시가 청구인들에게 부여한 6개월의 유예기간은 법규개정으로 인한 상황변화에 적절히 대처하기에 지나치게 짧은 것이라고 할 수 없다.

따라서 이 사건 고시는 경품용 상품권제도를 폐지하면서 그 시행시기에 대하여 적절한 유예기간을 부여함으로써 청구인들의 신뢰이익을 충분히 고려하고 있으므로, 경품용 상품권제도를 폐지한 이 사건 고시 부분이 과잉금지의 원칙에 위배하여 청구인들의 직업의 자유를 침해한다고 할 수 없다.

(3) 재산권의 침해 여부

청구인들은 경품용 상품권제도의 폐지로 인하여 더 이상 종전의 방식으로 게임제공업을 영위할 수 없어 적법하게 운영해온 영업장을 폐쇄해야 하므로, 신뢰보호원칙과 과잉금지원칙에 위배되는 재산권의 침해라고 주장한다. 그러나 경품용 상품권제도의 폐지에 의하여 청구인들이 소유하는 시설이나 장비 등 재산권 보장의 보호를 받는 구체적인 권리가 침해되는 것은 아니다. 또한, 청구인들의 영업활동은 국가에 의하여 강제된 것이 아님은 물론이고, 일정한 경제적 목표를 달성하기 위하여 취한 국가의 경제정책적 조치에 의하여 유발된 사경제의 행위가 아니라, 원칙적으로 자신의 자유로운 결정과 계획, 그에 따른 사적 위험부담과 책임 하에 행위하면서 법질서가 반사적으로 부여하는 기회를 활용한 것에 지나지 않는다고 할 것이므로, 청구인들이 주장하는 폐업으로 인한 재산적 손실은 헌법 제23조 제1항의 재산권의 범위에 속하지 아니한다.[23] 따라서 경품용 상품권제도를 폐지한 이 사건 고시 부분으로 인하여 청구인들의 재산권이 침해된 바가 없다.

> **인사이트**
>
> 아케이드 게임은 오락실 문화는 물론 게임문화를 이끌어왔다. 다만 바다이야기라는 사행성 이슈로 게임산업은 물론 게임문화를 크게 악화시키기도 하였다. 앞으로의 아케이드 게임은 가족이 함께하는 오락문화를 선도하는 방향으로 가야할 것으로 생각한다.

---

23 헌재 2000. 7. 20. 99헌마452, 판례집 12-2, 128, 152; 헌재 2008. 11. 27. 2005헌마161등, 공보 제146호, 1758, 1770 등 참조.

제 14 절 | 모바일 게임플랫폼과 규제

1. 모바일 게임플랫폼

가. 왜 플랫폼이 필요한가?

플랫폼은 이미 일상에서 접하는 개념이다. 그 개념이 모호한 점도 분명 있으나, 누구라도 플랫폼이라는 말을 쉽고, 자유롭게 사용한다. 기차 정거장의 개념에서 나온 플랫폼은 누구나 자유롭게 자신의 정보나 생각을 나눌 수 있는 공간으로서 의미는 갖는다. 또한 다른 기술 또는 공정들이 그 위에서 구현될 수 있는 일종의 기술 기반을 말한다. 대표적인 플랫폼으로 구글이나 네이버와 같은 온라인 플랫폼을 들 수 있으며, 모바일 플랫폼은 카카오톡, 라인 등을 들 수 있다. 메신저에서 출발한 모바일 플랫폼은 다양한 서비스 플랫폼으로 확대되고 있다.

카카오 게임하기[24]

온라인 플랫폼은 포털서비스를 들 수 있다. 물론 뉴스, 전문 데이터베이스를 버티컬 형태로 서비스하는 플랫폼도 있다. 온라인 플랫폼의 장점은 기존 네트웍을 이용하여 다양한 서비스를 제공한다는 점이다. 카카오톡 플랫폼을 이용한 게임하기는 대표적인 게임플랫폼이다.

24 구글 이미지 검색, 2014.7.13.일자.

모바일 플랫폼은 온라인 플랫폼과 달리 규제 범위에서 벗어나 있다. 대표적으로 모바일 게임물은 게임물관리위원회의 등급분류를 거치지 않고, 오픈마켓에서 자율적으로 할 수 있다. 국내 콘텐츠산업에서 혁신적인 제도라고 해도 과언이 아니다. 여성가족부의 강제적 셧다운제도도 유예되고 있다. 온라인 게임물이 16세 미만의 미성년자에게는 자정이 되면 게임이용을 강제적으로 제한하는 것과 달리 모바일 게임물은 그 대상에서 제외되고 있다.

나. 모바일 플랫폼의 특성

모바일 플랫폼의 가장 중요한 특성은 휴대가 용이하고, 이동성에 강하다는 점이다. 플랫폼에 접속할 수 있는 디바이스의 조작도 용이하다. 즉, 쉬운 조작성은 터치 스크린을 통해 손가락을 통해서 조작이 가능하기 때문이다. 구글이나 앱스토어의 IAP를 통해 유료로 판매되는 아이템 등을 구입할 수 있다. 그리고 스마트 디바이스의 기본적인 기능을 활용할 수 있으며, 다양한 이용자들과의 관계를 형성할 수 있다는 점을 그 특성으로 한다. 이러한 IAP는 플랫폼 사업자가 제공하는 결제수단만을 강제하고 있기 때문에 공정거래법 위반의 소지가 있다.

다. 모바일 게임플랫폼

스마트 플랫폼에 탑재되어있는 운영체제들은 OS 플랫폼이다. 대표적으로 애플의 iOS나 구글의 안드로이드를 들 수 있다. 한때 심비안의 점유율이 압도적일 때도 있었으나 지금은 시장에서 퇴출되었다. OS 플랫폼은 기술 플랫폼으로 볼 수 있으며, OS를 통해 새로운 경제적 가치를 생성해낸다면 경제적 플랫폼의 성격도 아울러 갖는다. 애플의 iOS나 구글의 안드로이드는 API를 개방함으로써 다양한 응용프로그램이 만들어질 수 있도록 함으로 경제 생태계를 형성할 수 있기 때문이다.

애플의 iOS나 구글의 안드로이드는 대표적인 모바일 게임플랫폼이 되고 있다. 모바일 게임물이 온라인 게임물의 성장세를 넘어서고 있다. 국내에서는 카카오 게임하기나 벤드 게임이 게임플랫폼으로서 역할을 하고 있다. 모바일 게임플랫폼을 통한 게임물의 유통은 지속될 것으로 보인다.

2. 확률형 아이템과 소비자 보호

가. 의의

확률형 아이템이란 아이템을 실행하여 확률에 따라서 장비를 강화하거나, 역량을 높게 해주는 것 등 이용자에게 효과를 줄 수 있는 아이템을 총칭하는 개념이다. 확률형 아이템은 이용자가 현금 등을 통해 게임 내 아이템을 구매하면 무작위로 우연의 확률에 의해 좋거나 나쁜 아이템이 주어지는 유료화 모델이다.

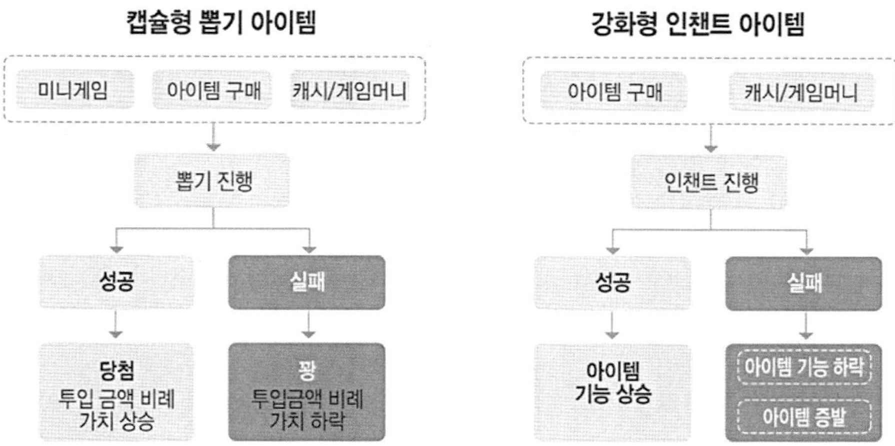

확률형 게임아이템 적용사례[25]

확률형 아이템의 유형으로는 아이템을 구입한 후에 그 성능이나 종류를 확인할 수 있는 캡슐이나 선물상자와 같은 형태, 또는 조합이나 제련과 같이 두 가지 이상의 아이템을 결합하여 성능을 향상시킬 수 있는 유형으로 구분할 수 있다.[26] 전자의 경우에는 게임 내에서 게임머니나 캐쉬 등을 통해 구입할 수 있으며, 후자는 게임을 진행하면서 얻을 수 있는 방식이다.

---

25 구글 이미지 검색, 2014.7.15.일 검색.

26 김정환외 2인, 청소년 보호를 위한 게임물(확률형 아이템)의 합리적 규제 방안, 법학연구 제15집 제3호, 2012.11, 215면.

나. 확률형 아이템의 성격

확률형 아이템은 게임물에서 좀더 다양하고, 높은 기능의 아이템을 얻고자하는 이용자의 욕구를 반영한 일종의 게임 운영방식으로 볼 수 있다. 확률형 아이템은 그 자체로는 게임물로 보기 어렵고, 어떤 가치판단을 할 수 있는 성질의 것은 아니다. 그렇기 때문에 확률형 아이템이 불법적이라거나, 청소년 보호를 회피하는 것으로 볼 수 없다. 그렇지만 확률형 아이템은 게임 내에서 획득하거나, 아니면 게임외부에서 구입하게 되면서, 과소비라는 청소년보호 가치와 충돌할 소지가 있다. 따라서 청소년 보호라는 가치에서 확률형 아이템을 보는 것이 제대로 된 문제의 해결이라고 보며, 과소비 형태를 단순히 확률이 적용된다고 하여 사행성 요소로 보아 규제로서 접근하는 것은 본질적인 문제의 해결로 보기는 어려울 것이다.

다. 등급분류와 확률형 아이템

(1) 등급의 상향

확률형 아이템은 게임물이 아니기 때문에 그 자체에 대한 등급분류 이슈는 없을 것이나, 실무적으로 게임물의 운영방식에서 확률형 아이템이 포함되는 경우라면 사행적 요소를 판단할 가능성이 있다. 사행적 요소는 베팅, 우연, 배당이라는 요소를 갖추지 못한다면 부정되기 때문에 확률형 아이템에 대한 사행적 요소에 대한 각각의 판단에 따라서 등급분류가 이루어져야할 것이다. 게임물관리위원회의 등급분류 과정에서는 확률형 아이템이 포함된 게임물에 대해서는 재산상의 손익이 있다는 전제하에 등급 상향이 이루어지고 있다. 즉, 전체 이용가 게임물에 확률형 아이템이 포함되고, 그 아이템의 보상이 시가로 구입하는 것보다 낮을 경우에는 등급을 한 단계 상향하여 12세 이용가 등급을 부여하고 있다.[27] 그러나 게임아이템에 대한 재물성은 물론 재산상의 이익까지도 부정되고 있음에도 등급 상향을 하는 것은 게임산업법상 근거를 갖지 못한다는 점에서 위법성을 회피하기는 쉽지 않을 것이다.

---

27 게임물관리위원회의 등급분류 실무에서는 확률형 아이템에 대한 다음의 속성에 대해 확인하고 있다고 한다.

① 장비 등을 강화하는 데 있어서 유료 아이템 등이 소모가 됩니까? 유료 아이템 소모를 통해서 강화를 했을 때 실패를 할 수 있습니까?

② 게임 내에 게임 캐쉬를 이용한 랜덤 박스와 같은 확률형 아이템 시스템이 있습니까? 만약 있다면 이러한 아이템에서 '꽝'이 나올 수 있습니까?

(2) 청소년 결제 한도의 적용

월간 게임물을 이용할 수 있는 청소년들의 결제 한도는 7만원이다. 결제 한도는 게임산업법이나 등급분류 심의규정에 근거한 것은 아니다.[28] 게임사업자가 자율적으로 지켜오고 있는 한도로 이해될 수 있다. 결제 한도는 오픈마켓에서 자율적으로 등급분류 하는 모바일 게임물에서는 적용되지 아니한다. 모바일 게임물은 오픈마켓 사업자가 자율등급분류를 하기 때문에 결제 한도를 별도로 제한하지 않기 때문이다. 다만, 국내 오픈마켓 사업자 중 이동통신사업자의 오픈마켓을 통해 유통되는 게임물은 이동통신사업자의 결제 한도에 따라 제한된다. 이동통신사업자가 결제 한도를 종합적으로 관리할 수 있다는 점에서 긍정적인 자율규제로 평가받을 수 있을 것이다. 그러나 구글이나 애플과 같은 해외 마켓을 통해 유통되는 게임물에 대해서는 결제 한도를 체크할 수 없다. 해외 사업자가 결제 한도를 체크할 수 있는 시스템을 구축하지 않고 있기 때문이다. 이러한 정책이 문제라고 단정할 수는 없다고 보며, 일종의 문화적 차이로 이해할 수 있을 것이다.[29]

라. 자율규제의 필요성

특히 모바일 게임에서 확률형 아이템이 문제가 되고있다. 모바일 게임물에서는 결제 한도 등을 체크할 수 없다는 맹점을 이용해서, 온라인 게임에서의 결제 한도를 넘어서는 이용금액이 결제되도록 하고있다. 확률형 아이템이 갖는 회사의 기여도가 크다고 하더라도, 그에 따른 게임내 이용자의 부작용이 있다면 이에 대한 정책적 고려가 이루어져야할 것이다. 일본 게임사업자의 경우에는 꼼푸가챠와 같은 확률형 아이템에 대한 자율규제안을 수립하여 발표한 바 있다. 국내 게임사들도 확률형 아이템에 대한 자율규제안을 수립하는 것이 필요하다. 무엇보다도 과도한 결제나 소비가 이루어지지 않도록 조정할 필요가 있기 때문이다. 확률형 아이템의 문제는 확률 자체가 갖는 속성으로 지속적으로 아이템을 구입하도록 하게하고, 결국 그로 인하여 하나의 목적상품을 구매할 때보다 더 많은 소비를 하도록 유도한다는 점이다. 그

---

28 김윤명, 문화적 관점에서 본 게임물 이용금액 제한의 법률 문제, 게임규제의 기술적 의미와 법률적 검토 세미나 자료, 2013, 5-6면 참조.

29 실제 해외 사업자들은 자국내에서 우리와 같은 결제 한도를 규제받지 않기 때문에 글로벌 수준에서 본다면 우리의 규제는 문제로 비춰질 수 있다. 그 결과 우리나라 사업자만 역차별을 받는 결과를 가져오게 된다는 점은 합리성이 결여된 것이다.

렇기 때문에 사업자가 확률형 아이템의 문제를 해결하고, 아울러 그 성격을 잘 프레임하지 않으면, 청소년 보호라는 명제를 넘어 사행성 이슈와 같이 휘둘릴 수 있다.

3. 모바일 게임물의 셧다운 여부

가. 셧다운제도의 유형

(1) 강제적 셧다운제도

오픈마켓 자율등급분류제도가 도입된 이후에 여성가족부 주도로 청소년 보호법이 개정되어, 게임서비스제공자는 자정이 되면 만 16세 미만의 청소년에 대해서는 게임물을 이용할 수 없도록 강제하고 있다. 이러한 규제는 게임서비스사업자의 영업의 자율성을 침해하는 것임은 물론, 게임물의 이용자인 청소년의 행복추구권 내지 문화향유권, 그리고 개인정보자기통제권 등 헌법상 기본권을 침해하는 것이라고 볼 수 있다. 스마트폰 환경에서 제공되는 게임물에 대해서는 2년의 유예기간을 두었기 때문에 오픈마켓 사업자가 셧다운을 시행할 의무를 지는 것은 아니다. 다만, 이후에는 재평가를 통해서 유예여부를 결정하도록 되어있기 때문에 지금의 스마트폰 환경은 보편화되어있을 가능성이 작지 않아 셧다운제도가 폐기되지 않는 이상 스마트폰 게임물에 대한 셧다운 가능성은 벗어날 수 없을 것이다.[30] 이러한 규제는 세계 어느 나라에서도 찾아볼 수 없으며, 여성가족부는 게임이용의 차단만을 정책목표로 하고 있으나, 단순한 게임 규제를 넘어선 문화 규제로 파급되는 것임을 이해할 필요가 있다.

구체적으로는 2011년 5월 19일 공포된 개정 청소년 보호법(시행 2011.11.20.)에서는 강제적 셧다운제도의 적용 대상을 제23조의3 제1항을 통해 '정보통신망을 통하여 실시간으로 제공되는 게임물(인터넷 게임)'이라고 규정하고 있다.[30] 이에 따르면, 정보통신망에 접속하여 게임물이 실시간으로 다운로드 되고 실행되는 경우, 온라인·PC 게임물, 모바일(스마트 디바이스) 게임물, 비디오, 콘솔 게임물뿐만 아니라, SNS를 통해 제공되는 게임, 플래쉬 게임, 교육

---

30 모바일 게임물이 대상이 되는지 여부에 대한 2013년도 평가에서는 강제적 셧다운제의 적용이 유보된 것으로 보인다. 실제 여성가족부에서는 평가지표를 산정하기 위하여 상당한 금액의 연구비를 사용하였으나, 강제적 셧다운제도의 헌법소원을 이유로 그 결과보고서를 공개하지 않고 있다.

용·기능성 게임 등 모든 인터넷 게임이 규제 대상에 포함된다. 다만, 적용의 유예 및 제외되는 게임물은 심각한 인터넷 중독의 우려가 없는 기기로써, 비영리를 목적으로 제공되고 개인정보를 수집 또는 이용하지 않는 게임물 및 게임산업법 제21조 제1항 제3호에 따라 등급분류를 받지 않는 게임물 중 시험용 게임물은 강제적 셧다운제의 대상에서 제외된다. 이러한 유예의 단서는 청소년 보호법 부칙조항[32], 부칙 시행령[33] 및 여성가족부의 유권해석에 근거하기 때문에 수범자에게는 상당히 예측가능성이 떨어진다고 볼 수 있다.

먼저 적용 유예는 스마트폰, 테블릿PC는 16세 미만 청소년의 보급률이 낮아 심각한 중독의 우려가 없다는 관계부처 등의 의견을 반영하여 셧다운제 적용을 2년간 유예하였고, 콘솔기기는 문화체육관광부와 한국게임산업협회 등의 요구를 수용하여 적용을 유예하되, 게임 이용에 추가비용이 요구되는 경우에 대해서만 셧다운제를 적용하기로 하였다. 또한 비영리를 목적으로 제공되고 개인정보를 수집하지 않는 일부 게임물에 대해서는 셧다운제 적용을 유예하기로 하였다. 즉, 게임산업법 제21조 제1항 제1호 및 제2호에 따라 등급분류를 받지 않는 게임물 중 게임대회·전시회용 게임물, 교육·공익홍보용 게임물이 이에 해당한다. 여기에는 게임산업법 상 게임물이 아닌 것, 그리고 정보통신망을 통해 제공되지 않는 게임물이 대상이다.[34]

---

31 청소년 보호법 제23조의3(심야시간대의 인터넷게임 제공시간 제한)
① 「게임산업진흥에 관한 법률」에 따른 게임물 중 「정보통신망 이용촉진 및 정보보호 등에 관한 법률」 제2조제1항제1호에 따른 정보통신망을 통하여 실시간으로 제공되는 게임물(이하 "인터넷게임"이라 한다)의 제공자(「전기통신사업법」 제22조에 따라 부가통신사업자로 신고한 자를 말하며, 같은 조 제1항 후단 및 제4항에 따라 신고한 것으로 보는 경우를 포함한다. 이하 같다)는 16세 미만의 청소년에게 오전 0시부터 오전 6시까지 인터넷게임을 제공하여서는 아니 된다.
② 여성가족부장관은 문화체육관광부장관과 협의하여 제1항에 따른 심야시간대 인터넷게임의 제공시간 제한대상 게임물의 범위가 적절한지를 대통령령으로 정하는 바에 따라 2년마다 평가하여 개선 등의 조치를 하여야 한다.

32 청소년 보호법 부칙 제1조(시행일) 이 법은 공포 후 6개월이 경과한 날부터 시행한다. 다만, 제23조의3제1항의 개정규정에 따른 인터넷게임 중 심각한 인터넷게임중독의 우려가 없는 것으로서 대통령령으로 정하는 기기를 이용한 인터넷게임에 대한 심야시간대 제공시간 제한에 관한 부분은 공포 후 2년이 경과한 날부터 시행한다.

33 청소년 보호법 부칙 제1조에 대한 시행령 제42조(심각한 인터넷게임 중독의 우려가 없는 기기) 청소년 보호법 일부개정법률 제10659호 부칙 제1조 단서에서 "대통령령으로 정하는 기기"란 다음 각 호의 어느 하나에 해당하는 기기를 말한다.

1. 「전기통신사업법」 제5조제3항제1호에 따른 기간통신사업자가 제공하는 이동통신서비스를 이용하는 이동통신단말기기
2. 「전기통신사업법」 제5조제3항제1호에 따른 기간통신사업자가 무선으로 제공하는 기간통신역무를 이용할 수 있는 휴대용 정보단말기기
3. 「게임산업진흥에 관한 법률」 제25조제1항제4호에 따른 게임기기 자체만으로는 오락을 할 수 없는 기기. 다만, 「정보통신망 이용촉진 및 정보보호 등에 관한 법률」 제2조제1항제1호에 따른 정보통신망을 통하여 게임물을 유료로 제공받는 경우는 제외한다.

34 심야시간대 인터넷게임의 제공시간 제한 대상 게임물 범위, 여성가족부고시 제2013-9호, 2013.2.20. 개정.

그러나 강제적 셧다운제의 입법 취지는 인터넷게임 중독 예방에 있으므로, 중독에 대한 과학적 규명과 게임물 특성 등에 대한 고려 없이 게임 셧다운제를 일괄적으로 적용하는 것은 제도의 실효성을 담보할 수 없다는 우려가 제기된다. 특히 게임물의 범위를 명확히 규정하지 않는 경우, 필연적으로 모든 인터넷 게임이 셧다운제의 적용 대상이 되어 과잉 규제 문제가 발생하며, 게임 플랫폼 및 서비스 방식 등 각기 다른 게임 콘텐츠별 특성에 대한 고려 없는 일률적 규제는 평가의 적정성을 담보하기 조차 어렵게 되며 한편, 개인정보 보호 및 개인정보 수집 최소화라는 글로벌 정책 방향에 따라 개인정보를 보유하지 않고 서비스하는 게임이 상당수이고, 기술적으로 강제적 셧다운제를 적용하기 불가능한 경우도 있음은 부인할 수 없다.

(2) 선택적 셧다운제도

여성가족부의 강제적 셧다운제도 도입이후에 문화체육관광부는 게임에 대한 주무부처임을 자처하면서 선택적 셧다운제도를 도입하였다. 동 제도는 게임산업법에 근거하고 있으며[35], 자정부터 6시까지 게임을 강제로 접속하지 못하게 하는 강제적 셧다운제도와는 달리, 선택적 셧다운제도는 부모나 청소년이 자발적으로 게임이용 제한시간을 선택할 수 있도록 하는 것이다. 이를 위해 게임서비스제공자는 상당한 비용을 투여하여 시스템을 개편하기도 하였다. 청소년 보호법에 의해 모바일 게임물에 대해서는 선택적 셧다운제도의 적용은 유예되고 있다.[36]

선택적 셧다운제가 강제적 셧다운제와 달리 완화된 방식으로 적용되고 있는 것은 사실이나 법률적으로 문제가 없다고 보기는 어렵다. "선택적 셧다운제 역시 법적 의무화 방식을 취하고 있다는 점에서 국가의 과도한 간섭 내지 개입의 문제는 치유되지 않는다"[37]고 보기 때문이다.

나. 모바일 게임물의 셧다운 가능성

모바일 게임물은 청소년 보호법 개정시에 많은 비판이 제기되었기 때문에 유보되었다. 격년

35 게임산업법 제12조의3(게임과몰입·중독 예방조치 등)에 따르면, 회원가입시 실명·연령확인 및 본인인증, 청소년의 친권자 등 법정대리인의 동의, 청소년 본인 또는 법정대리인 요청시 게임물 이용방법, 이용시간 등 제한, 제공되는 게임물 이용내역의 고지, 과도한 게임물 이용방지를 위한 주의문구 게시, 이용화면에 이용시간 경과 내역 표시 등을 의무화하고 있다.

36 만약 청소년 보호법에서 대상으로 포함될 경우에 당연히 게임산업법도 포함하게 되는 구조로 입법화되어 있다.

37 황성기, 스마트 시대의 콘텐츠 규제의 동향과 문제점, 언론과 법 제12권 제1호, 2013, 71면.

으로 평가하여, 중독성 여부를 확인받게 된다.[38] 모바일 게임물의 중독성 여부에 대한 평가 기준을 수립할 때 객관적인 지표와 질문지를 도출하는 것이 필요하다. 그렇지만 온라인 게임물의 점유율이 80%를 육박하던 시기와 달리 이제는 스마트폰을 이용하여 모바일 게임물을 즐기는 경우가 많다는 점이 모바일 게임물의 셧다운의 가능성을 높이고 있다. 만약 중독성이 있다는 평가가 나올 경우에는 모바일 게임물도 셧다운제에 포함될 가능성이 있다.

4. 모바일 웹보드 규제

가. 규제 내용 및 근거

웹보드 게임물의 규제는 온라인으로 제공되는 게임물에 해당하나 규제 내용에는 온라인 및 모바일을 제한하지 않고 있기 때문에 모바일 서비스에서도 동일하게 적용된다. 모바일 웹보드 게임물은 더욱 엄격하게 규제하고 있는 것이 현실이다. 더욱이 해당 규제가 2012년 2월 게임물관리위원회의 공지사항의 내용에 근거했다는 점이다.[39]

---

38 게임산업법 시행령 제8조의4(평가 방법 및 절차)

① 여성가족부장관은 법 제12조의3제2항에 따라 심야시간대의 인터넷게임 제공시간 제한대상 게임물의 범위가 적절한지를 평가(이하 이 조에서 "게임물 범위 평가"라 한다)하는 경우 다음 각 호의 사항을 포함한 게임물 범위 평가계획을 문화체육관광부장관과 협의하여 수립하고 관보에 고시하여야 한다. 〈개정 2012.9.14〉

1. 「청소년 보호법 시행령」 제21조제1항제1호 및 제2호에 따른 평가 대상 게임물 및 평가 사항
2. 게임물 범위 평가 기준
3. 게임물 범위 평가 지표 및 척도
4. 그 밖에 여성가족부장관이 게임물 범위 평가에 필요하다고 문화체육관광부장관과 협의하여 정한 사항

② 문화체육관광부장관은 게임물 범위 평가를 위하여 법 제11조에 따른 실태조사 자료, 법 제12조의2제1항제2호에 따른 게임과몰입등에 대한 실태조사 자료, 그 밖에 게임물 범위 평가에 필요한 자료를 여성가족부장관에게 제공할 수 있다.

③ 여성가족부장관은 게임물 범위 평가를 위하여 필요한 경우 제2항의 게임물 범위 평가에 필요한 자료를 제공해 주도록 문화체육관광부장관에게 요청할 수 있다.

④ 여성가족부장관은 게임물 범위 평가를 하는 경우 관계 전문가, 학부모 관련 단체, 청소년 또는 게임물 관련사업자 단체 등으로부터 의견을 들을 수 있다.

⑤ 여성가족부장관은 게임물 범위 평가를 완료하기 전에 최종 게임물 범위 평가안에 대하여 문화체육관광부장관과 협의하여야 한다.

39 현재 웹보드 게임물의 규제는 게임산업법 시행령에 근거하나, 본 내용은 기록의 의미로 남겨둔다.

한게임 맞고 프렌즈[40]

그 당시 공지사항을 통해 금지하고 있는 규제 내용을 보면,[41] i) 스마트폰-온라인 보드 게임 간 네트워크를 통한 이용자 간 연동 제한, ii) 스마트폰 게임머니-간접충전 등 유료화와 연동 제한으로 ① 게임머니의 무한 무료 충전으로 기간제의 경우 해당 기간 동안 게임머니가 소진되어도 별도의 제한 없이 계속 지급 되어야 하며, ② 특정 이용자간 매칭 제한(랜덤방)으로 보유 게임머니에 따른 등급별 구분 입장은 가능하나 월 최대 이용한도 10만원 이하로만 가능하며, 아이템 가격도 개 당 1만원 이하로 제한된다.

나. 내용 검토

위 공지사항은 온라인 웹보드게임물에서 발생하는 환전상의 문제를 모바일 게임에서는 사전적으로 차단하겠다는 의지로 판단된다. 즉, 앞에서 살펴본 문화체육관광부의 행정규제의 기

40 해당 게임물은 게임물관리위원회의 규제 내용에 충실하게 개발되어, 간접충전 등의 방식이 포함되어 있지 않다.

41 게임물관리위원회는 공지사항(2012년 2월 7일자)을 통해, '스마트폰용 오픈마켓 보드게임' 등급분류 검토사항 추가 및 안내를 공지한 바 있다.

본적인 취지는 게임물의 사행화를 조장하는 자에 대한 규제라는 점을 보면, 모바일 게임물의 사행화를 차단하겠다는 것으로 풀이된다. 그렇지만 게임물관리위원회의 규제정책은 몇가지 점에서 문제라고 생각된다. i) 게임물관리위원회의 규제는 모바일 웹보드 게임물에 대해서도 온라인 및 모바일이 연동되는 IT 환경을 고려하지 못한 것으로 이해된다. 온라인과 모바일이 연동되고 있고, 애플의 iOS나 MS의 윈도우즈8과 같은 운영체제(OS)는 이미 그 구분이 어려워지고 있다는 점이다. 이러한 기술진보에 대한 정책적 고려 없는 제한정책은 기술중립성 원칙의 위반에 해당된다. ii) 아울러 모바일 게임물에 대한 유료화 제한은 모바일 환경에서 수익창출을 제한하고 있다는 것이며, 이는 다른 모바일 게임과의 형평성에서도 문제가 아닐 수 없다. 환전상의 문제라면 이미 대전을 금지하고 있기 때문에 원론적으로 환전이 일어날 수 없음에도 불구하고, 2중 규제를 펼치고 있는 것이다. iii) 또한 특정 이용자간의 대전게임을 제한하고 있다는 점에서 모바일 게임의 소셜기능을 원천적으로 차단하는 정책을 펴고 있는 것이다. 그렇지만 고스톱[42]과 포커류는 게임룰에서 차이가 있다는 점에서 양자의 차별이 필요하다고 본다. 즉, 포커류는 게임진행과정에서 게임을 포기할 수 있다는 점에서 게임머니의 이전이 가능하겠지만, 고스톱은 포기하거나 패를 고의로 내주어도 이를 다시 따올 수 있는 구조이기 때문에 머니의 이전이 이루어질 수 있는 구조라기 보기 어렵다. 이러한 우려 때문에 대전 자체를 금지하는 것은 합리적인 규제원칙을 벗어난 것이다.[43] 따라서 대전게임을 금지하는 것이라면, 간접충전방식의 유료화는 허용되어야 한다. iv) 아울러 이용한도를 10만원으로 제한하고 있다는 점에서 온라인 게임과의 형평성과도 맞지 않는다. 이와 같은 의미에서 모바일 웹보드 게임물은 규제정책의 정점에 달해있는 것으로 보이며, 따라서 게임물관리위원회의 모바일 웹보드게임물에 대한 규제정책은 폐지되는 것이 합리적인 정책 집행이 아닐까 생각된다.

---

42 고스톱에 대한 민속학적 논의에 대해서는 임재해, 한국민속과 오늘의 문화, 지식산업사, 1995; 최봉영, 한국인의 사회적 성격(II), 느티나무, 1995 참조.

43 이러한 지적에 대해 "웹보드 게임의 불법 환전은 99% 포커게임에서 이뤄진다. 판에 깔린 패를 볼 수 없는 고스톱은 의외성이 있어서 일부러 잃으려고 해도 쉽지 않다. 반면에 포커는 낮은 패를 들고도 계속 판돈을 키우면 거액을 잃는다. 불법 환전 수단으로 악용되는 이른바 수혈이다."라고 지적하고 있다. 전자신문 2012.11.18.일자

다. 플랫폼간 융합에 따른 규제정책의 실효(失效)

모바일 플랫폼과 온라인 플랫폼의 구분은 PC용 OS를 사용하느냐, 아니면 모바일 OS를 사용하느냐의 차이일 것이다. 그러나 맥PC나 PC에서도 맥OS나 윈도우가 동일하게 사용되고 있다. 따라서 양자를 구분할 수 있는 실익이 없다.

모바일 디바이스는 정보를 이용할 수 있는 기기로서 역할을 한다. 모바일 전용 서비스를 이용하기도 하지만, PC모드로 전환할 수 있기 때문에 그 자체가 온라인 PC와 같은 역할을 한다. 테블릿PC는 일종의 스마트 디바이스이다. 게임물의 경우도 모바일 플랫폼이지만 앱버전이 아닌 웹버전으로 개발함으로써 모바일 단말기를 사용하지만, 게임물 자체는 웹용으로 이용할 수 있도록 하고 있다. 대표적으로 NHN의 야구9단이라는 게임물은 PC온라인으로 등급분류를 받았지만, 모바일 디바이스에서도 자연스럽게 이용이 가능하다. 즉, 온라인용과 모바일용의 구분의 실익이 없다. 기술적인 진보에 대해 규제정책이 합리적으로 뒷따르지 못하면 규제를 위한 규제정책이외에 의미를 부여하기 어렵다.

모바일 웹보드 게임물의 경우도 마찬가지가 아닐 수 없다. 플랫폼의 구분이 필요 없이 서비스가 가능하기 때문에 이를 달리 규제할 필요성은 없음에도 불구하고, 온라인 웹보드 게임물의 사행성 이슈 때문에 모바일 웹보드 게임물의 이용을 제한하는 문제가 아닐 수 없다. 모바일을 별도로 온라인과 구분하는 정책은 이미 실효했다고 볼 수 있다.

5. 모바일 플랫폼 규제

가. 좋은 규제란 있는가?

규제는 시장의 실패에 따른 정부의 관여를 정당화시킨다. 무선인터넷을 활성화하기 위하여 정부는 위피라는 플랫폼의 탑재를 의무화시킨 바 있다. 그렇지만 위피(wipi)는 국내 이동통신사업자를 위한 플랫폼이었기 때문에 국내에서 유통하기 위해서는 단말기에 의무적으로 탑재해야 했다. 이러한 의무 때문에 콘텐츠사업자는 어느 정도 경쟁력을 가질 수 있었다. 그러나 2009년 애플의 아이폰이 국내 도입되는 과정에서 위피 논란이 제기되었고, 2007년 도입한 다른 나라보다 2년여 정도 늦게 국내에 출시되었다.

이는 위피탑재 의무를 따르지 않겠다는 글로벌 인터넷기업의 대응이었다. 정부가 위피를 좋은 규제정책으로 간주하여 펴왔다고 하더라도, 2000년대 초반과 후반부의 ICT 상황이 급변하였음에도 규제정책의 합리적 개선을 이끌지 못하게 되자 오히려 산업을 억제하는 결과가 나타나게 된 것이다. 이에 따라 2008년 12월 10일 방송통신위원회는 위피탑재 의무를 2009년 4월 1일부터 폐지한다고 선언하게 된 것이다.[44] 규제의 역설로 볼 수 있는 사례이다.[45]

또 다른 예로는 2012년 도입된 모바일 게임물의 자율등급분류제도이다. 자율등급분류제 도입 이전에 글로벌 기업인 애플과 구글이 게임물 사전등급분류에 반발하여 국내 게임카테고리를 차단함으로써 국내 모바일 게임물의 유통이 불가능하였다. 등급분류가 게임물의 사행화 방지 및 청소년 보호를 목적으로 한다는 점에서 이해할 수 있지만, 결과적으로 모바일 게임산업에 대한 국제경쟁력 등을 고려하여 글로벌 시장에 진출할 수 있도록 자율등급분류로 전환한 것이다.

나. 플랫폼 중립성

망중립성 논란을 넘어서 이제는 플랫폼 중립성에 대한 논의가 활발해지고 있다. 플랫폼이라는 개념도 쉽지 않지만, 플랫폼 중립성은 망중립성 논의의 연장선에서 이루어지고 있다. 플랫폼 중립성이란 "네트워크상에서 하드웨어나 소프트웨어 단계에서의 차별 금지를 의미한다. 쉽게 말하면 스마트폰에서 플랫폼을 운영하는 애플, 구글, MS 등의 업체가 하드웨어, 콘텐츠 사업자들을 차별하지 말아야 한다"[46]는 것이다.

---

44 주상돈 외, 모바일 인터넷 시장의 성장 전략, 전자신문 미래기술연구센터, 2008, 48면.

45 스마트 플랫폼에 있어서 "국내의 경우 2009년 초까지 WIPI 규격이 강제되어 외국의 주요 스마트폰이 국내시장에 출시되지 못했으며, 국내 네트워크 사업자 및 단말기 제조업체들이 스마트폰에 적극적으로 투자를 하지 않았기 때문에 스마트폰 시장이 제대로 형성되지 못하였다"고 한다. 손상영 외, 방송·통신 융합 환경에서의 플랫폼 경쟁정책, 기본연구 09-05, 정보통신정책연구원, 2009, 40면.

46 김연희, 플랫폼 중립성 필요한가?, The Science Times, 2012.10.18.

플랫폼 중립성을 논의해야하는 것은 플랫폼 중립성을 위반할 경우에 다양한 콘텐츠, 게임물의 유통이 플랫폼사업자에 의해 선택될 수밖에 없기 때문이다. 대표적으로 애플 아이튠즈의 음악서비스를 들 수 있다. 논의가 일단락되었지만 구글의 검색엔진 탑재를 포함하여, 이통사가 자신이 판매하는 단말기에 선탑재하는 기본앱의 경우도 포함될 수 있다.[47]

모바일 플랫폼은 서비스 공정성을 담보할 수 있어야 한다. 플랫폼 자체가 자사의 자산이기는 하지만, 플랫폼사업자가 공중을 대상으로 서비스하는 이상 자사만을 위한 서비스 정책을 유지하는 것은 공정한 거래로 보기 어려울 수 있기 때문이다.

게임플랫폼의 경우도 마찬가지이다. 애플의 앱스토어, 구글의 플레이, 카카오의 게임하기, 네이버의 밴드 등 수많은 게임플랫폼이 만들어지고 있다. 이외에도 독자적인 게임플랫폼을 구축하는 사례도 적지 않다. 오직 자사만을 위한 플랫폼 정책을 수립한다고 하더라도, 그것은 시장질서를 왜곡하는 것은 아니어야 할 것이다. 그렇지 아니할 경우에는 공정거래위원회 등 규제기관의 관여 빌미를 줄 수 있기 때문이다.

다. 구글 검색앱의 기본 탑재 이슈

2011년 4월 구글의 검색앱 기본탑재에 대해 네이버와 다음이 구글을 상대로 공정거래위원회에 신고한 바 있다. 공정거래위원회는 구글에 대해 멀티호밍이 가능하기 때문에 공정거래법 위반이 아니라고 결정하였다.

다음은 제소 취지를 밝힌 글에서 "구글이 국내 스마트폰 OS 시장에서 시장지배적 사업자로서, OS 시장지배력을 모바일 검색시장으로 전이시켰고, 경쟁 검색사업자의 검색 프로그램을 프리로드할 수 없도록 제한하는 방법으로 다음을 비롯한 모바일 검색 서비스 사업자들의 사업활동을 부당하게 방해하고, 경쟁사업자를 배제하기 위한 부당한 거래행위를 했으며, 소비자 이익을 저해하는 행위를 했다고 지적했다. 이는 공정거래법에 제시된 '시장지배적 지위

47 "사실 플랫폼중립성 문제의 심각성은 나타나고 있다. 구글은 스마트폰 검색엔진에 구글 엔진만을 기본 탑재하고, 애플은 모바일 음악서비스에서 자사 아이튠즈만을 채택하고 있다. 그럼에도 우리는 '망중립성 = 공짜 망이용' 논쟁에만 매달려 있을 뿐, 구글이나 애플을 대상으로 플랫폼 중립성, 소프트웨어 차별금지 문제점을 제기하지 않고 있다. 망중립성이든 플랫폼중립성이든 중립이 추구해야 하는 가치는 공짜가 아닌 '공정경쟁'의 룰이다. 궁극적으로는 스마트폰 생태계를 통해 부가가치를 창출하고, 더 많은 중소벤처기업들이 공생할 수 있는 산업구조가 될 수 있도록 하자는 의미다. 그래야 이용자들은 쓴 만큼 지불하고, 결과적으로 합리적인 소비를 선택하는 길로 이어질 수 있다", 신혜선, [광화문] 망중립성 vs 플랫폼중립성, 머니투데이, 2012.7.31.

의 남용 금지', '불공정거래 행위의 금지', '불공정거래 행위의 지정' 조항에 위배된다는 주장이다. 다음쪽은 그 동안 제조사나 이통사와 다음 검색을 사전 탑재하기 위해 수차례 사업 협력 시도를 했지만 번번히 막혔다라며 구글의 압력과 강제가 원인인 것으로 판단하고 있다"[48]고 적고 있다. 아이러니하게도 2007년도 네이버, 다음의 시장지배사업자 지정 시에 공정거래위원회는 멀티호밍을 인정하지 아니하였다. 이번 결정은 자신의 입장과 충돌되는 것이다.

라. 애플 및 안드로이드 동시 발매 정책

카카오 플랫폼에서 iOS나 안드로이드 플랫폼 등 어느 플랫폼에 한정된 게임물의 개발이 아닌 양 플랫폼에 동시에 출시토록 한 바 있다. 개발사의 입장에서는 특정 플랫폼을 선호할 수도 있지만, 어느 일방 플랫폼에서만 개발할 수 있는 기술력을 가질 수도 있다는 점이다. 이러한 점을 무시한 플랫폼 사업자의 거래상 지위남용은 허용되지 아니한다. 현재는 동시발매를 강제하지는 않는 것으로 보인다.

마. 플랫폼 중립성 위반

국내 3개 이동통신사업자가 공동으로 개발한 모바일 메신저인 조인을 각사의 플랫폼에 선탑재하는 것이 대표적인 플랫폼 중립성이라는 지적이 있다. 이동통신사업자는 카카오톡과 경쟁하는 입장에서 망중립성 논란을 이끌고 있으며, 이에 대응하기 위하여 별도 모바일 메신저를 개발한 것이다.

또한 플랫폼사업자가 공개한 API를 임의로 변경한 경우도 플랫폼 중립성을 위반한 것으로 볼 수 있다. 써드파티의 사업자는 플랫폼사업자들이 공개한 API를 연계하여 서비스를 개발해왔으나, 이를 사전통보 없이 변경하는 경우에는 서비스 자체가 차단당하는 결과를 가져올 수 있기 때문이다.

이와 더불어, 온라인 서점의 추천 서적 코너의 광고화를 들 수 있다. 이용자는 추천 서적 코너가 공개된 형태로 운영되는 것으로 생각하였으나, 이를 별도 비용을 지불한 광고주의 광고영역이었다면 플랫폼에 대한 객관성을 담보하지 못한 결과를 가져올 수 있다는 점이다. 무

---

48 이희욱, bloter.net, 2011.04.15.

엇보다도 중립적인 가치를 추구해야 할 사업자가 자사의 수익이나 경쟁사의 배제를 목적으로 객관성을 담보하지 않는 경우라면 플랫폼은 그 가치를 발현하기 어렵기 때문이다.

6. 규제의 역차별

국내 플랫폼 사업자는 해외 플랫폼 사업자와의 경쟁에서 규제당국의 차별을 받는다. 조사권도 해외 본사라는 이유로 행사하지 못하고 있다. 게임개발자의 입장에서는 해외 플랫폼을 통해 자사의 게임물의 매출이 발생한다는 점에서 큰 혜택으로 생각할 수 있겠지만, 플랫폼 사업자는 달리 볼 수밖에 없을 것이다. 이용자도 마찬가지이다. 의도하지 않게 결제된 아이템의 환불을 거부받는 경우가 작지 않기 때문이다.

국내외 오픈마켓 사업자 법제도 적용 현황[49]

구분	국내 오픈마켓	해외 오픈마켓(애플, 구글)
법/제도	[전기통신사업법] - 부가통신사업자 신고 [정보통신망 이용촉진 및 정보보호 등에 관한 법률] - 약관 등 개인정보 수집 동의, 개인정보 관리 및 취급방침 - 청소년 보호, 청소년 유해매체물 관리 [전자상거래 등에서의 소비자보호에 관한 법률] -청약철회 요청기간, 통신판매업 신원정보 제공, 통신판매업 신고 [게임산업진흥에 관한 법률] - 게임등급 및 내용정보 표기, 등급분류	국내법 관련 규정 따르지 않으나, 일부 사항에 대해서는 정부와의 합의 형태를 거쳐 적용하는 경우가 있음 '게임' 콘텐츠의 경우 게임등급위원회 합의를 통해 자체등급분류를 사용하여 서비스 제공
가이드라인	[오픈마켓 상생협력 가이드라인] - 오픈마켓 사업자와 개발자간 공정한 수익배분, 상생협력 지원 [오픈마켓 서비스 표준 가이드라인] - 이용자 보호를 위한 각종 조치 의무 기술	미적용
기타	콘텐츠 100% 사전검수/사후 모니터링 콘텐츠 등급분류 준수, 연령별 콘텐츠 필터링 온라인/모바일/전화 포함 고객 응대 채널 운영	자체 기준 등급분류 적용 성인콘텐츠 등 필터링 미흡 온라인 응대 채널만 운영

49 정책브리핑, 공공미디어연구소, 2012.9.11., 12면

국내 기업들은 각종 규제를 준수하며 법을 지킬 수 밖에 없다. 구글과 애플 등 해외 사업자는 '글로벌 스탠다드'라는 이유로 국내 규제를 받지 않는다. 국내 모바일 오픈마켓 사업자들이 역차별을 받게 된 만큼 규제의 공정성이 요구된다.[50]

인사이트

같은 것은 같게, 다른 것은 다르게!

50 뉴스핌, 2014.5.30.일자.

제 15 절 게임플랫폼과 GSP 책임

1. 게임물관련 사업자

가. 입법 취지

게임산업법 상 게임사업자(game service provider, GSP)의 유형은 게임제작업, 게임배급업, 게임제공업, 인터넷컴퓨터게임시설제공업 및 복합유통게임제공업의 영업을 하는 자 등으로 다양하다. 이들은 각기 개별적인 서비스를 하는 사업자이기 때문에 각각의 특성에 맞는 규제를 받는다. 다만 규제정책의 효율성을 위하여 게임산업법은 게임물관련 사업자의 주의의무를 규정하면서 이들을 묶어 '게임물관련 사업자'로 정의내리고 있다.

게임물관련 사업자를 한데 묶은 것은 2006년 바다이야기 사건 등 일부 사업자들의 부도덕한 영업행위, 성인게임장 이용자들의 잘못된 인식 및 사행성게임물의 만연 등 게임 관련 탈법·불법행위가 사회적 문제가 되었기 때문이다. 이에 따라 게임물관련 사업자에게 일정한 의무를 부과하여 건전한 게임문화를 조성하고, 게임의 역기능을 방지하기 위하여 마련한 것이다.[51]

나. 게임물관련 사업자의 범위[52]

게임물관련 사업자라 함은 게임산업법 제2조 제4호 내지 제8호의 영업을 하는 자를 말한다.

---

51 이상정·김윤명 편, 주해 게임산업진흥에 관한 법률, 세창출판사, 2014, 28면 참조.

52 이상정·김윤명 편, 주해 게임산업진흥에 관한 법률, 세창출판사, 2014, 35면 이하 참조.

게임산업법상 게임물관련 사업자란 각각 게임제작업, 게임배급업, 게임제공업, 인터넷컴퓨터 게임시설제공업 및 복합유통게임제공업의 영업을 하는 자를 말한다. 이들은 게임산업법 제28조에 의하여 사업자 준수사항을 부담하게 된다.

(1) 게임제작업

게임제작업이라 함은 게임물을 기획하거나 복제하여 제작하는 영업을 말한다. 우선 게임의 제작을 위해서는 기획을 거치기 때문에 기획단계에서부터 제작이 마무리되는 단계까지를 포괄하는 개념으로 게임제작업에 대한 정의가 이루어진 것이다. 그렇지만, 입법취지와 다르게 게임물의 기획에는 실제 결과물이 나오지 않기 때문에 기획도 게임제작업에 포함될 수 있는지는 의문이다. 단순하게 게임물의 제작에 필요한 기획만을 하게 된다면, 그 자체로 게임물이나 게임이라고 볼 수 없기 때문이다. 또한 게임물을 복제하는 것은 원본의 게임물을 다른 매체에 담기 위해서는 복제가 수반되기 때문에 복제라는 개념이 포함된 것이다.

게임물을 복제하여 제작하는 것에 대한 개념도 불확실하다. 제작은 연혁적으로 아케이드 게임물의 HW를 제작하는 개념을 담고 있기 때문이다. 따라서 온라인 게임 콘텐츠를 개발하는 것이 제작으로 표현될 수 있는 지에 대해 고민할 필요가 있다.

(2) 게임배급업

게임배급업이라 함은 게임물을 수입(원판수입을 포함한다)하거나 그 저작권을 소유·관리하면서 게임제공업을 하는 자 등에게 게임물을 공급하는 영업을 말한다. 배급은 영화나 비디오물을 외국에서 수입하여, 복제하여 배급사에게 제공하는 방식을 말한 것이다. 초기에는 저작권자의 허락 없이 이루어지는 문제점 때문에 저작권을 소유하거나 관리하는 것을 요건으로 함으로써 저작권에 관한 별도 계약을 체결토록 하고 있다.

게임배급은 원래 영화나 비디오물에 한정된 것을 게임에 까지 확대한 것이기 때문에 현실과는 차이가 있는 것으로 판단된다. 게임배급은 배급업자가 중간에 존재한다기 보다는 퍼블리셔가 라이선싱 계약을 통해 저작권 등을 확보하여 이를 로컬라이징하여 이용에 제공하는 개념이 합리적이다.

(3) 게임제공업

게임제공업이라 함은 공중이 게임물을 이용할 수 있도록 이를 제공하는 영업을 말한다. 다만, 다음 각 목의 어느 하나에 해당하는 경우를 제외한다.

가. 관광진흥법에 의한 카지노업을 하는 경우
나. 사행행위 등 규제 및 처벌특례법에 의한 사행기구를 갖추어 사행행위를 하는 경우
다. 제4호 내지 제8호에 규정한 영업 외의 영업을 하면서 고객의 유치 또는 광고 등을 목적으로 당해 영업소의 고객이 게임물을 이용할 수 있도록 하는 경우로서 대통령령이 정하는 종류 및 방법 등에 의하여 게임물을 제공하는 경우
라. 제7호의 규정에 의한 인터넷컴퓨터게임시설제공업의 경우
마. 제22조 제2항의 규정에 따라 사행성게임물에 해당되어 등급분류 거부결정을 받은 게임물을 제공하는 경우

게임제공업을 규정하면서, 아울러 게임제공업에 포함되지 않는 유형에 대해 별도로 규정하고 있다. 예외로 규정하고 있는 유형들은 게임산업법 정의규정 등에서 게임물 자체의 예외로 두고있기 때문에 예외 규정을 둘 필요는 없다. 게임물이 아닌 상태에서 이를 제공하는 것 자체가 게임제공업에 포함될 수 없는 구조이기 때문이다.

또한, 게임산업법 시행령 제2조에서 제외하고 있는 유형은 아케이드 게임물로 한정되며, 이미 제4호 내지 제8호에 규정한 영업 외의 영업을 하면서 고객의 유치 또는 광고 등을 목적으로 당해 영업소의 고객이 게임물을 이용할 수 있도록 하는 경우로서 대통령령이 정하는 종류 및 방법 등에 의하여 게임물을 제공하는 경우에 해당하기 때문에 제2조 제9호의 '게임물 관련사업자'가 아닌 경우에만 해당한다. 즉, 게임제공업이 아닌 사업태를 영위하는 자가 마케팅 등을 목적으로 시행령의 요건에 맞게 게임물을 제공하는 경우에는 게임물제공업에 해당하지 않는다. 다만, 게임물제공업에 해당하지 않더라도, 제9호의 게임물 관련사업자의 경우에는 게임산업법 제28조[53] 게임물 관련사업자의 준수사항에 따라 필요한 조치를 취해야 할 의무가 발생한다.

(4) 아케이드 게임제공업

아케이드 게임제공업을 말하는 게임제공업 중 일정한 물리적 장소에서 필요한 설비를 갖추고 게임물을 제공하는 영업은 다음 각 호와 같다.

가. 청소년게임제공업: 등급분류된 게임물 중 전체이용가 게임물을 설치하여 공중의 이용에 제공하는 영업
나. 일반게임제공업: 등급분류된 게임물 중 청소년이용불가 게임물과 전체이용가 게임물을 설치하여 공중의 이용에 제공하는 영업

아케이드 게임제공업은 일정한 물리적 시설을 갖춘 경우에만 한정되며, 연령확인 자체가 쉽지 않기 때문에 규제완화 차원에서 전체이용가 및 청소년이용불가 게임물만이 제공가능하도록 규정하고 있다. 등급분류에 있어서도, 2가지로 한정되어 등급분류가 진행되고 있다. 따라서 아케이드 게임제공업자는 미성년자가 청소년이용불가 게임물을 이용할 수 없도록 조치를 취하여야하며, 이를 위반할 경우에는 등급분류와 다른 게임물을 제공하는 것이 되기 때문에 형사처벌의 대상이 될 수 있다.

(5) 인터넷컴퓨터게임시설제공업

인터넷컴퓨터게임시설제공업이라 함은 컴퓨터 등 필요한 기자재를 갖추고 공중이 게임물을 이용하게 하거나 부수적으로 그 밖의 정보제공물을 이용할 수 있도록 하는 영업을 말한다.

---

53 게임산업법 제28조(게임물 관련사업자의 준수사항) 게임물 관련사업자는 다음 각 호의 사항을 지켜야 한다.

1. 제9조 제3항의 규정에 의한 유통질서 등에 관한 교육을 받을 것.
2. 게임물을 이용하여 도박 그 밖의 사행행위를 하게 하거나 이를 하도록 내버려 두지 아니할 것.
2의2. 게임머니의 화폐단위를 한국은행에서 발행되는 화폐단위와 동일하게 하는 등 게임물의 내용구현과 밀접한 관련이 있는 운영방식 또는 기기·장치 등을 통하여 사행성을 조장하지 아니할 것.
3. 경품 등을 제공하여 사행성을 조장하지 아니할 것. 다만, 청소년게임제공업의 전체이용가 게임물에 대하여 대통령령이 정하는 경품의 종류(완구류 및 문구류 등. 다만, 현금, 상품권 및 유가증권은 제외한다)·지급기준·제공방법 등에 의한 경우에는 그러하지 아니하다.
4. 제2조 제6호의2가목의 규정에 따른 청소년게임제공업을 영위하는 자는 청소년이용불가 게임물을 제공하지 아니할 것.
5. 제2조 제6호의2나목의 규정에 따른 일반게임제공업을 영위하는 자는 게임장에 청소년을 출입시키지 아니할 것.
6. 게임물 및 컴퓨터 설비 등에 문화체육관광부장관이 고시하는 음란물 및 사행성게임물 차단 프로그램 또는 장치를 설치할 것. 다만, 음란물 및 사행성게임물 차단 프로그램 또는 장치를 설치하지 아니하여도 음란물 및 사행성게임물을 접속할 수 없게 되어 있는 경우에는 그러하지 아니하다.
7. 대통령령이 정하는 영업시간 및 청소년의 출입시간을 준수할 것.
8. 그 밖에 영업질서의 유지 등에 관하여 필요한 사항으로서 대통령령이 정하는 사항을 준수할 것.

인터넷컴퓨터게임시설제공업은 인터넷이 연결된 컴퓨터를 통하여 다양한 콘텐츠를 이용할 수 있도록 이용자들에게 컴퓨터 등 필요한 기자재들을 제공하고 그 설비의 사용요금을 징수하는 업종을 말한다. 소위 말하는 PC방을 그 예로 들 수 있다. 인터넷컴퓨터게임시설제공업은 게임산업법령에 따른 시설기준을 갖추고 영업주의 관여 없이 사용자가 본인의 의사에 따라 게임 및 인터넷 서핑 등을 자유롭게 이용하여, PC 등 시설 사용에 따른 요금을 지불하는 영업형태로서 운영된다.

(6) 복합유통게임제공업

복합유통게임제공업이라 함은 게임제공업 또는 인터넷컴퓨터게임시설제공업과 게임산업법에 의한 다른 영업 또는 다른 법률에 의한 영업을 동일한 장소에서 함께 영위하는 영업을 말한다. 게임산업법에 의한 '복합유통게임제공업'은 게임제공업 또는 인터넷컴퓨터게임시설제공업과 '이 법에 의한 다른 영업' 또는 '다른 법률에 의한 영업'을 동일한 장소에서 함께 영위하는 영업을 말한다. 먼저, '이 법에 의한 다른 영업'은 게임산업법에 의해 등록되는 다른 영업을 말하며, 예를 들면 청소년게임제공업 + 게임제작업의 조합을 들 수 있다. 또한, '다른 법률에 의한 영업'은 게임산업법이 아닌 다른 법률에 의한 행정관청의 인허가가 전제되는 영업(청소년유해업소, 자유업 제외)을 말한다. 예를 들면, 청소년게임제공업(게임산업법)+노래연습장(음악산업법)의 조합을 들 수 있다. 참고로, 복합유통게임제공업은 전체 영업면적에서 게임제공업 또는 인터넷컴퓨터게임시설제공업의 면적 비율이 50% 이상인 경우에만 등록이 가능하다.

2. OSP 법리의 GSP에 적용

가. OSP 법리

온라인서비스제공자(online service provider, OSP)는 직접적으로 불법행위에 대한 책임을 지는 것이 아닌 저작권법이나 정보통신망법에 따른 의무를 이행하지 않을 경우에 공동으로 책임을 지게 된다. OSP에게 책임을 강하게 지우면, 인터넷상의 정보유통이나 표현의 자유에 대한 침해가 작지 않기 때문이다. 판례도 이러한 원칙에 따라 OSP에게 가급적 그 책임을 지울 때에는 엄격한 요건을 제시하고 있다.

대표적으로 인터넷포털사이트에서 이루어진 게시물의 명예훼손 사건에서 대법원은 엄격하게 그 책임을 묻고 있다.[54] 인터넷 종합 정보제공 사업자[55]가 보도매체가 작성·보관하는 기사에 대한 인터넷 이용자의 검색·접근에 관한 창구 역할을 넘어서서, 보도매체로부터 기사를 전송받아 자신의 자료저장 컴퓨터 설비에 보관하면서 스스로 그 기사 가운데 일부를 선별하여 자신이 직접 관리하는 뉴스 게시공간에 게재하였고 그 게재된 기사가 타인의 명예를 훼손하는 내용을 담고 있다면, 이는 단순히 보도매체의 기사에 대한 검색·접근 기능을 제공하는 경우와는 달리 인터넷 종합 정보제공 사업자가 보도매체의 특정한 명예훼손적 기사 내용을 인식하고 이를 적극적으로 선택하여 전파한 행위에 해당하므로, 달리 특별한 사정이 없는 이상 위 사업자는 명예훼손적 기사를 보도한 보도매체와 마찬가지로 그로 인하여 명예가 훼손된 피해자에 대하여 불법행위로 인한 손해배상책임을 진다.

명예훼손적 게시물이 게시된 목적, 내용, 게시 기간과 방법, 그로 인한 피해의 정도, 게시자와 피해자의 관계, 반론 또는 삭제 요구의 유무 등 게시에 관련한 쌍방의 대응태도 등에 비추어, 인터넷 종합 정보제공 사업자가 제공하는 인터넷 게시공간에 게시된 명예훼손적 게시물의 불법성이 명백하고, 위 사업자가 위와 같은 게시물로 인하여 명예를 훼손당한 피해자로부터 구체적·개별적인 게시물의 삭제 및 차단 요구를 받은 경우는 물론, 피해자로부터 직접적인 요구를 받지 않은 경우라 하더라도 그 게시물이 게시된 사정을 구체적으로 인식하고 있었거나 그 게시물의 존재를 인식할 수 있었음이 외관상 명백히 드러나며, 또한 기술적, 경제적으로 그 게시물에 대한 관리·통제가 가능한 경우에는, 위 사업자에게 그 게시물을 삭제하고 향후 같은 인터넷 게시공간에 유사한 내용의 게시물이 게시되지 않도록 차단할 주의의무가 있고, 그 게시물 삭제 등의 처리를 위하여 필요한 상당한 기간이 지나도록 그 처리를 하지 아니함으로써 타인에게 손해가 발생한 경우에는 부작위에 의한 불법행위책임이 성립한다.[56]

54 대법원 2009.04.16. 선고 2008다53812 판결.

55 대법원은 온라인서비스사제공자 대신 인터넷 종합 정보제공 사업자라는 명칭을 사용하였다.

56 인터넷 종합 정보제공 사업자의 명예훼손 게시물에 대한 삭제의무는 특별한 사정이 없는 한 위 사업자가 피해자로부터 명예훼손의 내용이 담긴 게시물을 '구체적·개별적으로 특정'하여 '삭제하여 달라는 요구'를 받았고, 나아가 그 게시물에 명예훼손의 불법성이 '현존'하는 것을 '명백'히 인식하였으며, 그러한 삭제 등의 조치를 하는 것이 '기술적·경제적으로 가능'한 경우로 제한하는 것이 합리적이고 타당하다.

인터넷 종합 정보제공 장소는 특정 기사에 대한 댓글들, 지식검색란에서의 특정 질문에 대한 답변들, 특정 사적 인터넷 게시공간 등과 같이 일정한 주제나 운영 주체에 따라 정보를 게시할 수 있는 개별 인터넷 게시공간으로 나누어져서 그 각 개별 인터넷 게시공간별로 운영 및 관리가 이루어지고 있고, 위와 같은 개별 인터넷 게시공간 내에서의 게시물들은 서로 관련을 맺고 게시되므로, 불법 게시물의 삭제 및 차단 의무는 위 개별 인터넷 게시공간별로 그 의무의 발생 당시 대상으로 된 불법 게시물뿐만 아니라 그 후 이와 관련되어 게시되는 불법 게시물에 대하여도 함께 문제될 수 있다. 따라서 그 의무 위반으로 인한 불법행위책임은 개별 인터넷 게시공간별로 포괄적으로 평가될 수 있다.

나. GSP 책임과 의무

(1) GSP의 책임

게임물관련사업자 중, 아케이드 게임물제공업자를 포함한 게임제공업자는 게임서비스제공자(GSP)로서 자신의 게임물 제공에 따른 직접적인 행위에 대해서는 책임을 지겠지만, 이용자의 행위로 인하여 발생하는 문제에 대해서도 책임이 있다. 다만, 게임산업법은 일정한 경우에 한하여 게임물관련 사업자에 대해 의무사항을 규정하고 있다. 해당 요건을 이행하지 아니할 경우에는 게임산업법 위반에 따른 형사책임을 질 수 있다. 예를들면, 제공하는 게임서비스가 악용되어 도박장화 되거나 또는 이용자의 출입이 금지되는 시간에 출입을 하는 경우에는 게임사업자가 이에 대한 확인의무를 진다.

(2) GSP의 게임산업법상 의무

게임산업법 제28조에서는 다음과 같이 게임물 관련사업자의 준수사항에 대해 열거적으로 규정하고 있다.

1. 제9조 제3항[57]의 규정에 의한 유통질서 등에 관한 교육을 받을 것
2. 게임물을 이용하여 도박 그 밖의 사행행위를 하게 하거나 이를 하도록 내버려 두지 아니할 것

2의2. 게임머니의 화폐단위를 한국은행에서 발행되는 화폐단위와 동일하게 하는 등 게임물의 내용구현과 밀접한 관련이 있는 운영방식 또는 기기·장치 등을 통하여 사행성을 조장하지 아니할 것

3. 경품 등을 제공하여 사행성을 조장하지 아니할 것. 다만, 청소년게임제공업의 전체이용가 게임물에 대하여 대통령령[58]이 정하는 경품의 종류(완구류 및 문구류 등. 다만, 현금, 상품권 및 유가증권은 제외한다)·지급기준·제공방법 등에 의한 경우에는 그러하지 아니하다.
4. 청소년게임제공업을 영위하는 자는 청소년이용불가 게임물을 제공하지 아니할 것
5. 일반게임제공업을 영위하는 자는 게임장에 청소년을 출입시키지 아니할 것
6. 게임물 및 컴퓨터 설비 등에 문화체육관광부장관이 고시하는 음란물 및 사행성게임물 차단 프로그램 또는 장치를 설치할 것. 다만, 음란물 및 사행성게임물 차단 프로그램 또는 장치를 설치하지 아니하여도 음란물 및 사행성게임물을 접속할 수 없게 되어 있는 경우에는 그러하지 아니하다.
7. 대통령령[59]이 정하는 영업시간 및 청소년의 출입시간을 준수할 것

---

57 게임산업법 제9조(유통질서의 확립) ① ~ ② 생략
③ 시장·군수·구청장(자치구의 구청장을 말한다. 이하 같다)은 게임물 및 게임상품의 건전한 유통질서 확립과 건전한 게임문화의 조성을 위하여 게임물 관련사업자를 대상으로 연 3시간 이내의 범위에서 대통령령이 정하는 바에 따라 교육을 실시할 수 있다.

58 게임산업법 시행령 제16조의2(경품의 종류 등) 법 제28조제3호 단서에 따라 제공할 수 있는 경품의 종류와 그 지급기준 및 방법은 다음과 같다.

1. 경품의 종류
가. 완구류 및 문구류
나. 문화상품류 및 스포츠용품류. 다만, 「청소년 보호법」 제2조에 따른 청소년유해매체물, 청소년유해약물 및 청소년유해물건을 제외한다.

2. 경품의 지급기준
지급되는 경품은 소비자판매가격(일반 소매상점에서의 판매가격을 말한다) 5천원 이내의 것으로 한다.

3. 경품의 제공방법
등급분류 시 심의된 게임물의 경품지급장치를 통해서만 제공하여야 하며, 영업소관계자 등이 경품을 직접 제공하여서는 아니된다.

59 게임산업법 시행령 제16조(영업시간 및 청소년 출입시간제한 등) 법 제28조제7호에 따른 영업시간 및 청소년의 출입시간은 다음 각 호와 같다.

1. 영업시간
가. 일반게임제공업자, 복합유통게임제공업자의 영업시간은 오전 9시부터 오후 12시까지로 한다. 다만, 전체이용가 게임물만을 제공하는 영업자는 영업시간의 제한을 받지 아니한다.
나. 청소년게임제공업자의 영업시간은 오전 9시부터 오후 12시까지로 한다. 다만, 청소년게임제공업자 중 게임 이용에 따라 획득된 결과물(법 제28조 제3호 단서에 따라 제공하는 경품을 포함한다)의 제공이 가능한 전체이용가 게임물의 대수 및 설치면적이 전체 대수 및 설치면적의 100분의 20을 초과하지 않는 경우에는 영업시간의 제한을 받지 아니한다.
다. 가목 및 나목 외의 게임물 관련사업자는 영업시간의 제한을 받지 아니한다.

2. 청소년의 출입시간
가. 청소년게임제공업자, 복합유통게임제공업자(「청소년 보호법 시행령」 제5조제1항제2호 단서에 따라 청소년의 출입이 허용되는 경우만 해당한다), 인터넷컴퓨터게임시설제공업자의 청소년 출입시간은 오전 9시부터 오후 10시까지로 한다. 다만, 청소년이 친권자·후견인·교사 또는 직장의 감독자 그 밖에 당해 청소년을 보호·감독할 만한 실질적인 지위에 있는 자를 동반한 경우에는 청소년 출입시간 외의 시간에도 청소년을 출입시킬 수 있다.
나. 가목 외의 게임물 관련사업자는 청소년 출입시간의 적용을 받지 아니한다.

8. 그 밖에 영업질서의 유지 등에 관하여 필요한 사항으로서 대통령령[60]이 정하는 사항을 준수할 것

---

60 게임물 관련사업자 준수사항(제17조 관련)

1. 게임물 관련사업자는 허가증, 신고증 또는 등록증을 출입자가 쉽게 볼 수 있는 곳에 붙여야 한다.
2. 일반게임제공업자, 청소년게임제공업자(법 제28조제3호 단서에 따라 경품을 제공하는 경우에만 해당한다)는 영업장 안에서 1명이 동시에 2대 이상의 게임물 등을 이용할 수 없도록 관리하여야 한다.
3. 일반게임제공업자·청소년게임제공업자·인터넷컴퓨터게임시설제공업자 및 복합유통게임제공업자는 출입자가 보기 쉬운 곳에 다음 각 호의 내용을 포함하는 가로 50센티미터, 세로 50센티미터 이상의 안내문을 게시하여야 한다.
   가. 청소년 출입여부 및 출입가능시간
   나. 음란물의 이용·제공 금지
   다. 도박·사행행위의 금지
   라. 경품취급기준의 준수
   마. 영업시간
4. 복합유통게임제공업자는 다음 각 목의 사항을 준수하여야 한다.
   가. 영업소에 주류를 보관하거나 이용자의 주류 반입을 허용하거나 묵인해서는 안 된다.
   나. 남녀 접대부를 고용·알선하는 행위를 해서는 안 된다.
5. 인터넷컴퓨터게임시설제공업자는 다음 각 목의 사항을 준수하여야 한다.
   가. 개별 컴퓨터별로 밀실이나 밀폐된 공간을 설치하여서는 아니 된다. 다만, 흡연실의 경우에는 그러하지 아니하다.
   나. 개별 컴퓨터별로 바닥으로부터 높이 1.3미터를 초과하는 칸막이를 설치하여서는 아니 된다. 다만, 머리에 쓰는 영상표시기기(Head Mounted Display) 등을 이용하는 게임물로서 몸동작을 수반할 수 있는 게임물을 이용하는 사람의 안전사고 예방을 위하여 내부가 잘 보이는 재질의 창 등을 설치하는 경우에는 높이 1.3미터를 초과하여 칸막이를 설치할 수 있다.
   다. 삭제 〈2015.1.6.〉
   라. 이용자가 등급구분을 위반하여 게임물을 이용하지 않도록 하여야 한다.
6. 청소년게임제공업자는 법 제28조제3호 단서에 따라 경품을 제공하려는 경우에는 다음 각 목의 사항을 준수하여야 한다.
   가. 경품을 환전, 환전 알선, 재매입하거나 다른 물품으로 교환하여 주어서는 아니 된다.
   나. 경품 외의 다른 물품을 전시·보관하여 경품으로 오인하게 하여서는 아니 된다.
7. 일반게임제공업자·청소년게임제공업자 및 복합유통게임제공업자는 게임물의 이용을 통하여 획득한 결과물(점수 및 이와 유사한 것을 말한다)이 환전되도록 장부에 표시하여 관리하거나 그 결과물이 표시된 증표를 내주어서는 안 된다.
8. 「정보통신망 이용촉진 및 정보보호 등에 관한 법률」 제2조제1항제1호의 정보통신망을 통하여 베팅이나 배당의 내용을 모사한 카드게임, 화투놀이 또는 스포츠 승부예측 게임 등의 게임물(이하 이 호에서 "게임물"이라 한다)을 제공하는 게임제공업자는 다음 각 목의 사항을 준수하여야 한다.
   가. 게임물 이용자 1명이 게임물을 이용하기 위한 가상현금(캐쉬 등을 말한다. 이하 이 호에서 같다), 게임아이템 등의 1개월간 구매(다른 게임물 이용자로부터 증여 등을 통하여 받는 것을 포함한다)한도가 50만원을 초과할 수 없도록 하여야 한다.
   나. 게임물 이용자 1명이 1회 게임에 사용할 수 있는 게임머니가 가목에 따른 구매한도 규모에 따라 지급될 수 있는 게임머니(게임물 이용자 1명이 가목의 한도까지 가상현금, 게임아이템 등을 구매하는 때 지급될 수 있는 게임머니 총량의 최저치를 기준으로 한다. 이하 이 호에서 같다)의 10분의 1을 초과할 수 없도록 하여야 한다.
   다. 삭제 〈2020. 4. 7.〉
   라. 게임물 이용자가 게임이용의 상대방을 선택할 수 없도록 해야 한다. 다만, 다음의 어느 하나에 해당하는 경우에는 그렇지 않다.
      1) 무료로 제공하는 별도의 게임머니만을 사용하는 경우
      2) 게임물 이용자 1명이 1회 게임에서 사용할 수 있는 게임머니가 가목의 구매한도 규모에 따라 지급될 수 있는 게임머니의 200분의 1을 초과하지 않는 경우
   마. 게임물 이용자가 게임을 이용할 경우 베팅을 자동으로 할 수 없도록 하여야 한다.
   바. 「전자서명법」 제2조제10호의 공인인증기관, 그 밖에 본인확인서비스를 제공하는 제3자 또는 행정기관에 의뢰하거나 대면확인 등을 통하여 게임물 이용자가 본인임을 확인할 수 있는 수단을 마련하고, 1년마다 게임물 이용자에 대하여 본인확인을 하여야 한다.
   사. 게임제공업자는 게임 과몰입 방지를 위한 이용자 보호방안을 수립해야 한다.
9. 일반게임제공업자, 청소년게임제공업자, 인터넷컴퓨터게임시설제공업자 및 복합유통게임제공업자는 게임물의 버튼 등 입력장치를 자동으로 조작하여 게임을 진행하는 장치 또는 소프트웨어를 제공하거나 게임물 이용자가 이를 이용하게 해서는 안 된다.

3. GSP의 의무

가. 도박 방조 책임

(1) 도박 및 사행행위

게임산업법 상 게임사업자는 이용자가 게임물을 이용하여 도박 그 밖의 사행행위를 하게 하거나 이를 하도록 내버려 두지 아니하여야 한다. 게임사업자의 의무는 게임물을 이용하는 이용자의 행위가 도박이나 사행행위가 아니어야한다는 점이다. 도박이나 사행행위는 대면으로 이루어지는 행위를 의미하는 것이기 때문에 온라인 게임을 이용한 경우는 적용하기가 쉽지 않다. 아케이드 게임물을 이용하는 경우를 염두에 둔 것이겠지만, 해석상 온라인 게임물의 경우도 배제될 수는 없을 것이다.

(2) 사행성게임물의 포함 여부

사행성게임물이 도박 및 사행행위 방조책임에 따른 적용대상이 되는지에 대해 대법원은 "게임산업법 제2조 제1호는… 사행성게임물에 해당하는 경우에는 이를 게임물에서 제외하였으므로, 게임산업법 제28조 제2호가 규정하고 있는 '게임물을 이용하여 도박 그 밖의 사행행위를 하게 하거나 이를 하도록 내버려 주지 아니할 것'의 취지는 사행성게임물이 아닌 게임물을 이용하여 사행행위를 조장하는 것을 금지하는 것이라고 할 것이다"[61]라고 판단하였다.

(3) 내버려두지 아니할 것의 의미

대법원은 게임산업법 제28조 제2호의 "도박 그 밖의 사행행위를 하게 하거나 이를 하도록 방치하는 행위란 게임이용자로 하여금 게임물을 이용하여 도박 그 밖의 사행행위를 실제로 하게 하거나 도박 그 밖의 사행행위가 이루어지고 있음에도 이를 방조 또는 방치하는 것을 의미하고, 단순히 게임물을 설치하여 게임이용자로 하여금 도박 그 밖의 사행행위를 할 수 있는 상태에 두는 것은 이에 해당하지 아니 한다"[62]고 하였다. 즉, 적극적으로 게임물을 이용하여 도박이나 사행행위를 하도록 방조하거나 방치하는 것을 의미하는 것이지, 그러한 상태에 두는 것은 아니라는 점을 확인한 것이다.

---

61 대법원 2010.1.28. 선고 2009도 13078 판결; 대법원 2010.2.11. 선고 2009도13169 판결.

62 대법원 2012.5.24. 선고 2011도8429, 판결(원심 수원지법 2011.6.15. 선고 2011노1952 판결).

나. 운영방식 등 사행성 조장 방지 의무

(1) 운영방식 등을 통한 사행성 조장

게임사업자는 게임머니의 화폐단위를 한국은행에서 발행되는 화폐단위와 동일하게 하는 등 게임물의 내용구현과 밀접한 관련이 있는 운영방식 또는 기기·장치 등을 통하여 사행성을 조장하지 아니할 의무를 진다.

(2) 화폐단위의 규제

게임물에서 사용되는 게임머니의 단위는 게임물의 특성을 반영하여 이루어지고 있다. 쩐, 원, 냥 등 다양한 형태로 사용하고 있으나, 게임산업법은 게임사업자의 의무사항으로 한국은행에서 발행되는 화폐단위의 사용을 금하고 있다. 이는 게임머니와 현실의 화폐의 혼동을 막는다는 의도이다. 그렇지만 실제 화폐와 게임물에서 사용하는 것을 혼동한다는 전제 자체가 성립될 수 있을지 의문이다. 더욱이 화폐단위를 쓴다는 것이 사행성을 조장하는 것으로 보기 어렵다.

다. 경품류 사행성 조장 금지 의무

게임사업자는 경품 등을 제공하여 사행성을 조장하지 아니할 것을 요구받는다. 다만, 청소년게임제공업의 전체이용가 게임물에 대하여 대통령령이 정하는 경품의 종류(완구류 및 문구류 등. 다만, 현금, 상품권 및 유가증권은 제외한다)·지급기준·제공방법 등에 의한 경우에는 그러하지 아니하다.

(1) 경품제공

게임사업자는 이용자에게 일정한 보상을 강구하게 된다. 게임내에서 보상이 이루어지기도 하고, 현물의 제공을 통해 보상을 하기도 한다. 때론 이벤트나 마케팅을 목적으로 경품을 제공하기도 한다. 이러한 경품은 공정거래법 상 경품고시를 통해서 제한하는 것이 일반적이다. 그러나 게임산업법은 이와 같이 경품제공 자체가 아닌 경품 제공을 통해 사행성을 조장하는 것을 금지하고 있다.

(2) 공정거래법 상 경품고시

공정거래법 상 경품고시는 1982년 제정되었다. 규제완환 차원으로 볼 수 있는 상품 구입과 관계없이 누구나 응모할 수 있는 '공개 현상경품'과 추첨 없이 상품에 끼워주는 '소비자 경품' 규제는 각각 1997년과 2009년 폐지됐다. 현재 경품 관련 규제는 '소비자 현상경품'이 유일하다. 현상경품은 1982년 도입 당시 한도가 5만원에 불과했지만 2000년 100만원, 2005년 500만원, 2012년 2000만원으로 상향 조정됐다. 1999년에는 규제완화 차원에서 현상경품 한도 규제를 폐지했다가 사행심 조장이라는 지적에 이듬해 부활하기도 했다.[63]

(3) 경품 제공 요건

2007년 게임산업법 개정법률은 게임물관련사업자에게 경품 등을 제공하지 않을 의무를 부과하고, 예외적으로 청소년게임제공업의 전체이용가 게임물에 대해서만 문화관광부 장관이 정하는 경품의 종류(완구류, 문구류 및 문화상품류, 스포츠 용품류), 지급기준(소비자판매가격 5천원 이내의 것), 제공방법(등급분류시 심의된 게임물의 경품지급장치를 통해서만 제공, 영업소관계자의 직접제공 불가) 등에 의해 제공할 수 있도록 하였다(시행령 제16조의2). 또한 경품을 지급은 등급분류기관에서 등급분류 시에 승인된 경품지급장치를 통해서만 제공되어야 하며 영업소관계자 등이 경품을 직접 제공하여서는 아니된다.

라. 청소년 출입제한

(1) PC방의 출입제한

일반게임제공업자, 복합유통게임제공업자의 영업시간은 오전 9시부터 오후 12시까지로 제한된다. 그러나 전체이용가 게임물만을 제공하는 영업자는 영업시간의 제한이 없다(시행령 제16조 제1호 가목). 청소년게임제공업자의 영업시간은 오전 9시부터 오후 12시까지이다.

청소년게임제공업자, 복합유통게임제공업자(『청소년 보호법 시행령』 제5조 제1항 제2호 단서에 따라 청소년의 출입이 허용되는 경우만 해당한다), 인터넷컴퓨터게임시설제공업자의 청소년 출입시간은 오전 9시부터 오후 10시로 제한된다.

63 국민일보, 2014.6.23.일자.

(2) 법정대리인 동행의 경우

청소년 출입제한이 있더라도, PC방이나 청소년게임장은 법정대리인과 동행하는 경우에는 출입이 가능하다. 즉, 청소년이 친권자·후견인·교사 또는 직장의 감독자 그 밖에 당해 청소년을 보호·감독할 만한 실질적인 지위에 있는 자를 동반한 경우에는 청소년 출입시간 외의 시간에도 청소년을 출입시킬 수 있다. 다만, 청소년게임제공업자, 복합유통게임제공업자(『청소년 보호법 시행령』 제5조 제1항 제2호 단서에 따라 청소년의 출입이 허용되는 경우만 해당한다), 인터넷컴퓨터게임시설제공업자 등을 제외한 게임물 관련사업자는 청소년 출입시간의 적용을 받지 아니한다.[64]

마. 블로그 등에 게임을 올리는 경우

블로그 운영자가 자신의 블로그에 게임을 올려 이용에 제공하는 경우에는 게임산업법 위반이 될 소지가 크다. 게임산업법 제32조는 누구든지 게임물의 유통질서를 저해하는 행위를 금지하고 있으며, 여기에는 게임산업법 제21조 제1항의 규정에 의하여 등급을 받지 아니한 게임물을 유통 또는 이용에 제공하거나 이를 위하여 진열·보관하는 행위나 제21조 제1항의 규정에 의하여 등급을 받은 내용과 다른 내용의 게임물을 유통 또는 이용에 제공하거나 이를 위하여 진열·보관하는 행위가 포함되기 때문이다.

블로그에 올려진 게임물이 등급분류를 받았다면 서비스하는데 문제가 되지 않는다. 다만, 등급분류를 받았더라도 등급을 받은 게임물을 제21조 제2항 각 호의 등급구분을 위반하여 이용에 제공하는 행위나 제33조 제1항 또는 제2항의 규정을 위반하여 등급 및 게임물 내용정보 등의 표시사항을 표시하지 아니한 게임물을 유통시키는 것은 금지된다. 만약 등급분류받은 게임물이 전체이용가 게임물인 경우에는 연령확인의무를 별도 할 필요가 없기 때문에 금지행위에는 해당하지 않는다.

바. OSP에 대한 게시중단 요청

블로그 등에 등급분류를 받지 않은 게임물이 유통되거나, 사설서버를 홍보하는 내용, 환전 등을 알선하는 내용의 게시물에 대해서는 해당 서비스를 제공하는 OSP에 대해 게임물관리

64 이상정·김윤명 편, 주해 게임산업진흥에 관한 법률, 세창출판사, 2014, 63면.

위원회에서 게시중단 요청을 할 수 있다.

이러한 경우에도 포괄적인 게시중단 요청이 아닌 구체적인 주소(URL)를 특정하여 게시중단하여야 한다. 특정 키워드 단위의 포괄적인 게시중단을 요청하는 것은 헌법상 검열의 문제가 될 수 있으며, 사전 모니터링 의무를 부과하는 것과 다름없기 때문이다. 만약 사설서버와 같이 특정 게임사의 저작권을 침해하는 경우라면 저작권법 상 게시중단 요청(notice & take down)을 통해서 진행할 수 있을 것이다.

포털 유해정보 시정 요구 건수 2010년~2013년 8월, ( )는 % 자료: 방송통신심의위원회

포털명	도박	불법 식·의약품	성매매·음란	권리 침해	기타 법령 위반	합계
네이버	**1,979(79.3)**	**5,455(84.3)**	6,778(46.6)	277(32.8)	**8,159(76.1)**	22,648(64.6)
다음	513(20.6)	1,012(15.6)	**7,612(52.4)**	**520(61.6)**	2,183(20.4)	11,840(33.8)
네이트	4(0.2)	5(0.1)	146(1.0)	47(5.6)	376(3.5)	578(1.6)
합계	2,496	6,472	14,536	844	10,718	35,066

포털 유해정보 시정요구 건수[65]

사. 게임 채팅

게임을 이용하면서 이용자는 게임내 대화창을 이용하게 된다. 대화창은 게임을 효과적으로 이용하기 위하여 게이머간 정보를 공유하는 데 이용된다. 대화창이 욕설이나 모욕을 주는 경우에 이용되는 경우도 있다. 이러한 경우 모욕을 당한 이용자가 상대방의 형사고소를 위해 개인정보를 게임사업자에게 요구할 수 있는지가 문제가 된다. 개인정보의 제공은 개인이 요청할 수 있는 권한은 없다. 사법기관 등에서 게임사업자에 대해 개인정보 등의 제공을 요청할 수 있을 뿐이다.

정보통신망법은 특정한 이용자에 의한 정보의 게재나 유통으로 사생활 침해 또는 명예훼손 등 권리를 침해당하였다고 주장하는 자는 민·형사상의 소를 제기하기 위하여 침해사실을 소명하여 제44조의10에 따른 명예훼손 분쟁조정부에 해당 정보통신서비스 제공자가 보유하고 있는 해당 이용자의 정보(민·형사상의 소를 제기하기 위한 성명·주소 등 대통령령으로 정하는 최소한의 정보를 말한다)의 제공을 청구할 수 있도록 하고 있다(제44조의6).

65 중앙일보, 2013.10.03.일자.

이러한 요청이 들어오면 명예훼손 분쟁조정부는 해당 이용자와 연락할 수 없는 등의 특별한 사정이 있는 경우 외에는 그 이용자의 의견을 들어 정보제공 여부를 결정하여야 한다. 명예훼손 분쟁조정부는 정보제공을 결정한 경우 게임사업자인 해당 정보통신서비스 제공자에게 정보통신망법 시행령 제31조[66]에 따른 정보를 제공해 주도록 요청하여야 한다. 이 경우 해당 정보통신서비스 제공자는 정당한 사유가 없으면 이에 따라야 한다(시행령 제33조). 명예훼손 분쟁조정부에 의해 이용자의 정보를 제공받은 자는 이용자의 정보를 민·형사상의 소를 제기하기 위한 목적으로만 사용하여야 한다.

66 정보통신망법 시행령 제31조(청구할 수 있는 이용자 정보의 범위) 법 제44조의6제1항에서 "대통령령으로 정하는 최소한의 정보"란 다음 각 호의 정보를 말한다.

1. 성명
2. 주소
3. 그 밖에 민·형사상의 소제기를 위하여 법 제44조의10에 따른 명예훼손분쟁조정부(이하 "명예훼손분쟁조정부"라 한다)가 필요하다고 인정하는 해당 이용자의 연락처 등의 정보

제 16 절 게임 중독과 강제적 셧다운제도

1. 국가의 청소년 규제의 정당성

가. 청소년 규제 정책

게임물을 포함한 콘텐츠나 인터넷 서비스에 있어서 국가는 청소년에 대해 과도하게 후견적 역할을 자임하고 있다. 청소년 보호는 헌법적 가치이기 때문에 청소년 보호를 소홀히 할 수 없는 것은 당연한 것이나, 최소한 청소년 스스로가 선택할 수 있는 여지는 두어야할 것이다. 미성년자의 법률행위는 취소할 수 있지만, 예외규정을 통해 법률의 안정성을 도모하는 경우와 같이 미성년자의 콘텐츠 소비나 게임행위는 허용될 수 있어야 한다. 민법은 미성년자의 거래 보호를 위해 법률행위에 대한 취소권을 인정하는 것이지, 인격 자체를 부인하는 것은 아니다. 본질적으로 청소년은 헌법 상 그 자체로서 인격적 존재이기 때문이다.

청소년 보호정책은 청소년의 인격의 신장이나 스스로 선택할 수 있는 여지를 거의 주지 않고 있다. 셧다운제도와 같이, 게임물을 즐길 수 있는 권리를 차단하는 경우에도 청소년의 의견은 반영되지 아니한다.

나. 게임물에서 청소년 보호정책

무엇보다도 게임물에서 청소년 보호정책은 다중적이다. 우선 모든 게임물은 등급분류를 받아야한다. 등급분류를 담당하고 있는 게임물관리위원회의 설립 목적에서도 '청소년 보호'는 중요하고 다루어지고 있다. 게임물을 이용하는 청소년들은 물론 법정대리인에게 게임물 관련

정보를 제공함으로써 보다 자세하게 해당 게임물에 대한 정보를 사전에 접하게 함으로써 스스로 선택할 수 있도록 하자는 것이다. 즉, 등급분류가 강제되고 있지만 이는 게임물의 이용 제한이 아닌 이용에 대한 정보의 제공을 위한 제도라는 점이다. 따라서 게임물에 표시된 게임물 내용정보에 따라 선정적이거나 사행적이거나 또는 폭력 등의 요소가 들어간 게임물의 이용을 제한하고 연령에 맞게 이용토록 하는 것이다.

검열에 대한 이슈는 여전하지만, 적어도 게임물 등급분류는 게임물의 이용을 전재한다는 점이다. 강제적 셧다운제도는 게임물의 이용자체를 금지하는 제도이다. 그것도 게임물의 성격이나 태양에 따라 이용자가 선택적으로 하는 것이 아닌 국가가 정한 일정한 기준에 따라 획일적으로 이용을 차단하는 것이다. '신데렐라법'이라고 불리우는 강제적 셧다운제는 자정부터 익일 6시까지 청소년의 게임물 이용을 강제적으로 제한하는 것은 사전에 예외를 두지 않고 있다. 예외라는 것은 원래부터 불가능한 영역에 대한 부분을 명문화한 것인데, 이를 찾기 어렵다. 등급분류 시스템이 국가에 의해 강제적으로 진행되고 있음에도 불구하고, "국가에 의한 규제를 별도로 추가하는 것은 이미 국가에 의해 형성되고 운영되고 있는 등급분류시스템을 형해화시킬 위험성이 있다"[67]는 점이 지적된다.

결국 청소년 보호정책에 있어서 게임물의 이용은 청소년유해매체물이 아님에도 불구하고, 관련 법령 내에서 2중의 규제를 거치게 만드는 것으로 이해할 수 있다. 따라서 "게임물관리위원회의 심의를 거쳐 연령 등급을 받은 게임에 대해 청소년 보호법에 의거해 추가 규제를 하는 것은 과잉규제 논란이 있다"[68]고 한다.

2. 중독 및 과몰입의 규제

가. 현행법 상 중독의 개념

(1) 국가정보화기본법 상 인터넷 중독

국가정보화기본법은 제2조 제20호에 인터넷 중독에 대해 정의하고 있다. 인터넷 중독이란

67 황성기, 스마트 시대의 콘텐츠 규제의 동향과 문제점, 48면.

68 조인혜 외, 현행 게임규제논의의 쟁점과 문제점, 전자신문, 2010, 28면.

"정보통신망을 통하여 제공되는 정보통신서비스의 지나친 이용으로 이용자가 일상생활에서 쉽게 회복할 수 없을 정도로 신체적·정신적·사회적 기능의 손상을 입는 것"이라고 한다.

(2) 청소년 보호법상 인터넷게임 중독

청소년 보호법 제27조 본문에는 인터넷게임 중독을 "인터넷게임의 지나친 이용으로 인하여 인터넷게임 이용자가 일상생활에서 쉽게 회복할 수 없는 신체적·정신적·사회적 기능 손상을 입은 것을 말한다"라고 정의하고 있다. 동 조는 인터넷게임 중독 등의 피해 청소년 지원을 위한 규정으로 여성가족부장관은 관계 중앙행정기관의 장과 협의하여 인터넷게임 중독 등 매체물의 오용·남용으로 신체적·정신적·사회적 피해를 입은 청소년에 대하여 예방·상담 및 치료와 재활 등의 서비스를 지원할 수 있도록 하고있다.

(3) 인터넷 중독과 인터넷게임 중독의 비교

양법에서 규정하고 있는 인터넷 중독과 인터넷게임 중독은 내용은 물론 자구에서도 차이가 거의 없다. 정보통신서비스와 인터넷게임만이 구분될 뿐이다. 인터넷은 전기통신사업법이나 정보통신망법 상 정보통신망이며, 정보통신서비스나 인터넷게임제공도 전기통신사업법 상 부가서비스의 일유형이기 때문에 정보통신망을 이용한다는 점에서 그 차이가 없다.

인터넷 중독	인터넷게임 중독
정보통신서비스의 지나친 이용으로 이용자가 일상생활에서 쉽게 회복할 수 없을 정도로 신체적·정신적·사회적 기능의 손상을 입는 것	인터넷게임의 지나친 이용으로 인하여 인터넷게임 이용자가 일상생활에서 쉽게 회복할 수 없는 신체적·정신적·사회적 기능 손상을 입은 것

나. 효과는 있을까?

효과를 논하기 이전에 셧다운제도의 정책의도가 명확하지 않다. 게임물의 이용자체를 금지하는 것이 궁극적인 목적인가? 금지를 하면 청소년들의 수면권이 보장되는가? 다른 행동이나 다른 거리를 찾지는 않을까? 정책당국은 이러한 기본적인 질문에 답을 해야 한다.

셧다운제로 끝낼 문제가 아니기 때문이다. 게임물이 문제라면 게임물 자체에 전면적인 검토가 이루어져야 한다.[69] 게임물이 중독으로서 문제가 된다면 낮 시간대의 이용자체도 금지

69 청소년 보호법이 유해매체물의 전면적인 차단을 목적으로 한다는 점에서 그러하다.

해야 한다. 수면권의 보장이라며 야간에만 제한하는 것은 상식적으로도 맞지 않다. 중독이라면, 시간의 제한 없이 청소년의 이용을 금지해야 하기 때문이다.

3. 강제적 셧다운제도의 도입

가. 제안 이유

최영희 의원이 발의한 청소년 보호법 개정안의 제안이유는 "최근 인터넷 이용자 수의 급속한 증대와 함께 청소년들의 인터넷사용으로 인한 부작용, 특히 과도한 인터넷게임으로 인한 중독문제가 심각하게 대두되고 있음. 인터넷의 이용은 다양한 정보에 대한 접근이 용이해지는 순기능도 있지만 그 역기능으로 성장기에 있는 청소년의 과도한 인터넷게임 몰입으로 인하여 일상생활에서 쉽게 회복할 수 없는 신체적, 정신적, 사회적 기능 손상을 입을 수 있으나 이에 대한 적절한 대응책은 이루어지고 있지 않는 실정임. 따라서 청소년 또는 친권자 등의 요청이 있는 경우 인터넷게임 제공자가 심야시간대 또는 일정시간 이상은 인터넷게임을 제공할 수 없도록 제한하고, 인터넷게임 중독 등으로 피해를 입은 청소년에 대하여는 정부가 예방·상담 및 치료·재활 등의 서비스를 지원하도록 하여 청소년의 인터넷게임 중독을 예방하고자 함"이라고 밝히고 있다.

나. 강제적 셧다운제도의 도입

(1) 논의의 시작

셧다운제도가 논의된 것은 2000년대 초반으로, 게임산업이 성장세를 시작할 즈음이었다. 주된 논거는 "일반적인 게임이 몇 십분, 길면 한 시간 정도 즐기는 형태인데 반하여 MMORPG는 게임내에서 성장을 하고 게임 내에서 다른 사람들과 네트워크를 구축하고 같이 생활을 하는 시스템이다. 따라서 MMORPG는 게임 시간이 상당히 길게 되고, 시간이 날 때마다 게임 내에서 지내게 되는 게임 중독현상이 나타나기 쉽다"[70]라는 것이다.

---

70 황성기 외, 셧다운제 규제 영향 보고서, 한국입법학회, 2011, 72면.

이러한 이유로 2004년부터 청소년보호위원회와 관련 시민단체 등에서 필요성이 제기되기 시작했고, 2005년 한나라당 김재경 의원이 발의한 것이 입법론의 시초였다. 한편 2004년 청소년보호위원회와 기독교윤리실천운동[71] 등이 청소년 수면권 확보를 위한 대책마련 포럼을 개최하고 청소년의 수면권을 보장하기 위해 온라인 게임 셧다운제도가 도입되어야 한다고 주장한 것이 시초라고 한다.[72]

(2) 중독이라는 의제

언론의 중독의제 설정은 게임물 이용에 대한 비판적 시각이 커지고, 인터넷 확산에 따라 다른 콘텐츠의 소비가 줄어든 것을 그 원인으로 판단한 것같다. 청소년의 게임물 이용은 게임물 자체가 가지는 재미요소가 적지 않기 때문이다. 또한 청소년들에게 부담지워지는 학업에 대한 스트레스를 해소하기 위한 방안으로서 게임을 하는 것이다. 그러한 결과, 게임물에 대한 몰입이 가져오는 모습에 대해 비판론이 제기된 것이다.

일각에서는 인터넷의 부작용이라고 주장한다. 중독 이슈가 바로 인터넷의 이용에 따른 문제로서 대두된 것이다. 이런 이유로 2000년대 중반, 많은 인터넷 중독 법제가 발의되기도 하였다. 독립 법제로 발의되던 중독 법제는 2009년 국가정보화기본법에 관련 조문으로 삽입되는 형태로 성안되었다. 인터넷 중독이라는 정의가 명시적으로 들어갔으나 당시 개정법에서는 제2조 정의규정에 들어간 것은 아니다. 정의규정에 들어가는 것과 법해석의 차이는 없으나, 전체적인 늬앙스에 따른 차이정도로 이해될 수 있다.

원래 중독법은 인터넷 중독이었기 때문에 인터넷의 이용에 대한 통제를 목적으로 하였다. 그러나 이 당시에도 중독에 대한 개념이나 중독이 갖는 문제점들에 대한 파악은 제대로 되지 못하였다. 레퍼런스를 찾지 못한 것이다. (그러나 정보사회진흥원의 자료를 가지고 진행하였다. 그러나 정보사회진흥원의 통계자료에 대한 검증은 그 누구도 진행하지 않았다.) 이러한 중독논의가 구체화되면서 이용자체를 차단하는 셧다운제가 객관적인 데이터에 근거하여 진행된 것인지 의문인 것이다.

---

71 1987년 창립된 기독교윤리실천운동은 성경과 정통적 기독교 신앙을 기본이념으로, 복음에 합당한 윤리적 삶을 살아가는 정직한 그리스도인, 신뢰받는 교회가 되도록 섬기며, 정의롭고 평화로운 사회를 만드는 것을 사명으로 삼고 있는 시민단체이다.

72 조인혜 외, 게임규제정책의 발전적 해법, 전자신문 미래기술연구센터, 2009, 36면.

셧다운제 쟁점

문광부 및 게임업계		여성가족부
PC기반 온라인게임만 해당	**적용 범위**	정보통신망 이용하는 모든 게임 (스마트폰, SNS 게임 등 포함)
외국 게임 서비스 규제 현실적으로 불가능해 국내기업에 대한 역차별	**역차별 논란**	인터넷 서비스 사업자 등을 통해 차단할 수 있다.
해당 시간 차단으로 게임 과몰입 예방 효과 없을 것 (게임업계)	**실효성**	게임 중독 예방하고 청소년 수면권 보장하는 효과

셧다운제 장단점

장점	단점
게임 과몰입 해소를 위한 제도적 발판 마련	도입에 따른 비용에 비해 과몰입 해소 효과 적어 비효율적이고 게임 산업 성장을 저해

강제적 셧다운제 쟁점[73]

인터넷중독이나 인터넷게임중독을 이유로 게임물의 셧다운제도를 도입하였지만, 여기에 더하여 중독물질 내지 중독행위로서 게임물에 대해 국가가 관리하겠다는 '4대 중독법'이 발의되기도 하였다. 그러나 "중독을 일으키는 약물의 경우 그것을 접하게 되면 거의 대부분이 중독 증상을 보이게 되고, 그 물질에 지나치게 의존하게 된다. 그러나 게임의 경우 그렇지 않은 경우가 대부분이며, 모든 게임이 사람들에게 중독을 일으키지도 않는다. 이러한 사실은 기존의 약물 중독과 같은 논리로 게임에 대한 몰입이나 중독을 다루어서는 안 된다는 것을 말하고 있다. 즉, 게임 중독에 대해서는 중독의 대상이 되는 존재에 대한 근본적인 접근을 금지하는 논리보다는 중독을 일으키는 환경에 대한 관심과 중독의 다차원적인 측면을 이해할 필요가 있다"[74]고 한다. 사회적인 문제는 그 환경이나 관계에 따른 문제가 있을 것이지만,

73 이코노믹리뷰, 2011.3.14일자.

74 강지웅 외, 게임과 문화연구, 커뮤니케이션북스, 2008, 161면.

그 원인에 대한 진단이나 처방 없이 결과로 나오는 게임물에서 그 원인을 찾는 것은 또다른 문제를 만들어내는 것에 불과하다.

(3) 셧다운제도의 도입

2008년 7월 10일 김재경 의원이 대표발의한 청소년 보호법 일부개정법률안, 2008년 11월 28일 김종률 의원이 대표발의한 청소년 보호법 일부개정법률안, 2009년 4월 22일 최영희 의원이 대표발의한 청소년 보호법 일부개정법률안 등 3건의 법률안을 제289회국회(임시회) 제1차 여성가족위원회(2010. 4. 14)에 각각 상정되었다. 동법안들은 2011.4월 여성가족위원장에 의해 대안으로 제안되었다.

대안의 제안이유는 "과도한 인터넷게임으로 인한 중독문제가 심각하게 대두되고 있으나 가정 및 학교 등의 자율적인 노력만으로는 이에 대한 적절한 대처가 어려운 실정이므로 심야 시간대에는 청소년에게 인터넷게임을 제공할 수 없도록 하는 등 청소년의 인터넷게임 중독을 예방하려는 것"이라고 한다.

국회 법사위 체계자구심사보고서[75]에 따르면 "청소년들의 과도한 인터넷게임으로 인한 중독을 예방하기 위하여 청소년 보호법에 관련 조문들을 신설하고 있음. 인터넷게임을 포함한 각종의 게임을 규율하는 법률로는 게임산업법이 있으나, 이 법률은 기본적으로 게임산업 전반의 발전과 진흥을 위한 조장적 성격의 법률이므로 특정한 게임에 대하여 세밀히 규제하는 데는 한계가 있다고 하겠음. 따라서 청소년들의 인터넷게임 중독 예방이라는 정책적 의지를 분명히 나타낼 수 있도록 청소년 보호법에서 인터넷게임 규제에 관한 사항을 규정하려는 것은 그 필요성이 인정된다고 하겠음. 특히, 규제의 내용을 법률에서 구체화하고 그 위반에 대한 처벌규정을 직접 둘 수 있어 규제행위의 실효성을 확보할 수 있다는 장점이 있음"[76]이라고 밝히고 있다.

---

75 진정구, 청소년 보호법 일부개정법률안(대안) 검토보고, 2010.4.21.

76 법제사법위원회에 회부될 예정인 "게임산업진흥에 관한 법률 일부개정법률안"에 의하면, '인터넷게임사업자는 대통령령이 정하는 바에 따라 게임이용자의 과도한 게임이용 방지 등을 위한 조치를 취하여야 하며, 문화체육관광부장관은 그 내용을 보고하게 할 수 있고 이 경우 보고받은 내용을 평가하여 예방조치 개선 등을 권고할 수 있도록'(안 제12조의3) 하는 등 규제의 세부 사항을 시행령에 위임하고 업계의 자율규제를 원칙으로 하고 있음.

다. 셧다운제 내용에 대한 검토

청소년 보호법개정안에 대한 국회 상임위의 검토내용은 법안의 문제점을 분석하기 보다는 정보사회진흥원의 통계자료를 원용하는데 그치고 있다. 다른 나라의 사례나 병리학적으로 문제점 등은 없는지에 대한 내용이 담겨있지 않다는 점이다. 이러한 통계자료는 2014년 5월 헌법재판소에서도 동일하게 인용된다. 그러나 통계자료가 진실한 것인지는 확인할 수 없다는 점에서 과연 고도의 정치적 내지 정책적 판단을 하는 헌법재판소가 그 의무를 다했는지 의문이다.

(1) 총론적 검토

국회 검토보고서에 따르면 인터넷 이용자 수의 급속한 증대로 과도한 인터넷게임의 중독문제에 대응하기 위하여 인터넷게임 중독과 관련된 규제를 하고 피해를 입은 청소년에 대한 예방·치료 등의 서비스를 제공할 수 있도록 규정하는 것은 타당하다고 보았다. 반면, 문화체육관광부는 개정안의 내용 대부분이 정부가 제출하여 국회에서 심의중인 게임산업진흥법 전부개정법률안('08.11.28, 정부제출, '09.2.4 문화체육방송통신위원회 상정 및 법안심사소위회부)에 유사한 규정으로 반영되어 있으므로 청소년 보호의 취지를 감안하더라도 중복규제의 우려가 있다는 이유를 들어 개정안에 반대한 바 있다. 이와달리, 같은 정부부처인 보건복지가족부는 심각한 사회문제로 대두되고 있는 인터넷중독을 예방하고 피해를 구제하는 등 종합적 정책추진을 위한 법과 제도의 정비를 위하여 관련규정을 청소년 보호법에 신설하는 것은 적절하다는 의견을 제시하였다.

(2) 용어 정의

'인터넷게임'관련 용어의 정의에 대하여 문화체육관광부는 현재 정부가 제출하여 국회에 계류 중인 게임산업진흥법 전부개정법률안('08.11.28, 정부제출, 이하 '게임산업법'으로 약칭함)에 "인터넷게임 제공자"를 "게임서비스업[77]"으로 신설하여 규제하고 있고, 인터넷게임에 대한 규제는 게임산업법에서 일원화 하는 것이 타당하다는 의견을 제시하고 있다.

---

77 게임산업법 개정법률안 제2조(정의) 9. "게임서비스업"이란 정보통신망 등을 통하여 공중이 게임물을 이용할 수 있도록 서비스하는 영업을 말한다. 다만, 게임장업, 인터넷컴퓨터게임시설제공업 및 복합게임장업에 해당하는 경우는 제외한다.

(3) 청소년의 인터넷게임 이용시간 등 제한

청소년 보호법 개정안에서는 인터넷게임 제공자는 청소년의 인터넷게임 중독을 예방하기 위하여 인터넷게임 이용시간, 이용방법 등 인터넷게임 이용제한에 관한 기술적 조치를 마련하여야 하며, 청소년 본인 또는 친권자 등의 요청이 있는 때에는 이를 제공하도록 하며(안 제23조의4 신설), 청소년 본인 또는 친권자 등의 요청이 있는 때에는 오전 0시부터 오전 6시까지 인터넷게임을 청소년에게 제공하여서는 아니 되도록 한 바 있다(안 제23조의 신설). 청소년의 인터넷게임 이용시간 제한 등의 규정을 위반한 경우 2년 이하의 징역 또는 1천만원 이하의 벌금에 처하도록 하였다(안 제51조제6호의2 내지 제6호의4 신설).

개정안은 청소년의 온라인 게임 이용시간이 과도하게 증가하면서 인터넷중독, 사이버폭력 등 사회적 문제가 심화되어 가고 있으나 가정 및 학교 차원의 자율적 감독만으로는 이러한 문제에 대한 효율적인 대처가 어려운 실정이므로, 본인 또는 친권자 등의 요청에 의하여 인터넷게임 이용시간, 이용방법 등 이용제한을 할 수 있도록 하고, 특히 요청에 따라 심야시간인 오전 0시부터 오전 6시까지 청소년에게 인터넷게임을 제공하지 아니 하려는 것이라고 한다.

개정안에 대하여 문화체육관광부는 게임물에 대한 등급분류를 통한 연령통제 이외의 추가적인 조치는 과다한 통제여서 중소기업의 영업권을 침해하여 사업을 어렵게 하고, 외국에서 주로 수입하는 휴대용게임기 등 다른 매체와의 형평성 문제가 생겨서 상대적으로 국내 기업에 대한 역차별 우려가 있다는 의견을 제시한 바 있다. 반면, 보건복지가족부는 게임산업법상 등급분류는 사용자가 본인연령에 맞는 등급의 게임을 사용하는지만 따지므로 사용시간과 관련되는 중독과는 전혀 무관한 제도로 중독에 대처하기 위해서는 별도의 조치가 필요하다는 입장이다. 즉, 인터넷게임의 폐해는 주로 장시간 이용의 형태로 나타나고, 중독성에 대한 자각을 했다하더라도 스스로 조절하기 어려운 점이 있으므로 본인이나 친권자 등이 예방 및 자율적 통제차원에서 이용시간의 제한에 대한 필요성을 느끼고 이를 요구할 경우, 인터넷게임제공자가 요구에 응하는 것은 청소년 보호 측면 뿐 아니라 소비자의 선택권을 존중한다는 측면에서도 필요하다는 의견을 제시하였다.

개정안은 선택적 온라인 게임 셧다운제도이며 이는 일부 시민단체를 중심으로 제기된 온라인 게임 제공 시간대를 법적으로 제한하는 '온라인 게임 셧다운(shut-down)제도'의 단점을 개선하여 청소년 본인이나 친권자가 요청하는 경우에 한하여 심야시간대에 온라인 게임 제공을 제한하는 제도인 바, 이 제도에 대하여 다음과 같은 찬반의견이 제기되고 있다.

첫째, 청소년 보호법 제19조[78]의 방송시간 제한의 경우 청소년유해매체물의 경우에만 방송시간을 제한하고 있는데, 비록 요청에 의한 것이라고 하여도 온라인 게임에 대해서만 등급에 관계없이 특정 시간대에 서비스 제공을 금지하는 것은 형평성에 맞지 않는다는 주장이 있다. 이에 대하여 온라인 게임은 본인의 의사에 따라 조절되지 않는 중독성을 가진 구조적인 특성에 기인하는 것이라는 반론이 있다. 즉, 방송은 중독성이 약해 제도적으로 조치가 필요할 정도는 아니지만, 온라인 게임 외 기타 아케이드 게임, PC게임, 콘솔게임, 모바일 게임 등 다른 게임은 "종료"가 있는 게임으로서 구조상 지나친 몰입이 어렵고 본인의 의사에 따라 조절이 가능한 데 비하여, 온라인 게임은 일단 서버에 접속하면 본인의 의지가 아닌 서버에서 요구하는 방식대로 유저가 반응할 수 밖에 없으며 결국 온라인 게임은 중독을 유발할 수 밖에 없는 구조이기 때문이라는 주장이다.

둘째, 온라인 게임사의 영업권 침해 및 산업에 미치게 될 악영향에 관한 것이다. 온라인업계에서는 온라인 게임에 대해 특정 시간대의 게임서비스의 제공금지는 (비록 청소년에게 요청에 의한 것이라고 할지라도) 온라인 게임사의 영업권을 과도하게 제한하는 측면이 있으며, 최근 10여 년간 한국의 게임산업은 괄목할 만한 성장을 이루었으나 내수시장의 포화, 중국 등 외국 기업의 급성장 등으로 글로벌 무한경쟁 속에 과도기를 맞고 있는데, 개정안 통과시 한국은 온라인 게임의 종주국으로서 관련 국내 제도는 국제적인 표준으로 작용할 것이므로 국제적인 온라인 게임산업의 발전에도 부정적인 영향을 미칠 것이 우려된다는 것이다. 그러나 이에 대해서는, 이 제도의 도입으로 침해되는 사익과 이 제도 도입에 따른 청소년 보호라는 공익을 비교해 보아야 할 것이나, 청소년의 건강한 사회적 성장이 국가적 의무이자 가장 중요한 사명임을 인식한다면 영업의 자유로 보장되는 사익과 비교할 수 없으며, 더구나 이 제도는 청소년들의 온라인 게임 이용을 절대적으로 금지하는 것이 아니고 요청에 의하여 일정 시간대의 이용만을 일시적으로 제한하는 것이므로, 본질적인 부분에 대한 침해로 볼 수 없다는 반론이 있다.

셋째, 기타 기술적인 측면으로 개별 사용자에 대한 추가적인 이용시간 및 이용방법 등

78 청소년 보호법 제19조(방송시간 제한) 청소년유해매체물로서 제7조제5호에 해당하는 것과 제7조제7호에 해당하는 광고선전물중 방송을 이용하는 것은 대통령령이 정하는 방송시간에는 이를 방송하여서는 아니된다.

을 제한하는 부분이 기술적·재정적 여건이 열악한 중소업체의 경우, 사업을 어렵게 할 수 있으며, 온라인 게임 이용을 친권자 등의 요청에 의하여 금지하더라도 청소년들은 다른 게임물(PC, 콘솔, 모바일) 또는 다른 정보통신 서비스(개인홈페이지, 채팅 등)를 이용하거나 해외에서 제공되는 온라인 게임을 이용할 수도 있다는 주장 등이다.

'셧다운 제도' 개정안에 대한 논쟁은 게임산업의 발전을 중요시 하는 입장에서 인터넷게임 중독으로부터 청소년보호 방안이 게임산업의 발전과 상충되고 조화하기 어렵다는 시각에서 나온 것이지만 양 관점의 조화를 모색할 필요가 있다. '선택적 셧다운제도'는 심야시간대에 게임제공을 강제적으로 금지하도록 하는 것이 아니고, 이용자 본인이나 친권자가 자신들의 특정한 상황에 맞도록 선택·결정하게 하는 방안으로써, 사업자의 수익감소 부담은 최소화하면서 서비스 개선의 효과는 크다고 주장된다.

4. 미성년자의 기본권 침해인지 여부

가. 게임할 권리의 침해

(1) 게임할 권리로서 행복추구권

게임할 권리는 기본적으로 개인이 행복을 추구할 수 있다는 점에서 행복추구권으로 볼 수 있다. 헌법 제10조는 행복추구권을 규정하고 있으며, "행복추구권은 헌법에 열거된 기본권으로서 행복추구의 수단이 될 수 있는 개별적 기본권들을 제외한 헌법에 열거되지 아니한 권리들에 대한 포괄적인 기본권의 성격을 가지며, '일반적 행동자유권', '개성의 자유로운 발현권', '자기결정권', '계약의 자유' 등이 그 보호영역 내에 포함된다"[79]. 헌법재판소도 "헌법 제10조의 행복추구권은 국민이 행복을 추구하기 위한 활동을 국가권력의 간섭 없이 자유롭게 할 수 있다는 포괄적인 의미의 자유권으로서의 성격을 가진다"[80]고 판시하였다. 또한 "일반적 행동의 자유는 개인의 인격발현과 밀접히 관련되어 있으므로 최대한 존중되어야 하는 것"[81]임을 밝히고 있다.

---

79 헌재 2003. 6. 26. 2002헌마677, 판례집 15-1, 823 [기각].

80 헌재 1995. 7. 21. 93헌가14, 판례집 7-2, 1, 32.

81 헌재 1997. 3. 27. 96헌가11, 판례집 9-1, 245, 265.

대법원은 생수판매 제한과 관련해서 "인간이 자신이 먹고 싶은 음식이나, 마시고 싶은 음료수를 자유롭게 선택할 수 있다고 하는 것은 인간으로서의 행복을 추구하기 위한 가장 기본적인 수단의 하나로서 행복추구권의 중요한 내용을 이루고 있는바, 수돗물에 대한 국민의 불안감을 방지한다는 공공의 목적과 보존음료수의 국내 판매를 금지함으로 인하여 국민의 행복추구권이 제한되는 결과를 비교하여 본다면, 행복추구권이 제한되거나 침해됨으로 말미암아 국민이 입게 되는 손실이 더 크다고 할 것이므로 보존음료수의 국내 판매를 금지하는 것은 허용될 수 없다"[82]고 판시한 바 있다.

이처럼 외부적인 간섭을 받지 않고 자유롭게 게임을 할 수 있는 권리는 일반적 행동자유권 또는 개성의 자유로운 발현권을 포함하는 헌법 제10조의 행복추구권에 근거를 두고 있는 기본권이라고 할 수 있다.[83]

(2) 당구장 출입제한의 행복추구권 침해

게임제한을 비교할 수 있는 사례로 미성년자의 당구장 출입제한을 들 수 있다. 미성년자의 당구장 출입을 제한하기 위해서는 당구장 출입이 유해하다는 전재가 성립되어야 하고, 미성년자의 당구장 출입이 유해하다는 것을 입증해야 한다. 그렇지만 "문화체육부장관은 당구가 체력증진 측면보다는 오락적 성격이 강하여 청소년의 탈선 또는 비행을 조장하는 측면이 있고 따라서 그들의 출입규제가 불가피하다고 주장하고 있으나 당구장이 18세 미만자에게 유해하다는 객관적인 자료는 없다"[84]고 밝힘으로써 그 입증을 하지 못했다.

기본권 침해인지 여부에 대해 헌법재판소는 "이 사건 소원심판청구인인 당구장 경영자의 입장에서 침해된 기본권은 직업선택의 자유 및 평등권임은 전술과 같은데 당구장을 이용하는 고객 중 출입이 제지되는 18세 미만 소년의 입장에서 침해되는 기본권은 무엇인지 잠시 살펴보고자 한다. 특히 어떤 소년이 운동선수로 대성할 수 있는 재질로 출생하였고 그 중에서도 당구에 선천적으로 비상한 소질이 있어 그 방면에서 자신의 능력을 발휘해 보고자 하는 경우 다른 종류의 운동 지망생과의 관계에서 평등의 원칙이 문제될 수 있음은 물론이다. 요

---

82 대법원 1995.11.14. 선고 92도496 판결.

83 황성기, 온라인게임 셧다운제의 헌법적합성에 관한 연구, 한림법학 FORUM 제16권, 2005, 143면.

84 헌재 1993. 5. 13. 92헌마80, 판례집 5-1, 365 [위헌].

컨대 당구장 출입자의 자숙이나 시설, 환경의 정화로 당구의 실내 스포츠로서의 이미지 개선은 가능한 것으로 사료되며 당구자체에 청소년이 금기시해야 할 요소가 있는 것으로는 보이지 않기 때문에 당구를 통하여 자신의 소질과 취미를 살리고자 하는 소년에 대하여 당구를 금하는 것은 헌법상 보장된 행복추구권의 한 내용인 일반적인 행동자유권의 침해가 될 수 있을 것이다"[85]라고 판시한 바 있다.

(3) 게임물 이용제한의 행복추구권 침해

게임할 권리는 별도의 권리라기 보다는 게임이라는 문화적 요소를 이용할 수 있는 권리를 말한다. 문화향유권은 개인의 행복을 추구한다는 점에서 행복추구권의 한 갈래라고 볼 수 있다. 그렇기 때문에 게임물의 이용을 제한하는 것은 개인이 게임물을 즐길 기본권을 제한한다는 점에서 행복추구권의 제한으로 볼 수 있다. 헌법재판소에서 확인한 바 있는 행복추구권은 "국민이 행복을 추구하기 위한 활동을 국가권력의 간섭 없이 자유롭게 할 수 있다는 포괄적인 의미의 자유권으로서의 성격"[86]이라는 점에서 게임물의 이용제한은 기본권인 행복추구권을 침해한 것이다.

나. 수면권의 침해인지 여부

강제적 셧다운제를 찬성하는 입장에서는 강제적 셧다운제가 청소년들의 수면권을 확보해준다는 논리를 제시하고 있다. 우선 수면권이 필요한 이유가 무엇인지 살펴볼 필요가 있다. 주장하는 바에 따르면, 수면권은 성장기에 필요한 신체발육을 위해 필요한 수면시간을 확보해줄 권리로 이해된다. 그러나 수면권은 개인의 신체적 특성에 따라 다양한 것이기 때문에 법이 이를 보호해줄 수 있는 권리 내지 기본권으로 이해하기 힘들다.

자정부터 6시까지 게임물을 즐기는 미성년자가 수면을 방해받고, 아니 스스로 수면을 취하지 않고 게임물을 즐기는 것을 법으로 강제할 수 없다. 만약 법으로 이를 강제한다는 것은 청소년을 보호받을 인격으로서 보는 것이 아닌 사회적 자산으로 보는 신자유주의적 시각은 아닌지 의심해볼 필요가 있다.

---

85 헌재 1993. 5. 13. 92헌마80, 판례집 5-1, 365 [위헌].

86 헌재 1995. 7. 21. 93헌가14, 판례집 7-2, 1 [합헌].

다. 행복추구권 제한의 대안

행복추구권을 법률로써 제한하는 것이 합리적이고 타당한 것인지에 대한 본질적인 의문을 가질 필요가 있다. 미성년자의 행복추구권은 다양한 경험을 필요로 하는 성장기에 무엇보다도 중요하다. 자신이 원하는 또는 자신의 바람직한 장래를 갖추기 위한 경험으로 공부는 물론 사회적 경험 등이 필요한 시기이기 때문이다. 그런 점에서 강제적인 셧다운제도는 하나의 문화인 게임물 이용을 제한한다는 점에서 단순하게 게임의 제한이 아닌 사회적 경험 내지 참여의 제한이라는 점에서 행복추구권을 극단적으로 제한하는 것으로 볼 수 있다.

이러한 위헌적인 입법이 아닌 다양한 사회적, 문화적 관심과 관계에서 그 이용을 이끌어내는 것이 중요하다. 앞서 살펴본 바 있는 미성년자의 당구장 출입 제한에 대해 헌법재판소는 "체육시설의 설치·이용에 관한 법률의 입법목적을 달성하기 위하여서는, 당구장에 18세 미만자의 정서함양이나 체력증진에 장애되는 요인이 있다면 그들의 출입을 봉쇄하기에 앞서서 가정과 학교, 그리고 사회가 합심 협력하여 그 요인의 제거에 주력함은 물론, 사랑과 대화와 이해로써 계몽하고 지도하고 보호함으로써 탈선을 예방하고 선도에 차질이 없도록 하여야 할 것이고(청소년기본법 제7조 제2항 참조) 아울러 미래사회의 주역이 될 청소년이 풍부한 지식을 바탕으로 건강하고 정서와 용기가 충만하며 밝고 능동적인 모습으로 자랄 수 있도록 최선을 경주하는 노력이 우선되어야 할 것이다"[87]라고 조언하고 있다.

5. 셧다운제 위헌 결정에 대한 검토[88]

헌법재판소는 2014년 4월 24일 16세 미만 청소년에게 오전 0시부터 오전 6시까지 인터넷게임의 제공을 금지하는 이른바 '강제적 셧다운제'를 정한 청소년 보호법 조항의 위헌 여부에 관한 헌법소원에 대하여, 처벌조항에 대한 심판청구 부분은 기본권 침해의 직접성이 인정되지 않아 부적법하고, 금지조항에 대한 심판청구 부분은 청소년의 인터넷게임 이용률 및 중독성이 강한 인터넷게임의 특징을 고려할 때, 청소년의 건전한 성장과 인터넷게임 중독을 예방하

87 헌재 1993. 5. 13. 92헌마80, 판례집 5-1, 365 [위헌].

88 헌재 2014. 4. 24. 2011헌마659 등, 공보 제211호, 830 [기각,각하]

기 위하여 16세 미만 청소년에 한하여 심야시간대만 그 제공을 금지하는 것이 청소년의 일반적 행동자유권, 부모의 자녀교육권 및 인터넷게임 제공자의 직업수행의 자유에 대한 과도한 제한이라고 보기는 어려우므로 헌법에 위반되지 않는다는 이유로 기각 결정하였다.

가. 개요

(1) 사건의 개요

청구인들은 16세 미만의 청소년, 16세 미만 청소년을 자녀로 둔 부모, 인터넷게임 제공자인바, 16세 미만 청소년에게 오전 0시부터 오전 6시까지 인터넷게임의 제공을 금지하고 이를 위반하는 경우 형사처벌하도록 규정한 청소년 보호법 조항들이 인터넷게임 제공자의 직업의 자유, 청소년의 일반적 행동자유권, 부모의 자녀교육권 등을 침해한다는 이유로 헌법소원심판을 청구하였다.

(2) 심판의 대상

구 청소년 보호법(2011. 5. 19. 법률 제10659호로 개정되고, 2011. 9. 15. 법률 제11048호로 전부개정되기 전의 것, 이하 '구법'이라 한다) 제23조의3 제1항 및 제51조 제6의2호와 청소년 보호법(2011. 9. 15. 법률 제11048호로 전부개정된 것, 이하 '법'이라 한다) 제26조 제1항 및 제59조 제5호(이하 금지조항을 '이 사건 금지조항'이라 하고, 처벌조항을 '이 사건 처벌조항'이라 한다)가 청구인들의 헌법상 기본권을 침해하여 위헌인지 여부

(3) 심판 대상 조항

○ 구 청소년 보호법(2011. 5. 19. 법률 제10659호로 개정되고, 2011. 9. 15. 법률 제11048호로 전부개정되기 전의 것) 제23조의3(심야시간대의 인터넷게임 제공시간 제한 등) ① '게임산업법'에 따른 게임물 중 '정보통신망법' 제2조 제1항 제1호에 따른 정보통신망을 통하여 실시간으로 제공되는 게임물(이하 "인터넷게임"이라 한다)의 제공자(전기통신사업법 제22조에 따라 부가통신사업자로 신고한 자를 말하며, 같은 조 제1항 후단 및 제4항에 따라 신고한 것으로 보는 경우를 포함한다. 이하 같다)는 16세 미만의 청소년에게 오전 0시부터 오전 6시까지 인터넷게임을 제공하여서는 아니 된다.

제51조(벌칙) 다음 각 호의 1에 해당하는 자는 2년 이하의 징역 또는 1천만 원 이하의 벌금에 처한다.

6의2. 제23조의3을 위반하여 심야시간대에 16세 미만의 청소년에게 인터넷게임을 제공한 자

○ 청소년 보호법(2011. 9. 15. 법률 제11048호로 전부개정된 것) 제26조(심야시간대의 인터넷게임 제공시간 제한) ① 인터넷게임의 제공자는 16세 미만의 청소년에게 오전 0시부터 오전 6시까지 인터넷게임을 제공하여서는 아니 된다.

제59조(벌칙) 다음 각 호의 어느 하나에 해당하는 자는 2년 이하의 징역 또는 1천만 원 이하의 벌금에 처한다.

5. 제26조를 위반하여 심야시간대에 16세 미만의 청소년에게 인터넷게임을 제공한 자

(4) 결정주문

구 청소년 보호법(2011. 5. 19. 법률 제10659호로 개정되고, 2011. 9. 15. 법률 제11048호로 전부개정되기 전의 것) 제51조 제6의2호 및 청소년 보호법(2011. 9. 15. 법률 제11048호로 전부개정된 것) 제59조 제5호에 대한 심판청구를 각하한다. 청구인들의 나머지 청구를 모두 기각한다.

나. 셧다운제도의 위헌 여부

(1) 인터넷 게임의 정의

청소년 보호법 상 '인터넷게임'은 '게임산업법'에 따른 게임물 중 정보통신망을 통하여 실시간으로 제공되는 게임물이라고 정의되어 있다. 따라서 게임의 시작 및 실행을 위하여 인터넷이나 네트워크 등 정보통신망에의 접속이 필요한 게임이라면 기기나 종류를 불문하고 모두 인터넷게임에 해당하고 게임산업법 상 게임물이 아니거나 정보통신망에의 접속이 필요 없는 게임은 인터넷게임에 해당하지 않는다는 것은 누구나 쉽게 알 수 있으므로, '인터넷게임'의 의미는 명확하다.

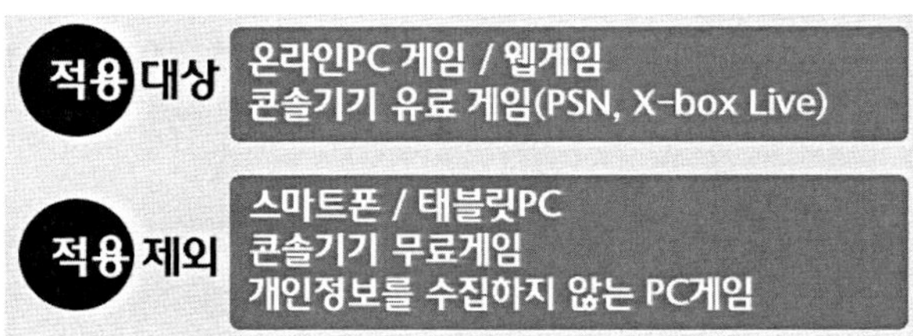

강제적 셧다운제 적용대상 게임물[89]

89 강제적 셧다운제?! 온라인, 모바일 게임의 셧다운제의 실태, SK브로드밴드, 2013.2.21.

한편 청소년 보호법 부칙 조항 및 '심야시간대 인터넷게임의 제공시간 제한 대상 게임물 범위'에 관한 여성가족부 고시(제2013-9호)에 의하여, 스마트폰 등 모바일기기를 이용하는 인터넷게임에 대하여 그 적용이 유예되고 있는데, 이는 이 사건 금지조항의 적용범위를 축소하는 것이어서 청구인들의 기본권을 제한하는 사항이라 보기 어렵고, 일부 인터넷게임에 대하여 적용이 유예되고 있다는 사실로 인하여 이 사건 금지조항에서 정한 '인터넷게임'의 의미가 불명확해진다고 보기는 어렵다. 그러므로 이 사건 금지조항은 죄형법정주의의 명확성원칙에 반하지 않는다.

이 사건 금지조항은 청소년의 건전한 성장과 발달 및 인터넷게임 중독을 예방하려는 것으로 그 입법목적이 정당하고, 이를 위하여 일정 시간대에 16세 미만 청소년에게 인터넷게임의 제공을 일률적으로 금지하는 것은 적절한 수단이다.

(2) 인터넷게임 이용시간의 제한

인터넷게임 자체는 오락 내지 여가활동의 일종으로 부정적이라고 볼 수 없으나, 우리나라 청소년의 높은 인터넷게임 이용률, 인터넷게임에 과몰입되거나 중독될 경우에 나타나는 부정적 결과 및 자발적 중단이 쉽지 않은 인터넷게임의 특성 등을 고려할 때, 16세 미만의 청소년에 한하여 오전 0시부터 오전 6시까지만 인터넷게임을 금지하는 것이 과도한 규제라고 보기 어렵고, 기타 과잉규제를 피하기 위하여 여성가족부장관으로 하여금 2년마다 적절성 여부를 평가하도록 하고 시험용 또는 교육용 게임물에 대해서 그 적용을 배제하는 등 피해를 최소화하는 장치도 마련되어 있으며, 본인 또는 법정대리인의 자발적 요청을 전제로 하는 게임산업법상 선택적 셧다운제는 그 이용률이 지극히 저조한 점 등에 비추어볼 때, 이 사건 금지조항의 대체수단이 되기에는 부족하므로 침해의 최소성 요건도 충족한다. 나아가 청소년의 건전한 성장 및 중독 예방이라는 공익의 중대성을 고려할 때 법익 균형성도 유지하고 있으므로, 이 사건 금지조항이 인터넷게임을 제공하는 자의 직업수행의 자유, 여가와 오락 활동에 관한 청소년의 일반적 행동자유권 및 부모의 자녀교육권을 침해한다고 볼 수 없다.

(3) 평등권 침해 여부

인터넷게임은 주로 동시 접속자와의 상호교류를 통한 게임 방식을 취하고 있어 중독성이 강한 편이고, 정보통신망서비스가 제공되는 곳이면 언제나 쉽게 접속하여 장시간 이용으로 이

어질 가능성이 크다는 점에서, 다른 게임과 달리 인터넷게임에 대해서만 강제적 셧다운제를 적용하는 것에는 합리적 이유가 있고, 또한 전기통신사업법에 따라 부가통신사업자로 신고하고 게임산업법상 등급분류를 받아 정상적인 방법으로 제공되는 인터넷게임물에 대해서는 그 제공업체가 국내 업체인지 해외 업체인지를 불문하고 이 사건 금지조항이 적용되므로, 일부 해외 서버를 통해 불법 유통되고 있는 게임물에 대하여 이 사건 금지조항이 적용되지 않는 사실을 가지고 해외 업체에 비하여 국내 업체만 규율함으로써 평등권이 침해된다고 볼 수는 없다.

다. 위헌이라는 반대 의견(재판관 김창종, 조용호)

(1) 문화국가원리에 위반

강제적 셧다운제는 전근대적이고 국가주의적이고 행정편의적인 발상에 기초한 것으로, 문화에 대한 자율성과 다양성 보장에 반하여 국가가 지나친 간섭과 개입을 하는 것이므로, 헌법상 문화국가의 원리에 반한다.

(2) 명확성원칙에 위반

이 사건 금지조항의 적용대상인 '인터넷게임'의 의미와 범위는 인터넷게임 제공자의 입장에서 볼 때 처벌조항의 구성요건에 해당하는바, 청소년 보호법 부칙 조항 등에서 심각한 중독의 우려가 없는 인터넷게임물에 대하여 그 적용을 유예하도록 하고 있으나 그 판단기준 등에 관해 법에서 전혀 정하고 있지 아니하여, 일반인으로서는 강제적 셧다운제의 적용대상인 인터넷게임의 범위를 제대로 파악하기 어려우므로, 이 사건 금지조항은 죄형법정주의의 명확성원칙에 반한다.

(3) 과잉금지원칙에 위반

이 사건 금지조항은 청소년의 일반적 행동자유권, 부모의 자녀교육권 및 게임 제공자의 직업의 자유 등의 기본권을 제한하는데, 입법목적 중 '청소년의 수면시간 확보'가 이러한 기본권 제한을 정당화할 수 있는 사유인지 의심스럽고, 기본적으로 인터넷게임을 유해하고 무가치한 것으로 보는 시각을 전제로 하고 있으므로 적절한 수단이라고 보기도 어렵다. 나아가 청소년이용가능 게임이 실질적으로 그 적용대상이므로 장시간 이용으로 인한 유해가능성이 없을 때에는 그 예외가 인정되어야 함에도 전면적으로 금지하고 있고, 게임산업법상 청소년 본인이나 법정대리인의 자율적 요청에 따라 이용시간 등의 제한조치를 할 수 있는 '선택적 셧다운제'가 마련되어 있으므로, 침해의 최소성에도 반한다. 그리고 16세 미만 청소년의 심야시간대 인터넷게임 이용률이 원래 높지 않았고, 타인명의로 접속하는 경우 통제방법이 없다는 점에서 제도의 실효성이 적은 반면, 과도한 규제로 인한 기본권 침해 및 매출규모 10조 원에 달하는 국내 인터넷게임 시장의 위축 가능성 등을 고려하면 법익의 균형성도 갖추고 있다고 보기 어려우므로, 이 사건 금지조항은 과잉금지원칙에도 위반된다.

(4) 평등권 침해

인터넷게임과 다른 게임 사이에 중독성에 있어 본질적인 차이가 있다고 보기 어려움에도 인터넷게임만 규제하고 있고, 사실상 국내법상 부가통신사업자로 신고하거나 기간통신사업자로 허가받은 인터넷게임 제공자인 국내 게임업체가 주로 강제적 셧다운제의 규율대상에 해당한다는 점에서 국내 인터넷게임 제공자들의 평등권도 침해한다.

6. 강제적 셧다운제의 문제점 및 개선방안

가. 문제점

(1) 셧다운제는 문화 다양성을 훼손한다

셧다운제도는 위헌소송의 반대의견과 같이, 문화국가원리에 반한다. 게임물이 갖는 표현의 자유라는 측면에서 이를 제작하거나 이용하는 경우에 있어서 표현의 자유를 제한함으로써 문화의 향유권의 침해가 이루어질 수 있다. 수면권의 보장은 개별적으로 이루어져야할 양육의 원칙이라는 점에서 타당성을 갖기 어렵다.

(2) 부모의 교육권 침해

자녀의 양육과 교육은 일차적으로 부모의 천부적인 권리인 동시에 부모에게 부과된 의무이기도 하다. '부모의 자녀에 대한 교육권'은 비록 헌법에 명문으로 규정되어 있지는 아니하지만, 이는 모든 인간이 누리는 불가침의 인권으로서 혼인과 가족생활을 보장하는 헌법 제36

조 제1항, 행복추구권을 보장하는 헌법 제10조 및 "국민의 자유와 권리는 헌법에 열거되지 아니한 이유로 경시되지 아니한다"고 규정하는 헌법 제37조 제1항에서 나오는 중요한 기본권이다. 부모는 자녀의 교육에 관하여 전반적인 계획을 세우고 자신의 인생관·사회관·교육관에 따라 자녀의 교육을 자유롭게 형성할 권리를 가지며, 부모의 교육권은 다른 교육의 주체와의 관계에서 원칙적인 우위를 가진다. 자녀의 양육과 교육에 있어서 부모의 교육권은 교육의 모든 영역에서 존중되어야 하며, 다만, 학교교육에 관한 한, 국가는 헌법 제31조에 의하여 부모의 교육권으로부터 원칙적으로 독립된 독자적인 교육권한을 부여받음으로써 부모의 교육권과 함께 자녀의 교육을 담당하지만, 학교 밖의 교육영역에서는 원칙적으로 부모의 교육권이 우위를 차지한다.[90] 이러한 교육 및 양육권을 제한하는 셧다운제도는 문제가 작지 않다.

(3) 규제 외연의 확장가능성

셧다운제도는 합헌으로 결정이 났다. 소수 의견이지만 위헌론에 찬성하는 재판관이 있었다는 점에서 여전히 위헌론은 유효하다. 그럼에도 불구하고, 강제적 셧다운제도의 합헌 결정에 따라 여성가족부는 청소년 보호법 개정을 추진할 것으로 예견된다. 현행 청소년 보호법의 셧다운제 대상은 16세 미만 청소년으로 한정된다는 점, 그리고 모바일게임물은 제외하고 있다는 점을 그 이유로 들 수 있다.

모바일 플랫폼을 통한 게임물의 수요가 온라인 플랫폼을 이용한 경우를 넘어서고 있기 때문에 모바일 게임물도 셧다운제로 포함시킬 가능성이 매우 높아졌다. 또한 16세 미만의 청소년으로 한정된 것은 정보통신망법 상 14세 미만 청소년의 개인정보 제공시 법정대리인의 동의절차를 밟도록 한 연령과 게임산업법 상 청소년의 연령이 18세 미만으로 규정된 것의 정치적 절충이 16세라는 점이다. 물론 등급분류 연령에서 전체이용가, 12세 미만, 15세 미만 등 3개층의 연령대가 청소년이 이용가능한 게임물로 되어 있다는 점에서 셧다운제 대상을 16세로 규정한 것으로 이해할 수 있다.[91]

또한 교육기본법 상 의무교육이 중학교 까지로 되어있으며, 통상 이들의 연령이 16세 전

---

90 헌재 2000. 4. 27. 98헌가16 등, 판례집 12-1, 427 [위헌].

91 그러나 이러한 연령대의 설정은 필연적인 이유가 있는 것은 아닌 것으로 보인다. 왜냐하면, "인터넷게임 제공시간 제한 조치가 적용되는 연령층에 대하여 문화체육관광부는 만 14세 미만을 주장하였고, 여성가족부는 만 19세 미만을 주장하였다. 만 16세 미만으로 하는 것으로 합의되었다"라고 밝히고 있기 때문이다. 헌법학회, 75면.

후로 형성되기 때문에 심신이 16세 이상의 청소년보다는 약하기 때문에 보호대상으로 16세 미만의 청소년의 규정한 것으로 볼 수도 있을 것이다. 이러한 논의는 청소년 보호법 개정 과정에서 검토된 것은 아니다.

따라서 현행 청소년 보호법의 셧다운제 대상을 뚜렷한 이유나 근거 없이 16세로 규정한 것이기 때문에 연령의 제한을 16세가 아닌 청소년 보호법의 19세 내지, 게임산업법의 18세로 확장시킬 것으로 예견된다.

나. 개선 방안

(1) 셧다운제는 폐지되어야 한다

규제는 규제를 담당하는 조직을 유지하기 위해서라도 규제의 타당성 여부와 상관없이 존속하고 지켜진다. 산업계에서 규제완화를 주장하거나 더욱이 국가통치자가 규제완화를 지시하여도 제대로 이행되지 못하는 이유 중 하나이다. 셧다운제 자체의 문제점으로 셧다운제 폐지 법안이 발의되기도 하였다. 강제적 셧다운제에 대해 합헌 결정이 나오긴 하였지만 여전히 헌법적 가치를 훼손하는 것임은 부인하기 어렵기 때문이다. 따라서 문화국가원리에 반하는 셧다운제는 재론의 여지없이 폐지되는 것이 산업정책을 넘어선 바람직한 문화정책의 방향이다.

(2) 교육 및 청소년보호에 대한 국가의 책임[92]

헌법 제31조 제1항은 "모든 국민은 능력에 따라 균등하게 교육을 받을 권리를 가진다"라고 규정하여 국민의 교육을 받을 권리를 보장하고 있다. 교육을 받을 권리는 국민이 인간으로서의 존엄과 가치를 가지며 행복을 추구하고(헌법 제10조) 인간다운 생활을 영위하는 데(헌법 제34조 제1항) 필수적인 전제이자 다른 기본권을 의미 있게 행사하기 위한 기초이고, 민주국가에서 교육을 통한 국민의 능력과 자질의 향상은 바로 그 나라의 번영과 발전의 토대가 되는 것이므로, 헌법이 교육을 국가의 중요한 과제로 규정하고 있는 것이다.

헌법 제31조 제6항은 "학교교육 및 평생교육을 포함한 교육제도와 그 운영, 교육재정 및 교원의 지위에 관한 기본적인 사항은 법률로 정한다"고 함으로써 국가에게 학교제도를 통한 교육을 시행하도록 위임하였고, 이로써 국가는 학교제도에 관한 포괄적인 규율권한과 자녀

92 헌재 2004. 5. 27. 2003헌가1 등, 판례집 16-1, 670 [위헌, 헌법불합치].

에 대한 학교교육의 책임을 부여받았다. 따라서 국가는 헌법 제31조 제6항에 의하여 모든 학교제도의 조직, 계획, 운영, 감독에 관한 포괄적인 권한 즉, 학교제도에 관한 전반적인 형성권과 규율권을 가지고 있다.[93]

한편, 우리 헌법은 "국가는 …… 청소년의 복지향상을 위한 정책을 실시할 의무를 진다(헌법 제34조 제4항).", "연소자의 근로는 특별한 보호를 받는다(헌법 제32조 제5항)."라고 규정하여 국가의 아동·청소년 보호의무를 개별적으로 규정하고 있다. 따라서 국가는 아동·청소년의 건전한 성장을 위한 정책을 개발하고 실시하여야 한다.

인사이트

판단을 위한 경험을 부정하지는 말아야 한다. 다양한 경험을 통해, 스스로의 가치를 찾고 가능성을 확인하는 것이기 때문이다. 게임을 경험해야, 해악인지 중독인지 아니면 또다른 가치를 가지고 있는 것인지를 알 수 있지 않을까?

93 헌재 2000. 4. 27. 98헌가16, 98헌마429(병합), 427, 449-450 참조.

제 7 장

인터넷 겜블링(Gambling)

인터넷을 통해 다양한 비즈니스가 제공되고 있으며, 게임물의 경우도 예외는 아니다. 이러한 비즈니스를 법적 테두리 내에서 행하는 것과 이를 벗어나는 경우의 구분이 쉽지 않은 것도 사실이다. 인터넷 도박도 마찬가지이다. 게임물을 이용한 놀이일 수도 있으나, 게임물을 이용하는 과정에서 사행성을 일으킬 수 있는 환금과 같은 위법적인 요소가 들어가는 경우에는 도박으로 볼 수 있다. 이하에서는 인터넷 도박 등을 포함한 다양한 이슈로서 인터넷 겜블링에 대해 살펴보고자 한다.

제 17 절 | 인터넷 도박

1. 합법적 도박은 왜 허용되는가?

가. 도박

건전한 경제관념을 따르지 않고, 큰 돈을 얻고자하는 심리를 이용한 것이 도박이라고 할 수 있다. 도박은 사행성 또는 사행행위와 다르지 않는 개념으로 이해되고 있다. 사행성이나 사행행위의 기준이 되는 요소는 베팅, 배당 및 우연적인 방법 등이다.

도박을 위한 물품[1]

1 구글 이미지 검색. 2014.7.27.일 검색.

도박이란 재물을 모아, 우연의 결과에 따라 득실이 일어나는 것을 말한다. 형법 상 도박죄는 이러한 범죄구성요건에 따라 처벌받게 된다.

나. 합법적 도박

(1) 의의

우리는 도박에 대한 순수 한글표현으로 '노름'[2]이라는 어휘를 가지고 있다. 놀이의 한 파생어로 볼 수 있는 노름은 도박과 다르지 않는 것이다. 형법은 도박죄를 처벌한다. 우연에 의하여 재물의 득실을 다투는 것을 내용으로 하는 범죄인 도박죄를 처벌하는 이유는 정당한 근로에 의하지 아니한 재물의 취득을 처벌함으로써 경제에 관한 건전한 도덕법칙을 보호하는 데 있다. 이러한 도박죄 규정에도 불구하고, 다수의 특별법에서는 도박을 합법적으로 허용하고 있다. 각각의 특별법은 입법목적에 따라 범죄구성요건을 조각하고 있다.

(2) 합법 도박의 유형

전형적인 도박인 경마를 허용하고 있는 한국마사회법은 경마(競馬)에 관한 사항을 정함으로써 경마의 공정한 시행과 원활한 보급을 통하여 말산업 및 축산의 발전에 이바지하고 국민의 여가선용을 도모하고 있다. 또한 관광진흥법에서 허용하고 있는 카지노업은 "전문 영업장을 갖추고 주사위·트럼프·슬롯머신 등 특정한 기구 등을 이용하여 우연의 결과에 따라 특정인에게 재산상의 이익을 주고 다른 참가자에게 손실을 주는 행위 등을 하는 업"으로 정의된다. 카지노업도 기본적으로 사행성에 대한 요건을 갖추고 있으며, 내국인의 출입을 엄격히 제한하고 있다. 그러나 폐광지역 개발 지원에 관한 특별법에서는 유일하게 내국인의 카지노 출입을 허용하고 있다. 이는 "석탄산업의 사양화로 인하여 낙후된 폐광지역의 경제를 진흥시켜 지역 간의 균형 있는 발전과 주민의 생활 향상을 도모"하기 위한 것이라는 입법정책이 반영된 것이다. 이와 같이 합법적 도박 내지 도박산업은 국가에 의한 허가주의를 취하고 있으며, 관광진흥법 상 카지노업의 경우에는 총매출액의 10%를 기금으로 납부토록 하고 있다. 이러한 도박산업이 목적하는 것은 국민의 여가생활을 도모하는 것이지만, 그러한 과정에서 나타나

2 "놀음은 극적으로 보여주는 특정 놀이활동을 지칭할 때 흔히 쓰이는데, 그 쓰임새를 보면 꼭두각시놀음, 들놀음, 원놀음, 청단놀음, 사자놀음 등이 있다. 그리고 도박성을 띈 화투, 마작 등의 놀이를 싸잡아서 일컬을 때 놀음, 즉 노름이라고 한다", 임재해, 한국민속과 오늘의 문화, 지식산업사, 1995, 256면.

는 폐해는 작지 않은 것으로 보이며, 사회문제가 되고 있다.

(3) 도박의 허용 사유

도박에 대한 사회적인 문제나 형법 상 도박죄의 처벌에도 불구하고 합법적인 도박을 허용하는 것은 무엇보다도 국가의 재정과 관련된 것으로 보인다. 각국은 제도화를 통해 도박을 관리하는 것이 사회적, 경제적 측면에서 더 효과적이라고 판단하여, 금지하는 것보다는 합법화를 정책적으로 택하고 있는 것이다.[3]

도박의 합법화는 입법목적을 달성할 수 있을지 의문이며, 도박에 대한 국민의 법감정에 대한 왜곡을 가져올 수 있을 것으로 우려된다. 그러나 대법원은 합법적 도박에 대한 판단에 있어서 "국가 정책적 견지에서 도박죄의 보호법익보다 좀더 높은 국가이익을 위하여 예외적으로 내국인의 출입을 허용하는 폐광지역 개발 지원에 관한 특별법 등에 따라 카지노에 출입하는 것은 법령에 의한 행위로 위법성이 조각된다"[4]고 판시한 바 있다. 이는 합법적 도박을 허용함으로써 얻는 국가적 이익이 도박죄의 이익보다 높다고 판단하고 있음을 보여주는 것이다.

2. 도박죄 및 도박개장죄

가. 도박죄

도박죄는 우연에 의하여 재물의 득실을 다투는 것을 내용으로 하는 범죄로서, 형법 제246조에서 도박죄를 처벌하는 이유는 정당한 근로에 의하지 아니한 재물의 취득을 처벌함으로써 경제에 관한 건전한 도덕법칙을 보호하는 데 있다. 그리고 도박은 '재물을 걸고 우연에 의하여 재물의 득실을 결정하는 것'[5]을 의미한다.

3 황현탁, 사행산업론, 나남, 2012, 37면.

4 대법원 2004. 4. 23. 선고 2002도2518 판결.

5 대법원 2008.10.23. 선고 2006도736 판결.

나. 도박행위의 구성 요건

(1) 우연

우연에 대한 개념은 원시사회에는 존재한 것이 아니었으며, 이는 주술에 있어서 신의 계시로만 이해되던 것이 17세기 이후에 분리된 개념이라고 한다. 즉, 확률이라는 단어가 무작위성에 대한 수학적 개념과 관련된 근대적 형태로 나타나게 된 것이다.[6]

주사위 놀이를 포함하여 확률에 따른 결과를 가져오는 놀이는 우연을 요건으로 한다. 특히 우연에 대해서는 '절대적인 민주주의'라고 표현한다. 우연은 "기술의 효능을 무력화할 뿐만 아니라, 선천적, 후천적을 불문하고 모든 차이, 즉 개인적 자질, 인내심, 노력 또는 교육에 기초한 모든 차이를 무효"[7]로 만들기 때문이다.

대법원은 형법 제246조의 도박행위의 구성요건인 '우연성'의 판단에 있어서, 우연이란 "주관적으로 '당사자에 있어서 확실히 예견 또는 자유로이 지배할 수 없는 사실에 관하여 승패를 결정하는 것'을 말하고, 객관적으로 불확실할 것을 요구하지 아니한다"[8]라고 판시한 바 있다. 골프내기 도박에 대해 "피고인들이 각자 핸디캡을 정하고 홀마다 또는 9홀마다 별도의 돈을 걸고 총 26 내지 32회에 걸쳐 내기 골프를 한 행위가 도박에 해당한다고 한 사례에서, 당사자의 능력이 승패의 결과에 영향을 미친다고 하더라도 다소라도 우연성의 사정에 의하여 영향을 받게 되는 때에는 도박죄가 성립할 수 있다"[9]고 보았다.

(2) 결과에 따른 득실

도박죄는 "사람의 요행심을 조장하여 건전한 근로생활을 퇴폐케 할 뿐만 아니라 폭행·협박·

---

6 거다 리스, 도박, 꿈엔들, 2006, 44면.

7 거다 리스, 도박, 꿈엔들, 2006, 189면.

8 대법원 2008. 10. 23. 선고 2006도736 판결.

9 피고인들이 각자 핸디캡을 정하고 속칭 스트로크 방식과 계 방식으로 총 26 내지 32회에 걸쳐 합계 최고 8억여 원 상당의 내기골프를 한 사안에서, 골프를 비롯한 운동경기와 화투, 카드, 카지노 등 사이에 승패의 결정에 경기자의 기능과 기량이라는 요인과 이와 무관한 우연이라는 요인이 영향을 미치는 정도는 매우 상대적인 것으로, 전자인 운동경기에 있어서는 기량이라는 요인이 지배적이고 후자인 화투 등에 있어서는 그렇지 않다고 단정할 수 없고, 우연의 속성이 인정되는 한 승패를 가름할 우연성의 정도는 도박죄의 성립에 원래 영향이 없는 것이기도 하며, 한편 도박죄를 처벌하는 이유는 정당한 근로에 의하지 아니한 재물의 취득을 처벌함으로써 경제에 관한 건전한 도덕법칙을 보호하기 위한 것인데 내기골프의 승금은 정당한 근로에 의한 재물의 취득이라고 볼 수 없고, 내기골프를 방임할 경우 경제에 관한 도덕적 기초가 허물어질 위험이 충분하므로, 내기골프는 도박죄의 구성요건이 요구하는 행위의 정형성을 갖추고 있고 그 정도가 일시오락에 불과하지 않는 한 도박죄의 보호법익을 침해하는 행위로 도박에 해당한다고 보았다. 서울고등법원 2006.01.11. 선고 2005노2065 판결: 상고[상습도박{일부예비적죄명:특정경제범죄가중처벌등에관한법률위반(사기)}].

살인·상해·절도·강도 등의 다른 범죄를 유발하는 원인이 되기 때문에 국가적 수단에 의하여 처벌하거나 통제되어온 것”[10]이다. 결과에 따른 득실은 재물의 잃고 짐이 있다는 의미로 이해된다. 따라서 재물의 득실이 아닌 경우라면 도박죄의 구성요건에 포함된다고 보기 어렵다. 즉, 재산적 가치가 인정되지 못하는 게임머니의 득실을 통해 놀이가 이루어진다면 이는 도박이 아닌 단순한 오락에 불과하기 때문이다. 대법원도 도박죄의 위법성 조각에서 ‘일시적 오락’에 해당하는 경우라면 도박죄를 인정하지 않는 것과 같다.

다. 위법성 조각

도박죄는 사행심에 의한 행위자의 재산일실위험을 제거하려는 한편 건전한 국민의 근로관념과 사회의 미풍양속을 보호하려함에 그 뜻이 있으므로 도박의 장소, 행위자의 사회적 지위 및 재산정도, 도박 그 자체의 흥미성 및 근소성 등에 비추어 일시 오락의 정도에 지나지 않는 도박은 가벌성이 없다.

(1) 일시 오락정도에 불과한 도박행위를 처벌하지 아니하는 이유

형법 제246조 도박죄를 처벌하는 이유는 정당한 근로에 의하지 아니한 재물의 취득을 처벌함으로써 경제에 관한 건전한 도덕법칙을 보호하기 위한 것인바, 그 처벌은 헌법이 보장하는 국민의 행복추구권이나 사생활의 자유를 침해할 수 없고, 동조의 입법취지가 건전한 근로의식을 배양 보호함에 있다면 일반 서민대중이 여가를 이용하여 평소의 심신의 긴장을 해소하는 오락은 이를 인정함이 국가정책적 입장에서 보더라도 허용된다 할 것으로, 일시 오락에 불과한 도박행위를 처벌하지 아니하는 이유가 여기에 있다.[11]

(2) 일시 오락정도에 불과한 오락행위의 기준

속칭 민화투놀이에 정한 재물이 바로 그 즉시 예정된 방법에 따라 소비되지 아니하고 어느 일방이 승패에 따라 그 재물을 차지하였다 하더라도 그 재물의 득실이 승패결정의 흥미를 북돋우기 위한 것이고 그 재물의 경제적 가치가 근소(매회 1인당 100원식 걸어 합께 300원 중 100원은 술값으로 적립하고 200원만 승자소유가 되며 20여회만 하였음)하여 건전한 근로의식을 침해하지

10 이재상, 형법각론, 박영사, 2010, 650면.

11 대법원 1983. 3. 22. 선고 82도2151 판결.

않을 정도라면 일시오락의 정도에 불과하다.[12]

또 하나는 피고인이 그의 아들 생일이라면서 사 온 돼지고기를 안주로 술을 사 마시자고 하여 나머지 피고인 4명이 각각 금 1,000원씩을 내어 모아 놓고 성냥개비 열개씩을 나누어 가지고 속칭 '고스톱'을 치면서 3점, 5점, 7점에 각 성냥개비 1개, 2개, 3개씩을 내기로 하고 한 사람이 성냥개비 전부를 따면 자신이 내놓은 금 1,000원은 회수하고 나머지 돈으로 술을 사기로 한 경우라면 피고인등의 연령, 직업, 재산정도 등에 비추어 피고인등의 소위는 일시오락의 정도에 불과하여 도박죄를 구성하지 않는다.[13]

(3) 풍속영업자가 풍속영업소에서 일시 오락 정도에 불과한 도박을 하게 한 경우

이와 달리, 풍속영업자가 풍속영업소에서 일시 오락 정도에 불과한 도박을 하게 한 경우, 풍속영업의 규제에 관한 법률 제3조 제3호 위반죄로 처벌할 수 있는지 여부에 있어서 대법원은 "풍속영업자가 풍속영업소에서 도박을 하게 한 때에는 그것이 일시 오락 정도에 불과하여 형법 상 도박죄로 처벌할 수 없는 경우에도 풍속영업자의 준수사항 위반을 처벌하는 풍속영업의 규제에 관한 법률 제10조 제1항, 제3조 제3호의 구성요건 해당성이 있다고 할 것이나, 어떤 행위가 법규정의 문언상 일단 범죄 구성요건에 해당된다고 보이는 경우에도, 그것이 정상적인 생활형태의 하나로서 역사적으로 생성된 사회생활 질서의 범위 안에 있는 것이라고 생각되는 경우에는 사회상규에 위배되지 아니하는 행위로서 그 위법성이 조각되어 처벌할 수 없다. 일시 오락 정도에 불과한 도박행위의 동기나 목적, 그 수단이나 방법, 보호법익과 침해법익과의 권형성 그리고 일시 오락 정도에 불과한 도박은 그 재물의 경제적 가치가 근소하여 건전한 근로의식을 침해하지 않을 정도이므로 건전한 풍속을 해할 염려가 없는 정도의 단순한 오락에 그치는 경미한 행위에 불과하고, 일반 서민대중이 여가를 이용하여 평소의 심신의 긴장을 해소하는 오락은 이를 인정함이 국가정책적 입장에서 보더라도 허용된다. 풍속영업자가 자신이 운영하는 여관에서 친구들과 일시 오락 정도에 불과한 도박을 한 경우, 형법상 도박죄는 성립하지 아니하고 풍속영업의 규제에 관한 법률 위반죄의 구성요건에는 해당하나 사

12 대법원 1983. 3. 22. 선고 82도2151 판결.

13 대법원 1984. 7. 10. 선고 84도1043 판결.

회상규에 위배되지 않는 행위로서 위법성이 조각된다"[14]고 하였다.

(4) 정리

이처럼 도박죄는 건전한 근로라는 경제윤리를 강제하지만, "인간의 사행심은 인간에 내재하는 본능으로 우연에 승패를 걸고 그 득실을 경쟁하는 것은 인간의 자연스러운 면이라고 할 수 있고, 도박죄의 보호법익인 근로정신은 상습도박에 의해서만 침해될 수 있기 때문에 도박죄의 비범죄화 주장이 제기되고 있으며, 처벌과 단속만으로 근절된다고 보기 어렵고 사회에서 각종의 도박행위가 공인되고 있는 실정에 비추어, 단순 도박죄는 삭제하고 상습도박 내지 직업도박만을 처벌하는 것이 타당하다"[15]고 한다. 다만, 이러한 변경은 성인의 행복추구권 등에서 타당한 결정으로 생각되나, 국민들이 갖는 법감정 및 이에 따른 형사정책 상 도박에 대한 국민적 인식의 변화 없이는 쉽지 않을 것으로 판단된다.

라. 도박개장죄

형법 제247조인 도박개장죄는 영리의 목적으로 도박을 개장한 자는 3년 이하의 징역 또는 2천만원 이하의 벌금에 처하도록 규정하고 있다. 도박개장죄는 "영리의 목적으로 스스로 주재자가 되어 그 지배하에 도박장소를 개설함으로써 성립하는 것으로서 도박죄와는 별개의 독립된 범죄이고, '도박'이라 함은 참여한 당사자가 재물을 걸고 우연한 승부에 의하여 재물의 득실을 다투는 것을 의미하며, '영리의 목적'이란 도박개장의 대가로 불법한 재산상의 이익을 얻으려는 의사를 의미하는 것으로, 반드시 도박개장의 직접적 대가가 아니라 도박개장을 통하여 간접적으로 얻게 될 이익을 위한 경우에도 영리의 목적이 인정되고, 또한 현실적으로 그 이익을 얻었을 것을 요하지는 않는다"[16]고 일관되게 판시하고 있다.

---

14 대법원 2004. 4. 9. 선고 2003도6351 판결.

15 이재상, 형법각론, 박영사, 2010, 651-652면.

16 대법원 2002. 4. 12. 선고 2001도5802 판결; 대법원 2008. 9. 11. 선고 2008도1667 판결.

3. 인터넷 도박

가. 정의

인터넷 도박이란 현실세계에서의 도박이 인터넷이라는 사이버공간에서 이루어지는 것을 말한다. 인터넷 상 재물을 걸고 우연에 의해 재물의 득실을 결정하는 일체의 행위를 의미한다.

온라인 카지노[17]

이를 온라인 도박(Online Gambling) 또는 사이버 도박(Cyber Gambling)이라고도 한다.[18]

나. 인터넷 도박과 게임머니

(1) 게임머니의 환전

홍보를 목적으로 온라인을 통해 "고스톱대회를 개최하면서 참가자들로부터 참가비를 받고 인터넷 상 게임머니로 게임을 하게 한 후 입상자들에게 상금을 지급한 경우, 인터넷 상 도박

17 구글 이미지 검색. 2014.7.27.일 검색.

18 법제처, 알기쉬운 법령정보. [2014.7.21. 접속].

게임도 게임머니가 환가성 내지 환금성이 있을 때에는 도박죄가 성립할 수 있다"[19]고 한다. 게임머니를 이용하는 온라인 화투놀이를 제공한다고 하더라도, 게임머니 자체의 환금성이 부정되는 이상 이를 도박죄로 규율하기는 어렵다. 대법원도 환금성이 없는 게임머니를 충전하는 사업자의 비즈니스모델에 대해 합법적이라는 판단을 내리고 있으며,[20] 또한 게임물등급분류 심의기준의 사행성게임물 확인근거 규정에서도 이를 구체적으로 적시하고 있다.[21]

(2) 게임머니의 재물성

도박죄는 재물을 요건으로 한다. 즉, 재물로써 도박한 자를 처벌한다. 형법 상 재물이란 민법 상 물건과 같은 의미로 이해된다. 민법 제98조는 물건을 "유체물 및 전기 기타 관리할 수 있는 자연력"으로 정의하고 있으며, 형법 346조에서는 "관리할 수 있는 동력은 재물로 간주한다"라고 규정함으로써 기본적으로 민법 상 재물과 동일시하고 있다.

형법 상 재물에는 재산상 이익도 포함되며, 가액의 다과나 교환가치의 유무도 묻지 않는다.[22] 다만, 재산상 이익에 있어서는 다양한 견해가 있다. 재산상 이익이란 "법률적으로 유효한 재산상 이익을 의미하는 것은 아니며, 외견상 재산상의 이익을 얻을 수 있는 것으로 인정할만한 가치있는 것도 포함한다"[23]고 본다. 그러나 학설은 "사실적인 경제적 가치성을 배제한

---

19 신치재, 사이버도박에 대한 법적 규제와 대책, 과학기술과법연구 제15집 제1호, 2009, 186면.

20 단골스포츠 사례에서 대법원은 "이 사건 게임물에서의 베팅 내지 배당은 게임머니인 두꺼비 만으로 이루어지는데, 회원가입시 무료로 두꺼비 만점이 지급되고, 하루 3회에 걸쳐 1회당 천점씩 3천점의 두꺼비를 무료 충전할 수 있다. 그 이상 게임머니를 충전하기 위해서는 원고의 홈페이지에서 아바타나 게임 아이템을 구입하면서 그 대금 1원당 10점의 두꺼비를 충전하는 것인데, 다만, 게임이용자 1인당 한달 동안 두꺼비 충전을 위해 쓸 수 있는 현금액은 30만원을 초과할 수 없도록 되어있다"고 한다. 대법원 2012. 6. 28 선고 2011두11815 판결.

21 급분류 심의규정 제18조(사행성게임물 확인) 게임산업법 제2조 제1호의2 가목부터 바목까지 해당하는 게임물 중, 다음 각 호에 해당하는 게임물은 사행성게임물로 확인하여 등급을 거부할 수 있다.

1. 이용요금이 정상적인 범위를 벗어나 사행성이 우려되는 경우
2. 게임의 결과로 얻은 점수 또는 게임머니를 현금화하는 경우
3. 게임의 결과로 현금 또는 다른 물품을 제공받거나 취득할 수 있는 경우
4. 게임의 결과로 얻은 점수 또는 게임머니를 직간접 유통과정을 통해 유무형의 보상으로 제공하는 경우
5. 게임제공업소용 게임물로서 다음 각목에 해당하는 게임물
   가. 네트워크로 상호 연결되어 게임의 결과에 의해 점수 등이 상호 이체되는 경우
   나. 게임산업법 제21조 제8항에서 규정된 기술심의를 통해 등급거부 권고 판정을 받은 경우
6. 온라인 게임물로서 베팅의 수단으로 사용되어 승패의 결과로 이용자간 이체될 수 있는 게임머니를 현금으로 직접구매 가능한 경우

22 이재상, 형법각론, 박영사, 2010, 653면.

23 홍승희, 정보재산권의 형사법적 보호와 한계, 한국형사정책연구원, 2005[이하 홍승희, 정보재산권의 형사법적 보호와 한계], 104면.

채, 오로지 법적으로 승인된 권리와 의무만을 형법상 보호대상이 되는 재산으로 본다"[24]는 법률적 재산설, "법률상 인정되는 권리, 의무의 측면은 고려하지 않고, 실제로 경제적 가치가 있다면 재산상의 이익으로 파악하는"[25] 경제적 재산설 및 "법질서로 승화된 재화 가운데, 경제적 교환가치가 있는 것만을 형법상 재산으로 인정하자는 것인"[26] 법률적·경제적 재산설로 나뉜다.

게임 상 재화인 게임아이템이나 게임머니에 대해서는 게임산업법 및 게임사업자의 이용약관에서는 재산적 가치를 인정하지 않고 있다. 그렇지만 아이템 현금거래를 통해 재산상 이익이 인정되고 있는 것으로 판단된다. 물론 현실적인 재산상 이익이 인정되고 있는 것으로 이해될 수 있다. 그렇지만 유체물성과 관리가능성을 요건으로 하는 형법상 재물성의 판단에 있어서, 법률적 재산설 등 제반 학설에서도 게임아이템 등에 대한 재산적 가치가 부인되고 있다. 다만, 게임아이템이나 게임머니의 재물성에 대한 검토에 있어서,[27] 부가가치세법 상 재물은 이러한 형법상 재물의 개념이 아닌, 조세정책에 따른 재물에 대한 정의를 내리고 있기 때문에 게임아이템의 재물성을 인정하고 있다고 보기 어렵다. 즉, 게임아이템이 사업자에 의해 반복적으로 거래에 제공된 것에 대한 과세원칙을 확인한 것이기 때문에 형법 상 도박죄의 객체에 해당하는 재물성에 대한 인정으로 보기 어려운 것이다.

법률 개정을 통해 게임아이템 등에 대한 재산상의 이익에 대해 확대할 필요성도 제기될 수 있겠으나,[28] "가상공간에서 머무를 수밖에 없는 대상을 현실규범인 형법 안으로 끌어들이는 것은 결국엔 가상공간에서 벌어질 수 있는 모든 대상을 형법의 객체로 끌어옴으로써 보호의 무분별한 확대라는 결과를 가져올 위험이 있다"[29]고 하겠다.

---

24 홍승희, 정보재산권의 형사법적 보호와 한계, 104면.

25 홍승희, 정보재산권의 형사법적 보호와 한계, 105면.

26 홍승희, 정보재산권의 형사법적 보호와 한계, 106면.

27 절도죄의 객체는 관리가능한 동력을 포함한 '재물'에 한한다 할 것이고, 또 절도죄가 성립하기 위해서는 그 재물의 소유자 기타 점유자의 점유 내지 이용가능성을 배제하고 이를 자신의 점유하에 배타적으로 이전하는 행위가 있어야만 할 것인바, 컴퓨터에 저장되어 있는 '정보' 그 자체는 유체물이라고 볼 수도 없고, 물질성을 가진 동력도 아니므로 재물이 될 수 없다 할 것이며, 또 이를 복사하거나 출력하였다 할지라도 그 정보 자체가 감소하거나 피해자의 점유 및 이용가능성을 감소시키는 것이 아니므로 그 복사나 출력 행위를 가지고 절도죄를 구성한다고 볼 수도 없다. 대법원 2002. 7. 12. 선고 2002도745 판결.

28 전자형태로 된 아이템 등에 대해서도 재물성을 인정하자는 주장에 대해서는 하태영, 한국형법에 있어서 재물개념의 논쟁사, 비교형사법연구 제5권 제2호, 2003.12, 298면.

29 홍승희, 정보재산권의 형사법적 보호와 한계, 113면.

다. 정리

게임머니를 이용하는 경우라도 게임머니의 환금성이 부정되는 경우라면 이는 합법적인 온라인 게임과 다름이 없으며, 따라서 이를 도박죄로 규율하기 어렵다.

4. 불법 사행행위의 규제

가. 사행산업통합감독위원회법

(1) 불법사행산업의 규제

불법 사행산업을 규제하는 기관으로서 사행산업통합감독위원회를 들 수 있다. 사행산업은 국가가 허가하나 그렇지 아니한 사행산업을 불법사행산업으로 정의하고, 이를 규제하는 것이다. 사행산업통합감독위원회법 상 불법사행산업이란 다음 각 목의 어느 하나에 해당하는 행위를 업으로 하는 행위를 말한다.

- 사행산업통합감독위원회법 제2조 제1호 각 목의 법률에서 해당 사행산업과 관련하여 금지 또는 제한하는 행위
- 게임산업법에 따른 사행성게임물을 이용하여 사람들이 사행행위를 할 수 있게 서비스를 제공하는 행위
- 정보통신망 이용촉진 및 정보보호 등에 관한 법률에 따른 정보통신망을 통하여 사람들이 사행행위를 할 수 있게 서비스를 제공하는 행위(제1호에 따른 사행산업 및 사행행위 등 규제 및 처벌 특례법에 따른 사행행위영업은 제외한다)

(2) 중독예방치유부담금의 부과·징수

사행산업통합감독위원회는 사행산업 또는 불법사행산업으로 인한 중독 및 도박 문제의 예방·치유와 센터의 운영을 위하여 사행산업사업자에게 연간 순매출액(총매출액에서 환급금 등을 공제한 금액으로서 대통령령으로 정하는 금액을 말한다)의 1000분의 5 이하의 범위에서 중독예방치유부담금을 부과·징수할 수 있다(제14조의2). 다만, 폐광지역 개발 지원에 관한 특별법에 따른 카지노사업자를 제외한 관광진흥법에 따른 카지노사업자에게는 부담금을 부과하지 아니한다.

나. 사행행위 등 규제 및 처벌 특례법

사행행위 등 규제 및 처벌 특례법은 건전한 국민생활을 해치는 지나친 사행심(射倖心)의 유발을 방지하고 선량한 풍속을 유지하기 위하여 사행행위 관련 영업에 대한 지도와 규제에 관한 사항, 사행행위 관련 영업 외에 투전기(投錢機)나 사행성(射倖性) 유기기구(遊技機具)로 사행행위를 하는 자 등에 대한 처벌의 특례에 관한 사항을 규정함을 목적으로 한다. 사행행위 등 규제 및 처벌 특례법에서 정의하는 사행행위란 여러 사람으로부터 재물이나 재산상 이익을 모아 우연적(偶然的) 방법으로 득실(得失)을 결정하여 재산상의 이익이나 손실을 주는 행위를 말한다.

다. 불법 도박산업의 규모

사행산업통합감독위원회의 제4차 불법도박 실태조사 결과(2019년 기준)에 따르면, 불법도박의 규모는 81.5조 원에 달하는 것으로 추정되었다. 이 수치는 불법도박에 참여한 사람들의 지출액을 바탕으로 추정한 것으로 2016년 제3차 실태조사 결과인 70.9조 원에 비해 약 15.0%(약 10.6조 원) 증가한 수치이다. 이는 합법사행산업 22.4조원(2018년 기준)의 약 3.6배에 달하는 규모이다.

불법도박 시장 규모 (단위: 억원, %)

구 분	제3차 실태조사 (2015년 기준)		제4차 실태조사 (2019년 기준)	
불법 온라인 카지노	89,854	12.7%	106,250	13.0%
사설 카지노장	13,610	1.9%	74,956	9.2%
불법 하우스도박	36,725	5.2%	36,655	4.5%
불법 사행성게임장	131,813	18.6%	149,806	18.4%
불법 스포츠도박	202,774	28.6%	205,106	25.2%
온라인 즉석·실시간 사행성게임	40,639	5.7%	81,591	10.0%
불법 웹보드 게임	65,687	9.3%	53,770	6.6%
불법 경마	82,296	11.6%	68,898	8.4%
불법 경륜	31,293	4.4%	23,761	2.9%
불법 경정	14,244	2.0%	10,849	1.3%
불법 소싸움	–	–	3,832	0.5%
총 계	708,935	100%	815,474	100%

출처: 사행산업통합감독위원회(2020)

불법 스포츠도박 사이트와 합법 스포츠토토 차이점 자료: 한국형사정책연구원 2013 불법시장조사 현황

유형	불법	합법
시장 규모	13~39조 원	2조 원
베팅 종류	다양한 파생상품 제공 (선발투수 초구 스트라이크 여부, 첫 코너킥 팀 등)	승부식·점수식 혼합식·특별식
베팅 마감시간	경기별 1분 전 마감	경기별 10분 전 마감
이용시간	24시간	14시간
베팅 제한금액	제한 없음	회차별 10만 원으로 제한
환급률	80~90%	50~70%
이용 제한 연령	이용 제한 없음	만 20세 미만 구매 및 환급 금지
환급 소요시간	1~3시간	1~3일
인센티브	가입 시 무료 베팅머니, 추천인 인센티브 등 다양	건전화서비스 제품 (셀프 자가 진단, 휴식계획 등)

라. 불법 사행산업의 합리적 기대 가능성

불법 사행산업의 통계는 상당히 부실하기 그지없다. 통계를 측정할 수 있는 근거나 지표를 제대로 확보하기 어렵기 때문이다. 더욱이 그 지표는 합법 사행산업에 비교하여 추론하기 때문에 이를 기준으로 하여 정책을 입안하는 것은 합리성을 결여한 것이라고 본다.

덴마크 마틴 폴단(Martin Paldan) 교수는 대부분의 사람들은 도박을 재미로 즐기고 있으며, 도박이 가져다주는 유용성이 소수의 문제 도박자들로 인한 비용보다 크다는 것을 상상조차 하지 못하고 있다면서 도박문제를 줄이기 위해 도박 자체를 전반적으로 줄인다고 해서 사회복지가 증진되는 것은 아니라고 주장한다.[30]

30 황현탁, 사행산업론, 나남, 2012, 54면.

5. 여신전문금융업법 상의 규제

가. 여신전문금융업법 상 카드결제 제한

여신전문금융업법은 신용카드업, 시설대여업(施設貸與業), 할부금융업(할부금융업) 및 신기술사업금융업(신기술사업금융업)을 하는 자의 건전하고 창의적인 발전을 지원함으로써 국민의 금융편의를 도모하고 국민경제의 발전에 이바지함을 목적으로 한다.

여신전문금융업법은 신용카드에 대한 정의를 내리면서 신용카드가맹점[31]에서 결제할 수 없는 내용을 포함하고 있다. 즉, 신용카드란 이를 제시함으로써 반복하여 신용카드가맹점에서 다음 각 목을 제외한 사항을 결제할 수 있는 증표(證票)로서 신용카드업자(외국에서 신용카드업에 상당하는 영업을 영위하는 자를 포함한다)가 발행한 것을 말한다.

가. 금전채무의 상환

나. 자본시장과 금융투자업에 관한 법률 제3조 제1항에 따른 금융투자상품 등 대통령령으로 정하는 금융상품

다. 게임산업법 제2조 제1호의2에 따른 사행성게임물의 이용 대가 및 이용에 따른 금전의 지급. 다만, 외국인(해외이주법 제2조에 따른 해외이주자를 포함한다)이 관광진흥법에 따라 허가받은 카지노영업소에서 외국에서 신용카드업에 상당하는 영업을 영위하는 자가 발행한 신용카드로 결제하는 것은 제외한다.

라. 그 밖에 사행행위 등 건전한 국민생활을 저해하고 선량한 풍속을 해치는 행위로 대통령령으로 정하는 사항의 이용 대가 및 이용에 따른 금전의 지급

---

31 5. "신용카드가맹점"이란 다음 각 목의 자를 말한다.
가. 신용카드업자와의 계약에 따라 신용카드회원·직불카드회원 또는 선불카드소지자(이하 "신용카드회원등"이라 한다)에게 신용카드·직불(직불)카드 또는 선불(선불)카드(이하 "신용카드등"이라 한다)를 사용한 거래에 의하여 물품의 판매 또는 용역의 제공 등을 하는 자
나. 신용카드업자와의 계약에 따라 신용카드회원등에게 물품의 판매 또는 용역의 제공 등을 하는 자를 위하여 신용카드등에 의한 거래를 대행(代行)하는 자(이하 "결제대행업체"라 한다)

나. 결제제외 대상

결제제외 대상으로는 사행성게임물과 사행행위로 규정하고 있다. 즉, 여신전문금융업법 제2조 제3호 라목에서 "대통령령으로 정하는 사항의 이용 대가 및 이용에 따른 금전의 지급"이란 다음 각 호를 말한다.

---

1. 관광진흥법에 따른 카지노의 이용 대가 및 이용에 따른 금전의 지급. 다만, 외국인(해외이주법 제2조에 따른 해외이주자를 포함한다)이 관광진흥법에 따라 허가받은 카지노영업소에서 외국에서 신용카드업에 상당하는 영업을 영위하는 자가 발행한 신용카드로 결제하는 것은 제외한다.
2. 경륜·경정법 제2조 제1호 및 제2호에 따른 경륜 및 경정의 이용 대가 및 이용에 따른 금전의 지급
3. 사행행위 등 규제 및 처벌특례법 제2조 제1항 제1호에 따른 사행행위의 이용 대가 및 이용에 따른 금전의 지급
4. 전통 소싸움경기에 관한 법률 제2조 제2호에 따른 소싸움경기의 이용 대가 및 이용에 따른 금전의 지급
5. 한국마사회법 제2조 제1호에 따른 경마의 이용 대가 및 이용에 따른 금전의 지급
6. 신용카드업자와 상품권 신용카드 거래 계약[상품권 발행자(발행자와 상품권 위탁판매계약을 맺은 자를 포함한다. 이하 같다)가 신용카드회원에게 신용카드를 사용한 거래에 의하여 발행자가 발행한 상품권을 제공하는 계약을 말한다. 이하 제7호에서 같다]을 체결하지 아니한 발행자가 발행한 상품권의 구입에 따른 금전의 지급
7. 개인 신용카드회원이 월 1백만원의 이용한도(선불카드 금액과 상품권 금액을 합하여 산정한다)를 초과한 선불카드와 상품권(신용카드업자와 상품권 신용카드 거래 계약을 체결한 발행자가 발행한 상품권으로 한정한다)의 구입에 따른 금전의 지급

인사이트

도박은 인간의 본성에 가까운 영역이다. 근본적인 차단이 불가능한 이유이기도 하다. 그리하여 많은 나라들이 합법 도박을 장려하고, 대신 국가의 재정을 확보하려한다.

제 18 절 | 웹보드와 사행성 규제

1. 웹보드 게임물의 이슈

가. 웹보드란?

웹보드 게임물은 비디지털형 게임물인 보드게임물을 디지털화하여 인터넷을 통해 제공하는 게임물을 말한다. 대표적으로 고스톱, 포커, 바둑, 장기, 오목류의 게임물이 이에 해당한다. 인터넷을 통해 제공되기 때문에 온라인 게임물의 일유형에 해당한다. 아케이드 형태로 일반 게임장을 통해 제공되기도 하나, 온라인을 통해 제공되는 고스톱류 및 포커류의 게임물을 대상으로 지칭하는 경우가 많다.

웹보드 게임물은 게임머니를 이용하여 게임을 즐기게 된다. 게임머니는 게임에서 이용하는 가상의 화폐 내지 도구이다. 그 자체가 재산적 가치가 있는 것은 아니기 때문에 거래의 대상으로 인정되지 않는다. 게임머니는 간접충전 방식으로 구매하게 된다. 만약 게임사가 이용자에게 게임머니를 직접 충전의 방식으로 이용에 제공한다면 이는 게임산업법 내지 형법 위반에 해당할 소지가 있기 때문이다.

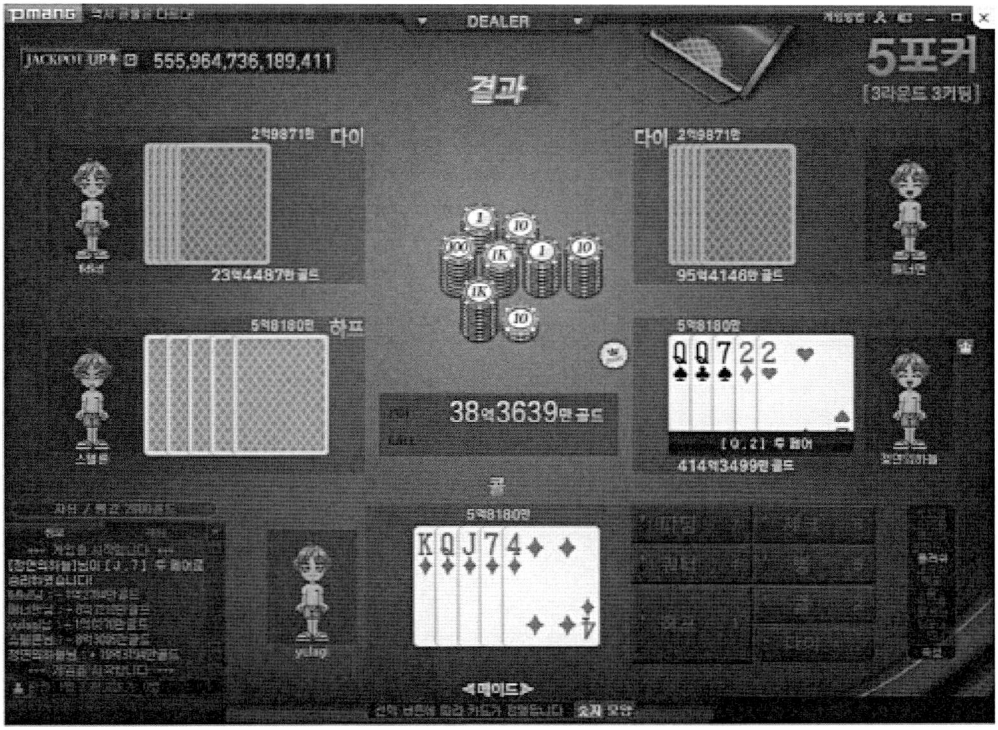

온라인 포커

나. 웹보드 게임물은 왜 문제인가?

웹보드 게임물의 성격은 사행성 모사게임물로 이해될 수 있다. 간접충전으로 게임머니를 확보하여 베팅 등을 하기 때문에 사행적 요소가 있다는 이유로 사행성게임물이라고 볼 수 있는 것은 아니다. 즉, 직접적인 보상체계가 없는 이상 게임산업법 상 사행성게임물로 볼 수 없다. 웹보드 게임물은 게임물관리위원회로 부터 적법하게 등급분류를 받아야 서비스가 가능하기 때문이다.

웹보드 게임물은 사행성 요소가 작지 않기 때문에 게임머니의 결제한도를 월간 50만으로 한정하였다. 만약 이용자가 그 한도를 소진하게 되면, 더 이상 게임머니를 보유한 수준에서 게임물을 즐길 수 없다. 게임사업자는 매일 일정 정도의 게임머니를 무료로 충전해주고 있다. 충전된 량은 유료로 충전하는 것과 비교할 수 없을 정도로 작기 때문에 여러 면에서 제한된다.

그렇기 때문에 이용자는 게임플랫폼에 기생하는 머니상(환전상)을 찾게 된다. 머니상(환전상)은 게임머니를 보유하고, 필요한 이용자에게 게임과정에서 게임머니를 제공하는 역할을 한다. 이러한 과정은 게임머니의 득실이 아닌 게임머니의 이전이 이루어지는 것이다. 게임에서 이용자로서 게임을 즐기는 것이 아닌 게임을 고의로 져주는 방식으로 게임머니를 이전해 주는 것이다. 게임사업자 입장에서는 다양한 패턴을 분석하고 있기 때문에 해당 행위는 게임사의 이용약관에서 금지하고 있는 '수혈'에 해당하게 되는 것이다. 수혈에 해당하는 경우에는 게임사업자는 이용약관에 근거하여 관련 이용자의 계정을 정지시키게 된다.

2. 사행성 요건과 웹보드 게임물의 사행성

가. 사행화의 개념

사행성이란 사전적으로 "요행을 바라는 성질이 있음"으로 정의되며, 게임물을 규제하는 법제인 게임산업법이나 이와 유사한 사행행위를 규제하는 사행행위 등 규제 및 처벌 특례법에서는 사행화에 대한 개념을 담고있지 아니하다. 다만, 게임산업법에서는 사행성게임물에 대해 정의를 하고 있으며, 사행행위 등 규제 및 처벌특례법에서는 사행행위에 대한 정의를 두고 있을 뿐이다.[32]

사행행위 등 규제 및 처벌특례법에서는 사행행위를 "다수인으로부터 재물 또는 재산상의 이익을 모아 우연적 방법에 의하여 득실을 결정하여 재산상의 이익 또는 손실을 주는 행위"로 정의하고 있으며, 게임산업법 상 사행성게임물은 그 결과에 따라 재산상 이익 또는 손실을 주는 것으로서 다음의 각각에 해당하는 게임물을 말한다. 이에 해당하는 게임물의 유형으로는 i) 베팅이나 배당을 내용으로 하는 게임물, ii) 우연적인 방법으로 결과가 결정되는 게임물, iii) 한국마사회법에서 규율하는 경마와 이를 모사한 게임물, iv) 경륜·경정법에서 규율하는 경륜·경정과 이를 모사한 게임물, v) 관광진흥법에서 규율하는 카지노와 이를 모사한

32 두 법의 본질은 게임물을 이용한 행위가 게임의 본래적 목적으로 사용되지 아니하고, 이를 악용하거나 오용하는 경우를 염두에 둔 것이라고 볼 수 있다. 즉 본래적인 취지와 다르게 이용되는 경우를 상정하여 이에 대한 처벌을 의도하는 것이라는 점이다.

게임물, vi) 그 밖에 대통령령이 정하는 게임물 등을 들 수 있다.[33]

이와같이 게임산업법과 사행행위 등 규제 및 처벌특례법의 정의를 통해 유추할 수 있는 사행화의 개념은 '게임물을 이용하여 재산상 이익 또는 손실을 주는 어떤 성향'으로 정의할 수 있을 것이다.[34]

나. 사행화의 요건

사행성게임물과 사행행위에 대한 정의를 통해 유추할 수 있는 사행화의 요건은 게임물을 이용한 재산상 이익이나 손실을 주는 것이다. 사행행위 등 규제 및 처벌특례법에서는 사행행위에 대해 i) 다수인으로부터 재물 또는 재산상 이익을 모아(판돈) ii) 우연적 방법에 의하여 득실을 결정하여(우연) iii) 재산상 이익 또는 손실을 주는 행위(보상)를 말한다. 사행성이 있는지에 대한 판단은 판돈, 우연 및 보상이라는 요소를 그 기준으로 제시할 수 있을 것이다.

사행심(성)에 대한 대법원의 판례는 "사행행위영업 외에 투전기·기계식 구슬치기 기구 또는 사행성 전자식 유기기구 등 사행심을 유발할 우려가 있는 기계·기구 등을 이용하여 우연의 결과에 따라 이용자에게 재산상의 이익 또는 손실을 주는 행위를 업으로 한 자를 처벌하도록 규정하고 있다. 여기서 어떤 기계·기구 등이 '사행심을 유발할 우려가 있는 기계·기구 등'에 해당하는지 여부는 당해 기계·기구 등의 본래적 용법이나 속성만으로 판단할 것이 아니라, 그 이용목적, 이용방법과 형태, 그 이용결과에 따라 발생하는 재산상 이익 또는 손실의 규모 및 그것이 우연성에 의하여 좌우되는지 여부, 이용결과에 따라 금전 또는 환전 가능한 경품을 지급하는지 여부, 그 정도와 규모 및 실제로 경품을 현금으로 환전해주는지 여부 등을 종합적으로 고려하여 판단하여야 할 것"[35]이라고 판시한 바 있다.

이처럼 게임물의 사행성에 대한 판단은 판돈, 우연 및 보상이라는 3가지 요소의 조합을 통해 이루어져야 그 여부를 판단할 수 있다. 이러한 이유 때문에 대법원에서도 사행심을 유발할 수 있는 지 여부는 게임물의 '본래적 용법이나 속성만으로 판단할 것이 아니라, 그 이용

33 사행성게임물에 대해 대법원은 "게임의 진행이 게임산업법 제2조 제1의2호에서 제한적으로 열거한 내용 또는 방법에 의하여 이루어져야 할 뿐만 아니라, 게임의 결과에 따라 게임기기 또는 장치에 설치된 지급장치를 통하여 게임이용자에게 직접 금전이나 경품 등의 재산상 이익을 제공하거나 손실을 입도록 만들어진 게임기기 또는 장치를 의미"한다고 판시한 바 있다. 대법원 2010. 1. 28. 선고 2009도10574 판결.

34 사행성 기준에 대한 논의는 김민규 외, 게임물의 사행성 기준에 관한 연구, 영상물등급위원회, 2003 참조.

35 대법원 2006.11.23. 선고 2006도2761 판결; 대법원 2007.10.26. 선고 2007도4702 판결.

목적, 이용방법과 형태, 그 이용결과에 따라 발생하는 재산상 이익 또는 손실의 규모 및 그 것이 우연성에 의하여 좌우되는지 여부, 이용결과에 따라 금전 또는 환전 가능한 경품을 지급하는지 여부, 그 정도와 규모 및 실제로 경품을 현금으로 환전해주는지 여부 등을 종합적으로 고려하여 판단'토록 하고 있다. 게임물 자체 또는 게임 자체는 사행성과 관련이 없더라도 그 목적이나 방법 등에서 문제될 수 있기 때문이다.

다. 웹보드 게임물은 사행성게임물이 아니다

웹보드 게임물의 일종인 고스톱 및 포커류의 게임물은 게임물관리위원회에서 게임산업법의 절차에 따라 심의를 거친 후, 등급을 받은 게임물이기 때문에 위법성 자체를 논할 필요는 없다. 즉, 게임물관리위원회에서 합법적으로 등급분류 받은 고스톱 및 포커류의 게임물은 사행적 요소가 있을 지언정,[36] 게임머니의 환급성을 인정하지 않고 있기 때문에 사행성게임물이나 불법 사행행위에 해당하지 않기 때문이다.[37]

3. 성인 셧다운제

가. 규제 근거

(1) 관련 규정

웹보드 게임물을 일정한 경우에 그 이용을 제한하는 성인 셧다운제의 근거는 게임산업법 시행령 제28조 제8호 별표2 8호(이하, "웹보드 시행령"이라 한다)에 따른다. 2020년 웹보드 시행령은 아래와 같이 개정된 바 있다.

36 게임산업법 상 게임물의 사행성에 대한 판단에 있어서, 중요한 점은 배당의 유무라고 할 것이다. 모든 게임이나 놀이에는 경제적인 비용이 소요되므로 이는 불법 및 합법의 여부와 상관이 없는 요소이다. 따라서 결국 합법적인 게임물과 불법적인 게임물의 최종적인 판단은 게임물의 결과에 대한 보상여부라고 할 것이다. 또한 "온라인 고스톱, 포커류 게임이 우연성이 결합된 결과에 대한 보상의 환가성 즉, 우연성이 결합된 환가성이 결여되어있다고 한다면, 이 경우에는 사물의 본성상 도박이나 사행행위와는 본질적인 차이가 있고 전혀 다른 차원의 개념범주가 된다"고 한다. 황성기, 온라인 웹보드게임의 사행성 규제의 헌법적 한계, 경제규제와 법 제4권 제2호, 2011, 50면.

37 게임머니의 환금성을 우려하여 등급분류를 거부한 사안에서 대법원은 "게임의 결과에 따라 재산상의 이익을 제공한 것이 아니고 게임머니를 현금으로 환전할 수도 없으므로 게임산업법상의 사행성게임물 또는 사행행위법상의 사행성유기기구로 볼 수 없"(대법원 2012.6.28. 선고, 2011두11815 판결)다고 판단함으로써, 게임머니의 환금성을 부정하는 정책을 가지고 있는 게임서비스제공자에 대한 사행성 규제를 지울 수 없는 것으로 이해된다.

"정보통신망 이용촉진 및 정보보호 등에 관한 법률 제2조 제1항 제1호의 정보통신망을 통하여 베팅이나 배당의 내용을 모사한 카드게임이나 화투놀이, 스포츠 승부예측게임 등의 게임물(이하 이 호에서 "게임물"이라 한다)을 제공하는 게임제공업자는 다음 각 목의 사항을 준수하여야 한다.

가. 게임물 이용자 1명이 게임물을 이용하기 위한 가상현금(캐쉬 등을 말한 다. 이하 이 호에서 같다), 게임아이템 등의 1개월간 구매(다른 게임물 이 용자로부터 증여 등을 통하여 받는 것을 포함한다)한도가 50만원을 초과할 수 없도록 하여야 한다.

나. 게임물 이용자 1명이 1회 게임에 사용할 수 있는 게임머니가 가목에 따른 구매한도 규모에 따라 지급될 수 있는 게임머니(게임물 이용자 1명이 가목 의 한도까지 가상현금, 게임아이템 등을 구매하는 때 지급될 수 있는 게임 머니 총량의 최저치를 기준으로 한다. 이하 이 호에서 같다)의 10분의 1을 초과할 수 없도록 하여야 한다.

다. (폐지)

라. 게임물 이용자가 게임이용의 상대방을 선택할 수 없도록 해야 한다. 다만, 다음의 어느 하나에 해당하는 경우에는 그렇지 않다.

1) 무료로 제공하는 별도의 게임머니만을 사용하는 경우

2) 게임물 이용자 1명이 1회 게임에서 사용할 수 있는 게임머니가 가목의 구매한도 규모에 따라 지급될 수 있는 게임머니의 200분의 1을 초과하지 않는 경우 마. 게임물 이용자가 게임을 이용할 경우 베팅을 자동으로 할 수 없도록 하여야 한다.

바. 전자서명법 제2조 제10호의 공인인증기관, 그 밖에 본인확인서비스를 제공하는 제3자 또는 행정기관에 의뢰하거나 대면확인 등을 통하여 게임물 이용자가 본인임을 확인할 수 있는 수단을 마련하고, 1년마다 게임물 이용 자에 대하여 본인 확인을 하여야 한다.

사. 게임제공업자는 게임 이용자보호 및 사행화 방지방안을 게임물관리위원회와 협의하여 수립·이행해야 한다.

---

(2) 웹보드 시행령 이전의 웹보드 게임규제

웹보드 게임물의 규제는 온라인으로 제공되는 게임물에 해당하나 실제 규제 내용에는 온라인 및 모바일을 제한하지 않고 있기 때문에 모바일 서비스에서도 동일하게 적용된다. 그렇지만 이미 모바일 웹보드 게임물에 대해서는 더욱 엄격하게 규제하고 있는 것이 현실이다. 더욱이 규제의 근거는 게임물관리위원회의 공지사항의 내용에 근거한다는 점이다.

공지사항을 통해서 금지하고 있는 규제 내용을 보면[38], i) 스마트폰-온라인 보드 게임 간 네트워크를 통한 이용자 간 연동 제한, ii) 스마트폰 게임머니-간접충전 등 유료화와 연동 제한으로 ① 게임머니의 무한 무료 충전으로 기간제의 경우 해당 기간 동안 게임머니가 소진되어도 별도의 제한 없이 계속 지급 되어야 하며, ② 특정 이용자간 매칭 제한(랜덤방)으로 보유 게임머니에 따른 등급별 구분 입장은 가능하나 월 최대 이용한도 10만원 이하로만 가능하며, 아이템 가격도 개 당 1만원 이하로 제한된다.

(3) 웹보드 시행령 연혁

2008년, 2011년 문화체육관광부는 웹보드게임 사행화 방지를 위해 행정지침을 내린 바 있다. 해당 행정지침은 2014년 웹보드게임 시행령 개정에 따라, 2015년 11월 폐지된 바 있다. 정부의 행정지침 폐지는 게임물관리위원회 공고형태로 이루어진 바 있다.[39]

2014년 도입된 웹보드 시행령은 2016년 규제완화 차원에서 개정된 바 있다. 다음 표 〈웹보드 시행령 개정 현황〉은 그 개정사항을 정리한 것이다.[40] 2016년 개정 사항[41]은 정보통신망을 통하여 제공되는 카드게임이나 화투놀이 등의 게임물을 이용하기 위한 가상현금 등의 월 구매한도를 30만원에서 50만원으로 상향 조정하고, 게임물 이용자 1명이 1회 게임에서 사용

---

38 게임물관리위원회는 공지사항(2012년 2월 7일자)을 통해, '스마트폰용 오픈마켓 보드게임' 등급분류 검토사항 추가 및 안내를 공지한 바 있다.

39 〈게임물관리위원회 공고 제2015-111호〉 (2015.11.16일)

웹보드게임 행정지침 폐지

우리 위원회는 웹보드게임물의 사행화 방지를 위한 문화체육관광부의 '행정지침'에 따라, 두 차례 공지사항을 통해 관련 내용을 안내드린 바 있습니다.

1. 웹보드게임 서비스 개선조치에 관한 공지사항(2008-06-20)
   - 주요 내용: 풀베팅방 및 실감베팅 경기장 등 고액의 게임머니 베팅이 가능한 서비스 폐지, 자동베팅 기능 폐지, 아바타 또는 아이템 등의 1회 판매가격 1만원 이하 하향 조정
2. 웹보드 게임물관련 사업자 자료제출 요청 공지사항(2011-08-03)
   - 주요 내용: 주민등록번호 기준 보유한도 제한, 베팅규모 축소, 본인인증 강화, 고액방 모니터링 강화, 아이템 묶음 판매 폐지 등

우리 위원회는 '게임산업진흥에 관한 법률 시행령 별표2 제8호'의 시행(2014.2.23.)에 따라, 기존 웹보드게임물 행정지침은 중복규제 또는 업체 자율규제에 해당된다고 판단하여 이를 폐지하기로 결정하였습니다.

웹보드게임 사행화 방지를 위해 '게임산업진흥에 관한 법률 시행령 별표2 제8호'를 엄정히 준수하여 주시길 바라며, 앞으로도 우리 위원회는 제도 개선을 통해 규제와 진흥의 균형점을 찾아 건전한 게임산업 성장을 위해 노력해 나가겠습니다.

40 강홍렬 외, 게임규제 혁신을 위한 역발상(전편), KISDI, 2017, 21면.

41 [대통령령 제27043호], [2016. 3. 22., 일부개정]

할 수 있는 게임머니가 50만원에 상당하는 게임머니의 200분의 1을 초과하지 아니하는 경우에는 예외적으로 게임이용의 상대방을 선택할 수 있도록 하는 등 정보통신망을 통하여 제공되는 카드게임이나 화투놀이 등의 게임물에 대한 규제를 완화하는 한편, 해당 게임제공업자에게 게임 과몰입 방지를 위한 이용자 보호방안을 수립하도록 하여 게임산업의 건전한 발전을 도모하려는 것이다. 다만, 2016년 개정 시에 이용자 보호방안을 수립하는 내용이 신설된 바 있다.

웹보드 시행령 개정 현황

규제 도입기(2014. 2월)	규제 도입 취지	규제 1차 개정(2016. 3월)
가. 월 구매한도 30만원	사행적 이용 방지	가. 월 구매한도 50만원 〈개정〉
나. 1회 게임 이용한도 3만원 (월 구매한도 1/10)	불법이용 욕구 감소	나. 1회 게임 이용한도 5만원 〈개정〉 (월 구매한도 1/10)
다. 1일 손실한도 10만원(월 구매한도 1/3) 손실 시 24시간 이용제한	게임과몰입 방지	다. 1일 손실한도 10만원(월 구매한도 1/5) 손실 시 24시간 이용제한
라. 상대방 선택금지	짜고치기 및 불법환전 차단	라. 상대방 선택금지 / 소액방 예외 〈개정〉
마. 자동베팅금지	사행적 이용 방지	마. 자동베팅금지
바. 분기별 본인 확인	사행적 이용 방지	바. 연 1회 본인 확인 〈개정〉
		사. 이용자보호방안 수립 〈신설〉

출처: KISDI(2017)

2020년 웹보드 시행령 개정에 따라 1일 손실한도 규정인 다목이 폐지되었다. 다만, 게임제공업자는 게임 이용자보호 및 사행화 방지방안을 게임물관리위원회와 협의하여 수립·이행하도록 하고 있다. 방지방안에는 일일 손실한도는 이용자가 설정할 수 있도록 하고 있으며, 스스로 설정한 한도를 초과할 경우 게임을 이용할 수 없도록 하고 있다. 특이한 점은 정보통신망을 통한 스포츠 베팅 또는 스포츠 승부예측게임도 포함되었다는 점이다. 즉, 가상의 머니를 이용하여 국내외 스포츠 경기의 예상 결과에 베팅하는 게임이다. 실제 현금을 베팅하는 스포츠 베팅 게임과는 달리 가상의 머니로만 베팅이 가능하고, 실제 환급은 불가능하다. 앞서 살펴본 바 있는 단골스포츠에 대한 대법원 판례를 반영한 것으로 보인다.

나. 정부의 해석 기준

아래는 문화체육관광부에서 공지한 해석기준이다. 웹보드 사업자들이 수범해야 할 사항으로, 웹보드 사업자들은 해당 내용을 준수하고 있다. 성인 섯다운제 이후 웹보드 사업자의 수익이 급감한 것으로 알려지고 있다.

(1) 적용대상 게임물 및 수범주체

① 적용대상 게임물: 정보통신망을 통하여 제공되는 베팅이나 배당의 내용을 모사한 카드게임이나 화투놀이 게임물

- 정보통신망은 전기통신설비를 이용하거나 전기통신설비와 컴퓨터 및 컴퓨터의 이용 기술을 활용하여 정보를 수집·가공·저장·검색·송신 또는 수신하는 정보 통신체제를 말함
- 정보통신망을 통하여 제공되는 베팅이나 배당의 내용을 모사한 카드게임이나 화투놀이 등의 게임물이 적용대상이며, 베팅이나 배당의 내용을 모사하지 않은 바둑, 장기, 윷놀이 유형의 게임물은 적용대상이 아님
- 다만 베팅이나 배당을 모사한 게임물이라 하여도 베팅이나 배당의 수단이 되는 것을 판매하지 않는 게임물은 적용대상이 아님

② 수범주체: 게임제공업자

- 공중이 적용대상 게임물을 이용할 수 있도록 서비스 하는 자
- 채널링 사업자가 게임제공업자의 준수사항 이행에 대해 협력의무를 다한 경우 수범주체에서 제외

※ 채널링 사업자의 협력 의무 예시

- 1개월간 게임머니 구매한도 제한('가'목): 게임이용자 1명의 게임머니 구매한도 계산시 채널링 사이트에서 구매한 금액도 합산하므로, 채널링 사업자는 게임제공업자에게 이용자의 구매현황을 제공하는 등 협력의무를 부담함(정보통신망 이용촉진 및 정보보호에 관한 법률에 따라 주민번호 수집이 금지되므로 CI값 등을 이용)
- 1일 게임머니 손실한도 제한('다'목): 게임이용자 1명의 1일 게임머니 손실액 계산시 채널링을 통해 이용한 경우도 합산하므로, 채널링 사업자는 이용자의 게임머니 사용현황을 게임제공업자에게 제공할 협력의무를 부담함(정보통신망 이용촉진 및 정보보호에 관한 법률에

따라 주민번호 수집이 금지되므로 CI값 등을 이용)

(2) 각 목별 적용기준

□ '가'목 조치: 1월 게임머니 구매한도 제한

가. 게임물 이용자 1명이 게임물을 이용하기 위한 가상현금(캐쉬 등을 말한다. 이하 이 호에서 같다), 게임아이템 등의 1개월간 구매(다른 게임물 이용자로부터 증여 등을 통하여 받는 것을 포함한다)한도가 50만원을 초과할 수 없도록 하여야 한다.

○ 게임물 이용자 1명의 의미

- 게임물 이용자 1명이 여러 계정을 가지고 있더라도(채널링을 통해 이용한 경우도 포함) 게임물 이용자 1명을 기준으로 합산하여 구매한도가 50만원을 초과할 수 없도록 하여야 함을 의미

○ 게임머니 구매한도 계산방법(기준)

- 게임제공업자가 제공하는 베팅이나 배당을 모사하는 카드게임이나 화투놀이 등의 게임물 전체를 기준으로 이를 이용하는 게임물 이용자 1명이 구매하는 가상현금(캐쉬 등을 말함), 게임아이템 등의 1개월간의(매월 1일부터 말일 까지) 금액을 합산함
- 채널링을 통해서 서비스 되는 경우 채널링 사이트에서 구매한 금액도 합산함
- 다른 게임물 이용자로부터 증여 등을 통하여 받는 것도 합산

□ '나'목 조치: 1회 게임의 게임머니 사용한도 제한

나. 게임물 이용자 1명이 1회 게임에 사용할 수 있는 게임머니가 가목에 따른 구매한도 규모에 따라 지급될 수 있는 게임머니(게임물 이용자 1명이 가목의 한도까지 가상현금, 게임아이템 등을 구매하는 때 지급될 수 있는 게임머니 총량의 최저치를 기준으로 한다. 이하 이 호에서 같다)의 10분의 1을 초과할 수 없도록 하여야 한다.

○ '가목에 따른 구매한도에 따라 지급될 수 있는 게임머니'의 의미

- 게임물 이용자 1명이 50만원 모두를 가상현금, 게임아이템 등을 구매했을 때 지급될 수 있는 게임머니 총량의 최저치를 의미함

※ 예를 들어 A상품(금액 1만원, 게임머니 3,300 골드 지급), B상품(금액 7천원, 게임머니 1,500 골드 지급), C상품(금액 5천원, 게임머니 600 골드 지급)을 판매 하는 경우, 50만원으로 위의 상품을 구매했을 때 지급될 수 있는 게임머니 총량의 최저치는 C상품을 100개 구매했을 때 지급되는 60,000 골드임

※ 상품 구매 시 지급되는 게임머니가 확정되지 않고 우연성에 의해 지급되는 상시적으로 제공되는 상품의 경우에도 최저치를 적용함

※ 이용자의 편의를 위하여 1회 게임의 게임머니 사용한도의 표시를 권고함

○ '1회 게임'의 의미

- 카드나 화투패의 분배로 게임이 시작된 후 그 게임의 승패가 결정되어 배당이 완료될 때까지를 의미함

○ 1회 게임에 사용할 수 있는 게임머니 한도 제한의 의미

- 베팅의 횟수와 무관하게 게임물 이용자 1명이 1회 게임에서 총 베팅 횟수를 통해 사용할 수 있는 게임머니는 구매금액 50만원으로 지급될 수 있는 게임머니 최저치의 10분의 1을 초과할 수 없음
- 베팅 없이 게임의 결과에 따라 게임머니가 배당되는 게임(훌라나 고스톱 등)의 경우에도 게임물 이용자 1명이 1회 게임에서 손실할 수 있는 게임머니는 10분의 1을 초과할 수 없음
- 1회 게임에 사용할 수 있는 게임머니는 유·무료 지급 게임머니를 구별하지 아니함

□ '다'목 조치: 1일 게임머니 손실한도 제한 (2020년 4월 폐지됨)

다. 게임물 이용자 1명의 게임머니가 게임을 통하여 1일 동안(같은 날 오전 0시부터 24시 사이를 말한다) 가목에 따른 구매한도 규모에 따라 지급될 수 있는 게임머니의 3분의 1을 초과하여 감소한 경우(게임을 통하여 획득하거나 상실한 게임머니를 합산한 결과, 같은 날 처음 게임을 시작하기 전에 비하여 게임머니가 가목에 따른 구매한도 규모에 따라 지급될 수 있는 게임머니의 3분의 1을 초과하여 감소한 경우를 말한다) 그 당시 진행되고 있는 게임이 종료된 이후부터 24시간 동안 해당 게임물 이용자에 대하여 게임 이용을 제한하여야 한다.

○ '게임물 이용자 1명'의 의미

• 게임물 이용자 1명이 여러 계정을 가지고 있더라도(채널링을 통해 이용한 경우도 포함), 게임물 이용자 1명을 기준으로 합산하여 게임머니 손실액을 계산 하여야 함을 의미함

○ '게임을 통하여'에서 게임의 의미

• 여러 종류의 게임을 합산하는 것이 아니라 손실 계산의 기준이 되는 한 종류의 게임물을 의미함

○ '1일 동안'의 의미

• 같은 날 오전 0시부터 24시 사이를 말하며, 이틀에 걸쳐 게임을 이용할 경우 오전 0시를 기준으로 손실액을 다시 계산함

※ 예를 들어 23시 40분에 게임을 시작하여 익일 01시까지 게임을 진행할 경우 익일 오전 0시를 기준으로 손실액을 다시 계산함

○ '가목에 따른 구매한도 규모에 따라 지급될 수 있는 게임머니의 3분의 1을 초과하여 감소한 경우'의 의미

• 게임 진행을 통하여 획득하거나 상실한 게임머니를 합산한 결과 같은 날 처음 게임을 시작할 때의 게임머니를 기준으로 손실액이 구매금액 50만원으로 지급될 수 있는 게임머니의 3분의 1을 초과한 경우를 의미함

※ 예를 들어 구매금액 50만원으로 지급될 수 있는 게임머니 총량의 최저치가 6만 골드인 게임에서, 2월 23일 19시에 처음 게임을 시작한 자가(19시 게임접속 시 보유 게임머니 5만 골드라 가정) 첫 게임에서 1만 골드를 획득하고 두번째 게임에서 2만 골드를 상실한 경우에는 손실액은 1만 골드로 계속 게임 진행이 가능하나, 세 번째 게임에서 1만 2천 골드를 상실했다면 손실액은 2만 2천 골드가 되므로 3분의 1을 초과하여 감소한 경우에 해당

• 손실액 계산 시 게임머니는 유·무료 지급 게임머니를 구별하지 아니함

○ '그 당시 진행되고 있는 게임이 종료된 이후'의 의미

• 카드패나 화투패 분배로 게임이 시작된 후 그 게임의 승패가 결정되어 배당을 완료한 결과 게임머니의 손실액이 50만원으로 지급될 수 있는 게임머니 총량의 최저치 3분의 1을

초과한 경우 그 게임 결과 배당이 종료된 이후를 의미함

○ '게임 이용 제한'의 의미

- 그 당시 진행되고 있는 게임이 종료된 이후부터 24시간 동안 게임제공업자가 제공하는 적용대상 게임물 전체(종료 시 이용하는 게임물 포함)의 이용을 제한하여야 함을 의미함

□ '라'목 조치 : 게임이용 상대방 선택 금지

라. 게임물 이용자가 게임이용의 상대방을 선택할 수 없도록 하여야 한다. 다만, 무료로 제공하는 별도의 게임머니만을 사용하는 경우는 예외로 한다.

○ 게임이용의 상대방 선택 금지의 방법

- 게임물 이용자가 게임물 이용자 중 특정인을 선택하여 게임 진행을 할 수 없도록 하여야 함을 의미(게임초대 기능, 특정 게임방 선택 입장 등 금지)

○ 적용 예외 요건: 무료로 제공하는 별도의 게임머니만을 사용

- 일반게임머니와 호환되지 않고 무료로 제공되는 별도의 게임머니만으로 게임이 진행되는 경우에만 게임이용의 상대방 선택이 가능함

□ '마'목 조치: 게임의 자동베팅 금지

마. 게임물 이용자가 게임을 이용할 경우 베팅을 자동으로 할 수 없도록 하여야 한다.

○ 게임물 이용자가 베팅을 자동으로 할 수 없도록 조치하여야 하며, 베팅 없이 게임의 결과에 따라 게임머니가 배당되는 게임(훌라나 고스톱 등)은 적용되지 않음

※ 접속 중단이나 네트워크 장애와 같이 게임물 이용자가 게임을 이용하지 않는 것이 명확한 경우에는 적용하지 아니함

□ '바'목 조치 : 본인인증 조치 강화

바. 전자서명법 제2조 제10호의 공인인증기관, 그 밖에 본인확인서비스를 제공하는 제3자 또는 행정기관에 의뢰하거나 대면확인 등을 통하여 게임물 이용자가 본인임을 확인할 수 있는 수단을 마련하고, 분기마다 게임물 이용자에 대하여 본인 확인을 하여야 한다.

○ 본인확인의 의미

- 본인확인이란 이용자의 특정과 실재함을 의미하며, 현재 공인인증서, 신용정보사를 통한 확인, 아이핀, 신용카드, 휴대전화 등의 수단이 일반적으로 이용됨

○ 본인확인의 방법

- 접속일 기준 최근 3개월 동안 본인인증을 실시하지 않은 이용자를 대상으로 본인확인을 실시함

□ '사'목 조치: 사행적 이용 방지

사. 게임제공업자는 게임 이용자보호 및 사행화 방지방안을 게임물관리위원회와 협의하여 수립·이행해야 한다.

○ 이용자 보호 및 사행화 방지 방지방안 수립

- 폐지된 다목의 일일 손실한도에 대해 6~24시간 내에서 자율적으로 이용을 제한하도록 시간 설정
- 금액 한도에서 일일 손실한도를 설정할 수 있도록 하며, 설정한도를 넘어서는 경우에는 이용을 제한

○ 사행적인 이용행위 등에 대해서는 영구이용 정지할 수 있도록 이용약관을 개정하도록 함

(3) 이행시기 및 불이행에 대한 조치

○ 게임제공업자는 2014년 2월 24일부터 각 목의 조치를 완료한 후 서비스를 제공하여야 함

○ 게임제공업자가 각 목의 조치를 위반했을 경우 게임산업법 시행규칙 [별표5]에 따라 위반 횟수에 따라 경고(1회) ➡ 영업정지 5일(2회) ➡ 영업정지 10일(3회) ➡ 영업정지 1월(4회)의 행정처분을 받게 됨

다. 정부 해석 기준의 한계

정부 해석기준은 말 그대로 시행령 자체가 논란이 많기 때문에 이에 대한 기준을 해석해서 제공한다는 의미이다. 논란이 되는 점을 정부에서 정리해준다는 점에서 그 의의를 찾을 수 있겠다. 게임사업자는 정부에서 제시한 기준에 대한 사실 상 강제성을 인정할 수밖에 없을 것이다.

4. 규제개혁과 일몰입법(sunset law)

가. 규제개혁 내지 통제

정부가 시장에 참여하는 것은 시장실패를 이유로 하겠지만, 그러한 규제가 완전한 것인지는 사전에 검토하기가 쉽지 않다. 그렇기 때문에 규제기관의 규제정책에 대한 사후적 평가 내지 통제를 위해서 여러 가지 방안이 제시된다. 특히 "규제기관이 규제정책의 결정과 집행 시에 정책환경의 변화에 탄력적으로 대응하고 과정의 오류를 최소하도록 유도하기 위해서는 입법적, 행정적 및 사법적 통제와 같은 공식적 참여자에 의한 통제가 필요하다"[42]고 한다.

나. 웹보드 규제 일몰입법

(1) 일몰입법의 의의

일몰제 내지 일몰입법은 "1970년대 및 1980년대에 규제개혁 내지 규제완화의 강력한 도구로서 불필요한 규제기관을 폐지하여 규칙과 규제의 양산을 차단하고, 행정기관의 책임성을 증대하기 위해 규제에 체계적인 사후평가를 보장하는 수단으로서 미국에서 고안되었다"[43]고 한다. 이러한 맥락에서 일몰입법(sunset law)은 "신설 또는 강화되는 규제는 반드시 한시적으로 사행되도록 기한을 정해두는 제도이다. 즉, 정해진 기한이 도래한 경우 그 규제의 존속여부를 심사하지 않거나 심사에서 타당치 않는 규제로 평가되면 규제가 자동으로 폐기되도록 하는 것"[44]이다.

---

42 배용수, 규제정책론, 대영문화사, 2013, 137면.

43 박영도, 규제일몰제 확대 도입에 따른 법제개선방안, 한국법제연구원, 2011, 29면.

44 배용수, 규제정책론, 대영문화사, 2013, 138면.

반면, 일몰입법은 해당 규제정책에 대한 명확한 분석을 거치지 않을 가능성도 높다는 문제점을 갖는다. 사후적인 검토를 통해 해당 정책을 평가하기 때문이며, 또한 이후에 평가를 받는 위치에 있지 않을 가능성이 더 크기 때문이기도 하다.

(2) 웹보드 규제의 일몰입법

웹보드 규제 내용은 많은 논란이 있었지만, 결국 게임산업법 시행령으로 포함되었다. 다만, 규제개혁위원회에서는 2년 동안 규제를 시행한 후에 규제에 대한 평가를 하도록 하였다. 이러한 내용을 시행령에 담아낸 것이다. 앞에서 살펴본 바와같이 일몰입법은 해당 규제가 실효성이 있는지에 대한 평가를 내리는 것이기 때문에 규제자 입장에서는 초기 규제에 대해 부담을 가질 수 있을 것이다.

게임산업법 시행령은 '규제의 재검토'라는 표제로 문화체육관광부장관은 정보통신망을 통하여 베팅이나 배당의 내용을 모사한 카드게임이나 화투놀이 등의 게임물을 제공하는 게임제공업자의 준수사항을 규정한 별표 2 제8호에 대하여 2016년 2월 23일까지 그 타당성을 검토하여 폐지, 완화 또는 유지 등의 조치를 하여야 한다고 규정하고 있다(시행령 제25조 제2항).

참고로, 동조 제1항에서는 문화체육관광부장관은 다음 각 호의 사항에 대하여 다음 각 호의 기준일을 기준으로 3년마다(매 3년이 되는 해의 기준일과 같은 날 전까지를 말한다) 그 타당성을 검토하여 개선 등의 조치를 하여야 한다.

1. 제16조 제1호 나목에 따른 청소년게임제공업의 영업시간 제한: 2017년 1월 1일
2. 별표 1의2 제4호에 따른 일반게임제공업의 설비 설치에 관한 시설기준: 2017년 1월 1일

인사이트

사람은 헌법 상 자기결정권이 보장된다. 미성년자도 자기결정권이 인정되는 마당에 성인의 자기결정권을 국가에 의해서 차단당하는 것이 맞는가? 설령 자기결정권에 대해 각자의 생각이 다르다고 하더라도, 합리적인 결정을 내릴 수 있는 성인의 법률행위를 차단하는 것이 최선인가?

제 8 장

게임 문화·예술 그리고 기술

다양한 게임과 놀이가 존재한다. 또한 이를 바라보는 시각도 다양하다. 이러한 다양성을 바탕으로 문화가 성장하고 발전하는 것이다. 문화라는 것은 의도적으로 발전시키는 것이 아닌 자율적인 환경에서만이 가능하다. 게임도 크게 다르지 않다. 게임을 문화적 또는 예술적 시각으로 보면 다양한 요소가 문화적으로 체화된 것으로 이해될 수 있으며, 예술적 기능이 포함된 종합예술로서 이해될 수 있을 것이다.

제 19 절 문화국가원리와 문화규제[1]

1. 서론

헌법은 문화국가원리를 표방하고 있다. 이를 위해 다양한 문화정책의 수립과 문화산업의 진흥을 위한 기본 법제를 두고 있다. 문화를 진흥한다는 것은 문화가 성장할 수 있는 토대를 마련해준다는 것을 의미한다. 문화는 유기적인 현상이자 관계이며 유무형의 어떤 것을 의미하는 것이기 때문에 이를 인위적으로 진흥하기에는 어려움이 있다. 그럼에도 문화기본법이 이러한 역할을 하게 된다. 문화산업진흥 기본법은 문화산업의 진흥을 목적으로 한다. 동 법은 문화산업의 지원 및 육성에 필요한 사항을 정하여 문화산업 발전의 기반을 조성하고 경쟁력을 강화함으로써 국민의 문화적 삶의 질 향상과 국민경제의 발전에 이바지함을 목적으로 하고 있다.

정부는 다양한 문화산업의 발전을 꾀하고 있으나, 문화산업의 유형에 따라 그 진흥에 한계를 갖는 것은 사실이다. 무엇보다 진흥이 요구되는 콘텐츠산업에 있어서 규제는 산업자체의 저해는 물론 국가의 경쟁력 차원에서 한계를 갖게 된다. 물론 콘텐츠의 공정거래나 이용자의 보호라는 가치도 또한 중요하게 다루어질 필요가 있음은 부인하기 어렵다.

문화산업의 진흥을 위한 목적은 결국 문화의 발전으로 귀결된다. 문화산업의 진흥은 문화에 대한 진흥을 정책적으로 이끌어가겠다는 문화정책의 발로로 이해될 수 있다. 문제는

1 본 절의 일부는 김윤명, 문화산업 진흥을 위한 법체계 연구(정보법학 제18권 제2호, 2014)를 발췌하여 수록한 것이다.

문화의 의도적 진흥이라는 것인데, 이는 문화의 자율성을 훼손할 우려가 있다. 이와 더불어 문제가 되는 것은 문화적 경험을 차단하는 규제이다. 대표적으로 게임물에 대한 각종 셧다운제, 등급분류 및 검열, 청소년유해매체물제도 등은 문화 규제로써, 문화에 대한 몰이해에 따른 것이다. 부처별로 시행되는 규제는 각 부처의 목적에 따른 정책이기 때문에 문제라고 단정할 수는 없으나, 그로인해 나타날 수 있는 결과는 정부 정책의 일관된 정합성을 찾기 어렵다는 점에서 문제가 아닐 수 없다. 헌법은 문화국가원리를 표방하고 있으며, 문화융성(文化隆盛)을 중요한 국정과제로 삼고 있지만 정작 정부 부처에서는 문화가 갖는 의미를 제대로 이해하고 있는지 의문이다. 문화규제가 작지 않고, 실제 그러한 규제가 문화를 규제하는 것인지에 대한 인식조차도 없는 것으로 보이기 때문이다.[2] 정부규제 "그 자체가 고도의 정치경제적 현상이면서 아울러 실정법 체계를 반영하는 법현상이고, 나아가 사회적, 문화적 맥락에서도 정밀한 고려를 해야하는 복합적 사안"[3]이라고 할 것이다. 이러한 이유로 규제정책을 수립하기 위해서는 단순하게 산업이나 서비스에 미치는 영향만이 아닌 사회·문화적인 영향에 대해서까지 고려해야 한다.

이에 문화산업의 진흥을 위한 법제에 대해 헌법적 가치부터 기본법 체계 및 특별법에 이르기까지 진흥과 규제라는 가치의 충돌과 이의 해결방안에 대해 살펴보고자 한다. 또한 현재 진행 중에 있는 정부의 문화규제 정책에 대한 검증과 문화영향평가제도 등 문화산업의 진흥을 위한 정책방향을 제시하고자 한다.

2. 문화산업의 특성

가. 문화는 산업이 될 수 있나?

(1) 문화란 무엇인가?

문화의 성질을 특정하기는 쉽지 않다. 이는 문화가 가변적이고, 물리적·정신적인 모든 것을 포함하기 때문이다. 즉, 경험으로 전승되거나 또는 그러한 경험이 예술적 실체나 문화적 실

2 정부의 산업에 대한 규제정책 수립자체가 문화를 규제하는 것으로 인식하지 못한다는 반증이다.

3 김유환, 행정법과 규제정책, 법문사, 2012, 169면.

체로서 남겨진 모든 것을 포함한다. 문화는 예술을 포함하는 개념이며, 경우에 따라서는 문화예술로 인식되기도 한다.[4] 문화는 끊임없이 변화하는 사회관계인 동시에 사회적으로 생산된 사물이기도 하다는 주장[5]은 문화적 특성을 대별하는 것이 아닐까 생각된다. 문화의 이러한 특성 때문에 2001년 유네스코는 '문화 다양성 선언'을 하게 된다. 동 선언에서 문화를 사회와 사회 구성원의 특유한 정신적·물질적·지적·감성적 특성의 총체로 간주해야 하며, 예술 및 문학 형식뿐 아니라 생활양식, 함께 사는 방식, 가치 체계, 전통과 신념을 포함하는 것으로 보고 있다.

문화기본법에서는 문화를 "문화예술, 생활양식, 공동체적 삶의 방식, 가치 체계, 전통 및 신념 등을 포함하는 사회나 사회 구성원의 고유한 정신적·물질적·지적·감성적 특성의 총체"로 정의내리고 있다. 문화는 사회구성원의 가치를 포함한 생활 그 자체로 이해될 수 있는 것이다. 문화기본법에서는 문화를 유네스코 등 국제적인 합의를 따르는 광의의 개념으로 정의하고 있는 것으로 이해된다.

(2) 문화산업의 정의

문화산업을 표방한 김영삼 정부는 기존의 산업에 문화라는 포장을 주문하였고, 그 결과 문화부 내에는 문화산업국이라는 새로운 직제가 생겨나게 된다.[6] 산업에 대한 문화적 접근은 지금의 글로벌화로 이해될 수 있는 '세계화'를 표방한 김영삼 정부의 정책적 의지의 발현이었다고 본다. 이후 김대중 정부는 1999년 문화산업진흥 기본법을 제정하게 된다.

문화산업진흥 기본법은 문화산업을 문화상품의 기획·개발·제작·생산·유통·소비 등과 이에 관련된 서비스를 하는 산업으로 정의하고 있다. 문화산업은 문화상품을 기본으로 하고 있다. 문화상품이란 예술성·창의성·오락성·여가성·대중성이라는 문화적 요소가 체화(體化)되어 경제적 부가가치를 창출하는 유형·무형의 재화(문화콘텐츠, 디지털문화콘텐츠 및 멀티미디어문화콘텐츠를 포함한다)와 그 서비스 및 이들의 복합체를 말한다.

---

4 특히 "사회학에서 문화는 그 안에 예술을 포함하면서도 그 보다 더 넓은 범주로 사용되거나, 종종 예술만을 가리키기 때문에 사회학자들은 자연스레 예술사회학을 문화사회학의 하위 범주로 여긴다"고 한다. 한국문화사회학회 지음, 문화사회학, 살림, 2012, 77면.

5 한국문화사회학회 지음, 문화사회학, 살림, 2012, 497면.

6 박광무, 한국문화정책론, 김영사, 2010, 207면.

문화는 기본적으로 산업이 될 수 있는가라는 물음에 대해 문화와 산업의 융합은 기술사회에서 더욱 가중화되는 것이며, 삶 자체가 문화적 요소가 담겨있기 때문에 문화의 산업화는 시대적 흐름으로 이해될 수 있다. 이미 생활이나 삶에 문화적 요소가 체화되고, 산업도 또한 삶을 투영하거나 삶의 가치를 높이기 위한 재화의 생산이라는 측면에서 문화의 일부분이라고 할 수 있다. 더욱 가치 있는 문화적 산물을 만들어내기 위한 노력도 또한 포함되기 때문에 산업화는 문화적 토대를 바탕으로 이루어지고 있다고 해도 과언이 아니다.[7]

나. 문화산업의 특성

(1) 다양한 산업군

문화산업진흥 기본법에서 관장하는 문화산업군은 콘텐츠산업의 영역과 다름이 없다. 이러한 다양한 산업범주를 관장하는 법령을 찾아보기는 쉽지 않다. 문화산업진흥 기본법에서 정의하고 있는 문화산업은 가. 영화·비디오물과 관련된 산업, 나. 음악·게임과 관련된 산업, 다. 출판·인쇄·정기간행물과 관련된 산업, 라. 방송영상물과 관련된 산업, 마. 문화재와 관련된 산업, 바. 만화·캐릭터·애니메이션·에듀테인먼트·모바일문화콘텐츠·디자인(산업디자인은 제외한다)·광고·공연·미술품·공예품과 관련된 산업, 사. 디지털문화콘텐츠, 사용자제작문화콘텐츠 및 멀티미디어문화콘텐츠의 수집·가공·개발·제작·생산·저장·검색·유통 등과 이에 관련된 서비스를 하는 산업, 아. 전통적인 소재와 기법을 활용하여 상품의 생산과 유통이 이루어지는 산업으로서 의상, 조형물, 장식용품, 소품 및 생활용품 등과 관련된 산업, 자. 문화상품을 대상으로 하는 전시회·박람회·견본시장 및 축제 등과 관련된 산업. 다만, 전시산업발전법 제2조 제2호의 전시회·박람회·견본시장과 관련된 산업은 제외한다. 차. 가목부터 자목까지의 규정에 해당하는 각 문화산업 중 둘 이상이 혼합된 산업 등 전통 문화산업에서부터 디지털 문화산업에 이르기 까지 다양하다.

---

7 "문화산업은 문화를 전재로 하고 있는 산업의 개념이다. 그러나 문화는 유형적인 실체보다는 무형적인 실체적 성격을 갖기 때문에 그 범위를 명확하게 확정할 수 없고, 따라서 문화산업의 개념과 범위도 명확하게 확정할 수 없다"고 한다. 박찬호, 문화산업지원법제에 관한 비교법 연구, 한국법제연구원, 2006, 19면.

(2) 산업간 융합화

문화산업의 특성은 문화산업의 범주에서 나타는 것과 같이 전통산업의 디지털화를 들 수 있다. 즉, 산업의 특성이 매체 중심에서 콘텐츠 중심으로 이동하고 있다는 점이다. 전통 소재가 게임이나 영화로 재구성되고 있으며, 게임 캐릭터를 통해 새로운 영화나 의류가 제작되는 것을 들 수 있다. 문화산업진흥 기본법에서도 각 문화산업 중 둘 이상이 혼합된 산업을 문화산업으로 보기 때문에 다양한 산업군들의 조합이나 산업간 융합은 더욱 활성화될 것으로 보인다. 물론, 동일 산업에서도 융합이 이루어지고 있다. 게임을 예로 들면, 온라인 게임과 모바일 게임이 서로 다른 플랫폼으로 이해되었으나, 이제는 서로 연동되고 융합되고 있다. 이와 같이, 문화산업은 제작 및 유통 과정에서 다양한 시너지를 일으키는 방향으로 성장, 발전하고 있다.

(3) 유통 플랫폼의 글로벌화에 따른 인터넷 문화의 확산

인터넷은 개방성, 상호작용성, 탈중앙통제성, 접근의 용이성, 다양성 등을 기본으로 하는 사상의 자유시장에 가장 근접한 매체이다. 즉, 인터넷은 저렴한 비용으로 누구나 손쉽게 접근이 가능하고 가장 참여적인 매체로서, 표현의 쌍방향성이 보장되고, 정보의 제공을 통한 의사표현 뿐 아니라 정보의 수령, 취득에 있어서도 좀 더 능동적이고 의도적인 행동이 필요하다.[8] 인터넷을 통해서 제공되는 콘텐츠, 게임 등의 서비스는 문화를 담고 있다. 유통시스템이 다양하게 구축되기도 하며, 특히 유튜브와 같은 글로벌 플랫폼을 통해서 현지화 되기도 한다. 이처럼 유투브나 애플 앱스토어 또는 라인을 통한 해외 마케팅이 가능하다는 점도 인터넷 문화의 소비를 촉진하고 있는 요인이기도 하다.

문화는 특정 국가나 민족의 삶의 양식이기 때문에 이를 다른 나라와 공유하는 것은 쉽지 않다. 번역에 있어서도 언어는 그 나라의 문화나 역사적 산물이기 때문에 이를 다른 나라에 맞게 번역하는 것은 쉬운 일이 아니다. 그런 면에서 완벽한 번역은 불가능하며, 그 의미나 뉘앙스가 변형될 수밖에 없다. 문화콘텐츠가 수출될 때, 이러한 번역의 과정을 거치기 때문에 '문화적 이해를 바탕으로 한 현지화'(culturalization)는 무엇보다 중요하다.

---

8 헌재 2011. 12. 29. 2007헌마1001 등, 판례집 23-2하, 739 [한정위헌].

상대적으로 문화적 영향력이 커질 수 있다는 점은 문화적 종속성이라는 측면에서 문제가 될 수 있다. 우리나라는 한류라는 흐름을 통해 다양한 콘텐츠와 문화가 유통될 수 있는 기반을 가지지만, 그렇지 못한 경우에는 문화수용자의 입장일 수밖에 없다는 것도 문제이다.[9]

(4) 다양한 규제의 발현: 문화 규제

문화산업은 문화체육관광부 소관 산업으로 볼 수 있지만, 플랫폼, 산업유형 등에 따라 다양한 부처에서 관장될 수밖에 없다. 콘텐츠의 유통플랫폼에 따라 저작권법, 정보통신망법, 방송법 등 체계에서 서로 다르게 이해되고 평가되기 때문이다.

콘텐츠 관련 법은 사후 내지 사전 심의규정을 두고 있다. 특히 영상물은 그 성질상 음란성 등을 평가하고 있는데, 이는 청소년 보호라는 헌법적 가치를 가지고 있기 때문에 사업자 입장에서는 이의제기가 쉽지 않다. 또한, 게임물의 경우에는 여성가족부, 보건복지부, 문화체육관광부, 방송통신위원회 등과 관련되어 다양한 규제를 받고 있으며, 이용약관이나 전자상거래와 관련해서는 공정거래위원회의 규제를 받기도 한다. 게임물은 기본적인 구조는 소프트웨어(SW)이기 때문에 과학기술 정보통신부의 규제를 받게 된다. 이러한 이슈와 규제는 한 부처에서 볼 때는 합리적일 수 있지만, 전체 산업적 측면에서 볼 때는 정합성을 이루지 못한 중복 규제일 수밖에 없다. 이처럼 정부 규제는 결과적으로 국민의 삶과 생활에 밀접한 관련이 있기 때문에 '문화규제'라는 부정적 의미를 부여할 수밖에 없다.

---

9 우리 문화의 해외 진출은 현지화라는 비용이 소요되지만, 영어권의 문화는 현지화가 크게 의미가 없이 진출이 가능하다는 점도 수용자 입장에서는 경쟁력이 약화될 수 있는 요인이라고 하겠다.

3. 문화산업의 진흥을 위한 법체계

가. 문화국가의 원리

(1) 문화국가원리의 의의

헌법은 제헌 헌법에서부터 문화국가[10]의 원리를 표방하고 있다.[11] 이에 따라 국민 누구나 자유롭고, 평등하게 문화를 즐길 수 있는 향유권이 부여되어 있다.[12] 이는 문화적 자율성의 형태로 보장된다. 문화적 자율성은 "문화 활동에 대한 국가의 문화 정책적 중립성과 관용을 의미하나, 사회적 책임 내지 역할을 무시한 자의적인 문화 활동, 내재적 한계를 일탈할 경우에는 다른 기본권의 보호를 위해 제한할 수 있다"고 한다. 이러한 경우라도 "문화의 자율성 보장과 모순되는 것이 아니라 문화의 자유를 보장하기 위한 국가의 최소한의 책임으로 이해된다"[13]고 한다.

문화의 자율성을 부인하는 것은 헌법적 가치를 부인하는 것과 다름이 없다. 헌법은 전문에서 "문화의 … 영역에 있어서 각인의 기회를 균등히" 할 것을 선언하고 있을 뿐 아니라, 국가에게 전통문화의 계승 발전과 민족문화의 창달을 위하여 노력할 의무를 지우고 있다(제9조). 또한 헌법은 문화국가를 실현하기 위하여 보장되어야 할 정신적 기본권으로 양심과 사상의 자유, 종교의 자유, 언론·출판의 자유, 학문과 예술의 자유 등을 규정하고 있는바, 개별성·고유성·다양성으로 표현되는 문화는 사회의 자율영역을 바탕으로 한다고 할 것이고, 이들 기본권은 견해와 사상의 다양성을 그 본질로 하는 문화국가원리의 불가결의 조건이라고 한다.[14]

---

10 문화국가란 "국가로부터 문화활동의 자유가 보장되고 국가에 의하여 문화가 공급되어야 하는 국가"라고 한다. 권영성, 헌법학원론, 법문사, 2003, 144면. 한편 "헌법이 보장하는 인간의 존엄과 가치, 행복추구권이 보장되면서 민주적 질서가 유지되는 가운데 생활의 기본적인 수요가 충족되고 학문과 예술, 창조적 사고와 활동을 자유롭게 펼칠 수 있는 국가로서 문화예술인과 국민 모두가 이와 같은 활동을 보장받는 국가"라고도 한다. 박광무, 한국문화정책론, 40-41면.

11 헌법은 문화국가원리를 표방하면서, "문화의 모든 영역에 있어서 각인의 기회를 균등히 하고, 능력을 최고도로 발휘하게 하며"(헌법 전문), "국가는 전통문화의 계승·발전과 민족문화의 창달에 노력하여야 한다"(제9조)라고 규정하고 있다. 이른바 문화국가 내지 문화권에 대해서는 김수갑, 문화국가를 위한 법체계 검토, 문화정책논총 제18집, 한국문화관광연구원, 2007, 10면 이하 참조.

12 이처럼 문화국가적 성격은 "헌법규정의 유무에 관계없이 민주헌법 자체에 내재하는 헌법원리"라고 하겠다. 권영성, 헌법학원론, 법문사, 2003, 145면.

13 장용근, 헌법상 문화국가원리의 보장, 법학논총 제30권 제2호, 2006, 19면.

14 헌재 2000. 4. 27. 98헌가16, 98헌마429(병합), 427, 445-446 참조.

(2) 문화국가원리의 실현과 문화정책

문화국가원리는 국가의 문화국가 실현에 관한 과제 또는 책임을 통하여 실현되는바, 국가의 문화정책과 밀접 불가분의 관계를 맺고 있다. 과거 국가절대주의사상의 국가관이 지배하던 시대에는 국가의 적극적인 문화간섭정책이 당연한 것으로 여겨졌다. 그러나 오늘날에 와서는 국가가 어떤 문화현상에 대하여도 이를 선호하거나, 우대하는 경향을 보이지 않는 불편부당의 원칙이 가장 바람직한 정책으로 평가받고 있다. 오늘날 문화국가에서의 문화정책은 그 초점이 문화 그 자체에 있는 것이 아니라 문화가 생겨날 수 있는 문화풍토를 조성하는 데 두어야 한다. 문화국가원리의 이러한 특성은 문화의 개방성 내지 다원성의 표지와 연결되는데, 국가의 문화육성의 대상에는 원칙적으로 모든 사람에게 문화창조의 기회를 부여한다는 의미에서 모든 문화가 포함된다. 따라서 엘리트문화뿐만 아니라 서민문화, 대중문화도 그 가치를 인정하고 정책적인 배려의 대상으로 하여야 한다.[15] 문화국가를 건설하기 위해서 국가가 반드시 존중하고 또 그 문화정책의 가치기준으로 삼아야 되는 양심의 자유, 종교의 자유, 학문과 예술의 자유 등 여러 가지 기본권을 헌법이 보장하고 있다. 양심의 자유와 종교의 자유는 사상의 다양성을 그 본질로 하는 문화국가의 불가결한 활력소를 뜻하고, 학문과 예술의 자유[16]는 문화국가를 건설하기 위한 필수적인 전제조건이기 때문이다.[17]

문화정책은 문화 그 자체를 목적으로 하는 정책만으로 보기는 어렵다. 문화체육관광부와 관련이 없는 특정 부처의 정책이 수립되더라도 해당 정책이 문화 내지 문화산업에 미치는 영향은 작지 않기 때문이다.[18]

나. 문화기본법과 문화적 권리로서 문화권

(1) 문화기본법의 제정

문화는 "기본적으로 인간의 삶에 의해 자율적으로 형성되는 것이며, 국가가 형성하는 것은

---

15 헌재 2004. 5. 27. 2003헌가1 등, 판례집 16-1, 670 [위헌,헌법불합치].

16 예술의 자유는 "자유로운 인격의 창조적 발현으로서 고도의 주관성을 특징으로 하는 주관적 공권인 동시에 문화국가의 구현을 이념으로 하는 문화헌법의 일부를 이루는 문화적 기본권"이라고 한다. 권영성, 헌법학원론, 502면.

17 허영, 한국헌법론, 박영사, 2010, 173면.

18 예를 들면, 여성가족부의 강제적 셧다운제도는 게임중독을 이유로 도입된 제도이지만, 게임산업은 유무형의 타격을 받고 더 나아가 소프트웨어 산업에 까지 영향을 미치게 된다. 결국, 정부의 산업규제는 산업만이 아닌 해당 산업을 이용하는 국민의 문화생활에 까지 영향을 미치게 된다는 점을 이해하는 것은 쉽지 않다는 것을 보여주는 것이다.

아니"[19]다. 따라서 문화에 대한 국가의 간섭이 필요하더라도, 국민의 기본권에 대한 침입이 있어서는 않된다. 그렇게 되면 문화는 다양성, 창조성을 훼손당할 수 있기 때문이다. 즉, "문화는 인간활동에 의해 자연스럽게 형성되는 것이며 자유속에서 창조되고 다양하게 발전하는 것이다. 국가가 문화에 개입하는 것이 문화를 정형화하여 문화의 다양성을 훼손하는 폐해를 가져올 위험성이 있다"[20]고 한다. 그럼에도, 그동안 문화를 적극적으로 누릴 수 있도록 하는 구체적인 법률이 부재하였다.

현행 문화 또는 문화예술과 관련된 법률은 문화예술진흥법, 문화예술교육지원법, 문화산업진흥 기본법, 대중문화예술산업발전법 등 주로 문화예술 창작자나 사업에 대한 지원과 청소년 교육 및 관련 산업 진흥에 치우쳐 있으며, 국민이 마땅히 누려야 할 문화적 권리에 대하여는 소홀했던 것이 사실이며, 국민의 문화향유를 장려하고 문화의 가치를 사회영역 전반에 확산시켜 국민의 삶의 질을 높이며, 문화격차를 해소해 국민 모두가 문화로 행복한 사회적 분위기 조성을 위해 국민의 문화적 권리와 국가의 책무를 명시하는 관련 법률 제정의 필요성으로 문화기본법이 제정된 것이다.[21]

문화관련 법률 체계도[22]

문화예술진흥법	문화산업진흥 기본법	문화재보호법
• 국어기본법 • 도서관법 • 박물관 및 미술관 진흥법 • 공연법 • 문화예술교육 지원법 • 지방문화원진흥법 • 문화예술 진흥법 등	• 저작권법 • 영상진흥기본법 • 영화 및 비디오물의 진흥에 관한 법률 • 게임산업진흥에 관한 법률 • 콘텐츠산업 진흥법 • 이스포츠 진흥에 관한 법률 • 만화진흥에 관한 법률 • 대중문화예술산업발전법 등	• 문화재 수리 등에 관한 법률 • 고도 보존 및 육성에 관한 특별법 • 문화재보호기금법 • 매장문화재 보호 및 조사에 관한 법률 등

19 박균성, 문화에 관한 국가의 개입과 지원, 법학논총 제30권 제2호, 2006, 3면.

20 박균성, 문화에 관한 국가의 개입과 지원, 법학논총 제30권 제2호, 2006, 5면.

21 박명수, 문화기본법안 검토보고, 교육문화체육관광위원회, 2013.6, 1면.

22 박명수, 문화기본법안 검토보고, 교육문화체육관광위원회, 2013.6, 3면.

(2) 문화적 권리로서 문화권의 구체화

(가) 인권으로서 문화권

유엔 인권선언 제27조는 "모든 사람은 공동체의 문화생활에 자유롭게 참여하고, 예술을 감상하며, 과학의 진보와 그 혜택을 향유할 권리를 가진다. 모든 사람은 자신이 창조한 모든 과학적, 문학적, 예술적 창작물에서 생기는 정신적, 물질적 이익을 보호받을 권리를 가진다"[23]고 규정하고 있다. 인권선언은 모든 사람이 갖는 인권으로서 문화적 창작물에서 생기는 정신적, 물질적 이익을 보호받을 권리를 갖는다고 선언하고 있다. 여기에는 문화를 생산할 수 있는 권리를 포함하여 문화를 소비할 수 있는 권리까지도 포함한다. 이러한 보편적인 인권으로서 문화권은 각국의 헌법이나 법률에 구체화되거나 추상적으로 규정되어있다. 우리 헌법도 행복추구권으로서 문화적 권리를 추상적으로 규정하고 있다. 더욱이 문화기본법에서는 이러한 인권선언이나 다양성협약의 내용을 원칙적인 선언이 아닌 구체적인 정책목표로 설정하고 있다는 점에서 의의가 있다.

(나) 문화향유권으로서 문화권

문화기본법은 국민의 권리로 문화적 권리인 문화권을 명문화하고 있다. 즉, 모든 국민은 성별, 종교, 인종, 세대, 지역, 사회적 신분, 경제적 지위나 신체적 조건 등에 관계없이 문화 표현과 활동에서 차별을 받지 않고 자유롭게 문화를 창조하고 문화 활동에 참여하며 문화를 향유할 권리(이하 "문화권"라 한다)를 가진다고 규정하고 있는 것이다.

이처럼 국민의 보편적 권리로서 국민이 마땅히 누려야 할 문화적 권리는 행복추구권의 일종으로 볼 수 있다. 문화적 권리는 문화향유권으로 볼 수 있으나 문화향유권은 명확하게 헌법상 규정된 것이라기보다는 문화국가의 원리 내지 행복추구권을 통해 구현될 수 있는 기본권으로 볼 수 있다.

문화기본법은 헌법 체계를 실제 집행할 수 있는 기본법 체계에서 구체화하고 있다는 점에서 의의가 있다. 추상적으로 이해될 수 있는 국민의 문화향유권을 문화적 권리, 즉 문화권으

---

23 Article 27

1. Everyone has the right freely to participate in the cultural life of the community, to enjoy the arts and to share in scientific advancement and its benefits.
2. Everyone has the right to the protection of the moral and material interests resulting from any scientific, literary or artistic production of which he is the author.

로 구체화함으로써 국민의 문화에 참여와 문화생활에 대한 구체적인 지원방향을 제시하고 있다. 문화기본법 상 문화권은 2006년 제정된 문화헌장의 문화적 권리인 '창조, 참여, 향유의 평등한 권리'를 입법화한 것이다.[24]

다. 문화산업진흥 기본법과 문화적 요소

(1) 문화산업 유형

문화산업진흥 기본법은 문화산업의 지원 및 육성에 필요한 사항을 정하여 문화산업 발전의 기반을 조성하고 경쟁력을 강화함으로써 국민의 문화적 삶의 질 향상과 국민경제의 발전에 이바지함을 목적으로 한다. 문화산업진흥 기본법의 지원대상이 되는 문화산업은 문화적 요소가 체화되어 경제적 부가가치를 창출하는 콘텐츠를 포함한 유형·무형의 재화와 그 서비스 및 이들의 복합체를 말하는 문화상품의 기획·개발·제작·생산·유통·소비 등과 이에 관련된 서비스를 하는 산업을 말한다. 대표적으로 영화·비디오물과 관련된 산업, 음악·게임과 관련된 산업, 방송영상물과 관련된 산업, 만화·캐릭터·애니메이션·에듀테인먼트·모바일문화콘텐츠·디자인(산업디자인은 제외한다)·광고·공연·미술품·공예품과 관련된 산업, 디지털문화콘텐츠, 사용자제작문화콘텐츠 및 멀티미디어문화콘텐츠의 수집·가공·개발·제작·생산·저장·검색·유통 등과 이에 관련된 서비스를 하는 산업, 전통적인 소재와 기법을 활용하여 상품의 생산과 유통이 이루어지는 산업으로서 의상, 조형물, 장식용품, 소품 및 생활용품 등과 관련된 산업을 포함하여 각 문화산업 중 둘 이상이 혼합된 산업 등이 포함된다. 문화산업진흥 기본법의 대상이 되는 문화산업은 전통산업에서부터 디지털 산업에 이르기까지 그 범주가 다양하다. 이러한 다양성은 정의에서와 같이 둘 이상의 혼합된 산업으로 표출된다.

(2) 문화적 요소와 특별법제

문화산업진흥 기본법은 예술성·창의성·오락성·여가성·대중성이라는 문화적 요소라고 규정하나, 오락적이지 않고, 학술적이거나 예술적이지 않지만 삶의 모습을 담아내는 모든 것도 문

---

24 2006년 문화헌장 제2조(창조, 참여, 향유의 평등한 권리) 문화적 권리는 시민의 평등한 권리이다. 모든 시민은 계층, 지역, 성별, 학벌, 신체 조건, 소속집단, 종교, 인종 등에 의한 어떠한 차별도 없이 문화를 창조하고 문화 활동에 참여하며 문화를 향유할 평등한 권리를 갖는다. 시민은 삶의 질을 높일 창조적 문화 환경과 여가를 누릴 권리, 문화 교육과 예술 교육을 받을 권리, 평생 학습을 추구하여 스스로 기회를 창출할 권리, 모든 분야의 지식 정보와 전달 매체에 평등하게 접근하고 자유로운 표현 수단을 가질 권리, 자신의 문화적 삶에 영향을 주는 공공 정책의 결정과 그 집행 과정에 참여할 권리를 갖는다.

화적 요소라고 부인하기 어렵다. 이처럼 문화적 요소는 열거적이지만 너무 제한적이 아닌가 생각된다. 문화산업은 문화가 산업으로 변모하는 것이 아닌, 산업 내용에 문화가 덧씌워진 것으로 볼 수 있다. 그러나 단순한 덧씌움이 아닌 문화적 요소가 체화된 것이어야 한다. 제품만을 만들어내는 것은 문화가 아닌 단순한 산업의 문화적 모방에 불과하기 때문이다. 그것을 구분해내는 것은 쉬운 일이 아니다.[25]

이처럼 문화산업은 문화와 산업의 단순한 결합이 아닌 산업에 문화적 요소가 체화되는 문화적 융합의 결과이다. 문화산업진흥 기본법의 특별법적 성격을 갖는 다양한 법률이 고유한 문화산업의 발전을 목적으로 규정되어있다. 영화 등의 진흥을 위한 영화 및 비디오물의 진흥에 관한 법률, 게임산업의 진흥을 위한 게임산업법, 콘텐츠 산업의 진흥을 위한 콘텐츠 산업 진흥법을 들 수 있다. 또한, 대중문화예술산업발전법은 대중문화예술인이 제공하는 대중문화예술용역을 이용하여 방송영상물·영화·비디오물·공연물·음반·음악파일·음악영상물·음악영상파일 등(이하 '대중문화예술제작물'이라 한다)을 제작하거나 대중문화예술제작물의 제작을 위하여 대중문화예술인의 대중문화예술용역 제공을 알선·기획·관리 등을 하는 산업을 대중문화예술산업으로 정의하고 있다. 따라서 특별법 우선의 원칙에 따라 개별 산업법제가 문화산업진흥 기본법에 우선하여 적용되며, 이후 문화산업진흥 기본법의 적용을 받게 된다.[26]

라. 문화예술진흥법과 문화 예술

(1) 문화예술의 정의

문화예술진흥법은 예술의 정의를 두고 있지만, 이는 정의라기보다는 문화예술의 유형을 열거적으로 나열한 것에 불과하다. 물론 문화에 대한 정의는 어느 정도 가능하다고 하겠지만, 예술은 정신적·지적 창작물로서의 가치를 가지며 음란물의 영역이나 국가나 사회적 가치와 충

25 예를 들면, 아이들이 타요라는 장난감 자동차를 가지고 노는 것은 단순하게 자동차만을 가지고 노는 것이 아니다. 예전에는 이름 없는 장난감 자동차를 가지고 놀았겠지만, 지금은 캐릭터에 이름이 붙은 장난감 자동차이고 TV로 타요 애니메이션을 보게 된다. 더욱이 서울시에서 운행하는 타요 버스를 타고 가상과 현실이 융화되는 것을 경험하게 된다.

26 문화산업진흥 기본법은 제작자의 지원이나 유통활성화 등의 규정을 두고 있다. 즉, 문화체육관광부장관이나 시·도지사는 문화산업의 경쟁력을 강화하고 우수문화상품의 제작을 촉진하기 위하여 제작자에게 필요한 자금을 융자하거나 그 밖의 지원을 할 수 있다(제10조 제1항). 또한, 정부는 문화산업의 진흥을 위하여 문화상품의 유통활성화 및 유통정보화 촉진에 노력하여야 한다(제12조 제1항). 이외에도 다양한 진흥 시책을 담고 있다는 점에서 문화산업진흥 기본법이 문화산업의 발전을 위한 기본법제로서 그 역할을 담당하고 있음을 알 수 있다.

돌할 수 있기 때문에 정의를 내리는 것이 쉽지 않다. 이러한 이유 때문에 법적 측면에서 예술에 대한 정의를 내리는 것은 쉬운 일이 아니다. 따라서 독일헌법재판소의 판결을 통해 예술의 정의를 살펴보는 것으로 한다. 즉, 독일헌법재판소는 예술이란 "예술가의 인상, 경험, 체험 등을 일정한 형태언어를 수단으로 하여 직접적인 표상으로 나타내는 자유로운 창조적 형성이다. 모든 예술적 활동은 합리적으로 풀어낼 수 없는, 의식적 및 무의식적 과정들의 혼합인 것이다. 예술적 창조에는 직관, 상상 및 예술적 이해가 공동으로 작용한다. 그것은 무엇보다도 표현이며, 더욱이 예술가의 개인적 인격의 직접적인 표현"이라고 하였다. 예술을 제한적으로 정의한 것이 아닌 예술을 문화의 수준에서 정의내리는 것으로 이해된다. 이처럼 예술은 문화의 하위로서 존재하지만, "예술의 개념은 열려있는 개념"[27]이라는 표현이 예술의 정의를 가장 적합하게 나타내는 것으로 보인다.

예술의 자유는 문화국가의 원리를 실현하기 위한 기본권이다. 헌법 제22조는 모든 국민은 학문과 예술의 자유를 가진다고 규정하고 있다. 예술의 자유의 내용으로서는 일반적으로 예술창작의 자유, 예술표현의 자유, 예술적 집회 및 결사의 자유 등을 들고 있다. 그 중 예술창작의 자유는 예술창작활동을 할 수 있는 자유로서 창작소재, 창작형태 및 창작과정 등에 대한 임의로운 결정권을 포함한 모든 예술창작활동의 자유를 그 내용으로 한다. 따라서 음반 및 비디오물로써 예술창작활동을 하는 자유도 이 예술의 자유에 포함된다. 예술표현의 자유는 창작한 예술품을 일반대중에게 전시·공연·보급할 수 있는 자유이다. 예술품보급의 자유와 관련해서 예술품보급을 목적으로 하는 예술출판자 등도 예술의 자유의 보호를 받는다. 따라서 비디오물을 포함하는 음반제작자도 예술표현의 자유를 향유함을 알 수 있다.[28]

---

27 정재황, 신헌법입문, 박영사, 2014, 392면.

28 예술표현의 자유는 무제한한 기본권은 아니다. 예술표현의 자유는 타인의 권리와 명예 또는 공중도덕이나 사회윤리를 침해하여서는 아니된다. 그리고 국가안전보장, 질서유지 또는 공공복리를 위하여 필요한 경우에는 헌법 제37조 제2항에 의하여 법률로써 제한할 수 있으나, 이러한 필요에서 하는 법률에 의한 제한도 그 목적이 헌법 및 법률의 체계상 그 정당성이 인정되어야 하고(목적의 정당성), 그 목적달성을 위하여 그 방법이 효과적이고 적절하여야 하며(방법의 적절성), 그로 인한 피해가 최소한도에 그쳐야 하며(피해의 최소성), 보호하려는 공익과 침해하는 사익을 비교형량할 때 보호되는 공익이 더 커야 한다는(법익의 균형성) 과잉금지의 원칙에 반하지 않는 한도 내에서 할 수 있는 것이다. 헌재 1993. 5. 13. 91헌바17, 판례집 5-1, 275 [한정위헌].

(2) 문화예술의 유형과 그 타당성

문화예술의 진흥을 위한 사업과 활동을 지원함으로써 전통문화예술을 계승하고 새로운 문화를 창조하여 민족문화 창달에 이바지함을 목적으로 하는 문화예술진흥법은 문학, 미술(응용미술을 포함한다), 음악, 무용, 연극, 영화, 연예(演藝), 국악, 사진, 건축, 어문(語文), 출판 및 만화 등 13개 유형을 열거적으로 문화예술로 정의하고 있다. 따라서 13개 유형에 포함되지 않는 예술장르는 법상 문화예술로 보기 어렵다.

문화예술은 예술의 다른 표현으로 볼 수 있다. 문화예술과 예술을 다르게 볼 수 있는 것은 아니다. 예술은 문화의 한 범주에 포함되는 것이기 때문에 예술이나 문화예술은 문화의 한 단면에 불과하다. 문화예술진흥법은 문화예술의 창작물 또는 문화예술 용품을 산업 수단에 의하여 기획·제작·공연·전시·판매하는 것을 업(業)으로 하는 것을 문화산업으로 정의하고 있다. 문화산업진흥 기본법과는 그 범위가 문화예술로 한정된다는 점에서 차이가 있다.[29]

마. 저작권법과 관련 산업의 진흥

(1) 목적 규정

2009년 컴퓨터프로그램보호법을 폐지하고, 특례조항으로서 저작권법으로 통합 개정되었다. 컴퓨터프로그램 특례조항이 도입된 것 이외에 중요한 변화가 있었는데, 이는 목적조항에 있다. 저작권법 제1조는 "이 법은 저작자의 권리와 이에 인접하는 권리를 보호하고 저작물의 공정한 이용을 도모함으로써 문화 및 관련 산업의 향상발전에 이바지함을 목적으로 한다"라고 규정하고 있다. 여기에서 고려해야 할 내용은 '문화 및 관련 산업'이라는 문구이다. 그 이전까지는 문화의 향상발전이 저작권법이 추구하는 궁극적인 목적이었지만, 개정법 이후로는 저작권법의 목적이 문화 및 문화와 관련된 산업으로 확장된 것이라는 해석이다. 그러나 저작권

29 문화예술진흥법의 진흥 시책은 문화산업의 육성·지원, 도서·문화 전용 상품권 인증제도, 문화이용권의 지급 및 관리, 문화예술진흥기금의 설치 등을 들 수 있다. 먼저, 국가와 지방자치단체는 문화예술 진흥을 위하여 문화산업의 육성시책과 융자의 알선, 기술 도입과 보급에 관한 지원 등 그 밖에 필요한 조치를 강구하여야 한다. 이때 문화체육관광부장관은 문화산업 육성시책을 수립하기 전에 미리 관계 중앙행정기관의 장과 협의하여야 한다(제14조). 국가는 문화예술 창작 및 향유 활동을 활성화하기 위하여 도서(圖書)나 문화예술 재화·용역의 구입을 주된 사용 목적으로 하는 상품권을 인증(認證)하고, 그 사용을 촉진할 수 있는 방안을 강구할 수 있다(제15조). 또한 국가 및 지방자치단체는 국민기초생활 보장법에 따른 수급권자, 그 밖에 소득수준이 낮은 저소득층 등 대통령령으로 정하는 문화소외계층에게 문화이용권을 지급할 수 있다(제15조의4). 아울러, 문화예술 진흥을 위한 사업이나 활동을 지원하기 위하여 문화예술진흥기금을 설치한다(제16조). 끝으로, 지방자치단체는 관할 구역의 문화예술 진흥을 위한 사업이나 활동을 지원하기 위하여 지방문화예술진흥기금을 설치할 수 있다(제19조).

법 개정 당시에서는 관련 산업에 대해 별다른 의미를 부여하지 않았다. 입법자나 이를 추진한 정부부처에서도 문화 및 관련 산업에 대한 정책적 고려가 없었기 때문이다.

그럼 왜 '관련 산업'이 포함되었느냐하면, 컴퓨터프로그램보호법의 통합에 따른 목적조항의 정비가 단순한 이유였다. 폐지되기 전 컴퓨터프로그램보호법의 목적조항은 "이 법은 컴퓨터프로그램저작물의 저작자의 권리 그 밖에 컴퓨터프로그램저작물과 관련된 권리를 보호하고 그 공정한 이용을 도모하여 당해 관련 산업과 기술을 진흥함으로써 국민경제의 건전한 발전에 이바지함을 목적으로 한다"라고 규정되어 있었다. 즉, 컴퓨터프로그램 관련 산업과 기술의 진흥을 목적으로 하는 컴퓨터프로그램보호법의 당연한 내용이 저작권법 상 컴퓨터프로그램 특례조항으로 삽입되면서 목적조항도 변경되었다. 국회 입법 자료에서도 이러한 내용은 전혀 언급된 바 없다. 즉, 기계적인 조문화 작업이외에 특별한 의미를 부여하지 않았다는 점을 반증한다.

(2) 문화의 향상발전과 관련산업의 진흥

저작권법은 문화의 향상발전을 위한 법임을 1957년 제정법부터 일관된 목적규정을 통해 알 수 있다. 다만, 문화에 대한 개념은 명시적으로 나타내고 있지는 않지만, 저작물의 창작과 이용을 통해 보다 가치있는 것을 만들어가고자 하는 입법자의 의도가 담겨있는 것으로 볼 수 있다.

저작권법의 목적과 관련하여 문화의 향상발전과 문화산업의 발전은 동일하지 않다고 한다. 문화의 향상발전은 저작물의 독창성에서 비롯되는 것이므로 저작자의 창작활동을 통하여 이루어지지만 문화산업의 발전은 저작물을 이용한 경제활동이 그 기초를 이루기 때문이다. 전자는 저작자의 창작활동을 보호가치의 대상으로 파악하지만, 후자는 저작인접권자 또는 관련 산업의 종사자의 경제적 활동이기 때문이다.[30]

입법과정에서 관련 산업이 갖는 의미에 대해 고민하지는 못했지만, 사후적으로 이에 대한 평가는 다양하게 이루어지고 있다. 그 이전까지 저작권법이 추구하는 목적인 문화가 무엇인지에 대한 논의가 없었다. 저작권법이 문화법제라는 의미를 부여해왔지만, 그 문화가 무엇인지에 대해서는 저작권법 교과서에서도 구체적으로 설명되어있지 않았다. 다만, 관련 산업

---

30 배대헌, 기술로 문화산업을 이끄는 저작권법에 대한 논의, 산업재산권 제25호, 2008, 281면.

이 갖는 의미에 대해 "지금은 저작권법을 반드시 문화적인 측면만으로 접근하여 해석할 것이 아니라 기술과 산업사이에 미치는 영향까지 고려하지 않으면 안 되게 되었다"[31]고 의미를 부여한다. 또한 "종래 저작권법이 저작자나 저작인접권자의 보호를 통해 결과적으로 문화발전을 시키겠다는 소극적인 것에서 문화산업의 발전을 위해 국가가 적극적으로 개입하겠다는 적극주의의 표현"[32]이라고 보기도 한다. 이와 같은 의미에도 불구하고, 국가의 문화개입은 어떤 측면으로나 타당하지 않다는 것이 조심스러운 입장이다. 인위적으로 형성되는 문화는 참된 문화라고 보기 어렵기 때문이다. 다만, 국가의 개입이 문화 자체의 창달이 아닌 문화적 토대를 마련하기 위한 것이라면 허용될 수 있다.

저작권법은 저작권 보호 및 공정한 이용을 도모함으로써 궁극적으로 문화의 창달을 목적으로 한다는 점에서 문화는 이미 산업적 요소가 깊숙하게 개입된 개념이라는 점에서 굳이 관련 산업에 방점을 둘 필요성은 크지 않다. 이런 의미에서 저작권법이 추구하는 문화는 1957년 제정 저작권법에서 규정한 민족문화의 창달만이 아닌 민족문화를 넘어서 "인류문화를 의미하는 것으로 보아야한다"[33]는 주장은 설득력을 갖는다.

4. 문화산업에 대한 규제의 문제점

가. 국가의 규제개입 근거의 정당화

(1) 시장실패와 규제 정당화

국가가 규제정책을 펼 수 있는 근거는 시장실패에 따라 공공복리가 저해됨으로써 국민의 사회후생이 낮아진 경우이다. 정부가 민간부분의 행위에 개입하는 것은 시장에서 왜곡으로 인해 사회후생이 감소하는 것을 최소화하기 위한 것이다.[34] 그러나 이러한 국가의 개입이 시장실패(market failure)라는 이유만으로 가능할 지는 의문이다. 규제는 시장실패를 전형적인 정당

31 이해완, 저작권법, 박영사, 2012, 6면.

32 송영식·이상정, 저작권법개설, 세창출판사, 2012, 31면.

33 이해완, 저작권법, 박영사, 2012, 6면.

34 배용수, 규제정책론, 대영문화사, 2013, 22면.

화 사유로 하면서도 그 밖의 다양한 관점에 의해 정당화된다고 보기 때문이다.[35]

특히 단기적으로 대중의 요구에 응하여 제정된 법령은 전형적으로 입법상의 분석이나 규제체제의 모순으로 인한 실패를 경험한다. 이 법령들은 또한 시장에 지나치게 간섭하는 경향이 있다. 위험 방지적 규제가 대체로 그러하다.[36] 예를 들면, 게임규제는 게임산업법 내지 청소년 보호법을 통해 이루어지고 있으나, 이러한 규제를 이끌어내는 것이 시장실패에 따른 것인지는 의문이다. 특히 강제적 셧다운제는 상반되는 입장의 이해관계자에 의해 요구되는 정책과 법률의 개정으로 밖에 판단할 수 없는 개정이며, 이러한 규제가 처음 정책목표로 삼았던 청소년들의 건전한 수면권을 보장하게 되었는지는 알 수 없기 때문이다.

(2) 청소년 보호정책

국가의 문화 규제는 너무 선정적이다. 규제 철학을 갖고, 다양한 연구와 현황을 파악해야하는 데 그렇지를 못한 경우가 작지 않다. 즉, 규제의 필수적인 요건으로서 실제 이해관계를 명확히 파악하지 못하고 있는 경우가 있기 때문이다. 특히 청소년에 대한 규제는 청소년을 보호대상으로만 설정하고 있다는 점에서 규제의 타당성을 상실한 면이 있다. 아동과 청소년은 되도록 국가의 방해를 받지 아니하고 자신의 인격, 특히 성향이나 능력을 자유롭게 발현할 수 있는 권리가 있다. 아동과 청소년은 인격의 발전을 위하여 어느 정도 부모와 학교의 교사 등 타인에 의한 결정을 필요로 하는 아직 성숙하지 못한 인격체이지만, 부모와 국가에 의한 단순한 보호의 대상이 아닌 독자적인 인격체이며, 그의 인격권은 성인과 마찬가지로 인간의 존엄성 및 행복추구권을 보장하는 헌법 제10조에 의하여 보호된다.[37] 따라서 헌법이 보장하는 인간의 존엄성 및 행복추구권은 국가의 교육 권한과 부모의 교육권의 범주 내에서 아동에게도 자신의 교육환경에 관하여 스스로 결정할 권리, 그리고 자유롭게 문화를 향유할 권리를 부여한다.[38]

---

35 김유환, 행정법과 규제정책, 법문사, 2012, 20면.

36 김유환, 행정법과 규제정책, 법문사, 2012, 39면.

37 헌재 2000. 4. 27. 98헌가16등, 판례집 12-1, 427, 455-456.

38 헌재 2004. 5. 27. 2003헌가1 등, 판례집 16-1, 670 [위헌,헌법불합치].

나. 대표적인 규제 정책

(1) 청소년 유해매체물제도

청소년 유해매체물제도의 기본적인 취지는 유해매체물에 대한 청소년의 접근은 원천적으로 차단하겠다는 것으로 이해된다. 즉, 청소년의 유해매체물에 대한 접근, 노출을 24시간 제한시킴으로써 청소년을 보호하겠다는 적극적인 보호정책이다. 그러기 위해 국가, 특히 여성가족부가 모든 매체물의 유해성을 심사하겠다는 것으로 이해된다. 그러나 인터넷을 포함한 콘텐츠 등을 필터링하여 유해매체물을 걸러내는 것은 물리적으로 불가능한 것과 다름이 없다. 그렇기 때문에 여성가족부가 규제대상으로 삼는 것은 해외사업자가 아닌 국내의 합법적인 서비스사업자이다. 즉, 눈에 보이는 사업자만 규제하는 결과를 가져온다는 것이다. 대표적으로 포털서비스를 이용하기 위해서 로그인해야하며, 청소년 유해매체물에 대해서는 해당 게시물을 이용할 때마다 성인인증을 해야 한다.

이러한 문화적 규제는 청소년 보호를 목적으로 하지만, 보편적인 정보에 대한 접근 자체를 어렵게 만들 수 있다는 점, 해외 사업자는 적용되지 않는다는 점, 합리적인 규제로 인식되지 못한다는 점 등의 문제는 별론으로 하더라도, 인터넷이나 콘텐츠로 전달되는 문화적 유산의 경험이 차단당한다는 점이 간과되고 있다.

누구라도 문화나 정보에 대해 자신의 의지에 따라 선택할 수 있다. 그것이 헌법적 가치를 훼손하는 것이라면 모르겠으나, 그렇지 아니한 정보까지 차단하는 것은 보편적인 정보 활동이나 문화가 훼손될 수 있다.

(2) 등급분류와 셧다운의 중복규제

문화산업은 그 자체가 표현의 대상이 되기 때문에 표현의 자유로서 보호된다. 특히 영화와 같은 영상물에서 검열이라는 표현의 자유와의 가치충돌로 인하여 다양한 법적 다툼이 이루어진 바 있다. 국가기관이 해당 콘텐츠를 제출받아, 그 내용을 심의하여 유통여부를 결정하는 것은 검열의 요건에 해당할 수 있다는 것이 다수적 견해이다.

콘텐츠에 대한 검열이외에 등급분류나 특별법 체계에서 갖는 접근제한 조치를 들 수 있다. 접근제한조치는 두가지 경우를 들 수 있다. 검열을 통하여 사전적으로 해당 문화산업의 접근을 제하는 것과 사후적으로 각종 정책적 목표의 달성을 위하여 접근을 차단하는 것이다. 후자는 대표적으로 각종 셧다운제도를 들 수 있다. 특히 게임물의 경우는 청소년 보호법에서 시행하는 강제적 셧다운제와, 게임산업법에서 시행하고 있는 선택적 셧다운제를 들 수 있다. 양 제도는 이미 게임산업법에서 등급분류를 받은 게임물을 대상으로 한다는 점에서 차단의 필요성을 찾기 어렵다.

(3) 게임물 결제 한도

게임물관리위원회는 월간 게임물을 이용할 수 있는 한도를 재량으로 제한하고 있으나, 청소년이용불가 등급인 웹보드 게임물에 대해서만 게임산업법 시행령 별표2에서 월 한도를 50만원으로 규정하고 있다. 다만, 전체 게임물의 이용한도가 아닌 웹보드 게임물로 제한하고 있다는 점에서 전체 게임물 이용한도에 대한 법적 근거로 보기 어렵다. 게임물 이용한도는 법적 근거를 찾기 어렵다. 그럼에도 불구하고, 게임물관리위원회 등급신청에서는 결제한도를 명기토록 하고 있으며, 그렇지 아니할 경우에는 등급분류 절차가 진행되지 아니한다. 사실상 결제한도 규제를 법적 근거 없이 행하고 있다.

월간 이용한도가 정해진 문화산업은 게임산업 이외에는 찾기 힘들다. 카드결제를 차단하는 사행성게임물은 결제한도를 체크하는 것이 아닌 현금이용을 유도하는 것에 불과하다. 대표적인 문화산업인 게임물의 이용한도를 관리하는 것은 저급한 문화규제이다. 사행성 규제 내지 과소비의 보호라는 정책적 측면에서의 이해는 가능하다고 보나, 그것이 헌법 상 목적의 정당성, 수단의 적정성 등에 비추어 합리적인지 또는 사회적 효용 내지 공익적 목적에 부합하는지는 의문이기 때문이다.

결국 게임이용 자유를 제한하고, 게임사업자의 영업의 자유를 제한하는 이러한 규제는 법적인 근거 없이 이루어진다는 점에서 위법하다. 지금의 위법성 논란을 극복하기 위해서는 게임산업법에 결제한도를 명시적으로 포함시켜 관리해야 한다.

(4) 웹하드 등록제

기술 규제는 기술중립성원칙에 위배된다. 기술중립성원칙은 확립된 원칙이라기 보다는 특정 기술에 대한 선호나 배척은 기술혁신을 저해할 수 있다는 사실상의 표준과 같은 원리라고 하겠다. 대표적으로 P2P규제는 문화 규제 내지 기술 규제로 볼 수 있을 것이다. 초기 P2P 서비스를 통해 제공된 콘텐츠가 불법 저작물이 많은 부분을 차지한 것은 사실이었지만, 그러한 서비스는 기존의 법체계 내에서는 상상할 수 없는 서비스였다. 개발자 내지 사업자 입장에서는 기술의 혁신이라는 프레임에서 합법, 비합법에 대한 판단은 후순위였다. 권리자 입장에서는 자신의 권리가 침해되는 것으로 보이지만 법적으로는 단정할 수 없었기 때문에 P2P 서비스에 대한 법적 분쟁은 다양한 소송으로 이어졌고, 유의미한 판례를 다수 만들어내기도 하였다.

기술 그 자체는 합리적인 것임에도 불구하고, 이를 활용한 시장에서는 오히려 기술을 사장시키거나 부정적으로 프레임화하고 있다. 이해관계의 충돌이라는 측면에서 권리자들이 취할 수 있는 입장이라고 볼 수 있으나, 지금은 P2P 서비스가 합법화되고 다양한 방식의 유료모델이 개발됨으로써 권리자가 직접 서비스를 하거나 적어도 사업자가 라이선스를 받아서 서비스하는 방식으로 변모하기도 하였다.

(5) 인터넷 본인확인제와 동영상UCC

2008년 인터넷 본인확인제의 도입이후, 한자리수 안팎의 구글 유투브는 점유율이 90% 이상을 차지하게 되었다.[39] 이는 해외 사업자에 대한 규제를 적용할 수 없는 규제정책의 한계를 구글이 인식하여 인터넷 본인확인제를 회피한 것이 주된 요인이었다. 규제 정책은 의도하지 않는 산업의 폐해를 가져오게 되고, 그 폐해는 해당 사업자의 서비스 지속성에 대한 경영적

---

39 인터넷게시판을 설치·운영하는 정보통신서비스 제공자에게 본인확인조치의무를 부과하여 게시판 이용자로 하여금 본인확인절차를 거쳐야만 게시판을 이용할 수 있도록 하는 본인확인제를 규정한 '정보통신망 이용촉진 및 정보보호 등에 관한 법률'(2008. 6. 13. 법률 제9119호로 개정된 것) 제44조의5 제1항 제2호, 같은 법 시행령(2009. 1. 28. 대통령령 제21278호로 개정된 것) 제29조, 제30조 제1항(이하 위 조항들을 통칭하여 '이 사건 법령조항들'이라 한다)은 법령조항들이 표방하는 건전한 인터넷 문화의 조성 등 입법목적은, 인터넷 주소 등의 추적 및 확인, 당해 정보의 삭제·임시조치, 손해배상, 형사처벌 등 인터넷 이용자의 표현의 자유나 개인정보자기결정권을 제약하지 않는 다른 수단에 의해서도 충분히 달성할 수 있음에도, 인터넷의 특성을 고려하지 아니한 채 본인확인제의 적용범위를 광범위하게 정하여 법집행자에게 자의적인 집행의 여지를 부여하고, 목적달성에 필요한 범위를 넘는 과도한 기본권 제한을 하고 있으므로 침해의 최소성이 인정되지 아니한다. 또한 이 사건 법령조항들은 국내 인터넷 이용자들의 해외 사이트로의 도피, 국내 사업자와 해외 사업자 사이의 차별 내지 자의적 법집행의 시비로 인한 집행 곤란의 문제를 발생시키고 있고, 나아가 본인확인제 시행 이후에 명예훼손, 모욕, 비방의 정보의 게시가 표현의 자유의 사전 제한을 정당화할 정도로 의미 있게 감소하였다는 증거를 찾아볼 수 없는 반면에, 게시판 이용자의 표현의 자유를 사전에 제한하여 의사표현 자체를 위축시킴으로써 자유로운 여론의 형성을 방해하고, 본인확인제의 적용을 받지 않는 정보통신망상의 새로운 의사소통수단과 경쟁하여야 하는 게시판 운영자에게 업무상 불리한 제한을 가하며, 게시판 이용자의 개인정보가 외부로 유출되거나 부당하게 이용될 가능성이 증가하게 되었는바, 이러한 인터넷게시판 이용자 및 정보통신서비스 제공자의 불이익은 본인확인제가 달성하려는 공익보다 결코 더 작다고 할 수 없으므로, 법익의 균형성도 인정되지 않는다고 하여, 위헌결정을 내렸다. 헌재 2012. 8. 23. 2010헌마47 등, 판례집 24-2상, 590 [위헌].

판단을 요구하게 된다.[40] 결과적으로 UCC를 이용하는 자국의 문화에 대한 다양성을 훼손하는 결과를 가져오게 된다. 이러한 정책이 문화에 대한 훼손을 가져올 것인지에 대한 인식을 못한다는 점에서 문제가 아닐 수 없다.

다. 문화규제의 문제점

문화 내지 문화산업에 대한 국가 개입이 적극적으로 이루어지고 있는 것은 문화 내지 문화산업에 대한 헌법적 가치를 훼손할 수 있다. 문화 내지 문화산업에 대한 규제는 문화의 다양성이 훼손될 수 있기 때문이다. 문화는 다양성을 바탕으로 이루어지는 것이기 때문에 우리 삶에서 표현되고 또 경험하고 있는 문화적 소산을 제한하는 것은 지금까지 경험해온 문화에 대한 공백을 가져오게 된다.

문화적 공백이 당장 영향을 미칠 수 있는 것은 아니나, 문화 내지 문화산업에 대한 규제정책은 당장 산업적 압박은 물론 이를 이용하는 이용자의 이용성을 저해할 수 있다. 더욱이 산업적 압박에는 해당 산업에 종사하는 사람의 심리적 위협까지도 포함된다. 만약, 게임물이 마약이나 알콜과 같이 중독물질로 입법화된다면 게임물 제작자는 마약제조자와 다를 바가 없다는 의미로 해석된다. 이처럼 문화규제는 산업의 붕괴를 포함하여, 여기에 종사하는 개별 국민의 존엄성, 행복추구권, 직업선택의 자유, 표현의 자유 등 작지 않는 기본권의 침해를 가져오게 된다.

문화산업의 글로벌화는 피할 수 없는 현실이다. 동영상은 유투브 플랫폼을 통해 글로벌 진출이 가능하게 되었고, 게임물은 애플 앱스토어나 구글 플레이를 통해 진출이 가능하다. 역으로 해외 콘텐츠나 게임물은 글로벌 플랫폼을 통해 국내로 유통이 가능하다. 해외사업자는 국내의 규제를 받지 않는다. 해외사업자에 대한 규제는 법적으로는 가능하다고 해석되나 실무적으로 집행은 불가능하다. 설사 집행이 된다고 하더라도, 처벌할 수 있는 방안은 없다. 해외사업자에 대한 수사권은 현실적으로 불가능하기 때문에 차별의 고착화를 가져오게 된다.

---

40 통신3사가 구글을 제외한 국내 포털사업자에 인터넷 트래픽 이용료를 부담시키고자 하면서, 해외 서비스에 대한 접속 품질을 다르게 함으로써 국내 사업자는 고품질의 UCC를 업로드 하지 못한다고 한다. 이러한 이유 때문에 국내 포털사업자는 동영상 UCC 서비스를 중단할 것인지에 대해 고민중이라고 한다. 한겨레, 2014.7.30.일자.

규제의 형평성은 이룰 수 없는 기준을 따르는 것이 아닌 이미 보편적으로 수범되거나 될 수 있는 수준으로 이루어져야 한다. 해외사업자가 현실적으로 혜택을 받는 수준으로 국내 사업자에 대한 규제 형평성이 맞추어져야 한다. 국내 사업자만을 대상으로 하는 규제는 합리적인 규제로 볼 수 없는 이유이다. 이런 맥락에서 "문화에 대한 국가의 개입은 보충성의 원칙과 비례성의 원칙의 한계내에서 인정되어야"[41] 한다는 지적을 규제기관은 음미할 필요가 있다.

라. 문화규제의 한계

문화국가 원리에 대한 이해에도 불구하고, 많은 특별법에서 다양한 규제가 나오고 있는 것은 해당 법령이 갖는 특별법적 지위 때문이다. 우리 법체계는 특별법 우선의 원칙에 따라 기본법에 우선하여 적용될 수밖에 없다. 문화산업진흥 기본법에서도 "문화산업 진흥 및 지원 등에 관하여는 다른 법률에 특별한 규정이 있는 경우 외에는 이 법에서 정하는 바에 따른다"라고 규정하고 있다(제6조). 문화산업의 진흥 및 지원에만 한정된다면 모르겠지만, 예시적 규정이라고 할 수 있는 동 규정은 진흥만이 아닌 규제도 포함된다. 따라서 규제에 관련된 내용은 해당 법령에서 진행할 수 있으며, 그 규제에 대한 체계정합성은 문화산업진흥 기본법에서 관여할 수 없게 된다. 규제 신설의 경우에는 행정기본법 상 규제법정주의에 따라 규제개혁위원회에서 심사를 하겠지만, 해당 부처에서 규제하겠다는 의지가 강한 경우에는 쉽게 규제를 차단할 수 없다는 한계를 갖는다. 게임물의 강제적 셧다운제에 대해 여성가족부가 청소년 보호를 목적으로 진행한 규제는 게임산업법이나 문화산업진흥 기본법 상 게임이 진흥의 대상이 됨에도 불구하고, 청소년 보호법을 통해 게임 규제가 이루어진 것을 그 예로 들 수 있다.

41 박균성, 문화에 관한 국가의 개입과 지원, 법학논총 제30권 제2호, 2006, 6면.

5. 문화산업법제에 대한 개선방안

가. 인터넷과 문화산업의 견련성

(1) 인터넷 산업의 특성

문화산업은 인터넷을 매개로 하는 경우가 작지 않다. 따라서 인터넷의 특성을 살릴 수 있는 문화산업 정책을 펴야함은 당연한 것이 아닐 수 없다. 인터넷의 특성에 대해 2002년 헌법재판소는 공중파와 다르게 "가장 참여적인 시장", "표현촉진적인 매체"라는 표현으로 인터넷 규제의 문제점을 지적한 바 있다.[42] 공중파방송은 전파자원의 희소성, 방송의 침투성, 정보수용자측의 통제능력의 결여와 같은 특성을 가지고 있어서 그 공적 책임과 공익성이 강조되어, 인쇄매체에서는 볼 수 없는 강한 규제조치가 정당화되기도 한다. 그러나 인터넷은 위와 같은 방송의 특성이 없으며, 오히려 진입장벽이 낮고, 표현의 쌍방향성이 보장되며, 그 이용에 적극적이고 계획적인 행동이 필요하다는 특성을 지닌다. 오늘날 가장 거대하고, 주요한 표현매체의 하나로 자리를 굳힌 인터넷상의 표현에 대하여 질서위주의 사고만으로 규제하려고 할 경우 표현의 자유의 발전에 큰 장애를 초래할 수 있다. 표현매체에 관한 기술의 발달은 표현의 자유의 장을 넓히고 질적 변화를 야기하고 있으므로 계속 변화하는 이 분야에서 규제의 수단 또한 헌법의 틀 내에서 다채롭고 새롭게 강구되어야 할 것이다.

누구나 자유롭게 참여하고, 다양한 의사를 표현할 수 있다는 점에서 인터넷의 속성을 나타낸 것이라고 하겠다. 따라서 인터넷을 규제하는 것은 인터넷산업을 규제하는 것이며, 이는 결과적으로 문화산업을 규제하는 것과 다름이 아니다.

(2) 문화산업의 인터넷 활용

전통적인 문화산업의 경우도 진흥의 필요성이 크지만, 디지털 문화로 대별되는 인터넷관련 산업도 대표적인 문화산업이다. 문화콘텐츠산업의 영역에서 보면 인터넷 그 자체는 커다란 문화산업이다. 전통산업의 디지털화, 게임의 온라인화, 만화의 웹툰화, 방송의 인터넷 전송, UCC 등 모든 면에서 인터넷을 통한 산업화는 문화산업에 있어서 인터넷이 갖는 위치를 실감케 한다. 정보제공, 이용자생성 콘텐츠, 방송, 게임, 웹툰 등이 대표적이다. 이러한 콘텐츠 산업은 문화산업의 한 축으로서 역할을 하고 있다.

---

42 헌법재판소 2002. 6. 27 선고 99헌마480 결정.

나. 규제 일원화 : 규제 정합성

예측하지 못한 문제가 발생할 경우에는 산업에 대한 규제 필요성이 인정된다. 개인정보의 유출로 인하여 인터넷사업자나 금융사업자의 개인정보 보호를 강화하는 규제가 대표적인 예이다. 규제는 산업의 필요성 때문에 이루어지는 것이다. 그러나 그 산업을 관장하는 부처가 하나가 아닌 다수인 경우에는 중복규제의 문제가 발생한다.

대표적인 중복규제로 게임산업을 들 수 있다. 게임물에 대한 등급분류, 이용제공시의 본인 및 연령확인, 청소년이용의 경우에는 강제적 셧다운제도 내지 선택적 셧다운제도, 중독물질 내지 중독행위로 규제를 하거나 하겠다는 법률안이 발의되기도 하였다. 특이한 점은 게임물의 이용을 제한하는 셧다운제도가 청소년 유해매체물을 규제하는 청소년 보호법은 물론이거니와 게임산업의 진흥을 위한 게임산업법에서도 규정되어있다는 점이다. 게임산업의 발전을 목적으로 하는 게임산업법에서 청소년 보호법보다 규제범위가 넓을 수 있는 셧다운제도를 경쟁적으로 도입한 것은 건전한 상식으로는 이해하기 어려운 정책이 아닐 수 없다.

중복규제는 그 필요성이 설명될 수 있으나, 사업자의 입장에서는 사업을 영위할 수 있는 경쟁력이 약화될 수 있다는 점에서 문제라고 지적된다. 규제의 일원화 내지 규제를 총괄할 수 있어야 해당 규제가 실효성을 갖게 된다. 웹툰을 예로 들면, 문화체육관광부에는 출판산업진흥을 위한 정책을 펴거나 또는 심의를 진행할 수 있지만, 인터넷을 통해 유통되는 경우에는 방송통신심의위원회의 심의를 받는다는 점이다. 최근에 일어났던 웹툰에 대한 규제는 자율규제라는 형식으로 규제가 해소되었으나, 규제정책은 다양한 부처의 관여를 통해 강화되고 있다. 게임물의 경우도 여성가족부와 문화체육관광부가 동일한 규제를 통해 진행하고 있다.

다양한 규제는 해당 부처의 목적과도 관련이 있다. 즉, 목적에 따른 규제권한을 행사하는 것이기 때문에 그 자체가 문제라고 단정하기 어렵다. 다만 각각의 규제가 하나의 산업이나 대상과 결합되는 순간 수범자인 사업자는 해당 규제를 수용할 수 있는 한도를 넘어서게 된다. 그렇게 되면 사업자는 사업을 청산하거나 해외로 이전할 가능성이 높아진다.

규제가 추구하는 목적과 해외 이전에 따른 국민적 편익을 검토해서 해당 정책의 존폐에 대한 가부를 결정해야 할 것이다. 규제는 정당성은 물론이거니와 방법과 그로 인하여 나타나는 결과에 대해서까지 정책적 판단을 해야하는 이유이기도 하다. 규제개혁위원회에서 규제를 등록하고 관리하겠지만, 이는 규제의 근거에 대한 위법여부 판단에 집중된 것이지 산업이나 사업자에 대한 규제영향력에 대한 평가로 보기 어렵기 때문이다.

다. 문화의 다양성 확보

혼인과 가족의 보호는 헌법이 지향하는 민주적 문화국가의 필수적인 전제조건이다. 개별성·고유성·다양성으로 표현되는 문화는 사회의 자율영역을 바탕으로 하고, 사회의 자율영역은 무엇보다도 바로 가정으로부터 출발하기 때문이다. 헌법은 가족제도를 특별히 보장함으로써, 양심의 자유, 종교의 자유, 언론의 자유, 학문과 예술의 자유와 같이 문화국가의 성립을 위하여 불가결한 기본권의 보장과 함께, 견해와 사상의 다양성을 그 본질로 하는 문화국가를 실현하기 위한 필수적인 조건을 규정한 것이다. 그런데 가족생활을 구성하는 핵심적 내용중의 하나가 바로 자녀의 양육과 교육이다. 자녀의 양육과 교육은 일차적으로 부모의 천부적인 권리인 동시에 부모에게 부과된 의무이기도 하다. 부모가 자녀의 교육에 관하여 스스로 자유롭고 독자적으로 결정할 수 있는 경우에만, 가족은 자유민주적 문화국가에서의 자녀의 양육 및 교육이란 과제를 이행할 수 있고, 문화국가가 요구하는 교육의 다양성을 보장할 수 있다.[43]

특히 "국가의 규제와 간섭은 결코 문화현상 그 자체의 방향이나 문화가치를 정해주기 위한 것이어서는 아니 된다고 하는 곳에 문화국가에서의 문화정책의 한계가 있다. 참된 문화는 그 자체가 자유의 영역에서 생기는 것이지 어떤 조직이나 통제를 통해서 형성되는 것이 아니기 때문이다. 따라서 문화국가에서의 문화정책은 그 초점이 문화 그 자체에 있는 것이 아니고 문화가 생겨날 수 있는 문화풍토를 조성하는데 두어야한다"[44]는 견해는 문화 규제가 갖는 한계에 그 대안을 밝혀주는데 그 의의가 있다.

43 헌재 2000. 4. 27. 98헌가16 등, 판례집 12-1, 427 [위헌].

44 허영, 한국헌법론, 박영사, 2010, 172면.

6. 예술로서 게임[45]

예술의 정의를 내리기는 쉽지 않다. 다양한 사상과 감정이 담긴 예술을 하나의 문장으로 정의한다는 것은 예술의 특성을 무시한 것이 아닐 수 없다. 예술에는 아곤적 요소가 담겨있다. 이미 원시시대 부터 제례, 역술, 의례 등이 바로 놀이 요소를 담고있었기 때문이다.[46]

가. 논의의 필요성

게임은 다양한 콘텐츠와 요소들이 결합되어 만들어진 종합 예술품이다. 단순하게 즐기는 오락을 넘어 예술적 요소를 체화할 수 있다는 점에서, 한 단계 높은 예술 장르라고 하겠다. 상호작용이 이루어지고, 직접적인 체험이 가능하다는 점에서 기존의 예술이 갖는 한계를 극복하고 있다는 점에서 더욱 큰 의미를 갖는다.

게임이 예술에 포함될 수 있는 지에 대해서는 조금 복잡할 수 있다. 지금까지 예술을 얘기할 때는 고급 예술이나 하이 퀄리티의 예술만을 생각해왔기 때문이다. 전통 예술분야에서 게임이 어떻게 예술에 포함될 수 있느냐라는 반문도 예견된다.

역사적 맥락에서도 예술은 순수예술과 상업예술로 나뉜다. 일종의 자존심이 걸린 문제였다. 소위 상업예술을 저급한 하위문화(sub culture)로 보아 왔다. 영화가 대표적인 논란에 휩싸인 사례인데, 영화는 오락을 목적으로 한다는 점에서 그 예술적 가치를 쉽게 인정받지 못하였다. 그러나 지금은 누구도 영화가 예술이 아니라고 반박하지 못한 상황이다.

게임은 예술일까? 게임을 예술적으로 다룰 수 있는 법은 명확하지 않다. 법적 정의가 사회현상을 담는 것은 아니지만, 논거를 쉽게 할 수 있다는 점에서 그 의의가 있다.

나. 예술의 요건

예술에 대한 법적인 측면에서 논의를 할 때 고려하는 사항은 예술에 대한 법적 요건은 있는가이다. 문화예술진흥법에서 예술의 종류를 열거하고 있기 때문에 여기에 포함되지 않는 예술장르는 법적인 예술로 보기 어렵다.

---

45 존 라도프, Gamification & 소셜게임, 에이콘출판, 2011, 78면.

46 요한 하위징아, 호모 루덴스, 연암서가, 2010, 301면.

문화예술의 기본법으로 볼 수 있는 문화예술진흥법에서는 문화예술을 문학, 미술(응용미술을 포함한다), 음악, 무용, 연극, 영화, 연예(演藝), 국악, 사진, 건축, 어문(語文), 출판 및 만화로 정의하고 있다. 문화예술진흥법에서 게임이 문화예술에 포함되지 않는다는 점은 아쉽기 그지 없다. 예시적인 문화예술의 정의가 아닌 한정 열거적 형태로 문화예술을 정의하고 있다. 입법론을 제안할 수 있는 이유이기도 하다. 왜냐하면, 지금의 대중문화의 대표적인 문화유형이 13개로 나열되어있기 때문이다. 최근 개정에 따라 만화도 포함되었다. 게임에 사용되는 음악, 게임에 사용되는 시나리오, 게임에 사용된 원작 출판, 게임물의 영상물로서 영화, 게임에 사용된 구술의 실연, 사진, 게임 매뉴얼은 문화예술에 포함된다. 그 모체인 게임자체는 문화예술의 정의에 포함되지 않았기 때문에 문화예술이 아니라는 결론에 이르게 된다. 이는 입법의 과정에서 나오는 현상으로 볼 수 있다. 따라서 입법론으로 게임을 예술문화에 포함시키는 것이 가장 합리적인 방안이라고 하겠다.

게임이 문화예술에 포함될 수 있는지에 대해서는 2013년 제정되어, 2014년 7월 29일 시행된 대중문화예술발전법을 참고할 수 있다. 동법에서는 대중문화예술산업을 대중문화예술인이 제공하는 대중문화예술용역을 이용하여 방송영상물·영화·비디오물·공연물·음반·음악파일·음악영상물·음악영상파일 등(이하 "대중문화예술제작물"이라 한다)을 제작하거나 대중문화예술제작물의 제작을 위하여 대중문화예술인의 대중문화예술용역 제공을 알선·기획·관리 등을 하는 산업으로서 대통령령[47]으로 정하는 산업으로 정의하고 있다. 대중문화예술발전법에서도 게임은 정의에 포함되지 않고 있다.

가장 대표적인 대중문화인 게임이 대중문화에 포함되지 않는다는 점은 이해하기 어렵다. 다만, 대중문화예술발전법은 문화예술진흥법과 다르게 열거적 예시주의 형태로 정의를 규정

47 대중문화예술산업발전법 시행령 제2조(대중문화예술산업의 범위) 대중문화예술산업발전법 제2조 제1호에서 "대통령령으로 정하는 산업"이란 다음 각 호의 어느 하나에 해당하는 산업을 말한다.

1. 대중문화예술인이 제공하는 대중문화예술용역을 이용하여 다음 각 목의 대중문화예술제작물을 제작하는 산업
   가. 공연법에 따른 공연물(무용, 연극, 국악 형태의 공연물은 제외한다)
   나. 방송법에 따른 방송을 위하여 제작된 영상물(보도, 교양 분야의 영상물은 제외한다)
   다. 영화 및 비디오물의 진흥에 관한 법률에 따른 영화 및 비디오물
   라. 음악산업진흥에 관한 법률에 따른 음반, 음악파일, 음악영상물 및 음악영상파일
   마. 이미지를 활용한 제작물
2. 제1호 각 목에 따른 대중문화예술제작물의 제작을 위하여 대중문화예술인의 대중문화예술용역을 제공 또는 알선하거나, 그 제공 또는 알선을 위하여 대중문화예술인에 대한 훈련·지도·상담 등을 하는 산업

하고 있기 때문에 게임이 포함되지 않는다고 단정할 수는 없다. 이미 문화예술진흥법에서 살펴본 바와 같이, 게임에 사용된 음악, 실연, 원작, 그래픽은 예술로서 간주되고 있다. 음악이나 영상물을 대중문화로 보고 있는 문화예술진흥법은 음악이나 영상물 관련자들의 이해관계를 충실하게 반영하고 있는 법제로 판단된다. 그러나 게임의 요소들은 대중문화예술발전법의 정의에서 보듯이 각각 하나의 산업유형으로 포함되고 있다. 따라서 대중문화예술의 산업에 관한 법령인 대중문화예술발전법에 가장 대표적인 대중문화인 게임이 포함되지 않을 이유가 없다. 결국 입법론으로 대중문화산업으로서 게임산업을 포함하는 것이 바람직한 형태라고 하겠다.

다. 게임물의 예술성 논의

(1) 게임물의 예술성

영화가 처음 나왔을 때, 많은 비난을 받았다. 지금은 영화의 예술성을 부인하지 않는다. 그만큼 영화계에서 노력을 했다는 의미이다. 게임물의 예술성에 대해서도 단편적인 논의가 진행되고 있다. 대중적인 논의가 아닌, 책의 한 페이지를 통해 게임물의 예술성에 대해 언급되는 정도이다. 게임물이 예술이라는 인정을 받을 경우에 달라지는 것이 있을까? 특별하게 보이지는 않는다. 다만, 논란에서 벗어날 수 있을 것이고, 예술에 대한 규제로 확대될 수 있다는 점에서 게임물의 규제 논의를 좀더 문화예술 규제의 수준에서 논의할 수 있을 것이다. 지금처럼, 산업계에 대한 규제의 일방적 논의에서 벗어날 수 있을 것이라는 기대를 해본다.

(2) 게임인의 노력

게임물이 예술의 범주에서 논의될 수 있는 것과 실제 그렇게 논의하는 것은 차이가 있다. 게임에 대해 다양한 논의가 이루어지고 있지만 정작 현장에서 게임물을 개발하고, 서비스하는 사업자는 이에 대해 별다른 관심이 없는 듯하다. 게임인이 바라는 목표는 시장에서 매출을 올리는 성공하는 게임물을 만드는 것에 있기 때문으로 분석된다.

게임산업을 둘러싼 부정적 프레임이나 규제의 원인은 어디에 있는가? 게임의 사회적 이슈가 터질 때마다 게임인은 여기에 대해 별다른 대응을 하지 않았다. 준비 중인 게임물이 시장에서 어떻게 반응하는지에 대해서는 관심은 많으나, 실제 게임이 사회적으로 미치는 영향에 대해서는 별다른 관심을 갖지 않았다. 많은 게임사업자가 크게 다르지 않았다고 본다. 그러한 결과, 게임산업을 바라보는 이해관계자들의 시각은 부정적으로 흐르고 있는 것이다.

라. 예술인 자격요건

예술인복지법 상 예술인이란 예술 활동을 업(業)으로 하여 국가를 문화적, 사회적, 경제적, 정치적으로 풍요롭게 만드는 데 공헌하는 사람으로서 문화예술 분야에서 대통령령으로 정하는 바에 따라 창작, 실연(實演), 기술지원 등의 활동을 증명할 수 있는 사람을 말한다.

예술인은 문화국가 실현과 국민의 삶의 질 향상에 중요한 공헌을 하는 존재로서 정당한 존중을 받아야 하며, 모든 예술인은 인간의 존엄성 및 신체적·정신적 안정이 보장된 환경에서 예술 활동을 할 권리를 가진다. 또한 모든 예술인은 자유롭게 예술 활동에 종사할 수 있는 권리가 있으며, 예술 활동의 성과를 통하여 정당한 정신적, 물질적 혜택을 누릴 권리가 있다. 아울러, 모든 예술인은 유형·무형의 이익 제공이나 불이익의 위협을 통하여 불공정한 계약을 강요당하지 아니할 권리를 가진다(예술인복지법 제3조).

예술 활동 증명에 관한 세부 기준(제2조 관련)

1. 영 제2조 제1항 제1호에 따른 저작권법 제2조 제1호 및 제25호에 따른 공표된 저작물이 있는 사람은 문화예술 분야별로 다음 각 목의 어느 하나에 해당하는 사람으로 한다. 다만, 아래 표의 2 이상의 문화예술 분야나 세부 기준란의 2 이상의 목에 해당되는 실적이 있는 경우에는 예술 활동 증명을 위한 하한 기준을 1점으로 보아 해당 실적을 점수로 환산(예를 들어, 3년에 3편이 하한일 경우 3년에 1편의 실적이 있으면 1/3점으로 한다)하여, 그 환산 점수의 합계가 1점 이상인 사람도 포함한다.

문화예술 분야	세부 기준
문학	가. 최근 5년 동안 5편 이상의 시(동시), 시조, 수필 작품을 문예지 등에 발표한 실적이 있는 사람 나. 최근 5년 동안 1편(단편의 경우는 3편) 이상의 소설(동화, 청소년), 평전 작품을 문예지 등에 발표한 실적이 있는 사람 다. 최근 3년 동안 1편 이상의 희곡 작품을 문예지 등에 발표한 실적이 있는 사람 라. 최근 5년 동안 3편 이상의 평론 작품을 문예지 등에 발표한 실적이 있는 사람 마. 최근 5년 동안 1권 이상의 문학 작품집을 출간한 실적이 있는 사람
미술 (응용미술을 포함한다), 사진, 건축	가. 최근 5년 동안 5회 이상 미술·사진·건축 작품을 관련 매체에 발표하거나 미술·사진·건축 전시회에 작품을 전시한 실적이 있는 사람 나. 최근 5년 동안 1회 이상 미술·사진·건축 작품 개인전을 열거나 1권 이상의 미술·사진·건축 작품집을 출간한 실적이 있는 사람 다. 최근 5년 동안 5편 이상의 미술·사진·건축 비평을 관련 잡지 등에 발표하거나 1권 이상의 미술·사진·건축 비평집을 출간한 실적이 있는 사람 라. 최근 3년 동안 3회(예술감독 등 기획자의 경우는 1회) 이상의 미술·사진·건축 전시회에 기술지원 인력 또는 기획 인력으로 참여한 실적이 있는 사람
음악, 국악	가. 최근 3년 동안 3편 이상의 음악·국악 공연에 출연한 실적이 있는 사람 나. 최근 3년 동안 텔레비전 및 라디오에서 방송된 예능 프로그램 등에 3편 이상 출연한 실적이 있는 사람 다. 최근 3년 동안 3곡 이상의 악곡을 작사, 작곡, 편곡, 가창 또는 연주하여 음반이나 음악·국악 공연을 통하여 발표한 실적이 있는 사람 라. 최근 3년 동안 1장 이상의 음반을 내거나 1권 이상의 음악·국악 작품집을 출간한 실적이 있는 사람 마. 최근 3년 동안 음악·국악 공연에서 3회 이상 지휘한 실적이 있는 사람 바. 최근 3년 동안 3편 이상의 음악·국악 비평을 관련 잡지 등에 발표하거나 1권 이상의 음악·국악 비평집을 출간한 실적이 있는 사람 사. 최근 3년 동안 3편 이상의 음악·국악 공연에 기술지원 인력 또는 기획 인력으로 참여한 실적이 있는 사람 아. 최근 3년 동안 3장 이상의 음반 제작에 기술지원 인력 또는 기획 인력으로 참여한 실적이 있는 사람
무용	가. 최근 3년 동안 3편 이상의 무용 공연에 출연한 실적이 있는 사람 나. 최근 3년 동안 무용 공연에서 1회 이상 안무를 담당한 실적이 있는 사람 다. 최근 3년 동안 3편 이상의 무용비평을 관련 잡지 등에 발표하거나 1권 이상의 무용 비평집을 출간한 실적이 있는 사람 라. 최근 3년 동안 3편 이상의 무용 공연에 기술지원 인력 또는 기획 인력으로 참여한 실적이 있는 사람
연극	가. 최근 3년 동안 3편 이상의 연극 공연에 출연한 실적이 있는 사람 나. 최근 3년 동안 연극 공연에서 1회 이상 연출을 담당한 실적이 있는 사람 다. 최근 3년 동안 1편 이상의 희곡을 연극 공연이나 관련 잡지 등을 통하여 발표한 실적이 있는 사람 라. 최근 3년 동안 3편 이상의 연극 비평을 관련 잡지 등에 발표하거나 1권 이상의 연극 비평집을 출간한 실적이 있는 사람 마. 최근 3년 동안 3편 이상의 연극 공연에 기술지원 인력 또는 기획 인력으로 참여한 실적이 있는 사람

문화예술 분야	세부 기준
영화	가. 최근 3년 동안 저작권법 제2조 제36호에 따른 영화상영관등에서 상영되거나 영화 및 비디오물의 진흥에 관한 법률 제29조에 따른 상영등급분류를 받은 3편 이상의 영화에 출연한 실적이 있는 사람 나. 최근 5년(영화 및 비디오물의 진흥에 관한 법률 제2호 제7호에 따른 단편영화의 경우 최근 3년) 동안 저작권법 제2조 제36호에 따른 영화상영관등에서 상영되거나 영화 및 비디오물의 진흥에 관한 법률 제29조에 따른 상영등급분류를 받은 영화에서 1회 이상 연출을 담당한 실적이 있는 사람 다. 최근 5년 동안 1편 이상의 시나리오를 저작권법 제2조 제36호에 따른 영화상영관등에서 상영되거나 영화 및 비디오물의 진흥에 관한 법률 제29조에 따른 상영등급분류를 받은 영화를 통하여 발표한 실적이 있는 사람 라. 최근 3년 동안 3편 이상의 영화 비평을 관련 잡지 등에 발표하거나 1권 이상의 영화 비평집을 출간한 실적이 있는 사람 마. 최근 5년 동안 저작권법 제2조제36호에 따른 영화상영관등에서 상영되거나 영화 및 비디오물의 진흥에 관한 법률 제29조에 따른 상영등급분류를 받은 2편 이상의 영화 제작에 기술지원 인력 또는 기획 인력으로 참여한 실적이 있는 사람
연예(演藝)	가. 최근 3년 동안 텔레비전 및 라디오에서 방송된 드라마, 예능·교양 프로그램 등에 3편 이상 출연하거나 1편 이상 연출 또는 진행을 담당한 실적이 있는 사람 나. 최근 3년 동안 패션쇼에 3회 이상 출연하거나 3편 이상의 광고에 출연한 실적이 있는 사람 다. 최근 3년 동안 3편 이상의 연예 공연에 출연한 실적이 있는 사람 라. 최근 3년(드라마 중 연속극의 경우는 최근 5년) 동안 1편 이상의 대본을 텔레비전 및 라디오에서 방송된 드라마, 예능·교양 프로그램 등을 통하여 발표한 실적이 있는 사람 마. 최근 3년 동안 3편 이상의 대중문화 비평을 관련 잡지 등에 발표하거나 1권 이상의 대중문화 비평집을 출간한 실적이 있는 사람 바. 최근 5년 동안 3편 이상의 방송프로그램 제작에 기술지원 인력 또는 기획 인력으로 참여한 실적이 있는 사람 사. 최근 3년 동안 3편 이상의 연예 공연에 기술지원 인력 또는 기획 인력으로 참여한 실적이 있는 사람
만화[48]	가. 최근 5년 동안 1편 이상의 만화 작품을 6개월 이상 연재한 실적이 있는 사람. 다만, 해당 저작물로 인한 소득이 있는 경우에 한한다. 나. 최근 5년 동안 5편 이상의 만화 작품을 발표한 실적이 있는 사람. 다만, 해당 저작물로 인한 소득이 있는 경우에 한한다. 다. 최근 5년 동안 1권 이상의 만화 작품집을 출간한 실적이 있는 사람 라. 최근 5년 동안 5회 이상 만화 전시회에 작품을 전시한 실적이 있는 사람 마. 최근 5년 동안 5편 이상의 만화 비평을 발표하거나 1권 이상의 만화 비평집을 출간한 실적이 있는 사람. 다만, 만화 비평 발표의 경우 해당 저작물로 인한 소득이 있는 경우에 한한다. 바. 최근 5년 동안 3편 이상의 만화 작품 제작에 기술지원 인력 또는 기획 인력으로 참여한 실적이 있는 사람(기술지원 인력의 경우는 2년 이상의 기간 동안 참여) 사. 최근 5년 동안 3회 이상의 만화 전시에 기술지원 인력 또는 기획 인력으로 참여한 실적이 있는 사람

48 만화란의 소득은 예술 활동에 대한 대가로 받은 임금 및 수당, 원고료, 인세, 저작권료, 저작인접권료, 예술품 판매대금, 보조금, 기부금, 상금 등을 포함하며, 강연료는 제외한다.

2. 영 제2조 제1항 제2호에 따른 예술 활동으로 얻은 소득[49]이 있는 사람은 다음 각 목의 어느 하나에 해당하는 사람으로 한다.

세부 기준
가. 예술 활동으로 얻은 소득이 최근 1년 동안 120만원 이상이거나 최근 3년 동안 360만원 이상인 사람 나. 최근 3년 동안 예술 활동으로 얻은 소득이 전체 소득의 50% 이상인 사람

7. 게임 문화

문화는 인식과 가치의 영역이다. 게임에는 다양한 사람들의 가치가 투영된다. 게임을 제작하는 경우, 게임을 이용하는 경우, 게임을 평가하는 경우 등 다양한 영역에서 게임에 대한 가치를 평가하기 때문이다. 오락실에서 이용하던 게임이 이제는 휴대폰을 통해 어디서든 이용가능하다. 이러한 맥락에서 "공공장소인 지하철에서 게임을 하는 사람들을 바라보면 게임문화가 단일한 플랫폼을 이용하는 행위를 넘어, 우리 실생활에 이미 침투한 문화적 행위임을 발견할 수 있다. 게임은 이미 우리의 문화적 생태계의 한 부분을 차지하고 있다. 이러한 게임해위는 디지털 사회의 유목민인 현대인에게는 새로운 환경 변화를 수반할 것이라 예상할 수 있다"[50]는 평가는 적절하다. 게임에 대한 시각을 다양화할 필요가 있고, 어떠한 효용과 문제가 있는 지에 대한 평가 또한 필요하다.

인사이트

문화적 토대는 자율이다!

---

49 예술 활동으로 얻은 소득은 예술 활동에 대한 대가로 받은 임금 및 수당, 원고료, 인세, 저작권료, 저작인접권료, 예술품 판매대금, 보조금, 기부금, 상금 등을 포함하며, 강연료는 제외한다.

50 강지웅 외, 게임과 문화연구, 커뮤니케이션북스, 2008, 139면.

제 20 절 | 기술과 콘텐츠의 결합[51]

1. VR · AR의 등장

2003년 린든랩(Linden Lab)은 3D 소셜서비스(social service)인 세컨드라이프(Second Life)를 발표했다.[52] 현실 세계의 생활을 그대로 가상공간에 구현하여 가상의 자아인 아바타(avatar)를 통해 즐길 수 있는 서비스이자 게임이었다.[53] 증강현실(AR)이라는 기술이 도입되는 과정에서 하나의 서비스가 흥행함으로써 기술에 대한 사회적 관심이 높아가는 과정을 보고 있다. 그 관심은 사업자에게는 서비스로 나타나며, 정부는 새로운 산업군을 선정하고 산업 진흥을 위한 정책을 추진하게 된다.[54]

2016년 여름, 포켓몬GO는 가상현실과 증강현실을 대중에게 인식시켜준 계기가 되었다. 2016년 3월 이세돌과 대국을 벌였던 알파고가 인공지능에 대한 대중의 인식을 넓혀준 것처럼, 포켓몬GO도 마찬가지 역할을 한 것이다. 적지 않은 시간이 흐른 뒤에 일반 대중이 증강

---

51 김윤명, 지식재산 관점에서 본 기술과 콘텐츠의 융합, 소프트웨어정책연구소, 2017, 6-17면 재인용.

52 린든랩에 대한 소개는 정연덕, 가상현실에서의 플랫폼과 이용자에 대한 현실법의 적용, 정보법학 통권58호, 2008, 5면; 이연호 외, 가상현실 내에서의 사회구조의 형성과 변화, 정보통신정책연구원, 2008, 22면 이하 참조.

53 "가상현실은 디지털콘텐츠가 성장하던 2003년 세컨드 라이프 등의 서비스를 통해 주목되었으나, 하드웨어 등 의 성능 한계로 현실감과 몰입감을 표현하지 못해 주력 산업으로 부상하지 못했으나, 최근 ICT 기술의 발전과 콘텐츠 제작 환경 변화로 가상현실 기술이 급속히 확산 되고 있다." 김아영 외, 가상현실 동향분석, 전자통신 동향분석 31권 4호 (통권 160), 전자통신연구원, 2016, 24면.

54 2016년 7월, 기획재정부, 미래창조과학부, 문화체육관광부, 산업통상자원부 합동으로 가상현실 산업 육성 추진현황 및 향후계획을 발표한 바 있다.

세컨드 라이프 [출처: 세컨드라이프(2016)]

현실이나 가상현실(VR)을 경험할 수 있게 된 것은 기술력과 인프라가 뒷받침되었기 때문이다. 즉, "비로소 대중화될 만한 ICT 기술 및 인프라가 구색을 갖춰가고 있기 때문이다. 가상현실이 대중화되기 위해서는 가상현실 기기 확산을 기반으로 콘텐츠, 소프트웨어, 서비스 플랫폼, 안정적 네트워크 등이 형성되어야 하기"[55] 때문이다. 세컨드라이프 이외에는 특별하게 3차원의 서비스가 성공한 사례는 찾기 어렵다. 그 사이 SK컴즈의 3D 싸이월드가 출시되기도 하였으나 성공하지는 못하였다. 아이폰 등장 이후 플랫폼이 모바일로 이동한 것도 온라인 플랫폼을 찾기 어려운 이유이다.

AR·VR에 대한 대중의 경험이 노출되고, 사업화 가능성이 높아지는 선순환적 구조를 가질 때 생태계(eco system)가 형성될 수 있다. 지금은 AR·VR에 대한 '경험의 시기'라고 볼 수 있다. 그 과정에서 포켓몬GO가 출시되었고, 이는 직접적 경험은 물론 미디어를 통한 간접 경험을 통해 AR·VR을 인식하는 계기가 되었다.

55 김기림, [VR KOREA ①] 가상현실 시장 노크하는 한국, 이코노믹리뷰 2016.11.02.

2. 기술과 플랫폼의 융합

가. VR · AR의 개념

VR은 현실을 가상의 상태에서 구현해 놓은 것을 말하며, AR은 현실의 상태에 추가적으로 가상의 것을 포함하는 것을 말한다. 융합현실(Merged Reality)은 인텔에서 사용한 용어로 AR에 가상정보가 추가된 혼합현실과 달리 VR의 배경에 현실의 신체나 사물의 이미지를 일부 합성하는 기술을 말한다.

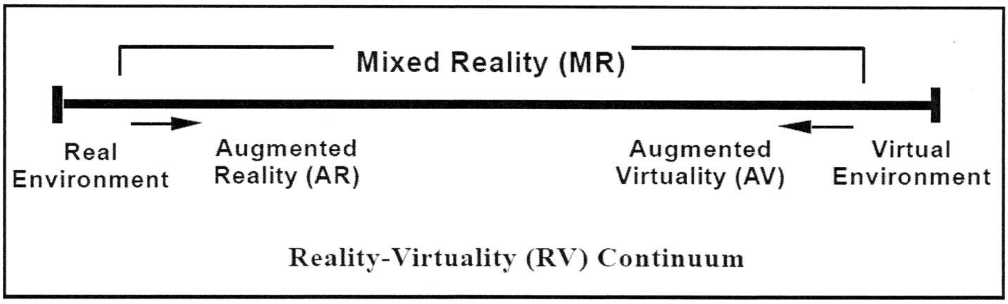

VR·AR의 관계 [출처: Milgra et al.(1994)]

가트너 IT Glossary에 따르면, 가상현실과 증강현실은 다음과 같이 정의된다.

- Virtual reality (VR) provides a computer-generated 3D environment that surrounds a user and responds to that individual's actions in a natural way, usually through immersive head-mounted displays and head tracking. Gloves providing hand tracking and haptic (touch sensitive) feedback may be used as well. Room-based systems provide a 3D experience for multiple participants; however, they are more limited in their interaction capabilities.
- Augmented reality (AR) is the real-time use of information in the form of text, graphics, audio and other virtual enhancements integrated with real-world objects. It is this "real world" element that differentiates AR from virtual reality. AR integrates and adds value to the user's interaction with the real world, versus a simulation.

출처: 가트너 IT Glossary

특히, AR 기술은 기존 데이터를 활용할 수 있다는 점에서 의의가 있다. 포켓몬GO는 지도 등을 활용할 수 있었기 때문에 서비스 자체가 가볍게 운영될 수 있었다. 만약, VR처럼 모든 이미지를 랜더링하는 경우라면 리소스가 작지 않게 소요될 수 있기 때문에 성공하기는 쉽지 않았을 것이다. 즉, 기존의 이미지와 현실 상태에 증강(增强)이 이루어졌기 때문에 기획력이 뛰어난 것으로 평가할 수 있다.

AR 기술이 적용된 포켓몬GO [출처: 전자신문(2016.7.14)]

나. 관련 기술

VR 관련 주요 기술은 출력기술, 음향기술, 오감기술, 모션기술, 입력기술 등 다양하게 구성된다.[56] 다양한 요소기술의 결합을 통해 가상현실이 구현될 수 있는 것이다. 가트너(gartner)에 따르면 VR은 환멸기(Tough of Disillusionment)에 접어드는 기술로 분석하고 있다.[57] 환멸기는 "실망스런 개발 결과와 상용화 실패로 인해 관심이 급격히 하강 곡선을 그리는 현실적 재조명기"[58]라고 한다. 새로운 기술은 항상 출시되고, 그에 대한 관심을 높아지고 있다. 그렇지만, 모든 기술이 상용화되는 것은 아니기 때문에 적지 않은 기업들이 관망하며, 투자 시기를 기다리기도 한다. AR·VR은 환멸기이지만, 포켓몬GO를 통해 상용화된 사례를 만들었다. 구글, 페이스북, MS와 같은 SW기업이나 삼성전자와 같은 HW기업 등 글로벌 기업들이 가상현

56 각각의 기술적 특성에 대해서는 김아영 외, 가상현실 동향분석, 전자통신 동향분석 제31권 제4호, 2016.8, 26~28면 참조.

57 Hype Cycle for Emerging Technologies 2016, 19 July 2016 https://www.gartner.com/doc/3383817[2016.11.2일 접속]

58 정성일, 2015년 신기술 판타지, 버블일까 실재일까? Deloitte Anjin Review September 2015 No.5, 6면.

실에 투자하고 있는 것을 보면 가트너의 판단은 바뀔 것으로 예상된다. 작지 않은 기업의 투자는 기술 개발이나 서비스에 대한 새로운 가능성을 가져올 수 있다는 기대감을 높이기 때문이다.

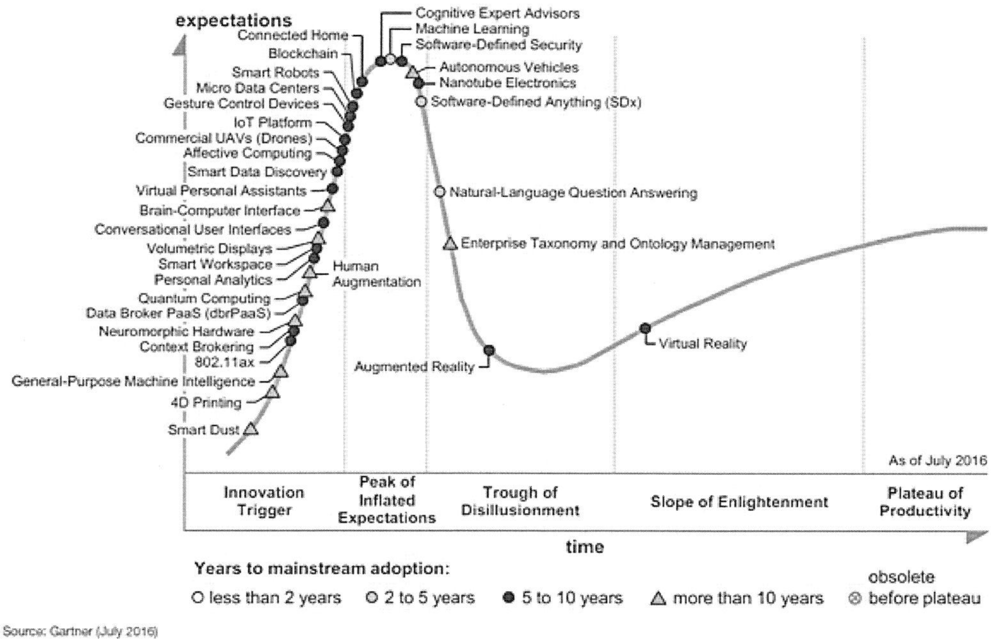

Hype Cycle for Emerging Technologies, 2020

VR은 인공으로 가상의 공간과 객체를 구현하는 기술로 인간의 오감을 확장하고 공유하여 환경적 제약으로 실제 세계에서는 경험하지 못하는 상황을 간접적으로 체험할 수 있도록 하는 총체적 기술이다. 다양한 기술요소가 결합하여 하나의 서비스가 시장에 출시될 수 있는 것이다. 포켓몬GO도 스마트폰에 내재된 다양한 기술이 결합되고, 구글 지도를 이용하여 콘텐츠가 만들어졌다. 이러한 과정에서 전혀 다른 요소가 VR에 응용되기도 한다. 기술요소는 확대 내지 융합가능성을 담고있는 객체라고 볼 수 있다. 이러한 기술적 요소에 대해 전체를 평가하는 것은 지양될 필요가 있다. 원천기술 내지 요소기술은 다양한 분야로 응용될 수 있는 것을 보여주기 때문이다.

가상현실 관련 주요기술

기술 분류	기술 설명
입력인터페이스	• 사용자 동작을 인식하여 사용자 의도를 전달하기 위한 제스처 동작 인식 HW 기술 • 음성으로 사용자의 의도를 전달하는 음성인식 기술 • BCI* 등 생체신호를 이용하여 사용자의 의도와 상태를 인식하기 위한 인식 기술 • 몰입감 향상을 위해 주변 환경을 자율적·지능적으로 인식하는 상황인식 기술
출력인터페이스	• 가상현실을 표현하고 상호작용하기 위한 CG 기술과 HMD 및 디스플레이 기술 • 공간 내 이동과 상호작용에 따른 입체음향 표현과 음향을 출력하기 위한 HW 기술 • 몰입감 향상 촉각, 후각 등 감각 요서별 표현 기술 및 감각 유형별 디바이스 기술 • 6DOF 지원 모션 축의 자유로운 움직임을 지원하는 모션 플랫폼 및 모션 HW 기술
저자도구 콘텐츠 서비스	• HW와 SW를 통합하여 가상현실 환경 구성과 애플리케이션 개발하는 도구 기술 • 실 세계의 자연규칙이 가상객체에도 적용되는 물리 시뮬레이션 기술 • 원격지 사용자가 가상에서 콘텐츠를 공유하고 인지할 수 있는 네트워크 기반 기술 • 온라인에서 가상현실 콘텐츠를 유통하고 서비스하는 플랫폼 기술

출처: ETRI(2016)

다. 플랫폼과 비즈니스

플랫폼(platform)이란 특정 서비스나 기술의 융합을 통해 새로운 서비스 등이 결합할 수 있는 것으로 볼 수 있다. 네이버나 구글, 또는 페이스북 자체가 이미 플랫폼으로써 역할을 하고 있다. 오픈 API 등을 통해 제3자가 서비스를 결합하여 제공하기도 하고, 자신의 서비스나 콘텐츠를 탑재시키기도 한다. 그동안 플랫폼은 락인효과(lock-in effect)를 바탕으로 포털, 게임 서비스를 중심으로 이루어져왔다. 포켓몬GO의 경우도, 실상은 기술과 콘텐츠의 결합이지만 그것을 유통시키는 구글플레이(google play)라는 플랫폼이 있었기 때문에 가능했다. 구글 플랫폼을 통해 서비스된 포켓몬GO의 과실은 구글이 상당부분 차지했다.

플랫폼이 갖는 문제도 무시하기 어렵다. 플랫폼을 통해 서비스가 제공되거나 콘텐츠가 판매될 경우 수수료를 플랫폼사업자에게 제공해야하기 때문이다. 예를 들면, 국내 게임서비스의 부흥을 이끌고 있는 카카오게임하기도 바로 카카오 플랫폼을 통해 가능하게된 것이다. 구글 등 글로벌 플랫폼은 전체수익의 30%를 배분받는다. 카카오는 나머지 70%에서 30%에 해당하는 전체수익의 21%를 가져가는 구조이다.[59] 결국, 플랫폼사업자가 50% 이상의 수익을 가져가는 모습이다. 기술과 콘텐츠의 결합은 중요한 비즈니스 모델인 것은 부인할 수 없으나

59 플랫폼 수수료에 대해서는 한국경제, 2013.5.23.일자 참조.

이를 매개하는 플랫폼사업자의 역할이 작지 않다는 시사점을 얻는다. 그만큼 플랫폼이 갖는 비즈니스 경쟁력은 무시할 수 없다. VR·AR 플랫폼의 경우도 다르지 않다. 구글, MS, 페이스북 등 글로벌 기업들이 여기에 투자하는 이유는 플랫폼 경쟁력 확보에 있다.[60]

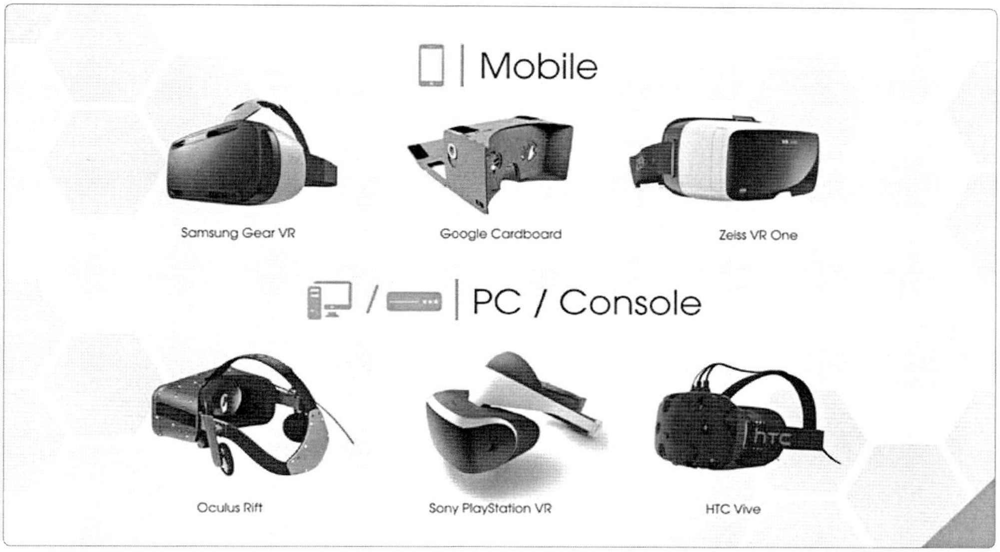

플랫폼별 HMD 기기 [출처: 구글(2016)]

플랫폼을 가진 경우에는 매개자로서 역할을 하겠지만, 자체 플랫폼이 없는 사업자에게는 상당한 부담으로 작용하는 것은 사실이다. 이러한 상황에 대한 우려로써 "구글과 페이스북을 중심으로 가상현실 플랫폼 시장이 형성되면서 자체 플랫폼이 없는 기업들은 두 기업에 대한 소프트웨어와 콘텐츠 의존도가 높아지고 있다"[61]고 지적된다.

60 참고로, 2014년 3월 페이스북은 오큘러스를 20억 달러에 인수한 바 있다.

61 정부연, 가상현실(VR) 생태계 현황 및 시사점, 정보통신정책연구원, 2016.4.16., 20면.

3. VR을 포함한 신기술 관련 이슈

새로운 기술은 기존 법제도의 적용을 우선적으로 고려하게 된다. 가상현실의 성장가능성을 확인한 후, 나타나는 반응은 VR에 대한 정책적 규제 수준이다. 대표적으로, VR관련 HW에 대한 시각차이다. VR관련 기기를 유기기구로 볼 것인지 게임기로 볼 것인지에 대한 논란이다. 사업자 입장에서 VR에 대한 다양한 이해관계가 있고, 법제도가 적용될 수 있다는 점에서 규제가능성에 대한 검토가 요구된다. VR 자체가 사회적 문제가 되고 있는 것은 아니지만 몇몇 사례에서 문제점으로 지적되고 있는 것도 사실이기 때문이다. 예를 들면, 포켓몬GO는 의도하지 않게 사고를 유발시키고 있기 때문이다. 또한, 타인 점유지에 몬스터를 출몰시킴으로써 재산권을 침해하는 사례도 보인다. 이는 사회적 문제라고 확대해석할 수는 없지만, 다수의 문제들이 제기되고 있다는 점에서 일종의 사회적 현상으로 이해될 수 있다. 사회적 현상에 대한 법제도적 접근은 해당 현상을 일시적인 것으로 치부하거나, 방관하기 보다는 지속적 관심과 대응을 통해 산업적 성장과 사회적 문제점에 대해 모니터링할 필요가 있다.

기술중립성 측면에서 정책 대응을 해야 한다. 해당 서비스가 문제를 가져온다고 하더라도 기술 자체를 문제삼기 보다는 기술을 응용하여 시장에 출시된 제품이나 서비스의 개선을 유도할 필요가 있기 때문이다.

4. VR의 응용과 콘텐츠 확대

VR은 콘텐츠 분야에서 새로운 산업 활성화의 기회가 될 것이다. 아직은 성인 콘텐츠나 게임 분야에서 성공하고 있지만, 이에외도 다양한 분야에서 VR이 이용되는 과정을 거치게 될 것이다. 신기술의 상업화 과정은 "영화, 스포츠, 테마파크 등 엔터테인먼트 시장을 비롯해 교육, 의료 등 다양한 사업 분야에서 활용되는 게 순서"[62]라고 한다. 앞으로 다양한 산업군에서 사용될 것으로 기대되며, 더불어 성장가능성도 확대될 것으로 기대된다.

국내에서 게임 또는 엔터테인먼트 분야에서 성공한 대표적인 VR 서비스는 〈골프존〉을 들

62 김기림, [VR KOREA ①] 가상현실 시장 노크하는 한국, 이코노믹리뷰 2016.11.02.

수 있다. 그렇지만, HMD와 상관없이 이루어지고 있어서인지, 가상현실 성공사례에 인용되는 경우는 많지 않다. 사이버 교육이나 훈련에서는 시뮬레이터를 중심으로 이용되고 있다. 산업통상자원부에서는 이러닝(e-Learning)의 개념을 확장하여, 사이버 트레이닝(cyber-training)으로 확대시키려는 움직임도 보인다.

이러한 다양한 분야에서의 응용은 플랫폼의 확산과 더불어 새로운 패러다임을 이끌어갈 것이다. 구글, 페이스북, MS, 삼성 등 글로벌 기업들이 VR에 투자하는 것은 이러한 경향과 다르지 않다. 콘텐츠를 포함한 SW기업들이 새로운 경쟁우위를 점하기 위해 VR에 투자하는 것이라고 하겠다.

VR, AR의 응용분야 [출처: 이코노믹리뷰(2016)]

경험이라는 관점에서 VR은 현실과는 또 다른 세계를 구현하는 서비스이다. "몰입이라는 경험적 속성을 가지고 있으며, 몰입형 VR 인터페이스로 HMD가 대표적"[63]이다. VR을 활용한 게임은 "표면적으로는 VR의 몰입과 게임의 재미가 중첩적으로 이루어지지만 내재적으로 기능성게임의 특별한 목적인 스포츠 효과를 얻어낼 수 있는 것"[64]으로 평가된다. 가상현실은 다양한 SW기술과 HW의 결합에 따른 신산업으로써 성장 중에 있다. 많은 기업들이 VR과 AR에 대한 투자를 하고 있으며, 페이스북 CEO인 마크 주커버거(Mark Elliot Zuckerberg)는 다음 그림처럼 페이스북 서비스를 VR 플랫폼으로 바라보는 서비스를 시연한 바 있다.

---

63 배장은 외, 국내외 게임 산업 동향분석을 통한 가상현실 기반의 기능성 게임 발전방안, 디지털디자인학연구 제14권 제3호, 2014, 745면.

64 배장은 외, 국내외 게임 산업 동향분석을 통한 가상현실 기반의 기능성 게임 발전방안, 디지털디자인학연구 제14권 제3호, 2014, 746면.

Virtual Reality Facebook [출처: facebook(2016)]

기업의 투자와 별도로 각 국은 VR에 대한 투자를 강화하고 있으며, 우리나라도 정보통신부를 중심으로 VR산업 활성화 정책을 발표한 바 있다. 물론, 기존 서비스를 VR화함으로써 돌파구를 마련하는 시도도 이어질 것이다. 관광, 훈련, 교육 등 다양한 분야에서 활용될 것이기 때문이다.

VR은 요소 기술인 SW와 콘텐츠 및 서비스의 결합을 통해 새로운 부가가치를 창출할 것으로 기대된다. 반면, 기존 법체계를 중심으로 VR이나 AR을 볼 경우, 많은 규제정책이 인입될 가능성도 작지 않다. 게임으로써 VR을 볼 경우, 현행 게임산업법 체계의 적용을 받을 수 있어 규제범위에 포함될 가능성도 작지 않기 때문이다. 향후, VR은 차세대 소셜 플랫폼이 되거나 콘텐츠 산업의 중요한 트렌드가 될 것으로 기대되지만, 이를 위해 기존 제도 정비와 새로운 제도 설계를 통해, 신사업으로써 VR, AR에 대한 투자와 활용성을 높일 수 있도록 정책 설계가 필요하다.

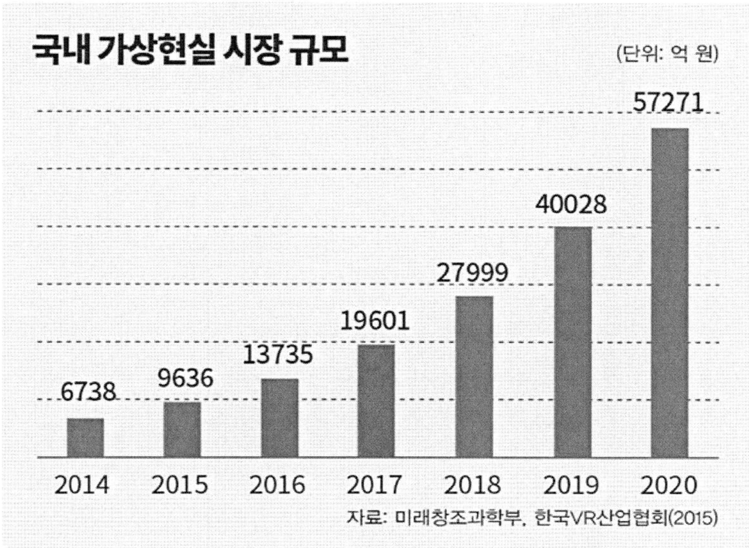

국내 가상현실 시장규모 [출처: 이코노믹리뷰(2016.11)]

5. 시사점

VR·AR은 다양한 산업군에 활용될 수 있기 때문에 기존 산업의 가치를 높여주는 역할을 하게될 것으로 기대한다. 융합환경에 적합한 기술이 될 것이라는 점이 VR·AR의 가능성을 높이고 있다. 사이버 교육을 포함한 다양한 영역에서도 활용될 수 있기 때문에 산업을 넘어선 활용가능성이 높아지고 있다는 점은 시사하는 바가 크다. 다만, 콘텐츠나 서비스의 경쟁력을 갖추지 못한다면 VR·AR 기술자체의 효과는 크지 않다는 점도 지적된다.[65] 따라서 VR·AR에 활용할 수 있는 콘텐츠에 투자할 필요성이 크다.

기존의 콘텐츠를 VR·AR 환경에 맞게 변모시키는 것도 중요하며, VR·AR 플랫폼에 맞게 제작하는 것도 경쟁력이 될 것이다. 물론, HW가 수반되어야 할 VR·AR에 있어서 HW에 대한 투자도 중요한 분야이다. HW에 소요되는 비용은 오히려 확산에 걸림돌이 될 수 있기 때문이다.

65 박유리, ICT 생태계 경쟁의 새로운 무대, 가상·증강 현실, KISDI Premium Report 16-05, 2016.9.5., 14면.

또한, VR·AR은 현실 세계를 VR로 구현하는 것이기 때문에 지식재산권, 프라이버시(privacy)와 같은 현실 세계의 법률적 이슈가 그대로 전이될 가능성도 있다. 프라이버시가 문제되었던 사례인 포털사이트에서 제공하고 있는 거리영상(street view)의 경우, 문제가 지속적으로 제기된 바 있다. 그런 이유로 전수조사하여 문제되는 영상은 모자이크 처리하였다.

인사이트

기술과 콘텐츠의 결합은 새로운 세상을 만들어 낸다.

제 21 절 Log out

셧다운제의 중심에는 중독이라는 이슈가 있다. 게임을 이용하는 시간이 많다고 해서 중독이라는 프레임을 덧씌우는 것은 게임이 갖는 다양한 가치를 무시하는 것과 같다. 그러한 결과로서 게임이 갖는 긍정적인 요소를 폐기되도록 만들고 게임 자체를 중독성을 지닌 존재로 격하시킨다.[66] 부정적 프레임은 다양한 이해관계에서 형성된 것이기 때문에, 게임사업자의 적극적인 커뮤니케이션이 요구된다.

1. 게임 창작자로서의 자세

가. 자신이 개발한 게임이 미칠 영향

게임 창작자들은 주변을 넘어서, 사회적인 영향, 국가적인 영향 그리고 인류에 미칠 수 있는 영향에 대해 생각해볼 필요가 있다. 단순하게 게임물만을 만드는 것이 아니다. 우리가 놀이를 하면서 즐겼던 공동체로서, 관계로서의 게임을 할 수 있는 공간을 만들어야 한다. 그러한 관계에서 사람을 느끼고, 다양한 가치를 만들어낼 수 있어야 한다.

66 강지웅 외, 게임과 문화연구, 커뮤니케이션북스, 2008, 164면.

나. 예술가로서 역할

게임개발자는 자신의 게임물을 만드는 것이기는 하지만, 그 결과물은 다양한 예술적 요소가 조합된다는 점을 이해할 필요가 있다. 즉, 단순한 오락거리를 만드는 것이 아닌 문화를 만들고, 예술을 하는 것으로 볼 수 있다면 단순한 게임개발자가 아닌 예술가로서 자존감을 가질 수 있을 것이다. 마약과 같은 중독물질을 만들어내는 게임사업자나 게임개발자가 아니라, 창조자로서 게임인은 우리가 진정 바라는 문화예술의 가치를 이룰 수 있기 때문이다.

2. 게임사업자의 책임

가. 게임사업자의 역할

게임사업자는 종합예술을 이끌어내는 사업자다. 소속된 게임인들이 자유롭게 창작활동을 할 수 있도록 해주는 후원자이다. 게임인들에게 예술품을 즐길 수 있도록 훌륭한 창작물을 만들고, 제공해주는 예술단체이기도 하다. 예술은 표현하는 사람의 자유로움 속에서 그 가치를 갖는다. 예술가도, 예술품을 전달해주는 사업자도 마찬가지이다.

나. 지속가능 경영

게임사업자는 단순한 게임물이라는 물건을 만들어 판매하는 사업자가 아니다. 또한 지속가능한 경영은 개발자나 운영자의 영역에서 다루질 사안이 아니다. 회사의 입장에서 지속가능한 경영을 해야하는 사업자이기도 하다. 지속가능한 경영이란 회사의 지속 성장만을 의미하는 것이 아니다. 후세대의 자원을 지금 가져다가 쓰더라도, 그로인하여 후세대가 곤란해지지 않도록 하는 것을 의미한다.

다. 기업의 사회적 책임

기업의 사회적 책임(CSR)은 경영상 책임보다는 윤리적, 사회적 기여 등을 고려한 경영정책에 대한 부분이다. 최근에는 기업의 사회적 책임의 법제화에 대한 논의가 많이 이루어지고 있는 것도 사실이다. 사회적 책임을 기업에게 지우는 것은 바람직하지 않다. 기업의 경영정책이나 철학을 강제할 수 없기 때문이다. 자연인에 대해 양심의 자유를 해칠 수 없는 것과 마찬가지로 기업에 대해서도 같이 적용될 가치가 아닐까 생각한다. 다만, 기업 스스로 사회적 가치(CSV)를 늘이기 위한 역할과 사회적기여에 대해 고민할 필요성이 커지고 있다.

3. 자율규제

가. 자율규제의 의의

자율규제는 사업자 스스로 규제를 생성하고, 이행하는 것을 말한다. 제도적으로 또는 묵시적으로 정책당국에서 허용해주는 것을 전재한다. 만약 자율규제가 용인된다면 해당 사업자는 정부규제와 같은 형식으로 규제를 이행하게 된다. 자율규제는 정부규제보다 강도가 높을 가능성이 있다. 정도가 낮은 자율규제는 시장의 반응을 이끌어 내기가 쉽지 않기 때문이다. 자율규제가 제대로 이루어지지 않는다면 더욱 강도 높은 정부규제를 이끌 가능성도 작지 않기 때문에 자율규제의 이행도 중요하다. 자율규제의 진정성은 규제당국의 입장에서 시장의 공정질서를 형성하는 것과 같은 수준과 내용으로 이루어져야 한다.

나. 게임사업자의 자율규제

게임사업자의 자율규제는 게임산업법 등 정부규제에 대한 대응 방안으로 제기된다. 게임물의 중독이슈가 잦아지면서 게임사업자들은 다양한 과몰입 대응 정책을 이끌어내고 있으며, 셧다운제에 대한 대응방안으로서 게임이용자에게 좀 더 자세한 정보를 제공함으로써 정보의 비대칭성을 완화하고자 하고 있다. 또한 게임업계 공동으로 그린캠페인을 진행하기도 하였다. 물론 게임산업협회를 중심으로 공동의 사회적 아젠다를 설정하는 것도 필요하다.

4. 게임산업법의 지향점

법은 인간을 위한 도구이며, 법학은 인간을 위한 학문이다. 법은 인간의 아픔을 치유해야 한다. 법은 무엇보다도 인간에 대한 이해를 먼저 해야 한다. 판단은 판사가 하기 때문에 헌법은 판사에게 재량권을 부여하고 있다. 규범에 따르되, 그 규범이 자신의 양심에 벗어나지 않는 한 재량으로 법을 해석하고 적용할 수 있다. 사회적 영향력이 있는 사건이 발생할 때마다, 법관의 재량을 양형기준을 통해 제한하는 것은 바람직하다고 보기는 어렵다.

게임산업법도 마찬가지이다. 게임산업에 관련된 규정이 중심을 이루나, 게임산업은 사람에 의해서 만들어지고 사람에 의해서 서비스되고, 또 이용된다는 점에서 인간을 중심으로 한다는 점을 염두에 두어야 한다. 산업에 관련된 무수한 직군을 생각했으면 하는 바람이다. 그래픽, 음향, 이미지, 기획, 개발, 마케팅, 홍보, 법무, 정책, 재무 등 모든 직군의 사람들이 모여 게임을 개발하고 이용에 제공한다. 비단 게임산업만이 아니다. 모든 산업이나 비즈니스가 그러할 진데, 법은 여기에 종사하는 사람을 외면하거나 의도적으로 무시하곤 한다. 게임사업자는 게이머를 무시하거나, 이용자는 게임물을 제공하는 사람이나 또는 게임물의 운영자를 무시한다. 서로에게 불만스러운 면이 있을 것이나, 이 것은 법이 지향하는 바가 아니다. 법은 책임을 지우는 것이 아닌 관계의 개선과 유지를 위한 것이다. 그 속에 있는 사람과의 관계를 위한 것이라는 점에서 법은 인문학의 중심이 될 수 있다.

5. 게임 연구

게임은 기본적으로 다양한 이해관계가 충돌할 수 있는 영역이자 산업이다. 따라서 특정 부처와 상관 없이 게임이 갖는 사회, 문화적 현상에 대한 연구가 필요하다.

가. 이슈 연구

게임물을 둘러싼 논쟁 중 하나는 중독이냐 아니냐이다. 게임의 효용성에 대한 논의가 제대로 진행되지도 못하고 있다. 설령 중독이 갖는 문제점이 작지 않다고 하더라도, 다양한 현상에 대한 연구가 필요하다. 중독 이슈, 폭력성 이슈는 미국에서도 논란이 되었고, 미국 연방대법원은 Brown 결정에 의하여 "폭력적인 비디오 게임도 헌법적 보호를 받아야 한다. 비디오 게임 자체가 가지는 예술성, 표현으로서의 가치를 확인함과 동시에 폭력물 자체가 수정헌법 제1조의 보호범위 밖에 위치하는 표현물이 아님을 천명하고 나아가 폭력적인 내용을 담고 있는 비디오 게임을 역시 폭력적인 내용을 담고 있는 다른 문화 콘텐츠와 차별하지 않고 취급하여야 한다"[67]고 판시하였다.

---

67 Brown vs. Entertainment Merchants Association 564 U. S. ____ (2011).

표현의 자유를 강하게 보호하는 미국 헌법 하에서 새로운 매체 및 콘텐츠가 등장할 때마다 이에 대한 규제가 어느 정도까지 가능한지 여부에 대한 사회적 논의가 있어왔고 연방대법원의 판결로 그러한 논의가 매듭지어져 왔다. 일련의 판결들을 통하여 수정헌법 제1조에 의하여 보호되는 표현물과 그렇지 않은 표현물들이 분류되어 왔는데 폭력적인 표현물이 헌법적 보호를 받을 수 있는지에 대하여도 논의가 있었다. 특히 폭력적인 비디오 게임의 사회적 해악성이 문제시된 이후 이에 대한 규제입법이 많은 주에서 이루어졌는데, 이러한 규제입법의 헌법적 정당성이 의문시되어왔다.[68] 오바마 정부에서는 게임물의 폭력성과 관련하여 게임 연구에 1천만 달러의 예산을 배정한 바 있다.

나. 문화연구

디지털 세대는 문화로서 디지털 환경을 받아들이고, 문화 코드로서 게임물을 즐기는 세대이다. 다만, 즐기는 문화로서 게임물로 인식하는 반면 하나의 사회문화로서 게임을 이용하는 리터러시는 부족한 면이 있다. 따라서 문화연구의 방향이나 내용은 문화적 현상으로 게임, 문화에 미치는 영향, 문화가 게임에 미치는 영향 등 다양한 연구를 진행해야 할 것이다.

다. 법제 연구

사회적 현상이나 문제는 법제로 수렴되고, 이는 정책으로 발현되기도 한다. 따라서 바람직하고, 합리적인 규제 논의가 필요하다. 게임산업의 종주국이라면 세계적 규범의 중심에 있다고 볼 수 있으며, 다른 나라도 우리나라의 법률에 대해 참조할 것이기 때문이다. 게임산업법 및 관련 법제도에 대한 연구, 제도나 사회적 이슈가 미치는 영향 및 규제 연구 등은 중요한 법제 연구의 내용으로 삼아야할 것이다.

라. 연구 방향

게임에 대한 연구는 깊이가 있어야 한다. 단기적인 연구도 필요하지만, 중장기적인 연구를 통해 본질적인 이슈의 파악이 요구된다. 단기적인 이슈 해소보다는 하나의 문화나 사회적 병리

---

68 박종현, 미연방대법원에서의 폭력적인 비디오 게임과 예술 및 표현의 자유에 대한 논의, 공법학연구 제15권 제2호 2014, 143~162면 참조

현상을 해소하기 위한 목적을 담아내야 한다.

이해관계자에 의한 연구는 객관성과 진정성을 담보하기가 쉽지 않다. 이러한 점을 고려하여 게임에 대한 다양한 연구가 이루어질 필요가 있으며, 이해관계자들이 함께하는 적극적인 연구가 요구된다.

6. 게임 리터러시

가. 게임이용자의 역할

게임이용자의 이용행태에 대해 많은 비판이 있는 것은 사실이다. 콘텐츠를 소비하는 입장에서 자신의 취향에 맞는 방법에 따르는 것이 문제라고 보기는 어렵다. 게임은 무엇보다도 관계 속에서 재미를 찾고, 즐기는 것이라는 점이 중요하게 인식된다. 즉, 재미를 찾지만 재미는 게임물에서 구현된 다양한 퀘스트(quest)를 통해서 얻을 수 있다. 다만, 이러한 퀘스트는 혼자서도 해결할 수 있지만, 길드와 같이 다양한 이용자들이 모여서 해결해가는 방식을 취하기도 한다. 게임은 관계의 미학임을 인식할 필요가 있으며, 이러한 관점에서 게임을 이용하는 문화적 자세가 요구된다. 나의 만족을 위해 게임을 즐기는 것이긴 하지만, 그러한 과정에서 많은 이용자와 관계를 맺거나 협력을 얻는 것이기 때문이다.

나. 게임 리터러시

끝으로 게임에 대한 리터러시가 중요하다. 게임에 대한 문화적 이해를 교육으로 해결하는 것이 하나의 방법이다. 직접 경험하고 이를 판단하는 것이 좋을 것이나, 그러한 환경이 되지 못한다면 교육을 통해 보완하는 것이 필요하기 때문이다. 게임에 대한 인식 중 영화와 다른 표현하나는 게임물의 '제작'이라는 표현이다. 영화를 보통 창작한다고 하는 예술적 의미로서 '창작'이라는 표현을 사용하지만, 게임물을 제작이라는 표현을 사용하는 것이 대표적인 예라고 한다. 게임도 하나의 예술적 창작의 표현이라는 점에서 '창작'의 가치가 부여될 필요가 있다.

게임에 대한 긍정적 메시지도 담아내야할 것이다. 부정적 메시지만을 전달할 경우에는 건전한 논의가 제대로 이루어질 수 없기 때문이다. 이러한 모든 영역이 리터러시 영역이다. 게임 리터러시란 "게임의 속성을 이해하고 이를 올바르게 사용하며, 게임을 활용하여 사회적·문화적으로 의사표현 및 의사소통 능력을 증진할 수 있도록 하는 교육"[69]을 말한다. 협소한 개념으로 볼 수 있지만, 게임을 통해 다양한 사회적, 문화적, 교육적 논의를 이루고 게임화된 사회에서 우리의 생활양식을 제대로 찾는 것이 문화의 한 방편이라는 것을 이해할 필요가 있다.

인사이트

게임은 지속된다.

69 김신애, 게임콘텐츠의 현황 및 육성방안, 국회입법조사처, 2010, 13면.

To be continued!

이제 겨우 한 게임을 마쳤다. 앞으로 많은 게임이 남아있다. 게임에 대해 많은 얘기를 할 수 있을 것같다.

무엇보다도, 게임은 긍정적인 측면이 있지만, 분명한 것은 부정적인 면도 있다는 것이다. 빛과 그림자는 별개의 것이 아니다. 다 같은 일체이다. 어느 하나를 부정할 수 없는 것이 우리가 살아가는 사회의 모습이 아닐까 싶다. 의도적으로 부정하거나 또는 긍정만을 추구하는 것은 사회의 다양성을 훼손할 수도 있음이다. 현상학은 있는 그대로를 밝히는 철학이다. 게임도 그렇게 보는 것이 필요하다. 현상학으로서 게임에 대한 이해 또는 연구는 게임세대의 중요한 과제이다.

게임을 지속할 수 있는 동기는 물론 재미라는 요소이다. 아무리 훌륭하고 윤리적 가치가 있는 놀이라고 하더라도, 재미가 없는 것은 환영받기 힘들다. 재미없는 것을 하는 것은 고역과 다름이 없다. 기능성게임물이 성공할 수 없는 것은 바로 이 때문이다. 다양한 이슈를 담고 있는 게임관련법에 대한 연구 결과물이 이 책 《게임법》이지만, 여전히 연구는 재미있는 것임에 틀림이 없다. 그것이 배고픈 것이긴 하지만 그로 인하여 나를 포함하여, 우리가 나아갈 길에 조금이라도 도움이 된다면 멈출 수 없는 것이기도 하다. 누구라도 같이 가면 좋겠다. 그렇지만 여전히 부족하다. 많은 욕심을 부린 것에 비해 결과는 처음과 다르다. 이 것이 다시금 새로운 작업을 준비해야 할 이유일 것이다. 처음부터 걸작을 만들어낼 능력은 되지 않으니, 걸작을 완성하기 위한 지속적인 작업이 필요한 것이 아닐까 싶다.

게임은 계속된다. 누군가 중독은 계속되는 구조에서 그 원인을 찾을 수 있다고 한다. 구조를 찾는 이유는 다양하다. 다만 청소년들이 자신의 꿈을 찾거나 고민할 수 있는 시간이 별로 없다는 것이다. 이미 정해진 틀에서 정해진 시간동안 공부를 하게 된다. 핀란드는 학교에서 경쟁을 배제시키는 교육을 하고 있다. 그렇지 않을 경우 유치원까지 경쟁에 이끌리게 된다는 정부의 의지가 반영되었기 때문이라고 한다. 경쟁은 성인이 되어서 하는 것이라고도 한다. 교육은 경쟁이 아닌 자신의 본질을 알아가는 과정이어야 한다. 그 과정에서 게임은 여가와 문화가 될 수 있다.

공부는 인격을 연마하는 것이라고 배운 도덕시간의 것과는 달리, 현실은 입시라는 전형적인 목적을 따르기 위함이다. 이를 보완하기 위하여 오히려 학원에 보내어지기도 한다. 이러한 상황에서 꿈을 찾기는 쉽지 않다. 그저 누구나 가는 곳으로서 대학을 생각하는 것은 아닐지 두려운 마음도 든다. 중고등학교 시절 잠시 접어두었던 꿈을 대학에서 펴겠다는 것일지도 모르나, 꿈을 생각하고 키워가는 것은 지금 이루어져야 한다. 내일의 꿈을 위해 오늘의 생활을 포기한다는 것은 어리석은 일이 아닐 수 없다. 더디 가더라도, 살아있는 스스로의 것을 찾아야하는 것이 바로 인간의 본래 모습이 아닐까 싶다.

당장의 이익을 위해 게임을 개발하는 것이 개발자의 꿈인지 한번 돌아볼 일이다. 기획서나 개발계획에 포함된 내용이 자신의 안위를 이끌어낼지 모르겠지만, 그로 인하여 사회는 더욱 힘들어진다면 그것은 옳지 않다.

청소년 이용가 게임물을 제공하는 게임사업자들은 조심할 필요가 있다. 부분유료화라는 방식을 도입하여, 사회적으로 수용가능한 게임물의 이용제한 금액을 넘어서는 것은 용납되어서는 안된다. 모바일 게임물은 결제한도가 없다. 결제한도가 법적 근거가 없이 규제되는 것은 문제이나, 이러한 논의와 달리 미성년자에게 제공하는 게임물에 결제한도가 없다는 것은 문제가 아닐 수 없다. '코묻은 돈'이라는 말은 법적인 문제가 없더라도, 윤리적 가치를 따져야한다는 의미이다. 미성년자를 대상으로 사업을 하면서 이러한 철학이 없다면 영혼 없는 게임사업자나 다름이 없다. 특히 확률형 아이템으로 돈놀이하는 N사는 더욱 그러하다.

미성년자에 대한 환불이나 이에 따른 조정은 쉽지 않다. 게임사업자의 한계일 수밖에 없지만, 게임산업의 현실이기도 하다. 아이들의 코묻은 돈을 걷어가면서 그들의 미래에 대해 고민하지 않는 기업들은 미래가 없다. 또한 게임서비스에 대한 해킹은 본질적인 문제이다. 투자도 없이, 게임을 팔아 돈만 벌겠다는 것 이외에는 그 이유를 찾기 어렵다. 그러면서 사회적 비전을 얘기하고, 사회적 책임을 얘기하는 것은 모순이다. 기본기도 갖추지 못하면서 말만 번

지르르 하다. 사후적으로 법률 비용을 들이는 것보다, 사전에 보안인프라에 투자하는 것이 훨씬 효율적이고 또한 윤리적인 기업으로서 인식될 수 있을 것이다.

본 서는 게임에 대한 법적, 정책적, 문화적, 예술적 측면에서 다양하게 살펴보고자 하였다. 게임이나 게임물은 다양한 이해관계를 가지고 있으며, 또한 다양한 분야에 연결되어있음을 알 수 있었다. 여전히 부족한 부분이 많다. 앞으로 더 깊은 연구와 사례를 통해 보완하고자 한다. 이 모든게 감사할 일이다.